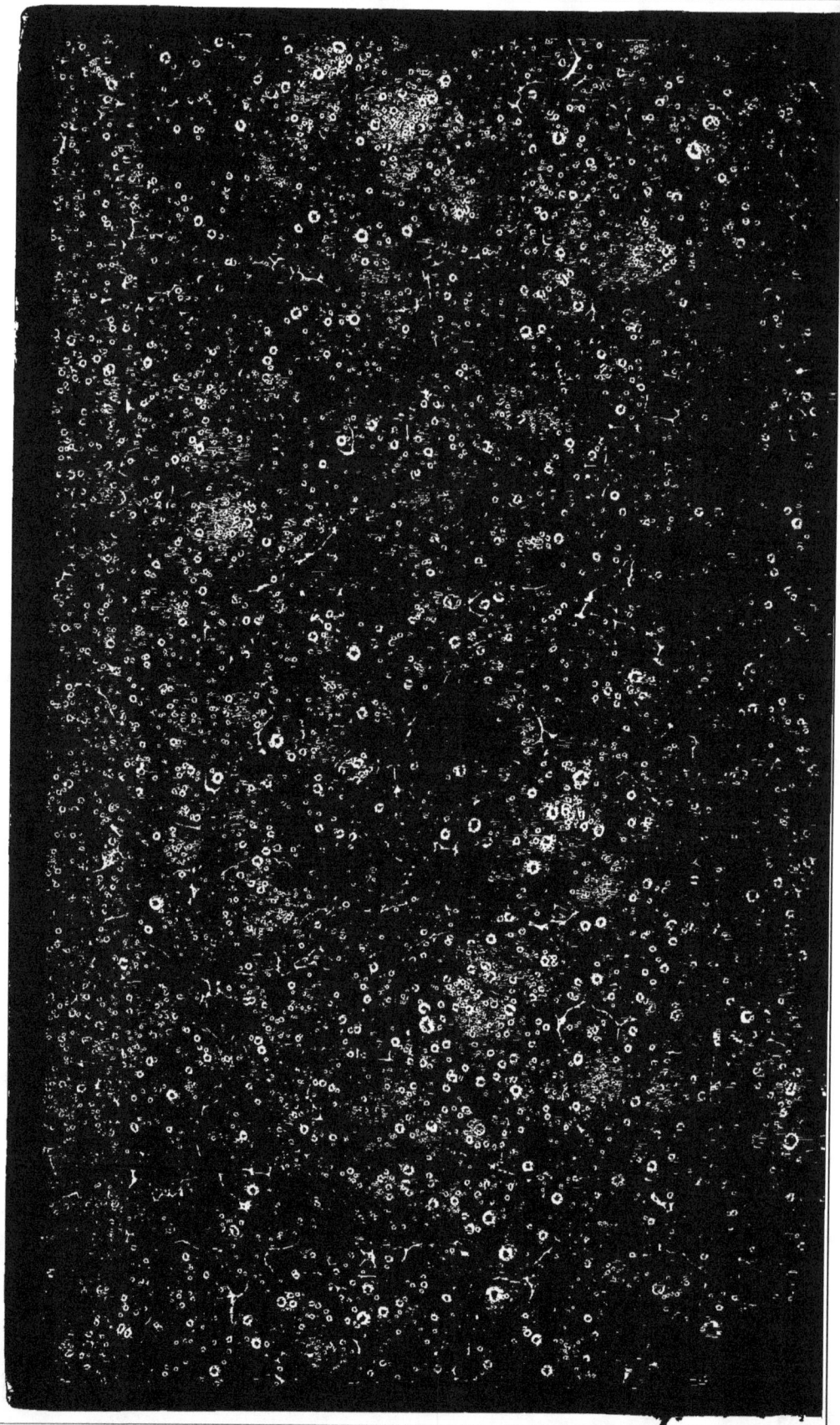

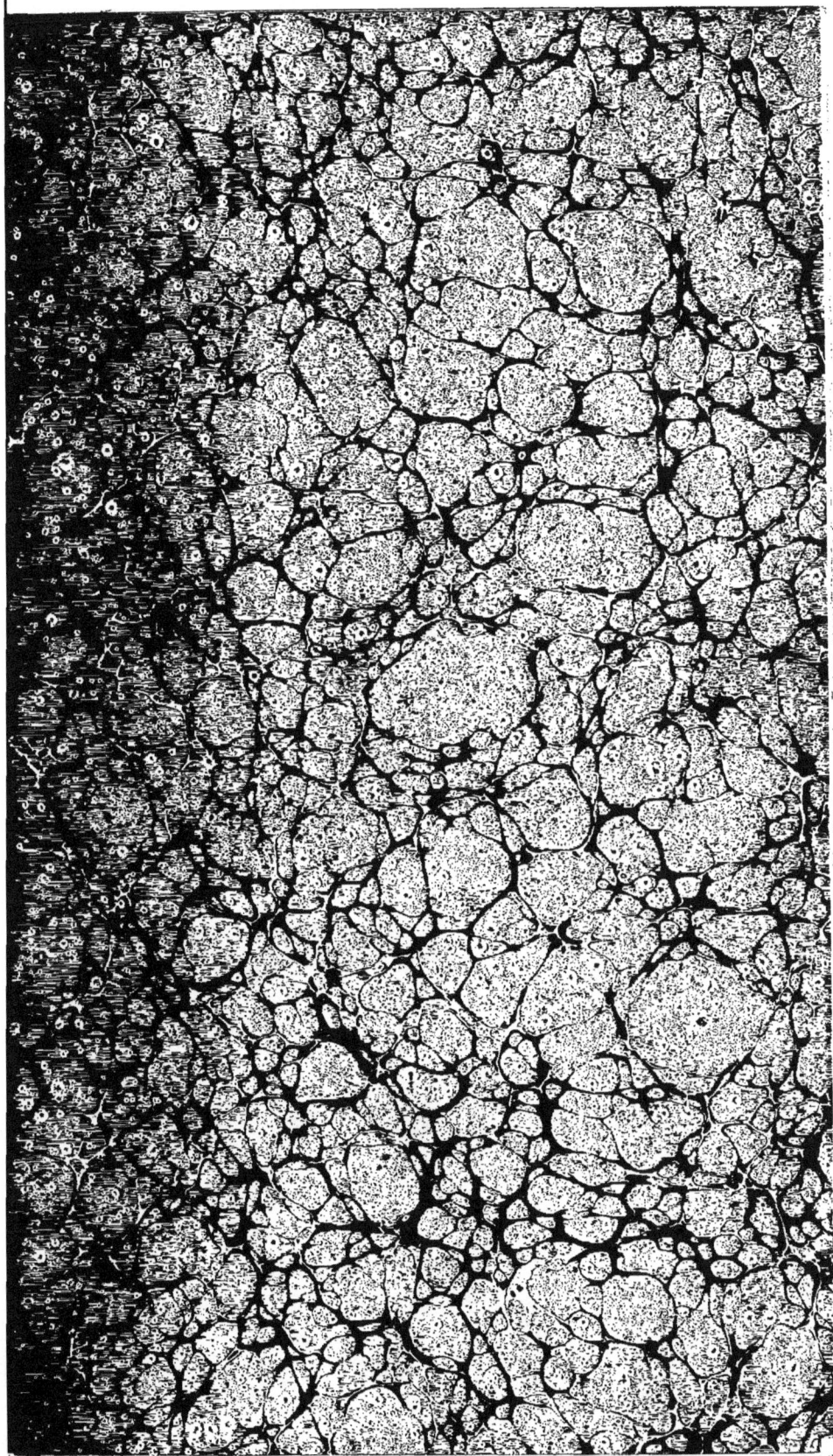

39566

EXPLICATION

THÉORIQUE ET PRATIQUE

DU CODE NAPOLÉON

**CAUTIONNEMENT. — TRANSACTIONS. — CONTRAINTE PAR CORPS.
NANTISSEMENT.**

A la même Administration.

TRAITÉ DU CONTRAT DE MARIAGE

et des droits respectifs des époux; par MM. ROMÈRE, professeur à la Faculté de droit de Toulouse, etc.; Paul PONT, conseiller à la Cour de cassation. 2e édition. 3 vol. in-8. Prix, 27 fr.

Le premier volume est en vente.

RÉPERTOIRE GÉNÉRAL ET RAISONNÉ DE L'ENREGISTREMENT

ou **Nouveau Traité en forme de Dictionnaire des droits d'enregistrement, de transcription, de timbre, de greffe, et des contraventions dont la répression est confiée à l'Administration de l'Enregistrement.** — 3 vol. in-4o à deux colonnes, contenant la matière de 30 vol. in-8 ordinaires, par M. GARNIER, député au Corps législatif, ancien employé supérieur de l'Enregistrement et des Domaines. 20e tirage, 4e édition, mise au courant de la jurisprudence jusqu'au 1er janvier 1857. Prix, 42 fr.; franco, 47 fr.

Moyennant ce prix, on reçoit gratuitement l'année courante du Répertoire périodique, journal qui fait suite au Répertoire alphabétique et qui le complète.

Les années 1857 à 1863 inclusivement dudit Répertoire se vendent au prix de 7 fr. l'une. — Les années 1864, 1865 et 1866 coûtent 10 fr. chacune.

Abonnement annuel. — Prix, 12 fr., payables d'avance.

L'Administration aura toujours, à la disposition des demandeurs, des exemplaires, reliés avec soin, du Répertoire alphabétique et du Répertoire périodique.

Prix des reliures: Répertoire général, 3 vol. in-4o réunis en 2 vol., demi-chagrin, 7 fr. Répertoire périodique, deux années en un volume, demi-chagrin, 2 fr. le volume.

Les années 1865 et 1866 sont reliées séparément.

DICTIONNAIRE DE COMPTABILITÉ, MANUTENTION ET PROCÉDURE

A L'USAGE DES AGENTS DE L'ENREGISTREMENT, DES DOMAINES ET DU TIMBRE, ET DES CONSERVATEURS DES HYPOTHÈQUES; par Charles GÉRAUD, sous-chef à la Direction générale de l'enregistrement et du timbre. — 3 vol. in-4o, contenant la matière d'environ 15 vol. in-8. — PRIX, 30 fr., payables par fraction de 10 fr. à la réception de chaque volume.

Les tomes I et II sont en vente.

TRAITÉ PRATIQUE ET THÉORIQUE DES RADIATIONS HYPOTHÉCAIRES

contenant le développement des principes, l'examen de la jurisprudence, et la discussion des questions controversées; ouvrage faisant suite au Dictionnaire du Notariat, et mis en concordance avec le Journal des Notaires, le Journal des Conservateurs des hypothèques, et plusieurs autres recueils périodiques; par M. Ernest BOULANGER, docteur en droit, rédacteur à l'administration centrale des Domaines. — 1 vol. in-8 de 700 pages. Prix, 8 fr. franco.

MANUEL DE LA PERCEPTION DES DROITS DE TIMBRE

Par E.-J. DUFRESNE, vérificateur de l'Enregistrement. — 1 vol. in-8 de 300 pages. Prix, 5 fr. franco.

MANUEL DU SURNUMÉRAIRE DE L'ENREGISTREMENT

des domaines et du timbre, par M. FLOUR DE SAINT-GENIS, directeur des Domaines, officier de la Légion d'honneur. — Neuvième édition, augmentée d'un Tarif général des droits et amendes.

Ce livre est adopté, depuis 1854, par les comités d'examen. — Prix, 7 fr. 35 c. franco par le retour du courrier. — Adresser, par lettre affranchie, un mandat sur la poste.

LES CODES FRANÇAIS

Collationnés sur les textes officiels, par LOUIS TRIPIER.

Ces Codes sont les seuls où sont rapportés les textes du Droit ancien et intermédiaire, nécessaires à l'intelligence des articles, et aussi les seuls qui sont suivis d'un Bulletin de la législation française, donnant, immédiatement après leur promulgation, les lois et décrets d'intérêt général.

18e édition, 1867, 1 vol. grand in-8.	20 fr.	»
Demi-reliure, veau ou maroquin.	23	»
LES MÊMES. — Édition diamant, 1 vol. in-32.	6	»
Demi-reliure, veau ou maroquin.	7	50

Paris. — Typographie de J. BEST, rue St-Maur-St-Germain, 15.

EXPLICATION

THÉORIQUE ET PRATIQUE

DU CODE NAPOLÉON

CONTENANT

L'ANALYSE CRITIQUE DES AUTEURS ET DE LA JURISPRUDENCE

> La science du droit consiste autant dans la réfutation des faux principes que dans la connaissance des véritables.
>
> *Répertoire de* MERLIN, vᵉ *Novation.*

TOME NEUVIÈME

COMMENTAIRE-TRAITÉ

DES PETITS CONTRATS

PAR PAUL PONT

CONSEILLER A LA COUR DE CASSATION

CONTINUATEUR DE V. MARCADÉ

TOME SECOND

CAUTIONNEMENT. — TRANSACTIONS. — CONTRAINTE PAR CORPS.
NANTISSEMENT.

PARIS

DELAMOTTE, ADMINISTRATEUR DU RÉPERTOIRE DE L'ENREGISTREMENT

par M. Garnier,

9, RUE CHRISTINE, 9

1867

EXPLICATION
DU CODE NAPOLÉON.

LIVRE TROISIÈME.

○───○

TITRE XIV.

DU CAUTIONNEMENT.

(Décrété le 14 février 1804. — Promulgué le 24.)

1. Nous avons épuisé, dans le tome précédent, la série des contrats qualifiés *Contrats de bienfaisance,* et réunis par Pothier sous cette dénomination qui en indique le principe et en précise le caractère particulier. Le cautionnement, auquel nous arrivons maintenant, ouvre un autre ordre d'idées. Ce n'est pas qu'il soit absolument étranger à la classe des contrats de bienfaisance : on verra bientôt qu'il y tient, au contraire, par un côté (*infrà*, n° 15); mais il a essentiellement pour objet de procurer une sûreté (1), et par là il appartient plus directement à une autre série de contrats que l'on peut appeler *Contrats de garantie,* en ce que chacun d'eux renferme une sûreté soit *personnelle,* soit *réelle.*

Le cautionnement ouvre cette nouvelle série dans laquelle sont compris, en outre, la transaction, la contrainte par corps conventionnelle, le nantissement, enfin les priviléges et hypothèques. C'est du cautionnement, quant à présent, que nous avons à nous occuper. Il peut être conventionnel, légal ou judiciaire, c'est-à-dire formé en exécution d'une convention, imposé par la loi ou prescrit par la justice.

Le cautionnement conventionnel appellera tout d'abord notre attention : en suivant l'ordre et les divisions mêmes du Code, nous dirons quelles sont la nature et l'étendue de ce contrat, quels en sont les effets, et comment il s'éteint; ce sera l'objet de trois chapitres distincts. Nous indiquerons, dans un quatrième et dernier chapitre, les conditions et les règles particulières au cautionnement légal et au cautionnement judiciaire.

---

(1) Pothier (*Des Oblig.*, n° 365).

CHAPITRE PREMIER.

DE LA NATURE ET DE L'ÉTENDUE DU CAUTIONNEMENT.

2011. — Celui qui se rend caution d'une obligation, se soumet envers le créancier à satisfaire à cette obligation, si le débiteur n'y satisfait pas lui-même.

SOMMAIRE.

I.   2. Définition et utilité du cautionnement. — 3. Il se distingue de la garantie que doivent fournir certains fonctionnaires publics. — 4. Étymologie des mots *caution, cautionnement.* — 5. Formes et appellations diverses du contrat dans le droit romain et dans notre ancien droit. — 6. Suite. — 7. Suite et transition.

II. 8. Caractères du contrat : il est accessoire, de bienfaisance, unilatéral, et emporte obligation personnelle.

III. 9. C'est un contrat accessoire : — 10. Ce qui ne veut pas dire que le débiteur principal, à l'obligation duquel il accède, y soit partie; — 11. Ni que le contrat soit conditionnel et subordonné à l'inexécution de son obligation par le débiteur principal : le contrat engendre obligation directe, pure et simple, pour la caution. — 12. C'est par ce caractère de contrat accessoire que le cautionnement diffère de l'obligation du porte fort; — 13. Et de celle des codébiteurs solidaires. — 14. Le point de savoir s'il y a obligation solidaire ou cautionnement se résume en une appréciation de faits.

IV. 15. Le cautionnement est un contrat de bienfaisance vis-à-vis du débiteur principal. — 16. Même quand la caution reçoit de celui-ci une compensation pour le service par elle rendu, le caractère du contrat subsiste. — 17. *Quid* si la caution était payée par le créancier? — 18. Suite : contrat du *du croire.* — 19. Mais de ce que le contrat est de bienfaisance vis-à-vis du débiteur principal, il ne s'ensuit pas qu'il doive être assimilé à la donation : il ne comporte pas dépouillement actuel. Néanmoins, il peut donner lieu au rapport et à la réduction : développements. — 20. Comme tous les contrats de bienfaisance, il est unilatéral; conséquence : lorsque la convention est faite par acte sous seing privé, il n'y a pas lieu à l'observation de la règle de forme établie par l'art. 1325 du Code Napoléon. — 21. *Quid* dans le cas où la caution a stipulé, comme condition de son engagement, une faveur pour le débiteur principal? — 22. Mais l'art. 1326 du Code Napoléon est applicable.

V.   23. Le cautionnement engendre une obligation personnelle; ainsi, la caution s'oblige personnellement envers le créancier.

1. — 2. Le cautionnement peut être défini : un contrat par lequel un tiers se soumet personnellement, envers le créancier d'une obligation, à satisfaire à cette obligation si le débiteur n'y satisfait pas lui-même.

Cette définition, tirée des termes mêmes de l'art. 2011, fait pressentir l'utilité du cautionnement. « Les hommes, a dit Treilhard dans l'Exposé des motifs du présent titre, ne traitent ensemble que dans l'espoir légitime que leurs engagements respectifs seront exécutés; et toute transaction serait bientôt suspendue si une confiance mutuelle ne rapprochait pas les citoyens pour leur commun intérêt. » (1) Or, la confiance ayant pour base le crédit, celui qui offrirait ses biens personnels

---

(1) Locré (t. XV, p. 321); Fenet (t. XV, p. 27).

pour toute garantie ne serait pas toujours assuré de l'inspirer. Sans doute, « qui s'oblige oblige le sien », et, par conséquent, quiconque est obligé personnellement est tenu de remplir son engagement sur tous ses biens mobiliers et immobiliers présents et à venir (C. Nap., art. 2092). Mais, comme nous l'expliquons dans notre *Traité-Commentaire des Priviléges et Hypothèques* (n°s 17 et suiv.), ce droit de gage général, que la loi consacre, est établi en faveur de la masse des créanciers; il les protége tous indistinctement et également, quelle que soit la date de leurs titres : par cela même, il ne donne pas une garantie suffisante, puisque, en cas d'insolvabilité, tous les créanciers étant de condition égale, aucun ne peut prétendre à un droit privatif ou même de préférence sur le gage commun; chacun y doit venir par contribution et subir une perte proportionnelle au montant de sa créance (art. 2093).

Ce n'est pas tout : celui-là même dont la solvabilité serait certaine et complète peut être entravé dans les engagements qu'il voudrait prendre par la supposition qu'il existe en sa personne une incapacité civile non révélée.

Il faut donc que celui dont la position peut inspirer ces inquiétudes ou ces craintes trouve en dehors de lui le moyen de les dissiper. Et c'est le résultat qu'il obtient par le cautionnement, dont l'utilité pratique est, en effet, de faciliter et de multiplier les obligations conventionnelles en rassurant le créancier à la fois contre les suites de l'insolvabilité du débiteur et contre les effets de son incapacité. « L'usage des cautions, dit justement Domat, renferme deux sortes de sûreté. L'une qui regarde le payement d'une somme, ou de l'exécution de quelque autre engagement, comme de l'entreprise d'un ouvrage, d'une garantie et d'autres semblables, pour assurer celui envers qui la caution s'oblige que ce qui lui est promis par le principal débiteur sera exécuté. L'autre sorte de sûreté regarde la validité de l'obligation dans le cas où elle pourrait être annulée, comme si le principal débiteur était un mineur, quoique solvable; l'engagement de la caution serait non-seulement de payer la dette si l'obligation du mineur n'était pas annulée, mais de faire valoir l'obligation, en cas que le mineur s'en fît relever, et de payer pour lui. » (1)

3. Le cautionnement constitue une sûreté *personnelle*. Il se distingue par là du gage, de l'hypothèque et du privilége, qui sont des sûretés *réelles*. Il se distingue également par là de la sûreté que certains officiers publics sont tenus de fournir à leur entrée en fonctions. On donne aussi, dans la pratique, le nom de *cautionnement* à cette sûreté; elle diffère néanmoins du contrat dont nous avons à nous occuper ici. Le cautionnement des fonctionnaires a pour objet de garantir la fidélité de la gestion (2), et ceux qui doivent le fournir y pourvoient soit au moyen du dépôt d'une somme d'argent, soit par l'affectation spéciale d'une valeur mobilière, quelquefois d'un immeuble, au payement des dettes par

---

(1) Domat (*Lois civ.*, liv. III, tit. IV, *in princ.*).
(2) *Voy.* loi du 28 avr. 1816, art. 88, p. 1077, des Codes Tripier.

eux contractées à l'occasion de leurs fonctions. Ce cautionnement constitue donc une sûreté réelle : c'est, suivant les cas, un *gage* ou un *privilége.*

Nous n'avons pas à insister là-dessus ; et nous revenons au cautionnement organisé par les rédacteurs du Code Napoléon dans le titre dont nous présentons le commentaire.

4. L'étymologie des mots *caution, cautionnement,* par lesquels on désigne la personne qui s'engage pour le débiteur et le contrat d'où résulte son engagement, doit être cherchée dans le mot latin *cavere,* qui signifie se garder, s'assurer ; d'où *cautio,* garantie, sûreté. Cette expression était d'un usage très-fréquent dans la langue juridique romaine. Elle servait à désigner toutes les sûretés qu'un débiteur peut donner à son créancier. Notamment le billet écrit, et aussi la promesse solennelle ou *stipulatio,* recevaient la dénomination de *cautio.*

5. Quant au contrat de cautionnement, il revêtit successivement des formes diverses et reçut différentes appellations. D'abord, outre certaines cautions judiciaires peu connues, qui correspondaient aux anciennes actions de la loi et prenaient le nom de *prædes* (Gaïus, Comm. IV, §§ 16 et suiv.), *vades* (*id., ibid.,* § 184) et *vindex* (*id., ibid.,* § 46), il y avait la *sponsio,* sorte de cautionnement solennel, soumis à des règles rigoureuses et réservé aux seuls citoyens romains ; il y avait ensuite la *fidepromissio,* qui fut l'extension de la *sponsio* aux pérégrins ; et enfin la *fidejussio,* dans laquelle les parties contractantes trouvaient plus de latitude (Gaïus, Comm. III, §§ 115 et suiv.). Ces trois formes de cautionnement étaient désignées sous la dénomination commune de *adpromissio* et aussi de *satisdatio,* surtout quand il s'agissait d'un cautionnement légal ou judiciaire. La caution était appelée *sponsor, fidepromissor, fidejussor,* et, en général, *adpromissor.*

Mais la *fidejussio* elle-même ne répondant pas complètement aux besoins de la pratique, on eut recours encore, pour garantir l'exécution d'une obligation, à une convention sanctionnée par une action prétorienne, et connue sous le nom de constitut ou pacte de constitut : *pactum constitutæ pecuniæ.* Le pacte de constitut n'était autre chose qu'une promesse d'acquitter, dans un certain temps et dans un certain lieu, une obligation préexistante (1).

6. Enfin, le contrat de mandat fut aussi détourné de sa destination primitive et employé en vue d'arriver à un cautionnement indirect. Dans ce but, le créancier, avant de livrer ses fonds au débiteur, se faisait donner mandat de les lui prêter par la personne qui en voulait garantir le payement à l'échéance (*Inst.,* § 2, *De Mandato;* ff., au tit. *Mandati,* passim). Cette personne prenait alors le nom de *mandator certæ pecuniæ credendæ,* et comme elle était tenue d'indemniser le créancier, son mandataire, de toutes les suites du mandat qu'elle lui avait donné, elle se trouvait obligée de payer la dette, si le débiteur ne s'acquittait pas lui-même. Mais le *mandator,* en payant, avait agi, quant à ce paye-

---

(1) *Voy.,* au Dig., le titre *De Pecuniâ constitutâ* (13-5).

ment, comme mandataire du débiteur ; et soumis, d'une part, à l'*actio mandati contraria* du créancier, il avait, d'autre part, l'*actio mandati directa* contre le débiteur. Le *mandatum pecuniæ credendæ* engendrait ainsi deux actions, toutes deux de bonne foi ; au moyen de quoi il était plus commode et plus pratique que les autres modes de cautionnement usités à Rome. Aussi est-ce moins dans la *fidejussio* ou dans le *constitut* que dans le *mandatum pecuniæ credendæ*, dont les règles se rapprochent beaucoup de celles de notre cautionnement français, qu'il faut chercher l'analogue de ce dernier contrat en droit romain.

7. Néanmoins, dans le dernier état de la législation romaine, on exigea que presque toutes les promesses imposées par la loi à un débiteur, ou *cautiones* (*suprà*, n° 4), fussent garanties par un *fidejussor*. De là l'usage de prendre le mot *cautio* comme synonyme du mot *fidejussor ;* et cet usage, qui se généralisa dans le moyen âge, explique le sens qu'on donne aujourd'hui aux mots *caution* et *cautionnement*.

II. — 8. Les termes de l'art. 2011 et la définition que nous en avons tirée (*suprà*, n° 2) montrent clairement que le cautionnement est un contrat *accessoire* à une obligation principale ; tel est, en effet, le caractère dominant du contrat. C'est pourquoi Pothier s'est dispensé d'en faire l'objet d'un ouvrage spécial, et ne s'en est occupé que dans son traité général sur les obligations (1). Si les rédacteurs du Code Napoléon ont pensé, et très-justement selon nous, qu'en raison de ses règles propres, et aussi de sa grande importance pratique, le cautionnement méritait d'avoir sa place à part (2), ce n'est pas à dire qu'en lui consacrant un titre particulier ils en aient fait quelque chose d'indépendant : le cautionnement n'en reste pas moins un contrat accessoire ; c'est là, nous le répétons, son caractère dominant. Mais, outre cela, examiné dans ses éléments essentiels, il est un contrat de bienfaisance, et, par suite, unilatéral ; de plus, il comporte une obligation personnelle de la caution envers le créancier. Ce sont là trois caractères fondamentaux du cautionnement ; nous avons à les étudier séparément.

III. — 9. Et d'abord, le cautionnement est un contrat accessoire à une autre obligation principale. De là quelques conséquences qu'il faut énoncer tout d'abord, sauf à y revenir pour les développer ultérieurement. Ainsi, le cautionnement ne peut comprendre d'autres objets que les objets contenus dans l'obligation à laquelle il accède (*infrà*, art. 2013). Si cette obligation est nulle, le cautionnement est nul également (*infrà*, art. 2012) ; et si, valable à l'origine, elle vient à disparaître par suite d'événements ultérieurs, le cautionnement disparaît également et s'évanouit avec elle (*infrà*, art. 2036).

10. Mais on se méprendrait sur la portée du principe en supposant que le cautionnement est un contrat intervenant entre trois personnes : le créancier, la caution et le débiteur principal. Quoique accessoire, le contrat n'implique en aucune façon l'intervention du débiteur prin-

---

(1) Pothier (*Des Oblig.*, n°ˢ 395 à 445).
(2) *Voy.*, en ce sens, le discours du tribun Lahary (Locré, t. XV, p. 375 ; Fenet, t. XV, p. 75). Comp. M. Troplong (n° 13).

cipal, dont il garantit l'obligation. Le créancier et la caution y figurent seuls : quant au débiteur principal, quelles que soient les relations existant entre la caution et lui, quelle que soit l'influence que son état ou ses actes juridiques puissent exercer sur la validité ou la persistance du contrat (art. 2014), il y reste complétement étranger. C'est un point essentiel à préciser : on n'y saurait trop insister, afin de prémunir le lecteur contre les erreurs et les confusions auxquelles pourrait donner lieu l'idée contraire.

11. Il ne faudrait pas croire non plus que pour être accessoire et subordonné à l'inexécution de son obligation par le débiteur principal, le cautionnement n'oblige que sous condition. L'engagement de la caution est pur et simple; celui qui a cautionné peut, au jour de l'échéance, être poursuivi immédiatement et directement par le créancier. L'art. 2021 dit, à la vérité, que la caution n'est obligée envers le créancier à le payer qu'*à défaut du débiteur;* mais on s'est, bien à tort, autorisé de ces expressions pour donner à l'engagement de la caution un caractère conditionnel (1). Il en résulte seulement, comme aussi des expressions de notre art. 2011, que lorsque le débiteur paye, la caution est libérée; il n'en résulte en aucune façon que le créancier ne puisse pas, à l'instant même où la dette vient à échéance, s'adresser à la caution directement, sauf le droit pour la caution, si elle n'a pas renoncé au bénéfice de discussion, de renvoyer le créancier à discuter préalablement le débiteur principal, en se conformant, à cet égard, aux règles établies par la loi (2). Nous revenons plus amplement là-dessus dans le commentaire des art. 2021 et suivants.

12. Il n'y a donc pas à se méprendre sur le caractère dominant du cautionnement : c'est un contrat accessoire, sans doute; mais c'est en ce sens que l'obligation de la caution est subsidiaire. En cela, du reste, elle diffère de l'engagement pris par celui qui se porte fort pour un tiers (C. Nap., art. 1120) (3). Ce dernier, en effet, contracte une obligation principale, celle de faire ratifier un engagement nul, comme pris par lui au nom d'un tiers, en dehors des cas où un pareil engagement serait valable (C. Nap., art. 1121), ou au moins annulable, comme pris par ce tiers en dehors des conditions requises par la loi. Par où l'on voit que, tandis que la caution garantit l'exécution de l'obligation principale, le porte fort n'en garantit que l'existence. De là des conséquences qui font ressortir mieux encore la différence entre ces deux situations. Si celui au nom duquel le porte fort s'est engagé a ratifié l'engagement promis, il importe peu qu'il devienne insolvable ensuite et n'exécute pas; le porte fort n'en est pas moins libéré, à la différence de la caution, qui prend la place de l'obligé principal et doit satisfaire à l'obligation si celui-ci, solvable ou non, n'y satisfait pas lui-même. Au contraire,

---

(1) *Voy.* notamment M. Duranton (t. XVIII, n° 331).
(2) *Voy.* MM. Ponsot (*Caut.*, n° 32); Massé (*Droit comm.*, 1re édit., t. VI, n° 371; 2e édit., t. IV, n° 2737); Troplong (n° 23); Berriat Saint-Prix (*Not. théor.*, n° 7996); Mourlon (*Rép. écrit.*, t. III, p. 458).
(3) *Comp.* MM. Zachariæ (t. III, § 423, note 5); Troplong (n°s 23 à 29); Ponsot (n°s 14 et 15).

si le tiers ne prend pas ou refuse de ratifier l'engagement promis, le porte fort est tenu, envers le créancier, de dommages-intérêts qui, réglés arbitrairement par les parties, peuvent dépasser même le montant de l'obligation principale, à la différence de la caution, dont l'engagement, d'après l'art. 2015, ne peut pas être étendu au delà des limites dans lesquelles il a été contracté.

Ajoutons que le porte fort n'a pas, comme la caution (art. 2021), le bénéfice de discussion. Il n'a pas non plus de recours contre le tiers pour lequel il s'est engagé quand celui-ci refuse de ratifier l'engagement, tandis que la caution a toujours, quand elle a payé, son recours contre le débiteur principal (art. 2028).

13. C'est aussi par son caractère de contrat accessoire que le cautionnement se distingue de l'engagement pris par une personne d'acquitter la dette d'un tiers ; il y a là un engagement principal, une obligation ordinaire à laquelle ne sauraient être appliquées les règles propres au cautionnement. Ainsi, les deux débiteurs seront tenus, vis-à-vis du créancier, comme débiteurs solidaires, soit parfaits, soit imparfaits, suivant les termes de l'engagement. La dette de l'un, fût-ce celle du second débiteur, pourra être plus considérable que celle de l'autre, et l'une des deux dettes pourra subsister bien que l'autre soit annulée : toutes choses qui, incompatibles avec l'idée de cautionnement, constituent une situation à peu près semblable à celle que créait à Rome le pacte de constitut (*suprà*, n° 5) (1).

D'ailleurs, il ne faut pas confondre *la caution solidaire* avec des obligés principaux tenus solidairement. La caution solidaire, quoique tenue aussi rigoureusement que le débiteur principal, n'en est pas moins obligée accessoirement, si bien que son obligation ne peut, en aucun cas, dépasser celle du débiteur principal. Nous aurons à revenir sur ce dernier point dans notre commentaire de l'art. 2021 : il suffit, quant à présent, de l'indiquer.

14. Du reste, la question de savoir si la partie qui a garanti le payement de la dette d'autrui a voulu s'engager comme débiteur principal et solidaire, soit parfait, soit imparfait, ou comme caution, soit solidaire, soit simple, est, quoique souvent fort délicate, une pure question de fait : les juges du fond l'apprécient souverainement, dans chaque affaire, suivant les circonstances et surtout suivant les termes de la convention. La Cour de cassation a proclamé le pouvoir souverain des juges du fond en rejetant le pourvoi dirigé contre un arrêt par lequel la promesse de *faire jouir et valoir jusqu'à parfait payement,* stipulée dans un acte de subrogation consenti par un emprunteur au profit du prêteur, était considérée comme impliquant un simple cautionnement, et non une obligation directe (2). Elle eût de même, en cas de pourvoi sur ce point, maintenu un arrêt par lequel la Cour de Limoges a vu, au contraire, dans l'engagement pris par un tiers de garantir le rembour-

---

(1) Comp. M. Troplong (n° 34).
(2) Req., 23 mai 1833 (S. V., 33, 1, 574 ; Dalloz, 1, 215 ; *J. Pal.*, à sa date).

sement d'un prêt dont il avait profité, non un cautionnement de la dette de l'emprunteur, mais une obligation principale (1).

Expliquons-nous maintenant sur le second caractère du contrat.

IV. — 15. Le cautionnement, avons-nous dit, est un contrat de bienfaisance. Mais il importe ici de préciser. Ce n'est pas vis-à-vis du créancier que le contrat a ce caractère : le créancier, dit Pothier, ne reçoit, par ce contrat, rien au delà de ce qui lui est dû; il ne se procure qu'une sûreté sans laquelle il n'aurait pas contracté avec le débiteur principal, ou ne lui aurait pas accordé le terme qu'il lui accorde (2). Cependant le cautionnement n'en renferme pas moins un bienfait de la part de la caution, qui, de son côté, reçoit moins encore que le créancier pour le service qu'elle rend au débiteur. La convention, comme nous l'avons dit plus haut (n° 1), se rattache par là à la classe des contrats de bienfaisance. Et l'on opposerait vainement que celui qui reçoit le bienfait est étranger à cette convention (*suprà*, n° 10). Il n'en est pas moins vrai qu'en général la caution est amenée à s'engager par le désir de lui être utile en lui procurant le crédit qu'il n'a pas à un degré suffisant par lui-même. Or, lorsqu'il s'agit d'apprécier si un contrat est gratuit ou de bienfaisance, c'est le résultat immédiat qu'il faut considérer; et lorsque le résultat est tel que l'une des parties s'oblige sans rien recevoir ni exiger en échange de son obligation, on peut dire que le contrat est de bienfaisance, ou à titre gratuit, soit que l'obligation ait été prise en vue de gratifier l'autre partie contractante, soit que le bénéfice en revienne à un tiers.

16. D'ailleurs le contrat de cautionnement subsiste, avec son caractère, entre le créancier et la caution, encore que celle-ci ait exigé du débiteur une rémunération, sous une forme quelconque, en échange du service qu'elle lui rend. Sans doute, en de telles circonstances, il naîtra, entre le débiteur principal et la caution, un contrat soit de louage de services, soit d'échange de services, suivant que la rémunération aura été stipulée en argent ou en autre chose que de l'argent. Mais à côté de ce contrat restera la convention intervenue entre le créancier et la caution, laquelle, nonobstant la rémunération ou l'indemnité fournie par le débiteur, gardera son caractère de cautionnement. Le Tribunal de Rochechouart avait décidé le contraire, en supposant que le cautionnement est essentiellement gratuit. Mais la décision a été réformée : la Cour de Limoges a justement considéré qu'en droit la gratuité n'est pas de l'essence de ce contrat, et qu'aucune disposition de la loi ne s'oppose à ce que celui qui se rend caution stipule une indemnité pour prix de son obligation, pourvu que l'indemnité soit équitablement calculée en proportion des soins et des périls qui peuvent être la suite de cette obligation, et qu'elle ne prenne pas le caractère usuraire (3).

---

(1) Arrêt du 6 janv. 1845, rapporté avec l'arrêt de rejet du 17 janv. 1849 (S. V., 49, 1, 228; Dalloz, 49, 1, 49; *J. Pal.*, 1849, t. I, p. 129).

(2) Pothier (*Oblig.*, n° 365).

(3) Limoges, 23 déc. 1847 (S. V., 48, 2, 124; Dalloz, 48, 2, 85; *J. Pal.*, 1848, t. I, p. 382).

17. Modifions l'hypothèse, et supposons que la caution soit indemnisée, non point par le débiteur principal, étranger au contrat de cautionnement, mais par le créancier. Sans doute, même en ce cas, la convention retiendra le caractère de cautionnement, et les seules règles applicables seront celles qui régissent ce contrat si l'indemnité est légère et hors de proportion avec le risque. Mais si elle était l'équivalent à peu près du risque couru par la caution, la convention dégénérerait en un échange de services : ce serait le contrat d'*assurance*, par lequel l'une des parties consent, moyennant un certain prix, à garantir l'autre contre les risques que peut lui faire courir un événement incertain, dans l'espèce l'insolvabilité du débiteur (1). Ce serait donc par les règles des contrats à titre onéreux et aléatoires (C. Nap., art. 1964) que l'engagement devrait être gouverné dans le cas particulier (2).

18. Le cautionnement ainsi transformé en contrat d'assurance est fréquent dans le commerce, où il prend le nom de *du croire*, traduction un peu trop littérale du nom italien *del credere*, qui fut donné à la convention en Toscane, à Venise et à Gênes, et qui lui est resté (3). C'est, en effet, dans ces républiques essentiellement commerçantes que ce contrat se développa dès le moyen âge, et c'est de là qu'il est passé en France. Le *du croire* est surtout pratiqué dans la commission : le commissionnaire, intermédiaire entre deux commerçants, garantit, par ce contrat, la solvabilité de ses deux commettants, d'où suit que, d'après les usages commerciaux, il est payé au double.

Mais ceci n'est pas de notre sujet : revenons au véritable contrat de cautionnement.

19. Au point de vue du débiteur principal, c'est un contrat de bienfaisance. Toutefois, même en se plaçant dans l'hypothèse où l'intervention de la caution est absolument gratuite, il ne faudrait pas assimiler ce contrat à une donation. Il ne comporte pas, en effet, le dépouillement actuel et irrévocable qui est le caractère essentiel de la donation (C. Nap., art. 894).

Et néanmoins le cautionnement peut donner lieu au rapport lorsqu'il a été consenti par la caution dans l'intérêt d'un successible. En effet, le rapport n'est pas dû seulement des choses *données;* il est dû aussi par chaque héritier *des sommes dont il est débiteur* (C. Nap., art. 829). On peut dire de ces sommes, comme M. Demolombe le dit des choses données entre-vifs, qu'ayant été *emportées* du patrimoine du défunt, elles sont susceptibles d'y être rapportées (4). Or, le cautionnement peut être une cause de rapport à ce point de vue. Cela n'est pas douteux, par exemple lorsque le créancier a été payé par la caution, à défaut par le successible cautionné d'avoir satisfait à son obligation. Celui-ci est alors

---

(1) *Voy.* MM. Delamarre et le Poitvin (2ᵉ édit., t. III, nᵒˢ 89 et suiv.); Ponsot (nᵒ 22); Troplong (nᵒˢ 16 et 36); Massé (*Droit comm.*, 1ʳᵉ édit., t. VI, nᵒ 338; 2ᵉ édit., t. IV, nᵒ 2701).

(2) *Voy.* notre premier volume, nᵒˢ 572 et suiv.; nᵒˢ 583 et suiv.

(3) *Voy.* MM. Pardessus (*Droit comm.*, t. II, nᵒˢ 364 et suiv.); Delamarre et le Poitvin (*loc. cit.*, nᵒˢ 83 et suiv.); Troplong (nᵒ 37, et *Mandat*, nᵒˢ 373 et suiv.).

(4) M. Demolombe (*Success.*, t. IV, nᵒ 149).

débiteur de son auteur (*infrà,* art. 2028), tout comme s'il avait reçu, à titre de prêt, ce que son auteur a payé pour lui : en sorte que l'obligation du rapport résulte ici des termes mêmes de l'art. 829.

Mais ne pourrait-il pas y avoir lieu au rapport même dans le cas où la caution n'aurait encore rien payé pour le successible cautionné? Et à la charge de qui serait le rapport? A cet égard, une distinction peut s'induire des termes d'un arrêt rendu dans une affaire où la question a été sinon résolue, au moins nettement posée. Dans l'espèce, une mère avait cautionné la dette de son fils envers deux autres de ses enfants : le débiteur était tombé peu de temps après en faillite, et la mort de la mère avait suivi de près. Dans cette position, les créanciers, vis-à-vis desquels la mère s'était engagée comme caution, soutinrent que leur frère, ayant profité du cautionnement, en devait rapporter le montant à la succession. La prétention a été rejetée dans l'espèce (1); mais notons bien les termes de l'arrêt : ils ne décident pas qu'en thèse générale le rapport n'est pas dû par un successible à raison du cautionnement consenti par l'auteur commun; ils disent que, dans le cas particulier, le cautionnement ayant été inspiré à la mère par la pensée d'indemniser deux de ses enfants, auxquels la faillite de leur frère allait faire perdre la presque totalité de leur créance, l'avantage avait été pour ceux-ci plutôt que pour le failli, dont la position n'avait pas été changée par l'effet du cautionnement. Nous concluons de là, en droit, que le cautionnement par l'auteur commun de la dette d'un successible donne lieu au rapport soit à la charge du débiteur, soit à la charge du créancier, suivant qu'il a été consenti dans l'intérêt de l'un ou de l'autre. Est-il constant, comme dans l'espèce ci-dessus, que le cautionnement a été souscrit dans l'intérêt du cosuccessible créancier, ses cohéritiers exigeront de lui le rapport de ce qu'il aurait pu toucher par l'effet du cautionnement, et si la caution n'a encore rien payé, ils écarteront sa prétention, en tant qu'elle s'adresserait à l'actif de la succession, sauf à lui à se venger sur la part du débiteur son cohéritier (2). Au contraire, est-il certain que le cautionnement a été donné par l'auteur commun dans l'intérêt et pour l'avantage du débiteur cautionné, c'est celui-ci alors qui devra le rapport. Il n'y a aucun motif, assurément, pour l'en affranchir : on peut supposer, dirons-nous avec M. Demante, que le défunt a pris l'engagement de payer pour le successible débiteur, et, à son défaut, en considération de la part héréditaire de celui-ci, laquelle part devait garantir les cohéritiers des conséquences du cautionnement (3).

La question de savoir si les règles relatives à la réduction sont applicables en cette matière se résout également par une distinction. Il a été décidé que le cautionnement, consenti par un père, d'une dette de son fils, envers un tiers de bonne foi, ne peut, après le décès du père, être attaqué par ses autres enfants, sous prétexte qu'il grève leur légi-

---

(1) Req., 29 déc. 1858 (S. V., 59, 1, 209; Dalloz, 59, 1, 102; *J. Pal.*, 1860, p. 861).
(2) *Voy.* Paris, 21 déc. 1843 (Dalloz, 44, 2, 86; S. V., 44, 2, 80; *J. Pal.*, 1844, t. I, p. 366).
(3) *Voy.* M. Demante (*C. analyt. du C. Nap.*, t. III, n° 187 bis, IV).

time (1). Rien n'est plus juridique, en supposant que la caution n'a renoncé à aucun des recours qu'en cas de payement elle pourrait exercer contre le fils dont elle a cautionné la dette. Le cautionnement alors n'implique pas avantage au détriment des cohéritiers du successible cautionné ; c'est tout simplement une sûreté pour le tiers avec lequel ce dernier a contracté : et quant à la caution, elle n'est pas censée avoir donné dès qu'elle reste armée d'un recours éventuel au moyen duquel elle pourra, le cas échéant, recouvrer ce qu'elle aura payé. Mais c'est autre chose si la caution a renoncé par avance, en supposant qu'elle vînt à payer pour le successible débiteur, à exercer un recours quelconque contre ce dernier. Il y a alors un avantage réel grevant la légitime des autres cohéritiers ; et si le cautionnement ne peut pas être réduit vis-à-vis du créancier, dont la créance entière doit rester toujours garantie, l'avantage qui en résulte pour le débiteur successible n'en est pas moins réductible, le cas échéant, par application des art. 920 et suivants du Code Napoléon, dans les rapports de ce dernier avec les autres héritiers (2).

20. Comme tous les contrats de bienfaisance, le cautionnement est unilatéral. C'est reconnu par la doctrine à peu près unanimement. Seul M. Taulier (qui d'ailleurs ne conçoit pas l'existence de contrats unilatéraux (3), et qui ainsi supprime la division établie par la loi elle-même dans les art. 1102 et 1103 du Code Napoléon) regarde le cautionnement comme un contrat synallagmatique, en ce qu'il en résulte, selon lui, des engagements réciproques soit entre la caution et le créancier, soit entre la caution et le débiteur (4). La vérité est que le cautionnement n'engendre d'obligation qu'à la charge de la caution et en faveur du créancier. Quant à l'obligation qui incombe au débiteur de restituer à la caution ce que celle-ci aura payé pour lui, elle est purement éventuelle et hypothétique au moment où se forme le contrat de cautionnement ; elle ne naît pas essentiellement de ce contrat, et c'est bien plutôt dans le payement fait par la caution que dans le cautionnement même qu'elle prend naissance.

Au surplus, M. Taulier va contre sa propre doctrine lorsqu'à l'instant même où il vient de proclamer le caractère synallagmatique de la convention, il enseigne que l'acte qui la constate, lorsqu'il est sous seing privé, est valable quoique fait en un seul original. La solution est exacte, sans doute, et elle est généralement admise en doctrine et en jurisprudence (5) ; mais pourquoi ? Précisément parce qu'il s'agit là d'un contrat unilatéral. Si le contrat était synallagmatique, comme

---

(1) Cass., 5 avr. 1809 (S. V., 9, 1, 217 ; Coll. nouv., 3, 1, 41 ; Dalloz, 9, 1, 131 ; J. Pal., à sa date).
(2) Voy. M. Ponsot (n°° 23 et suiv.).
(3) M. Taulier (t. IV, p. 255 et suiv.).
(4) Id. (t. VII, p. 2 et 3).
(5) Voy. Grenoble, 10 juin 1825 (Dalloz, 25, 2, 192 ; S. V., Coll. nouv., 8, 2, 86 ; J. Pal., à sa date) ; MM. Duranton (t. XVIII, n° 298) ; Ponsot (n° 18) ; Troplong (n° 18) ; Massé et Vergé, sur Zachariæ (t. V, p. 59, note 5) ; Boileux (t. VI, p. 625) ; Mourlon (Rép. écrit., t. III, p. 451).

M. Taulier le suppose, l'acte, en un seul original, qui en constaterait
l'existence devrait être annulé par application de l'art. 1325, aux
termes duquel les actes sous seing privé qui contiennent des conventions synallagmatiques ne sont valables qu'autant qu'ils ont été faits en
autant d'originaux qu'il y a de parties ayant un intérêt distinct. Prenons donc la solution de M. Taulier en elle-même; laissons ce qu'elle
présente de contradictoire dans les doctrines de l'auteur, et reconnaissons que si la formalité du double écrit n'est pas ici nécessaire, c'est
qu'en principe le cautionnement est un contrat unilatéral et non synallagmatique.

21. En serait-il ainsi même dans le cas où la caution aurait stipulé
du créancier, comme condition de son engagement, quelque tempérament en faveur du débiteur principal, par exemple une prolongation
de délai? La question est délicate; toutefois c'est en fait seulement et
d'après une distinction qu'elle doit être résolue. La stipulation émane-
t-elle du débiteur principal, qui, traitant avec le créancier, a obtenu de
lui un délai sous promesse de lui fournir une caution, il y aura là, sans
doute, entre le débiteur et le créancier, une convention synallagmatique qui devra être rédigée en double original; mais le cautionnement
qui interviendra ultérieurement n'en restera pas moins unilatéral, en
sorte qu'il suffira pour la validité de l'acte qu'il soit rédigé en un seul
original. Au contraire, la caution se met-elle directement en rapport
avec le créancier, l'engagement qu'elle prend de payer pour le débiteur,
et le contre-engagement pris par le créancier de ne pas poursuivre avant
l'expiration du délai prorogé, donnent à la convention un caractère synallagmatique qui rend nécessaire la formalité du double écrit (1); toutefois, en cette dernière hypothèse, si le créancier, en accordant un
certain délai au débiteur, ne prenait aucun engagement de son côté et
se bornait à suspendre les poursuites pendant le délai demandé par la
caution, le contrat resterait unilatéral, et, par conséquent, l'acte constatant la convention serait valable, quoique rédigé en un seul original (2).

22. Mais si l'art. 1325 n'est pas, en thèse générale, applicable au cautionnement constaté par acte sous signature privée, il en est autrement
de l'art. 1326. Le législateur fixe par cet article les conditions de forme
auxquelles un écrit sous seing privé portant engagement d'une seule des
parties à payer à l'autre une somme d'argent ou une chose appréciable
fera preuve de l'engagement; il dit spécialement que le billet ou la promesse doit être écrit en entier de la main de celui qui le souscrit, ou
que, du moins, il faut qu'outre sa signature celui qui s'engage ait écrit

---

(1) *Voy.*, dans le sens de cette distinction, Rej., 14 mai 1817 (S. V., 18, 1, 47; Coll.
nouv., 5, 1, 318; Dalloz, 17, 1, 457); Req., 23 juill. 1818 (S. V., 19, 2, 242; Coll.
nouv., 5, 1, 509; Dalloz, 19, 1, 156); 22 nov. 1825 (S. V., 26, 1, 146; Coll. nouv.,
8, 1, 220; Dalloz, 26, 1, 9); Cass., 14 juin 1847 (S. V., 47, 1, 663; Dalloz, 47, 1, 244;
J. Pal., 1847, t. II, p. 318); Paris, 16 déc. 1814 (S. V., 16, 2, 168; Coll. nouv., 4, 2,
428); 17 fév. 1829 (S. V., 29, 2, 130; Coll. nouv., 9, 2, 211; Dalloz, 29, 2, 129).
(2) Req., 3 avr. 1850 (S. V., 50, 1, 246; Dalloz, 50, 1, 165; *J. Pal.*, 1850, t. I,
p. 671).

de sa main un bon ou un *approuvé* portant en toutes lettres la somme ou la quantité de la chose. Or, la disposition est applicable aux cautionnements comme aux obligations principales; dès lors, un acte de cautionnement qui, étant fait sous signature privée, ne serait pas écrit en entier de la main de la caution, ou tout au moins ne serait pas signé d'elle et revêtu d'un bon ou approuvé portant en toutes lettres le montant de la dette cautionnée, ne ferait pas preuve de la convention. C'est un point constant en doctrine et en jurisprudence (1).

Et la règle est applicable même quand le cautionnement accède à une obligation dont le montant est actuellement inconnu ou indéterminé. Ainsi, un cautionnement est souscrit sous seing privé pour assurer le payement de sommes que le débiteur doit en compte courant, en avances de caisse, ou qu'il pourra devoir par la suite, l'acte est insuffisant si, n'étant pas écrit en entier par la caution, il est revêtu d'un simple bon ou approuvé, sans énonciation, en toutes lettres, du montant des sommes cautionnées (2). Vainement le créancier dira-t-il que ces sommes étant inconnues ou indéterminées quant au chiffre, l'énonciation n'en a pas été possible. On répondra que lorsqu'il n'est pas possible de revêtir l'acte d'un bon ou approuvé dans les conditions déterminées par l'art. 1326, il y a lieu de recourir à l'autre moyen que ce même article signale en première ligne, et que le législateur tient, par conséquent, comme le plus propre à manifester l'intention et la volonté de celui qui s'oblige. Ce moyen est toujours à la disposition des parties, le créancier pouvant toujours exiger de la caution qu'elle écrive l'acte tout entier de sa main. Et c'est pour cela que l'acte sous seing privé, constatant la convention, reste sous l'application de l'art. 1326, alors même que l'obligation garantie est future ou actuellement indéterminée.

V. — 23. Enfin, avons-nous dit, c'est un des caractères du cautionnement qu'il engendre une obligation *personnelle* : il faut donc que la caution s'oblige personnellement envers le créancier. C'est par là que le cautionnement se distingue de l'hypothèque concédée par une personne pour sûreté de la dette d'un tiers. Ainsi Paul, pour assurer le payement d'une somme due par Pierre à Joseph, consent à affecter hypothécairement sa maison de Paris au profit de ce dernier : il n'y a pas là un cautionnement dans le sens de notre art. 2011 ; car Paul, qui n'a pas pris

(1) *Voy.* MM. Duranton (t. XIII, nᵒˢ 175 et 176); Pousot (nᵒ 20); Poujol (*Oblig.*, art. 1326, nᵒ 13); Zachariæ (§ 756 et note 59); Taulier (t. IV, p. 480, et VII, p. 4); Aubry et Rau (3ᵉ édit., t. VI, p. 391 et note 60); Massé et Vergé, sur Zachariæ (t. III, p. 504, note 19); Larombière (art. 1326, nᵒ 10); Boileux (t. VI, p. 625). — *Voy.* aussi Cass., 21 août 1827 (S. V., 28, 1, 80; Coll. nouv., 8, 1, 670; Dalloz, 27, 1, 471); Orléans, 14 janv. 1828 (S. V., 28, 2, 196; Coll. nouv., 9, 2, 9; Dalloz, 28, 2, 85); Paris, 14 mai 1846 (S. V., 46, 2, 299; Dalloz, 46, 2, 138; *J. Pal.*, 1846, t. II, p. 355); 20 août 1853 (*J. Pal.*, 1853, t. II, p. 280; Dalloz, 55, 5, 353); Bourges, 10 juin 1851 (*J. Pal.*, 1851, t. II, p. 36; Dalloz, 52, 2, 28; S. V., 51, 2, 681). *Voy.* cependant Paris, 13 mars 1816 (S. V., 17, 1, 48; Coll. nouv., 5, 2, 114); Lyon, 12 avr. 1832 (S. V., 33, 2, 428; Dalloz, 33, 2, 54).

(2) Req., 1ᵉʳ mars 1853 (*J. Pal.*, 1854, t. I, p. 14; S. V., 55, 1, 212; Dalloz, 54, 1, 342); Paris, 28 déc. 1853 (*J. Pal.*, 1854, t. I, p. 87); Douai, 28 nov. 1860 (*J. Pal.*, 1861, p. 16).

en même temps l'obligation subsidiaire de payer la dette de Pierre, n'est tenu, envers Joseph, que réellement, et à raison de l'immeuble affecté (1). Nous aurons à déduire ultérieurement les conséquences du principe (*voy.* notamment art. 2021, 2026, 2037). Notons seulement ici que de ce que le cautionnement constitue une obligation personnelle à la charge de la caution, il ne s'ensuit pas que les engagements de la caution ne passent pas à son héritier; l'art. 2017 dit précisément le contraire (voy. *infrà*, n°s 110 et suiv.).

2012. — Le cautionnement ne peut exister que sur une obligation valable.

On peut néanmoins cautionner une obligation, encore qu'elle pût être annulée par une exception purement personnelle à l'obligé; par exemple, dans le cas de minorité.

SOMMAIRE.

I.   24. L'art. 2012 formule une des conséquences ou un des corollaires dérivant du principe que le cautionnement est un contrat accessoire. — Division.
II.   25. Des obligations susceptibles d'être cautionnées. L'obligation de payer une somme est celle qui donne le plus fréquemment lieu à un contrat de cautionnement. — 26. Néanmoins, toute autre obligation de donner, de faire ou de ne pas faire, peut également être cautionnée : exemples. — 27. On peut même cautionner l'obligation d'une caution : renvoi; — 28. Ainsi qu'une obligation future ou conditionnelle; — 29. Et même incertaine. — 30. Résumé.
III.   31. Mais, en toute hypothèse, le cautionnement ne peut exister que sur une obligation valable. — 32. Applications et transition aux exceptions.
IV.   33. Des obligations annulables. Elles sont susceptibles d'être cautionnées. — 34. Application de l'exception aux obligations annulables pour incapacité; — 35. Et aux obligations annulables pour vice de consentement en cas de violence, de dol, d'erreur ou de lésion.
V.   36. Des obligations naturelles : elles peuvent aussi servir de base à un cautionnement. — 37. Il n'existe plus, dans notre droit, d'obligation naturelle dans le sens du droit romain; — 38. Que l'obligation naturelle ne doit pas être confondue avec les simples devoirs moraux ou de conscience; — 39. Que son effet le plus important, à savoir l'exclusion pour le débiteur de la faculté de répéter ce qu'il a payé, n'est pas propre seulement à l'obligation naturelle, et dès lors n'est pas caractéristique. — 40. En quoi consiste donc l'obligation naturelle? C'est celle qui, valable en elle-même, est annulée par la loi sur le fondement de présomptions générales qui peuvent se trouver fausses dans tel cas particulier. — 41. Le cautionnement intervenu pour garantir le payement d'une telle obligation est valable. *Quid* lorsque le cautionnement adhère à une obligation annulable qui, ayant été ensuite annulée, se transforme par là en obligation naturelle? Distinction.
VI.   42. Applications : obligations contractées par des incapables et annulées sur leur demande; le cautionnement en est valable; — 43. Sauf le droit, pour la caution, de prouver que l'obligation était non-seulement annulable, mais radicalement nulle, auquel cas la caution doit être déliée de son engagement. — 44. *Quid* dans le cas où l'incapable a traité sous une qualité, par exemple celle d'héritier, qui vient à lui être enlevée? — 45. *Quid* dans le cas où l'obligation

_____

(1) Cass., 25 nov. 1812 et 10 août 1814 (S. V., 13, 1, 177; 15, 1, 242; Coll. nouv., 4, 1, 231 et 603; Dalloz, R. alph., 2, p. 370; *J. Pal.*, à sa date). *Voy.* aussi MM. Duranton (t. XVIII, n° 296); Ponsot (n° 16); Troplong (n° 38); Aubry et Rau (t. III, p. 491); Massé et Vergé, sur Zachariæ (t. V, p. 58, note 1).

I. — 24. La loi déduit ici l'une des conséquences ou formule l'un des corollaires dérivant du principe que le cautionnement est un contrat accessoire. En effet, puisque tel est le caractère du cautionnement, il faut nécessairement qu'il existe une obligation principale à laquelle la convention puisse se rattacher : ceci, en premier lieu, s'induit de la disposition même de notre article.

Mais ce n'est pas tout : il ne suffit pas qu'il y ait une obligation principale à laquelle le cautionnement puisse adhérer; il faut que cette obligation soit valable. C'est une conséquence du même principe, et notre article prend le soin de l'exprimer : il est clair, en effet, que le cautionnement, contrat accessoire destiné à assurer l'exécution d'une obligation principale, ne saurait adhérer à une obligation dont la loi ne reconnaîtrait pas la validité.

Cependant, tous les vices dont une obligation peut être entachée ne sont pas également susceptibles de l'atteindre radicalement dans son existence; une obligation peut, quoique imparfaite, avoir une certaine existence dans la loi. Toutes les nullités dont une obligation principale pourrait être affectée ne sont donc pas également susceptibles d'invalider le cautionnement accessoirement stipulé. Si la nullité était personnelle à l'obligé, par exemple dans le cas de minorité, le contrat de cautionnement adhérerait avec efficacité à l'obligation principale, quoique cette obligation fût dans le cas d'être rescindée. C'est l'application de la doctrine indiquée plus haut (n° 2) touchant la double sûreté inhérente au cautionnement, dont l'objet est de protéger le créancier non pas seulement contre l'insolvabilité d'un débiteur valablement obligé, mais encore contre l'incapacité d'un débiteur solvable. — Par identité de raison, le cautionnement serait valablement ajouté même à une obligation que le droit civil ne reconnaîtrait pas si elle était sanctionnée par la loi naturelle.

Tels sont, par aperçu général, les points que l'art. 2012 consacre en termes exprès ou qui en résultent virtuellement. Nous avons à les reprendre et à donner sur chacun les détails qu'il comporte. Nous dirons ensuite, pour compléter notre commentaire de l'art. 2012, quelles personnes sont capables de se porter caution.

II. — 25. Le cautionnement, étant un contrat accessoire, ne peut par cela même avoir une existence indépendante : il ne saurait être qu'à la condition de se lier à une obligation principale. La condition est nécessaire, et, après les observations qui précèdent, elle n'a pas besoin d'être plus amplement expliquée. Mais la question, ici, est de savoir quelles sont les obligations susceptibles de servir de base à un contrat de cautionnement. Si on s'en tenait, à cet égard, à la réalité des choses, on serait porté à dire que les obligations susceptibles d'être cautionnées sont celles qui ont pour objet direct le payement d'une somme d'argent. C'est, en effet, à ces sortes d'obligations, spécialement à celle de l'emprunteur, que le contrat de cautionnement accède le plus fréquemment.

26. Cependant, toute autre obligation peut être cautionnée. Cela ne se limite pas même aux obligations de donner, bien que M. Duranton paraisse enseigner le contraire (1). La définition du cautionnement telle qu'elle était écrite dans la première rédaction de la loi se prêtait dans une certaine mesure à cette interprétation. « Celui qui se rend caution d'une obligation, disait en effet l'art. 1er du projet, s'oblige envers le créancier *à lui payer*, au défaut du débiteur, *ce que celui-ci lui doit*. » Mais le Tribunat fit remarquer que la rédaction présentait un sens limitatif, tandis que la disposition devait être généralisée ; qu'elle devait embrasser toute espèce d'obligation, tandis que d'après l'article il semblait que la loi s'appliquait au seul cas où l'on s'obligeait à payer une somme d'argent (2). La rédaction de l'art. 2011 a été modifiée, sur la proposition du Tribunat, dans le sens de ces observations ; et comme cet article exprime en termes généraux que « celui qui se rend caution *d'une obligation* se soumet envers le créancier *à satisfaire à cette obligation*, si le débiteur n'y satisfait pas lui-même », on n'hésite pas à reconnaître que toute obligation, de faire ou de ne pas faire aussi bien que de donner, peut également être cautionnée (3) : aussi n'est-il pas rare, au moins relativement, de voir, dans la pratique, l'obligation d'un vendeur ou celle d'un locateur de services garantie par une caution (4) ; l'obligation de la caution consiste alors, d'ailleurs comme celle du débiteur principal, à procurer au créancier la chose ou le fait promis, sinon à l'indemniser par des dommages-intérêts.

27. On peut même cautionner l'obligation d'une caution (voy. *infrà*, art. 2014, nos 87 et suiv.) ; la caution qui en cautionne ainsi une autre prend le nom de *certificateur de caution*, sous lequel elle est désignée par l'art. 135, § 5, du Code de procédure civile.

28. Une obligation future ou conditionnelle peut également servir de base à un cautionnement : *Adhiberi autem fidejussor tam futura quam præsenti obligationi potest, dummodo sit aliqua, vel naturalis futura obligatio* (1. 6, § 2, ff. *De Fidejussoribus et Mandatoribus*) (5). La prétention contraire s'est produite devant la Cour de Paris. Dans

---

(1) *Voy.* M. Duranton (t. XVIII, n° 315).
(2) Locré (t. XV, p. 310); Fenet (t. XV, p. 27).
(3) *Voy.* MM. Ponsot (n° 34); Troplong (nos 51 et 98).
(4) Comp. M. Troplong (nos 50 et 51).
(5) Pothier (*Oblig.*, n° 399); Domat (*Lois civ.*, liv. III, tit. IV, sect. 2, n° 4). *Voy.* aussi MM. Delvincourt (t. III, p. 253 et 254, note 4); Duranton (t. XVIII, n° 297); Aubry et Rau (t. III, p. 491); Mourlon (*Rép. écrit.*, t. III, p. 455).

l'espèce, deux négociants, en s'associant avec un troisième, avaient obtenu un acte de cautionnement par lequel les père et beau-père de ce dernier leur garantissaient toutes les sommes qu'ils seraient dans le cas d'avancer à leur fils et gendre soit pour mise de fonds, soit pour engagements personnels à leur associé, enfin et généralement tout ce que ce dernier pourrait devoir, pour sa quote-part, par suite des affaires de la société présentes et à venir. Des sommes fort considérables avaient été avancées sur la foi de cet acte de garantie; et quand les créanciers, réduits par l'insolvabilité de leur débiteur à l'unique ressource que leur offrait le cautionnement, s'adressèrent à la succession des cautions alors décédées, les héritiers opposèrent la nullité du cautionnement, en se fondant sur ce que pas une obligation n'existait encore à la charge du débiteur quand il avait été cautionné. Point de cautionnement, disaient-ils, sans obligation actuelle et certaine; ainsi celui d'une obligation future qui peut ne jamais exister, étant purement imaginaire, doit être annulé. C'était aller évidemment contre le principe de l'art. 1130 du Code Napoléon, d'après lequel les choses futures peuvent être l'objet d'une obligation. Or, tout accessoire qu'elle soit, l'obligation résultant du cautionnement n'en est pas moins une obligation. Ainsi manquait par la base le système produit, dans l'espèce, au nom des cautions. Il a donc été rejeté; et en condamnant les cautions à payer pour le débiteur principal, la Cour de Paris a dit, avec toute raison, que le cautionnement peut accéder très-valablement à une obligation à contracter aussi bien qu'à une obligation contractée (1). Les décisions judiciaires qui valident l'hypothèque créée pour sûreté d'un reliquat éventuel de compte courant, et pour sûreté d'un crédit ouvert (2), n'ont pas d'autre fondement.

Toutefois, si une obligation future est susceptible d'être cautionnée, c'est sous cette réserve que l'engagement résultant du cautionnement commencera seulement du jour où l'obligation principale sera contractée. C'est la force même des choses, l'essence d'un tel engagement, comme le fait remarquer Pothier, étant de ne pouvoir subsister sans une obligation principale. De là une conséquence déduite également par Pothier : c'est que jusqu'au moment où l'obligation principale prend naissance, le cautionnement peut être révoqué par la caution, à la charge toutefois par elle de notifier au créancier son changement de volonté (3).

29. Enfin, on peut cautionner une obligation même incertaine, pourvu qu'elle puisse ensuite être déterminée. La jurisprudence a fait l'application de la règle, et parfois, on peut le dire, non sans quelque exagération. Ainsi, elle a décidé qu'un gendre s'était obligé comme caution en se rendant garant, vis-à-vis des créanciers de son beau-père,

_____

(1) Paris, 13 mars 1816 (S. V., 17, 2, 48; Coll. nouv., 5, 2, 114; Dalloz, R. alph., t. II, p. 394; *J. Pal.*, à sa date).
(2) *Voy.* notre *Traité-Comment. des Priv. et Hyp.* (nᵒˢ 711 et suiv.).
(3) Pothier (*loc. cit.*). *Voy.* aussi Basnage (*Hyp.*, part. III, chap. VI). — *Sic* M. Delvincourt (*loc. cit.*).

de tout ce qui pouvait être dû par ce dernier (1). De même, elle a validé, à titre de cautionnement, l'engagement de garantir *tous les effets qu'un banquier aurait reçus du débiteur cautionné,* sans limite de temps ni de quotité (2). Mais, abstraction faite de ce qu'il peut y avoir d'exagéré dans ces décisions, où l'on voit que la dette, objet du cautionnement, était bien peu déterminée, on ne peut méconnaître qu'en droit le point de départ en est d'une exactitude parfaite. Sans doute, toute convention suppose un objet *certain* qui forme la matière de l'engagement : c'est, d'après l'art. 1108 du Code Napoléon, l'une des conditions essentielles à la validité de la convention. Toutefois, la loi précise ensuite que si la chose objet de l'obligation doit être certaine quant à l'espèce, elle peut être incertaine, quant à la quotité, pourvu qu'elle puisse être déterminée (C. Nap., art. 1129). Or, il n'y a pas de raison pour ne pas laisser sous l'empire de cette règle l'obligation que le cautionnement met à la charge de la caution (3). Il est dès lors vrai de dire qu'il n'est pas nécessaire, pour la validité du cautionnement, que les sommes auxquelles il s'applique soient déterminées à l'avance ; l'engagement est régulier et définitif dès que, les sommes étant déterminables, la caution peut faire son appréciation par elle-même et savoir à quoi elle s'est obligée. D'après cela, nous dirons, en spécialisant, que l'exécution d'un bail, d'une adjudication, d'un marché, peut être cautionnée ; qu'on peut cautionner aussi la gestion d'un comptable ; parce que si l'obligation du débiteur principal est incertaine, indéfinie, indéterminée dans toutes ces hypothèses, elle n'en est pas moins déterminable, en sorte que la caution s'oblige dans une mesure qu'il ne lui est pas impossible de fixer par la pensée.

30. Ainsi, en résumé, toute obligation peut être cautionnée. Quels qu'en soient l'objet et le but, le cautionnement peut s'y adjoindre et la soutenir. Civile ou commerciale, pure et simple ou conditionnelle, présente ou future, certaine et précise ou incertaine et indéterminée, l'obligation peut servir de base au contrat accessoire de cautionnement dans les conditions et dans les termes que nous venons d'indiquer.

III. — 31. Mais, dans tous les cas, la condition nécessaire à la validité du cautionnement, c'est que l'obligation principale dont le cautionnement a pour objet d'assurer l'exécution soit valable elle-même. Le principe, expressément formulé dans l'art. 2012, est évident par lui-même : nous avons eu déjà l'occasion de le montrer (*suprà*, n° 9). Il est manifeste, en effet, que si l'obligation principale est nulle, si elle n'a pas d'existence juridique, soit parce qu'elle est contraire à la loi ou aux bonnes mœurs, soit parce qu'elle est sans objet ou sans cause, l'obligation accessoire du cautionnement ne saurait y adhérer, ni par suite prendre naissance ; elle serait nulle elle-même, comme l'obligation principale, faute de base ou de cause légale.

---

(1) Grenoble, 10 juin 1825 (S. V., Coll. nouv., 8, 2, 86; Dalloz, 25, 2, 192).
(2) Req., 16 juin 1846 (S. V., 46, 1, 440; *J. Pal.*, 1847, t. I, p. 18; Dalloz, 46, 1, 284).
(3) *Voy.* MM. Ponsot (n° 36); Troplong (n° 511).

32. La jurisprudence contient, en assez grand nombre, des applications de ce principe si nécessaire que l'énoncer c'est le justifier. Ainsi, un traité intervient entre un tuteur et un mineur avant toute reddition du compte de tutelle; le cautionnement donné pour faire ratifier ce traité en temps utile est nécessairement nul, car le traité lui-même est entaché d'une nullité radicale comme contraire à la disposition formellement prohibitive de l'art. 472 du Code Napoléon (1). — Un copartageant, vendeur en même temps, s'oblige à ne pas exercer l'action en rescision pour cause de lésion; l'engagement pris de garantir toute action en rescision ou en lésion est radicalement nul, car la renonciation à l'action était elle-même frappée de nullité, comme contraire à la disposition formelle de l'art. 1674 (2). — Une donation déguisée est faite au profit d'un successible après épuisement de la quotité disponible; le cautionnement ajouté à une telle donation sera nul, car la donation est nulle elle-même, comme contraire aux principes constitutifs de la réserve légale : et fût-il stipulé que le cautionnement sera valable quoique l'obligation principale puisse être annulée pour une cause quelconque; fût-il certain, d'un autre côté, que la caution connaissait, en contractant, le vice de l'obligation principale, la caution n'en pourra pas moins exciper elle-même de la nullité du cautionnement et se faire délier (3). — Un acte de partage renferme, au profit de l'un des héritiers, un avantage plus grand que la loi ne le permet; le cautionnement ajouté à un tel acte sera invalidé, car le partage lui-même est nul, comme contraire au principe de l'égalité (4).

N'insistons pas davantage; aussi bien ces applications de la règle en précisent nettement le sens et la portée : il en résulte, en définitive, que lorsqu'une obligation est entachée d'un vice tel qu'atteinte dans son principe même elle n'a pas d'existence légale, le cautionnement ne saurait s'y adapter avec efficacité, car l'obligation principale n'étant pas alors susceptible d'une exécution valable, on ne concevrait pas qu'un tiers pût venir promettre et garantir qu'elle sera exécutée.

Ceci nous conduit naturellement aux restrictions que la règle comporte.

IV. — 33. Et d'abord, les nullités dont une obligation pourrait être affectée n'agissent pas toutes de la même manière et avec la même énergie. Il faut distinguer entre les nullités radicales et absolues et les nullités simplement relatives : les premières qui atteignent l'obligation dans son principe même et la détruisent; les secondes qui, tout en rendant l'obligation imparfaite, lui laissent cependant une certaine existence, en sorte qu'elle est non pas nulle à vrai dire et nécessairement, mais simplement annulable.

---

(1) Toulouse, 5 fév. 1822 (S. V., Coll. nouv., 7, 2, 21; Dalloz, 22, 2, 34).
(2) Pau, 12 janv. 1826 (S. V., Coll. nouv., 8, 2, 178; Dalloz, 26, 2, 114).
(3) Grenoble, 4 déc. 1830 (S. V., 32, 2, 166; Coll. nouv., 9, 2, 491; Dalloz, 32, 2, 116).
(4) Req., 15 juin 1837 (S. V., 38, 1, 477; J. Pal., 1838, t. I, p. 610; Dalloz, 38, 1, 137).

Or, les observations qui précèdent doivent s'entendre seulement des obligations qui seraient affectées d'une nullité de la première espèce. L'art. 2012, en disant « que le cautionnement ne peut exister que sur une obligation *valable* », se réfère spécialement à ce cas. L'obligation principale étant alors comme si elle n'avait jamais eu d'existence, le cautionnement y serait donc vainement ajouté, et quelles qu'aient été les dispositions des parties contractantes, la garantie stipulée ne lierait pas plus la caution accessoirement ou subsidiairement que l'obligation à laquelle le cautionnement a été ajouté ne lie principalement le débiteur lui-même. — Mais il n'en est pas ainsi quant aux obligations qui seraient affectées d'une nullité de la seconde espèce : les observations qui précèdent ne s'y appliquent pas, et c'est à ce cas que l'art. 2012 fait allusion, dans le second paragraphe, en disant « qu'on peut néanmoins cautionner une obligation, encore qu'elle pût être annulée par une exception purement personnelle à l'obligé ; par exemple dans le cas de minorité. »

34. Ainsi, plaçons-nous dans l'hypothèse même de la loi : une obligation a été consentie par un incapable, non pas seulement par un mineur (car l'art. 2012 ne parle de la minorité qu'à titre d'exemple), mais aussi par un interdit, par une femme mariée, ou généralement par une personne à qui certains contrats sont défendus par la loi (C. Nap., art. 1124); cette obligation, quoique annulable, n'en est pas moins susceptible d'être cautionnée avec efficacité ; car, comme le dit Domat (1), « bien que l'obligation du fidéjusseur ne soit qu'accessoire de celle du principal obligé, celui qui s'est rendu caution d'une personne qui peut se faire relever de son obligation, comme d'un mineur, ou d'un prodigue interdit, n'est pas déchargé du cautionnement pour la restitution du principal obligé, et l'obligation subsiste en sa personne, à moins que la restitution ne fût fondée sur quelque dol ou autre vice qui annulât le droit du créancier; mais la simple restitution du principal obligé est un événement dont le créancier avait prévu l'effet, s'assurant sa dette par la caution, qui de sa part n'avait pu ignorer cette suite de son engagement. »

35. Et maintenant sortons de l'hypothèse même de la loi : l'obligation a été consentie, non pas par un incapable, mais par une personne dont le consentement a été donné par erreur, surpris par dol ou arraché par violence ; ici encore nous disons, en principe du moins, qu'une telle obligation peut aussi être utilement cautionnée. Nous sommes toujours en présence d'une obligation simplement annulable : c'est par erreur, évidemment, que Treilhard a dit, en exposant les motifs de la loi, que les obligations entachées de dol, de violence ou d'erreur, *sont absolument nulles* (2). Or, répétons-le, l'obligation annulable existe quoiqu'elle soit imparfaite, et, tout entachée qu'elle soit d'un vice qui en peut amener la nullité, elle est provisoirement valable. Entre l'obliga-

---

(1) Domat (*Lois civ., loc. cit.*, sect. 1, n° 10).
(2) *Voy.* Locré (t. XV, p. 322); Fenet (t. XV, p. 38).

tion nulle radicalement et l'obligation annulable, il y a la même différence qu'entre un individu mort et un individu atteint d'une maladie grave dont il peut mourir sans doute, mais dont il peut aussi guérir. L'obligation annulable est dans ce dernier cas, ou, en termes juridiques, elle peut devenir inattaquable; et elle le devient en effet non-seulement quand elle est l'objet d'une ratification expresse, mais encore par suite de cette ratification tacite qui résulte notamment de l'inaction, prolongée pendant dix ans (art. 1304), de celui à qui la loi ouvrait l'action en rescision.

D'après cela, on pressent comment et dans quelle mesure nous avons dit que l'obligation annulable pour vices du consentement peut être utilement cautionnée.

L'obligation vient-elle à être ratifiée, le cautionnement dont elle a été accompagnée sera par là même validé.

On a dit, néanmoins, qu'en ce cas, et plus généralement lorsque l'obligation principale est annulable par suite d'un vice qui ne laisse pas subsister d'obligation naturelle, la caution peut, même après ratification par le débiteur principal, faire valoir pour son propre compte l'exception que ce dernier n'a pas voulu invoquer. Nous revenons là-dessus en précisant les exceptions que peut faire valoir la caution (*infrà*, art. 2036).

Au contraire, le débiteur principal, usant de l'action en rescision qui lui est ouverte, attaque-t-il et fait-il tomber l'obligation principale, l'obligation accessoire de la caution tombe par là même; car la nullité agissant alors rétroactivement, l'obligation principale est censée n'avoir jamais existé, ce qui fait de l'obligation de la caution une obligation désormais sans base et sans objet. Les travaux préparatoires du Code Napoléon sont fort explicites en ce sens. D'une part, le tribun Chabot a dit, dans son rapport au Tribunat : « Quant aux obligations contractées par erreur, par violence ou par dol, quoiqu'elles ne soient pas nulles de plein droit, néanmoins, comme elles donnent lieu à l'action en nullité ou en rescision, *l'effet de cette action est le même pour le cautionnement que pour l'obligation principale.* » (1) D'une autre part, le tribun Lahary, dans son discours au Corps législatif, a dit plus explicitement encore : « Si la nullité de l'obligation n'était que relative, comme dans le cas de l'erreur, de la violence ou du dol, elle ne ferait pas tomber le cautionnement *ipso facto*, et *sans l'appui de l'action en rescision...* » (2) — Il n'en serait autrement et le cautionnement ne subsisterait que dans le cas où l'annulation de l'obligation principale laisserait subsister une obligation naturelle.

V. — 36. En effet, et c'est ici une autre restriction qu'il importe de préciser, l'engagement non valable sur lequel, d'après le premier paragraphe de l'art. 2012, le cautionnement ne peut exister, s'entend d'un engagement qui n'est pas civilement obligatoire. L'engagement

---

(1) *Voy.* Locré (t. XV, p. 379); Fenet (t. XV, p. 48).
(2) *Voy.* Locré (t. XV, p. 379); Fenet (t. XV, p. 79).

obligatoire naturellement, en d'autres termes l'obligation naturelle, peut donc servir de base à un cautionnement. Car une telle obligation n'est pas nulle complétement; elle produit certains effets même civils, notamment elle ne permet pas la répétition de ce qui a été volontairement payé (C. Nap., art. 1235). Elle est donc valable, et quoiqu'elle soit imparfaitement valable, il suffit qu'elle le soit dans une certaine mesure pour qu'elle puisse être utilement cautionnée. C'est là un point de tradition (1) : il ne saurait faire difficulté sous l'empire du Code Napoléon. MM. Aubry et Rau se trompent en disant que celui qui a cautionné une dette purement naturelle ne peut être contraint à l'acquitter (2). Toutefois, il ne faudrait pas croire, comme quelques auteurs l'ont prétendu en se fondant sur la dernière partie de notre art. 2012, que le Code lui-même consacre expressément la validité du cautionnement adhérent à une obligation naturelle : c'est à l'obligation annulable que cet article se réfère exclusivement.

Quoi qu'il en soit, si l'on proclame, en général, le principe que les obligations naturelles peuvent aussi être cautionnées, on est loin de s'accorder sur la portée et les applications de ce principe.

37. Et d'abord, qu'est-ce qu'une obligation naturelle? En droit romain, où les actions établies par le droit civil et même par le droit prétorien étaient rigoureusement limitées, on appelait ainsi toute obligation non munie d'action. Mais, sauf l'action, ces obligations produisaient les mêmes effets absolument que les obligations civiles; elles étaient susceptibles d'être novées, cautionnées, même opposées en compensation : *Etiam quod natura debetur, venit in compensationem* (l. 6, ff. *De Compensationibus*). Aujourd'hui que tout droit, en général, est armé d'une action, il n'y a plus, évidemment, d'actions naturelles dans le sens du droit romain; et en l'absence de toute définition dans le Code, d'ailleurs fort incomplet sur ce point, chaque auteur a sa théorie sur les obligations naturelles.

38. Plusieurs, s'inspirant de la doctrine de Pothier, voient l'obligation naturelle dans tout lien de droit dérivant de l'équité et qui, sans être reconnu par le droit civil, n'en constitue pas moins un devoir de conscience. Les obligations naturelles, dit en effet Pothier, donnent un droit, non pas à la vérité dans le for extérieur, mais dans le for de la conscience (3). Mais cette définition vague, peu précise, tout à fait insuffisante pour caractériser et faire reconnaître sûrement une obligation naturelle, présente de plus cet inconvénient grave de confondre avec les obligations naturelles les simples devoirs moraux ou de conscience, par exemple le devoir de faire l'aumône à un plus pauvre que soi, qui, faute de caractère juridique et aussi d'objet certain, n'ont jamais constitué des obligations même naturelles, et qui, par suite, ne sauraient servir de base à un cautionnement valable : aussi Pothier décide-t-il que

---

(1) *Voy.* Domat (*loc. cit.*, sect. 1, n° 3).
(2) *Voy.* MM. Aubry et Rau, d'après Zachariæ (t. III, p. 494 et note 5; 3ᵉ édit.).
(3) Pothier (*Oblig.*, n° 197). *Voy.*, en ce sens, MM. Toullier (t. VI, nᵒˢ 377 et suiv.); Duranton (t. X, n° 34); Larombière (art. 1235, nᵒˢ 6 et suiv.).

les obligations naturelles telles qu'il les comprend ne peuvent être cautionnées, et les auteurs qui s'approprient sa définition sont-ils obligés de se ranger à cette opinion, au moins pour une partie des obligations par eux qualifiées naturelles (1). Seul M. Larombière enseigne que toute obligation de conscience est susceptible d'être cautionnée, parce que, dit-il, le cautionnement opère une novation qui transforme la dette naturelle en une dette civile (2). Mais il faudrait d'abord que la dette eût une existence juridique pour que cette transformation pût avoir lieu, puisqu'on ne saurait nover, pas plus que cautionner, une obligation inexistante. Et très-certainement l'existence juridique ne résulte pas de l'expression obligation *naturelle,* mal à propos employée pour désigner les simples devoirs de conscience.

39. On insiste néanmoins. L'obligation naturelle, dit-on, se reconnaît à son effet le plus important, qui est d'exclure la répétition, par le débiteur ou en son nom, de ce qui a été payé en exécution de l'obligation. Or les devoirs de conscience produisent précisément cet effet. Ils constituent donc des obligations naturelles. Mais prenons garde que le même effet peut avoir des causes diverses. Spécialement pour ce qui est de l'exclusion relative à la répétition de l'indu, elle peut avoir pour cause soit l'existence d'une obligation naturelle en exécution de laquelle le débiteur a payé, soit l'existence d'une donation en vertu de laquelle le donateur s'est dépouillé. Or ce qui, dans le cas d'un payement pour acquitter un devoir de conscience, par exemple pour faire l'aumône, exclut la répétition, c'est précisément cette dernière cause. C'est si vrai qu'en laissant de côté le cas ordinaire où l'aumône consiste en objets mobiliers et susceptibles d'être donnés de la main à la main, et en supposant le cas plus rare où l'aumône se manifeste par un abandon d'immeubles, tels qu'une chaumière, un coin de terre, il n'est personne qui ne subordonne la validité d'un tel abandon à l'accomplissement des formalités spécialement requises pour la donation.

Dans tous les cas, il est si vrai que l'exécution d'un devoir de conscience constitue une véritable libéralité et non un payement, qu'elle soumet incontestablement celui qui a reçu la chose à toutes les chances de résolution édictées par la loi en matière de donation, telles que le rapport, la réduction, la révocation pour survenance d'enfants au donateur, etc. Il ne faut donc pas dire que le devoir de conscience, parce qu'il exclut toute répétition de la part de celui qui a cru devoir y satisfaire, constitue l'obligation naturelle proprement dite. Et, d'ailleurs, les auteurs dont nous contestons la doctrine à cet égard y portent eux-mêmes l'atteinte la plus rude ; car si les devoirs de conscience constituaient de véritables obligations naturelles susceptibles d'être payées, la conséquence forcée serait que de telles obligations pourraient aussi être cautionnées, ce que ces auteurs, à l'exception de M. Larombière, n'admettent pas, comme nous venons de le dire.

---

(1) *Voy.* Pothier (*Oblig.*, n° 194). — MM. Toullier (t. VI, n° 395); Aubry et Rau t. III, p. 424, note 5). Comp. M. Troplong (n°ˢ 83 et suiv.).
(2) M. Larombière (*Oblig.*, art. 1235, n° 10).

40. Il est donc fort important de distinguer des simples devoirs de conscience les véritables obligations naturelles. Ces dernières ont pour caractère, comme l'a fort bien démontré Marcadé (1), d'être valables en elles-mêmes, objectivement, et de n'être annulées par la loi que sur le fondement de certaines présomptions générales qui peuvent se trouver fausses dans tel cas particulier, de façon que si celui-là même en faveur de qui de semblables présomptions ont été établies, ou d'autres en son nom, viennent reconnaître, par quelque acte volontaire, que ces présomptions se sont trouvées fausses par rapport à lui, les présomptions tombent, et l'obligation acquiert, vis-à-vis des auteurs de l'acte en question, la force et la perfection d'une obligation civile.

L'acte volontaire qui donne ainsi la vie à une obligation naturelle est ou un payement, ou une novation, ou un cautionnement, ou encore une compensation à laquelle le débiteur aurait consenti, et qui tiendrait lieu de payement. Mais ce ne saurait être, comme pour les obligations naturelles du droit romain, une compensation ordinaire, puisque cette compensation est chez nous un acte non pas volontaire, mais forcé, et qui même se produit de plein droit.

41. Pour revenir spécialement au cautionnement, nous tenons donc comme valable tout cautionnement intervenu pour garantir l'acquittement d'une obligation naturelle. Mais ajoutons que si la caution a garanti une obligation annulable (par exemple celle d'un mineur), dont la nullité est ensuite prononcée, et qui se transforme alors en une obligation naturelle, il y aura à rechercher, pour dire si le cautionnement continue d'adhérer à l'obligation ainsi transformée, l'intention de celui qui s'est porté caution. A-t-il eu simplement en vue le cas où l'obligation serait ratifiée par le débiteur principal, et n'a-t-il entendu garantir le créancier que contre l'insolvabilité de ce débiteur, l'annulation de l'obligation principale entraînera avec elle l'extinction du cautionnement. Au contraire, a-t-il entendu s'engager même pour le cas où l'annulation de l'obligation principale serait prononcée, a-t-il eu en vue non-seulement l'obligation telle qu'elle existe au moment où le cautionnement intervient, mais encore l'obligation naturelle qui pourra y être substituée, il répond alors au créancier de tous les risques; il le couvre et contre les effets de l'insolvabilité du débiteur principal, et contre les suites de l'incapacité. C'est ce que la loi 95, § 3, ff. *De Solut.*, explique fort bien pour le cas de minorité.

Du reste, on le comprend, cette dernière hypothèse est celle qui se réalise habituellement. Le créancier lui-même, avant d'accepter une obligation annulable, exige la présence ou l'intervention d'une caution qui le garantisse contre le double danger auquel il est exposé. C'est donc cette situation qui sera naturellement présumée, en sorte que ce serait à la caution à prouver son dire si elle prétendait ultérieurement

---

(1) Marcadé (sur l'art. 1235, II et III, t. IV, nᵒˢ 669 et suiv. — Comp. art. 1272, III, t. IV, nᵒˢ 751 et suiv.) *Voy.*, en ce sens, Bigot-Préameneu (Exposé des motifs, Locré, t. XII, p. 364); M. Massol (*Traité de l'obligation naturelle*); Aubry et Rau (3ᵉ édit., t. III, p. 1 et note 2).

qu'elle n'a pas entendu s'engager pour le cas où l'obligation principale viendrait à être annulée.

Ceci posé, voyons, en nous attachant aux cas principaux, quelles sont les obligations naturelles qui, d'après ces doctrines, peuvent être l'objet d'un cautionnement.

VI. — 42. Et d'abord, il faut placer dans ce cas les obligations contractées par des incapables et annulées plus tard sur leur demande. Nous relevons, à ce propos, dans la jurisprudence, une décision de laquelle il résulte que l'annulation d'une vente consentie par un mineur qui plus tard s'est fait restituer contre le consentement par lui donné n'entraîne pas la nullité de l'engagement d'un tiers sous le cautionnement duquel la vente avait été faite, et que le cautionnement ayant pu être ajouté à la vente, la caution reste obligée nonobstant la rescision, et doit garantie (1). C'est là une décision d'une exactitude parfaite. La présomption de la loi, quant aux incapables, est qu'ils ne sont pas dans le cas de donner un consentement réfléchi et éclairé; l'annulation, sur leur demande, des engagements par eux contractés, n'a pas d'autre fondement. Mais cette annulation ne fait pas que l'incapable, au moment où il a contracté, ne se soit pas trouvé, en fait, dans le cas de donner un consentement libre et éclairé : par exemple, que le mineur n'ait pas eu, contrairement à la présomption de la loi, l'intelligence nécessaire pour apprécier la portée de ses actes; que l'interdit n'ait pas consenti dans un intervalle lucide; etc. Or, dans ce cas, l'engagement qui tombe, et qui doit tomber comme obligation civile par l'effet d'une présomption légale, subsiste comme obligation naturelle susceptible d'être utilement cautionnée. Donc le cautionnement ajouté à l'obligation contractée par un incapable est valable et obligatoire, et cela même s'il intervient après que l'obligation principale est annulée ou rescindée (2).

43. Et néanmoins nous admettons que la caution pourrait se faire délier de son engagement en prouvant que la présomption de la loi était pleinement justifiée, c'est-à-dire que l'obligation principale était non pas annulable seulement, mais même radicalement nulle faute de consentement, en ce que, par exemple, elle a été prise par un mineur à peine âgé de quelques années ou par un interdit dans un moment de folie. *Si a furioso stipulatus fueris, non posse te fidejussorem accipere, certum est : quia non solum ipsa stipulatio nulla intercessisset, sed ne negotium quidem ullum intelligitur* (l. 70, § 4, ff. *De Fidej.*) (3). Ainsi,

---

(1) Cass., 30 nov. 1812 ; Rej., 30 mai 1814 (S. V., 14, 1, 201; 16, 1, 140; Coll. nouv., 4, 1, 236 et 569; Dalloz, 14, 1, 376; 15, 1, 551).
(2) *Voy.*, en ce sens, MM. Toullier (t. VI, n°° 293, 385 et 394); Duranton (n°° 306 et 308); Ponsot (n°° 63 et 65); Troplong (n°° 73 et 80); Aubry et Rau (t. III, p. 4); Massol (*Oblig. nat.*, p. 268 et 278). *Voy.* aussi M. Delvincourt (t. III, p. 253, note 4), qui cependant n'admet la solution qu'en ce qui concerne l'obligation contractée par le mineur, celle de l'interdit ne lui paraissant, en aucun cas, susceptible d'être la base du contrat accessoire de cautionnement. *Junge :* M. Solon (*Des Nullités*, n° 281).
(3) *Voy.* encore l. 6, ff. *De Verb. Oblig.*; Gaïus, Comm. III, § 109; *Inst., De Inut. Stip.*, 3, 19.

tout manque en ce cas, et il est vrai de dire qu'il n'y a pas même une obligation naturelle sur laquelle le cautionnement puisse s'appuyer (1).

Ce n'est pas qu'à notre avis le payement d'une pareille obligation ne pût pas être garanti par un tiers qui s'engagerait à payer à défaut par l'incapable de payer lui-même. L'engagement de ce tiers serait obligatoire, sans doute; mais nous n'y verrions pas le contrat de cautionnement : ce serait une obligation principale constituant, au fond, une donation conditionnelle dont la validité, dès lors, serait subordonnée à l'accomplissement des formalités requises pour ce contrat, et à laquelle il faudrait appliquer aussi toutes les règles qui lui sont propres.

44. Les auteurs, en général, assimilent à ce dernier cas celui où la restitution obtenue par l'incapable lui enlève une qualité en laquelle il avait contracté, par exemple celle d'héritier qu'il aurait prise sans l'accomplissement des formalités nécessaires. Si l'incapable, dit-on, en obtenant *sa restitution contre la qualité d'héritier,* fait tomber les engagements par lui contractés en cette qualité, ces engagements disparaissent avec le titre d'héritier, et avec ces engagements s'évanouissent les cautions données pour en garantir l'exécution (2). Nous contestons, quant à nous, cette dernière proposition, parce que le cautionnement reste encore soutenu par l'obligation naturelle, qui, de même que dans tous les autres cas où il s'agit d'actes passés par un incapable, survit à l'obligation civile annulée. Pour qu'il en fût autrement ici, pour que le contrat de cautionnement s'évanouît avec la qualité d'héritier, il faudrait qu'il n'y eût plus même d'obligation naturelle, et c'est ce que n'établissent pas les auteurs, dont l'opinion, d'ailleurs, à en juger par le mot *restitution* qu'ils emploient, paraît n'être qu'un souvenir inopportun du droit romain. Aussi pensons-nous que la jurisprudence n'hésiterait pas à maintenir, au profit du créancier, la garantie qu'il aurait stipulée contre la destruction possible du titre pris par son débiteur incapable : c'est, au surplus, ce qu'elle a fait pressentir en décidant que, dans une vente sur licitation entre majeurs et mineurs, les colicitants majeurs peuvent valablement garantir ou cautionner la vente, relativement aux mineurs, vis-à-vis de l'adjudicataire (3).

45. Mais il ne saurait être question de nullité *relative* quand l'acte intéressant le mineur ou l'interdit est passé par le tuteur, sans l'accomplissement des formalités spéciales auxquelles cet acte serait soumis. En ce cas, l'acte fait contrairement aux dispositions formelles de la loi est sans existence légale : la nullité qui l'affecte est de celles qui, suivant ce que nous disons au n° 31, ne laissent rien subsister, pas même une obligation naturelle (4), en sorte que l'acte n'étant pas susceptible d'être exécuté, l'exécution n'en saurait être utilement promise.

46. Passons à l'obligation consentie, sans autorisation, par la femme

---

(1) *Voy.* M. Ponsot (n° 39 et 45). Comp. M. Troplong (n° 80 et 81).
(2) *Voy.* Pothier (*Oblig.,* n° 381). MM. Delvincourt (t. III, p. 253, note 4); Grenier (*Hyp.,* n° 55); Ponsot (n° 64); Troplong (n° 76).
(3) Cass., 6 juin 1821 (S. V., 22, 1, 274; Coll. nouv., 6, 1, 447; Dalloz, 21, 1, 365).
(4) *Voy.* Marcadé (sur l'art. 1305, II et III).

mariée. Ici encore, il y a un engagement naturel qui survit à l'obligation annulée, et qui dès lors peut servir de base au cautionnement (1). Dans les coutumes où la femme qui est en puissance de mari ne peut point s'obliger du tout, dit Domat (2), si le mari se rend caution de l'obligation de sa femme, il sera obligé, quoique l'obligation de la femme demeure toujours nulle. Pothier était cependant, sur ce point, d'un avis différent. Selon lui, on ne doit pas comparer, sous ce rapport, la femme sous puissance de mari au mineur. L'obligation d'un mineur n'est pas nulle ; la voie de la restitution que les lois lui accordent contre son obligation suppose une obligation : il y'en a donc une à laquelle des cautions peuvent accéder. Au contraire, l'obligation d'une femme sous puissance de mari, qui contracte sans être autorisée, est absolument nulle ; il n'y a aucune obligation à laquelle la caution ait pu accéder (3). Il n'en est plus de même aujourd'hui. L'engagement pris par la femme non autorisée est annulé par la loi, sous la présomption d'une atteinte portée à l'autorité maritale ; mais la nullité qui résulte ici du défaut d'autorisation est de même nature que la nullité résultant de la minorité, par rapport à l'obligation consentie par un mineur. On peut donc reconnaître ici encore que, même après qu'elle est prononcée, la nullité ne fait pas que la présomption de la loi ne puisse se trouver fausse dans tel ou tel cas spécial où la femme a contracté sans être autorisée ; et, par suite, qu'à l'obligation civile annulée survit une obligation naturelle, laquelle est susceptible d'être cautionnée.

Il en est ainsi alors même qu'il s'agit de la vente d'un fonds dotal, où la présomption de la loi est que la femme compromet par là la fortune et l'avenir de ses enfants. Nous en avons dit les raisons dans le *Traité du Contrat de mariage* que nous avons publié avec M. Rodière (4) ; nous ne pouvons que nous y référer.

47. Ainsi en est-il, à plus forte raison, des obligations consenties par le mineur émancipé (5), par la personne pourvue d'un conseil judiciaire et par le prodigue (6). Le mineur émancipé, le prodigue, l'individu pourvu d'un conseil judiciaire, s'ils s'engagent librement, seront toujours tenus au moins d'une obligation naturelle, puisque la loi ne présume jamais chez eux le défaut absolu de consentement.

La solution est contestée en ce qui concerne l'engagement pris par un mineur émancipé et rescindé par suite de la mauvaise foi du contractant (C. Nap., art. 484) (7). Et certes, si cette mauvaise foi constituait un vol caractérisé, elle aurait pour effet de supprimer jusqu'à

---

(1) *Voy.* **MM.** Toullier (t. VI, n° 394) ; Duranton (t. XVIII, n° 305) ; Solon (*Des Nullités,* t. II, n°ˢ 273 et suiv.) ; Ponsot (n° 67) ; Troplong (n° 82) ; Massol (*loc. cit.,* p. 282).
(2) Domat (*Lois. civ., loc. cit.,* sect. 1, n° 3).
(3) Pothier (*Des Oblig.,* n° 395). *Voy.* aussi M. Grenier (*Hyp.,* t. I, n° 35).
(4) *Traité du Contrat de mariage* (1ʳᵉ édit., t. II, n° 588 ; 2ᵉ édit., sous presse, t. III, n° 240).
(5) MM. Ponsot (n° 63) ; Troplong (n°ˢ 77 et suiv.).
(6) MM. Solon (*Des Nullités,* t. II, n° 280) ; Massol (*Oblig. nat.,* p. 280).
(7) *Voy.* MM. Delvincourt (t. III, p. 253, note 4) ; Duranton (t. XVIII, n° 300).

l'obligation naturelle, ce qui, comme conséquence nécessaire, ferait tomber le cautionnement. Mais si elle consistait simplement dans une certaine facilité à se prêter aux dépenses exagérées du mineur (1), la rescision laisserait néanmoins subsister une obligation naturelle qui soutiendrait le cautionnement (2).

48. Les obligations entachées de vices du consentement, violence, dol, erreur ou lésion, sont également annulables. Toutefois, l'annulation a ici pour fondement, non pas une présomption établie par la loi, mais la preuve acquise du fait même, de la violence, du dol, de l'erreur ou de la lésion, qui a vicié le consentement. Par cela même on ne peut pas dire qu'une obligation naturelle survive à l'obligation civile annulée (voy. *suprà*, n° 35, *in fine*). Donc, s'il arrive qu'un tiers intervienne et garantisse l'exécution même pour le cas où la nullité de l'obligation serait ultérieurement prononcée, l'engagement de ce tiers constituera non point un cautionnement, mais une obligation distincte, principale et conditionnelle.

49. Nous retranchons de même du nombre des obligations naturelles celles que la loi ne sanctionne que sous certaines conditions qui n'ont pas été remplies : ainsi les obligations dérivant d'un lien de parenté non reconnu par la loi ou non établi dans les formes légales, par exemple le lien qui unit à son père un enfant adultérin ou un enfant naturel non reconnu ; ou les obligations imposées à un héritier légitime par un testament irrégulier, une prière verbale, un fidéicommis. Certains auteurs (3), trompés par une définition dont l'inexactitude a été ci-dessus démontrée (*suprà*, n° 37), voient là des obligations naturelles qui, quoiqu'elles soient susceptibles d'être payées, ne peuvent pas être cautionnées. Nous y voyons des obligations inexistantes, de par la loi, en vertu d'une idée autre que celle d'une présomption générale : c'est, selon nous, le motif véritable pour lequel le cautionnement n'y peut pas être utilement ajouté.

50. Suivant les auteurs, on n'en pourrait pas dire autant des obligations éteintes par l'effet soit du serment décisoire, soit de la chose jugée, soit de la prescription, trois cas qu'on assimile généralement, et entre lesquels il y a lieu, selon nous, de distinguer.

A tort ou à raison, notre Code considère le serment non comme une présomption, mais comme une transaction, à ce point que la fausseté en fût-elle établie par une procédure criminelle, le serment prêté n'en produirait pas moins ses effets (4). Pour soutenir que le serment décisoire laisse subsister après lui une obligation naturelle, il faudrait donc aller jusqu'à dire qu'à la transaction survit une telle obligation à la charge de la partie qui se trouve avantagée, ce qui serait inadmissible. Dès lors, pas plus que les devoirs imposés par la parenté extra-légale ou

---

(1) *Voy.* Marcadé (sur l'art. 484, t. II, n° 300).
(2) *Voy.* MM. Ponsot (n° 63); Troplong, n° 79).
(3) Toullier (t. VI, n° 384); Duranton (t. X, n° 37); Massol (p. 222).
(4) *Voy.* Marcadé (art. 1358 à 1360, I; 1361 à 1364, III). *Contrà* M. Duranton (t. XIII, n° 600).

par un testament irrégulier, l'obligation éteinte par un serment décisoire ne laisse après elle une obligation naturelle à laquelle le cautionnement puisse utilement accéder (1). Mais il convient d'excepter le cas
où la partie refuse de prêter le serment qui lui est déféré. On ne peut
pas dire, en ce cas, qu'il y ait transaction, puisque précisément la transaction qui était offerte a été rejetée. La solution qui précède n'est donc
pas applicable : le cas se confond alors, mais alors seulement, avec
celui où une obligation est éteinte par l'effet de la chose jugée.

51. La chose jugée diffère essentiellement, sous le rapport qui nous
occupe, du serment décisoire lorsqu'il a été prêté; et c'est bien à tort
que les deux cas sont assimilés (2). Il ne peut pas être question ici de
transaction, puisqu'il est de l'essence de la transaction d'être volontaire, tandis que la chose jugée se produit malgré la partie condamnée.
La vérité est que le jugement n'établit rien qu'une simple présomption
en faveur de la partie qui a gagné son procès. Et dès lors, c'est le cas
de dire qu'au jugement survit une obligation naturelle qui peut servir
de base à un cautionnement.

52. Marcadé place dans le même cas une obligation atteinte par une
prescription acquise et opposée par le défendeur au demandeur (3).
Nous ne saurions admettre cette doctrine, qui, émise incidemment et
à titre de démonstration par notre judicieux prédécesseur, n'a été produite évidemment que par inadvertance. Marcadé lui-même s'est élevé
avec énergie contre ceux qui considèrent la prescription comme reposant sur une simple présomption; il a démontré qu'elle est bien véritablement, suivant la définition de l'art. 2219, un mode d'acquérir et de
se libérer, puisque celui qui l'invoque et prouve qu'il réunit les conditions requises à cet effet doit triompher, alors même qu'il serait prouvé
et que tout le premier il avouerait lui-même qu'il n'a jamais acquis,
du véritable propriétaire, le bien, ou payé la dette qu'on lui réclame (4).
Et s'il fallait justifier cette disposition, il suffirait de faire remarquer que
la propriété, ayant surtout sa raison d'être dans l'usage de l'objet ou
l'exercice du droit approprié, doit se perdre de la manière inverse,
c'est-à-dire par le non-usage de la chose ou le non-exercice du droit.
Quoi qu'il en soit, bonne ou mauvaise, la loi est formelle; et devant
son texte précis, il n'est pas possible de ne pas dire que l'obligation
prescrite n'existe plus même naturellement : d'où il suit qu'elle ne peut
pas être utilement cautionnée (5).

Mais la solution s'applique seulement aux prescriptions proprement
dites; elle est inapplicable aux petites prescriptions qui permettent de
déférer le serment à celui qui les invoque (C. Nap., art. 2275), et qui

---

(1) *Voy.* cependant MM. Duranton (t. X, n° 41); Ponsot (n° 71); et l'Exposé des
motifs de M. Bigot-Préameneu (Locré, t. XII, p. 364).
(2) *Voy.* les auteurs cités à la note précédente.
(3) *Voy.* Marcadé (sur l'art. 1235, II; t. IV, n° 669). *Voy.* aussi M. Mourlon
(t. III, p. 453 et 454).
(4) *Id.* (sur l'art. 2219, II).
(5) *Voy.* les auteurs déjà cités. *Junge :* M. Troplong (n° 30).

ne reposant, celles-là, que sur de simples présomptions, laissent certainement une obligation naturelle après que le débiteur s'en est autorisé pour se libérer.

53. Telles sont, quant à l'application du principe ci-dessus posé (*suprà*, n° 40), les différences que comportent, selon nous, trois cas fort distincts, et fort mal à propos réunis et confondus, par la généralité des auteurs, sous la dénomination, d'ailleurs peu précise, empruntée à l'Exposé des motifs du titre *Des Obligations*, d'*exceptions péremptoires opposées par la loi à une obligation civile* (1). Le serment, la chose jugée et la prescription exigeaient chacun un examen séparé, parce que, comme on l'a vu, l'application des principes conduit, en ce qui les concerne, à des solutions spéciales et distinctes; et c'est à tort, à notre avis, qu'ils ont été, sous ce rapport, systématiquement assimilés.

54. Après ce que nous avons dit du jeu et du pari dans notre *Traité-Commentaire des Contrats aléatoires*, on comprend que, dans l'ordre d'idées où nous sommes ici placé, nous n'avons pas à nous occuper de ces sortes de conventions. Quelques auteurs, les y ramenant, enseignent que les dettes de jeu ou de pari engendrent, *à défaut d'obligation civile*, une obligation naturelle que le cautionnement peut soutenir, en ce que, disent-ils, la loi n'annule la convention que sous une présomption de déraison et d'immoralité qui doit tomber devant un cautionnement, comme elle tombe devant un payement volontaire (art. 1967) (2). D'autres auteurs soutiennent, au contraire, que l'obligation contractée pour dette de jeu ou de pari n'a aucune valeur en justice, puisqu'elle est destituée de toute action par la loi (art. 1965), et que dès lors le cautionnement ne peut pas la soutenir (3). Et M. Troplong, rappelant une doctrine de Pothier, étend cette solution et va jusqu'à dire que les cautions ne s'obligent pas valablement envers un cabaretier pour une dette de cabaret (4). En ce dernier point, d'abord, la solution est inadmissible. Quelque défavorable que soit la cause de la dette contractée envers un cabaretier, le législateur n'a pas même dit de cette dette, comme il l'a dit de la dette de jeu ou de pari, qu'elle serait destituée de toute action ; la dette engendre donc non-seulement une obligation naturelle, mais même une action civile à laquelle, incontestablement, un cautionnement pourrait aujourd'hui très-valablement accéder.

Mais nous allons plus loin : il en est, selon nous, des dettes de jeu ou de pari comme des dettes de cabaret, en ce sens que (sauf en un cas particulier, celui où la cause de la dette serait *un pari sur la hausse ou la baisse des effets publics*, cas où, la convention étant radicalement nulle comme constituant un délit, le cautionnement ne saurait y être accessoirement rattaché) le contrat de jeu et de pari est un *contrat ci-*

(1) Locré (t. XII, p. 364).
(2) C'est notamment l'avis de Marcadé (art. 1235, t. IV, n° 669). *Voy.* aussi MM. Delvincourt (t. II, p. 452, note 5); Toullier (t. VI, n°s 381 et 382); Aubry et Rau (t. III, p. 4).
(3) *Voy.* MM. Duranton (t. X, n° 270); Ponsot (n°s 46 et 73); Massol (*Oblig. nat.*, p. 101); Troplong (n° 85).
4) Pothier (*Des Oblig.*, n° 194); M. Troplong (*loc. cit.*).

vil, reconnu, consacré par la loi civile, et engendrant une obligation qui, toute destituée qu'elle soit d'action en justice, n'en est pas moins une obligation *civile*. Nous en avons dit les raisons dans notre *Traité des Contrats aléatoires* (1). La convention peut donc, comme toute autre convention civile, être l'objet du cautionnement ; seulement les effets du cautionnement devront se combiner ici avec les dispositions des art. 1965 et 1967, en ce sens, d'une part, que la caution pourra, aussi bien que le débiteur principal, opposer l'exception de jeu, et, d'une autre part, que la caution, si elle a satisfait à l'obligation faute par le débiteur d'y avoir satisfait lui-même, ne pourra répéter ce qu'elle aura payé ni contre le débiteur principal dont elle aura soldé la dette, ni contre le créancier entre les mains de qui le payement aura été effectué. C'est un point que nous avons également essayé de démontrer (2).

55. Ajoutons enfin, avec les auteurs (3), qu'il y a lieu de classer parmi les obligations naturelles susceptibles d'être cautionnées l'obligation qui pèse sur le failli concordataire de désintéresser intégralement ses créanciers malgré la remise qu'il a obtenue. Le concordat par lequel remise a été faite d'une partie de la dette n'a d'autre fondement que la présomption qu'il est impossible au failli de satisfaire à la totalité de ses engagements. Or la présomption tombe et s'évanouit par l'effet du cautionnement qui vient promettre que les engagements seront exécutés et les créances acquittées dans leur intégralité.

VII. — 56. Nous avons discuté les difficultés qui peuvent se présenter sur le point de savoir quelles obligations sont susceptibles d'être cautionnées. Il résulte de notre examen, en résumé, que le cautionnement s'adapte avec efficacité non-seulement à toute obligation valable, mais encore aux obligations simplement annulables et aux obligations naturelles proprement dites ; et que les seules obligations qui ne comportent pas l'adjonction d'un contrat accessoire de cautionnement sont celles qui, étant radicalement nulles ou sans existence légale, ne sont pas susceptibles d'être valablement exécutées, et par cela même sont exclusives de l'idée qu'un tiers en puisse promettre ou garantir l'exécution. Nous avons indiqué, sur chacun de ces points, les difficultés principales qui peuvent se produire. On pourrait en voir se présenter et surtout en imaginer beaucoup d'autres ; mais la solution en serait facile, ce nous semble, à l'aide du principe qui nous a servi de point de départ et des applications que nous en avons faites, et qu'il serait inutile de multiplier davantage.

Disons donc quelques mots, pour compléter ce qui se rapporte aux éléments du contrat de cautionnement, sur le point de savoir quelles personnes sont capables de contracter comme caution.

---

(1) *Suprà*, t. I, n° 603.
(2) *Voy. loc. cit.*, n°s 644 et 645.
(3) *Voy.* M. Duranton (t. X, n° 40) ; Massé (*Droit comm.*, 1re édit., t. VI, n° 345 ; 2e édit., t. IV, n° 2710) ; Ponsot (n° 70) ; Massol (*Oblig. nat.*, p. 270 et suiv.). Comp. MM. Aubry et Rau (t. III, p. 4).

57. A cet égard, il ne saurait y avoir de difficulté sérieuse : le principe est que le cautionnement, contrat de bienfaisance dans les rapports de la caution et du débiteur principal (*suprà*, nos 15 et suiv.), exige que la caution ait la capacité requise pour tous les autres contrats de bienfaisance. Il faut rectifier en ce sens la formule des auteurs qui, reproduisant en général celle de Pothier et s'appuyant sur l'art. 2018, exigent seulement que la caution ait la capacité de s'obliger, et enseignent « qu'il n'y a de personnes incapables de cautionner que celles qui sont incapables de contracter. » (1) On peut opposer à cette doctrine que le tuteur, par exemple, a la faculté de *contracter*, sauf l'accomplissement des formalités requises, tandis qu'il ne lui est permis en aucune façon *de se porter caution* au nom de son pupille. Disons donc, pour plus d'exactitude, que la capacité de la caution doit être celle qui est requise pour faire un contrat de bienfaisance.

Ainsi le cautionnement est absolument interdit aux mineurs, qui, même émancipés, ne pourraient pas s'obliger valablement comme cautions pour les affaires d'autrui : l'émancipation, en effet, confère au mineur, selon l'observation de Pothier, le pouvoir seulement d'administrer ses biens, et il est évident que le cautionnement pour les affaires d'autrui ne fait pas partie de cette administration. — Le cautionnement est également défendu d'une manière absolue aux interdits et aux personnes placées dans un établissement d'aliénés. Il était également interdit aux religieux, d'après Pothier, sous l'ancienne jurisprudence (2). Nos lois actuelles ne consacrent pas aujourd'hui cette incapacité.

Quant aux personnes pourvues d'un conseil judiciaire et aux prodigues, ils ne peuvent se porter cautions qu'avec l'assistance de leur conseil.

En ce qui concerne la femme mariée, elle n'est plus, sous ce rapport, dans la situation qui lui avait été faite par le droit anté-justinien. Les Romains, dans un but politique autant que de protection, avaient défendu aux femmes, par le sénatus-consulte Velléien, d'*intercéder*, c'est-à-dire de s'engager pour autrui, et notamment de se porter cautions. Justinien permit aux femmes, plus tard, de renoncer, au moins en certains cas, au bénéfice du sénatus-consulte; et ce tempérament fut reçu, vers le seizième siècle, dans notre ancienne jurisprudence française, où la disposition du sénatus-consulte s'était maintenue après l'invasion des Francs (3). Dès lors les clauses de renonciation devinrent en quelque sorte de style, notamment dans les contrats de mariage, où l'on vit se reproduire constamment une renonciation générale, de la part de la femme, au droit de se prévaloir du sénatus-consulte Velléien. La règle qu'il consacrait tomba ainsi en désuétude, et on aurait pu croire que l'édit de 1606 par lequel Henri IV tentait de l'abolir entièrement

---

(1) *Voy.* Pothier (*Oblig.*, nos 387 et suiv., notamment nº 390). *Voy.* aussi MM. Delvincourt (t. III, p. 256, note 4); Merlin (*Rép.*, vº Caution, § 2, nº 1); Ponsot (nº 128); Troplong (nº 188).

(2) Pothier (*Des Oblig.*, nº 387).

(3) Coquille (*Inst.*, tit. des Contrats; *Cout. de Nivernais*, art. 10, tit. xxix).

aurait tous ses effets. Cependant certains parlements refusèrent l'enregistrement de l'édit : le sénatus-consulte Velléien subsistait donc encore dans quelques coutumes, notamment dans la coutume de Normandie, quand le Code Napoléon est devenu la règle commune de la France. Aujourd'hui, d'après le Code, la femme mariée peut intervenir comme caution ; toutefois, elle ne le peut qu'avec le concours ou l'autorisation de son mari.

Il en est ainsi même après la séparation de biens. Nous dirons, en effet, de la femme séparée, ce que nous disions tout à l'heure du mineur émancipé : si elle reprend l'administration de ses biens par l'effet du jugement de séparation (C. Nap., art. 1449), les actes auxquels elle se livre ne sauraient être validés qu'autant qu'ils restent dans la mesure d'une sage et bonne administration. Or, tel n'est pas le caractère d'un cautionnement donné par la femme pour les affaires d'autrui. Aussi a-t-il été décidé que la femme séparée de biens ne peut, sans autorisation, cautionner la dette d'un tiers, par exemple sous forme d'aval, alors qu'elle n'a aucun profit à tirer des valeurs ou marchandises à raison desquelles ce tiers a contracté l'obligation cautionnée (1).

2013. — Le cautionnement ne peut excéder ce qui est dû par le débiteur, ni être contracté sous des conditions plus onéreuses.

Il peut être contracté pour une partie de la dette seulement, et sous des conditions moins onéreuses.

Le cautionnement qui excède la dette, ou qui est contracté sous des conditions plus onéreuses, n'est point nul : il est seulement réductible à la mesure de l'obligation principale.

SOMMAIRE.

(1) Poitiers, 3 fév. 1858 (Dalloz, 59, 2, 72 ; S. V., 58, 2, 620 ; *J. Pal.*, 1859, p. 144). *Voy.* aussi Paris, 27 nov. 1857 ; Nancy, 24 juin 1854 (Dalloz, 57, 1, 210 ; *J. Pal.*, 1858, p. 1103 ; S. V., 55, 2, 550). *Junge :* MM. Massé et Vergé, sur Zachariæ (t. IV, § 649, note 36).

l'obligé principal ne doit qu'à un plus long terme. — 72. Par conséquent, si le cautionnement garantit une dette non liquidée, la caution ne sera pas obligée ou ne pourra pas être poursuivie avant la liquidation de la dette. — 73. *Quid* dans le cas où soit un sursis, soit un délai de grâce, est accordé au débiteur? — 74. Il en est du lieu de payement comme du délai; il doit être pris en considération pour apprécier l'étendue de l'obligation : par conséquent, la caution, obligée généralement à payer dans le lieu déterminé par l'obligation principale, pourrait bien s'engager à payer dans un autre lieu où le payement serait moins onéreux pour elle; mais elle ne pourrait pas s'obliger, utilement pour le créancier, à payer dans un lieu qui rendrait le payement plus onéreux. — 75. Enfin, lorsque l'obligation principale est soumise à des modalités favorables, la caution en profite forcément, quand même elle se serait obligée purement et simplement; à l'inverse, lorsque l'obligation est pure et simple, la caution peut ne s'obliger que sous des modalités favorables. — 76. Applications.

V.   77. Mais il n'en est pas du lieu de droit comme de l'obligation considérée en elle-même; la caution peut être plus étroitement liée que le débiteur principal : exemples, renvoi. — 78. Elle peut aussi, quant aux moyens d'exécution, être plus durement et plus rigoureusement astreinte : ainsi, elle peut ajouter à la sûreté personnelle résultant du cautionnement une sûreté réelle, bien que le débiteur ne soit tenu que personnellement. — 79. Mais elle ne peut pas se soumettre à la contrainte par corps quand le débiteur principal n'y est pas lui-même soumis. — 80. Exceptions. — 81. Il en est de la compétence, en matière de cautionnement, comme de la qualité du lieu : le principe que l'accessoire suit le sort du principal n'y est pas nécessairement applicable : jurisprudence.

VI. 82. Le cautionnement qui excède ce qui est dû par le débiteur ou est contracté à des conditions plus onéreuses n'est pas nul; il est seulement réductible à la mesure de l'obligation principale. — 83, 84, 85. Applications. — 86. Transition.

I. — 58. Après avoir exposé ce qui a trait à la nature et au caractère du cautionnement, aux obligations susceptibles de servir de base au contrat, et aux personnes qui peuvent cautionner, nous passons, avec l'art. 2013, à un autre ordre d'idées. Cet article contient, en effet, la première des dispositions touchant l'étendue du cautionnement; et dès l'abord nous trouvons ici un nouveau corollaire du principe que le cautionnement est un contrat accessoire.

Comme tel, le cautionnement se modèle sur l'obligation principale à laquelle il accède, et qui est sa raison d'être. C'est ainsi que nous l'avons vu déjà frappé de nullité lorsqu'il s'attache à une obligation non valable (*suprà*, n° 9). Nous allons le voir maintenant, en le supposant attaché à une obligation légale et valable, se régler, quant à son étendue, sur cette obligation même. Il pourra bien n'en pas atteindre la mesure sans perdre, pour cela, son caractère de contrat accessoire, la partie étant contenue dans le tout; mais il ne pourra pas excéder cette mesure, puisqu'il est contraire à l'essence des choses que l'accessoire s'étende au delà du principal. Ce sont les deux propositions que formule l'art. 2013 dans les deux premiers paragraphes que nous avons d'abord à expliquer; nous dirons ensuite, à l'occasion du troisième paragraphe, quel doit être le sort du cautionnement qui excéderait la dette principale ou serait contracté sous des conditions plus onéreuses.

II. — 59. Avant tout, posons en principe que l'obligation de la caution ne saurait avoir un objet différent de celui de l'obligation principale. Cela s'induit tout naturellement, d'ailleurs, de la définition même du cautionnement. Puisque, d'après cette définition (*supra*, n° 2), la caution, en s'obligeant, prend la place du débiteur principal pour satisfaire à l'obligation dans le cas où ce dernier n'y satisferait pas lui-même, il est manifeste qu'elle ne s'oblige valablement, à ce titre de caution, qu'à ce dont le débiteur est tenu, en sorte qu'elle ne devra subsidiairement que ce qui est dû principalement par ce dernier. Ceci a néanmoins besoin d'être précisé.

60. L'obligation du débiteur principal consiste à payer 1 000 francs, et un tiers vient s'engager à livrer un cheval; il n'y a pas là d'équivoque possible : l'engagement est radicalement nul comme cautionnement; il ne pourrait valoir que comme obligation principale et conditionnelle.

De même Paul est obligé envers Pierre à lui payer 1 000 francs, et Joseph promet à ce dernier de lui fournir cinquante sacs de blé. Ici encore, point d'équivoque : en quelques termes que l'engagement de Joseph soit constaté, celui-ci ne saurait être valablement obligé comme caution, car il a promis autre chose que ce qui est dû par Paul, obligé principal, ce qui est exclusif de l'idée de cautionnement. « Si ita fidem » jussorem accepero, *quod ego decem credidi, de ea pecunia mille mo-* » *dios tritici fide tuá esse jubes?* non obligatur fidejussor : quia in aliam » rem, quam credita est, fidejussor obligari non potest... » (L. 42, ff. *De Fidej. et Mand.*)

61. Mais prenons l'hypothèse inverse. Paul doit du blé à Pierre, et Joseph s'oblige envers ce dernier à lui donner une somme d'argent : y a-t-il cautionnement valable en ce cas? Pothier enseigne l'affirmative. « On peut, dit-il, se rendre valablement caution envers moi pour une somme de 2000 livres en faveur de celui qui me doit cent muids de blé; car l'argent étant l'estimation commune de toutes choses, celui qui me doit une quantité de cent muids de blé, de valeur de 2 000 livres, me doit effectivement et véritablement 2 000 livres; et par conséquent celui qui s'oblige pour lui envers moi à me payer 2 000 livres ne s'oblige pas à quelque chose de différent de ce qui m'est dû par mon principal débiteur. » (1) A notre avis, il y aurait lieu de mettre à ceci une condition et d'y faire une réserve. D'une part, il faudrait qu'il fût hors de doute que la somme d'argent a été promise par la caution pour tenir lieu du blé dont cette somme serait réellement le prix ou la valeur représentative au moment de l'engagement. D'une autre part, nous dirions (cela par anticipation sur l'explication des deux premiers paragraphes de notre article, *infrà*, n°s 64 et suiv.) que si le prix du blé était à un taux plus élevé au jour de l'exigibilité, la caution se libérerait en payant les 2 000 livres que le blé valait à la date du contrat, puisqu'elle avait promis cela seulement; et, au contraire, que si le taux avait baissé, la caution se libérerait en payant ce que le blé vaut réellement, puisque l'obligé principal ne doit pas davantage (2). A cette condition et sous cette ré-

---

(1) Pothier (*loc. cit.*, n° 368).

(2) *Voy.* M. Bugnet, sur Pothier (*loc. cit.*). *Voy.* cependant M. Ponsot (n° 99).

serve, il est exact de dire que promettre une somme d'argent quand le débiteur principal s'est obligé à fournir une chose marchande, ce n'est pas promettre une chose différente, et, partant, que le fait est compatible avec l'idée de cautionnement.

62. Ce ne serait pas non plus s'engager à une chose différente de celle qui est due par l'obligé principal que promettre ce qui, sans être la chose même, se trouve en faire partie. La loi romaine nous fournit ici un exemple. Elle suppose un débiteur obligé à donner un fonds (*fundum*), et un tiers s'obligeant comme fidéjusseur *pour l'usufruit* de ce fonds. Le jurisconsulte demande si le fidéjusseur est tenu comme tel en ce cas : *Quæsitum est, utrum obligetur fidejussor, quasi in minus : an non obligetur, quasi in aliud ?* Et après avoir indiqué la raison de douter, il décide que le fidéjusseur, valablement obligé, est lié par sa promesse : *Nobis in eo videtur dubitatio esse, ususfructus pars rei sit, an proprium quiddam : sed cum ususfructus fundi jus est, incivile est, fidejussorem ex suâ promissione non teneri* (1. 70, § 2, ff. *De Fidej. et Mand.*). C'est par une méprise évidemment qu'en se référant à cette loi on a dit, d'après elle, qu'il ne peut être donné caution pour l'usufruit quand le débiteur est obligé pour le fonds, *l'usufruit étant le droit du fonds, et non une partie du fonds* (1). La loi dit précisément le contraire, et la décision en doit être acceptée. L'usufruit, étant un droit dans le fonds dû par le débiteur principal, fait partie, en quelque sorte, de la chose due principalement. Donc la caution, en s'obligeant pour l'usufruit seulement quand le fonds est dû par l'obligé principal, ne s'oblige pas à quelque chose de différent (2) : elle s'oblige *in minus*, non *in aliud*.

63. Sans insister davantage sur le principe que l'art. 2013 suppose sans le formuler expressément, arrivons à l'explication des règles mêmes qu'il exprime, et qui, du reste, n'en sont que les conséquences et le complément.

III. — 64. Considérée en elle-même, l'obligation de la caution ne doit et ne peut pas être plus étendue que celle du débiteur principal : il serait, en effet, contraire à la nature des choses que l'accessoire excédât la mesure du principal. Mais elle peut être moindre, car la partie étant contenue dans le tout, il est vrai de dire (sauf le cas où l'obligation principale étant indivisible, le cautionnement ne pourrait avoir lieu que pour le tout) que, même en promettant moins que ce qui est dû principalement, la caution accède à l'obligation du débiteur. Cette double proposition est formellement consacrée par l'art. 2013, qui, en effet, exprime, d'une part, que le cautionnement ne peut excéder ce qui est dû par le débiteur, et, d'une autre part, que le cautionnement peut être contracté pour une partie de la dette seulement.

65. Ainsi, quand l'obligation principale est d'une chose fongible qu'on apprécie d'après sa quantité et sa qualité, et non d'après son identité, l'obligation accessoire de la caution pourra bien être moindre

---

(1) *Voy.* le nouv. *Rép.* de M. Dalloz (v° **Cautionnement**, n° 87).
(2) *Voy.* Pothier (n° 369).

soit quant à la quantité, soit quant à la qualité, mais elle ne pourrait
être plus étendue ni sous l'un ni sous l'autre rapport. — En supposant
donc que la dette principale soit de 1 000 francs, la caution pourra
bien promettre 500 francs seulement; mais elle ne pourrait pas s'engager, comme caution, à payer 1 500 francs. — En supposant que l'obligé
principal doive 100 hectolitres de blé de *seconde* qualité, la caution
pourra bien promettre soit une moindre quantité de blé, soit du blé
d'une qualité inférieure; mais elle ne pourrait pas s'obliger, comme
caution, à livrer, par exemple, 150 hectolitres de blé, ou même
100 hectolitres de blé de *première* qualité.

66. D'après cela, supposons que, la dette principale n'étant pas liquidée, la caution s'oblige néanmoins pour une somme déterminée :
son obligation se mesurera sur celle de l'obligé principal si, par le résultat de la liquidation, celui-ci est constitué débiteur d'une somme
moindre que la somme fixée dans le cautionnement; au contraire, si la
liquidation met à la charge du débiteur une somme supérieure, la caution ne devra rien au delà de ce qu'elle a promis. Par exemple, la caution s'était engagée à payer 2 000 francs, et il arrive que par le résultat
de la liquidation l'obligé principal est constitué débiteur de 1 500 francs :
la caution devra cette dernière somme seulement, car le cautionnement
ne peut pas excéder ce qui est dû par le débiteur. Mais si, par le résultat
de la liquidation, l'obligé est constitué débiteur de 2 500 francs, la caution ne sera tenue que jusqu'à concurrence des 2 000 francs par elle
promis ; car le cautionnement pouvant être contracté pour une partie
de la dette seulement, il n'y a pas d'obstacle légal à ce que l'engagement
de la caution soit renfermé dans la mesure qu'elle a voulu lui donner,
alors même que le débiteur principal est obligé dans une mesure plus
large (1).

67. On peut rattacher à cette solution un arrêt aux termes duquel
celui qui a cautionné un crédit ouvert au failli antérieurement à la déclaration de faillite n'est, à raison de ce cautionnement, tenu envers
le bailleur de fonds que jusqu'à concurrence des sommes réellement
dues, et pour lesquelles celui-ci a été admis au passif (2). Dans l'espèce,
le cautionnement garantissait un crédit de 12 000 francs qui, après la
faillite du crédité, furent payés par la caution sur l'assurance que le
bailleur de fonds était, en effet, créancier d'une somme égale. Plus
tard, et lors de la vérification des créances, celui-ci ayant été admis au
passif pour 6 000 francs seulement, la caution répéta ce qu'elle avait
payé en sus : la répétition fut admise, le motif pris de ce qu'aux termes
de l'art. 2013 le cautionnement ne peut excéder ce qui est dû par le
débiteur, et que dès lors la garantie de la caution ne devait pas s'étendre au delà de l'obligation même du crédité, dont elle n'était que
l'accessoire. On aurait pu, d'ailleurs, invoquer encore, à l'appui de la
solution, le principe d'après lequel, dans le cas d'une obligation future,

---

(1) Pothier (n° 370).
(2) Douai, 9 janv. 1841 (*J. Pal.*, 1841, à sa date; Dalloz, 43, 4, 65).

le cautionnement, subordonné à l'existence de cette obligation, ne prend naissance que du jour où elle est contractée (*suprà*, n° 28), et dire que, l'obligation n'ayant été contractée, dans l'espèce, que pour 6000 francs par la réception d'une somme égale, il n'y avait pas eu de cautionnement au delà.

68. Il y aurait excès si, la dette étant exigible ou sur le point de devenir exigible, un tiers, en la cautionnant, promettait quelque chose de plus pour procurer au débiteur une prorogation de délai : la caution, malgré sa promesse, ne serait pas tenue, comme caution, de payer l'excédant. M. Ponsot, dont l'opinion est suivie par plusieurs auteurs (1), fait, à cet égard, cette hypothèse : Primus doit 1000 francs exigibles aujourd'hui, et je vous prie de lui accorder un an de délai, promettant de vous payer pour lui 1050 francs à cette époque s'il ne vous paye pas lui-même; — puis l'auteur se demande si une telle promesse n'est pas valable et s'il n'y a pas lieu d'en maintenir l'effet. La question, en ces termes, est mal posée. Que l'engagement soit valable, comme l'enseigne M. Ponsot, ou qu'il ne soit pas valable, la difficulté n'est pas là; il s'agit de savoir si l'engagement vaut pour 1050 francs *comme cautionnement*. Or, il ne vaut pas à ce titre dès que l'obligé principal doit 1000 francs seulement; et il ne vaut pas parce qu'il répugne à la nature du contrat, en même temps qu'il est contraire au texte précis et formel de notre article, que le cautionnement excède ce qui est dû par le débiteur. Dans l'hypothèse proposée, l'engagement ne pourrait valoir comme cautionnement que si le débiteur prenant les 50 francs d'excédant pour la représentation de l'intérêt légal de la somme par lui due et les ajoutant à la somme de 1000 francs pour les payer avec cette dernière somme à l'expiration du délai prorogé, la caution venait garantir l'exécution de l'obligation ainsi constituée. Et bien que la somme se compose de deux éléments, le capital dès à présent acquis et les intérêts que le créancier va acquérir successivement, la caution ne sera pas moins tenue pour la totalité si le créancier n'est pas payé avant l'expiration du délai, parce que l'obligation du débiteur ayant été portée à la somme de 1050 fr., le cautionnement qui est venu s'y adjoindre n'excède pas ce qui, à l'échéance, sera dû par l'obligé principal.

IV. — 69. Si l'étendue d'une obligation ne devait être appréciée et déterminée que d'après la qualité et la quantité des choses promises, nous n'aurions rien à ajouter aux observations qui précèdent sur le point dont nous nous occupons en ce moment. Mais d'autres éléments, d'autres circonstances encore servent à déterminer l'étendue des obligations. C'est à ces autres circonstances que l'art. 2013 fait allusion lorsque, après avoir dit (ce qui se rapporte uniquement à la qualité et à la quantité) que le cautionnement ne peut excéder ce qui est dû par le débiteur, mais qu'il peut être contracté pour une partie de la dette seulement, il ajoute, en appliquant, d'ailleurs, le même principe, que le

---

(1) MM. Ponsot (n° 95); Massé et Vergé, sur Zachariæ (t. V, p. 60, note 10); Troplong (n° 101).

cautionnement ne peut pas être contracté *sous des conditions plus oné-reuses* que l'obligation principale, mais qu'il peut être contracté *sous des conditions moins onéreuses.* Quelles sont donc les circonstances qui, en laissant de côté l'objet, *res*, dont nous venons de parler, sont susceptibles d'étendre ou de restreindre l'obligation? Les Romains, avec leur esprit analytique et pratique, les ont nettement précisées : ce sont le temps ou le délai, le lieu, les modalités; *tempus, locus, causa.* Il est clair, en effet, qu'une obligation est plus ou moins onéreuse sui-vant que l'obligé est tenu d'exécuter immédiatement ou à une date éloignée, dans le lieu où il réside ou loin de son domicile, purement, simplement, et d'une manière ferme ou sous une condition, une alter-native, etc. Or, sous ces divers rapports, la position de la caution peut être meilleure que celle de l'obligé principal; elle ne saurait jamais être plus dure : c'est là précisément ce qui résulte des termes de notre ar-ticle, dont nous avons maintenant à suivre les applications.

70. Ainsi, une obligation est contractée purement et simplement, sans stipulation de terme : rien ne s'oppose à ce que la caution qui en vient garantir l'exécution se réserve de n'y satisfaire, à défaut du débi-teur principal, que dans un ou deux ans. Si le créancier consent à ac-cepter le cautionnement dans ces conditions, la circonstance que la dette est immédiatement exigible vis-à-vis de l'obligé principal ne fera pas que la caution puisse être poursuivie avant l'expiration du délai par elle stipulé dans son intérêt. La Cour de cassation s'est placée dans cet ordre d'idées lorsqu'elle a jugé, en cassant une décision contraire, que celui qui s'est rendu caution du payement d'une rente viagère, mais pour le cas seulement où le débiteur viendrait à mourir avant le créancier, ne peut être contraint au payement pendant la vie du débiteur (1). La Cour de Nîmes s'y est placée également en déclarant que la déchéance encourue par le débiteur principal n'atteint pas la caution qui a stipulé des conditions particulières d'exigibilité (2).

71. Au contraire, le débiteur principal s'est obligé à payer dans deux ans : la caution qui vient garantir l'obligation ne pourra pas être tenue d'y satisfaire, s'y fût-elle obligée, soit immédiatement, soit dans un an ou dans tout autre délai moindre que celui dont jouit le débiteur princi-pal. Cujas a soutenu le contraire contre Accurse. Établissant une diffé-rence entre l'obligation conditionnelle et l'obligation à terme, il admet-tait que le fidéjusseur obligé purement et simplement pour un débiteur engagé sous condition n'était pas tenu, parce que celui pour lequel il s'était engagé n'était pas lui-même obligé, l'obligation contractée con-ditionnellement n'étant pas actuelle : *Obligatio collata in conditionem non est præsens.* Mais il n'admettait pas que le fidéjusseur obligé pure-ment et simplement pour un débiteur à terme ne fût pas obligé immé-diatement, le débiteur principal étant lui-même dès actuellement obligé : « Obligatur enim, quia et reus principalis obligatus est; et con-

---

(1) Cass., 29 floréal an 7 (S. V., Coll. nouv., 1, 1, 201; Dalloz, R. alph., t. X, p. 508).
(2) Nîmes, 18 mars 1862 (S. V., 63, 2, 5; *J. Pal.*, 1863, p. 617).

» sequenter fidejussor conveniri potest, nec tamen si solverit statim,
» pecuniam solutam a debitore principali repetere non potest, ante-
» quam dies venerit... Non est cur Accursius hâc in re separet fidejus-
» sorem à reo constitutæ pecuniæ. » (1)

Néanmoins Pothier, prenant parti pour Accurse, fait justement remarquer qu'il suffit que les lois disent en général que les fidéjusseurs ne
peuvent pas s'obliger *in duriorem causam* pour qu'on en doive conclure
qu'ils ne peuvent s'obliger à payer dans un terme plus court que ne l'est
le débiteur principal, car il est clair que la condition de celui qui est
obligé à payer *hic et nunc* et sans terme est plus dure que l'obligation
de celui qui a un terme; et il est vrai de dire qu'il est obligé à plus,
puisque le plus s'estime non pas seulement *quantitate,* mais aussi
die (2).

L'art. 2013 tranche la question en ce dernier sens : devant les prohibitions formelles qu'il prononce, il n'y a pas d'hésitation possible. La
caution d'un débiteur à terme, soit qu'elle n'ait rien stipulé quant au
délai, soit même qu'elle se soit engagée avec promesse de payer avant le
terme pris par le débiteur principal, jouit des mêmes délais que ce dernier, et, malgré sa promesse, elle ne saurait être utilement poursuivie
avant leur expiration. Il n'en pourrait être autrement que dans le cas où
celui qui a garanti la dette se serait engagé d'une manière principale;
mais en cela il se serait placé en dehors des conditions propres au cautionnement; les règles de ce contrat ne seraient pas applicables.

72. Nous concluons de là que, dans l'hypothèse ci-dessus indiquée
(*suprà*, n° 66), où, une dette n'étant pas liquidée, la caution s'est néanmoins obligée pour une somme déterminée, il ne serait pas permis au
créancier d'exiger cette somme, par provision, avant la liquidation de la
dette. L'art. 206 de l'ancienne coutume de Bretagne, reproduit dans
l'art. 189 des coutumes nouvelles, disait, en sens contraire, que « celui
qui se constitue débiteur en certaine somme pour autruy pour dommage
faict, ou autre debte, qui n'est appurée, ne liquidée, sera tenu payer la
somme, en laquelle il s'est obligé, sans qu'il puisse objicer, ne excepter, que le dommage ou debte n'estoit de si grande somme, que la
somme en laquelle il s'est obligé. » Mais en cela, comme le dit d'Argentrée, les rédacteurs de la Coutume ne se montrèrent pas jurisconsultes : *Produnt non jurisconsultos, nàm cùm exceptiones omnes reo
principali competentes possunt à fidejussore ex personâ ejus objici* (3).
Le débiteur, dans l'espèce, ne pouvant pas être poursuivi avant la liquidation de la dette, il est évident, par cela même, que la caution ne saurait être poursuivie auparavant, puisque, en droit, le cautionnement n'a
pas pu être contracté sous des conditions plus onéreuses que l'obligation principale (4).

73. Nous concluons encore du même principe que le sursis accordé

---

(1) Cujas (*Rec. sol.*, in lib. XXIX *Pauli ad edict.*; l. 4, *in fine*).
(2) Pothier (*Oblig.*, n° 475).
(3) D'Argentrée (sur l'art. 206, tit. XI).
(4) Pothier (n° 370).

au débiteur profite, en général, à la caution. Toutefois nous ferons, en ce point, quelques réserves.

Ainsi, un créancier consent-il à reculer, en faveur de son débiteur, l'époque de l'exigibilité, on peut dire qu'il renonce par cela même à demander un remboursement à la caution avant l'expiration du délai de prorogation. La disposition précise de l'art. 2013 lui commande cette renonciation, sans laquelle, d'ailleurs, la concession faite au débiteur serait complétement illusoire, par suite du recours que la caution pourrait exercer contre lui si, quant à elle, il y avait obligation de payer immédiatement, nonobstant la prorogation accordée. — Ainsi encore, le sursis est-il accordé par la loi ou par un acte de l'administration, il profite également à la caution. Cela a été justement reconnu par la Cour de Trèves, dans une espèce où, au mépris d'un arrêté administratif réglant le remboursement graduel d'une dette contractée par la communauté des juifs de Cologne, les juges de première instance avaient condamné les cautions à payer immédiatement. La Cour d'appel, en s'attachant au principe que la caution ne peut pas être obligée sous des conditions plus onéreuses que le débiteur, réforma la sentence et décida que le sursis résultant de l'arrêté administratif profitait aux cautions aussi bien qu'aux débiteurs (1).

Mais si, au lieu de cela, on suppose un délai de grâce obtenu des tribunaux par le débiteur hors d'état, quant à présent, d'acquitter sa dette, nous ne pensons pas que la caution soit en droit de se prévaloir de cette décision toute personnelle au débiteur, et dont la raison d'être est exclusivement dans la situation exceptionnelle où ce dernier se trouve placé (2). De même, si nous supposons un contrat d'atermoiement intervenu entre un failli et ses créanciers, nous dirons, à plus forte raison, que la prorogation de délai profite seulement au débiteur à qui elle est accordée, parce qu'elle est une nécessité même de sa position toute personnelle, et dont la caution, dès lors, ne saurait s'autoriser pour être admise à jouir des faveurs qu'elle a dû motiver (3).

74. Le lieu du payement est à considérer, aussi bien que le délai, pour apprécier l'étendue d'une obligation. Le cautionnement ne peut donc pas, encore sous ce rapport, être contracté sous une condition plus onéreuse que celle du débiteur principal; mais il peut être contracté sous une condition moins onéreuse. Ainsi, une dette est payable à Paris; la caution ne peut pas, s'y fût-elle engagée, être obligée de payer à Marseille. Sans doute, il ne lui serait pas interdit de se libérer à Marseille si le payement en ce lieu était plus avantageux pour elle; mais c'est là, pour la caution, une simple faculté, et si elle trouve que le payement à Marseille lui est préjudiciable, elle sera libre, malgré toute stipulation contraire, d'opérer le payement à Paris, lieu déterminé par l'obligation principale. A l'inverse, la caution pourra tou-

---

(1) Trèves, 23 nov. 1807 (S. V., Coll. nouv., 2, 2, 306; Dalloz, 1, 503). *Voy.* encore Req., 19 janv. 1830 (Dalloz, 30, 1, 88; *J. Pal.*, à sa date).
(2) *Voy.* M. Ponsot (n° 104).
(3) *Voy.* MM. Massé et Vergé, sur Zachariæ (t. V, p. 60, note 10).

jours stipuler utilement pour elle un lieu de payement autre que le lieu déterminé par l'obligation principale, si le payement devient par là moins onéreux.

75. Enfin, il en est des modalités dont une obligation peut être affectée comme du délai et du lieu de payement : il en faut tenir compte pour apprécier l'obligation quant à son étendue. Aussi, en appliquant encore à ce point les conséquences déduites, dans l'art. 2013, du principe que le cautionnement est un contrat accessoire, faut-il dire, d'une part, que lorsque l'obligation principale est une obligation de genre, ou alternative, ou facultative, ou conditionnelle, ou soumise à toute autre modalité favorable au débiteur, la caution profite forcément de ces modalités, alors même qu'elle se serait engagée purement et simplement; d'une autre part, qu'à l'inverse, lorsque l'obligation principale est pure et simple, la caution reste néanmoins entièrement libre de ne s'obliger que sous une modalité favorable.

76. Ainsi, l'obligé principal doit une somme d'argent, à la condition que tel vaisseau arrivera dans le mois; la caution ne peut pas, en garantissant cette obligation, s'engager purement et simplement à payer la même somme d'argent. — Au contraire, l'obligé principal doit tel cheval purement et simplement; la caution peut fort bien, en garantissant cette obligation, se réserver la faculté de ne payer le cheval que sous telle ou telle condition (1), ou encore de livrer un cheval quelconque, ou même de payer une somme déterminée à la place du cheval promis (2). Vainement dirait-on, dans cette dernière hypothèse, que le cautionnement est nul comme comprenant un objet autre que celui de l'obligation principale. L'objet direct du cautionnement est toujours celui qui est dû par le débiteur cautionné; seulement, à l'obligation de ce dernier vient s'ajouter, en faveur de la caution, une modalité facultative pour elle (*suprà,* n° 61), et dont elle se prévaudra si elle juge à propos de le faire, sans que le créancier puisse jamais la lui opposer.

Ainsi encore, le débiteur principal est obligé à donner tel cheval ou tel autre cheval; la caution peut très-bien, en généralisant l'obligation, ne s'engager qu'à livrer le premier cheval. Sa position, en cela, est évidemment meilleure que celle du débiteur cautionné; car le premier cheval venant à mourir, la caution, qui n'avait promis que celui-là, est par cela même libérée, tandis que le débiteur reste toujours obligé pour le second, ayant promis de son côté de livrer l'un ou l'autre. Au contraire, le débiteur principal est obligé à donner tel cheval d'une manière déterminée; la caution ne pourrait pas, en garantissant cette obligation, promettre le cheval principalement dû ou tel autre cheval. En prenant cette obligation alternative, la caution s'obligerait dans des conditions plus onéreuses que le débiteur principal, dont l'obligation est déterminée; et par ce motif déjà, l'engagement se trouverait invalidé. Mais la nullité, dans ce cas, procéderait d'une autre cause encore : l'obligation

_____

(1) *Voy.* Pothier (n°⁵ 371 et suiv.).
(2) Comp. MM. Delvincourt (t. III, p. 254, note 5) ; Ponsot (n°⁵ 97, 98 et 107); Troplong (n° 104).

étant alternative, la caution, si elle offrait de se libérer en donnant le second cheval, qui n'est pas compris dans l'obligation déterminée du débiteur principal, se trouverait obligée à autre chose que ce dernier, ce qui est contraire à l'essence du cautionnement (1).

Nous n'insistons pas davantage sur ces applications; nous en avons dit assez pour qu'en toute hypothèse il soit aisé de reconnaître s'il y a ou non, sous quelque rapport, dans l'engagement pris par la caution, cet excès qui répugne à la nature du contrat et que notre article condamne.

V. — 77. Mais, hâtons-nous de le dire, si en elle-même l'obligation de la caution ne peut pas excéder celle du débiteur principal, comme nous l'avons expliqué plus haut (n°s 64 et suiv.), ni, comme nous venons de le voir, être contractée sous des conditions plus onéreuses (n°s 69 et suiv.), rien ne s'oppose à ce que, au point de vue du lien de droit et des moyens d'exécution mis par la loi à la disposition d'un créancier, la caution soit tenue plus étroitement que le débiteur principal et astreinte avec plus de rigueur. Nous avons vu, sous l'article précédent, qu'alors que le débiteur principal est tenu seulement d'une obligation naturelle, la caution peut accéder à cette obligation et s'engager civilement; elle est, en ce cas, plus étroitement liée, puisqu'elle peut être contrainte à payer, tandis qu'à défaut d'action le créancier ne peut pas contraindre le débiteur principal. Nous verrons bientôt que lorsque le débiteur a des exceptions personnelles, telles que la cession de biens, la faillite, le concordat, qu'il peut opposer au créancier, le bénéfice lui en est exclusivement réservé par la loi, en sorte que la caution, qui ne peut pas faire valoir ces exceptions, se trouve, encore en ce cas, plus étroitement liée que celui dont elle a garanti l'obligation. Il s'agit de montrer ici comment, en ce qui concerne les moyens d'exécution, ou, selon l'expression de Pothier, pour ce qui est de la *qualité du lien*, la caution peut aussi être plus rigoureusement ou plus durement obligée.

78. Si le débiteur est tenu d'une obligation purement personnelle, par exemple de payer 10 000 francs, la caution peut fort bien ajouter à la garantie personnelle résultant du cautionnement une sûreté réelle en donnant un gage ou en constituant une hypothèque. Vainement dirait-on que par là le cautionnement excède l'obligation principale, ou que, du moins, il est contracté sous des conditions plus onéreuses. Le gage ou l'hypothèque ajoutés au cautionnement ne feront pas qu'à défaut par le débiteur de satisfaire à son obligation, la caution ait à payer quoi que ce soit au delà des 10 000 francs par elle garantis : son engagement n'excède donc pas celui de l'obligé principal. D'un autre côté, il n'est pas contracté sous des conditions plus onéreuses, car la sûreté réelle qui l'accompagne n'aggrave en aucune façon les obligations de la caution. N'eût-elle pas donné un gage ou constitué une hypothèque, elle n'en eût pas moins été tenue de remplir son engagement sur tous ses biens mobiliers et immobiliers (C. Nap., art. 2092 et

---

(1) *Voy.* Pothier (n° 374).

2093). Elle n'a donc fait qu'affecter spécialement à la sûreté d'un seul créancier ce qui, sans l'affectation spéciale, eût été le gage commun de tous. C'est là, sans doute, un avantage pour le créancier gagiste ou hypothécaire; mais ce n'est pas une aggravation pour la caution, qui, n'étant jamais exposée qu'à perdre le gage ou à être exécutée sur ses biens, si elle ne satisfait pas à son engagement, ne sera ni plus ni moins atteinte parce qu'elle serait dépossédée en vertu de l'affectation spéciale plutôt qu'en vertu du droit de gage général (1).

79. Dans cet ordre d'idées, les auteurs discutent la question de savoir si la caution peut se soumettre à la contrainte par corps lorsque le débiteur principal n'y est pas lui-même soumis. Au premier aperçu, on serait porté à se prononcer pour l'affirmative. Pas plus que l'hypothèque donnée par la caution qui garantit une dette purement chirographaire, la contrainte par corps à laquelle se soumet la caution n'ajoute à l'obligation résultant du cautionnement. Elle ne lui donne pas plus d'étendue; elle ne fait pas que si la dette principale est de 1 000 francs; par exemple, la caution qui la garantit en se soumettant à la contrainte par corps doive payer plus de 1 000 francs, ni qu'elle soit tenue de payer immédiatement ou obligée purement et simplement si la dette est à terme ou conditionnelle. La soumission de la caution à la contrainte par corps, alors que le débiteur n'est pas contraignable lui-même, ne va donc pas contre la règle d'après laquelle le cautionnement ne peut pas excéder ce qui est dû par le débiteur principal, ni être contracté sous des conditions plus onéreuses; et on en pourrait trouver une preuve dans la loi elle-même, qui, en exigeant que la caution *judiciaire* soit *toujours* susceptible de contrainte par corps (voy. *infrà* l'art. 2040), et par conséquent, même quand le débiteur n'est pas lui-même contraignable, paraît indiquer qu'elle ne voit pas dans cette situation l'excès condamné par notre art. 2013.

Néanmoins, cette solution, si elle a ses défenseurs dans la doctrine (2), a contre elle les travaux préparatoires du Code et des dispositions précises de la loi. En effet, d'une part, on voit dans les discussions du conseil d'État que M. Jollivet ayant exprimé la pensée, précisément à l'occasion de notre art. 2013, qu'il serait cependant possible de stipuler la contrainte par corps contre la caution, quoiqu'elle n'eût pas été stipulée contre le débiteur, il lui fut répondu à peu près unanimement que le cautionnement n'est qu'un accessoire de l'obligation principale; que, dès lors, la condition de la caution ne peut être plus dure que celle du débiteur. Et c'est la pensée que traduit M. Treilhard dans son Exposé des motifs, lorsque, après avoir rappelé que le cautionnement est l'accessoire d'une obligation principale, il ajoute : « Comment la caution serait-elle contraignable par corps quand

---

(1) *Voy.* Pothier (n° 376). MM. Delvincourt (t. III, p. 255, note 5); Duranton (t. XVIII, n° 311); Aubry et Rau (t. III, p. 491, note 4); Massé et Vergé, sur Zachariæ (t. V, p. 61, note 11); Troplong (n°ˢ 111 et 112); Ponsot (n° 109); Boileux (t. VI, p. 637 et 638); Taulier (t. VII, p. 11).
(2) Notamment M. Duranton (n° 311 et la note).

le débiteur principal lui-même n'est pas soumis à cette exécution rigoureuse? » (1) D'une autre part, l'art. 2060, au titre *De la Contrainte par corps*, dispose que cette voie d'exécution a lieu contre les cautions judiciaires et contre les cautions des *contraignables par corps, lorsqu'elles se sont soumises à la contrainte.* Or, par l'expression même, ce texte indique sans aucune équivoque que si, en toute hypothèse, les cautions judiciaires sont contraignables par corps, la première condition pour que les cautions conventionnelles puissent être soumises à la contrainte, c'est que le débiteur principal soit contraignable lui-même. En présence de ce texte précis, le doute ne nous semble pas possible. Logiquement, on pouvait étendre à la caution conventionnelle la conséquence qui s'induit de l'art. 2040, écrit en vue de la caution judiciaire, et dire de celle-là comme de celle-ci, qu'elle peut être contraignable même quand le débiteur principal ne l'est pas ; car la contrainte par corps est un véritable moyen d'exécution qui ne touche qu'à la qualité du *lien,* selon l'expression de Pothier, et, nous le répétons, ce n'est pas à cela que s'appliquent les prohibitions de notre article. Mais il s'agit ici d'un moyen d'exécution particulièrement rigoureux, et dont, à cause de sa rigueur même, le législateur a toujours cherché à restreindre l'emploi ; par là s'explique la disposition de l'art. 2060 qui a fait passer avant la logique la faveur due à la liberté (2).

80. La solution comporte cependant des exceptions et des réserves. Rappelons d'abord, à ce propos, l'art. 2040, dont nous parlions tout à l'heure, et duquel il résulte, conformément aux anciens usages attestés par Pothier, qu'une caution judiciaire est contraignable par corps quoique le débiteur principal n'y soit pas sujet, par exemple si c'est un mineur, une femme, un septuagénaire (3). Disons ensuite que, même dans le cas d'un cautionnement conventionnel, la caution qui aurait garanti la dette d'un contraignable, obligé dès lors par corps s'il s'était soumis à la contrainte, n'en serait pas affranchie, le cas échéant où le débiteur principal cesserait, à raison du bénéfice de l'âge ou du sexe, d'être contraignable lui-même, par exemple s'il venait à atteindre sa soixante-dixième année (art. 2066 C. Nap.), ou si, étant décédé, son obligation passait à des héritiers mineurs, à des femmes ou des filles (même article). Enfin, ajoutons qu'en doctrine et en jurisprudence la caution conventionnelle a été souvent considérée comme soumise à la contrainte par corps, quoique le débiteur principal en fût affranchi, spécialement quand un commerçant cautionne un non-commerçant dans une forme qui comporte contrainte par corps, telle que l'endossement ou l'aval (4). Mais ceci comporte des dis-

---

(1) *Voy.* Maleville (Anal. sur l'art. 2013) ; Fenet (t. XV, p. 9 et 38) ; Locré (t. XV, p. 288, 289 et 323).
(2) *Voy.*, en ce sens, MM. Ponsot (n° 109) ; Troplong (n° 115) ; Dalloz (v° Cautionnement, n° 84) ; Massé et Vergé, sur Zachariæ (t. V, p. 61, note 11) ; Taulier (t. VII, p. 10) ; Boileux (t. VI, p. 638).
(3) *Voy.* Pothier (n° 376).
(4) *Voy.* Poitiers, 16 déc. 1847 (S. V., 48, 2, 684 ; Dalloz, 48, 2, 108 ; *J. Pal.*, 1848, t. II, p. 524). *Voy.* aussi M. Massé (*Droit comm.*, 1re édit., t. VI, n°s 364 et 365 ; 2e édit., t. IV, n° 2731).

tinctions et des réserves : le point se rattache à la question de savoir si la soumission à la contrainte par corps qui, dans tous les cas, est une condition nécessaire, aux termes de l'art. 2060, pour que la caution conventionnelle puisse être poursuivie par cette voie, doit être formelle, et dans quels cas on peut la tenir pour constante, bien qu'elle ne résulte pas d'une déclaration expresse. Nous en réservons l'examen, qui trouvera mieux sa place dans le commentaire de l'art. 2060.

81. Quant à présent, ceci nous conduit à faire remarquer qu'il en est de la compétence, en matière de cautionnement, comme de la qualité du lien : le principe que l'accessoire se modèle sur le principal et en suit le sort n'y reçoit pas non plus application. Ainsi, le cautionnement d'une dette commerciale n'est pas nécessairement commercial, et par conséquent ne soumet pas nécessairement celui qui l'a consenti à la juridiction commerciale. Au contraire, lorsqu'il reste avec son caractère propre de contrat de bienfaisance, le cautionnement constitue un engagement purement civil, non-seulement quand il est souscrit par un non-commerçant, mais encore quand il émane d'un commerçant en faveur d'un autre commerçant même pour la garantie d'une dette commerciale. La jurisprudence est constante dans ce sens; et elle va jusqu'à décider que la caution ne peut, à raison d'un tel cautionnement, être citée que devant le tribunal civil de son domicile, et qu'en vain, pour la distraire de ses juges naturels, le créancier la citerait simultanément avec le débiteur principal, devant le tribunal de commerce compétent pour connaître de l'engagement de ce dernier (1). Seulement, sur ce point encore il y a des réserves à faire : on comprend, en effet, que la solution ne serait plus applicable si le cautionnement était consenti dans des conditions telles qu'on n'y pût plus apercevoir cette pensée de bienfaisance qui est l'un des caractères du contrat. C'est également reconnu par la jurisprudence, d'après laquelle le cautionnement d'une obligation commerciale est lui-même commercial, et en conséquence rend la caution justiciable du tribunal de commerce, soit lorsqu'il a été souscrit dans une forme commerciale, soit lorsqu'il est constaté qu'il n'a pas été donné d'une manière désintéressée (2).

VI. — 82. Un point nous reste à préciser pour compléter le commentaire de l'art. 2013 : nous avons à dire quel est le sort du cautionnement lorsque, contrairement à la première disposition de cet article, il excède ce qui est dû par le débiteur principal ou est contracté sous des conditions plus onéreuses. C'était, autrefois, une question de savoir si le cautionnement était entièrement nul en ce cas, ou s'il était nul seulement en ce qui excédait l'obligation principale. Le formalisme des

---

(1) *Voy.* Besançon, 21 mai 1860; Bourges, 9 juill. 1860 (Dalloz, 60, 2, 180; 61, 5, 108; S. V., 61, 2, 141 et 142; *J. Pal.*, 1860, p. 829, et 1861, p. 637). *Voy.* encore, pour le principe : Cass., 21 nov. 1855 et 29 août 1859; Caen, 28 janv. 1857; Rouen, 4 nov. 1858 et 7 janv. 1859; Pau, 28 mai 1859; Poitiers, 8 juin 1859 (Dalloz, 55, 1, 459; 60, 1, 385; 57, 2, 107; *J. Pal.*, 1857, p. 623; 1860, p. 215 et 829; 1859, p. 1166; S. V., 56, 1, 499; 60, 1, 526; 59, 2, 669; 60, 2, 93).
(2) *Voy.* notamment Req., 5 janv. 1859 (Dalloz, 59, 1, 403; S. V., 60, 1, 993; *J. Pal.*, 1860, p. 829).

Romains paraît les avoir conduits à annuler le cautionnement pour le tout. « Illud commune est in universis, qui pro aliis obligantur : quod si » fuerint in duriorem causam adhibiti, placuit, eos *omnino non obli-* » *gari.* » (L. 8, § 7, ff. *De Fidej. et Mand.; voy.* aussi le § 8.) Dumoulin a bien essayé d'établir que, dans la pensée du jurisconsulte romain, l'excès entraînait la nullité du cautionnement seulement dans la partie qui dépassait la mesure de l'obligation principale (1). Mais le texte, tout obscur qu'il puisse paraître en lui-même, ne se prête guère à cette interprétation. D'ailleurs l'annulation totale du cautionnement entaché d'excès était conforme à l'esprit juridique des Romains, chez lesquels, on le sait, la plus-pétition en justice faisait aussi perdre au créancier son action pour le tout (2). Elle avait, pour eux, sa justification dans cette pensée, que le cautionnement est essentiellement une obligation accessoire, qu'il est de l'essence d'une telle obligation de se renfermer dans la mesure de l'obligation principale, en sorte que, péchant *dans sa forme essentielle* quand il va au delà, il est nul dans son principe même, et, par conséquent, d'une manière absolue. Toutefois, comme Pothier l'a bien fait remarquer, le raisonnement est plus subtil que solide. De ce qu'un cautionnement, dit-il, est un accessoire de l'obligation principale, il s'ensuit seulement que, lorsque la caution s'est obligée à plus, elle n'est pas valablement obligée à ce plus ; mais rien ne doit empêcher qu'elle le soit dans la mesure de l'obligation principale : elle a voulu certainement s'obliger jusque-là, puisqu'elle voulait s'obliger même au delà. C'est pourquoi, continue Pothier, les lois romaines n'étant suivies dans nos provinces qu'autant qu'on les trouve conformes à l'équité naturelle, je pense qu'on doit s'en écarter en ce point (3). Notre ancien droit s'en était, en effet, écarté, et les pratiques en sont formellement consacrées aujourd'hui par le dernier paragraphe de notre article, aux termes duquel « le cautionnement qui excède la dette, ou qui est contracté sous des conditions plus onéreuses, n'est point nul : il est seulement réductible à la mesure de l'obligation principale. »

83. La règle, on le comprend, n'est guère susceptible de difficultés dans l'application. Ainsi, Paul s'est porté caution de Pierre qui doit mille, et il s'est engagé à payer deux mille si Pierre ne satisfait pas à son obligation. En ces termes, Paul est certainement obligé comme caution ; mais il est obligé seulement jusqu'à concurrence des mille dus principalement par Pierre : le cautionnement sera donc annulé pour les autres mille promis en plus par la caution, car ces mille, n'étant pas compris dans l'obligation principale, ne peuvent pas, par cela même, être maintenus dans l'obligation accessoire.

84. Ainsi encore, Pierre est débiteur d'une somme qu'il est obligé de payer dans un délai déterminé, par exemple dans un an à dater de son obligation. Paul, en cautionnant la dette, s'engage à payer dans six mois, ou à l'événement de telle ou telle condition indiquée par le con-

---

(1) Dumoulin (l. 51, *Si Stipulanti, § Sed si mihi*, nos 30 et suiv.).
(2) Gaïus (Comm. IV, § 53). *Voy.* aussi *Inst., De Act.,* § 33.
(3) Pothier (no 375).

trat : le cautionnement n'en est pas moins valable; mais comme il est réductible à la mesure de l'obligation principale, la caution, en toute hypothèse, devra jouir du terme accordé au débiteur principal. Dès lors, ni l'expiration du délai de six mois stipulé par Paul, ni l'événement de la condition mise au contrat, ne pourront faire que celui-ci soit tenu avant que la dette de Pierre, débiteur principal, soit devenue exigible à son égard, c'est-à-dire avant l'expiration d'une année à dater de l'obligation principale.

85. De même le cautionnement n'est pas nul parce que la caution aurait promis de payer dans un lieu plus éloigné que celui où le débiteur principal doit acquitter sa dette; mais la caution ne serait pas liée si la condition était onéreuse pour elle. Le cautionnement devant être réduit à la mesure de l'obligation principale, le créancier n'aurait pas à réclamer si la caution entendait se libérer au lieu de payement convenu avec le débiteur cautionné (*suprà,* n° 74).

86. Nous n'insistons pas davantage sur une règle dont l'application, nous le répétons, sera faite, en toute hypothèse, sans grande difficulté, et nous passons aux articles suivants, dont le commentaire complétera nos observations sur l'étendue du cautionnement.

2014. — On peut se rendre caution sans ordre de celui pour lequel on s'oblige, et même à son insu.

On peut aussi se rendre caution, non-seulement du débiteur principal, mais encore de celui qui l'a cautionné.

2015. — Le cautionnement ne se présume point; il doit être exprès, et on ne peut pas l'étendre au delà des limites dans lesquelles il a été contracté.

2016. — Le cautionnement indéfini d'une obligation principale s'étend à tous les accessoires de la dette, même aux frais de la première demande, et à tous ceux postérieurs à la dénonciation qui en est faite à la caution.

2017. — Les engagements des cautions passent à leurs héritiers, à l'exception de la contrainte par corps, si l'engagement était tel que la caution y fût obligée.

SOMMAIRE.

— 93. Le cautionnement doit être *exprès;* mais il n'exige pas l'emploi de termes sacramentels : conséquences. Distinction entre le cautionnement et le simple conseil ou la recommandation. — 94. D'ailleurs, la recommandation elle-même peut être le principe d'une obligation, par exemple si elle a été faite de mauvaise foi ou avec négligence; mais elle ne constitue pas le cautionnement même en ce cas.

IV. 95. En supposant même qu'une personne se soit certainement obligée, il reste à savoir si la personne s'est obligée comme caution ou autrement. Règles d'interprétation. — 96. Du reste, la question se résout en une appréciation de faits et de circonstances : conséquences.

V. 97. Lorsque c'est bien d'un cautionnement qu'il s'agit, il y a lieu de déterminer l'étendue qu'il comporte. — 98. En thèse générale, le cautionnement, s'il a été limité par la convention, ne peut pas s'étendre au delà des limites dans lesquelles il a été contracté. — 99. Ainsi, il ne peut être étendu *de personâ ad personam :* exemples et applications. — 100. Néanmoins, dans le cas de cession de son droit par un usufruitier, la caution de l'usufruitier n'est pas déchargée pour l'avenir; controverse. — 101. Il en est de même dans le cas où le débiteur principal étant venu à mourir, l'obligation est transmise à ses héritiers. — 102. Le cautionnement ne s'étend pas non plus *de tempore ad tempus :* applications. — 103. On ne doit pas l'étendre, enfin, *de re ad rem.* — 104. Il en résulte d'abord que le cautionnement limité ne s'étend pas du principal aux accessoires; — 105. En second lieu et à plus forte raison, d'une obligation spéciale et déterminée à une autre obligation : exemples et applications. — 106. En définitive, le cautionnement limité ne comporte aucune extension, mais il s'étend à tout ce qui est dans l'obligation cautionnée. — 107. Lorsque le cautionnement est indéfini, il s'étend même aux accessoires. — 108. Dans quelle mesure les frais faits contre le débiteur qui refuse de payer sont-ils, comme accessoires, garantis par la caution? (Art. 2016.) — 109. Le cautionnement indéfini s'étend à toutes les obligations naissant du contrat même pour lequel la caution s'est engagée; non aux obligations qui naîtraient d'une cause étrangère.

VI. 110. En toute hypothèse, les engagements des cautions passent à leurs héritiers. — 111. *Secùs* en ce qui concerne les obligations qui, comme la contrainte par corps, ont un caractère pénal.

I. — 87. Nous venons de voir ce que peut et ce que doit être l'obligation de la caution, eu égard à la nature du contrat de cautionnement. Nous avons maintenant à déterminer la mesure de cette obligation d'après les termes dans lesquels elle est contractée. Des quatre articles ci-dessus transcrits, les uns statuent sur ce point d'une manière directe, les autres y convergent : c'est pourquoi nous les réunissons dans notre commentaire.

La loi, d'abord, n'admet pas que le cautionnement puisse être présumé. Comme il a pour objet de garantir la dette d'un tiers, c'est habituellement sur la demande et du consentement de ce tiers que le cautionnement est formé et que la caution consent à s'obliger subsidiairement envers le créancier. Cependant le consentement de ce tiers n'est pas nécessaire à la formation du contrat : le cautionnement peut, en effet, intervenir, même à son insu, entre la caution et le créancier. Mais en toute hypothèse, soit que la caution s'engage spontanément, soit qu'en s'engageant elle cède à la prière ou exécute le mandat qu'elle a reçu à cet effet du débiteur cautionné, le cautionnement doit être formellement exprimé, la loi n'en reconnaissant l'existence qu'autant qu'il est exprès (art. 2014 et 2015).

Et lorsque l'existence en est certaine, c'est uniquement d'après les termes dans lesquels il a été contracté que l'étendue en est déterminée. Le cautionnement a-t-il été limité, on ne peut, sous aucun prétexte, l'étendre au delà des limites que la caution a mises à son engagement ; obligée volontairement, elle a pu restreindre son obligation ainsi qu'elle l'a entendu, et les termes de la convention feront la loi des parties dans l'exécution. Au contraire, le cautionnement a-t-il été consenti en termes généraux et indéfinis, la caution est liée dans la même mesure que le débiteur principal, le cautionnement indéfini embrassant, par la force même des choses, toutes les obligations qui naissent du contrat cautionné (art. 2015 et 2016).

Enfin, indéfini ou limité, il est placé sous la règle, commune à tous les contrats, d'après laquelle on est censé avoir stipulé pour soi et pour ses héritiers et ayants cause, à moins que le contraire ne soit exprimé ou ne résulte de la nature de la convention (C. Nap., art. 1122). Les engagements de la caution passent donc à ses héritiers ; il n'y a d'exceptions qu'en ce qui concerne les obligations qui, comme la contrainte par corps, ont un caractère pénal (art. 2017).

Telle est, dans son ensemble, l'économie des dispositions ci-dessus transcrites. Reprenons ces règles successivement et pénétrons dans les détails que chacune d'elles comporte.

II. — 88. Le cautionnement, qui suppose nécessairement l'existence d'une obligation principale d'un tiers, n'intervient cependant qu'entre le créancier et la caution ; le tiers, le débiteur principal, bien qu'il reste toujours obligé, est complétement étranger au contrat accessoire (suprà, n° 10) : seulement, il est vrai de dire que ce contrat ne se forme guère qu'à la sollicitation du tiers qui n'y a pas de rôle. En effet, en se portant caution d'un débiteur, le fidéjusseur agit ordinairement en vue de rendre service à ce dernier et sur la demande qui lui en est faite. Il s'établit ainsi, entre le débiteur principal qui fait la demande et la caution par qui la demande est accueillie, les relations existant de mandataire à mandant, en sorte qu'un contrat de mandat se trouve constitué à côté du contrat accessoire de cautionnement ou parallèlement.

89. Toutefois, cela même n'est pas nécessaire à la formation de ce dernier contrat. On peut, aux termes de l'art. 2014, se rendre caution sans ordre ou sans mandat du débiteur principal pour qui on s'oblige, et même à son insu. « De la part du fidéjusseur, a dit Domat, dont l'observation a été reproduite par le tribun Lahary dans son vœu d'adoption au Corps législatif (1), il peut rendre cet office à son ami absent, de même qu'on peut prendre soin des affaires d'une personne absente ; et de la part du créancier, il est juste qu'il puisse prendre ses sûretés, indépendamment de la volonté de son débiteur. » Ajoutons que parfois on voit la caution s'engager uniquement dans l'intérêt du créancier, en vue de lui garantir d'une manière certaine le recouvre-

(1) Voy. Domat (Lois civ., liv. III, tit. IV, sect. 1, n° 7) ; Locré (t. XV, p. 379 et 380) ; Fenet (t. XV, p. 79).

ment d'une créance douteuse, auquel cas il est encore plus vrai de dire que le consentement préalable ou la sollicitation du débiteur principal n'est pas nécessaire à la formation du contrat de cautionnement.

Le cautionnement peut accéder à l'obligation principale même contre la volonté du principal obligé (1). La résistance de ce dernier ne saurait paralyser l'action du créancier qui veille à la conservation de ses droits : c'est surtout cette situation que Domat avait en vue en disant que le créancier doit pouvoir prendre ses sûretés *indépendamment de la volonté* de son débiteur.

Dans toutes ces circonstances, donc, soit que la caution s'engage à l'insu du débiteur, soit qu'elle s'oblige contre sa volonté, la validité du cautionnement ne peut pas être mise en question : seulement, il y aura à rechercher et à déterminer la mesure dans laquelle ces circonstances doivent influer sur le recours auquel le débiteur est soumis. Nous nous occuperons de ce point dans le commentaire des art. 2028 et 2032.

90. On peut même se rendre caution, comme il est dit au deuxième paragraphe de l'art. 2014, non-seulement du débiteur principal, mais encore de celui qui l'a cautionné (*suprà*, nº 27). C'est la confirmation d'une règle admise par les jurisconsultes romains : *Pro fidejussore fidessurorem accipi, nequaquam dubium est* (1. 8, § 12, ff. *De Fidej. et Mand.*). Il y a là un double cautionnement, ou, si l'on veut, le cautionnement d'un cautionnement que le créancier a été parfaitement en droit d'exiger, dès qu'il n'a pas trouvé dans la première caution des garanties suffisantes de solvabilité. Il ne faudrait pas dire même qu'en ceci la loi s'écarte des règles propres au cautionnement, dont la nature est d'accéder à une obligation principale : car le premier cautionnement, contrat accessoire à l'origine, devient à son tour contrat principal par rapport à l'obligation de celui qui le cautionne en second lieu (2).

III. — 91. Mais, en toute hypothèse, le cautionnement doit être certain quant à son existence; il ne se présume pas (art. 2015). L'écriture n'y est pas nécessaire sans doute, en ce sens que, consenti même verbalement, il vaut autant que s'il était constaté par acte sous seing privé ou même authentique : seulement, à défaut d'écrit, le cautionnement, si l'existence en était déniée, ne pourrait être prouvé que d'après les règles du droit commun. Ainsi, la preuve ne pourrait être faite par le témoignage oral (en matière civile bien entendu, la preuve testimoniale étant généralement admissible en matière commerciale) qu'autant que l'intérêt engagé n'excéderait pas la somme ou valeur de 150 francs (C. Nap., art. 1341), ou même, s'il s'agissait d'un intérêt supérieur, qu'autant qu'il existerait un commencement de preuve par écrit (même Code, art. 1347). La jurisprudence est fixée en ce sens (3).

92. Du reste, lorsque le débiteur est obligé de donner caution, même

---

(1) *Voy.* MM. Duranton (t. XVIII, nº 316); Troplong (nº 128); Massé et Vergé, sur Zachariæ (t. V, p. 60, note 7); Massé (*Droit comm.*, 1ʳᵉ édit., t. VI, nº 347; 2ᵉ édit., t. IV, nº 2712).

(2) Comp. Pothier (nº 398).

(3) Req., 26 mai 1829; Rej., 1ᵉʳ fév. 1836 (S. V., 29, 1, 218; 36, 1, 511; Dalloz, 29, 1, 252; 36, 1, 84).

aux termes de la convention (nous aurons à nous occuper plus tard du cas où l'obligation résulte de la loi), le créancier peut exiger que le contrat soit passé par-devant notaire. C'était l'avis de Pothier; et comme son annotateur, M. Bugnet, nous croyons que la décision doit être suivie encore aujourd'hui, le créancier n'étant point obligé de se placer dans une condition qui l'exposerait à toutes les chances d'un procès en vérification d'écriture (1). Mais le cautionnement n'en vaudrait pas moins si le contrat étant fait par-devant notaire, conformément aux exigences du créancier, il s'y glissait une de ces irrégularités dont l'effet serait de le destituer de son caractère authentique. La Cour de cassation a jugé, à la vérité, à propos d'un acte de prêt, que l'irrégularité résultant de ce que le notaire rédacteur a stipulé pour le prêteur absent atteint même le cautionnement consenti par un tiers au profit de ce dernier, ce cautionnement s'incorporant avec le contrat de prêt et étant, dès lors, soumis aux mêmes règles (2).

Toutefois, il s'agissait, dans l'espèce, d'un cautionnement à la sûreté duquel la caution déclarait affecter hypothécairement ses immeubles; et c'est cette affectation hypothécaire qui a été invalidée, par une conséquence déjà bien rigoureuse du principe posé par l'art. 2127, d'après lequel l'hypothèque conventionnelle ne peut être consentie *que par un acte passé en forme authentique* devant deux notaires ou devant un notaire et deux témoins (3). Il ne faut pas étendre la décision hors de ses termes, et spécialement il n'en faut pas induire que le cautionnement lui-même doive être annulé, puisque l'acte qui le constate, nul comme acte authentique, subsiste, d'après la loi de ventôse an 11, comme acte sous seing privé, et qu'à la différence de l'hypothèque, le cautionnement est parfaitement valable constitué en cette forme.

93. Ce n'est pas tout : le cautionnement ne se présume pas, en ce sens encore qu'il doit être *exprès;* c'est la disposition formelle de l'art. 2015. Sans doute, pas plus qu'aucun autre contrat français, le cautionnement n'exige l'emploi de termes sacramentels; mais au moins faut-il que la caution ait manifesté clairement l'intention de s'obliger. Celui qui se borne à conseiller à propos d'une affaire, ou à donner des renseignements sur une personne, ne doit pas être considéré comme ayant voulu cautionner l'affaire ou se porter garant de la personne. Or, entre l'intention de s'obliger et le simple conseil ou la recommandation, la distinction est parfois des plus délicates.

Nous avons eu à nous expliquer sur ce point en traitant du *Mandat* (4); nous n'insisterons donc pas ici sur la règle théorique. Rappelons seulement que dans tout procès où ce point est en discussion, il s'élève une question de fait et d'appréciation dont la solution appartient souverainement aux juges du fond, qui doivent se déterminer d'après les

---

(1) *Voy.* Pothier, édit. Bugnet (n° 402 et la note).
(2) Cass., 11 juill. 1859 (S. V., 59, 1, 551; *J. Pal.*, 1859, p. 775; Dalloz, 59, 1, 401).
(3) *Voy.* notre *Traité-Comment. des Priv. et Hyp.* (n° 659).
(4) *Voy.* au tome précédent (n°ˢ 834 et suiv.).

circonstances particulières à chaque affaire. Ainsi, lorsqu'on prie une personne de prêter de l'argent à un ami qu'on désigne, en marquant à cette personne que cet ami la payera, qu'il est solvable, qu'il doit inspirer toute confiance, qu'on répond de lui : les circonstances, l'usage du pays, le style habituel de la personne qui a écrit ces phrases, ou autres analogues, pourront seuls faire décider s'il y a là un engagement impliquant intention de s'obliger ou une simple recommandation. En thèse générale, il est certain, comme le disait M. Chabot dans son Rapport au Tribunat (1), qu'une invitation de prêter de l'argent ou de fournir des marchandises à un tiers que l'on recommande, et dont on certifie même la solvabilité, n'est pas un cautionnement (2). Mais si le fait se produit dans des circonstances particulières, par exemple si l'invitation est adressée à un banquier, si elle a trait à des affaires commerciales, si celui qui l'adresse est lui-même un commerçant, le cautionnement pourra certainement être admis, d'autant plus qu'en matière commerciale le contrat se présente souvent sous la forme d'une lettre missive. Et l'on s'explique à merveille la décision de laquelle il résulte qu'une lettre de crédit donnée à un négociant sur un autre négociant peut être considérée comme un cautionnement, et cela non-seulement pour les sommes qui seront fournies ultérieurement au crédit, mais même pour les sommes antérieurement dues par le crédité à celui sur qui le crédit est fourni (3).

94. Du reste, nous rappellerons que la recommandation ou le simple conseil peut lui-même devenir une source d'obligation. C'est lorsqu'il y a dol ou mauvaise foi de la part de celui qui conseille ou recommande (4). Ainsi, celui qui aurait fourni sciemment, sur la solvabilité d'une personne, des renseignements mensongers par lesquels un tiers aurait été déterminé à nourrir et entretenir des relations d'affaires avec elle, serait évidemment responsable du préjudice que le tiers viendrait à éprouver par l'effet de l'insolvabilité de ladite personne dont, à la suite de ces relations, il serait devenu créancier (5). Seulement, l'obligation procède ici du principe général consacré par les art. 1382 et suivants du Code Napoléon; elle ne constitue pas le cautionnement, car on ne s'oblige comme caution que par une manifestation qui ne laisse pas de doute sur l'intention de s'engager à ce titre.

IV. — 95. En effet, tout n'est pas dit encore lorsqu'une promesse faite à côté d'une autre promesse émanant d'un tiers constitue une obligation certaine. Une question reste à résoudre, qui peut n'être pas sans

---

(1) Locré (t. XV, p. 339); Fenet (t. XV, p. 50).
(2) Comp. Pothier (n° 401); MM. Duranton (t. XVIII, n° 318); Aubry et Rau (t. III, p. 493, note 2); Troplong (n°s 138 et suiv.); Zachariæ, édit. Massé et Vergé (t. V, p. 63, note 2); Ponsot (n°s 111 et suiv.). *Voy.* aussi Bourges, 24 fév. 1832 (S. V., 32, 2, 539; Dalloz, 32, 2, 128; *J. Pal.*, à sa date).
(3) Bourges, 9 avr. 1824 (S. V., 24, 2, 371; Coll. nouv., 7, 2, 348). — *Junge* . MM. Ponsot (n° 112); Troplong (n° 144).
(4) *Voy.*, au tome précédent, notre *Traité-Comm. du Mandat* (n°s 837 et suiv.).
(5) *Voy.* Riom, 28 juin 1859 (*J. Pal.*, 1859, p. 1086; S. V., 59, 2, 550; Dalloz, 60, 2, 18). *Voy.* aussi Rouen, 30 juin 1851 (*J. Pal.*, 1853, t. 1, p. 508; Dalloz, 53, 2, 154).

difficulté : c'est de savoir si celui qui a promis s'est obligé comme caution ou autrement.

Par exemple, Pierre promet de me payer 1000 francs; puis Paul promet à son tour de me payer 1000 francs. En quelle qualité ce dernier est-il obligé? Y a-t-il, de sa part, un cautionnement de la dette de Pierre? ou bien est-ce une obligation solidaire qu'il a contractée avec celui-ci? ou bien a-t-il pris une obligation distincte, indépendante de celle de Pierre, en telle sorte que j'aurais deux créances de 1000 francs chacune, l'une contre Pierre, l'autre contre Paul? Il est clair que l'intention des parties à cet égard ne pourra guère être appréciée que d'après les circonstances dans lesquelles la convention s'est formée et les termes de l'acte qui la constate. Tout ce qu'on peut dire, c'est que, dans le doute, il y aura lieu, par application de l'art. 1162 du Code Napoléon, de présumer le cautionnement d'abord, comme étant plus favorable au débiteur qui a contracté l'obligation, et, à défaut, l'engagement solidaire. Que si, néanmoins, l'obligation devait être nulle comme cautionnement, et pouvait valoir comme engagement principal, soit solidaire, soit distinct (*suprà*, n° 13), ce serait alors le cas de prendre la promesse dans ce dernier sens; car il est de règle, lorsqu'une clause est susceptible de deux sens, qu'on doit l'entendre plutôt dans celui avec lequel elle peut avoir quelque effet, que dans le sens avec lequel elle n'en pourrait produire aucun (C. Nap., art. 1157).

96. Mais, on le voit, les questions de cette nature se résument nécessairement en une appréciation de faits et de circonstances. C'est dire que les juges du fond sont appelés à les résoudre souverainement, et que leur décision à cet égard ne tombe pas sous le contrôle de la Cour de cassation. La Cour suprême l'a reconnu elle-même en plus d'une occasion. Ainsi, d'après sa jurisprudence, celui qui s'est obligé solidairement avec un autre dans un acte authentique peut, *d'après les circonstances de la cause et l'interprétation des clauses de l'acte,* être considéré non comme un coobligé, mais comme une simple caution (1). Ainsi encore, et plus explicitement, elle a jugé qu'en décidant, en fait et par appréciation des circonstances de la cause, qu'un tiers est personnellement obligé, non comme associé, mais comme caution, au payement de lettres de change souscrites par un autre, les juges du fond ne violent aucune loi, et spécialement ne contreviennent pas à l'art. 1834 du Code Napoléon, d'après lequel toutes sociétés doivent être rédigées par écrit (2).

V. — 97. Passons maintenant au cas où il n'existe aucun doute sur l'intention des parties : c'est bien d'un cautionnement qu'il s'agit; celui qui s'est engagé a manifesté, sans équivoque, l'intention de s'obliger comme caution. Une question reste à résoudre, et c'est la question importante de notre sujet : quelle est l'étendue de l'obligation?

A cet égard, le législateur a prévu les deux hypothèses qui peuvent se présenter : ou bien la caution a limité elle-même son obligation,

---

(1) Rej., 4 déc. 1855 (S. V., 57, 1, 204; Dalloz, 56, 1, 58; *J. Pal.*, 1857, p. 447).
(2) Rej., 8 mars 1853 (S. V., 54, 1, 769; *J. Pal.*, 1853, t. I, p. 668; Dalloz, 54, 1, 336).

c'est le cas réglé par l'art. 2015 ; ou bien elle s'est engagée en termes généraux, donnant ce que l'art. 2016 appelle très-exactement un cautionnement *indéfini*. Dans quelle mesure la caution est-elle obligée soit dans l'un, soit dans l'autre cas ? Nous avons maintenant à le préciser.

98. En thèse générale, lorsque la caution a elle-même limité son obligation, le cautionnement ne peut pas s'étendre au delà des limites dans lesquelles il a été contracté : telle est la règle posée par l'art. 2015 dans sa dernière partie ; on la traduit habituellement en disant que le cautionnement ne doit pas être étendu *de personâ ad personam, de tempore ad tempus, de re ad rem*.

99. Ainsi, quand je cautionne l'un de plusieurs débiteurs solidaires, je ne dois pas être considéré comme ayant cautionné en même temps par là ses codébiteurs, bien que ceux-ci soient tenus de la même obligation. C'est là, néanmoins, un point controversé, et nous y revenons dans le commentaire de l'art. 2023. Nous nous bornons, quant à présent, à l'indiquer comme application de la règle suivant laquelle le cautionnement ne s'étend pas *de personâ ad personam*. — De même, si j'ai cautionné Pierre vis-à-vis de Jacques, son créancier, mon cautionnement ne s'étendra pas à Paul, en cas de novation par la substitution, comme nouveau débiteur, de ce dernier à Pierre dont j'avais cautionné la dette. Ici encore il sera vrai de dire : *De personâ ad personam non extenditur fidejussio*.

100. Mais il ne faudrait pas dire, avec quelques auteurs, par application de la même règle, que, par exemple, quand une femme usufruitière vient à se marier, le cautionnement de l'usufruit n'accompagne pas cet usufruit dans son passage des mains de la femme dans la communauté où il serait tombé par l'effet du mariage ; ou, plus généralement, que lorsqu'un usufruitier cède son droit, la caution de l'usufruitier est par là même déchargée pour l'avenir (1). L'usufruitier, comme le font très-bien remarquer MM. Aubry et Rau, reste, même après avoir cédé son droit, tenu de toutes ses obligations envers le nu propriétaire ; la caution doit donc rester obligée également, sinon pour le cessionnaire, au moins pour le cédant, d'autant plus que, n'ayant pas pu ignorer que l'usufruitier avait la faculté de faire la cession de son droit, elle doit s'imputer de n'avoir pas prévu cette éventualité et de n'avoir pas fait des réserves en conséquence (2).

On se préoccupe, dans le système contraire, des abus de jouissance et des malversations que peut commettre le cessionnaire de l'usufruit, faits, dit-on, purement personnels à ce dernier et hors de toute prévoyance de la part de la caution primitive. Mais on ne prend pas garde qu'en s'engageant sans réserve expresse, la caution consent à garantir les obligations de l'usufruitier, quels qu'en soient les causes et le principe, et encore que l'usufruitier trompe son attente en aggravant la res-

---

(1) *Voy.* MM. Proudhon (*De l'Usufr.*, nᵒˢ 851 et suiv.) ; Troplong (nᵒˢ 153 et 154) ; Massé et Vergé, sur Zachariæ (t. V, p. 63, note 2, *in fine*) ; Boileux (t. VI, p. 640).
(2) *Voy.* MM. Aubry et Rau (t. III, p. 497, note 1). *Junge* : M. Ponsot (nᵒˢ 28 et suiv.). Comp. MM. Dalloz (*Rép.*, vᵒ Cautionnement, nᵒˢ 120).

ponsabilité à laquelle elle s'était soumise. C'était à elle à se mieux renseigner sur le caractère de celui dont elle avait garanti l'administration
avant de lui accorder toute la confiance que suppose le cautionnement.
Avec le système contraire, on irait jusqu'à décharger dans tous les cas
les cautions qui ne se portent telles que parce qu'elles croient à la
bonne administration de l'usufruitier, et qui ne prévoient jamais les
actes par lesquels ce dernier compromettrait sa position. Or, c'est précisément pour garantir le nu propriétaire contre toutes les suites des
actes de l'usufruitier, ces actes fussent-ils entachés de faute ou même
de dol, que le législateur a exigé de ce dernier qu'il donnât caution.

Et quant à l'objection tirée de ce que la caution aurait ainsi à garantir
les actes et les faits d'un autre que celui pour lequel elle a voulu s'engager, elle est sans fondement. Car, nous le répétons, l'usufruitier, en
cédant son droit, ne se décharge en aucune façon de ses obligations envers le nu propriétaire. Ces obligations subsistant, il en résulte que,
tout en procédant du fait du cessionnaire, elles restent cependant juridiquement personnelles à l'usufruitier : en sorte qu'en droit la caution
doit continuer de les garantir. Il faut remarquer même qu'en fait la situation du fidéjusseur est améliorée plutôt qu'aggravée par la présence
du cessionnaire, puisque, en définitive, s'il est obligé de payer, il aura
son recours, pour se faire rembourser, non-seulement contre l'usufruitier, mais encore, au nom de celui-ci, contre le cessionnaire, comme
auteur du dommage.

Cette solution, d'ailleurs, est commandée par la nécessité même des
choses, si l'on ne veut pas, dans le cas donné, sacrifier d'une manière
absolue l'intérêt du nu propriétaire. Les auteurs dont nous contestons
la doctrine accordent, il est vrai, à ce dernier le droit de demander une
nouvelle caution au cessionnaire de l'usufruit. Mais ce droit n'est écrit
nulle part dans la loi ; par cela même, la prétention élevée par le nu
propriétaire qui voudrait l'exercer aurait peu de chance, nous semble-
t-il, d'être accueillie en justice.

101. En laissant de côté le cas d'un usufruit, pour revenir au cautionnement en général, à peine avons-nous besoin de dire que la règle
« de personá ad personam non extenditur fidejussio » ne pourrait pas
être invoquée par la caution dans le cas où, le débiteur principal étant
venu à mourir, l'obligation a été transmise à ses héritiers. Ainsi, Paul
a 2000 francs à payer dans deux ans sous le cautionnement de Pierre ;
mais Paul meurt au bout de la première année, et sa succession est recueillie par ses héritiers : le cautionnement subsiste évidemment, et la
règle précitée n'y fait pas obstacle, puisque les héritiers de Paul, débiteur principal, continuent sa personne.

102. Le cautionnement ne s'étend pas non plus, quant à la durée ,
hors des limites dans lesquelles il a été contracté : de tempore ad tempus non extenditur fidejussio. Si j'ai cautionné pour cinq ans des opérations qui doivent être accomplies périodiquement pendant un nombre
d'années indéterminé, mon cautionnement ne s'étendra pas aux opérations de la sixième année et des années ultérieures. La loi fait elle-même

une application spéciale de la règle dans l'art. 1740 du Code Napoléon, duquel il résulte que celui qui a cautionné les obligations dérivant d'un contrat de bail est déchargé à l'expiration de ce bail et ne garantit plus les obligations nées d'une réconduction expresse ou tacite (1). Mais on peut dire, à certains égards, que ceci touche moins à la durée du cautionnement qu'à l'obligation même dont le cautionnement a pour objet de garantir l'exécution ; et cela nous amène naturellement au dernier membre de la formule ci-dessus rappelée (n° 98).

103. Le cautionnement ne doit pas être étendu d'une obligation à une autre : *de re ad rem*. La règle, à ce point de vue, est d'une vérité absolue, et les applications qu'elle comporte se présentent sous des aspects divers.

104. Ainsi, en premier lieu, le cautionnement ne doit pas être étendu du principal aux accessoires. Par exemple, si j'ai cautionné le payement d'un prix de bail, je ne serai pas tenu de l'indemnité que pourra devoir le locataire au propriétaire pour dégradations ou abus de jouissance (2). — Si j'ai cautionné le remboursement du capital d'une dette, je ne serai point tenu de garantir le payement des intérêts (3), sauf le cas où il résulterait de l'usage et des circonstances particulières de l'affaire que des intérêts ont dû être stipulés (4) ; encore moins serais-je tenu de garantir la résolution du contrat, obtenue par le créancier pour cause de non-exécution de la part du débiteur (5).

105. Ensuite, et à plus forte raison, le cautionnement ne peut être étendu d'une obligation spéciale et déterminée à une autre obligation. Si j'ai cautionné un emprunt pour sûreté duquel le débiteur a donné, en outre, au créancier, comme gage, un cheval attaqué d'une maladie contagieuse, et si, cette maladie s'étant communiquée aux chevaux du créancier, ce dernier réclame une indemnité à l'emprunteur pour le dommage éprouvé, je ne serai point tenu de cette indemnité ; car j'ai cautionné le contrat de prêt, non le contrat de gage qui l'a accompagné. — Si j'ai cautionné la vente d'un immeuble, je ne serai point tenu envers le Trésor des frais de mutation, même quand une clause particulière du contrat aurait mis à la charge du vendeur ces frais qui, en principe, sont dus par l'acheteur. — Si j'ai cautionné les obligations naissant d'une tutelle, je ne serai pas responsable, après la fin de cette tutelle, des suites de la gestion indûment conservée par le tuteur. — Si j'ai cautionné les sommes qu'un tiers prêtera ou fera prêter au cautionné postérieurement à la date du cautionnement, mon cautionnement ne s'appliquera pas aux billets souscrits à raison de dettes *antérieures,* les billets fussent-ils même postérieurs à la date du cautionnement (6).

---

(1) Comp. MM. Ponsot (n° 121) ; Troplong (n° 149).
(2) *Voy.* Pothier (n° 404).
(3) *Voy.* Pothier (*loc. cit.*). — *Junge :* MM. Delvincourt (t. III, p. 251, note 4); Duranton (t. XVIII, n° 320) ; Ponsot (n° 119) ; Troplong (n°ˢ 149 et 158).
(4) Grenoble, 10 juin 1825 (S. V., Coll. nouv., 8, 2, 86 ; Dalloz, 25, 2, 192).
(5) Comp. Rennes, 12 juill. 1824 (S. V., Coll. nouv., 7, 2, 403).
(6) Rej., 14 juill. 1845 (Dalloz, 45, 1, 336 ; S. V., 45, 1, 484 ; J. Pal., 1845, t. II, p. 694). *Voy.* aussi Angers, 27 mars 1846 (Dalloz, 46, 2, 86 ; J. Pal., 1846, t. II,

106. Les applications, on le comprend, pourraient être multipliées. Mais ce serait sans utilité ni profit, et nous n'insisterons pas davantage.

Disons, toutefois, en terminant sur le cautionnement limité, que si l'obligation de la caution ne doit pas être étendue au delà des limites dans lesquelles elle a été contractée, elle reste du moins entière et absolue dans la mesure fixée par la convention. Nous relevons, à ce propos, un arrêt rendu récemment, par la Cour de cassation, dans une espèce remarquable. En fait, un négociant de Limoges s'était rendu caution d'un négociant de Bordeaux vis-à-vis d'un banquier de cette ville, lequel était même autorisé à faire, au cautionné, des avances en compte courant jusqu'à concurrence de 10 000 francs en sus des valeurs qui lui seraient remises. Le banquier porta à son crédit, dans le compte courant établi à la suite de ces conventions, une somme de 7 885 francs par lui fournie sur des valeurs fausses, fabriquées par le commis du cautionné, et à lui adressées dans une lettre d'envoi, également fabriquée, laquelle contenait la demande d'espèces pour le montant des valeurs. En y comprenant cette somme, que le faussaire avait détournée, le compte courant se soldait, en faveur du banquier, par le chiffre de 11 034 francs, en payement desquels celui-ci assigna devant le Tribunal de commerce de Limoges le débiteur principal et la caution. La caution soutint vainement que si le débiteur principal, comme patron du commis, pouvait, en vertu de l'art. 1384 du Code Napoléon, être condamné au payement des 7 885 francs détournés par ce dernier, elle ne pouvait pas, elle, en sa qualité de caution, être déclarée responsable des détournements accomplis par le préposé du débiteur, le cautionnement garantissant les opérations de commerce, et nullement les pertes subies en dehors du commerce. La prétention fut rejetée en première instance et en appel; et lorsque, plus tard, la caution s'est pourvue en cassation pour violation de l'art. 2015, sous prétexte que la décision étendait le cautionnement au delà de ses limites, la Cour suprême a jugé que si les sommes envoyées, distraites par le commis infidèle, n'avaient pas profité au destinataire, l'envoi des fonds, fait suivant les conditions du contrat, n'en rentrait pas moins dans les opérations pour lesquelles le cautionnement avait été fourni (1).

Il n'y a, dans cette solution, rien de contraire à la règle de l'art. 2015. Sans doute, le cautionnement, non-seulement quand il est limité, comme dans l'espèce, mais aussi quand il est général et indéfini (*infrà*, n° 109), s'étend seulement aux obligations naissant du contrat même auquel il adhère; il ne peut jamais s'étendre aux obligations qui naîtraient d'une cause étrangère : et assurément, dans l'espèce, si le banquier avait envoyé les fonds à une personne qui ne se serait rattachée par aucun lien à la maison de commerce dont le nom et la signature avaient été empruntés, le fait, selon la très-juste remarque de M. Carette (2),

---

p. 206). Cass., 31 juill. 1849 (S. V., 49, 1, 709; Dalloz, 49, 1, 195 ; *J. Pal.*, 1850, t. I, p. 54).

(1) Req., 18 fév. 1861 (S. V., 61, 1, 417; Dalloz, 61, 1, 245 ; *J. Pal.*, 1862, p. 388).
(2) M. Carette (Note sur l'arrêt précité, S. V., *loc. cit.*).

se serait trouvé dans les conditions du vol commis à l'aide du faux, et il eût été parfaitement vrai de dire alors que ce n'est pas à des faits de cette nature que s'appliquait le cautionnement. Mais quand les fonds avaient été demandés par le cautionné lui-même, ou du moins en son nom par son préposé; quand, d'un autre côté, ils avaient été envoyés au domicile même du cautionné, avec les précautions et dans les conditions habituelles pour tous les envois, il était impossible de méconnaître que l'envoi rentrait dans les opérations prévues par la convention des parties, et pour lesquelles précisément le cautionnement avait été fourni. C'était donc le cas d'appliquer les règles d'après lesquelles le cautionnement limité, s'il ne doit pas être étendu au delà des limites dans lesquelles il est contracté, doit s'appliquer au moins à tout ce qui est renfermé dans ces limites.

107. Que si maintenant nous supposons le cautionnement *indéfini* dont parle l'art. 2016, d'autres règles sont applicables. Le cautionnement s'étend alors à tout ce qui est dans l'obligation, aux accessoires comme au principal : la caution, comme dit Pothier, est censée avoir cautionné le débiteur principal *in omnem causam*. — Par exemple, en me rendant caution d'un locataire ou fermier, je déclare en termes généraux que *je cautionne le bail* : je serai par là même tenu non-seulement du payement des loyers, mais encore de toutes les obligations du bail, spécialement des dégradations, de la restitution des avances, des dommages-intérêts pour les anticipations, etc. (1). — Par exemple encore, je cautionne une somme d'argent en termes généraux : par cela même, je m'oblige subsidiairement à payer non-seulement le capital, mais encore tous les intérêts qui pourront être dus (2). Et en toute hypothèse, quant aux intérêts considérés comme accessoires de l'obligation, la caution qui s'est engagée en termes généraux doit même les intérêts *moratoires* (3).

108. Mais faut-il comprendre dans les accessoires d'une obligation les frais faits contre le débiteur qui refuse de l'acquitter? Oui, sans doute, en principe. Cependant, quand il s'agit d'une caution, il eût été bien rigoureux de mettre à sa charge des frais souvent fort considérables, qu'elle eût sans doute évité de payer si elle eût connu la demande dirigée contre le débiteur principal et le refus d'y satisfaire. Il est à supposer, en effet, que la caution se fût alors hâtée de désintéresser le créancier et d'arrêter ainsi la procédure : aussi était-il de principe, dans l'ancienne jurisprudence, que la caution n'était tenue des frais faits contre le principal obligé que du jour où les poursuites lui avaient été dénoncées; jusque-là, elle était tenue seulement du premier commandement ou du premier exploit de demande (4).

A cet égard, les rédacteurs du Code eurent la pensée, sans doute, de

---

(1) Pothier (n° 404).
(2) *Voy.* Orléans, 18 mai 1855 (S. V., 55, 2, 414; *J. Pal.*, 1855, t. II, p. 425). Comp. Bordeaux, 21 déc. 1833; Req., 12 janv. 1842 (S. V., 34, 2, 271; 42, 1, 138; Dalloz, 34, 2, 151; 42, 1, 78).
(3) Pothier (*loc. cit.*).
(4) *Voy.* Pothier (*loc. cit.*).

se montrer non moins équitables; cependant leur premier projet en aurait pu faire douter, car il exprimait en termes généraux que le cautionnement indéfini d'une obligation principale s'étend à tous les accessoires, *même aux frais.* Mais le Tribunat fit justement remarquer que, par ces expressions, l'intention de la loi n'était pas, sans doute, que la caution fût passible de tous les frais indistinctement que son débiteur laisserait faire contre lui, quoiqu'elle n'eût point été prévenue de l'existence des poursuites. Il proposa donc de substituer au projet une disposition précise qui levât toute incertitude, pour qu'au moyen d'une distinction clairement établie entre les frais postérieurs à la dénonciation et ceux antérieurs, la caution ne fût jamais punie de l'ignorance où on l'aurait laissée (1). De là le texte de l'art. 2016, qui, consacrant avec plus de netteté la doctrine de l'ancienne jurisprudence, exprime que « le cautionnement indéfini d'une obligation principale s'étend à tous les accessoires de la dette, *même aux frais de la première demande, et à tous ceux postérieurs à la dénonciation qui en est faite à la caution.* »

Ainsi la loi impose au créancier l'obligation de dénoncer à la caution la première demande, et par là de la mettre en quelque sorte en demeure d'empêcher la continuation des poursuites. Si la caution ainsi prévenue laisse néanmoins l'affaire suivre son cours, elle verra, sans pouvoir s'en plaindre, son obligation augmentée de tous les frais du procès. Que si, au contraire, le créancier ne fait pas la dénonciation aussitôt après avoir actionné le débiteur principal, la caution aura à supporter les frais de la première demande, et aussi ceux qui seraient faits après la dénonciation, si elle ne prenait pas le moyen de les arrêter; mais elle n'aurait rien à payer de ceux qui auraient été exposés dans l'intervalle entre la première demande et la dénonciation.

Il s'agit uniquement, dans tout ceci, des frais de la demande dirigée contre le débiteur principal. Quant à ceux auxquels aurait donné lieu l'acte de cautionnement et qui auraient été avancés par le créancier, il est clair que la caution en est tenue comme accessoire de son obligation (2).

109. Du reste, il faut ajouter que la règle « *de re ad rem non extenditur fidejussio* » (*suprà,* nos 103 et suiv.) n'est pas étrangère non plus au cautionnement indéfini, quelque généraux qu'en soient les termes. Donc, si le cautionnement s'étend, dans la mesure indiquée, aux obligations naissant du contrat même pour lequel la caution s'est engagée, il ne s'étend pas aux obligations qui naîtraient d'une cause étrangère. Nous rappellerons, comme application, à ce propos, l'exemple cité plus haut (n° 105), par lequel on a vu que, dans le cas d'un prêt accompagné d'un contrat de gage, le fidéjusseur qui a cautionné le prêt ne serait pas tenu, vis-à-vis du créancier, du dommage causé par le fait du gage. C'est l'espèce de la loi 54, ff. *De Fidejussoribus et Mandatoribus.* « Si

---

(1) *Voy.* Locré (t. XV, p. 313); Fenet (t. XV, p. 27).
(2) Nîmes, 18 mars 1862 (S. V., 63, 2, 5; J. *Pal.*, 1863, p. 617).

» in pignore contrahendo deceptus sit creditor, qui fidejussorem pro
» mutuo accepit, agit contraria pignoratitiâ actione : in quam actionem
» veniet, quod interest creditoris ; *sed ea actio fidejussorem onerare non*
» *poterit : non enim pro pignore, sed pro pecunia mutua fidem suam*
» *obliget.*» — Disons de même, avec Pothier, encore sur l'autorité de
la loi romaine (l. 68 et 73, *eod. tit.*), que celui qui, par exemple, se
serait rendu caution pour un administrateur des revenus publics serait
obligé, sans doute, à la restitution des deniers publics, mais non au
payement des amendes encourues par cet administrateur pour malversations dans son administration ; et, en général, qu'en quelque cas que
ce soit, le cautionnement ne s'étend pas aux peines auxquelles le débiteur a été condamné *officio judicis, propter suam contumaciam*, cette
cause étant étrangère au contrat (1).

VI. — 110. Que le cautionnement soit indéfini ou limité, pur et
simple ou conditionnel, les engagements de la caution passent à ses
héritiers. Ainsi dispose l'art. 2017, qui, en cela, est l'expression du
droit commun, d'après lequel on est censé avoir stipulé pour soi et pour
ses héritiers et ayants cause, à moins que le contraire ne soit exprimé
ou ne résulte de la nature de la convention (C. Nap., art. 1122).

Cependant, dans l'ancien droit romain antérieur à la fidéjussion (*suprà*, nº 5), les obligations de la caution n'étaient pas transmises à ses
héritiers (2) ; et il en était de même dans le très-ancien droit français (3).
C'est en vue de prévenir les incertitudes auxquelles pourraient donner
lieu ces dispositions, quoique tombées depuis longtemps en désuétude,
que les rédacteurs du Code, obéissant à un scrupule peut-être exagéré (4), ont cru devoir reproduire ou appliquer, au titre *Du Cautionnement*, la règle de droit commun expressément consacrée par la loi
dans le titre *Des Contrats ou des Obligations conventionnelles en général*.

111. Mais le législateur n'a pas voulu que le principe fût étendu hors
de la juste mesure : il a donc expressément réservé la contrainte par
corps au cas d'un engagement tel que la caution y serait obligée. L'art.
2017 a donc expressément limité le principe, en exceptant des obligations qui passent aux héritiers celles qui, comme la contrainte par corps,
ont un caractère pénal. La caution, selon l'expression de Domat (5),
peut bien obliger sa personne, mais elle ne peut pas obliger la personne
de son héritier.

2018. — Le débiteur obligé à fournir une caution doit en présenter
une qui ait la capacité de contracter, qui ait un bien suffisant pour
répondre de l'objet de l'obligation, et dont le domicile soit dans le
ressort de la Cour impériale où elle doit être donnée.

---

(1) Pothier (nº 405).
(2) Gaïus (Comm. III, § 120).
(3) Beaumanoir (t. XLIII, art. 4). Comp. M. Troplong (nº 171).
(4) *Voy.* M. Duranton (t. XVIII, nº 322). — *Voy.* cependant MM. Ponsot (nºˢ 126
et 127) ; Troplong (nº 172).
(5) Domat (*Lois civ.*, liv. III, tit. IV, sect. 1, nº 14).

2019. — La solvabilité d'une caution ne s'estime qu'eu égard à ses propriétés foncières, excepté en matière de commerce, ou lorsque la dette est modique.

On n'a point égard aux immeubles litigieux, ou dont la discussion deviendrait trop difficile par l'éloignement de leur situation.

SOMMAIRE.

I. — 112. Lorsque tout est consommé d'accord entre les parties intéressées et que le débiteur fournit au créancier une caution sans y être préalablement obligé, la loi n'a pas à s'occuper des qualités que doit avoir cette caution. Il appartient au créancier, alors, de pourvoir comme il l'entend à sa propre sûreté. Si en acceptant le cautionnement il agrée la caution que le contrat désigne, c'est sans doute qu'il trouve en elle des garanties suffisantes : en tout cas, il ne prend conseil que de lui-même, et qu'il se montre facile ou exigeant, les considérations par lesquelles il se détermine ne sauraient jamais être du domaine de la loi. Mais si, au lieu d'un cautionnement ainsi donné librement, nous supposons que le débiteur *soit obligé* à fournir caution, il n'en est plus de même. On est alors en présence d'une obligation dont l'accomplissement devait nécessairement être réglé pour que les choses ne restassent pas à la discrétion de l'une des parties. Il ne fallait pas que le débiteur pût éluder cette obligation en imposant au créancier la première personne, solvable ou non solvable, qu'il lui plairait d'offrir comme caution. Il ne fallait pas, d'un autre côté, que le créancier pût, par ses exigences, mettre le débiteur dans l'impossibilité de fournir la caution. C'était donc le cas pour le législateur d'intervenir, de préciser les qualités que doit avoir la caution présentée par le débiteur en exécution de l'obligation qui le lie, et par là même de marquer le point où doivent s'arrêter les exigences du créancier. Tel est l'objet des art. 2018 et 2019.

113. Ainsi, ils ont en vue le cas où le débiteur est obligé à fournir caution. L'obligation du débiteur à cet égard peut procéder de causes diverses : elle peut dériver d'une convention, être imposée par la loi ou résulter d'une condamnation (*suprà*, n° 1). Mais comme le législateur traite du cautionnement *conventionnel* dans ce premier chapitre de notre titre et dans les deux chapitres qui suivent, c'est spécialement en vue du cas où la caution présentée par le débiteur est due en vertu d'une convention que les art. 2018 et 2019 sont écrits. C'est aussi dans cet ordre d'idées que nous allons rester. Sans doute, l'art. 2040 nous dira bientôt que les qualités mêmes dont la loi exige ici la réunion dans la caution conventionnelle doivent se trouver également soit dans la caution légale, soit dans la caution judiciaire. Mais il n'en est pas moins vrai que la pensée première de nos articles, auxquels l'art. 2040 s'est plus tard référé, a été pour le cautionnement conventionnel. En conséquence, nous nous renfermerons dans ce cas, sauf à préciser, dans le commentaire des art. 2040 et suivants, ce que le cautionnement légal et le cautionnement judiciaire peuvent, sur ce point, avoir de particulier.

114. Le débiteur obligé à fournir caution en doit présenter une qui ait la capacité de contracter, qui ait un bien suffisant pour répondre de l'objet de l'obligation principale, et qui soit domiciliée dans le ressort de la Cour impériale où la caution doit être donnée. Telle est la disposition de l'art. 2018 : il en résulte que les qualités requises dans la caution offerte en exécution de la convention se rapportent à la capacité, à la solvabilité, au domicile; il faut que la caution soit capable, solvable et domiciliée assez près du créancier pour que les poursuites puissent être exercées sans trop de retard. De ces trois conditions, les deux premières sont assurément les plus importantes; car si la caution n'était pas capable et solvable, la garantie que le créancier a voulu s'assurer deviendrait complétement illusoire; tandis que l'éloignement du domicile d'une caution, d'ailleurs capable et solvable, serait tout simplement une cause d'ennui et de retard. Néanmoins elles ont toutes une véritable importance, et chacune d'elles donne lieu à des observations particulières que nous allons indiquer en les reprenant successivement.

II. — 115. *De la capacité de la caution.* — Après ce que nous avons dit en expliquant l'art. 2012, nous n'avons plus à insister sur la capacité proprement dite. Il est par trop évident que la caution présentée par le débiteur doit avant tout être capable de se porter caution. Toute la question serait de savoir quelle est la capacité requise. Mais, nous l'avons dit, il s'agit ici de la capacité nécessaire pour s'obliger *à titre gratuit* (*suprà,* n° 57) : en nous référant à nos observations à cet égard, nous ajoutons que cette capacité spéciale existant dans la caution présentée par le débiteur, l'obligation de ce dernier est remplie sous ce rapport, en sorte que les qualités personnelles de la caution offerte seraient vainement contestées par le créancier.

116. Cela nous conduit à une question de détail qui, sans toucher à la capacité proprement dite, y était cependant rattachée dans l'ancienne jurisprudence. On y relève, en effet, l'opinion d'auteurs enseignant, les uns, que le créancier serait en droit de refuser comme caution soit une personne puissante, soit une personne qui, par son droit de *committimus,* pourrait le traduire dans une autre juridiction, soit le militaire qui serait dans le cas d'obtenir des lettres d'État (1); les autres, dont l'avis est suivi par des auteurs modernes, que le créancier pourrait rejeter la caution qui, par son caractère personnel, tracassier et processif, lui donnerait des inquiétudes réelles (2). Les lettres d'État et les priviléges de *committimus* ne sont plus de mise aujourd'hui; il n'y a pas à s'en occuper. Quant aux autres points, il faut rejeter sans hésitation une doctrine qui ouvrirait une trop large voie à l'arbitraire, et sous prétexte d'éviter au créancier des inquiétudes plus ou moins probables, exciterait assurément plus de contestations et de querelles qu'elle n'en pourrait prévenir (3). Tout au plus pourrait-on concevoir quelques doutes en ce qui concerne les militaires, vis-à-vis desquels, il en faut convenir, les poursuites judiciaires seraient peut-être plus difficiles que vis-à-vis de tous autres, en raison de ce qu'habituellement il y a peu de fixité dans leur résidence. Mais ceci se rattacherait à la condition de domicile, dont nous aurons à nous occuper après avoir traité de la solvabilité (*infrà,* n°s 128 et suiv.).

III. — 117. *De la solvabilité de la caution.* — Le débiteur obligé à fournir une caution en doit présenter une qui, selon l'expression de la loi, ait un bien suffisant pour répondre de l'objet de l'obligation principale, c'est-à-dire qui soit solvable. C'est une condition nécessaire, et sans laquelle le cautionnement serait atteint dans son essence; il n'offrirait plus la sûreté qu'il a essentiellement pour objet de procurer.

Mais qu'est-ce que la solvabilité de la caution? En quoi consiste-t-elle, et quel en doit être le signe? Le législateur, par une sage prévoyance, n'a pas voulu laisser ces points à l'appréciation souveraine des tribunaux; et pour fermer le champ aux incertitudes et à l'arbitraire qui auraient pu se produire en cas de contestation, il a posé des règles nettes et précises. C'est l'objet de l'art. 2019, aux termes duquel la solvabilité d'une caution ne s'estime qu'eu égard à ses propriétés fon-

---

(1) *Voy.* Pothier (*Oblig.,* n° 390).
(2) *Voy.* notamment M. Troplong (n° 188) et les auteurs anciens qu'il cite.
(3) *Voy.,* en ce sens, MM. Massé et Vergé, sur Zachariæ (t. V, p. 64, note 5); Boileux (t. VI, p. 45).

cières, excepté en matière de commerce ou lorsque la dette est modique, sans que l'on puisse tenir compte des immeubles litigieux ou dont la discussion deviendrait trop difficile par l'éloignement de leur situation.

Toutefois, on le voit, la loi prévoit deux hypothèses : celle où il s'agit de dettes civiles d'une certaine importance ; celle où la dette cautionnée est modique ou commerciale. Les règles par elle établies sont écrites seulement en vue de la première hypothèse ; mais avant d'en aborder le détail, nous nous arrêterons un instant sur chacun des deux cas que comprend la seconde.

118. Lorsque le débiteur doit fournir caution pour une dette modique, la situation même commande d'aller avant tout à l'économie ; une vérification minutieuse pour arriver à reconnaître la solvabilité de la caution offerte imposerait des sacrifices coûteux, et par cela même serait tout à fait déplacée. Les juges auront donc ici un droit souverain d'appréciation ; ils pourront, d'après leur propre croyance et les renseignements dont il leur est toujours permis de s'entourer, déclarer que la caution offerte présente ou ne présente pas des garanties suffisantes, qu'elle vaut ou ne vaut pas pour répondre de la dette qu'elle vient cautionner.

D'ailleurs, le pouvoir d'appréciation ne sera pas limité à cet objet ; il s'étendra aussi au point de savoir si la dette est réellement modique. Mais, dans le silence de la loi, il n'y aura rien d'absolu à cet égard ; les juges auront à comparer le montant de la dette avec la fortune des parties, leur position sociale, toutes circonstances dont ils restent également appréciateurs souverains, la loi n'ayant fixé aucun chiffre (1). Peut-être y a-t-il là une lacune regrettable. Cette latitude qu'en l'absence d'une disposition explicite il faut bien laisser aux juges pourra être souvent une cause d'embarras pour eux non moins que pour les parties elles-mêmes : il eût été mieux de poser une limite certaine dans la loi.

119. Si la dette à cautionner est commerciale, l'affaire demande par sa nature même une célérité qui ne permet pas de recourir à de longues vérifications. En cette matière, la solvabilité s'établit par le crédit dont jouit la caution ; et si ce crédit est notoire, le créancier auquel la caution est offerte n'aurait aucun motif de la refuser (2). La Cour de cassation a jugé en ce sens, dans une matière soumise à une législation spéciale qui, par sa nature, a dû être mise en rapport avec les lois du commerce, qu'en matière de douanes, lorsqu'une partie est tenue de fournir caution pour obtenir la mainlevée d'objets saisis, il suffit, pour l'admission de la caution, qu'elle soit reconnue bonne et solvable ; il n'est pas nécessaire que sa solvabilité soit établie en immeubles et dans les conditions établies par les art. 2018 et 2019 du Code Napoléon (3).

---

(1) *Voy.* M. Berriat Saint-Prix (*Not. théor.*, n° 8031).
(2) *Voy.* MM. Troplong (n° 205) ; Massé (*Droit comm.*, 1re édit., t. VI, n° 351 ; 2e édit., t. IV, n° 2716).
(3) Req., 13 nov. 1839 (S. V., 39, 1, 943 ; Dalloz, 40, 1, 12 ; *J. Pal.*, à sa date).

120. Mais quelle est, dans l'art. 2019, la portée des mots « en matière de commerce? » Ils signifient, à notre avis, que l'exception est écrite pour les matières qui sont commerciales d'après l'objet de l'obligation principale; en sorte que pour décider si la dette est ou non commerciale, il faudra se référer aux règles tracées par le Code de commerce dans les art. 632 et 633.

M. Troplong donne, il est vrai, un sens beaucoup plus large aux termes de l'art. 2019. En s'autorisant des doctrines suivies dans l'ancienne jurisprudence, il les étend même au cas où la matière serait commerciale seulement d'après la qualité de la personne offerte pour caution; et il se fonde sur ce que cette doctrine serait surtout dans l'intérêt des étrangers, qui, étant particulièrement en rapport avec les négociants, seraient exposés à manquer de cautions acceptables si l'on prenait dans un sens trop étroit les termes de la loi (1). Nous ne croyons pas, cependant, qu'on doive s'arrêter à cette interprétation. Elle est manifestement contraire au texte, qui, en parlant des matières commerciales, se place nécessairement au point de vue de l'obligation principale du débiteur, et non de l'obligation accessoire de la caution (2). Et quant au motif invoqué, il n'est guère susceptible de la défendre, en ce qu'il s'accorde mal avec l'esprit général de notre législation, qui tend à voir toujours les étrangers d'un œil défiant; qui, loin de leur faciliter les moyens de remplir leurs engagements envers des Français, les entrave et les gêne par les garanties exceptionnelles qu'elle exige d'eux (C. Nap., art. 14; C. proc., art. 166); qui, enfin, donne aux Français, vis-à-vis d'eux, une protection peut-être excessive (loi du 17 avr. 1832, art. 14 à 16).

121. C'est donc à la nature de l'obligation principale qu'il faut s'attacher pour décider si la matière est ou non commerciale, par conséquent si, au point de vue de la solvabilité de la caution, le débiteur est soumis à la règle générale ou s'il peut profiter de l'exception. D'après cela, l'affaire étant commerciale dans le sens que nous venons d'indiquer, le débiteur pourrait offrir pour caution même un non-commerçant dont le crédit serait notoire et la solvabilité reconnue en dehors des conditions établies en thèse générale par l'art. 2019. Et, à l'inverse, l'affaire étant civile et non commerciale, le créancier serait fondé à refuser pour caution, le crédit fût-il le plus notoire du monde, un tiers, commerçant ou non commerçant, qui ne serait pas dans les conditions déterminées par les art. 2018 et 2019, et qu'il faut maintenant préciser.

122. La loi, lorsqu'il s'agit non plus de dettes modiques ou commerciales, mais de dettes civiles d'une certaine importance, restreint notablement le pouvoir d'appréciation des tribunaux. Ce pouvoir eût été pour ainsi dire absolu si l'on s'en fût tenu au texte de l'art. 2018, qui,

_____

(1) *Voy.* M. Troplong (n° 206).
(2) *Voy.*, en ce sens, MM. Massé et Vergé, sur Zachariæ (t. V, p. 65, note 9); Berriat Saint-Prix (*Not. théor.*, n° 8031); Massé (*Droit comm.*, 1ʳᵉ édit., t. VI, n° 353; 2ᵉ édit., t. IV, n° 2718).

au point de vue de la solvabilité, se borne à indiquer que la caution *doit avoir un bien suffisant* pour répondre de l'objet de l'obligation dont est grevé le débiteur principal. Mais les rédacteurs du Code, se réglant d'ailleurs en cela sur l'ancienne jurisprudence (1), ont cru devoir préciser. « La caution, ont-ils dit, doit être solvable, non d'une solvabilité fugitive, telle que celle qu'offrirait une fortune mobilière, ni d'une solvabilité incertaine, telle que celle qui ne serait fondée que sur des biens litigieux, mais d'une solvabilité constante et assurée par des propriétés foncières et libres. » (2) En conséquence, l'art. 2019 exprime que la solvabilité d'une caution ne s'estime qu'eu égard à ses propriétés foncières, sans qu'il y ait à tenir compte des immeubles litigieux ou dont la discussion deviendrait trop difficile par l'éloignement de leur situation. Reprenons en détail les prescriptions de cet article.

123. Et d'abord, la solvabilité de la caution ne doit s'estimer qu'eu égard à ses propriétés foncières. Les rédacteurs du Code voient dans la *propriété foncière* le signe certain de la richesse; et en cela ils manifestent ici une fois de plus le peu de cas qu'ils faisaient de la fortune mobilière. Toutefois, il en faut convenir, la règle, maintenant, est bien peu en rapport avec l'état des choses : en présence de l'immense développement auquel la fortune mobilière est parvenue aujourd'hui, il n'est pas permis de douter que si le Code était soumis à une révision, on n'admît le débiteur à établir la solvabilité de la caution par des titres de rente, d'actions et d'obligations, sinon au porteur, au moins nominatifs, dont la caution aurait la propriété. Quoi qu'il en soit, la règle est posée en termes précis : il faut s'y tenir. Celui qui aurait en titres nominatifs, même en actions immobilisées, par exemple en actions de la Banque de France, la fortune la plus considérable, ne présenterait pas une solvabilité suffisante et pourrait être refusé comme caution; la loi voit dans la propriété *foncière* exclusivement le signe de la solvabilité.

124. Ce n'est pas tout : elle exige, toujours dans l'intérêt du créancier, que la situation des immeubles possédés par la caution ne soit pas éloignée au point de rendre la discussion par trop difficile. Et en effet, comme l'a très-bien dit Treilhard dans l'Exposé des motifs (3), la facilité de poursuivre un débiteur fait partie de sa solvabilité, et une discussion qu'il faudrait suivre de loin serait presque toujours plus ruineuse qu'utile. Mais, remarquons-le bien, la loi n'a pas fixé le rayon dans lequel les immeubles devraient être situés. C'est par erreur que Treilhard, complétant les observations ci-dessus rappelées, ajoute : « Nous avons donc établi pour règle que la caution devait présenter des biens *dans le ressort du Tribunal d'appel où elle doit être donnée.* » (4) L'art. 2019 ne dit rien de semblable, et Treilhard prête ici par méprise à cet article

---

(1) *Voy.* Pothier (*Oblig.*, n° 390).
(2) *Voy.* l'Exposé des motifs de Treilhard et le Rapport du tribun Chabot (Locré, t. XV, p. 324 et 340; Fenet, t. XV, p. 39 et 50).
(3) *Voy.* Locré (t. XV, p. 324); Fenet (t. XV, p. 39).
(4) *Voy.* aussi M. Maleville (*Anal. rais.*, t. IV, p. 110).

ce que l'art. 2018 a dit par rapport au domicile de la caution (*infrà*, nos 127 et suiv.). Aussi, dès que l'indication fournie par l'Exposé des motifs s'est traduite en une prétention devant la justice, elle a été condamnée. Un débiteur obligé de donner caution en avait présenté une dont les biens étaient situés dans le ressort de la Cour de Gênes, tandis qu'ils étaient, lui et la caution, domiciliés à Turin. Le créancier crut pouvoir refuser, par ce motif unique, la caution offerte par le débiteur en exécution de son obligation; mais il fut décidé par la Cour de Turin que le refus n'était pas fondé, en ce qu'une caution peut être réputée solvable dans le sens de l'art. 2019 du Code Napoléon, encore que ses immeubles soient situés dans le ressort d'une Cour autre que celle dans le ressort de laquelle les parties sont domiciliées (1). La Cour a justement considéré qu'en raison de l'uniformité de la législation, les biens situés dans tel département ne sont pas d'une discussion plus difficile que les biens situés dans tel autre, et qu'en définitive il suffit, pour être dans les conditions de la loi, que, le cas échéant où l'expropriation forcée des biens de la caution serait poursuivie, le créancier ne soit pas obligé à des déplacements trop dispendieux. Mais, à cet égard, la formule même de la loi indique qu'il s'agit d'un point de fait à résoudre. Elle dit qu'on n'aura pas égard aux immeubles *dont la discussion deviendrait trop difficile par l'éloignement de leur situation;* et ainsi elle montre, selon la juste remarque des auteurs, qu'il y a là une pure question d'appréciation abandonnée aux tribunaux (2).

125. Si l'on n'a pas égard aux immeubles situés à une distance trop éloignée, à plus forte raison ne faut-il pas tenir compte des immeubles qui seraient litigieux. L'art. 2019 le dit, en effet, en termes exprès; mais il ne faut pas prendre l'expression dont se sert le législateur dans le sens de la définition donnée par l'art. 1700 du Code Napoléon, suivant lequel « la chose est censée litigieuse *dès qu'il y a procès commencé.* » Ainsi entendu, l'art. 2019 laisserait trop de facilités pour entraver le débiteur dans l'accomplissement de sa promesse : il suffirait d'intenter à la caution présentée des procès sans fondement. Les immeubles litigieux, dans le sens de ce dernier article, et dont, parce qu'ils sont litigieux, il ne faut pas faire état en appréciant la solvabilité, sont ceux sur lesquels la caution n'aurait qu'un droit contestable (3). Par où l'on voit qu'il y a encore ici une question d'appréciation. Les juges du fait la résoudront d'après les circonstances; et, soit qu'ils admettent, comme signe de solvabilité, tel immeuble au sujet duquel il y a déjà cependant procès commencé, soit que, à l'inverse, ils ne tiennent pas compte de tel autre immeuble qui ne fait pas actuellement, mais qui pourra devenir par la suite l'objet d'une contestation sérieuse, leur

_____

(1) *Voy.* Turin, 13 avr. 1808 (S. V., 12, 2, 371; Coll. nouv., 2, 2, 379; Dalloz, R. alph., 2, p. 383; *J. Pal.,* à sa date).
(2) *Voy.* MM. Delvincourt (t. III, p. 257, note 7); Duranton (t. XVIII, no 327); Ponsot (no 156); Troplong (no 211).
(3) *Voy.* MM. Duranton (no 326); Ponsot (no 145); Troplong (no 210); Aubry et Rau (3ᵉ édit., t. III, p. 496 et note 7); Massé et Vergé, sur Zachariæ (t. V, p. 65, note 10).

décision, également souveraine, sera hors du contrôle de la Cour de cassation.

126. En prenant l'art. 2019 dans le sens que nous venons de préciser, il ne faut pas tenir compte non plus des immeubles dont la propriété serait résoluble entre les mains de la caution offerte. Qu'importe, au point de vue de la solvabilité, qu'un bien soit actuellement en la possession d'une personne s'il en peut sortir à chaque instant? Aussi a-t-il été décidé, à juste titre, que le débiteur ne satisfait pas à son obligation par l'offre d'une caution qui possède seulement comme emphytéote (1). Et en effet, l'emphytéote peut encourir la déchéance de son bail pour commise ou autrement, auquel cas le créancier ne trouve plus dans la caution la solvabilité sans laquelle le cautionnement cesse d'être une garantie. On peut dire la même chose de la caution simplement usufruitière des biens immeubles par elle possédés, l'usufruit étant également, selon l'expression de Proudhon, « une propriété essentiellement temporaire, toujours incertaine dans sa durée et, par conséquent, dans sa valeur. » (2)

127. Enfin, des propriétés qu'absorberaient, pour ainsi dire, les droits réels dont elles seraient grevées, ne pourraient pas non plus être prises en considération pour apprécier la solvabilité de la caution. Cela s'induit sinon de la lettre même, au moins de la pensée de la loi telle qu'elle a été expliquée par l'orateur du gouvernement lorsqu'il a dit que la caution doit être solvable d'une solvabilité constante et assurée par des propriétés foncières et *libres* (*suprà*, n° 120). Ainsi, la caution ne serait pas solvable, dans le sens de la loi, si ses biens étaient grevés d'hypothèque. Toutefois, ce n'est pas à dire qu'une affectation hypothécaire suffise à elle seule pour donner au créancier le droit de refuser la caution offerte. Quoique grevés hypothécairement, les biens de la caution peuvent répondre de l'objet de l'obligation principale, par exemple s'ils étaient d'une importance telle que, déduction faite des sommes assurées par hypothèque, leur valeur restât encore supérieure au montant de l'obligation principale. En un tel cas, la caution ne saurait être raisonnablement contestée dans sa solvabilité, et la justice n'écouterait pas le créancier qui se croirait en droit de la refuser. En ce point donc, le vœu de la loi est satisfait si les immeubles présentent, déduction faite des droits réels dont ils seraient grevés, une valeur libre égale au moins au montant de l'obligation principale augmentée des frais judiciaires que l'expropriation pourrait occasionner (3).

128. En terminant sur cette condition relative à la solvabilité, faisons remarquer qu'en cas de contestation sur ce point, c'est au débiteur, obligé de fournir caution, à faire preuve de la solvabilité de celle qu'il

---

(1) Colmar, 31 août 1810 (S. V., Coll. nouv., 3, 2, 348; Dalloz, R. alph., 2, 383). *Voy.* aussi MM. Delvincourt (t. III, p. 487); Duranton (t. XVIII, n° 326).

(2) Proudhon (*De l'Usufr.*, n°ˢ 17 et 18). *Voy.* aussi M. Ponsot (n° 150).

(3) *Voy.* Turin, 19 déc. 1806 (Dalloz, R. alph., 2, 382; S. V., Coll. nouv., 2, 2, 183). — *Junge*: MM. Duranton (t. XVIII, n° 326); Ponsot (n° 151); Troplong (n° 209); Berriat Saint-Prix (*Not. théor.*, n° 8023).

présente. Il n'en était pas ainsi, d'après Pothier, dans l'ancienne jurisprudence. Lorsque, dit-il, le créancier conteste la solvabilité de la caution qui lui est présentée, *la caution doit* en justifier par le rapport des
titres des biens immeubles qu'elle possède; sinon la caution doit être
rejetée (1). Les art. 517 et suivants du Code de procédure, dont la disposition peut être invoquée ici par analogie, montrent que le rôle actif,
dans les contestations qui peuvent s'élever à cet égard, appartient aujourd'hui au débiteur, et, par conséquent, qu'à lui seul incombe la
charge de faire les justifications nécessaires (2). Dès avant la publication
des lois actuelles, cette solution tendait à s'établir; les tribunaux décidaient, en effet, que celui qui présente une caution dont la solvabilité
repose sur des immeubles doit lui-même justifier que l'état hypothécaire de ces immeubles laisse une valeur libre suffisante (3). Depuis, la
jurisprudence est allée jusqu'à dire, et non sans raison, que la caution
dont la solvabilité est contestée n'est pas même recevable à intervenir
dans l'instance pour établir sa solvabilité, la partie qui a fourni la caution ayant seule qualité à cet effet (4).

IV. — 129. *Du domicile de la caution.* — Le débiteur obligé de
fournir caution doit en présenter une dont le domicile soit dans le ressort de la Cour impériale où elle doit être donnée (art. 2018). Le législateur ne fait pas ici la distinction relevée plus haut, à propos de la
condition précédente, entre les dettes civiles ordinaires et les dettes
modiques ou commerciales (n°s 116 et suiv.). Il n'y a donc pas à distinguer : en toute hypothèse, quel que soit le caractère de l'obligation
principale, et quel qu'en soit le chiffre, le créancier serait fondé à refuser la caution présentée par le débiteur si elle n'était pas domiciliée
dans le ressort de la Cour impériale. Il s'agit ici de l'intérêt du créancier, qui, en effet, serait exposé à ne retirer que bien peu de fruit du
cautionnement s'il était obligé, le cas échéant où le débiteur viendrait à
ne pas satisfaire à son obligation, d'aller chercher la caution à de trop
grandes distances (5). Par où l'on voit que les motifs de la loi militent
pour le créancier d'une dette modique ou commerciale plus encore
peut-être que pour le créancier d'une dette civile ordinaire.

130. D'ailleurs, la loi donne satisfaction à l'intérêt du créancier dans
une suffisante mesure. Les rédacteurs du Code avaient eu d'abord la
pensée d'aller plus loin, et, pour assurer son efficacité au cautionnement dans l'intérêt du créancier, ils avaient exigé que la caution fût
domiciliée dans le département où elle devait être donnée. C'était évidemment, comme on en fit la remarque au conseil d'État, restreindre
beaucoup trop les facilités qui, dans une certaine mesure, doivent être
laissées au débiteur pour la présentation de la caution : c'était aggraver

---

(1) *Voy.* Pothier (*Oblig.*, n° 390).
(2) *Voy.* MM. Ponsot (n° 143); Massé et Vergé, sur Zachariæ (t. V, p. 64, note 6).
(3) Rouen, 15 prair. an 11 (S. V., Coll. nouv., 1, 2, 141; Dalloz, R. alph., 2, 384).
(4) *Voy.* Paris, 15 avr. 1820 (S. V., 20, 2, 201; Coll. nouv., 6, 2, 245; Dalloz, 21,
2, 49).
(5) *Voy.* l'Exposé des motifs de Treilhard (Locré, t. XV, p. 324; Fenet, t. XV,
p. 39).

sa condition sans profit réel pour le créancier, puisque les contestations devant, en définitive, aboutir à la Cour d'appel, il n'y avait aucun inconvénient pour ce dernier à ce que la caution pût être prise parmi les citoyens domiciliés dans le ressort de la Cour (1).

131. Mais où la caution doit-elle être donnée? Est-ce au domicile du créancier? Est-ce au domicile du débiteur? Est-ce, enfin, au lieu où le contrat est passé? Le texte ne précise rien à cet égard; il faut, pour suppléer à son silence, se référer aux principes généraux.

Donc, si les parties, à défaut de la loi, se sont expliquées sur ce point, les termes de la convention devront être pris pour règle. Si la convention est muette elle-même, comme la loi, on appliquera les règles générales sur le payement. Or, d'après l'art. 1247 du Code Napoléon, le payement, sauf dans les deux cas déterminés au paragraphe premier, devant être fait au domicile du débiteur, c'est dans le ressort de la Cour où il est lui-même domicilié que l'obligé principal fournira la caution par lui promise (2). M. Troplong enseigne néanmoins qu'il n'y a pas à se préoccuper de l'art. 1247, dont l'application se trouverait ici repoussée par la nature même de la convention; et en conséquence il pose en principe, comme chose évidente, que, sauf convention contraire, la caution doit être fournie au domicile du créancier (3). Sans doute, il y a ici un intérêt dominant; c'est celui du créancier : il ne faut pas, comme le dit M. Troplong, que le créancier soit contraint d'aller au loin chercher et discuter la caution. Mais ce n'est pas à dire qu'on doive sacrifier absolument le débiteur, ou au moins le mettre en quelque sorte dans l'impossibilité de satisfaire à son obligation; et c'est à cela qu'on l'exposerait souvent en exigeant qu'il se pourvût de la caution promise dans le domicile du créancier, où il peut n'être pas connu et ne connaître personne. La règle générale de l'art. 1247 est donc bonne à suivre même en cette matière; et il faut d'autant plus s'y tenir qu'après tout, bien loin d'être dans l'esprit de la loi sur le cautionnement, la dérogation proposée par M. Troplong aurait pour effet de procurer au créancier plus qu'il n'a eu la pensée d'obtenir en demandant qu'un tiers cautionnât l'obligation principale. Qu'a-t-il voulu, en définitive? Rien autre chose que se placer dans la situation même où il serait s'il avait un débiteur dont la solvabilité fût complète et notoire. Or, c'est dans cette situation qu'on le place exactement en lui donnant, pour assurer l'exécution de l'obligation principale, une caution, d'ailleurs solvable et capable, ayant son domicile dans le ressort même où le débiteur a le sien. Il obtiendrait davantage si la caution était prise dans tel autre ressort où il serait lui-même domicilié.

132. Du reste, le domicile dont parle l'art. 2018 s'entend aussi bien

---

(1) *Voy.* les observations de MM. Jollivet et Bérenger (Locré, t. XV, p. 288 et 289; Fenet, t. XV, p. 9 et 10).

(2) *Voy.*, en ce sens, MM. Ponsot (n° 159); Taulier (t. VII, p. 16); Boileux (t. VI, p. 644). Comp. M. Berriat Saint-Prix (*Not. théor.*, n° 8028).

(3) *Voy.* M. Troplong (n°⁵ 193 et 194). *Junge :* MM. Massé et Vergé, sur Zachariæ (t. V, p. 64, note 7).

d'un domicile d'élection que d'un domicile réel (1). Le débiteur obligé
de fournir caution aurait donc satisfait à son obligation en présentant
une caution qui aurait fait élection de domicile dans le ressort de la Cour
impériale où il a le sien, puisque, en ce cas encore, les poursuites pourraient être exercées contre la caution sans plus de dérangement que si
elles étaient dirigées contre le débiteur lui-même.

133. Par la même raison, nous estimons que si la caution dont le
domicile serait dans les conditions de la loi venait à en changer ultérieurement et à s'établir dans un autre ressort que celui du débiteur, le
créancier ne serait pas fondé à exiger, de la part de la caution, une élection de domicile dans le lieu par elle abandonné. Quelques auteurs expriment sur ce point une opinion contraire (2). Nous ne la croyons pas
exacte, parce qu'il ne nous paraît pas possible d'accorder, sous ce rapport, au créancier contre la caution un droit qu'il n'aurait pas contre le
débiteur principal ; or, assurément il ne pourrait pas contraindre le débiteur qui changerait de domicile à conserver un domicile d'élection
dans le lieu où il cesse d'être domicilié.

Est-ce à dire qu'en un tel cas le créancier n'eût aucun moyen de se
protéger ? Nullement : les qualités déterminées par la loi cessant d'être
réunies dans la personne de la caution qui a transporté son domicile
hors du ressort de la Cour impériale où elle avait été reçue, le créancier,
s'il ne se contentait plus de la sûreté qui lui reste, puiserait dans l'art.
2020 le droit d'exiger que le débiteur fournît une nouvelle caution (3).
La solution, nous le savons, est contestée par quelques auteurs, qui
voient dans l'art. 2020 une disposition écrite seulement en vue du cas
où la caution reçue par le créancier vient à tomber dans un état d'insolvabilité *complète* (4). Elle n'en est pas moins dans la pensée véritable de
ce dernier article, la solvabilité dont il parle étant, comme nous l'expliquerons tout à l'heure, celle-là même que l'art. 2019 fait résulter de
l'ensemble des circonstances y relatées (*infrà,* n°s 144 et suiv.).

134. Dans tout ce qui précède touchant le lieu où la caution doit être
donnée, nous nous sommes occupé exclusivement, par les raisons déduites plus haut (n° 113), du cautionnement *conventionnel.* Des difficultés particulières s'élèvent, sur le même point, dans le cas où le débiteur est obligé à fournir caution non plus en exécution d'une convention,
mais en vertu d'une disposition de la loi ou d'une condamnation judiciaire. Toutefois, elles trouveront plus naturellement leur place dans le
commentaire de l'art. 2040 : nous y renvoyons le lecteur.

135. Il nous reste à faire remarquer que si le créancier ne peut, sous
aucun prétexte, refuser la caution dans laquelle se trouvent réunies les
conditions et qualités requises, telles que nous venons de les préciser,

(1) *Voy.* MM. Duranton (t. XVIII, n° 325); Ponsot (n° 163); Troplong (n° 199);
Taulier (t. VII, p. 17); Boileux (t. VI, p. 645).
(2) *Voy.* MM. Troplong (n° 200); Boileux (t. VI, p. 645). Comp. MM. Aubry et
Rau (t. III, p. 496).
(3) *Voy.* MM. Duranton (t. XVIII, n° 325); Taulier (t. VII, p. 17); Aubry et Rau
(*loc. cit.*).
(4) *Voy.* notamment MM. Ponsot (n° 165); Troplong (n° 200).

il reste toujours maître, au contraire, d'accepter la caution dans laquelle toutes ces qualités ne se trouveraient pas réunies. Seulement, la détermination qu'il aurait prise à cet égard serait irrévocable : le créancier ne pourrait pas revenir. En acceptant une caution, bien qu'elle ne soit pas dans les conditions déterminées par la loi, il est censé avoir tacitement renoncé à exiger les conditions qui manquent. Il ne pourrait donc pas demander après coup une autre caution. Celui qui a reçu une caution, dit Domat, s'en étant une fois contenté, ne peut plus en demander d'autre, quand même cette caution serait insolvable (1). C'était aussi la décision de la loi romaine : *Plane si non idoneum fidejussorem dederit, magis est ut satisfactum sit, quia qui admisit eum fidejubentem, idoneum esse comprobavit* (l. 3, *in fine, De Fidej. et Mand.*).

Il convient, cependant, de réserver le cas où le créancier *aurait été trompé* sur les qualités de la caution. De plus, avec ce cas il en faut réserver un autre : c'est celui de l'art. 2020, qui complète les dispositions du premier chapitre de notre titre.

2020. — Lorsque la caution reçue par le créancier, volontairement ou en justice, est ensuite devenue insolvable, il doit en être donné une autre.

Cette règle reçoit exception dans le cas seulement où la caution n'a été donnée qu'en vertu d'une convention par laquelle le créancier a exigé une telle personne pour caution.

SOMMAIRE.

I.   136. Équité du principe posé par cet article. — 137. Discussions dont il a été l'objet au conseil d'État. — 138. Texte de la loi. — 139. Trois circonstances sont nécessaires pour qu'il y ait lieu à son application.

II. 140. Il faut : 1° que le débiteur se soit obligé à donner caution.

III. 141. Il faut : 2° que le créancier n'ait pas exigé que la caution soit précisément telle personne qu'il détermine. — 142. Le Code Napoléon restreint, sous ce rapport, la doctrine de Pothier qui refusait au créancier le droit de demander une nouvelle caution lorsque celle qu'il avait reçue avait été désignée d'avance dans la convention, fût-ce par le débiteur lui-même.

IV. 143. Il faut : 3° que la caution *soit devenue* insolvable. Si elle était déjà insolvable quand elle a été reçue par le créancier, celui-ci ne peut pas ultérieurement en demander une autre : renvoi. — 144. Mais quand peut-on dire que la caution est devenue insolvable dans le sens de l'art. 2020? En thèse générale, et sauf quelques exceptions, il s'agit ici de l'insolvabilité telle qu'elle est définie par l'art. 2019 ; — 145. Et non pas d'une insolvabilité complète dans le sens absolu du mot. — 146. Il y a lieu de regarder comme diminuant la valeur des immeubles de la caution même les hypothèques légales qui viendraient les frapper. — 147. La mort de la caution n'équivaut pas à son insolvabilité. — 148. *Quid* lorsque la caution a pour héritier le créancier ou le débiteur principal? — 149. *Quid* dans le cas où ce serait la caution qui aurait succédé au créancier ou au débiteur principal?

V.   150. Le débiteur qui ne pourrait pas trouver une nouvelle caution ne serait pas reçu à offrir au créancier une sûreté équivalente, telle que plusieurs cautions ou bien un gage ou une hypothèque. — 151. Exceptions.

---

(1) Domat (*Lois civ.*, liv. III, tit. IV, sect. 1, n° 15).

I. — 136. Quand le débiteur, obligé par la convention à donner caution, en a fourni une qui réunit les qualités requises et que le créancier a acceptée, il semble qu'ayant satisfait à son obligation, il est désormais quitte sous ce rapport, quels que soient les événements ultérieurs, et notamment qu'il n'est pas responsable et ne doit pas être inquiété si la caution fournie et reçue devient insolvable après coup. C'est l'idée à laquelle la commission de la section de législation s'était rattachée dans le projet par elle soumis aux discussions du conseil d'État. « Lorsque le débiteur, disait en effet l'art. 10 du projet, a volontairement donné une caution sans y être tenu par la loi ou par une condamnation, le créancier qui a reçu une caution dont il s'est contenté ne peut plus en demander d'autre, quand même elle deviendrait insolvable. » (1)

Mais l'équité législative ne permettait pas que le créancier qui avait fait de la sûreté résultant du cautionnement la condition de sa convention avec le débiteur fût abandonné lorsque, par l'effet de l'insolvabilité survenue ultérieurement, cette sûreté venait à lui faire défaut. Dans son esprit d'équité, Pothier l'avait compris ainsi. En ce qui concerne la caution conventionnelle (nous parlerons à l'art. 2040 des cautions légale et judiciaire auxquelles l'article précité du projet fait allusion), il fallait distinguer, selon lui. Si je me suis obligé, disait-il, à donner une caution *indéterminément,* et qu'en exécution de cette obligation j'en aie donné une qui, depuis, est devenue insolvable, il faudra que j'en donne une autre ; mais si j'ai contracté d'abord sous la caution d'un tel, ou que je me sois obligé à donner un tel pour caution, et qu'il devienne ensuite insolvable, je ne puis être obligé à en donner une autre, parce que je n'ai promis de donner pour caution que celui que j'ai donné (2). C'était aussi la pensée que la section de législation avait consacrée dans une première rédaction, dont la commission avait cru devoir s'écarter.

137. Aussi, dès que la discussion fut ouverte, au conseil d'État, sur l'article proposé par la commission, le principe en fut-il attaqué comme portant atteinte à la substance du contrat. Regnault de Saint-Jean d'Angely, Bérenger, Cambacérès, Portalis, Tronchet, en demandant le retour à la doctrine que la section avait admise sur l'autorité de Pothier, firent remarquer que, dans la vérité, lorsqu'on stipule une caution indéterminée, on entend stipuler une garantie qui soit suffisante pendant toute la durée de l'obligation ; qu'ainsi, quoique le créancier se contente de celle qui lui est offerte, le débiteur, cependant, n'est pas affranchi de l'engagement général de donner une garantie ; et qu'au contraire, dans le cas de caution déterminée, la garantie est déterminée elle-même. D'après cela, disait-on, toute caution peut devenir insolvable ; mais au risque de qui court le danger de l'insolvabilité ? Ce ne peut être contre celui qui a entendu s'assurer une garantie et au profit du débiteur. Le créancier, en effet, ne l'a exigée qu'à son profit et parce qu'il ne voulait point suivre la foi de ce débiteur. Ainsi, l'obligation de fournir une ga-

---

(1) Fenet (t. XV, p. 5) ; Locré (t. XV, p. 285).
(2) *Voy.* Pothier (n° 391).

rantie subsiste pour lui lorsque la caution qui a été acceptée devient insolvable.

Vainement opposa-t-on que d'autres considérations militent aussi pour le débiteur; vainement Treilhard, Berlier, Bigot-Préameneu, firent-ils remarquer que ces raisonnements, applicables au cautionnement légal ou judiciaire, n'ont plus la même valeur appliqués au cautionnement conventionnel; qu'entre la caution déterminée et la caution indéterminée il y a cette seule différence que le créancier, dans ce dernier cas, a déféré au débiteur le choix de la caution dont il s'est réservé la discussion; et que n'ayant pas usé, comme il le devait, de cette faculté de discuter la caution, il est en faute plus que le débiteur, qui, en définitive, a rempli son obligation en présentant une caution qui avait été acceptée. Les adversaires du projet ne manquèrent pas de répliquer que, dans le cas de cautionnement judiciaire ou légal, on pourrait dire également du débiteur qu'il a satisfait à son obligation quand la caution par lui présentée a été jugée solvable. Or, ajoutaient-ils, si l'application n'est pas exacte au cas où le débiteur est obligé ou par la loi, ou par un jugement, à donner caution, elle ne peut l'être dans le cas où la caution a été stipulée; car les conventions sont aussi des lois que les parties se font à elles-mêmes, et l'esprit d'une semblable convention est que la caution soit telle, qu'elle donne une garantie au débiteur jusqu'à l'exécution effective de l'obligation (1).

138. Ces idées ont prévalu. Toutefois, bien qu'en rejetant l'article proposé par la section, le conseil d'État soit revenu au projet primitif tel qu'il avait été préparé par la section de législation d'après la doctrine de Pothier, la rédaction de cet article n'est passée dans le Code qu'avec une modification qui, sans toucher au principe même, en restreint l'application. Ainsi, la loi pose en principe que le créancier est autorisé à demander une nouvelle caution lorsque celle qu'il a reçue est devenue insolvable. Mais, arrivée à l'exception, elle restreint la doctrine de Pothier, que le projet de la section avait admise : elle ramène l'exception au seul cas où le créancier *a exigé* une telle personne pour caution.

139. D'après cela, on voit que la réunion de trois circonstances est nécessaire pour que le créancier puisse demander le remplacement de la caution par lui reçue. Il faut : 1° que le débiteur se soit obligé à donner caution; 2° que le créancier n'ait pas exigé que cette caution soit précisément telle personne; 3° que la caution soit devenue insolvable. Nous allons nous expliquer sur chacune de ces circonstances; après quoi nous verrons si le débiteur pourrait offrir au créancier, au lieu d'une caution nouvelle, des sûretés équivalentes.

II. — 140. Et d'abord, il faut que le débiteur se soit obligé à donner caution. Si la caution avait été donnée spontanément par le débiteur en dehors de toute convention qui l'y obligeât, on ne serait plus dans le cas

___
(1) *Voy.*, pour cette discussion, Fenet (t. XV, p. 10 à 16); Locré (t. XV, p. 289 à 296). *Voy.* aussi l'Exposé des motifs de M. Treilhard (Fenet, t. XV, p. 40; Locré, t. XV, p. 324); le Rapport de M. Chabot (Fenet, t. XV, p. 51; Locré, t. XV, p. 341), et le Discours de M. Lahary (Fenet, t. XV, p. 80; Locré, t. XV, p. 380).

prévu par l'art. 2020. Le créancier, qui n'aurait eu aucun droit d'exiger la sûreté qui lui avait été donnée par son débiteur, ne pourrait pas, par cela même, se plaindre de la perte de cette sûreté, ni surtout exiger qu'elle fût remplacée par une sûreté nouvelle. C'était là pour lui une garantie sur laquelle il n'avait pas dû compter et dont, par conséquent, la disparition ne modifie en aucune manière les conditions du contrat par lequel l'obligé principal est lié envers lui. Ce premier point est sans difficulté.

III. — 141. Il faut, en second lieu, que le créancier, en exigeant que l'engagement pris envers lui fût cautionné par un tiers, n'ait pas désigné la personne même qu'il entendait recevoir pour caution. Cela résulte clairement du texte même de notre article, lequel exprime que la règle relative au remplacement de la caution devenue insolvable reçoit exception *dans le cas seulement où la caution n'a été donnée qu'en vertu d'une convention par laquelle le créancier a exigé une telle personne pour caution.*

142. En cela, la loi restreint aujourd'hui l'exception dont nous avons trouvé l'indication dans Pothier. Selon lui, l'insolvabilité survenue après coup ne donnait pas au créancier le droit d'exiger une autre caution lorsque celle qu'il avait acceptée avait été indiquée à l'avance (*suprà,* n° 136). C'est l'avis qui avait prévalu au conseil d'État dans la discussion ci-dessus rappelée, et qui se traduisait exactement dans l'article admis à la suite de cette discussion, lequel disait, en effet, que la règle reçoit exception « lorsque la caution n'a été donnée qu'en vertu d'une convention par laquelle le débiteur *s'était obligé de donner une telle personne pour caution.* » (1)

Mais ce n'est pas dans ces termes que l'article a été présenté au Corps législatif; ce n'est pas non plus dans ces termes qu'il a été voté et qu'il est passé dans le Code : le texte définitif annonce que l'exception a lieu seulement *lorsque* le créancier *a exigé une telle personne pour caution.*

De là cette conséquence qu'il faut distinguer entre le cas où l'indication de la caution a été faite par avance par le débiteur obligé de la fournir aux termes de la convention, et le cas où l'indication et le choix émanent du créancier lui-même. L'indication a-t-elle été faite par le débiteur, qui, dans son propre intérêt et pour éviter, par exemple, de la part du créancier, les critiques qu'il pourrait diriger contre les qualités de la personne qui consent à se porter caution, s'est réservé le droit de la lui présenter, on n'est pas dans le cas de l'exception. Le créancier n'a accepté la personne indiquée que parce qu'elle était solvable; mais il n'a pas renoncé par là au droit, le cas échéant où cette personne deviendrait insolvable, d'exiger qu'elle soit remplacée par une autre personne réunissant les conditions de solvabilité. C'est un droit qu'en acceptant la caution indiquée d'avance par le débiteur le créancier s'est tacitement réservé. — Au contraire, le choix ou l'indication émanent-ils de ce dernier, qui par la convention a exigé une telle personne pour cau-

---

(1) *Voy.* Fenet (t. XV, p. 16); Locré (t. XV, p. 296).

tion, le débiteur a satisfait, d'une manière définitive, à son obligation dès qu'il a donné pour caution la personne indiquée; et désormais, la caution tombât-elle dans un état d'insolvabilité même absolu, le créancier n'en pourra pas demander une autre. Il a lui-même fait son choix; pensant peut-être que la solvabilité de telle personne était à l'abri de toute atteinte, il a voulu, pour sa créance, la garantie de cette personne, et il l'a obtenue : tant pis pour lui si, les événements venant tromper son attente, il arrive que la caution sur laquelle il avait compté soit atteinte ultérieurement dans son crédit et frappée d'insolvabilité. En choisissant lui-même, il a tacitement consenti à se contenter, jusqu'à l'exécution effective de l'obligation principale, de la sûreté qu'il a prise, et a renoncé, quoi qu'il arrive, au droit de demander qu'elle soit remplacée. Tel est le cas, le seul maintenant, d'après le texte définitif de notre article, dans lequel se vérifie la seconde des trois circonstances dont la réunion est nécessaire pour que le créancier puisse demander une autre caution à la place de celle qu'il a reçue.

IV. — 143. Il faut enfin, et c'est la dernière des trois circonstances, que la caution reçue par le créancier *soit devenue* insolvable. Si déjà elle était insolvable au moment où elle a été présentée, le créancier qui l'aurait reçue serait sans aucun droit à en exiger une autre du débiteur (*voy.* n° 135).

144. Mais quand peut-on dire que la caution est devenue insolvable dans le sens de l'art. 2020? C'est, à notre avis, quand elle a perdu l'une des qualités requises, ou, plus généralement, quand elle cesse de remplir les conditions énoncées par l'art. 2019 (1). Ainsi, s'agit-il d'une dette civile ordinaire (*suprà*, n°s 122 et suiv.), les juges devront, sur la demande du créancier, condamner le débiteur à fournir une autre caution s'ils reconnaissent que les immeubles de la caution primitivement offerte et reçue ne peuvent plus, par suite d'aliénations ou de concessions de droits réels, représenter, en valeur libre, le montant de l'obligation cautionnée. — S'agit-il d'une dette civile modique (*suprà,* n° 118), ou d'une dette commerciale (*suprà,* n°s 119 et suiv.), les juges auront à apprécier simplement, d'après les circonstances, si le crédit de la caution acceptée par le créancier est assez ébranlé pour qu'ils doivent, en accueillant la demande de ce dernier, ordonner que le débiteur fournisse un autre répondant à la place de celui qu'il avait donné. — C'est aussi d'après ce procédé que les juges aviseront, par exception, même dans le cas d'une dette civile ordinaire, si le créancier avait consenti à recevoir pour caution une personne qui ne possédait pas d'immeubles.

145. Cette exception est généralisée par quelques auteurs, qui en font la règle et pensent qu'en tous les cas le débiteur ne doit être tenu de fournir une caution nouvelle que lorsque celle qu'il a donnée est devenue complétement insolvable (2). Nous sommes, sur ce point, d'un

---

(1) Comp. M. Berriat Saint-Prix (*Not. théor.*, n° 8036).
(2) *Voy.* MM. Ponsot (n° 166); Troplong (n° 217); Massé et Vergé, sur Zachariæ (t. V, p. 65, note 13).

avis différent. Si la solvabilité dont parle l'art. 2020 n'était pas celle de l'art. 2019, le législateur n'eût pas manqué de le dire. Or, bien loin de là : la discussion dont notre article a été l'objet au conseil d'État (*suprà,* n° 137) montre, en dernière analyse, quoique à certains égards elle ait été un peu confuse, que la pensée et l'intention des rédacteurs du Code ont été d'assurer au créancier, pendant toute la durée de l'obligation principale et jusqu'à son exécution définitive, la garantie d'un cautionnement dans les conditions déterminées par l'art. 2019.

146. C'est pourquoi nous n'admettrions pas non plus le tempérament proposé par d'autres auteurs (1) qui voudraient au moins que, par faveur pour le débiteur, on ne regardât pas comme diminuant la valeur des immeubles de la caution les hypothèques légales qui viendraient les frapper. Cette opinion nous paraît condamnée, comme la précédente, par le silence même de la loi ; et nous croyons plus exact de dire que les hypothèques légales, d'ailleurs plus dangereuses que les hypothèques limitées, seront comptées en déduction de la valeur des immeubles pour le montant de ce que le fidéjusseur doit à sa femme s'il s'est marié, ou à son pupille s'il est devenu tuteur, et qu'il y aura lieu au remplacement de la caution si l'excédant de valeur ne suffit pas à couvrir le montant de l'obligation cautionnée.

147. La mort de la caution n'équivaut pas à son insolvabilité. Merlin a dit, cependant, « qu'en fait de cautionnements nécessaires (et il met au nombre des cautionnements nécessaires ceux qu'une partie, en contractant, s'est obligée de fournir), lorsque la caution reçue tombe dans l'indigence, *ou qu'elle vient à mourir*, on est obligé d'en donner une nouvelle. » (2) Mais c'est par inadvertance, évidemment, que Merlin a établi entre la mort et l'indigence de la caution cette assimilation qui ne saurait être admise. Depuis que les héritiers de la caution décédée restent tenus de son engagement (*suprà,* n° 110), le créancier ne saurait être fondé à exiger du débiteur qu'il lui fournisse une caution nouvelle à la place de celle qui est venue à décéder.

148. Il en serait ainsi alors même que la caution aurait pour héritier le créancier ou le débiteur principal, bien que cette circonstance, comme nous le verrons sous les art. 2034 et 2035, mette fin au cautionnement par la force même des choses. C'est qu'en effet, l'art. 2020 est exorbitant du droit commun, et que dès lors il doit être rigoureusement renfermé dans ses termes précis. Or, c'est seulement dans le cas d'insolvabilité de la caution qu'il donne au créancier le droit de demander une caution nouvelle. Quelques auteurs font cependant une distinction, et, tout en admettant notre solution dans le cas où le créancier hérite de la caution, ils la rejettent quand la caution a pour héritier le débiteur principal (3). La distinction ne nous semble pas justifiée, et on

---

(1) MM. Duranton (t. XVIII, n° 329); Troplong (n° 219); Boileux (t. VI, p. 649); Massé et Vergé (*loc. cit.*).

(2) Merlin (*Rép.,* v° Caution, § 2, n° 2, *in fine*).

(3) *Voy.* MM. Ponsot (n°ˢ 174, 176 et 317); Massé et Vergé, sur Zachariæ (t. V, p. 65, note 13); Boileux (t. VI, p. 649); Dalloz (*Rép.,* v° Cautionnement, n° 139).

doit d'autant moins s'y arrêter que, dans ce dernier cas, le créancier aurait, pour sauvegarder ses droits, la ressource de la séparation des patrimoines (1).

149. A plus forte raison le déciderions-nous de même dans le cas où la confusion proviendrait de ce que la caution aurait succédé au créancier ou au débiteur principal. La confusion s'opérant en la personne du créancier lorsque c'est lui qui hérite de la caution, il est clair qu'il n'en peut souffrir aucun préjudice et n'a pas dès lors à se plaindre. Et quand elle s'opère en la personne du débiteur principal, le créancier reste, comme dans l'hypothèse inverse dont nous avons parlé au numéro précédent, avec la ressource de la séparation des patrimoines (2).

V. — 150. Ceci dit sur l'obligation prise par le débiteur de fournir caution au créancier, et sur la nécessité où il est d'en donner une nouvelle si celle qu'il a fournie devient insolvable, une dernière question nous reste à examiner pour compléter nos observations sur ce point. Il s'agit de savoir si le débiteur qui ne trouverait pas à donner la caution qu'il a promise ou qu'il doit remplacer serait reçu à offrir au créancier une sûreté équivalente, telle que plusieurs cautions au lieu d'une, ou bien un gage ou une hypothèque. A cet égard, l'opinion de Pothier est très-précise pour l'affirmative. On doit être facile, dit-il, à permettre à celui qui doit une caution de donner des gages à la place lorsqu'il ne peut donner de caution, parce que celui à qui la caution est due n'ayant d'autre intérêt que de se procurer une sûreté, et en trouvant dans des gages autant et même plus, ce serait de sa part une pure mauvaise humeur de refuser les gages à la place de la caution, si ce qu'on lui offre pour gage peut se garder sans aucun embarras, sans aucun péril (3). Néanmoins, cette doctrine de Pothier n'a pas prévalu, et elle ne devait pas prévaloir. Si le gage et l'hypothèque offrent certains avantages, ils présentent aussi certains inconvénients que le créancier ne rencontre pas dans le cautionnement. Le gage peut périr ; l'immeuble hypothéqué peut diminuer de valeur, et, lorsqu'il est possédé par un tiers détenteur, le créancier est exposé à voir purger son hypothèque. Enfin, la réalisation du gage ou de l'hypothèque, et leur transformation en argent, ne peuvent s'opérer qu'au moyen de procédures plus ou moins longues, plus ou moins coûteuses. Le cautionnement n'engendre pas ces risques et ne présente pas ces inconvénients au même degré. C'est pourquoi le créancier qui a exigé une caution sera toujours fondé à la réclamer, alors même que le créancier lui offrirait, à la place, une sûreté ou une garantie considérée généralement comme préférable (4).

151. Nous verrons, cependant, sous l'art. 2041, que cette solution doit être modifiée quand il s'agit d'un cautionnement légal ou judiciaire.

---

(1) *Voy.*, en ce sens, M. Troplong (n° 220).
(2) *Voy.* les auteurs cités aux notes précédentes.
(3) Pothier (n° 392). — Comp. M. Ponsot (n° 157).
(4) *Voy.* MM. Aubry et Rau (3e édit., t. III, p. 496 et 497, notes 11 et 12); Duranton (t. XVIII, n° 330); Troplong (n° 202); Massé et Vergé, sur Zachariæ (t. V, p. 64, note 8); Boileux (t. VI, p. 645).

Même dans le cas du cautionnement conventionnel, il est une hypothèse dans laquelle nous admettrions une modification : c'est lorsque la caution primitivement fournie est devenue partiellement insolvable. Il serait par trop rigoureux, alors, d'obliger le débiteur à donner une nouvelle caution pour toute la dette ; et nous trouvons, pour lui permettre de donner deux cautions au lieu d'une, un puissant argument d'analogie dans l'art. 2131 du Code Napoléon, qui n'assujettit le débiteur hypothécaire, lorsque l'immeuble hypothéqué vient à éprouver des dégradations, qu'à donner un supplément d'hypothèque (1).

CHAPITRE II.

DE L'EFFET DU CAUTIONNEMENT.

SOMMAIRE.

152. Division.

152. Nous avons vu, en expliquant les dispositions contenues dans le chapitre précédent, ce qu'est le contrat de cautionnement considéré dans sa nature et dans son objet. Il s'agit maintenant d'en déterminer les effets ; et c'est à cela que s'appliquent les dispositions du présent chapitre. Or, les effets du cautionnement varient suivant qu'on l'envisage dans les rapports que le contrat établit soit entre le créancier et la caution, soit entre la caution et le débiteur, soit entre les cautions entre elles quand il existe plusieurs cautions de la même dette. De là la division de notre chapitre en trois sections, dans lesquelles le législateur s'attache à déterminer successivement les droits du créancier contre la caution (sect. 1, art. 2021-2027), ceux de la caution contre le débiteur (sect. 2, art. 2028-2032), enfin les droits des cofidéjusseurs entre eux (sect. 3, art. 2033). C'est la marche que nous allons suivre.

SECTION PREMIÈRE.

DE L'EFFET DU CAUTIONNEMENT ENTRE LE CRÉANCIER ET LA CAUTION.

SOMMAIRE.

153. Droits du créancier contre la caution, et exercice de ces droits suivant que la dette est cautionnée par un seul ou par plusieurs fidéjusseurs. Division.

153. Les droits du créancier contre la caution sont précisés, en quelque sorte, dans la définition même du cautionnement. La caution étant tenue, d'après cette définition, de satisfaire à l'obligation du débiteur principal si celui-ci n'y satisfait pas lui-même (*suprà*, n° 2), le droit du créancier est donc de demander payement à la caution s'il n'y en a qu'une, et aux cautions s'il y en a plusieurs. Mais, d'une part, l'obligation de la caution ou des cautions étant *subsidiaire*, il était juste

---

(1) *Voy.* MM. Duranton (t. XVIII, n° 329) ; Ponsot (n° 169) ; Troplong (n° 218) ; Massé et Vergé (t. V, p. 65, note 13) ; Boileux (t. VI, p. 648).

qu'avant de payer sur la poursuite du créancier, la caution ou les cautions pussent exiger que le débiteur principal fût au préalable contraint de payer : de là le *bénéfice de discussion* que la loi consacre, et qui, sous certaines conditions, est acquis au fidéjusseur soit qu'il réponde seul de la dette, soit qu'il en réponde avec d'autres. D'une autre part, dans le cas spécial où la dette est cautionnée par plusieurs personnes, le droit du créancier reste le même, sans doute, puisqu'en principe chacun des fidéjusseurs est obligé à toute la dette; mais il était juste, tous les fidéjusseurs étant d'ailleurs également solvables, que l'un d'eux, poursuivi seul pour le tout, pût exiger que la caution divisât préalablement son action et la réduisît à la part et portion de chacun : de là le *bénéfice de division* que la loi consacre pour ce cas particulier. Nous aurons à développer ces idées dans le commentaire des sept articles de cette section : les quatre premiers (2021-2024) ont pour objet le bénéfice de discussion, dont nous allons nous occuper immédiatement; nous expliquerons ensuite les trois autres (2025-2027), qui traitent du bénéfice de division.

2021. — La caution n'est obligée envers le créancier à le payer qu'à défaut du débiteur, qui doit être préalablement discuté dans ses biens; à moins que la caution n'ait renoncé au bénéfice de discussion, ou à moins qu'elle ne se soit obligée solidairement avec le débiteur; auquel cas l'effet de son engagement se règle par les principes qui ont été établis pour les dettes solidaires.

2022. — Le créancier n'est obligé de discuter le débiteur principal que lorsque la caution le requiert, sur les premières poursuites dirigées contre elle.

2023. — La caution qui requiert la discussion, doit indiquer au créancier les biens du débiteur principal, et avancer les deniers suffisants pour faire la discussion.

Elle ne doit indiquer ni des biens du débiteur principal situés hors de l'arrondissement de la Cour impériale du lieu où le payement doit être fait, ni des biens litigieux, ni ceux hypothéqués à la dette qui ne sont plus en la possession du débiteur.

2024. — Toutes les fois que la caution a fait l'indication de biens autorisée par l'article précédent, et qu'elle a fourni les deniers suffisants pour la discussion, le créancier est, jusqu'à concurrence des biens indiqués, responsable, à l'égard de la caution, de l'insolvabilité du débiteur principal survenue par le défaut de poursuites.

SOMMAIRE.

I. 154. En principe, lorsque la dette est échue, le créancier peut à sa volonté en demander le payement à la caution sans même avoir besoin de mettre le débiteur en demeure. — 155. Mais le principe reçoit un tempérament notable par le droit accordé à la caution d'exiger que le débiteur soit préalablement discuté dans ses biens.

I. — 154. Par le cautionnement, le créancier ne tend pas seulement
à se prémunir contre l'insolvabilité possible du débiteur principal ; il se
propose aussi de s'épargner les ennuis et les lenteurs qui pourraient résulter de poursuites dirigées inutilement contre ce dernier. Aussi est-il
vrai de dire que la caution est tenue directement envers le créancier, et
que l'engagement pris par elle, tout accessoire ou secondaire qu'il soit,
n'est pas cependant conditionnel et subordonné à la non-exécution de
l'obligation principale : cet engagement est essentiellement pur et simple, comme déjà nous l'avons démontré (suprà, n° 11).

De là une conséquence : c'est que la dette une fois échue, le créancier en peut, à sa volonté, demander le payement à la caution aussi bien
qu'au débiteur principal, sans même avoir besoin de mettre celui-ci en
demeure. On a cependant soutenu le contraire. En s'autorisant de ces
mots de l'art. 2021 : « La caution n'est obligée envers le créancier à le
payer qu'à défaut du débiteur », quelques auteurs ont prétendu que,
sauf les cas où la mise en demeure du débiteur a lieu de plein droit, le
créancier ne peut agir contre la caution qu'en rapportant la preuve du

retard mis par le débiteur à satisfaire à son obligation (1). Mais on ne saurait s'arrêter à cette opinion, d'ailleurs inconséquente en elle-même (suivant la très-juste remarque de MM. Aubry et Rau) (2), puisque, si le créancier devait faire preuve du retard de la part du débiteur avant d'agir contre la caution, il n'y aurait aucune raison de réserver le cas où la demeure a lieu de plein droit, une telle circonstance n'étant pas susceptible par elle-même de fournir au créancier la justification prétendue nécessaire. La vérité est qu'en toute hypothèse la caution, directement tenue envers le créancier, peut, à l'échéance de la dette, être actionnée comme pourrait l'être le débiteur lui-même, et sans plus de formalité. Il ne faut pas scinder le texte de l'art. 2021, et séparer les expressions qu'en détachent les auteurs dont nous contestons la doctrine de celles qui suivent et précisent la pensée de la loi. La caution n'est obligée envers le créancier à le payer qu'à défaut du débiteur, *qui doit être préalablement discuté dans ses biens :* tel est le texte. Et par cette disposition ainsi complétée on voit que la pensée du législateur s'est portée uniquement sur le caractère purement subsidiaire de l'engagement pris par la caution : il en résulte que lorsque le débiteur paye, la caution est libérée, et non que le créancier, dont la créance, d'ailleurs, est certaine et exigible, ne puisse pas agir directement contre la caution sans avoir, au préalable, mis le débiteur en demeure (3). Ni l'art. 2021, ni aucun autre article, n'implique la nécessité de cette mise en demeure; elle n'est donc pas nécessaire, et la caution, directement tenue, peut être directement poursuivie : tel est le principe.

155. Mais ce principe reçoit un tempérament notable que devait suggérer le simple raisonnement. En définitive, c'est au débiteur principal à supporter la charge de l'obligation; le créancier devrait donc s'adresser directement à lui plutôt qu'à la caution s'il n'avait pas d'intérêt à actionner d'abord celle-ci. Or, cet intérêt lui manquerait évidemment si, en poursuivant le débiteur, il pouvait arriver sûrement et avec facilité à obtenir le payement de sa créance. Et alors, si la caution sommée de payer prouve qu'il en est ainsi, si elle montre que des poursuites dirigées contre le débiteur conduiraient sûrement et facilement au résultat, ne serait-il pas juste qu'elle eût le droit de contraindre le créancier à exercer ces poursuites, sauf à celui-ci à se retourner ensuite contre elle, le cas échéant où elles n'aboutiraient pas? Ainsi a pensé le législateur; et c'est ce droit qu'il organise, sous la dénomination de *bénéfice de discussion*, par les quatre articles que nous réunissons ici pour en présenter le commentaire.

Nous avons à préciser, notamment, l'origine et la nature de ce droit, les conditions auxquelles l'exercice en est soumis, et la responsabilité dont le créancier peut être tenu.

---

(1) *Voy.* MM. Delvincourt (aux notes, p. 258, note 1); Duranton (t. XVIII, n° 331).
(2) MM. Aubry et Rau (3ᵉ édit., t. III, p. 498, note 4).
(3) *Voy.* MM. Aubry et Rau (*loc. cit.*); Zachariæ (édit. Massé et Vergé, t. V, p. 67, note 3); Ponsot (n° 33 et 187); Troplong (n° 232); Massé (*Droit comm.*, 1ʳᵉ édit., t. VI, n° 371; 2ᵉ édit., t. IV, n° 2737). Comp. M. Mourlon (*Rép. écrit.*, t. III, p. 458, à la note). *Voy.* aussi Bordeaux, 18 août 1841 (*J. Pal.*, 1842, t. I, p. 164).

II. — 156. Le droit que nous connaissons sous le nom de *bénéfice de discussion* avait été d'abord consacré à Rome par une loi très-ancienne que Cujas fait remonter hypothétiquement aux Douze Tables. Il ne s'était pas maintenu cependant : soit qu'il ait paru contraire au but de la fidéjussion, soit par tout autre motif, il était tombé en désuétude. Sous Alexandre Sévère et encore sous Dioclétien, il était admis, au contraire, que le créancier pouvait exiger des cautions le payement de ce qui lui était dû sans s'adresser au débiteur principal. Antonin Caracalla s'en expliquait en ces termes : « Jure nostro est potestas creditori, relicto reo, » eligendi fidejussores, nisi inter contrahentes aliud placitum doceatur. » (L. 5, C. *De Fidej.*) Dioclétien et Maximien disaient également : « Si » alienam reo principaliter constituto obligationem suscepisti fidejus- » sorio nomine… non posse creditorem urgeri, eum, qui mutuam ac- » cepit pecuniam, magis quam te convenire, scire debueras : cùm si hoc » initio contractus specialiter non placuit, habeat liberam electionem. » (L. 19, eod. tit.)

Mais, par un retour au premier état des choses, Justinien voulut rétablir l'exception au moyen de laquelle les fidéjusseurs pouvaient renvoyer le créancier qui leur demandait le payement de la dette à discuter auparavant les biens du débiteur principal. Ce fut l'un des objets de la Novelle 4 : « Si quis igitur crediderit, et fidejussorem aut mandatorem, » aut sponsorem acceperit : is non primum adversus mandatorem, aut » fidejussorem, aut sponsorem accedat : neque negligens, debitoris in- » tercessoribus molestus sit : sed veniat primum ad eum, qui aurum ac- » cepit debitumque contraxit : et si quidem inde receperit, ab aliis » abstineat; quid enim ei in extraneis erit, a debitore completo?… » (Cap. I, pr.)

Ce droit, que Justinien désignait sous le nom de *beneficium ordinis* ou *excussionis,* fut admis dans notre ancienne jurisprudence française, qui, cependant, ne l'accorda pas dans tous les cas, ni à toutes les cautions (1). Notre législation actuelle, en l'admettant à son tour, y a fait également certaines réserves.

157. En effet, le bénéfice de discussion n'est pas de l'essence du cautionnement : aussi n'est-il pas accordé à toutes les cautions. Par exemple, la caution judiciaire ne serait pas reçue à exiger la discussion du débiteur principal : la loi s'en explique positivement dans l'art. 2042, dont nous aurons bientôt à faire le commentaire.

De même, en dehors du cautionnement judiciaire, il est des cas où la caution ne pourrait pas invoquer le bénéfice de discussion. Les auteurs énumèrent ces cas (2), dont la plupart, d'ailleurs, ne présentent qu'une application pure et simple du droit commun. Ainsi, il est certain que la caution qui a succédé au débiteur principal ne peut pas opposer le bénéfice de discussion au créancier qui l'actionne, puisqu'elle est engagée alors, non plus comme caution, mais comme héritier, partant comme

---

(1) Pothier (n° 407).
(2) *Voy.* notamment MM. Troplong (n°ˢ 233 à 239); Vergé et Massé, sur Zachariæ (t. V, p. 69, note 13); Boileux (t. VI, p. 650).

principal obligé. — Ainsi encore, la caution d'un vendeur, lorsqu'elle trouble l'acquéreur par une action en revendication à laquelle celui-ci oppose la règle *quem de evictione tenet actio,* etc., ne peut pas invoquer le bénéfice de discussion, puisque, comme le dit Pothier, une telle exception ne saurait être produite que lorsque le débiteur principal peut acquitter la dette, et que dans le cas proposé ce n'est pas le vendeur, c'est la caution qui seule peut satisfaire à l'obligation, elle seule pouvant faire cesser l'action intentée de son chef contre l'acquéreur en abandonnant cette action (1). — Ainsi encore, lorsqu'il est notoire que le débiteur principal est absolument insolvable, il va de soi que la caution ne soit pas admise à opposer le bénéfice de discussion, puisque, ne pouvant indiquer les biens du débiteur qu'elle voudrait faire discuter préalablement, elle serait empêchée de remplir l'une des conditions essentielles auxquelles elle doit avant tout satisfaire pour faire admettre l'exception.

158. Mais outre ces cas, les auteurs en comptent d'autres dont, pour notre part, tout en reconnaissant que le bénéfice de discussion n'est pas de l'essence du cautionnement, nous ne saurions dire que l'exception n'y peut pas trouver sa place.

En premier lieu, nous ne croyons pas qu'on puisse dire, en thèse générale, que le bénéfice de discussion n'est pas admis dans les matières commerciales. Les auteurs qui posent cette thèse la restreignent, il est vrai, en ce sens que, selon eux, elle serait applicable seulement aux marchands ou personnes faisant acte de commerce; en sorte que le non-négociant pourrait, sans difficulté, opposer le bénéfice de discussion au créancier commerçant envers lequel il se serait obligé comme caution dans la forme ordinaire (2). Mais, même avec cette restriction, la thèse ne nous semble pas admissible; et les arguments à la faveur desquels elle est soutenue accusent, il faut le dire, une certaine confusion d'idées qui en compromet la décision.

Ainsi, on dit que le cautionnement en matière commerciale est presque toujours payé, et que, par conséquent, il y a moins de raison de se montrer favorable à la caution, et spécialement de lui accorder le droit exorbitant de renvoyer le créancier à discuter le débiteur principal. Mais on ne prend pas garde que le cautionnement payé se transforme en contrat d'assurance (*suprà,* n° 17). Or, si le bénéfice de discussion n'est pas admissible en ce cas, ce n'est pas parce que le cautionnement se produit en matière commerciale; c'est parce qu'au lieu d'un cautionnement, il y a un contrat d'assurance qui lie les parties et ne comporte pas le bénéfice de discussion.

On invoque encore l'art. 142 du Code de commerce, d'après lequel les donneurs d'aval, c'est-à-dire les cautions d'une lettre de change, sont tenus solidairement, et par les mêmes voies que les tireurs et en-

---

(1) *Voy.* Pothier (*De la Vente,* n° 177).
(2) *Voy.* MM. Troplong (n° 233); Delamarre et le Poitvin (*Cont. de comm.,* t. II, n° 302).

dosseurs, sauf les conventions différentes des parties, du payement de la lettre de change. Mais on n'aperçoit pas qu'ici encore il s'agit d'autre chose que d'un cautionnement ordinaire : il s'agit d'un engagement solidaire, lequel, d'après le texte même de notre art. 2021, est exclusif du bénéfice de discussion (*infrà*, n° 162).

Enfin, on ajoute que la célérité des affaires commerciales ne s'accommode pas des lenteurs du bénéfice de discussion, et que les Romains eux-mêmes l'avaient reconnu en refusant ce bénéfice aux *argentarii*, ou banquiers (Nov. 4, chap. III, § 1, *in fin.*; Nov. 136, préface). Mais on oublie que les *argentarii* étaient soumis, à Rome, à une législation toute spéciale, et que si le bénéfice de discussion leur était refusé, il n'était pas refusé aux autres commerçants. On ne prend pas garde, d'ailleurs, que ce sont là des raisons de législation, non de droit, et qu'en les supposant fondées, il faudrait aller jusqu'à interdire le bénéfice de discussion d'une manière absolue en matière commerciale, sans s'occuper de savoir si la caution est ou non commerçante, extrémité logique à laquelle, nous l'avons dit, n'arrivent pas les auteurs dont nous contestons la doctrine.

Que faut-il conclure de là? Que, dans le silence de la loi, on doit s'en tenir au droit commun consacré par l'art. 2021, et accorder le bénéfice de discussion aux commerçants qui cautionnent même une opération commerciale. Quand le législateur a voulu établir, en matière de cautionnement, une différence entre les commerçants et les non-commerçants, il n'a pas manqué de s'en expliquer. C'est ce que nous avons vu, notamment, dans l'art. 2019 touchant les règles à suivre pour l'appréciation de la solvabilité d'une caution promise par le débiteur. Or, il n'a rien fait de semblable ici; par aucune disposition il n'a enlevé, ni expressément, ni virtuellement, le bénéfice de discussion aux fidéjusseurs en matière commerciale : ce serait donc ajouter arbitrairement à la loi que leur refuser l'exercice de ce droit (1). La Cour de cassation a implicitement admis cette doctrine lorsqu'elle a décidé que celui qui, en mettant son aval sur un effet de commerce, n'a entendu s'obliger que comme certificateur de la caution du débiteur principal de cet effet, peut opposer aux poursuites dirigées contre lui l'exception de discussion de la caution qu'il a certifiée (2).

159. En second lieu, nous ne croyons pas que le bénéfice de discussion doive être refusé au fidéjusseur qui, étant devenu créancier lui-même du créancier, et le poursuivant pour obtenir son payement, se voit opposer la compensation par ce dernier. L'opinion contraire est indiquée par M. Troplong (3) comme soutenue par Balde et par un grand nombre d'autres auteurs anciens. Néanmoins, nous n'en apercevons

---

(1) *Voy.*, en ce sens, MM. Pardessus (*Droit comm.*, n° 387); E. Vincens (*Droit comm.*, t. II, p. 28 et 136); Massé (*Droit comm.*, 1re édit., t. VI, n° 377; 2e édit., t. IV, n° 2743).

(2) Req., 4 mars 1851 (S. V., 51, **1**, 389; Dalloz, 51, **1**, 123; *J. Pal.*, 1851, t. II, p. 171).

(3) *Voy.* M. Troplong (n° 235).

pas le fondement. La compensation opère comme un payement; et chaque fois que la partie à laquelle on l'oppose pourrait se refuser à payer, la compensation, en principe, ne saurait avoir lieu. Or, dans le cas donné, la caution n'est tenue de payer pour le débiteur principal qu'autant que la discussion des biens de ce dernier par le créancier n'aura pas amené de résultat. Comment, en l'absence de toute disposition de loi, la circonstance qu'elle est devenue créancière elle-même du créancier lui enlèverait-elle le droit de demander cette discussion?...

III. — 160. Mais la caution peut renoncer au bénéfice de discussion, lequel, en effet, n'est introduit qu'en sa faveur et dans son intérêt : cette faculté est reconnue par le Code, qui s'en explique dans notre art. 2021. La renonciation, très-fréquente en pratique, est devenue, on peut le dire, en quelque sorte de style dans les usages du notariat. Elle a lieu habituellement dès le principe et dans l'acte même de cautionnement. Néanmoins, elle pourrait intervenir utilement plus tard et au moment même où des poursuites seraient dirigées par le créancier contre la caution.

161. La renonciation au bénéfice de discussion est habituellement expresse. Elle peut cependant être virtuelle ou tacite. Mais, dans ce cas, elle ne saurait résulter que de termes ou d'actes indiquant manifestement, de la part du fidéjusseur, la volonté de renoncer. Par exemple, des expressions vagues comme celles-ci : *promettant, obligeant* et *renonçant;* ou encore comme celles-ci : *avec les soumissions et renonciations requises,* ne seraient pas suffisantes pour enlever à la caution le droit d'invoquer le bénéfice de discussion, si elles n'étaient pas accompagnées d'explications plus précises (1). La Cour de cassation est allée même jusqu'à décider que celui qui, en se portant caution, déclare faire de la dette sa propre affaire, comme s'il était seul débiteur et principal obligé, peut n'être pas considéré comme débiteur principal et comme ayant renoncé aux droits et exceptions appartenant à la caution (2).

162. Le moyen le plus énergique pour la caution de renoncer au bénéfice de discussion, c'est de s'engager solidairement avec le débiteur. En ce cas, dit l'art. 2021, l'effet de l'engagement pris par la caution se règle par les principes qui ont été établis pour les dettes solidaires, lesquels principes, nous l'avons dit déjà (n° 158), sont exclusifs du bénéfice de discussion. Néanmoins, la déclaration contenue, à cet égard, dans l'art. 2021, doit être restreinte et prise au point de vue de l'exception à l'occasion de laquelle elle est formulée.

163. Il faudrait se garder, en effet, de donner à cette déclaration une portée générale et de la prendre en ce sens, que la caution solidaire serait de tous points assimilée au codébiteur solidaire, comme paraissent l'avoir supposé quelques auteurs (3). Le fait même par la loi d'avoir maintenu à l'obligé la qualité de caution sous laquelle il est désigné in-

---

(1) *Voy.* Pothier (n° 408). *Junge :* M. Troplong (n° 240).

(2) Req., 16 mars 1852 (S. V., 52, 1, 636; *J. Pal.,* 1852, t. II, p. 129; Dalloz, 52, 1, 103). *Voy.* cependant Pothier (*loc. cit.*).

(3) *Voy.* notamment MM. Delvincourt (t. III, p. 259, note 7); Duranton (t. XVIII, n° 332).

dique suffisamment qu'il n'en est point ainsi. Sans doute, les divers bénéfices qui ne sont pas de l'essence du cautionnement ne sauraient être accordés à une caution qui, en s'attachant à l'obligation principale par le lien de la solidarité, a manifesté l'intention d'être tenue envers le créancier absolument comme un débiteur principal. Ainsi, elle ne jouira ni du bénéfice de discussion (art. 2021), ni du bénéfice de division (art. 2026). Mais son obligation, continuant d'être accessoire, ne pourra jamais être plus étendue que celle du débiteur principal, ni lui survivre (1) : les explications dans lesquelles nous entrons touchant ces deux points, à l'occasion des art. 2013 et 2036, s'appliquent à la caution solidaire aussi bien qu'au fidéjusseur simple.

164. Ainsi, pour ne prendre qu'un exemple, l'exécution d'une obligation entachée de violence a été garantie par une caution solidaire; si nous supposons que l'obligation principale vienne à être annulée sur la demande du débiteur principal, l'annulation anéantira, du même coup, l'engagement pris par la caution solidaire.

165. Nous aurons à revenir sur la théorie du cautionnement solidaire en expliquant les art. 2034 et 2036. Mais, en attendant, nous pouvons, à l'aide des observations qui précèdent, résoudre une question fiscale qui s'y rattache plus particulièrement : c'est la question, fort pratique et très-controversée, de savoir si l'acte constatant un cautionnement solidaire doit être considéré, lorsqu'il est présenté à l'enregistrement, comme soumis à un seul droit, le droit d'obligation, ou s'il doit être regardé comme rendant exigible un droit proportionnel de cautionnement, indépendamment du droit dû sur l'obligation principale. Les auteurs, en s'appuyant sur un avis du conseil d'État, du 27 juin 1832, statuant dans le cas où une femme se porte caution solidaire de son mari, n'ont vu, en général, dans un tel engagement, qu'une obligation solidaire. Et nous-même, nous avons partagé cet avis (2). Toutefois, en y regardant de plus près, nous croyons qu'une pareille obligation, malgré les différences notables par lesquelles elle se distingue du cautionnement, n'en conserve pas moins le caractère de ce contrat; c'est toujours une obligation accessoire et distincte : à ce titre, elle rend exigible un droit particulier, indépendant de celui de l'obligation principale (3).

Remarquons, d'ailleurs, qu'il ne serait même pas nécessaire, pour que le droit pût être perçu, que l'acte contînt le mot *caution* ou *cautionnement* : nous n'avons plus de termes sacramentels dans notre droit. Il suffirait donc, comme nous l'avons expliqué plus haut (n° 14), qu'il résultât des circonstances, et surtout des termes de l'acte, que l'une des parties n'avait pas d'intérêt propre au contrat, et que son intention

---

(1) *Voy.*, en ce sens, MM. Troplong (n°ᵒˢ 241 et 522); Rodière (*De l'Indiv. et de la Soli.*, n°ˢ 160 et suiv.).

(2) *Voy.* notamment MM. Championnière et Rigaud (*Droit d'enreg.*, t. II, n° 1361). *Voy.* aussi le *Répertoire* de MM. Dalloz (v° Enregistr., n°ˢ 1380 et suiv.).

(3) Cass., 21 fév. 1838, 27 janv. 1840; Rej., 21 fév. 1838 (Dalloz, 38, 1, 116, 117; 40, 1, 109; S. V., 38, 1, 268, 270; 40, 1, 232; *J. Pal.*, à leur date). — Comp. Cass., 10 nov. 1858 (S. V., 59, 1, 844; Dalloz, 58, 1, 462; *J. Pal.*, 1859, p. 101), et le *Répertoire* de M. Garnier (n° 2808).

avait été de n'y intervenir que comme répondant de l'autre. MM. Championnière et Rigaud vont assurément trop loin en refusant aux tribunaux toute base d'appréciation autre que celle des termes de l'acte, spécialement en leur contestant le droit de donner à la convention une qualification autre que celle qu'elle aurait reçue des parties elles-mêmes (1).

IV. — 166. Nous avons maintenant à préciser (et c'est l'objet important en cette matière) les conditions auxquelles est soumis l'exercice du droit pour la caution qui, étant dans le cas d'user du bénéfice de discussion, n'y a pas renoncé. — Avant tout, la caution doit, sans aucun retard, manifester son intention à cet égard : c'est la première condition. Puis, comme il ne faut pas, en définitive, que le créancier ait à souffrir d'une exception accordée à la caution par une faveur d'équité, la discussion réclamée ne doit pas être onéreuse pour lui ; elle doit lui être rendue facile et courte. C'est à la caution à y pourvoir, et elle y pourvoit, d'une part en avançant les frais suffisants pour faire la discussion, d'une autre part en indiquant au créancier les biens du débiteur qu'elle entend faire discuter. Ces trois conditions sont précisées par les art. 2022 et 2023. Il faut les reprendre, et insister sur chacune d'elles distinctement.

V. — 167. Et d'abord, le créancier n'est obligé de discuter le débiteur principal qu'autant qu'il en est requis par la caution : le juge ne pourrait pas, en effet, ordonner la discussion d'office. Notre ancienne jurisprudence était fixée en ce sens (2).

Mais à quel moment la discussion doit-elle être demandée par la caution? On a beaucoup discuté sur ce point autrefois. Des auteurs, en assez grand nombre, disaient du bénéfice de discussion qu'il n'est pas à proprement parler une exception *dilatoire,* en ce sens qu'il n'a pas seulement pour but de gagner du temps ; que la caution qui l'invoque en attend ou en espère un résultat plus décisif et plus complet, la discussion devant amener sa décharge et sa libération si le débiteur discuté se trouve avoir des biens suffisants pour payer. On concluait de là que l'exception ainsi expliquée était en réalité *péremptoire;* et, par une conséquence ultérieure, on enseignait que l'exception pouvait être proposée en tout état de cause. Merlin cite les auteurs nombreux qui se prononçaient en ce sens, et il mentionne, d'après d'Olive, un arrêt du Parlement de Toulouse, du 2 juillet 1636, qui l'avait ainsi jugé, sur le fondement «que cette exception est irrégulière ; qu'il dépend de l'événement de la discussion qu'elle soit jugée ou dilatoire ou péremptoire ; qu'on ne doit donc pas la considérer comme purement dilatoire, mais plutôt comme un remède et un bénéfice du droit, auquel il est permis de recourir en tout temps et en chaque partie du procès ; enfin, que la condition des fidéjusseurs est si favorable que, nonobstant toutes les subti-

----

(1) MM. Championnière et Rigaud (t. II, n° 1363). Comp. deux jugements du Tribunal de la Seine des 15 juin 1836 et 17 avril 1844, rapportés au *Répertoire* de M. Dalloz (v° Enreg., n° 1387).

(2) *Voy.* Pothier (n° 410).

lités du droit, la justice doit toujours être en état de les protéger lorsqu'ils réclament son secours. » (1)

Au contraire, d'autres auteurs, et parmi eux Pothier, enseignaient qu'en elle-même l'exception de discussion était du nombre des exceptions dilatoires, puisqu'en définitive elle tendait à différer l'action du créancier contre le fidéjusseur jusqu'après le temps de la discussion, et non à l'exclure entièrement (2). Ils tenaient en conséquence que, selon la règle commune aux exceptions dilatoires, elle devait être opposée *avant la contestation en cause ;* que si le fidéjusseur avait contesté au fond, sans l'opposer, il n'y était plus recevable, étant censé, en défendant au fond, avoir tacitement renoncé à cette exception (3).

Sauf l'expression, les rédacteurs du Code se sont rattachés à cette dernière opinion. Ce n'a pas été du premier coup, toutefois, car le projet primitif se bornait à dire que « le créancier n'est obligé de discuter le débiteur principal *que lorsque la caution le requiert* »; et par là il se rattachait à l'opinion de ceux des anciens auteurs qui laissaient à la caution la faculté d'invoquer le bénéfice de discussion en tout état de cause. Mais, sur la communication officieuse qu'il reçut du projet, le Tribunat fit remarquer que lorsque « différentes poursuites ont eu lieu contre la caution, sans qu'elle ait requis la discussion des biens du débiteur, elle est censée avoir renoncé à la faculté que la loi lui donne; que le créancier ne doit pas être le jouet du caprice de la caution, et qu'il doit pouvoir achever la route dans laquelle le silence de la caution l'a laissé s'avancer. » (4) Le Tribunat proposa, en conséquence, d'ajouter au texte du projet et de dire que la discussion devrait être requise par la caution *sur les premières poursuites dirigées contre elle.* La proposition fut accueillie, et l'art. 2022 ainsi complété est passé dans le texte définitif avec ces dernières expressions.

168. Mais, remarquons-le bien, le législateur ne dit pas, comme les anciens auteurs, que la discussion sera refusée à la caution qui ne l'aurait pas proposée *avant la contestation en cause.* Les expressions différentes dont il se sert, et qui, suivant l'observation de Merlin, ne sont évidemment pas synonymes, impliquent l'idée que le silence seul susceptible de produire la déchéance de la caution poursuivie est celui qui fait nécessairement présumer la renonciation de sa part à la faculté d'opposer l'exception. C'est en ce sens, d'ailleurs, que les expressions de la loi ont été expliquées par le Tribunat, qui les y a fait introduire. Nous déterminerons donc d'après cette présomption de renonciation la portée de l'art. 2022 et le sens des mots « premières poursuites » dont se sert le législateur.

169. Ainsi nous ne dirons pas, avec un ancien arrêt de la Cour de Paris, que la caution, pour éviter la déchéance, doit opposer l'excep-

---

(1) *Voy.* Merlin (*Rép.,* v° Caution, § 4, n° 1).
(2) *Voy.* Pothier (n° 410). Comp. ce que nous disons dans notre *Traité-Comment. des Priv. et Hyp.* (n° 1158).
(3) Pothier (*loc. cit.*); Guy-Pape (Quest. 50).
(4) *Voy.* Locré (t. XV, p. 313 et 314); Fenet (t. XV, p. 28).

tion *in limine litis* (1) ; ni même, avec Pigeau, que la caution est déchue du bénéfice de discussion lorsque, étant poursuivie par le créancier, elle s'est défendue, et cela quel qu'ait été son système de défense, soit qu'il ait eu pour objet de contester l'existence même du cautionnement, soit qu'il ait eu en vue seulement les poursuites et leur validité (2). Il est plus exact de dire que la caution ne peut plus exiger que le débiteur soit préalablement discuté dans ses biens, alors que le silence par elle gardé devant les poursuites dont elle est l'objet suppose nécessairement chez elle l'intention de rester en face du créancier dans la contestation engagée. Ainsi, un jugement de défaut, faute de conclure, est pris par le créancier ; une saisie est pratiquée contre la caution sans réclamation de sa part, ou bien sans qu'elle fasse autre chose que discuter le mérite de la saisie et en contester la validité : la caution est désormais déchue du droit d'invoquer le bénéfice de discussion ; en ne le requérant pas en présence des poursuites et au moment où elle les a connues, elle est censée avoir renoncé. A plus forte raison y a-t-il déchéance si elle a rempli, dans la discussion, un rôle actif ; si elle a pris des conclusions au fond : par exemple si elle a opposé, en compensation, une dette dont elle prétendait que le créancier était tenu envers elle ; ou si elle a interjeté appel d'un jugement qui la condamnait ; etc.

170. Mais si la caution commençait par invoquer une exception proprement dite, ou bien si elle déniait soit l'existence même de la dette principale, soit sa qualité de caution, il serait impossible de voir dans ces actes, simples préliminaires du procès sur le fond, une renonciation suffisante au droit de se prévaloir du bénéfice de discussion ; en sorte que, même après avoir échoué sur ces préliminaires, la caution devrait encore être admise à opposer la discussion. La Cour de cassation a décidé sans doute que, le bénéfice de discussion devant être réclamé par la caution sur les premières poursuites dirigées contre elle, ne peut l'être pour la première fois en Cour d'appel, alors même qu'en première instance la caution se fût bornée à contester l'existence ou l'étendue du cautionnement (3). Mais il y avait, dans la cause, cette circonstance particulière, qu'après avoir dénié sa qualité, en première instance, la caution avait partiellement exécuté ensuite le jugement, ce qui avait justement déterminé d'abord les juges d'appel à déclarer la déchéance, et ensuite la Cour de cassation à rejeter le pourvoi formé par la caution condamnée.

171. Ce n'est pas tout : l'absence de toute réclamation de la part d'une caution poursuivie pourrait, dans tel ou tel cas donné, n'être pas prise comme impliquant renonciation au bénéfice de discussion. Il en serait ainsi, par exemple, si, au moment où la caution est poursuivie, le débiteur principal ne se trouvait pas dans les conditions requises pour être discuté. Le fidéjusseur, dit Pothier, pourrait être reçu, même après

---

(1) Paris, 21 avr. 1806 (S. V., 7, 2, 819 ; Coll. nouv., 2, 2, 137 ; Dalloz, Rép. alph., 2, 420).
(2) M. Pigeau (*Proc. civ.*, t. II, p. 12).
(3) Req., 27 janv. 1835 (S. V., 35, 1, 774 ; Dalloz, 35, 1, 123 ; *J. Pal.*, à sa date).

avoir défendu au fond, à opposer l'exception si les biens dont il demande la discussion n'étaient échus au débiteur principal que depuis la contestation en cause; *putà,* par une succession qui lui serait échue depuis : car la règle « que les exceptions dilatoires doivent être opposées avant la contestation en cause », ne peut avoir lieu qu'à l'égard des exceptions déjà nées, et non à l'égard de celles qui ne sont nées que depuis, le défendeur ne pouvant pas être censé, lorsqu'il a défendu au fond, avoir renoncé à des exceptions qui ne sont nées que depuis (1). A la vérité, la solution ne s'accorde guère avec le texte de l'art. 2022, qui exige, en termes absolus, une réquisition faite par la caution *sur les premières poursuites dirigées contre elle; et*, par ce motif, elle est contestée par quelques auteurs (2). Mais c'est à l'esprit de la loi qu'il se faut attacher. Or, encore une fois, dans la pensée de la loi, la déchéance qu'elle fait résulter du défaut de réquisition sur les premières poursuites tient à une présomption de renonciation tacite de la part de la caution; et la caution ne peut pas être présumée avoir renoncé lorsqu'en fait il n'existait pas, entre les mains du débiteur, au moment où elle a été poursuivie, des biens qu'elle pût faire discuter par le créancier : aussi la doctrine de Pothier a-t-elle été plus généralement suivie sous le Code Napoléon (3).

172. Le mode suivant lequel la caution doit manifester la volonté de faire discuter préalablement le débiteur dans ses biens varie selon que les poursuites dirigées contre elle sont judiciaires ou extrajudiciaires. Au premier cas, l'exception doit être proposée par acte d'avoué à avoué, avec offre de faire l'avance des frais nécessaires à la discussion et indication des biens à discuter. Dans le second cas, le bénéfice de discussion est requis par exploit notifié au créancier, sauf, si celui-ci ne sursoit pas à l'instance, à faire statuer dans les termes de l'art. 554 du Code de procédure civile.

VI. — 173. Il faut, en second lieu, pour que la caution puisse prétendre au bénéfice de discussion, qu'elle mette le créancier en situation de poursuivre le débiteur facilement (*suprà,* n° 155). Or, le créancier agira facilement si, pour lui éviter de nouveaux frais, la caution lui avance les deniers nécessaires à la discussion. C'est donc une autre condition à remplir par la caution qui oppose l'exception de faire l'avance des frais (art. 2023).

En ce point, la disposition de la loi a été, dans la discussion au Tribunat, l'objet de très-vives critiques. Il faut de fortes raisons, disait M. Goupil de Préfeln, pour placer dans notre législation une exception inique, dont l'effet sera d'imposer à une personne l'obligation de faire l'avance des frais d'une instance dans laquelle elle ne sera pas même partie, et d'autoriser celle qui plaide à puiser dans la bourse de celle qui

_____

(1) Pothier (n° 410).
(2) *Voy.* MM. Duranton (t. XVIII, n° 337); Ponsot (n° 191).
(3) *Voy.* MM. Aubry et Rau (t. III, p. 499, note 7); Massé et Vergé, sur Zachariæ (t. V, p. 68, note 5); Troplong (n° 256); Boileux (t. VI, p. 655); Taulier (t. VII, p. 23).

ne plaide pas, jusqu'à concurrence des frais auxquels l'action donnera lieu. Pourquoi assujettir la caution, qui rend gratuitement un bon office au débiteur et même au créancier, à faire l'avance des frais, lorsqu'on n'y assujettit ni le cocréancier, ni le codébiteur, ni le garant du défendeur? La loi est juste en ne permettant pas à la caution de renvoyer le créancier à des biens litigieux ou situés au loin; mais celui-ci est suffisamment protégé par là, puisqu'il ne sera pas obligé d'attendre la fin des procès qui retarderaient ses poursuites et son payement, ni de se transporter à des distances éloignées. Sans doute, si la loi n'obligeait pas la caution à faire l'avance des frais nécessaires pour discuter préalablement le débiteur, la stipulation consentie par la caution pourrait y suppléer; mais il ne faut pas conclure de ce que les parties pourront s'accorder, et régler leurs conventions à cet égard, qu'il soit indifférent que le droit commun établisse, pour le cas où les parties n'auront pas arrêté de convention à ce sujet, un droit rigoureux, exorbitant, et en opposition avec les principes qui ont dirigé la rédaction du projet de loi. Que la caution soit assujettie à payer, en définitive, à rembourser les frais employés par le créancier à la discussion du débiteur, rien de mieux. Mais l'obliger à faire l'avance de ces frais, c'est lui accorder le bénéfice de discussion et le lui retirer aussitôt, au moins implicitement; car doit-on considérer comme partie poursuivante ou le créancier qui ne sera au procès que pour y donner son nom, ou la caution qui, sans être partie, sera obligée néanmoins d'avancer chaque jour les frais qu'exigera la poursuite, et n'en aura pas cependant la direction, ni même le choix des conseils et des défenseurs? (1)

Il n'y avait qu'un mot à répondre à ces objections, et il a été dit par le tribun Chabot. En définitive, par le bénéfice de discussion, il est dérogé au droit que devrait avoir le créancier de réclamer l'exécution au moment de l'échéance, tant contre la caution que contre le débiteur. En faveur de qui la dérogation est-elle introduite? Ce n'est pas en faveur du créancier, puisque la discussion éloigne le payement de la dette, et qu'elle force le créancier à des poursuites désagréables, lorsqu'il pourrait, à l'instant même, contraindre la caution au payement. La discussion n'est donc faite que pour le fidéjusseur, car elle n'a d'autre objet que de l'exempter du payement; elle ne profite qu'à lui, car elle lui procure sa décharge, ou au moins un délai. N'est-il donc pas juste qu'il avance les fonds nécessaires pour une discussion qui n'est admise que pour ses propres intérêts? Et ne serait-il pas beaucoup trop dur pour le créancier, à qui elle porte un double préjudice par le retard qu'elle lui fait éprouver et par les embarras qu'elle lui cause, qu'il fût encore forcé à faire l'avance des sommes nécessaires pour la soutenir? (2)

Ces observations décisives devaient faire maintenir dans la loi la con-

---

(1) *Voy.* MM. Locré (t. XV, p. 353 et suiv.); Fenet (t. XV, p. 60 et suiv.).
(2) *Voy.* la réponse du tribun Chabot (Locré, t. XV, p. 363 et suiv.; Fenet, t. XV, p. 68 et suiv.).

dition relative à l'avance, par la caution, des fonds nécessaires pour la discussion.

174. Dans notre ancienne jurisprudence, l'avance des frais était exigée seulement pour la discussion des immeubles. L'art. 2023 ne faisant aucune distinction à cet égard, il en faut conclure que, dans l'état actuel de la législation, la condition doit être remplie par la caution pour la discussion des meubles aussi bien que pour la discussion des immeubles (1).

175. L'offre de faire l'avance doit accompagner, selon nous, l'acte même par lequel la caution requiert le bénéfice de discussion. Il paraît cependant résulter de la doctrine émise par Pothier que le fidéjusseur ne serait pas tenu de faire l'offre spontanément : il ne devrait avancer les frais qu'autant que la demande lui en serait faite par le créancier (2). La Cour de cassation s'est aussi prononcée en ce sens, sinon dans notre matière même, au moins par application de l'art. 2170, en décidant que le tiers détenteur qui, pour faire cesser les poursuites dont il est l'objet en cette qualité, demande la discussion préalable des biens de son vendeur, est obligé de faire les fonds nécessaires pour cette discussion lorsqu'il en est requis, mais qu'il n'y a pas nécessité pour lui d'en faire l'offre (3). On est mieux, ce nous semble, dans l'esprit de la loi en disant que les frais doivent être préalablement offerts : comme la Cour de Bordeaux, nous pensons qu'il n'est pas satisfait aux prescriptions de l'art. 2023 lorsque la caution *n'offre pas réellement et à deniers découverts,* sans attendre la demande du créancier, somme suffisante pour la discussion du débiteur (4).

176. Que, s'il s'élevait une difficulté, soit sur le chiffre, soit sur la remise des avances, ce serait aux tribunaux de la résoudre. C'était là aussi l'un des points sur lesquels insistait M. Goupil de Préfeln, en produisant contre la disposition de la loi, devant le Tribunat, les critiques que nous avons rappelées tout à l'heure. Où se fera, disait-il, le montant des avances auxquelles la caution sera assujettie? Aux mains du créancier? Il n'est pas besoin de développer tous les inconvénients qui pourraient en résulter. Au bureau des consignations ou au greffe? Il faudra accorder des remises qui aggraveront le sort de la caution (5). Mais le principe étant posé, le législateur n'avait pas à statuer sur ces détails secondaires : le soin d'y pourvoir devait être laissé aux tribunaux. Donc si les parties ne s'accordent pas entre elles sur le point en question, les tribunaux aviseront : ils ordonneront soit la remise des fonds au créancier sur reçu de lui, soit la consignation; ils en fixeront le montant approximativement, sauf à compléter ultérieurement, s'il y a lieu : et le tribunal compétent à cet égard sera celui devant lequel la caution aura réclamé la discussion du débiteur principal.

---

(1) *Voy.* M. Troplong (n° 272).
(2) Pothier (n° 413). *Voy.* aussi M. Troplong (n° 273).
(3) Cass., 21 mars 1827 (S. V., 27, 1, 354; Coll. nouv., 8, 1, 554; Dalloz, 27, 1, 182).
(4) Bordeaux, 6 août 1833 (S. V., 34, 2, 51).
(5) *Voy.* Locré et Fenet (*loc. cit.*).

VII. — 177. Enfin, venons à la dernière condition : elle est relative à l'indication des biens. Pour prétendre au bénéfice de discussion, il ne suffit pas que la caution mette le créancier en situation de poursuivre le débiteur facilement, ce qu'elle fait, comme nous venons de le voir, par l'avance des frais nécessaires à la discussion ; il faut encore, comme nous l'avons dit (*suprà*, n° 155), qu'elle le mette dans le cas de procéder sûrement. Or, le créancier agira sûrement si la caution lui fait connaître les biens du débiteur qu'il entend faire discuter préalablement, et dont le prix pourrait servir au payement de la créance.

178. L'art. 2023, en imposant la condition, ne s'explique pas quant à l'espèce de biens dont l'indication doit être faite au créancier par la caution. Il en résulte que la caution peut faire porter la discussion sur des meubles aussi bien que sur des immeubles (1). Néanmoins, la caution ne saurait s'autoriser du silence de la loi pour éluder la condition par une indication dérisoire. Les biens dont elle demande la discussion devront donc présenter une certaine consistance : la caution ne saurait se dégager de son obligation en signalant au créancier quelques objets sans valeur, ou des objets dont la valeur serait absorbée par des charges réelles, par exemple un immeuble grevé d'usufruit, de servitudes ou d'hypothèques, pour une valeur égale à la somme qu'on en pourrait retirer.

179. L'équité et la bonne foi, qui doivent présider à l'indication des biens à discuter, exigent de la caution qu'elle les désigne tous en même temps. Cette indication, dit Pothier, doit se faire en une fois : on y doit comprendre tous les biens du débiteur qu'on veut que le créancier discute ; on ne serait pas recevable, après la discussion de ceux qu'on a indiqués, à en indiquer d'autres (2). C'est une opinion généralement admise par les auteurs (3), et à juste raison ; car des indications successives auraient pour résultat, au grand dommage du créancier, de prolonger la discussion d'une manière indéfinie. La règle comporte, néanmoins, certaines réserves. Par exemple, on ne saurait exiger de la caution qu'elle énumère tous les biens du débiteur, quand un seul, qu'elle indique, est d'une valeur telle que le prix doit suffire largement à désintéresser le créancier. De même, on ne saurait lui refuser le droit de s'y reprendre à deux fois, si elle a eu un juste sujet d'ignorer que les biens dont l'indication n'avait pas été faite du premier coup étaient en la possession du débiteur, ou encore si ces biens ont été acquis à ce dernier seulement après que la discussion a été demandée (*suprà*, n° 171). Ces exceptions, néanmoins, ne sont pas admises par tous les auteurs (4).

180. Si la loi ne précise rien quant à la nature des biens à indiquer par la caution, elle s'explique, au contraire, sur la condition où doivent se trouver ces biens pour que la caution soit admise à les faire préala-

---

(1) Néanmoins, comp. Zachariæ, édit. Massé et Vergé (t. V, p. 68, note 6).
(2) *Voy.* Pothier (n° 411).
(3) *Voy.* MM. Delvincourt (t. III, p. 259, note 4); Duranton (t. XVIII, n° 327); Zachariæ, édit. Massé et Vergé (t. V, p. 68, note 7); Ponsot (n° 195); Troplong (n° 263); Boileux (t. VI, p. 656); Bugnet, sur Pothier (*loc. cit.*).
(4) *Voy.* notamment MM. Duranton et Ponsot (*loc. cit.*).

blement discuter. Le but qu'elle se propose en cela est de rendre la discussion le moins incommode possible au créancier. Elle exige d'abord, dans cette vue, que les biens dont la discussion est réclamée soient situés dans le ressort de la Cour impériale du lieu où le payement doit être fait. Il a toujours été reçu, a dit M. Bigot-Préameneu en répondant à une objection du consul Cambacérès, que le créancier n'est pas tenu de discuter les biens situés à une si grande distance que la discussion en devienne et trop dispendieuse et trop embarrassante (1).

181. La loi exige, en second lieu, que les biens indiqués ne soient pas *litigieux;* et ici, comme sous l'art. 2019, nous prenons l'expression de la loi dans son sens large, c'est-à-dire que les biens ne sont susceptibles d'être utilement indiqués par la caution qu'autant qu'ils ne paraissent pas devoir donner lieu à une contestation sérieuse (*suprà*, n° 124). La Cour de Toulouse a décidé, en ce sens, que la caution qui veut exciper du bénéfice de discussion ne peut indiquer au créancier les biens échus au débiteur principal dans les successions indivises de ses père et mère. Ces biens, ou la part afférente au débiteur, ne pouvant être déterminés que par suite d'une instance en partage entre les cohéritiers, il est vrai de dire qu'ils sont litigieux, et ne se trouvent pas en la possession du débiteur principal (2).

182. Enfin, la caution ne peut pas indiquer des biens hypothéqués à la dette qui ne sont plus en la possession du débiteur. En ce point encore, comme en ce qui concerne l'avance des frais par la caution (*suprà*, n° 173), le tribun Goupil de Préfeln s'était énergiquement prononcé contre la disposition de la loi au sein du Tribunat. Mais ses critiques ne pouvaient pas tenir devant la vérité des choses. Il y a été justement répondu que la discussion qu'il est permis à la caution de demander ne doit être ni longue, ni difficile : l'équité le veut ainsi ; les auteurs n'ont cessé de le réclamer, et les tribunaux l'ont demandé constamment. Ne serait-ce donc pas exposer le créancier à une discussion longue et difficile que de le forcer à discuter des biens qui ne seraient plus dans la possession du débiteur? N'aurait-il pas des contestations sans nombre à soutenir et avec les nouveaux détenteurs de ces biens et avec les créanciers? Des demandes en désistement, des expropriations forcées, des instances d'ordre, ne sont-ce pas là des procès? Et pourquoi forcerait-on le créancier à en subir toutes les longueurs et tous les désagréments pour les intérêts de la caution? (3)

Ces considérations justifient pleinement la disposition de la loi. En définitive, la faveur due à la caution a bien pu faire admettre qu'elle exige, avant de payer elle-même, que le débiteur principal soit préalablement discuté dans ses biens; mais elle ne pouvait aller jusqu'à l'autoriser à exiger aussi la discussion d'un tiers détenteur, c'est-à-dire de celui qui, n'étant pas personnellement obligé à la dette, peut trouver

---

(1) *Voy.* Locré (t. XV, p. 298); Fenet (t. XV, p. 16).
(2) Toulouse, 9 mars 1819 (S. V., Coll. nouv., 6, 2, 39).
(3) *Voy.* la réponse du tribun Chabot dans la discussion déjà citée sous le n° 173.

dans sa situation même des moyens de défense susceptibles d'introduire dans la discussion les plus graves complications.

183. On s'est demandé si une personne qui aurait cautionné l'un de plusieurs codébiteurs solidaires serait reçue à indiquer les biens possédés par les autres codébiteurs. Pothier, qui se pose la question, la résout par l'affirmative. Selon lui, on peut dire que celui qui s'est rendu caution pour l'un d'entre plusieurs débiteurs solidaires est aussi, en quelque façon, caution des autres, car l'obligation de tous ces débiteurs n'étant qu'une même obligation, en accédant à l'obligation de celui pour qui il s'est rendu caution, il a accédé à celle de tous (1). La raison paraît décisive à M. Troplong, qui la présente comme tranchant la difficulté (2). Nous ne la croyons pas exacte, pour notre part, et le législateur lui-même paraît ne l'avoir pas goûtée, puisque, par l'art. 2030, dont nous présenterons bientôt le commentaire, il accorde seulement à la caution qui a *cautionné tous les débiteurs* principaux solidaires d'une même dette le recours contre chacun d'eux pour la répétition du total de ce qu'elle a payé. Quoi qu'il en soit, dans la doctrine de Pothier, admise par M. Troplong, il n'y aurait pas de différence entre la caution qui s'engage à ce titre pour un seul des codébiteurs et celle qui les cautionne tous, ce qui n'est pas possible, comme M. Troplong semble d'ailleurs le reconnaître lui-même (3). Et en effet, supposons que l'un des codébiteurs demande et obtienne l'annulation de son engagement pour cause de violence pratiquée envers lui, il est bien évident que la caution qui n'aurait répondu que pour ce débiteur se trouverait libérée par cela même (*suprà*, n° 164), tandis que celle qui les aurait cautionnés tous continuerait à être tenue du chef des autres. Il est donc vrai de dire, contrairement à la proposition de Pothier, que la caution engagée pour un seul des débiteurs solidaires ne garantit le payement de la dette que par celui-là et pour le cas où le créancier viendrait à l'actionner ; et, par une juste réciprocité, il faut admettre que si le créancier veut en effet être payé par ce codébiteur, et s'adresse à ce titre à la caution qu'il a fournie, cette caution est tenue soit de payer, soit, si elle invoque le bénéfice de discussion, d'indiquer des biens possédés par le débiteur cautionné. Si la loi eût entendu que la discussion pourrait s'étendre à tous les codébiteurs solidaires, elle n'eût sans doute pas manqué de l'exprimer, dans notre titre *Du Cautionnement,* en traitant de la discussion requise par la caution, comme elle l'a fait, au titre *Des Hypothèques,* par l'art. 2070, où, en traitant de la discussion requise par le tiers détenteur, elle parle, en effet, du principal ou *des principaux obligés.*

VIII. — 184. Un dernier point restait à résoudre sur cette matière du bénéfice de discussion, qui doit répondre de l'insolvabilité du débi-

_____

(1) *Voy.* Pothier (n° 412).
(2) *Voy.* M. Troplong (n° 270). *Juge,* dans le même sens, MM. Vergé et Massé, sur Zachariæ (t. V, p. 66, note 4) ; Dalloz (*Rép.,* v° Cautionnement, n° 173) ; Taulier (t. VII, p. 24).
(3) *Voy.* M. Troplong (n° 150).

teur principal survenue par défaut de poursuites de la part du créancier
à qui l'exception aurait été opposée? La question était controversée
dans notre ancienne jurisprudence. Pothier et Henrys la tranchaient
contre la caution. Le créancier, disaient-ils, à qui le fidéjusseur a opposé l'exception de discussion, et qui n'ayant point jugé à propos de
la faire aussitôt a laissé passer plusieurs années pendant lesquelles le
débiteur est devenu insolvable, est fondé, en le discutant depuis, à revenir contre le fidéjusseur, et celui-ci ne peut lui opposer aucune fin de
non-recevoir, sous le prétexte qu'il n'a pas fait assez à temps la discussion des biens du débiteur principal à laquelle il a été renvoyé (1). Au
contraire, la coutume de Bretagne tranchait la question contre le créancier.

Les rédacteurs du Code, après une vive discussion au conseil d'É-
tat (2), ont fait cesser la controverse sur ce point en disposant, par
al'rt. 2024, que « toutes les fois que la caution a fait l'indication de
biens autorisée par l'article précédent, et qu'elle a fourni les deniers
suffisants pour la discussion, le créancier est, jusqu'à concurrence des
biens indiqués, responsable, à l'égard de la caution, de l'insolvabilité
du débiteur principal survenue par le défaut de poursuites. » Ainsi, dès
que l'exception a été opposée par la caution, avec indication des biens
à discuter, le créancier doit, sans retard, procéder à la discussion pour
se faire payer. S'il néglige de le faire, s'il laisse le débiteur devenir insolvable, il ne pourra plus se retourner contre la caution : il doit porter
la peine de sa négligence. C'est ce que Tronchet a très-nettement expliqué dans la discussion dont notre article a été l'objet au conseil d'État.
L'enchaînement des idées sur ce sujet, a-t-il dit, est infiniment simple :
la caution doit payer pour le débiteur; telle est la règle générale. Le
bénéfice de discussion lui donne seulement la faculté de prouver que le
débiteur peut payer. La condition de cette faculté est d'indiquer les
biens et d'avancer les frais de discussion : alors le créancier ne peut se
dispenser de prendre sur lui les poursuites. Néanmoins, la caution n'est
pas déchargée : si les biens du débiteur ne suffisent pas à l'acquittement
de la dette, elle est forcée de compléter le payement. Ainsi, le bénéfice
de discussion ne fait que suspendre l'action du créancier contre la caution. Cependant le créancier, lorsqu'il a reçu l'avance des frais, devient
son mandataire; de là résulte, non qu'elle soit affranchie de plein droit,
mais que, si son mandataire néglige de remplir son mandat, il doit répondre des suites de son inexactitude; et alors la caution se trouve dégagée envers lui, comme créancier, jusqu'à concurrence de ce qu'il a
pu recouvrer de la dette.

185. Seulement, on le voit, le principe même, la cause de la peine,
en limitent l'application : la loi entend punir dans le créancier, mis en
position par la caution de discuter les biens du débiteur, le tort qu'il
aurait eu de ne pas faire cette discussion à temps, ou de ne pas la faire

---

(1) *Voy.* Pothier (n° 414); Henrys (t. II, liv. IV, art. 34).
(2) Locré (t. XV, p. 298 et suiv.); Fenet (t. XV, p. 17 et suiv.).

convenablement et de manière à en obtenir tous les résultats qu'elle peut donner. Il faut donc qu'il y ait faute de la part du créancier pour que la caution puisse invoquer le bénéfice de l'art. 2024. D'après cela, il a été justement décidé que le créancier auquel trois immeubles du débiteur avaient été indiqués à discuter ne peut plus être admis à revenir contre la caution lorsque, n'ayant compris dans sa poursuite qu'un seul des immeubles indiqués, il n'a pas trouvé à être payé sur le prix (1). Vainement le créancier invoquait-il l'art. 2209 du Code Napoléon, d'après lequel un créancier ne peut poursuivre la vente des immeubles qui ne lui sont pas hypothéqués que dans le cas d'insuffisance des biens qui lui sont hypothéqués (2). La Cour de cassation a répondu, avec toute raison, que cet article est sans application au cas où la créance étant garantie par un cautionnement, et la caution ayant d'abord été poursuivie, celle-ci a indiqué pour être discutés préalablement tant les biens hypothéqués que les autres biens libres du débiteur. Alors, en effet, le créancier est tenu de discuter tous les biens sans distinction ; et si, dans ses poursuites, il fait état seulement des biens hypothéqués, il perd son recours contre la caution jusqu'à concurrence de la valeur des biens non discutés.

Mais s'il n'y avait aucune négligence à reprocher au créancier, par exemple si l'insolvabilité du débiteur était survenue avec une rapidité telle que le créancier n'a pu se faire payer auparavant, sa responsabilité est à couvert : il devra être admis à revenir contre la caution et à l'actionner.

Le premier Consul, qui, lors de la discussion de l'art. 2024, présidait le conseil d'État, avait proposé un amendement qui donnait expressément ce droit au créancier lorsque le débiteur était devenu insolvable *dans les trois mois* après l'indication par la caution des biens à discuter ; l'amendement avait même été accueilli par la majorité du conseil d'État. Il n'est pas passé, cependant, dans la rédaction définitive ; mais la pensée en est si conforme à la raison, elle est tellement d'accord avec les principes, que, dans l'application, on n'en saurait faire abstraction d'une manière absolue. Seulement, au terme fixe de trois mois, les tribunaux, usant de leur droit d'appréciation, substitueront tel autre délai qu'ils arbitreront d'après les circonstances particulières de chaque affaire : leur déclaration, à cet égard, sera nécessairement souveraine et à l'abri de tout contrôle de la part de la Cour de cassation.

186. Il est bien entendu, d'ailleurs, que la seule indication de biens susceptible de mettre le créancier en demeure d'agir à peine d'engager sa responsabilité en cas d'insolvabilité est celle qui serait faite par la caution poursuivie et opposant, par ce motif, l'exception de discussion. Que si l'indication était faite avant toutes poursuites, elle ne pourrait être prise que comme un simple conseil de la caution au créancier : ce

---

(1) Req., 8 avr. 1835 (S. V., 35, 1, 717 ; Dalloz, 35, 1, 216 ; *J. Pal.*, à sa date).
(2) *Voy.* notre *Traité-Comment. de l'Expr. forcée* (nᵒˢ 19 et suiv.).

dernier ne serait, à aucun titre, responsable si les biens indiqués venaient à dépérir avant qu'il eût suivi le conseil (1).

2025. — Lorsque plusieurs personnes se sont rendues cautions d'un même débiteur pour une même dette, elles sont obligées chacune à toute la dette.

2026. — Néanmoins chacune d'elles peut, à moins qu'elle n'ait renoncé au bénéfice de division, exiger que le créancier divise préalablement son action, et la réduise à la part et portion de chaque caution.

Lorsque, dans le temps où une des cautions a fait prononcer la division, il y en avait d'insolvables, cette caution est tenue proportionnellement de ces insolvabilités; mais elle ne peut plus être recherchée à raison des insolvabilités survenues depuis la division.

2027. — Si le créancier a divisé lui-même et volontairement son action, il ne peut revenir contre cette division, quoiqu'il y eût, même antérieurement au temps où il l'a ainsi consentie, des cautions insolvables.

SOMMAIRE.

_____

(1) *Voy.* M. Duranton (t. XVIII, n° 339).

droit de la demander? — 208. Entre les cautions qui ont cette qualité réellement et efficacement : ainsi, la caution dont l'engagement est nul ne compte pas pour opérer la division. *Quid* de la caution dont l'engagement est simplement annulable? — 209. La division s'opère entre les cautions de la même dette et du même débiteur : applications; — 210. Peu importe qu'elles se soient obligées en même temps ou à des époques différentes, ou même en termes différents. — 211. Enfin, la division a lieu entre les cautions qui sont solvables au moment où elle s'opère. — 212. Les insolvabilités survenues après sont supportées par le créancier. — 213. Suite et exception. — 214. On n'assimile pas à une caution insolvable la caution domiciliée à l'étranger, même quand elle n'a pas de biens en France. — 215. Du cas où il y a doute et contestation sur la solvabilité de l'une des cautions. — 216. La caution solvable qui a un certificateur solvable doit être comptée.

VII. 217. Le créancier peut toujours renoncer au droit de poursuivre chaque caution pour le tout (art. 2027). — 218. La renonciation peut être expresse ou tacite. — 219. Le seul fait par le créancier d'avoir divisé son action implique renonciation : l'art. 1211 n'est pas applicable. — 220. *Secùs* en cas de solidarité entre les cautions. — 221. L'art. 1210 est applicable en tous cas : ainsi, le créancier qui a divisé la dette à l'égard de l'une des cautions conserve son action contre chacune des autres pour le reste de la créance. — 222. Le créancier qui a fait la division volontairement et sans réserve ne peut plus revenir, y eût-il des insolvabilités même antérieures.

I. — 187. Nous voici parvenus au deuxième cas prévu par le législateur dans la section qui a pour objet le règlement des effets du cautionnement entre le créancier et la caution : c'est le cas, déjà indiqué dans nos observations préliminaires (*suprà,* n° 153), où la dette est cautionnée par plusieurs personnes s'engageant pour un même débiteur principal. Quelle sera alors la situation des cautions vis-à-vis du créancier?

Il est tout d'abord un point certain : c'est que les cautions peuvent s'engager seulement pour une partie de la dette principale (*suprà,* n°s 60 et suiv.). La circonstance que plusieurs se sont réunies pour cautionner une dette ne fera donc pas obstacle à ce que chacune d'elles n'en soit tenue cependant que pour une fraction, par exemple un tiers, un quart, un cinquième, s'il y a eu stipulation formelle à cet égard.

188. Mais telle n'est pas l'hypothèse de la loi. Il faut supposer ici, avec le législateur, que le cautionnement a été donné en termes généraux par chacune des cautions. Dans quelle mesure les fidéjusseurs seront-ils alors tenus vis-à-vis du créancier? Répondront-ils chacun de toute la dette? Ou bien la circonstance qu'ils sont plusieurs fera-t-elle que chacun ne soit tenu que d'une fraction correspondante à la dette divisée entre eux tous? Cette circonstance du nombre aura-t-elle pour effet de transformer le cautionnement donné en termes généraux en un cautionnement restreint et limité? Telle est la question.

II. — 189. Dans le droit romain, la division entre les obligés accessoires était acquise de plein droit et forcément aux *sponsores* et aux *fidepromissores* (*suprà,* n° 5), quels que fussent les termes de leur engagement (1). Au contraire, les *fidéjussores* (*ibid.*) qui avaient répondu,

_____

(1) Gaïus (Comm. III, § 122).

sans explication ni réserve, du payement d'une même dette principale, étaient obligés chacun à toute la dette, quel que fût leur nombre. Seulement, sous Adrien et depuis, il leur fut permis d'opposer au créancier une exception par l'effet de laquelle ce dernier était contraint de diviser son action entre tous les *fidejussores* solvables au moment où il intentait cette action, ou, pour employer l'expression technique des Romains, au moment de la *litis contestatio* (1).

Notre ancienne jurisprudence française s'était rangée sans réserve à ce dernier parti : elle avait admis le principe de l'obligation de chacune des cautions à toute la dette, mais cela avec le tempérament du bénéfice de division. Si plusieurs se rendent cautions d'une même dette, disait Domat, chacun répond du tout; car chacun promet la sûreté de toute la dette, ou autre engagement, et de suppléer à ce que le principal obligé n'aura pu acquitter. Ainsi, leur obligation est naturellement solidaire entre eux, après la discussion du principal obligé. Mais cette obligation se divise de même, et par la même raison, que celle des principaux débiteurs obligés solidairement. Ainsi, lorsque les cautions sont solvables, le créancier ne peut demander à chacun que sa portion. Mais les portions des insolvables se rejettent sur les autres, et chacun en porte sa part sur le pied de celle qu'il devait du tout (2).

190. La question s'est posée, lors de la discussion de la loi actuelle, entre les deux systèmes successivement établis par le droit romain. Le projet soumis au conseil d'État avait cependant nettement consacré le premier, et le conseil d'État paraît l'avoir adopté sans discussion. Mais la difficulté s'éleva au sein du Tribunat, et la section de législation, à laquelle le projet fut communiqué, se divisa en deux parties égales. Ne conviendrait-il pas, dit-on d'un côté, d'établir la division *ipso jure* dans les cas des art. 2025 et 2026 du Code? Lorsqu'il ne résulte pas de l'acte que les cautions ont entendu s'obliger solidairement, il semble qu'elles ne devraient pas être traitées avec moins de faveur que les obligés eux-mêmes. Chaque obligé est censé ne s'être engagé que pour sa part, si le contraire n'est prouvé. Ne doit-il pas en être de même à l'égard de chaque caution? Le projet admet la caution au bénéfice de division lorsqu'elle n'a pas renoncé à ce bénéfice; seulement, il exige que la caution le demande. Il serait plus simple que la division eût lieu de plein droit toutes les fois qu'il n'y aurait pas de renonciation. Si la caution peut obtenir ce bénéfice dans un temps, on ne voit pas pourquoi elle ne l'aurait pas dans un autre; ou, au contraire, s'il répugne que la division ait lieu de plein droit, parce que chaque caution s'est obligée pour le tout, cette raison devrait également empêcher qu'en aucun temps le bénéfice de division fût accordé. Dans ce système, on proposait de remplacer les art. 2025 et 2026 du projet par une disposition ainsi conçue : « Lorsque plusieurs personnes se sont rendues cautions du même débiteur pour la même dette, si elles ne se sont pas obligées solidairement, chacune

---

(1) Gaïus (Comm. III, § 122).
(2) Domat (liv. III, tit. IV, sect. 2, n° 6). *Voy.* aussi Pothier (n° 415).

d'elles n'est tenue que de sa part et portion de la dette, sans être garante de l'insolvabilité ni de l'incapacité des autres cautions. »

Mais, d'un autre côté, on répondit que le bénéfice de division est accordé par la loi par voie d'exception. La loi romaine, dit-on, le porte ainsi, et de tout temps le droit français s'y est conformé. On ne peut comparer les fidéjusseurs aux coobligés. Lorsque ceux-ci s'engagent par la même obligation, et que la solidarité n'est pas expressément stipulée, il y a au moins doute s'ils ont entendu s'obliger chacun pour le tout. Ce doute doit être interprété en leur faveur. En conséquence, la loi décide qu'ils ne sont obligés chacun que pour leur part et portion ; mais comme il est de la nature du cautionnement que chaque fidéjusseur s'oblige pour toute la dette, ce qui est conforme à la définition même du cautionnement, il résulte de là que chacun d'eux a consenti que le créancier, si le débiteur ne satisfait pas à son obligation, s'adressât à l'un ou à l'autre, à sa volonté, pour y satisfaire, de même que s'il n'y avait qu'un seul fidéjusseur. En un mot, le bénéfice de division n'est qu'une grâce. Il n'a existé chez les Romains que depuis la Constitution d'Adrien, dont il est fait mention dans les Institutes. La faveur des cautions l'a fait adopter ; et si l'on y substituait la division de plein droit, on y ferait renoncer presque toujours les cautions, et les transactions seraient beaucoup plus difficiles (1).

La question ainsi débattue fut mise aux voix ; il y eut un partage égal par l'effet duquel le projet présenté par la commission et admis au conseil d'État prévalut et fut maintenu.

191. Ainsi, il n'en est pas des cautions comme des obligés principaux. Ceux-ci, lorsqu'ils s'obligent conjointement à une même dette, contractent une obligation qui se divise de plein droit entre eux, et chacun d'eux n'en est tenu que pour sa part et portion. Au contraire, quand il s'agit du cautionnement, la circonstance que plusieurs personnes se trouvent réunies pour garantir le débiteur et le payement de la dette principale n'empêche pas que chacune de ces personnes ne soit accessoirement tenue de la totalité de la dette envers le créancier. Ainsi dispose l'art. 2025. On peut critiquer cette disposition : on peut dire, avec M. Delvincourt, qu'au moins dans le cas où les cautions se sont obligées toutes ensemble sans s'engager solidairement, la disposition de la loi et la différence qu'elle établit entre les cautions et les obligés principaux n'ont pas d'explication bien plausible ; que celle qui en est donnée par Pothier d'après Vinnius, et qui a été rappelée dans la discussion du Tribunat, est peu concluante en ce qu'elle donne la thèse pour raison et que, d'ailleurs, elle s'appliquerait aux débiteurs principaux tout aussi bien qu'aux cautions (2). Mais enfin la loi est précise, et il s'y faut tenir.

192. Cependant il n'en faudrait pas étendre et exagérer la disposition. Quelques auteurs tirent du texte cette conclusion que les cautions sont

----

(1) Locré (t. XV, p. 314 et 315); Fenet (t. XV, p. 28 et suiv.).
(2) *Voy.* M. Delvincourt (aux notes, t. III, p. 257, note 2). Comp. M. Ponsot (n° 206).

unies entre elles par un lien de solidarité parfaite, à ce point que la prescription interrompue vis-à-vis de l'une serait également interrompue vis-à-vis de toutes les autres (C. Nap., art. 1206, 2249), et que la demande d'intérêts dirigée contre l'une ferait courir les intérêts à la charge des autres (art. 1207) (1). Nous sommes sur ce point d'un avis différent, et nous n'apercevons pas sur quel argument sérieux on pourrait asseoir une telle opinion. La solidarité ne se présume pas (art. 1202). Il faut, pour qu'elle existe, quand elle n'est pas convenue entre les parties, une disposition expresse de la loi. Et même quand il y a une disposition qui déclare, en effet, plusieurs personnes solidairement tenues d'une même obligation, un doute s'élève, dans quelques cas du moins (2), sur le point de savoir si ces personnes sont liées entre elles par une solidarité parfaite ou si elles sont solidaires d'une manière imparfaite seulement, en ce sens que l'interruption de prescription vis-à-vis de l'une ne profite pas aux autres et que la demande d'intérêts n'a d'effet que vis-à-vis de celui contre qui elle est formée. Nous ne sommes pas, quant à nous, de cet avis, et, comme Marcadé, dans toute solidarité légale nous voyons une solidarité parfaite (3). Mais aller jusqu'à établir cette solidarité, par voie d'analogie, sans que la loi l'ait dit expressément, c'est ce que nous ne saurions faire. A nos yeux, donc, le seul rapport qui, en l'absence de conventions contraires, puisse lier entre elles les cautions d'une même dette, est celui que crée la solidarité que les commentateurs ont appelée *imparfaite ;* c'est-à-dire que chaque caution est tenue vis-à-vis du créancier commun de toute la dette, mais que le payement fait par l'une libère toutes les autres. Telle est, à notre sens, la pensée de l'art. 2025.

III. — 193. Mais l'art. 2026 vient aussitôt apporter un tempérament notable à cette situation des cautions vis-à-vis du créancier. La loi, rappelant ici la concession faite par Adrien aux *fidejussores* (*suprà,* n° 189), permet à la caution, lorsqu'elle est poursuivie par le créancier, de demander et d'exiger, si elle n'a pas aliéné par une renonciation le droit de le faire, que le créancier divise son action entre toutes les cautions solvables au moment où intervient le jugement qui la condamne envers lui. Ces expressions, dans lesquelles nous résumons les dispositions de l'art. 2026, ont chacune une véritable importance.

194. Elles montrent que le bénéfice de division n'est pas accordé aux cautions d'une manière absolue; elles font entrevoir les circonstances dont la réunion est nécessaire pour qu'il y ait lieu à l'exception, et les conditions dans lesquelles la division peut être opérée. Ainsi qu'on le voit, il faut avant tout que la caution soit poursuivie par le créancier pour qu'elle puisse opposer l'exception; que la caution poursuivie oppose en effet cette exception, en d'autres termes qu'elle de-

---

(1) *Voy.* MM. Troplong (n° 291); Dalloz (v° Cautionnement, n° 209); Boileux (t. VI, p. 658); Massé et Vergé, sur Zachariæ (t. V, p. 71 et 72, note 19). Mais *voy.*, en sens contraire, MM. Delvincourt (*loc. cit.*); Aubry et Rau (t. III, p. 501, note 17); Mourlon (t. III, p. 460); Taulier (t. VII, p. 26 et 27).

(2) *Voy.* notamment Marcadé (sur l'art. 1734).

(3) Marcadé (*loc. cit.*, n° IV).

mande la division ; qu'elle n'ait pas perdu le droit de la demander par une renonciation soit expresse, soit tacite. Puis, la division obtenue, il faut, pour qu'elle puisse s'opérer, que les cautions aient bien réellement cette qualité, qu'elles répondent de la même dette et pour le même débiteur, enfin qu'elles soient solvables au moment où se fait la division. Chacun de ces points donne lieu à des observations particulières que nous allons préciser en les reprenant.

IV. — 195. « La division, a dit Chabot dans son Rapport au Tribunat, ne peut être demandée qu'*après que l'action a été formée par le créancier ;* et jusqu'à ce qu'elle soit demandée, toutes les cautions restent responsables des insolvabilités de chacune d'elles. » (1) Ainsi, la première condition pour que la caution puisse invoquer le bénéfice de division, c'est qu'elle soit poursuivie par le créancier. Hors le cas de poursuites exercées contre elle, la caution qui veut se libérer n'est pas admise à offrir sa part contributive ; elle doit offrir le tout au créancier, qui serait fondé à refuser, comme insuffisantes, des offres partielles (2).

Dumoulin va même si loin dans cet ordre d'idées que, selon lui, quand même l'obligation des cautions serait divisée de plein droit entre elles, par exemple si chacune s'était rendue caution pour une fraction déterminée de la dette principale, la moitié, le tiers, le quart, la caution qui ne serait pas poursuivie ne pourrait pas contraindre le créancier à recevoir la fraction qu'elle aurait déterminément cautionnée, car, dit-il, l'obligation des cautions ne doit pas porter indirectement atteinte à l'obligation principale en la rendant payable par parties avant qu'elle soit divisée (3). Toutefois, c'est là une exagération évidente. Le fidéjusseur qui a limité son obligation en fixant la portion qu'il entend cautionner dans la dette principale, ne doit et ne devra jamais rien au delà ; il peut donc, usant de la faculté qui appartient au débiteur, prévenir, à l'échéance, la demande du créancier, et se libérer envers lui par l'offre et le payement de la fraction qu'il a cautionnée et qui est, quant à lui, tout ce qu'il doit (4).

Mais autre est la situation pour les cautions qui, sans limitation aucune, ont toutes accédé à l'obligation du débiteur principal. A leur égard, la dette n'est pas divisée de plein droit ; elles ont seulement une exception pour faire prononcer la division. Et dès lors, pour que cette exception soit opposable de leur part, il faut nécessairement que l'action du créancier ait été mise en mouvement. Chacune d'elles étant obligée pour le tout jusque-là, celle qui voudrait se libérer sans attendre les poursuites devrait donc payer la totalité de la dette au créancier, qui ne saurait être contraint de recevoir pour partie.

196. Ce n'est pas tout : la division est un bénéfice de pure faculté. Sans doute, chacune des cautions peut, selon l'expression de la loi, exi-

---

(1) Locré (t. XV, p. 345) ; Fenet (t. XV, p. 55).
(2) Pothier (n° 535). *Voy.* aussi MM. Ponsot (n° 298) ; Troplong (n° 299) ; Toullier (t. VII, n° 73) ; Boileux (t. VI, p. 662).
(3) Dumoulin (*De Div. et ind.*, p. 2, n° 57).
(4) Pothier (*loc. cit.*).

ger que le créancier divise préalablement son action et la réduise à la part et portion de chaque caution; mais elle peut aussi ne pas vouloir user de l'exception. Il faut donc que la caution, lorsqu'elle est poursuivie, s'explique à cet égard : elle ne saurait obtenir la division qu'à la condition de la demander, et le juge excéderait ses pouvoirs en l'ordonnant d'office. Ici, d'ailleurs, se présentent, touchant les formes et conditions de la demande, des questions que nous avons vues se produire à l'occasion du bénéfice de discussion (*suprà*, n°s 167 et suiv.). Quant au mode, nous pouvons nous référer à ce que nous avons dit au n° 172, la forme étant exactement la même. Ainsi, la caution est-elle poursuivie judiciairement, c'est par acte d'avoué à avoué qu'elle demandera la division. Est-elle poursuivie extrajudiciairement, elle offrira réellement la portion dont elle est personnellement tenue, et si le créancier se refuse à la division, en n'acceptant pas les offres, elle l'assignera au provisoire pour qu'il soit sursis aux poursuites (1).

197. Quant aux conditions, c'est tout autre chose. D'abord, l'art. 2026 ne dit pas pour le bénéfice de division, comme l'art. 2023 pour le bénéfice de discussion, que la caution qui l'invoque doit faire l'avance des frais. Nous en concluons que la caution n'est pas tenue, lorsqu'elle demande la division, de fournir au créancier les deniers nécessaires pour poursuivre les autres cautions (2). C'est qu'en effet, il n'en est pas de l'exception de division comme de l'exception de discussion. Celle-ci, dilatoire plutôt que péremptoire (*suprà*, n° 167), laisse subsister la demande du créancier et l'engagement de la caution, à laquelle elle procure seulement un délai pour le payement : il ne serait donc pas juste que le créancier, qui souffre de ce retard et subit les embarras de la procédure, fût obligé, en outre, d'en avancer les frais (*suprà*, n° 173). Au contraire, l'exception de discussion, péremptoire et non dilatoire, tend à exclure l'action du créancier contre celui qui l'oppose pour les parts des autres cautions; et comme, après la division, la caution ne doit rien au delà de sa part afférente dans la dette principale, le créancier ne peut pas lui demander, en sus de cette part, les frais nécessaires pour poursuivre les autres cautions, dont elle est maintenant séparée.

198. Ensuite, il n'est pas dit non plus à l'art. 2026 que le bénéfice de division devra être invoqué par la caution *sur les premières poursuites dirigées contre elle*. Ainsi la loi ne reproduit pas ici la disposition de l'art. 2022, relative au bénéfice de discussion; et de cette réserve, qui marque mieux encore la différence existant dans le caractère des deux exceptions, nous concluons que la caution poursuivie pour le tout ne serait pas déchue du droit de requérir la division pour n'avoir pas exercé ce droit sur les premières poursuites dont elle a été l'objet. Sans doute, il lui importe d'opposer l'exception sans retard, car la di-

---

(1) *Voy.* Pigeau (t. II, p. 10).
(2) *Sic* MM. Duranton (t. XVIII, n° 348 *bis*); Dalloz (v° Cautionnement, n° 218); Troplong (n° 315); Massé et Vergé, sur Zachariæ (t. V, p. 72, note 22); Boileux (t. VI, p. 662).

vision, comme nous le verrons tout à l'heure (*infrà*, n° 211), s'opérant seulement entre les cautions solvables, la caution qui l'invoque a intérêt à se hâter, afin d'éviter l'augmentation de sa part afférente dans la dette principale par l'effet d'insolvabilités qui pourraient survenir après coup. Mais de ce que, négligeant son intérêt sous ce rapport, elle laisserait les poursuites s'engager contre elle sans élever immédiatement l'exception, il ne s'ensuivrait pas qu'elle fût déchue du droit de l'opposer. Pothier reprend avec raison des docteurs anciens, Pierre de Belleperche, Cynus et autres, qui, se méprenant évidemment sur le caractère de l'exception de division, enseignaient qu'elle devait, de même que l'exception de discussion, être opposée avant la contestation en cause (1).

199. On ne pourrait pas même, dans le silence de notre Code, admettre la solution de la loi 10, ff. *De Fidejuss. et Mand.* D'après cette loi, § 1, celui-là devait être considéré comme indigne du bénéfice de division qui, de mauvaise foi, avait commencé par nier son obligation : « Ita demum inter fidejussores dividitur actio, si non inficientur : nam » inficiantibus auxilium divisionis non est indulgendum. » Aujourd'hui, la caution qui, poursuivie pour le tout, aurait défendu aux poursuites en prétendant qu'elle n'a pas la qualité de caution, ne serait pas déchue, pour cela, du droit d'exiger la division (2).

200. Ce n'est pas à dire, cependant, que la division puisse être indéfiniment demandée. Il y a un terme après lequel l'exception serait vainement opposée. La caution est-elle poursuivie judiciairement, son droit à cet égard s'arrête devant le jugement qui la condamne à payer le créancier. C'était la décision de la loi romaine. « Ut autem is, qui cum altero » fidejussit, non solus conveniatur, sed dividatur actio inter eos qui, sol- » vendo sunt : *ante condemnationem* ex ordine postulari solet. » (L. 10, § 1, *De Fidej. et Mand.*) Nous disons, de même, que si les cautions peuvent, en tout état de cause et jusqu'au jugement de condamnation, exiger du créancier poursuivant qu'il divise son action, elles ne le peuvent plus après le jugement de condamnation (3). Ici encore Pothier relève l'opinion d'auteurs qui, tombant dans l'excès opposé à celui que nous avons signalé tout à l'heure, enseignaient que l'exception de division pourrait, comme l'exception *cedendarum actionum*, être opposée même après le jugement de condamnation. Il y a, dit-il, entre les deux cas une différence notable. L'exception *cedendarum actionum* n'attaque pas la sentence, ni le droit acquis par cette sentence au créancier; et lorsque la caution condamnée a payé le créancier, celui-ci n'a aucun intérêt à refuser la cession de ses actions; tandis que l'exception de division, si on la proposait après le jugement de condamnation, attaquerait ce jugement et le droit acquis au créancier, puisqu'elle tend à restrein-

---

(1) Pothier (n° 425).
(2) *Voy.* Pothier (*loc. cit.*). *Voy.* aussi M. Troplong (n° 302).
(3) *Voy.* MM. Favard (v° Cautionnement, sect. 1, § 2); Duranton (t. XVIII, n° 348); Troplong (n°ˢ 295 et suiv.); Ponsot (n° 220); Aubry et Rau (t. III, p. 501); Massé et Vergé, sur Zachariæ (t. V, p. 72, note 20); Boileux (p. 659, *in fin.*).

dre à une portion de la dette le droit d'exiger la dette entière de la caution condamnée, par le jugement, à payer (1).

Ajoutons, toutefois, que le droit, pour la caution, d'opposer l'exception, s'arrête seulement devant un jugement définitif et passé en force
de chose jugée. Si la décision était suspendue par un appel qui remettrait tout en question, il n'y aurait pas de condamnation à vrai dire;
l'exception de division serait donc utilement proposée, même en cause
d'appel, jusqu'à la décision définitive par laquelle la condamnation serait confirmée.

201. La caution est-elle poursuivie extrajudiciairement, elle ne peut
plus exiger la division quand le prix de ses biens est distribué. M. Duranton enseigne, cependant, que la caution doit opposer l'exception
sinon à la date de la saisie, au moins au moment de la vente; en sorte
qu'après la vente elle n'y serait plus recevable (2). Mais cette opinion
a été justement contredite (3). En effet, la vente est également nécessaire soit que la caution doive payer seulement sa part de la dette, soit
qu'elle doive acquitter la dette en totalité; le silence qu'elle garde sur
la saisie et même sur la vente ne saurait donc lui faire perdre le droit
qu'elle a de demander à ne contribuer au payement de la dette principale que pour sa part afférente. Ce droit subsiste évidemment, et doit
être maintenu tant que le prix est entier et disponible; mais la caution
le perd définitivement si elle laisse le prix aller aux mains du créancier.

202. Il est vrai, cependant, que même sans attendre jusque-là la
caution serait privée du droit de demander la division si les circonstances qui auraient accompagné soit la vente, soit la saisie, soit tout
autre acte même antérieur de procédure, impliquaient forcément de sa
part une renonciation à la faculté d'exiger du créancier qu'il divise son
action.

V. — 203. En effet, le bénéfice de division a été introduit par grâce
en faveur des cautions. Chacune des cautions y peut donc renoncer, à
peine était-il besoin de le dire. Aussi le législateur s'est-il abstenu de
consacrer directement cette faculté; il s'est borné à la signaler en indiquant, d'une manière incidente, dans l'art. 2026, § 1, que chacune des
cautions perdrait, par la renonciation, le droit qu'elle a, en principe,
d'opposer l'exception.

204. La renonciation est habituellement expresse. De même que la
renonciation au bénéfice de discussion, elle est constatée par une déclaration formelle qui est devenue en quelque sorte de style, et que,
par conséquent, il est rare de ne pas trouver dans l'acte de cautionnement, soit que toutes les cautions s'engagent ensemble, soit qu'elles
s'obligent successivement. Cependant la renonciation peut aussi n'être
que virtuelle ou tacite. Mais en nous référant à ce que nous avons dit
par rapport au bénéfice de discussion (*suprà,* n° 161), nous répétons

---

(1) Pothier (*loc. cit.*).
(2) M. Duranton (t. XVIII, n° 348).
(3) *Voy.* MM. Ponsot (n° 222); Troplong (n° 298); Boileux (t. VI, p. 660).

que la renonciation, alors, ne saurait être opposée à la caution qu'autant que le fait ou la stipulation d'où on prétendrait l'induire impliquerait bien nettement, de la part de celle-ci, la volonté de rester engagée pour le tout vis-à-vis du créancier. Il n'y a pas ici, on le comprend, de règle précise à formuler : tout dépend des circonstances, dont l'appréciation souveraine appartient aux juges du fait.

205. Il est une situation, pourtant, dans laquelle la renonciation serait évidente et où le juge ne pourrait la méconnaître sans se mettre en opposition avec la loi : c'est le cas où la caution se serait obligée solidairement soit avec le débiteur principal, soit avec les autres cautions. La combinaison et le rapprochement des art. 2021 et 1203 du Code Napoléon ne permettent pas l'équivoque en ce cas, et ne laissent pas de place pour le doute. D'un côté, en effet, par le premier de ces articles, le législateur avertit que l'obligation de la caution engagée solidairement avec le débiteur se règle par les principes établis pour les obligations solidaires ; d'un autre côté, par l'art. 1203, il dispose que le créancier d'une obligation contractée solidairement peut s'adresser à celui des débiteurs qu'il veut choisir, *sans que celui-ci puisse lui opposer le bénéfice de division*. La renonciation est donc, en ce cas, aussi certaine que si elle était expressément formulée ; toute décision qui refuserait d'en déduire la conséquence et d'en appliquer les effets contiendrait une violation manifeste de la loi.

206 Mais les exceptions de discussion et de division étant essentiellement indépendantes, et ayant chacune son objet spécial et tout à fait distinct, on ne pourrait pas dire que la renonciation à l'une implique renonciation à l'autre. Cela est vrai de la renonciation virtuelle aussi bien que de la renonciation formelle ou expresse ; et, par exemple, si des cautions se sont engagées solidairement *entre elles,* la solidarité stipulée fera perdre à chacune d'elles, comme nous venons de le voir, le bénéfice de division, sans lui enlever le droit d'opposer l'exception de discussion (*suprà,* nᵒˢ 162 et suiv.).

VI. — 207. Cela dit sur la renonciation, revenons au cas où chacune des cautions a conservé plein et entier le droit d'exiger que le créancier divise préalablement son action, et la réduise à la part et portion de chaque caution. Supposons que la division soit, en effet, demandée par le fidéjusseur contre lequel le créancier a dirigé ses poursuites. Comment celui-ci va-t-il procéder? Et entre quelles cautions va-t-il être obligé de diviser son action? C'est ce qu'il faut maintenant préciser.

208. Et d'abord, la division ne saurait être opérée qu'entre les répondants ayant réellement et efficacement la qualité de cautions. Par exemple, une dette de 24 000 francs est cautionnée par quatre personnes ; l'une d'elles est poursuivie par le créancier, et elle oppose l'exception de division : si toutes les cautions sont valablement obligées, elles compteront toutes pour la division, en sorte que le créancier, forcé de réduire son action à la part et portion de chaque caution, devra, dans l'espèce, ne demander que 6 000 francs à chacune d'elles. Mais, des quatre cautions supposées, il y en a une dont l'engagement

est radicalement nul : celle-là n'a pas efficacement la qualité de caution ; elle ne comptera donc pas pour la division, en sorte que, cette division ne devant plus s'opérer qu'entre les trois autres cautions, le créancier, dans l'espèce, pourra demander 8 000 francs à chacune d'elles. Ceci est sans difficulté.

Mais si nous supposons que l'engagement de l'une des cautions, au lieu d'être radicalement nul, soit simplement annulable, par exemple parce qu'il aurait été pris soit par un mineur, soit sans autorisation par une femme mariée, faudra-t-il dire également que cette caution ne doit pas compter pour opérer la division ? Quelques auteurs semblent se prononcer pour l'affirmative (1). Nous ne sommes pas de cet avis. L'engagement, en ce cas, n'est pas atteint dans son existence même ; il existe, sauf la faculté pour l'incapable qui l'a pris de le faire annuler s'il juge à propos d'invoquer la nullité, que lui seul peut opposer. Ainsi, tant que l'incapable n'use pas de cette faculté, l'engagement tient, et il n'y a pas de raison pour que le créancier auquel la division est demandée n'en fasse pas état en divisant sa créance.

Tout ce qu'on peut dire, c'est que la caution dont l'engagement est ainsi affecté ne doit compter pour la division que sous la réserve, pour le créancier, de revenir contre les autres cautions s'il arrivait plus tard que, sur la demande de l'incapable, la nullité de son engagement fût prononcée. C'est l'avis de Pothier : Si, avant que le cofidéjusseur mineur, dit-il, se fût pourvu contre son cautionnement, j'étais poursuivi par le créancier, et que je lui opposasse l'exception de division, je pense qu'il serait équitable qu'il ne pût être obligé de diviser son action entre son cofidéjusseur mineur et moi *que sous la réserve de revenir contre moi, dans le cas auquel ce mineur se ferait restituer contre son cautionnement* (2). Et telle paraît être aussi la décision de Papinien :
« Si Titius et Seïa pro Mævio fidejusserint, subducta muliere dabimus in
» solidum adversus Titium actionem : *cum scire potuerit aut ignorare*
» *non debuerit, mulierem frustra intercedere.* — § 1. Huic similis et
» illa quæstio videri potest : ob ætatem si restituatur in integrum unus
» fidejussor, an alter onus obligationis integrum excipere debeat ? *Sed*
» *ita demum alteri totum irrogandum est, si postea minor intercessit,*
» *propter incertum ætatis ac restitutionis.* Quod si dolo creditoris in-
» ductus sit minor, ut fidejubeat : non magis creditori succurrendum
» erit adversus cofidejussorem, quam si facta novatione circumvento
» minore desideraret in veterem debitorem utilem actionem sibi dari. »
(L. 48, ff. *De Fidej. et Mand.*)

Seulement, il n'y aurait pas à tenir compte, dans notre droit français, de la distinction établie par Papinien entre la femme dont le cautionnement était radicalement nul en droit romain depuis le sénatus-consulte Velléien, et le mineur de vingt-cinq ans dont l'obligation,

---

(1) Comp. MM. Troplong (n°ˢ 213 et 214); Massé et Vergé, sur Zachariæ (t. V, p. 72, note 22); Boileux (t. VI, p. 663); Taulier (t. VII, p. 28).
(2) Pothier (n° 424). *Voy*. aussi MM. Ponsot (n° 218); Bugnet, sur Pothier (*loc. cit.*).

valable d'après le droit civil, pouvait être rescindée par le préteur : la femme mariée et le mineur qui auraient cautionné avec d'autres, soit conjointement, soit après coup, la dette d'un même débiteur, compteraient l'un et l'autre, dans notre droit français, pour opérer la division que la caution poursuivie exigerait du créancier. Et pas plus dans le cas où l'incapacité de la caution résulterait de son état de minorité que dans celui où elle résulterait de l'état de femme mariée, il n'y aurait lieu de refuser au créancier le droit de revenir contre les autres cautions si, la division une fois opérée entre toutes, l'incapable venait à se faire relever. Pothier en a donné la raison décisive : c'est qu'on ne peut pas dire du créancier qu'en acceptant le cautionnement d'un mineur il a entendu se charger des risques de la restitution : tout au contraire, en ne se contentant pas du cautionnement de ce mineur, en exigeant l'adjonction d'autres cautions, il a clairement prouvé qu'il cherchait ses sûretés contre la restitution et n'entendait pas en courir le risque.

209. En second lieu, la division ne saurait être opérée qu'entre les cautions répondant de la même dette et pour le même débiteur.

Ainsi, la division ne pourrait pas avoir lieu entre les cautions de différents codébiteurs solidaires. M. Troplong est, sur ce point, d'un avis différent (1), et sa solution n'est qu'une suite et une conséquence de cette idée, dont la justesse nous a paru contestable (*suprà,* n° 183), que lorsqu'une personne se rend caution de l'un d'entre plusieurs débiteurs solidaires, elle est aussi, en quelque façon, caution des autres. Sans revenir ici sur les observations que nous avons déjà présentées à cet égard, il nous suffira de préciser que si Pierre et Paul, débiteurs solidaires d'une somme de 1 000 francs envers Joseph, ont donné pour caution à ce dernier, le premier une personne, et le second une autre personne, ces deux personnes sont bien cautions de la même dette, mais ne sont pas cautions du même débiteur. Donc, lorsque l'une d'elles est poursuivie par le créancier, elle ne peut pas exiger que celui-ci divise son action entre elle et l'autre caution, laquelle, n'ayant pas répondu du même débiteur, n'est pas évidemment son cofidéjusseur (2) : « Confidejussores non erunt, quia diversarum stipulationum » fidejussores sunt. » (L. 43, ff. *De Fidej. et Mand.*— *Voy*. aussi l. 51, § 2, eod. tit.)

Ainsi encore, la division ne pourrait avoir lieu entre une caution et son certificateur : « Si fidejussor fuerit principalis, et fidejussor fidejus- » soris : non poterit desiderare fidejussor, ut inter se et eum fidejus- » sorem, pro quo fidejussit, dividatur obligatio; ille enim loco rei est; » nec potest reus desiderare ut inter se et fidejussorem dividatur obli- » gatio. » (L. 27, § 4, ff. *De Fidej. et Mand.*) En effet, par rapport au certificateur, la caution remplit le rôle de débiteur principal; et, comme le dit la loi romaine, de même que le débiteur principal ne pour-

---

(1) M. Troplong (n°ˢ 306 et 307). — *Voy*. aussi M. Boileux (t. VI, p. 661).
(2) *Voy*. Pothier (n° 419). *Junge* : MM. Delvincourt (t. III, p. 260, note 1); Ponsot n° 213); Duranton (t. XVIII, n° 346).

rait pas demander la division entre lui et sa caution, de même celle-ci
ne la peut pas demander entre elle et son certificateur (1).

Mais précisément parce que la caution remplit le rôle de débiteur
principal par rapport au certificateur, celui-ci, s'il était actionné par le
créancier, pourrait exiger de son chef que la caution fût préalablement
discutée dans ses biens, par application des art. 2021 et suivants ci-dessus commentés (n°s 155 et suiv.); comme aussi il pourrait, en supposant qu'il y eût plusieurs répondants, exiger la division de la dette entre
lui et les cofidéjusseurs de celui qu'il a certifié (2).

210. Du reste, dès que les cautions ont réellement cautionné la même
dette et le même débiteur, il importe peu qu'elles se soient obligées en
même temps ou successivement, les unes après les autres. Chacune
d'elles, lorsqu'elle est poursuivie, a le droit, dans un cas aussi bien que
dans l'autre, d'exiger que le créancier divise son action par portions vi-
riles entre toutes. Seul M. Duranton a soutenu que l'art. 2026, en accordant aux cautions le bénéfice de division, suppose un cautionnement
donné par plusieurs conjointement, et que, dès lors, l'application de la
loi doit être limitativement restreinte à ce cas (3). Mais cette doctrine
va évidemment contre la pensée de la loi : l'art. 2025 pose en principe
que lorsque plusieurs personnes se sont rendues cautions d'un même
débiteur pour une même dette, chacune d'elles est obligée à toute la
dette, sans distinguer entre le cas où ces personnes se sont engagées
conjointement, et celui où elles se sont obligées par actes distincts. Il est
donc évident que l'art. 2026 n'a pas entendu distinguer davantage lorsque, tempérant la rigueur de l'article précédent, il est venu donner à
chacune de ces personnes, tenues en principe de la totalité de la dette,
le droit d'en réclamer la division. C'est qu'en effet, il n'y avait pas lieu
de distinguer. Le bénéfice de division, comme le dit M. Delvincourt,
étant fondé sur la nécessité d'épargner les frais et de prévenir les recours
que les cautions pourraient exercer les unes contre les autres, le motif
de la loi milite pour la division dans le cas où les cautions sont obligées
par actes séparés aussi bien que dans celui où elles se sont liées conjointement par un seul acte. Aussi l'opinion émise par M. Duranton est-elle
généralement repoussée (4).

Il importerait peu également que les cautions fussent obligées les
unes purement ou simplement, et les autres sous condition, celle-ci à
un terme, celle-là à un terme différent. La loi ne fait pas non plus de
distinction sous ce rapport. C'est dire que la division de l'action, si elle
était réclamée par la caution poursuivie, devrait être opérée indistinctement entre toutes.

En ceci, cependant, il y a quelques points à réserver.

---

(1) Pothier (n° 418). — *Voy.* aussi MM. Delvincourt (*loc. cit.*); Ponsot (n° 212);
Troplong (n° 305); Massé et Vergé, sur Zachariæ (t. V, p. 72, note 21); Boileux (t. VI,
p. 660).
(2) Pothier (n° 417). M. Delvincourt (*loc. cit.*).
(3) *Voy.* M. Duranton (t. XVIII, n° 346).
(4) Pothier (n° 421). *Voy.* MM. Delvincourt (t. III, p. 260, note 8); Taulier (t. VII,
p. 27); Ponsot (n° 214); Boileux (t. VI, p. 661).

D'une part, si, parmi les cautions, il y en avait qui eussent répondu seulement de partie de la dette, il est clair que celles-là ne compteraient pour opérer la division que jusqu'à concurrence de la quotité par elles cautionnée.

D'une autre part, si les poursuites étaient dirigées contre l'une des cautions avant la réalisation de la condition ou l'échéance du terme sous lequel telles ou telles autres seraient obligées, celles-ci ne seraient comptées, pour opérer la division, que par provision, et sous la réserve, en faveur du créancier, du droit de revenir contre les autres cautions si, à l'échéance du terme ou à l'avènement de la condition, celles qui auraient été provisoirement comptées n'étaient pas dans le cas de solder leur part contributive (1).

211. Enfin, la division ne saurait avoir lieu qu'entre les cautions solvables au moment où elle s'opère, ou plutôt quand intervient le jugement par lequel elle est ordonnée. L'art. 2026, § 2, dit, en effet, que lorsque, dans le temps où une des cautions *a fait prononcer* la division, *il y en avait d'insolvables*, cette caution est tenue proportionnellement des insolvabilités. Pothier exprimait la même idée en disant que l'exception de division est de *faire prononcer* par le juge la division de la dette entre les fidéjusseurs qui sont solvables, et qu'avant que cette division de la dette *ait été prononcée par le juge* sur l'exception de division, chacun des fidéjusseurs est véritablement débiteur du total de la dette (2). Ainsi, la division a lieu entre les cautions solvables non pas, comme l'enseigne M. Ponsot, quand l'exception est proposée (3), mais au moment où est rendu le jugement qui accueille l'exception. L'art. 2026, dont les termes sont la reproduction abrégée de l'opinion de Pothier, montre que, sur ce point, notre droit français s'est écarté du droit romain, d'après lequel la division devait être opérée entre les créanciers solvables au moment où elle était demandée (4).

212. Mais le jugement une fois prononcé, le créancier doit se hâter de poursuivre chacune des cautions. Car la division séparant les intérêts des cautions respectivement obligées et rendant les fidéjusseurs étrangers les uns aux autres, son effet notable est de mettre à la charge du créancier le risque des insolvabilités survenues depuis. L'art. 2026 exprime cela également lorsque, après avoir dit que la caution est tenue proportionnellement des insolvabilités existant au temps où elle a fait prononcer la division, il ajoute que cette caution « ne peut plus être recherchée à raison des insolvabilités survenues depuis la division. » Ainsi, la division est prononcée sur la demande d'une caution obligée conjointement avec trois autres cautions dont deux seulement sont solvables ; la division aura lieu entre celui qui l'a demandée et les deux autres, et le jugement exprimera que la dette sera divisée entre les trois cautions solvables, en sorte que le créancier pourra et devra de-

---

(1) *Voy.* Pothier (n° 421).
(2) *Id.* (n° 426).
(3) *Voy.* M. Ponsot (n° 124).
(4) *Voy.* M. Troplong (n° 309).

mander à chacune un tiers de la somme totale due par l'obligé principal. Mais, dès ce moment, la division est telle que si l'une des trois cautions solvables au moment du jugement devenait insolvable ultérieurement, cette insolvabilité nouvelle serait à la charge du créancier, qui ne pourrait pas revenir, pour la part de l'insolvable, contre les deux autres cautions dont la part virile a été définitivement fixée au tiers par l'effet de la division. C'est qu'en effet cette exception, à la différence de l'exception de discussion (*suprà*, nᵒˢ 167 et suiv.), tient, comme l'exprime Pothier (1), de la nature des exceptions péremptoires : elle périme entièrement, lorsqu'elle a lieu, l'action du créancier, contre le fidéjusseur, pour la part de ses cofidéjusseurs, avec lesquels la division est accordée.

213. Du reste, si le jugement fixe d'une manière définitive la part que le créancier peut demander à chacune des cautions, ce n'est pas à dire que la fixation doive en toute hypothèse rester immuable. Par exemple, le débiteur avait trois cautions qui toutes étaient considérées comme solvables ; et il a été décidé que le créancier aurait à demander à chacune d'elles le tiers de la dette totale. Mais il est certain que des trois cautions entre lesquelles la dette a été divisée, l'une était insolvable au moment où la division a été prononcée : le créancier aura incontestablement le droit de réclamer la rectification de la division ordonnée ; et, sauf à prouver que l'insolvabilité existait, en effet, à la date du jugement, il fera décider qu'au lieu de demander un tiers à chacune des cautions, les trois ayant été considérées à tort comme solvables, il pourra demander la moitié à chacune de celles qui étaient réellement en état de solvabilité.

214. Dans l'ancien droit, on assimilait à la caution insolvable la caution domiciliée à l'étranger. Je ne puis pas, dit Pothier d'après Papon, opposer l'exception de division si mon cofidéjusseur est demeurant hors du royaume ; car cette exception est une grâce que la loi n'accorde qu'autant que le créancier n'en souffrirait pas trop d'incommodité (2). Le Code n'a pas consacré cette décision ; et bien qu'elle soit suivie par quelques auteurs, dans le cas du moins où la caution domiciliée à l'étranger n'aurait pas de biens en France (3), nous pensons que, même en ce cas, le juge qui ne compterait pas une caution pour opérer la division, par ce seul motif qu'elle est domiciliée à l'étranger, commettrait un excès de pouvoir. Les cofidéjusseurs d'une même dette, par cela même qu'ils en sont tenus, en principe, chacun pour le tout, sont dans une situation exceptionnelle ; il ne saurait être permis au juge de restreindre au delà des termes précis de la loi le moyen qu'elle leur donne de se replacer dans le droit commun, d'après lequel les coobligés principaux qui s'obligent à une même dette n'en sont tenus chacun que pour sa part et portion.

---

(1) *Voy*. Pothier (nᵒˢ 420 et 427).
(2) *Id*. (nᵒ 423).
(3) *Voy*. MM. Troplong (nᵒ 312) ; Massé et Vergé (t. V, p. 72, note 22) ; Ponsot (nᵒ 216) ; Boileux (t. VI, p. 663). — Mais *voy*. M. Bugnet, sur Pothier (*loc. cit.*).

215. De même, il y aurait lieu de compter, pour opérer la division, la caution insolvable qui aurait un certificateur solvable. La caution est censée solvable si, ne l'étant pas par elle-même, elle l'est par son certificateur (1). « Præterea si queratur, an solvendo sit principalis fide- » jussor : etiam vires sequentis fidejussoris ei adgregandæ sunt. » (L. 27, § 2, ff. *De Fidej. et Mand.*) En ce cas, le créancier s'adressera au cer- tificateur pour toucher la part contributive de la caution certifiée.

216. S'il y a contestation entre le créancier et la caution qui de- mande la division sur le fait de la solvabilité de l'une ou l'autre des cau- tions, c'est aux juges de décider : ils statueront après s'être renseignés par les différents moyens de vérification que le Code de procédure met à leur disposition. Il n'est pas douteux, du reste, que la caution par la- quelle l'exception est opposée doit être reçue, en offrant de payer sa part, à exiger que le créancier, avant qu'il soit fait droit pour le sur- plus, discute les autres cautions, dont il n'a pas, quant à lui, à établir la solvabilité. Il est bien entendu que la discussion serait aux risques de la caution qui l'aurait exigée (2).

VII. — 217. Le principe qui oblige à toute la dette chacune des cau- tions du débiteur étant écrit en faveur du créancier, il est évident que celui-ci peut toujours renoncer à son application et ne demander à cha- que caution que sa part afférente dans la dette commune.

218. La renonciation du créancier peut être expresse ou tacite. Il n'y aura jamais à se méprendre en ce qui concerne la renonciation expresse. Quant à la renonciation tacite, elle résultera de tout acte dans lequel ap- paraîtra l'intention manifeste du créancier de ne demander à la caution qu'une part de la dette. Le législateur nous avertit, par l'art. 2027, qu'il faut notamment considérer comme tel le seul fait par le créancier d'avoir divisé son action, c'est-à-dire d'avoir actionné la caution en payement, non pas de toute la dette, mais seulement de sa part.

219. Ainsi, la renonciation est plus facilement présumée par la loi vis-à-vis des cautions qu'elle ne le serait vis-à-vis de codébiteurs soli- daires. En effet, aux termes de l'art. 1211 du Code Napoléon, le créan- cier n'est pas censé remettre la solidarité par la simple demande qu'il forme contre l'un des codébiteurs solidaires *pour sa part;* il faut, de plus, que celui-ci acquiesce à la demande ou qu'il intervienne un juge- ment de condamnation. M. Troplong, qui, nous l'avons vu plus haut (n° 183), considère les cautions d'une même dette comme de vérita- bles codébiteurs solidaires, s'efforce de concilier les dispositions des art. 2027 et 1211, qui, en effet, sont contradictoires dans son sys- tème (3). Mais elles se concilient d'elles-mêmes dans le nôtre : l'obli- gation de plusieurs cautions d'un même débiteur pour une même dette n'étant pas véritablement une obligation solidaire, il est tout simple que l'art. 2027 n'ait pas reproduit l'exigence de l'art. 1211, qui est propre à la solidarité.

(1) Pothier (n° 420).
(2) *Id.* (n° 422). *Voy.* aussi MM. Ponsot (n° 215); Troplong (n° 316).
(3) *Voy.* M. Troplong (n° 319-322).

220. Aussi, nous admettons que l'application de ce dernier article devrait être faite même vis-à-vis des cautions si elles s'étaient obligées solidairement. Dans ce cas, en effet, la solidarité étant stipulée, il y aurait lieu de suivre la disposition de l'art. 1211, et de dire, en conséquence, que la demande formée contre l'une des cautions solidaires pour sa part n'emporterait remise de la solidarité qu'autant qu'elle acquiescerait à la demande ou qu'il interviendrait un jugement de condamnation (1).

221. De même, appliquant par analogie aux cautions d'une même dette, solidaires ou non, la disposition de l'art. 1210, nous admettrions que le créancier qui a consenti à la division de la dette à l'égard de l'une des cautions conserve néanmoins son action contre les autres pour le montant de sa créance diminuée de la part afférente à la caution qu'il a déchargée. Pour que la division fût complète, il faudrait que le créancier eût demandé sa part seulement à chacune des cautions.

222. Il ne nous reste plus qu'à préciser l'effet de cette division volontaire de son action par le créancier. Il est déterminé par l'art. 2027, d'après lequel, « si le créancier a divisé lui-même et volontairement son action, il ne peut revenir contre cette division, quoiqu'il y eût, même antérieurement au temps où il l'a ainsi consentie, des cautions insolvables. » Ainsi, le créancier, lorsque de lui-même il fait sans réserve la division, est censé, vis-à-vis de chacune des cautions, considérer celles qui seront tenues désormais séparément d'elle comme solvables; et il renonce à faire supporter à la première l'insolvabilité des dernières, *même survenue antérieurement à la division*. En cela, la division volontaire de la part du créancier est plus favorable à la caution que la division obtenue en justice sur l'exception proposée par la caution, puisque, dans ce dernier cas, la division laisse à la charge des cautions toutes les insolvabilités antérieures au jugement qui l'ordonne, et ne met aux risques du créancier que les insolvabilités survenues depuis (*suprà*, n° 212).

SECTION II.

DE L'EFFET DU CAUTIONNEMENT ENTRE LE DÉBITEUR ET LA CAUTION.

SOMMAIRE.

I. 223. Transition à l'objet de la section. — 224. Aperçu général. — 225. Division.

I. — 223. Après avoir parlé des rapports existant entre le créancier et la caution, ce qui est l'objet direct du contrat de cautionnement; après avoir traité aussi, incidemment du moins, en commentant les art. 2018 à 2020, des rapports qui peuvent s'établir entre le créancier et le débiteur (*suprà*, n°s 122 et suiv.), nous sommes conduit, par l'économie même de la loi, à nous occuper de rapports qui, sans dériver proprement du cautionnement, s'y rattachent pourtant de fort près,

---

(1) *Voy.* MM. Duranton (t. XVIII, n° 347); Ponsot (n° 226); Troplong (n° 320); Massé et Vergé, sur Zacharia (t. V, p. 73, note 25); Taulier (t. VII, p. 29 et 30).

puisqu'ils sont une dépendance et une suite nécessaire de l'exécution du contrat par la caution : nous voulons parler des rapports entre le débiteur et la caution. Toutefois, il s'agira moins ici de ces rapports eux-mêmes, dont l'art. 2014 nous a fourni l'occasion de préciser le principe et le caractère (*suprà*, n°s 88 et suiv.), que des effets qui en résultent : c'est plus particulièrement à ces effets que se rapportent les cinq articles contenus dans cette section.

224. Le législateur se place d'abord dans l'hypothèse où la caution a satisfait à son obligation ; il suppose qu'à défaut de payement par le débiteur principal, la caution a elle-même désintéressé le créancier. Or, c'est un principe de droit commun que la subrogation a lieu de plein droit au profit de celui qui paye une dette dont il est tenu avec d'autres ou pour d'autres (C. Nap., art. 1251, n° 3). La caution n'étant tenue que pour le débiteur principal de la dette qu'elle a cautionnée, il en résulte que si elle paye elle doit acquérir, par le seul fait du payement, la subrogation à tous les droits qu'avait, contre le débiteur principal, le créancier par elle désintéressé. Et en effet, par les art. 2029 et 2030, le législateur consacre et réglemente cette application spéciale du droit commun en faveur de la caution.

Mais quelque avantageux qu'il soit pour le subrogé d'acquérir les droits du créancier en raison des garanties ou des sûretés qui parfois les accompagnent, ces droits peuvent ne pas suffire à la caution qui a payé pour le débiteur principal, car l'action qui naît de la subrogation ne s'étend à rien au delà de ce qui aurait pu être demandé par le créancier dont le subrogé prend la place. Or, la caution est exposée à des dépenses accessoires qui ne sauraient à aucun titre être répétées du chef du créancier auquel elle est subrogée. Il est donc juste, il est dans la raison même des choses, qu'avec et même avant cette subrogation qui met le subrogé dans le cas d'agir du chef du créancier désintéressé, la caution acquière, encore par l'effet du payement, une action personnelle qui lui permette d'agir de son propre chef contre le débiteur principal à l'effet de se faire indemniser non-seulement de ce qu'elle a payé au créancier, mais encore de tout ce qu'elle a dépensé ou perdu à l'occasion du cautionnement. Et en effet, par les art. 2028 et 2031, le législateur pose le principe de cette action personnelle, en détermine l'étendue et précise les conditions auxquelles l'exercice en est subordonné.

Ce n'est pas tout : après cette première hypothèse, dans laquelle on suppose que la caution a rempli son obligation, le législateur prévoit une situation où, même avant toute exécution, la caution peut souffrir un préjudice dont la bonne foi et l'équité commandent qu'elle puisse demander la cessation immédiate. C'est l'objet de l'art. 2032, qui, en certains cas déterminés, permet à la caution de prendre ses sûretés par avance, et d'agir contre la caution même avant d'avoir rien payé.

225. Ce sont les trois points dont nous aurons à nous occuper successivement en commentant les cinq articles qui vont suivre. Nous expliquerons d'abord, avec les art. 2028 et 2031, ce qui a trait à l'action

personnelle de la caution contre le débiteur dont elle a payé la dette ; ensuite, avec les art. 2029 et 2030, ce qui se rapporte à l'action que, dans le même cas, la caution peut exercer du chef du créancier auquel elle est subrogée ; enfin, avec l'art. 2032, ce qui concerne l'action anticipée ouverte à la caution en certains cas déterminés.

2028. — La caution qui a payé, a son recours contre le débiteur principal, soit que le cautionnement ait été donné au su ou à l'insu du débiteur.

Ce recours a lieu tant pour le principal que pour les intérêts et les frais ; néanmoins la caution n'a de recours que pour les frais par elle faits depuis qu'elle a dénoncé au débiteur principal les poursuites dirigées contre elle.

Elle a aussi recours pour les dommages et intérêts, s'il y a lieu.

2031. — La caution qui a payé une première fois, n'a point de recours contre le débiteur principal qui a payé une seconde fois, lorsqu'elle ne l'a point averti du payement par elle fait ; sauf son action en répétition contre le créancier.

Lorsque la caution aura payé sans être poursuivie et sans avoir averti le débiteur principal, elle n'aura point de recours contre lui dans le cas où, au moment du payement, ce débiteur aurait eu des moyens pour faire déclarer la dette éteinte ; sauf son action en répétition contre le créancier.

SOMMAIRE.

nir d'invoquer les exceptions à elle personnelles. — 253. Il faut que la caution
n'ait pas manqué de prudence en faisant le payement. — 254. Applications : du
cas où la caution ayant payé sans avertir le débiteur, celui-ci paye une seconde
fois. — 255. La caution est-elle également privée de tout recours contre le débiteur lorsque, à l'inverse, le débiteur ayant lui-même payé, elle paye une seconde fois à défaut d'avertissement? — 256, 257. Du cas où la caution paye
sans être poursuivie et sans avertir le débiteur principal, celui-ci ayant, au
moment du payement, des moyens pour faire déclarer la dette éteinte. — 258.
Le défaut d'avertissement fait-il perdre le recours à la caution même quand
elle paye étant poursuivie par le créancier? Distinction.

VI. 259. Point de départ de l'action personnelle de la caution contre le débiteur. —
260. Durée de l'action.

I. — 226. L'art. 2028 donne contre le débiteur, à la caution qui a
payé, un recours dont il est aisé de préciser le caractère en remontant
aux circonstances qui ont précédé ou accompagné la formation du contrat. Généralement, une caution ne s'oblige pour le débiteur que parce
que celui-ci lui demande ou la prie de le faire. Il est donc permis de dire
qu'en général la formation du contrat de cautionnement entre le créancier et la caution suppose une convention préalable de mandat entre
celle-ci et le débiteur; ou, comme l'exprime Pothier, que le consentement du débiteur à ce que la caution s'oblige pour lui renferme un
contrat tacite de mandat, suivant cette règle de droit : *Semper qui non
prohibet pro se intervenire, mandare creditur* (1). Il est possible, cependant, que la caution se soit obligée envers le créancier, qu'elle ait
consenti à garantir le payement, à l'insu du débiteur et même contre
son gré. Le cautionnement présuppose alors, non plus une convention
préalable de mandat, mais le quasi-contrat de gestion d'affaires.

D'après cela, on peut dire que le recours ouvert à la caution contre le
débiteur dont elle a payé la dette constitue, en général, l'action de mandat, *actio mandati contraria*, suivant l'expression des Romains, ou,
exceptionnellement, l'action de gestion d'affaires, *actio contraria negotiorum gestorum*, selon que le cautionnement s'est formé entre le créancier et la caution avec ou sans le consentement du débiteur principal.

227. Il y a cette différence entre les deux cas, que le recours ouvert à
la caution engagée à l'insu du débiteur ne lui permet de répéter ses déboursés qu'autant que la dépense s'est trouvée nécessaire ou au moins
utile : c'est la condition dans laquelle la loi place le gérant d'affaires
(C. Nap., art. 1375) (2). Mais à cela près, et la nécessité ou l'utilité de
la dépense étant justifiée, le recours a la même étendue dans les deux
cas. Il est vrai qu'en principe l'action qui naît de la gestion d'affaires n'a
pas la même étendue que celle qui naît du mandat; mais nous verrons
plus tard (*infrà,* n° 244), et dès à présent le texte même de l'art. 2028
nous fait pressentir que, en général du moins, les deux actions ont les
mêmes effets dans cette matière du cautionnement (3).

228. Maintenant, quel est le principe de l'action? quel en est l'objet?

_____

(1) Pothier (n° 429).
(2) *Voy.* ce que nous disons à cet égard, au tome précédent, dans notre commentaire du titre *Du Mandat* (n° 1088).
(3) *Voy.* MM. Aubry et Rau (t. III, p. 503, note 5).

Quelles sont les conditions auxquelles l'exercice en est subordonné et les exceptions par l'effet desquelles elle peut s'éteindre? Quelle en est la durée? Ce sont les questions principales que nous avons à résoudre.

II. — 229. Le principe de l'action est dans le fait par la caution d'avoir procuré au débiteur sa libération vis-à-vis du créancier (1). A l'instant même où la caution, s'exécutant pour le débiteur, désintéresse le créancier, l'action prend naissance, et la caution est désormais autorisée à l'exercer.

230. Ainsi, lorsque la caution paye le créancier et satisfait ainsi à l'obligation faute par le débiteur d'y satisfaire lui-même, le recours lui est ouvert contre ce dernier. Il en est ainsi même du payement fait par suite d'une condamnation judiciaire; le payement effectué en exécution d'un jugement n'en est pas moins libératoire : il doit donc donner lieu au recours contre le débiteur aussi bien que le payement fait volontairement par la caution. Il importerait peu même que le créancier eût été désintéressé en une valeur autre que l'objet de l'obligation principale. Par exemple, j'ai cautionné la dette de 1 000 francs, et il convient au créancier de recevoir de moi un cheval en payement : le créancier est désintéressé, et j'ai, par suite, mon recours contre le débiteur tout comme si j'eusse payé la somme même de 1 000 francs formant la dette dont celui-ci était principalement tenu.

231. Il n'est pas nécessaire même, pour que le recours prenne naissance, que la caution ait fait un payement réel et effectif. Par exemple, la caution était elle-même créancière du créancier, et elle a satisfait à l'obligation du débiteur principal au moyen de la compensation; ou bien elle s'est engagée, vis-à-vis du créancier qui a consenti, à lui payer une somme pour éteindre par une novation l'obligation du débiteur principal (C. Nap., art. 1271) : dans ces hypothèses diverses, la libération est acquise à ce dernier par le fait et aux dépens de la caution, et, par cela même, l'action personnelle ou le recours de la caution contre le débiteur prend naissance (2).

232. Il en serait ainsi même dans le cas où le créancier, par considération pour la caution, lui aurait fait sans réserve remise de la dette. Ainsi, il peut arriver que le créancier, voulant faire donation à la caution de la créance cautionnée, imagine de lui donner quittance de la somme qu'il aurait pu lui demander, comme s'il l'avait réellement reçue. Il est évident que, dans la pensée des parties, la caution se fera indemniser par le débiteur, en vertu de la quittance, et obtiendra ainsi le bénéfice de la libéralité que le créancier a entendu lui assurer. Le recours ne pourra donc être écarté sous prétexte que la caution n'a rien payé. C'est, en effet, comme si le payement avait été fait au créancier, et avait été suivi aussitôt de la donation par celui-ci à la caution de la somme fictivement payée (3).

---

(1) Pothier (n° 430).
(2) *Id.* (n° 430). *Junge* : M. Troplong (n° 333).
(3) *Voy.* MM. Duranton (n° 349); Taulier (t. VII, p. 31); Mourlon (t. III, p. 462); Massé et Vergé, sur Zachariæ (t. V, p. 73, n° 1).

Toutefois, les termes de la remise faite par le créancier à la caution seront ici d'une très-grande importance. Cela est nettement précisé par Domat, qui enseigne également que si le créancier donne sa quittance au fidéjusseur, dans le dessein de lui faire un don de la dette, ce fidéjusseur pourra recouvrer la dette contre le débiteur, cette grâce n'étant propre qu'à lui ; mais qui ajoute aussitôt que si le créancier a seulement voulu décharger le fidéjusseur sans lui donner la dette, le droit du créancier demeurant entier contre le débiteur, le fidéjusseur n'aura que sa décharge (1).

Tout dépendra donc des circonstances, et, comme le dit Domat, de la manière dont le créancier se sera exprimé pour faire connaître son intention.

III. — 233. Après ce que nous venons de dire, on peut aisément pressentir quel est l'objet du recours ouvert à la caution contre le débiteur : il résulte nettement, en effet, de ce qui précède que ce recours doit tendre au remboursement de tout ce qu'il en a coûté à la caution pour procurer au débiteur sa libération vis-à-vis du créancier.

234. Ainsi, le recours a lieu, comme l'art. 2028 a pris soin de le dire, tant pour le principal que pour les intérêts et les frais, et en outre, le cas échéant, pour les dommages-intérêts. Rien n'est plus simple, en apparence, que cette formule de la loi : néanmoins, chacun des points qu'elle embrasse donne lieu à des observations particulières qu'il faut préciser.

235. Le recours a lieu d'abord pour le principal : sur quoi il faut observer que le recours ne pourra jamais s'étendre, en principal, au delà de ce qui aura été fourni ou avancé par la caution pour procurer sa libération au débiteur. Il en serait ainsi alors même que le créancier aurait accepté en payement une chose ou une valeur inférieure à celle qui ferait l'objet de l'obligation principale. On cite, à titre d'exemple, le fait d'une caution qui, ayant garanti le payement d'une somme d'argent, se serait libérée en assignats. Si la caution, en ce cas, exerce son recours après que les assignats ont cessé d'avoir cours forcé, elle n'a évidemment aucun droit au remboursement, en espèces, du total de la dette ; elle ne peut exiger que la valeur des assignats à la date du payement, puisque c'est cette valeur seulement, et rien de plus, qu'elle a avancée à l'occasion du cautionnement (2). Du débiteur à la caution, le cautionnement est un contrat de bienfaisance ; il ne saurait être matière à spéculation.

236. Par cela même, la caution n'a recours pour tout le capital qu'autant qu'elle aurait payé au créancier la totalité de la dette. A-t-elle payé seulement en partie, c'est dans la mesure où elle a satisfait à l'obligation du débiteur que son recours est renfermé. Par exemple, la dette cautionnée était de 1 000 francs, et la caution en a payé 500 seule-

_____

(1) *Voy.* Domat (*Lois civ.*, liv. III, tit. iv, sect. 3, n° 12). *Voy.* aussi Pothier (n° 431). Comp. M. Troplong (n° 334 à 336).

(2) *Voy.* M. Ponsot (n° 234). Comp. M. Troplong (n° 342).

ment : elle ne pourra réclamer du débiteur, en capital, que les 500 francs par elle déboursés.

Nous réserverons toutefois le cas où le créancier, en recevant une somme inférieure au montant total de la dette, s'en serait contenté et aurait fait à la caution remise du surplus. Mais il y aurait alors à rechercher, d'après les circonstances et les termes de la quittance, si la remise a été faite à la caution à titre de libéralité ou de simple décharge. Dans le premier cas, la caution pourrait recourir contre le débiteur pour le total, quoiqu'elle n'eût payé qu'en partie; dans le second, elle aurait recours seulement pour la portion qu'elle aurait payée. C'est une application spéciale de la distinction ci-dessus indiquée (*suprà*, n° 232).

237. Le recours a lieu pour les intérêts. Ceci s'entend de l'intérêt de toutes les sommes déboursées par la caution à l'occasion du cautionnement. Il n'y a pas à distinguer, en effet, entre le montant de l'obligation principale et les intérêts que cette obligation aurait produits pour le créancier à qui la caution aurait dû les payer. Ces intérêts sont, à vrai dire, un capital pour la caution qui en a tenu compte, et en conséquence ils produisent, à leur tour, des intérêts que la caution est en droit de répéter (C. Nap., art. 1155). La prétention contraire a été élevée devant la Cour de Toulouse : elle a été justement rejetée, les intérêts dont parle l'art. 2028 du Code Napoléon, et pour lesquels il accorde recours à la caution, étant les intérêts des sommes payées, et non pas seulement les intérêts payés (1).

238. Mais à dater de quel jour accordera-t-on à la caution l'intérêt de ses déboursés? Pothier a exprimé que la caution, en agissant contre chacun des débiteurs principaux pour la répétition de ce qu'elle a payé, a droit de conclure solidairement contre chacun au remboursement du total et aux intérêts *du jour de la demande* (2). Toutefois, cette proposition, émise d'ailleurs par Pothier à propos non point des intérêts mêmes, mais d'une question de solidarité, était contredite déjà dans l'ancien droit. Domat s'en explique formellement (3); Rousseau de Lacombe n'est pas moins explicite, et il cite un arrêt du 22 juillet 1682 qui accorde à la caution l'intérêt *à dater des payements* par elle effectués.

Quoi qu'il en soit, il n'y a pas, dans notre doctrine moderne, un seul auteur qui ait reproduit l'énonciation de Pothier, si ce n'est pour la réfuter. La jurisprudence est fixée dans le même sens (4); et il ne faut pas beaucoup réfléchir pour comprendre qu'il n'en pouvait pas être autrement. Il y en a deux raisons décisives, l'une spéciale, l'autre générale.

La raison spéciale, pour le cas où la caution s'est engagée sur la de-

---

(1) Toulouse, 4 fév. 1829 (Dalloz, 29, 2, 243; S. V., 29, 2, 195; Coll. nouv., 9, 2, 200; *J. Pal.*, à sa date).
(2) Pothier (n° 440).
(3) Domat (*loc. cit.*, n° 2).
(4) *Voy.* l'arrêt déjà cité de la Cour de Toulouse. *Junge* : Caen, 7 août 1840 et 4 juill. 1842 (S. V., 40, 2, 528; 43, 2, 247; *J. Pal.*, 41, 122). *Voy.* aussi MM. Delvincourt (t. III, p. 261, note 1); Duranton (t. XVIII, n° 352); Ponsot (n° 240); Troplong (n° 345); Aubry et Rau (t. III, p. 503 et 504, note 8).

mande du débiteur principal, c'est que notre art. 2028, interprété dans le sens où il est généralement pris, n'est, après tout, qu'une application particulière de l'art. 2001. Qu'est-ce, en effet, que le payement effectué par la caution dans ce cas? C'est la suite du mandat que la caution accepte en consentant à s'engager. Et dès lors le recours à elle ouvert se confondant avec le recours donné au mandataire à raison de ses avances, il s'ensuit que l'art. 2028 n'a et ne peut avoir d'autre mesure que celle de l'art. 2001.

La raison générale, c'est que le cautionnement, dans ses rapports entre la caution et le débiteur, est un acte de bienfaisance. Il est donc juste que la caution soit complétement indemnisée par le débiteur qu'elle a libéré. Or, l'indemnité ne serait pas entière si, indépendamment des sommes déboursées, la caution ne retrouvait pas l'intérêt de ces sommes du jour où elles sont sorties de sa main.

239. Le recours de la caution a lieu aussi pour les frais. Mais, ici, notre art. 2028 précise que la caution a recours seulement pour les frais par elle faits depuis la dénonciation au débiteur principal des poursuites dirigées contre elle : sur quoi nous devons faire remarquer tout d'abord qu'il ne faut pas entendre le texte dans le sens restreint qu'il présente en apparence. Pris à la lettre, il signifierait que la caution n'a de recours que pour les frais faits par elle, et non pour ceux du créancier contre le débiteur, quoique la caution soit tenue aussi de ceux-ci, d'après l'art. 2016, ci-dessus expliqué (*suprà*, n° 108). Or, il n'a pu entrer dans la pensée du législateur de priver la caution de tout recours à raison de ces frais qui, à aucun titre, ne sauraient rester à sa charge quand elle les a payés. Aussi est-il admis, en doctrine, que l'art. 2028, inexactement rédigé par suite d'une transposition du mot *que,* doit être ainsi rectifié : « Néanmoins, la caution n'a de recours, pour les frais faits par elle, que pour ceux qu'elle a faits depuis qu'elle a dénoncé au débiteur principal les poursuites dirigées contre elle. » Cet amendement, proposé par M. Delvincourt, a été depuis accueilli par tous les auteurs (1).

240. Néanmoins, le recours de la caution, quant aux frais, est limité; il a lieu pour tous ceux qu'elle a supportés par la faute et pour la cause du débiteur, mais il ne saurait s'étendre à ceux qu'elle aurait supportés par sa faute. Or, la caution est en faute si, poursuivie par le créancier judiciairement ou extrajudiciairement, elle ne dénonce pas sans retard au débiteur les poursuites dirigées contre elle. Dès lors, tous les frais de la poursuite, judiciaire ou extrajudiciaire, qui seraient faits après le premier acte et jusqu'au jour de la dénonciation au débiteur principal, resteront sans recours à la charge de la caution; car elle a à s'imputer de n'avoir pas avisé le débiteur qui, s'il eût été averti, se fût peut-être mis en mesure de payer, et par là d'arrêter les poursuites. Mais dès qu'elle a fait la dénonciation au créancier, la caution a satisfait à son obliga-

---

(1) *Voy.* MM. Delvincourt (t. III, p. 262, note 3); Duranton (t. XVIII, n° 350); Ponsot (n° 236); Troplong (n° 350); Aubry et Rau (t. III, p. 503, note 7); Massé et Vergé, sur Zachariæ (t. V, p. 74, note 6).

tion, et, par conséquent, elle a son recours pour tous les frais faits ultérieurement, puisque désormais ils sont faits sans sa faute.

Il est, d'ailleurs, bien entendu qu'en toute hypothèse, même en cas de dénonciation tardive des poursuites, la caution aura son recours pour les frais de la dénonciation et pour ceux de la première demande, qui évidemment n'a pas pu être dénoncée au débiteur avant d'avoir été formée.

241. Enfin, le recours de la caution peut s'étendre à des dommages-intérêts. La caution, dit en effet l'art. 2028 dans sa disposition finale, « a recours pour les dommages et intérêts, *s'il y a lieu.* » En cela, le législateur ne fait qu'appliquer au cautionnement la règle écrite, au titre *Du Mandat,* dans l'art. 2000, d'après lequel « le mandant doit indemniser le mandataire des pertes que celui-ci a essuyées à l'occasion de sa gestion, sans imprudence qui lui soit imputable. » (1) Il ne serait pas juste, en effet, que la caution, lorsqu'elle a rendu un bon office au débiteur, restât sans recours contre ce dernier, dont elle a fait l'affaire, pour les pertes qu'elle aurait subies, ou le dommage qu'elle aurait souffert, à cause ou à l'occasion du mandat. Ainsi, la caution a été saisie dans ses biens, elle a été emprisonnée, elle s'est procuré à grands frais les sommes nécessaires pour satisfaire à l'obligation principale, faute par le débiteur d'y satisfaire lui-même; son droit à des dommages-intérêts est incontestable dans ces divers cas : c'est ce droit que consacre l'art. 2028, dont la disposition finale est écrite en prévision de ces fâcheuses extrémités.

242. Dans tous les cas, et même quand le cautionnement a pour objet d'assurer le payement d'une somme d'argent, la caution a droit à ces dommages-intérêts, en cas de perte; et, ainsi que le texte de notre article l'indique, elle les doit obtenir indépendamment de l'intérêt des sommes par elle payées. C'est une exception au principe de l'art. 1153 du Code Napoléon, qui, d'ailleurs, en disposant que, « dans les obligations se bornant au payement d'une certaine somme, les dommages et intérêts résultant du retard dans l'exécution ne consistent jamais que dans la condamnation aux intérêts fixés par la loi », réserve lui-même le cas de cautionnement. C'était une faveur due à la caution, dont la généreuse intervention a été utile au débiteur, et qui, en aucun cas, ne saurait être victime de son bon office (2).

IV. — 243. Dans tout ce qui précède, touchant l'objet et l'étendue du recours accordé à la caution contre le débiteur dont elle a payé la dette, nous avons eu constamment en vue le cas où le cautionnement supposerait une convention de mandat intervenue préalablement entre le débiteur principal et la caution. Quittons maintenant cette hypothèse : supposons que la caution s'est engagée à l'insu du débiteur ou même malgré lui. L'objet du recours accordé à la caution par l'art. 2028 et

---

(1) *Voy.* notre commentaire de cet article au tome précédent (nᵒˢ 1112 et suiv.).
(2) *Voy.* MM. Delvincourt (p. 262, note 4); Duranton (nᵒ 351); Ponsot (nᵒ 238); Troplong (nᵒ 351); Aubry et Rau (t. III, p. 504, note 9); Mourlon (t. III, p. 463); Berriat Saint-Prix (*Not. théor.,* nᵒ 8067).

son étendue seront-ils les mêmes dans ces cas? Il faut distinguer : tout dépend, à cet égard, des mobiles qui ont poussé la caution à s'engager et des circonstances qui ont accompagné la formation du contrat entre le créancier et la caution.

244. Le plus souvent, c'est par pure bienveillance, par intérêt pour le débiteur et dans le but de lui procurer un crédit dont il ne jouit pas par lui-même, que la caution aura garanti l'exécution des engagements pris par ce dernier; et si elle ne s'est pas mise en relation avec lui, si elle n'a pas obtenu son aveu, c'est que le temps lui a manqué pour le prendre, ou qu'elle n'a pas trouvé d'occasion favorable, ou même qu'elle a craint de froisser dans ses susceptibilités le débiteur qu'elle a voulu servir. Quoi qu'il en soit, la caution remplit ici, vis-à-vis du débiteur, le rôle d'un gérant d'affaires; et par cela même, son recours contre l'obligé principal, dont elle aurait payé la dette, serait subordonné à la justification de l'utilité de la dépense (*suprà*, n° 227) (1). Mais cette justification une fois faite, le recours aura le même objet et la même étendue que si le cautionnement avait été consenti sur la demande et à la prière du débiteur. Ainsi, la caution pourra répéter contre le débiteur principal le capital et tous les accessoires, et, s'il y a lieu, des dommages-intérêts.

Quant aux dommages-intérêts, ils pourront dépasser le taux de l'intérêt légal (*suprà*, n° 242) : cela résulte avec évidence soit de l'art. 2028, qui, en accordant un recours à la caution contre le débiteur, dispose expressément en vue du cautionnement « donné au su ou à l'insu du débiteur »; soit de l'art. 1153, qui, en posant le principe ci-dessus rappelé, a réservé le contrat de cautionnement d'une manière générale, et sans distinguer entre le cas où la caution remplit le rôle de mandataire et celui où elle est simplement *negotiorum gestor*.

Quant aux intérêts, ils auront aussi leur point de départ au jour des avances constatées (*suprà*, n° 238) : cela s'induit également des termes de l'art. 2128, dont la généralité montre que si, en général, l'action du gérant contre celui dont l'affaire a été gérée a moins d'étendue que celle du mandataire contre le mandant, ces deux actions ont, exceptionnellement dans la matière du cautionnement, une étendue et des effets identiques (2).

245. Nous assimilerions à ce cas celui où la caution se serait engagée *malgré* le débiteur principal. Il en était autrement dans le droit romain, d'après un texte de Paul, dont l'opinion avait prévalu : « *Si pro te* præ- » sente et vetante fidejusserim, *nec mandati actio, nec negotiorum ges-* » *torum est. Sed quidam utilem putant dari* (oportere) : *quibus non* » consentio : secundum quod et Pomponio videtur.* » (L. 40, ff. *Mand. vel contra. — Voy.* aussi l. 16, au C. *De Negot. gest.*) Cependant, d'autres jurisconsultes, notamment Caïus (l. 39, ff. *Negot. gest.*) et

_____

(1) *Voy.* M. Ponsot (n° 246).
(2) *Voy.* MM. Duranton (t. XVIII, n° 352); Ponsot (n° 241); Troplong (n° 346, et *Du Mandat*, n° 680). *Voy.* aussi Marcadé (art. 1375, II) et ce que nous disons nous-même, au tome précédent, dans notre commentaire *Du Mandat* (n° 1098).

Papinien (l. 53, ff. *Mand. vel cont.*), accordaient au fidéjusseur, en ce cas, l'*actio negotiorum gestorum utilis*. Mais, nous le répétons, ce n'était pas l'opinion dominante. La même controverse s'est produite dans notre droit. D'après quelques auteurs, la caution n'aura, dans le cas supposé, que la subrogation légale dont nous parlerons dans le commentaire de l'art. 2029 (1). D'après d'autres, elle pourrait agir contre le débiteur par une action dite *de in rem verso*, en sorte qu'elle n'aurait droit aux intérêts de la somme par elle déboursée que du jour de la demande en justice, et que son action se prescrirait par le laps de temps restant à courir pour la prescription de la dette qu'elle a payée (2). D'après d'autres, enfin, la caution ne pourrait rien réclamer contre le débiteur, pas même ce dont celui-ci se trouverait enrichi ; elle serait légalement réputée avoir entendu lui faire une libéralité (3).

Pour nous, adoptant pleinement l'opinion émise par Marcadé (4), nous estimons que le quasi-contrat de gestion d'affaires se produit même dans le cas où la caution s'oblige malgré le débiteur ; et, par conséquent, nous tenons que, sauf à justifier de l'utilité pour le débiteur des avances faites par la caution, celle-ci aura contre ce débiteur dont elle a payé la dette le recours dans les termes de l'art. 2028 tel que nous venons de l'expliquer. Les auteurs qui se prononcent dans ce sens réservent néanmoins le cas où il résulterait des circonstances que réellement la caution ne se serait engagée que dans la pensée de faire une libéralité au débiteur en le libérant vis-à-vis du créancier (5). Nous croyons également que, dans ce cas, le recours devrait être refusé à la caution ; mais c'est là un point de fait qui n'infirme pas notre solution en principe.

246. Il est de toute évidence que les rédacteurs du Code, en écrivant la disposition de l'art. 2028, ont eu particulièrement en vue le fidéjusseur qui s'engage dans l'intérêt du débiteur. La disposition cesserait donc d'être applicable si le fidéjusseur s'était obligé par intérêt pour le créancier et dans le but de lui assurer le payement d'une créance douteuse. Dans un tel cas, si la caution satisfait à l'obligation faute par le débiteur d'y avoir satisfait lui-même, sa situation sera celle d'un acheteur ou d'un cessionnaire de créance. Ainsi, elle aura contre le débiteur les mêmes droits qu'avait le créancier dans les termes de l'art. 2029, dont nous allons aborder le commentaire (*infrà*, n°ˢ 261 et suiv.) ; elle n'aura pas d'autre recours contre lui (6). Dès lors, si elle laisse ces droits s'éteindre par la prescription, elle restera sans recours, bien qu'elle ait payé elle-même depuis moins de trente ans. Si elle intente son action avant l'accomplissement de la prescription, le débiteur sera en droit de

---

(1) *Voy.* notamment M. Duranton (t. XVIII, n° 317).

(2) *Voy.* M. Mourlon (*Rép. écrit.*, t. III, p. 465, et *Des Subr.*, p. 405 et suiv., p. 206 et suiv.).

(3) *Voy.* notamment MM. Toullier (t. XI, n°ˢ 55 et 62) ; Zachariæ (t. III, p. 182).

(4) *Voy.* Marcadé (art. 1375, IV).

(5) *Voy.*, en ce sens, MM. Ponsot (n° 251) ; Troplong (n°ˢ 329 et 330, et *Du Mandat*, n° 76). Comp. M. Mourlon (*loc. cit.*).

(6) *Voy.* M. Troplong (n°ˢ 374 et 375).

lui opposer les exceptions ou les moyens de défense qu'il aurait pu invoquer contre le créancier; et il ne pourra jamais lui être accordé de dommages d'aucune sorte.

247. Enfin, une dernière hypothèse pourrait se produire : celle où la caution s'engagerait dans son propre intérêt; et c'est ce qui aurait lieu si elle se faisait payer par le débiteur. Dans ce cas, le contrat de cautionnement ne procéderait plus ni d'une convention préalable de mandat, ni du quasi-contrat de gestion d'affaires; il supposerait un louage de services entre la caution et le débiteur. Néanmoins, s'il arrivait que la caution vînt à payer pour le débiteur, elle n'en aurait pas moins son recours contre ce dernier, auquel elle pourrait demander le remboursement de ce qu'elle aurait payé en principal et accessoires, et même, s'il y avait lieu, des dommages-intérêts. En ce dernier point, M. Delvincourt enseignait, au contraire, que le cautionnement étant à titre onéreux, l'art. 1153 serait applicable, en sorte que la caution pourrait bien réclamer l'intérêt légal, mais pas d'autres dommages-intérêts (1). Mais il faut répondre, avec M. Duranton et avec la généralité des auteurs, que si la caution, même salariée, souffre un dommage exceptionnel à l'occasion du cautionnement, si elle est incarcérée, saisie dans ses biens, si elle est obligée de faire des sacrifices pour satisfaire à l'obligation du débiteur principal, celui-ci lui en doit réparation, parce que, même en consentant à payer un prix pour le cautionnement, il n'en demeurait pas moins principalement obligé vis-à-vis du créancier, et tenu à ce titre d'un engagement dont l'inaccomplissement a seul été la cause du préjudice exceptionnel souffert par la caution (2).

V. — 248. Cela dit sur le recours ouvert à la caution et sur l'étendue de ce recours dans les diverses situations qui peuvent se présenter, nous avons à nous expliquer sur les conditions auxquelles, dans tous les cas, l'exercice du recours est subordonné. Ces conditions peuvent être résumées en ces termes fort simples : il faut que la caution ait payé en l'acquit du débiteur principal, c'est-à-dire qu'elle ait fait un payement valable et libératoire, et qu'elle n'ait pas manqué de prudence en faisant ce payement. Néanmoins, dans le détail et dans l'application, ces conditions, toutes simples qu'elles soient en apparence, donnent lieu à des difficultés qui ne sont pas sans gravité.

249. Le payement, qui est le fondement du recours exercé par la caution contre le débiteur, doit, avant tout, être valable et libératoire. C'est pourquoi, dit Pothier, si celui qui me doit un cheval indéterminément m'a donné une caution, et que cette caution, par la suite, me fournisse un cheval qui se trouve ne pas lui appartenir, elle n'aura point de recours contre le débiteur principal, car le payement qu'elle a fait n'est pas valable et n'a pas procuré la libération à ce dernier (3).

250. Il faut induire de là que le payement mal fait, c'est-à-dire celui

---

(1) *Voy.* M. Delvincourt (t. III, p. 262, note 4).
(2) *Voy.* MM. Duranton (t. XVIII, n° 351); Ponsot (n° 239); Massé et Vergé, sur Zachariæ (t. V, p. 74, note 5).
(3) Pothier (n° 436).

que la caution aurait dû s'abstenir de faire, ne pourrait pas non plus être le fondement d'un recours contre le débiteur principal. Par exemple, la dette cautionnée était le prix de vente d'une maison dont l'acquéreur, débiteur principal, a été évincé par le véritable propriétaire, ou qui, au moment de la vente, était détruite en totalité (C. Nap., art. 1601); et, nonobstant l'éviction ou la perte totale de la chose, faits connus de la caution, celle-ci a payé le prix qu'elle avait cautionné : elle a mal payé, évidemment; elle a fait un payement qu'elle pouvait se dispenser de faire en excipant soit de l'éviction soufferte par l'acquéreur, soit de la destruction de la chose acquise; et, par conséquent, elle ne peut prétendre à un recours personnel contre l'acquéreur pour lequel elle s'était obligée.

251. La solution serait la même, encore que l'exception à la faveur de laquelle la caution aurait pu se dispenser de payer pour le débiteur principal serait de celles que la caution pourrait trouver peu honnête d'opposer en son nom personnel : ainsi l'exception de prescription. En ce cas, si la caution était poursuivie en justice par le créancier, elle ne serait pas obligée, sans doute, d'opposer l'exception ; mais elle ne pourrait pas priver le débiteur principal de la faculté ou du droit de l'opposer lui-même. Elle devrait donc appeler ce dernier en cause, afin qu'il en usât comme il lui conviendrait de le faire. Elle serait exposée, sans cela, à exercer vainement son recours contre le débiteur principal pour lequel elle aurait payé (1).

252. Mais la règle ne saurait être étendue au cas où la caution se serait abstenue d'opposer des exceptions ou des fins de non-recevoir à elle exclusivement personnelles et dont le débiteur principal ne pourrait pas se prévaloir. Par exemple, la caution est en état de minorité, et la dette par elle cautionnée étant devenue exigible, elle paye sans exciper de la nullité de son engagement; ou bien encore, la caution avait fixé à son engagement la durée de deux années, et elle paye après trois ans, sans se prévaloir de ce que son obligation a pris fin : dans ces divers cas, et dans tous autres cas analogues, le payement n'en est pas moins libératoire pour le débiteur principal; il doit donc donner ouverture au recours personnel de la caution. « Fidejussor, si solus tempore liberatus, tamen » solverit creditori, rectè mandati habebit actionem adversus reum : » quanquam enim jam liberatus solvit, tamen fidem implevit, et debi- » torem liberavit. Si igitur paratus sit defendere reum adversus credi- » torem, æquissimum est, mandati judicio eum, quod solvit, recupe- » rare. Et ita Juliano videtur. » (L. 29, § 6, ff. *Mand. vel. cont.*) (2)

253. Ce n'est pas tout que la caution ait payé la dette garantie; il faut encore, pour qu'elle puisse recourir contre le débiteur principal et se faire indemniser de ce qu'elle a déboursé, qu'elle n'ait pas manqué de prudence et que le payement ait été fait utilement pour ce dernier. A cet égard, on doit se référer à l'art. 2031, où sont prévues deux hypo-

---

(1) *Voy.* Pothier (n° 434); MM. Ponsot (n° 247); Troplong (n° 339); Massé et Vergé, sur Zachariæ (t. V, p. 73, note 1).
(2) *Voy.* Domat (*Lois civ.*, liv. III, tit. iv, sect. 3, n° 8). *Junge :* Pothier (*loc. cit.*).

thèses dans lesquelles la caution, bien qu'elle ait payé la dette cautionnée, est privée de tout recours contre le débiteur principal, et n'a qu'une action en répétition de l'indu contre le créancier. Arrêtons-nous distinctement à chacune de ces hypothèses.

254. La caution qui a payé une première fois, dit le paragraphe premier de l'art. 2031, n'a point de recours contre le débiteur principal qui a payé une seconde fois, lorsqu'elle ne l'a pas averti du payement par elle fait, sauf son action en répétition contre le créancier. Ainsi, dès que la caution a payé, la prudence lui commande d'avertir le débiteur et de lui dénoncer, sans retard, le payement par elle fait. Du reste, aucune forme particulière n'est requise par la loi pour l'avertissement; il pourra donc être donné efficacement de toute manière, par acte extrajudiciaire, par lettre, même verbalement; et le fait pourra être prouvé à l'aide de tous les moyens de preuve, notamment par la preuve testimoniale, quel que soit le montant de la dette cautionnée.

Mais enfin il faut que, d'une manière ou d'une autre, le débiteur principal soit informé. Sans cela il pourrait arriver que, dans l'ignorance de ce qui a eu lieu, ce dernier donnât de son côté le montant de la dette déjà payée par la caution; et si cela arrivait, en effet, la caution ne pourrait pas agir, contre le débiteur du moins, en répétition de ce qu'elle aurait déboursé. C'est la première hypothèse de l'art. 2031, qui, en cela, n'a fait que reproduire une décision d'Ulpien : « Si cum » solvisset (fidejussor) non certioraverit reum : sic deinde reus solvit, » quod solvere eum non oportebat. Et credo, si, cum posset eum certiorare, non fecit, *oportere mandati agentem fidejussorem repelli :* » dolo enim proximum est, si post solutionem non nunciaverit debitori. » *Cedere autem reus indebiti actionem fidejussori debet, ne duplum creditor consequatur.* » (L. 29, § 3, ff. *Mand. vel cont.*) L'art. 2031 ne laisse de même, en ce cas, que cette dernière ressource à la caution, à laquelle il donne uniquement le droit de répétition contre le créancier : seulement, l'action lui est expressément réservée, et, à la différence du droit romain sous l'empire duquel la caution pouvait demander au débiteur la cession de son action en répétition contre le créancier, le Code, consacrant les usages de notre ancienne jurisprudence française, suppose que l'action est acquise de plein droit à la caution, qui peut l'exercer directement.

255. La loi précitée d'Ulpien imposait corrélativement au débiteur qui s'était libéré l'obligation d'en informer la caution, à défaut de quoi, bien qu'il eût payé déjà, il restait soumis à l'action *mandati* de la caution si celle-ci, dans l'ignorance de l'extinction de la dette, payait une seconde fois. « Si cum debitor solvisset, ignarus fidejussor solverit, » puto eum mandati habere actionem : ignoscendum est enim ei, si non » divinavit debitorem solvisse : debitor enim debuit notum facere fide- » jussori, jam se solvisse, ne forte creditor obrepat, et ignorantiam ejus » circumveniat, et excutiat ei summam, in quam fidejussit. » (L. 29, § 2, *Mand. vel contr.*) L'art. 2031 du Code Napoléon ne dit rien de semblable, et, dans le silence de la loi actuelle, nous ne voudrions pas

poser en principe, aujourd'hui, cette décision d'Ulpien. Elle était cependant suivie par Pothier dans notre ancienne jurisprudence (1); et elle a été consacrée, de nos jours, par la Cour de Lyon en termes exprès et d'une manière absolue. Dans l'espèce, il s'agissait de deux dettes distinctes que le débiteur principal avait lui-même acquittées, lorsque, deux ans plus tard, la caution, circonvenue par les créanciers déjà désintéressés, paya une seconde fois. Il y avait cette circonstance particulière que l'une des deux dettes avait été payée spontanément par la caution, tandis que le payement de l'autre avait eu lieu sur des poursuites judiciaires (*infrà*, n° 258). La Cour a pensé qu'au moins ce dernier payement donnait ouverture au recours de la caution contre le débiteur. Ce dernier, a-t-elle dit, « était en faute de n'avoir pas averti son fidéjusseur du payement de la dette; son obligation à cet égard était corrélative à celle imposée par le premier alinéa de l'art. 2031 au fidéjusseur, quand celui-ci effectue le payement; c'est la faute consistant dans un défaut d'avis de la part du débiteur qui a occasionné le payement fait par la caution au créancier, dans l'ignorance de l'extinction de la dette; la caution a un juste motif de payer comme fidéjusseur pour échapper à des poursuites dirigées contre elle par le créancier; d'après les règles du mandat, le mandant devant indemniser le mandataire des préjudices que celui-ci a éprouvés à l'occasion de sa gestion, sans imprudence qui lui soit imputable (art. 2000), il s'ensuit que la caution, dans l'espèce, est fondée à exercer contre le débiteur l'action *mandati contraria,* pour se faire indemniser du payement indu, occasionné dans la suite du contrat de fidéjussion par une faute du débiteur principal. » (2) C'est, comme on le voit, la décision d'Ulpien érigée en principe.

Or, c'est en cela que la solution est, à nos yeux, particulièrement contestable. Elle crée une disposition que le législateur s'est abstenu d'introduire dans la loi; et, autant qu'on en peut juger par les faits relatés dans l'arrêt, il est permis de dire que l'occasion aurait pu être mieux choisie. Certes, il est difficile d'absoudre complétement une caution qui, lorsque deux années s'étaient écoulées après que le débiteur avait payé, et probablement après que la dette était devenue exigible, paye de son côté, sans se préoccuper de savoir si le débiteur par elle cautionné ne s'est pas libéré. C'est là une imprudence que ne couvre pas assurément le désir ou la nécessité d'échapper à des poursuites, car rien, sans doute, n'aurait été plus aisé pour la caution que d'y couper court en faisant intervenir le débiteur, dont la présence eût à l'instant mis à jour la mauvaise foi du créancier. Quoi qu'il en soit, la loi n'a pas cru devoir imposer au débiteur l'obligation que l'arrêt suppose; et alors, au lieu de poser une thèse absolue pour suppléer à son silence, il conviendrait de voir ici simplement une question de fait à résoudre d'après les circonstances. Évidemment, le débiteur qui se libère agira sagement

_____

(1) Pothier (n° 437).
(2) Lyon, 14 mai 1857 (Dalloz, 58, 2, 83; S. V., 58, 2, 16; *J. Pal.*, 1858, p. 59). *Voy.* aussi MM. Troplong (n° 382); Dalloz (*Rép.*, v° Cautionnement, n° 258); Massé et Vergé, sur Zachariæ (t. V, p. 75, note 10).

en avertissant la caution; mais ce n'est pas à dire que, s'il néglige de le faire, il doive subir le recours de la caution le cas échéant où celle-ci payerait une seconde fois. Il faudra rechercher avant tout si la caution (qui, après tout, dans la circonstance, n'a pas géré ou a mal géré l'affaire du débiteur) n'a pas à s'imputer à faute le payement par elle fait imprudemment pour un débiteur libéré; et si l'examen tourne contre elle, l'équité réclame qu'elle reste privée de recours contre ce dernier, et soit réduite à une action en répétition contre le créancier.

Dans tous les cas, la décision d'Ulpien, fût-elle même admise en principe, ne devrait pas, du moins, être suivie lorsque la caution s'étant engagée à l'insu du débiteur principal, le cautionnement suppose non point une convention préalable de mandat entre celui-ci et la caution, mais le quasi-contrat de gestion d'affaires : il est vrai de dire, alors, avec Pothier, que le débiteur ne saurait être en faute pour n'avoir pas averti une caution qu'il ne connaissait pas (1).

256. La caution, d'après l'art. 2031, reste encore sans recours contre le débiteur principal et n'a qu'une action en répétition contre le créancier, lorsqu'elle a payé sans être poursuivie et sans avoir averti le débiteur principal, celui-ci ayant, au moment du payement, des moyens pour faire déclarer la dette éteinte. Comme on l'a vu plus haut, la caution est privée de son recours lorsqu'en payant elle a négligé d'opposer les exceptions, *connues d'elle,* que le débiteur aurait pu invoquer contre le créancier (*suprà,* nos 250 et suiv.). La loi, ici, va plus loin : elle suppose que les exceptions dont le débiteur aurait pu se prévaloir *sont ignorées de la caution;* et néanmoins elle n'admet pas que le payement fait dans cette ignorance ouvre à la caution un recours contre le débiteur pour le compte de qui elle a payé.

257. Du reste, la théorie de la loi paraît fort simple. Le législateur enjoint à la caution, lorsqu'elle est recherchée par le créancier, d'avertir le débiteur et de s'enquérir auprès de lui s'il ne lui est pas possible de repousser d'une manière quelconque la prétention du créancier. Si, s'étant conformée à cette prescription, elle ne reçoit du débiteur la communication d'aucun fait emportant extinction ou annulation de la dette, elle peut payer en toute assurance; elle aura, en tout cas, son recours contre le débiteur pour se faire indemniser de tout ce qu'elle aura déboursé. Que si, au contraire, négligeant cette précaution, elle se trouve avoir payé une dette dont le débiteur aurait pu demander et faire prononcer l'annulation, elle portera la peine de son imprudence, et, privée de tout recours contre le débiteur, elle n'aura que l'action en répétition contre le créancier.

258. Mais la lettre même de l'art. 2031, § 2, a fait naître la question de savoir si l'avertissement au débiteur par la caution est nécessaire pour conserver son recours à celle-ci, alors même qu'elle est actionnée ou poursuivie par le créancier. La loi parle, en effet, de la caution qui aura payé *sans être poursuivie et sans avoir averti le débiteur principal;*

_____

(1) Pothier (n° 437).

d'où il paraîtrait résulter que c'est seulement quand la caution paye volontairement sans avertir le débiteur qu'elle perd son recours, si celui-ci avait des moyens pour faire déclarer la dette éteinte, et que, nonobstant le défaut d'avertissement, elle conserve son recours, au contraire, si elle paye sur les poursuites du créancier, pour éviter un procès et des frais, pour se soustraire aux exécutions dont elle pourrait être l'objet dans sa personne ou dans ses biens. La distinction est établie par l'arrêt précité de la Cour de Lyon, et elle est énergiquement soutenue par plusieurs auteurs (1).

Ici encore, la solution nous semble contestable dans ce qu'elle a d'absolu. Même poursuivie, la caution peut être en faute si, avant de payer, elle n'a pas donné au débiteur l'avertissement au moyen duquel elle aurait pu acquérir la connaissance des moyens que celle-ci aurait eus de faire déclarer la dette éteinte. Vainement on oppose que lorsque la caution est poursuivie personnellement ses communications avec le débiteur absent ou éloigné n'aboutiraient à rien, qu'elles n'empêcheraient pas les poursuites de marcher, que pendant les pourparlers le fidéjusseur pourrait être pressé, saisi dans ses biens, incarcéré peut-être. On oublie, en cela, que la caution, dans le système de la loi, peut se garantir contre de telles extrémités au moyen du bénéfice de discussion; et que, eût-elle même renoncé à ce bénéfice, il lui resterait au moins l'exception dilatoire de garantie à la faveur de laquelle elle pourrait obliger le créancier à suspendre ses poursuites jusqu'à ce qu'elle eût averti le débiteur et qu'elle l'eût mis en cause. A la vérité, ce dernier expédient pourrait, en quelques circonstances, manquer à la caution, par exemple si elle était l'objet de poursuites extrajudiciaires. Mais cela ne fait pas que, dans ce cas même, comme dans tous les autres, il n'y ait un point de fait à apprécier, une question de faute à résoudre d'après les circonstances. Aussi pensons-nous que, loin de prendre à la lettre la disposition de l'art. 2031, n° 2, il y faut voir l'expression d'une règle susceptible de se modifier, dans l'application, d'après les circonstances dont l'appréciation est abandonnée aux tribunaux.

D'après cela, la caution a-t-elle payé volontairement, nous dirons avec Domat « que si le fidéjusseur paye légèrement, sans demande, sans nécessité, et sans avertir le débiteur, qui pourrait, de sa part, n'avoir pas eu le temps d'avertir le fidéjusseur des moyens qu'il pouvait avoir pour ne point payer, il pourrait y avoir lieu, selon les circonstances, d'imputer au fidéjusseur d'avoir mal payé » (2), et, par suite, de lui refuser tout recours contre le débiteur. — La caution a-t-elle payé sur la poursuite du créancier, c'est encore par les circonstances que tout devra être décidé. La poursuite était-elle judiciaire, la caution qui aura payé sans avoir dénoncé l'action au débiteur dont la dette était éteinte n'aura

---

(1) *Voy.* l'arrêt déjà cité du 14 mai 1857. *Junge* : MM. Ponsot (n° 249); Troplong (n°ˢ 383 et suiv.); Aubry et Rau (t. III, p. 504 et note 11); Massé et Vergé, sur Zachariæ (t. V, p. 75, note 11); Boileux (t. VI, p. 670 et 671). — *Voy.* aussi Domat (*Lois civ.*, liv. III, tit. iv, sect. 3, n° 7).

(2) *Voy.* Domat (*loc. cit.*).

aucun droit au recours si, en fait, il est reconnu que, soit au moyen du bénéfice de discussion, soit par l'exception dilatoire de garantie, soit de toute autre manière, elle aurait pu arrêter les poursuites du créancier, se mettre en communication avec le débiteur, et, en définitive, éviter de payer. Les poursuites étaient-elles extrajudiciaires, les juges auront à rechercher si, en fait, la caution qui a cru devoir payer eût été exposée à un préjudice ou à des dangers trop grands par la nécessité d'avertir préalablement le débiteur principal. Dans le cas de l'affirmative, ils décideront que la caution, bien qu'elle ait payé une dette annulable, conserve néanmoins son recours contre le débiteur, parce que ce dernier n'ignorait pas que le créancier, armé d'un titre exécutoire, pouvait poursuivre la caution directement et sans procès, qu'il avait dès lors à lui faire savoir qu'elle ne devait pas payer, et que ne l'ayant pas fait, c'est à lui et non à la caution de subir les conséquences de sa négligence. Dans le cas de la négative, les juges refuseront tout recours à la caution qui, ayant été en position d'informer le débiteur des poursuites dirigées contre elle, doit s'imputer de ne l'avoir pas informé (1).

VI. — 259. Pour compléter nos observations touchant le recours dont il s'agit ici, nous précisons qu'il a son point de départ au jour du payement. Il faut réserver néanmoins le cas où la caution aurait devancé le terme d'exigibilité ou payé avant le délai qu'il a pu convenir au créancier de laisser au débiteur. Dans ce cas, la caution ne saurait exercer son recours qu'après l'échéance ou l'expiration du terme, car il ne lui appartient pas d'enlever à celui qu'elle a cautionné le bénéfice des concessions qu'il doit au créancier : seulement, nous verrons, en commentant l'art. 2032, que la caution peut toujours, si elle veut éviter de rester engagée au delà du terme, obliger le débiteur à lui procurer la décharge de l'engagement par elle pris.

260. En ce qui concerne la durée du recours dont nous venons de préciser le point de départ, il suffit de faire remarquer que l'action, n'ayant été soumise par la loi à aucune prescription particulière, dure trente ans à partir du jour où chaque payement a eu lieu. Il en est ainsi même pour les intérêts payés par la caution ; car ces intérêts représentent, par rapport à elle, un capital déboursé (2).

2029. — La caution qui a payé la dette, est subrogée à tous les droits qu'avait le créancier contre le débiteur.

2030. — Lorsqu'il y avait plusieurs débiteurs principaux solidaires d'une même dette, la caution qui les a tous cautionnés, a, contre chacun d'eux, le recours pour la répétition du total de ce qu'elle a payé.

---

(1) Comp. MM. Delvincourt (t. III, aux notes, p. 263, note 11); Duranton (t. XVIII, n° 357); Zachariæ (§ 427, note 7); Mourlon (*Rép. écrit.*, t. III, p. 462); Taulier (t. VII, p. 35).

(2) *Sic* Caen, 7 août 1840 (S. V., 40, 2, 528; *J. Pal.*, 1841, 122). — *Voy.* aussi MM. Troplong (n°ˢ 353 et 354); Vazeille (*Prescription*, t. II, n° 617), et ce que nous avons dit dans notre commentaire *Du Mandat* (tome précédent, n°ˢ 1044 et 1099).

SOMMAIRE.

I. — 261. Comme nous l'avons indiqué plus haut (n° 224), la caution qui a payé pour le débiteur principal acquiert contre ce dernier, outre l'action personnelle de mandat ou de gestion d'affaires dont nous venons de nous occuper en commentant les art. 2028 et 2031, l'action du créancier qu'elle a désintéressé. A cette seconde action se réfèrent les deux articles dont nous abordons maintenant le commentaire, l'un qui pose en principe la subrogation de la caution à tous les droits qu'avait le créancier contre le débiteur, l'autre qui, déduisant la conséquence du principe posé, précise que, s'il y a plusieurs débiteurs principaux solidaires d'une même dette, la caution qui les a tous cautionnés a, contre chacun d'eux, le recours pour la répétition du total de ce qu'elle a payé. Quelle est l'origine de ce second recours? En faveur de quelles cautions a-t-il lieu? En quoi consiste-t-il, et quelle en est l'étendue soit que le fidéjusseur ait répondu pour un seul débiteur, soit qu'il ait répondu pour plusieurs? Ce sont les questions principales dont nous avons à rechercher la solution.

II. — 262. A côté des deux bénéfices de discussion et de division dont nous avons traité à la section précédente (*suprà*, n°s 156-222), les lois romaines en plaçaient un troisième qu'elles accordaient à la caution, comme conséquence du principe que tous ceux qui sont tenus d'une dette pour d'autres, ou avec d'autres par lesquels ils en doivent être acquittés, soit pour le tout, soit pour partie, ont droit, en payant cette dette, de se faire céder les actions du créancier contre les autres débiteurs qui en sont tenus. Sur ce principe, dit Pothier, Julien décide que le fidéjusseur doit, en payant, obtenir la cession des actions du créancier, tant contre le débiteur principal que contre tous les autres qui sont tenus de la dette (1). « Fidejussoribus succurri solet, ut stipu- » lator compellatur ei, qui solidum solvere paratus est, *vendere cætero-* » *rum nomina.* » (L. 17, ff. *De Fid. et Mand.*) C'est là l'origine de la subrogation accordée à la caution par nos articles.

263. Mais l'action, aujourd'hui, est dégagée des entraves et des fictions que l'esprit formaliste de la législation romaine avait fait introduire. Les Romains, en effet, n'étaient arrivés à l'idée, un peu forcée à leurs yeux, du *beneficium cedendarum actionum* qu'au moyen d'une sorte de fiction juridique. Ils supposaient que la caution, au lieu de payer le créancier purement et simplement, lui achetait sa créance, et que ce dernier, sans intérêt à recevoir son argent à tel titre plutôt qu'à tel autre, pourvu qu'il le reçût, ne pouvait pas se refuser à la lui vendre. Et c'est en vertu de cette sorte de vente fictive que la caution exerçait les actions du créancier (2). Cela apparaît dans le texte précité de Julien. Un autre texte, celui-ci de Paul, dit en termes plus explicites : « Cum is, qui et reum, et fidejussores habens, ab uno ex fidejussoribus » accepta pecunia præstat actiones : poterit quidem dici nullas jam esse, » cum suum perceperit, et perceptione omnes liberati sunt; sed non ita » est. *Non enim in solutum accepit, sed quodam modo nomen debitoris* » *vendidit.* Et ideo habet actiones, quia tenetur ad idipsum, ut præstet » actiones. » (L. 36, ff. *De Fid. et Mand.*)

264. Ce n'est pas tout : ce bénéfice, pour être assuré à la caution, devait être demandé par elle avant le payement. Sans cela, si elle payait comme caution, ce qui était toujours présumé en cas de payement sans réclamation de sa part, la cession d'action n'était plus possible; car le payement ayant pour effet d'éteindre la créance, et avec elle les actions qui la garantissaient, ces actions ne pouvaient plus être transmises. « Modestinus respondit : Si post solutum sine ullo pacto omne, quod ex » causa tutelæ debeatur, actiones post aliquod intervallum cessæ sint : » *nihil ea cessione actum, cum nulla actio superfuerit…* » (L. 76, ff. *De Solutionibus et Liberationibus.*)

265. Dans notre ancienne jurisprudence, sous laquelle la cession d'actions fut admise et largement pratiquée sous le nom de *bénéfice de subrogation*, il était de principe également que la transmission n'avait pas lieu de plein droit : *Non transeunt actiones, nisi in casibus jure expressis* (3). Vainement Dumoulin, dans la première des leçons faites à Dôle, s'éleva-t-il contre l'opinion commune, soutenant qu'on s'était mépris sur le sens et la portée des lois romaines; que, même d'après ces lois, un codébiteur solidaire, une caution, et généralement tous ceux qui payent ce qu'ils doivent avec d'autres ou pour d'autres, étaient, en

(1) Pothier (*Oblig.*, n⁰ˢ 427 et 556).
(2) *Id.* (n° 280).
(3) *Id.* (*loc. cit.*).

payant, subrogés de plein droit, quoiqu'ils n'eussent pas requis la subrogation, parce qu'ils doivent toujours être présumés n'avoir payé qu'à la charge de cette subrogation, personne ne pouvant être présumé négliger ses droits et y renoncer. Cette doctrine du grand jurisconsulte ne prévalut pas : on ne peut pas dire, avec M. Troplong (1), qu'elle ne convertit personne, car elle fut admise par quelques auteurs et consacrée par des arrêts en pays de droit écrit (2) ; mais, selon l'expression de Pothier, on ne continua pas moins d'enseigner dans les écoles et de pratiquer au barreau qu'un codébiteur solidaire, de même que les cautions, et tous ceux qui payaient ce qu'ils devaient avec d'autres ou pour d'autres, n'étaient subrogés aux actions du créancier que lorsqu'ils avaient requis la subrogation. « On ne peut, disait Renusson, acquérir les droits d'autrui sans avoir eu volonté de les acquérir : n'acquiert qui ne veut. Comment est-ce donc que les droits et actions du créancier passeraient en la personne du fidéjusseur si le fidéjusseur n'a pas eu volonté de les acquérir et s'il n'a pas requis et stipulé la subrogation ? » Pothier et Rousseau de Lacombe disaient la même chose (3), et, dans une espèce régie par la législation antérieure au Code Napoléon, la Cour de cassation a dit, dans le même sens, que, « sous cette législation, aucune disposition formelle de loi n'avait accordé la subrogation *ipso jure* à la caution qui paye pour l'obligé principal ; qu'il n'existait sur ce point de droit ni la série de dispositions conformes, ni l'unanimité des opinions des jurisconsultes qui pourraient constituer une jurisprudence constante. » (4)

266. Mais l'innovation vainement tentée par Dumoulin a été réalisée par le Code Napoléon. Dans leur esprit de justice et d'équité, les rédacteurs du Code ne pouvaient manquer de faire prévaloir des idées si simples et si conformes à la raison naturelle. Ils ont décidé, en conséquence, que les personnes au profit desquelles ils maintenaient ou établissaient le bénéfice de subrogation en jouiraient sans avoir besoin de le demander, et qu'il leur serait acquis de plein droit par le seul fait du payement qu'elles auraient effectué. « Quant à la subrogation de plein droit, a dit M. Bigot-Préameneu dans l'Exposé des motifs du titre *Des Contrats et Obligations,* elle a lieu dans tous les cas où un codébiteur, une caution, et en général tous ceux qui étaient tenus avec d'autres ou pour d'autres au payement de la dette, avaient intérêt à s'acquitter. L'équité ne permettrait pas de se prévaloir de ce qu'ils n'ont pas requis la subrogation : ils en avaient le droit ; il ne peut être présumé ni que le créancier, qui eût dû consentir à la subrogation s'il en eût été requis, ait eu l'intention de ne pas mettre celui qui paye en état d'exercer son recours, ni que le débiteur ait renoncé à un droit aussi important.

---

(1) *Voy.* M. Troplong (n° 360).
(2) *Voy.* Maynard (liv. II, chap. XLIX) ; d'Olive (liv. IV, chap. XIII). *Voy.* aussi Maleville (sur l'art. 2029).
(3) *Voy.* Renusson (*Des Subrog.*, chap. IX, n° 7, et chap. VII, n° 68) ; Pothier (*loc. cit.*) ; Rousseau de Lacombe (v° Subrogation, n° 10).
(4) Req., 1ᵉʳ sept. 1808 (Merlin, *Rép.*, v° Effet rétroactif, p. 259 ; Dalloz, R. alph., 2, 408 ; S. V., 8, 1, 451 ; Coll. nouv., 2, 1, 575).

Cette interprétation doit donc avoir son effet à l'égard des tiers créanciers. Tel avait été le sentiment de Dumoulin; et quoiqu'il fût difficile à concilier avec le texte des lois romaines, il a dû être préféré à l'opinion suivant laquelle la subrogation ne devait être accordée par la loi que dans le cas de refus du créancier sur la réquisition qui lui en aurait été faite. » (1) Le principe, posé d'une manière générale par l'art. 1251, auquel se rapportent ces observations, a été appliqué, dans le cas particulier de cautionnement, par l'art. 2029. « La caution paye à défaut de payement de la part du débiteur, a dit de son côté M. Treilhard à propos de ce dernier article. Le premier effet de ce payement a dû être la subrogation de la caution à tous les droits du créancier. C'est un troisième bénéfice que la loi accorde au fidéjusseur : il n'a pas besoin de requérir cette subrogation; elle est prononcée par la loi, parce qu'elle résulte du seul fait du payement; et nous avons écarté les vaines subtilités par lesquelles on se croyait obligé de substituer à une subrogation qui n'était pas expressément donnée une action prétendue de mandat. » (2)

Ainsi, on ne saurait aujourd'hui placer la caution dans l'alternative indiquée par Pothier (3), et dire avec lui : Ou la caution qui a payé s'est fait subroger aux droits et actions du créancier, ou elle a négligé d'acquérir cette subrogation : au premier cas, elle exerce les droits et actions du créancier contre le débiteur, comme le créancier aurait pu faire lui-même; au second cas, elle a de son chef une action contre le débiteur principal pour se faire rembourser de ce qu'elle a payé pour lui. Il est évident, d'après le Code Napoléon, et spécialement d'après les art. 2028 et 2029, rapprochés et combinés, que la caution qui a payé a toujours et de plein droit, par le seul fait du payement, cette subrogation en vertu de laquelle elle exercera contre le débiteur principal tous les droits et actions du créancier, et cela sans préjudice de cette autre action de son chef, de l'action de mandat ou de gestion d'affaires, dont la caution pourra user d'après les distinctions et dans les termes ci-dessus précisés (nos 243 et suiv.).

III. — 267. La subrogation a lieu par l'effet du payement, en faveur de toute caution, en quelque cas que ce soit : nous avons vu même (suprà, n° 246) qu'il est tel cas où elle serait la seule voie de recours ouverte au fidéjusseur contre le débiteur dont il a acquitté la dette. Ainsi, il n'est pas nécessaire que le cautionnement suppose une convention préalable de mandat entre le débiteur et la caution pour que celle-ci, quand elle paye, acquière la subrogation par le seul fait du payement. La subrogation a cela de commun, en effet, avec l'action exercée par la caution de son chef, qu'elle a lieu, soit que le cautionnement ait été connu, soit qu'il ait été ignoré du débiteur. Nous ne trouvons pas, il est vrai, dans l'art. 2029, la formule précise de l'art. 2028, qui, en parlant du recours de la caution par l'action de mandat ou de gestion d'affaires,

(1) Locré (t. XII, p. 370); Fenet (t. XIII, p. 269).
(2) Fenet (t. XV, p. 43); Locré (t. XV, p. 327).
(3) Pothier (n° 429).

exprime que ce recours est ouvert *soit que le cautionnement ait été donné au su ou à l'insu du débiteur*. Mais l'art. 2029 n'en est pas moins général et absolu dans ses termes; d'ailleurs, il est une application spéciale de l'art. 1251, qui, à défaut de toute autre disposition, assurerait, dans tous les cas, la subrogation au fidéjusseur (1).

268. Cependant, s'il n'est pas nécessaire, pour que la caution qui a payé soit subrogée aux droits et actions du créancier, qu'elle se soit engagée par ordre ou sur la prière du débiteur principal, au moins faut-il qu'elle ait pris un engagement vis-à-vis du créancier. La circonstance était présentée comme indifférente devant la Cour de Paris, et, dans une espèce où la caution prétendue s'était obligée, par une sorte de police d'assurance *passée avec le débiteur seul,* à payer, pour le compte de ce dernier, des intérêts à divers créanciers, on prétendait que la subrogation devait être accordée à l'assureur, qui, en effet, avait payé. La Cour de Paris a décidé avec raison que l'assureur ne pouvait pas être considéré comme caution à l'égard des créanciers, et, en conséquence, qu'il ne pouvait être subrogé légalement aux droits de ceux-ci pour les sommes qu'il leur avait payées à l'effet de se faire rembourser de ces sommes dans l'ordre ouvert sur le débiteur, au préjudice de ce qui restait encore dû aux créanciers (2).

IV. — 269. Comme subrogée au créancier qu'elle a désintéressé, la caution exerce les droits de ce dernier. Ainsi, de même que le créancier l'aurait pu faire, elle peut exiger du débiteur la totalité de la dette. Les termes dans lesquels l'art. 2029 avait été soumis à la discussion en auraient pu faire douter. « La caution, portait le projet, a, pour le recours, les mêmes actions et le même privilége de subrogation que la loi accorde au codébiteur solidaire. » Mais le Tribunat fit justement remarquer que, d'après cette rédaction, il semblerait qu'il y a parité de situation entre la caution et le codébiteur solidaire, ce qui n'est pas exact : le cobligé solidaire doit déduire sa part de ce qu'il peut demander à son cobligé, tandis que la caution doit pouvoir demander au débiteur la totalité de la dette (3). La rédaction, telle qu'elle est passée dans le Code, sur la proposition du Tribunat, ne permet plus d'équivoque à cet égard.

270. La subrogation a lieu pour tout ce que la caution a *payé* au créancier, ce mot devant être pris ici dans le sens large que nous lui avons donné plus haut à l'occasion de l'action de mandat ou de gestion d'affaires (nos 232, 236). Nous ne voyons pas pourquoi M. Ponsot, établissant une différence entre les deux actions, veut, en principe, que la caution subrogée ne puisse pas demander au débiteur la totalité en vertu de la subrogation dans le cas où le créancier lui aurait fait remise de la dette en tout ou en partie (4). En ce point encore, il y a incontestable-

---

(1) *Voy.* MM. Troplong (no 362); Mourlon (*De la Subrog.*, p. 407); Duranton (nos 317 et 353); Aubry et Rau (t. III, p. 502 et note 2); Massé et Vergé, sur Zachariæ (t. V, p. 74, note 7).

(2) Paris, 27 nov. 1841 (S. V., 42, 2, 50; Dalloz, 42, 2, 73; *J. Pal.*, à sa date).

(3) Locré (t. XV, p. 286 et 316); Fenet (t. XV, p. 7 et 30).

(4) *Voy.* M. Ponsot (no 257).

ment lieu de suivre la distinction ci-dessus indiquée (*loc. cit.*). Ainsi, le créancier a-t-il donné à la caution une simple décharge qui, en la libérant, laisse subsister l'obligation du débiteur, la subrogation n'aura pas lieu, ou bien elle aura lieu seulement jusqu'à concurrence de ce qu'il en a réellement coûté à la caution. Mais la remise a-t-elle été faite par le créancier à titre de libéralité, la caution sera subrogée comme si elle avait réellement payé, et elle pourra recourir contre le débiteur pour la totalité.

271. De même, nous ne voyons aucun argument sérieux à l'appui de l'opinion suivant laquelle, d'après le même auteur, il faudrait refuser la subrogation à la caution qui aurait obtenu du créancier, agissant dans une pensée de libéralité, quelque autre avantage particulier, par exemple la faculté de rembourser par anticipation une rente dont les arrérages seraient fort élevés, ce qui permettrait à la caution de les toucher pour elle-même jusqu'au terme fixé pour le remboursement (1). Ici encore, c'est comme si le créancier recevait, non pas le montant de l'obligation, comme dans l'espèce précédente, mais les arrérages de la rente, et en faisait immédiatement donation à la caution. Le débiteur ne saurait donc recueillir le bénéfice de cette disposition, qui, dans la pensée du créancier, doit profiter exclusivement à la caution : il subira donc la subrogation et continuera le service des arrérages entre les mains du fidéjusseur, qui a pris la place du créancier et doit la tenir jusqu'au jour du remboursement de la rente.

272. D'ailleurs, il n'y a pas à distinguer entre les sûretés qui garantissaient la dette au moment du cautionnement et celles que le créancier se serait fait consentir depuis. Comme subrogée au créancier, la caution exerce les droits et actions de ce dernier ; le principe est absolu ; et, par conséquent, la subrogation fait passer aux mains du fidéjusseur subrogé les sûretés nouvelles aussi bien que celles qui existaient à la date du cautionnement. *Obligatio cedendi,* disait Dumoulin en sens contraire, *non debet extendi ultra limites qui erant tempore contractûs.* Mais cette réserve ne saurait être admise en présence du texte précis de l'art. 2029, d'après lequel la caution qui a payé la dette est subrogée *à tous les droits* qu'avait le créancier contre le débiteur (2).

273. Notons, enfin, que la subrogation permettrait au fidéjusseur subrogé de se prévaloir non-seulement de toutes les sûretés qui garantissaient le payement, comme hypothèques, priviléges attachés à la créance soit avant, soit après le cautionnement, mais même d'un droit de résolution. Sans doute, il faut, à cet égard, réserver le cas où le créancier ne serait pas complétement désintéressé par le payement qu'il aurait reçu de la caution. Et, par exemple, s'il s'agissait du cautionnement d'un prix de bail, nous admettrions avec M. Troplong (3) que la caution, en payant pour le preneur qui ne paye pas, n'acquiert point, à

---

(1) M. Ponsot (n° 258). Mais *voy.* Pothier (n° 558); M. Troplong (n° 375).
(2) *Voy.* MM. Ponsot (n° 259); Troplong (n° 376).
(3) M. Troplong (n° 367).

moins que le bailleur n'y consente (1), le droit de provoquer la résolution du bail; car, ainsi que le dit M. Troplong, ce droit de résolution appartient au bailleur, qui peut avoir intérêt au maintien du contrat, et la caution ne saurait être admise à l'exercer au préjudice de ce dernier sans sa permission. Mais il en serait autrement si le créancier était complétement désintéressé par le payement, et, par exemple, s'il s'agissait d'un prix de vente dont le vendeur serait payé par le fidéjusseur faute par le débiteur cautionné de l'avoir acquitté. Sur ce fondement repose la décision d'après laquelle le cessionnaire d'une partie du prix d'une vente peut, à défaut de payement, et en remboursant à l'acheteur les deniers qu'il aurait déjà comptés, demander, comme le vendeur lui-même, la résolution de la vente (2).

274. Mais si l'action résultant de la subrogation s'étend à tout ce que le créancier lui-même eût pu demander au débiteur, elle ne comprend rien au delà. Ainsi, elle ne permet de répéter ni les frais des poursuites exercées contre la caution, ni les dommages-intérêts auxquels celle-ci peut avoir droit. L'affirmation produite en sens contraire par quelques auteurs (3) implique confusion entre l'action ou le recours que la caution peut exercer de son chef comme mandataire ou gérant d'affaires, et l'action dérivant de la subrogation. Les frais et dommages-intérêts dus à la caution à raison de poursuites ou d'exécutions dont elle aurait été l'objet ne sont pas, à proprement parler, des accessoires de la dette principale; le créancier ne pourrait donc pas les réclamer au débiteur, et dès lors la caution ne saurait les demander en vertu de la subrogation. Elle n'y peut prétendre que par l'action de mandat. C'est là un avantage de cette action sur l'autre, qui, de son côté, a ses avantages aussi, puisque, comme on vient de le voir, elle donne à la caution le droit de se prévaloir de toutes les sûretés qui garantissaient le payement de la dette.

275. Cependant, il convient d'appliquer à la caution qui n'a payé la dette qu'en partie la disposition de l'art. 1252 du Code Napoléon, d'après lequel la subrogation ne peut nuire au créancier lorsqu'il n'a reçu qu'un payement partiel. En ce cas donc, le créancier exerce ses droits, pour le surplus de sa créance, par préférence à la caution : celle-ci ne profite qu'après des garanties attachées à la dette, et, sur ce qui reste, le créancier étant complétement désintéressé. Il n'y a pas, d'ailleurs, à distinguer entre le cas où le fidéjusseur aurait cautionné la totalité de la dette et celui où il ne l'aurait cautionnée que pour partie. Par exemple, Paul doit à Jacques une somme de 40 000 francs garantie par une hypothèque sur une maison qu'il possède à Versailles. Pierre a cautionné la dette jusqu'à concurrence de 20 000 francs, qu'il paye à l'échéance, Paul ne pouvant pas payer. Plus tard, celui-ci étant exproprié, un ordre

---

(1) Bourges, 8 juin 1812 (S. V., Coll. nouv., 4, 2, 126; Dalloz, R. alph., 9, p. 922). *Voy.* aussi M. Ponsot (n° 260).

(2) Amiens, 9 nov. 1825 (S. V., 26, 2, 189; Coll. nouv., 8, 2, 147; Dalloz, 26, 2, 156). *Voy.* aussi MM. Ponsot (*loc. cit.*); Duvergier (*De la Vente*, t. II, n° 222); Troplong (*ibid.*, t. II, n° 916).

(3) Notamment M. Zachariæ (§ 427).

s'ouvre sur le prix de la maison de Versailles, qui a été adjugée pour 25 000 francs seulement. Pierre, caution, viendra à l'ordre, sans doute, en vertu de la subrogation résultant à son profit du payement par lui fait; mais comme cela ne doit pas nuire au créancier, d'après l'art. 1252, il ne viendra qu'après Jacques, qui, prenant dans la distribution les 20 000 francs à lui dus encore par Paul, débiteur principal, ne lui laissera rien ou à peu près rien pour se couvrir de la somme que, comme caution, il a déboursée.

Toutefois, comme nous l'avons fait remarquer ailleurs (1), le droit résultant de l'art. 1252 est très-exorbitant par lui-même. Il ne faut donc pas l'exagérer. La Cour de cassation a très-justement décidé que la préférence réservée, par cet article, pour ce qui lui reste dû, au créancier qui n'a reçu qu'un payement partiel, s'applique seulement à ce qui lui est encore dû de la même créance acquittée en partie, mais que le créancier ne peut réclamer la même préférence pour d'autres créances, contre le même débiteur, résultant d'autres titres et conférant d'autres hypothèques, le sens de l'art. 1252 étant clairement déterminé par son texte, qui dispose exclusivement pour le cas d'un payement partiel (2).

Par cela même, le créancier ne saurait empêcher la caution qui a payé la somme cautionnée de prendre part aux distributions de deniers faites sur le débiteur, quand son titre ne lui donne pas un droit de préférence sur la somme distribuée. En effet, la caution n'a pas alors à invoquer la subrogation; elle peut venir à la distribution en vertu de l'action que lui donne contre le débiteur le payement fait pour ce dernier. Si la subrogation ne doit pas nuire au créancier dont le subrogé prendrait la place, elle ne saurait cependant rendre plus mauvaise la condition du fidéjusseur, qui, empêché de faire valoir comme subrogé les garanties particulières attachées à la créance, doit au moins pouvoir utiliser, comme caution, l'action personnelle et directe de mandat ou de gestion d'affaires qu'aux termes de l'art. 2028 il a contre le débiteur pour lequel il a payé. Ainsi a jugé la Cour de Lyon par un arrêt contre lequel on s'est vainement pourvu en cassation. Le fidéjusseur, qui avait cautionné la dette pour partie seulement, a dit la Cour suprême en rejetant le pourvoi, a accompli l'obligation résultant du cautionnement en payant au créancier la somme jusqu'à concurrence de laquelle il s'était obligé; d'un autre côté, l'actif du débiteur mis en distribution n'était grevé d'aucun privilége au profit du créancier pour le surplus non cautionné de sa créance; enfin, pour prendre part à la contribution ouverte sur cet actif, la caution n'invoquait aucune subrogation aux droits du créancier. Ainsi, ce dernier n'avait pas à revendiquer à l'égard de la caution la préférence réservée par l'art. 1252 sur les deniers spécialement affectés au payement de la dette en faveur du créancier subrogeant, qui n'a été payé qu'en partie : la caution se présentait en vertu

---

(1) *Traité-Comment. des Priv. et Hyp.* (n° 224).
(2) Req., 27 nov. 1832 (S. V., 33, 1, 117).

du recours personnel et direct accordé par l'art. 2028 à la caution, qui a exécuté son obligation ; devenu ainsi créancier du débiteur, il faisait valoir, à ce titre, sur le gage commun des créanciers de ce débiteur, un droit indépendant et de même nature que celui du créancier, en sorte qu'il n'y avait aucun motif pour ne pas l'admettre à la contribution en concours pour la somme par lui payée à ce dernier (1).

Remarquons, cependant, que, dans l'espèce, la caution avait payé pour le débiteur la somme jusqu'à concurrence de laquelle elle s'était obligée. Elle avait donc, quant à elle, complétement satisfait à son engagement : le créancier, dès lors, ne pouvait plus lui demander rien de ce qui lui était encore dû par le débiteur principal. C'est le fondement de la solution qui précède. Changeons l'hypothèse ; supposons que la caution a fait un payement partiel, et qu'engagée pour la totalité de la dette principale, elle en a payé seulement une partie au créancier vis-à-vis duquel elle est par suite toujours obligée : la solution ne devra plus être la même. Par exemple, Paul est débiteur de Pierre d'une somme de 10 000 francs dont j'ai garanti le payement ; j'en paye 5 000, et bientôt après une contribution est ouverte sur Paul, débiteur principal : si, venant à la contribution à raison des 5 000 francs par moi payés, j'y suis colloqué concurremment avec Pierre, qui, de son côté, y vient pour les 5 000 francs dont il reste créancier, il est bien clair que non-seulement je nuirai, par mon fait, au payement de ce dernier vis-à-vis de qui je suis toujours obligé, mais encore, au moyen de l'attribution qui me sera faite dans la distribution, je lui reprendrai, en tout ou en partie, d'une manière indirecte, la somme que je lui ai déjà payée. Or, cela ne saurait être. L'obligation qui résulte du cautionnement subsistant dans cette hypothèse, la caution, toujours obligée, ne semble pas devoir être admise, à la faveur du recours personnel qu'elle a contre le débiteur principal, à la contribution ouverte sur ce dernier, et à y prendre, dans une mesure quelconque, la part afférente au créancier vis-à-vis duquel elle n'est que partiellement libérée.

V. — 276. Reste le cas de solidarité entre les débiteurs principaux pour lesquels la caution se serait obligée. Ce cas est prévu par l'art. 2030, dont la disposition est la conséquence du principe posé dans l'article précédent. Lorsqu'il y a plusieurs débiteurs principaux solidaires d'une même dette, dit cet article, la caution *qui les a tous cautionnés* a, contre chacun d'eux, le recours pour la répétition du total de ce qu'elle a payé. Cette disposition, comme on l'a dit au Corps législatif, n'aggrave en aucune façon le sort des débiteurs principaux, et, d'un autre côté, elle a pour fondement la justice due à la caution (2). Comment, ayant acquitté ce que chacun des débiteurs principaux s'était obligé à payer, la caution pourrait-elle ne pas acquérir le droit de diriger

---

(1) Req., 1ᵉʳ août 1860 (S. V., 61, 1, 366 ; J. Pal., 1861, p. 5 ; Dalloz, 60, 1, 502). Voy. aussi Rennes, 22 mai 1858 (S. V., 59, 2, 298 ; J. Pal., 1859, p. 70). — Mais voy. Nancy, 25 juin 1842, et Douai, 14 juill. 1856 (J. Pal., 1842, t. II, p. 650 ; 1861, p. 6, à la note ; Dalloz, 42, 2, 225 ; 56, 2, 301).

(2) Discours de Lahary (Fenet, t. XV, p. 86 ; Locré, t. XV, p. 387).

sa demande pour le tout à celui des débiteurs qu'il lui conviendrait de choisir ? Les débiteurs étant solidaires, le créancier aurait pu demander le tout à chacun d'eux : or, puisque la caution est subrogée au créancier qu'elle a payé, il est naturel qu'elle ait le même droit. C'est, d'ailleurs, l'extension ou plutôt l'application à ce cas du principe posé par l'art. 2002, au titre *Du Mandat* (1).

Mais la caution peut ne s'être obligée que pour l'un des débiteurs solidaires ; ou bien il se peut encore que les divers débiteurs pour lesquels elle s'est engagée fussent simplement *conjoints* (2). Dans quelle mesure les débiteurs seront-ils soumis au recours de la caution dans ces deux cas ?

277. Si les débiteurs sont simplement conjoints, si, par conséquent, ils ne sont tenus de la dette chacun que pour sa part et portion, la caution, qui les a cautionnés tous, n'acquiert par la subrogation, en payant le créancier à leur défaut, que le droit de ce dernier tel qu'il aurait pu l'exercer lui-même. Or, le créancier n'aurait pu demander que sa part à chacun des débiteurs. Donc, la caution, subrogée au créancier, ne pourra recourir contre chacun des débiteurs que pour la part dont il était tenu dans la dette.

278. Il y a plus de difficulté dans l'autre hypothèse, celle où les codébiteurs étant solidaires, la caution a payé pour le seul qu'elle avait cautionné. Bien entendu, la difficulté n'est pas de déterminer le droit de la caution vis-à-vis du débiteur qu'elle avait cautionné et pour lequel elle a payé : il est évident que, par l'effet de la subrogation résultant du payement, elle peut réclamer contre celui-là le remboursement du total de la dette. Mais quel est son droit vis-à-vis des autres codébiteurs pour lesquels elle ne s'était pas obligée ? Là est la difficulté. Si nous n'allons pas, avec quelques arrêts, jusqu'à dire que la caution ne pourrait recourir contre ces derniers *que du chef du débiteur cautionné* (3), nous admettons, cependant, le résultat auquel ces arrêts aboutissent, en ce sens que, selon nous, quoique subrogée au créancier par l'effet du payement, la caution ne peut demander à chacun des débiteurs non cautionnés par elle que sa part dans la dette (4). Quelques auteurs, allant plus loin, supposent que, même vis-à-vis de ces derniers débiteurs, la caution aurait une action solidaire, laquelle, résultant de la subrogation légale opérée par l'effet du payement, lui permettrait de réclamer la totalité contre chacun (5). Sans doute, cette opinion a pour elle la pensée

---

(1) *Voy.* l'explication de cet article au tome précédent (nᵒˢ 1123 et suiv.).

(2) *Voy.*, en ce qui concerne la distinction entre les débiteurs simplement conjoints et les débiteurs solidaires, Marcadé (t. IV, nᵒ 592).

(3) Req., 19 avr. 1854 ; Grenoble, 30 juill. 1859 (*J. Pal.*, 1855, t. I, p. 343 ; 1860, p. 1016 ; S. V., 55, 1, 17 ; 60, 2, 190 ; Dalloz, 54, 1, 295).

(4) C'est ce que la Cour de cassation a décidé en rejetant le pourvoi dirigé contre l'arrêt cité à la note précédente. Req., 10 juin 1861 (S. V., 61, 1, 577 ; Dalloz, 61, 1, 361 ; *J. Pal.*, 1862, p. 107). — *Voy.* aussi MM. Delvincourt (t. III, p. 261, note 5) ; Duranton (nᵒ 355) ; Aubry et Rau (t. III, p. 503) ; Troplong (nᵒ 379) ; Ponsot (nᵒ 261) ; Devilleneuve (S. V., 55, 1, 17, en note).

(5) MM. Marcadé (t. IV, nᵒˢ 717 et suiv.) ; Gauthier (*Subrog.*, nᵒˢ 433 et suiv.).

dont s'inspira le Tribunat en faisant substituer au projet restrictif de l'art. 2029 une disposition plus large qui, au lieu de réduire la caution, après qu'elle a payé, aux droits et priviléges du *codébiteur solidaire*, lui a conféré la subrogation *à tous les droits du créancier* (*suprà*, n° 269). Mais cette pensée n'apparaît plus dans l'art. 2030. En se plaçant dans l'hypothèse où il y aurait plusieurs débiteurs solidaires, cet article aurait pu dire, et, s'il eût suivi la même pensée, il aurait dit qu'en ce cas également la caution aurait contre chacun des débiteurs, n'en eût-elle cautionné qu'un seul, tous les droits du créancier. Il n'en est rien cependant : l'art. 2030 n'accorde à la caution de recours pour la totalité de ce qu'elle a payé, contre chacun des débiteurs solidaires, que dans la supposition *qu'elle les a cautionnés tous.* Donc il exclut virtuellement, par cette supposition même, le cas où la caution a répondu et payé pour un seul des débiteurs solidaires; ou plutôt, assimilant, dans ce cas, le payement fait par la caution au payement qu'aurait fait l'un des débiteurs solidaires, il entend que la caution, dans cette hypothèse, ne peut et ne doit pas acquérir, en payant, plus de droits que n'en acquiert le codébiteur d'une dette solidaire lorsqu'il la paye en entier. Or, d'après la disposition précise des art. 1213 et 1214 du Code Napoléon, l'obligation contractée solidairement envers le créancier se divise de plein droit entre les débiteurs, qui n'en sont tenus entre eux que chacun pour sa part et portion; et le codébiteur qui a payé la dette en totalité ne peut répéter contre les autres que la part et portion de chacun d'eux (1). Ainsi en devra-t-il être de la caution qui, ayant répondu pour un seul débiteur, aura payé la totalité de la dette contractée par plusieurs avec solidarité; et, après tout, l'équité est, en cela, pleinement satisfaite, la position des codébiteurs ne devant pas être aggravée s'il arrive que, par suite d'un cautionnement auquel ils sont absolument étrangers, le créancier reçoive son payement de la caution au lieu de le recevoir de l'un des débiteurs leur cooblige.

279. Par les mêmes raisons, nous pensons que si la caution, non contente de la subrogation légale qui lui est acquise, demande et obtient, en payant la totalité de la dette pour l'un des débiteurs solidaires, la subrogation conventionnelle aux droits du créancier, elle n'aura encore, contre les codébiteurs non cautionnés, qu'une action divisée en vertu de laquelle elle pourra demander à chacun seulement ce qu'il doit supporter définitivement dans la dette. La subrogation conventionnelle ne saurait, en effet, lui conférer des droits plus étendus que la subrogation légale; et notamment elle ne fait pas que la caution acquière plus de droits que n'en acquerrait l'un des débiteurs solidaires qui aurait acquitté la dette en totalité (2).

---

(1) *Voy.* M. Rodière (*De la Solid. et de l'Ind.*, n°ˢ 133 et 158).
(2) *Voy.* MM. Ponsot, Troplong, Aubry et Rau, et Rodière (*loc. cit.*). — Mais *voy.* MM. Duranton (t. XVIII, n° 355, et t. X, n° 279); Taulier (t. VII, p. 34); Gauthier (p. 477). Comp. Toullier (t. VII, n° 163). *Voy.* aussi *infrà*, sous l'art. 2033, n° 324.

2031. — *Voy.* le commentaire de cet article (*suprà*, nos 253 et suiv.).

2032. — La caution, même avant d'avoir payé, peut agir contre le débiteur, pour être par lui indemnisée,

1° Lorsqu'elle est poursuivie en justice pour le payement;

2° Lorsque le débiteur a fait faillite, ou est en déconfiture;

3° Lorsque le débiteur s'est obligé de lui rapporter sa décharge dans un certain temps;

4° Lorsque la dette est devenue exigible par l'échéance du terme sous lequel elle avait été contractée;

5° Au bout de dix années, lorsque l'obligation principale n'a pas de terme fixe d'échéance, à moins que l'obligation principale, telle qu'une tutelle, ne soit pas de nature à pouvoir être éteinte avant un temps déterminé.

SOMMAIRE.

I. 280. Transition à la seconde hypothèse prévue dans cette section, celle où, même avant d'avoir rien payé, la caution peut prendre ses sûretés par avance et agir contre le débiteur principal. — 281. Notre article précise cinq cas dans lesquels ce recours anticipé est ouvert à la caution : division.

II. 282. Premier cas. Lorsque la caution est poursuivie judiciairement par le créancier. La caution n'est pas obligée d'attendre, comme dans le droit romain, qu'elle ait été condamnée; elle peut agir dès qu'elle est poursuivie. — 283. Néanmoins, en pratique, ce recours sera presque toujours illusoire; — 284. Et presque toujours ce premier cas fera double emploi avec le quatrième. — 285. D'ailleurs, la caution poursuivie par le créancier a contre le débiteur principal des moyens plus commodes que le recours anticipé dont il s'agit ici.

III. 286. Deuxième cas. Lorsque le débiteur principal a fait faillite ou est en déconfiture. Objet du recours anticipé ouvert à la caution en ce cas. — 287. La caution, quoiqu'elle n'ait encore rien payé, peut produire au passif de la faillite ou de la déconfiture en son propre nom; — 288. Et ce n'est qu'autant que la créance est actuellement exigible que les sommes attribuées à la caution doivent être par elle remises au créancier. — 289. La disposition de la loi ne doit pas être étendue au cas où le débiteur, sans être actuellement en état de faillite ou de déconfiture, est menacé d'y tomber.

IV. 290. Troisième cas. Lorsque le débiteur s'est obligé de rapporter à la caution sa décharge dans un certain temps : le temps étant expiré, la caution peut agir contre le débiteur même avant d'avoir rien payé.

V. 291. Quatrième cas. Lorsque la dette, ayant une durée limitée, est devenue exigible. — 292. *Quid* s'il s'agissait d'une obligation périodique?

VI. 293. Cinquième cas. Lorsque la dette principale étant d'une durée indéfinie, il s'est écoulé dix ans. — 294. Ce qu'il faut entendre par dette d'une durée indéfinie. — 295. Suite. — 296. *Quid* dans le cas où la caution répond de la gestion d'un caissier, d'un receveur, etc.?

VII. 297. L'énumération contenue dans l'art. 2032 est essentiellement limitative. Ainsi, hors des cas prévus, la caution, quelque faveur qu'elle mérite, ne saurait exercer le recours anticipé contre le débiteur. — 298. De même, l'application de l'article doit être limitée au cautionnement proprement dit; ainsi, la disposition ne saurait être invoquée par celui qui aurait affecté ses immeubles au payement de la dette d'un tiers.

VIII. 299. Objet du recours anticipé ouvert à la caution : la caution ne peut pas saisir directement les biens du débiteur; elle ne peut tendre qu'à obtenir sa décharge ou une condamnation qui l'*indemnise* du préjudice qu'elle subit pour l'indue prolongation de son obligation. — 300. La nature et le montant de l'indemnité sont appréciés souverainement par les juges du fait. — 301. La caution ne pourrait pas, prenant les devants, payer elle-même le créancier, pour exercer ensuite le recours auquel le cautionnement donne lieu.

IX.   302. L'art. 2032 n'a trait qu'au cas où le cautionnement a pour base une convention préalable de mandat entre le débiteur et la caution. — 303. Ainsi, il ne pourrait être invoqué ni par la caution qui se serait engagée dans l'intérêt du créancier, ni par celle qui aurait cautionné le débiteur malgré lui ou même simplement à son insu. — 304. Mais il pourrait être invoqué par la caution solidaire, — 305. Notamment par la femme obligée solidairement avec son mari pour les affaires de la communauté ou du mari. Renvoi.

I. — 280. Le législateur, nous l'avons dit (*suprà*, n° 224), ne s'en est pas tenu, en réglant les effets du cautionnement entre le débiteur et la caution, à prévoir l'hypothèse où celle-ci a satisfait à son obligation, et à organiser les recours qu'elle peut exercer, en ce cas, pour obtenir le remboursement de ce qu'elle a payé pour le débiteur principal. A l'exemple de la loi romaine, il a prévu, en outre, l'hypothèse où la caution, engagée comme telle sur le mandat à elle donné préalablement, souffre, même avant d'avoir mis le mandat à exécution, c'est-à-dire avant d'avoir rien payé, un préjudice dont la bonne foi et l'équité, qui doivent présider à ses relations avec le débiteur principal, son mandant, lui permettent de demander la cessation immédiate. C'est l'hypothèse à laquelle se réfère l'art. 2032, dont l'explication doit compléter nos observations sur les effets du cautionnement entre le débiteur et la caution.

281. D'après le droit romain, il y avait divers cas, ainsi que le rappelle Pothier (1), dans lesquels une caution pouvait, avant même d'avoir acquitté la dette, agir contre le débiteur qu'elle avait cautionné, pour en être par lui indemnisée : Dioclétien et Maximien en précisaient trois dans la loi 10, C. *Mand. vel contr.*; Marcellus en avait indiqué un quatrième dans la loi 38, § 1, ff. *Mand. vel contr.* Sauf quelques modifications de détail, les dispositions de la loi romaine se retrouvent dans celles de notre art. 2032. Nous allons reprendre successivement les divers cas énumérés par cet article; nous préciserons ensuite le caractère et le but de ce recours anticipé; enfin, nous dirons à quelles cautions il est ouvert.

II. — 282. *Premier cas.* La caution peut agir contre le débiteur, même avant d'avoir payé, *lorsqu'elle est poursuivie en justice pour le payement.* La loi romaine, par le premier des textes précités, disait également : Si pro ea, contra quam supplicas, fidejussor seu mandator in-
» tercessisti : *et neque condemnatus es...* nulla juris ratione, antequam
» satis creditori pro ea fueris, eam ad solutionem urgeri certum est. »
Mais c'est seulement *après la condamnation* que, d'après ce texte, la caution pouvait agir contre le débiteur sans avoir payé, tandis que d'après l'art. 2032, d'accord en cela avec l'ancienne pratique française, le recours anticipé est ouvert à la caution dès *qu'elle est poursuivie en justice*

---

(1) Pothier (n° 441).

pour le payement. Par le fait même de la poursuite, la caution subit un préjudice actuel, les frais et l'ennui du procès; elle est menacée d'un dommage plus grave, les exécutions dont le résultat de ce procès pourra être la cause : elle est donc en droit de recourir immédiatement contre le débiteur principal.

283. Il faut convenir, cependant, qu'au point de vue de l'utilité pratique, il arrivera rarement que ce recours ne soit pas illusoire. En effet, tandis que le débiteur principal sera actionné par la caution, le créancier continuera de son côté les poursuites déjà engagées contre celle-ci, à moins que, par une condescendance peu commune, il ne consente à les suspendre momentanément. Et comme cette action du créancier a précédé celle de la caution contre le débiteur principal, elle aboutira naturellement la première; en sorte qu'en définitive, la caution, dont la pensée était d'éviter les poursuites et sa condamnation vis-à-vis du créancier, n'aura pas atteint le but.

284. Ajoutons que le premier cas auquel se réfère notre article fera presque toujours double emploi avec le quatrième, celui où la dette cautionnée est devenue exigible par l'échéance du terme sous lequel elle avait été contractée (1). Ce ne sera donc guère que dans une situation particulière, celle où il s'agirait d'une obligation continue, par exemple l'obligation dérivant d'un bail, que ce premier paragraphe de notre article trouvera son application : alors, en effet, la caution, si elle était actionnée par le bailleur sous prétexte que le preneur ne satisfait pas aux conditions du bail, puiserait dans cette disposition de notre article le droit d'exercer un recours anticipé contre le débiteur négligent.

285. Au surplus, la caution poursuivie par le créancier aurait toujours des moyens plus rapides et plus commodes pour atteindre le débiteur principal et se dégager elle-même des poursuites dont elle serait l'objet. Elle pourrait renvoyer le créancier à discuter préalablement les biens de ce dernier (*suprà*, nos 155 et suiv.); et si elle avait renoncé au bénéfice de discussion, elle pourrait appeler le débiteur en garantie, et, par cette exception dilatoire, arrêter l'action dirigée contre elle par le créancier, jusqu'au moment où le débiteur, partie dans l'instance, serait mis en demeure de satisfaire à son obligation.

III. — 286. *Deuxième cas.* La caution peut agir contre le débiteur, même avant d'avoir payé, *lorsque celui-ci a fait faillite ou est en déconfiture.* Mais il faut supposer en outre que le créancier, confiant dans la solvabilité de la caution, ne produit pas au passif de la faillite ou de la déconfiture. « L'objet du cautionnement, dit M. Pardessus, est de garantir au créancier le payement intégral de ce qui lui est dû. La faillite du débiteur ne permettant pas que le créancier soit satisfait par la masse, il a droit de s'adresser, lors de l'échéance, à la caution. Si la caution paye le créancier, elle peut, conformément aux principes sur la subrogation, réclamer, dans la faillite, le dividende que produira la créance principale, et, par conséquent, se présenter à la vérification des créances

(1) Comp. M. Ponsot (n° 264).

pour être admise. Elle le pourrait aussi avant d'avoir rien payé, *dans le cas où le créancier ne se présenterait pas,* puisqu'elle y a intérêt, sauf le droit de la masse de l'écarter si le créancier se présente ensuite, car autrement il y aurait double emploi. » C'est l'opinion unanimement admise (1).

On ne saurait donc s'arrêter à une décision, quelque peu étrange, du Tribunal de la Seine, qui, dans une sorte de long syllogisme, a tenté d'établir que la créance du créancier et celle de la caution forment deux créances parfaitement distinctes et indépendantes, et peuvent, en conséquence, être produites concurremment au passif d'une même déconfiture (2). Avec ce système, si les créanciers recevaient plus de 50 pour 100, le payement fait à la fois au créancier et à la caution dépasserait la somme dont le débiteur, même *in bonis,* aurait été tenu ; et s'il y avait un certificateur dont la créance devrait, en suivant le raisonnement du Tribunal, être considérée comme distincte des deux autres, les sommes payées représenteraient plus d'une fois et demie le montant de la dette originaire !

287. C'est donc quand le créancier ne produit pas au passif que la caution peut, quoique n'ayant pas encore payé, produire en son propre nom et se faire attribuer sur l'actif du débiteur la part proportionnelle à laquelle lui donne droit la créance, à peu près certaine maintenant, qu'elle aura à faire valoir contre le débiteur principal. Cela pourrait paraître douteux, bien que la faillite et la déconfiture rendent exigibles les créances à terme (C. Nap., art. 1188), en ce que la créance de la caution est non pas seulement à terme, mais encore, jusqu'à un certain point, éventuelle. Et en effet, nous trouvons une décision de laquelle il résulte que le droit conféré à la caution par le n° 2 de l'art. 2032 ne va pas jusqu'à lui permettre de réclamer une collocation actuelle dans un ordre ouvert sur le prix de vente des biens de l'obligé principal, une telle collocation ne pouvant être réclamée par la caution qu'autant qu'elle aurait acquitté l'obligation (3). Mais c'est là une décision isolée dans la jurisprudence ; elle n'est pas suivie par les auteurs (4), et elle va directement contre le texte précis et formel de l'art. 2032, qui, en permettant à la caution d'*agir,* même avant d'avoir payé, lorsque le débiteur a fait faillite ou est en déconfiture, lui donne par cela même le droit de se faire admettre au passif de la faillite ou de la déconfiture, c'est-à-dire d'y obtenir collocation, pourvu que le créancier ne s'y présente pas. La loi a considéré que le créancier, auquel il importe avant tout d'être payé, actionnerait la caution plutôt que le débiteur dont la solva-

---

(1) *Voy.* MM. Pardessus (*Droit comm.,* n°° 1214 et suiv.) ; Duranton (t. XVIII, n° 360) ; Ponsot (n° 266) ; Troplong (n° 396) ; Massé et Vergé, sur Zachariæ (t. V, p. 76, note 16).

(2) Trib. de la Seine, 1er août 1833 (Dalloz, 36, 3, 14 ; et *Rép.,* v° Cautionnement, n° 266).

(3) Grenoble, 3 août 1853 (S. V., 54, 2, 449 ; *J. Pal.,* 1855, t. II, p. 489 ; Dalloz, 55, 2, 70). *Voy.* aussi M. Taulier (t. VII, p. 37).

(4) *Voy.* MM. Delvincourt (t. III, p. 262, note 7) ; Pardessus (*loc. cit.*) ; Duranton (*loc. cit.*) ; Ponsot (*loc. cit.*). — *Voy.* aussi Paris, 8 janv. 1859 ; Colmar, 8 juin 1858 (*J. Pal.,* 1859, p. 113 et 819 ; S. V., 59, 2, 65 et 69 ; Dalloz, 59, 2, 65).

bilité ne serait probablement pas rétablie à l'échéance de la dette, et qu'ainsi le recours futur de cette caution pouvait être considéré comme présentant un caractère de certitude suffisant pour qu'il dût être permis à la caution de l'exercer de suite, à un moment où elle pourra recevoir une partie au moins de la somme qu'elle aura à verser plus tard.

288. C'est pourquoi nous n'acceptons que sous réserve l'opinion d'après laquelle toute somme attribuée à la caution devrait être par elle remise aux mains du créancier (1). Ceci n'est vrai qu'autant que la créance serait actuellement exigible. Il en serait autrement si, la créance étant à terme, l'échéance n'était pas encore arrivée. Comme la faillite ou la déconfiture du débiteur principal ne rend la créance exigible que vis-à-vis de ce dernier, comme le bénéfice du terme subsiste en faveur de la caution, celle-ci serait fondée à garder provisoirement, à titre d'indemnité, la somme à elle attribuée : sans quoi il faudrait dire que c'est non pas en son propre nom et par l'action de mandat, mais au nom du créancier et par une sorte de subrogation anticipée, que la caution figure au passif de la faillite ou de la déconfiture. Or, cela est inadmissible pour deux raisons : d'une part, notre droit ne reconnaît pas de subrogation anticipée, le payement réalisé étant la condition première d'une subrogation, quelle qu'elle soit; d'une autre part, les dispositions de l'art. 2032 sont fondées toutes, ainsi que les auteurs le reconnaissent unanimement, sur l'idée de mandat, nullement sur l'idée de subrogation.

289. Dans les principes de la loi romaine, admis par notre ancienne jurisprudence, le recours anticipé, au cas dont il s'agit ici, était accordé à la caution avec une certaine étendue : « Neque bona sua (disait la loi » romaine), eam dilapidare postea cœpisse comprobare possis, *ut tibi* » *justam metuendi causam præbeat.* » (L. 10, C. *Mand. vel contr.*) Quelques auteurs proposent, en conséquence, de dire, sous le Code Napoléon, que la caution peut agir contre le débiteur avant d'avoir payé, alors même que la déconfiture de celui-ci ne serait pas totale, ou que la faillite ne serait qu'imminente, si, d'ailleurs, il a sérieusement diminué les sûretés de la caution (2). Quelque équitable que paraisse cette interprétation, le texte y résiste. L'art. 2032 n'a pas reproduit la disposition de la loi romaine; il a accordé le recours anticipé à la caution du débiteur qui *a fait faillite* ou qui *est en déconfiture.* Donner aussi ce recours à la caution du débiteur qui, sans être actuellement en faillite ou en déconfiture, menace d'y tomber plus ou moins prochainement, ce serait, croyons-nous, méconnaître les règles d'interprétation qu'il convient de suivre par rapport à une disposition qui, de l'aveu des auteurs eux-mêmes, est toute de faveur et d'exception (voy. *infrà*, n° 297).

IV. — 290. *Troisième cas.* La caution peut agir même avant d'avoir payé, *lorsque le débiteur s'est obligé de lui rapporter sa décharge dans*

(1) *Voy.* MM. Pardessus, Duranton, Ponsot, Troplong, Massé et Vergé (*loc. cit.*).
(2) *Voy.* MM. Troplong (n° 395); Massé et Vergé, sur Zachariæ (t. V, p. 76, note 15).
— Comp. Pothier (n° 441).

un certain temps. Le temps fixé étant expiré, si le débiteur ne s'est pas mis en mesure, la caution peut agir contre lui à l'effet d'obtenir la décharge promise. La loi romaine disait également : « *Neque ab initio* ita » te obligationem suscepisse, ut eam possis et ante solutionem conve- » nire. » (L. 10, au C. *Mand. vel contr.*) Seulement, il importerait peu aujourd'hui que la promesse de la décharge n'eût pas été faite *ab initio,* c'est-à-dire au moment du contrat de cautionnement. S'il en était autrement en droit romain, cela tenait, suivant la remarque de Pothier, aux principes de cette législation d'après laquelle les conventions intervenues depuis le contrat étaient de simples pactes qui ne pouvaient pas produire d'action. Mais notre droit n'admet pas de telles subtilités ; et soit que le débiteur se soit obligé, au moment du contrat, à rapporter la décharge de la caution dans un certain temps, soit qu'il n'ait promis cette décharge que depuis, la caution peut, même avant d'avoir payé, agir contre le débiteur dès que le temps fixé est expiré : dans l'un et l'autre cas, le recours anticipé de la caution est également fondé sur le principe que la convention fait la loi des parties.

V. — 291. *Quatrième cas.* Lorsque la dette est devenue exigible par l'échéance du terme sous lequel elle avait été contractée, celui qui a cautionné le payement de cette dette est fondé à agir contre le débiteur même avant d'avoir rien payé : c'est le quatrième cas où, d'après l'art. 2032, la voie du recours anticipé est ouverte à la caution. La caution a dû compter que le débiteur payerait à l'échéance, et que par là elle se trouverait déchargée. Il faut donc voir aussi, dans ce cas, comme une convention tacite, sinon expresse, par laquelle le débiteur s'engage à ne pas laisser l'obligation de la caution se prolonger au delà du moment où l'obligation principale devait elle-même être acquittée.

C'est pourquoi nous pensons que l'échéance du terme autoriserait la caution à exercer son recours contre le débiteur par anticipation, quand même le créancier aurait accordé à ce dernier une prorogation de délai. La caution n'est pas déchargée par la concession d'un nouveau délai faite au débiteur (*suprà,* n° 73). Et comme elle a dû penser, d'après la loi du contrat, que son engagement prendrait fin à la première échéance, elle est fondée à réclamer sa décharge dès que cette échéance est arrivée.

292. Si le cautionnement avait pour objet d'assurer le payement d'une obligation périodique, par exemple d'une rente, chaque terme d'arrérages pourrait donner lieu, aussitôt après son échéance, au recours anticipé de la caution (1).

VI. — 293. *Cinquième cas.* Enfin, la caution peut agir contre le débiteur même avant d'avoir payé, *au bout de dix années lorsque l'obligation principale n'a pas de terme fixe d'échéance, à moins que l'obligation principale, telle qu'une tutelle, ne soit pas de nature à pouvoir être éteinte avant un temps déterminé.* C'est le cas prévu dans la loi 38, § 1, ff. *Mand. vel contr.* : « Fidejussor an, et prius, quam solvat, agere

_____

(1) *Voy.* M. Delvincourt (t. III, p. 262, note 8).

» possit, ut liberetur? Nec tamen semper expectandum est, ut solvat, » aut judicio accepto condemnetur, *si diù in solutione reus cessabit...* » Seulement, l'art. 2032 a fait cesser l'incertitude qui résultait de ces dernières expressions : « *si diù* in solutione reus cessabit. » En présence de ce texte qui ne précise rien quant au délai après lequel la caution pouvait assigner le débiteur principal à l'effet d'obtenir sa décharge, nos anciens auteurs ne s'accordaient pas sur le point de savoir quand était venu pour la caution le moment d'agir. Les uns estimaient que l'action n'était pas recevable tant que l'obligation n'avait pas duré au moins dix années; d'autres, moins rigoureux, supposaient qu'après deux ou trois ans la caution devait être autorisée à réclamer sa décharge; d'autres, enfin, et de ce nombre Pothier, pensaient que, rien ne pouvant être défini à cet égard, la solution dépendait des circonstances et devait être laissée à l'arbitrage du juge (1). Le Code a fait cesser toute incertitude sur ce point; il a fixé un terme qui, sur cette question du délai, ne livre rien à l'appréciation du juge.

Mais, d'un autre côté, il faut reconnaître que si la loi est claire et précise en cette partie, elle laisse, au contraire, beaucoup à désirer en ce qui concerne la réserve finale contenue dans l'article. La rédaction en est obscure et fort embarrassée; elle ne pourrait même pas, au point de vue grammatical rigoureux, s'expliquer d'une manière satisfaisante : aussi les auteurs ne se sont-ils pas fait faute de proposer des corrections plus ou moins ingénieuses (2). Toutefois, nous croyons inutile de nous y appesantir, parce que l'interprétation qu'il convient de faire du texte pris dans son ensemble se déduit des principes généraux aussi bien que de l'ordre d'idées suivi par les rédacteurs du Code, et que, d'ailleurs, on est généralement d'accord sur la portée de la disposition, dont le sens doit être maintenant précisé.

294. Il en résulte nettement que la voie du recours anticipé est ouverte à la caution au bout de dix années, lorsque l'obligation principale *est d'une durée indéfinie.* Et par là nous entendons une obligation qui non-seulement n'a pas un terme fixe d'échéance, mais encore qui ne doit pas nécessairement prendre fin à une époque quelconque, si incertaine qu'elle soit; par exemple, une rente constituée. Donc la caution qui aurait garanti le service de la rente aurait le droit, au bout de dix ans, d'exiger du débiteur principal qu'il lui procure sa décharge (3).

295. Et il en résulte, en outre, que si l'obligation à laquelle le cautionnement accède doit, par sa nature, durer un certain temps, quelque long qu'il soit, par exemple une tutelle, une restitution de dot, un usufruit, une rente viagère, il en est autrement. Bien que, dans tous ces cas, le moment où l'obligation deviendra exigible soit incertain, il est cer-

---

(1) Pothier (n° 441).
(2) *Voy.* MM. Duranton (n° 364); Berriat Saint-Prix (*Not. théor.*, n° 8081).
(3) *Voy.* Pothier (n° 443). *Voy.* aussi MM. Delvincourt (t. III, p. 263, note 9); Duranton (t. XVIII, n° 364); Ponsot (n° 271); Troplong (n° 405); Taulier (t. VII, p. 38 et suiv.); Mourlon (*Rép. écrit.*, t. III, p. 466 et 467); Aubry et Rau (t. III, p. 505).

tain, du moins, que ce moment arrivera; et le tiers qui a cautionné cette obligation devra attendre ce moment, dût-il ne venir qu'après dix ans, pour procéder par la voie du recours anticipé contre le débiteur principal, parce que, connaissant ou devant connaître la nature de l'obligation qu'il cautionnait, il a dû s'attendre à n'être pas déchargé du cautionnement tant que subsisterait l'obligation du tuteur, du mari, de l'usufruitier ou du débi-rentier qu'il a cautionné (1).

296. Il en serait de même de la caution qui aurait répondu de la gestion d'un caissier, d'un receveur ou de tout autre employé (2). Car si l'obligation principale n'a pas non plus ici un terme fixe d'échéance, il est certain qu'il y a un moment où elle prendra fin, le moment où expireront les fonctions, ce moment ne dût-il venir qu'à la mort de l'employé ou du fonctionnaire.

VII. — 297. Après l'examen et la discussion des cinq cas énumérés dans l'art. 2032, trois points nous restent à résoudre qui touchent soit au caractère, soit à l'objet du recours anticipé donné à la caution par cet article, soit aux fidéjusseurs qui doivent être admis à exercer ce recours.

Et d'abord, nous avons à nous demander si l'énumération faite par la loi est purement énonciative ou si elle est limitative. Notre ancienne jurisprudence, qui, sur ce point, avait suivi les décisions de la loi romaine, paraît ne s'y être pas tenue; et bien des auteurs ajoutaient aux cas dans lesquels le fidéjusseur, d'après les textes précités de la loi romaine, pouvait agir contre le débiteur avant d'avoir payé, d'autres cas dont ces textes ne font pas mention. Henrys disait spécialement que « la caution se peut encore faire décharger si, entre elle et le débiteur, il était intervenu quelque inimitié capitale » (3); et M. Troplong rappelle, d'après Hering, qu'il y avait jusqu'à dix-sept cas dans lesquels le recours anticipé était ouvert à la caution. Mais l'opinion de tous les auteurs, aujourd'hui, est que la disposition de l'art. 2032 n'est pas susceptible d'extension (4); et nous partageons complétement cet avis. Le soin que le législateur a pris de faire une énumération précise nous paraît exclusif de l'idée qu'on puisse ajouter à l'énumération par voie d'analogie. Il en doit être d'autant plus ainsi, qu'en définitive l'art. 2032 est tout exceptionnel, et par cela même appartient à une classe de dispositions qui, par leur nature même, ne comportent pas d'extension. Donc, quelque faveur que mérite la caution, il n'y aura pas lieu, dès qu'elle ne se trouverait pas dans l'un des cas spécifiés par l'art. 2032, de lui accorder le recours naissant de l'exécution du mandat en vertu duquel elle s'est portée caution, tant que cette exécution ne sera pas accomplie. Quant à l'inimitié capitale dont parle Henrys, nous nous y arrêterons d'autant moins que même, comme nous l'avons expliqué dans notre commentaire de l'art. 2007, quand elle survient entre le mandant et le manda-

---

(1) Pothier (n° 442). *Voy.* aussi les auteurs cités à la note précédente.
(2) *Voy.* M. Troplong (n° 404).
(3) Henrys (*Du Cautionnement*, n° 39).
(4) *Voy.* MM. Ponsot (n° 276); Troplong (n° 410); Massé et Vergé, sur Zachariæ (t. V, p. 77, note 19); Boileux (t. VI, p. 674).

taire, elle ne nous paraît pas susceptible à elle seule et par elle-même d'autoriser le mandataire à s'abstenir d'exécuter le mandat (1).

298. Dans le même ordre d'idées et eu égard encore au caractère tout exceptionnel de l'art. 2032, nous en limitons l'application au cas de cautionnement proprement dit : c'est à tort, selon nous, qu'on l'étendrait aux simples affectations hypothécaires. Néanmoins, la Cour de Bruxelles a décidé que celui qui a hypothéqué ses biens pour sûreté d'une rente constituée par un tiers peut, après dix ans, comme une caution pourrait le faire, assigner le débiteur pour obtenir sa décharge. « Attendu, a dit la Cour, qu'en supposant que la constitution d'hypothèque de la part de l'intimé ne puisse être envisagée pour un cautionnement proprement dit, du moins, par identité de raison, le n° 5 de l'art. 2032 du Code civil est applicable à l'espèce : *officium suum nemini debet esse damnosum;* ce qui arriverait si la constitution d'hypothèque devait être perpétuelle. » (2) Quoique cette décision soit approuvée par les auteurs, et par l'un d'eux même au prix de la rétractation d'une opinion antérieurement émise en sens contraire (3), nous ne la croyons pas conforme aux principes. En thèse générale, donner une sûreté pour la dette contractée par un tiers, c'est prendre un engagement accessoire dont la durée se mesure à la durée de l'engagement pris par l'obligé principal. C'est par exception qu'il en est autrement, dans quelques cas spécialement déterminés, lorsque la sûreté est donnée par la voie du cautionnement. Or, cette exception, que notre article consacre, n'est pas reproduite par la loi à l'occasion des autres contrats de sûreté, spécialement à l'occasion du contrat d'hypothèque. Elle ne saurait donc y être étendue. C'est, d'ailleurs, par une fausse appréciation qu'on défend au nom de l'équité la solution consacrée par la Cour de Bruxelles, et quand M. Ponsot s'écrie, non sans quelque emphase : « A défaut de texte formel qui nous lie, le droit, pour nous, c'est l'équité », il se méprend, ce nous semble, et quant à l'équité et quant au droit. D'une part, le propriétaire qui a conféré la sûreté hypothécaire aurait, sans doute, quelque raison de trouver équitable la solution dont il s'agit ici ; mais c'est surtout au point de vue du créancier qu'il faut se placer : or, il est de toute justice que celui qui a voulu faire confiance à la chose seulement ne soit pas inopinément privé des garanties qu'il a stipulées et sans lesquelles il n'eût pas consenti à livrer son argent ou son bien ; voilà l'équité. D'une autre part, s'il n'y a pas ici un texte formel, il y a au moins un principe général qui domine : tout contrat de sûreté, nous le répétons, crée une obligation qui, à moins d'exception nettement précisée, doit durer autant que l'obligation principale à laquelle elle est accessoirement liée ; voilà le droit.

VIII. — 299. Quant à l'objet et au caractère du recours anticipé ou-

---

(1) *Voy.* au tome précédent (n° 1167).
(2) *Voy.* Bruxelles, 2 avr. 1819 (Dalloz, *Rép.*, v° Cautionnement, n° 33).
(3) *Voy.* MM. Ponsot (n° 16); Troplong (n° 416); Dalloz (*Rép.*, v° Cautionnement, *loc. cit.* Ce dernier auteur avait critiqué l'arrêt de la Cour de Bruxelles dans la première édition du *Répertoire*); Boileux (t. VI, p. 674).

vert à la caution dans les cas déterminés par l'art. 2032, ils sont clairement indiqués dans les premiers mots de cet article. La loi autorise
simplement la caution à *agir* contre le débiteur : c'est dire que la caution qui veut se prévaloir du bénéfice de l'art. 2032 ne peut cependant
procéder par voie parée et saisir directement les biens du débiteur. Il
lui est permis, sans doute, d'user de mesures conservatoires, et par
exemple de procéder, sauf l'autorisation du juge, par voie de saisie-
arrêt ; mais pour aller au delà, elle doit nécessairement intenter contre
le débiteur une action tendant à ce que celui-ci lui procure la décharge
de son obligation (1). — Le résultat de cette action sera, si le débiteur
ne procure pas la décharge, une condamnation prononcée contre lui
à l'effet d'indemniser la caution du préjudice qu'elle subit par l'indue
prolongation de son engagement. Par où l'on voit que, quoi qu'en aient
dit certains auteurs (2), l'appellation d'*action en indemnité* sous laquelle
notre article, d'après Pothier d'ailleurs (3), désigne le recours anticipé
de la caution, ne manque pas absolument d'exactitude.

300. La nature et le montant de l'indemnité doivent être laissés à
l'appréciation souveraine des juges du fait. D'après M. Duranton, la
seule garantie que le débiteur pourrait offrir à la caution résulterait de
la consignation d'une somme d'argent ou d'une valeur égale au montant de l'obligation principale (4). La décision nous semble trop absolue. Sans doute, les juges du fond pourront condamner le débiteur à
fournir à la caution ou à déposer entre les mains d'un tiers une somme
d'argent, même égale au montant de l'obligation principale, laquelle
somme, suivant que la caution aura été forcée de payer le créancier ou
que le débiteur sera parvenu à procurer la décharge du cautionnement,
restera à la caution à titre de remboursement ou sera rendue au débiteur. Mais les juges pourront également déclarer suffisante toute autre
garantie, par exemple un gage, une hypothèque, un nouveau cautionnement, et obliger la caution à s'en contenter.

301. Ce que nous disons ici du pouvoir attribué aux juges du fait
nous conduit à la solution d'une question déjà controversée sous l'ancienne jurisprudence, et à l'occasion de laquelle la controverse subsiste
encore aujourd'hui. Il s'agit de savoir si la caution, qui a le droit de réclamer sa décharge et n'obtient pas satisfaction du débiteur, peut payer
elle-même le créancier et exercer ensuite le recours auquel le cautionnement donne lieu. Spécialement on s'est demandé si celui qui aurait
répondu du service d'une rente, et qui, au bout de dix ans, n'aurait pas
été déchargé, malgré sa demande, aurait le droit de rembourser lui-

---

(1) *Voy.* Bordeaux, 22 fév. 1832 (S. V., 32, 2, 378; Dalloz, 32, 2, 96). — *Voy.* cependant Grenoble, 27 fév. 1834 (S. V., 34, 2, 367; Dalloz, 34, 2, 168); mais il y avait
fraude constatée dans cette dernière espèce.
(2) *Voy.* MM. Troplong (n° 391); Duranton (t. XVIII, n° 359); Massé et Vergé, sur
Zachariæ (t. V, p. 76, note 13); Aubry et Rau (t. III, p. 505, note 13). Comp. M. Berriat Saint-Prix (*loc. cit.*, n° 8080).
(3) Pothier (n° 441).
(4) *Voy.* M. Duranton (t. XVIII, n° 361). *Voy.* aussi M. Zachariæ (t. III, § 427,
note 7).

même au créancier le capital de la rente, et d'agir ensuite en recours contre le débiteur, comme étant son mandataire. Contrairement à l'opinion émise par la plupart des auteurs (1), nous résoudrions la question par la négative. La caution, ne l'oublions pas, a droit simplement à une indemnité, et ce n'est pas à elle, c'est au juge qu'il appartient d'apprécier et de dire ce que doit être et quelle doit être cette indemnité. Sans doute, le juge pourrait bien reconnaître que le remboursement immédiat du créancier par la caution est la combinaison la meilleure et celle qui sauvegarde le mieux les intérêts des parties ; mais il se pourrait aussi qu'une autre combinaison lui parût préférable, surtout si la continuation du service de la rente, constituée peut-être à un taux peu élevé, présentait pour le débiteur plus d'avantages que le remboursement immédiat. Il est donc juste et nécessaire que la caution attende la décision du juge sur ce point ; elle ne doit pas la devancer, et elle est tenue de s'y soumettre quand elle est rendue.

Si, au contraire, la caution a pris les devants, elle aura contre le débiteur non plus l'action de mandat, mais simplement l'action de gestion d'affaires, laquelle est moins profitable (voy. *suprà,* n°s 226 et suiv.). Et si, avec l'agrément du créancier, elle peut avoir la subrogation *conventionnelle* aux droits de ce dernier, elle n'aura pas du moins la subrogation *légale;* car l'obligation dont elle répondait était le service de la rente, et non le remboursement auquel le créancier ne pouvait la contraindre ; en sorte qu'elle ne se trouverait pas avoir payé ce dont elle était tenue pour un autre, et qu'ainsi la condition essentielle de toute subrogation légale lui ferait défaut.

IX. — 302. Enfin, le point de savoir quelles cautions ont le droit d'invoquer l'art. 2032 est implicitement résolu par les observations qui précèdent. Nous avons dit, en effet, que cet article est écrit en vue du cautionnement procédant d'une convention préalable de mandat entre le débiteur et la caution (*suprà,* n°s 280 et 288). Il en résulte donc que la disposition en peut être invoquée seulement au cas où la caution a reçu mandat du débiteur à l'effet de le cautionner. Nous n'exceptons pas, d'ailleurs, l'hypothèse dans laquelle ce mandat, étant payé, se trouverait transformé en un louage de services ; car, même dans cette hypothèse, le débiteur a contracté l'obligation de garantir la caution contre toute poursuite, et même contre les craintes fondées de poursuites, de la part du créancier.

303. Mais, d'un autre côté, il en résulte que la disposition ne profiterait ni à la caution qui se serait engagée dans l'intérêt du créancier, ni à celle qui se serait obligée soit malgré le débiteur principal, soit même à son insu. Sur les deux premiers points, notre solution s'accorde avec celle des auteurs ; au contraire, elle s'en écarte absolument sur le troisième, la doctrine ayant généralement admis que, même quand elle s'est engagée à l'insu du débiteur, la caution peut exercer le recours an-

(1) *Voy.* Pothier (n° 444). MM. Merlin (*Quest.,* v° Caution, § 4); Delvincourt (t. III, p. 263, note 9); Ponsot (n° 272); Troplong (n°s 406 et 407). — Comp. MM. Boileux (t. VI, p. 673); Massé et Vergé, sur Zachariæ (t. V, p. 76, note 18).

ticipé contre ce dernier, dans les cas déterminés par l'art. 2032 (1).
Néanmoins, nous admettrions difficilement qu'une personne pût, sous
le prétexte qu'elle a rendu service à un débiteur qui ne le lui demandait
pas, venir après coup agir contre ce débiteur, en vue d'une obligation
souvent fort difficile à remplir, et faire ainsi tourner contre lui son prétendu service.

304. Le bénéfice de l'art. 2032 appartient sans aucun doute à la
caution solidaire (2), soit que le contrat passé avec le créancier exprime
cette qualité, soit qu'il n'en fasse pas mention; car si la caution solidaire remplit, jusqu'à un certain point, le rôle d'un obligé principal,
c'est seulement vis-à-vis du créancier. Par rapport au débiteur, elle conserve toujours son caractère de caution.

305. Il en sera ainsi, notamment, de la femme qui s'est obligée solidairement avec son mari pour les affaires de la communauté ou du mari,
et qui est réputée, à l'égard de celui-ci, ne s'être obligée que comme
caution (C. Nap., art. 1431). Mais c'est un point que nous avons discuté amplement dans notre *Traité du Contrat de Mariage,* publié en
collaboration avec M. Rodière. Nous y renvoyons le lecteur (3).

SECTION III.

DE L'EFFET DU CAUTIONNEMENT ENTRE LES COFIDÉJUSSEURS.

306. Lorsque plusieurs personnes se sont rendues cautions d'un
même débiteur pour une même dette, elles sont obligées chacune à
toute la dette. C'est la disposition formelle de l'art. 2025, dont nous
avons donné le commentaire, *suprà*, n°ˢ 189 et suiv. Cela étant, il fallait, en prévoyant le cas où le créancier aurait reçu son payement total
de l'une des cautions, régler le recours que cette caution aurait à exercer contre les autres, c'est-à-dire ceux que notre rubrique désigne sous
la dénomination romaine, et peu connue dans la pratique, de *cofidéjusseurs*. Tel est l'objet de cette section, dont l'article unique complète le
chapitre relatif à l'effet du cautionnement.

2033. — Lorsque plusieurs personnes ont cautionné un même débiteur pour une même dette, la caution qui a acquitté la dette, a recours
contre les autres cautions, chacune pour sa part et portion.

Mais ce recours n'a lieu que lorsque la caution a payé dans l'un
des cas énoncés en l'article précédent.

SOMMAIRE.

I.   **307.** Origine du recours accordé entre cautions de la même dette : d'après le
     droit romain, le *fidejussor* qui avait payé n'avait de recours contre ses *cofide-*

_____

(1) *Voy.* MM. Ponsot (n°ˢ 275 et 276); Troplong (n°ˢ 411 et 412); Massé et Vergé,
sur Zachariæ (t. V, p. 77, note 19).
(2) *Voy.* MM. Ponsot (n° 276); Troplong (n°ˢ 413 et 414); Rodière (*De la Solid. et
de l'Ind.*, n° 160).
(3) *Voy.* notre *Traité du Contrat de Mariage* (1ʳᵉ édit., t. I, n° 608; 2ᵉ édit., t. II,
n° 875).

jussores qu'autant qu'il s'était fait subroger, avant le payement, aux droits du créancier. — 308. Notre ancienne jurisprudence française s'était écartée du droit romain en ce point. — 309. Le Code Napoléon, suivant les données de notre ancienne jurisprudence, accorde à la caution qui a acquitté la dette un recours contre les autres cautions chacune pour sa part. — 310. Division.

II. 311. Le recours existe au profit de la caution qui a payé plus que sa part dans la dette; — 312. Mais en tant qu'elle a payé en temps opportun, c'est-à-dire dans l'une des situations prévues par l'art. 2032. — 313, 314. Suite. — 315. *Quid* lorsque la caution, en acquittant la dette, s'est fait subroger conventionnellement?

III. 316. Le recours a lieu contre toutes les cautions obligées au payement de la même dette, quelles que soient les dates respectives de l'engagement. — 317. Il aurait lieu également contre les cautions de codébiteurs solidaires. — 318. *Secùs* contre le tiers qui aurait hypothéqué ses immeubles au payement de la dette cautionnée. — 319. A-t-il lieu contre le tiers détenteur de l'immeuble hypothéqué au payement de la dette dont répondait la caution qui a payé? Distinctions. — 320. *Quid* dans le cas où le tiers détenteur devient tel par l'acquisition de l'immeuble appartenant au débiteur principal et par lui hypothéqué?

IV. 321. Effet du recours accordé par l'art. 2033 : il fait participer toutes les cautions au payement de la dette. — 322. S'il y en a d'insolvables, leur part est supportée également par les autres. — 323. Ainsi, le recours est réduit à la part de chaque caution, et pourquoi? — 324. D'ailleurs, la caution ne pourrait pas, à la faveur d'une subrogation conventionnelle, exercer son recours pour le tout.

I. — 307. Dans les principes de l'ancien droit romain, une société de plein droit était établie entre ceux qui, comme les *sponsores* ou les *fidepromissores* (*suprà*, n° 5), avaient répondu du payement d'une même dette; et il en résultait que le *sponsor* ou le *fidepromissor* qui avait payé plus que sa part, notamment celui qui avait acquitté la dette en totalité, pouvait exercer contre les autres l'*actio pro socio*, à l'effet de les faire contribuer, chacun pour sa part, au payement de la somme dont il avait fait l'avance (1).

Mais il n'y avait rien de semblable en ce qui concerne les *fidejussores*. Une loi de Modestin, entre autres textes, dit en effet : « Ut fidejussor » adversus confidejussorem suum agat, *danda actio non est :* ideoque si » ex duobus fidejussoribus ejusdem quantitatis, cum alter electus a cre- » ditore totum exsolvet, *nec ei cessæ sint actiones : alter nec a creditore,* » *nec a confidejussore, convenietur.* » (L. 39, ff. *De Fidej. et Mand.*) Ainsi, celui des cofidéjusseurs qui avait payé plus que sa fraction dans la dette n'avait de recours contre les autres qu'autant qu'il avait eu le soin, avant le payement, de se faire céder l'action et les droits du créancier contre eux. La raison de cette décision était que lorsque plusieurs personnes se rendent cautions pour un même débiteur, elles ne contractent aucune obligation entre elles, chacune n'ayant d'autre intention que d'obliger le débiteur et se proposant de faire l'affaire de ce dernier, nullement celle de ses cofidéjusseurs (2).

308. Il faut convenir, toutefois, comme Pothier en fait la remarque, que si le principe est vrai en lui-même, la conséquence déduite par les

---

(1) Gaïus (Comm. III, § 122).
(2) *Voy.* Pothier (n° 445).

jurisconsultes romains était par trop rigoureuse : aussi ne fut-elle pas admise dans notre ancienne jurisprudence. Bien qu'il eût adopté, sur la subrogation, les règles du droit romain, et rejeté, contre la doctrine de Dumoulin, l'idée d'une subrogation légale et tacite (*suprà*, n° 265), l'ancien droit français se rattacha à cette idée en ce cas particulier : il admit que la caution, après avoir payé toute la dette, pouvait, sans subrogation d'actions, en répéter une part de chacun de ses cofidéjusseurs; l'action du fidéjusseur naissait non pas, à la vérité, du cautionnement même, les cofidéjusseurs n'ayant contracté aucune obligation entre eux, mais du payement fait par un seul et de l'équité, qui ne permet pas que le fidéjusseur qui a payé supporte seul le poids d'une dette au payement de laquelle les autres fidéjusseurs étaient tenus comme lui (1).

309. Le Code Napoléon, qui a généralisé la subrogation légale en faisant prévaloir les idées de Dumoulin (*suprà*, n° 266), devait naturellement la maintenir dans un cas où il la trouvait consacrée par les pratiques de notre ancienne jurisprudence (2). Et en effet, l'art. 2033 dispose que « lorsque plusieurs personnes ont cautionné un même débiteur pour une même dette, la caution qui a acquitté la dette, a recours contre les autres cautions, chacune pour sa part et portion. » C'est là, évidemment, une application spéciale de l'art. 1251, n° 3, et l'on peut dire que l'idée de subrogation est la base même de l'art. 2033. Toutefois, en rattachant la disposition de ce dernier article à l'ancienne jurisprudence, d'où elle tire son origine, on comprend qu'à cette idée se trouvent mêlés dans une certaine mesure le principe de la gestion d'affaires, et aussi la règle qui veut le maintien de l'égalité entre les différentes cautions d'une même obligation. Comme le dit Pothier, quoique le fidéjusseur, *ipsius inspecto proposito,* en payant la dette entière, fasse plutôt son affaire que celle de ses cofidéjusseurs, néanmoins, *effectu inspecto,* ayant, quant à l'effet, géré l'affaire de ses cofidéjusseurs en même temps qu'il faisait la sienne, les ayant, par son payement, libérés d'une dette qui leur était commune avec lui, l'équité exige qu'ils portent leur part de ce payement dont ils ont profité autant que lui (3).

310. Cela dit sur les précédents de la loi, nous avons à en expliquer les dispositions. Au profit de quelles cautions le recours accordé par l'art. 2033 est-il établi? Contre quelles personnes ce recours peut-il être exercé? Quelles en sont la mesure et les effets? Tels sont les points principaux à préciser.

II. — 311. Le recours est ouvert à la caution qui a payé non-seulement la totalité de la dette dont le payement était également cautionné par d'autres, mais encore plus que sa part dans la dette. Par la part de la caution, nous entendons la part même qu'elle aurait eu à supporter si elle eût voulu et pu invoquer contre le créancier le bénéfice de divi-

---

(1) *Voy.* Pothier (*loc. cit.*); d'Argentrée (*Cout. de Bretagne*, art. 213).
(2) *Voy.* le discours du tribun Lahary (Locré, t. XV, p. 387; Fenet, t. XV, p. 86).
(3) *Voy.* Pothier (*loc. cit.*). Comp. MM. Zachariæ (t. III, § 428); Troplong (n°° 421 et suiv.).

sion, c'est-à-dire une fraction du total de la dette ayant pour numérateur le nombre 1 et pour dénominateur un nombre égal à celui de toutes les cautions solvables; ainsi, un tiers, un quart, un cinquième, suivant que les cautions solvables sont au nombre de trois, quatre, cinq. Et quant au payement, nous prenons le mot dans le sens large que nous avons eu l'occasion de lui donner déjà sur d'autres points (*supra,* n°s 232, 236 et 270), écartant en cela l'opinion de Pothier, qui semble n'admettre le recours de la caution que dans le cas d'un payement effectif (1).

312. Mais comme il ne serait pas juste que l'une des cautions imposât aux autres un payement prématuré, le payement par elle fait ne lui ouvrirait le recours accordé par l'art. 2033 qu'autant qu'il aurait été effectué en temps opportun. Le deuxième paragraphe de cet article dit, en ce sens, que le recours n'a lieu que *lorsque la caution a payé dans l'un des cas énoncés en l'article précédent.* — Ainsi, 1° l'un des fidéjusseurs est poursuivi en payement par le créancier : il peut agir immédiatement contre tous ses cofidéjusseurs; il peut demander que chacun contribue, pour sa part, au payement de la dette, et cela, comme le dit Pothier, quand même il aurait renoncé au bénéfice de division ou en serait exclu par la nature de la dette, la renonciation ou l'exclusion n'ayant lieu qu'en faveur du créancier (2). — 2° Le débiteur a fait faillite ou est en déconfiture : le recours de l'art. 2033 est ouvert à celui des cofidéjusseurs qui paye sous le coup de ces événements, pourvu, d'ailleurs, si l'obligation principale est à terme, que ce terme soit arrivé; car il ne serait pas juste que celui des fidéjusseurs à qui il plaît de renoncer, sans motifs, au bénéfice du terme, fît peser sur les autres fidéjusseurs le préjudice résultant de cette renonciation.

313. De même, le payement est effectué par l'un des fidéjusseurs, 3° après le temps pour lequel il avait promis au débiteur de s'engager pour lui; 4° après l'échéance de la dette, si elle a un terme; 5° après le délai de dix ans, si la dette est sans terme : le recours de l'art. 2033 lui est également ouvert contre les autres fidéjusseurs. Mais il est de toute nécessité, dans ces trois cas, que le payement ait été effectué sur une décision conforme du juge : par les motifs exposés plus haut, et auxquels nous nous référons, le fidéjusseur doit s'abstenir de prendre les devants (*supra,* n° 301).

314. Quelques auteurs, allant encore plus loin, n'accordent le recours à la caution que dans trois des cinq cas prévus par l'art. 2032; ils retranchent le troisième et le cinquième, dans lesquels, disent-ils, la caution, au lieu de payer la dette, *agit contre le débiteur à l'effet de se faire rapporter sa décharge* (3). Mais il faut prendre garde que la caution ne s'en tient pas là; elle veut sa décharge, sans doute, mais elle demande, en outre, qu'à défaut le débiteur fournisse des fonds suffisants

---

(1) Pothier (*loc. cit.*).
(2) *Id.* (*loc. cit.*).
(3) *Voy.* MM. Duranton (t. XVIII, n° 366); Ponsot (n° 292).

pour acquitter la dette : et si, en définitive, elle n'obtient ni la décharge, ni les fonds, elle devra, comme restant obligée, satisfaire à son obligation vis-à-vis du créancier. Or, c'est là précisément le payement prévu par la loi et dans lequel, d'après sa disposition formelle, prend naissance le recours de celui des fidéjusseurs qui paye contre les autres fidéjusseurs tenus avec et comme lui de la dette. Il faut donc écarter cette restriction, que, d'ailleurs, les termes généraux de l'art. 2033 ne comportent en aucune manière, et contre laquelle s'élèvent également les observations dont cet article a été l'objet au cours des discussions qui l'ont précédé (1).

315. Remarquons, du reste, qu'il s'agit seulement, dans tout ceci, de la subrogation légale. Si, en dehors des cas spécifiés, la caution payait le créancier du consentement de celui-ci, et en se faisant subroger, la subrogation conventionnelle aurait, à l'échéance de la dette, les mêmes effets que la subrogation légale (2).

III. — 316. Le recours de l'art. 2033 a lieu contre toutes les cautions obligées au payement de la même dette, et quelle que soit la date de leurs engagements respectifs. Il importe peu que les fidéjusseurs aient répondu en même temps, soit avant, soit après celui qui a payé ; qu'ils se soient engagés par un seul et même acte, ou par des actes successifs et distincts : le recours a lieu dans tous les cas, la loi ne faisant aucune distinction. Ainsi, Paul est cautionné aujourd'hui par Pierre, après avoir été cautionné déjà pour la même dette par Joseph, engagé, comme caution, depuis un an. Pierre paye la dette de Paul dans l'un des cas déterminés par l'art. 2032 : il peut recourir contre Joseph, en vertu de l'art. 2033, tout comme s'il s'était engagé conjointement avec ce dernier et par le même acte.

317. Le recours aurait également lieu, au profit de la caution qui aurait répondu pour un de plusieurs codébiteurs solidaires, contre les cautions des autres codébiteurs, comme contre ces codébiteurs eux-mêmes. C'est dire que, dans cette situation, la caution a recours seulement du chef du débiteur par elle cautionné et pour lequel elle aurait payé ; car de son propre chef à elle, caution, elle n'aurait pas de recours en ce cas, l'art. 2033 s'occupant des personnes *qui ont cautionné un même débiteur pour une même dette* (3).

318. En déduisant ici une des conséquences du principe posé plus haut (n° 23), nous ferons remarquer que le recours dont parle notre article n'est dans le cas d'être exercé que contre des *cautions*. Ainsi, le tiers qui aurait hypothéqué ses immeubles à la sûreté du payement d'une dette cautionnée, si voisine que soit sa position de celle d'une

---

(1) *Voy.* notamment le discours de M. Chabot, qui, en expliquant l'art. 2033, y ramène, sans aucune réserve, les cinq cas prévus à l'art. 2032 (Locré, t. XV, p. 348 ; Fenet, t. XV, p. 58). — *Voy.* aussi, en ce sens, MM. Zachariæ (t. III, § 428, note 1) ; Troplong (n° 425) ; Massé et Vergé, sur Zachariæ (t. V, p. 78, note 5).

(2) *Voy.* M. Duranton (t. XVIII, n° 367).

(3) *Voy.* MM. Delvincourt (p. 146, note 2) ; Duranton (t. XVIII, n° 369) ; Ponsot (n° 283). Comp. M. Troplong (n° 441).

caution proprement dite, ne serait point soumis à ce recours, au moins en vertu de l'art. 2033 (1).

319. Mais c'est une question fort délicate de savoir si les règles générales qui servent de base à la subrogation ne suffiraient pas pour donner un recours à la caution contre le tiers détenteur d'un immeuble hypothéqué au payement de la dette dont elle répond ; ou si ce n'est pas, au contraire, le tiers détenteur qui, s'il avait payé le créancier, se trouverait subrogé aux droits de ce dernier contre la caution. On peut argumenter, en faveur de celle-ci, des art. 2029 et 2037, qui semblent bien lui conférer, sans aucune exception, tous les droits qu'avait le créancier. Mais, d'un autre côté, en faveur du tiers détenteur, on peut s'autoriser des dispositions non moins générales des art. 1252 et 2170.

A notre sens, il est difficile de sortir de ces antinomies apparentes autrement que par des distinctions ; et, sauf les conventions particulières qui pourraient intervenir sur ce point entre les parties, voici les circonstances qui, selon nous, seraient propres à déterminer la préférence tantôt en faveur de la caution, tantôt en faveur du tiers détenteur.

Le tiers détenteur a hypothéqué l'immeuble au payement de l'obligation, lorsque cette même obligation vient ensuite à être l'objet d'un cautionnement. En ce cas, la caution, si elle désintéresse le créancier, aura recours contre le tiers détenteur ; car, s'étant engagée quand l'immeuble de ce dernier était déjà hypothécairement affecté, elle a cautionné la dette telle qu'elle était, et, par conséquent, garantie par une hypothèque, sur laquelle elle a même dû compter pour se faire indemniser, le cas échéant où elle serait contrainte de payer le créancier.

D'après cela, la préférence reviendrait, au contraire, au tiers détenteur, si l'engagement de la caution avait précédé l'affectation hypothécaire de l'immeuble.

Et en supposant que les deux sûretés aient été données à la même date, c'est encore au tiers détenteur que la préférence devrait être accordée ; car en droit pur, comme aussi dans les idées de la pratique, la caution, engagée *personnellement,* est plus strictement, et pour ainsi dire plus principalement tenue du payement de la dette que le tiers détenteur, qui, lui, est engagé *réellement* et seulement à raison de l'immeuble (2).

Ces distinctions nous semblent rentrer mieux dans la pensée des dispositions combinées des articles ci-dessus cités, que l'opinion de quelques auteurs d'après lesquels le préjudice résultant de l'insolvabilité du débiteur principal serait, par égales portions, à la charge de la caution et du tiers détenteur (3).

320. Nous nous sommes placé jusqu'ici dans l'hypothèse où l'hypothèque aurait été directement conférée par le détenteur de l'immeuble pour sûreté d'une dette qui n'est pas la sienne. Mais prenons l'hypo-

---

(1) Comp., en ce sens, M. Troplong (n°⁵ 427 et suiv.). Mais *voy.* Pothier (n° 353). MM. Ponsot (n°⁵ 285 et suiv.) ; Mourlon (*Rev. étrang.,* 1845, p. 741 et 742).

(2) Comp. M. Troplong (n°⁵ 427 et suiv.).

(3) *Voy.* MM. Ponsot (n° 283) et Dalloz (*Rép.,* v° Priv. et Hyp., n°⁵ 1984 et 1986).

thèse, plus fréquemment réalisée, où le tiers détenteur devient tel par l'acquisition d'un immeuble qui appartenait au débiteur et sur lequel celui-ci avait conféré hypothèque. Dans ce cas, soit que l'hypothèque ait précédé le cautionnement, soit qu'elle l'ait suivi ou qu'elle l'ait accompagné, nous donnerions toujours la préférence à la caution sur le tiers détenteur. En effet, la caution a un droit incontestable à toutes les sûretés établies sur les biens du débiteur principal. Celui-ci, quand il a conféré hypothèque à son créancier, a du même coup, pour ainsi dire, hypothéqué l'immeuble en faveur de la caution, pour le cas où la caution acquitterait la dette. Et quand l'immeuble est acquis ensuite, il passe au tiers détenteur grevé de cette double charge, qui, comme toute charge réelle, suit l'immeuble en quelques mains qu'il passe (1).

IV. — 321. Reste à préciser l'effet du recours accordé au fidéjusseur qui a payé la dette contre les autres cofidéjusseurs qui ont cautionné le débiteur pour cette même dette. Cet effet s'induit des termes mêmes de l'art. 2033. La loi entend faire participer toutes les cautions à la perte que le payement fait subir à celle d'entre elles qui a été contrainte de l'effectuer. Elle dit, en conséquence, que le recours a lieu contre chacune des autres cautions *pour sa part et portion*. Ainsi, chacune des cautions devra restituer, à celle qui a payé, sa part, dans la dette, telle que nous l'avons fixée plus haut (*suprà*, n⁰ˢ 188 et 210).

322. S'il y a des cautions insolvables, leur part sera supportée également par toutes les autres. A cet égard encore, nous n'avons qu'à nous référer aux observations ci-dessus présentées à l'occasion du bénéfice de division (*suprà*, n° 212).

323. Mais ce système de la loi va contre l'idée de subrogation légale, qui est, comme nous l'indiquons plus haut (*suprà*, n° 309), la base principale de l'art. 2033. Cette idée, suivie jusqu'au bout, aurait dû conduire à ouvrir à la caution qui aurait payé un recours contre chacune des autres, non pas seulement pour une part dans la dette, mais pour tout ce qu'elle aurait payé, moins la portion qu'elle aurait eu elle-même à supporter en définitive. Toutefois, il y avait à éviter ici un circuit d'actions : c'est pour cela que la loi, dans ce cas comme dans le cas de solidarité, réduit l'objet du recours à la part et portion de chacune des cautions solvables dans la dette.

324. Cela même rend facile la solution de la question de savoir si, en se faisant subroger conventionnellement par le créancier, la caution pourrait exercer son recours pour le tout, moins sa part, contre chacune des autres cautions. La négative est évidente ; car, outre que la subrogation conventionnelle ne saurait avoir des effets plus étendus que la subrogation légale, laquelle n'est qu'une subrogation conventionnelle tacite et sous-entendue, elle créerait, si la solution contraire était admise, le circuit d'actions que la loi a eu précisément en vue d'éviter. Nous maintenons donc ici la solution à laquelle nous nous sommes déjà rattaché dans une situation analogue (*suprà*, n° 279).

_____

(1) *Voy.* M. Ponsot (n° 284). — Mais *voy.* M. Dalloz (*Rép.*, *loc. cit.*, n° 1986).

CHAPITRE III.

DE L'EXTINCTION DU CAUTIONNEMENT.

325. Les modes d'extinction du cautionnement se divisent en deux classes :

En sa qualité de contrat accessoire, le cautionnement s'éteint *indirectement*, mais forcément par suite de l'extinction de l'obligation principale (*suprà*, n° 9). Nous étudierons ce point avec détail en commentant les art. 2036, 2038 et 2039 (*infrà*, n°s 384 et suiv.).

En outre, le cautionnement s'éteint *directement* par les mêmes causes que les autres obligations. Nous nous occuperons tout d'abord de ce dernier mode d'extinction, auquel se réfèrent les art. 2034, 3035 et 2037.

2034. — L'obligation qui résulte du cautionnement, s'éteint par les mêmes causes que les autres obligations.

2035. — La confusion qui s'opère dans la personne du débiteur principal et de sa caution, lorsqu'ils deviennent héritiers l'un de l'autre, n'éteint point l'action du créancier contre celui qui s'est rendu caution de la caution.

SOMMAIRE.

I.   326. Le cautionnement s'éteint directement par les mêmes causes que les autres obligations. — Division.
II. 327. Effets des divers modes d'extinction des obligations appliqués au cautionnement sur la situation du débiteur principal. — 328. *Du payement.* La caution qui paye libère le débiteur vis-à-vis du créancier en même temps qu'elle se libère elle-même ; mais le débiteur reste soumis au recours de la caution : renvoi. — 329. *Quid* de la dation en payement ? Renvoi. — 330. *De la compensation.* L'effet est le même que celui du payement. — 331. Mais le droit d'opposer la compensation du chef de la caution devenue créancière du créancier n'appartient qu'à la caution. — 332. *De la remise volontaire.* Les effets varient suivant que la remise volontaire est faite par le créancier à la caution seule, ou à la fois au débiteur principal et à la caution. — 333. *Quid* si la remise portait simplement sur le cautionnement ? Distinctions. — 334. *De la novation.* C'est un mode d'extinction qui ne peut s'appliquer qu'à l'obligation principale. — 335. *De la confusion.* Il faut distinguer. — 336. Lorsque la confusion s'opère entre la caution *et le créancier*, le cautionnement est anéanti, mais l'obligation principale subsiste avec toutes les garanties y attachées ; néanmoins, le certificateur qui aurait répondu pour la caution serait libéré par la réunion des qualités de créancier et de caution en la même personne. — 337. *Quid* si la caution avait déjà payé partie de la dette au moment où la confusion s'opère ? — 338. Lorsque la confusion a lieu entre la caution *et le débiteur principal*, le cautionnement disparaît au moins en fait ; mais comme ce n'est pas là réellement un mode juridique d'extinction des obligations, le créancier, s'il y a intérêt, peut encore s'appuyer sur le cautionnement, nonobstant la confusion, pour agir contre son obligé. — 339. La confusion, dans ce cas, laisse subsister les sûretés garantissant la dette, y compris l'obligation du certificateur qui aurait répondu pour la caution (C. Nap., art. 2035). — 340. *De la nullité ou de la rescision.* La caution est libérée par l'effet de l'annulation prononcée sur sa demande ; mais le débiteur principal reste obligé. — 341. *De la condition résolutoire et du*

I. — 326. Celui qui cautionne s'oblige : donc, le cautionnement ou l'obligation qui en résulte s'éteint directement par les mêmes causes que les autres obligations. Or, les obligations, en général, prenant fin, aux termes de l'art. 1234 du Code Napoléon, par le payement, la novation, la remise volontaire, la compensation, la confusion, la perte de la chose, la nullité ou la rescision, l'effet de la condition résolutoire et la prescription, on peut dire que le cautionnement s'éteint aussi par ces mêmes causes, ou au moins par celles de ces causes qui sont compatibles avec l'idée ou le caractère d'obligation accessoire propre à l'obligation résultant de ce contrat.

Mais ce point précisé, il faut déterminer les effets, par rapport à la situation du débiteur principal, des divers modes d'extinction des obligations appliqués au cautionnement : ce sera tout d'abord l'objet des observations qui vont suivre. Nous nous expliquerons successivement ensuite, 1° sur les preuves de l'extinction; 2° sur l'effet de l'extinction du cautionnement relativement à l'une de plusieurs cautions de la même dette sur la situation des autres.

II. — 327. Lorsque l'obligation principale cesse d'exister, son extinction, comme nous venons de l'indiquer (n° 325) sauf à y revenir bientôt avec détail (n°s 384 et suiv.), amène forcément l'extinction de l'obligation accessoire de la caution. Il se peut aussi, et réciproquement, que l'extinction de l'obligation accessoire entraîne l'extinction de l'obligation principale. Toutefois, cet effet n'est pas constant et nécessaire, comme dans le cas inverse; il se produit ou non suivant les circonstances, et il peut n'être pas absolu, en ce sens que si parfois, lorsqu'il se produit, le débiteur reste complétement affranchi soit vis-à-vis du créancier, soit vis-à-vis du fidéjusseur, parfois aussi il est, quoique libéré envers le premier, soumis à un recours de la part du second. Tout ici dépend des circonstances qui accompagnent l'événement par suite duquel s'opère l'extinction du cautionnement. C'est ce que nous allons préciser en reprenant un à un les divers modes d'extinction des obligations.

328. Le premier et le plus efficace des modes d'extinction des obligations en général, et du cautionnement en particulier, est le *payement*. Donc, lorsque l'obligation principale est acquittée par la caution, le payement a pour effet la libération non-seulement de la caution, mais aussi du débiteur principal vis-à-vis du créancier (C. Nap., art. 1236). Mais le débiteur principal, quoique libéré envers ce dernier, reste soumis, vis-à-vis de la caution, à un recours dont nous avons étudié déjà la nature et l'étendue dans notre commentaire des art. 2028 et 2029. Nous n'avons pas à y revenir ici.

329. Nous nous sommes expliqué aussi sur la dation en payement, sur ses effets, sur le recours qu'elle laisse subsister au profit de la caution qui l'a faite contre le débiteur principal qu'elle a libéré : à cet égard encore, nous nous référons à nos précédentes explications (*suprà*, n°s 229 et suiv.).

330. La *compensation* n'étant qu'un payement abrégé, il faut appliquer à ce mode d'extinction ce que nous avons dit du payement. Ainsi, la caution, devenue créancière du créancier, profite de cette circonstance et se libère en opposant la compensation à ce dernier : le débiteur principal est libéré du même coup vis-à-vis de ce créancier; mais il reste soumis au recours même que la caution est en droit d'exercer contre lui quand elle éteint la dette au moyen d'un payement effectif.

331. Rappelons, d'ailleurs, que le droit d'opposer la compensation du chef de la caution devenue créancière du créancier appartient à la caution seule. Le débiteur principal, dit en effet l'art. 1294 du Code Napoléon, ne peut opposer la compensation de ce que le créancier doit à la caution.

332. Il en est de la *remise volontaire* faite par le créancier à la caution comme de la compensation : lorsque le créancier, faisant remise volontaire de la dette, donne quittance à la caution en vue de la gratifier du montant de la dette, il libère du même coup et l'obligé principal et la caution vis-à-vis de lui-même; mais il laisse l'obligé principal exposé au recours de la caution. C'est un point établi plus haut (n° 232) contre l'opinion de ceux qui seraient portés à penser que la caution n'ayant rien *payé* en ce cas, toute idée de recours doit être écartée.

Toutefois, il pourrait arriver que le créancier, en faisant remise volontaire, agît dans une pensée de libéralité en faveur du débiteur principal non moins qu'en faveur de la caution. S'il en était ainsi, ce qui constituerait un point de fait dont la vérification serait toujours facile, le résultat serait différent. Sans doute, les deux obligés seraient également libérés; mais le débiteur principal obtiendrait une libération plus complète, en ce que la caution n'aurait pas de recours contre lui.

333. Que si la remise portait non plus sur la dette elle-même, mais

simplement sur le cautionnement, elle aurait pour effet seulement l'extinction de l'obligation accessoire de la caution : le créancier conserverait tous ses droits contre le débiteur principal (C. Nap., art. 1287).

Ceci s'entend d'une remise à titre gratuit par le créancier à la caution. Mais supposons une remise du cautionnement faite à titre onéreux par le créancier. Dans l'ancien droit, c'était une question *célèbre,* suivant l'expression de Pothier, de savoir si lorsqu'une personne s'est rendue caution pour un débiteur à qui une somme d'argent a été prêtée, le créancier peut, non-seulement dans le for extérieur, mais même dans le for de la conscience, recevoir quelque chose de la caution pour la décharge de son cautionnement, et exiger ensuite du débiteur principal la somme entière qu'il lui a prêtée, sans rien imputer de ce qu'il a reçu de la caution. Pothier adopte sur ce point l'avis de Dumoulin, qui se prononçait pour l'affirmative pourvu que, au moment où la caution était déchargée, il y eût sujet de craindre l'insolvabilité du debiteur principal. « Et sic concludo (disait en effet le grand jurisconsulte après » avoir discuté la question), quod si subest imminens periculum sortis » et reditus in personâ debitoris, non est reprobandum quod creditor » aliquid accipiat a fidejussore, quem non solum obligatione, sed etiam » periculo eximit : cessante verò probabili periculo, injustè accepit, nisi » alia justa causa accedat, ut quia contemplatione fidejussoriæ cautio- » nis minorem reditum emerat. » (1) Cependant, quelque raisonnable que soit l'opinion de ces oracles du droit, quelque vrai qu'il soit de dire avec eux que la somme à laquelle la caution a attaché la remise par elle consentie est le prix du risque de l'insolvabilité du débiteur, risque désormais à la charge du créancier, les rédacteurs du Code se sont, en connaissance de cause et après une sérieuse discussion, refusés à suivre la tradition : ils ont décidé que si la remise du cautionnement était faite à titre onéreux par le créancier, ce que celui-ci aurait reçu de la caution devrait être imputé sur la dette, et tournerait à la décharge du débiteur principal et des autres cautions : ainsi dispose l'art. 1288 du Code Napoléon (2). Il y aurait donc là, d'après la disposition même de la loi, un payement fait par la caution pour le compte du débiteur principal et dont celui-ci devrait l'indemnité.

334. La *novation* est un mode d'extinction qui s'applique exclusivement à l'obligation principale. M. Ponsot, en s'en occupant (3), paraît, cependant, supposer que la caution a le pouvoir de nover l'obligation dont elle a répondu. C'est là une inadvertance. Il est évident que ce mode d'extinction ne s'applique pas à l'obligation accessoire du cautionnement, à moins qu'on ne voie une novation dans la substitution, acceptée par le créancier, d'une sûreté nouvelle à la sûreté qui résultait pour lui de ce cautionnement. Mais, au fond, cette opération est tout simplement une variété de la remise du cautionnement dont nous venons de parler : elle produirait le même effet.

_____

(1) *Voy.* Dumoulin (*De Usuris,* quest. 34) ; Pothier (*Oblig.,* n° 618).
(2) *Voy.,* à cet égard, Marcadé sur l'art. 1288 (t. IV, n°ˢ 813 et 814).
(3) M. Ponsot (n°ˢ 299 à 302).

335. Cet effet résulterait également de la *confusion* qui s'opérerait soit entre la caution et le créancier (C. Nap., art. 1301), soit entre la caution et le débiteur principal (*suprà*, nos 148 et 149). Expliquons-nous distinctement sur chacune des deux hypothèses.

336. Lorsque la confusion a lieu entre la caution *et le créancier,* le cautionnement se trouve anéanti ; mais l'obligation principale continue de subsister, avec toutes les garanties qui y étaient attachées.

Il est à remarquer, cependant, que si un certificateur avait répondu pour la caution, son obligation serait éteinte (1) par la réunion sur la tête de la même personne de la double qualité de créancier et de caution. Car si cette personne, agissant comme créancière, tentait d'actionner le certificateur, celui-ci la repousserait en lui opposant qu'en sa qualité de caution elle est obligée de le garantir contre toute demande en payement de la dette, et que, par conséquent, il ne lui appartient pas d'intenter elle-même cette demande. *Quem de evictione,* etc.

337. Que si, au moment où la confusion est opérée, la caution se trouvait avoir payé une partie de la dette au créancier, elle ne pourrait, en la qualité de créancier, réclamer au débiteur que la portion non encore payée. Elle ne pourrait recourir pour le surplus contre lui que comme mandataire. A ce titre, elle obtiendrait de plein droit l'intérêt des sommes par elle déboursées du jour où elle en aurait fait le versement au créancier ; et même elle pourrait prétendre à des dommages-intérêts excédant le taux de l'intérêt légal (*suprà*, nos 241 et 242) (2).

338. Lorsque la confusion a lieu entre la caution *et le débiteur principal,* le cautionnement disparaît encore, au moins en fait. Car c'est le cas de faire remarquer que la confusion n'est pas réellement un mode juridique d'extinction des obligations ; elle ne fait le plus souvent qu'en rendre l'exécution impossible. Mais s'il arrive, par une circonstance quelconque, qu'un tiers ait intérêt à ce que les effets de l'obligation subsistent, ce tiers est en droit d'agir comme si l'obligation n'était pas éteinte. Ce droit appartiendrait donc au créancier si la confusion devait lui nuire (3). C'est ainsi que le créancier d'une obligation naturelle garantie par une caution obligée civilement pourrait, malgré la confusion opérée entre la caution et le débiteur principal, s'appuyer encore sur le cautionnement pour intenter une action civile contre son obligé (4). Telle était la solution d'Africain (1. 21, § 2, ff. *De Fidej.*).

339. La confusion qui s'opère entre la caution et le débiteur principal, comme celle qui s'opère entre le créancier et la caution (*suprà*, n° 336), laisse subsister toutes les sûretés qui garantissaient la dette. Elle n'éteint même pas l'obligation du certificateur qui aurait répondu pour la caution ; car on ne trouve plus ici la raison qui nous a

(1) *Voy*. M. Delvincourt (t. III, aux notes, p. 264, note 5).
(2) *Voy*. M. Duranton (nos 491 et 492).
(3) *Voy*. MM. Aubry et Rau (t. III, p. 506); Troplong (nos 483 et suiv.).
(4) Comp. MM. Duranton (n° 375); Aubry et Rau (*loc. cit.*); Ponsot (n° 323); Troplong (nos 485 à 487).

porté à déclarer le certificateur libéré dans le cas où la confusion a lieu par la réunion sur la tête de la même personne de la double qualité de caution et de créancier. Toutefois, ce dernier point, sinon le premier, était résolu en sens contraire par les jurisconsultes romains. « Qui pro » te apud Titium fidejusserat, dit Africain, pignus in suam obligatio- » nem dedit; post idem hæredem te instituit, quamvis ex fidejussoria » causa non tenearis, nihilominus tamen pignus obligatum manebit : *at* » *si idem alium fidejussorem dederit, atque ita hæredem te institue-* » *rit; rectius existimari ait, sublata obligatione ejus, pro quo fidejussum* » *sit, eum quoque, qui fidejusserit, liberari.* » (L. 38, § 5, ff. *De Solut. et liber.*) Comme notre ancien droit, le Code Napoléon a rejeté cette so- lution; et pour couper court aux controverses qu'aurait pu susciter la décision de la loi romaine, il a dit expressément, au contraire, que « la confusion qui s'opère dans la personne du débiteur principal et de sa caution, lorsqu'ils deviennent héritiers l'un de l'autre, n'éteint point l'action du créancier contre celui qui s'est rendu caution de la caution. » (Art. 2035.)

340. Le même effet se produirait encore dans le cas où la caution ferait prononcer l'*annulation* de son engagement, par exemple pour in- capacité si elle était mineure au moment où elle s'est portée caution, ou pour vice de consentement si elle n'avait consenti que par erreur, par suite d'un dol pratiqué à son égard, ou sous l'empire de la violence dont elle aurait été l'objet. La caution serait libérée, sans doute, mais le dé- biteur principal n'en resterait pas moins obligé envers le créancier.

Remarquons en passant que la considération de la personne du débi- teur étant presque toujours la cause déterminante de l'engagement de la caution, il suffirait qu'il y eût de la part de celle-ci erreur sur la personne de ce débiteur pour qu'elle pût faire annuler le cautionnement (C. Nap., art. 1110).

341. De même, la *condition résolutoire,* d'où dépendrait l'existence du cautionnement, le *terme* après lequel la caution aurait stipulé qu'elle cesserait d'être tenue envers le créancier, profiteraient exclusivement à la caution : l'événement de la condition et l'échéance du terme n'en laisseraient pas moins subsister l'obligation du débiteur principal envers le créancier.

342. Quant à la *prescription,* elle ne peut jamais être invoquée par la caution que du chef du débiteur principal. En effet, d'après l'art. 2250 du Code Napoléon, les événements qui interrompent la prescription vis-à-vis de ce dernier l'interrompent du même coup vis-à-vis de la caution.

Mais la loi ne nous dit pas et les principes ne permettent pas de dire que, à l'inverse, la prescription interrompue contre la caution soit in- terrompue aussi du même coup contre le débiteur principal. L'opinion contraire, émise par quelques auteurs, et notamment par M. Troplong(1),

---

(1) *Voy.* MM. Merlin (*Rép.*, v° Interruption, n° 16); Troplong (*Prescript.*, n° 635; *Cautionn.*, n°ˢ 464-468); Dalloz (*Rép.*, v° Cautionnement, n° 311).

a été réfutée par Marcadé (1) en termes nets et précis, sur lesquels nous ne voulons pas revenir. Bornons-nous à ajouter que le débiteur ne peut être considéré comme ayant donné mandat à la caution à l'effet de recevoir de la part du créancier des actes interruptifs de prescription, et encore moins à l'effet de reconnaître une dette qui peut avoir été éteinte de son chef à l'insu de la caution. Si la loi eût voulu que ces effets exorbitants du droit commun se produisissent, elle n'aurait pas manqué de s'en expliquer dans l'art. 2250, comme elle l'a fait pour les codébiteurs solidaires, pour leurs héritiers et pour le débiteur principal : aussi, en l'absence d'un texte, les auteurs qui soutiennent le système contraire ne trouvent-ils pour l'appuyer que des considérations d'équité assez peu juridiques.

343. Il résulte de tout ceci que l'interruption de prescription, qui existe seulement du chef de la caution, est, dans notre opinion, complétement inutile au créancier, puisqu'elle n'atteint ni le débiteur principal, ni même la caution, la prescription, qui continue de courir en faveur du débiteur, profitant aussi à cette dernière, dont l'obligation ne saurait survivre à celle de ce débiteur.

III. — 344. Après cet examen des divers modes d'extinction proprement dite des obligations et de leurs effets au point de vue du contrat de cautionnement, nous avons à nous occuper de plusieurs questions délicates qui s'élèvent à propos de la preuve de l'extinction.

345. Et d'abord, nous trouvons un genre de preuve qui ne saurait laisser place à un doute ; il est en effet l'objet, dans la loi, d'une décision formelle que nous prendrons pour guide dans toute cette recherche : c'est le serment.

En effet, l'art. 1365 du Code Napoléon, après avoir posé en principe que le serment fait ne forme preuve qu'au profit de celui qui l'a déféré ou contre lui, et au profit de ses héritiers et ayants cause ou contre eux, ajoute que néanmoins « le serment déféré au débiteur principal libère également les cautions. » Telle était la règle également en droit romain. « A fidejussore exactum jusjurandum prodesse etiam reo Cassius et Ju» lianus aiunt : *Nam quia in locum solutionis succedit, hic quoque eodem* » *loco habendum est; si modo ideo interpositum est jusjurandum, ut de* » *ipso contractu, et de re, non de personá jurantis ageretur* » : c'était la disposition de la loi 28, § 1, ff. *De Jurej.* La loi dernière, § 1, au même titre, disait également : « Si fidejussor juraverit se dare non oportere, » exceptione jurisjurandi reus promittendi tutus est... » Ainsi, d'accord avec ces textes, l'art. 1365 du Code Napoléon entend que le serment déféré à la caution sur l'existence de la dette profite au débiteur principal. La loi reconnaît donc à la caution, mandataire de ce débiteur, le pouvoir de le représenter à l'effet de terminer avantageusement, par une prestation de serment, une contestation engagée sur l'existence même de l'obligation principale.

---

(1) *Voy.* Marcadé (sur l'art. 2250, n° II). *Voy.*, dans le même sens, MM. Duranton (t. XXI, n° 283) ; Taulier (t. VII, p. 467 et 468) ; Ponsot (n° 326).

346. Par la même raison, il faudra dire de la transaction faite avec la caution ce que nous disons du serment prêté par celle-ci. On avance généralement, pour justifier l'assimilation, que le serment est au fond une sorte de transaction. Sans nous arrêter à ce point de vue quant à présent et sauf à y revenir dans le commentaire du titre suivant, nous considérons que la transaction, de même que le serment, selon l'expression de la loi 28, § 1, ci-dessus rappelée, *in locum solutionis succedit*, et que la caution qui, comme mandataire du débiteur, a pouvoir de le libérer par une prestation de serment, ne peut pas ne pas avoir également pouvoir de le libérer par une transaction. Ainsi, il y a contestation sur l'existence d'une obligation cautionnée ; le créancier qui prétendait à une somme de 20 000 francs contre la caution soutenant que la dette est seulement de 5 000 francs, transige avec cette dernière et consent à ne réclamer que 10 000 francs : le débiteur profitera de cette transaction, et désormais il sera libéré jusqu'à concurrence des 10 000 francs abandonnés par le créancier.

347. Il en faut dire autant de la chose jugée entre le créancier et la caution. Sur ce point, cependant, Merlin a émis une opinion contraire, à l'appui de laquelle il invoque la doctrine de Bartole, du président Favre, et l'autorité de la loi romaine (1) : « Sicuti (dit en effet le prési» dent Favre) nec in omnibus bona est comparatio rei judicatæ et jurisju» randi... ut tractat Bartolus... Plus dicit Bartolus, nec malè, meo ju» dicio : etiamsi sententia absolutoria pro fidejussore lata sit, super re » ipsa, quasi non fuerit contractum, non tamen prodesse reo eam de» bere (*D. l. Adversus* 29, *in fin. sup. de recept. qui arbitr. recept.*), » non enim habet vim solutionis, sicut jusjurandum, quamvis aliquo » casu contingat, ut sententia absolutoria inter alios lata alii prosit, per» consequentiam necessariam, cui tamen non noceret... Major ergo » etiam hoc casu potestas est jurisjurandi, quam rei judicatæ. » (2) Et, d'un autre côté, la loi 29, ff. *De Recept. qui arbit.*, dont s'autorise Merlin d'après le président Favre, s'exprime en ces termes : « Adversus » sententiam arbitri fit, si petatur ab eo, a quo arbiter peti vetat. Quid » ergo, si a fidejussore ejus petatur, an pœna committatur? Et puto » committi : et ita Sabinus scribit. Nam potestate a reo petit. Sed si » cum fidejussore compromisi, et a reo petatur : nisi intersit fidejus» soris, non committetur. »

Mais notons que ce dernier texte, ainsi que M. Ponsot en a fait la remarque (3), ne touche pas à la question de savoir si l'exception de chose jugée entre la caution et le créancier qui ont plaidé sur la dette principale peut profiter au débiteur. Le jurisconsulte se demande si la caution qui a passé compromis avec le créancier peut, en exceptant de la convention, prétendre aux dommages-intérêts qui y sont stipulés dans le cas où le créancier demanderait au débiteur ce qu'il lui serait

---

(1) *Voy.* Merlin (*Quest.*, v° Chose jugée, § 18, n° 5). — *Voy.* aussi M. Rodière (*De la Solidar.*, n° 166).

(2) Favre (*Ration.* sur la loi 28, § 1, *De Jurej.*).

(3) *Voy.* M. Ponsot (n° 308).

interdit de demander à la caution : et il répond négativement, solution d'ailleurs fort juste, puisqu'en définitive les poursuites dont le débiteur est l'objet ne sont nullement préjudiciables à la caution. Mais cette solution n'a rien de commun avec le cas de chose jugée et ne saurait y être étendue. Si le gain d'un procès, obtenu par la caution au moyen d'une prestation de serment, profite au débiteur principal, on doit admettre, par voie d'analogie, que, de quelque manière que la caution écarte la prétention du créancier, le débiteur a le droit de se prévaloir du jugement rendu et de l'opposer au créancier (1).

348. Sauf le dissentiment que nous venons de rappeler, les auteurs, presque tous, admettent sans difficulté les solutions qui précèdent à propos du serment, de la transaction et de la chose jugée. Mais ils se divisent quand la question est posée en sens inverse, c'est-à-dire sur la question de savoir si la caution, qui représente le débiteur principal lorsque le résultat profite à celui-ci, le représente également quand le résultat doit lui être préjudiciable. Ainsi, le refus par la caution de prêter le serment qui lui aurait été déféré; la transaction désavantageuse qu'elle aurait faite avec le créancier; le jugement que celui-ci aurait obtenu contre elle, pourraient-ils être opposés par le créancier au débiteur principal? Telle est la difficulté.

349. Au premier abord, il peut paraître inique de laisser, d'un côté, au débiteur le bénéfice des actes avantageux de la caution, et, d'un autre côté, de le soustraire aux conséquences nuisibles que pourraient avoir ces mêmes actes; et, par exemple, s'il s'agit d'un jugement rendu entre la caution et le créancier, on peut hésiter à penser que quand le débiteur est admis à se prévaloir de ce jugement et à l'opposer au créancier qui a perdu son procès, celui-ci ne puisse pas en exciper et l'invoquer contre le débiteur principal s'il a obtenu gain de cause. Tel est cependant le système auquel, selon nous, il faut s'arrêter.

350. Et d'abord, il semble avoir été consacré par les lois romaines, qui, dans les dispositions ci-dessus rappelées (*suprà*, n° 345), paraissent indiquer que si le fidéjusseur représente le débiteur principal, c'est seulement quand il s'agit d'actes avantageux pour ce dernier.

Le système se justifie ensuite par cette considération générale, que le mandat donné à une personne à l'effet de faire certains actes avantageux ne comprend pas forcément le pouvoir de faire les actes désavantageux qui correspondent aux premiers. Par exemple, il n'est pas rare, dans la pratique, de voir une personne qui, chargée de stipuler au nom d'une autre, n'a pas cependant pouvoir de promettre; ou bien encore qui, autorisée à recevoir des donations, n'a pas le pouvoir d'en faire. Or, appliquant ceci au mandat que suppose le cautionnement, le créancier, dans le doute, doit présumer que ce mandat a été donné par le débiteur dans son intérêt, et, s'il veut que ses actes atteignent

---

(1) *Voy.*, en ce sens, MM. Ponsot (*loc. cit.*); Troplong (n°ᵉ 449-453).

aussi ce dernier, il faut qu'il les dirige contre lui en même temps que contre la caution.

351. Enfin, le système se justifie par la loi elle-même, par le contexte de l'art. 1365 du Code Napoléon, dont l'analyse attentive révèle la pensée. Deux règles s'induisent de la première disposition de cet article : il en résulte nettement, d'une part, que le serment fait ne forme preuve qu'*au profit* de celui qui l'a déféré, de ses héritiers et ayants cause ; d'une autre part, que le serment fait ne forme preuve que *contre* celui qui l'a déféré, contre ses héritiers et ayants cause. Mais le débiteur principal n'étant ni l'héritier, ni l'ayant cause de la caution, on devrait conclure, s'il n'y avait pas d'exception dans la loi, que le serment déféré à la caution par le créancier ne forme preuve, lorsqu'il est fait, ni pour, ni contre le débiteur principal ; en d'autres termes, que la preuve résultant de ce serment ne peut ni profiter, ni nuire à ce dernier. Toutefois le même art. 1365 contient une exception dans son cinquième paragraphe. Il y est dit que, néanmoins, le serment déféré à la caution *profite* au débiteur principal. Or, c'est là une exception limitée : elle modifie seulement la première des deux règles établies au début de l'article ; la seconde règle reste donc intacte, et, comme l'exception ne vient pas l'atteindre, elle permet de dire que le serment déféré par la caution au créancier, et par suite le jugement rendu sur la prestation de serment par ce dernier, ne nuisent pas au débiteur principal.

352. Cela étant, nous revenons à notre conclusion, à savoir : que, dans la pensée de la loi, la caution a toujours le pouvoir d'améliorer la position du débiteur principal, mais qu'elle n'a pas le pouvoir de l'aggraver. Et généralisant, d'après ce principe, la solution contenue dans l'art. 1365 relativement au cas particulier qu'il prévoit, nous l'étendons à toute chose jugée, à tout serment et à toute transaction. Dans les trois cas, il est vrai de dire que si l'opération est avantageuse, le débiteur principal pourra s'en prévaloir, et que si elle est désavantageuse, nul ne pourra utilement l'invoquer contre lui (1).

353. Maintenant, ce système devra-t-il être appliqué même dans l'hypothèse d'un cautionnement solidaire ? Comme nous l'avons dit (n°s 163 et suiv.), la caution solidaire ne nous paraît en aucune façon devoir être assimilée à un véritable codébiteur solidaire. La qualité qu'elle prend indique seulement chez elle l'intention de renoncer aux bénéfices accordés par la loi aux cautions simples, et d'être tenue envers le créancier aussi strictement que le débiteur principal. La solidarité de son engagement modifie donc les droits du créancier dans ses rapports avec elle, non dans ses rapports avec le débiteur principal. C'est pourquoi nous assimilerions la caution solidaire à la caution simple quant à l'influence des modes de preuves, employés vis-à-vis d'elle, sur la position du débiteur principal. Donc, nous déciderions

_____

(1) Comp. Req., 6 juin 1859 (Dalloz, 59, 1, 458 ; *J. Pal.*, 1859, p. 96 ; S. V., 59, 1, 911).

que le jugement (1), le serment, la transaction entre la caution et le créancier profitent au débiteur principal sans pouvoir lui préjudicier. Et par la même raison nous déciderions que la prescription, interrompue contre la caution solidaire, continue de courir au profit du débiteur principal, bien que l'art. 1206 contienne une disposition contraire en ce qui concerne les codébiteurs solidaires.

354. Dans tout ce qui précède, nous avons supposé un serment, une transaction, un jugement portant sur l'existence même de l'obligation principale. Toutefois, la contestation pourrait n'avoir eu pour objet que l'obligation accessoire du cautionnement, par exemple si la caution avait contesté sa qualité, ou prétendu ne l'avoir que dans une certaine mesure ou jusqu'à concurrence d'une somme inférieure à celle à raison de laquelle elle était poursuivie par le créancier. Dans ce cas, de quelque manière que prenne fin la contestation ainsi limitée entre le créancier et la caution, le débiteur principal restera complétement à l'écart. Les actes accomplis entre les contestants seront sans influence sur sa position ; il n'en résultera pour lui ni avantage, ni préjudice, et il continuera d'être tenu envers le créancier comme il l'était auparavant.

IV. — 355. Après avoir recherché quel est l'effet des actes d'une caution par rapport au débiteur principal, nous avons à nous expliquer, en quelques mots, sur la portée que peuvent avoir les actes de la caution relativement à la position des autres cautions de la même dette.

356. Lorsque ces actes ont pour effet l'extinction de l'obligation principale, l'obligation accessoire des cautions se trouve également éteinte à l'égard du créancier. Mais les cautions restent, suivant les cas, soumises, vis-à-vis de celle du chef de laquelle l'extinction a eu lieu, à un recours dont nous avons étudié la nature et les effets dans notre commentaire de l'art. 2033 (*suprà*, n°s 307 et suiv.).

357. Que si le cautionnement seul a été mis en jeu, la décharge de l'une des cautions ne profite nullement aux autres ; il est même vrai de dire qu'elle leur nuit, en ce sens qu'elles seront moins nombreuses quand il s'agira de répartir entre elles le montant de la dette. Nous trouvons une application de ceci dans un arrêt de la Cour de cassation, aux termes duquel une caution qui a payé la dette ne peut exercer l'action de gestion d'affaires contre une autre caution solidaire de la même dette, pour la faire condamner à lui rembourser la moitié de la somme payée, lorsque le cautionnement a été déclaré nul à l'égard de cette dernière par une décision judiciaire (2).

358. Cependant la remise faite à une caution par le créancier, soit de son obligation au total, soit de sa part dans la dette, profite aux autres cautions dans cette dernière proportion, ainsi que nous l'avons vu,

---

(1) *Voy.* M. Ponsot (n° 312). — *Voy.* cependant MM. Proudhon (*De l'Usuf.*, n° 1325); Troplong (n° 459); Rodière (n° 166).
(2) Req., 21 mai 1855 (S. V., 58, 1, 390; *J. Pal.*, 1858, p. 856; Dalloz, 56, 1, 258).

quant au premier cas, sous l'art. 2027 (*suprà,* n°s 220 et suiv.), et comme nous le verrons, pour le second, en commentant l'art. 2037 (*infrà,* n° 375).

V. — 359. En suivant l'ordre du Code, nous serions amené à commenter l'art. 2036, aux termes duquel « la caution peut opposer au créancier toutes les exceptions qui appartiennent au débiteur principal, et qui sont inhérentes à la dette ; mais elle ne peut opposer les exceptions, qui sont purement personnelles au débiteur. » Toutefois, ceci touche à l'extinction *indirecte* du cautionnement. C'est pourquoi nous intervertissons l'ordre du Code, et, sauf à revenir bientôt à l'art. 2036 (*infrà,* n°s 384 et suiv.), nous passons au commentaire de l'art. 2037, qui nous permettra de compléter nos observations touchant l'extinction *directe* du cautionnement.

2037. — La caution est déchargée, lorsque la subrogation aux droits, hypothèques et priviléges du créancier, ne peut plus, par le fait de ce créancier, s'opérer en faveur de la caution.

SOMMAIRE.

I. — 360. Le cautionnement s'éteint encore, ou, selon l'expression de l'art. 2037, la caution est déchargée lorsque, par le fait du créancier, la subrogation légale, dont le principe est posé par l'art. 2029 (n°s 261 et suiv.), ne peut plus s'opérer en sa faveur. Cet article consacre par là une autre cause d'extinction qui, s'attaquant au cautionnement lui-même, l'atteint *directement* et le fait tomber sans que ce soit une conséquence de l'extinction de l'obligation principale.

361. Cette cause d'extinction n'existait pas à Rome, au moins pour la *fidejussio* (*suprà,* n° 5), qui, produisant une action de droit strict, laissait au créancier la faculté, sans l'exposer à la perte de ses droits contre le *fidejussor*, de se livrer à tout acte qui ne constituait pas un dol caractérisé vis-à-vis de ce dernier, et qui notamment lui permettait l'abandonner toutes ses actions contre le débiteur, et par là de rendre impossible la cession de ces actions au *fidejussor*. Pothier cite à l'appui de cette appréciation deux textes qui la confirment, en effet, pleinement. Dans le premier, Ulpien décide que le fidéjusseur reste tenu envers le créancier, alors même que celui-ci est convenu avec le débiteur principal de ne point lui demander le payement de la dette, en se réservant de le demander au fidéjusseur. Bien que le créancier se soit mis par là dans le cas de ne pouvoir céder au fidéjusseur une action efficace contre le débiteur auquel la convention procurait l'exception *pacti*, il pouvait demander à ce fidéjusseur le payement de la dette (1). « Nisi » hoc actum est, ut duntaxat a reo non petatur (a fidejussore petatur) : » tunc enim fidejussor exceptione non utetur.» (L. 22, ff. *De pactis*). Dans le second texte, Julianus décide que le créancier qui, ayant deux fidéjusseurs, fait remise expresse à l'un d'eux, peut néanmoins agir contre l'autre sans avoir à craindre aucune exception, bien que, par son fait, il se soit mis hors d'état de céder au fidéjusseur qu'il poursuit son action contre le fidéjusseur auquel il a consenti la remise : « Si ex duo- » bus, qui apud te fidejusserant in viginti, alter, *ne ab eo peteres,* quin- » que tibi dederit vel promiserit : *nec alter liberabitur.* Et si ab altero » quindecim petere institueris, *nullá exceptione summoveris...* » (L. 15, § 1, ff. *De Fidej.*)

362. Cependant, il n'en était pas de même dans le *mandatum pecuniæ credendæ* dont nous avons plus haut précisé le caractère (*suprà,* n° 6). La bonne foi qui, dans ce contrat, présidait aux relations des parties, permettait, au contraire, au *mandator* (c'est-à-dire, comme nous l'expliquons *loc. cit.,* à la caution) de repousser le créancier qui, par son fait, s'était mis dans l'impossibilité de lui céder ses actions contre le débiteur. Et c'est ce que Papinien décide en termes formels : « Si creditor a debitore culpâ suâ causa ceciderit : prope est, ut ac- » tione mandati nihil a mandatore consequi debeat; cum ipsius vitio » acciderit, ne mandatori possit actionibus cedere. » (L. 95, § 11, ff. *De Solut. et liberat.*) La raison, dit Pothier, en est évidente : c'est un principe commun à tous les contrats synallagmatiques que, lorsque nous

---

(1) Pothier (*Oblig.*, n° 557).

avons contracté des obligations réciproques, je ne suis pas recevable à vous demander l'exécution de la vôtre si, par ma faute, je manque à la mienne. Or, suivant ce principe, lorsque par mon ordre vous avez prêté une certaine somme d'argent à Pierre, et que par votre faute vous vous êtes laissé déchoir de l'action que vous aviez acquise par ce prêt, et qu'en conséquence vous ne pouvez plus me céder, vous êtes irrecevable à me demander cette somme, au remboursement de laquelle je m'étais obligé par le contrat de mandat intervenu entre nous, puisque, de votre côté, vous ne pouvez plus remplir l'obligation que vous aviez prise, par ce même contrat, de me céder l'action qui résultait, à votre profit, du prêt par vous fait à Pierre en exécution de mon mandat (1).

363. Les anciens auteurs ont, d'ailleurs, très-bien expliqué cette différence notable entre la *fidejussio* et le *mandatum pecuniæ credendæ.* Celui qui, par l'ordre d'un tiers, a prêté une somme d'argent, a, par le mandat que cet ordre renferme, contracté, envers le mandant (*mandator pecuniæ credendæ*), l'obligation formelle de lui conserver l'action que, comme prêteur, il acquiert contre celui entre les mains de qui la somme est versée en exécution du mandat. Or, on ne peut pas dire du créancier, dans la fidéjussion, qu'il ait contracté, envers le fidéjusseur, l'obligation de lui conserver ses actions et de les lui céder, puisque le fidéjusseur s'oblige seul dans ce contrat unilatéral, le créancier ne prenant aucune obligation. Si donc celui-ci doit céder ses actions au fidéjusseur qui le désintéresse, c'est par pure équité et parce qu'il n'a pas d'intérêt à les refuser; par cela même, il ne cède ses actions qu'autant qu'il en a et telles qu'il les a, et n'est pas reprochable si, les ayant abandonnées, il s'est mis dans le cas de ne pouvoir les céder. En outre, le *mandator pecuniæ credendæ,* n'ayant aucune action contre celui à qui la somme a été prêtée en exécution du mandat, avait besoin absolument que le mandataire lui cédât la sienne; au contraire, le fidéjusseur avait de son chef une action contre le débiteur principal dont il avait garanti la dette, et par cela même il n'avait pas absolument besoin d'acquérir en outre l'action, quelque utile qu'elle eût pu être pour lui d'ailleurs, du créancier contre ce débiteur (2).

Ainsi, la différence s'expliquait par des raisons justement déduites de la nature même et des caractères distinctifs des deux contrats. Voilà pourquoi nous ne voudrions pas dire, avec M. Troplong, qu'elle ne survécut pas, à Rome, à la Novelle par laquelle Justinien rétablit le bénéfice de discussion (*suprà*, n° 156), et qu'après l'introduction de ce bénéfice, le créancier vis-à-vis duquel le fidéjusseur s'était obligé fût tenu de ne rien faire qui pût priver ce dernier, directement ou indirectement, de la faculté que lui donnait la Novelle de discuter le débiteur principal (3). Rien, ni dans le texte des lois, ni dans les œuvres des interprètes, ne

---

(1) Pothier (*loc. cit.*).

(2) *Voy.* le président Favre (*Ration.* sur la loi 22, *De Pact.*; — *Conject.*, lib. II, cap. xv); Cujas (*Ad Leg.*, 22, ff. *De Pactis*); Pothier (*loc. cit.*). — *Voy.* aussi M. Troplong (n° 527-532).

(3) M. Troplong (n°⁵ 533-551). Mais *voy.* M. Dupret (*Revue étrangère*, année 1845, t. II, 409 et suiv.).

vient à l'appui de ce système à la faveur duquel l'éminent magistrat croit pouvoir, comme nous l'allons voir tout à l'heure, résoudre sûrement et sans embarras toutes les questions qui s'élèvent sur le point de savoir quelles cautions sont en droit aujourd'hui d'invoquer le bénéfice de notre art. 2037. On chercherait en vain, dans le droit romain, une trace quelconque de l'étroite corrélation supposée par M. Troplong entre la cession d'actions et le bénéfice de discussion. La Novelle protesterait plutôt contre cette idée par son silence même, tant il est peu probable qu'en rétablissant une exception tombée en désuétude depuis plusieurs siècles, elle n'eût pas dit un seul mot de la nécessité, pour le créancier, de conserver ses actions dans l'intérêt du fidéjusseur, si elle eût entendu que désormais cette nécessité était une suite de l'exception rétablie dans la législation. La corrélation prétendue n'est donc pas justifiée; et, en l'absence de toute justification sur ce point, il nous paraît plus exact de dire que, même après l'introduction du bénéfice de discussion, le créancier peut encore impunément, sinon, comme auparavant, promettre au débiteur principal de ne pas le poursuivre en se réservant son action contre les cautions (*infrà*, n° 407), au moins décharger les tiers, et notamment abandonner ses droits vis-à-vis de ceux qui avaient garanti la dette par des hypothèques consenties sur leurs biens. .

364. En tout cas, c'est aux règles du *mandatum pecuniæ credendæ* que notre ancienne jurisprudence s'était rattachée pour en faire l'application au contrat de cautionnement. Pothier, après avoir déduit toutes les raisons qui, dans le droit romain, devaient faire considérer la cession d'actions comme satisfactoire de la part du créancier, alors même qu'elle conférait au fidéjusseur des actions amoindries ou même inefficaces, Pothier ajoute : « Nonobstant ces raisons, il faut décider que, lorsque le créancier s'est mis par son fait hors d'état de pouvoir céder au fidéjusseur ses actions, soit contre le débiteur principal, soit contre les autres fidéjusseurs, soit parce qu'il les a déchargés, soit parce qu'il a par sa faute laissé donner congé de sa demande contre eux, le fidéjusseur peut, *per exceptionem cedendarum actionum*, faire déclarer le créancier non recevable en sa demande, pour ce qu'aurait pu procurer au fidéjusseur la cession des actions que le créancier s'est mis hors d'état de pouvoir lui céder. » (1) C'est aussi aux règles du *mandatum pecuniæ credendæ*, dans lequel, d'ailleurs, il faut surtout chercher l'analogue de notre cautionnement français (*suprà*, n° 6), que les rédacteurs du Code ont emprunté leur décision. Ils ont pensé que la caution est particulièrement favorable et qu'en définitive elle rend au créancier un service en retour duquel il est juste que celui-ci mette quelque vigilance dans la conservation de sûretés sans lesquelles la subrogation à ses droits contre le débiteur pourrait bien n'avoir aucune utilité. En conséquence, par l'art. 2037, ils ont fait de la perte volontaire de ces

_____

(1) Pothier (*loc. cit.*).

sûretés une circonstance qui engage la responsabilité du créancier et aboutit à l'extinction du cautionnement.

365. Quelque précise que soit la disposition de cet article et quelque simple qu'elle paraisse, son application a donné lieu à des difficultés graves et nombreuses. Nous allons les examiner en nous occupant successivement des personnes qui peuvent réclamer le bénéfice de l'article 2037, des sûretés auxquelles cet article fait allusion, et des actes du créancier qui sont susceptibles de produire la décharge de la caution.

II. — 366. Les cautions simples ont incontestablement le droit de se prévaloir de l'art. 2037 ; en présence du texte, il n'y a pas à insister à cet égard, si ce n'est pour bien préciser l'hypothèse de la loi. Elle suppose que celui qui vient ajouter son cautionnement à une dette dont le payement est déjà garanti par d'autres sûretés, par exemple un privilége, une hypothèque, un gage ou un autre cautionnement, se détermine à s'obliger principalement par la pensée que s'il venait à payer pour le débiteur principal, il trouverait dans ces sûretés, qui, par l'effet du payement, doivent lui être transmises, un moyen à peu près assuré de se faire indemniser. Elle entend que, de son côté, le créancier ne fera rien pour tromper ces légitimes espérances de la caution ; et si au contraire le créancier se met par son fait dans le cas, en perdant ces sûretés ou en les abandonnant, de ne pouvoir pas les transmettre, la loi vient au secours de la caution et la déclare désormais déchargée.

367. La caution simple aurait-elle le droit de se prévaloir de l'article 2037, même dans le cas où elle aurait renoncé au bénéfice de discussion? Dans le système de M. Troplong, dont nous avons tout à l'heure indiqué la doctrine (*suprà, n° 363*), il n'y aurait pas à hésiter sur la question. Selon l'éminent jurisconsulte, la cession d'actions telle qu'elle est réglée aujourd'hui d'après l'ancien droit, ou, en d'autres termes, le devoir, pour le créancier, de conserver les garanties attachées à la créance afin de pouvoir les transmettre intactes à la caution, ne serait pas autre chose que la suite ou le corollaire du bénéfice de discussion, c'est-à-dire du droit attribué à la caution poursuivie d'exiger qu'au préalable le créancier discute les facultés du débiteur principal. Donc, toute caution qui aurait aliéné ce droit ou en serait privée par une cause quelconque, ne pourrait plus, par cela même, se prévaloir de l'art. 2037 et demander sa décharge au créancier qui n'aurait pas conservé les garanties de la créance. Et c'est ainsi que, sans s'occuper directement de notre question même, M. Troplong la résout néanmoins contre la caution virtuellement et par une conséquence nécessaire de ses prémisses.

Nous ne saurions, quant à nous, admettre ni les prémisses ni la conclusion. L'art. 2037, nous l'avons dit, est un dérivé des règles suivies à Rome dans le *mandatum pecuniæ credendæ;* et, dans notre Code, pas plus que l'exception *cedendarum actionum* dans les lois du Digeste, la disposition de cet article ne peut être considérée comme ayant le bénéfice de discussion pour base et pour fondement. Pour que la donnée toute contraire de M. Troplong fût rationnelle, pour qu'on pût dire de l'art. 2037 qu'il a disposé uniquement en vue de ne pas priver, même indirectement, la caution des ressources qu'elle pourrait trouver dans le bénéfice de discussion, il faudrait que la loi eût permis à la caution de faire discuter même les tiers détenteurs, ce qu'elle prohibe, au contraire (*suprà*, n° 182), par l'art. 2023, dont M. Troplong lui-même a hautement loué les dispositions en ce point (1).

Au surplus, il suffit de comparer le bénéfice consacré par notre art. 2037 et le bénéfice de discussion, dont s'occupent les art. 2021 et suivants, pour demeurer convaincu qu'ils ne sauraient être considérés comme corrélatifs. Le bénéfice de discussion n'est pas même de l'essence du cautionnement, comme le démontre l'art. 2042 et comme nous l'avons établi plus haut (n°s 157 et suiv.); la cession d'actions, au contraire, tient essentiellement au contrat, en ce sens que toute caution qui s'oblige comme telle, en même temps qu'elle s'interdit tout ce qui pourrait compromettre la garantie de l'obligation par elle cautionnée, entend que, de son côté, le créancier s'interdira tout ce qui tendrait à la priver des moyens d'être indemnisée du cautionnement qu'elle a fourni (2). Par leur importance même, les deux bénéfices sont notablement différents : l'exception de discussion est simplement dilatoire, en ce qu'en définitive elle tend à différer l'action du créancier contre la caution jusqu'après le temps de la discussion, et non à l'exclure entièrement (3); au contraire, l'exception *cedendarum actionum* consacrée par notre art. 2037 est essentiellement péremptoire, en ce qu'admise elle opère la décharge absolue de la caution. Il ne serait donc pas raisonnable de supposer que celui qui, en cautionnant une dette renonce au bénéfice de discussion, entend abandonner du même coup le droit que lui réserve l'art. 2037 de demander sa décharge lorsque le créancier s'est mis par son fait dans le cas de ne pouvoir pas lui transmettre les garanties attachées à la créance : les deux droits étant manifestement indépendants, l'abandon du premier ne saurait entraîner la perte de l'autre.

368. D'après cela, nous abordons sans aucune hésitation l'une des questions les plus débattues de la matière, celle de savoir si, sur le point qui nous occupe, il en est de la caution solidaire comme de la caution simple ; si elle est déchargée lorsque la subrogation aux droits, hypothèques et privilèges du créancier ne peut pas s'opérer en sa faveur par le fait de ce créancier. D'accord avec la jurisprudence constante de la Cour de cassation et avec la grande majorité des Cours impériales et des auteurs, nous nous prononçons pour l'affirmative (4). M. Troplong est, sur ce

---

(1) *Voy.* M. Troplong (n°s 267 et 268).
(2) Discours du tribun Lahary (Fenet, t. XV, p. 87; Locré, t. XV, p. 388).
(3) Pothier (n° 410), et *suprà*, n° 167.
(4) *Voy.* les arrêts de la Cour de cassation des 17 août 1836, 29 mars 1838, 14 juin 1841, 20 mars 1843, 9 janvier 1849, 16 mars 1852, 23 fév. 1856 (S. V., 36, 1, 632; 38, 1, 550; 41, 1, 465; 43, 1, 455; 49, 1, 278; 52, 1, 636; 57, 1, 359; *J. Pal.*, 1838, 2, 132 ; 43, 2, 256; 52, 2, 129; 1858, 471; Dalloz, 36, 1, 484; 38, 1, 402; 41, 1, 282; 43,

point, d'un avis différent ; il ne conçoit même pas que l'opinion contraire ait trouvé des partisans (1). Et en effet, dès que le bénéfice de discussion est à ses yeux le principe générateur de l'exception *cedendarum actionum* telle qu'elle est établie par notre art. 2037, comment pourrait-il supposer que l'on accorde à la caution solidaire le droit de se prévaloir de cette dernière exception quand, en raison même de sa qualité de caution solidaire, il lui est interdit d'invoquer la première (art. 2021)?...

Mais, comme nous venons de l'indiquer, c'est au point de départ qu'est le défaut du système ; et pour nous, qui voyons dans l'exception de discussion et dans l'exception *cedendarum actionum* deux droits distincts et indépendants, par la même raison que nous laissons le bénéfice de l'art. 2037 à la caution qui, par une renonciation expresse, a abdiqué le bénéfice de discussion, nous le laissons également à la caution qui s'est engagée avec une condition de solidarité, qui n'est, en définitive, qu'une forme particulière, et la plus énergique, de la renonciation tacite au bénéfice de discussion (*suprà*, n° 162). La solution, d'ailleurs, est pleinement justifiée par la généralité des termes de l'art. 2037 et par la nature même des choses. Lorsque la caution s'oblige solidairement avec le débiteur principal, la solidarité à laquelle il se soumet ne change ni la nature de son obligation, ni les conséquences qui en résultent. Si elle peut être poursuivie plus énergiquement que la caution simple, en ce qu'elle est privée et du bénéfice de discussion et du bénéfice de division (*suprà*, n°ˢ 162 et 205), elle n'en conserve pas moins sa qualité de caution : elle n'est jamais tenue de la dette que comme accessoirement obligée, et elle a droit, à ce titre, si elle vient à payer pour le débiteur principal, de recourir contre celui-ci non-seulement de son chef par l'action de mandat (art. 2028), mais encore du chef du créancier, comme subrogée à tous les droits de ce dernier. Or, l'art. 2029, qui consacre le droit à la subrogation, s'explique en termes généraux, sans distinguer entre la caution simple et la caution solidaire ; d'un autre côté, l'art. 2037 n'est pas moins général quant à la sanction qu'il prononce contre le créancier dont le fait ou la négligence aurait mis la caution dans le cas de ne pouvoir pas user de ce droit. Donc il n'y a aucun motif juridique de dire que l'impossibilité de subrogation qui opère la décharge de la caution simple, lorsqu'elle

---

1, 193 ; 49, 1, 70 ; 52, 1, 103 ; 57, 1, 88) ; et les arrêts des Cours impériales de Bordeaux, 19 août 1822 ; Pau, 3 janv. 1824 ; Caen, 18 mars 1828 ; Limoges, 28 mars 1844 ; Amiens, 25 mars 1847 ; Orléans, 3 avr. 1851 ; Nancy, 19 fév. 1858 ; Toulouse, 2 mai 1859 (S. V., 23, 2, 133 ; 26, 2, 57 ; 28, 2, 121 ; 45, 2, 143 ; 47, 2, 337 ; 51, 2, 555 ; 58, 2, 244 ; 59, 2, 416 ; *J. Pal.*, 1845, t. I, p. 538 ; 1851, t. I, p. 437 ; 1858, p. 723 ; 1860, p. 431 ; Dalloz, 23, 2, 73 ; 25, 2, 125 ; 28, 2, 76 ; 45, 2, 56 ; 47, 4, 65 ; 51, 2, 66). *Voy.* aussi Pothier (n° 557). MM. Merlin (*Quest.*, v° Solidarité, § 5) ; Duranton (t. XVIII, n° 382, à la note) ; Ponsot (n° 529) ; Aubry et Rau (t. IV, n° 2765) ; Taulier (t. III, p. 508, note 11) ; Mourlon (*De la Subrog.*, p. 514) ; Rodière (*De la Sol. et de l'Ind.*, n° 164) ; Boileux (t. VI, p. 688).

(1) M. Troplong (n°ˢ 557-560). *Junge*, en ce sens : MM. Massé (*Droit comm.*, 1ʳᵉ édit., t. VI, n° 398 ; 2ᵉ édit., t. IV, n° 2765) ; Taulier (t. VII, p. 48) ; Massé et Vergé, sur Zachariæ (t. V, p. 79 et 80, note 3). *Voy.* aussi Rouen, 7 mars 1818 ; Limoges, 21 mai 1835 ; Agen, 10 juill. 1837 (S. V., 19, 2, 72 ; 35, 2, 455 ; 39, 2, 391 ; *J. Pal.*, à leur date ; Dalloz, 18, 2, 36 ; 35, 2, 177 ; 38, 2, 226).

a lieu par le fait du créancier, n'opère pas également la décharge de la caution solidaire dans le même cas.

369. Mais si en ce point nous suivons les errements de l'ancienne jurisprudence attestée par Pothier, nous croyons devoir nous en écarter en ce qui concerne les codébiteurs solidaires, auxquels, dans notre ancien droit, on accordait la même faveur qu'à la caution solidaire. Des débiteurs, dit Pothier, ne se seraient pas obligés solidairement, mais seulement pour leurs parts, s'ils n'eussent compté qu'en payant le total ils auraient recours contre leur codébiteur, et qu'ils auraient pour cet effet la cession des actions du créancier pour les autres parties. Ce n'est que sous la charge tacite de cette cession d'actions qu'ils se sont obligés solidairement; et par conséquent le créancier n'a droit d'exiger d'eux le total qu'à la charge de cette cession d'actions. Donc, si le créancier a déchargé un des codébiteurs, s'étant mis par son fait hors d'état de pouvoir céder ses actions contre celui des débiteurs qu'il a déchargé, et par conséquent s'étant mis hors d'état de remplir la condition sous laquelle il a droit d'exiger le total, c'est une conséquence qu'il ne puisse plus demander à chacun le total (1). Mais ce raisonnement, excellent vis-à-vis d'une caution solidaire qui, nonobstant la solidarité stipulée, s'est engagée dans un intérêt qui n'est pas le sien personnellement, n'a plus la même valeur vis-à-vis d'un codébiteur solidaire qui s'oblige pour lui-même et, selon l'expression de MM. Aubry et Rau, par un motif qui, au regard du créancier du moins, doit être réputé intéressé. Aussi la solution est-elle rejetée à peu près invariablement par notre jurisprudence moderne (2); et nous ne saurions mieux faire pour justifier le parti auquel elle s'est arrêtée sur ce point que reproduire les motifs dont s'est inspirée la Cour suprême. L'art. 2037, a-t-elle dit, est spécial au cautionnement; il consacre, au détriment du créancier, une déchéance dont la loi a pris soin de déterminer les limites, et que dès

(1) *Voy.* Pothier (n°ˢ 275 et 557). Nombre d'auteurs se sont prononcés en ce sens sous le Code Napoléon. *Voy.* MM. Merlin (*Quest.*, v° Solidarité, § 8); Delvincourt (t. II, p. 717); Toullier (t. VII, n° 172); Duranton (t. XVIII, n° 382, à la note); Zachariæ (§ 298 et note 40); Rodière (*De la Sol. et de l'Ind.*, n° 154); Mourlon (*De la Subrog.*, p. 514); Ponsot (n° 329); Hean (*Rev. prat.*, t. XIII, p. 29). — *Voy.* aussi Cour de cass., 13 janv. 1816 (S. V., 16, 1, 327; Coll. nouv., 5, 1, 153; Dalloz, *Rép.*, v° Obligat., t. X, p. 535); Nîmes, 3 déc. 1819, et Limoges, 29 août 1839 (S. V., Coll. nouv., 6, 2, 161; *J. Pal.*, 1840, t. I, p. 58).

(2) *Voy.* Req., 18 fév. 1861 et 3 avr. 1861 (Dalloz, 61, 1, 153 et 388; S. V., 61, 1, 586 et 986; *J. Pal.*, 1862, p. 822); Orléans, 29 nov. 1826; Colmar, 11 mai 1838; Toulouse, 19 mars 1842; Req., 5 déc. 1843; Riom, 2 juin 1846; Dijon, 30 avr. 1847; Bordeaux, 14 fév. 1849; Angers, 15 juin 1850; Req., 13 janv. 1852; Paris, 8 mars 1851; Bourges, 10 juin 1851; Req., 16 mars 1852; Nîmes, 14 nov. 1855 (*J. Pal.*, 1839, t. I, p. 97; 1843, t. II, p. 816; 1846, t. II, p. 399; 1848, t. I, p. 63; 1852, t. I, p. 8; 1851; t. I, p. 125; t. II, p. 36; 1852, t. II, p. 129; 1857, p. 109; S. V., 43, 2, 185; 44, 1, 71; 46, 2, 370; 47, 2, 602; 49, 2, 500; 51, 2, 59, 427, 681; 52, 1, 104; Dalloz, 44, 1, 58; 46, 2, 149; 49, 2, 81; 51, 2, 106; 52, 1, 9; 2, 28). *Voy.* aussi MM. Troplong (n° 563); Gauthier (*Subr.*, n° 506); Larombière (art. 1208, n° 4); Massé et Vergé, sur Zachariæ (t. III, p. 359); Taulier (t. VII, p. 48); Massé (*Droit comm.*, 1ʳᵉ édit., t. VI, n° 398; 2ᵉ édit., t. IV, n° 2765). C'est aussi à cette opinion que se sont rattachés MM. Aubry et Rau dans leur dernière édition, après avoir émis l'opinion contraire dans les éditions précédentes (3ᵉ édit., t. III, p. 26, note 56).

lors on ne saurait étendre à d'autres cas. Sans doute il y a, entre l'obligation solidaire de plusieurs débiteurs et le cautionnement accompagné de solidarité, certains points d'analogie ; mais il y a entre eux assez de différence pour que la disposition restrictive de l'art. 2037 se trouve justifiée. En effet, la nature du cautionnement est la gratuité ; il en est autrement de l'obligation solidaire : — la caution ne contracte pas d'obligation directe, son engagement, dicté le plus souvent par la pensée que le débiteur principal offre des garanties suffisantes, n'étant que l'accessoire d'une obligation principale contractée par une autre personne ; au contraire, le débiteur solidaire est directement obligé : la solidarité ne peut résulter que d'une disposition de la loi ou d'une obligation principale de chacun des codébiteurs, et dès qu'il y a deux débiteurs, leurs obligations doivent être égales. Or, le chapitre du Code relatif à l'extinction du cautionnement ne contient aucun article touchant l'obligation de deux débiteurs solidaires. Donc, en l'absence d'une disposition précise, il ne peut être permis d'appliquer par simple analogie au codébiteur solidaire la disposition qui oblige le créancier à conserver et à transmettre à la caution, à peine de déchéance, tous ses droits, priviléges et hypothèques. C'est ainsi qu'en accordant, par l'art. 1251, la subrogation de plein droit à celui qui était tenu avec d'autres ou pour d'autres au payement de la dette, le législateur n'a pas voulu conclure de cet article aux conséquences rigoureuses de l'art. 2037.

370. Par une application toute naturelle de cette solution, on décidera que ce dernier article est absolument inapplicable dans les rapports existant entre le porteur et les endosseurs d'un effet de commerce (1). En effet, les endosseurs sont tenus envers le porteur à la garantie solidaire. La loi qui règle l'action du porteur et des endosseurs n'a fait dépendre la conservation de leurs rapports respectifs que des formalités du protêt, de la notification et de l'assignation dans les délais. Que si le porteur acquiert personnellement des sûretés contre le débiteur, ceux qui lui doivent garantie n'avaient en aucune façon à compter sur ces sûretés spéciales. Ils n'ont donc pas à se plaindre si, ayant abandonné ces sûretés après les avoir acquises, le porteur s'est mis par là dans l'impossibilité de les leur transmettre.

371. Le caractère exceptionnel de l'art. 2037 et l'idée de déchéance qui s'y attache ne permettent pas non plus d'accorder le droit de s'en prévaloir à celui qui, sans s'obliger personnellement, aurait constitué sur ses biens une hypothèque pour sûreté de la dette d'un tiers. Ce n'est pas là une caution dans le sens de la définition donnée par l'art. 2011 (*suprà*, n° 23). A la vérité, comme la caution, le tiers qui constitue hypothèque sur ses biens ne s'oblige pas principalement et n'entend s'engager qu'en contemplation des sûretés fournies par le débiteur. Et sur ce fondement quelques auteurs ont cru pouvoir étendre

---

(1) Limoges, 12 fév. 1862 (*J. Pal.*, 62, 590; S. V., 62, 2, 292; Dalloz, 62, 2, 90). *Voy.* aussi M. Alauzet (*Comment. C. comm.*, t. II, n° 960).

jusqu'à lui le bénéfice de l'art. 2037 (1). Mais la raison de décider en sens contraire résulte de ce que l'affectation hypothécaire ne constitue pas un cautionnement, et que dès lors elle ne saurait conférer à celui qui l'a consentie un privilége exclusivement réservé par la disposition exceptionnelle de la loi à celui qui s'est obligé par un cautionnement. Ainsi a jugé la Cour de cassation par deux arrêts rendus entre les mêmes parties, le premier par défaut, le second sur opposition (2). MM. Aubry et Rau supposent à tort que l'arrêt contradictoire n'a pas maintenu la thèse établie dans l'arrêt par défaut, et que la Cour régulatrice s'est déterminée par d'autres motifs. L'une et l'autre décision sont également fondées sur cette considération dominante que l'affectation hypothécaire n'est pas un cautionnement dans le sens de l'art. 2011 ; c'est, dans le second arrêt, sinon le seul motif, au moins l'un des motifs qui ont conduit la Cour à maintenir la cassation qu'après un premier examen elle avait prononcée.

372. Par identité de raison, nous refusons au tiers détenteur qui a payé la dette hypothécaire le droit d'opposer l'art. 2037 au créancier dont le fait ou la négligence a rendu impossible la subrogation à ses droits sur d'autres immeubles affectés à la créance. Il en était autrement dans l'ancien droit, au moins d'après Dumoulin, Loyseau et Pothier ; et par une nouvelle déduction de son système, M. Troplong, sous le Code Napoléon, adopte l'opinion de ces jurisconsultes, sinon d'une manière absolue, au moins dans le cas particulier où le tiers détenteur peut invoquer le bénéfice de discussion (art. 2170) (3). Nous avons eu l'occasion de combattre ailleurs (4) cette doctrine ; et, en nous référant à notre discussion sur ce point, nous ajoutons que la question a été depuis résolue en sens divers par plusieurs arrêts (5). Le Tribunal de la Seine s'était prononcé en faveur du tiers détenteur par un jugement qui n'eût, sans doute, pas échappé à la cassation, si une fin de non-recevoir, soulevée d'office par M. le conseiller rapporteur, n'avait pas fait déclarer non recevable le pourvoi dont il a été l'objet (6).

III. — 373. Expliquons-nous maintenant sur les sûretés auxquelles l'art. 2037 fait allusion. A cet égard, il faut dire, en thèse générale, que, dans la pensée de la loi, il s'agit de toutes les sûretés quelconques qui garantissent le payement de la dette, et au moyen desquelles la

---

(1) *Voy.* notamment MM. Mourlon (*De la Subr.*, p. 514) ; Aubry et Rau (t. III, p. 510, note 12).

(2) Cass., 25 nov. 1812 et 10 août 1814 (S. V., 13, 1, 177 ; 15, 1, 242 ; Coll. nouv., 4, 1, 231 et 603 ; Dalloz, R. alph., t. II, p. 370). *Junge,* dans le même sens : MM. Duranton (n° 382, à la note) ; Troplong (n° 561) ; Massé et Vergé, sur Zachariæ (t. V, p. 80, note 3) ; Taulier (t. VII, p. 47) ; Boileux (t. VI, p. 687).

(3) M. Troplong (*Du Caut.*, n° 562). Dans son Commentaire sur les hypothèques (t. III, n° 807), l'auteur s'était prononcé en ce sens en faveur de tout tiers détenteur indistinctement.

(4) *Voy.* notre *Traité-Comment. des Priv. et Hyp.* (t. II, n° 1168).

(5) *Voy.* Grenoble, 16 juill. 1859, et Chambéry, 31 août 1861 (*J. Pal.*, 1861, p. 538 ; 1862, p. 877 ; S. V., 62, 2, 219). *Junge,* dans le sens de ce dernier arrêt : MM. Aubry et Rau (3e édit., t. II, p. 877, note 28).

(6) *Voy.* le jugement du 7 fév. 1862, rapporté par les Recueils, avec l'arrêt de rejet du 3 juin 1863 (S. V., 64, 1, 356 ; Dalloz, 64, 1, 217 ; *J. Pal.*, 1864, p. 996).

caution, subrogée aux droits du créancier, aurait pu se faire indemniser par le débiteur principal. Ainsi, une constitution de gage, un privilége, une hypothèque, une caution ou toute autre garantie accompagnaient le contrat par lequel Pierre s'était obligé à payer à Paul une somme de 1 000 francs, quand Jacques est venu cautionner cette dette : Paul ne peut pas renoncer au droit résultant de la constitution du gage, faire mainlevée de l'hypothèque ou du privilége, décharger la caution ou abandonner toute autre garantie, sans ouvrir par cela même l'exception *cedendarum actionum* à Jacques, auquel il ne peut plus transmettre les sûretés par lui abandonnées.

La Cour de Nancy a fait, sous ce rapport, une application fort remarquable de l'art. 2037. Dans l'espèce, un débiteur avait conféré hypothèque sur une maison dont il était propriétaire pour sûreté d'une dette de 14 000 francs, que ses parents vinrent ensuite cautionner solidairement jusqu'à concurrence de 6 000 francs envers le créancier. Plus tard, celui-ci obtint de son débiteur qu'il convertît le bail verbal par lui consenti de la maison hypothéquée en un bail authentique avec délégation à son profit exclusivement des prix de location pendant l'espace de neuf années. La conversion du bail verbal en bail authentique, et surtout la délégation des loyers, devaient, en cas de vente de la maison par le propriétaire, causer une notable dépréciation dans le prix de l'immeuble qui, en tant qu'hypothéqué à la dette cautionnée, était éventuellement le gage de la caution ; et le cas s'étant réalisé, la Cour ne Nancy a vu, avec raison, dans le fait par le créancier d'avoir provoqué ces mesures *à son profit,* un motif d'appliquer l'art. 2037 et de déclarer la caution déchargée (1).

374. Au surplus, il faut remarquer que la disposition de l'art. 2037 ne doit pas être prise dans un sens absolu. Le principe même d'équité sur lequel elle repose commande de mesurer la déchéance prononcée contre le créancier au préjudice causé à la caution par le fait de ce dernier. Evidemment, quand la subrogation de la caution aux droits du créancier n'est devenue impossible que pour partie, il serait contraire à toute justice d'accorder à la caution une décharge complète et absolue : la caution ne saurait avoir droit à la décharge que jusqu'à concurrence de la somme pour laquelle elle aurait eu recours contre le débiteur, si le créancier ne s'était pas mis dans le cas de ne pouvoir pas lui céder ses droits (2). Ainsi une dette de 50 000 francs est garantie par une caution et par deux hypothèques sur deux immeubles d'une valeur de 10 000 francs chacun ; le créancier renonce à l'une des hypothèques : la caution n'est déchargée vis-à-vis de lui que jusqu'à concurrence de 10 000 francs, puisque le créancier, par sa renonciation, ne l'a privée que dans cette mesure du recours sur lequel elle devait compter. Celui-ci pourra donc demander encore 40 000 francs à la

---

(1) Nancy, 19 fév. 1858 (S. V., 58, 2, 244 ; *J. Pal.,* 1858, p. 723).
(2) Toulouse, 2 janv. 1823 (S. V., 23, 2, 118 ; Coll. nouv., 7, 2, 148 ; Dalloz, 23, 2, 72).

caution, sauf à elle à exercer son droit à raison de l'autre hypothèque conservée par le créancier.

375. Par exemple encore, une même dette est cautionnée par deux fidéjusseurs ; le créancier consent à en décharger un : l'autre n'est pas entièrement déchargé pour cela, et le créancier reste toujours en droit de lui demander la moitié. « Lorsque le créancier, dit Pothier, s'est mis hors d'état de pouvoir céder aux autres fidéjusseurs l'action qu'il avait contre l'un d'eux, en déchargeant ce fidéjusseur, ou en laissant donner congé de sa demande contre lui, on doit pareillement décider que le créancier doit être, *per exceptionem cedendarum actionum*, exclu de sa demande contre les autres fidéjusseurs, non pour le total, mais pour la part pour laquelle ils auraient eu recours contre le fidéjusseur déchargé, si le créancier ne s'était pas mis hors d'état de leur céder leur action contre lui. » (1) C'est aussi l'avis de M. Troplong (2), qui, en cela, disons-le en passant, semble se mettre en opposition avec son propre système. Car si l'exception *cedendarum actionum* avait, comme il le suppose, sa raison d'être dans le bénéfice de discussion, si des deux exceptions l'une était la conséquence de l'autre, en ce sens que la caution ne fût en droit d'opposer la première qu'autant qu'il n'aurait pas été porté atteinte à la seconde, il faudrait dire ici que, nonobstant la décharge de l'une des cautions, le créancier a le droit de demander à l'autre la totalité de la dette cautionnée, puisqu'en déchargeant l'un des répondants, il n'a pas détruit, ni même restreint le bénéfice de discussion, lequel, devant porter exclusivement sur les biens du débiteur principal, reste entier à la disposition de la caution non déchargée (3).

376. Enfin, il peut se faire que la subrogation de la caution soit rendue impossible pour le tout par le fait du créancier, et que néanmoins, par une déduction toute naturelle de la même règle, la caution reste obligée comme si le créancier avait conservé toutes ses sûretés. Tel serait le cas où, ces sûretés étant complétement inefficaces, la cession qui en aurait été faite par le créancier, s'il ne les avait pas abandonnées, n'aurait transmis à la caution qu'un droit purement nominal (4). Ainsi la dette cautionnée était garantie par une hypothèque sans valeur, en ce que tout le prix de l'immeuble se trouvait absorbé par des créances hypothécaires plus anciennes. Evidemment, la subrogation au droit résultant de l'hypothèque dans une telle situation serait sans aucune utilité pour la caution ; et par suite, le créancier qui aurait renoncé à l'hypothèque et aurait ainsi, par son fait, rendu la subrogation impossible, n'en resterait pas moins à l'abri de la déchéance édictée par l'art. 2037.

Ces solutions ne souffrent, en général, aucune difficulté.

377. Mais c'est une question plus délicate de savoir si les sûretés ac-

(1) *Voy.* Pothier (nº 557).
(2) *Voy.* M. Troplong (nºs 553-556).
(3) *Voy.* MM. Aubry et Rau (t. III, p. 508, note 11, *in fine*).
(4) *Voy.* Cass., 8 mai 1850 ; Rej., 19 janv. 1863 (S. V., 50, 1, 597 ; 63, 1, 187 ; J. *Pal.*, 1850, t. II, p. 652 ; 1863, p. 478 ; Dalloz, 50, 1, 158 ; 63, 1, 86). *Voy.* aussi MM. Ponsot (nº 334) ; Troplong (n° 572) ; Aubry et Rau (t. III, p. 508).

quises par le créancier *depuis le cautionnement* sont, néanmoins, comprises dans celles que la loi lui défend d'abandonner. Dans l'ancienne jurisprudence, la négative était certaine. Observez, dit Pothier, que si l'un de plusieurs fidéjusseurs, déchargé par le créancier, ne s'était rendu caution que depuis le cautionnement des autres, ceux-ci n'auraient pas l'exception *cedendarum actionum* contre le créancier ; car, en contractant leur cautionnement, ils n'ont pas dû compter sur un recours contre celui qui a été déchargé, puisqu'il ne s'était pas encore rendu caution(1). Nombre d'auteurs contestent aujourd'hui ce raisonnement et enseignent, au contraire, que même les sûretés acquises par le créancier depuis le cautionnement ont pu être prises en considération par la caution ; que la caution a pu y faire confiance et être détournée par là de prendre contre le débiteur des mesures propres à assurer ultérieurement son recours en indemnité ; et enfin que l'art. 2037 ne faisant aucune distinction, il en faut conclure que la caution peut repousser la demande du créancier et se faire déclarer déchargée si celui-ci a abandonné les sûretés qu'il avait contre le débiteur, même acquises postérieurement à l'engagement de la caution (2).

Tel n'est pas notre avis. Sans doute, la caution doit, en vertu de la subrogation, acquérir les sûretés nouvelles, si elles existent encore, au même titre que les sûretés anciennes (*suprà*, n° 272). Mais le créancier est-il tenu de conserver aussi ces sûretés nouvelles à peine d'encourir la déchéance édictée par l'art. 2037 ? C'est une tout autre question : et sur ce point, la doctrine de Pothier reste encore la meilleure. N'oublions pas que l'art. 2037 a son fondement dans la raison d'équité. Or l'équité peut bien exiger que le créancier conserve, pour les transmettre intactes à la caution, les sûretés par lui acquises avant le cautionnement ou en même temps, car la caution a pu s'engager en contemplation de ces sûretés et dans l'espérance d'y trouver le moyen de se faire indemniser par le débiteur principal si elle venait à payer pour lui. Mais l'équité n'exige pas assurément du créancier qu'il conserve également des sûretés qui, lui ayant été fournies après la formation du cautionnement, n'ont pu en aucune manière rassurer la caution sur les suites ultérieures de son engagement. Ces sûretés, le créancier aurait pu ne pas les acquérir sans s'exposer à aucune déchéance vis-à-vis de la caution ; il peut donc, sans s'y exposer davantage, les abandonner après les avoir acquises (3).

378. Par cela même et à plus forte raison faut-il dire que le fait par

---

(1) *Voy.* Pothier (n° 557). *Junge :* Dumoulin (*Lect. dolana*, n°⁸ 35 et 36); Basnage (*Hypoth.*, 2ᵉ part., chap. vi, p. 113).

(2) *Voy.* MM. Duranton (n° 382); Ponsot (n° 334); Taulier (t. VII, p. 47); Gauthier (*Subrog.*, n°ˢ 456 *bis* et 536); Troplong (n°ˢ 570 et 571); Boileux (t. VI, p. 687); Massé et Vergé, sur Zachariæ (t. V, p. 80, note 5). *Voy.* aussi Caen, 18 mars 1828 (S. V., 28, 2, 121; Coll. nouv., 9, 2, 56; Dalloz, 28, 2, 76).

(3) *Voy.* Cass., 17 janv. 1831; Req., 12 mai 1835; Cass., 27 nov. 1861(S. V., 31, 1, 97; 35, 1, 338; 62, 1, 130; J. *Pal.*, 1862, p. 639; Dalloz, 31, 1, 45; 35, 1, 259; 61, 1, 470). — *Voy.* aussi, en ce sens, MM. Zachariæ, édit. Massé et Vergé (t. V, p. 80); Mourlon (*De la Subrog.*, p. 526); Aubry et Rau, qui avaient d'abord émis l'opinion contraire (3ᵉ édit., t. III, p. 507, note 7).

le créancier d'avoir laissé échapper l'occasion qui lui était offerte d'acquérir des sûretés nouvelles ne saurait, à moins de conventions contraires, autoriser la caution à demander sa décharge. La Cour impériale de Pau a justement dit, en ce sens, que celui qui, en prêtant des fonds moyennant hypothèque, n'a pas expressément stipulé que ces fonds serviraient au payement d'un prix de vente, et s'est contenté de la simple promesse qui lui a été faite à cet égard, conserve, en cas d'inexécution de cette promesse, le droit de poursuivre la caution. Celle-ci prétendrait en vain être déchargée, en ce que le créancier ne peut la subroger au privilége du vendeur, l'art. 2037 n'accordant un pareil droit à la caution qu'autant que les sûretés, que le créancier a laissé perdre par son fait et ne peut dès lors lui transmettre, constituent pour lui un droit certain, définitivement acquis, et non une simple espérance qu'il dépendait du débiteur de réaliser ou de faire évanouir, sans qu'il y eût aucun moyen de le forcer à la remplir (1). La même doctrine s'induit également d'un arrêt de la Cour de cassation aux termes duquel l'article 2037 est inapplicable au cas où le créancier, en s'abstenant de poursuivre le débiteur à l'échéance, l'a laissé devenir insolvable (2).

Mais ceci nous conduit naturellement à la dernière difficulté que soulève la disposition de cet article, celle de savoir quels sont les actes susceptibles de faire perdre au créancier son action contre la caution.

IV.—379. Et d'abord, il est certain que tout fait positif dont le résultat est de laisser périr les sûretés attachées à la créance, et par là de rendre complétement inutile ou inefficace la subrogation de la caution, entraîne la déchéance du créancier. Ainsi, le créancier renonce à une hypothèque; il consent décharge en faveur de l'une des cautions : le fidéjusseur peut s'armer contre lui de l'art. 2037 et demander à être affranchi du cautionnement.

380. Faut-il aller plus loin et dire que l'inaction et la simple négligence par l'effet desquelles les sûretés attachées à la créance auraient péri donnent à la caution, aussi bien que le fait *positif* et *direct* du créancier, l'exception *cedendarum actionum ?* On ne le pensait pas dans l'ancien droit. Pothier enseignait que, sauf le cas où le créancier, en laissant donner congé de la demande qu'il avait formée contre le débiteur, se serait rendu suspect de collusion, la simple négligence, « par exemple, de n'avoir pas interrompu les acquéreurs, ou de ne s'être pas opposé aux décrets», ne lui était pas imputable : 1° parce que n'étant obligé à la cession de ses actions que par une pure raison d'équité, il suffit qu'il apporte à cet égard de la bonne foi, c'est-à-dire qu'il ne fasse rien de contraire à cette obligation ; 2° parce que les autres débiteurs et fidéjusseurs ont pu, aussi bien que lui, veiller à la conservation du droit d'hypothèque qui s'est perdu, et que quand ils n'ont pas plus veillé

_____

(1) *Voy.* Pau, 25 août 1851 (S. V., 52, 2, 29 ; *J. Pal.*, 1853, t. I, p. 158; Dalloz, 51, 2, 248).
(2) Cass., 8 mai 1861 (S. V., 61, 1, 582 ; *J. Pal.*, 1862, p. 579; Dalloz, 61, 1, 269).
—*Voy.* encore Cass., 11 mars 1861 (Dalloz, 61, 1, 268; S. V., 61, 1, 401; *J. Pal.*, 1861, p. 954).

que lui, ils ne sont pas recevables à lui opposer une négligence qui leur est commune avec lui (1). Sous le Code Napoléon, cette opinion a aussi ses défenseurs (2).

Mais l'opinion contraire a justement prévalu en doctrine et en jurisprudence (3). Dès que la loi impose au créancier l'obligation de conserver à la caution les priviléges, les hypothèques et généralement les sûretés attachées à la créance, le créancier doit nécessairement être tenu de la négligence, aussi bien que du fait positif, alors que la négligence a eu pour résultat de compromettre les recours de la caution et a été ainsi la cause d'un préjudice. L'art. 2037, interprété conformément aux règles du *mandatum pecuniæ credendæ* et à l'esprit qui animait ses rédacteurs, commande cette solution d'autant plus qu'ainsi entendu cet article n'est après tout qu'une application de la règle consacrée par l'art. 1383 du Code Napoléon, aux termes duquel « chacun est responsable du dommage qu'il a causé non-seulement par son fait, mais encore *par sa négligence ou par son imprudence.* » Ainsi, le créancier omet de renouveler une inscription hypothécaire qui, par suite, tombe en péremption; appelé à un ordre, il se laisse forclore faute de production dans le délai utile; porteur d'un effet de commerce, il néglige de faire utilement le protêt : dans tous ces cas et autres analogues, il y a une négligence qui, ayant pour résultat de priver la caution du secours qu'elle aurait dû trouver dans la subrogation aux droits du créancier, soumet ce dernier à la déchéance prononcée de l'art. 2037.

381. Maintenant que dans l'application les tribunaux soient allés parfois un peu loin, nous ne voudrions pas le contester. Ainsi, dans quelques-unes des décisions intervenues sur ce point, il serait aisé, en pressant les faits, de reconnaître qu'une caution a obtenu sa décharge, bien que la perte des sûretés fût le résultat d'un tort commun au créancier et à la caution. C'est là une exagération évidente. Mais si elle apparaît dans quelques décisions isolées, on peut dire que la jurisprudence, en général, a pris soin de l'éviter. En s'attachant à l'un des points de vue indiqués par Pothier dans la doctrine que nous rappelions

---

(1) *Voy.* Pothier (n° 557). *Junge* : Basnage (*Hypoth.*, p. 57).

(2) *Voy.* MM. Toullier (t. VII, n° 172); Mourlon (*Subrog.*, p. 518 et suiv.); Labbé (observ. en note du *Journ. du Pal.*, 1860, p. 431). *Voy.* aussi Rennes, 19 mars 1811; Bruxelles, 16 mai 1821; Caen, 3 juill. 1841; Agen, 9 juin 1842; Bastia, 2 fév. 1846 (*J. Pal.*, 1843, t. II, p. 254; 1846, t. II, p. 391; Dalloz, R. alph., t. II, p. 414 et 415; 41, 2, 251; 46, 2, 109; S. V., 37, 2, 102; 41, 2, 493; 42, 2, 543; 48, 2, 10).

(3) *Voy.* MM. Delvincourt (t. III, p. 265, note 6); Duranton (t. XVIII, n° 382); Troplong (n° 565); Ponsot (n° 332); Aubry et Rau (p. 507, note 5); Duvergier (*De la Vente*, t. II, n° 276); Coulon (*Dialog.*, liv. I, p. 577); Buguet, sur Pothier (*loc. cit.*); Gauthier (*Subrog.*, n° 531); Taulier (t. VII, p. 46); Massé et Vergé, sur Zachariæ (t. V, p. 79, note 2); Boileux (t. VI, p. 686). — *Voy.* les arrêts de la Cour de cassation des 25 juill. 1827, 21 mai 1833, 10 juill. 1833, 17 août 1836, 29 mai 1838, 14 juin 1841, 20 mars 1843, 23 fév. 1857, 7 juill. 1862 (S. V., 28, 1, 17; 33, 1, 697; 36, 1, 632; 38, 1, 550; 41, 1, 446; 43, 1, 455; 57, 1, 359; 62, 1, 799; Dalloz, 27, 1, 439; 33, 1, 213, 279; 38, 1, 402; 41, 1, 282; 43, 1, 193; 62, 1, 485; *J. Pal.*, 1838, 2, 132; 1843, 2, 256; 1858, p. 471; 1863, p. 395). *Voy.* aussi les divers arrêts de Cours impériales cités en note sous ceux qui précèdent et notamment Toulouse, 2 mai, et Lyon, 20 août 1859 (*J. Pal.*, 1860, p. 431; Dalloz, 59, 2, 206).

tout à l'heure, elle a reconnu, au contraire, qu'une caution qui, par son fait, a contribué à la perte des sûretés attachées à la créance, ne peut pas être admise à s'en plaindre contre le créancier. La Cour de cassation notamment, posant d'abord le principe, a dit que l'art. 2037 ne peut être invoqué lorsque la perte des droits et hypothèques est reconnue par les juges imputable à la caution aussi bien qu'au créancier (1); et ayant à l'appliquer plus tard, elle a décidé que la caution ne peut se faire décharger lorsqu'elle n'a pas mis le créancier à même de prendre inscription en l'instruisant d'une acquisition d'immeubles faite par le débiteur, acquisition dont la caution avait connaissance et qui était inconnue du créancier, ou bien lorsque, ayant coopéré aux faits dont le résultat a été de rendre sa subrogation impossible, elle a en outre, depuis ces faits, renouvelé l'engagement qu'elle avait contracté de cautionner le débiteur (2).

382. Du reste, les sûretés dont la perte autorise la caution à demander sa décharge s'entendent, dans la disposition de l'art. 2037, des sûretés non en fait, mais en droit. Dès que la sûreté, soit gage, soit hypothèque, se trouve conservée, le créancier est exempt de faute, et la caution ne saurait être admise à lui opposer aucune exception, sous prétexte que, par sa lenteur à poursuivre le débiteur, il a perdu l'occasion de retirer du gage garantissant la dette tout ce qu'il en aurait pu retirer. La Cour de cassation a décidé en ce sens que l'art. 2037 ne s'applique pas au cas où le créancier, en s'abstenant de poursuivre le débiteur à l'échéance, l'a laissé devenir insolvable : car cette abstention de poursuites ne fait pas obstacle à la subrogation, qui peut toujours s'opérer au profit de la caution ; et, d'une autre part, sauf le cas réservé *suprà*, n° 184, elle constitue une simple prorogation de terme qui ne libère pas la caution (*infrà,* art. 2039), laquelle, de son côté, pouvait poursuivre le débiteur (3).

Mais la Cour était moins bien inspirée en décidant, dans le même ordre d'idées, que le créancier ayant hypothèque sur une forêt, qui laisse vendre, sans opposition ni acte conservatoire, une partie de la superficie, peut être réputé s'être mis par là dans l'impossibilité d'opérer une subrogation utile au profit de la caution, qui dès lors doit être déchargée (4). En cela, la Cour a dépassé la juste mesure. Dès que l'hypothèque dont l'immeuble était grevé subsistait, il n'y avait pas lieu à l'application de l'art. 2037. Vainement on opposait au créancier la diminution de valeur résultant des coupes dont la forêt avait été l'objet. Comme le débiteur trouvait dans son droit de propriété la faculté de faire ces coupes, sans que le créancier pût s'y opposer, le défaut d'op-

---

(1) Req., 12 mai 1835 (Dalloz, 35, 1, 259; S. V., 35, 1, 338).

(2) *Voy.* Req., 23 déc. 1845 et 26 mai 1846 (S. V., 46, 1, 107 et 739; Dalloz, 46, 1, 40; 4, 139; *J. Pal.*, 1846, t. I, p. 338, et t. II, p. 744).

(3) Cass., 22 janv. 1849 (S. V., 49, 1, 182; Dalloz, 49, 1, 33; *J. Pal.*, 1849, t. I, p. 399). *Voy.* aussi Cass., 8 mai 1861 (S. V., 61, 1, 582; Dalloz, 61, 1, 269; *J. Pal.,* 1862, p. 579); Agen, 26 nov. 1836 (S. V., 37, 2, 102; Dalloz, 37, 2, 111; *J. Pal.,* à sa date).

(4) Req., 23 mai 1833 (S. V., 33, 1, 574; Dalloz, 33, 1, 215; *J. Pal.,* à sa date).

position ne devait pas être imputé à faute à ce dernier; et la Cour de cassation s'est méprise assurément lorsqu'elle a attaché à cette omission la déchéance du créancier et la décharge de la caution.

383. Encore moins la caution pourrait-elle, en l'absence de conventions particulières avec le créancier, reprocher à celui-ci de n'avoir pas poursuivi les autres cautions en temps utile, et d'avoir ainsi laissé arriver leur insolvabilité (1); ceci, bien entendu encore, sous la réserve du cas où le défaut de poursuite se produirait après demande et obtention du bénéfice de division (*suprà*, n° 221).

2036. — La caution peut opposer au créancier toutes les exceptions qui appartiennent au débiteur principal, et qui sont inhérentes à la dette;

Mais elle ne peut opposer les exceptions qui sont purement personnelles au débiteur.

2037. — *Voy.* le texte et le commentaire *suprà*, n°⁵ 360 et suiv.

2038. — L'acceptation volontaire que le créancier a faite d'un immeuble ou d'un effet quelconque en payement de la dette principale, décharge la caution, encore que le créancier vienne à en être évincé.

2039. — La simple prorogation de terme, accordée par le créancier au débiteur principal, ne décharge point la caution, qui peut, en ce cas, poursuivre le débiteur pour le forcer au payement.

SOMMAIRE.

_____

(1) Paris, 21 avr. 1806; Req., 17 août 1859 (S. V., 7, 2, 819; 60, 1, 145; *J. Pal.*, 1860, p. 817; Dalloz, R. alph., 2, 420; 59, 1, 359).

pratique de la question. — 400. Le Code, d'accord avec Pothier, s'est arrêté à l'idée de novation : en conséquence, la dation en payement opère la libération définitive de la caution, même quand le créancier est évincé de la chose qu'il a reçue en payement (C. Nap., art 2038) ; — 401. Même en ce qui concerne la caution solidaire. — 402. Mais il n'en est pas de même de la simple prorogation de terme accordée par le créancier au débiteur principal : ce n'est pas là un cas de novation (art. 239) ; en conséquence, la prorogation laisse subsister l'obligation de la caution ; — 403. Sauf le cas où la caution ne s'est engagée que pour un temps limité ou jusqu'à une époque déterminée. — 404. Dans la dation en payement, la décharge de la caution dépend de l'*acceptation volontaire* par le créancier d'une chose à la place de celle qui lui est due : limitation de la règle. — 405. Et bien que la décharge subsiste nonobstant éviction ultérieure de la chose reçue en payement, il y a exception à la règle lorsque la dation en payement est rescindée comme vicieuse en elle-même, par exemple comme entachée de dol ou de fraude.

IV.   406. *De la remise volontaire.* Lorsqu'elle est faite *animo donandi*, elle éteint la dette et par cela même crée une exception que la caution peut opposer ; — 407. Même quand le créancier, en faisant remise au débiteur, se réserverait de demander payement à la caution : différence, sous ce rapport, entre l'ancien droit romain et le droit français. — 408. *Quid* lorsque, au lieu de remettre la dette, le créancier accorde un délai au débiteur pour se libérer ? Renvoi. — 409. Transition au serment prêté par le débiteur ; à la transaction, et à la chose jugée : ces actes profitent à la caution lorsqu'ils sont favorables au débiteur ; — 410. Même à la caution solidaire. — 411. Mais lui sont-ils opposables quand ils sont défavorables au débiteur ? La doctrine et la jurisprudence se prononcent négativement au moins en ce qui concerne le serment prêté et le jugement rendu contre le débiteur. — 412. Solution de la question en sens contraire pour tous les cas indistinctement. — 413. A supposer que la caution soit représentée par le débiteur, dans quelle mesure peut-elle user des moyens de recours ouverts contre le jugement ?

V.   414. *De la compensation.* La caution peut faire valoir pour son propre compte la cause de compensation existant entre le créancier et le débiteur ; — 415. Même quand celui-ci aurait renoncé à l'opposer ; — 416. Et quand bien même elle se serait obligée solidairement.

VI.   417. *De la confusion.* Lorsque le débiteur devient héritier pur et simple du créancier, ou *vice versâ*, la caution est libérée, l'obligation cautionnée fût-elle simplement naturelle. — 418. *Secùs* en cas de bénéfice d'inventaire. — 419. Si la confusion n'est que partielle, la libération de la caution est partielle également. — 420. En tout cas, la caution conserve son recours contre le débiteur pour les sommes par elle versées avant la confusion. — 421. La révocation de la confusion ne fait revivre l'obligation de la caution que dans le cas où la confusion est révoquée par la nullité légale de la cause qui l'avait produite : *secùs* dans le cas de révocation conventionnelle.

VII.   422. *De la perte de la chose.* Elle rend l'obligation impossible lorsqu'elle a lieu sans la faute du débiteur ; et partant elle libère la caution. — 423. *Secùs* quand la chose a péri par le fait ou la faute du débiteur. Renvoi.

VIII.   424, 425. *De la nullité et de la rescision.* Renvoi.

IX.   426. *Effet de la condition résolutoire.* L'événement de la condition éteint l'obligation dont l'existence était soumise à la condition ; et partant il libère la caution. — 427. *Secùs* lorsque la résolution a pour cause l'inexécution de la part du débiteur.

X.   428. *De la prescription.* Lorsqu'elle est acquise, la prescription établit en faveur de l'obligé principal une présomption de libération dont la caution peut se prévaloir ; — 429. A moins que le débiteur principal renonce à l'invoquer : controverse.

I. — 384. Après avoir traité de l'extinction *directe* du cautionnement, nous arrivons à son extinction indirecte ou par voie de conséquence. Ce second mode d'extinction tient à la nature même du contrat. Le cautionnement, nous l'avons dit à diverses reprises (n°s 9 et 325), est une obligation accessoire qui ne peut subsister indépendamment de l'obligation principale à laquelle il est attaché. Il s'éteint donc indirectement ou par voie de conséquence, comme toutes les obligations accessoires, par l'extinction de l'obligation principale. Aussi l'art. 2036 dit-il, par application de ce principe, que la caution peut opposer au créancier toutes les exceptions qui appartiennent au débiteur principal, et qui *sont inhérentes à la dette*. Ainsi la caution actionnée par le créancier est en droit de le repousser en invoquant tous les moyens de défense que le débiteur lui-même aurait pu faire valoir, en tant qu'ils tombent sur la dette, en opposant, comme le débiteur principal l'aurait pu faire lui-même, tous les événements qui constituent de véritables modes d'extinction des obligations.

385. Mais le même article ajoute que la caution ne peut opposer les exceptions *qui sont purement personnelles* au débiteur. Et ceci exige qu'avant de reprendre un à un les divers modes d'extinction des obligations et d'expliquer comment et dans quelle mesure l'extinction profite à la caution, nous précisions tout d'abord le sens et la portée de la distinction établie par l'art. 2036 entre les exceptions inhérentes à la dette, c'est-à-dire les exceptions *réelles* et les exceptions *personnelles*.

386. Les exceptions que la caution actionnée serait en droit d'invoquer dans les termes du premier paragraphe de notre article, s'entendent de celles qui, tombant sur la dette même, comme un payement, une compensation, une novation, etc., l'éteignent et l'anéantissent. Ces exceptions, lorsqu'elles sont acquises au débiteur principal, sont par cela même et forcément acquises à la caution : elles lui sont acquises d'une manière irrévocable, tellement que, si le débiteur faisait avec le créancier une convention ayant pour objet d'écarter ces exceptions ou d'y renoncer, il pourrait bien parvenir ainsi à créer une nouvelle obligation; mais il ne ferait pas revivre l'ancienne, qui demeure à jamais éteinte, et avec elle le cautionnement qui la garantissait. Ce sont là les exceptions que l'on doit considérer comme *inhérentes à la dette,* selon l'expression de l'art. 2036, et que, d'après la qualification des commentateurs, on appelle exceptions *réelles*. On est généralement d'accord sur cette interprétation.

387. Il en est autrement en ce qui concerne les exceptions personnelles, par exemple celles qui dérivent de la cession de biens, du concordat consenti à un débiteur, du délai de grâce, auxquelles nous pouvons ajouter les causes d'annulation fondées sur l'incapacité de l'un des contractants et sur les vices du consentement, et dans une certaine mesure la prescription accomplie. De ces exceptions, les premières n'éteignent point la dette en elle-même et définitivement, bien qu'en les invoquant le débiteur puisse se dispenser de l'acquitter, au moins momentanément. Quant aux secondes, elles permettent sans doute au débiteur de demander l'anéantissement de la dette, mais elles n'étei-

gnent pas non plus cette dette, et tant que l'anéantissement n'en est pas prononcé sur la demande du débiteur, elle subsiste, sans que les tiers, et notamment la caution, en puissent de leur chef contester la validité. Ce droit de contestation est introduit, en effet, dans l'intérêt du débiteur seul; il doit donc lui être exclusivement réservé, et s'il renonce à l'exercer, nul ne peut s'en prévaloir et l'exercer à sa place. C'est là une exception *personnelle*, et telle est la qualification sous laquelle elle est désignée dans l'art. 2036.

388. Seulement, les rédacteurs de cet article, sans doute pour faire mieux ressortir la distinction qu'il consacre, ont eu la pensée malheureuse de corroborer, par l'addition du mot *purement*, la qualification d'*exceptions personnelles*, qui eût été suffisante par elle-même; et, en cherchant à ajouter ainsi à la force de l'expression, ils ont donné lieu à des malentendus regrettables. Ainsi, Marcadé, trompé par la formule de la loi, enseigne que le législateur a établi trois catégories d'exceptions, les exceptions *réelles*, les exceptions *personnelles* et les exceptions *purement personnelles* (1), quand il est certain, par le texte de l'art. 1208, sur lequel s'appuie Marcadé, par celui de notre article, et plus encore que par le texte, par le commentaire dont il a été l'objet au cours des travaux préparatoires (2), qu'il y a seulement deux catégories d'exceptions : les exceptions *personnelles*, mal à propos appelées *purement personnelles*, et les exceptions *réelles*.

389. Les auteurs en général repoussent, il est vrai, cette opinion de Marcadé ; mais, par une autre erreur bien autrement grave, au point de vue de l'application, ils rangent dans la classe des exceptions personnelles au débiteur principal, non point *toutes celles qui sont réservées à la personne*, mais celles qui seraient introduites par une faveur pour la personne du débiteur (3) : en conséquence, en y comprenant, par exemple, la cession de biens, le délai de grâce, les nullités résultant de l'incapacité, ils en excluent les nullités pour vices du consentement et la prescription ; et argumentant des dernières expressions de l'art. 1338 du Code Napoléon, ils supposent que la caution pourrait toujours opposer ces dernières exceptions, quand même le débiteur principal aurait ratifié l'obligation ou renoncé à la prescription.

Nous revenons plus bas sur quelques-uns de ces points (*infrà*, nos 425 et 429); mais disons en attendant, par forme d'observation générale, que c'est là prendre le mot *personnelles* de notre article dans un sens inexact, contraire aux principes généraux et à la théorie raisonnée du cautionnement (*suprà*, nos 33 et suiv.), contraire au but de l'art. 2036, qui est d'indiquer non la source et l'origine, mais bien les effets des exceptions qualifiées personnelles, contraire enfin et surtout aux idées mêmes des rédacteurs de cet article, les tribuns Chabot et Lahary ayant rangé de la manière la plus positive, au nombre des excep-

_____

(1) *Voy.* Marcadé, sur l'art. 1208 (t. IV, no 615).
(2) *Voy.* l'Exposé des motifs de Treilhard (Locré, t. XV, p. 330; Fenet, t. XV, p. 45) et surtout le Rapport de Chabot (Locré, p. 348 et 349; Fenet, p. 58 et 59).
(3) *Voy.* notamment M. Troplong (no 495).

tions que la caution ne peut invoquer, la violence, le dol, l'erreur et la lésion (1). Que s'il était besoin d'un argument plus décisif, nous le prendrions dans l'art. 1208, où ces mêmes mots *purement personnelles* ont précisément, de l'aveu de tous, le sens que selon nous ils présentent dans l'art. 2036. Or, n'est-il pas bien improbable, pour ne pas dire impossible, que le Code, dans deux situations réglées par des dispositions absolument semblables, ait donné à des expressions identiques deux significations différentes et jusqu'à un certain point opposées?... Et quant à l'objection tirée de l'art. 1338, d'après lequel la ratification d'un acte annulable *ne préjudicie pas aux tiers,* nous l'écartons par cette observation de Marcadé, que les tiers, dans les termes de cet article, s'entendent non de ceux qui ont seulement un droit personnel contre le débiteur, comme une caution, mais uniquement des tiers acquéreurs et généralement de tous ceux qui ont acquis quelque droit réel sur le bien, objet de l'obligation ratifiée (2).

390. Ceci dit sur le sens et la portée de la distinction établie par l'art. 2036, reprenons les diverses causes énumérées par l'art. 1234 du Code Napoléon, comme susceptibles de produire l'extinction de l'obligation principale, c'est-à-dire la libération du débiteur principal, et précisons comment et dans quelle mesure chacune de ces causes peut fournir à la caution une exception dont elle soit en droit de se prévaloir.

II. — 391. *Du payement.* — Le payement est, comme nous l'avons dit plus haut (n° 328), le premier et le plus efficace des modes d'extinction des obligations. Lorsque le débiteur principal s'acquitte entre les mains du créancier, il éteint la dette, et la libération de la caution en résulte de plein droit, puisque, comme contrat accessoire, le cautionnement ne saurait survivre à l'obligation principale, qu'il a pour objet de garantir. Ainsi la caution actionnée peut opposer au créancier l'exception résultant du payement : ceci est de toute évidence et n'a pas besoin d'être démontré.

392. Il n'est même pas nécessaire que le montant de la dette soit remis entre les mains du créancier pour que le débiteur soit libéré ; sa libération résulte aussi, en effet, d'offres réelles lorsqu'elles sont suivies de consignation. Les offres, alors, éteignent la dette, et conséquemment libèrent tous ceux qui en étaient tenus, c'est-à-dire la caution aussi bien que le débiteur principal. Mais précisément parce qu'il s'agit là non point d'un payement effectif, mais simplement d'offres, la libération n'est que conditionnelle ; et c'était une question controversée, dans l'ancien droit, de savoir si, la consignation ayant été régulièrement faite, et le débiteur ayant ensuite retiré les espèces par lui consignées, la consignation devait être considérée comme non avenue par rapport aux cautions, et en conséquence si ces cautions restaient obligées. Suivant Pothier, il fallait distinguer : si la consignation avait été re-

_____

(1) *Voy.* Locré (t. XV, p. 337, 338 et 379); Fenet (t. XV, p. 48, 49 et 79).
(2) *Voy.* Marcadé (sur l'art. 1338, n° V).

lirée par le débiteur avant qu'elle eût été ordonnée ou déclarée valable par le juge, les cautions n'étaient pas libérées; car la consignation n'étant pas en elle-même un payement, c'est de l'autorité du juge qu'elle tenait la vertu d'équipoller à un payement et d'éteindre la dette. Si la consignation n'avait été retirée qu'après avoir été déclarée valable, le retrait ne préjudiciait pas aux cautions qui avaient été libérées par la consignation (1). Le Code Napoléon, par les art. 1261 et suivants, tranche la question dans le sens de cette distinction, en précisant toutefois que du jour où la consignation a été acceptée ou déclarée valable par un jugement passé en force de chose jugée, le débiteur ne peut plus reprendre la somme consignée que du consentement du créancier, et sans que d'ailleurs le retrait préjudicie aux cautions que la consignation avait définitivement libérées (2).

393. Il n'est pas indispensable non plus que le payement soit fait par le débiteur et de ses deniers. Même effectué par un tiers, le payement éteint la dette, et du même coup il libère la caution.

Il faut néanmoins réserver le cas où le tiers de qui le payement émane aurait été subrogé aux droits du créancier. La caution, en ce cas, n'est pas libérée; car le payement avec subrogation n'a pas pour effet d'éteindre la créance principale, il ne fait que mettre à la place du créancier désintéressé un autre créancier qui succède aux droits du premier tant contre la caution que contre le débiteur (C. Nap., art. 1252). Seulement, la subrogation, pour qu'elle laisse ainsi subsister le droit résultant de la créance et le fasse passer sur la tête du subrogé, doit être faite dans les conditions et dans les formes déterminées par la loi : notamment, si elle est consentie par le créancier recevant son payement d'une tierce personne, elle doit être expresse et opérée en même temps que le payement; si elle est faite par le débiteur avec des deniers empruntés par lui à l'effet de se libérer, il faut que l'acte d'emprunt et la quittance soient passés devant notaires, et que les deux actes combinés constatent la destination et l'emploi des deniers (C. Nap., art. 1250). Sans ceula, la subrogation ne serait pas valable et ne pourrait pas être opposée à la caution. Aussi, lorsque la Cour de cassation est allée jusqu'à valider vis-à-vis de la caution une subrogation consentie par blanc seing et réalisée après le payement (3), elle a manifestement méconnu les dispositions formelles de la loi; et sa décision a été justement critiquée (4).

394. Dans tout ce qui précède, nous avons supposé le payement d'une dette cautionnée pour le tout et éteinte en totalité par l'effet de ce payement. — Supposons maintenant qu'il s'agisse simplement d'à-comptes payés par le débiteur sur une dette partiellement cautionnée. Par exemple, Pierre débiteur de 20 000 francs, cautionnés par Paul jusqu'à concurrence de 5 000 francs, paye au créancier un à-

(1) *Voy.* Pothier (*Des Oblig.*, n° 580).
(2) *Voy.* Marcadé (t. IV, n° 741).
(3) Rej., 12 fév. 1840 (S. V., 40, 1, 529; Dalloz, 40, 1, 103; *J. Pal.*, à sa date).
(4) *Voy.* MM. Ponsot (n° 342); Troplong (n° 499).

compte de 5 000 francs. Paul, caution, venant à être actionné, sera-
t-il en droit d'opposer le payement de l'à-compte, et conséquemment
de se prétendre libéré? Cette question d'imputation paraît avoir été
résolue en faveur de la caution dans l'ancien droit. Lorsque, dit
Brillon, un débiteur n'a donné caution que pour moitié de la somme
portée par son obligation, le premier payement par lui fait sans imputation est censé fait à la décharge de la caution. — *Hœc res efficiet*
ut in duriorem causam semper videtur sibi debere accepto ferre....
(L. 3, ff. *De Solut. et Liber.*) — Or, *gravior videtur quæ sub satis-*
datione videtur, quam ea quæ pura est (1. 5, *eod.*), *et potius quod sa-*
tisdato, quam quod sine satisdatione debeo. (L. 4, *eod.*) (1) Cette opinion, qui a ses défenseurs sous le Code Napoléon (2), a été cependant
généralement rejetée. On admet que lorsque le débiteur a plusieurs
dettes à payer, ce qui est l'hypothèse des lois romaines précitées, la
somme par lui versée sans imputation expresse doit être présumée
payée en vue d'acquitter la dette la plus onéreuse pour lui, et par
conséquent celle pour laquelle il a donné caution plutôt que celle qu'il
doit seul ; car, comme le dit Marcadé, le débiteur a plus d'intérêt à
s'acquitter en même temps envers deux personnes qu'envers une
seule (3). Mais dans notre espèce, essentiellement différente, où le
débiteur est tenu d'une dette unique partiellement cautionnée, il faut
dire, avec la Cour de cassation, que l'objet et la nature du cautionnement étant de soumettre la caution envers le créancier à satisfaire à
l'obligation quand le débiteur n'y satisfait pas lui-même, il en résulte
que, si le cautionnement porte sur une partie de la dette seulement, les
payements faits par le débiteur doivent s'imputer d'abord sur la partie
de la dette non cautionnée (4). Et, en effet, en cherchant à se pénétrer
de l'intention probable des contractants, on arrive naturellement à cette
pensée que la caution est intervenue en vue d'ajouter au crédit du débiteur principal, lequel pouvant n'être pas solvable pour la totalité de
la dette, a dû se faire cautionner à raison de la portion qu'il n'acquitterait pas, ou, en d'autres termes, qu'il resterait devoir en dernier lieu.

395. Telle doit être la solution en principe ; mais elle pourrait être
modifiée par la convention des parties. Il n'y a rien ici qui touche à
l'ordre public ; et si l'acte de cautionnement avait réglé différemment
l'imputation des à-comptes, la convention ferait la loi des parties et
devrait être suivie. C'est ainsi que dans une espèce où un fidéjusseur,
en cautionnant partie d'une dette payable par annuités avec faculté

---

(1) Brillon (v° Caution, n° 39), et l'arrêt de la seconde Chambre des enquêtes de
Paris, du 3 août 1709, par lui cité.
(2) *Voy.* un arrêt de la Cour de Caen du 16 juill. 1851 (Dalloz, 51, 5, 98). Comp.
M. Larombière (art. 1256, n° 6).
(3) Marcadé (t. IV, n° 726, sur l'art. 1256). *Voy.* aussi Grenoble, 29 juill. 1832;
Orléans, 3 avr. 3851 (S. V., 33, 2, 572; 51, 2, 555; Dalloz, 33, 2, 106; 51, 2, 66;
J. Pal., 1851, t. I, p. 431). — Pothier (n° 567). MM. Delvincourt (t. II, p. 770); Duranton (t. XII, n° 199); Toullier (t. VII, n° 179).
(4) *Voy.* Cass., 12 janv. 1857 (S. V., 57, 1, 349; Dalloz, 57, 1, 278; *J. Pal.*, 1857,
p. 770). — *Voy.* aussi MM. Ponsot (n° 345); Troplong (n°ˢ 246, 500 et 501); Massé et
Vergé, sur Zachariæ (t. V, p. 78, note 1).

d'anticipation, avait fait porter son cautionnement sur les premières annuités, et imposé au créancier l'obligation d'exiger ces annuités dans l'ordre de leur échéance et de recevoir, dans le même ordre successif, les payements partiels d'annuités ou même les à-comptes qui pourraient être versés par anticipation, la Cour impériale d'Orléans a décidé qu'il y avait lieu d'imputer, à l'égard de la caution, sur la partie cautionnée de la dette, l'intégralité des dividendes reçus par le créancier dans la contribution ouverte sur la succession bénéficiaire du débiteur, bien que ces dividendes s'appliquassent à toute la dette, et, par conséquent, à des annuités non couvertes par le cautionnement. La Cour de cassation, en rejetant le pourvoi dirigé contre cet arrêt (1), a pensé qu'il y avait là une interprétation souveraine : et comme en définitive l'interprétation ne contrevenait à aucune loi d'ordre public, il est vrai de dire que la Cour, en la maintenant, n'a nullement contredit à sa jurisprudence sur la question de principe.

III. — 396. *De la novation.* — Opérée à l'égard du débiteur principal, la novation éteint l'ancienne dette, de même que le payement ; et, comme le payement, elle libère les cautions, à moins que le créancier ayant exigé leur accession, elles aient refusé d'accéder au nouvel arrangement (C. Nap., art. 1281). « Novatione legitimè perfectâ debiti in » alium translati, prioris contractûs fidejussores, vel mandatores libe- » ratos esse non ambigitur : si modo in sequenti se non obligaverunt. » (L. 4, C. *De Fidej. et Mand.*) C'est une conséquence du principe que la caution ne peut être tenue que de ce dont le débiteur principal est tenu lui-même (*suprà,* nos 59 et suiv.). En effet, comme le dit Pothier, la caution ne peut être tenue de la première dette qu'elle a cautionnée, puisque, ayant été éteinte par la novation, cette dette ne subsiste plus ; et quant à la nouvelle dette qui a été substituée à la première, la caution n'en peut pas être tenue non plus, puisque ce n'est pas celle à laquelle elle avait accédé (2).

397. Ainsi, en empruntant un exemple fourni par Domat, si nous supposons que le créancier d'un prix de vente, lequel prix était cautionné, a donné quittance, et a reçu de l'acheteur seul une obligation pour cause de prêt, nous dirons que la caution du prix de vente est libérée et que le créancier ne lui peut plus rien demander (3). Car, bien que ce qu'elle avait promis de payer ne soit pas acquitté, et que le débiteur reste obligé pour une dette dont la vente a été l'origine et dont elle avait répondu, comme le créancier a éteint cette première obligation, celle de la caution, qui n'en était que l'accessoire, s'est trouvée également éteinte.

398. La dation en payement nous fournit un autre exemple que le Code lui-même a consacré par l'art. 2038. Ainsi, je suis créancier d'une somme de 20 000 francs dont le payement a été cautionné par Pierre, et j'accepte volontairement de mon débiteur une maison qu'il possède

---

(1) Req., 13 nov. 1861 (S. V., 62, 1, 307 ; *J. Pal.,* 1862, p. 5 ; Dalloz, 62, 1, 133).
(2) Pothier (no 379).
(3) Domat (*Lois civ.,* liv. III, t. IV, sect. 5, no 6).

et qu'il me donne en payement, il y a là novation de l'obligation primitive par l'effet de la dation en payement(1), et la caution, qui était obligée envers moi à satisfaire à cette obligation si le débiteur n'y satisfaisait pas lui-même, est désormais libérée.

399. Toutefois cette appréciation donnait lieu, en droit romain et dans notre ancien droit, à de graves controverses. On se demandait quelle était la véritable nature de la dation en payement; s'il y fallait voir une novation, ou bien un contrat soit de vente, soit d'échange, suivant que l'un des deux objets dû et donné était ou non une somme d'argent.

On pressent l'intérêt pratique de la question. Pour ne parler que des cautions, la dation en payement, si elle est prise comme entraînant novation, a pour effet de les libérer définitivement, même dans le cas où l'objet donné en payement, n'appartenant pas au débiteur, viendrait à être réclamé par le véritable propriétaire et où le créancier en serait ainsi évincé. Au contraire, si la dation en payement constitue une vente, l'éviction du créancier entraîne la résolution de la vente, et l'ancienne obligation, reparaissant par suite de la nullité de l'acte juridique au moyen duquel on avait essayé de l'éteindre, se trouve n'avoir été anéantie qu'en apparence; dans la réalité, elle n'a pas cessé d'exister, et par conséquent les sûretés, priviléges, hypothèques ou cautionnements qui la garantissaient, y sont restés attachés. Il y a, en ce dernier sens, ce texte de Marcianus : « Si quis aliam rem pro alia volenti solverit, et » evicta fuerit (res) : manet pristina obligatio » (1. 46, ff. *De Solut. et Liber.*); et c'était l'avis de Renusson (2).

400. Mais il est évident que ce système n'est nullement conforme à la nature vraie de la dation en payement. Car cette opération, si rapide qu'ait été le payement lui-même, suppose toujours une convention préexistante entre le débiteur et le créancier. Cela semble avoir échappé à M. Troplong qui, en effet, a cru devoir distinguer, dans son explication doctrinale de l'art. 2038, le cas où la dation en payement est précédée d'une convention (3) et celui où elle a lieu sans convention préalable (4). Dans tous les cas, disons-nous, il y a, dans la dation en payement, une convention préexistante, expresse ou supposée, par laquelle le créancier consent à recevoir une chose au lieu d'une autre; et c'est cette convention, et nullement le payement dont elle est suivie, qui entraîne l'extinction de l'ancienne obligation. Il y a donc là, quoi qu'en dise M. Ponsot (5), substitution d'une obligation à une autre, c'est-à-dire novation (6). Ainsi en ont pensé les rédacteurs du Code, qui en cela, d'ailleurs, ont suivi la doctrine de Pothier (7) : en

---

(1) *Voy.* Marcadé, sur l'art. 1243 (t. IV, n° 691) ; Aubry et Rau (3ᵉ édit., p. 150 et note 18, p. 153 et note 35, p. 506 et note 1).
(2) Renusson (*Subrog.*, chap. v, nᵒˢ 40 et 41).
(3) M. Troplong (nᵒˢ 577-579).
(4) *Idem* (nᵒˢ 580-583).
(5) M. Ponsot (n° 351).
(6) *Voy.* le discours du tribun Lahary (Locré, t. XV, p. 389 ; Fenet, t. XV, p. 87).
(7) Pothier (n° 407).

conséquence, ils ont dit, par l'art. 2038, « que l'acceptation volontaire que le créancier a faite d'un immeuble ou d'un effet quelconque en payement de la dette principale, décharge la caution, *encore que le créancier vienne à en être évincé.* »

401. Au surplus, les motifs mêmes sur lesquels cette disposition est fondée montrent suffisamment que l'application en doit être faite à la caution solidaire aussi bien qu'à la caution simple. Le contraire a été soutenu devant la Cour de cassation sur le fondement de l'art. 2021, d'après lequel l'effet du cautionnement solidaire à l'égard du créancier doit se régler par les principes qui régissent les obligations solidaires ; d'où il suivrait, disait-on, que les cautions solidaires, comme les co-débiteurs solidaires, ne peuvent être considérés, vis-à-vis du créancier, que comme des débiteurs principaux, et par suite qu'il ne leur appartient pas d'invoquer la disposition exceptionnelle de l'art. 2038. Mais la Cour, sans s'attacher même au sens dans lequel doit être prise la disposition de l'art. 2021 (voy. *suprà*, n° 163), a justement décidé que les règles de l'art. 2038 sont générales ; qu'elles s'appliquent aussi bien à la caution solidaire qu'à la caution simple ; et que les motifs qui les ont déterminées, et qui sont fondés sur l'extinction de la créance primitive par la dation en payement, sont les mêmes pour l'un et l'autre cas (1).

402. Mais il ne faut pas confondre cette hypothèse avec celle où le créancier, au lieu de recevoir en payement une chose pour une autre, se borne à accorder au débiteur une simple prorogation de terme. Il est toujours permis à un créancier de ne pas poursuivre le débiteur dont la dette est devenue exigible ; et, sauf en matière commerciale où le besoin de promptitude et de régularité fait un devoir au porteur d'un billet de se présenter à l'échéance, l'inaction du créancier ne lui fait perdre aucun de ses droits, soit contre le débiteur lui-même, soit contre les tiers, pourvu qu'il ne laisse pas la prescription s'accomplir.

Cela, néanmoins, avait été mis en question : on s'était demandé si une prorogation de terme, consentie par le créancier, ne constituait pas, de même que la dation en payement, une novation dont l'effet était d'éteindre la dette et par suite de libérer la caution. Mais il y a entre les deux cas une différence essentielle, que Pothier met dans tout son jour (2) : par l'arrangement que suppose la dation en payement, le créancier a ôté tout moyen à la caution de pourvoir à la sûreté de son cautionnement en demandant au débiteur la décharge de son obligation, qui paraissait acquittée aussi bien que la dette principale, tandis que par la simple prorogation de terme, qui ne fait nullement apparaître que la dette soit acquittée, il laisse à la caution tout moyen de pourvoir à son indemnité, et d'agir contre le débiteur si elle s'aperçoit

_____

(1) Req., 10 mai 1858 (S. V., 59, 1, 161 ; *J. Pal.*, 1858, p. 1185; Dalloz, 58, 1, 283). *Voy.* aussi M. Pardessus (*Droit comm.*, n° 297). Comp. MM. Vincens (*Lég. comm.*, t. II, p. 221); Alauzet (*Comm. C. de comm.*, t. II, n° 892); Nouguier (*Lett. de ch.*, t. I, p. 321).

(2) *Voy.* Pothier (*loc. cit.*).

que la fortune de ce dernier commence à se déranger. D'un autre côté, il est bien évident que proroger le terme ce n'est, en aucune façon, substituer une obligation à une autre ; c'est, au contraire, maintenir l'obligation, qui reste la même, sauf la prolongation de durée. La simple prorogation de terme ne saurait donc avoir le même effet, par rapport aux cautions, que la dation en payement. Aussi voit-on par l'art. 2039 que la simple prorogation de terme, accordée par le créancier au débiteur principal, ne décharge point la caution, laquelle peut seulement, en ce cas, si elle veut cesser d'être obligée, poursuivre le débiteur pour le forcer au payement, et exiger de celui-ci sa décharge (*suprà,* n° 291).

Du reste, la disposition s'applique même au cas où la créance cautionnée étant le prix d'une perception concédée au débiteur, par exemple la ferme de l'octroi d'une ville, devrait être payée d'avance et par anticipation de mois en mois (1). Il n'en serait autrement, et la caution ne serait déchargée que si le créancier, en même temps qu'il proroge le terme, laissait échapper le gage de la créance (2) : ce qui serait une application de l'art. 2037 ci-dessus commenté.

403. Il faut aussi réserver le cas où la caution, au lieu de s'engager d'une manière indéterminée, aurait formellement stipulé du créancier qu'elle ne serait tenue que pour un temps limité, par exemple pour deux ans ou jusqu'à telle époque. Dans une pareille situation, la caution serait déchargée de plein droit à l'expiration de la seconde année ou à l'avénement de l'époque fixée, sans qu'aucune convention ou subrogation intervenue entre le débiteur principal et le créancier y pût faire obstacle (3).

404. C'est donc à la dation en payement, et nullement à la prorogation du terme, qu'il faut attacher cette idée de novation, dont l'effet, d'après l'art. 2038, est de décharger la caution, et cela encore que le créancier soit ultérieurement évincé. Et même, en ce qui concerne la dation en payement, il importe de ne pas se méprendre sur la portée de la loi.

Ainsi, d'une part, l'art. 2038 fait dépendre la décharge de la caution de l'acceptation volontaire par le créancier d'un immeuble ou d'un effet quelconque en payement de la dette principale. Nous en concluons sans doute que la décharge aura lieu nonobstant toutes réserves contraires de la part du créancier dans ses arrangements avec le débiteur principal (4). Mais nous exigerions que l'acceptation de la chose donnée impliquât libération du débiteur lui-même ; sans quoi, s'il s'agissait d'une acceptation pure et simple, sans libération du débiteur en ce qui concerne la dette prétendue novée, il n'y aurait pas là un payement

---

(1) Req., 17 août 1859 (S. V., 60, 1, 145; Dalloz, 59, 1, 359; *J. Pal.,* 1860, p. 817).
(2) Rej., 18 déc. 1844 (Dalloz, 45, 1, 47; *J. Pal.,* 1845, t. I, p. 212; S. V., 45, 1, 108).
(3) *Voy.* M. Troplong (n° 575).
(4) *Voy.* M. Troplong (n° 583).—*Voy.* cependant MM. Duranton (t. XVIII, n° 383); Ponsot (n° 337).

effectif, et la première dette subsistant toujours, le cautionnement y demeurerait attaché (1).

En outre, et en tout cas, nous exigerions qu'il s'agît bien d'une acceptation *volontaire,* selon l'expression de l'art. 2038, c'est-à-dire de cette dation en payement qui suppose, entre le débiteur principal et la caution, la convention préalable dont nous parlions tout à l'heure (*suprà,* n° 400), et qui, plutôt que le payement, dont elle est suivie, entraîne l'extinction de l'ancienne obligation. A ce point de vue, la Cour de cassation a justement décidé que l'adjudication pure et simple au profit d'un créancier de l'immeuble à lui hypothéqué ne constitue pas l'acceptation volontaire dans le sens de l'art. 2038, et n'opère pas la décharge de la caution, alors surtout que l'immeuble se trouvant grevé de nombreuses inscriptions, le prix n'est payable qu'après la purge des hypothèques et l'accomplissement d'un ordre (2).

405. D'une autre part, l'art. 2038 entend que la novation résultant de la dation en payement opère la décharge d'une manière définitive, alors même que le créancier vient à être ultérieurement évincé de la chose volontairement reçue en payement. Et tout en reconnaissant, avec la Cour d'Orléans, que cela ne doit pas être pris dans un sens trop restreint, spécialement que la disposition de la loi est applicable au cas où l'éviction procède de ce que le payement avait été fait par un commerçant depuis déclaré en faillite et postérieurement à l'époque fixée comme étant celle de la cessation de payements (3); nous croyons cependant que si la dation en payement était vicieuse en elle-même, par exemple entachée de violence ou de dol, et par suite rescindée, elle devrait être considérée comme rétroactivement anéantie, en sorte que l'ancienne obligation reparaîtrait, et avec elle le cautionnement qui s'y trouvait accessoirement attaché (4). Dans cet ordre d'idées, nous signalerons un jugement intervenu dans une espèce où l'éviction du créancier avait été prononcée sur la demande des héritiers de la caution à qui appartenait l'immeuble donné en payement par le débiteur. Le jugement, soigneusement motivé, décide que la décharge de la caution ne doit pas subsister en ce cas, attendu que les motifs sur lesquels est fondée la disposition de l'art. 2038, « déterminants pour la libération de la caution, lorsqu'elle a cru ou pu croire que le payement avait été ou pouvait être sérieux, sont dénués de force et se rétorquent au contraire contre la caution elle-même, lorsque le débiteur a baillé en payement une chose de cette dernière, alors surtout qu'après un dépouillement qu'elle n'a pu ignorer, la caution ou ses ayants cause veulent évincer tout à coup le créancier pour reprendre leur chose, et se soustraire en

---

(1) *Voy.* Turin, 11 juin 1808 (*J. Pal.,* à sa date; Dalloz, Alph., 2, 419).
(2) Rej., 19 janv. 1863 (S. V., 63, 1, 187; *J. Pal.,* 1863, p. 478; Dalloz, 63, 1, 86).
(3) *Voy.* Orléans, 30 août 1850 (S. V., 51, 2, 44; Dalloz, 51, 2, 29; *J. Pal.,* 1850, t. II, p. 302). *Voy.* aussi M. Troplong (n° 582).
(4) *Voy.* M. Ponsot (n°s 336 et 351).

même temps au lien de leur engagement par une fraude résultant d'un silence calculé. » (1)

IV. — 406. *De la remise volontaire*. — La remise volontaire par le créancier au débiteur profite également à la caution (C. Nap., art. 1287), et lui fournirait une de ces exceptions qu'en cas de poursuite elle pourrait opposer. Bien entendu, nous parlons ici de la remise volontaire faite *animo donandi*. S'il s'agissait d'une remise accordée par nécessité, par exemple par un contrat d'atermoiement, par un concordat, il en serait autrement. De telles conventions ne libèrent le débiteur qu'au point de vue de l'obligation civile ; elles laissent subsister l'obligation naturelle, qui suffit, comme déjà nous avons eu l'occasion de l'expliquer, pour soutenir le cautionnement. De là vient que l'exception qui en résulte ne peut pas être invoquée par la caution ; et c'est ce que la loi de 1838, sur les faillites, a expliqué en ce qui concerne les remises faites par concordat (C. comm., art. 545).

Mais lorsque la remise procède immédiatement de la volonté du créancier, lorsqu'elle a sa cause dans la pensée de donner, lorsqu'elle constitue un abandon libre et volontaire de son droit par le créancier, elle opère la libération complète du débiteur, qui n'est plus obligé, ni civilement ni naturellement, de payer la somme dont il lui a été fait remise ; en sorte que rien ne soutenant plus l'obligation accessoire résultant du cautionnement, la caution est nécessairement déchargée et peut se prévaloir de la remise tout comme le débiteur principal.

407. Il en serait ainsi quand même le créancier, en remettant volontairement la dette au débiteur principal, se serait expressément réservé le pouvoir d'en demander le montant à la caution. Le contraire résultait, à la vérité, dans l'ancien droit romain, des textes combinés de la loi 21, § 5, *in fine*, ff. *De Pactis*, et de la loi 22, *eod. tit.*, aux termes desquels la convention faite avec le débiteur profitait à la caution, à moins que le créancier, en promettant de ne pas demander le payement au débiteur, se fût réservé de le demander au fidéjusseur, auquel cas l'exception ne profitait pas à celui-ci. Mais outre que la solution, comme l'enseigne Cujas, n'était plus guère admissible, même à Rome, après le rétablissement du bénéfice de discussion par Justinien, il y avait, selon l'expression de Pothier, une autre raison décisive pour qu'elle n'ait pas dû être suivie en France, et cette raison se tire de la différence des principes du droit romain et du droit français sur les simples pactes. En droit romain, les obligations qui avaient été formées par le seul consentement des parties pouvaient seules être détruites par un consentement contraire. Quant aux autres, le créancier n'en pouvait faire remise au débiteur que par la formule de l'acceptilation ou simple ou Aquilienne ; sans cela, la convention de ne pas exiger la dette constituait un simple pacte qui, à la faveur de l'équité prétorienne, donnait bien au débiteur une

---

(1) Trib. de Castel-Sarrasin, 22 juin 1850 (S. V., 50, 2, 417). — Comp. Req., 15 avr. 1862 (*J. Pal.*, 1862, p. 970 ; S. V., 62, 1, 484 ; Dalloz, 62, 1, 269).

exception contre la demande dont il viendrait à être l'objet contre la foi de la convention, mais qui n'empêchait pas l'obligation de subsister *ipso jure* en sa personne, ce qui suffisait pour soutenir l'obligation accessoire résultant du cautionnement. — En droit français, nous n'avons eu jamais rien de semblable. Ces principes sur les simples pactes, dit Pothier, « ne sont point puisés dans le droit naturel, et ne sont fondés que sur des subtilités très-opposées à l'esprit et à la simplicité de notre droit français. Nous ne connaissons pas la solennité de l'acceptilation : toutes les conventions peuvent produire des obligations civiles, les éteindre et les modifier. » (1) C'est encore vrai aujourd'hui; et, en conséquence, on peut dire, avec Pothier, que, lorsqu'un créancier a convention avec le débiteur de ne point exiger de lui la dette, cette convention, selon la simplicité de notre droit français, libère le débiteur absolument et définitivement; en sorte que le créancier ne peut pas valablement se réserver d'en pouvoir demander le payement aux cautions, la libération du débiteur entraînant nécessairement celle des cautions (2).

408. Que si, au lieu d'une remise complète de la dette, le créancier s'est borné à accorder au débiteur un délai pour se libérer, la caution en profite encore ou n'en profite pas, suivant les distinctions et les réserves indiquées plus haut, et sur lesquelles nous n'avons plus à revenir (*voy.* nᵒˢ 73, 291, 292, 402).

409. Mais, à l'occasion de la remise, nous nous occuperons du serment, qui, ainsi qu'on l'a dit (3), contient une remise conditionnelle, de la transaction qui présente le même caractère, et de la chose jugée. A ce propos, nous dirons du serment prêté par le débiteur, de la chose jugée en sa faveur, de la transaction avantageuse faite avec lui, ce que nous avons dit plus haut de ces mêmes actes faits avec ou par la caution (*suprà*, nᵒˢ 346-348). C'est qu'en effet, l'art. 1365, de même qu'il dispose que le serment déféré à la caution profite au débiteur principal, déclare qu'en sens inverse le serment déféré au débiteur principal libère également les cautions. La loi reconnaît donc que le débiteur principal a mandat pour rendre meilleure la position de la caution. Et généralisant, d'après ce principe, la solution contenue dans l'art. 1365 relativement au cas qu'il prévoit, nous l'étendons à la chose jugée et à la transaction (4).

Ainsi, la caution sera fondée à se prévaloir du jugement rendu entre le débiteur principal et le créancier, sauf, bien entendu, le cas où le jugement n'aurait déchargé le débiteur que sur le fondement d'une exception à lui personnelle (5).

Ainsi encore, elle sera fondée à se prévaloir des stipulations avantageuses contenues dans une transaction passée entre le débiteur et le

(1) Pothier (nᵒ 381).
(2) *Voy.* MM. Ponsot (nᵒ 353) ; Troplong (nᵒ 505).
(3) *Voy.* M. Ponsot (nᵒ 356).
(4) *Voy.* aussi Domat (*Lois civ.*, liv. III, tit. IV, sect. 5, nᵒ 5).
(5) Dijon, 16 juill. 1862 (Dalloz, 62, 2, 146). — *Voy.* aussi Req., 19 janv. 1830 (*J. Pal.*, à sa date; Dalloz, 30, 1, 88); Cass., 29 brum. an 12 (S. V., 7, 2, 801; Coll. nouv., t. I, 887).

créancier; et cela, alors même que, par une convention ultérieure, les mêmes parties viendraient à défaire la transaction dans ce qu'elle présentait de favorable. Nous rappelons l'antinomie qui, en ce point, existait, en droit romain, entre un texte de Paul (l. 27, § 2, ff. *De Pact.*) et un autre texte de Furius-Anthianus (l. ult., *eod. tit.*); le premier donnant effet à la convention, sous prétexte que la transaction primitive, puisqu'elle a été formée par le seul concours des volontés du créancier et du débiteur, peut être détruite par le seul concours des mêmes volontés; le second décidant, au contraire, que la seconde convention ne peut priver les fidéjusseurs de l'exception qui leur a été acquise par la première. Mais entre ces deux textes, dont la conciliation a été vainement tentée, on ne peut hésiter à opter, avec Pothier, pour le dernier, le motif allégué à l'appui de l'autre ne pouvant avoir quelque valeur qu'autant qu'il n'y aurait pas de droit acquis à un tiers (1).

410. Ces solutions diverses s'appliquent, d'ailleurs, au cas de cautionnement solidaire aussi bien qu'à celui de cautionnement simple. La caution solidaire pourra donc aussi invoquer le serment, la transaction, le jugement, faits ou intervenus entre le créancier et le débiteur principal, si ces actes lui sont favorables. La raison en est évidente : c'est qu'avec Marcadé nous admettons ce système même pour les codébiteurs solidaires, l'art. 1365 s'exprimant à leur égard comme à l'égard des cautions, et donnant ainsi à chacun d'eux, en principe, le pouvoir de faire pour les autres les actes profitables (2). Or, sous ce rapport, la caution solidaire doit avoir un droit au moins égal.

411. Du reste, ce sont là des solutions admises sans difficulté en doctrine et en jurisprudence. Mais il en est autrement sur le point de savoir si, au contraire, lorsque le serment est prêté contre le débiteur, lorsque le jugement ou la transaction lui sont défavorables, ces actes peuvent être opposés à la caution. A cet égard, les auteurs admettent en général la négative pour ce qui est de la transaction, parce que, disent-ils, le débiteur ne peut pas, par une transaction qui aggrave sa position, aggraver celle du fidéjusseur (3); mais en général aussi, et d'accord avec la jurisprudence de la Cour de cassation, ils enseignent, quant au serment (4) et à la chose jugée (5), que le débiteur représente toujours la caution, en sorte que ces actes peuvent être invoqués contre celle-ci aussi lorsqu'ils tournent contre le débiteur. Pourquoi cette différence? C'est, dit la doctrine, que si la caution ne pouvait pas prévoir que le débiteur consentirait une transaction préjudiciable, elle a dû s'attendre, au contraire, à ce que le débiteur fût exposé à plaider, et par consé-

---

(1) *Voy.* Pothier (n° 381).
(2) *Voy.* Marcadé (sur l'art. 1351, n° XIII).
(3) *Voy.* Pothier (*loc. cit.*). MM. Ponsot (n° 359); Troplong (n° 507). *Voy.* cependant un arrêt de la Chambre des requêtes qui paraît contraire, même pour la transaction. Req., 30 juill. 1849 (S. V., 49, 1, 577).
(4) *Voy.* M. Ponsot (n° 360).
(5) *Voy.* Pothier (*loc. cit.*). MM. Merlin (*Quest.*, v. Ch. jug., § 18, n° 5, et *Acquies.*); Ponsot (n°s 361 et 363); Troplong (n°s 510 à 512). *Voy.* aussi Cass., 27 nov. 1811; Rej., 11 déc. 1834; 12 fév. 1840, 4 août 1842 (S. V., 12, 1, 125; 35, 1, 376; 40, 1, 529; 42, 1, 673).

quent à perdre son procès, comme aussi à ce que le litige donnât lieu à une délation de serment qui lui fût défavorable.

412. Quant à nous, nous rattachant à la doctrine exposée plus haut à propos du serment prêté par la caution, du jugement ou de la transaction intervenus avec elle (n°s 348-353), nous trouvons encore dans l'art. 1365 du Code Napoléon les éléments d'une solution favorable au fidéjusseur dans les trois hypothèses indistinctement. Par cela même qu'il ne s'occupe pas particulièrement du cas où le serment est prêté *contre* le débiteur principal, cet article laisse ce cas sous l'empire de l'une des règles générales qu'il établit dans son premier paragraphe, à savoir : que le serment fait ne forme preuve que contre celui qui l'a déféré et contre ses héritiers et ayants cause. Donc, la caution, qui n'est ni l'ayant cause ni l'héritière du débiteur principal, n'est pas obligée par l'effet du serment prêté contre celui-ci, qui, en effet, ne peut être considéré comme ayant mandat suffisant pour faire des actes susceptibles d'empirer la position de la caution. Et généralisant ce principe, nous repoussons la distinction établie par la doctrine entre le jugement et la transaction, et nous arrivons à cette conséquence que la caution n'étant pas plus représentée dans l'un de ces actes que dans l'autre, aucun d'eux ne lui est opposable quand il a tourné contre le débiteur. C'est l'opinion émise par Marcadé et énergiquement défendue par lui dans son commentaire de l'art. 1351 (1). Comme lui, nous opposons à la jurisprudence de la Cour de cassation sur cette question, cette autre jurisprudence par laquelle la Cour décide que lorsqu'un arrêt a prononcé des condamnations contre quelques-uns de ceux qui sont tenus à l'acquittement *d'une créance solidaire et indivisible*, cet arrêt n'a aucune autorité de chose jugée contre les autres débiteurs de la même créance (2). Comme lui, et sans revenir d'ailleurs sur les arguments qu'il développe et auxquels nous nous référons, nous disons que si un créancier ne peut, aux termes de cette jurisprudence, se prévaloir contre un débiteur solidaire du jugement qu'il a obtenu contre un codébiteur, à plus forte raison ne doit-il pas pouvoir opposer à une caution le jugement qu'il a obtenu contre le débiteur principal.

Et quant à l'argument sur lequel est fondée la distinction établie, sous ce rapport, entre la transaction et le jugement, les auteurs qui le produisent ne prennent pas garde que ce même argument devrait les conduire à abandonner l'opinion qu'ils soutiennent, pour la plupart, quand il s'agit du jugement rendu et du serment prêté contre la caution (*suprà*, n°s 350 et suiv.), et à reconnaître que la preuve résultant de ces actes est opposable au débiteur principal. Car enfin, le débiteur aussi a dû prévoir que la caution serait actionnée par le créancier, que le procès pourrait donner lieu à une délation de serment, et que finalement une condamnation contre elle pourrait s'ensuivre. Or, encore une fois, les auteurs, pour la plupart, repoussent ce système quand

---

(1) *Voy.* Marcadé (*loc. cit.*).
(2) Cass., 15 janv. 1839 (S. V., 39, 1, 97 ; Dalloz, 39, 1, 119 ; J. Pal., à sa date).

c'est la caution qui est poursuivie, et ils le repoussent sur le fondement de l'art. 1365 ! Et comment alors peuvent-ils ne pas le repousser également quand l'action est intentée contre le débiteur principal, en présence de ce même art. 1365, dont l'expression, identique pour les deux situations, fournit par là même un argument également puissant dans les deux cas ?

413. En supposant, cependant, que la doctrine et la jurisprudence se maintiennent dans la voie où elles sont engagées, il faudra tout au moins reconnaître que si un jugement, rendu contre le débiteur principal, était encore susceptible d'être attaqué soit par appel, soit par tout autre recours, la caution pourrait, du chef de ce débiteur (C. Nap., art. 1166), former ce recours, quand même le débiteur refuserait de l'exercer ou aurait acquiescé (1). Mais dans le système qui prévaut aujourd'hui, la voie de la tierce opposition serait interdite à la caution, puisque ce moyen n'appartient qu'à ceux qui n'ont été ni parties, ni *représentés :* et c'est ce que la Cour de cassation a expressément décidé (2). Il y aurait toutefois à excepter le cas où la caution entendrait faire valoir contre les poursuites du créancier des moyens à elle personnels dont le débiteur principal n'aurait pas eu le droit de faire usage lors du jugement.

V. — 414. *De la compensation.* — La caution peut faire valoir pour son propre compte la cause de compensation qui existerait entre le débiteur et le créancier. Ainsi doit être entendue la première disposition de l'art. 1294 du Code Napoléon, aux termes de laquelle « la caution peut *opposer* la compensation de ce que le créancier doit au débiteur principal. » (3) Donc, la caution étant poursuivie par le créancier, qui est en même temps débiteur de l'obligé principal, peut lui opposer que sa créance est éteinte de plein droit par compensation avec ce qu'il devait lui-même à ce dernier, et que l'obligé principal ayant cessé d'être débiteur, elle a, par une conséquence nécessaire, cessé elle-même d'être caution.

415. Ceci est évident, et la libération de la caution devrait être admise en ce cas, quand même le débiteur s'abstiendrait de se prévaloir de la compensation ou même aurait renoncé à l'opposer, puisque, chez nous, la compensation légale s'opère de plein droit, éteint les deux dettes par la seule force de la loi, et par l'effet immédiat de l'existence et de la réunion des conditions auxquelles elle est subordonnée (C. Nap., art. 1289 et 1290).

416. Mais c'est une question de savoir si la caution solidaire a aussi bien que la caution simple le bénéfice de cette exception. La raison de douter vient des termes du dernier paragraphe de l'art. 1294, d'après lequel « le *débiteur solidaire* ne peut opposer la compensation de ce que le créancier doit à son codébiteur. » On a conclu de là que celui qui s'est porté caution solidairement doit, sous ce rapport, être assimilé

---

(1) *Voy.* MM. Ponsot (nᵒˢ 363 et suiv.) ; Troplong (nᵒˢ 514 et 515).
(2) *Voy.* l'arrêt précité du 27 nov. 1811.
(3) *Voy.* Marcadé, sur l'art. 1294 (t. IV, nᵒ 834).

au codébiteur solidaire et être traité comme tel (1). Mais il faut remarquer que ce n'est pas dans l'intérêt du créancier que la disposition précitée a été, sur la demande du Tribunat, ajoutée au projet primitif de l'art. 1294 ; c'est uniquement par faveur pour celui des codébiteurs solidaires qui serait devenu créancier du créancier. Le législateur n'a pas voulu que ce débiteur fût dans la nécessité de venir opposer au créancier le droit qu'il aurait acquis contre lui, et que, perdant ainsi la chance qu'il avait de ne pas être choisi, il fît sûrement l'avance du total d'une dette dont, en définitive, il ne doit supporter qu'une partie. Or, les mêmes raisons ne militent pas assurément en faveur du débiteur principal dont la dette a été cautionnée ; celui-ci doit supporter seul, définitivement, et, autant que possible, directement, toute la dette : il doit souffrir, en conséquence, que la caution, même solidaire, oppose en compensation, sur les poursuites dont elle est l'objet, la créance qu'il a acquise contre le créancier (2). D'ailleurs, nous l'avons déjà dit, pour s'être obligée solidairement, la caution n'en retient pas moins sa qualité de caution ; et il n'y a aucune raison de l'assimiler à un débiteur principal.

VI. — 417. *De la confusion.* — Envisagée comme cause d'extinction des obligations, la confusion est la réunion, sur une même tête, de deux qualités incompatibles entre elles et dont le concours rend l'obligation impossible. La caution se trouve par cela même libérée, l'obligation cautionnée fût-elle seulement naturelle (3), et peut, sur les poursuites du créancier, opposer l'exception résultant de la confusion. Pothier avait dit en ce sens que, lorsque le débiteur principal devient seul héritier pur et simple du créancier, ou lorsque le créancier devient seul héritier pur et simple du débiteur principal, les fidéjusseurs sont libérés, parce qu'il ne reste plus de débiteur principal, par la confusion qui se fait des qualités de créancier et de débiteur, lesquelles, se trouvant réunies en une même personne, se détruisent l'une l'autre, personne ne pouvant être créancier de soi-même, ni débiteur de soi-même (4). Les art. 1300 et 1301 ont dit, dans le même sens, que lorsque les qualités de créancier et de débiteur se réunissent dans la même personne, il s'opère une confusion qui éteint les deux droits, et que lorsque cette confusion se fait en la personne du débiteur principal, elle libère les cautions.

418. Mais il faut que la confusion s'opère. Aussi Pothier réservait-il le cas où le débiteur n'était devenu héritier du créancier que sous bénéfice d'inventaire, *aut vice versá.* Car, disait-il, l'un des effets du bénéfice d'inventaire étant d'empêcher la confusion des qualités et de distinguer la personne de l'héritier de la succession bénéficiaire, et le

---

(1) *Voy.* Colmar, 16 juin 1821 (Dalloz, 22, 2, 52 ; Alph., 2, 416 ; S. V., Coll. nouv., 6, 2, 433 ; *J. Pal.*, à sa date). — *Voy.* aussi Marcadé (*loc. cit.*, n° 840).
(2) *Voy.*, en ce sens, MM. Toullier (t. VII, n° 376, à la note) ; Duranton (t. XII, n° 423) ; Zachariæ (t. III, § 426, note 10) ; Ponsot (n° 368) ; Troplong (n° 522).
(3) *Voy.* MM. Ponsot (n° 372) ; Troplong (n° 480).
(4) Pothier (n° 380). — *Voy.* aussi Domat (*loc. cit.*, n° 8).

débiteur, héritier bénéficiaire du créancier, demeurant toujours débiteur envers la succession bénéficiaire, les cautions ne sont pas libérées, puisqu'il y a un débiteur principal. L'art. 802 du Code Napoléon ayant également consacré cet effet du bénéfice d'inventaire, il y a lieu d'accepter la conséquence déduite par Pothier.

419. Lorsque la confusion n'est que partielle, par exemple si le débiteur n'est devenu héritier pur et simple du créancier, ou celui-ci héritier pur et simple du débiteur que pour partie, les cautions ne sont libérées que pour cette partie.

420. Dans tous les cas, la confusion laisse, bien entendu, subsister le recours auquel la caution aurait droit pour sommes par elle versées au créancier avant l'événement qui a produit la réunion des deux qualités. Par exemple, Pierre, caution de Paul pour une somme de 1 000 francs que celui-ci devait à Joseph, avait payé 500 francs à valoir, lorsque, un an plus tard, Joseph est devenu héritier de Paul. Non-seulement Pierre, désormais libéré par l'effet de la confusion, pourrait opposer l'exception s'il était recherché à raison de 500 francs non encore payés au moment de la confusion, mais encore il aurait son recours contre Paul ou ses représentants pour les 500 francs qu'il avait payés auparavant.

421. Que si la confusion une fois opérée venait à être ultérieurement anéantie, les effets qu'elle avait produits s'évanouiraient, sans doute, par cela même, pour l'héritier qui, un moment, a réuni sur sa tête la qualité de débiteur et de créancier. Mais vis-à-vis de la caution il faudra distinguer. Ou bien la confusion est révoquée par la nullité légale de la cause qui l'avait produite, par exemple si l'héritier a fait annuler son acceptation comme entachée de violence : dans ce cas, les créances de cet héritier contre le défunt et celles du défunt contre lui renaissent telles qu'elles étaient avant la confusion, avec toutes les sûretés qui y étaient attachées; et par conséquent l'obligation accessoire de la caution se rétablit comme l'obligation principale et avec elle. Ou bien la révocation de la confusion a été opérée conventionnellement sans qu'il y eût aucun motif légal d'en annuler la cause, par exemple si l'héritier a vendu l'hérédité à un tiers; et dans ce cas, quoique pleinement efficace entre les parties contractantes, la révocation ne fera pas revivre au préjudice des tiers les garanties que la confusion avait dûment éteintes (1).

VII. — 422. *De la perte de la chose.* — Lorsqu'un événement qu'on ne peut imputer à la faute du débiteur rend impossible l'exécution d'une obligation, cette obligation est éteinte. Ainsi, je suis débiteur d'un corps certain, et l'objet de l'obligation vient à périr, ou il est mis hors du commerce, ou il est perdu de manière à ce qu'on en ignore absolument l'existence, mon obligation est éteinte, pourvu que la chose ait péri ou ait été perdue sans ma faute. Ainsi dispose l'art. 1302 du Code Napoléon. Par cela même, si cette obligation avait été l'objet d'un caution-

---

(1) Pour le développement de la distinction, Marcadé (t. IV, nᵒˢ 860 et 861).

nement, l'obligation de la caution se trouverait éteinte par l'effet de l'extinction de l'obligation principale.

423. Mais si en sortant de l'hypothèse de la loi on suppose que la chose a péri ou a été perdue par le fait ou la faute du débiteur, il faudra dire que la caution n'est pas déchargée. Dans ce cas, comme nous l'avons expliqué plus haut en traitant de l'étendue du cautionnement, il y a une obligation de dommages-intérêts dont le débiteur principal est tenu ; et la caution en répondrait (voy. *suprà*, n°s 106 et suiv.).

VIII. — 424. *De la nullité ou de la rescision.* — Quant à la *nullité ou à la rescision,* dont la loi fait l'un des modes d'extinction des obligations (C. Nap., art. 1284, 1304 et suiv.), nous n'avons également qu'à nous référer aux observations dont l'art. 2012 a été l'objet; en rappelant, d'après ces observations, que la nullité de l'obligation principale n'opère extinction de l'obligation accessoire de la caution qu'autant qu'elle ne laisse pas après elle le débiteur tenu par un lien naturel (*suprà*, n°s 36-56).

425. Que si l'obligation est non pas nulle radicalement et de droit, mais seulement entachée d'une nullité susceptible d'être couverte, la caution, comme nous l'avons indiqué plus haut (n° 389), ne pourra invoquer la nullité qu'autant que l'obligation n'aurait pas été l'objet d'une ratification expresse ou tacite de la part du débiteur principal. Il résulte, à la vérité, de l'art. 1338 du Code Napoléon, que la ratification doit avoir son effet *sans préjudice du droit des tiers.* Mais, d'après les observations du Tribunat, à qui est due cette réserve, il s'agit là de droits *réels,* lesquels, ne pouvant pas être atteints par une aliénation nouvelle, ne devaient pas tomber devant l'effet rétroactif de la ratification d'une aliénation antérieure susceptible d'être annulée. Ainsi, après avoir conféré hypothèque sur sa maison, Pierre croit devoir ratifier la vente qu'il avait déjà faite de cette même maison pendant qu'il était en état de minorité; le créancier hypothécaire n'en aura pas moins le droit de dire que la vente reste nulle quant à lui et que la maison demeure grevée du droit réel qui lui a été concédé. Tels sont les tiers que la réserve introduite dans l'art. 1338 a eu pour objet de protéger. Quant à ceux qui, comme un créancier, une caution, auraient acquis un droit purement *personnel,* la réserve leur est absolument étrangère, par cette raison décisive que l'acquisition d'un tel droit, ne faisant nullement obstacle à ce que le débiteur dispose de ses biens, ne saurait par cela même l'empêcher de confirmer ou ratifier l'acte par lequel il en aurait déjà disposé. Ceux-là ne peuvent donc pas laisser la ratification de côté, et se prévaloir de la nullité quand celui à qui était réservé le droit de l'opposer y renonce formellement, au contraire, par une confirmation volontaire de l'acte qui en était originairement entaché (*suprà*, n°s 33-36, 389).

IX. — 426. *De l'effet de la condition résolutoire.* — Lorsque l'existence de l'obligation principale dépend d'une *condition résolutoire,* l'événement de cette condition a pour effet de révoquer l'obligation et de

14

remettre les choses au même état que si l'obligation n'avait pas existé (C. Nap., art. 1234, 1183). Par conséquent, la caution qui aurait accédé à une obligation de cette nature en pourrait opposer la révocation aussi bien que le débiteur principal.

427. Mais il faut soigneusement distinguer de ce cas celui où la résolution aurait pour cause l'inexécution de la part du débiteur. La résolution alors ne met pas complétement fin à l'obligation, puisque l'obligé principal reste soumis à des dommages-intérêts envers le créancier ; par cela même, elle ne libérerait pas la caution qui répondrait de ces mêmes dommages (*suprà*, n° 107). La solution est législativement consacrée, pour le cas particulier de concordat, par l'art. 520 du Code de commerce, aux termes duquel l'annulation du concordat libère les cautions de plein droit, tandis que la résiliation du concordat pour cause d'inexécution est discutée en présence des cautions et ne les libère pas (1).

X. — 428. *De la prescription.* — Enfin, la prescription, lorsqu'elle s'est accomplie par l'expiration du temps déterminé par la loi, constitue en faveur de l'obligé principal une cause légale de libération dont la caution pourra se prévaloir si elle vient à être actionnée par le créancier. Par exemple, 2 000 francs ont été prêtés à Pierre par Joseph sous le cautionnement de Paul. Il est évident que si Joseph, après avoir laissé s'écouler trente années sans demander ses 2 000 francs à Pierre et sans qu'aucune cause soit venue interrompre ou suspendre le cours de la prescription, s'avise d'assigner Paul en payement, celui-ci sera en droit de repousser l'action et de dire qu'après trente ans écoulés sans poursuites ni réclamations, la dette principale est présumée remise ou éteinte, et que, de même que le débiteur principal, il se trouve lui-même libéré.

429. Mais il en serait autrement et la caution ne serait pas fondée à opposer la prescription si le débiteur principal avait renoncé à l'invoquer. Ce point, nous le savons, est assez généralement contesté. Quelques auteurs, notamment MM. Troplong et Ponsot, en s'autorisant de l'art. 2225 du Code, d'après lequel toute personne ayant *intérêt* à ce que la prescription soit acquise peut l'opposer nonobstant la renonciation du propriétaire ou de l'acquéreur, enseignent que le débiteur ne peut renoncer à la prescription acquise malgré la caution, et que celle-ci n'est pas liée par l'abandon qu'il plairait au débiteur de faire d'une exception qui s'étend jusqu'à elle (2). D'autres, et parmi eux Marcadé, sans s'arrêter à l'art. 2225, dont ils reconnaissent l'inapplicabilité à la caution, arrivent à la même solution par un autre moyen : selon eux, dans toute obligation cautionnée, il y a deux obligations, celle du débiteur et celle de la caution ; les circonstances qui ont fait prescrire

(1) *Voy.* MM. Renouard (*Traité des faill.*, sur l'art. 520, n° 3) ; Ponsot (n°° 380 et 381) ; Troplong (n° 521).
(2) MM. Ponsot (n° 383) ; Troplong (*Prescript.*, n° 103 ; *Caut.*, n° 519).

l'obligation du débiteur principal à son profit ont aussi fait prescrire au profit de la caution sa propre obligation ; d'où suit que quand même le principal débiteur renoncerait à sa prescription, la caution, elle, n'en resterait pas moins maîtresse, en exerçant son droit propre et en agissant pour son compte, d'invoquer la sienne sans avoir même besoin de faire annuler la renonciation du débiteur (1).

Nous repoussons, quant à nous, l'un et l'autre moyen. Celui qui est pris dans l'art. 2225 du Code Napoléon laisse la question entière. En permettant à quiconque y a intérêt d'opposer la prescription nonobstant toute renonciation de la part de l'acquéreur ou du propriétaire, cet article suppose évidemment que celui qui aurait *intérêt* à se prévaloir de la prescription a aussi le *droit* de l'invoquer. Or, la question ici est précisément de savoir si la caution a ce droit en présence de la renonciation faite par le débiteur. Quant au moyen tiré de l'existence prétendue de deux obligations distinctes, l'idée en est absolument contraire aux principes en matière de cautionnement. Dans une obligation cautionnée, il y a deux obligés sans doute, mais il n'y a qu'une seule et même obligation, dont les deux obligés sont tenus, l'un principalement, l'autre accessoirement, et à laquelle le second devra satisfaire, si le premier n'y satisfait pas lui-même (*suprà*, art. 2011). Et c'est là le fondement de l'extinction indirecte dont nous nous occupons en ce moment ; c'est pour cela précisément que, lorsque l'obligation principale s'éteint, le cautionnement s'éteint aussi, non pas directement, comme on le suppose dans ce système, mais par voie de conséquence. Or, peut-on dire de la prescription que par elle-même, c'est-à-dire par le seul laps de temps, elle éteint l'obligation principale? Non, évidemment : ce serait bon si, à l'instar de la compensation, la prescription opérait *de plein droit*. Mais, pour qu'une obligation soit prescrite et n'existe plus même naturellement (*suprà*, n° 52), il faut nécessairement que le moyen résultant de la prescription soit invoqué par le débiteur ; c'est le vœu de la loi (art. 2223) ; et les auteurs s'en autorisent tous, sans excepter M. Troplong lui-même, pour dire que « tant que le moyen n'est pas opposé, *l'obligation civile continue de subsister.* » (2) Donc, et à plus forte raison, l'obligation civile subsiste également quand le débiteur, au lieu d'invoquer le moyen, l'abandonne, au contraire, par une renonciation formelle. Mais si l'obligation subsiste à la charge du débiteur principal, comment serait-elle éteinte pour la caution accessoirement obligée? Encore une fois, nous sommes ici dans une situation où la libération de la caution procède, par voie de conséquence, de la libération du débiteur principal ; et quand ce dernier reste tenu de la dette, ni la raison, ni la logique ne permettent à la caution de se dire libérée.

---

(1) Marcadé (sur l'art. 2225, n° III).
(2) *Voy.* M. Troplong (*De la Prescript.*, t. I, n° 80).

CHAPITRE IV.

DE LA CAUTION LÉGALE ET DE LA CAUTION JUDICIAIRE.

2040. — Toutes les fois qu'une personne est obligée, par la loi ou par une condamnation, à fournir une caution, la caution offerte doit remplir les conditions prescrites par les art. 2018 et 2019.

Lorsqu'il s'agit d'un cautionnement judiciaire, la caution doit, en outre, être susceptible de contrainte par corps.

2041. — Celui qui ne peut pas trouver une caution, est reçu à donner à sa place un gage en nantissement suffisant.

2042. — La caution judiciaire ne peut point demander la discussion du débiteur principal.

2043. — Celui qui a simplement cautionné la caution judiciaire, ne peut demander la discussion du débiteur principal et de la caution.

SOMMAIRE.

I.   430. Transition. — 431. Du cautionnement légal : les codes et lois non codifiées en contiennent des exemples nombreux. — 432. Du cautionnement judiciaire : exemples. — 433. D'un autre cautionnement qu'on peut appeler administratif. — 434. Le cautionnement qui dans son principe est légal ou conventionnel ne cesse pas d'être tel pour devenir judiciaire quand l'obligation de le fournir est sanctionnée par la justice.

II. 435. Les cautionnements légaux et judiciaires sont, en principe et généralement, semblables au cautionnement conventionnel; mais en quelques points, il y a des conditions et des règles particulières. — 436. 1° De la forme : la caution judiciaire doit être présentée et reçue suivant un mode déterminé par le Code de procédure. — 437. Suite en ce qui concerne les cautions légales. — 438. 2° Des conditions de solvabilité : les cautions légales et judiciaires doivent remplir les conditions prescrites par les art. 2018 et 2019. — 439. En outre, la caution judiciaire doit être contraignable par corps; — 440. Et la contrainte résulte du seul fait du cautionnement, sans que la caution s'y soit formellement soumise : controverse. — 441. 3° Des effets du cautionnement légal ou judiciaire : ce sont les mêmes que dans le cautionnement conventionnel, sauf, quant à la caution judiciaire, qu'elle n'est pas admise au bénéfice de discussion. — 442. Le bénéfice de discussion est pareillement refusé à celui qui a simplement cautionné la caution judiciaire. *Quid* si le certificateur s'est réservé de discuter la caution?

III. 443. Le débiteur obligé par la loi ou par un jugement à fournir caution peut donner à la place un gage ou nantissement suffisant. — 444. Mais pourrait-il substituer à une caution, une consignation de fonds? — 445. Ou une hypothèque? — 446. En cas de contestation sur la valeur de l'objet offert, ce serait aux tribunaux à décider.

IV. 447. Du lieu où doit être donnée la caution légale ou judiciaire. — 448. C'est au lieu fixé par le tribunal quant à la caution judiciaire, à la caution *judicatum solvi*, à la caution en cas de mise en liberté provisoire. — 449. C'est au lieu de l'ouverture de la succession quant à la caution à fournir par un héritier bénéficiaire. — 450. Pour toutes les autres, c'est au domicile du débiteur.

I. — **430.** Nous avons fait plusieurs fois allusion (*suprà*, n°s 80, 113 et 134) à des règles spéciales auxquelles sont exceptionnellement soumises les cautions légales et les cautions judiciaires, c'est-à-dire celles qui sont fournies en vertu d'une disposition de la loi ou d'un ordre de la justice (*suprà*, n° 1). Ces règles sont formulées dans les quatre articles que nous réunissons ici, et dont il nous reste à présenter le commentaire pour compléter nos observations sur le cautionnement.

431. Il existe en très-grand nombre des cas dans lesquels une personne est obligée par la loi à fournir caution. Sans parler des lois non codifiées, et particulièrement des lois et règlements administratifs, qui offrent des exemples fréquents de cautionnement légal, nous citerons, dans le Code Napoléon, le cautionnement à fournir par l'étranger demandeur (caution *judicatum solvi*, art. 16), par les envoyés en possession provisoire (art. 120), par l'usufruitier (art. 601), par celui qui a un droit d'usage ou d'habitation (art. 626), par les successeurs irréguliers moins l'Etat (art. 771, 773), par l'héritier bénéficiaire (art. 807), par le mari qui retient provisoirement la somme ou la chose constituant le préciput (art. 1518), par l'acheteur failli ou tombé en déconfiture qui exige la livraison avant le terme (art. 1613), par le vendeur qui exige le prix avant de faire cesser le trouble que souffre l'acheteur ou dont il est menacé (art. 1653), par le créancier qui requiert la mise aux enchères (art. 2185). — Les art. 17 et 542 du Code de procédure, 120, 151, 231, 346, 384, 444 du Code de commerce, 114 et suivants du Code d'instruction criminelle, modifié par la loi du 14 juillet 1865, fournissent encore d'autres exemples.

432. En ce qui concerne le cautionnement judiciaire, mentionnons le cas où le juge use de la faculté qu'il a d'imposer à la partie, en lui accordant une provision ou l'exécution provisoire du jugement soit contradictoire, soit par défaut (C. proc., art. 135 et 155), l'obligation de fournir caution, et aussi celui où le président du tribunal de commerce exige un cautionnement de la partie à laquelle il permet d'assigner son adversaire à bref délai (même Code, art. 417).

433. Enfin, l'art. 273 du Code pénal offre un autre exemple de cautionnement qu'on pourrait appeler administratif. Il s'applique à la mise en liberté des vagabonds nés en France et réclamés par délibération du conseil municipal de la commune où ils sont nés. La réclamation et le cautionnement peuvent être discrétionnairement acceptés ou rejetés par le gouvernement.

434. Du reste, il ne faut pas croire que tout cautionnement dont la prestation est sanctionnée par la justice soit par cela même un cautionnement judiciaire. S'il est légal, ou conventionnel, dans son principe, la décision judiciaire qui ordonne de le fournir n'en change pas la nature. Ainsi, un débiteur s'est obligé conventionnellement à fournir caution; il conteste, et sur l'assignation à lui donnée en justice, un jugement, en déclarant l'existence de la convention, en ordonne l'exécution: le cautionnement qui sera donné à la suite n'en restera pas moins conventionnel, comme fourni en exécution de la convention que la justice a reconnue et déclarée. Ainsi encore, un usufruitier soutient qu'à raison de sa qualité ou de clauses spéciales insérées dans son titre, il est dispensé de donner caution, et sa prétention est rejetée sur la demande du nu propriétaire : le cautionnement fourni en conséquence ne devient pas judiciaire; il reste avec son caractère de cautionnement légal (1).

L'observation a son importance au point de vue précisément des règles particulières dont il faut maintenant préciser la portée.

II. — **435.** On peut dire qu'en principe les cautionnements légaux et judiciaires ressemblent au cautionnement conventionnel, et la plupart des règles exposées dans les trois chapitres précédents leur sont applicables. Toutefois, en quelques points qui touchent soit à la forme, soit aux conditions de solvabilité, soit aux effets du cautionnement, la loi établit des règles spéciales ou consacre des exceptions.

436. Et d'abord, quant à la forme, nous trouvons dans le Code de procédure un titre consacré au mode suivant lequel la caution judiciaire doit être présentée et reçue. Ainsi, le jugement qui ordonne de fournir caution fixe le délai dans lequel la caution sera présentée et celui dans lequel elle sera acceptée ou contestée. La caution est présentée soit par exploit signifié à partie, soit par acte d'avoué, suivant qu'il y a ou non avoué constitué : la partie, si elle accepte la caution, le déclare par un simple acte, auquel cas la caution fait au greffe sa soumission qui est exécutoire sans jugement; si elle conteste, l'audience est poursuivie par un simple acte, l'affaire est jugée sommairement, sans requête ni écritures, et le jugement est exécuté nonobstant appel (C. proc., art. 517 et suiv.). Nous nous bornons à cette simple indication et n'insistons pas sur les questions de détail, lesquelles, touchant particulièrement à la procédure, ne sont pas de notre sujet.

437. Nous nous référons, d'un autre côté, aux lois d'instruction criminelle, en ce qui concerne le mode de réception de certaines cautions légales, spécialement les cautions à fournir comme condition de la mise en liberté provisoire; et nous passons aux conditions de solvabilité, à l'occasion desquelles s'élèvent des difficultés se rattachant d'une manière directe à notre matière.

438. A cet égard, l'art. 2040 précise d'abord que toutes les fois qu'une personne est obligée, par la loi ou par une condamnation, à fournir une caution, la caution offerte doit remplir les conditions prescrites par les art. 2018 et 2019. Ainsi la caution doit être capable de contracter; être domiciliée dans le ressort de la Cour impériale; avoir un bien suffisant pour répondre de l'obligation, c'est-à-dire des propriétés foncières non litigieuses et dont la discussion ne deviendrait pas trop difficile par l'éloignement de leur situation. Sur tout cela, nous n'avons rien à ajouter à notre commentaire des art. 2018 et 2019.

439. En outre et spécialement lorsqu'il s'agit d'un cautionnement

---

(1) *Voy.* MM. Merlin (*Quest.*, v° Velléien, § 1); Aubry et Rau (t. III, p. 495 et notes 3 et 4); Zachariæ, édit. Massé et Vergé (t. V, p. 81, note 1).

judiciaire, l'art. 2040 ajoute que la caution doit être susceptible de la contrainte par corps. Pourquoi? C'est, a dit l'orateur du gouvernement dans son Exposé des motifs de la loi, « qu'il faut des liens plus forts et de plus grandes sûretés pour les obligations qui se contractent avec la justice. » (1) Devant le Corps législatif, l'orateur du Tribunat a dit également, en présentant le vœu d'adoption de la loi, que les cautions judiciaires contractent avec les ministres de la loi, et que dès lors elles doivent présenter la plus forte comme la plus sûre de toutes les responsabilités (2). Par conséquent, celui qui ne serait pas contraignable par corps ne pourrait pas, ainsi que l'a constamment décidé le Tribunal de commerce de la Seine, servir de caution pour l'exécution provisoire d'un jugement commercial (3).

440. Mais c'est une question très-controversée de savoir si la soumission pure et simple de la caution judiciaire emporte de plein droit contrainte par corps, ou s'il est nécessaire que la caution se soit expressément soumise à cette voie d'exécution? Dans l'ancienne jurisprudence, la caution judiciaire était soumise à la contrainte par corps de plein droit et par le seul effet de son engagement. « L'ordonnance, dit Pothier, ne parle pas des cautions judiciaires; néanmoins *il est d'usage,* suivant que l'atteste M. Rousseau, *que les cautions judiciaires s'obligent* par corps, ce qu'il limite néanmoins aux cautions judiciaires proprement dites, c'est-à-dire à ceux qui se rendent cautions, ou pour l'exécution provisoire d'un jugement, ou pour surséance à l'exécution d'un jugement. » (4) La disposition de l'art. 2040, et surtout les motifs sur lesquels elle est fondée, indiquent très-nettement, à notre avis, que la même solution doit être suivie aujourd'hui (5).

Elle est pourtant énergiquement contestée par de très-graves autorités. On invoque d'abord le sens grammatical de l'art. 2060, dont le n° 5, en disant que la contrainte a lieu contre les cautions judiciaires et contre les cautions des contraignables par corps, *lorsqu'elles se sont soumises à cette contrainte,* montre suffisamment, dit-on, que les cautions judiciaires aussi bien que celles des contraignables doivent s'être soumises formellement à la contrainte pour que cette voie d'exécution puisse être exercée contre elles. On oppose ensuite l'art. 519 du Code de procédure, d'après lequel la caution devra faire au greffe sa déclaration qui sera exécutoire sans jugement même pour la contrainte par corps,

---

(1) Exposé des motifs de Treilhard (Locré, t. XV, p. 331; Fenet, t. XV, p. 46).
(2) Discours du tribun Lahary (Locré, t. XV, p. 390; Fenet, t. XV, p. 89).
(3) *Voy.* notamment les jugements des 27 avr. 1847 et 4 fév. 1848 (Dalloz, 47, 4, 64; 48, 3, 14).
(4) Pothier (*Proc. civ.,* part 5, chap. 1, § 1, n° 691). *Voy.* aussi Rodier (Ord. de 1667, t. XXVIII, art. 2, Quest., 1 et 2).
(5) *Voy.* en ce sens Turin, 28 mai 1806 (S. V., 6, 2, 634; Coll. nouv., 2, 2, 148; Dalloz, R. alph., t. X, p. 460, note 1). *Voy.* aussi MM. Maleville (sur l'art. 2060); Merlin (*Rép.,* v° Cont. par corps, n° 15); Massé et Vergé, sur Zachariæ (t. XV, p. 94, note 1); Thomine-Desmazures (art. 519, t. II, n° 558); Carré (*Proc. civ.,* t. II, p. 320); Ponsot (n° 414); Troplong (*Contr. par corps,* n° 154-159); Aubry et Rau (t. V, p. 34 et note 28); Taulier (t. VII, p. 60). Comp. M. Berriat Saint-Prix (*Not. théor.,* n° 8205).

s'il y a lieu à contrainte, dernière expression, dit-on, qui suppose que le cautionnement judiciaire peut ne pas entraîner la contrainte par corps. Enfin, on ajoute qu'en présence de textes dont le sens apparent est favorable aux cautions judiciaires, c'est la moindre chose qu'on avertisse l'homme simple et obligeant qui se rend caution des conséquences rigoureuses de l'obligation qu'il va souscrire (1).

Ces considérations ne sauraient, ce nous semble, infirmer notre solution. La dernière, d'abord, ne tient pas devant la disposition impérative de l'art. 2040. Évidemment, en exigeant que la caution judiciaire soit susceptible de la contrainte par corps, le législateur eût écrit une disposition sans portée s'il n'eût entendu que la caution serait soumise à cette voie d'exécution de plein droit et sans aucune manifestation spéciale de la volonté de s'y soumettre, puisqu'il est très-clair qu'il faut être contraignable par corps pour pouvoir se soumettre à la contrainte. Qu'a donc voulu la loi? Rien autre chose qu'engager la caution par un lien plus fort. Dans l'intérêt de qui? Assurément, si c'était dans l'intérêt de la caution, on comprendrait la nécessité d'une soumission explicite et formelle de la part de celle-ci. Mais telle n'a pas été la préoccupation du législateur; il a eu exclusivement en vue l'intérêt de la justice et le besoin de sanctionner l'autorité de ses décisions. Cela étant, il a dû de toute évidence vouloir, non pas que la caution judiciaire fût en état de se soumettre à la contrainte, mais qu'elle y fût soumise de plein droit et en raison de sa qualité même, sans quoi elle eût manqué son but, en ce que tout en proclamant la nécessité d'une sûreté exceptionnelle, elle eût cependant subordonné l'existence de cette sûreté au bon plaisir de la caution. Il ne faut donc pas s'arrêter à cette considération prise de ce que la caution va se trouver exposée, sans s'en douter, à des mesures exceptionnellement rigoureuses : il est juste, assurément, que la caution ne s'engage pas sans connaître la mesure de l'obligation qu'elle va contracter; mais elle n'ignore pas qu'elle se lie en vertu d'un ordre émané de la justice : par cela même elle doit entrevoir les suites possibles de son engagement.

Quant aux arguments de texte, ils ne résistent pas non plus à l'examen. D'une part, si l'art. 2060, § 5, exprime que la contrainte a lieu contre les cautions judiciaires et contre celles des contraignables par corps, *lorsqu'elles s'y sont soumises,* il est manifeste que ces dernières expressions se réfèrent exclusivement aux cautions des contraignables par corps. Cela résulte d'abord de la répétition du mot *contre,* que l'on ne retrouve pas dans le paragraphe 7 du même article, et qui prouve bien que dans le paragraphe 5 il a été dans l'intention du législateur de distinguer les deux classes de cautions dont s'occupe ce paragraphe. Et cela résulte mieux encore de cette circonstance, relevée par Male-

---

(1) Ce sont les expressions de M. Favard (v° Caution, réception de, n° 5). *Voy.* aussi MM. Delvincourt (t. III, p. 629); Pigeau (*Proc. civ.,* t. I, p. 581); Pardessus (*Droit comm.,* n° 1506); Duranton (t. XVIII, n° 386); Coin-Delisle (*Cont. par corps,* n° 20); Boileux (t. VI, p. 692).

ville (1), que le premier projet se bornait à mentionner les cautions judiciaires sans restriction, et que la portion de l'alinéa où se trouve la restriction y fut ajoutée après une discussion exclusivement relative aux cautions des contraignables par corps. D'une autre part, si les dernières expressions de l'art. 519 permettent de supposer *qu'il peut ne pas y avoir lieu à contrainte,* cela s'explique à merveille quand on songe que cet article contient une disposition générale embrassant les trois espèces de cautionnement, c'est-à-dire non-seulement le cautionnement judiciaire, mais encore les cautionnements conventionnel et légal, et qu'ainsi les expressions « s'il y a lieu à contrainte » étaient nécessaires et se justifient d'elles-mêmes, ces deux derniers cautionnements n'assujettissant pas de plein droit la caution à la contrainte par corps.

441. Enfin, en ce qui concerne les effets du cautionnement, notre chapitre contient en un seul point une dérogation aux règles générales ; encore même la dérogation ne concerne-t-elle que la' caution judiciaire. Elle est consacrée par l'art. 2042, qui, reproduisant une décision de notre ancienne jurisprudence (2), dispose que la caution judiciaire ne peut point demander la discussion du débiteur principal. Ainsi, celui qui se rend caution judiciaire peut, à la différence de toutes autres cautions, être contraint sans discussion du débiteur ; et cela s'explique, comme le dit Domat, « non-seulement parce qu'il s'oblige envers la justice, dont l'autorité le demande ainsi, mais à cause de la nature des dettes où cette sûreté peut se trouver nécessaire, car elles sont telles, qu'on ne doit pas y souffrir le retardement d'une discussion. »

442. Et puis, comme il est naturel que la çaution d'une caution judiciaire ne soit pas traitée autrement que la caution elle-même, l'art. 2043 ajoute que celui qui a simplement cautionné la caution judiciaire ne peut demander la discussion du débiteur principal et de la caution.

Mais la loi suppose un cautionnement *simplement* donné par la caution de la caution. D'où l'on peut raisonnablement conclure que si, au lieu de s'engager purement et simplement, le certificateur se réservait d'une manière expresse la faculté de discuter préalablement la caution par lui cautionnée, ce bénéfice ne devrait pas lui être refusé dans le cas où il serait l'objet de poursuites (3).

III. — 443. Telles sont les dérogations consacrées par le législateur en vue de rendre plus strictement et plus rigoureusement obligatoire l'engagement de ceux qui, selon l'expression des orateurs du gouvernement, contractent avec la loi ou avec ses ministres. Mais précisément parce qu'à raison'de leur rigueur ces dispositions peuvent faire obstacle

---

(1) *Voy.* Maleville (*loc. cit.*). — *Voy.* aussi Locré (t. XV, p. 539); Fenet (t. XV, p. 130).

(2) *Voy.* Louet (lettre F, 23); Pothier (*Oblig.*, n° 409); Domat (*lois civ.*, liv. III, t. IV, sect. 2, n° 2).

(3) Comp. M. Berriat Saint-Prix (*Not. théor.*, n° 8122).

à ce que le débiteur trouve des cautions, la loi lui donne une ressource dont ne jouit pas celui qui ne doit fournir caution qu'en vertu d'une convention (*suprà*, n° 150). L'art. 2041 dispose, en effet, que celui qui ne peut pas trouver une caution est reçu à donner à sa place un gage *en* nantissement suffisant, ce qui, pour être ramené aux termes du projet primitif, altéré sans doute par une erreur de copiste, doit être pris comme indiquant que le débiteur est reçu à donner à la place d'une caution un gage *ou* un nantissement suffisants.

444. Bien entendu, il doit être reçu également à substituer au cautionnement une consignation en deniers suffisante pour répondre de son obligation (1). La pensée de la loi a été de laisser au débiteur tous les moyens qu'il peut avoir de fournir au créancier, sans inconvénient pour celui-ci, la sûreté qui lui est due. Or la consignation est un de ces moyens, et dès qu'elle est suffisante, elle est au moins, quant à la sûreté qui en résulte, l'équivalent du cautionnement.

445. Mais le débiteur pourrait-il remplacer le cautionnement par une hypothèque? Quelques auteurs se prononcent pour la négative, en se fondant sur les craintes que peuvent inspirer les sûretés hypothécaires à raison de l'action résolutoire et des hypothèques occultes, et sur les ennuis et les lenteurs qu'elles comportent à raison des formalités nombreuses auxquelles sont soumises, soit l'acquisition et la conservation du droit hypothécaire, soit la procédure en expropriation forcée (2). Cependant l'opinion contraire est plus généralement suivie (3), et, en principe, elle est préférable. Sans doute, dans tel ou tel cas où le besoin de célérité est manifestement inconciliable avec les lenteurs inhérentes à la réalisation du gage hypothécaire, le débiteur ne devrait pas être reçu à fournir la garantie d'une hypothèque à la place du cautionnement personnel, ou tout au moins du gage mobilier qu'il doit au créancier. Ainsi, le surenchérisseur autorisé par l'art. 832 du Code de procédure à donner un nantissement *en argent ou en rentes sur l'État, à défaut de caution*, ne doit pas être admis, comme nous le disons dans notre *Commentaire des Priviléges et Hypothèques* (4), à remplacer la caution par une hypothèque sur ses biens. Mais la solution ne doit pas être généralisée. En toute circonstance où la nature de l'affaire n'y fera pas obstacle, il y a lieu pour le créancier d'être satisfait dès qu'à la place de la caution le débiteur lui offre une sûreté suffisante pour la garantie de ses droits. Or cette sûreté, malgré quelques différences de détail, peut résulter d'une hypothèque sur des immeubles libres aussi bien que d'un gage proprement dit. On peut dire même que c'est là un *gage*, dans

---

(1) La loi du 14 juillet 1865 consacre ce moyen dans le cas qu'elle prévoit (nouv. art. 120 du Code d'inst. crim.).

(2) *Voy.* MM. Ponsot (n° 386); Aubry et Rau (t. III, p. 497 et note 12). *Junge :* un arrêt de la Cour de Toulouse du 10 mai 1809 (S. V., Coll. nouv., 3, 2, 71).

(3) *Voy.* MM. Pigeau (*Proc. civ.*, t. II, p. 308 et 309); Toullier (t. III, n° 422); Duranton (t. IV, n° 603); Troplong (n° 592); Taulier (t. III, p. 51); Massé et Vergé, sur Zachariæ (t. V, p. 81, note 3); Boileux (t. VI, p. 692 et 693). Comp. M. Berriat Saint-Prix (*loc. cit.*, n° 8115).

(4) *Voy.* notre *Traité des Priv. et Hyp.* (t. II, n° 1378.) *Junge :* Paris, 23 juill. 1861 (*J. Pal.*, 1861, p. 1008).

l'acception large du mot; et pourvu que l'hypothèque vienne en rang utile, le créancier y trouve toutes les garanties désirables, et n'a, dès lors, aucun motif raisonnable de la refuser.

446. En cas de contestation sur la valeur de l'hypothèque, comme sur celle de toute autre sûreté offerte par le débiteur à défaut de caution, ce serait naturellement aux tribunaux à décider.

IV. — 447. Ceci dit sur les règles spéciales établies par les art. 2140 et suivants, relativement aux cautions judiciaires et légales, il nous reste à nous expliquer sur un point où nous trouverons d'autres spécialités qui, néanmoins, résultent des principes généraux : nous voulons parler du lieu où doit être donnée une caution légale ou judiciaire.

448. D'abord, en ce qui concerne la caution judiciaire, le lieu est désigné par le tribunal, et, en général, c'est au siége de ce tribunal lui-même. Il en sera ainsi encore quant à la caution *judicatum solvi,* et à la caution exigée dans le cas de mise en liberté provisoire d'un accusé (C. inst. crim., art, 114 et suiv.).

449. Quant à la caution exigée de l'héritier bénéficiaire, caution mal à propos qualifiée *judiciaire* par quelques auteurs (1), et qui est bien une caution *légale,* l'art. 993 du Code de procédure veut qu'elle soit fournie au greffe du tribunal du lieu où la succession s'est ouverte.

450. Enfin, en ce qui concerne toutes les autres cautions légales, nous maintenons, par les motifs déjà déduits à propos du cautionnement conventionnel (*suprà,* n° 131), qu'elles doivent être données au domicile du débiteur. Contrairement à l'avis émis par M. Proudhon (2), nous n'exceptons même pas la caution à fournir par le légataire d'un usufruit. L'art. 59 du Code de procédure, sur lequel se fonde cet auteur pour prétendre que la caution doit être donnée au lieu de l'ouverture de la succession, a trait seulement à la compétence du tribunal chargé de statuer sur les difficultés soulevées par le testament; il ne s'occupe en aucune façon du lieu où doivent être données les cautions usufructuaires.

TITRE XV.

DES TRANSACTIONS.

(Décrété le 20 mars 1804. — Promulgué le 30.)

SOMMAIRE.

---

(1) *Voy.* MM. Duranton (t. VII, n° 31); Poujol (*Succ.*, art. 807, n° 2).
(2) Proudhon (*De l'Usuf.*, n° 849 et 850). *Voy.* aussi M. Troplong (n° 196).

Code sur la demande de plusieurs tribunaux et d'après des projets proposés par quelques-uns, notamment par le Tribunal de cassation. — 455. Observations sur la rédaction de ce titre et Division.

I. — 451. La transaction est un contrat dont l'utilité et les avantages ont été, de tout temps, reconnus et proclamés. Considérée à juste titre, depuis les Romains jusqu'à nos jours, comme le moyen le plus heureux de mettre fin aux différends et aux contestations que font naître entre les hommes leurs rapports nombreux et variés (1), la transaction a été vue avec une faveur dont la loi elle-même porte le signe. « Si quis (dit une constitution des empereurs Arcadius et » Honorius), major annis viginti quinque adversus pacta vel transac- » tiones nullo cogente imperio, sed libero arbitrio, et voluntate con- » fectas, putaverit esse veniendum, vel interpellando Judicem, vel » supplicando Principibus, vel non implendo promissa : non solum » notetur infamia, verum etiam... » (L. 41, C. *De Transact.* — *voy.* aussi l. 16, *eod. tit.*) Et en France, par une disposition écrite en tête de la loi sur l'organisation judiciaire (16-24 août 1790), et reproduite dans la Constitution de l'an 3 (art. 210), les législateurs s'interdisent « de faire aucune disposition qui tendrait à diminuer soit la faveur, soit l'efficacité des compromis. » C'est qu'en effet, quand on songe à tout ce que les procès peuvent apporter avec eux d'incertitudes, d'agitations, de tourments, d'animosités ou de haines, on sent que la transaction, destinée à écarter ces maux, en prévenant les procès ou en les terminant amiablement, est de tous les contrats celui dont on doit désirer le plus la fréquente réalisation.

452. Nous ne pensons pas cependant que la transaction doive être systématiquement conseillée. L'incertitude du droit et la compensation ou la réciprocité sérieuse et réelle des sacrifices sont les conditions nécessaires de sa légitimité (voy. *infrà*, n°s 470 et suiv.). Or, il est des cas où le droit est tellement apparent et si manifestement établi, soit du côté de la demande, soit du côté de la défense, que, quelque incertaines que soient, en général, les chances d'un procès, on peut, au simple examen, dire presque avec certitude quel serait le résultat de la lutte, si elle s'engageait ou était suivie devant les tribunaux. En de tels cas, la transaction serait évidemment sans raison ni prétexte, car il y a là un droit certain que les juges ne pourraient manquer de déclarer ; elle serait doublement inique, car au lieu de consacrer une compensation de sacrifices, elle procurerait un avantage à celui qui n'avait rien à prétendre aux dépens de celui qui avait tout à réclamer. Ce n'est donc pas à la transaction qu'il faut recourir dans ces circonstances : le seul moyen honnête de sortir du litige, c'est : ou le désistement du demandeur, si sa prétention est injuste ; ou l'acquiescement du défendeur, si la demande est fondée.

Mais quand le différend est véritablement sérieux ; quand les ques-

---

(1) Comp. l'Exposé des motifs de Bigot-Préameneu (Locré, t. XV, p. 416 ; Fenet, t. XV, p. 103).

tions qui s'y trouvent engagées sont obscures et gravement controversées ; quand en fait les documents fournis à l'appui de la prétention ne contiennent qu'une preuve imparfaite plus ou moins contestable ; en un mot, quand, par une cause ou par une autre, le résultat de la lutte judiciaire peut paraître réellement incertain, la sagesse commande la transaction, car alors il est vrai de dire « que même celui qui perd en transigeant gagne beaucoup, parce qu'il évite un procès : *Multum lucratur qui a lite discedit.* » (1) Aussi, en de telles situations, serait-ce un devoir pour tous ceux qui, comme conseils ou amis, seraient appelés à donner leur avis, de provoquer la transaction et autant qu'il serait en eux d'en faciliter la conclusion.

453. Cela étant, on comprend de quel œil il faudrait voir la prohibition de transiger que les parties s'imposeraient par convention, ou qui serait faite par un testateur à ses héritiers ou légataires. La transaction, en coupant court aux incertitudes et aux animosités qui, en général, accompagnent les procès, est, en définitive, une garantie d'ordre social. En sorte que la prohibition d'y recourir devrait être regardée comme contraire à l'ordre public, et par conséquent comme nulle et non avenue (C. Nap., art. 1131 et 1133).

Et si par impossible elle venait à être écrite dans une décision judiciaire, elle en devrait entraîner la cassation. Ainsi a jugé la Cour suprême peu d'années avant la promulgation de notre titre. Dans l'espèce, les parties avaient demandé, au cours du procès, la vérification d'écritures respectivement opposées et déniées ; le tribunal, en ordonnant par un jugement préparatoire cette vérification et le dépôt des pièces, *avait fait défense aux parties de s'arranger* tant que la vérification n'aurait pas eu lieu. Et le jugement définitif, intervenu plus tard, ayant été attaqué sur le fondement de la défense contenue au jugement préparatoire, le pourvoi fut rejeté quant à l'intérêt de la partie, en ce que la défense portée au jugement préparatoire était étrangère à la décision définitive, seule dénoncée ; mais en même temps, et sur la réquisition du ministère public, le jugement préparatoire fut cassé dans l'intérêt de la loi, « attendu qu'en matière civile, les parties privées ont toujours le droit de se concilier, et que la disposition dont il s'agit porte atteinte au vœu de la loi sur l'organisation judiciaire » (*suprà,* n° 451) (2).

Sans aucun doute, la décision serait la même aujourd'hui si un tribunal, méconnaissant la juste faveur dont la transaction est entourée, s'ingérait d'en interdire l'usage aux parties.

II. — 454. La transaction, quelque favorable qu'elle ait été de tout temps, même aux yeux du législateur, avait été cependant complétement omise dans les premiers projets du Code. : elle n'avait sa place ni dans le projet de Cambacérès, ni dans celui de Jacqueminot, ni enfin dans celui de la Commission du gouvernement. Cette lacune fut signa-

---

(1) Catelan (liv. V, chap. XLVI).
(2) Cass., 4 frim. an 9 (S. V., Coll. nouv., 1, 1, 394 ; Dalloz, R. alph., XI, p. 69).

lée par plusieurs des tribunaux auxquels avait été soumis le projet de la Commission, notamment par les Tribunaux d'appel de Besançon (1), de Bordeaux (2), de Limoges (3), de Rouen (4). D'autres ne se bornèrent pas à relever la lacune, ils proposèrent une rédaction. Tel fut le Tribunal d'appel de Grenoble, dont le projet, rédigé en onze articles, contenait des dispositions puisées principalement dans les lois romaines (5); tel aussi le Tribunal de cassation, qui, dans un projet comprenant à la fois les transactions et les compromis, s'inspira plus particulièrement des doctrines de Domat (6). Et c'est ainsi que la Commission du gouvernement fut amenée à introduire la transaction dans le projet soumis plus tard aux discussions du conseil d'État.

455. Mais ici l'œuvre de Pothier a fait défaut aux rédacteurs du Code. Dans son *Traité de la Vente*, Pothier s'est occupé des transactions, mais seulement de celles qui ont quelque rapport avec ce contrat, promettant de faire plus tard, de la transaction elle-même, l'objet d'un commentaire spécial (7) que, soit par oubli, soit à défaut de temps, il n'a jamais publié. Les rédacteurs du Code ont été ainsi privés de leur guide habituel. Leur rédaction s'en est certainement ressentie : c'est ce que nous aurons l'occasion de montrer dans notre commentaire.

Nous suivrons, dans l'exposé des principes de notre matière, l'ordre même des articles du Code, bien qu'il soit loin d'être parfait, sauf à suppléer par des renvois, quand l'occasion s'en présentera, au défaut de méthode et de classification. En conséquence, nous nous occuperons successivement des *généralités,* ainsi que des conditions de fond et de forme nécessaires à l'existence et à la validité de la transaction (art. 2044, 2045 et 2046); de la clause pénale ajoutée à la transaction (art. 2047); des effets du contrat (art. 2048-2052, § 1er); et enfin des causes de nullité et de rescision des transactions (art. 2052, § 2; 2053-2058).

2044. — La transaction est un contrat par lequel les parties terminent une contestation née, ou préviennent une contestation à naître.

Ce contrat doit être rédigé par écrit.

SOMMAIRE.

I.   456. Chez nous, comme chez les Romains déjà, le mot *transaction* est pris sous deux acceptions différentes : il a un sens large, et un sens restreint. On le prend ici dans son sens restreint. — 457. Définition de la transaction : celle qui est donnée par le Code est incomplète. — 458. Division.

II.   459. Classification du contrat : c'est un contrat accessoire, du droit des gens. — 460. Il est parfaitement synallagmatique. — 461. Il s'ensuit que la disposition de l'art. 1184 lui est applicable. — 462. C'est un contrat à titre onéreux, com-

_____

(1) *Voy.* Fenet (t. III, p. 174).
(2) *Id.* (*ibid.*, p. 205).
(3) *Id.* (t. IV, p. 26).
(4) *Id.* (t. V, p. 548).
(5) *Id.* (t. III, p. 561-563).
(6) *Id.* (t. II, p. 743-745). Comp. Domat (*Lois civ.*, liv. I, tit. XIII).
(7) Pothier (*De la Vente*, n°s 645-647).

mutatif ou aléatoire suivant les circonstances. — 463. Enfin c'est un contrat consensuel.

III. 464. Conditions *de fond* nécessaires à l'existence et à la validité des transactions. — 465. 1° Conditions *communes* à la transaction et aux autres contrats en général. — 466. *De la capacité* des parties et *de l'objet* du contrat : renvoi. — 467. *Du consentement;* ses qualités en général doivent être celles que déterminent les règles écrites au titre *Des Obligations;* néanmoins la transaction ne peut pas être attaquée pour cause d'erreur de droit : renvoi. — 468. Mais l'erreur sur la personne n'est pas toujours une cause de nullité; elle ne se confond pas avec l'erreur sur l'objet. — 469. De *la cause* : renvoi.

IV. 470. 2° Conditions de fond *propres* à la transaction : la première condition, c'est que les parties traitent sur des droits litigieux. — 471. Explication et renvoi. — 472. La seconde condition, c'est que les parties se fassent des concessions réciproques. Erreur de Bigot-Préameneu et de Domat. — 473. Mais il n'est pas nécessaire que chacune des parties fasse un sacrifice égal. — 474. A l'aide de ces caractères propres et distinctifs, on parvient à reconnaître la différence qui sépare les transactions de l'aliénation ou renonciation. — 475. Comparaison de la transaction avec la confirmation ou ratification; — 476. Avec le désistement et l'acquiescement; — 477. Avec le compromis : du blanc seing remis à un tiers pour y inscrire les conventions des parties; — 478. Avec le partage; — 479. Avec la chose jugée. — 480. D'ailleurs, c'est au fond de l'opération qu'il faut s'attacher pour savoir s'il y a lieu d'appliquer les règles de la transaction ou celles d'un autre contrat. — 481. Application de la règle dans le cas de simulation; — 482. Dans le cas où l'acte contient des dispositions complexes; — 483, 484. Dans le cas où il porte une qualification inexacte; — 485, 486. Dans le cas où l'acte est sans qualification.

V. 487. Conditions de *forme* de la transaction : aucune formalité particulière n'est exigée. La transaction verbale, pourvu que l'existence n'en soit pas contestée, a autant de valeur qu'une transaction écrite. — 488. Quand la transaction est rédigée par écrit, les parties peuvent prendre, à leur choix, la forme de l'acte sous seing privé ou celle de l'acte authentique. — 489. Mais si elles optent pour l'acte sous seing privé, la formalité des doubles est de rigueur. — 490. La mention mensongère que l'acte a été rédigé en plusieurs originaux ne le sauverait pas de la nullité; néanmoins, la nullité peut être couverte : par quels moyens. — 491. La formalité du double écrit n'est pas nécessaire en ce qui concerne les actes, comme quittance, obligation de payer, qui sont la conséquence de la transaction. — 492. Des transactions constatées par acte authentique : elles ont lieu soit par acte notarié; — 493. Soit en la forme d'un jugement, qui prend le nom de jugement d'expédient ou jugement convenu, et participe à la fois de la nature des transactions et de celle des décisions judiciaires; — 494. Soit par procès-verbal du juge de paix siégeant comme conciliateur, ou même comme juge. — 495. La formalité du double ne serait pas nécessaire dans ces deux cas, ni même la signature des parties. — 496. *Quid* si la transaction était rédigée par le greffier du tribunal civil d'après les dires des parties en chambre du conseil? — 497. De quelques exceptions à la règle que les transactions ne sont soumises à aucune formalité particulière.

VI. 498. De la preuve des transactions : le contrat doit être rédigé par écrit au point de vue de la preuve. — 499. Ainsi la preuve testimoniale n'y est pas admise. — 500. Même en matière commerciale. — 501. Et lors même que la valeur de l'objet du contrat serait au-dessous de 150 francs. — 502. *Secùs* s'il y avait commencement de preuve par écrit : controverse. — 503. Et lorsque l'écrit constatant la convention a été perdu par cas fortuit ou de force majeure. — 504. Les présomptions de l'homme sont exclues comme le témoignage oral et par voie de conséquence. — 505. *Quid* de l'aveu? Il doit être admis; — 506. Ainsi que l'interrogatoire sur faits et articles. — 507. Il y a lieu d'admettre également le serment litisdécisoire; — 508. Mais non le serment supplétoire.

I. — 456. Dans notre langage, le mot transaction, comme le mot *transactio* chez les Romains, est pris dans deux acceptions, l'une vulgaire, large, un peu vague; l'autre technique, restreinte et nettement précisée. — Dans sa première acception, il signifie la conclusion d'une affaire quelconque, et il est employé comme synonyme de *convention* ou de *contrat,* pour varier le style. On parle, en ce sens, de la multiplicité des *transactions civiles,* de l'utilité et de l'importance des *transactions internationales,* de la célérité et du secret qu'exigent les *transactions commerciales.* L'expression est quelquefois employée sous cette acception par le législateur lui-même : l'art. 1107 du Code Napoléon dit en ce sens que les règles particulières aux *transactions commerciales* sont établies par les lois relatives au commerce. — Dans sa seconde acception, dans son acception restreinte, le mot transaction est pris pour désigner exclusivement le contrat par lequel on termine un procès déjà né, ou on prévient un procès à naître. Le mot latin *transactio* a été employé en ce sens technique dans les rubriques du Digeste et du Code de Justinien; le mot transaction est pris en ce même sens dans tout notre titre par le Code Napoléon. Nous l'emploierons nous-même uniquement en ce sens, qui donne la signification propre et juridique du mot.

457. Aux termes de l'art. 2044, « la transaction est un contrat par lequel les parties terminent une contestation née, ou préviennent une contestation à naître. » Cette définition, extraite du projet proposé par le Tribunal de cassation, qui lui-même avait empruntés a définition à Domat (voy. *infrà,* n° 472), est incomplète et ne saurait être prise à la lettre. Elle est trop large ; elle manque de précision, en ce qu'elle laisse dans l'oubli les caractères propres à la transaction, et ne fait pas connaître les éléments par lesquels ce contrat se distingue d'autres opérations qui, telles que la renonciation, le désistement, l'acquiescement, peuvent également aboutir soit à prévenir, soit à terminer un procès. Il est donc nécessaire d'ajouter à la définition de la loi et de la compléter. On est généralement d'accord sur ce point; et, pour notre part, nous définissons la transaction : « un contrat par lequel les parties, *traitant sur droit litigieux,* terminent une contestation née ou préviennent une contestation à naître, *au moyen de concessions ou de sacrifices réciproques.* » Nous nous bornerons, quant à présent, à formuler cette définition de la transaction, sauf à justifier, en nous occupant des conditions de fond propres à ce contrat, la double addition que nous faisons à la définition de la loi (*infrà,* n°s 470 et suiv.).

458. L'art. 2044 contient deux paragraphes dont nous diviserons le commentaire en quatre parties distinctes. Nous nous occuperons successivement : 1° de la classification du contrat; 2° des conditions de *fond* nécessaires à l'existence et à la validité de la transaction, ce qui comprendra les conditions propres à ce contrat et celles qui lui sont communes avec les contrats en général; 3° des conditions de *forme;* 4° enfin, de la preuve des transactions.

II. — 459. La transaction, convention accessoire en ce sens qu'elle suppose une autre convention, ou un acte juridique antérieur (1), est un contrat du droit des gens; car il est pratiqué chez tous les peuples et entre citoyens de tous les pays. — Il appartient à la classe des contrats synallagmatiques (à titre onéreux, commutatif ou aléatoire suivant les circonstances), enfin consensuels.

460. Et d'abord, le contrat est parfaitement synallagmatique. En effet, chacune des parties, en transigeant, donne ou au moins promet quelque chose. L'obligation de chacune découle directement et nécessairement de la transaction elle-même, et non pas seulement d'un fait postérieur, pouvant se réaliser ou non, comme cela a lieu dans le commodat, dans le dépôt ou dans le mandat (2). Même dans le cas où l'obligation prise par l'une des parties consiste *à ne pas faire,* le contrat retient le caractère synallagmatique, car une telle obligation étant formellement reconnue par la loi (C. Nap., art. 1101), il est vrai de dire que celui-là s'oblige en la prenant, dans une transaction, au même titre que celui qui prend l'engagement de faire ou de donner quelque chose (3).

461. Nous concluons de là que l'inexécution du contrat par l'une des parties donne à l'autre le droit de demander la résolution de la transaction. On a dit, en sens contraire, que la résolution, dont l'effet serait de remettre les choses dans l'état où elles étaient avant le contrat, c'est-à-dire de faire renaître un différend que les parties avaient voulu étouffer à tout jamais, irait ici contre l'esprit de l'art. 1184, qui, en érigeant l'inexécution en condition résolutoire, n'a fait qu'interpréter la pensée probable des contractants (4). Nous ne saurions nous arrêter à cette idée : dans la transaction, comme dans tout autre contrat synallagmatique, chacune des parties traite en vue de l'exécution des conventions arrêtées et avec l'intention de reprendre sa position primitive s'il arrive que le traité ne soit pas exécuté. Telle est la supposition sur laquelle est fondée la disposition de l'art. 1184; et lorsque cet article dit dans les termes les plus généraux et les plus absolus que « la condition résolutoire *est toujours sous-entendue dans les contrats synallagmatiques,* pour le cas où l'une des deux parties ne satisfera point à son engagement », il est difficile de ne pas laisser la transaction, contrat parfaitement synallagmatique, sous l'empire de cette règle commune à tous les contrats de cette nature sans distinction.

Mais, dans tous les cas, la résolution ne pourrait être prononcée pour inexécution que dans les termes mêmes de la loi. Or, d'après l'art. 1184, § 2, l'inexécution n'entraîne pas résolution de plein droit; la partie envers laquelle l'engagement n'a point été exécuté a le choix ou de forcer l'autre à l'exécution de la convention lorsqu'elle est possible, ou d'en demander la résolution avec dommages-intérêts. Ainsi, une

---

(1) *Voy.* MM. Berriat Saint-Prix (*Not. théor.*, n° 8125); Accarias (*Et. sur la trans.*, en droit civ. et en droit rom., n° 79).
(2) *Voy.* au tome précédent (n° 27, 28, 373 et 801).
(3) Comp. M. Accarias (*op. cit.*, n° 80).
(4) *Voy.* M. Accarias (*op. cit.*, n° 81).

transaction non exécutée par l'une des parties ne serait pas, par cela, résolue de plein droit. La solution contraire a été cependant sanctionnée par la Cour de cassation (1), dans un arrêt dont la décision est d'autant moins exacte que l'espèce était régie par la loi romaine; or, loin d'autoriser la résolution de plein droit proscrite par l'art. 1184 du Code Napoléon, la loi romaine n'admettait même pas la condition résolutoire que ce même article suppose écrite dans tout contrat synallagmatique (l. 33, C. *De Transact.*).

462. La transaction se place naturellement dans la classe des contrats *à titre onéreux*, puisqu'elle oblige les parties à se faire des concessions réciproques, et qu'ainsi elle met chacune d'elles dans le cas de donner, de faire ou de ne pas faire quelque chose.

Mais les contrats à titre onéreux sont subdivisés en *commutatifs* et *aléatoires;* et on peut se demander dans laquelle des deux catégories il convient de classer la transaction. Selon M. Marbeau, le contrat serait à la fois commutatif et aléatoire : *commutatif,* en ce que chacune des parties entend y trouver un avantage équivalent au sacrifice qu'elle fait ; *aléatoire,* en ce que l'équivalent consiste dans la chance de gain ou de perte, d'après un événement incertain, à savoir l'issue d'un procès que chacune des parties pouvait perdre, mais que chacune aussi pouvait gagner (2). L'aperçu, à notre avis, manque d'exactitude. Pour déterminer le caractère d'un contrat à titre onéreux et reconnaître s'il est aléatoire ou commutatif, il faut, comme nous l'avons montré dans notre commentaire des *Contrats aléatoires* (3), avoir surtout égard aux prestations imposées à chacune des parties. D'après cela, on doit dire de la transaction non pas qu'elle est à la fois commutative et aléatoire, mais qu'elle peut avoir l'un ou l'autre caractère suivant les circonstances, et, en particulier, suivant la nature de l'avantage stipulé en retour de l'abandon des prétentions sur lesquelles il a été transigé. Ainsi, Paul revendique un immeuble, et, par transaction entre lui et Pierre, détenteur, il renonce à suivre sur son action ou à l'introduire, moyennant que ce dernier lui comptera une somme de 10 000 francs : la transaction est manifestement commutative et n'est rien que cela, car, en se reportant au moment de la convention, on voit que chacune des parties se procure un avantage certain et que chacune d'elles donne ou croit donner l'équivalent de ce qu'elle reçoit. Mais si au lieu de payer 10 000 francs Pierre s'engage à servir une rente de 500 francs durant la vie de Paul ou à laisser ce dernier jouir comme usufruitier de l'immeuble revendiqué, la transaction n'est plus commutative, elle est simplement aléatoire; car, en se reportant au moment de la convention, il est impossible d'apprécier les avantages que chacune des parties retire de la transaction, ces avantages devant être plus ou moins importants, suivant que la vie de Paul aura plus ou moins de durée.

---

(1) Req., 20 nov. 1833 (S. V., 33, 1, 864 ; Dalloz, 34, 1, 31 ; *J. Pal.*, à sa date).
(2) *Voy.* M. Marbeau (*Trans.*, n° 9).
(3) *Voy.* au tome précédent (n°⁵ 573 et suiv.).

463. Enfin, la transaction est un contrat consensuel. Ce n'est pas un contrat réel, comme le prêt, par exemple (1), car les obligations résultant de la convention naissent et se forment sans qu'il soit besoin d'aucune tradition. Ce n'est pas non plus un contrat solennel, car le seul consentement des parties donne à la transaction toute sa perfection. A la vérité, l'art. 2044 dit, dans son second paragraphe, que ce contrat *doit être rédigé par écrit*. Mais en cela le législateur dispose dans le même sens que par l'art. 1341, aux termes duquel « *il doit être passé acte* de toutes choses excédant la somme ou valeur de 150 francs. » C'est dire que dans la transaction, contrat éminemment de bonne foi et dont il n'y avait aucun motif de faire un contrat solennel, l'écriture est requise comme moyen de preuve et non comme condition nécessaire à la validité du contrat : *ad probationem, non ad solemnitatem.*

Nous aurons à revenir plus tard sur ces divers points, et notamment sur le dernier (*infrà*, nos 487 et 502). Occupons-nous maintenant, après avoir classé le contrat, des conditions relatives à la transaction, et d'abord des conditions de fond.

III. — 464. Parmi les conditions de fond nécessaires à l'existence et à la validité de la transaction, les unes lui sont communes avec tous les autres contrats, les autres lui sont propres. Disons, d'abord, quelques mots des premières.

465. La transaction est un contrat : elle doit donc réunir les conditions que la loi générale considère comme essentielles pour la validité des contrats. Ces conditions sont la capacité de contracter, le consentement des parties contractantes, un objet certain qui forme la matière de l'engagement et une cause licite dans l'obligation (C. Nap., art. 1108).

466. De la capacité de contracter et de l'objet, nous n'avons rien à dire quant à présent : ces deux conditions feront le sujet spécial de notre commentaire des art. 2045 et 2046, qui vont suivre.

467. Quant au consentement nécessaire soit à l'existence, soit à la validité des transactions, il y a lieu, en thèse générale, de se référer aux règles établies dans le titre *Des Obligations*. Ainsi, d'une part, il faut que le consentement puisse être considéré comme existant de fait, c'est-à-dire qu'il soit donné par des personnes physiquement capables d'avoir et d'exprimer une volonté, et avec la volonté sérieuse de s'obliger. D'une autre part, il faut que le consentement ne soit pas le résultat de l'erreur, du dol ou de la violence. En effet, l'art. 2053, comme nous le verrons plus loin, fait l'application à notre matière des principes posés aux art. 1109 et 1117. Néanmoins, nous le verrons aussi, ces principes y reçoivent une exception particulière, en ce que les transactions ne peuvent être attaquées pour cause d'erreur de droit (art. 2052, § 2).

468. On s'est demandé si l'art. 2053, qui fait de l'*erreur dans la personne* une cause de rescision de la transaction, ne constitue pas une autre exception à ces mêmes principes, et notamment à l'art. 1110, dont le second paragraphe dispose que l'erreur n'est point une cause de

---

(1) Tome précédent (n° 12).

nullité lorsqu'elle ne tombe que sur la personne avec laquelle on a l'intention de contracter, à moins que la considération de cette personne ne soit la cause principale de la convention. En d'autres termes, on s'est demandé si, dans notre matière, l'*erreur sur la personne* avec laquelle on a transigé forme d'une manière générale, et par exception à l'art. 1110, une cause de nullité de la transaction. — Quelques auteurs se prononcent pour l'affirmative, en se fondant sur ce que, dans une transaction, l'erreur *circà personam* est en même temps une erreur sur la contestation, et se confond avec l'erreur sur l'objet (1). Cette opinion peut s'autoriser d'un passage de l'Exposé des motifs où il est dit « qu'il n'y a ni consentement, ni même de contrat, lorsqu'il y a erreur dans la personne : telle serait la transaction que l'on croirait faire avec celui qui aurait qualité pour élever des prétentions sur le droit douteux, tandis qu'il n'aurait aucune qualité, et que ce droit lui serait étranger. » (2)

Mais il y a là une confusion évidente, et à nos yeux il est également inexact de dire soit que l'erreur sur la personne est toujours une cause de rescision dans la transaction, soit que l'erreur sur la personne se confond avec l'erreur sur l'objet. Il faut, en effet, distinguer soigneusement les deux cas dans lesquels peut se produire l'erreur dans la personne. Par exemple, mon père a fait un legs à Jacques ; une personne qui a le même nom, mais qui n'est pas celle que mon père a instituée, me demande la délivrance, et, après quelques difficultés, nous arrivons à une transaction : voilà une première hypothèse dans laquelle se produit l'erreur sur la personne. Voici la seconde : mon père ayant fait un legs à Paul, c'est bien Paul lui-même qui m'en demande la délivrance, et avec qui je transige ; mais en transigeant avec Paul, je croyais traiter avec une autre personne que j'avais en vue. Dans la première hypothèse, la seule à laquelle se rapportent les observations ci-dessus rappelées de Bigot-Préameneu, il est bien vrai que l'erreur sur la personne se confond avec l'erreur sur l'objet même de la transaction ou sur la contestation ; car en réalité il n'y avait pas de différend entre moi et la personne avec qui j'ai transigé, entre moi et une personne autre que Jacques, légataire institué par mon père. Mais il est vrai de dire aussi que l'art. 2053 n'est pas fait pour ce cas, parce que cet article, écrit en prévision d'une erreur susceptible d'amener la *rescision* d'une transaction, ne peut avoir eu en vue l'erreur dont l'effet est de rendre la transaction non pas simplement annulable ou rescindable, mais radicalement nulle et inexistante, à défaut de l'une des conditions nécessaires à son existence, c'est-à-dire à défaut d'objet (3).

C'est donc à la seconde hypothèse seulement que se réfère l'art. 2053 : et dans cette hypothèse il n'y a vraiment aucun motif raisonnable de s'écarter de la règle générale posée dans le second paragraphe de l'art. 1110. Il ne peut être que fort opportun, ce nous semble, de re-

---

(1) *Voy.* Zachariæ, édit. Massé et Vergé (t. V, p. 90, note 1). Comp. MM. Aubry et Rau (t. III, p. 486, note 2).
(2) *Voy.* Locré (t. XV, p. 423) ; Fenet (t. XV, p. 109).
(3) *Voy.* cependant MM. Duranton (t. XVIII, n° 425) ; Troplong (n° 143).

chercher, même en matière de transaction, si la considération de la personne a été ou non déterminante. S'il est établi que mon but principal, en transigeant avec Paul, a été, non pas de lui être agréable, mais d'éviter un procès, et que même, n'eussé-je pas été dans l'erreur, j'aurais transigé aux mêmes conditions, il est juste et tout à fait rationnel que la transaction soit maintenue ; en prononcer la rescision, ce serait méconnaître ou dépasser la pensée du législateur, qui, s'il a fait, dans l'art. 2053, une mention telle quelle de l'erreur sur la personne, a entendu évidemment, bien qu'il ait omis de reproduire la distinction écrite dans l'art. 1110, se référer à ce dernier article, et non y déroger.

469. Enfin, quant à la cause de l'obligation, elle est, dans la transaction, exactement ce qu'elle est dans tous les contrats parfaitement synallagmatiques : elle se confond avec l'objet, en ce sens que la cause de l'obligation de l'une des parties est précisément l'objet de l'obligation quant à l'autre. Nous n'en dirons donc ici rien de spécial, nous réservant de traiter, en commentant l'art. 2046, de l'objet dans les transactions ; et nous passons aux conditions de fond propres à notre contrat.

IV. — 470. Les conditions propres à la transaction sont au nombre de deux : la première, c'est que les parties traitent sur des droits douteux ; la seconde, c'est qu'elles se fassent des concessions réciproques. Ceci nous conduit à expliquer notre double addition à la définition de la transaction telle qu'elle est donnée par l'art. 2044 (*suprà*, n° 457).

471. Dans les principes de la loi romaine, l'incertitude qui rendait une transaction possible pouvait résulter de circonstances diverses et assez nombreuses. Ainsi, on pouvait transiger non-seulement pour prévenir un procès ou pour terminer un procès engagé, mais encore sur des droits qui n'avaient rien de litigieux, par exemple pour transformer en un droit certain et déterminé un droit conditionnel ou d'une valeur incertaine. « De fideicommisso a patre inter te, et fratrem tuum vicissim » dato, si alter vestrum sine liberis excesserit vita, interposita transactio » rata est... » (L. 11, C. *De Transact.* — *Voy.* aussi l. 1, C. *De Pact.*) On pouvait transiger aussi en vue de substituer un droit immédiatement appréciable à un droit purement aléatoire (*voy.* l. 8, ff. *De Transact.*) (1). Il n'en est pas de même sous le Code Napoléon. Les droits douteux sur lesquels la transaction peut intervenir s'entendent exclusivement des droits litigieux. C'est ce qu'exprime notre article en définissant la transaction « un contrat par lequel les parties *terminent une contestation née, ou préviennent une contestation à naître.* »

Seulement, cette définition, qui implique bien l'incertitude du droit, le doute sur le résultat, ne met pas dans une lumière assez vive cette circonstance qui, aux yeux de tous les auteurs, motive la transaction et constitue la condition première de sa légitimité (2) ; et c'est moins pour ajouter à la pensée du législateur que pour la mieux faire ressortir qu'en

---

(1) *Voy.* là-dessus M. Accarias (*op. cit.*, nᵒˢ 3 et 58).
(2) *Voy.* MM. Marbeau (n° 11) ; Rigal (*Trans.*, p. 13 et 14) ; Troplong (nᵒˢ 5 et 6) ; Aubry et Rau (t. III, p. 475, notes 1 et 2).

définissant la transaction nous avons dit qu'elle est un contrat par lequel les parties, *traitant sur un droit douteux*, terminent une contestation née ou préviennent une contestation à naître...

Maintenant, qu'est-ce qu'il faut entendre par un droit litigieux ou douteux? La crainte d'un procès ou le moindre doute sur l'issue d'un litige suffisent-ils à motiver une transaction? Ces questions et d'autres encore touchant à l'objet même du contrat, nous nous bornons à les indiquer ici, sauf à les discuter dans notre commentaire de l'art. 2046.

472. La seconde condition de fond propre à la transaction, à savoir la réciprocité des sacrifices, était également de rigueur d'après les principes de la loi romaine : « Transactio nullo dato, vel retento, seu pro- » misso, minimè procedit. » (L. 38, C. *De Transact.*) Néanmoins, la nécessité n'en fut pas reconnue par Domat dans notre ancien droit. Selon lui, ce qui est dit dans la loi 38, au Code *De Transact.*, qu'il n'y a point de transaction si l'on ne donne et ne promet rien, ou si on ne retient quelque chose, ne doit pas être pris à la lettre; car on peut transiger sans rien donner et sans rien promettre, ni rien retenir. Ainsi, celui qu'on prétendrait être caution d'un autre pourrait être déchargé de cette demande par une transaction, sans que de part ni d'autre il fût rien donné, rien promis, ni rien retenu (1). Les rédacteurs du Code ont-ils entendu suivre, en ce point, la pensée de Domat? On pourrait le croire si l'on s'en tenait au texte de l'art. 2044, et surtout aux explications présentées dans l'Exposé des motifs de la loi : d'une part, il n'est pas dit un mot, dans l'art. 2044, qui fasse supposer la nécessité des concessions réciproques; d'une autre part, l'orateur du gouvernement, Bigot-Préameneu, la supprime formellement et considère qu'il y a transaction non-seulement quand les parties sacrifient une partie de l'avantage qu'elles pourraient espérer pour ne pas éprouver toute la perte qui est à craindre, mais encore alors même que l'une d'elles *se désiste entièrement de sa prétention,* en ce qu'elle se détermine par le grand intérêt de rétablir l'union, et de se garantir des longueurs, des frais et des inquiétudes d'un procès (2). Toutefois, il n'en est rien. A l'exception de quelques auteurs qui ont cru pouvoir se ranger à l'avis de Domat (3), tous voient le résultat d'un oubli dans le silence gardé par l'art. 2044 sur l'un des caractères distinctifs de la transaction; ils signalent comme entachée d'une erreur toute personnelle l'opinion exprimée par l'orateur du gouvernement; et reconnaissant que la transaction implique comme nécessité absolue la réciprocité de concessions ou de sacrifices de la part de chacune des parties, ils enseignent que sans le *aliquo dato, vel retento, seu promisso,* l'opération pourra bien se résumer en tel ou tel contrat, mais ne constituera certainement pas une transaction (4).

---

(1) Domat (*Lois civ.*, liv. I, t. XIII, sect. 1, n° 2).
(2) *Voy.* Locré (t. XV, p. 416); Fenet (t. XV, p. 103). Comp. le rapport du tribun Albisson (Locré, *ibid.*, p. 429; Fenet, *ibid.*, p. 113).
(3) *Voy.* MM. Delvincourt (t. III, p. 246, aux notes, note 1); Marbeau (n° 13). Comp. M. Berriat Saint-Prix (*Not. théor.*, n° 8133).
(4) *Voy.* MM. Rigal (n° 4); Duranton (t. XVIII, n° 391); Troplong (n°° 4, 19, 21); Aubry et Rau (t. III, p. 476 et note 6); Mourlon (*Rép. écrit.*, t. III, p. 469); Boileux

Par exemple, un héritier renonce purement et simplement à demander la nullité du testament qui lui enlève la succession : ce sera là un désistement ou une renonciation, non une transaction, car si l'héritier fait un sacrifice, le légataire institué n'en fait aucun. Par exemple encore, un créancier consent à ne pas user de son droit vis-à-vis de la caution qui a répondu de la dette : ce sera là une remise de cautionnement, ou, si l'on veut, une renonciation impliquant l'idée de libéralité ; ce ne sera pas une transaction, comme Domat le suppose à tort, puisque la caution ne donne rien en retour du sacrifice que fait le créancier en la déchargeant.

Ainsi, la réciprocité des sacrifices est une condition nécessaire de la transaction ; sans cela, on ne verrait plus comment ce contrat se distinguerait du désistement et de l'acquiescement, avec lesquels, cependant, il est de toute évidence que le législateur n'a pas entendu le confondre, comme cela résulte incontestablement de plusieurs textes, et spécialement des art. 464 et 467 du Code Napoléon, rapprochés et comparés (*infrà*, n° 476).

473. Toutefois prenons garde que s'il est indispensable que les parties se fassent réciproquement des concessions ou des sacrifices, ce n'est pas à dire que ces concessions ou sacrifices doivent nécessairement être égaux de part et d'autre. Cela ressort nettement de l'art. 2052, dont le paragraphe second énonce que la transaction ne peut pas être attaquée pour cause de lésion. Ainsi, l'une des parties peut abandonner beaucoup et recevoir peu ; elle peut renoncer à toutes ses prétentions, tandis que l'autre n'en abandonne qu'une partie : l'inégalité des sacrifices n'est pas exclusive de la réciprocité de sacrifices, qui permet de voir dans le contrat le caractère essentiel de la transaction. La circonstance même que l'une des parties retirerait de l'arrangement intervenu entre elle et son adversaire un avantage considérable ne donnerait pas à celui-ci le droit de prétendre qu'en réalité l'acte contient une libéralité, et qu'à ce titre il ne saurait valoir qu'à la condition d'être fait suivant les formes prescrites pour les donations (1).

474. Tels sont les caractères distinctifs de la transaction. C'est par ces conditions qui lui sont propres qu'elle se sépare nettement de divers autres contrats ou opérations avec lesquels elle peut avoir quelques points d'analogie. Ainsi, sans préjuger la question de savoir si la transaction est par elle-même translative, question sur laquelle nous aurons à nous expliquer plus tard, on voit qu'elle peut contenir une aliénation ou une renonciation, et que même elle pourrait être dénommée une espèce d'aliénation et de renonciation. Néanmoins, elle diffère de toute aliénation ou renonciation soit gratuite, soit à titre onéreux. Elle se distingue de l'aliénation gratuite, en ce qu'elle est essentiellement à titre onéreux, la partie qui reçoit un avantage par la transaction devant, comme nous venons de le dire, faire un abandon de son côté. Elle dif-

---

(t. VII, p. 5); Zachariæ, édit. Massé et Vergé (t. V, p. 83 et 84, notes 1 et 7); Accarias (n° 75).

(1) Comp. Req., 2 mars 1808 (S. V., 8, 1, 232; Coll. nouv., 2, 1, 494).

fère de toute aliénation à titre onéreux, en ce que, comme nous l'avons dit également, il est indispensable, dans la transaction, que l'aliénation porte sur un droit douteux.

475. Ainsi encore, la transaction se rapproche par quelques points de la confirmation ou ratification des obligations annulables. Mais elle en diffère notablement, en ce que, dans la confirmation ou ratification, la nullité qu'il s'agit de couvrir est supposée incontestable, tandis que dans la transaction la nullité ou le vice est supposé douteux (1) : aussi n'y aurait-il pas lieu de faire ici l'application de l'art. 1338 du Code Napoléon, d'après lequel l'acte de confirmation ou ratification n'est valable que lorsqu'on y trouve la substance de l'obligation confirmée ou ratifiée, la mention du motif de l'action en rescision et l'intention de réparer le vice sur lequel cette action est fondée.

476. Ainsi encore, le désistement et l'acquiescement se rapprochent de la transaction, en ce qu'ils constituent aussi des moyens de terminer un différend. Mais la transaction est profondément distincte de ces actes. D'une part, l'acquiescement et le désistement ne sont pas absolument dépourvus d'effet par cela seul qu'ils n'ont pas encore été acceptés ; au contraire, la transaction n'existe et ne vaut que par le concours des deux volontés. D'une autre part, les règles relatives au pouvoir d'agir ne sont pas les mêmes quant à la transaction et quant à l'acquiescement : par exemple, le tuteur peut acquiescer à une demande touchant les droits immobiliers de son pupille avec la seule autorisation du conseil de famille, tandis que pour transiger il lui faut, outre cette autorisation, l'avis de trois jurisconsultes et l'homologation du tribunal (C. Nap., art. 464, 467).

477. De même, la transaction, qui est une espèce de compromis, diffère du compromis proprement dit. Dans le compromis, il y a véritablement contestation et chose jugée : seulement, les parties substituent un juge de leur choix ou un arbitre au juge qui leur était donné par la loi. Dans la transaction, les parties elles-mêmes sont leurs propres juges : ou plutôt, la transaction fait qu'il n'y a plus ni juge ni contestation.

A ce propos, nous emprunterons à la pratique une situation dans laquelle surtout la confusion est possible et n'a pas été toujours évitée : nous voulons parler du cas où des parties en contestation remettent un blanc seing à un tiers qu'ils chargent d'y inscrire les conventions qui doivent mettre fin à leurs différends. On s'accorde généralement à reconnaître que, même rédigé par le tiers, l'acte constitue une transaction véritable, laquelle ne peut ultérieurement être attaquée et annulée sous prétexte que les contractants n'auraient pas connu les engagements constatés dans l'acte par eux signé en blanc par avance (2). Toutefois,

_____

(1) *Voy.* MM. Champonnière et Rigaud (*Tr. de l'Enreg.*, n° 619); Mourlon (p. 469); Troplong (n° 23).

(2) Rennes, 28 avr. 1818 (Dalloz, Rép. alph., t. I, p. 650; S. V., Coll. nouv., 5, 2, 379). *Junge :* MM. Merlin (*Rép.*, v° Blanc seing); Carré (quest. 3268); Mongalvy (*De l'Arbitr.*, t. II, n° 19); Pigeau (t. I, p. 76).

ne généralisons pas la proposition. M. Troplong fait remarquer que, pour ne pas sortir d'une parfaite exactitude, il faudrait dire que l'acte écrit par le tiers, en ce cas, tient plutôt de l'arbitrage que de la transaction (1). Sans aller jusque-là, nous pensons qu'il convient ici de distinguer : selon nous, on est plus complétement dans la parfaite exactitude dont parle M. Troplong en disant que si l'acte écrit par le tiers ne peut quelquefois être pris que comme une décision arbitrale, il constitue, en d'autres circonstances, une transaction proprement dite, une convention transactionnelle rédigée non point par les parties qui n'ont pas voulu ou n'ont pas pu en prendre le soin, mais par un tiers auquel les parties ont donné mandat à cet effet. Tout dépend donc ici des circonstances; et, par exemple, nous concevons à merveille l'arrêt récent par lequel la Cour de cassation a considéré non comme une transaction ayant entre les parties l'autorité de la chose jugée, mais comme une sentence arbitrale susceptible d'être annulée pour avoir statué hors des termes du compromis ou sur choses non demandées, la convention rédigée par un tiers sur un blanc seing à lui remis par les parties *qui auparavant l'avaient constitué amiable compositeur et l'avaient chargé, par compromis, de statuer sur leurs différends* (2). En effet, dès qu'il y a arbitrage constitué, il est bien évident que la remise d'un blanc seing à l'arbitre pour qu'il y transcrive sa décision sous forme de convention ne saurait changer le caractère de la mission, et faire un simple mandataire à fin de transaction celui que les parties avaient déjà pris pour arbitre à l'effet de les juger.

478. On peut encore rapprocher de la transaction le partage, dont on a dit qu'en soi-même il contient habituellement une sorte de transaction (3). Les deux actes se distinguent néanmoins; il est très-important et quelquefois fort difficile de ne pas les confondre. L'utilité principale de la distinction consiste en ce qu'à la différence de la transaction, qui n'est pas attaquable pour cause de lésion, le partage peut être attaqué pour cette cause (voy. *infrà*, art. 2052).

479. Enfin, il existe entre la transaction et la chose jugée d'importantes ressemblances, à ce point qu'on a pu dire *transactio est instar rei judicatæ*, et l'appeler un jugement conventionnel ou prononcé par les parties elles-mêmes (4). En effet, la transaction a entre les parties et leurs successeurs l'autorité de la chose jugée (art. 2052, § 1); elle engendre une exception analogue à celle de la chose jugée, et, en expliquant les art. 2048 et 2051, nous ferons à la transaction l'application de principes tout semblables à ceux de l'art. 1351; enfin, elle est en général simplement déclarative et non translative, comme les jugements eux-mêmes (*infrà*, art. 2052). — Néanmoins, il existe entre la transaction et la chose jugée des différences profondes, essentielles, sous le

---

(1) M. Troplong (n° 38).
(2) Req., 29 déc. 1862 (*J. Pal.*, 1863, p. 836; S. V., 63, 1, 81; Dalloz, 63, 1, 164).
(3) *Voy.* MM. Champonnière et Rigaud (*loc. cit.*, n°s 2720 et suiv.).
(4) *Voy.* MM. Marbeau (n° 20); Zachariæ, édit. Massé et Vergé (t. V, p. 84 et note 10).

rapport : 1° des causes pour lesquelles la transaction peut être attaquée; 2° des voies par lesquelles elle peut être annulée; 3° du caractère d'indivisibilité qui relie les unes aux autres les dispositions qu'elle renferme; 4° de la mesure dans laquelle elle tombe sous le contrôle et l'examen de la Cour de cassation. Nous nous bornons ici à la simple mention de ces points de différence; nous aurons à en préciser la portée en expliquant les art. 2052 et 2053.

480. Ces points précisés, il convient d'ajouter que, pour savoir s'il y a lieu d'appliquer les règles propres à la transaction ou les règles relatives à tout autre contrat, il faut s'attacher non pas aux agissements apparents des parties ou aux qualifications de l'acte, mais au fond même de l'opération analysée dans ses éléments et rapprochée des circonstances qui l'ont accompagnée. Cette recherche est souvent rendue difficile par le fait même des parties. Tantôt, usant de simulation, les contractants déguisent une vente, une donation, une cession ou transport sous les apparences d'une transaction; tantôt, en dehors de toute pensée de simulation, mais faute de se rendre compte de la nature de la convention, ils donnent au contrat une qualification inexacte; parfois encore, soit par oubli, soit parce que la nature de la convention est difficile à déterminer, ils s'abstiennent de toute qualification; d'autres fois, enfin, les dispositions sont complexes, et le même acte contient une transaction et une autre opération avec laquelle la transaction se trouve mélangée. Mais, en général, la jurisprudence a heureusement vaincu la difficulté, et presque toujours les tribunaux, suppléant la qualification ou la rétablissant dans son exactitude, ont su déterminer le caractère véritable de chaque convention. Reprenons, en effet, ces diverses hypothèses.

481. De la simulation, d'abord, nous avons, quant à présent, peu de chose à dire. C'est ordinairement contre la régie de l'enregistrement que ce moyen est employé. La transaction étant soumise à un simple droit fixe de 3 francs, tandis que les aliénations à titre gratuit ou onéreux sont tarifées au droit proportionnel, les parties, en vue de frauder les droits d'enregistrement, ont souvent tenté de faire considérer comme transaction une opération qui en réalité constituait une donation, une vente ou un transport. A l'inverse, la régie, en vue de percevoir un droit plus élevé, a parfois supposé l'aliénation quand, en réalité, les parties avaient simplement transigé. Il y a, sur tout cela, une jurisprudence que nous aurons à apprécier et sur laquelle nous reviendrons en nous expliquant sur les caractères propres et les effets de la transaction, et spécialement sur la question de savoir si la transaction, en elle-même, est ou n'est pas translative.

Mais précisons, en attendant, que la simulation n'est pas, en principe, une cause de nullité, sauf néanmoins le cas où il s'agit de donations déguisées sous la forme de contrats à titre onéreux, en vue de faire parvenir l'objet de la libéralité à des personnes incapables de le recevoir. Bien plus, le principe étant qu'on peut faire par la voie indirecte ce qu'il serait permis de faire directement, il s'ensuit que la simulation n'est même pas toujours susceptible d'être utilement alléguée. Il faut, pour que la preuve en soit admissible : soit que la simulation ait eu pour but de frauder la loi ou les droits des créanciers ; soit que l'un des contractants, abusant du caractère apparent de l'acte, tente de lui faire produire des effets contraires à ceux qui devaient s'y attacher d'après l'intention commune des parties (1). Il résulte de là que lorsqu'une convention est déguisée sous les apparences d'une transaction, cette simulation ne fait pas que la convention doive être annulée par cela même. Elle sera nulle, sans doute, et restera sans effet si, présentant le caractère d'une donation, elle est faite en faveur d'un incapable. Mais, hors ce cas, la convention, dépouillée de son caractère apparent de transaction, devra être maintenue et ramenée à son véritable caractère : 1° s'il apparaît d'une fraude à la loi ou au droit du créancier ; 2° si l'une des parties abuse de la simulation.

482. Nous n'insisterons pas non plus sur le cas où le même acte contient à la fois une transaction et une autre opération distincte. Il nous suffira de dire, avec la jurisprudence, qu'aucune des deux conventions ne doit être sacrifiée, et qu'il y a lieu de faire produire à chacune les effets qui lui sont propres ou dont elle est particulièrement susceptible. Ainsi : 1° bien qu'un acte constitue une transaction véritable, son caractère transactionnel ne l'empêche pas de renfermer une cession *à titre onéreux* de droits litigieux, laquelle, dès lors, peut donner lieu à l'exercice du retrait autorisé par l'art. 1699 du Code Napoléon (2) ; 2° lorsqu'une transaction se trouve jointe à un désistement dans le même acte, cette transaction, en tant qu'elle porte uniquement sur des droits qui en peuvent faire l'objet, est sans aucune influence sur la validité du désistement (3) ; 3° le même acte peut contenir à la fois une transaction et un compromis, sans que néanmoins il y ait lieu de donner la valeur d'un compromis à la clause portant qu'en cas d'inexécution des engagements pris dans la transaction, les parties nomment chacune un arbitre pour les concilier (4).

483. Arrivons au cas où, en dehors de toute pensée de simulation ou de fraude, les parties donnent à leur convention, soit dans l'acte qui la constate, soit dans leurs prétentions, une qualification inexacte. En bien des circonstances, la jurisprudence a refusé de reconnaître le caractère de la transaction à un acte produit comme tel, ou a vu une transaction véritable dans une convention présentée sous une dénomination différente.

Par exemple, des immeubles dépendant d'une faillite avaient été mis en vente et adjugés. Un tiers, non créancier de la faillite, voulut surenchérir, et l'adjudicataire informé consentit, pour éviter les frais, à con-

---

(1) *Voy.* MM. Aubry et Rau (t. I, p. 108 et 109).
(2) Req., 22 juill. 1851 (S. V., 51, 1, 567 ; Dalloz, 51, 1, 265 ; *J. Pal.*, 1853, t. I, p. 553).
(3) Rej., 11 mai 1853 (S. V., 53, 1, 574 ; Dalloz, 53, 1, 158 ; *J. Pal.*, 1853, t. II, p. 150).
(4) Req., 4 avril 1855 (Dalloz, 55, 1, 400 ; S. V., 57, 1, 100 ; *J. Pal.*, 1857, p. 925).

sidérer la surenchère comme ayant eu lieu et à en porter le montant au crédit du failli. Mais il se ravisa plus tard : sommé par les syndics, après l'expiration du délai de la surenchère, de verser la somme qu'il avait consenti à ajouter à son prix, il refusa par le motif que le tiers vis-à-vis de qui il s'était obligé, n'étant pas créancier de la faillite, n'aurait pu surenchérir, et que le consentement par lui prêté était nécessairement subordonné à cette possibilité. Les syndics insistèrent, soutenant que l'engagement de l'adjudicataire constituait une *transaction* par laquelle ce dernier avait consenti à regarder la surenchère comme valable, et que cette transaction ne permettait plus de mettre en question le droit de surenchère, ni la validité de l'engagement pris pour en empêcher l'exercice. La prétention fut rejetée ; et en effet, elle n'était pas admissible : il n'y avait là ni droit litigieux, ni concessions réciproques ; l'engagement pris vis-à-vis d'une personne absolument étrangère à la faillite constituait une obligation unilatérale, laquelle devait rester sans effet, comme consentie au profit d'un tiers qui n'y était pas partie (C. Nap., art. 1119 et 1165) (1).

Par exemple encore, un débiteur, menacé de poursuites correctionnelles pour abus de confiance, obtient un sursis moyennant l'engagement par lui pris de satisfaire son créancier en le désintéressant dans un délai déterminé. Évidemment, l'acte ne présente aucun des caractères de la transaction. Et si le délai vient à expirer sans que le débiteur ait rempli la condition sous laquelle le sursis lui avait été accordé, le créancier sera fondé à reprendre ses poursuites par la voie correctionnelle, sans que le débiteur puisse lui opposer que le sursis a opéré transaction ou novation et a civilisé l'affaire (2).

Ainsi, enfin, on chercherait vainement le caractère soit d'une libéralité, soit d'une transaction, dans l'acte par lequel les syndics d'une faillite ratifient un transport non enregistré ni notifié avant la faillite du cédant (3).

484. Voici, en sens inverse, d'autres cas où la jurisprudence a vu des transactions véritables dans des conventions présentées sous des dénominations différentes par les parties.

Une mère, en contestation avec ses enfants, leur abandonne la nue propriété de ses biens et reçoit en échange l'usufruit de tous ceux qui composent la succession de son mari : c'est là, non pas une démission de biens révocable, mais une transaction par l'effet de laquelle il ne peut plus être question de partage entre les parties (4).

De même, lorsqu'un propriétaire et un locataire sont convenus que celui-ci fera des réparations pour une somme déterminée à valoir sur ses loyers, il y a une véritable transaction, et non un règlement de compte,

---

(1) Req., 6 mai 1840 (S. V., 40, 1, 649 ; Dalloz, 40, 1, 200 ; *J. Pal.*, à sa date).
(2) Bordeaux, 21 juill. 1830 (S. V., 31, 2, 236 ; Dalloz, 31, 2, 197 ; *J. Pal.*, à sa date).
(3) Req., 18 juin 1844 (S. V., 44, 1, 486 ; Dalloz, 44, 1, 332 ; *J. Pal.*, à sa date). *Secùs* dans l'admission au passif d'une créance litigieuse. Bordeaux, 30 mai 1853 (S. V., 53, 2, 551 ; Dalloz, 54, 2, 110 ; *J. Pal.*, 1855, t. II, p. 316).
(4) Paris, 24 niv. an 13 (S. V., 7, 2, 892 ; Coll. nouv., 2, 2, 18).

dans l'acte par lequel il est dit que, pour entretenir la bonne intelligence entre les parties, les frais de réparation demeureront arrêtés à la somme fixée, bien qu'ils s'élèvent à une somme plus forte ; par suite, le propriétaire est non fondé à revenir plus tard contre cet acte et à demander la justification des dépenses (1).

Ainsi encore, il s'élève un différend relativement à l'existence d'une créance, et, en vue de mettre fin à la contestation, les parties conviennent d'un traité par lequel le créancier, en se fondant sur l'état de détresse du débiteur, lui accorde une réduction : c'est là une transaction qui ne permet pas à ce dernier d'attaquer le traité, d'ailleurs non entaché de dol ni de fraude, en contestant de nouveau la créance qui en est l'objet (2).

Ainsi enfin, deux personnes en désaccord sur une réclamation pécuniaire adressée par l'une d'elles à l'autre conviennent, par l'intermédiaire de leurs avoués, de partager le différend pour éviter une contestation près de naître : il y a là, quelque dénomination qu'il ait convenu aux parties de donner à leur acte, une transaction qui, sauf le cas de dol et de fraude, a entre les contractants l'autorité de la chose jugée (3).

485. Dans la dernière hypothèse, celle où les parties se sont abstenues de toute qualification, c'est encore en s'attachant au fond des choses que la jurisprudence est arrivée à caractériser le contrat. Ainsi a-t-elle procédé en reconnaissant les éléments d'une véritable transaction dans les clauses ajoutées à un règlement de compte (4).

Elle a procédé de même en reconnaissant tous les caractères de la transaction : 1° dans l'acte par lequel deux personnes, n'étant pas en procès entre elles sur la propriété d'un fonds, déterminent la part qui reviendra à chacune dans le cas où le procès soutenu par l'une d'elles contre une troisième personne serait jugé en leur faveur (5) ; 2° dans l'acte par lequel des individus, assignés en passation d'un titre nouvel de cens, s'engagent à payer le cens (6) ; 3° dans l'acte par lequel le cessionnaire d'une somme à prendre sur le premier terme à échoir d'une créance, consent à ne prendre sur ce terme qu'une partie de la somme cédée et à répartir le surplus sur les termes suivants : l'arrêt décide que ce n'est pas là une rétrocession, et, par conséquent, que la signification requise par l'art. 1690 du Code Napoléon n'est pas nécessaire (7).

486. Ajoutons en terminant, sans anticiper d'ailleurs sur ce que nous aurons à dire sous l'art. 2052 du droit de contrôle appartenant à la Cour

---

(1) Cass., 7 juill. 1812 (S. V., 13, 1, 80 ; Coll. nouv., 4, 1, 146 ; Dalloz, R. alph., 3, 630).

(2) Req., 13 août 1862 (Dalloz, 62, 1, 456). La portion de l'arrêt relative à la question a été retranchée dans les autres Recueils (S. V., 63, 1, 24 ; J. Pal., 1863, 316).

(3) Angers, 15 juin 1861 (Dalloz, 61, 2, 130 ; J. Pal., 1861, p. 1118).

(4) Rej., 3 janv. 1831 ; Cass., 20 août 1832 ; Rej., 21 nov. 1832, 8 juill. 1834, 9 fév. 1836 (Dalloz, 32, 1, 390 ; 33, 1, 6 et 57 ; 34, 1, 299 ; 36, 1, 173 ; S. V., 32, 1, 644 ; 33, 1, 95 ; 36, 1, 88 ; J. Pal., à leur date).

(5) Req., 26 nov. 1828 (Dalloz, 29, 1, 33).

(6) Metz, 26 mai 1835 et 10 fév. 1836 (Dalloz, 38, 2, 153 ; J. Pal., à leur date).

(7) Cass., 2 janv. 1839 (S. V., 39, 1, 416 ; Dalloz, 39, 1, 99 ; J. Pal., à sa date).

de cassation en cette matière, que les décisions par lesquelles les juges du fond, caractérisant la convention débattue devant eux, refusent d'y voir une transaction, ne constituent pas nécessairement des décisions de fait ou d'appréciation; elles peuvent présenter une violation de la loi et, par suite, une ouverture à cassation. Cela a été reconnu à deux reprises différentes, dans la même affaire, par la chambre civile d'abord et ensuite par les chambres réunies de la Cour de cassation. La Cour a décidé que quand les parties, après avoir plaidé sur une rente mélangée de féodalité, ont terminé la contestation en convenant de réduire les arrérages, d'accorder des délais pour le payement et de substituer une hypothèque spéciale à une hypothèque générale, il y a là une transaction sur la question de féodalité et une renonciation à opposer l'abolition de la rente; et que l'arrêt qui, écartant l'idée de transaction, qualifie la convention d'acte récognitif, sous prétexte qu'il renferme des termes généraux impliquant de la part des parties intention de confirmer le titre originaire, constitue non pas simplement un mal jugé, mais une expresse violation de la loi (1).

Nous aurons à revenir sur ce point; et, quant à présent, nous passons, pour compléter le commentaire de l'art. 2044, aux conditions *de forme* de la transaction.

V. — 487. A cet égard, nous restons sous l'empire de la règle générale d'après laquelle le consentement n'est soumis à aucune formalité pour sa manifestation. La transaction, en effet, n'est pas un contrat solennel. A la vérité, l'écriture y est requise aux termes du second paragraphe de l'art. 2044; mais c'est uniquement au point de vue de la preuve, comme nous l'avons dit déjà (*suprà,* n° 463). La Cour de Caen, en consacrant, sur une question de preuve que nous examinerons bientôt (*infrà,* n° 502), une solution fort accréditée quoique essentiellement contestable, a dit cependant « que les termes impératifs de cet article ont évidemment eu pour objet *de subordonner l'existence de la transaction à ce qu'il en soit dressé acte.* » (2) C'est là une erreur manifeste. Il n'est personne qui ne reconnaisse que si l'écriture est exigée pour la transaction, ce n'est pas comme condition essentielle et nécessaire à la validité du contrat, c'est uniquement comme moyen d'en prouver l'existence. L'écriture est requise non *ad solemnitatem,* mais *ad probationem.* Ainsi, une transaction verbale, pourvu d'ailleurs qu'elle fût avouée ou reconnue, n'aurait pas moins de valeur ou d'effet qu'une transaction écrite.

488. A plus forte raison, quand un écrit est rédigé, aucune forme particulière n'est-elle requise; nous savons déjà qu'il en est ainsi même dans le cas où la transaction contient un avantage, une véritable libéralité (*suprà,* n° 473). Toutefois, ceci a besoin d'être précisé. Les parties

---

(1) Cass., 15 fév. 1815 et 26 juill. 1823 (S. V., 15, 1, 183; 23, 1, 378; Coll. nouv., 5, 1, 21; 7, 1, 300; Dalloz, 15, 4, 318; 23, 1, 318; R. alph., t. II, p. 336; *J. Pal.,* à leur date).

(2) Caen, 12 avril 1845 (S. V., 46, 2, 168; Dalloz, 45, 2, 108; *J. Pal.,* 1845, t. II, p. 420).

ne sont astreintes à aucune forme, en ce sens que, libres de rédiger elles-mêmes ou de faire rédiger par un tiers (*suprà*, n° 477) la transaction par laquelle elles terminent leur différend, elles peuvent prendre la forme de l'acte authentique ou celle de l'acte sous seing privé : le contrat vaudra, en effet, également en l'une ou l'autre forme. Mais ce n'est pas à dire qu'en prenant l'une ou l'autre, elles puissent s'affranchir des règles propres à chacune.

489. Ainsi, quand la transaction est constatée par acte sous seing privé, la disposition de l'art. 1325 du Code Napoléon doit être observée : c'est une conséquence nécessaire du caractère synallagmatique de la convention. Il est donc indispensable que l'acte soit fait en autant d'originaux qu'il y a de parties ayant un intérêt distinct dans le contrat, afin qu'elles soient toutes sur le pied d'une égalité parfaite, et que l'une d'elles, celle qui détiendrait l'original s'il en avait été fait un seul, ne reste pas maîtresse d'exécuter la convention ou de s'en affranchir suivant qu'elle aurait intérêt à se servir du titre ou à le supprimer. D'après cela, toute transaction qui, constatée par acte sous seing privé, n'aurait été rédigée qu'en un seul original, serait considérée comme un simple projet resté sans suite, et n'aurait aucune valeur. Il en serait ainsi lors même que la transaction aurait eu lieu sur contestations commerciales, aucune disposition de la loi n'autorisant à distinguer, sous ce rapport, entre ce cas et celui où la transaction a été faite pour mettre fin à des contestations purement civiles (1).

490. La formalité est de rigueur; et la mention mensongère que la transaction a été rédigée en autant d'originaux qu'il y a de parties ayant un intérêt distinct ne sauverait pas la convention de la nullité résultant de ce qu'en réalité il aurait été fait un seul original.

Et toutefois, ce n'est pas à dire que la nullité ne soit pas susceptible d'être couverte. Elle le serait incontestablement par l'exécution, aux termes mêmes de l'art. 1325, qui, s'écartant de la jurisprudence du Parlement de Paris, d'après laquelle l'exécution même était impuissante à couvrir la nullité résultant de l'inobservation de la formalité du double original, dispose, au contraire, par son dernier paragraphe, que le défaut de double écrit ne peut plus, aujourd'hui, être opposé par celui qui a exécuté de sa part la convention portée dans l'acte.

La nullité serait couverte encore, et vis-à-vis de toutes les parties, par le dépôt, du consentement de toutes, du seul original rédigé aux mains d'un notaire. Cela a été expressément décidé par la Cour de cassation. Dans l'espèce, une transaction avait été conclue entre des héritiers; l'acte, bien qu'il énonçât avoir été fait en cinq originaux, avait cependant été rédigé en un seul original, lequel, signé de toutes les parties, avait été déposé aux mains du notaire de la famille, et placé par ce dernier, de par un arrêt de justice, au nombre de ses minutes. La transaction fut attaquée plus tard par l'un des héritiers, le motif pris de l'in-

_____

(1) *Voy.* MM. Aubry et Rau (t. VI, p. 388, note 45). — *Voy.* cependant MM. Toullier (t. VIII, n° 342); Pardessus (t. I, n° 245).

observation de l'art. 1325. Mais la Cour de Bordeaux refusa d'en prononcer la nullité, et son arrêt ayant été déféré à la Cour de cassation pour violation des art. 1325 et 2044 du Code Napoléon, le pourvoi fut rejeté par la chambre des requêtes : « Attendu que l'arrêt attaqué avait déclaré, en fait, que toutes les parties reconnaissaient l'existence des conventions que la transaction avait pour but de constater ; que cet acte contenait la mention qu'il avait été rédigé en autant d'originaux qu'il y avait de contractants ; que c'était de l'aveu seul des défendeurs éventuels qu'on tirait la preuve qu'il n'y avait eu qu'un seul original ; mais que cet aveu contenait en même temps la déclaration que l'acte, du consentement de toutes les parties, avait été remis, à titre de dépôt, aux mains d'un notaire pour y être à la disposition de chacune d'elles...; qu'il avait été ordonné, par un arrêt non attaqué, que le notaire *placerait* la transaction au nombre de ses minutes, pour en être délivré des expéditions à toutes les parties... et que ce dépôt suppléait au double qu'elles auraient eu le droit de réclamer... » (1)

491. Au surplus, il ne faut pas oublier que la nécessité du double écrit procède, comme nous l'avons dit, du caractère synallagmatique de la transaction. C'est pourquoi la quittance donnée ou la soumission de payer faite en exécution d'un acte transactionnel ou prétendu tel aurait toute sa valeur, quoiqu'elle fût rédigée en un seul original. La question s'est élevée devant les tribunaux et a été justement résolue en ce sens. Dans l'espèce, les parties étaient en instance à l'occasion d'une somme de 7000 francs dont l'une se disait créancière, et avait déjà obtenu un jugement par défaut qui lui accordait une provision de 3000 francs. Opposition était formée à ce jugement par le débiteur, quand intervint un acte sous seing privé par lequel le créancier donnait quittance à ce dernier d'une somme de 500 francs à valoir sur celle de 4000 francs, à laquelle il consentait à réduire sa créance de 7000 francs, consentant, en outre, à ce que les 3500 francs restant dus lui fussent payés par tiers et par billets de quatre en quatre mois. Les billets furent souscrits, en effet ; mais le créancier, se ravisant, refusa de les accepter, et, sous prétexte que l'acte sous seing privé par lui qualifié de transaction avait été fait en un seul original, il en demanda la nullité et prétendit au payement intégral des 7000 francs originairement réclamés. La prétention fut rejetée, et il fut justement décidé qu'il y avait là simplement une quittance, et que bien que la quittance fût accompagnée d'un consentement par le créancier à diminuer sa créance et à accorder au débiteur des délais pour se libérer, cette circonstance ne conférait pas au contrat le caractère synallagmatique, et, par conséquent, n'impliquait en aucune manière la nécessité de faire l'acte en double original (2).

(1) Req., 25 fév. 1835 (S. V., 35, 1, 225 ; Dalloz, 38, 1, 438 ; *J. Pal.*, à sa date). — *Voy.* aussi ce que nous disons dans notre *Traité des Priv. et Hyp.* (n° 661).
(2) Paris, 2 mai 1815 (S. V., 16, 2, 8 ; Coll. nouv., 5, 2, 38 ; Dalloz, R. alph., t. X, p. 689). — *Voy.* aussi Cass., 26 octobre 1808 (S. V., 9, 1, 154 ; Coll. nouv., 2, 1, 595 ; Dalloz, R. alph., t. X, p. 686). *Junge* · MM. Troplong (n°ˢ 34 et 35) ; Accarias (n° 86).

492. Quand la transaction est constatée par acte authentique, les règles à observer varient suivant la forme de l'acte. Elle peut, en effet, être authentique sous des formes diverses. La plus simple, qui se présente la première à la pensée, est celle de l'acte notarié. C'est naturellement la forme dont il est fait le plus fréquent usage. En ce cas, il en est de la transaction comme de toutes autres conventions : elle n'est valablement et utilement constatée qu'à la condition d'une rédaction faite conformément aux principes de la loi pour la validité des actes passés par-devant notaire.

493. En second lieu, la transaction authentique peut revêtir la forme d'un jugement : c'est lorsque les parties en instance s'entendent et prennent, par l'intermédiaire de leurs avoués, des conclusions dont le juge leur donne acte, après signification respective et lecture à l'audience. La transaction, en ce cas, prend, dans la pratique, le nom de jugement *d'expédient,* dénomination empruntée à notre ancienne jurisprudence, dans laquelle elle désignait la sentence arrêtée à l'amiable entre les parties, ou leurs avocats ou procureurs, et qui, déposée au greffe, soit directement, soit après avoir été homologuée par le juge, était ensuite *expédiée* en forme exécutoire (1).

L'acte en cette forme a cela de particulier qu'il participe à la fois de la nature des conventions et de celle des jugements. D'une part, comme jugement, il ne peut pas être attaqué par voie d'action principale en nullité ; il ne peut l'être que par les voies de recours ouvertes contre les décisions judiciaires et dans les délais fixés par la loi pour l'exercice de ces recours. En outre, il constitue un titre exécutoire et emporte hypothèque judiciaire. D'une autre part, comme convention, le jugement d'expédient doit réunir toutes les conditions de fond nécessaires à l'existence et à la validité des transactions, en sorte que tout ce que nous avons dit *supra,* n°s 464 et suivants, et ce qui nous reste à dire touchant le consentement et la capacité des parties, la cause et l'objet de la convention (*infrà,* art. 2045 et 2046), lui est naturellement applicable. De plus, à la différence des jugements ordinaires, il a le caractère d'indivisibilité qui appartient aux transactions. Et enfin, comme il est acquiescé d'avance, il n'est pas susceptible d'être attaqué au fond, comme peuvent l'être, en général, les jugements ordinaires, si ce n'est dans le cas où la transaction dont il donne acte serait elle-même sujette à annulation ou à rescision (2).

494. En troisième lieu, la transaction prend le caractère authentique lorsqu'elle s'accomplit devant le juge de paix. Sans doute, les conventions des parties, insérées au procès-verbal, ont simplement force d'obligation privée, aux termes de l'art. 54 du Code de procédure, et par conséquent le procès-verbal n'est pas un titre exécutoire empor-

---

(1) *Voy.* Denisart (v° Expédient). *Voy.* aussi MM. Aubry et Rau (t. III, p. 477, note 1).
(2) *Voy.* MM. Aubry et Rau (*loc. cit.*, notes 2, 3 et 4); Troplong (n° 37); Massé et Vergé, sur Zachariæ (t. V, p. 84 et 85); Accarias (n° 87). — *Voy.* cependant M. Merlin (*Quest.*, v° Appel, § 1, n° 6).

tant hypothèque soit judiciaire, soit conventionnelle. Mais il n'en est pas moins un acte authentique, en ce qu'il émane d'un juge agissant dans l'exercice de ses fonctions.

Au surplus, ce n'est pas seulement quand il siége comme conciliateur que le juge de paix peut recevoir et constater une transaction intervenue entre les parties ; il le peut également lorsqu'il est saisi comme juge d'une affaire de sa compétence. On a contesté ce droit au juge de paix dans un cas où, saisi d'une action en bornage de sa compétence, il avait constaté l'arrangement intervenu entre les parties au sujet d'un droit de passage, c'est-à-dire d'une question pétitoire étrangère à sa juridiction. La Cour de Bordeaux, devant laquelle la contestation était portée, n'en a pas tenu compte ; et, dans un arrêt très-soigneusement motivé, elle a dit qu'on ne pourrait, sans prêter au législateur une inconséquence frappante, supposer qu'il a voulu interdire la conciliation aux juges de paix dans les affaires de leur compétence ; qu'on ne comprendrait pas, en effet, que ce qui est pour eux un devoir dans toutes les autres contestations leur fût précisément prohibé à l'occasion de celles dont ils sont appelés à connaître personnellement, et que leur mission de pacification et d'extinction des procès expirât précisément là où elle peut s'exercer plus facilement et en plus parfaite connaissance de cause ; qu'une telle contradiction ne saurait être reprochée à la loi, et qu'il y a lieu de repousser toute distinction, à l'égard du pouvoir des juges de paix de concilier les parties, entre les affaires qui ne sont pas de leur compétence et pour lesquelles les parties doivent cependant comparaître devant eux avant de s'adresser à la juridiction ordinaire, et les contestations placées expressément par la loi dans leurs attributions (1).

495. La transaction étant constatée par acte authentique dans ces deux derniers cas, il en résulte que la formalité du double original n'est pas nécessaire. Mais il a été décidé que, dans le deuxième au moins, l'acte dressé par le juge de paix ou le procès-verbal constatant l'arrangement de ceux qui ont comparu devant le juge en justice réglée n'a pas de caractère légal et doit, pour produire effet, être signé de toutes les parties (2). Toutefois, la solution nous semble contraire aux principes. Dès qu'on reconnaît au juge de paix qualité et pouvoir pour constater la convention, il faut admettre que le procès-verbal par lui dressé suffit par lui-même à établir le lien de droit. La jurisprudence incline en ce sens (3).

496. Mais nous n'en saurions dire autant de la transaction qui serait rédigée par le greffier du tribunal civil d'après les dires des parties comparaissant en la chambre du conseil ou à l'audience. Le greffier, dans cette situation, n'a pas le caractère officiel qui appartient au juge de

---

(1) Bordeaux, 6 juill. 1858 (S. V., 59, 2, 254; J. Pal., 1859, p. 821). — Comp. Bordeaux, 5 fév. 1830 (S. V., 30, 2, 138; Coll. nouv., 9, 2, 390; Dalloz, 30, 2, 162; J. Pal., à sa date).
(2) Limoges, 1er juin 1847 (J. Pal., 1848, t. I, p. 224).
(3) Req., 5 mars 1855 (S. V., 55, 1, 731; Dalloz, 55, 1, 99); Poitiers, 7 août 1861 (S. V., 62, 2, 557; Dalloz, 62, 2, 56).

paix siégeant comme conciliateur ou comme juge; et il n'y a aucun motif pour attribuer au procès-verbal par lui dressé une valeur légale quelconque si la signature des parties n'y est pas apposée (1).

497. Nous terminerons sur les conditions de forme relatives à la transaction en faisant remarquer que, par exception au principe d'après lequel ce contrat n'est, en général, soumis à aucune formalité particulière, la loi exige en quelques cas spéciaux l'accomplissement de mesures sans lesquelles la transaction ne vaudrait pas. Ainsi en est-il : 1° des transactions relatives aux comptes de tutelle d'après l'art. 472 du Code Napoléon, dont la disposition est reproduite par l'art. 2045, § 2 (*infrà,* n°s 522 et 523); 2° des transactions sur poursuites de faux incident civil (C. proc., art. 249); 3° des transactions intéressant les incapables, dont nous aurons à nous occuper dans le commentaire de l'article suivant (*voy.* n°s 549 et suiv.)

VI. — 498. Il nous reste à nous expliquer sur la preuve de la transaction. Des cinq modes organisés au chapitre VI du titre *Des Contrats ou des Obligations conventionnelles en général,* à savoir la preuve littérale, la preuve testimoniale, les présomptions, l'aveu de la partie et le serment, notre art. 2044 rappelle le premier seulement, *la preuve littérale.* Le deuxième paragraphe de cet article soumet, en effet, la transaction à cette règle spéciale, qu'elle doit être *rédigée par écrit;* disposition qui, nous le savons déjà, ne doit pas être entendue en ce sens que l'écriture soit, de même que dans la donation, le contrat de mariage, la constitution d'hypothèque, requise *ad solemnitatem,* c'est-à-dire comme condition nécessaire à la validité du contrat : l'écriture est exigée seulement *ad probationem,* c'est-à-dire comme le moyen propre à établir l'existence de la convention (*suprà,* n°s 463 et 487).

Mais de ce que l'art. 2044 rappelle seulement l'un des modes de preuve reconnus par la loi, s'ensuit-il que tous les autres doivent être proscrits indistinctement en matière de transaction? C'est ce qu'il faut examiner.

499. Et d'abord, quant à la preuve testimoniale, elle doit être exclue en principe. Cela a été nettement précisé dans la discussion de la loi. « La transaction est un *contrat,* a dit le tribun Albisson dans son rapport au Tribunat (2) : elle doit donc réunir les conditions essentielles pour la validité des conventions prescrites par la loi générale des contrats... La seule condition que le projet ajoute, et qui devait l'être par rapport à la nature particulière de la transaction, c'est *qu'elle soit rédigée par écrit;* ce qui est infiniment sage, car la transaction devant terminer un procès, c'eût été risquer d'en faire naître un nouveau que d'en laisser dépendre l'effet de la solution d'un problème sur l'admissibilité ou le résultat d'une preuve testimoniale. » Il y a sans doute quelque exagération dans l'expression de ces motifs, nous aurons à le montrer tout à l'heure (*infrà,* n° 502); mais enfin l'exclusion, en principe,

---

(1) Liége, 29 août 1814 (Dalloz, *Nouv. Rép.,* v° Transaction, n° 38).
(2) Locré (t. XV, p. 431 et 432); Fenet (t. XV, p. 115).

de la preuve testimoniale y est nettement formulée comme une nécessité découlant de la nature particulière de la convention. Et en effet, si
la transaction peut quelquefois se produire dans les termes les plus simples, elle peut être aussi, et plus habituellement elle est compliquée et
présente un ensemble de dispositions liées entre elles par une étroite
corrélation. Et comme il est difficile d'admettre que, dans ces conditions, une transaction et tous les détails qu'elle embrasse puissent être
fidèlement conservés dans la mémoire des témoins, il eût été périlleux
d'en livrer le sort au résultat du témoignage oral.

500. Par cela même, nous ne saurions admettre l'opinion émise
par M. Massé, qui, voyant un acte *essentiellement commercial* dans la
transaction faite en vue de prévenir ou de terminer une contestation
commerciale, enseigne qu'une telle transaction pourrait être prouvée
par témoins, le droit commun des matières commerciales étant l'admissibilité de la preuve testimoniale en toutes matières, et même quand
il s'agit de prouver contre et outre le contenu aux actes (1). C'est là
une appréciation inexacte. Lorsque Pierre et Paul, l'un et l'autre marchands, se rapprochent pour mettre fin par une transaction au différend
qui les divise à l'occasion d'un marché conclu entre eux, ils font un
acte où rien absolument ne révèle l'idée de spéculation ou de trafic
constitutif de l'acte de commerce. Il est vrai que la transaction ici a
pour but de régler des intérêts commerciaux; mais cela ne fait pas
qu'en elle-même elle soit, comme l'opération sur laquelle elle intervient, un acte commercial; et, en l'absence d'une disposition de la loi
qui la qualifie telle, il est impossible d'y voir autre chose qu'un acte purement civil auquel, dès lors, il convient d'appliquer, en ce qui concerne la preuve, le droit commun des matières civiles (2).

501. Mais de ce qu'il est dit dans l'art. 2044 que la transaction
« doit être rédigée par écrit », faut-il conclure que la preuve testimoniale est rejetée d'une manière absolue et qu'il y aurait lieu de la déclarer inadmissible, par dérogation aux principes généraux sur la preuve
testimoniale, 1° lors même qu'il s'agirait de choses n'excédant pas la
somme ou valeur de 150 francs, 2° et alors même qu'il existerait un
commencement de preuve par écrit?

Sur le premier point, nous pensons que l'art. 2044, en exigeant que
la transaction soit rédigée par écrit sans rien préciser quant aux sommes
ou valeurs qui peuvent s'y trouver engagées, déroge à l'art. 1341, qui
affranchit de la nécessité de l'acte écrit les conventions et obligations
dont l'importance n'excède pas 150 francs. Ce n'est pas qu'à nos yeux
cette solution soit logiquement justifiée. Car enfin la transaction n'est
pas, plus que les autres conventions en général, un contrat solennel;
c'est un contrat ordinaire, essentiellement de bonne foi, et l'on ne voit
pas bien pourquoi elle est, à la différence des autres contrats ou conventions, soumise à la nécessité de l'écriture, comme moyen de preuve;

---

(1) *Voy.* M. Massé (*Droit comm.*, 1re édit., t. VI, n° 332; 2e édit., t. IV, n° 2695;
Junge : MM. Massé et Vergé, sur Zachariæ (t. V, p. 85, note 6, *in fine*).
(2) Bordeaux, 5 fév. 1857 (*J. Pal.*, 1858, p. 717; S. V., 57, 2, 575).

alors même que l'intérêt engagé est au-dessous de 150 francs : aussi, ne pouvant nous expliquer pourquoi la transaction serait traitée, sous ce rapport, avec plus de rigueur que les autres contrats, étions-nous disposé à penser qu'en exigeant l'écriture, l'art. 2044 avait entendu reproduire la disposition de l'art. 1341, qui pose le principe en matière de preuve testimoniale, et non y déroger. Cependant, comme en définitive la loi, dans l'art. 2044, dispose en termes absolus et sans fixer la limite posée par l'art. 1341, comme en cela il diffère d'autres articles dans lesquels, en se référant également au droit commun, le législateur rappelle expressément, au contraire, cette limite, il faut bien reconnaître qu'il y a ici une dérogation, non expliquée sans doute, mais enfin intentionnelle, au droit commun ; et avec Zachariæ, qui a aussi conçu quelques doutes sur ce point, nous disons que l'art. 2044 étend la prohibition de la preuve testimoniale, édictée par l'art. 1341, même aux transactions dont l'objet est inférieur à 150 francs, « car, bien qu'une loi spéciale soit *strictiminæ interpretationis,* l'art. 2044 est pourtant conçu en termes trop précis et trop généraux pour qu'il y ait une raison suffisante d'en limiter la portée par application de cette règle. » (1)

502. Sur le second point, les auteurs sont à peu près unanimes également dans le sens de l'affirmative. Seuls, Merlin et Zachariæ ont soutenu, en sens contraire, que la transaction peut, à la faveur d'un commencement de preuve par écrit, être prouvée par témoins (2). On a dit que ce dernier auteur n'avait pas osé suivre Merlin sur ce terrain et avait déclaré cette opinion sujette à difficulté (3). C'est une méprise. La seule question sur laquelle, d'après Zachariæ, il puisse s'élever quelque doute, est celle que nous venons de discuter, celle de savoir si l'art. 2044 ne fait que reproduire la disposition de l'art. 1341, ou s'il l'étend en même temps aux transactions dont l'objet est inférieur à 150 francs. Mais il se prononce très-résolûment, au contraire, sur la question dont il s'agit maintenant. « *Il ne paraît pas douteux,* dit-il, que la disposition de l'art. 1347 ne soit applicable aux transactions. Si, en effet, l'art. 2044 contient une dérogation à l'art. 1341, cette dérogation ne doit pas être étendue au delà de la portée qu'elle a d'après les termes de cet article. Or, l'art. 2044 *ne contient absolument rien qui puisse former obstacle à l'application de l'art. 1347 aux transactions.* » Néanmoins, il est vrai de dire qu'à l'exception de Merlin et Zachariæ, tous les auteurs enseignent que l'art. 2044 implique dérogation tout à la fois à l'art. 1341 et à l'art. 1347, et que la preuve testimoniale doit être écartée non-seulement lorsqu'elle se présente seule, l'intérêt engagé dans la transaction fût-il au-dessous de 150 francs, mais encore lorsqu'elle s'offre à la faveur d'un commencement de preuve par écrit (4).

---

(1) Zachariæ, édit. Massé et Vergé (t. V, p. 85, note 6). *Voy.* aussi les motifs de l'arrêt de la Cour de cassation, du 28 novembre 1864, rapporté au numéro suivant.
(2) Merlin (*Quest.*, v° Transaction, § 8, n° 3) ; Zachariæ, édit. Massé et Vergé (*loc. cit.*).
(3) *Voy.* M. Troplong (n° 30).
(4) *Voy.* MM. Marbeau (n°ˢ 203 et 204) ; Rigal (p. 17) ; Troplong (*loc. cit.*) ; Taulier

Quant à la jurisprudence, on peut dire que chacune des deux solutions trouvait, jusqu'en ces derniers temps, un appui égal dans les décisions des tribunaux : d'une part, les Cours de Caen et de Pau avaient sanctionné l'opinion dominante (1); d'une autre part, les Cours de Bordeaux et de Colmar avaient consacré, au contraire, l'opinion de Zachariæ et de Merlin (2). Mais la Cour de cassation, saisie récemment de la question sur le pourvoi dirigé contre l'arrêt de cette dernière Cour, a fait pencher la balance du côté de la solution généralement repoussée par les auteurs.

Voici l'espèce dans laquelle est intervenue cette décision importante : — Au décès de son maître, une servante, se prétendant créancière de ses gages dont elle disait n'avoir rien reçu durant vingt-cinq ans passés au service du défunt, éleva ses réclamations contre la succession. La créance n'était pas contestée par les héritiers; la quotité seule était en discussion, et les parties étaient sur le point de plaider, quand elles se rapprochèrent et firent un acte sous seing privé qu'elles qualifièrent elles-mêmes transaction et sur lequel elles apposèrent leur signature. La créance de la domestique y était fixée à la somme de 2 500 francs, moyennant quoi celle-ci renonçait à élever d'autres et de plus amples réclamations contre la succession. Mais plus tard, les héritiers, assignés en justice sur le refus par eux fait d'exécuter la convention, ont opposé, à la demanderesse qui produisait l'acte transactionnel à l'appui de sa demande, la nullité de cet acte en ce que, contrairement à l'art. 1325 du Code Napoléon, il avait été rédigé en un seul original, bien qu'il contînt des conventions synallagmatiques. La demanderesse a soutenu alors que si l'acte ne valait pas comme titre faisant preuve complète par lui-même de la convention, il valait au moins comme commencement de preuve par écrit; et en s'autorisant de l'art. 1347, elle a demandé subsidiairement à compléter sa preuve à l'aide de témoins. La prétention a été complétement accueillie; et la Cour de Colmar, jugeant expressément, entre autres points de droit, que quand elle peut s'étayer d'un commencement de preuve par écrit, la preuve testimoniale est admissible à l'effet d'établir l'existence d'une transaction, a autorisé la demanderesse à faire par témoins la preuve par elle offerte : seulement, la Cour a eu le tort de retenir l'acte dans la cause même à l'encontre de deux des héritiers dont l'un était mineur quand il avait signé la transaction, et dont l'autre était une femme mariée qui n'avait été ni assistée ni autorisée de son mari, et qui même n'avait pas signé l'acte. L'arrêt de la Cour de Colmar a donc été cassé

(t. VI, p. 544); Bonnier (*Des Preuves*, 2ᵉ édit., n° 138); Massé et Vergé, sur Zachariæ (*loc. cit.*); Aubry et Rau (t. III, p. 480 et note 7); Dalloz (*Rép.*, v° Transaction, n° 32); Mourlon (t. III, p. 373); Boileux (t. VII, p. 8); Larombière (t. V, art. 1347, n° 41); Accarias (n° 84); Latreille (*Rev. crit.*, t. XXVI, p. 193).

(1) *Voy.* Caen, 12 avr. 1845; Pau, 1ᵉʳ août 1860 (S. V., 46, 2, 168; 61, 2, 339; Dalloz, 45, 2, 108; 61, 2, 55; *J. Pal.*, 1845, t. II, p. 420; 1861, p. 871).

(2) *Voy.* Bordeaux, 28 mai 1834; Colmar, 31 juill. 1861. Ces arrêts sont rapportés par les Recueils, le premier avec l'arrêt de rejet du 25 février 1835, cité *suprà*, n° 490, et le second avec l'arrêt du 28 novembre 1864 (*voy.* la note qui suit).

vis-à-vis de ces deux héritiers; mais la solution qu'il contient n'en a pas moins été sanctionnée en principe par la Cour de cassation, et l'arrêt a été maintenu vis-à-vis des autres héritiers (1).

Cette fois encore, comme lorsqu'elle fut saisie de la question sur le pourvoi dirigé contre l'arrêt précité de la Cour de Bordeaux, la Cour suprême aurait pu éluder la difficulté. Il est remarquable, en effet, que les circonstances auxquelles la Cour crut pouvoir se rattacher pour rejeter le pourvoi dans la première espèce se reproduisaient dans la seconde. La décision de la Cour de Bordeaux avait été maintenue, comme on l'a vu plus haut (n° 490), surtout parce que, aux yeux de la Cour suprême, il résultait des constatations de l'arrêt attaqué que, dans l'espèce, l'existence de la transaction n'était contestée par aucune des parties. Or, il en était de même dans l'espèce actuelle : si les héritiers querellaient l'acte au point de vue de la forme, en ce qu'il avait été rédigé en un seul original, ils ne méconnaissaient pas l'existence de la convention, ce qui était constaté en fait dans l'arrêt de la Cour de Colmar. Mais au lieu de se rattacher à ce point de fait pour motiver le rejet du pourvoi, la Cour de cassation, *en parfaite connaissance de cause,* a voulu cette fois juger en droit la question qui se posait nettement devant elle, et, sur les conclusions conformes, très-solides et très-nettes, de M. le premier avocat général de Raynal, elle s'est prononcée en ces termes, après un long délibéré : « Attendu qu'aux termes de l'art. 2044 du Code Napoléon, la transaction doit être rédigée par écrit; que si le texte déroge par là à la disposition de l'art. 1341 et par suite impose la nécessité de l'écriture, comme moyen de preuve, alors même que l'intérêt engagé dans la transaction est au-dessous de 150 francs, il laisse entière, par cela même qu'il n'en dit rien, la disposition de l'art. 1347, qui, statuant en vue des contrats en général, autorise la preuve testimoniale, quelle que soit l'importance de la convention, lorsque cette preuve peut s'étayer d'un commencement de preuve par écrit; — qu'en effet, la loi, en ce qui concerne la transaction, n'est ni plus formelle dans son texte, ni plus absolue dans ses prescriptions qu'en ce qui concerne les autres contrats; que si elle veut, d'après l'art. 2044, que la transaction *soit rédigée par écrit,* elle exige, par l'art. 1341, qu'il *soit passé acte* de toutes choses excédant la somme ou valeur de 150 francs; que ces deux dispositions ne sauraient donc comporter, dans l'application, une différence telle que la première dût faire obstacle à l'admission de la preuve testimoniale de la transaction dans le cas spécial prévu par l'art. 1347, alors que la seconde n'y fait pas obstacle pour les autres contrats; — qu'à la vérité l'art. 2044 ne reproduit pas l'exception de l'art. 1347; mais que l'exception est posée, par ce dernier article, en termes généraux qui s'appliquent à tous les contrats, et que pour en refuser le bénéfice à la transaction, il faudrait une disposition expresse qui n'existe pas; — d'où suit qu'en admettant, dans l'espèce, qu'une transaction peut, à

---

(1) Cass., 28 nov. 1864 (S. V., 65, 1, 5; *J. Pal.*, 1865, p. 5; Dalloz, 65, 1, 105).

la faveur d'un commencement de preuve par écrit, être prouvée par témoins, l'arrêt attaqué n'a violé ni l'art. 2044 du Code Napoléon, ni aucune autre disposition de loi. »

Cet arrêt, bien qu'il ait rompu avec les données de la doctrine, n'en fait pas moins de l'art. 2044 la seule interprétation que puissent avouer la raison, la justice et le droit. Nous savons qu'il a été, depuis sa publication, l'objet de vives critiques : les uns en ont pris texte pour venir confirmer l'opinion qu'ils avaient eu l'occasion d'exprimer auparavant (1); d'autres, en le prenant à partie, ont ajouté l'appui d'une autorité nouvelle au nombre, déjà si considérable, de celles que nous avons rappelées (2). Nous n'en persistons pas moins à penser que l'arrêt de la Cour de cassation est dans la vérité juridique, et nous estimons que, le temps et la réflexion aidant, l'opinion contraire, répétée avec tant de persistance, finira par apparaître comme une de ces choses, dont parle Montesquieu, que tout le monde dit parce qu'elles ont été dites une fois.

Et d'abord nous regardons comme décisif l'argument tiré par la Cour de cassation du rapprochement des deux textes qu'elle met en présence. D'une part, l'art. 2044 dit de la transaction qu'elle *doit être rédigée par écrit;* d'une autre part, l'art. 1341 dit des contrats en général, dont l'intérêt excède la somme ou valeur de 150 francs, qu'il *en doit être passé acte.* Évidemment, les deux textes, s'ils diffèrent par l'expression, sont identiques par la disposition; et la Cour suprême a pu dire avec une exactitude parfaite que la loi, en ce qui concerne la transaction, n'est ni plus formelle dans son texte, ni plus absolue dans ses prescriptions qu'en ce qui concerne les autres contrats. Or, si l'art. 1341, relatif à ces autres contrats, n'exclut pas, bien qu'il consacre la nécessité de l'écriture, la possibilité de prouver par témoins l'existence de la convention, quand il y en a un commencement de preuve par écrit, comment l'art. 2044, quand de son côté il se borne à établir la nécessité de l'écriture en ce qui concerne la transaction, serait-il exclusif de la preuve testimoniale s'offrant aussi à la faveur d'un commencement de preuve par écrit? Encore une fois, l'art. 1341 n'est ni plus formel ni plus absolu que l'art. 2044 : l'un et l'autre ils se bornent à exiger l'écriture comme moyen de preuve; ils l'exigent l'un et l'autre en termes équivalents, sinon identiques; l'un et l'autre ils sont également muets sur l'exception de l'art. 1347; l'un ne saurait donc, plus que l'autre, dans l'application, faire obstacle à l'admission de la preuve testimoniale dans le cas exceptionnel prévu par ce dernier article.

Mais il y a plus : la loi, si on l'interroge dans les dispositions par lesquelles elle règle certains contrats particuliers, donne encore matière à d'autres rapprochements non moins significatifs. Ce n'est pas, en ef-

---

(1) *Voy.* l'annotation de l'arrêt dans le Recueil de M. Dalloz, et celle du Recueil S. V., reproduite par le *Journal du Palais.*
(2) *Voy.* les observations de M. Latreille, dans la *Revue critique* (*loc. cit.*). Nous les avons fait suivre de quelques observations en réponse (*ibid.*, p. 201 et suiv.).

fet, pour la transaction seulement que le législateur a exigé l'écriture comme moyen de preuve : il l'a exigée également en rappelant, il est vrai, la limite de 150 francs posée dans l'art. 1341, pour le contrat de société (art. 1834) et pour le contrat de dépôt volontaire (art. 1923); il l'a exigée encore, et cette fois sans rappeler la limite, pour le contrat d'antichrèse, dont il a dit que l'antichrèse ne s'établit que par écrit (art. 2085); il l'a exigée aussi, et toujours sans rappeler la limite, pour le contrat de vente, par l'art. 1582 du Code Napoléon, et pour le contrat à la grosse, par l'art. 311 du Code de commerce (1). Or, de toutes ces dispositions, qui posent en principe la nécessité de l'écriture comme moyen de preuve, il n'y en a pas une qui soit exclusive de la preuve testimoniale quand il y a commencement de preuve par écrit, pas une dès lors qui ne laisse entière, par cela même qu'elle n'en dit rien, la disposition de l'art. 1347. Et comment alors n'en serait-il pas de même de l'art. 2044 ? Comme tous les articles précités, celui-ci se borne également à exiger l'écriture; pas plus qu'aucun de ces articles, il ne s'explique ni directement, ni indirectement, sur l'art. 1347 ! Se peut-il donc que, sans en rien dire, il déroge à ce dernier article, quand les dispositions précitées le laissent debout, par cela seul qu'elles n'en disent rien?...

Ce serait donc une exception aux règles communes! Mais une exception doit être motivée. Or, quels seraient ici les motifs? La transaction est-elle, plus que les autres contrats en général, un contrat solennel? Non assurément : c'est un contrat essentiellement de bonne foi, un de ces contrats *ordinaires* auxquels Portalis fait allusion par opposition aux contrats *solennels*, dans le passage de l'Exposé des motifs que nous venons de reproduire en note. Et, en effet, il n'est personne qui ne reconnaisse que si l'écriture y est exigée, c'est seulement comme moyen d'en prouver l'existence. Pourquoi donc une exception? Les auteurs ont compris la nécessité de le dire, et tous, sans réserve, ils ont trouvé

(1) Nous avons lu avec quelque surprise l'argument au moyen duquel l'annotateur du Recueil de M. Dalloz croit avoir répondu à l'objection fournie par ces deux derniers articles. Ces textes, dit-il, *ne parlent même pas de la nécessité d'une preuve écrite,* puisqu'ils se contentent de dire que le contrat peut être fait par acte authentique ou sous seing privé. Sans y réfléchir beaucoup, on comprend que ces textes contiennent une reproduction spéciale de l'art. 1341, et que, dès lors, ils reviennent à dire que, sinon pour la validité du contrat, au moins pour la preuve, la vente ou le prêt à la grosse doit être rédigé par écrit, sauf le droit des parties de choisir entre la forme authentique et celle de l'acte sous seing privé. Et en effet, nous supposons qu'une vente alléguée en justice par le vendeur soit niée par l'acheteur, nous demandons s'il n'y aurait pas violation directe et formelle de l'art. 1582, aussi bien que de l'art. 1341, dans le jugement qui admettrait le vendeur à prouver par témoins la vente dont il n'aurait pas la preuve écrite. Au surplus, nous renvoyons l'annotateur à l'Exposé des motifs de Portalis sur le titre *De la Vente.* « Dans la vente, a dit l'orateur du gouvernement en expliquant l'art. 1582, *et dans les autres contrats ordinaires,* l'écriture n'est exigée que comme preuve, *tantum ad probationem.* Ainsi, une vente ne sera pas nulle par cela seul qu'elle n'aura pas été rédigée par écrit. Elle aura tout son effet s'*il conste d'ailleurs de son existence. Il sera seulement vrai de dire, comme à l'égard des autres conventions, que la preuve par témoins n'en doit point être admise s'il n'y a des commencements de preuve par écrit. — L'écriture n'étant exigée dans la vente que pour la preuve de l'acte,* le projet de loi laisse aux parties contractantes la liberté de faire leurs accords par acte authentique ou sous seing privé. » (Locré, t. XIV, p. 143; Fenet, t. XIV, p. 111).

l'explication dans l'observation extraite du Rapport du tribun Albisson, et ci-dessus reproduite (*suprà*, n° 498). Mais qu'on y regarde de près, cette observation est loin d'être décisive. En elle-même, d'abord, elle est exagérée dans l'expression. Le tribun Albisson exagère, en effet, en supposant que la transaction, destinée qu'elle est à *terminer* un procès, ne peut jamais dépendre dans ses effets d'un autre procès qui mettrait en question la preuve de son existence. Il résulterait de là que ni l'aveu, ni le serment, ni la vérification d'écriture, ne pourraient être admis ou ordonnés en justice pour prouver le fait de la transaction, dans le cas où celui à qui elle est opposée n'en reconnaîtrait pas l'existence ou contesterait la vérité de la signature qui y serait apposée. Or l'aveu, le serment, l'interrogatoire sur faits et articles sont admis à peu près unanimement, ainsi que nous le verrons tout à l'heure, comme des moyens propres à prouver la réalité en fait d'une transaction dont l'existence est en question. En outre, et au fond, l'observation du tribun Albisson n'a pas la signification et la portée que les auteurs lui ont généralement assignées. Il est certain, comme le dit l'orateur du Tribunat, que la transaction est un contrat d'une nature particulière ; que le législateur y a ajouté la condition qu'elle sera toujours rédigée par écrit; que la loi a proscrit la preuve testimoniale, ne voulant pas que l'on pût discuter sur les résultats de cette preuve, ni en faire dépendre l'effet de la transaction. Mais cela ne dit rien de plus que ce que l'art. 2044 dit lui-même, et il n'en résulte rien autre chose que ce qui résulte de cet article : cela montre clairement que lorsqu'une transaction est purement verbale, celui qui prétendrait s'en prévaloir ne pourrait pas suppléer à l'absence de la preuve littérale en offrant de prouver, par la seule voie de l'enquête, l'existence de la convention. Or ce n'est pas là notre question. Il s'agit pour nous de savoir si, par exemple, celui qui aurait un commencement de preuve par écrit de la transaction dont il allègue l'existence serait ou non admissible, non plus à *faire* par témoins une preuve entière, mais à *compléter,* par ce moyen, la preuve qui est déjà faite en partie. Cette question, le Rapport du tribun Albisson la laisse entière, il n'y touche pas plus que le texte de l'art. 2044 du Code Napoléon. Or, nous le répétons, cet article est précis : il dit que la transaction *doit être rédigée par écrit;* il ne dit rien de plus. C'est déjà beaucoup d'en conclure que, par là, le texte déroge à la disposition de l'art. 1341, en ce sens qu'il impose la nécessité de l'écriture, comme moyen de preuve, alors même que l'intérêt engagé dans la transaction est au-dessous de 150 francs (*suprà*, n° 501). Mais aller au delà et supposer qu'il déroge, en outre, à l'art. 1347, auquel il ne fait pas la moindre allusion, ce serait faire la loi au lieu de l'interpréter, et l'établir dans les conditions les plus propres à favoriser en bien des circonstances l'injustice et la mauvaise foi.

En définitive, il en est de la transaction comme des autres contrats en général. Si, en raison des complications qui peuvent s'y produire, et pour ne pas en livrer le sort à l'incertitude des témoignages, le législateur a pu se déterminer à proscrire la preuve testimoniale isolément invoquée, il n'avait pas le même motif de la proscrire également lorsqu'elle est offerte à la faveur d'un commencement de preuve par écrit. La preuve testimoniale n'ayant plus alors pour objet que de compléter ou de corroborer la preuve qui, déjà, résulte en partie de l'acte produit, il n'y avait aucun intérêt à déroger à la règle de droit commun consacrée par l'art. 1347. Par là s'explique le silence de l'art. 2044 ; et cela est, après tout, sans inconvénient ni danger, le juge restant toujours avec son droit d'appréciation, qui lui permettra d'admettre ou de rejeter le commencement de preuve, suivant que l'écrit produit rendra ou non vraisemblable la transaction alléguée. Renfermons-nous donc dans les termes de la loi, et n'allons pas, en y introduisant une dérogation qui n'est pas écrite, faire de la transaction une convention qui, n'étant pas un contrat solennel, serait cependant autre chose qu'un contrat ordinaire.

503. A côté de cette exception au principe de l'inadmissibilité de la preuve testimoniale en matière de transaction, il en faut placer une autre qui, celle-ci du moins, est admise par tous les auteurs : elle se produit dans le cas prévu par l'art. 1348, n° 4, du Code Napoléon. Ainsi, la preuve testimoniale doit être reçue pour établir le fait et même les conditions d'une transaction, lorsque l'écrit dressé pour les constater a été perdu par cas fortuit ou de force majeure. L'art. 1348, n° 4, répond à une pensée trop équitable pour que la disposition n'en doive pas être appliquée avec la plus grande généralité. On peut rattacher à cette solution un arrêt cité quelquefois, mais à tort, à propos de la question précédente, et duquel il résulte que l'existence d'une transaction passée entre deux sœurs, et dont la minute ne se retrouve pas chez le notaire, peut être déduite de ces circonstances, que la transaction est portée sur le répertoire du notaire, qu'elle est également portée sur le registre de l'enregistrement, et que le mari de l'une des deux sœurs a souscrit, le jour même de la transaction, un billet également mentionné dans la relation de l'enregistrement (1).

504. Les explications qui précèdent sur la preuve testimoniale nous dispensent d'insister sur les présomptions de l'homme, qui figurent également au nombre des modes de preuve reconnus et organisés par la loi. Les présomptions sont exclues ici, en principe, comme conséquence de l'exclusion de la preuve testimoniale ; mais elles doivent être exceptionnellement admises dans tous les cas où la preuve testimoniale est admissible par exception. C'est une suite naturelle de l'art. 1353, duquel il résulte que les deux genres de preuve sont, quant à leur recevabilité, gouvernés par les mêmes règles.

Restent l'aveu et le serment.

505. Quant à l'aveu, il ne saurait y avoir aucune difficulté. L'écriture étant exigée, non comme condition de la validité de la transaction, mais seulement comme moyen de preuve destiné à empêcher qu'un litige sur l'existence de la transaction soit substitué au litige sur le fond du droit,

---

(1) Req., 17 mars 1825 (S. V., 26, 1, 175 ; Coll. nouv., 8, 1, 80 ; Dalloz, 25, 1, 209).

il s'ensuit qu'une transaction, même non produite en justice, soit qu'il n'en ait pas été dressé acte, soit par toute autre cause, n'en devrait pas moins être reconnue et maintenue dans toutes ses conditions et avec tous ses effets, si son existence ne donnait lieu à aucune contestation. L'aveu est donc un moyen de preuve dont l'admissibilité est certaine; cela, d'ailleurs, ne fait aucune difficulté.

506. Par une conséquence toute simple de cette solution, nous décidons qu'il y a lieu d'admettre également l'interrogatoire sur faits et articles, cette mesure tendant uniquement à provoquer un aveu. Cependant, M. Troplong, qui, à défaut de preuve écrite, admet l'aveu pour établir l'existence de la transaction, repousse l'interrogatoire sur faits et articles (1). Les auteurs et la jurisprudence se prononcent contre cette distinction (2), qui, en effet, ne se justifie pas rationnellement. D'ailleurs, l'art. 324 du Code de procédure, en permettant aux parties, *en toutes matières et en tout état de cause,* de demander à se faire interroger respectivement sur faits et articles pertinents, dispose avec une telle généralité que la matière des transactions s'y trouve comprise au même titre que les autres matières. Disons seulement, avec MM. Aubry et Rau, que, par suite du principe qui exclut en cette matière la preuve testimoniale et les présomptions, l'interrogatoire est, quant à sa recevabilité et à son efficacité, subordonné à cette double limitation, qu'il porte sur le fait même et sur les conditions de la transaction, et que, s'il ne fournit pas un aveu complet, il n'y soit pas suppléé au moyen des présomptions.

507. Quant au serment litisdécisoire, il est admis également, comme moyen de prouver la transaction, par la doctrine et par la jurisprudence (3), ce qui se justifie comme la solution qui précède, la délation du serment étant également, au fond, une manière de provoquer l'aveu. Cependant, en ce point encore, M. Troplong se prononce contre l'opinion unanime des auteurs, et, en s'autorisant d'une décision de la Cour de Montpellier, il enseigne que le serment litisdécisoire est un moyen de preuve qui répugne à la nature de la transaction, en ce qu'il suppose un procès sur la preuve, alors que la loi ne veut pas qu'il puisse y en avoir (4). Il faut d'abord mettre à l'écart la décision de la Cour de Montpellier, qui a jugé, non pas que le serment litisdécisoire n'est pas, en principe, admissible en cette matière, mais uniquement que, dans les circonstances de l'affaire, le serment subsidiairement demandé serait inutile et frustratoire, les droits des parties ayant été irrévocablement tranchés, depuis la transaction, par une décision judi-

---

(1) *Voy.* M. Troplong (n° 27 et 31).
(2) *Voy.* MM. Merlin (*Quest.*, v° Transaction, § 8, n° 2); Duranton (t. XVIII, n° 406); Marbeau (n° 203); Rigal (p. 19); Aubry et Rau (t. III, p. 479, note 6); Massé et Vergé, sur Zachariæ (t. V, p. 86, note 6); Accarias (p. 185, n° 84). — *Voy.* aussi Bruxelles, 1er déc. 1810 (S. V., 11, 2, 282; Coll. nouv., 3, 2, 363; Dalloz, 11, 2, 160; Rép. alph., t. IX, p. 574; *J. Pal.*, à sa date).
(3) *Voy.* les autorités citées à la note précédente. *Junge :* Nancy, 29 juill. 1837, et Limoges, 6 fév. 1845 (S. V., 39, 2, 140; 45, 2, 653; Dalloz, 38, 2, 221; 46, 4, 458; *J. Pal.*, 1846, t. II, p. 147).
(4) *Voy.* M. Troplong (n° 29).

ciaire (1). Et puis, quant au motif pris de ce que la loi ne veut pas qu'il puisse y avoir procès sur la preuve de la transaction, il est évidemment inexact; car si certains modes de preuve sont virtuellement repoussés par la loi, spécialement la preuve testimoniale et les présomptions, il y en a d'autres que la loi ne repousse pas, et le serment litisdécisoire est de ce nombre, puisque, d'après les art. 1358 et 1360 du Code Napoléon, il peut être déféré *sur quelque espèce de contestation que ce soit,* en tout état de cause, et encore qu'il n'existe aucun commencement de preuve de la demande ou de l'exception sur laquelle il est provoqué.

508. Mais en ce qui concerne le serment déféré d'office ou serment supplétoire, il ne saurait être reçu en notre matière, du moins en principe : c'est là, en effet, un complément de preuve qui suppose l'admissibilité de la preuve testimoniale et des présomptions. Il ne peut donc être admis ici, si ce n'est dans les cas où la preuve testimoniale et les présomptions seraient exceptionnellement admissibles (2).

2045. — Pour transiger, il faut avoir la capacité de disposer des objets compris dans la transaction.

Le tuteur ne peut transiger pour le mineur ou l'interdit que conformément à l'art. 467 au titre *De la Minorité, De la Tutelle et De l'Émancipation;* et il ne peut transiger avec le mineur devenu majeur, sur le compte de tutelle, que conformément à l'art. 472 au même titre.

Les communes et établissements publics ne peuvent transiger qu'avec l'autorisation expresse de l'Empereur.

SOMMAIRE.

---

(1) L'arrêt, à la date du 5 décembre 1825, est rapporté par les Recueils avec l'arrêt de rejet du 7 juillet 1829 (S. V., 29, 1, 331; Coll. nouv., 9, 1, 326; Dalloz, 29, 1, 415; *J. Pal.*. à sa date).

(2) *Voy.* M. Marbeau (nᵒˢ 203 et 216).

transaction. — 525. Suite. — 526. 4° De la personne pourvue d'un conseil judiciaire : elle a besoin de l'assistance du conseil. — 527. 5° Des époux entre eux : la prohibition de transiger, quoique non écrite, résulte virtuellement de l'art. 1595. — 528. 6° Des communes : en quoi consiste leur incapacité relativement à la transaction. — 529. Des formalités et des conditions nécessaires pour qu'elles soient habilitées. — 530. Suite. — 531. 7° Des établissements publics. — 532. De la sanction en ce qui concerne les incapacités de cette première catégorie : la transaction est entachée d'une nullité purement relative, en ce sens que l'incapable seul peut l'opposer. — 533. *Quid* quand l'exécution de la transaction est divisible? — 534. Mais celui qui aurait traité avec un incapable n'est pas lié par un simple projet de transaction. — 535. La transaction est susceptible d'être confirmée ou ratifiée avec effet rétroactif.

IV. 536. Incapables de la seconde catégorie. 1° Des interdits légalement : situation des condamnés avant l'abolition de la mort civile. — 537. Aujourd'hui, ils sont en principe, de même que les interdits judiciairement, incapables de transiger. — 538. Exception. — 539. Des condamnés par contumace. — 540. 2° Du failli : il n'a pas, par lui-même, le pouvoir de transiger; ce pouvoir, s'il y a lieu à transaction, appartient au syndic, sous certaines conditions. — 541. 3° Du débiteur non commerçant qui a fait cession de biens; — 542. 4° De celui dont les biens sont frappés de saisie immobilière. — 543. 5° Du débiteur non commerçant en déconfiture. — 544. Résumé et effet de l'incapacité : la nullité qui en résulte peut être proposée non-seulement par les incapables de cette seconde catégorie, mais encore par ceux qui ont contracté avec eux.

V. 545. *Des personnes qui, sans être propriétaires, ont un certain droit d'administration* : ce droit comporte parfois le pouvoir de transiger. — 546. 1° Du mari : dans quelle mesure il peut transiger sur les droits de sa femme. — 547. Suite. — 548. Suite. — 549. 2° Du tuteur : il a le pouvoir de transiger, à la condition d'observer les formalités prescrites par l'art. 467 du Code Napoléon. — 550. Ces formalités sont au nombre de trois : l'autorisation du conseil de famille, l'avis de trois jurisconsultes, un jugement d'homologation. — 551. Il en est ainsi même en ce qui concerne les transactions faites sous forme de jugement d'expédient; — 552. Et même quand il ne s'agit que de droits mobiliers. — 553. Utilité de l'avis de trois jurisconsultes; en quoi consiste cette formalité et comment doit-elle être remplie? — 554. En quoi doit consister l'homologation du tribunal et sur quel acte doit-elle porter? — 555. Le jugement d'homologation n'enlève pas à la transaction son caractère de contrat. — 556. A qui appartient-il d'homologuer quand la transaction a lieu sur procès pendant devant la Cour impériale? — 557. Comment le jugement d'homologation peut-il être attaqué? — 558. L'inobservation des formalités prescrites par la loi entraîne la nullité de la transaction dans l'intérêt du mineur; — 559. Mais la nullité est purement relative. — 560. 3° Du père administrateur, pendant le mariage, des biens de ses enfants mineurs : l'homologation du tribunal est nécessaire, mais non l'autorisation du conseil de famille. — 561. 4° Des envoyés en possession des biens d'un absent; — 562. Et des envoyés en possession définitive. — 563. 5° Des syndics de faillite : ils peuvent transiger sous la condition d'observer les formalités prescrites par le Code de commerce. — 564. L'inobservation de ces formalités entraîne la nullité de la transaction. — 565. 6° De l'héritier bénéficiaire : il ne peut transiger qu'à la condition d'être déchu du bénéfice d'inventaire. — 566. 7° Des mandataires conventionnels : renvoi. — 567. Suite : des administrateurs, gérants ou liquidateurs de sociétés, soit civiles, soit commerciales.

I. — 509. La transaction étant à la fois un contrat et une aliénation, il faut, pour transiger valablement, être capable non-seulement de s'obliger, mais aussi d'aliéner l'objet compris dans la transaction. Le premier paragraphe de notre article est très-explicite en ce sens. C'est de la capacité que nous avons maintenant à nous occuper. Mais la capacité d'aliéner sera, quant à présent, envisagée seulement en général, c'est-à-dire au point de vue des personnes qui traitent. En matière de transaction, la capacité d'aliéner peut et doit être envisagée encore au point de vue spécial des choses qui sont ou peuvent être comprises dans le contrat. Toutefois, nous réservons ce côté de la question, qui rentre naturellement dans le commentaire de l'article suivant, où il est traité de l'objet de la transaction.

510. Aux termes de notre article, la capacité *de disposer* est requise en la personne de ceux qui transigent. Ainsi, il s'agit bien là du pouvoir d'*aliéner,* et non pas seulement de la faculté de s'*obliger.* Mais on aliène soit à titre gratuit, soit à titre onéreux. Est-il nécessaire d'avoir la capacité d'aliéner à l'un et à l'autre titre pour pouvoir transiger? Faut-il être capable d'aliéner même à titre gratuit? Suffit-il de pouvoir aliéner à *titre onéreux?* Sur cette question, on est généralement d'accord pour dire que la transaction, puisqu'elle n'est pas en elle-même une convention gratuite, ne saurait exiger en la personne des parties autre chose que la capacité de disposer à titre onéreux. Toutefois, cette opinion n'est pas sans contradicteur. On a dit qu'il résulte sinon du texte de l'art. 2045, au moins de l'esprit de la loi, que, pour transiger valablement, il faut avoir *la libre disposition* du droit sur lequel on transige, c'est-à-dire la capacité de l'aliéner de toute manière, tant à titre gratuit qu'à titre onéreux. Et à l'appui de cette proposition, on a cité le tuteur qui peut disposer des droits mobiliers de son mineur, les aliéner *à titre onéreux,* recevoir un capital et en donner décharge sans aucune autorisation (C. Nap., art. 457), et qui pourtant, parce que précisément il n'a pas la libre disposition de ces droits, c'est-à-dire la faculté d'en disposer, même en les donnant, ne peut en faire l'objet d'une transaction sans y être autorisé (C. Nap., art. 467) (1). Mais remarquons d'abord que, dans l'argument donné pour preuve, il ne s'agit en aucune façon de la capacité proprement dite : le tuteur qui transige au nom de son pupille procède dans l'exercice non d'une *capacité* personnelle, mais d'un *pouvoir* qui lui est conféré par la loi; il n'y a donc rien à conclure de ce pouvoir et des conditions dans lesquelles il est renfermé, à la capacité proprement dite, à la capacité en général. Et puis, à supposer même que les deux choses puissent être confondues, l'argument en lui-même porte très-visiblement à faux. S'il est permis de conclure des art. 457 et 467 rapprochés et combinés que la capacité de transiger soit, en certains cas, soumise à des règles plus sévères que la capacité d'aliéner à titre onéreux de toute autre manière que par transaction, il n'en résulte assurément pas que la capacité requise soit la capacité d'aliéner à titre gratuit; car le tuteur peut transiger, en suivant les formalités prescrites par l'art. 467, tandis qu'il est absolument sans pouvoir pour disposer à titre gratuit des biens du mineur, si ce n'est pour cadeaux d'usage ou dons rémunératoires.

511. Ceci dit, nous avons à rechercher quelles personnes ont le

(1) *Voy.* M. Mourlon (*Rép. écrit.*, t. III, p. 472).

pouvoir ou la capacité de transiger, et dans quelle mesure elles ont ce pouvoir ou cette capacité. Pour procéder avec méthode à cette recherche, nous adopterons l'ordre par nous suivi dans le commentaire de l'art. 2124, où il est traité de la capacité à l'effet de constituer une hypothèque conventionnelle. Ainsi, nous nous occuperons successivement : 1° de ceux qui ne peuvent librement aliéner, bien qu'ils soient propriétaires; 2° de ceux qui, sans être propriétaires, ont un droit d'administration comportant avec plus ou moins d'étendue le pouvoir d'aliéner.

II. — 512. Parmi les propriétaires dont la capacité se trouve plus ou moins restreinte, il en est dont l'incapacité procède d'une pensée de protection : ainsi les femmes mariées, les mineurs, les interdits judiciairement, les personnes pourvues d'un conseil judiciaire, les communes, les établissements de bienfaisance et d'utilité publique; il en est d'autres à l'égard desquelles l'incapacité prend le caractère soit d'une indignité, soit d'une déchéance : tels sont les condamnés ou interdits légalement, le failli, celui qui a fait cession de biens et celui dont les biens sont frappés de saisie immobilière. Il s'agit de préciser comment et dans quelle mesure ces personnes diverses, à l'égard desquelles le droit de propriété est plus ou moins entravé dans son exercice, sont, à cause de cela, privées de la faculté de prévenir ou de terminer, au moyen d'une transaction, les procès auxquels elles sont exposées ou dans lesquels elles se trouvent engagées. Nous allons reprendre distinctement, à cet effet, les incapacités soit de l'une, soit de l'autre catégorie.

III. — 513. Les incapables compris dans la première sont, comme nous l'avons dit, les femmes mariées, les mineurs, les interdits judiciairement, les personnes pourvues d'un conseil judiciaire, les communes, les établissements de bienfaisance et d'utilité publique.

Les femmes mariées sont, en principe, soumises à cette double règle : d'une part, elles ne peuvent pas transiger sans une autorisation spéciale; d'une autre part, elles peuvent transiger avec cette autorisation (C. Nap., art. 217). Mais, par une double exception, il est des cas où les femmes mariées peuvent transiger sans y être spécialement autorisées; il en est d'autres où, même autorisées, elles ne pourraient pas transiger valablement.

514. Ainsi, la femme mariée peut transiger sans autorisation spéciale quand elle est commerçante. L'autorisation générale de faire le commerce comprend ou implique, pour la femme, l'autorisation de s'obliger et d'aliéner ses biens mobiliers ou immobiliers, pour ce qui concerne son négoce. Elle implique donc aussi la faculté de transiger sur les affaires relatives à ce commerce (1).

515. Mais nous n'accordons pas la même franchise à la femme séparée de biens, soit par contrat de mariage, soit judiciairement. Celle-ci

---

(1) *Voy.* MM. Massé (*Droit comm.*, 1ʳᵉ édit., t. VI, n° 334 ; 2ᵉ édit., t. IV, n° 2697); Ernest Dubois (*Incap. de la femme mar.*, p. 296-298). — *Voy.* cependant M. Accarias (n° 111).

reste soumise, quant à la transaction, au principe général de l'art. 217 : elle ne peut transiger valablement sans une autorisation spéciale du mari ou de la justice. C'est incontestable pour la transaction sur des droits immobiliers; et bien que cela soit contesté relativement aux transactions sur les droits mobiliers, nous estimons que notre solution se justifie par la pensée même de la loi. Vainement on oppose l'art. 1449 du Code Napoléon. Cet article ne parle du droit, pour la femme séparée, de disposer de son mobilier et de l'aliéner, que comme d'une application spéciale ou d'une manifestation du droit d'administration repris par la femme par l'effet de la séparation. Il revient donc à dire que la femme est pleinement capable des actes d'administration. Or, tels ne sont pas la nature et le caractère de la transaction; car transiger, c'est essentiellement faire acte de *disposition* (1).

516. D'un autre côté, et en ce qui concerne le cas où, même autorisée spécialement par son mari ou par la justice, la femme ne pourrait pas transiger valablement, l'obstacle, il faut le dire, tient moins à l'incapacité personnelle qu'à la nature des biens; on comprend que nous faisons ici allusion aux biens dotaux. La transaction est impossible ici comme conséquence du principe qui frappe d'inaliénabilité les biens dotaux de la femme mariée sous le régime dotal. Ceci est donc principalement relatif à l'objet de la transaction; nous y reviendrons à l'article suivant, en nous occupant des choses qui peuvent ou ne peuvent pas faire l'objet d'une transaction (*infrà,* n° 603).

517. Passons aux mineurs : il y a une distinction à faire entre ceux qui sont soit en tutelle, soit sous l'administration légale du père ou de la mère, et ceux qui sont émancipés.

Le mineur en tutelle n'a la capacité d'aliéner aucun droit, soit mobilier, soit immobilier; il ne peut donc en aucun cas transiger valablement. S'il y a lieu de faire une transaction sur des droits qui lui appartiennent, son tuteur y doit procéder, sauf l'accomplissement de certaines formalités que nous aurons à préciser tout à l'heure. En ce qui concerne le mineur lui-même, il est incapable d'agir personnellement.

518. Toutefois, ce n'est pas à dire qu'une transaction, par cela seul qu'elle serait l'œuvre du mineur lui-même, devrait être tenue pour inexistante et non avenue; elle serait, au contraire, susceptible d'être confirmée, conformément aux règles sur les obligations contractées par des incapables. Et, dans tous les cas, le mineur seul en pourrait provoquer la nullité, ou, pour parler plus exactement, la rescision pour cause de lésion. (C. Nap., art. 1305. — *Infrà,* n°s 532 et suiv.)

519. Du mineur qui, sans être en tutelle, se trouve sous l'administration légale de son père ou de sa mère, nous n'avons, quant à présent, rien à dire, sinon qu'il est également incapable de transiger et que l'administration légale confère à celui de ses père ou mère qui en

---

(1) *Voy.*, à cet égard, le *Traité du Contrat de Mariage* que nous avons publié avec M. Rodière (t. II, n° 882). *Junge :* M. Accarias (*loc. cit.*); Comp. M. E. Dubois (*op. cit.*, p. 206, n° 6, et p. 211 à 216).

17

est investi le droit de transiger pour lui. L'unique question qui s'élève
à cet égard est de savoir si l'administrateur légal est astreint aux mêmes
conditions que le tuteur, et spécialement s'il doit être autorisé par le
conseil de famille. Nous revenons sur la question au n° 560.

520. Le mineur émancipé est, en principe, de même que le mineur
en tutelle, incapable de transiger. Néanmoins, la doctrine fait à cet
égard des distinctions que l'Exposé des motifs de la loi fait pressentir.
« Le mineur émancipé, a dit Bigot-Préameneu, pourra transiger sur les
objets d'administration qui lui sont confiés, et sur ceux dont il a la disposition. » (1) En s'autorisant de cette observation inexacte, à notre
avis, on enseigne que le mineur émancipé est capable de transiger, sans
l'assistance de son curateur, sur ses revenus (art. 481) (2); qu'il peut,
avec l'assistance de son curateur, transiger sur le compte de gestion et
même sur un capital mobilier (3), et qu'à tous autres égards il est aussi
incapable que le mineur en tutelle, en sorte qu'il ne peut transiger qu'en
observant toutes les formalités de l'art. 467. — Nous n'admettons pas
ces distinctions : en toute hypothèse, selon nous, le mineur émancipé,
quel que soit l'objet de la contestation, ne peut prévenir ou terminer le
procès au moyen d'une transaction qu'en se conformant aux prescriptions de ce dernier article. C'est aussi l'avis de quelques auteurs (4). Ce
peut n'être pas sans inconvénients : par exemple, quand il s'agit de
contestations de peu d'importance s'élevant à l'occasion d'intérêts des
capitaux, de fermages ou de loyers, il serait mieux que le mineur émancipé y pût mettre fin en transigeant seul et sans avoir à subir les lenteurs
que comportent les formalités si compliquées de l'art. 467. Mais la loi
elle-même y résiste, et notamment l'art. 484, d'après lequel le mineur
émancipé ne peut faire aucun acte autre que ceux de *pure administration,* sans observer les formes prescrites au mineur non émancipé. Or,
encore une fois, la transaction n'est pas un acte de pure administration ;
c'est un acte de *disposition.*

Ainsi, le mineur émancipé est, en principe, sur la même ligne que le
mineur en tutelle, quant à la transaction. Il y a seulement entre eux
cette différence que le dernier doit toujours être représenté par son tuteur, tandis que le premier peut, les formalités de l'art. 467 une fois
remplies, agir seul, sans l'assistance de son curateur. Cette assistance
serait insuffisante si ces formalités n'avaient pas été remplies; elle est
complétement inutile quand la transaction, autorisée par le conseil de
famille, est accompagnée de l'avis de trois jurisconsultes et de l'homologation du tribunal.

---

(1) Locré (t. XV, p. 417); Fenet (t. XV, p. 104).
(2) *Voy.* MM. Aubry et Rau (t. IV, p. 478 et 479, et t. I, p. 492, note 4); Troplong
(n° 45); Demolombe (t. VIII, n° 282); Duranton (t. III, n° 668); Taulier (t. VI
p. 547).
(3) *Voy.* MM. Favard (*Rép.*, v° Transaction, § 1, n° 3); Marbeau (n° 67); Rollan
de Villargues (*Rép.*, v° Transaction, n°s 9 et 10). — Mais *voy.* MM. Duranton (t. XVIII
n° 107); Troplong (n°s 46 et 47); Aubry et Rau (*loc. cit.*); Demolombe (t. VIII
n° 55).
(4) *Voy.* Marcadé (t. II, n° 298); Mourlon (*Rép. écrit.*, t. III, p. 472); Accarias
(n° 107).

521. Il y a cette autre différence encore que le mineur émancipé peut être autorisé à faire le commerce (C. Nap., art. 2). Et comme, en ce cas, le mineur est assimilé au majeur pour les faits relatifs à son commerce (C. Nap., art. 487), il acquiert, par l'autorisation, la capacité nécessaire pour transiger sur ce qui concerne son négoce. Toutefois, la capacité n'est pas absolue. Même après l'autorisation, le mineur émancipé ne peut, aux termes de l'art. 6 du Code de commerce, *aliéner* ses immeubles qu'en suivant les formalités prescrites par les art. 457 et suivants du Code Napoléon. Il résulte de là que, capable de transiger sur ses droits mobiliers, le mineur émancipé commerçant ne saurait consentir une transaction impliquant aliénation d'un droit immobilier sans accomplir les formalités imposées aux mineurs par l'art. 467 du Code Napoléon (1).

522. Le mineur devenu majeur acquiert, par sa majorité, une capacité pleine et entière. Néanmoins, la loi lui continue encore sa protection et le défend à la fois contre lui-même, contre son inexpérience et contre son ancien tuteur, en ce qui touche un acte particulier : nous voulons parler du compte que ce dernier doit rendre de son administration au majeur son ancien pupille. « Toute transaction, dit Pothier, tout contrat passé entre le tuteur et le mineur devenu majeur, avant que le compte ait été rendu, n'obligent point le mineur qui peut, quand bon lui semble, s'en faire relever, et les faire déclarer nuls, quoiqu'il ait passé ces actes en majorité; car, en cette matière, le mineur devenu majeur est toujours réputé mineur vis-à-vis de son tuteur, jusqu'à ce qu'il ait rendu compte. » (2) Telle était la règle de l'ancien droit. La loi nouvelle a entendu, selon l'expression de Bigot-Préameneu (3), maintenir cette règle en la perfectionnant. En conséquence, notre art. 2045 dispose que le tuteur ne peut transiger avec le mineur devenu majeur, *sur le compte de tutelle,* que conformément à l'art. 472, au titre *De la Minorité, de la Tutelle et de l'Émancipation.* Ainsi, en nous référant à ce dernier article, il faut dire que tout traité, et, par conséquent, toute transaction qui pourra intervenir entre le tuteur et le mineur devenu majeur, sera nul s'il n'a été précédé de la reddition d'un compte détaillé, et de la remise des pièces justificatives; le tout constaté par un récépissé de l'oyant-compte dix jours au moins avant le traité.

Bien entendu, il s'agit là du traité ou de la transaction qui interviendrait sur le *compte de tutelle.* A la vérité, l'art. 472 ne le dit pas en termes exprès; mais notre art. 2045 s'en explique formellement, et cela suffit à la réfutation de l'opinion d'après laquelle les traités dont parle l'art. 472 s'entendraient non-seulement des traités relatifs à la gestion du tuteur, et dont l'objet, direct ou indirect, serait de décharger ce dernier de sa responsabilité, mais de tous actes, de tous contrats,

---

(1) *Voy.* M. Massé (*Droit comm.*, 1re édit., t. VI, no 333; 2e édit., t. IV, no 2696).
(2) Pothier (*Tr. des Pers. et des Chos.*, édit. Bugnet, t. IX, no 189).
(3) Exposé des motifs (Fenet, t. XV, p. 104; Locré, t. XV, p. 417).

quels qu'en pussent être la cause et l'objet (1). Quoique exceptionnelle, la disposition de l'art. 472 comporte sans doute une certaine
étendue : ainsi, elle s'applique soit aux transactions touchant la gestion
tutélaire, soit à tous abandons par l'ex-pupille impliquant décharge,
pour le tuteur de l'obligation de rendre compte des choses abandonnées ; mais elle est assurément étrangère aux transactions qui, portant
sur des difficultés en dehors de la tutelle, laissent entière l'obligation
de rendre compte et ne compromettent aucune des sûretés qui garantissent les droits du mineur devenu majeur. Ces dernières transactions
restent sous l'empire du droit commun, et le tuteur les peut faire avec
son ancien pupille tout aussi librement que s'il traitait avec une autre
personne ; les premières seules sont subordonnées à l'observation des
règles établies par l'art. 472 (2).

523. Supposons donc une transaction intervenant entre le tuteur et
le mineur devenu majeur sur une contestation qui se rapporte à la gestion tutélaire : pour que cette transaction soit valable, il faut : 1° qu'il
y ait eu reddition d'un compte détaillé par le tuteur et remise de ce
compte et des pièces justificatives ; 2° que la reddition du compte et la
remise des pièces justificatives aient été constatées par un récépissé du
mineur devenu majeur ; 3° que la transaction et le récépissé soient séparés par un intervalle de dix jours au moins.

Sans insister sur chacune de ces conditions prises en détail, nous
dirons seulement, quant à la seconde, que le récépissé du compte et des
pièces justificatives peut, même quand il n'a pas de date certaine, faire
courir le délai de dix jours (3). Si l'ex-pupille venait à contester, sous
prétexte que la transaction n'est pas séparée du récépissé par un intervalle suffisant, c'est à lui-même, signataire du récépissé, que l'acte serait opposé par son ancien tuteur. Or, c'est seulement quand il est opposé à un tiers que l'acte sous seing privé n'est utile qu'à la condition
d'avoir date certaine (4). Il suffirait donc, comme le disent avec raison
MM. Aubry et Rau, de réserver à l'ex-pupille ou de reconnaître en sa
faveur le droit de contester, à l'aide soit de la preuve testimoniale, soit
même de simples présomptions, la sincérité de la date portée au récépissé donné par acte sous seing privé non enregistré, l'antidate constituant, en pareil cas, une fraude à la loi (5).

Mais en prenant dans leur ensemble les conditions exigées par la loi,
précisons que leur réunion est nécessaire pour valider la transaction

---

(1) *Voy.* Merlin (*Quest.*, v° Tuteur, § 3).
(2) Cass., 7 août 1810 ; Rej., 22 mai 1822 ; Req., 16 mai 1831 ; Cass., 1ᵉʳ juin 1847 ;
Req., 10 avr. 1849 (S. V., 10, 1, 380 ; 22, 1, 284 ; 31, 1, 201 ; 47, 1, 504 ; 49, 1, 406 ;
Dalloz, 10, 1, 429 ; 22, 1, 287 ; 31, 1, 199 ; 47, 1, 204 ; 49, 1, 105 ; *J. Pal.*, 1847, t. I,
p. 688 ; 1849, t. I, p. 456). *Sic* Marcadé (t. II, n° 28). — *Voy.* aussi MM. Chardon
(*Puiss. tut.*, n° 506) ; Duranton (t. III, n° 638) ; Demolombe (t. VIII, n° 71) ; Aubry
et Rau (t. I, p. 442, notes 19 et 20) ; Accarias (n° 116).
(3) *Voy.* cependant M. Marbeau (n° 62). Comp. M. de Fréminville (t. II, n° 1114
et 1115).
(4) *Voy.* MM. Valette, sur Proudhon (t. II, p. 415) ; Demolombe (t. VIII, p. 92) ;
Aubry et Rau (t. I, p. 443, note 25) ; Accarias (n° 117).
(5) *Voy.* MM. Aubry et Rau (*loc. cit.* et note 26).

passée entre le tuteur et son pupille devenu majeur. A défaut d'une
seule, même de la moins importante en apparence, la transaction serait
nulle. Ainsi, le compte de tutelle a été réellement rendu et remis au
mineur avec les pièces justificatives ; mais, au moment où intervient la
transaction, il n'existe pas de récépissé constatant le fait de la remise :
la transaction ne vaut pas, et la nullité en peut être demandée par l'ex-
mineur. Et la nullité pourrait être prononcée quand même, pour suppléer à l'absence du récépissé, les parties auraient eu le soin de constater, dans la transaction, par une déclaration expresse, que l'ex-mineur
a pris connaissance des comptes et des pièces justificatives y annexées (1).
Car ce qu'exige la loi, et ce qui manque ici, c'est un acte séparé, un
acte spécial et distinct, qui, en même temps qu'il constate la réception
par l'ex-mineur d'un compte détaillé de la gestion tutélaire, permet de
reconnaître à l'instant qu'un intervalle de dix jours au moins s'est écoulé
entre la réception du compte et le traité fait par le tuteur avec son ex-
pupille. Or, à ce dernier point de vue, le récépissé contenu dans l'acte
transactionnel est évidemment insuffisant.

On pourrait donc critiquer un arrêt duquel il résulte que les juges
auraient la faculté, en certaines circonstances, de valider l'acte fait par
le tuteur avec l'ex-mineur, en reconnaissant, même en l'absence d'un
récépissé par acte séparé, que le compte et les pièces justificatives ont
été réellement remis dans le délai voulu (2). Mais l'arrêt (outre que,
dans ses motifs, il déclare que la remise du compte doit être constatée
par un récépissé et que la violation à cet égard des prescriptions de
l'art. 472 *doit, en général,* entraîner la nullité du traité intervenu entre
le débiteur et son pupille, ce qui donnait satisfaction au point du droit)
le déterminait par cette circonstance que, dans l'espèce, le compte avait
été rendu aux héritiers ou légataires du pupille. Or, ceci était décisif,
par l'art. 472, fait pour mettre le mineur à l'abri de toute surprise, et
particulièrement de l'influence morale que son tuteur peut avoir conservée, n'est pas opposable aux héritiers du mineur, lesquels peuvent se
protéger par eux-mêmes (3).

D'ailleurs, il importe de le remarquer, la nullité dont nous venons
de parler est purement relative, en ce sens qu'établie dans l'intérêt de
l'oyant-compte, c'est-à-dire du mineur devenu majeur, celui-ci seul ou
son ayant cause pourrait la demander. Ainsi, une transaction est faite
sans que le tuteur ait rendu aucun compte de la gestion tutélaire, la
transaction est nulle sans aucun doute ; mais le tuteur n'en pourrait pas
faire prononcer la nullité. L'action est réservée par la loi au mineur
exclusivement ; encore même faut-il qu'il l'exerce en temps utile et ne
la laisse pas s'éteindre par la prescription.

---

(1) *Voy.* Aix, 10 août 1809 (S. V., 9, 2, 383; Coll. nouv., 3, 2, 121; Dalloz, Rép.
alph., t. XII, p. 764). *Voy.* aussi MM. Aubry et Rau (t. I, p. 443 et note 24). Comp.
M. Demolombe (t. VIII, n° 61).
(2) *Voy.* Toulouse, 27 nov. 1841 (S. V., 42, 2, 124; Dalloz, 42, 2, 48; *J. Pal.*, à sa
date).
(3) *Voy.* M. Accarias (n° 119).

A ce propos s'élève la question de savoir quelle est la prescription à laquelle cette action est soumise et quel en est le point de départ. D'après MM. Aubry et Rau, il y aurait lieu de suivre ici la disposition générale de l'art. 2262, et, en conséquence, l'action pourrait être intentée par le mineur devenu majeur pendant trente ans, à compter de la convention ou de l'acte sujet à annulation (1). Toutefois, c'est là une opinion isolée : la doctrine et la jurisprudence s'accordent, en effet, à reconnaître que l'action dont il s'agit ici se prescrit par dix ans. Mais il y a dissentiment sur le point de départ de cette prescription, les uns estimant que les dix ans doivent courir seulement du jour où l'acte irrégulier a été passé (2), les autres enseignant qu'ils courent dès le jour de la majorité (3). Selon nous, une distinction est nécessaire : s'il s'agit réellement et exclusivement de l'action en nullité du traité même ou de la convention conclue sans l'observation des conditions exigées par l'art. 472, le mineur devenu majeur agira utilement même dans les dix ans de la date de ce traité ou de cette convention ; il serait déraisonnable, en ce cas, de faire partir la prescription du jour de la majorité, car on ne peut pas raisonnablement admettre que l'action en nullité d'un acte fait, par exemple, à la veille du jour où l'ex-mineur accomplit sa trente et unième année, va être prescrite dès le lendemain. Mais si, en s'attaquant à la convention conclue sans l'observation des conditions de l'art. 472, l'action tend en réalité à exiger du tuteur la reddition de son compte de tutelle, l'art. 475 du Code Napoléon fera obstacle à ce que cette action soit admise si elle n'a pas été intentée dans les dix ans *à dater de la majorité*, car, aux termes de ce dernier article, toute action du mineur contre son tuteur, *relativement aux faits de la tutelle*, se prescrit par dix ans à compter de la majorité (4).

524. Il en est de l'interdit judiciairement comme du mineur en tutelle : la loi, par une disposition expresse, déclare applicables à la tutelle des interdits les lois sur la tutelle des mineurs (C. Nap., art. 509). L'interdit judiciairement pour cause d'imbécillité, de démence ou de fureur, est donc, comme le mineur en tutelle, absolument incapable de faire valablement aucune transaction.

Il y a plus : l'imbécillité ou la démence peut être une cause d'annulation de la transaction faite par celui qui en est atteint, alors même qu'il n'était pas judiciairement interdit à l'époque de la transaction. Par exemple, tel individu est notoirement en état de démence quand

---

(1) *Voy.* MM. Aubry et Rau (t. I, p. 444, note 31).
(2) MM. Toullier (t. II, n° 1278); Delaporte (*Pand. franç.*, art. 475); Magnin (*Minorités*, t. I, n° 737); Vazeille (*Prescript.*, t. II, n° 581); Valette (*Explic. somm. du liv. I du C. Nap.*, p. 290, § 66); Accarias (n° 118). — *Voy.* aussi Limoges, 21 mai 1840 (S. V., 40, 2, 483).
(3) *Voy.* MM. Merlin (*Rép.*, v° Tutelle, sect. 5, § 2, n° 3); Maleville (art. 475); Troplong (*Prescript.*, n° 1087); Taulier (t. II, p. 83); de Fréminville (n° 1119); Chardon (*Puiss. tut.*, n°° 522 et 523). — *Voy.* encore Douai, 26 nov. 1841 (S. V., 43, 2, 453).
(4) *Voy.* Req., 26 juill. 1819, 14 nov. 1820, 1er mai 1850 (S. V., 20, 1, 43; 21, 1, 370; Coll. nouv., 6, 1, 104 et 325; 50, 1, 542; Dalloz, 19, 1, 497; 21, 1, 314; 50, 1, 151; *J. Pal.*, 1851, t. I, p. 535). — *Voy.* aussi M. Demolombe (t. VIII, n°° 168 et 169). — Comp. M. Valette (*loc. cit.*, § 74, et *Observ. sur Proudhon*, t. II, p. 421, n° II).

son adversaire obtient au moyen d'une transaction la fin du procès dans lequel ils étaient engagés l'un contre l'autre. L'interdiction est prononcée ou provoquée plus tard, et la transaction est attaquée en justice : la nullité en pourra être prononcée par application de l'art. 503, aux termes duquel les actes antérieurs à l'interdiction pourront être annulés si la cause de l'interdiction existait notoirement à l'époque où ces actes ont été faits. — Par exemple encore, une transaction contient des clauses telles qu'elles font douter de la sanité d'esprit de celui qui les a consenties : la transaction pourra de même être annulée, bien que l'auteur soit mort sans que son interdiction ait été prononcée ni même provoquée. Car, d'après l'art. 504, après la mort d'un individu dont l'interdiction n'a été prononcée ni provoquée de son vivant, les actes par lui faits peuvent être attaqués pour cause de démence, dans le cas du moins où la preuve de la démence résulte de l'acte même qui est attaqué.

Mais, dans ces deux dernières hypothèses, le juge n'est pas tenu de prononcer l'annulation : il lui appartient d'apprécier et d'admettre ou de rejeter la demande en nullité, suivant qu'il la trouve bien ou mal fondée d'après les circonstances. C'est en cela que la situation diffère de celle où la transaction aurait été consentie par une personne judiciairement interdite : dans ce dernier cas, le juge n'est pas libre de choisir ; il violerait la loi, et spécialement l'art. 509, s'il refusait d'annuler comme faite par un incapable la transaction attaquée.

525. Il faut même, en vertu de cet article dont la disposition est générale, appliquer ici l'art. 472, dont nous venons de parler, et dire en conséquence que l'interdit relevé de son interdiction ne pourrait pas transiger avec son tuteur sur le compte de tutelle sans que les conditions et les règles édictées par ce dernier article eussent été préalablement observées (1).

526. Le prodigue et le faible d'esprit auxquels un conseil a été donné n'ont pas capacité pour agir seuls en transigeant, lorsque le tribunal, usant de la faculté qui lui est accordée par les art. 499 et 513 du Code Napoléon, leur a défendu de plaider, de transiger, d'emprunter, de recevoir un capital mobilier et d'en donner décharge, d'aliéner, ni de grever leurs biens d'hypothèques, sans l'assistance du conseil qui leur est nommé. Ils ne transigent donc valablement qu'avec l'assistance de ce conseil.

527. On peut assimiler aux personnes atteintes, dans une pensée de protection, d'une certaine incapacité au point de vue de la transaction, les époux entre eux. La loi n'a pas dit, d'une manière formelle du moins, que les époux ne pourraient pas transiger entre eux. Mais la prohibition s'induit avec évidence du principe que, pour transiger, il faut être capable d'aliéner à titre onéreux, combiné avec l'art. 1595, qui prohibe la vente entre époux, si ce n'est en certains cas et dans les circonstances spécifiées audit article. Les époux ne sauraient donc transi-

---

(1) *Voy.* M. Rolland de Villargues (v° Transaction, n° 14).

ger entre eux, si ce n'est dans les cas et dans les circonstances mêmes
où la vente leur serait permise (1). Et comme l'incapacité relative dont
il s'agit ici affecte également les deux parties, l'une ou l'autre indistinctement pourrait demander la rescision de la transaction faite entre elles
contrairement à la prohibition qui s'induit de la loi (2).

528. Enfin, il nous reste à parler, pour épuiser la série des incapacités comprises dans la première catégorie, des personnes morales placées sous la tutelle administrative.

En première ligne viennent les communes. Elles sont, comme mi-
neures, incapables de transiger, et leur incapacité consiste, aux termes
de la dernière disposition de notre article, en ce qu'elles ne peuvent agir
de leur chef en transigeant et qu'elles ont besoin de l'autorisation expresse du chef de l'État. Cette disposition fut ajoutée au projet primitif
de l'article, sur la demande de Regnaud de Saint-Jean d'Angely, en vue
de rappeler le règlement qui avait été fait récemment (le 21 frimaire
an 12) sur la manière dont les communes pouvaient transiger (3). Mais
elle a été modifiée depuis. L'autorisation du chef de l'État n'est plus
nécessaire aujourd'hui; elle doit émaner d'une autorité bien moins
élevée. Il faut, à cet égard, combiner l'art. 2045 avec les dispositions
du décret de décentralisation administrative du 25 mars 1852, qui attribue aux préfets le droit d'approuver les transactions faites par les
communes sur toutes sortes de biens, quelle qu'en soit la valeur (4). Il
en est ainsi même à l'égard du département de la Seine, en vertu du
décret du 9 janvier 1861, qui, en abrogeant l'art. 7 du décret du
25 mars 1852, a étendu la décentralisation administrative à ce département (5).

Déjà, avant le décret de 1852, la loi du 18 juillet 1837 avait opéré
une certaine décentralisation à cet égard en disposant, par l'art. 59, que
toute transaction consentie par une commune ne pouvait être exécutée
qu'après l'homologation par ordonnance royale s'il s'agit d'objets immobiliers ou d'objets mobiliers d'une valeur supérieure à 3 000 francs,
et, par arrêté du préfet en conseil de préfecture, dans les autres cas.
Ainsi, dès cette loi, l'homologation n'avait plus lieu par ordonnance
royale pour la transaction sur des objets mobiliers d'une valeur de
3 000 francs ou au-dessous : un arrêté du préfet en conseil de préfecture
y suffisait.

529. Mais ni la loi du 18 juillet 1837, ni le décret du 25 mars 1852,
n'ont abrogé l'arrêté du 21 frimaire an 12 dans la disposition qui détermine les formalités préalables à l'homologation. Or, d'après l'art. 1er de

---

(1) *Voy.* MM. Marbeau (n° 101); Troplong (n° 53).
(2) *Voy.* M. Accarias (n° 115).
(3) *Voy.* Locré (t. XV, p. 405); Fenet (t. XV, p. 93). « La transaction, pour être
définitivement valable, dit l'art. 2 de l'arrêté, devra être homologuée par un arrêté
du gouvernement, rendu dans la forme prescrite pour les règlements d'administration
publique. » (C. Tripier, sous l'art. 2045).
(4) Art. 1, tableau A, n°s 6 et 43. — *Voy.* Codes Tripier (Compl., p. 1551, 1552
et 1553).
(5) Codes Tripier (*ibid.*, p. 1663).

cet arrêté : « Dans tous les procès nés ou à naître, qui auraient lieu entre des communes et des particuliers sur des droits de propriété, les communes ne peuvent transiger qu'après une délibération du conseil municipal, prise sur la consultation de trois jurisconsultes désignés par le préfet du département, et sur l'autorisation de ce même préfet, donnée d'après l'avis du conseil de préfecture. »

Ainsi, depuis comme avant la loi de 1837 et le décret de 1852, le maire d'une commune qui veut transiger sur une contestation née ou à naître doit tout d'abord s'adresser au préfet pour obtenir la désignation de trois jurisconsultes qui donneront leur avis. C'est la première de toutes les formalités à observer : elle est toujours de rigueur, tellement que, sans l'avis des trois jurisconsultes, les délibérations qu'il doit précéder seraient entachées de nullité. Telle est la jurisprudence du conseil d'État (1), et la Cour de cassation a même décidé que l'autorité judiciaire est compétente pour prononcer cette nullité (2).

Cette première formalité accomplie, la transaction ou le projet de transaction doit être soumis au conseil municipal, dont la délibération est indispensable. C'est, en effet, par le conseil municipal que la transaction doit être délibérée, en sorte que, sans cette délibération ou en présence d'une délibération négative, la transaction ne pourrait pas être ultérieurement autorisée. Telle est encore la jurisprudence du conseil d'État, qui, par une décision récente, a déclaré entaché d'excès de pouvoir un arrêté par lequel un préfet, saisi d'une réclamation formée par un entrepreneur de travaux publics contre une commune, avait résilié le marché de cet entrepreneur et réglé le décompte des travaux, sous certaines conditions, sans avoir fait délibérer préalablement le conseil municipal et sans avoir satisfait aux autres dispositions de l'arrêté du 21 frimaire an 12 et de la loi de 1837 (3).

Enfin, vient l'autorisation de la transaction par le préfet : elle doit, d'après l'arrêté du 21 frimaire an 12, être donnée sur l'avis du conseil de préfecture. Et la jurisprudence entend qu'il s'agit là d'un avis spécial, donné en conseil sur la transaction même. Le conseil d'État décide, en effet, que l'arrêté par lequel le préfet autorise une transaction consentie par le conseil municipal au nom d'une commune ou d'une section de commune est nul s'il n'a pas été rendu en conseil de préfecture, encore que le conseil eût donné son avis sur le projet de transaction plusieurs mois avant l'arrêté préfectoral, et que la nullité de l'arrêté d'autorisation, pour cette cause, entraîne la nullité de l'arrêté par lequel la transaction est ultérieurement homologuée (4).

530. Dailleurs, l'arrêté d'autorisation par lequel la commune est habilitée à transiger est un simple acte de tutelle administrative. Il en résulte, d'une part, qu'il ne peut pas être attaqué devant le conseil d'État par la voie contentieuse, et, d'une autre part, qu'il ne fait pas obstacle

(1) Cons. d'État, 2 fév. et 12 juin 1860 (S. V., 60, 2, 501 et 569).
(2) Rej., 31 janv. 1837 (S. V., 37, 1, 897; Dalloz, 37, 1, 241; J. Pal., à sa date).
(3) Cons. d'État, 12 fév. 1863 (Dalloz, 63, 3, 27).
(4) Cons. d'État, 16 août 1862 (S. V., 63, 2, 142).

à ce que la transaction soit attaquée devant l'autorité judiciaire pour toutes les causes qui permettraient d'attaquer une transaction conclue entre simples particuliers. C'est la jurisprudence constante du conseil d'État (1).

531. L'art. 2045 place les établissements publics à côté des communes, pour dire qu'ils ne peuvent pas non plus transiger sans l'autorisation expresse de l'Empereur. Toutefois, l'autorisation du préfet suffit aujourd'hui, aux termes du décret de décentralisation du 25 mars 1852, dont l'art. 1ᵉʳ confère aux préfets pouvoir de statuer désormais sur les affaires départementales et communales qui, auparavant, exigeaient la décision du chef de l'État ou du ministre de l'intérieur, et dont la nomenclature est fixée par le tableau A annexé au décret. En effet, le n° 55, qui termine la nomenclature, mentionne, après les objets énumérés aux numéros précédents, « tous les autres objets d'administration départementale, communale et d'assistance publique », ce qui comprend les transactions intéressant les établissements publics.

Le conseil municipal doit toujours être appelé à donner son avis sur les autorisations de transiger, quand elles sont demandées par les établissements de charité et de bienfaisance, et par les fabriques des églises et autres administrations préposées à l'entretien des cultes dont les ministres sont salariés par l'Etat (l. du 19 juillet 1837, art. 21, 5°).

532. Après ces explications sur les incapacités comprises dans la première catégorie, nous avons à préciser quelle est la sanction de la loi. La transaction faite avec un incapable sans le concours ou l'assistance de son représentant ou mandataire légal, sans les autorisations ou homologations exigées par la loi, n'est pas nulle absolument et radicalement; encore moins est-elle inexistante et non avenue. Elle existe, au contraire; mais elle est affectée d'un vice qui en peut faire prononcer l'annulation : seulement, le vice qui l'affecte constitue une nullité purement relative, une de ces nullités dont peuvent se prévaloir ceux-là seuls en faveur de qui elles sont établies. Ainsi, le droit de proposer la nullité résultant de l'inobservation des formalités susceptibles d'habiliter l'incapable appartient à ce dernier; il n'appartient pas à celui avec qui l'incapable a traité, à moins qu'il fût incapable lui-même, comme dans le cas particulier ci-dessus mentionné (suprà, n° 527).

Sous ce rapport, il n'y a pas à distinguer entre le cas où la transaction a été faite par un incapable de droit civil, comme un mineur, un interdit, une femme mariée, et celui où la transaction a été conclue avec une personne placée sous la tutelle administrative, c'est-à-dire une commune ou un établissement public. Il a été décidé, en effet, qu'anciennement déjà, l'infraction à la règle que les communes ne peuvent ni acquérir, ni transiger sans y avoir été autorisées, constituait une nullité relative dont les communes seules, et non les personnes qui

---

(1) Cons. d'État, 21 janv. 1812, 17 mai 1833, 21 nov. 1834, 16 mars 1837, 20 juill. 1850, 6 mai 1854 (S. V., 12, 2, 450; 34, 2, 500; 35, 2, 497; 37, 2, 299; 51, 2, 58; 54, 2, 73).

avaient traité avec elles, pouvaient exciper (1); et que de même aujour-
d'hui, la partie qui a transigé avec une commune n'est pas recevable à
se prévaloir, pour demander la nullité de la transaction, de ce que la
commune n'a pas été autorisée (2).

533. Du reste, la nullité étant purement relative et ne profitant qu'à
l'incapable, il en résulte qu'une transaction, nulle à l'égard de celui-ci,
pourrait néanmoins être tenue pour valable vis-à-vis des personnes capables qui y auraient été parties et l'auraient consentie avec l'incapable,
si, d'ailleurs, l'exécution n'en était pas indivisible. — Voici, à cet
égard, un exemple que nous trouvons dans la jurisprudence : une vente
de plusieurs pièces de terre avait été consentie à deux époux contre lesquels la résolution pour défaut de payement du prix fut poursuivie par
un créancier des vendeurs, délégataire de partie de ce prix. La résolution
ayant été prononcée, les acquéreurs appelèrent du jugement. Et en cet
état intervint une transaction par laquelle le mari acquéreur, tant en
son nom que comme tuteur de son fils mineur, aux droits de sa femme
décédée au cours de l'instance, déclara renoncer à l'appel et acquiescer
au jugement de résolution. Plus tard, sans égard à la transaction, il déclara reprendre l'instance sur l'appel précédemment interjeté et rétracta
la transaction comme nulle, en ce qu'elle avait été consentie par lui au
nom de son fils mineur sans autorisation du conseil de famille; puis il
demanda l'infirmation du jugement, en ce que le droit de provoquer la
résolution de la vente appartenait au vendeur et non au délégataire
d'une partie du prix, en vertu d'un acte qui, d'ailleurs, ne contenait pas
cession du droit de demander la résolution. De telles conclusions ne
devaient évidemment pas être accueillies. Sans parler de la question du
fond, celle de savoir si le délégataire partiel d'un prix de vente ne peut
pas, aussi bien que le vendeur lui-même, et en exerçant ses droits, demander la résolution pour défaut de payement du prix, question qui
n'est pas de notre sujet, il est certain que l'acquéreur ne pouvait pas,
après s'être lié par une transaction ayant entre les parties l'autorité de
la chose jugée en dernier ressort (infrà, art. 2052), reprendre contre
le jugement qui avait prononcé la résolution l'appel auquel il avait renoncé. Sans doute, la transaction était nulle vis-à-vis du mineur qui y
figurait à côté de son père; mais la nullité était exclusivement relative
à ce mineur, et, pour qu'elle pût profiter aussi au majeur, il aurait fallu
que la chose sur laquelle il avait été transigé fût indivisible. Or, rien
n'était plus divisible, entre les acquéreurs, que l'exécution d'un jugement prononçant la résolution de la vente d'une certaine étendue de
terrain; et, par conséquent, l'exécution de la transaction portant renonciation à l'appel de ce jugement était également divisible. Néanmoins, les juges saisis de l'appel en décidèrent autrement : en déclarant
la transaction nulle à l'égard du mineur, ils estimèrent qu'elle devait

---

(1) Voy. Cass., 16 mars 1836 (S. V., 36, 1, 609; Dalloz, 36, 1, 157; J. Pal., à sa
date).
(2) Rej., 3 mai 1841 (S. V., 41, 1, 391; Dalloz, 41, 1, 225; J. Pal., à sa date).

rester également sans effet contre le père qui l'avait souscrite. Mais leur décision a été cassée, en ce que l'exécution du jugement de résolution étant susceptible de division tout à la fois intellectuelle et matérielle, les juges du fond avaient expressément violé la loi en déliant le père lui-même, aussi bien que le mineur, de sa renonciation par transaction à l'appel du jugement de résolution (1).

534. — Mais nous n'irons pas jusqu'à dire, en conséquence de la situation faite à l'incapable, que lorsqu'il s'agit non pas d'une transaction accomplie, mais d'un simple projet de transaction, celui qui traite avec lui soit irrévocablement lié, alors que l'engagement de l'incapable reste subordonné à une autorisation ou à une approbation ultérieure. Une telle inégalité est absolument contraire aux principes qui doivent dominer dans les contrats synallagmatiques. Sans doute, la personne capable qui s'est engagée purement et simplement ne serait pas fondée, après l'autorisation ou l'approbation par l'effet de laquelle l'engagement de l'incapable se trouve validé, à attaquer la transaction sous prétexte que l'obligation de ce dernier, au moment du traité, était subordonnée à une autorisation ou approbation ultérieure (2). Mais si cette autorisation n'intervient pas, la transaction reste à l'état de simple projet, et le consentement donné par la personne capable ne saurait plus désormais lui être opposé. La Cour de cassation a donc dépassé la mesure en décidant que l'aveu ou la reconnaissance par le mandataire d'une partie dans une transaction faite avec une commune est opposable à cette partie, bien que la transaction n'ait pu avoir son effet, comme transaction, faute d'avoir été approuvée par l'autorité supérieure (3). A défaut d'autorisation, la transaction ne valait ni comme transaction, ni à aucun autre titre; rien n'en devait subsister vis-à-vis d'aucune des parties dès que, privée de ses conditions constitutives, elle ne pouvait pas être suivie d'exécution.

535. Au contraire, de ce que la transaction consentie par l'incapable est entachée d'une nullité purement relative dont nul autre que l'incapable lui-même ne peut exciper, nous concluons que la transaction est susceptible d'être confirmée ou ratifiée avec effet rétroactif. On peut, *mutatis mutandis*, suivre ici les règles et les solutions par nous déduites dans le commentaire de l'art. 2124 du Code Napoléon (4).

IV. — 536. Nous passons aux incapables de la seconde catégorie, à ceux dont l'incapacité prend le caractère de l'indignité ou de la déchéance. Et d'abord, occupons-nous des condamnés frappés de peines afflictives et infamantes.

Avant l'abolition de la mort civile par la loi du 31 mai 1854, les condamnations à des peines afflictives perpétuelles entraînaient la mort civile. Les condamnés perdant, aux termes de l'art. 25 du Code Napo-

---

(1) Cass., 25 nov. 1834 (S. V., 35, 1, 664; Dalloz, 35, 1, 44; *J. Pal.*, à sa date).
(2) Comp. Cass., 26 juin 1811 (S. V., 12, 1, 74; Coll. nouv., 3, 1, 368; Dalloz, Rép. alph., t. IV, p. 259).
(3) Rej., 15 juin 1847 (S. V., 48, 1, 363; *J. Pal.*, 1848, t. II, p. 487).
(4) *Voy.* notre *Traité-Comment. des Priv. et Hyp.* (n° 616).

léon, la propriété de tous les biens qu'ils possédaient, ne pouvaient plus en disposer ; et, par conséquent, ils étaient incapables de transiger sur ces biens. Toutefois, la mort civile ne les empêchait pas d'acquérir à titre onéreux des biens à l'occasion desquels ils pouvaient, comme nous l'avons expliqué dans notre *Traité des Priviléges et Hypothèques* (1), passer tous les actes et même faire des transactions, la capacité d'aliéner à titre onéreux ne leur étant pas enlevée.

537. Aujourd'hui que la mort civile est abolie et remplacée par la dégradation civique et l'interdiction légale, les condamnés, sans perdre, à la vérité, les biens dont ils ont la propriété, perdent néanmoins la capacité d'en disposer et de les aliéner ; ils sont, dès lors, incapables de transiger : c'est la même incapacité que celle des interdits judiciairement.

538. Mais nous trouvons, soit dans l'art. 4 de la loi précitée du 31 mai 1854, soit dans l'art. 12 de la loi du 30 mai 1854 sur l'exécution de la peine des travaux forcés, soit enfin dans l'art. 3 de la loi du 8 juin 1850 sur la déportation, un cas d'exception pour les condamnés. Aux termes de ces articles, le gouvernement peut les relever de tout ou partie des incapacités dont ils sont frappés ; il peut leur accorder l'exercice, dans le lieu d'exécution de la peine (hors, pour les déportés, le cas de déportation dans une enceinte fortifiée), des droits civils ou de quelques-uns de ces droits dont ils ont été privés par leur état d'interdiction légale ; il peut, de plus, quant aux déportés et aux condamnés aux travaux forcés à temps, leur faire remise de tout ou partie de leurs biens, et les autoriser à en jouir et disposer. D'après cela, on peut dire que les condamnés auxquels serait accordé l'exercice de leurs droits civils dans le lieu d'exécution de la peine, recouvreraient par là la faculté de transiger valablement, sinon sur tous leurs biens, au moins sur ceux qu'ils auraient acquis à titre onéreux depuis leur condamnation, et, en outre, s'il leur était fait remise de partie de leurs anciens biens, sur la portion dont, par l'effet de la remise, ils auraient le droit de jouir et de disposer.

539. La situation des contumax doit être distinguée de celle des condamnés dont nous venons de parler. Avant l'abolition de la mort civile par la loi du 31 mai 1854, la position, quant au condamné contumax, variait suivant que la peine prononcée était perpétuelle ou temporaire, suivant qu'elle emportait ou n'emportait pas mort civile. Dans le premier cas, le condamné était, au point de vue de la capacité civile, et spécialement de la capacité d'aliéner, dans le même état que l'individu frappé d'interdiction légale ; dans le second cas, la position du condamné était réglée par les art. 465 et suivants du Code d'instruction criminelle. Le condamné par contumace à des peines afflictives perpétuelles n'était donc pas capable à l'effet de transiger.

Ces distinctions n'existent plus depuis l'abolition de la mort civile. Les condamnés par contumace à des peines afflictives, soit tempo-

(1) Voy. *loc. cit.* (n°⁰ˢ 618 et 619).

raires, soit perpétuelles, ne sont pas soumis à l'interdiction légale : ils conservent donc la capacité de contracter, d'aliéner, et, par conséquent, de transiger, malgré le séquestre dont leurs biens sont frappés. Seulement, comme il faut avant tout que la mesure du séquestre réponde à la pensée dans laquelle elle est établie, la transaction consentie par le condamné, bien qu'en elle-même elle soit valable au point de vue de la capacité, ne pourrait pas être opposée à la régie des domaines : elle aurait effet seulement contre le contumax ou ses héritiers, et ne serait susceptible d'exécution qu'après la levée du séquestre (1).

540. En quittant cet ordre d'idées dans lequel l'incapacité implique l'idée de peine, et en passant aux incapacités qui prennent le caractère d'une déchéance, nous rencontrons tout d'abord celle du failli. Dessaisi de l'administration de ses biens à partir du jugement déclaratif de faillite, le failli n'a plus la capacité d'aliéner; il ne peut donc pas transiger valablement. S'il y avait intérêt ou utilité à faire une transaction sur une contestation dans laquelle le failli se trouverait engagé, c'est par les syndics qu'il y serait pourvu, sauf d'ailleurs l'accomplissement des formalités prescrites par le Code de commerce, et sur lesquelles nous aurons bientôt à nous expliquer (*infrà*, n°s 563 et suiv.).

541. Il n'en est pas de même du débiteur non commerçant qui a fait cession de biens volontaire ou judiciaire : il peut transiger sur les biens par lui abandonnés. A la vérité, les créanciers ont le droit de vendre ces biens et d'en toucher les revenus jusqu'à la vente. Mais ils n'en deviennent pas propriétaires; ils n'ont qu'un mandat de vendre, et si le mandat est irrévocable, le débiteur peut néanmoins, sinon le révoquer, au moins le faire cesser en désintéressant les créanciers.

542. Au contraire, le débiteur dont les biens sont frappés de saisie immobilière ne peut aliéner ces mêmes biens à compter de la transcription de la saisie; et, par conséquent, il ne transigerait pas valablement à leur occasion. Toutefois, l'interdiction porte uniquement sur la transaction qui aurait les biens saisis pour objet : le débiteur pourrait donc transiger utilement et valablement sur les actes de procédure, aucune loi, selon l'expression de la Cour de cassation, ne rendant un débiteur ordinaire, saisi immobilièrement, inhabile à transiger sur ce point avec les créanciers poursuivants (2).

543. En ce qui concerne le débiteur non commerçant en état de déconfiture, il conserve toute capacité d'aliéner, et, par conséquent, de transiger; les règles de la faillite ne peuvent pas être étendues à la déconfiture. Bien plus, l'action intentée par des créanciers exerçant les droits du débiteur en vertu de l'art. 1166 du Code Napoléon n'emporte aucune dévolution de ces droits au profit du créancier : le débiteur en reste saisi, il en peut disposer, pourvu que ce soit sans fraude, et les

---

(1) *Voy.* MM. Aubry et Rau (t. 1, p. 308, notes 9 à 11); Accarias (n° 110).
(2) Req., 23 juill. 1817 (S. V., 19, 1, 6; Coll. nouv., 5, 1, 353; Dalloz, 18, 1, 477; J. *Pal.*, à sa date).

transactions qu'il consentirait seraient opposables même aux créanciers qui auraient mis en mouvement l'action par eux formée comme exerçant ses droits (1). (Comp. *infrà,* art. 2050, 2051.)

544. Telles sont les incapacités comprises dans la seconde catégorie. Il nous reste à dire quelques mots de la sanction établie par la loi. La transaction faite avec un incapable serait nulle tout comme la transaction consentie par un incapable de la première catégorie (*suprà,* n°s 532 et suiv.). Mais ici ce n'est plus en faveur de l'incapable, c'est plutôt contre lui que la nullité est édictée. Il s'agit donc d'une nullité non point relative, mais absolue, en ce sens qu'elle peut être proposée non-seulement par l'incapable lui-même, mais encore par ceux qui ont contracté avec lui. Ainsi, une personne frappée d'interdiction légale a transigé sur un procès engagé entre elle et une personne capable : la transaction est affectée d'une nullité qui pourra être invoquée tant par cette dernière que par le tuteur de l'interdit, ou par l'interdit lui-même après que l'interdiction a cessé.

Toutefois, il y a des cas à réserver : c'est d'abord celui où l'incapable, abusant de la bonne foi de celui avec qui il a transigé, lui aurait dissimulé son incapacité; il y aurait dans le fait même de la dissimulation un motif suffisant pour faire déclarer l'incapable non recevable à se prévaloir de la nullité (2).

Ensuite, et d'un autre côté, bien que la nullité puisse être invoquée par les personnes qui auraient traité avec l'incapable, ces personnes n'y seraient pas recevables, et la transaction devrait être maintenue si l'incapable avait été représenté par un tiers capable, qui se serait porté fort et dont les autres contractants auraient accepté l'engagement personnel (3).

V. — 545. Occupons-nous maintenant des personnes qui, sans être propriétaires, ont cependant un certain droit d'administration pouvant comporter le droit de transiger. Ici, il s'agit moins d'une question de capacité personnelle que de l'exercice d'un pouvoir par des personnes ayant le caractère de mandataires soit légaux, soit conventionnels. Tels sont le mari, le tuteur, le père administrateur pendant le mariage des biens de ses enfants mineurs, les envoyés en possession des biens d'un absent, les syndics de faillite, l'héritier bénéficiaire, les administrateurs, gérants ou liquidateurs des sociétés soit civiles, soit commerciales. Le point à rechercher et à préciser est de savoir si ces personnes ont toutes le pouvoir de transiger au nom de ceux qu'elles représentent, et quelles sont la mesure et les conditions dans lesquelles ce pouvoir doit être exercé par ceux de ces mandataires à qui il appartient.

546. Le mari, d'abord, peut transiger sur tous les droits mobiliers et sur l'administration des immeubles de sa femme, comme aussi sur

---

(1) Req., 18 fév. 1862 (S. V., 62, 1, 415 ; Dalloz, 62, 1, 248 ; *J. Pal.,* 1862, p. 583).
(2) *Voy.* MM. Valette, sur Proudhon (t. II, p. 556 et 557) ; Demolombe (t. I, n° 193) ; Aubry et Rau (t. I, p. 317, notes 6 et 7). Comp. M. Accarias (n° 110).
(3) Req., 29 mars 1852 (S. V., 52, 1, 385 ; *J. Pal.,* 1852, t. II, p. 643 ; Dalloz, 54, 1, 392).

toutes contestations relatives à la possession (C. Nap., art. 1428, 1531 et 1549). La Cour de Paris a même décidé que le mari peut consentir seul et sans le concours de sa femme la résiliation du bail d'un immeuble personnel à celle-ci, et ayant encore une durée de quinze ans, par voie de transaction sur une difficulté existant entre la femme et le locataire (1).

547. Et, en effet, le pouvoir du mari de transiger sur les biens ou droits de sa femme ne cesse qu'à l'égard des biens dont l'administration est réservée à celle-ci ; et, dans les limites de cette administration, c'est à la femme de transiger elle-même, sauf à se pourvoir des autorisations nécessaires, comme nous l'avons expliqué en nous occupant de la capacité proprement dite (*supra*, nᵒˢ 513 et suiv.).

548. Du reste, en ce qui concerne le pouvoir du mari de transiger sur les droits mobiliers de la femme, il n'y a pas à distinguer entre le cas où la femme est mariée sous le régime dotal et celui où elle est mariée sous tout autre régime. Même dans l'opinion de ceux qui se prononcent, avec la jurisprudence, pour l'inaliénabilité de la dot mobilière, il y a lieu de reconnaître au mari de la femme dotale le pouvoir de transiger sur les droits mobiliers. On sait, en effet, que l'inaliénabilité de la dot mobilière, d'après la jurisprudence, s'entend en ce sens, non pas que le mari n'ait pas le droit de disposer des meubles dotaux (2), mais uniquement que la femme ne peut, en aucune manière, compromettre le droit de réclamer la restitution intégrale de sa dot, ou renoncer à son hypothèque légale, ou employer sa dot au payement des obligations par elle contractées durant le mariage.

Cela étant, on ne saurait approuver, en principe, un arrêt de la Cour de Nîmes, duquel il résulte que le pouvoir de transiger, appartenant au mari, relativement aux créances litigieuses de sa femme, ne s'étend pas au cas où le droit de la femme est certain et incontesté, et où il ne reste plus à déterminer que la consistance et la valeur de la créance litigieuse (3). Peut-être la décision pourrait-elle s'expliquer par des circonstances exceptionnelles dont, au surplus, l'arrêt ne porte pas la trace ; mais, en thèse générale, elle s'écarte assurément des données de la jurisprudence touchant la libre disposition qui, malgré le principe de l'inaliénabilité, est laissée au mari par rapport à la dot mobilière.

549. Le tuteur du mineur et celui de l'interdit trouvent, dans le droit d'administration inhérent au mandat dont ils sont investis par la loi, le pouvoir de transiger sur tous les intérêts de leurs pupilles. Toutefois, ils n'ont pas le libre exercice de ce pouvoir : le tuteur, dit en effet notre art. 2045, ne peut transiger pour le mineur et l'interdit que conformément à l'art. 467, au titre *De la Minorité, de la Tutelle et de l'Émancipation.*

_____

(1) Paris, 26 avril 1850 (S. V., 51, 2, 796 ; Dalloz, 51, 2, 180 ; *J. Pal.*, 1850, t. II, p. 479).
(2) Nous lui avons, quant à nous, contesté ce droit (*Rev. crit.*, t. III, p. 655). — Voy. aussi l'opinion de M. Rodière dans le *Traité du Contrat de Mariage* que nous avons publié en collaboration (t. II, nᵒˢ 494 et suiv.).
(3) Nîmes, 31 déc. 1856 (S. V., 57, 2, 437 ; *J. Pal.*, 1858, p. 279).

550. L'art. 467, auquel renvoie notre article, et dont, par ce motif, nous avons à présenter l'explication, a eu en vue, tout en restreignant la protection que le mineur trouvait en apparence dans les anciens principes, d'assurer à ce dernier une protection plus réellement efficace. Il était admis autrefois, et jusqu'à la publication du Code Napoléon, que le tuteur avait, comme conséquence du droit d'aliéner à titre de commerce toutes les choses mobilières du pupille (1), le pouvoir de transiger seul et sans formalité sur ces choses, et que seulement, quand la transaction avait pour objet des choses ou des droits immobiliers, il avait besoin d'un avis de la famille et d'une ordonnance du juge (2). Mais, en toute hypothèse, la transaction faite avec le tuteur ne pouvait valoir qu'autant qu'elle profitait au pupille et que celui-ci s'en contentait, *si hoc pupillo expediat*. Et, comme l'expliquait l'orateur du gouvernement en exposant les motifs de la loi, ce point de fait, toujours subordonné à la volonté future du mineur, écartait nécessairement un contrat aussi peu solide; en sorte que toutes les difficultés dans lesquelles un mineur était engagé devenaient un dédale d'où l'on ne pouvait sortir qu'à grands frais, parce que les issues conciliatoires étaient fermées, et que si le tuteur n'osait rien faire qui eût l'air d'altérer un droit équivoque, de son côté l'adversaire du pupille ne voulait point traiter avec un homme dont le caractère ne lui offrait aucune garantie (3). Le législateur a voulu mettre un terme à de si graves inconvénients, d'une part, en imprimant un caractère durable aux transactions faites par le tuteur, ou avec lui pour le mineur ou l'interdit, et, d'une autre part, en déterminant les formalités nécessaires en toute hypothèse pour que la transaction prenne ce caractère. Tel est l'objet de l'art. 467, aux termes duquel « le tuteur ne pourra transiger au nom du mineur qu'après y avoir été autorisé par le conseil de famille, et de l'avis de trois jurisconsultes désignés par le procureur impérial près le tribunal de première instance. La transaction ne sera valable qu'autant qu'elle aura été homologuée par le tribunal de première instance, après avoir entendu le procureur impérial. » Ainsi, l'autorisation du conseil de famille, l'avis de trois jurisconsultes, l'homologation par le tribunal sur les conclusions du ministère public, telles sont les conditions nécessaires.

551. Nous précisons tout d'abord que la généralité des termes de la loi ne comporte ni réserves, ni distinctions. Ainsi, les formalités prescrites par l'art. 467 doivent être accomplies même quand la transaction est faite en la forme des jugements convenus ou d'expédient dont nous avons parlé plus haut (*suprà*, n° 493). De tels jugements seraient attaquables s'ils n'avaient pas été précédés de l'avis de trois jurisconsultes et de l'autorisation du conseil de famille (4).

---

(1) *Voy.* Pothier (*Des Personnes et des Choses*, édit. Bugnet, t. IX, n° 165 et suiv.).
(2) *Voy.* Merlin (*Rép.*, v° Transaction, § 1, n° 3).
(3) Exposé des motifs de Berlier (Fenet, t. X, p. 643 et 644; Locré, t. VII, p. 238 et 239).
(4) *Voy.* MM. Aubry et Rau (t. I, p. 406, note 29).

552. De même, les formalités doivent être observées, quel que soit l'objet de la transaction. Quand la loi dit d'une manière générale que le *tuteur ne pourra transiger* au nom du mineur que sauf l'accomplissement des formalités déterminées, il n'est plus possible de distinguer, avec l'ancien droit, suivant que la transaction a pour objet les intérêts mobiliers ou les intérêts immobiliers du pupille. Toutes les transactions faites par le tuteur au nom du mineur ou de l'interdit sont désormais soumises indistinctement à la même règle (1); toutes, elles doivent également être accompagnées de l'autorisation du conseil de famille, de l'avis de trois jurisconsultes, et de l'homologation du tribunal.

553. Du reste, l'art. 467 n'établit pas un ordre rigoureux pour l'accomplissement des deux premières conditions. Sans doute, il est permis de supposer que, dans la pensée de la loi, l'avis des trois jurisconsultes doit précéder la délibération d'un conseil dont les membres peuvent n'avoir pas des connaissances personnelles suffisantes pour se prononcer sur l'opportunité de la transaction, et auxquels, en ce cas, l'opinion exprimée par les trois jurisconsultes fournirait un moyen de s'éclairer. Cependant, la loi n'a rien prescrit à cet égard : le tuteur pourrait, sans compromettre le sort de la transaction, suivre la marche inverse, et prendre en premier lieu l'autorisation du conseil de famille (2).

Mais ce qui importe, c'est que trois jurisconsultes soient consultés et aient exprimé, non pas un avis tel quel, mais un avis favorable. On a dit pourtant que, si le tuteur était autorisé par le conseil de famille, la transaction pourrait être homologuée par le tribunal, alors même que les jurisconsultes auraient émis une opinion diamétralement opposée à la délibération (3). Le texte même de la loi est assurément contraire à cette solution. Dire que le tuteur ne pourra transiger, au nom du mineur, qu'après y avoir été autorisé par le conseil de famille, *et de l'avis de trois jurisconsultes,* c'est indiquer très-nettement que la transaction ne pourra être faite qu'à la condition, entre autres, d'être approuvée par les jurisconsultes appelés à donner leur avis. La raison même des choses exige, d'ailleurs, qu'il en soit ainsi : car à quoi bon consulter et, en définitive, faire supporter au pupille les frais de la consultation, s'il était entendu qu'on n'en tiendrait pas compte, et que, même en présence d'un avis contraire, il serait permis au tuteur de transiger?

Disons même avec les auteurs que, s'agissant ici non pas d'une décision proprement dite, mais d'un avis à fournir par des conseils dont le nombre est déterminé, la majorité ne suffirait pas; l'unanimité est nécessaire. La loi demande que trois jurisconsultes soient individuellement consultés : elle ne se contente pas de l'avis de deux, elle veut l'avis conforme et favorable des trois (4).

---

(1) *Voy.* MM. Delvincourt (t. I, p. 120, note 8); Aubry et Rau (t. I, p. 406, note 26); Demolombe (t. VII, n° 747); Accarias (n° 103).
(2) *Voy.* MM. Marbeau (n° 54); Demolombe (t. VII, n° 746). Comp. MM. de Fréminville (t. II, n° 753); Chardon (*Puiss. tut.*, n° 428); Accarias (n° 104).
(3) *Voy.* M. de Fréminville (*loc. cit.*).
(4) *Voy.* MM. Demolombe (t. VII, n° 745); Accarias (*loc. cit.*).

D'ailleurs, le tuteur n'est pas libre de choisir ces trois jurisconsultes ; c'est au procureur impérial que, d'après l'art. 467, il appartient de les désigner. En général, le choix porte sur des avocats ayant dix ans d'exercice dans le ressort de la Cour (C. proc., art. 495). En cela, on satisfait à la pensée probable des rédacteurs du Code, qui, sans doute, ne se sont abstenus d'employer la dénomination d'avocat que parce que le titre et la profession n'étaient pas encore et n'ont été rétablis que quelques jours après la discussion du titre *Des Transactions,* par la loi du 22 ventôse an 12.

554. Quant à l'homologation du tribunal, elle doit être faite, aux termes de la loi, sur les conclusions du ministère public : ce qui ne veut pas dire qu'il en soit des conclusions du ministère public comme de l'avis des trois jurisconsultes, en ce sens qu'elles doivent être favorables à la transaction pour que l'homologation puisse être faite. Le tribunal reste toujours libre de statuer, et quelles que soient les conclusions du ministère public, il peut homologuer la transaction ou la rejeter, suivant qu'elle lui paraît favorable ou contraire aux intérêts du mineur.

C'est la transaction elle-même, et non pas la délibération du conseil de famille, qui doit être homologuée : le second paragraphe de l'article 467 est fort explicite en ce sens. Ainsi, l'acte préparé par le tuteur, signé ou non signé des parties, est soumis au tribunal ; il n'existe encore qu'à l'état de projet. Le tribunal apprécie : refuse-t-il l'homologation, le tuteur est empêché d'aller plus avant, et l'acte par lui préparé reste sans exécution ; au contraire, l'homologation est-elle accordée, l'acte passe à l'état de convention conclue, sauf, bien entendu, s'il n'a pas été présenté en la forme définitive, à le réaliser dans les termes mêmes où il a été soumis à l'appréciation du tribunal (1).

555. D'ailleurs, le jugement n'enlève pas à la transaction son caractère de contrat. L'homologation, simple formalité nécessaire pour habiliter le tuteur et rendre possible l'exercice du pouvoir qu'il a de transiger au nom du mineur, n'a nullement pour effet de transformer la transaction, qui reste un contrat et ne devient pas un acte judiciaire (2).

556. Mais, dans tous les cas, c'est au tribunal de première instance que doit être portée la demande d'homologation. Il a été décidé, néanmoins, que lorsque la transaction intervient en appel, c'est à la Cour devant laquelle le jugement est attaqué qu'il appartient de prononcer l'homologation (3). Nous croyons plus exact de dire que, même en ce cas, le tribunal de première instance est seul compétent. L'art. 467 y renvoie, en effet, de la manière la plus expresse et la plus générale. Or, les rédacteurs de cet article n'ont pas pu ne pas songer qu'en bien des circonstances les parties pourraient continuer la lutte judiciaire jusqu'à

---

(1) Comp. MM. Marbeau (n° 353); Demolombe (t. VII, n° 749); Accarias (n° 105).
(2) Req., 20 avril 1857 (S. V., 57, 1, 694; *J. Pal.*, 1858, p. 758; Dalloz, 57, 1, 396).
(3) *Voy.* Caen, 1er mars 1847 (S. V., 48, 2, 387; Dalloz, 49, 2, 37; *J. Pal.*, 1848, t. II, p. 292).

l'appel, et n'y mettre fin par la transaction qu'à cette phase de leur procès (1).

557. Aussi contestons-nous l'exactitude de quelques décisions d'après lesquelles le jugement d'homologation devrait être attaqué par action principale en nullité (2). Un tel jugement peut être attaqué par la voie de l'appel. Ainsi a décidé la Cour impériale d'Agen (3), et la Cour impériale de Paris a préjugé la question en ce sens, en décidant que la transaction homologuée ne peut être exécutée que sur la production d'un certificat de non-opposition ni appel, conformément à l'article 548 du Code de procédure civile (4).

558. L'observation des formalités prescrites par l'art. 467 serait manifestement exclusive de toute action en rescision de la part du mineur, encore qu'en définitive il se trouvât lésé par la transaction (*suprà*, n° 550). Mais, au contraire, l'inobservation totale ou partielle de cet article entraînerait inévitablement nullité, dans l'intérêt du mineur, bien que cette sanction ne soit pas expressément établie par la loi (5). Le contraire résulte, cependant, d'un arrêt d'après lequel il n'y aurait d'autre cause de rescision que la lésion éprouvée par le mineur par suite de la transaction accomplie sans l'observation des formalités exigées (6). C'est une erreur manifeste; et si elle eût été attaquée, la décision n'aurait probablement pas échappé à la censure de la Cour de cassation, puisque, suivant la jurisprudence de cette Cour, les héritiers mineurs de la femme ne sont pas liés par la transaction intervenue entre le mari et ses associés, sur le règlement des droits respectifs des parties, si la convention n'a pas été accompagnée des formalités prescrites pour la validité des transactions intéressant les mineurs (7).

559. Mais la nullité reste purement relative, en ce sens qu'établie exclusivement dans l'intérêt de l'interdit ou du mineur, elle ne peut pas être invoquée par les personnes qui ont traité avec le tuteur. Il a été décidé, en ce sens, que la nullité serait inutilement proposée par l'époux survivant avec qui la transaction a été conclue (8).

560. Le père, administrateur légal, durant le mariage, de ses enfants mineurs, trouve incontestablement dans le droit d'administration dont il est investi le pouvoir de transiger au nom de ceux dont il administre les biens : c'est là un point certain, et, comme nous l'avons expliqué plus haut (*suprà*, n° 519), il n'est contesté par personne. Mais c'est, au contraire, une question fort controversée de savoir si le père adminis-

---

(1) *Voy.* Agen, 18 déc. 1856 (S. V., 57, 2, 305; *J. Pal.*, 1858, p. 178).

(2) Turin, 29 juill. 1809; Aix, 3 fév. 1833 (S. V., 10, 2, 225; 33, 2, 307; Dalloz, 10, 2, 66; *J. Pal.*, à leur date).

(3) *Voy.* l'arrêt précité du 18 déc. 1856.

(4) Arrêt du 8 juill. 1858, rapporté par les recueils avec l'arrêt de rejet du 11 juill. 1860 (S. V., 60, 1, 971; *J. Pal.*, 1861, p. 501; Dalloz, 60, 1, 305).

(5) Cass., 26 août 1807; Trèves, 18 mars 1812 (S. V., 7, 1, 437; Coll. nouv., 2, 1, 427; 4, 2, 66; Dalloz, 7, 1, 437).

(6) Montpellier, 26 août 1815 (S. V., 18, 2, 113).

(7) Req., 13 nov. 1860 (Dalloz, 61, 1, 198; *J. Pal.*, 1861, p. 941; S. V., 61, 884). *Voy.* aussi Cass., 16 avril 1862 (S. V., 62, 1, 970; *J. Pal.*, 1863, p. 40; Dalloz, 62, 1, 276).

(8) Trèves, 28 août 1811 (S. V., Coll. nouv., 3, 2, 562).

rateur est assimilé au tuteur, tellement qu'il doive, pour procéder va-
ablement, en transigeant au nom des mineurs en sa puissance, observer
es formalités de l'art. 467. Les auteurs se prononcent généralement
)our l'affirmative, consacrée récemment par le Tribunal de Marseille
nême dans un cas où la transaction avait pour objet la réparation d'un
lommage causé à l'enfant (1). Mais, dans la même hypothèse, la Cour
le Montpellier décide, au contraire, que le père administrateur peut
ransiger valablement sur les intérêts civils de ses enfants mineurs, sans
'emplir aucune des formalités imposées au tuteur (2). Pour nous, d'ac-
:ord avec plusieurs auteurs, et notamment avec Marcadé, nous esti-
nons que l'homologation du tribunal suffit pour valider la transaction
'aite par le père agissant comme administrateur légal des biens de ses
enfants mineurs, et spécialement qu'il n'a pas besoin de se pourvoir de
'autorisation du conseil de famille, laquelle, dans la pratique du Tri-
)unal de la Seine, est suppléée par une autorisation directe du tribunal
ui-même (3).

561. Les envoyés en possession provisoire des biens d'un absent ne
)euvent pas aliéner les biens de l'absent; par cela même, ils n'ont pas,
en cette qualité, le pouvoir de transiger. A plus forte raison ce pouvoir
loit-il être refusé à ceux qui seraient désignés, aux termes de l'arti-
:le 112 du Code Napoléon, pour administrer les biens d'un présumé
absent.

Toutefois, on fait, en ce qui concerne les envoyés en possession
provisoire, une distinction entre les droits immobiliers et les droits
mobiliers dont la jouissance leur est accordée. On admet sans difficulté
qu'ils ne peuvent pas transiger sur les droits de la première espèce,
par une conséquence directe et naturelle de l'art. 128 du Code Napoléon qui leur interdit formellement d'aliéner et d'hypothéquer les immeubles de l'absent. Mais on ne leur refuse pas le droit de transiger en
matière mobilière, sous prétexte qu'aucun texte ne restreint leurs pouvoirs relativement à l'aliénation des meubles (4). Nous contestons,
pour notre part, cette distinction. Les envoyés en possession provisoire
des biens d'un absent sont, suivant l'expression de la loi elle-même, de
simples *dépositaires*. L'art. 125 dit, en effet, dans des termes impro-
pres, si l'on veut, mais indiquant cependant la pensée du législateur,
que la possession provisoire ne sera qu'un *dépôt* qui donnera, à ceux
qui l'obtiendront, l'administration des biens de l'absent. Dépositaires
de ces biens, sans distinction entre les meubles et les immeubles, ils
ne sauraient donc avoir la libre disposition ni des uns, ni des autres.

---

(1) Trib. de Marseille, 12 déc. 1864 (S. V., 65, 2, 216; *J. Pal.*, 1865, p. 860). *Voy.*
aussi MM. Merlin (*Rép.*, v° Transaction, § 1, n° 7); Demolombe (t. VI, n° 446); Aubry et Rau (t. I, p. 454, note 38); Rigal (n° 43). Comp. MM. Valette, sur Proudhon
(t. II, p. 383); Accarias (n° 107).
(2) Montpellier, 30 mars 1859 (S. V., 59, 2, 508; *J. Pal.*, 1859, p. 464).
(3) *Voy.* Marcadé (Appendice à l'art. 383). Comp. MM. Duranton (t. III, n° 415);
de Fréminville (t. I, n° 13); Marchand (*C. de la Minor.*, liv. II, chap. I, sect. 2,
n° 5); Bertin (ch. du cons., t. I, n° 613).
(4) *Voy.* notamment MM. Aubry et Rau (t. I, p. 541, et note 6); Dalloz (*Rép.*,
v° Absence, n°ˢ 350 et 351).

Vainement oppose-t-on que leurs pouvoirs n'ont pas été restreints quant à l'aliénation des meubles. Sans doute, l'art. 128 parle des immeubles seulement; mais c'est que les pouvoirs des envoyés en possession provisoire se trouvaient déjà réglés, en ce qui concerne les meubles, par les dispositions précédentes, et notamment soit par la disposition précitée, qui, en termes généraux, les constitue dépositaires *de tous les biens,* soit par l'art. 126, qui, en autorisant le tribunal à ordonner, s'il y a lieu, de vendre tout ou partie du mobilier, suppose nécessairement que l'ordre de vendre limité à une partie seulement implique obligation de conserver le surplus. Il est donc vrai de dire que les envoyés en possession provisoire des biens d'un absent ne trouvent pas, dans le droit d'administration dont ils sont investis, le pouvoir de disposer librement même des meubles de l'absent, et de les aliéner. Par conséquent, il n'est pas possible de leur reconnaître le pouvoir de transiger valablement, même sur les intérêts mobiliers de l'absent. Et c'est ce qui résulte d'un arrêt de la Cour d'Orléans, aux termes duquel la femme d'un absent, qui a opté pour la continuation de la communauté, *étant assimilée aux envoyés en possession provisoire,* ne peut transiger sur les droits mobiliers de la communauté (1).

Tout au plus y aurait-il lieu d'admettre, avec quelques auteurs, que les envoyés en possession provisoire pourraient, au moyen d'une autorisation de la justice, et sauf l'accomplissement de telles ou telles formalités qu'il plairait au tribunal de leur imposer (Arg. de l'art. 467), suppléer au pouvoir qui leur manque et être habilités à transiger (2). Encore même est-ce un point contesté (3).

562. Quant aux envoyés en possession définitive, ils sont traités en héritiers véritables (C. Nap., art. 129) : leur titre est révocable, sans doute, si l'absent reparaît ou donne de ses nouvelles (art. 132); mais leurs actes subsistent, et celui-ci est tenu de reprendre les biens dans l'état où ils se trouvent. Les envoyés en possession définitive peuvent donc transiger en toute matière, sur les immeubles non moins que sur les meubles de l'absent, et ce dernier, s'il reparaît, doit respecter les transactions.

563. La loi sur les faillites, du 28 mai, comblant une lacune du Code de commerce, a conféré aux syndics de faillite le pouvoir, dont ne parlait pas le Code, de transiger sur toutes contestations qui intéressent la masse, même sur celles qui sont relatives à des droits et actions immobiliers (C. comm., art. 487). « Partout où le pouvoir de plaider existe, a dit M. Quénault, rapporteur de la loi à la Chambre des députés, il est convenable, il est nécessaire de placer celui de transiger. Cette autorisation, accordée avant que l'on soit arrivé à la délibération du concordat, aura, pour éclairer et faciliter cette délibération, une uti-

---

(1) *Voy.* Orléans, 22 nov. 1850 (S. V., 51, 2, 553; Dalloz, 51, 2, 70; *J. Pal.,* 1853, t. I, p. 298).
(2) *Voy.* MM. de Moly (*De l'Abs.,* nᵒˢ 493 et 504); Talandier (*eod.,* p. 205); Demolombe (t. II, nᵒ 115).
(3) *Voy.* M. Accarias (nᵒ 123).

lité toute spéciale, puisqu'elle pourra servir à fixer et à constater les éléments incertains et litigieux de l'actif et du passif de la faillite. »

En présence du texte si général de la loi et de ce commentaire explicatif, on a quelque peine à se rendre compte de la prétention récemment élevée devant les tribunaux, et par laquelle on contestait au syndic d'une faillite le pouvoir de transiger sur les éléments de la masse passive et, par conséquent, sur les créances qui rentrent dans la composition de cette masse. La loi ne fait aucune distinction ; et la raison même des choses repousse celle qui était proposée dans l'espèce, car la masse se composant de l'actif et du passif, il est de toute évidence que donner au syndic le pouvoir de transiger sur les contestations qui intéressent la masse, c'est lui donner le pouvoir de transiger sur les éléments du passif aussi bien que sur ceux de l'actif (1).

Mais, en tout cas, les syndics n'ont le pouvoir de transiger que sous les conditions et sauf l'accomplissement des formalités déterminées par la loi. Or, aux termes de l'art. 487 du Code de commerce : « les syndics pourront transiger avec l'autorisation du juge-commissaire, et le failli dûment appelé... Si l'objet de la transaction est d'une valeur indéterminée ou qui excède trois cents francs, la transaction ne sera obligatoire qu'après avoir été homologuée, savoir : par le tribunal de commerce pour les transactions relatives à des droits mobiliers, et par le tribunal civil pour les transactions relatives à des droits immobiliers. — Le failli sera appelé à l'homologation ; il aura, dans tous les cas, la faculté de s'y opposer. Son opposition suffira pour empêcher la transaction, si elle a pour objet des biens immobiliers. » — En ce dernier point, cependant, la disposition est modifiée pour la période de l'union. En ce cas et d'après l'art. 535, « les syndics peuvent, en se conformant aux règles prescrites par l'art. 487, transiger sur toute espèce de droits appartenant au failli, *nonobstant toute opposition de sa part.* » Ainsi, le tribunal peut, en ce dernier cas, ne pas s'arrêter à l'opposition du failli : c'est, d'ailleurs, la seule différence, au point de vue de la transaction, entre l'hypothèse où la convention est conclue par le syndic après l'union constituée, et celle où elle a lieu pendant les opérations préparatoires du concordat.

C'est donc à tort que la Cour impériale de Dijon a refusé aux syndics de l'union des créanciers le droit de transiger au nom de la masse, sur l'action, contre les commanditaires qui se sont immiscés dans la gestion, en responsabilité personnelle et solidaire des dettes de la société, et a décidé qu'il n'y a pas lieu de prononcer l'homologation de la transaction consentie par les syndics, alors même que l'effet en serait restreint aux créanciers non opposants (2). La contestation, dans l'espèce, soulevait la question préalable de savoir si l'action contre les commanditaires pour fait d'immixtion appartient à la société tombée en faillite ou seulement aux créanciers. Mais, en dehors de cette question, dont

(1) Req., 26 avril 1864 (S. V., 64, 1, 225 ; Dalloz, 64, 1, 309 ; *J. Pal.,* 1864, p. 1050).

(2) Dijon, 11 août 1862 (Dalloz, 62, 2, 143 ; *J. Pal.,* 1862, p. 1057).

l'examen appartient à la matière des sociétés, le fait de l'union ne pouvait pas enlever aux syndics la qualité et le pouvoir nécessaires pour conclure une transaction, puisque, encore une fois, l'art. 535 du Code de commerce ne diffère de l'art. 487 qu'en ce qu'il prive le failli de la faculté de s'opposer aux transactions faites par le syndic. L'arrêt de la Cour de Dijon a donc été justement cassé (1).

564. L'inobservation des formalités prescrites par le Code de commerce entraînerait la nullité de la transaction. La Cour de Bordeaux a jugé, en ce sens, que l'admission par le syndic au passif de la faillite d'une créance dont l'existence ou la quotité formaient l'objet d'une instance pendante au moment de la faillite entre le créancier et le failli, et non encore jugée, constitue une transaction qui ne peut être opposée au failli qu'autant qu'elle a été accompagnée des formalités voulues par l'art. 487 du Code de commerce, et qu'en cet état, le failli a le droit de reprendre lui-même l'instance et de la poursuivre (2).

565. Enfin, pour conclure relativement aux mandataires ou administrateurs légaux, disons un mot de l'héritier bénéficiaire. Il est mandataire, sans doute, par rapport aux biens de la succession ; mais il est quelque chose de plus, en ce qu'il peut faire tous actes d'aliénation soit à titre gratuit, soit à titre onéreux : il a donc le pouvoir de transiger. Seulement, la transaction, comme tout autre acte d'aliénation, le fait à l'instant déchoir du bénéfice d'inventaire, et le constitue héritier pur et simple (3). Il ne saurait être question pour lui ni d'autorisation, ni d'homologation ; et lors même que, par impossible, il viendrait à obtenir l'homologation, par un tribunal, de la transaction par lui consentie, il n'en demeurerait pas moins déchu du bénéfice d'inventaire. Le seul cas où il pourrait éviter la déchéance serait celui où il aurait transigé du consentement des légataires et des créanciers (4).

566. Après les mandataires ou administrateurs légaux, qui ont, dans une certaine mesure, comme on vient de le voir, le pouvoir de transiger, nous devons mentionner les mandataires conventionnels. Mais, à cet égard, nous nous bornerons à de simples renvois. D'abord, en ce qui concerne les mandataires purs et simples, c'est-à-dire les mandataires proprement dits, nous avons établi, dans notre commentaire *Du Mandat*, que ceux dont le mandat est conçu en termes généraux ne peuvent consentir aucune transaction ni sur les droits immobiliers, ni même sur les droits mobiliers ; que le mandat de recouvrer une créance ne donne pas le pouvoir de transiger sur cette créance, à moins que l'intention contraire ne résulte des circonstances, et sauf les effets différents qu'entraînerait vis-à-vis des tiers la forme de prête-nom sous

_____

(1) Cass., 16 fév. 1864 (S. V., 64, 1, 225; Dalloz, 64, 1, 309; *J. Pal.*, 1864, p. 1050).
(2) Bordeaux, 30 mai 1853 (S. V., 53, 2, 551; Dalloz, 54, 2, 110; *J. Pal.*, 1855, t. II, p. 316).
(3) *Voy.* Limoges, 10 mars 1836; Bordeaux, 21 mars 1828 (S. V., 36, 2, 350; 28, 2, 245; Dalloz, 37, 2, 38; 28, 2, 107). Comp. Paris, 30 juill. 1850 (S. V., 50, 2, 453; Dalloz, 51, 2, 116; *J. Pal.*, 1850, t. II, p. 496).
(4) *Voy.* MM. Aubry et Rau (t. V, p. 160, et notes 23 et 24).

laquelle le mandat serait donné. Enfin, nous avons dit quelle est la mesure des pouvoirs compris dans le mandat exprès de transiger. Nous renvoyons à nos observations sur ces divers points (1).

567. En ce qui concerne les administrateurs, gérants ou liquidateurs de sociétés soit civiles, soit commerciales, il existe des divergences d'opinions sur la question de savoir si ces mandataires conventionnels ont ou non le pouvoir de transiger ; il convient, à cet égard, de faire des distinctions dont l'exposition et le développement trouveront naturellement leur place dans le commentaire du titre *Des Sociétés*. On peut mentionner, à côté de ces administrateurs, les commissaires nommés conformément à la loi du 17 juillet 1856, pour soutenir les intérêts des actionnaires d'une société par actions contre les gérants ou contre les membres du conseil de surveillance. En ce qui les concerne, d'ailleurs, nous ne pensons pas qu'ils puissent transiger sans un pouvoir exprès.

2046. — On peut transiger sur l'intérêt civil qui résulte d'un délit. La transaction n'empêche pas la poursuite du ministère public.

SOMMAIRE.

(1) *Voy.* au tome précédent (nᵒˢ 908, 916, 919, 955, 957).

ne peut faire l'objet d'une transaction. — 598. Suite. — 599. Y a-t-il à distinguer suivant que la transaction est favorable ou défavorable à l'état de la personne? — 600. Les questions de nullité ou de validité de mariage ne peuvent pas non plus faire l'objet d'une transaction. — 601. Il en est de même en ce qui concerne l'exécution d'un traité secret élevant le prix de cession d'un office. — 602. Peut-on transiger sur un testament qu'on n'a pas lu?

VII. 603. 2º *Des biens ou droits qui, quoique dans le commerce, ne peuvent pas être aliénés par suite d'une prohibition spéciale de la loi.* Ces biens ou droits ne peuvent pas non plus être l'objet d'une transaction. Application aux biens dotaux d'une femme mariée sous le régime dotal. — 604. Suite. — 605. *Quid* en ce qui concerne la transaction sur les conventions matrimoniales? — 606. Et sur des droits douteux faisant partie d'une succession non encore ouverte? — 607. Et sur la nullité, pour vice de forme, d'une donation entre-vifs? — 608. Le grevé de substitution ne peut transiger sur les biens substitués de manière à lier les appelés, alors même qu'ils n'acceptent pas la succession. — 609. *Quid* en ce qui concerne la transaction sur un partage d'ascendant, faite du vivant de l'ascendant donateur? — 610. Et de la transaction sur une créance d'aliments? — 611. Suite. — 612. Suite. — 613. Suite. — 614. *Quid* de la transaction intervenue entre un officier ministériel et son client sur le montant des frais dus par ce dernier?

I. — 568. L'art. 2046 règle un détail particulier touchant les choses qui peuvent faire l'objet d'une transaction. Nous devons aller au delà dans notre commentaire. En effet, nous avons à compléter nos observations soit en ce qui concerne les conditions de fond nécessaires à l'existence et à la validité de la transaction, soit relativement à la capacité, tous points par nous réservés (*suprà*, nᵒˢ 466, 471 et 509). Ainsi, nous nous occuperons successivement, à l'occasion de l'art. 2046 : 1º de l'ojet du contrat et de son caractère propre dans la transaction ; 2º de la capacité considérée spécialement au point de vue de l'objet du contrat ; 3º des choses qui peuvent y être comprises ; et 4º de celles qui, par exception, n'en peuvent pas faire l'objet.

II. — 569. L'objet d'un contrat est la prestation à laquelle une des parties s'engage envers l'autre : c'est toujours soit une chose à livrer, soit un fait à accomplir ou à ne pas accomplir. Dans la transaction, cette chose ou ce fait doit avoir ce caractère particulier qu'il existe à son égard un droit douteux. C'est là, comme nous l'avons dit, l'un des traits distinctifs de la transaction (*suprà*, nᵒ 471); et ceci précise mieux, ce nous semble, le sens et la portée de la convention que cette formule, d'ailleurs peu saisissable, qui, distinguant entre le contrat et chacune des obligations produites par le contrat, suppose que l'objet du contrat est un droit douteux, et que l'objet des obligations est le sacrifice fait par chacun des contractants (1).

Quoi qu'il en soit, on peut poser en principe que toute transaction ayant pour objet des droits non douteux ou des prétentions sans fondement serait non-seulement annulable, mais inexistante et non avenue, du moins comme transaction (*infrà*, nᵒ 573).

570. Toutefois, si tel est le principe, l'application en doit être faite avec réserve et discrétion. La crainte d'un procès, ou, lorsque le procès

_____

(1) *Voy.* M. Mourlon (*Rép. écrit.*, t. III, p. 471).

est engagé, le doute sur l'issue du litige peut être considéré comme rendant le droit suffisamment douteux pour faire l'objet d'une transaction, cette crainte fût-elle d'ailleurs exagérée ou ce doute peu fondé. La seule question que les juges aient ici à résoudre est celle de savoir si la crainte est raisonnable et sincère. On a dit même que tout doit se réduire à examiner si, *aux yeux des parties*, le droit présentait un point litigieux *quelconque*, et qu'il y a lieu de qualifier droit litigieux toute prétention faisant actuellementl l'objet d'un procès, ou inspirant la crainte d'un procès *raisonnable ou déraisonnable* (1). Sans aller jusque-là, nous n'hésitons pas à reconnaître que les juges ne doivent pas se déterminer aisément à déclarer une transaction non avenue par le motif que le droit qui en est l'objet n'était pas susceptible de contestation (2). C'est, d'ailleurs, un point nécessairement réservé à l'appréciation des tribunaux.

571. D'ailleurs, ce n'est pas seulement le doute sur la légalité même que les juges ont à prendre en considération : un droit douteux simplement au point de vue de l'équité pourrait très-bien être considéré comme matière à transaction. Ainsi, les biens d'un prêtre déporté sont restitués à ses héritiers aux termes de la loi du 22 fructidor an 3 et de l'arrêté du 9 nivôse an 6. Rentré en France, ce prêtre élève certaines prétentions auxquelles l'héritier envoyé en possession ou son ayant droit oppose des prétentions contraires, et la lutte judiciaire est sur le point de s'engager, lorsque intervient entre les parties une transaction dans laquelle elles font abstraction des lois qui garantissaient irrévocablement les biens des prêtres déportés à leurs héritiers, et traitent comme si, par le fait de sa rentrée en France, le prêtre, dans l'espèce, eût recouvré la propriété et la libre administration des biens qu'il possédait avant sa déportation. La transaction a une base suffisante, et l'héritier, après l'avoir consentie, ne pourra pas être reçu à en demander la nullité sous prétexte que le droit était certain, la propriété des biens lui étant irrévocablement acquise (3).

572. A peine est-il besoin de faire remarquer que, lorsque les parties se rapprochent pour mettre fin à un procès engagé, la transaction peut être conclue utilement, même après qu'il a été statué en première instance. L'épreuve du second degré de juridiction est possible, et l'appel remettant tout en question, il est vrai de dire que le droit débattu entre les parties reste empreint de ce caractère d'incertitude et de doute qui motive et légitime la transaction.

Il y a plus : même après la décision sur l'appel ou après un jugement rendu en dernier ressort, la transaction serait possible encore, sinon sur le fond même du droit, au moins sur l'admissibilité et les suites du

---

(1) *Voy.* M. Accarias (*op. cit.*, n° 74).
(2) *Voy.* MM. Marbeau (n°ˢ 11 et 132); Duranton (t. XVIII, n°ˢ 395 et 398); Aubry et Rau (t. III, p. 476 et note 2).
(3) *Voy.* Cass., 22 juill. 1811 (S. V., 12, 1, 41; Coll. nouv., 3, 1, 382; Dalloz, 12, 1, 3; Rép. alph., t. XII, p. 679; *J. Pal.*, à sa date). Comp. Rej., 3 déc. 1813 (S. V., 14, 1, 85; Coll. nouv., 4, 1, 479; Dalloz, 14, 1, 86; Rép. alph., *loc. cit.*).

pourvoi en cassation ou de tout autre recours extraordinaire dont la décision intervenue pourrait être l'objet (1). L'art. 2056, comme nous l'expliquerons bientôt dans le commentaire de cet article, n'y fait pas obstacle. Et en effet, bien que le pourvoi en cassation n'empêche pas qu'il y ait un droit acquis dont l'exécution n'est pas suspendue, il est néanmoins évident, selon l'expression de Bigot-Préameneu, que si les moyens de cassation présentent eux-mêmes une question douteuse, il y a là une contestation qui peut, comme toute autre, être l'objet d'une transaction (2).

573. Du reste, si la convention intervenue à l'occasion d'un droit qui n'aurait rien d'incertain ou de douteux ne vaut pas comme transaction, ce n'est pas à dire qu'elle soit nécessairement non avenue d'une manière absolue et qu'elle ne puisse pas valoir à un autre titre. Il y a là un point à examiner et à résoudre d'après les circonstances. Par exemple, la transaction conclue sur un procès terminé par une décision judiciaire passée en force de chose jugée est bien une transaction sur un droit qui désormais n'a plus rien de douteux. Toutefois, l'art. 2056, auquel nous nous référions tout à l'heure, tient une telle transaction pour nulle seulement dans le cas où les parties n'avaient pas connaissance de la décision. Par là même, il laisse supposer que si la décision, au contraire, avait été connue des parties, l'acte intervenu entre elles pourrait valoir sinon à titre de transaction, au moins comme renonciation (3).

III. — 574. Ceci dit sur le caractère propre de l'objet dans la transaction, passons à la capacité envisagée spécialement eu égard à cet objet. La règle sur ce point est posée dans l'art. 2045, dont le commentaire précède. Cet article exprime, en effet, que, pour transiger, il faut pouvoir disposer des objets compris dans la transaction ; et par là il indique qu'indépendamment de cette capacité générale d'aliéner dont nous avons traité en commentant cet article, c'est-à-dire de la capacité relative à la personne qui transige, il faut, en matière de transaction, une capacité particulière, une capacité spéciale à l'objet même du contrat, c'est-à-dire la capacité d'aliéner cet objet en particulier.

575. Ainsi, nul ne peut transiger soit par lui-même, soit par le mandataire légal ou conventionnel qui le représente, sans être propriétaire du droit douteux qui fait l'objet de la convention. C'est la pensée même de l'art. 2045, duquel il résulte que, pour pouvoir transiger, il faut avoir la disposition des objets compris dans la transaction.

576. La transaction sur la chose d'autrui serait donc incontestablement nulle. Il en est, sous ce rapport, de la transaction comme de la vente de la chose d'autrui. La nullité d'une telle vente, expressément prononcée par l'art. 1599, s'étend nécessairement à la transaction, qui est une *espèce d'aliénation* (*suprà*, n° 474), et qui, dès lors, ne peut émaner avec efficacité que du propriétaire.

---

(1) Cass., 16 prairial an 13 (S. V., 7, 2, 1230 ; Coll. nouv., 2, 1, 120 ; Dalloz, 5, 2, 145 ; Rép. alph., t. XII, p. 677). *Voy.* aussi MM. Aubry et Rau (t. III, p. 476).
(2) Exposé des motifs (Locré, t. XV, p. 425 ; Fenet, t. XV, p. 111).
(3) *Voy.* MM. Aubry et Rau (*loc. cit.*, et note 4).

577. Que si la transaction était faite par un tiers se portant fort pour le propriétaire, ce ne serait plus alors, à proprement parler, une transaction sur la chose d'autrui ; et le cas échéant où le propriétaire pour lequel le tiers s'est porté fort viendrait à ratifier, la transaction se trouverait rétroactivement validée. On peut voir, à cet égard, ce que nous avons dit à propos de la constitution d'hypothèque sur la chose d'autrui avec déclaration qu'on se porte fort pour le propriétaire (1).

578. Mais la circonstance que celui qui a transigé sur la chose d'autrui est devenu ultérieurement propriétaire de cette chose équivaudrait-elle à la ratification ? En d'autres termes, la transaction nulle à l'origine comme portant sur la chose d'autrui serait-elle validée par le fait que la propriété est venue se fixer sur la tête de celui qui a transigé ? Il y a sur ce point les mêmes doutes que sur la question plus générale de savoir si la vente ou la constitution d'hypothèque faite *à non domino* est relevée de la nullité qui l'affecte lorsque le vendeur ou le constituant devient propriétaire, question que nous avons également discutée dans notre *Traité des Priviléges et Hypothèques.*

579. Et en nous référant à nos solutions et aux motifs par nous déduits, nous maintenons que, sans distinguer entre le cas où la nullité est opposée par celui-là même qui a transigé, et le cas où la nullité est opposée par des tiers, la transaction, nulle à l'origine, reste frappée d'une nullité radicale et irréparable. En d'autres termes, le contrat est inexistant ou non avenu ; il demeure tel nécessairement, quels que soient les événements ultérieurs ; et toute personne y ayant intérêt est recevable à en opposer la non-existence (2).

580. Une autre difficulté à laquelle nous sommes naturellement conduit par celle qui précède consiste à régler le sort des transactions passées avec l'héritier apparent. La solution dépend de l'opinion que l'on se forme sur l'effet des actes en général passés avec l'héritier apparent ; il n'y a, à cet égard, rien de particulièrement propre à la transaction, laquelle, en effet, doit suivre le sort des autres actes d'aliénation à titre onéreux. Sur ce point, la Cour de cassation a constamment décidé que lorsque des immeubles ont été *aliénés* par celui qui n'en était que propriétaire apparent, le propriétaire réel, ses héritiers ou ayants cause, ne peuvent, même en se représentant avant la prescription accomplie, agir contre l'acquéreur pour revendiquer les biens. Nous avons soutenu, au contraire, et, d'accord avec Marcadé (3), nous persistons à penser que la transaction consentie par l'héritier apparent est nulle en principe, parce qu'il faut être propriétaire des choses comprises dans la transaction pour transiger valablement, et que cette condition, l'un des éléments essentiels de la capacité, manque à celui qui n'est que propriétaire apparent.

IV. — 581. Mais ce n'est pas tout d'être propriétaire de l'objet

---

(1) *Voy.* notre *Traité des Priv. et Hyp.* (n° 626). *Junge :* Req., 2 et 3 août 1859 (Dalloz, 59, 1, 419 ; S. V., 59, 1, 801 ; *J. Pal.,* 1860, p. 418).
(2) *Voy.* notre *Traité des Priv. et Hyp.* (n°ˢ 627-630).
(3) *Voy.* Marcadé (t. I, n° 472) et notre *Traité des Priv. et Hyp.* (n° 631).

ou du droit litigieux qui fait la matière de la transaction; il faut en pouvoir disposer. Ainsi la transaction n'est possible qu'autant que le droit douteux sur lequel elle intervient pourrait être l'objet d'une convention. Ceci nous conduit à nous expliquer sur les choses qui peuvent être comprises dans une transaction. A cet égard, la règle générale est qu'il est permis de transiger sur toute espèce de droits douteux, quelles qu'en soient la nature et l'origine. Il y a néanmoins des exceptions; mais avant de les faire connaître, nous préciserons la règle, par l'énumération et l'examen de quelques-unes de ses applications.

582. L'art. 2046 en signale une, sur laquelle il convient de nous expliquer tout d'abord. Aux termes de cet article, on peut transiger sur l'intérêt civil qui résulte d'un délit; mais la transaction n'empêche pas la poursuite du ministère public. C'est le seul détail que règle le Code touchant les choses sur lesquelles on peut transiger; et au premier aperçu, on est tenté de se demander en quoi il était nécessaire de faire une mention dans la loi de cette application spéciale de la règle, quand toutes les autres applications dont la règle est susceptible y sont passées sous silence. La disposition, en effet, paraît si simple et si raisonnable dans ses deux branches que, même non exprimée, elle aurait pu être aisément suppléée. Mais si les rédacteurs du Code ont cru devoir la formuler, c'est que le point qu'elle consacre n'a pas été toujours arrêté dans les esprits aussi nettement qu'il l'est aujourd'hui. La législation romaine, et notamment la loi 18, au C. *De Transact.*, y avait fait naître des complications dont M. Troplong a donné la mesure en rappelant que Noodt a écrit sur ce sujet un traité en vingt-trois chapitres (1), et dont Bigot-Préameneu a fait entrevoir l'étendue et la gravité par le résumé qu'il a présenté dans son Exposé des motifs (2).

Nous n'insisterons pas sur les *delicta privata*, qui engendraient au profit de la partie une action pénale tendant exclusivement à la satisfaction d'un intérêt pécuniaire, ni sur les *crimina privata*, d'où naissait une action qui, toute dévolue qu'elle était à la partie lésée, tendait cependant à l'application d'une peine : rappelons seulement que la transaction y était permise et toujours possible, sinon en ce qui concerne l'action criminelle, au moins relativement à l'action pénale civile (l. 7 et 27, ff. *De Pact.*). Mais arrêtons-nous aux faits qualifiés par les Romains *crimina publica,* lesquels donnaient naissance à un *judicium publicum,* ou à une action qui, en principe, pouvait être exercée par tous les citoyens romains, et qui tendait à l'application d'une peine criminelle. Ici, nous rencontrons le rescrit précité des empereurs Dioclétien et Maximien, aux termes duquel : « Transigere vel pacisci de crimine » capitali, excepto adulterio, prohibitum non est; in aliis autem pu- » blicis criminibus, quæ sanguinis pœnam non ingerunt, transigere non » licet, citra falsi accusationem. » (L. 18, C. *De Trans.*).

Ainsi, la loi fait une distinction.

---

(1) *Voy.* M. Troplong (n° 57).
(2) Exposé des motifs (Locré, t. XV, p. 418-420; Fenet, t. XV, p. 104-106).

S'agit-il d'un *crimen publicum* entraînant une peine autre que la peine capitale, la transaction n'est pas possible. La loi, en cette partie, se réfère à d'autres textes qu'elle confirme, et desquels il résulte que la transaction, en cette matière, est radicalement nulle comme touchant à un intérêt public, et qu'elle ne pourrait être conclue sans donner lieu à une peine, soit contre l'accusateur à quelque moment qu'elle fût intervenue, soit même contre l'accusé si elle avait lieu après les premières poursuites, *post institutam accusationem* : celui-ci, en transigeant, s'avouait coupable, bien qu'il ne dût pas être tenu immédiatement *pro damnato* (1). Une seule difficulté existait en ce cas; elle naissait de ces expressions de la loi *citra falsi accusationem*, et consistait à savoir si le texte avait entendu par là mettre le crime de faux hors de la règle, ou bien s'il en résultait seulement que tout accusé qui transige sur un crime public non capital doit être assimilé à un faussaire et traité comme tel. C'est, comme le dit Bigot-Préameneu, une question sur laquelle l'obscurité de la loi et la diversité d'opinions des auteurs laissent encore du doute (2).

Mais s'agit-il d'un crime public entraînant peine capitale, il n'en est plus de même. La transaction, dit le texte, n'est pas prohibée en ce cas, *transigere prohibitum non est*. Est-ce à dire que la transaction intervenant sur une telle accusation devait être tenue pour valable ? Ou bien, cela signifie-t-il seulement qu'en un tel cas le fait de la transaction ne donnait lieu à aucune peine, au moins contre l'accusé qui, étant exposé à perdre la vie, était à tous égards excusable de chercher à la sauver ? C'était encore là un point de controverse (3). Quoi qu'il en soit, la loi elle-même faisait, dans cette hypothèse, une exception spéciale; ou plutôt elle replaçait sous l'empire de la règle commune le crime public d'adultère, contre lequel la peine capitale était édictée. A cet égard donc, comme à l'égard des crimes publics contre lesquels la peine n'était pas capitale, la transaction n'était pas permise.

Telle était la législation romaine. Elle était à bien des égards défectueuse, comme Bigot-Préameneu en fait la remarque dans son Exposé des motifs : aussi n'a-t-elle jamais été suivie en France, où, dans tous les temps, le délit a été distingué des dommages-intérêts qui en peuvent résulter. Sur le délit même dont la poursuite est confiée à un officier public, il n'y a jamais eu de transaction possible, parce qu'il s'agit là d'une action publique qui appartient à la société au nom et dans l'intérêt de laquelle elle est exercée; le dommage résultant du délit pour celui qui en a été victime a seul pu faire l'objet d'une transaction, parce qu'il ne s'agit plus là que de l'action civile dans laquelle il n'y a d'engagé qu'un intérêt purement privé. Ce sont là les principes que l'article 2046 a repris dans nos anciennes pratiques et qu'il a consacrés.

---

(1) *Voy.* au C. le titre *Ad Senatus consultum Turpillianum* (lib. IX, tit. XLV). *Voy.* aussi les lois 4, 29 et 34, *De Jur. fisc.*, et la loi 2, *De Abolit.*

(2) *Voy.* l'Exposé des motifs (*loc. cit.*). — *Voy.* aussi le résumé de la controverse dans l'ouvrage déjà cité de M. Accarias (n° 37).

(3) *Voy.* M. Accarias (*loc. cit.*, n°ˢ 32 et suiv.).

583. Le mot *délit* employé dans cet article doit être pris dans le sens le plus général. Au point de vue du droit criminel, il embrasse donc, avec les délits proprement dits, les crimes et les contraventions. ainsi, on peut transiger sur l'intérêt civil résultant de ces diverses infractions à la loi pénale. Dans l'ordre civil, les termes de l'art. 2046 comprennent tout ce qui est considéré comme délit ou quasi-délit par la loi civile : ainsi, sauf l'exception ci-après indiquée (n° 601), on peut transiger sur les suites d'une fraude, d'un dol ou d'une violence. Ce dernier point a été mis en question à propos d'une transaction *sur des combinaisons frauduleuses* au moyen desquelles un mari avait fait disparaître au préjudice de sa femme la presque totalité de sa fortune personnelle et de l'actif de la communauté. On a dit vainement contre une telle transaction que le dol est exclu de toutes les conventions, et ne peut être garanti ni réciproquement, ni au profit d'une des parties ; qu'il en doit être d'une transaction comme d'un jugement ; que si, dans une instance, l'une des parties a obtenu par jugement la consécration d'un dol, la loi veut qu'on détruise la puissance même du juge et de son arrêt, et que dès lors, pour être conséquent, il faut détruire au nom de la loi une transaction où l'une des parties a obtenu de l'autre la consécration de sa fraude, sans l'avouer ni la mettre à fin. La Cour de cassation a répondu, avec toute raison, qu'aux termes de l'art. 2046, on peut transiger sur les intérêts civils résultant d'un procès ; qu'ainsi, et à plus forte raison, le simple dol peut être la matière d'une transaction, et que les juges du fond n'avaient nullement violé la loi en décidant qu'une femme avait valablement transigé sur le dol commis par son mari pour la priver d'une partie de ses droits et reprises matrimoniales (1).

Mais avant tout, soit qu'il s'agisse d'un délit criminel, soit qu'il s'agisse d'un délit ou quasi-délit civil, la transaction ne saurait avoir pour objet que l'intérêt civil résultant d'un fait accompli, d'un fait passé. Elle serait nulle évidemment si elle portait sur les suites d'un quasi-délit que l'on prévoit dans l'avenir, car on ne concevrait pas une transaction ou toute autre convention qui contiendrait, même implicitement, la remise d'un dol futur (voy. *infrà*, n° 589). La transaction serait nulle également si elle intervenait sur les intérêts civils d'un délit futur ; car, comme le dit M. Troplong, ce serait encourager à commettre ce délit (2).

584. Du reste, la transaction sur un délit n'implique en aucune manière l'aveu du délit, ni, à plus forte raison, la preuve de la culpabilité. En droit romain, nous l'avons dit tout à l'heure, où la transaction sur un *crimen publicum* non capital était punissable, même du côté de l'accusé, la peine ou l'une des peines consistait en ce que l'accusé s'avouait coupable par la transaction, et était tenu, sinon *pro damnato*, au moins *pro confesso* (l. 4, ff. *De Jur. fisc.*, l. 29, *eod. tit.*). Il y avait dans le projet de l'ordonnance de 1670 un article qui allait même au

_____

(1) Rej., 18 mai 1836 (S. V., 36, 1, 457; Dalloz, 38, 1, 87; *J. Pal.*, à sa date).
(2) *Voy.* M. Troplong (n° 60).

delà. D'après cet article, il était défendu à toute personne de transiger sur des crimes de nature à provoquer une peine afflictive ou infamante, sous peine d'une amende de 500 livres, tant contre la partie civile que contre l'accusé, qui eût été tenu pour convaincu. Mais, ainsi que l'a dit Bigot-Préameneu dans l'Exposé des motifs de la loi (1), « cet article fut retranché comme trop rigoureux et comme n'étant point nécessaire dans nos mœurs, où l'intérêt social, qui exige que les crimes soient punis, est indépendant de toutes conventions particulières. On a dû encore considérer que celui même qui est innocent peut faire un sacrifice pécuniaire pour éviter l'humiliation d'une procédure dans laquelle il serait obligé de se justifier, et on a dû conclure que la transaction n'étant pas faite sur le délit même avec celui qui est chargé de le poursuivre, on ne doit pas en induire un aveu. »

585. Mais la transaction n'empêche pas l'application de l'art. 157 du tarif criminel aux personnes qui se seraient constituées parties civiles (2). — Elle n'empêche pas non plus la poursuite du ministère public. C'est la disposition formelle de notre art. 2046 dans son dernier paragraphe, qui par là consacre le principe rappelé dans l'Exposé des motifs, que l'action publique est indépendante de toutes conventions particulières. Toutefois, il y aurait ici une exception à faire pour les faits délictueux à l'occasion desquels l'action du ministère public ne peut être mise en mouvement que par une plainte de la partie lésée. Une transaction intervenue avant toute plainte rendrait certainement la plainte non recevable, et par cela même elle ne permettrait aucunes poursuites de la part du ministère public. Seulement, quand des poursuites sont exercées sur une plainte précédemment formée, l'action publique reste dans son indépendance : la transaction qui interviendrait après coup n'en saurait arrêter le cours (3).

586. Si les parties peuvent transiger sur l'intérêt civil résultant d'un délit, l'action publique ne peut pas, quant à elle, être l'objet d'une transaction. On a dit très-justement que toute transaction entre ceux qui remplissent les fonctions du ministère public et les prévenus serait elle-même un délit (4). Le ministère public ne saurait, en effet, disposer d'une action qui appartient à la société elle-même, et dont il a seulement l'exercice. Tel est le principe, et on peut dire qu'il est sans exception en ce qui concerne les délits qui présentent le plus de gravité, ceux qui touchent à la fortune, à l'honneur et à la vie des citoyens.

587. Mais exceptionnellement, et en ce qui concerne des contraventions ou des délits spéciaux, l'action publique peut être l'objet d'une transaction dont l'effet est d'éteindre cette action et d'affranchir le contrevenant des peines corporelles aussi bien que des réparations pécuniaires (5). Ces exceptions s'appliquent aux délits commis en matière

---

(1) Locré (t. XV, p. 419); Fenet (t. XV, p. 106).
(2) *Voy.* M. Troplong (n° 59).
(3) *Voy.* M. Accarias (n° 90).
(4) Exposé des motifs (Locré et Fenet, *loc. cit.*).
(5) *Voy.* Crim. rej., 30 juin 1820, 26 mars 1830; Pau, 9 déc. 1833 (S. V., 30, 1, 304; 34, 2, 518; Coll. nouv., 6, 1, 266; Dalloz, 30, 1, 185; Rép. alph., t. VI, p. 429).

de contributions indirectes et de douanes, aux infractions aux lois sur le régime des postes, enfin aux délits forestiers et aux délits de chasse.

Ainsi, un décret du 5 germinal an 12 (art. 23), dont la disposition a été reproduite par l'ordonnance du 3 janvier 1821 (art. 10), a donné le pouvoir de transiger à l'administration des contributions indirectes. — Ce même pouvoir a été donné à l'administration des douanes par une ordonnance du 30 janvier 1822 (art. 10); et, d'après la jurisprudence du conseil d'État (1), c'est à l'autorité judiciaire qu'il appartient de connaître d'une difficulté soulevée sur une transaction intervenue entre l'administration des douanes et les propriétaires des marchandises saisies. — Le pouvoir de transiger a été accordé à l'administration des postes par une ordonnance du 19 février 1843, et lui a été reconnu également par la loi du 4 juin 1859, en ce qui touche le transport des valeurs déclarées (art. 9). — Enfin, la faculté de transiger a été conférée à l'administration des forêts par l'art. 159 du Code forestier, rédigé à nouveau par la loi du 18 juillet 1859. L'exécution de cette disposition est réglée par le décret du 21 décembre 1859 (art. 1 et 2) et par un arrêté du ministre des finances du 30 janvier 1860 (2). Un jugement du Tribunal de Châtillon-sur-Seine a décidé que la faculté de transiger ne s'étend pas aux délits de chasse commis dans les bois, délits pour la poursuite desquels l'administration des forêts est exceptionnellement recevable à exercer l'action publique (3). Toutefois, cette solution est contredite dans un avis interprétatif du conseil d'Etat, lequel décide que le pouvoir de transiger appartient à l'administration des forêts *pour les délits de chasse,* mais non en ce qui concerne les délits de pêche et les contraventions et délits forestiers prévus par les art. 219 et suivants du Code forestier, relatifs au défrichement des bois des particuliers (4).

588. A côté de ce détail réglé par l'art. 2046, touchant les choses qui peuvent faire l'objet d'une transaction, il en faut placer d'autres. Ainsi, on peut transiger sur des droits non encore ouverts et purement éventuels, aussi bien que sur des droits actuellement réalisés; car, aux termes de l'art. 1130 du Code Napoléon, les choses futures peuvent faire l'objet d'une convention (5). Seulement, il ne faut pas, bien entendu, que la transaction contienne de pacte sur succession non encore ouverte (même article : *infrà*, n° 606).

589. On peut transiger sur un contrat usuraire et sur son exécution. L'usure, suivant qu'elle est un fait isolé ou une habitude, constitue un délit civil ou un délit correctionnel. Mais, dans l'un et l'autre cas, le dommage qui en résulte est matière à transaction par application de l'art. 2046, qui permet de transiger sur les intérêts civils résultant d'un délit (*suprà*, n° 582). C'est le fondement de la jurisprudence qui tient pour valable la transaction sur une action en restitution d'intérêts usu-

(1) Cons. d'Ét., 17 fév. 1865 (S. V., 65, 2, 318).
(2) *Voy.* S. V., 59, 3, 147; 60, 3, 22.
(3) Châtillon-sur-Seine, 5 juill. 1860 (Dalloz, 60, 3, 47).
(4) Avis du conseil d'État du 26 nov. 1860 (S. V., 61, 2, 640, et 3, 106).
(5) Req., 31 déc. 1835 (S. V., 36, 1, 189; Dalloz, 36, 1, 324; *J. Pal.*, à sa date).

raires (1). Néanmoins, il ne faudrait pas que la convention fût elle-même entachée d'usure, ou qu'elle fût faite pour favoriser et maintenir des stipulations qui en seraient entachées : une telle convention serait inévitablement annulée, nul ne pouvant, comme nous avons eu déjà occasion de le dire, s'assurer par convention le bénéfice d'un dol ou d'un délit (2).

590. On peut transiger pour couvrir les vices d'une association. C'est ainsi que la Cour suprême a déclaré valable, même par voie de cassation, la transaction entre un avocat et son client, pour couvrir les vices d'une société faite précédemment entre eux, dans l'objet de devenir, pour le profit commun, adjudicataires des biens dont le client poursuivait l'adjudication (3).

591. L'état des personnes, comme nous le dirons tout à l'heure (*infrà*, nos 597 et suiv.), ne saurait faire l'objet d'une transaction. Toutefois, il est permis de transiger sur les intérêts pécuniaires, par exemple, sur un droit de succession, dépendant d'une question d'état. C'est la jurisprudence constante de la Cour de cassation. Elle s'est prononcée en ce sens, soit à propos d'une transaction portant renonciation à l'appel d'un jugement de séparation de corps entre des époux, soit à propos de conventions intervenues entre des héritiers légitimes et un enfant naturel prétendant à sa part dans la succession du père ou de la mère décédé (4). La solution, d'ailleurs, est d'une exactitude parfaite : dès que la transaction a pour objet, non pas la séparation de corps même, ou l'état et la qualité de l'enfant naturel, mais seulement la liquidation des droits réciproques des parties, ou le règlement et l'attribution de leurs parts respectives dans une succession à partager, il est évident qu'un intérêt simplement pécuniaire est en litige, et rien dès lors ne s'oppose à ce que les parties transigent en vue de prévenir ce litige ou de le terminer. Seulement, pour que la transaction sur l'intérêt pécuniaire ne prenne pas le caractère et la portée d'une transaction sur l'état, il est de toute nécessité qu'elle intervienne sur un intérêt né et actuel, et qu'elle ait strictement ce même intérêt pour objet (5).

592. Mais la transaction une fois intervenue soit dans un acte de partage, soit dans tout autre acte, les parties sont désormais liées. Celles qui, ayant intérêt à contester l'état, ne l'ont pas cependant contesté, ne peuvent plus revenir sur leur renonciation, et entamer ou faire revivre le procès sur les intérêts pécuniaires à l'occasion desquels elles ont transigé. Il a été décidé néanmoins que, dans le cas où un enfant adultérin a été admis par les enfants légitimes, sciemment et de

(1) *Voy.* Rej., 21 nov. 1832 ; Req., 22 janv. 1833 ; Rej., 9 fév. 1836 (S. V., 33, 1, 95 et 98 ; 36, 1, 88 ; Dalloz, 33, 1, 6 et 137 ; 36, 1, 173 ; *J. Pal.*, à leur date).
(2) *Voy.* Req., 22 juin 1830 et 16 nov. 1836 (S. V., 30, 1, 419 ; 36, 1, 960 ; Coll. nouv., 9, 1, 544 ; Dalloz, 30, 1, 367 ; 37, 1, 46 ; *J. Pal*, à leur date).
(3) Cass., 11 mars 1807 (S. V., 7, 2, 1235 ; Coll. nouv., 2, 1, 357 ; Dalloz, Rép. alph., t. XII, p. 676 ; *J. Pal.*, à sa date).
(4) Req., 24 juill. 1835, 29 mars 1852 ; Rej., 11 mai 1853 ; Req., 9 mai 1855 (S. V., 36, 1, 238 ; 52, 1, 385 ; 53, 1, 574 ; 56, 1, 743 ; Dalloz, 36, 1, 10 ; 54, 1, 392 ; 53, 1, 158 ; 55, 1, 228 ; *J. Pal.*, 1852, t. II, p. 643 ; 1853, t. II, p. 150 ; 1856, t. II, p. 554).
(5) *Voy.* MM. Merlin (*Rép.*, vo Trans., § 2, no 5) ; Demolombe (t. V, p. 333 et suiv.).

plein gré, au partage des biens de la succession du père commun, cette circonstance n'établit pas une fin de non-recevoir contre l'action que ces derniers viendraient à former ultérieurement en nullité du partage et en attribution à eux seuls de la totalité des biens de la succession (1). La décision, à notre sens, ne saurait être suivie. Sans doute, nous admettons que des enfants qui, en consentant à partager une succession avec un frère, supposent simplement à celui-ci la qualité qu'il allègue ne s'enlèvent pas par cela seul le droit de contester ultérieurement cette qualité lorsqu'il s'agira de partager une autre succession. Mais ce qui est inadmissible, c'est que les intérêts pécuniaires qui ont fait l'objet même de la transaction puissent être remis en question par ceux-là qui, au lieu de contester l'état auquel ces intérêts étaient subordonnés, ont transigé pour en finir avec le litige. Une telle transaction, intervenue exclusivement sur des intérêts pécuniaires nés et actuels, nullement sur l'état de la personne avec laquelle les héritiers ont transigé, doit être maintenue incontestablement; il est désormais interdit à ceux-ci de l'attaquer sous quelque prétexte que ce soit, même sous le prétexte d'adultérinité ou d'inceste, bien qu'en principe on ne puisse pas renoncer directement à contester la légitimité d'un enfant adultérin ou incestueux (2).

593. Que si la transaction portait à la fois et sur la question d'état, et sur l'intérêt pécuniaire subordonné à cette question, spécialement sur les droits à une succession ouverte, elle serait nulle même en ce qui concerne les intérêts pécuniaires. C'est incontestable, lorsque la transaction est faite par un même acte et pour un seul prix. Il y a alors une transaction dont les deux clauses sont indivisibles, dont l'une est la condition de l'autre; et comme il n'est pas possible de les scinder, la nullité dont est affectée la clause relative à la question d'état, c'est-à-dire à un objet sur lequel il n'est pas permis de transiger, doit nécessairement entraîner l'annulation de celle qui porte sur le règlement des intérêts pécuniaires. Ce point est nettement établi par la jurisprudence (3). Mais, même dans le cas où les parties auraient pris le soin de stipuler, dans l'acte transactionnel, deux prix distincts, l'un sur la question d'état, l'autre sur les intérêts pécuniaires subordonnés à cette question, l'indivisibilité des clauses diverses d'une transaction (règle sur laquelle nous nous expliquerons *infrà*, n°⁸ 643 et suiv.) prévaudrait encore, et, même dans cette hypothèse, la transaction devrait être annulée pour le tout. Il est très-probable, en effet, que les parties, réglant leurs intérêts par le même acte, ont confondu, dans leur pensée, les clauses diverses dont il se compose, et que, réciproquement, elles n'ont consenti les

----

(1) Montpellier, 27 déc. 1855 : arrêt rapporté avec l'arrêt de rejet du 14 fév. 1857 (S. V., 57, 1, 779). *Voy.* aussi Amiens, 26 fév. 1857 (S. V., 57, 2, 367; *J. Pal.*, 1857, p. 785).
(2) *Voy.* Req., 28 nov. 1849 (S. V., 50, 1, 81; Dalloz, 50, 1, 113; *J. Pal.*, 1851, 1, 495). *Junge :* Aix, 12 déc. 1839 (S. V., 40, 2, 176).
(3) *Voy.* notamment Cass., 27 fév. 1839; Req., 21 avr. 1840 (S. V., 39, 1, 161; 40, 1, 873; Dalloz, 39, 1, 200; *J. Pal.*, à leur date). *Voy.* aussi Grenoble, 18 janv. 1839 (Dalloz, 39, 2, 61).

unes qu'en considération des autres (1). Une transaction sur l'intérêt
pécuniaire dépendant d'une question d'état ne vaudra donc sûrement
que dans le cas où elle sera faite par un acte séparé. Conclue, même
pour un prix distinct, dans un acte portant en même temps arrangement
sur la question d'état, elle ne serait susceptible d'être validée qu'autant
qu'elle apparaîtrait bien nettement non point comme une clause spéciale, mais comme une transaction distincte mise, dans le même acte, à
côté d'une autre transaction.

594. Des particuliers, plaidant sur la portée d'un acte administratif
qui concerne exclusivement leur intérêt personnel, peuvent compromettre et transiger sur les difficultés élevées entre eux relativement au
sens de l'acte. Il n'y a pas de loi qui prohibe la transaction en ce cas,
et pourvu qu'aucune action, quel que soit le résultat du litige, n'en
puisse réfléchir contre l'administration, la transaction constitue un
pacte que la justice peut et doit sanctionner (2).

595. Il est également permis de transiger sur une difficulté relative
à l'abolition des rentes féodales. On a soutenu vainement devant la
Cour de cassation que l'abolition des rentes féodales avait été une mesure d'ordre public, et qu'il n'était pas permis de déroger aux dispositions de la loi à cet égard par des conventions particulières. La Cour a
décidé qu'il n'y a pas de disposition législative prohibant la transaction
sur le point de savoir si telle rente est foncière, si, au contraire, elle est
féodale, et, comme telle, atteinte par l'abolition édictée dans la loi du
17 juillet 1793 (3). Elle est allée même plus loin, par les arrêts cités
plus haut (n° 486), en jugeant qu'il y avait non pas un simple mal jugé,
mais une violation expresse de la loi, dans une décision qui qualifiait
d'acte récognitif une convention par laquelle les parties avaient réellement entendu transiger sur la question de féodalité, et stipuler en vue
de la renonciation par l'une d'elles à opposer l'abolition de la rente.

V. — 596. Néanmoins, quelque générale qu'elle soit, la règle qu'on
peut transiger sur toute espèce de droits douteux comporte, comme
nous l'avons dit, des exceptions nécessaires. D'une part, en effet, il y
a des choses qui, placées hors du commerce, touchent à l'ordre public
et ne peuvent faire l'objet d'aucune convention : tels sont, par exemple, l'état des personnes, les questions de validité ou de nullité de mariage, etc. D'une autre part, il y a des droits qui, sans être hors du
commerce, ne peuvent cependant pas être aliénés, ni par conséquent
faire l'objet d'une transaction, par suite d'une prohibition spéciale de
la loi qui s'y oppose : tels sont les biens dotaux d'une femme mariée
sous le régime dotal, les droits établis par les conventions matrimonia-

---

(1) *Voy.* MM. Demolombe (t. V, n° 517); Troplong (n° 68); Aubry et Rau (t. III,
p. 481, notes 15 et 16); Accarias (n° 93).
(2) Req., 17 janv. 1811 (S. V., 14, 1, 126; Coll. nouv., 3, 1, 282; Dalloz, 11, 1,
121; Rec. alph., t. I, p. 631; *J. Pal.*, à sa date).
(3) Req., 5 juill. 1810 (S. V., 11, 1, 11; Coll. nouv., 3, 1, 208; Dalloz, 10, 1, 524;
Rec. alph., t. VIII, p. 481; *J. Pal.*, à sa date). *Voy.* aussi M. Merlin (*Quest.*, v° Rente
foncière, § 22).

les, ceux qui font partie d'une succession non encore ouverte, etc., etc. Il nous reste à nous expliquer sur les exceptions de l'une et de l'autre classe.

VI. — 597. Parmi les droits qui, étant hors du commerce, ne sauraient être matière à transaction, viennent au premier rang ceux qui constituent l'état des personnes : la liberté, la nationalité, la filiation, la légitimité, le mariage, l'autorité maritale, la puissance paternelle, la puissance tutélaire, la séparation de corps, le divorce, etc. Toullier, en traitant du serment décisoire, dans lequel il voit une véritable transaction, dit que les lois romaines permettaient de transiger sur les questions d'état ou actions préjudicielles *in quibus de statu et conditione agitur*, et que, sauf en certains points spécialement réglés par le législateur (art. 307 et 1443 C. Nap.), nos lois ne le défendent pas (1). Mais c'est là une opinion isolée. Si les lois romaines ont, en effet, autorisé, dans des termes plus ou moins étendus, la transaction sur les questions de liberté et sur toutes autres questions d'état (l. 10 et 43, C. *De Trans.*), il est certain que cette décision serait, dans notre droit actuel, inconciliable avec la disposition de l'art. 2045, d'après lequel, pour transiger, il faut avoir la capacité de disposer des choses comprises dans la transaction. Or, l'état des personnes est une de ces choses qui, par cela qu'elles touchent à l'ordre public, ne sauraient être à la disposition des parties. Nul n'a capacité pour en disposer : aussi est-il constant en doctrine et en jurisprudence qu'on ne peut transiger valablement et utilement sur les questions d'état (2). Il n'y a pas, d'ailleurs, à excepter les questions de nationalité. Si la nationalité peut être perdue ou échangée en certains cas, et d'après des règles déterminées, elle ne peut pas, du moins, être acquise ou perdue par un simple acte de volonté (3).

598. On ne distingue même pas, sur les questions de filiation, entre la filiation légitime et la filiation naturelle. L'enfant naturel a un état qui, pour être moins honorable que celui de l'enfant légitime, n'en est pas moins un état; il a une filiation qui, pour être exposée à rester ignorée à défaut de preuves, n'en est pas moins une filiation. De cette situation découlent des droits et des devoirs qui diffèrent sans doute des droits et des devoirs des enfants légitimes, mais qui, en définitive, touchent à leur état, c'est-à-dire à une chose hors du commerce, et dont, par conséquent, l'enfant naturel n'a pas, plus que l'enfant légitime, la capacité de disposer. La Cour de cassation s'en est expliquée en cassant un arrêt de la Cour d'Aix portant rejet d'une réclamation d'état d'enfant naturel sur le fondement d'une transaction par laquelle

---

(1) *Voy.* Toullier (t. X, n° 377, et n° 378, à la note).
(2) *Voy.* les arrêts cités sous le n° 593. *Junge* : Orléans, 6 mars 1841 (*J. Pal.*, 1841, t. II, p. 241). *Voy.* aussi MM. Marbeau (n° 112); Duranton (t. XVIII, n° 399); Demolombe (t. V, n°° 331 et suiv.); Marcadé (art. 328, n° 1); Aubry et Rau (t. III, p. 480); Duvergier, sur Toullier (*loc. cit.*); Mourlon (t. III, p. 471); Berriat Saint-Prix (*Not. théor.*, n° 8141); Troplong (n°° 63 et suiv.); Accarias (n° 92).
(3) *Voy.* Rennes, 12 fév. 1824 (S. V., 24, 2, 78; Coll. nouv., 7, 2, 319; Dalloz, 24, 2, 92; Rec. alph., t. VI, p. 511). *Voy.* aussi M. Accarias (*loc. cit.*).

l'enfant, moyennant une somme de 10 000 francs à lui comptée, avait déclaré se désister irrévocablement de sa réclamation d'état (1). Cette décision a été critiquée en droit et aussi au nom de la morale (2). Elle se défend, néanmoins, à ce double point de vue : en droit, nous avons déjà indiqué le motif qui la justifie; et quant à la morale, elle la sert autrement bien que la décision contraire, qui, donnant le pas aux intérêts matériels sur les droits et les devoirs découlant de la filiation, tiendrait comme définitif et irrévocable l'engagement de celui qui, pour un peu plus ou un peu moins d'argent, aurait consenti à n'avoir pas d'état.

599. Mais on a proposé une autre distinction qui, celle-ci, est assez généralement acceptée. On a distingué suivant que la transaction porte renonciation à l'état réclamé ou qu'elle contient reconnaissance de cet état : nulle dans le premier cas, elle serait valable, au contraire, dans le second (3). Cependant, quelque accréditée qu'elle soit, cette distinction est complétement en désaccord avec les principes. Sans doute, il y a des cas exceptionnels où une reconnaissance d'état a pour effet de rendre non recevable toute contestation ultérieure : ainsi, le père qui a reconnu sa paternité dans un acte authentique ou privé est désormais inadmissible à prétendre que la naissance de son enfant est entachée d'adultérinité; ainsi encore, en dehors des circonstances déterminées par la loi (art. 314 C. Nap.), les héritiers, dans la même hypothèse, ne peuvent plus contester la légitimité de l'enfant né dans le mariage. Ce sont là des points enseignés par tous les auteurs, et qui ont leur fondement dans cette idée qu'une action en désaveu peut être abandonnée par l'effet d'une renonciation expresse ou même tacite de la part de ceux à qui elle compète, et à qui, selon l'expression de M. Demolombe, elle est accordée dans un intérêt surtout relatif. Mais que la reconnaissance d'un état judiciairement réclamé puisse être l'objet d'une transaction; qu'entre des parties en procès sur une réclamation d'état il puisse intervenir un arrangement, et un arrangement payé (puisque les sacrifices réciproques sont la condition nécessaire de toute transaction), par lequel l'une renonce d'une manière absolue à contester l'état réclamé par l'autre ou s'engage d'une manière absolue à lui reconnaître l'état dont elle est en possession; c'est assurément ce qu'il n'est pas possible de concilier avec les principes. Il y a là, quoi qu'on en puisse dire, une transaction qui manque d'objet, parce que, toute favorable qu'elle soit à l'état de la personne, elle porte sur l'état de la personne, c'est-à-dire sur des droits essentiellement hors du commerce, et qu'ainsi elle vient se heurter contre la disposition formelle de l'art. 1128 du Code Napo-

---

(1) Cass., 12 juin 1838 (S. V., 38, 1, 695; Dalloz, 38, 1, 273; *J. Pal.*, à sa date). *Voy.* aussi l'arrêt déjà cité de la Cour de Grenoble, du 18 janvier 1839, intervenu sur le renvoi prononcé par la Cour de cassation.

(2) *Voy.* les observations de M. A. Carette à la suite de l'arrêt dans le Recueil S. V.

(3) Req., 13 et 18 avr. 1820; Bordeaux, 20 mars 1830; Req., 27 déc. 1831, 24 juill. 1835; Montpellier, 2 mars 1832; Limoges, 5 janv. 1842 (S. V., 21, 1, 8; 22, 1, 124; 30, 2, 208; 32, 1, 617; 36, 1, 238; 33, 1, 610; 42, 2, 484; Coll. nouv., 6, 1, 216 et 218; 9, 2, 419; Dalloz, 20, 1, 460; 22, 1, 142; 32, 1, 9; 36, 1, 10; 33, 2, 60; *J. Pal.*, à leur date). *Junge* l'arrêt du 28 nov. 1849, cité au n° 592. *Voy.* aussi M. Troplong (n°° 63 et suiv.).

léon, d'après lequel il n'y a que les choses qui sont dans le commerce
qui puissent être l'objet des conventions (1).

600. Ces mêmes motifs nous portent à décider que les questions
relatives à la nullité ou à la validité des mariages ne sauraient être non
plus matière à transaction. Le Tribunal de cassation avait fait de ce
point, comme de celui qui précède, l'objet d'une disposition précise
dans la rédaction qu'il proposait, et à laquelle nous avons fait allusion
(*suprà*, n° 454). « Les questions de droit public, disait-il, telles que
la validité d'un mariage, l'état des hommes, le divorce, l'action publique qui naît d'un crime ou délit, ne sont pas susceptibles de transaction ; mais on peut transiger sur les intérêts civils qui en résultent. » (2)
Les rédacteurs du Code, qui, s'en référant à la disposition générale de
l'art. 1128, n'avaient pas cru devoir parler spécialement des questions
d'état au titre *Des Transactions*, n'eurent pas naturellement à s'expliquer davantage sur les transactions touchant les causes matrimoniales.
La prohibition n'en est pas moins certaine, car la raison de décider est
évidemment la même, les mariages tenant essentiellement à l'ordre public et se liant étroitement à l'état des personnes.

Néanmoins, sur ce point encore, des distinctions sont proposées.
M. Troplong, maintenant dans son commentaire des *Transactions* des
théories que, comme organe du ministère public, il présentait, en
1825, devant la Cour de Bastia, admet bien que, quand le mariage
existe, nulle transaction ne peut l'annuler ; il admet encore, dans l'hypothèse où, au lieu de détruire le mariage ou d'en affaiblir le lien, la
transaction tend à le valider, qu'elle est sans valeur si aucun acte de
célébration n'est représenté, le mariage requérant essentiellement le
concours de l'autorité publique. Mais un acte de célébration est-il représenté, dans cette même hypothèse, l'éminent jurisconsulte fait une
sous-distinction : « Ou l'acte de mariage, dit-il, constate la preuve d'un
de ces vices qui font rougir la morale, ou bien il n'est entaché que de
vices qui ne blessent en rien l'honnêteté : dans le premier cas, la
transaction pour valider le mariage sera nulle ; dans le second, elle sera
valable. » (3) La Cour de Bastia, dont M. Troplong fait connaître l'arrêt (4), ne s'est pas expliquée sur cette dernière distinction ; elle s'est
attachée exclusivement à la première, que nous connaissons déjà, à
celle qui valide ou annule la transaction, suivant qu'elle est favorable
ou contraire à l'état réclamé, en disant, d'ailleurs sans aucune justification et par une affirmation toute sèche, « que, relativement au mariage, il a toujours été reconnu que si les époux ne peuvent dissoudre
le lien matrimonial par des conventions, ils peuvent le resserrer et le
corroborer en transigeant sur les vices réels ou prétendus qui pourraient
exister dans l'acte constatant leur union. »

Les deux distinctions sont, à notre avis, également inadmissibles.

---

(1) *Voy.* MM. Demolombe (t. V, n° 333); Accarias (n° 94).
(2) Art. 9 du projet du Trib. de cass. (Fenet, t. II, p. 744).
(3) M. Troplong (n°ˢ 80 et suiv.).
(4) Bastia, 7 juill. 1825. *Voy.* M. Troplong (n°ˢ 71 et 88).

Qu'elles aient été de doctrine constante parmi les interprètes et les commentateurs des décrétales dont M. Troplong invoque l'autorité, et auxquels sans doute la Cour de Bastia a voulu faire allusion, nous n'avons pas à le contester : il nous suffit de dire que le droit canon n'a plus de valeur juridique, et que s'il s'est encore permis de s'en autoriser, c'est seulement dans les cas et sur les points où notre législation actuelle peut paraître s'en être inspirée. Or il en est ici tout autrement : notre loi civile condamne manifestement les distinctions proposées. Le mariage tenant essentiellement au droit public, son existence et ses éléments constitutifs étant placés hors du commerce, il est impossible de ne pas reconnaître que transiger sur les causes matrimoniales, spécialement sur telle ou telle nullité dont le mariage serait affecté, c'est transiger dans des conditions qui font tomber la transaction sous la disposition formellement prohibitive de l'art. 1128 du Code Napoléon. Peu importe que la transaction soit faite en faveur et pour le maintien du mariage ; que même elle tende à couvrir une de ces nullités qui ne blessent pas l'honnêteté. Elle ne touche pas moins, en ce cas encore, à la cause matrimoniale, c'est-à-dire à un objet que la loi met au-dessus de la volonté des parties. Nous écartons donc, au nom de la loi, les distinctions proposées. Et, disons-le, on peut les écarter aussi au nom de la saine morale. Il ne faut pas, en aussi grave matière, laisser la voie ouverte à ce qui pourrait n'être qu'œuvre de cupidité. Qu'un père approuve expressément ou tacitement le mariage du fils qui n'a pas pris son consentement, ou laisse s'éteindre l'action en nullité qui lui compète ; qu'un époux dont le consentement a été surpris par erreur ou arraché par violence renonce à se prévaloir de la nullité, cela se comprend et s'explique : ce sont là des renonciations pures et simples qui, profitant à la cause du mariage et à celle de la famille, servent l'intérêt de la société. Mais supposez que cet époux, que ce père, provoquent, au contraire, la nullité du mariage, et que la lutte judiciaire une fois engagée, ils s'arrêtent tout à coup, et par un arrangement, imposé peut-être, ils obtiennent de celle dont ils attaquent le mariage, ou de sa famille, un sacrifice en retour duquel ils mettent fin au procès en renonçant, de leur côté, à suivre sur l'action en nullité, cette renonciation intéressée n'a plus rien qui la recommande ; elle apparaît, tout au contraire, comme le résultat d'un marché que la conscience réprouve, et que la justice dès lors ne peut et ne doit pas sanctionner (1).

601. Dans un autre ordre d'idées, il faut considérer comme comprises également dans la même exception les transactions sur l'exécution des traités secrets en matière de cession d'offices. Bien que les offices ne soient pas hors du commerce d'une manière absolue, et qu'au contraire, la loi du 28 avril 1816, par l'effet de son art. 91, ait créé, au profit du titulaire, une propriété *sui generis* qui, toute spé-

---

(1) *Voy.* M. Accarias (n° 95). Comp. M. Demolombe (*loc. cit.*).

ciale qu'elle soit, peut néanmoins être l'objet de traités intéressés, il est de principe que de tels traités ne peuvent être conclus sans l'agrément de l'autorité, qui y est partie nécessaire et principale par le contrôle qu'elle exerce avant de statuer sur la proposition qui lui est faite par les parties. Les conditions du contrat doivent donc être portées à sa connaissance. Et l'on sait avec quelle rigueur la justice a tenu la main à ce que les parties se fissent un devoir de la sincérité dans les déclarations par elles faites à cet égard : elle a, dans cette vue, considéré comme contraires à l'ordre public et radicalement affectés d'une nullité telle qu'elle ne laisse pas subsister même l'obligation naturelle, tous actes ou contre-lettres portant stipulation d'un supplément de prix en dehors du prix déclaré au contrat ostensible soumis à l'appréciation et au contrôle de l'autorité.

Par cela même on comprend que cette nullité dont le traité secret est affecté doit atteindre les transactions qui auraient pour objet et pour résultat de procurer l'exécution du traité en tout ou en partie. Ainsi, un officier ministériel cède son office moyennant 100 000 francs dont 80 000 seulement sont déclarés dans le traité ostensible : les autres 20 000 francs font l'objet d'une contre-lettre. Plus tard, des contestations s'élèvent entre le cédant et le cessionnaire : ce dernier, soit pour s'affranchir du payement des 20 000 francs objet du traité secret, soit pour en obtenir la restitution s'il les a payés, demande en justice la nullité de la contre-lettre. Mais les parties, au moment de plaider, se rapprochent et mettent fin à la contestation au moyen d'une transaction par laquelle elles s'engagent à partager le différend, c'est-à-dire à sacrifier chacune 10 000 francs sur leurs prétentions respectives. Plus tard encore, et sans tenir compte de cette transaction, le cessionnaire reprend sa demande et porte de nouveau la même réclamation devant la justice. Pourra-t-on le repousser, et lui dire qu'au moyen de la transaction une novation s'est opérée qui ne lui permet plus de se tenir strictement aux termes et conditions du contrat ostensible? En aucune manière. La transaction, en portant le prix réel de l'office à 90 000 francs, c'est-à-dire à une somme supérieure à celle qui a été déclarée à l'autorité, a tendu, non pas à former une convention nouvelle entre les parties, mais à procurer l'exécution partielle du traité secret par l'effet duquel le prix ostensible de 80 000 francs avait été porté à 100 000 : elle ne peut donc pas être séparée de ce traité secret, et par cela même elle participe à la nullité d'ordre public dont le traité secret est lui-même affecté. Telle est la jurisprudence (1). Et par une application peut-être exagérée, elle va jusqu'à décider que la nullité du traité portant stipulation d'un supplément de prix est tellement d'ordre public, que l'action en répétition ouverte à l'acquéreur qui aurait payé ce sup-

(1) Req., 7 juill. 1841, 20 juin 1848, 5 nov. 1856 (S. V., 41, 1, 571; 48, 1, 450; 56, 1, 916; Dalloz, 41, 1, 302; 48, 1, 310; 56, 1, 397; *J. Pal.*, 1848, t. II, p. 654; 1857, p. 71).

plément n'est pas susceptible de s'éteindre *même par une remise de la dette à titre purement gratuit* (1).

Ce n'est pas tout encore : la jurisprudence étend la nullité au cas même où la transaction intervient à l'occasion d'une action en réduction de prix motivée sur des manœuvres frauduleuses pratiquées par le cédant contre le cessionnaire au moment du traité. Ainsi, bien qu'en principe on puisse transiger sur les suites d'une violence, d'une fraude ou d'un dol, comme nous l'avons établi plus haut (*suprà*, n° 583), il est décidé ici, par exception, que la transaction est non avenue quand la fraude et le dol ont été pratiqués à l'occasion d'une cession d'office, l'ordre public étant intéressé à ce que le procès suive son cours de telle sorte que le contrôle de la justice ne reste pas entravé. Néanmoins, les tribunaux ne sont pas unanimes en ce point : la Cour de Paris, notamment, s'est prononcée en sens contraire sous la présidence de M. le premier président Delangle (2). S'il importe à l'ordre public, a-t-elle dit, que toute force légale soit refusée aux *stipulations restées secrètes* et par voie de conséquence aux transactions conclues en vue de procurer l'exécution de ces stipulations, il en est autrement en ce qui concerne les transactions intervenues pour mettre fin aux contestations qui s'engagent à l'occasion de traités dont les conditions ont été portées sans réticence aucune à la connaissance de l'administration, et qui ont pour cause ou les vices cachés de la chose vendue, ou le dol du vendeur, ou la dépréciation provenant de la révélation de faits personnels au vendeur. Ici, l'intérêt privé est seul en jeu, la prétention tendant uniquement à la diminution du prix porté au contrat ostensible; aucun principe ne s'oppose donc à ce que la transaction qui, en définitive, allège les charges de l'acquéreur, soit maintenue et sorte à effet. Sans doute, dans l'un et l'autre cas, la transaction porte sur des conventions se rattachant à une transmission d'office; mais la distinction dérive invinciblement de la nature propre du vice qui, soit dans l'un, soit dans l'autre cas, affecte la transmission. Dans le premier, elle est entachée de dissimulation envers l'autorité compétente : par là même, le traité qui consacre la dissimulation se trouve frappé d'une nullité radicale et d'ordre public, et l'on ne concevrait pas qu'un effet légal pût s'attacher à une convention quelconque, transaction ou autre, qui tendrait à couvrir cette nullité; dans le second cas, au contraire, la transmission est entachée de fraude envers l'acquéreur : elle est ainsi affectée d'une nullité simplement relative, et, comme une telle nullité n'engendre, au profit de celui dont le consentement est vicié, qu'une action en rescision, on s'explique à merveille que les parties règlent entre elles leur différend comme elles l'entendent, et qu'engagées dans un procès ou sur le point de s'y engager, elles terminent la contestation judiciaire ou la préviennent par une

<hr>

(1) Voy. Rouen, 26 déc. 1850, et Rej., 19 avr. 1852 (S. V., 51, 2, 97; 52, 1, 449; Dalloz, 51, 2, 83; 52, 2, 105; J. Pal., 1851, t. II, p. 604; 1852, t. I, p. 598).
(2) Paris, 7 mars 1857 (S. V., 57, 2, 190; J. Pal., 1857, p. 758; Dalloz, 57, 2, 100).

transaction qui, ne touchant à rien qu'à leurs intérêts personnels, se produit dans les conditions d'une parfaite légalité.

Mais, nous le répétons, cette distinction est généralement repoussée par la jurisprudence, notamment par la jurisprudence de la Cour de cassation (1). Et, il faut bien le dire, elle n'a pas sa raison d'être si l'on réfléchit qu'après tout le cédant qui, à l'aide de manœuvres frauduleuses et par des documents mensongers, parvient à tromper le cessionnaire sur la valeur exacte et réelle de l'office, surprend du même coup la religion de l'autorité supérieure, à laquelle il doit une communication exacte et fidèle, non-seulement du prix de la cession, mais encore de tous les éléments qui doivent éclairer son contrôle et lui permettre de voir si le prix est ou n'est pas exagéré. L'intérêt du cessionnaire se confond donc ici avec l'intérêt public ; d'où suit que, même quand elle porte sur l'action en réduction du prix de cession, la transaction doit être annulée comme faite sur choses dont les parties n'avaient pas la libre disposition.

Un cas néanmoins est réservé : celui où l'acquéreur, après avoir obtenu judiciairement la réduction du prix de cession stipulé au traité, renonce ensuite, par transaction intervenue sur l'appel du vendeur, au bénéfice du jugement qui avait prononcé la réduction (2). Peut-être les motifs de la décision qui tient la transaction pour valable dans cette hypothèse ne sont-ils pas tous en harmonie parfaite avec les arrêts qui condamnent la transaction en principe, même quand elle a lieu sur une action en réduction du prix dont le fondement est dans le dol et les manœuvres pratiquées par le cédant. Mais, au fond, la décision est équitable : il y aurait une rigueur extrême, on ne peut se le dissimuler, à faire tomber sous l'application de la règle prohibitive des transactions ayant pour objet telles ou telles dérogations aux traités ostensibles le simple désistement de celui qui, ayant fait prononcer dans son intérêt une réduction du prix de cession par la justice, renonce spontanément et en toute liberté au bénéfice du jugement.

602. Terminons sur cette première classe d'exceptions à la règle qui permet de transiger sur tout droit douteux, par quelques observations touchant la transaction sur choses laissées par testament. Chez les Romains, où le testament était l'objet d'un respect en quelque sorte superstitieux, l'exécution des volontés du testateur était considérée comme chose d'intérêt public. Il n'était donc pas permis de transiger sur les difficultés naissant d'un testament, si ce n'est après avoir vu et examiné les termes de l'acte testamentaire. Tel était du moins l'avis d'interprètes nombreux (3), qui expliquaient en ce sens la règle posée par la loi 6, ff. *De Trans.*, extraite d'un texte de Gaius : « De

_____

(1) Rennes, 19 juill. 1851; Req., 6 déc. 1852; Orléans, 31 mars 1855 (*J. Pal.*, 1851, t. II, p. 331; 1853, t. I, p. 401; 1856, t. I, p. 248; S. V., 53, 1, 117; 56, 1, 529; Dalloz, 53, 1, 118; 55, 2, 225).
(2) Req., 10 juill. 1849 (S. V., 49, 1, 577; Dalloz, 49, 1, 327; *J. Pal.*, 1850, t. I, p. 522).
(3) Voet (*Sur le Dig.*, liv. II, tit. xv, n° 13); Peregrini (*De Fideic.*, art. 52, n° 78); Vinnius (*De Trans.*, c. v, n° 7).

» his controversiis, quæ ex testamento profisciscuntur, neque transigi,
» neque exquiri veritas aliter potest, quam inspectis, cognitisque verbis
» testamenti. » Sans nous attacher ici aux controverses dont ce texte
a été l'occasion, sans rechercher si, comme l'enseigne Cujas (1), la
prohibition qu'on en fait résulter n'est pas absolument contraire à la
théorie de Gaius, dont la pensée se trouverait altérée par la reproduction incomplète de son texte, disons que cette prohibition n'existe en
aucune façon dans notre droit actuel. L'exécution des testaments ne
touche nullement à l'ordre public aujourd'hui, et il est incontestablement permis de transiger sur choses laissées par testament. La Cour de
Caen a très-justement décidé en ce sens qu'on peut transiger sur la
portée de la clause d'un testament à propos de laquelle s'élève une contestation sur le point de savoir si la clause est nulle comme contenant
une substitution prohibée, ou si elle est valable comme renfermant
simplement une disposition de *residuo*, et que la transaction ne serait
pas susceptible d'être annulée par cela seul qu'un jugement rendu ultérieurement sur une autre contestation aurait déclaré que la clause renfermait une substitution prohibée (2).

Mais la validité de la transaction est-elle subordonnée à la circonstance relatée par la loi précitée, que les dispositions du testament aient
été connues des parties qui ont transigé? En d'autres termes, la transaction devrait-elle être annulée par cela seul que les parties n'auraient
pas connu et lu le testament avant de transiger? Non, sans aucun doute.
Assurément il n'est pas indifférent que ceux qui conviennent entre eux
d'un arrangement à l'occasion de choses léguées aient connaissance du
testament, afin qu'on puisse dire avec certitude que les parties ont su
ce qu'elles faisaient en transigeant. Mais ce n'est pas indispensable; et
la seule cause qui pourrait faire annuler la transaction conclue avant la
lecture du testament serait l'erreur, en tant qu'elle se produirait dans
les conditions déterminées par la loi pour que l'erreur soit susceptible de vicier la transaction (3). La difficulté trouverait donc sa solution dans l'application pure et simple des principes sur la nullité des
transactions, tels qu'ils sont posés par les art. 2052 et suivants ci-
après commentés.

VII. — 603. Il y a des choses ou des droits qui, bien qu'étant dans le
commerce d'une manière générale, ne peuvent pas cependant être
aliénés par suite d'une prohibition spéciale de la loi, et qui, par cela
même, ne pourraient pas faire l'objet d'une transaction. Nous signalons en premier lieu, comme nous l'avons indiqué déjà (*supra*,
n° 516), les biens dotaux d'une femme mariée sous le régime dotal.
En principe, ces biens ne peuvent pas faire l'objet d'une transaction,
puisqu'ils sont inaliénables en principe.

---

(1) *Voy*. Cujas (sur la loi 1 *De Trans*.). *Junge : Noodt (De Pact. et Trans.*, c. xviii).
Voy. aussi M. Accarias (n° 42).
(2) Caen, 16 nov. 1855 (S. V., 58, 2, 190).
(3) *Voy*. M. Rigal (p. 80 et suiv., art. 5); Troplong (n°° 99 et 100).

Néanmoins, il y a sur ce point, d'après la doctrine et d'après la jurisprudence, certaines distinctions qu'il faut préciser.

Et d'abord, on distingue entre la dot mobilière et la dot immobilière. Quant à la dot mobilière, la femme qui n'en a pas la disposition ne peut pas dès lors elle-même en faire valablement l'objet d'une transaction. Mais, nous l'avons dit déjà (*suprà*, nº 548), le mari trouve à cet égard, dans les droits d'administration dont il est investi, une faculté et des pouvoirs qui n'appartiennent pas à la femme : telles sont, du moins, les données de la jurisprudence, qui, tout en consacrant l'inaliénabilité de la dot même mobilière, entend moins parler de l'inaliénabilité dans le sens rigoureux et en quelque sorte matériel du mot que de l'impossibilité pour la femme de compromettre par ses actes durant le mariage le droit qu'elle a d'obtenir la restitution de sa dot. La jurisprudence, dont au surplus nous avons contesté le principe (1), tient donc que sinon la femme elle-même, au moins le mari a, par rapport aux meubles dotaux, un droit de disposition qui lui permet de transiger valablement sur la dot mobilière.

Quant aux immeubles dotaux, ils sont frappés, dans le sens absolu du mot, d'une inaliénabilité qui rend le mari incapable, comme la femme elle-même, de transiger à leur égard. On pourrait seulement réserver le cas où les époux, usant de la faculté accordée par la loi, auraient dérogé, par leur contrat de mariage, au principe de l'inaliénabilité ; encore même faudrait-il qu'en déclarant les immeubles dotaux aliénables, le contrat de mariage n'en eût pas soumis l'aliénation à une condition de remploi, puisqu'en présence d'une telle clause, il serait vrai de dire qu'obligés de faire le remploi du prix des immeubles aliénés, les époux n'ont pas la libre disposition de ces immeubles, et qu'ainsi ils ne se trouvent pas dans la condition même à la réalisation de laquelle, d'après l'art. 2045, est subordonnée la capacité de transiger (2).

Mais nous ne voudrions pas aller plus loin dans la voie des concessions. Aussi regardons-nous comme contraire aux principes, tant sur la dotalité qu'en matière de transaction, la doctrine, admise par quelques auteurs et consacrée par des arrêts, d'après laquelle la femme mariée sous le régime dotal pourrait transiger sur ses droits dotaux litigieux, toutes les fois que la transaction, faite loyalement, dans le but d'éteindre un procès sérieux dont l'issue incertaine pouvait compromettre la dot, constituerait un acte de bonne gestion (3). Ni la loi sur les transactions, ni les principes relatifs à la dotalité ne se prêtent à de tels tempéraments. Pour transiger, il faut avoir *la capacité de disposer des*

---

(1) Voy. *suprà*, nº 548 et la note. *Voy.* aussi l'opinion de M. Rodière dans le *Traité du Contrat de mariage*, que nous avons publié en collaboration (1ʳᵉ édit., t. II, nº 568 ; 2ᵉ édit., t. III).

(2) Bordeaux, 17 déc. 1841 (*J. Pal.*, à sa date ; Dalloz, 42, 2, 39).

(3) *Voy.* Caen, 3 mars 1860 ; Grenoble, 20 janv. 1865 (Dalloz, 60, 2, 65 ; S. V., 65, 2, 240 ; *J. Pal.*, 1865, p. 950). *Voy.* aussi M. Troplong (*Trans.*, nº 52 ; *Contr. de mar.*, nº 3127).

objets compris dans la transaction : c'est la règle formellement édictée par l'art. 2045. Or, quelque loyale qu'elle soit, quelque sérieuse qu'on la suppose et quelle qu'en puisse être l'utilité, la transaction qui porte sur des droits immobiliers dotaux comprend-elle des choses dont l'époux qui transige ait la capacité de disposer? Non, évidemment, puisque de par l'art. 1554 du Code Napoléon, de tels droits *ne peuvent être aliénés ni par le mari, ni par la femme, ni par les deux conjointement.* Donc elles ne peuvent pas être valablement l'objet d'une transaction (1). On a beau dire que, dans ce système, les lois faites en vue de la conservation de la dot seraient contraires aux intérêts qu'elles entendent protéger, et qu'en obligeant la femme à plaider quand elle pourrait se retirer avec profit du procès par une transaction, elles compromettent ses droits au lieu de les conserver. C'est incontestable; mais c'est le tort de la loi, qui, toute pleine qu'elle soit de rigueurs et d'inconvénients dans cette matière de la dotalité, n'en est pas moins la loi et doit, à ce titre, être respectée. La doctrine et la jurisprudence l'expliquent et l'appliquent : il ne leur appartient pas de la corriger.

604. C'est pourquoi nous n'irions même pas jusqu'à dire avec notre collaborateur et ami M. Rodière (2), que la justice peut autoriser le mari à transiger sur les droits dotaux litigieux, sauf l'accomplissement des formalités imposées par l'art. 467 au tuteur pour transiger au nom du mineur. M. Duranton, après avoir dit, comme nous, que la justice ne peut pas autoriser à transiger sur de tels droits, ajoute, par une contradiction justement relevée par M. Rodière, qu'il est à croire que la transaction faite avec l'autorisation de la justice serait inattaquable (3). La proposition est inexacte en ce dernier point : même autorisée par la justice, la transaction serait attaquable parce qu'il y aurait excès de pouvoirs dans la décision par laquelle la justice, au mépris de l'inaliénabilité de la dot, aurait autorisé la transaction. Le soin que le juge aurait pris d'exiger l'accomplissement de telle ou telle formalité, spécialement de réclamer cet avis de trois jurisconsultes dont il est question à l'art. 467 du Code Napoléon, ne couvrirait pas l'excès de pouvoir, parce que, en l'absence d'un texte précis qui permette d'aliéner la dot par transaction, le principe de l'inaliénabilité reste dominant et ne permet pas que, même à la faveur de formalités édictées par un texte qui règle un cas spécial, d'ailleurs sans analogie avec le cas de l'espèce, il soit fait usage de ce mode d'aliénation (4).

605. Toute transaction est interdite aux époux, durant le mariage, sur leurs conventions matrimoniales; cela résulte avec évidence de l'art. 1395 du Code Napoléon, d'après lequel ces conventions ne peu-

---

(1) *Voy.* MM. Aubry et Rau (t. III, p. 478, et t. IV, p. 470); Massé et Vergé, sur Zachariæ (t. IV, p. 230); Accarias (n° 96).
(2) *Voy.* le *Traité du Contr. de mar.* (*loc. cit.*). *Voy.* aussi le nouveau *Rép.* de MM. Dalloz (v° Contr. de mar., n° 3486).
(3) M. Duranton (t. XVIII, n° 407).
(4) *Voy.* MM. Tessier (*De la Dot*, t. I, p. 367, note 566); Accarias (n° 97).

vent recevoir aucun changement après la célébration du mariage. Des même des époux engagés entre eux dans un procès en séparation ne pourraient mettre fin au litige en convenant par transaction qu'ils seront séparés de biens; cela résulte des termes également précis de l'art.. 1443 du Code Napoléon, d'après lequel toute séparation volontaire est nulle. Tout cela touche à l'immutabilité des conventions matrimoniales, c'est-à-dire à un principe qu'on peut aussi considérer comme intéressant l'ordre public; mais les développements auxquels donnent lieu les art. 1395 et 1443 précités se rattachent essentiellement à la matière du contrat de mariage (1).

606. On peut, comme nous l'avons dit plus haut (n° 588), transiger même sur des droits éventuels, puisqu'aux termes de l'art. 1130 les choses futures peuvent faire l'objet d'une convention. Mais le même article ajoute qu'on ne peut cependant renoncer à une succession non ouverte, ni faire aucune stipulation sur une pareille succession, même avec le consentement de celui de la succession duquel il s'agit. Il suit de là que les droits douteux faisant partie d'une succession non encore ouverte ne pourraient, d'après cette disposition, être l'objet d'une transaction. La convention transactionnelle qui aurait de tels droits pour objet serait nulle. Et il en serait ainsi soit que la transaction portât sur l'universalité de la succession non ouverte ou seulement sur des objets particuliers de cette succession, soit même qu'elle eût lieu non entre les héritiers de celui de la succession duquel il s'agit ou entre celui-ci et ses héritiers, mais entre lui et des tiers (2). On en peut dire autant de la transaction conclue sur la nullité d'une obligation aléatoire ayant pour cause la dette résultant d'un pari sur les effets publics (3).

Que si la transaction portait à la fois sur des droits où des biens présents et sur des objets existants dans une succession non encore ouverte, elle serait nulle pour le tout. En effet, il est admis en doctrine et en jurisprudence que même lorsqu'il s'agit d'une vente, le contrat ayant pour objet des biens présents et des objets à prendre dans une succession future doit être annulé pour le tout s'il est fait par un seul et même acte et pour un seul et même prix, et cela, d'après quelques arrêts, quand même l'acquéreur offrirait de faire porter le prix stipulé sur les biens présents, la vente restant nulle quant aux objets dépendants de la succession future (4). A plus forte raison en doit-il être

---

(1) *Voy.* notre *Traité du Contr. de mar.* (1re édit., t. I, nos 133 et suiv., et t. II, n° 793; 2e édit., t. I, nos 149 et suiv., et t. III).

(2) *Voy.* Req., 14 nov. 1843. Comp. 10 août 1840 (S. V., 44, 1, 229; 40, 1, 757; Dalloz, 43, 4, 281; 40, 1, 302; *J. Pal.*, à leur date).

(3) Paris, 27 nov. 1858 (S. V., 59, 2, 88; *J. Pal.*, 1859, p. 154). *Voy.* ce que nous disons à cet égard dans notre commentaire des *Contrats aléatoires* (tome précédent, nos 604, 641 et suiv.).

(4) *Voy.* l'arrêt déjà cité du 14 nov. 1843. *Junge :* Limoges, 13 fév. 1828; Riom, 13 déc. 1828; Montpellier, 4 août 1832; Toulouse, 27 août 1833; Limoges, 6 avr. 1838; Grenoble, 8 août 1832; Orléans, 24 mai 1849 (S. V., 29, 2, 32 et 278; 32, 2, 481; 34, 2, 97; 38, 2, 591; 33, 2, 176; 49, 2, 600; Dalloz, 29, 2. 61; 34, 2, 22 et 169; 33, 2, 12 et 29; 49, 2, 165; *J. Pal.*, 1849, t. II, p. 78).

de même d'une transaction, en raison du principe d'indivisibilité qui, ainsi que nous aurons à l'expliquer bientôt, domine en cette matière, et fait considérer les clauses diverses de la convention comme un ensemble dont tous les détails sont inséparables dans l'intention des parties.

607. On ne pourrait pas non plus, si l'on s'en tenait rigoureusement au texte de l'art. 1339, transiger sur la nullité pour vice de forme d'une donation entre-vifs. Aux termes de cet article, le donateur ne peut réparer par aucun acte confirmatif les vices d'une telle donation; nulle en la forme, il faut qu'elle soit refaite en la forme légale. Et puisque la confirmation est interdite d'une manière absolue, puisque ainsi la confirmation tacite n'est pas plus permise que la confirmation expresse, on peut dire, en thèse générale, que l'art. 1339 fait obstacle à la transaction, qui pourrait n'être qu'un moyen d'éluder la prohibition de la loi. Toutefois, c'est ici le cas de se défendre de ces solutions qui, appliquées rigoureusement et dans un esprit de système, peuvent, suivant les circonstances, consacrer l'iniquité. Et par exemple, en réservant, bien entendu, le cas où la fraude apparaîtrait, nous croyons qu'un doute sérieux venant à s'élever sur une question de forme d'une donation entre-vifs, la transaction conclue pour prévenir le procès ou y mettre fin devrait être maintenue.

608. C'était, dans notre ancien droit, au moins antérieurement à l'ordonnance de 1747, une question controversée de savoir si le grevé de substitution pouvait, à l'occasion des biens substitués, conclure une transaction obligatoire pour les appelés, même quand ceux-ci n'acceptaient pas sa succession. L'opinion dominante tenait cependant pour l'affirmative. « Le donataire grevé de substitution, dit Cochin en résumant l'état de la doctrine sur ce point, est seul propriétaire des biens chargés de fidéicommis... tous les droits de propriété ne résident qu'en sa personne, et tous les droits de ceux qui sont appelés après lui ne consistent que dans une simple espérance très-fragile... Le grevé peut donc transiger, compromettre sur un procès sérieux et difficile, parce que c'est un parti que la sagesse inspire, et que les lois elles-mêmes autorisent pour terminer des constestations qui ruineraient les parties en frais, et dont l'événement est incertain. ». Cochin cite en ce sens l'opinion de Ricard, et celle de Peregrinus qui, en effet, après avoir établi en principe général que le grevé de substitution ne pouvant pas aliéner ne peut pas transiger, ajoute cependant que s'il a transigé sur un droit incertain et douteux, la transaction n'engage pas moins les substitués que lui-même (1). C'est aussi cette opinion que l'ordonnance de 1747 avait fait prévaloir, sauf néanmoins l'accomplissement de certaines formalités sans lesquelles la transaction conclue par le grevé n'était pas opposable aux substitués. L'art. 53, tit. II, disposait, en effet, que les actes contenant des désistements, transactions ou conventions qui seraient passés, à l'avenir, entre celui qui serait chargé de substitution

---

(1) *Voy.* Cochin (t. IV, p. 306); Ricard (*Subst.*, part. II, chap. III, n° 10); Peregrinus (*De Fideic.*, art. 52, n°s 81 et 88).

ou qui l'aurait recueillie et d'autres parties ne pourraient avoir aucun effet contre les substitués, et qu'il ne pourrait être rendu aucun jugement en conséquence desdits actes qu'après qu'ils auraient été homologués en cours de parlement ou conseils supérieurs sur les conclusions des procureurs généraux. Mais aucune des dispositions qui règlent, dans notre Code, la matière des substitutions permises (art. 1048 et suiv.) ne contient rien d'analogue à ce que l'intérêt des appelés avait suggéré au rédacteur de l'ordonnance 1747. Et en l'absence de toute disposition pourvoyant à la sûreté des biens substitués, on tient généralement aujourd'hui que le grevé ne peut transiger sur ces biens de manière à lier les appelés (1). D'ailleurs, le grevé ne pouvant pas aliéner les biens substitués, c'est la seule solution conciliable avec le principe de l'art. 2045, d'après lequel il faut, pour transiger, avoir la capacité de disposer des objets compris dans la transaction.

609. Il résulte des art. 1078 et 1079, interprétés par la jurisprudence, que l'action en nullité ou en rescision d'un partage d'ascendant fait entre-vifs ne peut être formée qu'après le décès de l'ascendant donateur (2). Donc la transaction sur un tel partage serait nulle si elle était faite du vivant de l'ascendant donateur. Cela a été expressément reconnu par la Cour de cassation dans une espèce où la transaction était présentée comme une ratification susceptible d'élever une fin de non-recevoir contre l'action en nullité formée par l'un des copartageants après le décès de l'auteur commun. Si les enfants, a dit la Cour en rejetant cette prétention, ne peuvent pas attaquer le partage pendant la vie de l'ascendant, leur action, par une juste réciprocité, doit, jusqu'au décès de ce dernier, demeurer intacte dans leurs mains, nonobstant toute ratification expresse ou tacite, ou même sous forme de transaction, qu'ils auraient pu faire de son vivant, ces actes étant présumés n'avoir pas été consentis par les enfants dans toute la plénitude de leur liberté, et ne pouvant dès lors entraîner, de leur part, renonciation à des droits dont il leur est impossible d'ailleurs, pendant la vie de l'ascendant, de connaître l'étendue ou même l'existence (3).

610. Mais que faut-il penser de la transaction sur une créance d'aliments? C'est là une question fort obscure, et, comme le dit M. Troplong, les interprètes et les docteurs qui en ont traité n'ont pas peu contribué à l'embrouiller (4). Dans notre ancien droit, qui suivait les principes du droit romain en ce point, il était admis : d'une part, qu'on ne transigeait pas valablement sur des aliments dus à cause de mort et non encore échus; d'une autre part, qu'il était permis, au contraire, de transiger sur des aliments déjà échus alors même qu'ils étaient dus à cause de mort, et sur des aliments, échus ou à échoir, dus à tout autre titre qu'à cause de mort.

---

(1) *Voy.* MM. Marbeau (nos 117 et suiv.); Troplong (n° 101); Accarias (n° 127).
(2) *Voy.* notamment les arrêts de la Cour de cass. des 31 janv. 1853 et 28 fév. 1855 (S. V., 53, 1, 153; 55, 1, 785; Dalloz, 53, 1, 31; 55, 1, 81; *J. Pal.*, 1853, t. I, p. 237).
(3) Cass., 6 fév. 1860 (S. V., 60, 1, 428; *J. Pal.*, 1860, p. 677; Dalloz, 60, 1, 89).
(4) *Voy.* M. Troplong (*De la Vente*, n° 227; *Des Trans.*, n° 93).

611. Dans notre droit actuel, la question a donné lieu à d'assez nombreuses controverses. Toutefois, deux points peuvent être regardés comme constants, et nous nous bornerons à les préciser. En premier lieu, on tient que la créance alimentaire qui a sa cause dans la parenté ou l'alliance, et se trouve ainsi établie en vertu de la loi ou *jure sanguinis,* ne peut pas être l'objet d'une transaction : il y a là une créance incessible, parce que le titre d'où elle procède ne peut pas être répudié, en sorte que la transaction par laquelle l'alimentaire renoncerait à sa créance ou consentirait à la réduire n'élèverait aucune fin de non-recevoir contre l'action que, replacé sous l'empire des besoins auxquels répondait la pension alimentaire, il engagerait pour faire reconstituer la créance telle qu'elle était avant la transaction (1). En second lieu, on tient également qu'il est permis de transiger soit sur les sûretés stipulées pour assurer le service d'une pension alimentaire quel qu'en soit le titre (2), soit sur le mode de prestation des aliments à échoir, soit encore sur les aliments eux-mêmes, fussent-ils dus en vertu de la loi ou *jure sanguinis,* lorsqu'ils sont échus. La Cour suprême a décidé sans doute, sur ce dernier point, qu'un arrêt n'avait pas encouru la cassation pour avoir déclaré insaisissables non-seulement les arrérages à échoir, mais encore les arrérages échus d'une pension alimentaire (3). Mais le rejet du pourvoi a été principalement fondé sur ce que le moyen, n'ayant été discuté ni en première instance ni en appel, constituait un moyen nouveau devant la Cour de cassation. Et dès lors, il n'infirme pas une solution très-juste d'ailleurs, en ce que la transaction qui porte sur des arrérages échus, c'est-à-dire sur des arrérages dont l'alimentaire n'a pas eu besoin pour vivre, n'a rien de contraire à la loi, dont la pensée unique, en consacrant le droit à des aliments, est d'assurer à l'alimentaire des moyens d'existence.

612. Mais à côté de ces deux points désormais certains et incontestés, il y en a deux autres sur lesquels la controverse reste, au contraire, toujours ouverte.

Le premier est de savoir si lorsqu'ils sont dus en vertu de la loi, les aliments à venir peuvent être l'objet d'une transaction au moins quand le créancier se trouve dans une situation supérieure à ses besoins. Il y a deux arrêts en sens contraire sur ce point, l'un de la Cour de Toulouse, d'après lequel la transaction devrait être annulée même en ce cas, l'autre de la Cour de Metz qui, au contraire, valide la transaction et la maintient (4). La dernière solution doit incontestablement être préférée, par le motif même que nous indiquions tout à l'heure, à savoir que la transaction ne contrevient pas au vœu

---

(1) Paris, 7 flor. an 12; Bruxelles, 17 juin 1807; Douai, 1er fév. 1843; Bordeaux, 26 juill. 1855 (S. V., 4, 2, 132; 7, 2, 325; 43, 2, 188; 57, 2, 111; Dalloz, 6, 2, 171; 8, 641). *Voy.* aussi MM. Massé et Vergé (t. I, p. 226, note 33); Troplong (n° 95); Accarias (n° 98).

(2) Caen, 9 juill. 1862 (S. V., 63. 2, 103; *J. Pal.,* 1863, p. 809).

(3) *Voy.* Rej., 27 avr. 1824 (S. V., 25, 1, 102; Coll. nouv., 7, 1, 444).

(4) Toulouse, 9 janv. 1816; Metz, 13 déc. 1822 (S. V., Coll. nouv., 5, 2, 89; 7, 2, 136). *Voy.*, dans le sens de ce dernier arrêt, M. Troplong (n° 96).

de la loi, en cette matière, dès que la situation dans laquelle elle laisse l'alimentaire est telle que celui-ci reste avec des moyens suffisants d'existence.

613. Le second point, plus gravement controversé, est de savoir si l'on peut transiger sur des aliments dus en vertu d'une donation ou d'un legs. En droit romain, la question avait d'abord été résolue dans le sens de la liberté. Mais il arriva souvent que des prodigues, trompant la prévoyance du donateur ou du testateur qui avait voulu assurer leur existence, sacrifièrent la pension alimentaire pour obtenir immédiatement, au moyen d'une transaction, un capital qu'ils avaient bientôt dissipé. De là le sénatus-consulte de Marc Aurèle, qui, pour obvier à cela et protéger les alimentaires contre leurs propres penchants, exigea l'intervention du préteur et ne reconnut la validité des conventions relatives à des aliments dus en vertu d'un legs qu'autant que ces conventions avaient été autorisées par le magistrat (l. 8, ff. *De Trans.*). Selon quelques auteurs, cette disposition devrait être suivie dans notre droit actuel ; et dès lors il faudrait dire, d'une part, que la transaction serait nulle si elle avait eu lieu sans l'approbation ou l'homologation de la justice ; d'une autre part, qu'elle serait valable, au contraire, si elle avait été homologuée (1). Cette première solution est, à notre sens, purement arbitraire, et on doit l'écarter. En l'absence de toute disposition qui donne aujourd'hui aux tribunaux ce droit d'homologation ou d'approbation dont le préteur était investi par la loi romaine, les tribunaux interviendraient sans droit. Il n'y a pas ici de solution intermédiaire : ou la transaction, dans le cas donné, est valable en elle-même, et alors elle n'a aucunement besoin de l'homologation du tribunal ; ou elle est nulle, auquel cas l'homologation serait impuissante à la valider.

Quel est donc, entre ces deux partis, celui qu'il faut préférer ? Tout en reconnaissant que le premier semble le plus accrédité parmi les auteurs (2), nous nous rattachons cependant de préférence au second, qui a aussi pour lui de très-puissantes autorités (3). Celui à qui des aliments sont dus en vertu d'une disposition à titre gratuit ne doit pas être libre de neutraliser par une transaction le résultat vers lequel a tendu l'auteur de la libéralité ; il ne doit pas lui être permis, quand celui-ci a voulu créer par la forme même du don ou du legs un moyen assuré et permanent d'existence, d'aller contre sa volonté en stipulant à la place un avantage présent, mais essentiellement fugitif. Les art. 581 et 1004 du Code de procédure y font obstacle. Vainement, pour repousser le premier de ces articles, on dit qu'une créance n'est pas incessible de la part

---

(1) *Voy.* notamment M. Duranton (t. XVIII, n° 403).

(2) *Voy.* MM. Merlin (*Rép.*, v° Aliments, § 8, n° 2, et *Trans.*, § 2, n° 4); Rigal (p. 85); Boitard (t. II, n° 1180); Chauveau, sur Carré (quest. 3264); Duvergier (*Vente*, t. I, n° 214); Troplong (n°ˢ 97 et 98); Massé et Vergé, sur Zachariæ (t. I, p. 226, note 33); Demolombe (t. II, n°ˢ 67, 70 et 78); Allemand (*Mariage*, t. II, n°ˢ 1254 et 1255); Accarias (n° 99).

(3) *Voy.* Nîmes, 18 déc. 1822 (S. V., 25, 2, 86; Dalloz, 24, 2, 73; *J. Pal.*, à sa date). *Voy.* aussi MM. Delvincourt (t. III, p. 477); Carré (*loc. cit.*); Marbeau (n° 112); Aubry et Rau (t. III, p. 481 et 482, note 19, et p. 302, note 15).

du créancier par cela seul qu'elle est insaisissable entre ses mains. L'observation en elle-même est exacte sans doute ; et, par exemple, comme l'expliquent fort bien MM. Aubry et Rau, il serait absolument déraisonnable de conclure de l'insaisissabilité des rentes sur l'Etat à leur incessibilité. Mais la conclusion, au contraire, est en quelque sorte nécessaire, lorsque l'insaisissabilité est établie par la loi dans l'intérêt du créancier et dans une pensée toute de protection pour sa personne, ce qui est le fondement de l'insaisissabilité appliquée à la créance alimentaire : car alors la protection n'existe plus, ou du moins elle existe de la manière la plus incomplète si la créance n'était pas incessible par cela même qu'elle est insaisissable. Vainement aussi on oppose, pour écarter l'art. 1004, que la prohibition de compromettre n'implique pas nécessairement prohibition de transiger. Cela est encore vrai sans doute, puisque, par exemple, le tuteur transige valablement au nom de son pupille, sauf l'accomplissement de certaines formalités, tandis qu'il ne peut jamais compromettre sous aucun prétexte et sous aucune condition. Mais ici encore nous dirons, avec MM. Aubry et Rau, que lorsque la prohibition de compromettre est fondée, comme dans notre espèce, « sur la nature même du droit qui doit former l'objet du compromis, et non sur l'incapacité des personnes intéressées ou sur le défaut de pouvoirs de leurs représentants, elle ne se comprend qu'en raison de l'indisponibilité de ce droit », indisponibilité qui exclut la transaction aussi bien que le compromis.

Et ce que nous disons de la transaction en particulier, nous le dirions de la cession en général, toute cession quelconque ayant pour objet des aliments dus en vertu d'une donation ou d'un legs étant, à notre avis, interdite à l'alimentaire par les motifs mêmes que nous venons de déduire. En ce dernier point, on peut opposer la jurisprudence de la Cour de cassation, qui, nous le reconnaissons, est contraire (1). Disons seulement que cette jurisprudence n'est pas aussi solidement établie qu'on paraît le supposer. On y rattache habituellement, en effet, plusieurs arrêts dont quelques motifs ont pu donner le change, mais qui en réalité et au fond ne contredisent pas notre solution, en ce qu'ils statuent à propos d'un douaire et de gains de survie, et non sur des aliments dus en vertu d'une donation ou d'un legs (2).

614. En terminant notre énumération des cas rentrant dans la seconde classe des exceptions au principe que tous droits douteux peuvent faire l'objet d'une transaction, nous rappellerons les dispositions législatives qui défendent aux officiers ministériels d'exiger de leurs clients rien au delà de ce que leur accorde le tarif spécial à leur profession. Il résulte de cette prohibition que la transaction intervenue entre un officier ministériel et son client sur le montant des frais dus par ce dernier ne serait pas obligatoire, et ne ferait pas obstacle à ce que le client réclamât la taxe à l'effet de vérifier si la transaction n'aurait pas

---

(1) Req., 1er avr. 1844 (S. V., 44, 1, 469; Dalloz, 44, 1, 153; *J. Pal.*, à sa date).
(2) Rej., 31 mai 1826; Req., 22 fév. 1831 (S. V., 26, 1, 447; 31, 1, 107; Coll. nouv., 8, 1, 350; Dalloz, 26, 1, 292; 31, 1, 102; *J. Pal.*, à leur date).

eu pour effet de mettre à sa charge une somme de frais supérieure à celle que l'officier ministériel avait droit d'exiger (1).

2047. — On peut ajouter à une transaction la stipulation d'une peine contre celui qui manquera de l'exécuter.

SOMMAIRE.

I.   **615.** L'art. 2047 reproduit une formule de Domat, qui lui-même rappelait les règles de la loi romaine sur la clause pénale ajoutée à la transaction. — **616.** Néanmoins, cet article contient une application pure et simple à la transaction du principe de droit commun consacré par les art. 1226 et 1233 du Code Napoléon. — **617.** Toutes les règles contenues dans ces articles sont donc applicables ici, sans excepter la règle de l'art. 1229, auquel l'art. 2047 ne déroge pas. — **618.** Cependant, le cumul du principal et de la peine peut avoir lieu si telle a été l'intention des parties. — **619.** Cette intention n'a pas besoin d'être manifestée par une déclaration expresse : c'est là une question d'appréciation. — **620.** Règles d'interprétation.

II. **621.** La clause pénale peut être stipulée même pour le cas où l'une des parties entamerait ou continuerait le procès malgré la transaction : dissentiment avec Zachariæ.

III. **622.** La peine stipulée en cas d'inexécution de la transaction n'est pas encourue par ci la seul que l'une des parties, croyant avoir de justes motifs d'attaquer la transaction, en provoque la nullité ou la rescision. — **623.** Dans ce cas, si le vice allégué est reconnu par la justice, la nullité dont la transaction est affectée s'étend à la clause pénale : conséquences. — **624.** *Quid* si la demande en nullité est rejetée?

IV. **625.** Transition aux effets de la transaction, spécialement au paragraphe premier de l'art. 2052, d'après lequel les transactions ont, entre les parties, l'autorité de la chose jugée en dernier ressort, et aux conséquences du principe, déduites et formulées dans les art. 2048 à 2051.

I. — **615.** La clause pénale, d'après le droit romain, était fréquemment ajoutée à la transaction, soit comme moyen d'assurer l'exécution des obligations naissant de la convention formée entre les parties, soit encore et surtout pour détourner les parties de reprendre l'action qu'elles avaient voulu éteindre en transigeant. Dans ce dernier cas, l'un des contractants venait-il à reprendre l'action après que l'autre avait satisfait aux obligations naissant de leur transaction, celui-ci pouvait : ou bien invoquer l'*exceptio pacti,* auquel cas la peine, quoique due de plein droit, ne lui était cependant acquise qu'autant qu'il en faisait acceptilation ; ou bien se prononcer pour l'exécution de la clause pénale (*actio ex stipulatu*), auquel cas il y avait résolution de la transaction. Mais, en principe, l'exception et l'action ne se cumulaient pas : « Si pacto subjecta sit pœnæ stipulatio, quæritur, utrum » pacti exceptio locum habeat, an ex stipulatu actio? Sabinus putat, » quod est verius, utraque via uti posse, prout elegerit, qui stipulatus » est..... » (L. 10, § 1, ff. *De Pact.*). Toutefois, la règle souffrait exception en divers cas, et spécialement dans le cas où la clause pé-

_____

(1) Paris, 14 mars 1861 (S. V., 61, 2, 352; *J. Pal.,* 1861, p. 325; Dalloz, 61, 5, 249).

nale devait, d'après la convention des parties, concourir avec le maintien de la transaction, *rato manente pacto :* « Qui fidem licitæ trans» actionis rupit, non exceptione tantum summovebitur, sed et pœnam, » quam si *contra placitum fuerit, rato manente pacto* stipulanti recte » promiserat, præstare cogetur. » (L. 16, ff. *De Transact.*) (1)

Domat, résumant ces règles admises dans notre ancien droit, a dit : « On peut ajouter à une transaction la stipulation d'une peine contre celui qui manquera de l'exécuter ; et, en ce cas, l'inexécution de ce qui est réglé donne le droit d'exiger la peine, selon qu'il en a été convenu. » (2) Et les rédacteurs du Code, empruntant à Domat sa formule même, ont cru devoir dire à leur tour, par notre article, « qu'on peut ajouter à une transaction la stipulation d'une peine contre celui qui manquera de l'exécuter. »

616. On a fait remarquer que cet article paraît *frustratoire* (3) ; et, sauf l'expression, l'observation est parfaitement exacte. La transaction, en effet, ne diffère pas des autres contrats ; il est si évident que la stipulation d'une clause pénale y peut être ajoutée aussi bien qu'à tout autre contrat, qu'il y avait peu d'utilité à le dire. Aussi faut-il ne considérer notre article que comme contenant un rappel pur et simple des principes du droit commun en matière de clause pénale, et se référer, quant à l'application de ces principes à la transaction, aux dispositions contenues au titre *Des Contrats ou Obligations conventionnelles en général*, dans la section consacrée aux obligations avec clause pénale (C. Nap., art. 1226 à 1233). C'est, d'ailleurs, ce que les rédacteurs de la loi ont pris eux-mêmes le soin de déclarer expressément dans les travaux préparatoires de notre titre. « La transaction, comme les autres contrats en général, a dit le tribun Albisson, est susceptible de la stipulation d'une peine contre celui qui manquera de l'exécuter. Cette stipulation a ses règles particulières relativement à son exécution ; et ces règles sont expliquées avec soin dans la section 6, chapitre 3, de la loi sur *les Contrats.* » (4)

617. C'est pourquoi nous contestons la doctrine émise par Toullier, et acceptée depuis par quelques auteurs, lesquels enseignent que si les règles du droit commun sont applicables, en général, à la clause pénale stipulée dans une transaction, il y a exception quant à celle de ces règles qui ne veut pas qu'on puisse demander en même temps le principal et la peine. Ainsi, l'art. 2047 aurait dérogé spécialement à l'art. 1229, d'après ces auteurs qui se fondent sur ce que la clause pénale ajoutée à la transaction contient implicitement convention que la peine sera due sans préjudice de l'exécution de la transaction, la peine ayant été stipulée non pas comme une compensation des dommages et intérêts qui pourraient résulter de l'inexécution absolue de la transaction, mais

---

(1) *Voy.*, à cet égard, les explications de M. Accarias (*op. cit.*, n° 22).
(2) Domat (*Lois civ.*, liv. I, tit. XIII, sect. 1, n° 7).
(3) *Voy.* M. Rigal (chap. V, art. 3, n° 1).
(4) Locré (t. XV, p. 433) ; Fenet (t. XV, p. 116 et 117). *Voy.* aussi le discours du tribun Gillet au Corps législatif (Locré, *loc. cit.*, p. 445 ; Fenet, *loc. cit.*, p. 126).

comme une indemnité des embarras, des frais et des inquiétudes que cause à l'autre partie la nécessité de soutenir un procès qu'on avait voulu prévenir (1). Mais il n'y a pas un mot dans le texte de l'art. 2047 d'où l'on puisse conclure qu'il déroge à la règle de l'art. 1229 plus qu'à telle ou telle autre règle du droit commun sur les clauses pénales; et, au contraire, les observations ci-dessus rappelées des tribuns Albisson et Gillet, qui, l'un et l'autre, renvoient à ces règles d'une manière générale, montrent que, dans la pensée de la loi, elles sont toutes ici indistinctement applicables. C'est qu'en effet, la stipulation d'une peine, en cas d'inexécution, a toujours le même objet et ne peut pas dès lors avoir plus de portée dans une transaction que partout ailleurs. Lorsque, en convenant d'une vente, d'une formation de société, ou de tout autre engagement, les parties stipulent une peine, c'est aussi par la pensée de prévenir les ennuis, les embarras, les contestations, les procès, qu'elles se déterminent; le cumul, néanmoins, reste là absolument interdit par application de l'art. 1229. Il en doit être de même quant à la transaction : on n'y saurait admettre que celui qui obtient par l'exécution soit volontaire, soit forcée, tout ce que la transaction lui avait promis, puisse exiger, en outre et en même temps, la peine qui précisément n'avait été stipulée que pour le cas d'inexécution (2).

618. Mais il est vrai de dire que ce cumul du principal et de la peine, interdit en principe, peut néanmoins avoir lieu lorsque telle est l'intention des parties. Sous ce rapport encore, il en est de la transaction comme des autres conventions; la clause pénale y peut être introduite *rato manente pacto,* selon l'expression de la loi romaine. Et, dans ce cas, les parties ayant entendu déroger au droit commun, celle au profit de laquelle la clause pénale est encourue n'a pas à opter entre le principal et la peine; elle peut demander et doit obtenir l'un et l'autre à la fois.

619. Il n'est même pas indispensable que la volonté des parties, à cet égard, soit manifestée par une déclaration expresse; elle peut s'induire des circonstances, et généralement de la stipulation elle-même, lorsque la convention ainsi accompagnée de la clause pénale ne peut s'expliquer qu'à la condition d'admettre le cumul. Par exemple, les parties, en transigeant, stipulent la clause pénale pour le cas où l'une d'elles dirigerait une attaque judiciaire contre la transaction : on pourrait assurément, en une telle hypothèse, considérer que la peine a été stipulée comme un dédommagement du préjudice occasionné par le seul fait d'une pareille attaque, et décider, le fait venant à se produire, que la peine est acquise cumulativement avec le principal, sauf néanmoins le cas où la transaction étant affectée d'un vice susceptible de la

---

(1) *Voy.* Toullier (t. VI, n° 830). *Junge :* MM. Marbeau (n° 180); Taulier (t. VI, p. 543). Comp. MM. Rigal (*loc. cit.*); Accarias (n° 139).
(2) *Voy.* MM. Delvincourt (p. 250, note 12); Duranton (t. XI, n° 345); Duvergier, sur Toullier (*loc. cit.,* à la note); Berriat Saint-Prix (*Not. theor.,* n°ˢ 8146 et 8147); Mourlon (t. III, p. 480); Boileux (t. VII, p. 17 et suiv.); Massé et Vergé, sur Zachariæ (t. V, p. 89, note 6); Aubry et Rau (t. III, p. 485).

faire annuler, l'attaque dont elle serait l'objet constituerait non pas une infraction, mais l'exercice d'un droit, comme nous l'expliquons plus loin (n°s 622 et suiv.). Quant à notre hypothèse actuelle, elle se résume en un point de fait, en une question d'intention : la décision appartient souverainement aux juges du fond.

620. D'ailleurs la solution, suivant la remarque de tous les auteurs, sera souvent indiquée par un simple rapprochement, par la comparaison de l'objet promis à titre de peine avec l'objet même de la transaction. La peine est-elle relativement considérable, elle paraîtra stipulée en vue de dédommager la partie au profit de laquelle elle est encourue, de l'anéantissement de la transaction, et il n'y aura pas lieu au cumul; la peine est-elle, au contraire, relativement minime, on y verra un dédommagement des ennuis causés par la nécessité de soutenir un procès pour faire maintenir le contrat, et elle sera due avec le principal. Ainsi, pour emprunter à Marcadé l'exemple qu'il produit dans son commentaire de l'art. 1229, quand une transaction est faite sur des biens d'une valeur de 200 000 francs, avec convention que celui qui n'exécutera pas et intentera un procès payera une somme de 1 200 francs, il est de toute évidence que la peine de 1 200 francs n'est pas stipulée pour remplacer les biens que le procès pouvait faire perdre, et que, quand même la transaction serait maintenue en justice, le demandeur qui l'aurait attaquée, et dont l'action aurait été rejetée, n'en aurait pas moins encouru la peine de 1 200 francs vis-à-vis du défendeur, qui se trouverait avoir ainsi et le principal et la peine (1).

II. — 621. On peut ajouter une clause pénale à une transaction non-seulement pour le cas où les prestations promises ne seraient pas fournies, mais encore pour le cas où l'une des parties entamerait ou continuerait le procès malgré la transaction. Zachariæ a cependant prétendu, en s'autorisant des art. 6 et 1133 du Code Napoléon, qu'une peine ne peut jamais être stipulée pour ce dernier cas. Mais c'est donner aux articles précités une interprétation évidemment exagérée. Il n'y a rien absolument de contraire soit à l'ordre public, soit aux bonnes mœurs, dans la stipulation d'une peine pour le cas où l'une des parties qui ont transigé viendrait à introduire ou à reprendre l'instance, au mépris de la transaction faite en vue de prévenir ou d'éteindre le procès, pourvu, d'ailleurs, que la chose qui a fait l'objet de la transaction soit de celles sur lesquelles on peut transiger valablement. C'est donc avec raison que la distinction établie par Zachariæ est repoussée par ses annotateurs (2).

III. — 622. Il peut se faire que celui qui a conclu une transaction et s'est soumis à une peine pour le cas où il manquerait de l'exécuter, considérant la transaction comme affectée d'un vice susceptible d'en faire prononcer la nullité ou la rescision, en provoque, en effet, la nul-

---

(1) Voy. Marcadé (t. IV, n° 652). Junge : MM. Duranton (t. XI, n° 345); Berriat Saint-Prix (Not. théor., n° 8147); Mourlon (t. III, p. 480); Boileux (t. VII, p. 18).
(2) Voy. MM. Massé et Vergé, sur Zachariæ (t. V, p. 89, note 6).

lité en justice. Il le peut assurément; et il n'est pas tenu, pour former l'action, d'acquitter la peine préalablement. Il est inexact, ce nous semble, de dire avec Toullier, dont l'opinion est adoptée par quelques auteurs (1), que le refus d'exécuter étant la seule condition dont les contractants font dépendre la naissance de l'obligation secondaire contenue dans la clause pénale, cette condition est accomplie et la peine encourue du moment où le débiteur est constitué en demeure d'exécuter, de sorte que le juge contreviendrait à la loi du contrat en retardant la condamnation jusqu'au jugement à rendre sur le fond. La condition à laquelle est subordonnée la naissance de l'obligation contenue dans la clause pénale n'est pas purement et simplement le refus d'exécuter la transaction, lorsque la partie a de justes motifs de penser que cette transaction est entachée de nullité. L'obligation ne peut naître qu'autant que le refus d'exécuter porte sur une transaction valable. Or, la question de savoir si la transaction est valable ou si elle est nulle est nécessairement en suspens tant qu'il n'est pas statué sur l'action en rescision ou en nullité formée par l'un des contractants. Et il y a d'autant moins lieu d'obliger celui-ci à acquitter la peine au préalable que, s'il l'avait payée, il pourrait, suivant le résultat du procès, être autorisé à en répéter le montant.

623. C'est ce qui arriverait en effet si, son action étant admise, il obtenait un jugement qui prononcerait la nullité ou la rescision de la transaction. Dans ce cas, non-seulement il serait dispensé d'exécuter cette transaction désormais annulée, mais encore il serait affranchi de la peine, ou, s'il l'avait acquittée, il en obtiendrait la restitution comme l'ayant payée à tort, *indebitè :* la nullité de l'obligation principale, de la transaction, entraînerait nécessairement la nullité de la clause pénale (2).

624. Mais si, au contraire, la demande en nullité étant rejetée, la transaction est maintenue, le demandeur devra la peine, ou ne pourra la répéter s'il l'a déjà payée, et, en outre, il pourra être condamné à l'exécution, suivant l'occurrence, c'est-à-dire si l'on se trouve dans les circonstances où, par exception, la peine peut être cumulée avec le principal. — Toutefois, et quant au payement de la peine, il convient de réserver ici le cas où l'attaque dont la transaction a été l'objet, et qui a été déclarée mal fondée, aurait eu pour motif l'existence dans la transaction, supposée à tort, mais de bonne foi, d'une erreur contraire à la volonté des parties. Il a été justement décidé, en ce sens, que la clause pénale, stipulée pour le cas où l'une des parties attaquerait la transaction, n'est pas encourue par le seul fait d'une demande en rectification pour cause d'erreur de calcul, bien que cette demande soit rejetée, si la partie a agi de bonne foi (3). — Voy., *infrà,* l'art. 2058.

---

(1) *Voy.* Toullier (t. VI, n° 829). *Voy.* aussi MM. Marbeau (n° 180); Troplong (n°ˢ 104 et suiv.).
(2) *Voy.* MM. Marbeau (n° 182); Rigal (*loc. cit.*, p. 136, n° 4); Massé et Vergé, sur Zachariæ (*loc. cit*); Boileux (t. VII, p. 19).
(3) Bastia, 8 fév. 1837 (S. V., 37, 2, 447; Dalloz, 37, 2, 104; *J. Pal.*, à sa date).

IV. — 625. En expliquant, dans le commentaire des articles qui précèdent, les règles générales relatives à la transaction, nous avons traité des conditions de fond propres à ce contrat (droit litigieux ou douteux, concessions réciproques), des conditions qui leur sont communes avec les autres conventions (capacité, consentement, cause, objet), des conditions de forme de la transaction et de la preuve de son existence. L'ordre logique des idées nous conduit à nous occuper maintenant des effets du contrat, et c'est à cela précisément que se rapportent les art. 2048 à 2051, que nous devrions commenter dès à présent. Mais ces articles ne sont eux-mêmes que des conséquences, déduites et formulées par le législateur, de ce principe général et dominant, que *les transactions ont entre les parties l'autorité de la chose jugée en dernier ressort.* Or, l'art. 2052, dans lequel ce principe est exprimé, clôt la série des dispositions de notre titre consacrées aux effets de la transaction. Nous le rétablirons donc à la place qui lui convient, et c'est par les applications qu'il comporte que nous aborderons cette partie de notre sujet. Encore même serons-nous obligé de morceler le texte et de nous en tenir ici au premier paragraphe; car le tort de l'art. 2052 n'est pas seulement de venir, quant à ce paragraphe, à la suite de dispositions qu'il devrait précéder, c'est aussi d'en contenir un second qui, se rattachant à la nullité ou à la rescision des transactions, touche à un ordre d'idées absolument différent : aussi laisserons-nous ce second paragraphe de côté quant à présent, sauf à y revenir après que nous aurons épuisé la série des dispositions relatives à l'effet des transactions.

2052. — Les transactions ont, entre les parties, l'autorité de la chose jugée en dernier ressort.

Elles ne peuvent être attaquées pour cause d'erreur de droit, ni pour cause de lésion.

SOMMAIRE.

I.   626. De même que les autres contrats, la transaction produit des effets généraux. — 627. En outre, elle produit des effets qui lui sont propres : elle éteint d'une manière irrévocable le procès qu'elle a eu pour objet de prévenir ou de terminer. — 628. L'art. 2052 dit, en ce sens, que les transactions ont, entre les parties, l'autorité de la chose jugée en dernier ressort : observations sur cette proposition. — 629. Réserves sous lesquelles il convient de l'admettre. Division.

II. 630. De même que les jugements, la transaction est simplement déclarative en principe. — 631. C'est la doctrine qui avait prévalu dans l'ancien droit; — 632. Sauf les cas exceptionnels où, par le mélange de choses non litigieuses dans la transaction, la convention prenait, par rapport à ces choses, le caractère translatif. — 633. La règle et l'exception sont passées dans notre droit actuel : preuve par les lois sur l'enregistrement. — 634. Néanmoins, la pensée de la loi a été absolument méconnue dans les instructions de l'administration de l'enregistrement; — 635. Et aussi, sur des points importants, par la jurisprudence de la Cour de cassation. — 636. Suite : observations critiques. — 637. Transition à la preuve résultant de notre art. 2052 : controverses.

III. 638. Conséquences du principe que la transaction est simplement déclarative. — Il en résulte : 1° qu'elle ne peut pas servir de titre propre à fonder la prescription à fin d'acquérir; — 639. 2° Qu'elle n'oblige pas à garantie. — 640. A moins que l'éviction ne porte sur une chose non litigieuse dont l'une des parties s'est

I. — 626. Il en est de la transaction comme de tout autre contrat; elle a pour effet d'engendrer des obligations. Sous ce rapport, on peut dire de la transaction ce que la loi dit des contrats en général, qu'elle doit être exécutée de bonne foi, qu'elle oblige non-seulement à ce qui y est exprimé, mais encore à toutes les suites que l'équité, l'usage ou la loi donnent à l'obligation, d'après sa nature (C. Nap., art. 1134 et 1135), et lui appliquer les règles établies par le législateur dans le chapitre III du titre *Des Contrats ou Obligations conventionnelles en général*.

627. Mais elle a un effet qui lui est propre et engendre une obligation dont le caractère est tout spécial : elle éteint définitivement le procès en vue duquel les parties ont transigé, et, par conséquent, elle oblige les contractants à ne pas suivre ou à ne pas engager la contestation qu'en transigeant ils ont eu en vue de prévenir ou de terminer. Ainsi, quels que soient les événements ultérieurs, quelque certitude que l'un ou l'autre acquière par la suite sur l'existence à son profit et la réalité du droit à l'occasion duquel il a transigé, il n'importe : lié par la transaction d'une manière irrévocable, il ne lui est désormais plus permis d'engager ou de reprendre le débat judiciaire qu'il lui a convenu de trancher ou même de ne pas laisser naître.

628. C'est l'idée qu'exprime l'art. 2052, en disant, dans son premier paragraphe, « que les transactions ont, entre les parties, l'autorité de la chose jugée en dernier ressort. » On a dit de cette disposition qu'elle n'a pas un sens spécial et vraiment pratique, que toute convention régulièrement formée entre personnes capables ayant également l'autorité de la chose jugée en dernier ressort, il n'y avait aucune raison de le dire à propos des transactions plutôt qu'au sujet des autres conventions (1). Mais il faut prendre garde que la transaction a ce caractère spécial qu'elle ne peut intervenir que sur un point litigieux, et qu'ainsi elle prend la place de la décision judiciaire qui aurait tranché le diffé-

_____

(1) *Voy.* MM. Duranton (t. XVIII, nº 412); Accarias (*op. cit.*, nº 150).

rend, et constitue elle-même le jugement rendu par les parties dans leur propre cause. C'est ce que la loi romaine exprimait en ces termes : « Non minorem auctoritatem transactionum, quam rerum judicatarum » esse, recta ratione placuit : si quidem nihil ita fidei congruit humanæ, » quam ea, quæ placuerant, custodiri. » (L. 20, C. *De Trans.*) C'est ce que Domat disait également, dans notre ancien droit, en rappelant que « les transactions ont une force pareille à l'autorité des choses jugées, parce qu'elles tiennent lieu d'un jugement d'autant plus ferme que les parties y ont consenti, et que l'engagement qui délivre d'un procès est tout favorable. » (1) C'est ce que le Code a voulu dire à son tour, et il n'aurait pu le dire, avec la même raison, d'aucun autre contrat. Quant à la portée pratique de la disposition, elle consiste en ceci, que la transaction conclue entre des parties qui plaident ou sont sur le point de plaider élève une fin de non-recevoir ou une exception analogue à celle de la chose jugée contre celle qui, au mépris de la transaction, tenterait d'engager ou de reprendre la lutte judiciaire sur le différend que d'un commun accord les contractants avaient résolu de trancher.

629. Reconnaissons, néanmoins, que la proposition telle qu'elle est formulée par l'art. 2052 a quelque chose de trop absolu. Nous savons, en effet, que si la transaction peut à certains égards être assimilée à la chose jugée, elle en diffère, cependant, sous d'importants rapports. Nous avons signalé plus haut (*voy.* nᵒ 479) les principaux traits de ressemblance et les différences principales existant entre l'un et l'autre ; nous avons dit, notamment, que si la transaction ressemble au jugement, en ce qu'elle est simplement déclarative et non translative, elle en diffère en ce qu'en général elle est indivisible, et encore en ce qu'elle est, dans une autre mesure, soumise au contrôle de la Cour de cassation. C'est maintenant le cas de reprendre distinctement chacun de ces points et de résoudre les difficultés qui s'y rattachent.

II. — 630. La transaction, avons-nous dit, est, de même que les jugements, simplement déclarative ou récognitive ; elle n'est pas, en principe, translative ou transmissive. En effet, celui qui renonce à des prétentions douteuses sur un objet litigieux se borne à laisser cet objet à l'autre partie, avec les droits que celle-ci prétend y avoir ; il ne lui confère rien. La circonstance que cet abandon des prétentions n'est pas purement gratuit, et que celui qui en profite fait de son côté un sacrifice en retour des prétentions abandonnées, est complétement indifférente à ce point de vue : elle ne change en aucune manière le caractère de la convention. Ce sont là des vérités qu'on pouvait certes considérer comme définitivement acquises après les éclatantes démonstrations des Dumoulin, d'Argentrée, Pothier, etc., et qui, en effet, étaient acceptées par la presque unanimité des auteurs modernes. Ce point, néanmoins, a été remis en question, d'abord par l'administration de l'enregistrement dans un intérêt de fiscalité que nous aurons à discuter tout

---

(1) *Voy.* Domat (*Lois civ.*, liv. I, tit. XIII, sect. 1, nᵒ 9). *Voy.* aussi l'Exposé des motifs de Bigot-Préameneu (Locré, t. XV, p. 421; Fenet, t. XV, p. 108).

à l'heure (voy. *infrà,* n°s 634 et suiv.), ensuite par plusieurs jurisconsultes qui, dans l'indépendance de leur conviction, ont pensé que la tradition et la grande autorité des auteurs qui l'ont fondée n'ont servi, jusqu'à ce jour, qu'à obscurcir la vérité (1). Voyons donc ce qu'il en est, et, par-dessus tout, ramenons la question à ses termes les plus simples.

631. Pierre détient comme propriétaire un immeuble sur lequel Paul prétend avoir un droit de propriété. Un procès s'engage, dans lequel chacune des parties produit et discute ses titres ou ses prétentions, et quand le résultat de la lutte est incertain, Pierre et Paul y coupent court en convenant, par transaction, soit que Pierre restera propriétaire, sauf à fournir un dédommagement à Paul, soit que ce dernier aura la propriété, moyennant que, de son côté, il fasse une concession ou un sacrifice à Pierre. Quel est le caractère d'une telle convention? Dans un premier système, on peut dire que Pierre et Paul ayant, par l'interprétation qu'ils ont faite des conventions ou des titres sur lesquels chacun d'eux fondait sa prétention, substitué à des droits douteux un droit désormais certain et constitué une situation stable et définitive, la transaction a été translative en toute hypothèse, soit qu'elle ait laissé l'immeuble à Pierre qui le détenait, soit qu'elle l'ait fait passer aux mains de Paul qui le revendiquait. Dans un second système, on peut dire que les contestants s'étant bornés à faire respectivement le sacrifice d'une partie de leurs droits ou de leurs prétentions dans un intérêt de conciliation et de repos, la transaction n'implique, en aucun cas, l'idée d'une transmission de propriété. Enfin, dans un troisième système qui emprunte quelque chose à chacun des deux autres, on peut dire que si la transaction, simplement déclarative lorsque par le résultat elle maintient Pierre propriétaire de l'immeuble qu'il détenait, est translative, au contraire, si par le résultat elle dépossède Pierre et donne l'immeuble à Paul.

Ces trois systèmes se sont produits, en effet, dans notre ancien droit (2). Le premier a été soutenu par Tiraqueau notamment, qui proclamait le caractère translatif de la transaction, soit lorsque la chose litigieuse changeait de mains, soit même lorsqu'elle était conservée par le possesseur *dato aliquo pretio* (3). Le troisième était défendu par des auteurs, en plus grand nombre, qui, s'autorisant de la loi *si pro fundo,* d'ailleurs mal comprise (*infrà,* n°s 639 et 640), distinguaient et enseignaient que la transaction était translative ou simplement déclarative, suivant que, par l'effet de l'arrangement intervenu entre les parties, il y avait ou non changement dans la possession de l'objet litigieux (4). La distinction

---

(1) *Voy.* **MM.** Mourlon (*Rev. prat.,* t. III, p. 321 et suiv.); Accarias (*op. cit.,* n°s 143 et suiv.).

(2) Ils ont été très-soigneusement exposés et discutés par M. Beautemps-Beaupré dans la *Revue pratique* (t. XVI, p. 264 et suiv.).

(3) Tiraqueau (*Du Retraict lignagier,* § 1, gl. 14, n°s 60 et suiv.).

(4) *Voy.* Pocquet de Livonière (*Des Fiefs,* liv. III, chap. IV, sect. 7; liv. V, chap. V, sect. 4); Fonmaur (*Des Lods et ventes,* n° 214); Basnage (p. 216); Dupineau (sur l'art. 360 de la Cout. d'Anjou); Pierre de l'Hommeau (*Max. génér. du droit franç.,* liv. III, part. II, p. 10, max. 187).

avait même été consacrée par la Coutume d'Anjou, dont l'art. 360 était ainsi conçu : « En transaction *où il y a mutation de possesseur de la chose avec cession et transport de propriété ou de droit que le possesseur y prétendroit*, y a retrait, aussi y a ventes, lesquelles se doivent payer à la raison de ce qui a esté baillé et payé par celuy qui est fait nouveau possesseur de la chose; mais quand par la transaction *n'y a ni transport ni mutation de possesseur*, celui à qui demeure la chose pacifique ne doit aucunes ventes, et n'y a retrait, posé qu'il ait baillé argent ou autre chose par ladite transaction. »

Mais ces deux systèmes ne pouvaient pas résister à l'examen. Le dernier, tout en approchant de la vérité par la concession qu'il faisait pour le cas où, selon l'expression de la Coutume d'Anjou, la chose restait pacifique aux mains du possesseur, ne l'atteignait pas encore, et, en outre, il procédait d'une donnée visiblement inexacte. En présence d'une transaction véritable, le changement de possession est la chose dont il y a le moins à s'occuper. En effet, le point à rechercher n'est pas de savoir lequel des contractants était effectivement et réellement propriétaire, car c'est là précisément le droit douteux sur lequel les parties ont transigé, ne voulant pas que la justice, à laquelle elles avaient eu d'abord la pensée d'en appeler, restât saisie de la question et prononçât sur le différend ; le point unique à rechercher, c'est la commune intention des parties. Or, il est évident qu'en terminant le procès ou en le prévenant, aucune d'elles n'a entendu rien abdiquer du droit qu'elle croyait avoir ; l'une et l'autre, soit que la transaction lui donne une possession qu'elle n'avait pas, soit qu'elle la maintienne dans la possession qui lui était contestée, l'une et l'autre ont entendu acheter leur repos, et pour en finir avec le litige, chacune a pris ceci et a laissé cela de l'objet litigieux qui lui appartenait ou qu'elle croyait lui appartenir en totalité. Y a-t-il là quelque chose qui implique une transmission de propriété? Evidemment non. Aussi ces deux systèmes avaient-ils fait place au troisième dans lequel on tenait d'une manière générale que, dès qu'il s'agissait d'une transaction véritable, c'est-à-dire d'un acte ayant en vue de terminer ou de prévenir, au moyen de sacrifices réciproques, une contestation engagée ou près de naître, à l'occasion d'un droit véritablement douteux, la convention ne pouvait en aucun cas être considérée comme translative; elle devait, en tant que venant mettre fin aux discussions et à la controverse, être tenue toujours pour simplement déclarative. C'était l'avis de Dumoulin : « Quæro, dit-il, quid in transactione..... aut enim » quis transigit rem de quâ est quæstio retinendo, aut eam relinquendo » possessori. Et clarum est *quod nullum dominium transfertur, nec » novum jus, nec novus titulus in re acquiritur, sed sola liberatio » contorversiæ.* » (1) C'était l'avis de d'Argentrée, qui, sur ce point du moins, s'accordait avec Dumoulin, dont il fut le contradicteur pour ainsi dire systématique : « *Superest casus alter*, écrivait-il, de trans- » actione propriè sumptâ, id est, super jure incerto, et controversia

(1) Dumoulin (*Cout. de Paris*, tit. Des Fiefs, § 33, gl. 1, n° 67).

» ambigui juris propter juris difficultatem, judiciorum et legum insta-
» bilitatem, addo et judicum perversitatem... Ego sic judico, ne tum
» quidem videri novum titulum tribui, sive dimittatur res, sive trans-
» feratur, sed eum qui rem ex transactione obtinui, *rem habere videri,*
» *ex eo titulo quem in lite deduxerat et allegaverat et cujus vigore con-*
» *fessionem juris sui, ab adversario suo, per transactionem expressit,*
» *et si non expressè, certè implicite et consequenter...* Est igitur hoc
» casu transactio, *non titulus, sed tituli prætensi confessio... nec*
» *laudimia debebuntur, nec gabellæ, nec cæteræ consequentiæ con-*
» *tractuum dominii translativorum.* Ac pene impiam dixerim Tiraq.
» sententiam, qui multis, ad contraria applicatis in pejorem tandem
» delabitur, et putat tali casu juris incerti dari retractum, non ad rem
» (ut inquit), sed ad litem... » (1) C'était l'avis de Pothier : la transaction, dit-il, ne donne pas lieu au retrait, s'il n'y a fraude. La raison
est que, la transaction étant par sa nature *de re incertâ et dubiâ,* il
demeure incertain si la partie qui, par la transaction, délaisse l'héritage
à l'autre, moyennant une somme d'argent qu'elle a reçue d'elle, en était
propriétaire, plutôt que la partie à qui elle l'a délaissé ; et, par conséquent, il est incertain si cette transaction renferme une aliénation qui
puisse donner lieu au retrait... Par la transaction, dit-il ailleurs, la
partie à laquelle l'héritage a été délaissé est censée avoir acquis plutôt
le désistement du procès qu'on lui faisait sur cet héritage que cet héritage même (2). Deluca disait de même : « Id quod transigens obtinet,
» non dicitur obtinere *jure novo, sed jure primævo.* » (3) C'était, enfin,
l'opinion qui avait prévalu dans la pratique aussi bien que dans la doctrine, et, de l'aveu de ceux-là mêmes qui croient pouvoir en contester la
vérité dans notre droit actuel, on ne la discutait même plus au temps
de Pothier (4).

632. Un autre point était également hors de doute d'après les anciens auteurs : c'est que la transaction, simplement déclarative en principe, pouvait néanmoins devenir translative, sinon en elle-même et
d'une manière absolue, au moins par rapport aux choses non litigieuses
que la convention des parties y avait pu introduire. Par exemple, je suis
en possession d'un immeuble que je crois m'appartenir en vertu de la
donation qui m'en a été faite ; vous venez avec d'autres titres qui, d'après
vous, vous constitueraient propriétaire de ce même immeuble, et vous
m'intentez un procès auquel nous mettons fin en convenant, par transaction, que vous m'abandonnez l'immeuble dont je vais rester en possession, et qu'en retour je vous donne la maison que je possède à Versailles. Il est bien clair que si, par rapport à l'immeuble qui a fait le
sujet de la contestation, la transaction conserve le caractère purement
déclaratif qui lui est propre, elle est translative en ce qui concerne la
maison de Versailles, qui n'était pas litigieuse entre nous, qui m'ap-

---

(1) D'Argentrée (*Cout. de Bretagne,* art. 266, cap. iii, *De Tit. pro transacto*).
(2) Pothier (*Des Retraits,* n° 110 ; *De la Comm.,* n° 164 ; *De la Vente,* n° 646).
(3) Deluca (*De Fund.,* disc. 47, n° 9).
(4) Ce sont les expressions de M. Accarias (*op. cit.,* n° 145).

partenait et n'appartenait qu'à moi, et qui n'a pu devenir votre propriété qu'au moyen de l'aliénation que j'en ai faite. Les anciens auteurs, ceux dont l'opinion avait prévalu, les Dumoulin, les d'Argentrée, les Pothier, n'allaient pas au delà.

Cependant, dans les conclusions qu'il présentait naguère devant les chambres réunies de la Cour de cassation, M. le procureur général disait, en défendant une jurisprudence dont nous aurons bientôt à dire quelques mots (*infrà*, n° 635), que s'il fallait chercher la solution dans le droit ancien et dans les mille commentaires dont il a fourni la matière, il serait difficile d'y trouver la justification de la décision alors attaquée devant la Cour, laquelle décision proclamait nettement le caractère déclaratif de la transaction ; que s'il est possible de rencontrer dans les anciens monuments du droit *quelques opinions isolées* favorables au système de cette décision, elle est en formelle contradiction *avec l'ensemble de la doctrine et de la jurisprudence ;* qu'en interrogeant avec attention et en embrassant dans toutes ses parties la doctrine professée par les anciens, nos maîtres illustres, *on y trouve écrit à chaque page* que l'effet des transactions dépend essentiellement des circonstances, et que si, dans la réalité, *une mutation de possesseur s'est opérée,* la forme donnée à la convention n'en peut détruire la conséquence. Et, à l'appui de ces affirmations, M. le procureur général invoquait l'autorité de Dumoulin et de d'Argentrée ! Et il empruntait à ce dernier, à titre d'exemple, des hypothèses dans lesquelles le jurisconsulte breton aurait vu des transactions translatives ! (1)

Après ce que nous venons de dire des doctrines anciennes, et en présence des fragments qu'avec la plus scrupuleuse exactitude nous avons placés sous les yeux du lecteur, on présume bien qu'il y a ici quelque confusion. Il ne se peut pas, en effet, qu'ayant proclamé le caractère purement déclaratif de la transaction *sive dimittatur res, sive transferatur,* ces maîtres illustres aient écrit à chacune de leurs pages que la transaction est translative *quand une mutation de possesseur s'est opérée.* Aussi n'en est-il rien : les exemples empruntés par l'éminent magistrat aux anciens auteurs, et par lui relevés à l'appui de sa thèse, s'appliquent à des conventions que ces auteurs eux-mêmes déclarent n'être pas des transactions ! Oui, sans doute, d'Argentrée dit, et tous les auteurs ont dit avec lui, que le contrat qualifié transaction est néanmoins translatif quand, sous une fausse apparence ou sous un titre trompeur, il déguise un véritable abandon d'un droit certain. Mais pourquoi ? Précisément parce qu'il n'y a pas là une transaction ! « Si par l'acte il était dit (nous reproduisons les paroles de Pothier) que j'ai reconnu que la chose qui faisait l'objet de notre contestation vous appartenait, néanmoins qu'il était convenu entre nous que vous me la cédiez pour une certaine somme, il n'est pas douteux, en ce cas, *que cette con-*

---

(1) Les conclusions de M. le procureur général sont reproduites dans les Recueils de jurisprudence (Dalloz, 65, 1, 460 et suiv.; S. V., 66, 1, 73).

vention serait un vrai contrat de vente... » (1) Oui, sans doute, d'Argentrée et les anciens enseignent encore qu'il y a transmission, translation de propriété quand les parties traitent sur des droits qui n'ont rien de douteux ou qui engagent des choses ou des valeurs dont la propriété réside sur la tête de l'une d'elles exclusivement. Mais pourquoi? Parce que la transaction impliquant nécessairement un droit douteux et des sacrifices réciproques, on ne peut pas dire que les parties ont transigé quand elles ont traité sur un droit certain ou quand seule l'une d'elles a reçu et n'a rien donné en retour. Il n'y a véritablement pas transaction alors, et c'est pour cela justement que les auteurs considèrent la convention comme translative : *Nec hæ,* dit d'Argentrée, *propriæ transactiones sunt, sed tituli potius innominati dominii translativi... quæ et si transactiones appellantur, propriè tamen tales non sunt, propter juris certitudinem, et materiam certam super qua transactio non cadit...* (2)

Mais après ces hypothèses, dans lesquelles il s'agit de tout autre chose que de la transaction, vient la transaction proprement dite; la convention par laquelle les parties coupent court, au moyen de sacrifices réciproques, à des contestations, à des débats dont l'issue serait douteuse à cause de l'incertitude du droit. C'est l'hypothèse que d'Argentrée aborde après avoir discuté les précédentes : *Superest casus alter* DE TRANSACTIONE PROPRIÈ SUMPTA. Et consultez-le sur ce point, prenez sa doctrine dans son ensemble; demandez-lui si ce contrat, qui est la transaction et qui n'est pas autre chose, est translatif ou s'il est simplement déclaratif, il vous répondra, de manière à défier l'équivoque, par ce mot dans lequel il résume toute sa démonstration : la transaction n'est pas le titre, c'en est la reconnaissance ou l'aveu, *non est titulus, sed tituli prætensi confessio.*

633. Or, ces idées sont passées dans notre droit actuel. D'abord, la loi du 22 frimaire an 7, sur l'enregistrement, les y a introduites de la manière la plus complète en consacrant à la fois le principe et l'exception. Nommée à diverses reprises dans cette loi, la transaction est tarifée spécialement et en principe dans l'art. 68, § 1, n° 45, lequel soumet à un *simple droit fixe* de 1 franc (porté ensuite à 3 francs par la loi du 28 avril 1816, art. 44, n° 8) « les transactions, en quelque matière que ce soit, qui ne contiennent aucune stipulation de sommes et valeurs, ni de disposition soumise par la loi à un plus fort droit d'enregistrement. » Ce texte a pour objet direct la transaction véritable, la transaction pure et simple, celle qui, sans mélange d'aucune stipulation particulière, constitue, selon la définition de l'art. 2044 du Code Napoléon, le contrat par lequel les parties terminent une contestation née ou préviennent une contestation à naître. Un tel contrat donne lieu simplement à un droit fixe; et dans le système de la loi de frimaire, qui est de

---

(1) Pothier (*De la Vente,* n° 647).
(2) D'Argentrée (*loc. cit.*).

n'exempter du droit proportionnel que les actes qui ne libèrent, n'obligent ni ne transmettent (art. 3 et 4), l'application à la transaction d'un simple droit fixe est nettement indicative du caractère purement déclaratif du contrat.

Cependant la transaction, déclarative en elle-même et en principe, peut contenir des stipulations translatives. Ainsi en est-il, comme nous l'indiquions tout à l'heure en rappelant la doctrine des anciens, lorsque l'une des parties consent, en retour de l'avantage qu'elle reçoit, à faire abandon à l'autre de choses étrangères au litige. Alors, évidemment, il y a passage de ces choses d'une main dans une autre, et, suivant la réserve exprimée dans l'art. 68, § 1, n° 45 précité, *un plus fort droit d'enregistrement*, c'est-à-dire un droit proportionnel, devient exigible. Quel est ce droit? L'art. 69, § 3, n° 3, le précise, pour un cas spécial et déterminé, en soumettant au droit de 1 pour 100 les transactions « qui contiendront obligation de sommes, sans libéralité, et sans que l'obligation soit le prix d'une transmission de meubles ou d'immeubles, non enregistrée. » Toutefois, le cas n'est indiqué qu'à titre d'exemple, et la formule même de la loi nous montre que l'application du droit proportionnel aux obligations de sommes que la transaction pourrait contenir, n'est pas exclusive de l'exigibilité de tel autre droit proportionnel, par exemple, le droit des mutations mobilières ou immobilières à titre onéreux, si la chose non litigieuse abandonnée par l'une des parties à l'autre était un meuble ou un immeuble.

Voilà donc la théorie de la loi ; elle est simple (1) : la transaction se renferme-t-elle rigoureusement dans les termes du litige qu'elle éteint, et a-t-elle pour objet seulement les choses comprises dans ce litige, elle est, comme simplement déclarative, soumise à un droit fixe, quel que soit le sacrifice ou la concession fait par chacune des parties touchant cet objet du litige ; au contraire, sort-elle de ces termes et se trouve-t-elle mélangée de stipulations particulières portant abandon de choses non litigieuses, elle est translative par rapport à ces choses dont le passage d'une main dans une autre ne peut s'effectuer sans subir la loi de l'impôt, sans donner lieu, par conséquent, à un droit proportionnel de libération, d'obligation ou de mutation, selon l'occurrence. C'est, comme on le voit, la reproduction exacte et la mise en œuvre, dans toutes ses parties, de la doctrine qui, sous la grande influence des Dumoulin, des d'Argentrée et des Pothier, avait prévalu et n'était plus discutée sous l'ancienne jurisprudence.

634. Nous devons reconnaître, cependant, que l'administration de l'enregistrement ne l'entend pas ainsi (2). D'après elle, et à son point de vue, la transaction serait si peu déclarative que non-seulement elle ne se trouverait jamais dans le cas de subir le droit fixe auquel elle est cependant tarifée en principe par l'art. 68 de la loi de frimaire, mais encore

---

(1) Elle est exposée dans le *Supplément* que nous avons publié en collaboration avec MM. Championnière et Rigaud (n°⁵ 27, 38 et suiv.).
(2) *Voy.* le *Supplément* cité (n° 29). *Voy.* aussi le *Rép.* de MM. Dalloz (v° Enreg., n°⁵ 1062 et suiv.).

le droit proportionnel que telle ou telle de ses dispositions pourrait rendre exigible serait non pas le droit de libération ou d'obligation suivant l'occurrence, mais à peu près toujours un droit de mutation. Ainsi, elle a repris d'abord et elle a fait revivre cette distinction fameuse contre laquelle Dumoulin et d'Argentrée se sont élevés avec tant d'énergie, en exprimant, dans son instruction générale du 15 décembre 1827, n° 1229, « que la transaction doit être soumise au droit proportionnel *lorsque la convention a opéré quelque changement dans l'état de la possession, dans les droits apparents des parties.* » Et puis, comme si cela ne restreignait pas assez l'application du droit fixe à la transaction, elle a tenté de faire décider que, même quand il n'y a pas changement dans l'état de la possession, le droit proportionnel est encore exigible, en ce que la partie qui se désiste, *abandonnant sa prétention,* il y a cession, sinon de la chose même, au moins de l'action tendant à obtenir cette chose (1). A la vérité, l'administration a renoncé, provisoirement du moins et sauf peut-être à y revenir quand elle jugera l'occasion favorable, à ce système des *prétentions abandonnées,* en acquiesçant à un jugement qui le condamne (2) ; mais elle a maintenu avec une résolution inébranlable son système *du changement dans l'état de la possession,* et les échecs sans nombre qu'elle a subis devant les tribunaux ne l'ont jamais amenée à abandonner la prétention par elle soulevée à cet égard dès l'année 1827.

635. C'est qu'en ce point la jurisprudence de la Cour de cassation a puissamment secondé les exigences fiscales de la Régie. La Cour, en effet, a posé en principe, dans une longue suite d'arrêts, que la transaction entre un légataire universel saisi de plein droit, à défaut d'héritier à réserve, et qui a obtenu l'envoi en possession provisoire de la succession, et un héritier légitime du défunt, par laquelle le légataire *abandonne à l'héritier une portion déterminée de la succession,* moyennant quoi celui-ci renonce à l'action qu'il avait formée contre le testament, constitue, *vis-à-vis de l'enregistrement, un acte translatif de propriété,* et donne ouverture au droit proportionnel sur la valeur des biens abandonnés à l'héritier légitime (3). La Cour de cassation avait cependant décidé autrement dans le premier état de sa jurisprudence (4), et quelques considérations déduites dans ses plus récents arrêts (5), en paraissant manifester des tendances nouvelles, avaient pu donner à penser que, la résistance des tribunaux aidant, on finirait par voir les vrais principes reprendre, dans l'application, la place que leur avaient assi-

---

(1) Voy. *Dict. de l'enreg.* (v° Droit succ., n° 54).
(2) Trib. civ. de Cambrai, 31 août 1842 (Dalloz, *Rép.*, v° Enreg., n° 1074).
(3) Cass., 15 fév. 1831, 19 nov. 1839, 26 juill. 1841, 21 mars 1842 ; Req., 2 janv. 1844, 22 avr. 1845 ; Cass., 17 mars 1846, 5 juin 1861 (Dalloz, 31, 1, 75 ; 40, 1, 10 ; 41, 1, 312 ; 42, 1, 159 ; 44, 1, 113 ; 45, 1, 268 ; 46, 1, 148 ; 61, 1, 227 et 229 ; S. V., 31, 1, 415 ; 39, 1, 910 ; 41, 1, 576 ; 42, 1, 313 ; 44, 1, 19 ; 45, 1, 444 ; 61, 1, 738 ; J. *Pal.*, 1846, t. II, p. 50 ; 1861, p. 1144).
(4) Cass., 11 avr. 1808 (S. V., 7, 2, 1234 ; Coll. nouv., 2, 1, 513 ; Dalloz, v° Enreg., n° 1086).
(5) Cass., 21 août 1848 ; Rej., 29 avr. 1850 (Dalloz, 48, 1, 220 ; 50, 1, 284 ; S. V., 48, 1, 658 ; 51, 1, 620 ; J. *Pal.*, 1849, t. I, p. 215 ; 1850, t. I, p. 496).

gnée les grands jurisconsultes du droit féodal et la loi si clairement con-
firmative de l'an 7. Mais l'illusion n'est plus possible aujourd'hui : les
tribunaux ont continué leur résistance, et la question s'étant posée devant les chambres réunies de la Cour de cassation, l'arrêt solennel du
12 décembre 1865 est intervenu, qui, conformément aux conclusions
de M. le procureur général, a maintenu la jurisprudence établie, en considérant que « si les transactions ont, entre les parties, l'autorité de la
chose jugée en dernier ressort, et si, à ce titre, elles ont en général un
caractère simplement déclaratif, *il n'en est pas nécessairement de même
vis-à-vis de l'administration de l'enregistrement,* ainsi que cela résulte
des termes mêmes de l'art. 68, § 1, n° 45, de la loi du 22 frimaire an 7,
qui n'accorde la faveur du droit fixe qu'aux transactions ne contenant
aucune stipulation de sommes et valeurs, ni dispositions soumises à un
plus fort droit d'enregistrement;... que la transaction par laquelle le
légataire universel et l'héritier se sont partagé la succession du défunt
a été un contrat commutatif par lequel l'une des parties s'est volontairement dessaisie d'une portion des biens de la succession dont elle était
légalement investie, et l'autre a renoncé à poursuivre l'annulation de la
disposition testamentaire; que cette transaction, loin de l'anéantir, a
consolidé le testament, puisqu'elle en a consacré le principe et en partie
maintenu les effets, et qu'en stipulant, en outre, de la part de la légataire universelle, l'abandon d'une partie des biens légués, elle a été essentiellement translative de propriété. » (1) Ainsi, c'est la proposition
empruntée par l'instruction générale de 1827 à la doctrine dont Dumoulin, d'Argentrée et Pothier avaient eu raison dans l'ancien droit,
qui triomphe en définitive; c'est le changement dans l'état de la possession qui fait de la transaction, contrat simplement déclaratif de sa
nature et dans les termes du droit commun, un contrat essentiellement
translatif vis-à-vis de l'administration de l'enregistrement!

636. Mais qu'il nous soit permis de le dire encore, même après
l'arrêt solennel qui vient consolider la jurisprudence contre laquelle
tant et de si énergiques résistances s'étaient produites jusqu'ici : le système qui prévaut n'est pas et ne peut pas être celui du législateur de
l'an. 7. On fausse évidemment sa pensée quand on fait de l'administration de l'enregistrement une individualité à part vis-à-vis de laquelle
les contrats et les conventions du droit civil auraient un caractère différent de celui qui leur appartient vis-à-vis de tous. La loi fiscale tarife les
actes et les contrats; elle n'en définit aucun : par conséquent, elle se
réfère aux définitions de la loi civile et n'entend en aucune manière
que ce qui est une vente, un bail, une société, une transaction, pour
tout le monde, soit, pour la Régie, autre chose qu'une transaction, une
société, un bail, une vente. Or, nous l'avons établi plus haut (n° 633)
et nous le répétons, le législateur de l'an. 7 a voulu consacrer le principe sorti victorieux de la lutte dont la transaction avait été l'objet en
ce qui concerne sa nature et son caractère propres; en conséquence,

---

(1) Cass., chambr. réun., 12 déc. 1865 (Dalloz, 65, 1, 457; S. V., 66, 1, 73).

acceptant le contrat comme purement déclaratif, il a posé en principe qu'il serait soumis simplement au droit fixe, et, par une réserve empruntée d'ailleurs à l'ancienne jurisprudence comme le principe lui-même, il a admis que, le cas échéant où des dispositions translatives seraient ajoutées à la convention, ces dispositions donneraient lieu à un plus fort droit d'enregistrement; donc, même vis-à-vis de la Régie, la transaction, purement déclarative en principe, n'est translative que par exception.   •

Et maintenant faut-il prouver que, dans la pensée de la loi, l'exception qu'elle suppose ne se réfère en aucune façon à cette doctrine du *changement dans la possession* à laquelle la jurisprudence rattache définitivement aujourd'hui le caractère translatif de la convention et, par suite, l'exigibilité du droit proportionnel? Mais c'est précisément la doctrine qui était tombée sous l'effort des grands jurisconsultes du droit féodal! Comment donc le législateur, qui entendait consacrer le résultat acquis, l'aurait-il relevée? Et puis, ne voit-on pas que cette doctrine donne à la loi le démenti le plus énergique? En définitive, la loi dit que les transactions, en quelque matière que ce soit, sont soumises à un droit fixe; elle suppose donc nécessairement que ce tarif de la transaction pourra, dans tel ou tel cas, être applicable et suffire aux exigences de la perception. Or, dès qu'on entre dans les vues de l'administration, dès qu'on dit avec elle et avec la jurisprudence que le droit fixe est réservé pour les transactions qui ne changent rien dans l'état de la possession, on aperçoit que ce cas n'est pas réalisable. Ainsi, posons par hypothèse que vous êtes propriétaire de tel immeuble que Paul vient revendiquer; vous discutez, et la lutte judiciaire une fois engagée, Paul et vous y mettez fin en convenant que vous garderez l'immeuble, et qu'en retour du sacrifice que fait Paul en renonçant à suivre le procès, c'est-à-dire peut-être à faire prévaloir son droit en justice, vous lui donnerez tel autre immeuble que vous possédez ailleurs. Certes, le droit proportionnel sera perçu dans ce cas, il devra l'être; et ce sera déjà un démenti donné au système, puisque, dans l'espèce, *la transaction ne change rien à l'état de la possession de la chose litigieuse.* Mais, enfin, elle comprend un immeuble qui, étant étranger au litige, ne peut passer de vos mains dans celles de Paul sans donner ouverture au droit proportionnel. Que faudrait-il donc pour que le droit fixe seulement fût exigible? Il faudrait que Paul, après avoir engagé le procès, renonçât à le suivre sans rien recevoir en retour du sacrifice qu'il fait par la renonciation qui vous laisse propriétaire. Mais alors ce n'est pas d'une transaction qu'il s'agit, puisque nous n'avons plus là cette réciprocité de concessions ou de sacrifices qui est la condition essentielle, le caractère distinctif du contrat; nous sommes en présence d'un désistement pur et simple, c'est-à-dire d'un acte qui a aussi sa place dans les tarifs établis par la loi (l. 22 frim. an 7, art. 68, § I, n° 28; l. 28 avr. 1816, art. 43, n° 12), et auquel, par conséquent, on appliquera le droit qui lui est propre (2 francs), et nullement le droit propre à la transaction (3 francs). Ainsi, ce dernier droit n'a pas d'application possible dans le système que nous combattons; preuve certaine que ce système n'est pas dans la vérité juridique. Et dès lors nous pouvons maintenir l'induction par nous tirée de la loi du 22 frimaire an 7, à savoir : qu'en établissant le droit fixe sur la transaction en elle-même, sauf application du droit proportionnel aux dispositions translatives, c'est-à-dire à celles qui, dans l'acte transactionnel, impliqueraient aliénation de choses non litigieuses, cette loi a fait passer dans notre droit nouveau les principes de l'ancien droit touchant le caractère purement déclaratif du contrat.

637. Le Code Napoléon est venu ensuite, qui s'est approprié les mêmes idées et les a introduites à son tour dans notre législation civile. Telle est la portée de notre art. 2052, qui, en assignant à la transaction, pour les parties entre elles, l'autorité de la chose jugée en dernier ressort, et en assimilant, sous ce rapport, la transaction au jugement, implique l'idée que, de même que la décision judiciaire, la transaction est simplement déclarative. C'était jusqu'ici l'avis unanime des auteurs (1), et la Cour de cassation l'a expressément sanctionné dans les motifs de l'arrêt solennel du 12 décembre 1865, lorsqu'en se bornant à réserver la situation vis-à-vis de l'administration de l'enregistrement, elle a dit « qu'aux termes de l'art. 2052 du Code Napoléon, les transactions ont, entre les parties, l'autorité de la chose jugée en dernier ressort, *et qu'à ce titre, elles ont en général un caractère simplement déclaratif.* »

Mais, comme nous l'avons indiqué, cette appréciation, à laquelle les auteurs s'étaient unanimement arrêtés, a été contredite récemment. M. Mourlon d'abord, et puis M. Accarias, ont soutenu que, bien loin qu'elle ait un caractère déclaratif, la transaction y répugne, au contraire, et de la manière la plus énergique, par sa nature même, par sa propre essence. Le premier de ces jurisconsultes va plus loin : selon lui, l'assimilation qu'on prétend établir entre les transactions et les jugements n'est pas seulement contraire à la notion du pur droit, elle blesse la morale elle-même ! « Soit, dit-il, l'espèce suivante : j'affirme que telle maison que vous possédez m'appartient; de là, entre nous, litige. Nous convenons que la maison vous restera, mais qu'en retour de la concession que je vous accorde, vous me donnerez la somme de 1 000 francs. — Traduisons cette convention *dans le sens que nos adversaires y attachent.* La maison que vous possédez, serai-je censé vous dire, est bien réellement à vous; je n'y ai aucun droit, j'en fais volontiers l'aveu. Mais, comme certaines apparences existent à mon profit, je puis vous faire un procès, et, avec un peu d'habileté, triompher peut-être. Donc, ou donnez-moi 1 000 francs, ou je vous traîne

---

(1) *Voy.* MM. Merlin (*Rép.,* v° Partage, n° 11); Championnière et Rigaud (*Tr. des droits d'enreg.,* n°ˢ 595 et suiv.); Valette (*Rev. étrang. et franç.,* t. X); Troplong (n°ˢ 7 et suiv.); Massé et Vergé, sur Zachariæ (t. V, p. 85, note 2); Aubry et Rau (t. III, p. 485); Rivière et Huguet (n°ˢ 19 et suiv.); Beautemps-Beaupré (*loc. cit.*); Flandin (*De la Transcript.,* t. I, n°ˢ 329 et suiv.); Fern. Verdier (*eod.,* t. I, n°ˢ 112 et suiv.); G. Demante (*Expos. rais. des princ. de l'enreg.,* 2° édit., t. I, n°ˢ 317 à 327).

devant les tribunaux. N'est-il pas vrai qu'ainsi entendue, la transaction a tous les caractères d'une violence morale, et se résume, s'il nous est permis de dire la chose dans toute son énergie, en une espèce de *chantage?* » M. Mourlon conclut que la transaction doit être tout autre chose que l'aveu du droit de l'une des parties par l'autre, et sur l'autorité de l'art. 2048, qui qualifie la transaction de *renonciation,* il se résume à dire qu'elle est, *du côté de la partie qui se désiste,* un acte abdicatif du droit qu'elle croit avoir, une renonciation véritable, laquelle étant faite en faveur d'une personne déterminée, équivaut à une cession (1).

Or, c'est précisément contre la donnée sur laquelle toute l'argumentation repose que s'élevèrent les anciens auteurs en engageant la lutte dont le résultat fut de faire prévaloir le caractère simplement déclaratif de la transaction; et il faut bien le dire, la protestation ne prouve pas contre la légitimité du succès. Ainsi, quand, pour infirmer cette conclusion si nette dans laquelle d'Argentrée résume sa doctrine « non « est titulus, sed tituli prætensi confessio », M. Mourlon traduit la convention dans les termes que nous venons de reproduire, il ne prend pas garde que sa traduction (que d'ailleurs ses contradicteurs, quoi qu'il en dise, ne sauraient avouer) ne tient aucun compte des éléments constitutifs de la transaction, et que par cela même l'argument reste sans portée. Quiconque veut arriver à une transaction ne dit pas et ne peut pas être censé dire : « La maison que vous détenez *est bien à vous, je n'y ai aucun droit, je n'hésite pas à le reconnaître;* néanmoins, donnez-moi 1 000 francs, ou je vous traîne devant les tribunaux » ; car ce langage serait exclusif à la fois et du droit douteux et des sacrifices réciproques, c'est-à-dire des deux conditions essentielles au contrat, tellement que, sans elles, il n'y a pas, il ne peut pas y avoir transaction. Mais il dit : « Je revendique la maison que vous détenez; vous prétendez qu'elle vous appartient d'après tels ou tels titres que vous pouvez produire; mais j'ai en main des titres contraires desquels il résulte que la maison est à moi. Quels sont ceux de ces titres qui l'emporteront si nous soumettons notre différend aux tribunaux? Nous l'ignorons, car ils sont plus ou moins obscurs les uns et les autres. Finissons-en, et au lieu de nous engager dans une lutte dont l'issue est incertaine, et que nous ne pourrions soutenir sans qu'il en résultât pour chacun de nous la perte de sa tranquillité, de son temps, de son argent, convenons que vous garderez la maison et que vous me donnerez 1 000 francs en retour du sacrifice que je fais en renonçant à la revendiquer. » Dans ces termes, où l'on voit la transaction apparaître avec tous ses éléments constitutifs, la convention ne présente rien assurément qui blesse la morale, rien non plus d'où l'on puisse induire que le sacrifice de sa prétention par l'une des parties soit autre chose que la reconnaissance

---

(1) *Voy.* M. Mourlon (*loc. cit.*) : il cite, dans ce sens, l'opinion de **M.** Vernet. *Junge* M. Accarias (*loc. cit.*).

du titre ou l'aveu du droit prétendu par l'autre : *Tituli prætensi confessio.*

Et puis, en quoi une telle appréciation serait-elle incompatible avec l'art. 2048 ? Il est bien vrai que cet article (dont le commentaire va suivre) parle de la transaction comme d'un acte de renonciation. Mais est-ce que cela exclut le caractère déclaratif ? Peut-être pourrait-on douter si, à l'exemple de M. Mourlon, on envisageait le contrat seulement du côté de celui qui se désiste : peut-être alors dirait-on avec lui, et aussi avec l'art. 2048, qui précisément se place à ce point de vue, qu'ainsi envisagée par un seul côté, la transaction est un acte abdicatif, une renonciation, même une aliénation (*suprà*, n° 474). Toutefois, ce n'est plus la même chose si on prend le contrat aussi et en même temps du côté de celui qui profite du désistement. C'est la très-juste remarque de M. Troplong (1). « La transaction, dit-il, est considérée, sous beaucoup de rapports, comme une aliénation : *Qui transigit alienat.* Et en effet, celui qui renonce à son droit, après avoir soutenu qu'il était fondé, fait un sacrifice ; à son égard, le contrat peut prendre la couleur d'une aliénation. Mais l'autre partie, en faveur de laquelle est faite la renonciation et qui se prétendait également fondée en droit, n'entend pas qu'une aliénation soit faite à son profit. A ses yeux, on ne fait que lui laisser ce qui lui appartient, et reconnaître la justice de sa contestation. » Or, on ne saurait faire abstraction de cette situation complexe, et c'est dans son ensemble que la transaction doit être envisagée lorsqu'il s'agit d'en préciser le caractère et d'en déterminer les effets. Le premier paragraphe de l'art. 2052 est écrit précisément à ce point de vue : il ne parle ni de renonciation, ni d'aliénation, ni de désistement ; il exprime simplement que la transaction a, entre les parties, l'autorité de la chose jugée en dernier ressort. Et cela est caractéristique. Le législateur prend la transaction comme le dernier mot dit par les parties elles-mêmes sur un point douteux qui les divisait : il la tient comme prenant la place de la décision judiciaire qui eût été aussi le dernier mot du litige s'il y avait eu procès suivi en justice ; et, en lui assignant les effets de la chose jugée, il lui reconnaît ce caractère propre au jugement dont elle tient lieu et auquel il l'assimile sous ce rapport. C'est ainsi que l'art. 2052 confirme virtuellement une fois de plus les principes qui, à cet égard, avaient prévalu et dominaient sans conteste dans le dernier état de l'ancienne jurisprudence.

III. — 638. Ce point établi, il en faut déduire les conséquences principales.

Il en résulte d'abord que la transaction n'est pas, en elle-même, un titre propre à fonder la prescription à fin d'acquérir (2). Mais cela est vrai seulement par rapport aux choses litigieuses, objet de la transaction. Quant aux choses non litigieuses qui pourraient y être comprises, et dont l'une des parties aurait fait cession ou abandon à l'autre, il en

_____

(1) *Voy.* M. Troplong (n° 7).
(2) *Voy.* MM. Aubry et Rau (t. III, p. 485 et 486). Comp. M. Accarias (n° 144).

serait autrement. La transaction étant translative, sinon en elle-même au moins relativement à ces choses, elle constituerait, à leur égard, un titre utile au point de vue de la prescription. On peut, dit Pothier, apporter pour exemple du titre *pro suo* une transaction par laquelle celui avec qui je transigeais m'a cédé une certaine chose comme à lui appartenant, quoiqu'elle ne lui appartînt pas; cette cession, qui m'eût fait acquérir la propriété de cette chose par la tradition qu'il m'en a faite, s'il en eût été propriétaire, est un juste titre qui me donne le droit de l'acquérir par prescription (1).

639. Du principe que la transaction est déclarative en elle-même, il résulte, en second lieu, qu'en thèse générale elle n'oblige pas à garantie. Néanmoins, la même distinction se présente encore ici, et elle était nettement établie par la loi fameuse *si pro fundo* (1. 33, C. *De Trans.*), qu'on a fréquemment invoquée en cette matière et dont la pensée n'a pas été toujours bien saisie. L'espèce de la loi est celle-ci : la propriété d'un fonds est contestée entre deux personnes, dont l'une détient et l'autre revendique; et il est convenu, à titre de transaction, *transactionis causa,* soit que le défendeur abandonnera au demandeur le fonds même, objet de la contestation, soit qu'il lui donnera un autre fonds libre au lieu de lui abandonner le fonds revendiqué. Mais, la transaction conclue, il arrive que le demandeur est évincé. Peut-il recourir en garantie contre le défendeur? Les empereurs Dioclétien et Maximien répondent négativement pour la première hypothèse, celle où l'abandon a porté sur la chose même qui faisait l'objet de la contestation. « Si tamen res ipsas apud te constitutas, ob quarum quæstionem litis » intercessit decisio, fiscus vel alius a te vindicavit : *nihil petere potes.* » La solution reste la même aujourd'hui, et il faut la suivre encore dans les deux cas que l'hypothèse comporte. Ainsi, au cas précis signalé par la loi, celui où, par le résultat de la transaction, le fonds passe des mains du défendeur dans celles du demandeur, nous ajouterons le cas où le fonds reste aux mains du détenteur en retour d'un sacrifice en argent qu'il a consenti à faire et dont le revendiquant s'est contenté; et nous disons que ni dans l'un ni dans l'autre cas la transaction n'oblige à garantie. C'était la doctrine de Pothier, et il l'établissait sur des motifs si bien déduits de la nature intime et du caractère de la transaction, qu'il faut bien les accepter et les tenir encore pour décisifs. Si par une transaction, dit-il, je vous avais, moyennant une somme que j'ai reçue de vous, laissé la chose même qui faisait l'objet du procès entre nous, en me désistant, moyennant cette somme, de la demande que j'avais donnée contre vous, je ne suis point obligé envers vous à la garantie de cette chose, et si vous en souffrez éviction, vous ne pouvez me rien demander, pas même la restitution de la somme que vous m'avez donnée. Car, par cette transaction, je ne vous ai point cédé cette chose, je vous l'ai laissée telle que vous l'aviez; je me suis seulement désisté de mes prétentions incertaines, et de la demande formée contre vous; l'ar-

---

(1) Pothier (*De la Prescript.*, n° 77).

gent que j'ai reçu est le prix non pas de la chose, mais de mon désistement. Pareillement, dans le cas inverse, si vous m'avez délaissé la
chose que je revendiquais, moyennant une somme que je vous ai donnée, vous n'êtes pas obligé envers moi à la garantie de cette chose; et
si j'en suis évincé, je ne pourrai pas répéter de vous la somme que je
vous ai donnée; car vous n'avez pas entendu me céder cette chose, mais
seulement vous désister de vos prétentions incertaines (1).

Tout cela est d'une évidence palpable; et si quelques incertitudes
pouvaient s'élever aujourd'hui à cet égard, elles ne pourraient naître
que d'un incident qui s'est produit dans la discussion de la loi. On y
voit que les rédacteurs du Code avaient eu la pensée de formuler la solution du droit romain dans une disposition spéciale : « Il n'y a point
lieu, disait, en effet, l'art. 16 du projet, à la garantie des objets auxquels chaque partie prétendait avoir des droits, dont elle s'est désistée
en faveur de l'autre, lors même que ce désistement aurait été consenti
moyennant une somme. » (2) Or, cette disposition a été supprimée à la
suite de quelques observations dont on pourrait argumenter contre la
solution de Pothier. L'article parut injuste au premier consul. « Il lui
semble, dit le procès-verbal, que, dans le cas prévu, la transaction doit
être nulle, à moins qu'il n'y ait renonciation pure et simple de la part
de la partie évincée. » Et M. Berlier ayant ajouté « qu'en effet, cette
disposition, quoiqu'elle ne soit point nouvelle, mais copiée du droit
romain, *paraît blesser la justice* », le texte projeté fut supprimé (3).
Toutefois, il est évident que le premier consul et Berlier ont été séduits
là par une fausse apparence d'équité : la partie qui, par le résultat de la
transaction, a pris ou gardé la chose litigieuse ayant obtenu de l'autre
seulement le désistement de ses prétentions incertaines, rien n'était
plus juste, et en même temps plus conforme soit à l'intention des parties, soit au caractère propre à la convention, que d'affranchir celle-ci
de toute responsabilité, de toute garantie en cas d'éviction : aussi faut-il
dire que la suppression de la disposition formulée dans l'art. 16 du projet ne tire pas à conséquence. Dès que les rédacteurs du Code, satisfaits
de la suppression à laquelle ils avaient été conduits par une fausse appréciation et par une erreur manifeste, n'ont pas érigé cette erreur en
disposition législative, dès qu'ils n'ont pas dit formellement que la
transaction proprement dite, la transaction non mélangée de conventions translatives, obligerait à la garantie, la logique, la raison et les
principes restent dans leurs droits; et dans le silence de la loi, il est
souverainement vrai, il est nécessaire de dire, quant à la première hypothèse du moins, qu'il ne saurait jamais y avoir lieu à garantie.

640. Mais vient la seconde hypothèse prévue dans la loi *si pro fundo*,
l'hypothèse dans laquelle le défendeur, au lieu d'abandonner au deman-

---

(1) Pothier (*De la Vente*, n° 646). *Voy.* aussi MM. Marbeau (n° 175); Troplong
(n° 12); Massé et Vergé, sur Zachariæ (p. 89 et note 7); Aubry et Rau (p. 485, note 4);
Accarias (n°⁸ 141 et suiv.).
(2) *Voy.* Locré (t. XV, p. 405); Fenet (t. XV, p. 93).
(3) Locré (*loc. cit.*, p. 409); Fenet (*loc. cit.*, p. 97).

deur le fonds litigieux, lui donne un autre fonds libre dont ce dernier est ensuite évincé, ou qu'il trouve grevé de charges. Dans ce cas encore, la transaction tient sans doute; celui que l'éviction dépossède ou qui, au lieu d'un fonds libre, prend un fonds obligé, ne peut pas rétablir son ancienne prétention, et par là faire revivre le procès transigé; mais il a droit à la garantie. Tel était le rescrit des empereurs Dioclétien et Maximien : « Si pro fundo, quem petebas, prædium certis finibus liberum » dari trasactionis causa placuit... licet hoc prædium obligatum post, » vel alienum pro parte fuerit probatum : instaurari decisam litem pro- » hibent jura. Ex stipulatione sane, si placuit servari, secuta est : vel, » si non intercesserit, præscriptis verbis actione civili subdita, apud » rectorem provinciæ agere potes. » La solution était admise dans notre ancien droit. Lorsque, disait Pothier, pour vous faire désister d'une demande que vous aviez formée, ou que vous deviez former contre moi, je vous ai donné une certaine chose, j'ai reçu, dans cette transaction, de celui avec qui j'ai transigé, l'équivalent de la chose que je lui donne, à savoir le désistement que j'avais intérêt d'avoir. Je dois donc contracter, par cette transaction, la même obligation de garantie envers celui à qui j'ai donné cette chose, que contracte un vendeur envers un acheteur (1). Et dans notre droit actuel, il n'en peut pas être autrement. Nous ne sommes plus en présence d'une transaction pure et simple, de la transaction qui, par elle-même, constitue un titre purement déclaratif : nous avons ici une transaction qui, indépendamment de la renonciation à des prétentions incertaines ou douteuses, contient la cession d'un droit certain. Ainsi, il y a mélange de contrats : l'opération désignée sous la seule dénomination de transaction, dénomination qui lui convient, en ce que le but vers lequel les parties ont tendu a été de prévenir ou d'éteindre une contestation, est néanmoins quelque chose de plus qu'une transaction proprement dite; elle est, en outre, une cession ou une vente, et comme, sous ce dernier rapport, elle est constitutive d'un titre translatif, elle oblige à la garantie en cas d'éviction du droit abandonné comme certain.

Il est très-probable que le premier consul n'a dirigé, contre l'art. 16 du projet, les critiques ci-dessus rappelées que faute d'avoir fait une distinction nécessaire entre le cas où l'éviction porte sur le droit litigieux objet même de la transaction, et le cas où elle atteint le droit certain cédé comme prix de la transaction. On s'explique, par son défaut d'habitudes juridiques, que par lui-même il n'ait pas aperçu cette distinction : on comprend moins qu'aucun des jurisconsultes du conseil d'État n'ait songé à la lui signaler.

641. C'est, enfin, d'après la même distinction que devra être résolue la question de savoir si la transaction est soumise à la transcription. Nous ne parlons pas, bien entendu, de la transcription considérée comme formalité préalable à la purge des hypothèques. Il peut y avoir telles circonstances où la transcription d'un tel acte, quoique de sa

---

(1) *Voy.* Pothier (*De la Vente*, n° 645).

nature il ne soit que déclaratif, présente une véritable utilité. Il y en a des exemples dans des arrêts empruntés à la jurisprudence, qui, en matière fiscale, a établi que le droit proportionnel de transcription est absolument indépendant du droit de mutation, et que tel acte qui ne pourrait pas être passible de ce dernier droit, serait néanmoins susceptible d'être considéré comme de nature à être transcrit dans le sens de la loi du 28 avril 1816 (art. 52 et 54), et par conséquent de rendre exigible le droit proportionnel de transcription. Citons notamment un arrêt assez récent de la Cour de cassation, duquel il résulte que, bien que le droit proportionnel de mutation n'ait pas été exigé lors de l'enregistrement d'une transaction par laquelle un légataire universel a abandonné divers immeubles de la succession à un individu se prétendant fils naturel du défunt, la transcription de cette transaction donne ouverture au droit proportionnel, attendu qu'elle offre alors cette double utilité : 1° de rendre sans effet les hypothèques non encore inscrites qui avaient été consenties par le légataire universel en sa qualité de propriétaire apparent; 2° de purger les hypothèques du chef du même légataire inscrites antérieurement à cette transcription (1).

Il s'agit ici de la transcription hypothécaire réglée par la loi du 23 mars 1855 au point de vue de la mutation de propriété. Et à cet égard nous nous rattachons à la distinction ci-dessus indiquée. Donc, si la transaction contient, en outre, cession ou abandon d'une chose non litigieuse, elle doit être transcrite, sans doute, en tant que la chose cédée ou abandonnée serait susceptible d'hypothèque; car elle est translative par rapport à cette chose, et d'après l'art. 1, n° 1, de la loi du 23 mars 1855, il y a lieu de transcrire au bureau des hypothèques de la situation des biens « tout acte entre-vifs, *translatif de propriété immobilière ou de droits réels susceptibles d'hypothèque.* » Mais si la transaction est pure et simple, si elle ne comprend rien au delà de l'objet litigieux, la transcription n'en est pas nécessaire, et elle serait superflue, car alors la transaction est purement déclarative d'un droit préexistant, et reposant sur des titres antérieurs dont la transcription est suffisante, en tant qu'ils sont de nature à être soumis à la formalité. C'est l'opinion dominante (2).

642. Elle est contredite néanmoins par quelques auteurs qui, ayant contesté le caractère déclaratif du contrat, sont naturellement conduits à nier la conséquence. En effet, les uns, tenant que la transaction est toujours translative, considèrent comme rigoureusement nécessaire la transcription de l'acte qui la constate, bien entendu lorsqu'il porte sur des biens susceptibles d'hypothèque (3); les autres, voyant dans la transaction un acte abdicatif, une renonciation, pensent que, dans le

---

(1) *Voy.* Cass., 20 mai 1863 (*J. Pal.*, 1863, p. 746; S. V., 63, 1, 506; Dalloz, 63, 1, 239).

(2) *Voy.* MM. Troplong (*De la Transcript.*, n°* 69 et suiv.); Rivière et François (n° 8); Rivière et Huguet (*Quest. théor.*, n°* 19 et suiv.); Flandin (n°* 329 et suiv.); F. Verdier (n°* 113 et suiv.).

(3) *Voy.* M. Accarias (n° 144, 2°).

même cas, elle doit être transcrite, par application, sinon du n° 1, au moins du n° 2, de l'art. 1er de la loi du 23 mars 1855, lequel numéro exige la transcription de « tout acte portant renonciation » à des droits réels susceptibles d'hypothèque (1). Nous n'avons pas, on le comprend, à revenir sur la première de ces appréciations, après ce que nous avons dit plus haut pour établir l'inexactitude de son point de départ. Quant à la seconde, il est clair qu'elle ne fait pas faire un grand pas à la discussion. Dire de la transaction qu'elle est une renonciation, c'est tout bonnement substituer à notre question une autre question plus générale, celle de savoir si le n° 2 de l'art. 1 de la loi du 23 mars 1855 s'applique à toute renonciation quelconque, ou s'il a seulement en vue les renonciations translatives. Or, le principe de cette loi étant de soumettre à la transcription seulement les actes constitutifs et translatifs de biens ou de droits immobiliers, il est évident que les renonciations auxquelles s'applique la disposition précitée sont exclusivement les renonciations *translatives* résultant d'actes entre-vifs. Ce ne sont pas, comme le dit M. Troplong, « celles par lesquelles on répudie un droit dont on n'a pas encore été investi; ce sont celles par lesquelles on se dépouille, en faveur de quelqu'un, d'un droit acquis. » (2) Or, lorsqu'en transigeant on se désiste d'une prétention qu'on avait cru pouvoir élever, quand on abandonne un droit incertain ou douteux, on ne transfère rien à la partie qui profite du désistement ou de l'abandon; encore une fois, on ne fait que lui laisser ce qui lui appartient et reconnaître la justice de sa contestation (*suprà*, n° 637). La renonciation n'est donc pas translative; elle est purement déclarative, et, à ce titre, elle n'est pas soumise à la loi de la publicité (3).

Sans insister davantage sur les conséquences du caractère déclaratif commun à la transaction et au jugement, nous passons à d'autres détails par lesquels la transaction se distingue, au contraire, du jugement ou de la chose jugée.

IV. — 643. Toutes les dispositions d'une transaction se lient et sont indivisibles. Il en est autrement des jugements. Ceux qui statuent sur plusieurs points litigieux ne doivent pas être considérés comme formant un seul tout, et ils peuvent fort bien être réformés sur quelques points et confirmés quant aux autres : cela se voit tous les jours. Au contraire, quand il s'agit d'une transaction, les divers chefs de contestation sur lesquels elle porte étant corrélatifs, la transaction ne saurait être annulée pour partie et maintenue pour le surplus (4). Ce principe trouve des applications spéciales soit dans la loi elle-même, soit dans la juris-

---

(1) *Voy.* MM. Mourlon (*Rev. prat.*, loc. cit., et *Transcript.*, n° 72); Lesenne (*eod.*, n° 38).

(2) *Voy.* M. Troplong (*De la Transcript.*, n° 93). *Junge* M. Flandin (n°* 435 et suiv.).

(3) *Voy.* MM. Flandin (*loc. cit.*, et n° 339); Verdier (n° 117); Beautemps-Beaupré (*Rev. crit.*, t. XVI, p. 311 et suiv.).

(4) *Voy.* MM. Merlin (v° Trans., § 5, n° 3); Rigal (p. 153); Marbeau (n° 23); Troplong (n° 133); Taulier (t. VI, p. 547); Aubry et Rau (t. III, p. 484, notes 10 et 11); Mourlon (*Rép. écrit*, t. III, p. 479); Boileux (t. VII, p. 26). *Voy.* aussi Caen, 14 mars 1844 (S. V., 44, 2, 499).

prudence : dans la loi, comme on peut le voir par l'art. 2055 de notre titre, lequel, prévoyant le cas où une transaction aurait été faite sur pièces reconnues fausses, déclare que la transaction est nulle *entièrement* et non pas seulement quant aux chefs dépendants des pièces fausses ; dans la jurisprudence, comme on a pu le remarquer plus haut, par les décisions qui annulent une transaction pour le tout lorsqu'elle porte à la fois sur la question d'état et sur l'intérêt pécuniaire subordonné à cette question (*suprà*, n° 593). Et la différence qui existe, sous ce rapport, entre la transaction et le jugement, se comprend à merveille. Les juges ne peuvent pas se dispenser d'appliquer la loi avec exactitude à chacun des divers chefs de la demande dont ils sont saisis ; il ne saurait leur être permis de la violer sur l'un de ces chefs, en raison de la décision qu'ils portent sur les autres. La même obligation n'est pas imposée aux parties. Celles-ci sont entièrement libres de balancer entre elles les diverses clauses de la transaction ; et quand elles ont traité comme il leur a plu de le faire sur les difficultés qui les divisaient, quand elles ont réglé leur différend par un ensemble de dispositions, elles ont créé un tout dont les clauses diverses sont inséparables, parce que, dans leur intention, elles sont dépendantes, en ce sens que les unes ont pu n'être admises qu'en considération des autres.

644. Néanmoins, et précisément parce que c'est là une déduction de l'intention présumée des parties, le principe de l'indivisibilité des transactions cède devant la manifestation nette d'une volonté contraire. Si les parties ont voulu que les divers chefs de la transaction arrêtée entre elles fussent absolument indépendants, les juges n'ont pas évidemment à aller à l'encontre ; ils pourraient donc, ils devraient même, pour obéir à la loi du contrat, considérer qu'il y a autant de transactions que de chefs séparés, et décider en conséquence.

645. On a même enseigné que, lorsque sans aucune manifestation expresse de volonté à cet égard les chefs divers de la transaction sont néanmoins distincts par eux-mêmes et paraissent indépendants, il serait permis aux juges de les diviser et de maintenir les uns tout en annulant les autres (1). La Cour de cassation a, en effet, décidé en ce sens qu'une transaction n'est pas un acte tellement indivisible de sa nature que les juges ne puissent, en déclarant qu'il renferme des clauses entièrement distinctes et indépendantes, annuler les unes et valider les autres, et qu'en tout cas leur décision à cet égard, lorsqu'elle ne repose que sur une simple interprétation des clauses de la transaction, échappe à la censure de la Cour de cassation (2). Sans doute, on peut aller jusque-là, car il est difficile de ne pas reconnaître aux juges du fond le droit de déclarer la volonté des parties, même quand cette volonté n'a pas été exprimée en termes explicites. Mais il importe que le principe de l'indivisibilité ne soit pas éludé sous ce prétexte. Les juges auront donc à

---

(1) *Voy.* M. Rigal (p. 153).
(2) Req., 9 fév. 1830 (S. V., 31, 1, 339 ; Dalloz, 30, 1, 117). Comp. Cass., 25 nov. 1834 (S. V., 35, 1, 664 ; Dalloz, 35, 1, 44).

user ici de la plus grande réserve; ils devront ne pas perdre de vue cette juste observation de l'orateur du gouvernement, qu'on « doit voir dans une transaction des parties corrélatives; et lors même que les divers points sur lesquels on a traité sont indépendants quant à l'objet, il n'en est pas moins incertain s'ils ont été indépendants, quant à la volonté de contracter, et si les parties eussent traité séparément sur tous les points. » (1)

V. — 646. Ceci nous conduit naturellement à un autre détail par lequel la transaction diffère encore du jugement : nous voulons parler du pouvoir d'appréciation des juges du fond et du contrôle qui appartient à la Cour de cassation en cette matière. La chose jugée tenant essentiellement à l'ordre public, il est de toute nécessité que les juges acceptent comme souveraines les dispositions d'un jugement dès qu'elles ont acquis l'autorité de la chose jugée, et s'abstiennent de toute appréciation susceptible d'étendre ou de restreindre la portée de ces dispositions. Une interprétation extensive ou restrictive constituerait une violation de la loi et tomberait inévitablement sous la censure de la Cour de cassation. En est-il de même en matière de transaction? Quel est à cet égard le rôle de la Cour de cassation? Et dans quelle mesure le contrôle de cette Cour doit-il être exercé par rapport aux décisions judiciaires qui statuent sur les effets d'une transaction? La question ne laisse pas que d'être délicate : les auteurs ne l'ont pas résolue d'une manière bien nette (2), et les arrêts en très-grand nombre qui ont eu à y statuer ne l'ont pas suffisamment éclaircie.

647. On a même signalé une certaine lutte à cet égard entre les deux chambres civiles de la Cour de cassation. En effet, la chambre des requêtes a souvent décidé que l'interprétation des transactions par les juges du fait est souveraine (3), tandis que la chambre civile aurait jugé, au contraire, que la fausse interprétation des clauses d'un tel contrat constitue une violation de la loi et donne ouverture à cassation (4). Toutefois, il ne faut pas exagérer ce prétendu antagonisme; car, d'un côté, la première des deux chambres a été parfois moins absolue, comme on en peut juger en se reportant aux motifs de plusieurs de ses arrêts (5), et, d'un autre côté, la seconde chambre a plus d'une fois consacré le

---

(1) Exposé des motifs de Bigot-Préameneu (Locré, t. XV, p. 424; Fenet, t. XV, p. 110).

(2) *Voy.* MM. Troplong (n° 116); Aubry et Rau (t. III, p. 483 et 484); Massé et Vergé, sur Zachariæ (t. V, p. 89, note 5); Boileux (t. VII, p. 26); Mourlon (t. III, p. 478); Accarias (n° 150, 3°).

(3) Req., 8 et 9 fév. 1830, 20 déc. 1832, 4 juin 1833, 31 déc. 1835, 8 fév. 1837, 12 avr. 1837, 21 avr. 1840, 21 mai 1855, 20 avr. 1857, 21 déc. 1859, 23 avr. et 21 août 1860 (S. V., 30, 1, 46; 31, 1, 339; 33, 1, 772; 36, 1, 189; 37, 1, 737 et 1007; 40, 1, 873; 56, 1, 415; 57, 1, 694; 60, 1, 449 et 848; Dalloz, 32, 1, 8; 36, 1, 324; 57, 1, 396; 60, 1, 26 et 270; 61, 1, 107; *J. Pal.*, 1854, t. II, p. 524; 1859, p. 50; 1861, p. 611; 1862, p. 458).

(4) Cass., 8 avr. 1807, 15 fév. 1815, 26 juill. 1823 (déjà cités *supra*, n° 486), 21 août 1832, 21 janv. 1835, 6 juill. 1836, 27 fév. 1839 (S. V., 32, 1, 644; 35, 1, 105; 36, 1, 926; 39, 1, 161; Dalloz, 35, 1, 107; 36, 1, 408; 39, 1, 200; *J. Pal.*, à leur date).

(5) *Voy.* notamment Req., 20 juin 1841 (S. V., 42, 1, 791).

pouvoir d'appréciation des juges du fait en considérant comme souveraines des décisions soumises à son contrôle, et en rejetant, par ce
motif, le pourvoi dont elles étaient l'objet (1).

648. Nous ne pensons pas, quant à nous, qu'il en soit, sous ce
rapport, de la transaction autrement que de tout autre contrat : la
règle à suivre nous semble devoir être la même pour tous. Ainsi, nous
tenons, d'un côté, que le jugement par lequel il a été statué sur les
effets d'une transaction est susceptible d'être cassé, comme contenant
une violation de la loi, lorsque les juges ont mal apprécié le caractère
du contrat ou qu'ils en ont méconnu la nature; et, d'un autre côté, que
la décision judiciaire dont le résultat unique serait d'étendre ou de restreindre la portée d'une transaction constituerait, quelque erronée
qu'elle pût être, un simple mal jugé qui ne donnerait pas ouverture à
cassation. Pour qu'il en fût autrement, pour qu'à cet égard il y eût lieu
de suivre, relativement à la transaction, une règle différente de celle qui
détermine le pouvoir d'appréciation des juges en ce qui concerne les
autres conventions, il faudrait que cette règle spéciale eût été formulée
dans la loi. Or, on ne saurait la trouver, quoi qu'on en ait dit, ni dans
notre art. 2052, ni dans les art. 2048 et 2049 dont le commentaire va
suivre. Sans doute, l'art. 2052 exprime que la transaction a, entre les
parties, l'autorité de la chose jugée en dernier ressort. Mais, nous le savons, cela ne doit pas être pris à la lettre, d'incontestables différences
existant à certains égards entre la transaction et la chose jugée, malgré
la rédaction absolue de notre texte. En tout cas, l'art. 2052 n'est pas
assurément plus absolu que l'art. 1134; s'il dit de la transaction en
particulier qu'elle a l'autorité de la chose jugée, l'art. 1134 dit, pour
les contrats en général, que les conventions légalement formées *tien-*
nent lieu de loi à ceux qui les ont faites : et cette dernière disposition
n'en laisse pas moins dans le domaine des juges du fait tout ce qui, par
rapport aux contrats, est de pure interprétation. Quant aux art. 2048
et 2049, il est bien vrai qu'en traçant deux règles d'interprétation, ils
ont fait, pour la transaction, ce que le législateur n'a pas cru devoir
faire pour les autres contrats dans les dispositions particulières dont ils
ont été l'objet. Mais prenons garde que ces deux mêmes règles sont
écrites, au titre *Des Contrats ou Obligations conventionnelles en géné-*
ral, dans les art. 1156 et 1163, dont les art. 2048 et 2049 sont la reproduction. Or, les art. 1156 et 1163 n'ont jamais été considérés
comme devant faire tomber sous la censure de la Cour de cassation les
jugements qui, par une appréciation plus ou moins exacte de l'intention
des parties, donnent aux conventions trop d'étendue ou les renferment
dans des limites trop resserrées. Les art. 2048 et 2049 ne sauraient
faire qu'il n'en doive pas être de même spécialement des décisions judiciaires statuant sur la portée et les effets des transactions. Il n'y a
donc aucune raison de ne pas s'en tenir ici à la règle commune.

_____

(1) *Voy.* Rej., 21 nov. 1832, 1er fév. 1837, 8 mai 1861 (S. V., 33, 1, 95; 37, 1, 791;
61, 1, 716; Dalloz, 33, 1, 6; 37, 1, 251; *J. Pal.,* 1861, p. 976).

649. Aussi ne faut-il pas s'arrêter davantage à une autre distinction d'après laquelle les décisions extensives ou restrictives des effets d'une transaction impliqueraient violation de la loi et tomberaient sous la censure de la Cour de cassation, tandis que celles qui auraient simplement interprété des clauses obscures ou ambiguës resteraient souveraines. D'ailleurs, cette distinction, qu'on peut concevoir théoriquement, serait, dans la pratique, d'une application plus que difficile.

VI. — 650. La transaction diffère encore du jugement en ce qu'elle n'a pas force exécutoire et n'emporte pas hypothèque judiciaire. Elle est, en effet, un acte purement privé, et, à ce titre, elle ne saurait participer aux caractères ni avoir la force d'exécution qui s'attachent à un acte émanant de la puissance publique.

651. Toutefois, il y a lieu, sous les deux rapports indiqués, de distinguer des transactions ordinaires qui se produisent sous la forme d'un acte privé, celles qui ont lieu en la forme de jugement d'expédient ou de jugement convenu. Nous avons dit plus haut qu'en cette forme, la transaction, toute conventionnelle qu'elle est, participe de la nature des jugements et qu'elle en doit dès lors produire les effets : nous renvoyons à nos observations sur ce point (supra, n° 493).

VII. — 652. Il nous reste à faire remarquer qu'en général les transactions n'ont pas plus de force vis-à-vis des tiers que tous autres contrats ; et, à cet égard, il n'y a aucunement à distinguer entre les transactions ordinaires et celles qui ont lieu en la forme de jugements convenus.

Il en est ainsi, d'ailleurs, des jugements eux-mêmes, qui, on le sait, ne produisent les effets de la chose jugée qu'autant qu'il y a identité de parties. Mais, en certains cas, des personnes restées complétement étrangères à l'instance doivent faire tierce opposition pour sauvegarder les droits auxquels le jugement intervenu pourrait porter atteinte. Ce n'est pas le lieu de nous expliquer ici sur les discussions et les controverses qu'a suscitées la détermination précise des cas dans lesquels la tierce opposition est nécessaire : cela se rattache tout particulièrement à la procédure civile. Tout ce que nous voulons indiquer, c'est que dans les circonstances où il y aurait lieu de former tierce opposition à un jugement, le tiers qui voudrait prévenir les effets d'une transaction conclue sous forme de jugement convenu ou d'expédient, devrait recourir à cette voie extraordinaire (1). Il ne serait donc pas absolument exact de dire, avec quelques auteurs (2), qu'il n'est jamais nécessaire de faire tierce opposition à une transaction.

2048. — Les transactions se renferment dans leur objet : la renonciation qui y est faite à tous droits, actions et prétentions, ne s'entend que de ce qui est relatif au différend qui y a donné lieu.

2049. — Les transactions ne règlent que les différends qui s'y

(1) Voy. MM. Aubry et Rau (t. III, p. 486).
(2) Voy. notamment M. Troplong (n° 134).

trouvent compris, soit que les parties aient manifesté leur intention par des expressions spéciales ou générales, soit que l'on reconnaisse cette intention par une suite nécessaire de ce qui y est exprimé.

2050. — Si celui qui avait transigé sur un droit qu'il avait de son chef, acquiert ensuite un droit semblable du chef d'une autre personne, il n'est point, quant au droit nouvellement acquis, lié par la transaction antérieure. •

2051. — La transaction faite par l'un des intéressés ne lie point les autres intéressés, et ne peut être opposée par eux.

SOMMAIRE.

I. — **653.** La transaction ayant entre les parties l'autorité de la chose jugée en dernier ressort (art. 2052, § 1), il en résulte, comme nous l'avons expliqué plus haut, qu'elle engendre une exception analogue à celle de la chose jugée contre celle des parties qui, au mépris de la convention, tenterait d'engager ou de reprendre la lutte judiciaire sur le différend que, d'un commun accord, elles avaient résolu de trancher (*suprà, n° 628*); c'est l'exception *litis per transactionem finitœ*. Toutefois, et précisément parce que l'exception est assimilée à celle qui résulte de la chose jugée, elle n'existe que sous les mêmes conditions : aussi, les quatre articles réunis ici, et dont nous avons maintenant à présenter le commentaire, reproduisent-ils, en les développant, les conditions qui, d'après l'art. 1351 du Code Napoléon, sont constitutives de l'autorité de la chose jugée. En effet, l'autorité de la chose jugée n'ayant lieu qu'a l'égard de ce qui fait l'objet du jugement, il faut, aux termes de ce dernier article, que la chose demandée soit la même, et que la demande soit entre les mêmes parties et formée par elles et contre elles en la même qualité. Or, nos quatre articles montrent qu'il en est de même de l'exception *litis finitœ*, laquelle n'est également opposable qu'autant, d'une part, que l'objet de la contestation nouvelle est le même que celui qui était en question dans le procès éteint par la transaction (art. 2048, 2049); et, d'une autre part, que cette contestation nouvelle s'élève entre les parties mêmes de qui la transaction était émanée (art. 2050, 2051). Reprenons ces conditions en détail, et comme elles comportent l'une et l'autre des développements particuliers, occupons-nous distinctement de chacune d'elles.

II. — 654. *Identité d'objet.* — C'est une conséquence toute naturelle de l'assimilation établie par le premier paragraphe de l'art. 2052 entre la transaction et la chose jugée, qu'une transaction ne puisse pas être opposée comme fin de non-recevoir à la contestation nouvelle élevée par l'une des parties qui ont transigé, si cette contestation nouvelle et la transaction ne portent pas exactement sur le même objet. En disant dans les premiers mots de l'art. 2048 que les transactions se renferment dans leur objet ou, en d'autres termes, dans ce qui était le sujet même du différend sur lequel les parties ont transigé, le législateur a eu en vue d'exprimer cette pensée.

655. Ainsi, un litige existe entre un propriétaire et un locataire sur le point de savoir auquel du bailleur ou du preneur incombe l'obligation de faire certaines réparations aux lieux loués et d'en payer les frais : une transaction intervient qui met les réparations et les frais à la charge du bailleur. Plus tard, d'autres réparations de même nature deviennent nécessaires par suite de nouveaux dégâts dans les lieux loués, et le bailleur, invité à les faire, s'y refuse en déclarant qu'il s'est trompé sur ses droits quand il a consenti à faire les réparations antérieures. Le preneur sera-t-il fondé à opposer la transaction et à soutenir que le bailleur est désormais non recevable à contester? En aucune manière : la transaction a été limitée aux réparations nécessaires au moment où elle est intervenue; elle n'a rien disposé quant à celles dont la nécessité pourrait surgir ultérieurement et dans tout le cours du bail. En sorte qu'il n'y a a

pas identité entre ce qui est l'objet de la contestation nouvelle et ce qui avait été l'objet de la transaction (1).

656. Une question analogue, dans un autre ordre de faits, s'était élevée dans l'ancienne jurisprudence, et s'est reproduite depuis : c'est la question de savoir si les héritiers d'un blessé, qui est mort de ses blessures après avoir transigé sur les dommages-intérêts qu'il avait à prétendre, peuvent poursuivre le meurtrier, nonobstant cette transaction. Serpillon, dont l'avis est rappelé dans le Répertoire de Merlin, décidait qu'ils en avaient le droit et que la transaction du défunt ne pouvait pas leur être opposée comme fin de non-recevoir, parce qu'il l'avait faite sur de simples blessures, et non sur un meurtre : *de vulnerato, et non de occiso.* C'est aussi ce qu'avaient jugé deux arrêts du Parlement de Paris (2).

On juge de même aujourd'hui que si, après une transaction aux termes de laquelle une personne blessée reçoit de l'auteur des blessures une somme déterminée à forfait à titre de réparation, il arrive soit que le blessé succombe, soit qu'une aggravation survienne dans son état, les héritiers, dans le premier cas, et le blessé lui-même dans le second, peuvent, nonobstant la transaction, exercer des poursuites contre l'auteur des blessures, à l'effet d'obtenir d'autres dommages-intérêts (3). C'est qu'en effet, dans cette hypothèse comme dans la précédente, il est vrai de dire que, dans l'intention des parties, la transaction a été limitée au fait accompli et au préjudice qui en était résulté au moment où elle a été conclue. Ainsi, celle des parties qui a reçu à forfait une somme à titre de réparation du dommage souffert a bien renoncé par là à réclamer quoi que ce soit en sus pour ce même dommage; mais sa renonciation ne va pas au delà, notamment elle n'est pas exclusive du droit de réclamer au sujet du préjudice qui peut résulter ultérieurement, pour sa famille ou pour lui-même, soit de sa mort, soit de l'aggravation de son état. En sorte que demander des dommages à raison de ces faits, en tant qu'ils sont la conséquence, imprévue au moment de la transaction, de la cause première du préjudice, c'est, en réalité, former une demande pour un autre objet que celui de la transaction.

III. — 657. Il peut arriver que l'étendue de la transaction et son objet précis n'apparaissent pas avec cette netteté, et que des doutes s'élèvent, au contraire, sur le point de savoir s'il y a identité entre cet objet et celui de la contestation nouvelle. Les juges qui auront alors à interpréter le contrat devront consulter avant tout l'intention probable des parties, et s'abstenir surtout de donner au contrat, dans leur appréciation, une portée exagérée. Sans doute, il faut laisser à la transaction toute l'étendue qu'elle comporte, car les parties s'étant proposé tout

---

(1) Req., 24 nov. 1832 (S. V., 33, 1, 237; Dalloz, 33, 1, 141; *J. Pal.*, à sa date).
(2) Serpillon (*Cod. crim.*, p. 1111); Merlin (v° Trans., § 4, n° 2). Arrêts des 18 janv. 1631 et 21 déc. 1652.
(3) *Voy.* Aix, 29 janv. 1833; Paris, 11 juin 1864; Caen, 15 mai 1865 (S. V., 34, 2, 286; 65, 2, 47 et 264; *J. Pal.*, 1865, p. 324 et 1023; Dalloz, 34, 2, 94). Comp. Req., 10 déc. 1861 (Dalloz, 62, 1, 123; S. V., 62, 1, 521; *J. Pal.*, 1862, p. 985). *Voy.* aussi MM. Rigal (p. 132, n° 5); Marbeau (n° 242).

particulièrement d'acheter leur repos, il est nécessaire que le litige reste définitivement éteint, et que, sous aucun prétexte, l'une d'elles ne puisse, en le faisant revivre, même dans un simple détail, troubler le repos que l'autre avait entendu s'assurer par la transaction. Mais l'interprétation restrictive n'en est pas moins dans la nature même et dans la nécessité des choses. Ne perdons pas de vue, en effet, que transiger c'est renoncer à ses droits ou les abandonner dans une certaine mesure. Or, nul n'étant censé renoncer à ses droits, il est de toute évidence qu'ajouter à la transaction, en étendre la portée, soit quant aux renonciations qu'elle suppose, soit par rapport aux contestations qu'elle a tranchées, ce serait nécessairement aller contre l'intention des parties entre lesquelles elle s'est formée.

658. D'ailleurs, la loi elle-même trace, dans les art. 2048 et 2049, des règles d'interprétation qui révèlent nettement cette pensée.

D'une part, et au point de vue des différends que la transaction a prévenus ou terminés, l'art. 2049 a reproduit à peu près cette formule de Domat : « Les transactions ne règlent que les différends qui s'y trouvent nettement compris par l'intention des parties, soit qu'elle se trouve expliquée par une expression générale ou particulière, ou qu'elle soit connue par une suite nécessaire de ce qui est exprimé, et elles ne s'étendent pas aux différends où l'on n'a point pensé. » (1) En cela, d'ailleurs, l'art. 2049 a rappelé, pour les transactions, la règle posée par l'art. 1156 pour les contrats en général. Ainsi, les transactions seront obligatoires pour les parties à l'égard de tous les différends sur lesquels il apparaîtra qu'elles ont eu l'intention de transiger, lors même que les termes dans lesquels la convention est conclue ne seraient pas suffisamment explicites, si d'ailleurs cette intention résulte, non pas par une induction plus ou moins douteuse, mais comme une conséquence nécessaire de ce qui est exprimé. Par exemple, une contestation est engagée sur la validité d'un testament entre l'héritier légitime du testateur et le légataire institué; les parties se rapprochent, et il intervient une transaction aux termes de laquelle l'héritier renonce à attaquer le testament. La transaction sera obligatoire pour lui, en ce sens que désormais il ne pourra pas mettre en question la validité du testament, fût-ce pour une cause dont il n'avait pas connu l'existence au moment où il a transigé, car c'est une conséquence nécessaire de sa renonciation à attaquer le testament que vis-à-vis de lui toutes les nullités dont l'acte peut être affecté restent couvertes. Mais l'héritier découvre, à la liquidation, que le legs contenu dans le testament excède la quotité disponible; il pourra, nonobstant la transaction, demander la réduction, car, de ce qu'il a renoncé à attaquer le testament, c'est-à-dire à mettre en question la validité de l'acte, il ne s'ensuit en aucune manière qu'il a entendu renoncer à réclamer sa réserve.

659. D'une autre part, et au point de vue des objets sur lesquels a porté la transaction, l'art. 2048 dispose que la renonciation qui y est

_____

(1) Domat (*Lois civ.*, liv. I, tit. xIII, sect. 1, n° 3).

faite à tous droits, actions et prétentions, ne s'entend que de ce qui est relatif au différend qui y a donné lieu. C'est, d'ailleurs, une confirmation ou une application spéciale de la règle d'interprétation écrite dans l'art. 1163, où il est dit que, quelque généraux que soient les termes dans lesquels une convention est conclue, elle ne comprend que les choses sur lesquelles il paraît que les parties se sont proposé de contracter. Ainsi, une transaction contiendra les clauses les plus générales; les parties déclareront renoncer à leurs droits, actions et prétentions, ajoutant même ces mots : *généralement quelconques,* ou autres expressions analogues fréquemment employées dans la rédaction des contrats : ces formules ne devront pas être prises à la lettre ; la renonciation s'entendra *secundum subjectam materiam,* c'est-à-dire qu'elle s'appliquera seulement aux droits contestés dans le différend ou dans le litige que la transaction a eu pour but de prévenir ou de terminer. Par exemple, une succession est litigieuse entre les cohéritiers, et l'un d'eux renonce, par la transaction qui met fin au litige, aux droits, actions et prétentions qu'il avait à faire valoir comme héritier. Il est bien évident que le renonçant ne pourra plus désormais mettre en avant le droit de succession. Mais s'il découvre qu'il a un autre droit en vertu duquel il peut réclamer la propriété, la transaction ne fera pas obstacle à ce qu'il élève sa réclamation en exerçant le droit absolument indépendant de celui que, seul, d'après les termes de la transaction, il ait entendu abdiquer.

660. En un mot, l'intention des parties est ici la question absolument dominante; il appartient aux juges de la rechercher en prenant pour guide les règles tracées par le législateur, et de s'y attacher plutôt qu'aux termes trop souvent inexacts dont il a pu être fait usage dans la rédaction de l'acte.

661. L'intention est si bien dominante que les juges ne seraient pas libres de s'en écarter même quand, en manifestant expressément la volonté de donner à la transaction une signification contraire à la règle d'interprétation indiquée par les art. 2048 et 2049, les parties auraient déclaré transiger sur toutes leurs difficultés, et renoncer à toute espèce de droits et actions, *non-seulement prévus, mais encore imprévus ou inconnus.* A la vérité, on a soutenu qu'une pareille transaction doit demeurer sans effet par rapport aux objets imprévus, et que la clause afférente à ces objets est non avenue comme déraisonnable (1). Toutefois, il faut répondre par le principe de la liberté des conventions, principe à la faveur duquel les contractants disposent ainsi qu'ils l'entendent, et disposent utilement même en s'écartant des règles établies par la loi, pourvu que, comme c'est ici le cas, il ne s'agisse pas de règles touchant à l'ordre public. Et en outre, on peut tirer argument de l'art. 2057, qui, en effet, autorise les transactions générales par lesquelles les parties entendent tout terminer entre elles, et qui, prévoyant la découverte de titres inconnus des parties au moment où elles ont transigé,

_____

(1) *Voy.* M. Troplong (nº 113).

dispose que leur ignorance à cet égard ne constitue pas nécessairement une cause de rescision de la transaction (*infrà*, n° 727).

662. Mais la vérité est qu'à défaut de manifestation expresse d'une volonté contraire, les transactions, quelque généraux qu'en soient les termes, ne règlent pas les différends qui n'existaient pas à l'époque où elles ont été conclues, ni même les difficultés *non prévues*, bien que leur cause existât dès cette époque. Il n'est pas possible, on l'a dit avec une exactitude parfaite, que les expressions générales employées dans l'acte transactionnel aient pour effet de réagir même sur les choses inconnues et ignorées des contractants (1). Domat s'en expliquait nettement dans la formule ci-dessus reproduite, en disant que les transactions ne « s'étendent pas aux différends où l'on n'a point pensé. » Les art. 2048 et 2049 sont moins explicites dans leurs termes; mais leur rédaction montre suffisamment, par sa forme exclusive, que tel est leur esprit.

Éclairons le principe par des exemples empruntés à la doctrine et à la jurisprudence. Paul, héritier de Pierre pour moitié, transige avec Jean au sujet d'un immeuble sur lequel Pierre, le défunt, avait des droits plus ou moins douteux; puis il arrive que Jacques, héritier de l'autre moitié, renonce à la succession, en sorte que sa part accroît, avec effet rétroactif, à celle de Paul. Dans cette hypothèse, la transaction conclue entre Jean et Paul n'aura toujours de valeur et d'effet pour les parties que relativement à la moitié à raison de laquelle elles ont transigé. Et si Jean venait à engager contre Paul, par rapport à l'immeuble litigieux, le procès qu'il aurait pu faire à Jacques pour sa moitié, dans le cas où ce dernier n'aurait pas renoncé, Paul lui opposerait inutilement la transaction comme exception ou fin de non-recevoir. Pourquoi? Non pas, comme on l'a dit (2), parce que l'art. 2050 (auquel nous allons arriver) y ferait obstacle, car cet article est absolument étranger à la règle touchant l'identité d'objet dont nous nous occupons exclusivement en ce moment (voy. *infrà*, n° 666), mais parce que si, par l'effet rétroactif de la renonciation de Jacques, il s'est trouvé que Paul était déjà héritier pour le tout à la date de la transaction, il est certain néanmoins que dans son opinion comme dans celle de Jean, quand ils ont transigé, il n'était encore héritier que pour moitié : et dès lors ils n'ont pu, ni l'un ni l'autre, à ce moment, avoir le pensée de transiger pour le tout (3); d'où suit qu'il n'y aurait pas identité entre l'objet de la contestation nouvelle et celui de la transaction.

Un arrêt de la Cour de cassation cité par M. Troplong (4) contient une application du principe dans le même sens. Il s'agissait, dans l'espèce, d'une transaction dont l'effet était de valider une substitution, laquelle transaction avait été conclue en 1786, six ans avant la date de la loi abolitive des substitutions. Plus tard, et après la promulgation de cette

---

(1) *Voy*. M. Troplong (n° 110).
(2) MM. Duranton (t. XVIII, n° 416); Troplong (n°s 118 et 119).
(3) *Voy*. M. Accarias (n° 137).
(4) M. Troplong (n° 110).

loi, le grevé intenta, contre les curateurs à la substitution et contre le tuteur *ad hoc* des appelés, une action fondée sur la loi abolitive et tendant, par conséquent, à faire déclarer la substitution nulle et le grevé entièrement libre de disposer des biens substitués. Mais l'action fut jugée non recevable par le Tribunal d'appel d'Angers, le motif pris de ce qu'il y avait eu, sur procès, une transaction dont l'exécution de la substitution était une des conditions. La décision était évidemment inexacte; elle devait être annulée comme maintenant une substitution contrairement à la loi par laquelle les substitutions avaient été abolies. Toutefois, la cassation en fut prononcée par un autre motif sinon aussi décisif ou même aussi exact, au moins se déduisant parfaitement de la règle d'interprétation indiquée par nos articles, à savoir : qu'il est impossible de dire qu'au moment où elles ont transigé, en 1786, les parties ont prévu ou pu prévoir l'abolition des substitutions établies par le décret du 14 novembre 1792 (1).

IV. — 663. *Identité des parties.* — L'identité des parties est la seconde condition nécessaire pour qu'une transaction puisse être opposée comme exception ou fin de non-recevoir à une contestation nouvelle. C'est là une autre conséquence de la règle suivant laquelle la transaction a, entre les parties, l'autorité de la chose jugée en dernier ressort : l'exception qu'elle engendre ne saurait être opposée, comme celle de la chose jugée (C. Nap., art. 1351), à laquelle la transaction est assimilée, que sous les mêmes conditions. D'ailleurs, on le sait, il ne s'agit pas ici d'une identité purement physique; il faut non-seulement que les personnes soient les mêmes, mais encore qu'elles agissent en la même qualité, *eadem conditio personarum.* L'art. 1351 du Code Napoléon le dit formellement par rapport à la chose jugée; et les art. 2050 et 2051, en statuant à l'égard de la transaction, sont conçus dans la même pensée.

Précisons, avant tout, en termes généraux, le sens de nos articles.

664. Et d'abord, l'art. 2051, auquel nous nous attachons en premier lieu, parce qu'en réalité il pose le principe dont l'art. 2050 est un corollaire, rappelle cette règle de droit commun que les conventions n'ont d'effet qu'entre les parties contractantes, qu'elles ne nuisent point au tiers et ne lui profitent pas en général (art. 1165) : il dit que la transaction faite par l'un des intéressés ne lie point les autres intéressés, et ne peut être opposée par eux. Ainsi, comme l'explique Domat, celui qui a ou peut avoir un différend avec plusieurs personnes, peut transiger avec l'une d'elles pour ce qui la regarde, sans crainte que la transaction altère son droit vis-à-vis des autres, en sorte que s'il venait ensuite à procéder judiciairement contre ces autres personnes, celles-ci ne pourraient pas se prévaloir de la transaction et la lui opposer. Par exemple, celui à qui deux tuteurs rendent compte d'une même administration peut transiger avec l'un pour son fait, sans se rendre par là non rece-

---

(1) Cass., 17 nov. 1812 (S. V., 13, 1, 143; Coll. nouv., 4, 1, 225; Dalloz, 13, 1, 481; Rec. alph., 12, p. 220).

vable à plaider contre l'autre. De même, le créancier d'un défunt ou le légataire peut transiger de son droit avec l'un des héritiers, pour sa portion, et néanmoins rester entièrement libre de poursuivre un autre héritier pour la sienne (1). Ajoutons à ces exemples fournis par Domat celui qu'on peut tirer de décisions modernes, d'où il résulte que la transaction par laquelle un prêtre, volontairement déporté, a consenti, après sa réintégration à la vie civile, l'abandon de ses biens en faveur de parents qui en avaient obtenu l'envoi en possession comme héritiers à l'époque de la déportation, profite à ceux-ci exclusivement à tous autres parents qui auraient pu alors exercer les mêmes droits (2).

665. Ajoutons encore à cela, par surabondance ou pour corollaire, que si, après avoir transigé sur tel droit qu'on prétendait avoir de son propre chef, on venait à acquérir par succession ce même droit du chef d'une autre personne, la transaction conclue ne ferait pas obstacle à l'exercice ultérieur de ce droit du chef de cette autre personne. C'est ce que l'art. 2050 entend exprimer en disant que si celui qui avait transigé sur un droit qu'il avait de son chef acquiert ensuite *un droit semblable* du chef d'une autre personne, il n'est point, quant au droit nouvellement acquis, lié par la transaction antérieure.

666. Seulement, l'expression dont s'est servi le législateur aurait pu être mieux choisie : il parle d'un droit *semblable,* comme Domat parlait d'un *droit pareil* (3). Mais il s'agit nécessairement ici du même droit, et non d'un autre droit quelque semblable ou quelque pareil qu'il soit, sans quoi l'art. 2050 ferait double emploi avec les art. 2048 et 2049. En effet, supposons, pour reproduire l'exemple fourni par les auteurs et par eux emprunté à Domat, qu'un majeur, après avoir transigé avec son tuteur sur le compte de sa portion des biens de son père, succède ensuite à son frère, auquel le même tuteur devait aussi rendre le compte de sa portion, il sera vrai, sans aucun doute, de dire que la transaction laissera entières, quant à la seconde portion, les questions qu'elle a réglées par rapport à la première ; et certainement, si le majeur voulait engager la lutte judiciaire à propos de cette seconde portion, la transaction n'y ferait pas obstacle. Mais pourquoi ? Parce qu'il n'y aurait pas *identité d'objet* dans la transaction et dans la contestation nouvelle. Or, c'est là un point réglé par les art. 2048 et 2049. L'art. 2050 dispose donc dans d'autres vues : c'est à l'*identité des parties* qu'il se rapporte ; et pour qu'il ait un sens précis, spécial et distinct de celui des art. 2048 et 2049, il faut nécessairement supposer qu'il s'applique au cas où l'exception résultant de la transaction ne peut pas être opposée à défaut d'identité des parties. Et tel est le cas où une personne, après avoir transigé sur un droit qu'elle prétendait avoir de son propre chef, vient à acquérir ce même droit du chef d'une autre personne. Si, alors, la transaction antérieure, selon l'expression du texte, ne lie pas celui qui

---

(1) Domat (*loc. cit.*, n° 4).
(2) Caen, 19 déc. 1835; Rej., 4 mars 1840 (S. V., 36, 2, 236; 40, 1, 382; Dalloz, 37, 2, 133; 40, 1, 151; *J. Pal.*, à leur date).
(3) Domat (*loc. cit.*, n° 6).

l'a consentie, si celui-ci peut, même après avoir transigé, poursuivre ou être poursuivi en justice à l'occasion du droit objet de la transaction, c'est précisément parce qu'il n'y a plus identité de parties, en ce sens que la personne procède, dans la contestation nouvelle, en une qualité autre que celle en laquelle elle avait transigé.

V. — 667. Ceci dit de la pensée générale des art. 2050 et 2051, il convient de s'arrêter à ces textes, à certains égards trop absolus, pour en préciser plus nettement la portée. Ils posent le principe de l'identité des parties, ou plutôt ils rappellent cette condition sans laquelle l'exception résultant de la transaction, à l'exemple de celle qu'engendre la chose jugée, ne serait pas opposable. Or il faut dire, d'abord, qu'il y a lieu de considérer comme *parties* dans une transaction non-seulement les contractants eux-mêmes, mais encore tous ceux qui sont représentés par les contractants.

Ainsi, le mineur et l'interdit sont en réalité les parties dans les transactions conclues en leur nom par le tuteur; il en est de même de la femme mariée quant aux transactions faites pour elle avec son mari; ainsi des communes et des établissements publics, pour les transactions passées avec leurs administrateurs légaux; des sociétés commerciales, pour celles qui sont faites par leurs gérants; des faillis, pour celles que conclut le syndic, sauf l'observation des formalités précisées plus haut (nos 563, 564) (1); ainsi, en un mot, de tous les mandants quant aux transactions faites par leurs représentants ou mandataires légaux ou conventionnels.

De même, il faut considérer comme parties avec les contractants eux-mêmes leurs successeurs à titre universel : ainsi les héritiers qui légalement continuent la personne du défunt, et ceux qui, sans continuer sa personne, sont cependant ses successeurs généraux, comme les légataires ou donataires universels ou à titre universel : ceux-là ont été représentés dans les transactions conclues avec leur auteur, et, par conséquent, ils sont liés comme le serait leur auteur lui-même.

Quant aux successeurs particuliers, comme les acheteurs, ils sont sans doute les ayants cause du vendeur, en ce qui concerne la chose pour laquelle ils succèdent; mais ils n'ont cette qualité que relativement à ce qui a été fait par leur auteur antérieurement à leur propre titre. La transaction faite par leur auteur ne les lierait donc ou ne leur serait opposable qu'autant qu'elle se placerait par sa date avant leur titre d'acquisition (2).

668. Enfin, les transactions faites par le débiteur sont opposables aux créanciers chirographaires. La Cour de cassation a décidé récemment, sur ce fondement, que la transaction qui, après dissolution d'une société, intervient entre un associé et ses coassociés, sur la détermination du chiffre d'une créance réclamée par ceux-ci, en prenant

_____

(1) *Voy.*, cependant, Req., 2 août 1865 (S. V., 65, 1, 437; Dalloz, 66, 1, 25; *J. Pal.*, 1865, p. 1160).

(2) *Voy.*, sur ces divers points, le commentaire de Marcadé (art. 1165, t. IV, n° 491; art. 1328, n° 3; art. 1351, nos 10 et suiv.).

pour point de départ le fait de la dissolution reconnu constant par les parties, s'oppose à ce que, plus tard, et sans d'ailleurs demander la nullité de cette transaction, les créanciers de l'associé débiteur soient admis à soutenir que la dissolution de la société est nulle, soit pour vice de forme, soit comme simulée (1). C'est qu'en effet, les créanciers chirographaires sont légalement représentés par leur débiteur, parce que, en faisant confiance à sa personne sans lui demander aucune garantie spéciale, ils ratifient par avance ce qu'il pourra faire, sauf, d'ailleurs, le cas de fraude, qui reste expressément réservé par la loi (art. 1167).

La règle est absolue; elle serait applicable même dans le cas où les créanciers auraient exercé, en vertu de l'art. 1166, une action appartenant à leur débiteur. Cette circonstance n'enlèverait pas au débiteur la faculté de transiger sur le droit même que les créanciers ont exercé en son nom, et la transaction qu'il ferait, même en ce cas, lierait les créanciers et leur serait opposable, comme nous l'avons expliqué plus haut sur l'autorité d'une décision émanée de la Cour de cassation (2).

669. Mais il en est autrement en ce qui concerne les créanciers hypothécaires : ceux-ci, à la différence des créanciers chirographaires, ne sont pas légalement représentés par leur débiteur. C'est là, néanmoins, un point gravement controversé, comme nous l'avons expliqué ailleurs (3). Néanmoins, après les observations détaillées et décisives présentées par Marcadé pour combattre la jurisprudence qui, jusqu'en 1841, s'était invariablement prononcée contre notre solution, il serait hors de propos d'y revenir ici. Bornons-nous donc à dire, en nous associant complétement, encore une fois, à la doctrine de Marcadé, que les droits du créancier hypothécaire sont absolument indépendants de la volonté du débiteur qui a constitué l'hypothèque, et que ces droits ne peuvent subir aucune atteinte des conventions transactionnelles que celui-ci conclurait ultérieurement, pas plus que des jugements qu'il lui conviendrait de laisser prononcer. C'est, d'ailleurs, vers cette solution que tend aujourd'hui la jurisprudence : les plus récents arrêts admettent, en effet, que les créanciers hypothécaires ne sont pas représentés par leur débiteur dans les conventions ou les procès où sont mis en question les droits de ce dernier sur l'immeuble hypothéqué (4).

VI. — 670. D'un autre côté, l'art. 2051 est trop absolu dans ses termes, en disant que la transaction faite par l'un des intéressés ne lie point les autres intéressés, et ne peut être opposée par eux. Il peut arriver, en effet, qu'une transaction consentie par l'un des intéressés soit opposable par un autre intéressé, bien qu'elle ne lie point ce dernier. Il en est ainsi toutes les fois que l'on se trouve en présence de

---

(1) Req., 21 juin 1864 (*J. Pal.*, 1864, p. 1057; Dalloz, 64, 1, 389; S. V., 64, 1, 317).
(2) Voy. *suprà*, n° 543, l'arrêt du 18 fév. 1852.
(3) *Voy.* notre Commentaire *Des Priv. et Hyp.* (n° 647).
(4) *Voy.* les arrêts cités dans notre Commentaire *Des Priv. et Hyp.* (*loc. cit.*). *Junge:* Lyon, 3 avr. 1851 et 23 juill. 1858; Paris, 3 fév. 1853 (*J. Pal.*, 1853, t. I, p. 474, et t. II, p. 116; 1860, p. 121). Comp. Paris, 12 avr. 1853; Req., 3 août 1859. Cass., 6 déc. 1859 (*J. Pal.*, 1855, p. 612; 1860, p. 418; 1861, p. 413; Dalloz, 60, 1, 17; S. V., 59, 1, 801; 60, 1, 9).

personnes qui sont tout à la fois, dans leur rapport avec une autre personne, représentées à certains égards, et non représentées ou véritables tiers à d'autres égards.

671. Par exemple, la transaction faite avec le débiteur principal ne lie pas la caution, tandis qu'elle peut être opposée par elle. Le projet du Code s'en expliquait dans un article spécial, qui, rappelant une solution de Domat (1), portait « qu'on ne peut préjudicier par une transaction à une caution qui n'y est pas appelée; et que cette caution peut se prévaloir des dispositions de la transaction qui seraient à la décharge du débiteur principal. » Mais cet article fut retranché comme inutile (2). Et en effet, la règle se trouvait déjà suffisamment exprimée au titre *Des Obligations conventionnelles en général* et au titre *Du Cautionnement :* le débiteur principal peut alléger, non aggraver par de nouveaux pactes, la condition de la caution, celle-ci étant censée ne lui avoir donné mandat qu'à l'effet de rendre sa position meilleure. Cela étant, il s'ensuivait tout naturellement et sans que cela eût besoin d'être édicté, que les stipulations avantageuses d'une transaction passée entre le débiteur principal et le créancier profitent à la caution, et que, néanmoins, les transactions défavorables ne lui sont pas opposables. Nous avons présenté, dans notre commentaire du cautionnement, sur cette application spéciale du principe, des observations détaillées qui nous dispensent d'y insister ici (*suprà*, n°s 409-413). Ajoutons seulement que l'arrêt de la chambre des requêtes, non du 30, mais du 10 juillet 1849, par nous cité comme *paraissant contraire,* ne contredit cependant cette doctrine que par quelques-uns de ses motifs; au fond, la décision, d'ailleurs équitable de cet arrêt (*suprà*, n° 601, *in fine*), rentre dans les termes de la solution, en ce que la transaction n'aggravait pas la condition de la caution à laquelle, dans l'espèce, elle était déclarée opposable, puisqu'elle avait précisément pour objet de maintenir la convention cautionnée.

672. Par exemple encore, Pierre a vendu à Paul un immeuble dont Joseph se prétend propriétaire. Ce dernier forme son action en revendication; puis il y renonce en exécution d'une transaction par laquelle le vendeur, Pierre, lui a promis une somme pour prix de sa renonciation : il est clair que la transaction n'est pas opposable à Paul, l'acheteur, auquel la somme promise ne pourra pas être demandée, tandis que Paul pourra s'en prévaloir et l'opposer, de son côté, si la propriété venait à lui être contestée. Sans cela, le vendeur lui-même, si l'éviction se réalisait, ne profiterait pas de la transaction, puisque, obligé à garantie, il devrait indemniser l'acheteur (3).

673. Ainsi encore, les débiteurs solidaires sont censés avoir un mandat réciproque pour améliorer leur condition, et non pour l'aggraver. Et dès lors, si la transaction faite par l'un d'eux avec le créancier ne

(1) *Voy.* Domat (*loc. cit.*, n° 7).
(2) *Voy.* Locré (t. XV, p. 405 et 410); Fenet (t. XV, p. 93 et 97).
(3) *Voy.* MM. Aubry et Rau (t. VI, p. 491, note 45); Accarias (n° 130).

peut pas être opposée aux autres par ce dernier, les autres codébiteurs peuvent, au contraire, l'opposer au créancier s'ils la trouvent avantageuse et repousser la demande qui leur serait faite hors des termes de cette transaction dont ils entendraient profiter (1).

674. Toutefois, si la transaction profite aux débiteurs solidaires, leur profite-t-elle de manière à éteindre toute la dette, ou seulement à les libérer pour partie : en d'autres termes, la transaction intervenue entre l'un des débiteurs solidaires et le créancier implique-t-elle une remise de dette ou simplement une remise de solidarité ? Il faut distinguer : si la transaction se rapporte à l'engagement du seul débiteur qui l'a conclue, elle ne peut valoir que comme remise de la solidarité dans les termes de l'art. 1210 du Code Napoléon ; mais si la transaction se rapporte à l'obligation commune, elle libère tous les débiteurs, par une suite du mandat que chacun d'eux est supposé avoir reçu d'améliorer la condition des autres (2).

675. Ce que nous disons de la solidarité passive, il faut le dire également de la solidarité active. Cependant, d'après Toullier, « si le créancier dont la demande a été repoussée par un jugement avait des cocréanciers solidaires, le jugement rendu contre lui pourrait leur être opposé, car il avait droit et qualité d'agir pour tous, de recevoir pour tous, quoiqu'il n'eût le droit de faire remise que de sa part. » (3) Mais cette thèse ne saurait être admise. Le créancier solidaire est, en effet, comme le débiteur, un mandataire dont le mandat, s'il peut bien profiter à ses créanciers, ne doit pas leur nuire. Et, par conséquent, la transaction conclue avec lui peut être invoquée par les autres, sans qu'elle leur fût opposable s'ils la considéraient comme désavantageuse (4).

676. Cela s'applique également aux codébiteurs d'une obligation indivisible. Toullier enseigne néanmoins, en ce point encore, que les codébiteurs sont représentés dans les jugements (et par conséquent dans les transactions) intervenus avec l'un d'eux, et cela d'une manière absolue, c'est-à-dire dans les jugements ou transactions défavorables aussi bien que dans les jugements ou transactions favorables (5). Mais il est plus généralement admis que la distinction faite pour les débiteurs unis par un lien de solidarité doit être suivie, et même par un *à fortiori*, vis-à-vis des codébiteurs d'une obligation indivisible. En effet, cette obligation, à la différence de l'obligation solidaire, ne porte que sur des parts distinctes de la dette, et c'est une raison de plus, on l'a fort bien dit, pour que la transaction conclue avec l'un des cooblighés s'applique à la

---

(1) *Voy.*, sur ce point, le commentaire de Marcadé (art. 1351, n° 14). *Junge* : MM. Duranton (t. XVIII, n° 420); Marbeau (n° 263); Aubry et Rau (t. III, p. 482, note 1, et t. VI, p. 488, note 41); Troplong (n°˙ 125 et 126); Accarias (n° 133, 4°). *Voy.* cependant M. Delvincourt (t. III, p. 247).
(2) *Comp.* MM. Aubry et Rau, et Accarias (*loc. cit.*).
(3) *Voy.* Toullier (t. X, n° 204). *Voy.* aussi Proudhon (*De l'Usuf.*, t. III, n° 1322).
(4) *Voy.* Marcadé (*loc. cit.*). *Junge :* MM. Bonnier (*Tr. des Preuv.*, n° 701); Aubry et Rau (*loc. cit.*); Accarias (*loc. cit.*).
(5) *Voy.* Toullier (t. X, n° 206). *Comp.* M. Accarias (n° 132).

portion dont il est personnellement tenu dans la dette commune, et ne puisse pas être opposée aux autres (1).

677. Au nombre des personnes qui, étant tout à la fois, dans leurs rapports avec une autre personne, représentées à certains égards et non représentées ou véritables tiers à d'autres égards, profitent des transactions favorables, sans être liées par les transactions désavantageuses, il convient de placer encore l'usufruitier, que le nu propriétaire représente quant à son usufruit; le nu propriétaire, qui est représenté par l'usufruitier quant à sa nue propriété; le propriétaire sous condition résolutoire, qui, son droit s'étant évanoui rétroactivement, a représenté celui qui reste définitivement propriétaire; le simple possesseur ou propriétaire apparent, relativement au propriétaire réel par lequel il est évincé; le copropriétaire indivis, etc. Mais, sur ces divers points, dont le dernier surtout a été contesté, Marcadé a fourni, dans son commentaire de l'art. 1351, des explications qui nous dispensent d'insister et auxquelles nous nous bornons à nous référer (2).

678. Ajoutons, enfin, les associés dans leurs rapports entre eux. Il est certain que, même dans le cas où il s'agit d'une société qui ne constitue pas un être moral, la transaction faite par l'un des associés, s'il a le droit d'administrer, ne liera pas les autres associés, qui cependant pourraient l'invoquer. Et il est également certain que, fût-elle émanée d'un associé non administrateur, la transaction profiterait aux autres sans leur être opposable, dans le cas du moins où elle porterait sur un droit réel indivis entre tous (3). Mais la justification de ces propositions comporte des détails qui trouveront mieux leur place dans le commentaire du titre *Des Sociétés*.

2052. — Les transactions ont, entre les parties, l'autorité de la chose jugée en dernier ressort.

Elles ne peuvent être attaquées pour cause d'erreur de droit, ni pour cause de lésion.

2053. — Néanmoins une transaction peut être rescindée, lorsqu'il y a erreur dans la personne ou sur l'objet de la contestation.

Elle peut l'être dans tous les cas où il y a dol ou violence.

2054. — Il y a également lieu à l'action en rescision contre une transaction, lorsqu'elle a été faite en exécution d'un titre nul, à moins que les parties n'aient expressément traité sur la nullité.

2055. — La transaction faite sur pièces qui depuis ont été reconnues fausses, est entièrement nulle.

2056. — La transaction sur un procès terminé par un jugement passé en force de chose jugée, dont les parties ou l'une d'elles n'avaient point connaissance, est nulle.

---

(1) *Voy.*, à cet égard, Marcadé (*loc. cit.*). *Junge*: MM. Troplong (n° 127); Duranton (n° 418); Aubry et Rau (t. III, p. 483, et t. VI, p. 489, note 42).
(2) *Voy.* Marcadé (art. 1351, n° 13).
(3) *Voy.* M. Accarias (n° 135).

Si le jugement ignoré des parties était susceptible d'appel, la transaction sera valable.

2057. — Lorsque les parties ont transigé généralement sur toutes les affaires qu'elles pouvaient avoir ensemble, les titres qui leur étaient alors inconnus, et qui auraient été postérieurement découverts, ne sont point une cause de rescision, à moins qu'ils n'aient été retenus par le fait de l'une des parties;

Mais la transaction serait nulle si elle n'avait qu'un objet sur lequel il serait constaté, par des titres nouvellement découverts, que l'une des parties n'avait aucun droit.

SOMMAIRE.

dans ce dernier cas seulement : réfutation de la doctrine suivant laquelle la rescision serait fondée sur *un défaut de cause* exclusif par lui-même de toute distinction. — 707. Suite. — 708. Conclusion : l'action ne peut être exercée que dans le cas où la partie a ignoré en fait la circonstance à laquelle était attachée la nullité du titre en exécution duquel la transaction a été faite. — 709. *Quid* si, la circonstance lui étant connue, elle a ignoré, en droit, la nullité qui en résultait? Controverse. — 710, 711. Exposé et discussion des systèmes divers qui se sont produits à cet égard. — 712. Conclusion : l'action en rescision n'est pas ouverte dans ce cas.

VIII. 713. 2° De la transaction faite sur pièces reconnues fausses depuis (art. 2055) : l'action en rescision ouverte par la loi est fondée sur l'erreur des parties. — 714. Elle appartient seulement à celui qui ne connaissait pas la fausseté des pièces. — 715. Sens du mot *pièces* dans l'art. 2055. — 716. La disposition de la loi serait inapplicable si la fausseté des pièces avait été connue des parties, ou encore si la transaction avait eu lieu sur le faux même; — 717. Et même dans le cas où les parties ignorant la fausseté des pièces, leur erreur serait de droit et non de fait. — 718. La rescision prononcée détruit la transaction dans toutes les parties et non pas seulement dans les parties auxquelles se réfèrent les pièces fausses. — 719. Mais la fausseté déclarée par jugement rendu au profit d'une autre personne que celle qui prétend attaquer la transaction ne pourrait pas être invoquée par cette dernière.

IX. 720. 3° De la transaction sur procès terminé par jugement passé en force de chose jugée (art. 2056). — 721. L'action n'est pas donnée à ceux qui connaissaient le jugement intervenu. — 722. L'erreur est ici encore la cause de la rescision. — 723. Le jugement passé en force de chose jugée, dans le sens de l'art. 2055, s'entend de celui qui ne peut plus être attaqué par une voie ordinaire, bien qu'il puisse encore être attaqué par une voie extraordinaire.

X. 724. 4° Transaction ayant pour objet des choses sur lesquelles il est constaté, par titres nouvellement découverts, que l'une des parties n'avait aucun droit (art. 2057). — 725. Néanmoins, la loi distingue ici entre les transactions générales et les transactions spéciales. — 726. Les transactions générales ne peuvent pas être attaquées à raison de titres nouvellement découverts; — 727. A moins que ces titres n'aient été retenus, lors de la transaction, par le fait de l'une des parties. — 728. L'exception n'a pas lieu dans le cas où il a été traité sur le dol reproché par l'une des parties à l'autre. — 729. Transition aux transactions spéciales portant sur un objet, ou même sur plusieurs objets, pourvu qu'ils soient limitativement désignés. — 730. L'action en rescision est ouverte, en ce cas, si des titres nouvellement découverts constatent que l'une des parties n'avait aucun droit sur l'objet ou les objets compris dans la transaction. — 731. Il n'est pas nécessaire que le titre découvert ait été retenu par l'une des parties. — 732. Il n'y a pas lieu à rescision si le titre ne fait que confirmer la prétention de l'une des parties : sens du mot *titre* dans l'art. 2057.

XI. 733. De la procédure à suivre pour faire rescinder une transaction. — 734. A qui appartient l'action? — 735. Le vice d'où elle résulte est susceptible d'être couvert par la confirmation. — 736. De même, l'action en rescision est prescriptible : point de départ de la prescription. — 737, 738. Suite.

I. — 679. Il nous reste à traiter de la rescision des transactions, pour compléter le commentaire de ce titre. A ce point se rattachent les textes que nous rassemblons ici, sauf le premier paragraphe de l'art. 2052, qui, ayant trait, comme nous l'avons expliqué plus haut, aux *effets des transactions,* a été commenté en tête des dispositions qu'il domine et dont il est le principe (*suprà*, n°s 626 et suiv.). Nous aurons donc à nous occuper ici seulement du second paragraphe, qui se lie aux points réglés par les cinq articles suivants.

680. D'ailleurs, si, comme nous l'avons montré, le premier para-

graphe n'est pas à sa place dans la série des dispositions édictées par la loi (*suprà*, n° 625), on peut également reprocher au second de n'être pas mieux à la sienne. Il indique, en effet, les causes pour lesquelles les transactions *ne peuvent pas être attaquées ou rescindées;* et, par conséquent, en bonne méthode, il eût été mieux placé après qu'avant les art. 2053 à 2057, où se trouvent précisées les causes à raison desquelles, au contraire, les transactions sont rescindables. Néanmoins, même au point de vue purement théorique, le classement de la loi est sans inconvénients réels : aussi ne croyons-nous pas devoir nous écarter, cette fois, de l'ordre suivi par le législateur. Nous nous expliquerons donc, avec l'art. 2052, § 2, sur les transactions non rescindables; avec l'art. 2053, sur les transactions susceptibles, au contraire, d'être rescindées, et avec les art. 2054 et suivants, sur les applications spéciales faites par ces divers articles du principe admis comme dominant en cette matière de la rescision appliquée aux transactions. Et nous terminerons par quelques observations générales sur la procédure à suivre pour faire prononcer la rescision, sur la confirmation des transactions rescindables et sur la prescription de l'action en rescision.

II. — 681. La loi pose d'abord en thèse générale que les transactions ne peuvent pas être attaquées pour cause *d'erreur de droit,* ni pour cause *de lésion* (art. 2052, § 2). Et cela se comprend et s'explique à merveille.

Comme l'a dit l'orateur du Tribunat (1), en présentant le vœu d'adoption au Corps législatif, « l'erreur de droit, quoiqu'elle puisse être, en certains cas, un motif de casser les jugements (2), n'en est pas un de rescinder la transaction. C'est que les jugements sont la voix de la puissance publique; et, partant, ce que la puissance publique a dicté est ce qu'ils doivent exprimer : au lieu que les transactions sont l'ouvrage de la volonté individuelle; et leur règle principale, c'est que les volontés s'y soient rapprochées dans une détermination commune. L'objet de la justice est d'imposer silence aux passions; et c'est pour cela que sa mesure doit être exacte. Le but des transactions est de rapprocher les sentiments; et c'est pour cela que leur mesure est flexible. » Mais il convient d'ajouter à ce parallèle, d'où ressort la différence existant, sous ce rapport, entre les jugements et les transactions, qu'en général les parties qui transigent ne s'y décident que parce qu'après examen, soit par elles-mêmes, soit par les hommes compétents auxquels ont dû être soumises les difficultés que le litige soulève, elles ne sont pas assurées d'être pleinement fondées en droit. L'allégation faite, après coup, qu'elles ont ignoré la loi ne serait donc pas admissible; en tout cas, elle serait très-difficilement justifiée : c'était assez pour qu'en

---

(1) Discours du tribun Gillet (Locré, t. XV, p. 447; Fenet, t. XV, p. 128).

(2) Bigot-Préameneu disait, au contraire, dans l'Exposé des motifs, que, « dans les jugements auxquels on assimile les transactions, *de pareilles erreurs n'ont jamais été mises au nombre des motifs suffisants pour les attaquer.* » (Locré, t. XV, p. 422; Fenet, t. XV, p. 108.) C'est une inexactitude; et il faut s'en tenir à l'assertion contraire du tribun Gillet. *Voy.* aussi M. Troplong (n° 135).

principe l'erreur de droit fût retranchée du nombre des causes susceptibles de faire rescinder la transaction (1).

D'un autre côté, les parties ayant pour but, en transigeant, de prévenir ou de terminer un procès, sur des droits douteux, même aux dépens de ce qui leur appartient (2), c'est-à-dire au prix de sacrifices réciproques, comment l'une d'elles serait-elle admise à revenir sur le sacrifice qu'elle a consenti volontairement, ou à se plaindre de l'insuffisance de celui qu'elle a obtenu et dont elle s'est contentée? Comment pourrait-elle, après que tout a été librement conclu, venir dire qu'elle a été lésée par la transaction; qu'elle a donné trop ou n'a pas reçu assez? Le droit étant douteux au moment de la transaction, comment serait-il possible plus tard de déterminer à quel point il était convenable pour chacune des parties de réduire sa prétention? (3) Il y avait là une raison spéciale pour faire à la transaction l'application du principe d'après lequel la lésion n'est pas en général une cause de rescision (C. Nap., art. 1118).

Le deuxième paragraphe de l'art. 2052 est donc pleinement justifié. Mais il n'est pas hors de propos de revenir distinctement sur chacune des énonciations qu'il renferme.

682. En ce qui concerne l'erreur de droit, il n'était pas inutile de dire qu'elle n'est pas ici une cause de rescision. En général, en effet, notre loi ne distingue pas entre l'erreur de droit et l'erreur de fait. Les termes absolus dans lesquels il est habituellement parlé de l'erreur, notamment au titre *Des Obligations conventionnelles* (art. 1109 et 1110) et au titre *Des Engagements qui se forment sans convention* (art. 1376 et 1377), montrent que, dans la pensée du législateur, l'erreur de droit vicie le consentement aussi bien que l'erreur de fait; en sorte que, comme l'erreur de fait, elle peut donner lieu à l'annulation de la convention qui en a été le résultat. Notre article, motivé, d'ailleurs, par les raisons spéciales ci-dessus indiquées, contient donc une exception dont on peut dire, comme de celle de l'art. 1356 qui statue de même par rapport à l'aveu, qu'elle confirme la règle au lieu de la détruire (*exceptio firmat regulam in casibus non exceptis*) (4). Mais, on le comprend, l'exception devait être formulée pour qu'il fût possible de refuser aux parties liées par une transaction le bénéfice de la règle générale d'après laquelle l'erreur de droit est, aussi bien que l'erreur de fait, une cause d'annulation des conventions.

683. Cependant, précisément parce que la disposition est exceptionnelle, il faut la maintenir dans ses termes et dans son objet précis. Et, par exemple, de ce que la transaction ne peut pas être attaquée pour cause d'erreur de droit, on conclurait à tort que s'il a été transigé *sur des droits certains* et garantis par une loi dans l'ignorance de la loi qui

---

(1) *Voy.* MM. Berriat Saint-Prix (*Not. théor.*, n° 8160); Mourlon (t. III, p. 470); Accarias (n° 154).

(2) *Voy.* Pothier (*Oblig.*, n° 36). *Voy.* aussi Domat (*loc. cit.*, sect. 2, n° 5).

(3) Exposé des motifs de Bigot-Préameneu (Locré, t. XV, p. 422; Fenet, t. XV, p. 109).

(4) *Voy.* MM. Aubry et Rau (t. I, p. 48 et note 5); Taulier (t. VI, p. 550).

les garantissait, le traité est nécessairement valable ou non sujet à rescision. La convention alors n'a de la transaction que le nom, car, nous le répétons en nous référant à nos précédentes observations (*suprà*, nᵒˢ 470, 570 et 571), il est de l'essence de la transaction qu'elle intervienne *sur des droits douteux,* qu'elle suppose, dans l'esprit des parties, la crainte raisonnable et sincère d'une contestation. Or, puisqu'il a été traité *sur des droits certains,* dans l'espèce, on n'est pas en présence d'une transaction véritable, et il ne saurait être question d'une exception faite spécialement en vue de la transaction. Si quelques décisions déjà citées ont, dans le cas donné, repoussé l'erreur de droit alléguée comme cause de rescision (1), c'est en considérant que les circonstances permettaient de voir, dans l'acte critiqué, tous les caractères d'une transaction.

684. La jurisprudence présente même l'exemple d'une transaction véritable qui, sur les conclusions de Merlin, a été annulée comme résultant d'une erreur de droit (2). Toutefois, la décision, quoique contraire à la disposition de notre article, s'explique et se justifie par les circonstances exceptionnelles et extraordinaires dans lesquelles elle est intervenue. Il s'agissait d'une transaction faite à la suite de ces jugements arbitraux de la république qui, d'après une opinion générale alors, étaient absolument inattaquables. La Cour de cassation a jugé (et la décision est approuvée par les auteurs) (3), qu'il n'y avait pas lieu de tenir compte d'une transaction ainsi conclue sous l'empire d'une erreur de droit généralement répandue. Il n'est pas à craindre, d'ailleurs, que l'arrêt provoque à la désobéissance à la loi : le législateur lui-même l'avait autorisé en relevant des suites de la même erreur ceux qu'elle avait conduits à acquiescer à des jugements arbitraux (l. 7-12 prairial an 4).

685. En ce qui concerne la lésion, la disposition de notre article était, au contraire, assez inutile. Elle s'explique, cependant, par la tradition. C'était, en effet, un point de controverse, dans notre très-ancien droit français, de savoir si la transaction ne devait pas, comme tous les autres contrats ayant pour objet des immeubles, rester sous l'empire de la règle qui permettait d'invoquer la lésion comme cause de rescision. Il fallut, pour couper court aux discussions, le texte positif de l'édit d'avril 1560, qui trancha la question dans le sens de l'exception. « Confirmons et autorisons, par ces présentes, disait l'édit, toutes transactions qui, sans dol ne force, sont passées entre nos sujets majeurs d'ans, pour les choses qui sont dans leur commerce et disposition ; voulons et nous plaît que contre icelles nul ne soit reçu, *sous prétexte de lésion quelconque,* mais que les juges à l'entrée du jugement, s'il n'y a autre chose alléguée contre icelles transactions, déboutent les impé-

---

(1) *Voy.* notamment Cass., 22 juill. 1811; Rej., 4 mars 1840 (*suprà*, nᵒˢ 571 et 664).
(2) Cass., 24 mars 1807 (S. V., 7, 1, 239; Coll. nouv., 2, 1, 364; Merlin, *Rép.,* vᵒ Communaux, § 4).
(3) *Voy.* MM. Merlin (vᵒ Transact., § 5, nᵒ 2); Rigal (p. 149, nᵒ 2); Troplong (nᵒ 136).

trants des lettres, de l'effet et entérinement d'icelles, et les déclarent non recevables. » En présence de ce texte, le doute n'était plus possible; les transactions, comme l'exprime Domat, ne furent plus résolues par la lésion qu'aurait soufferte l'un des contractants, en donnant plus que ce qu'il pouvait devoir, ou recevant moins que ce qui lui était dû, si ce n'est qu'il y eût du dol; car on compensait ces sortes de pertes avec l'avantage de finir un procès, et de prévenir l'incertitude de l'événement (1). C'est la solution que les rédacteurs du Code ont cru devoir reproduire : seulement, ils n'ont pas pris garde qu'il n'y avait pas le même motif de s'en expliquer, en ce que la lésion n'étant plus aujourd'hui une cause de rescision en principe, et n'étant admise comme telle que par rapport à certains contrats déterminés par la loi (C. Nap., art. 1118), il aurait suffi, pour que la transaction tombât, à cet égard, sous l'application de la règle générale, qu'elle ne se trouvât pas rangée parmi les cas d'exception.

686. Quoi qu'il en soit, la décision de la loi doit être suivie même dans le cas où à la lésion se joint la faveur de la minorité. Merlin, dont l'opinion paraît avoir été admise par Zachariæ, est néanmoins d'un avis différent sur ce point. D'après lui, la lésion serait une cause de rescision quant aux transactions faites avec un mineur. Et il n'importe, dit-il, que la transaction ait été homologuée en justice, après toutes les formalités prescrites par l'art. 467; ce n'est qu'à l'égard des aliénations d'immeubles et des partages de succession que l'art. 1314 ferme aux mineurs la voie de la rescision, lorsque les formalités requises à raison de la faiblesse de leur âge ont été remplies; les transactions restent sous l'empire de la règle générale établie par l'art. 1305 (2). Toutefois, on ne saurait s'arrêter à cette distinction que rien ne justifie. La transaction faite au nom d'un mineur a, comme acte juridique, la même valeur que la transaction conclue avec un majeur, dès qu'elle a été précédée, accompagnée et suivie des formalités à l'accomplissement desquelles la loi subordonne la validité de la convention. Comment donc pourrait-elle être attaquée par une cause à laquelle résiste la nature même du contrat? L'art. 1305, dont Merlin s'autorise, parle, à la vérité, de la simple lésion comme donnant lieu à rescision des conventions en général dans l'intérêt du mineur. Mais l'art. 2052 dit spécialement, *quant à la transaction*, qu'elle ne pourra pas être attaquée pour cause de lésion : il le dit en des termes dont la généralité est par elle-même exclusive de toute distinction ou réserve; et puisque rien n'y révèle, en faveur des mineurs, cette exception dont l'expression eût tout naturellement trouvé là sa place, s'il eût été dans l'intention du législateur de la consacrer, il faut bien reconnaître que la disposition de l'art. 1305 est limitée par celle de l'art. 2052 (3).

---

(1) Domat (*loc. cit.*).
(2) *Voy.* Merlin (*Rép.*, v° Transact., § 5, n° 8). *Junge :* Zachariæ (édit. Massé et Vergé, t. V, p. 91, au texte).
(3) *Voy.*, en ce sens, MM. Rigal (p. 185); Troplong (n° 140); Massé et Vergé (*loc. cit.*, note 12); Boileux (t. VII, p. 27).

687. Mais il y a une exception, indiquée déjà plus haut (*suprà*, n° 478), en faveur de la transaction ayant pour objet un partage de succession. A ce propos s'élèvent des difficultés sérieuses dont le siége est dans l'art. 888 du Code Napoléon. Sans nous engager dans le commentaire approfondi de cet article, qui n'est pas de notre sujet, rappelons qu'il admet l'action en rescision pour lésion de plus d'un quart contre tout acte ayant eu pour objet de faire cesser l'indivision entre cohéritiers, encore qu'il soit qualifié vente, échange, transaction ou de toute autre manière; et réciproquement, qu'après le partage ou l'acte qui en tient lieu, il laisse la transaction, intervenant sur les difficultés réelles que pourrait présenter le premier acte, sous la règle commune, exclusive de la rescision pour cause de lésion.

Sur quoi nous précisons deux points.

D'une part, nous disons avec Marcadé que quand un acte, quelle qu'en soit la qualification, a eu précisément pour but de faire cesser l'indivision, il contient au fond un véritable partage dont l'égalité est l'essence même, et, par suite, que l'action en rescision est admissible tout comme si l'acte se produisait sous la forme et sous le nom de partage. Mais nous ne voudrions pas dire avec Marcadé qu'il ne faut pas aller plus loin, et qu'il n'y a pas lieu de considérer comme rescindables les actes ou conventions sincères qui, ayant réellement le caractère de la transaction dont ils ont reçu la qualification, ne produiraient qu'accessoirement la cessation de l'indivision (1). Il y a là, en définitive, et par cela même que la convention intervient entre des communistes, non point une transaction pure et simple, mais un partage opéré par transaction : la règle à suivre, comme l'a décidé la Cour de cassation, est donc dans le § 1er de l'art. 888, dont la disposition compréhensive s'étend même au cas où les cohéritiers ont fait une transaction véritable sur les difficultés réelles et sérieuses du partage de la succession (2).

D'une autre part, nous disons encore avec Marcadé, qu'après le partage ou l'acte qui en tient lieu, le premier paragraphe de l'art. 888 n'est plus applicable, et que si des difficultés surviennent à l'occasion desquelles une transaction est conclue entre les cohéritiers, ce n'est plus là un partage, puisque le partage est accompli; c'est une transaction pure et simple qui, d'après les règles générales, ne peut pas être rescindée pour cause de lésion. Mais nous ajoutons que l'action en rescision ne devrait pas être admise non plus contre la transaction *préalable* au partage par laquelle les cohéritiers auraient fixé les droits et les obligations de chacun d'eux. Nous n'excepterions même pas le cas où la transaction serait comprise dans l'acte portant partage, à moins, toutefois, que l'intimité fût telle entre les deux dispositions qu'il ne fût pas

---

(1) *Voy.* Marcadé (art. 888, t. III, n° 427). *Voy.* aussi MM. Toullier (t. II, n° 577); Duranton (t. VII, n° 556); Taulier (t. III, p. 393).

(2) Req., 16 fév. 1842 (S. V., 42, 1, 337; Dalloz, 42, 1, 113; *J. Pal.*, à sa date). Voy. *conf.* MM. Duvergier, sur Toullier (*loc. cit.*); Aubry et Rau (t. V, p. 281, note 13); Massé et Vergé, sur Zachariæ (t. II, p. 381); Demolombe (*Succ.*, t. V, n° 432); Accarias (n° 153).

possible de séparer les résultats de l'une et de l'autre; le caractère de partage, qui naturellement prédominerait, dans cette dernière hypothèse, impliquerait le droit d'agir pour le copartageant qui aurait à se plaindre d'une lésion (1).

688. Nous n'avons pas à insister davantage sur cette première partie de notre commentaire; et après avoir dit, avec le § 2 de l'art. 2052, les causes à raison desquelles la transaction ne peut pas être attaquée, nous passons au commentaire des articles suivants, qui vont nous fournir l'occasion de préciser les causes pour lesquelles la transaction est attaquable.

III. — 689. Et tout d'abord, notons que ces art. 2053 à 2057 ont trait exclusivement aux transactions *rescindables,* ou susceptibles d'être annulées. Le législateur n'y a nullement en vue les transactions qui, étant frappées d'une nullité absolue, n'ont pas d'existence juridique. Il est vrai qu'il y a parfois, dans la loi, des expressions qui pourraient prêter à l'équivoque : en effet, si le législateur ne laisse aucun doute en disant, dans les art. 2053 et 2054, que dans tel cas la transaction peut être *rescindée,* que dans tel autre il y a également lieu à l'action en *rescision,* il est moins précis et moins net quand, dans les art. 2055 et 2056, relatifs à deux autres cas de rescision, il dit que la transaction est *nulle,* et quand, dans l'art. 2057, où apparaît un dernier cas comportant deux hypothèses distinctes, il dit que la transaction ne sera pas *rescindée* dans l'une, mais qu'elle sera *nulle* dans l'autre. Toutefois, il n'y a pas à se préoccuper de cette variété d'expressions (2). Elle tient à ce que les rédacteurs du Code n'avaient pas des idées bien arrêtées sur la portée de ces expressions diverses; pour eux, les mots *nullité, rescision,* étaient synonymes, et, dans nos articles spécialement, ils les ont indistinctement employés dans le sens que présente le mot *attaquer,* dont ils s'étaient servis au § 2 de l'art. 2052. Il s'agit donc maintenant des transactions qui peuvent être attaquées ou rescindées, comme tout à l'heure il s'agissait, d'après ce dernier article, des transactions qui ne peuvent être ni rescindées, ni attaquées.

690. A cet égard, le principe général est posé par l'art. 2053 : et ce principe, c'est que, sauf les dérogations particulières, la transaction est, sous le rapport de l'action en rescision, soumise aux règles du droit commun établies dans les art. 1108 et suivants du Code Napoléon. Prenons donc pour point de départ cette idée que, pour la transaction comme pour tout autre contrat, quatre conditions sont essentielles à la validité de la convention : le consentement de la partie qui s'oblige, sa capacité de contracter, un objet certain qui forme la matière de l'engagement, une cause licite dans l'obligation (art. 1108). Et voyons dans quelle mesure l'absence de l'une ou de l'autre de ces conditions influe sur le sort de la transaction.

IV. — 691. De la capacité et de l'objet, nous n'avons plus rien à

---

(1) *Voy.* MM. Aubry et Rau (*loc. cit.,* p. 282 et suiv., note 18); Demolombe (*loc. cit.,* n°ˢ 439 et suiv.).

(2) *Voy.* M. Accarias (n° 151).

dire après les observations détaillées dont les art. 2045 et 2046 ont été l'objet. Nous y renvoyons le lecteur.

V. — 692. Il n'y a pas à insister non plus sur la cause, la transaction restant, à cet égard, sous l'empire des principes généraux touchant la cause des obligations. Donc, si une transaction manque de cause ou si elle est fondée sur une cause illicite, il y a lieu de la considérer, non comme rescindable ou comme tombant sous l'application de nos articles, lesquels ne touchent pas à ce cas, mais comme non avenue et inexistante; et il faut alors appliquer toutes les conséquences qui découlent de la non-existence de la convention (*infrà*, n° 699).

693. Que si la transaction repose en apparence sur une cause licite, tandis qu'au fond elle a une cause illicite, la partie qui en conteste la validité ou l'existence doit être admise à prouver que la cause apparente n'est pas la cause véritable. Et cette preuve pourrait être faite par témoins et par simples présomptions de l'homme, alors même que l'intérêt engagé dans le débat excéderait la somme ou valeur de 150 francs. La solution a été consacrée par un arrêt de la chambre des requêtes, à propos d'une transaction intervenue entre parties qui, s'étant reconnues à la fois créancières et débitrices, s'étaient déclarées réciproquement libérées. L'une des parties, qui avait contesté la sincérité de la cause exprimée, avait été admise à prouver par témoins, et contre le contenu à l'acte, que la cause réelle de la transaction par laquelle elle avait déclaré son adversaire libéré envers elle était la promesse faite par ce dernier de ne pas se porter enchérisseur de la coupe d'un bois national qu'elle désirait acheter. Un pourvoi a été vainement porté devant la Cour suprême, qui en prononçant le rejet a sanctionné la solution (1).

Venons donc au consentement : c'est aux vices qui peuvent affecter le consentement que se réfèrent spécialement les dispositions que nous avons à expliquer.

VI. — 694. Comme toutes les conventions, la transaction ne peut se former qu'avec le consentement des parties; c'est une condition essentielle, nous l'avons dit déjà en indiquant les circonstances nécessaires à sa réalisation (*suprà*, n° 467). Mais tous les vices dont le consentement peut être affecté sont-ils également susceptibles de produire une cause de rescision de la transaction? C'est maintenant la question à examiner.

695. Il n'y a pas de doute pour le consentement qui serait le résultat du dol. Les transactions, dit Domat, où l'un des contractants a été engagé par le dol de l'autre, n'ont aucun effet (2). Il n'y a pas de doute davantage pour le consentement qui aurait été extorqué par violence. Le dol et la violence sont donc des causes de rescision de la transaction : c'est ce que le deuxième paragraphe de l'art. 2053 décide en termes formels. Au surplus, il n'y a rien de spécial à la transaction sous ce rap-

---

(1) Req., 4 janv. 1808 (S. V., 8, 1, 249; Coll. nouv., 2, 1, 466; Dalloz, 8, 1, 125; Rec. alph., t. X, p. 743; *J. Pal.*, à sa date).
(2) Domat (*Lois civ.*, liv. I, tit. XIII, sect. 2, n° 1).

port, et il faut lui appliquer, à cet égard, les principes communs à tous
les contrats en général. Ainsi a fait la Cour de Bordeaux en décidant que
l'assureur qui, par transaction, a accepté l'abandon anticipé d'un navire
présumé perdu, à la condition qu'il jouira de la propriété entière dudit
navire s'il vient à être retrouvé, peut obtenir la rescision de la transaction si l'assuré a caché ou négligé de faire connaître, au moment de la
transaction, l'existence de contrats à la grosse qui diminuaient la valeur
donnée au navire (1). Ainsi a fait la Cour de cassation en rejetant un
pourvoi dirigé contre un arrêt qui, au contraire, refusait de prononcer
la rescision dans un cas où l'existence et la réalité du dol et de la fraude
allégués n'étaient pas établis (2). — En ceci, d'ailleurs, la transaction se
distingue du jugement, auquel elle est assimilée sous d'autres rapports :
le dol personnel seul permet d'attaquer le jugement par la voie de la requête civile (C. proc., art. 480, 1°) (3).

696. Du reste, il en est de la violence morale comme de la violence
physique ; elle est également susceptible d'entraîner la rescision d'une
transaction. C'est reconnu par la Cour de cassation, qui décide que si,
en principe, une poursuite criminelle ne peut être considérée comme
une violence illégitime de nature à vicier le consentement et à invalider
les transactions faites sous son influence, il en doit être autrement
quand, par les combinaisons artificieuses du plaignant, l'action publique par lui mise en mouvement est devenue, à l'insu des magistrats
et contre leur volonté, un instrument d'intimidation pesant sur l'in-
culpé au point de vue de sa liberté compromise, de son honneur et de
l'imminence d'une ruine (4). Mais la circonstance que la transaction est
conclue entre le créancier et le débiteur dans une maison d'arrêt où celui-ci se trouvait renfermé pour la dette dont il était tenu ne constitue
pas une violence de nature à faire rescinder la transaction (5). Ce sont
là, au surplus, des appréciations rentrant dans le pouvoir des juges du
fond, qui décideront souverainement si le consentement des parties
entre lesquelles la convention s'est formée a été libre, ou s'il a été extorqué par violence ou surpris par dol.

697. Si le dol et la violence engendrent, en matière de transaction,
une action en rescision par une application pure et simple du droit commun, en est-il de même de l'erreur ? La partie dont le consentement aurait été vicié par cette cause serait-elle aussi en droit de faire rescinder
la transaction ? Non, s'il s'agit d'une erreur de droit, car, nous venons
de le voir, l'erreur de droit, par exception au droit commun, n'est pas
ici une cause de rescision, d'après la disposition ci-dessus commentée
de l'art. 2052, § 2 (*suprà*, nᵒˢ 681 et suiv.). Mais s'agit-il d'une erreur

(1) Bordeaux, 2 avr. 1835 (Dalloz, 35, 2, 113 ; *J. Pal.*, à sa date).
(2) Req., 5 déc. 1838 (Dalloz, 39, 1, 26 ; S. V., 39, 1, 306 ; *J. Pal.*, à sa date).
(3) La Cour d'Orléans a décidé, par arrêt du 10 août 1849, que la dénégation d'une
transaction constitue un dol personnel donnant ouverture à requête civile (S. V., 49,
2, 586).
(4) Req., 17 août 1865 (S. V., 65, 1, 399 ; *J. Pal.*, 1865, p. 1051).
(5) Paris, 12 fév. 1806 (S. V., 6, 2, 243 ; Coll. nouv., 2, 2, 115 ; Dalloz, Rec. alph.,
t. II, p. 607 ; *J. Pal.*, à sa date).

de fait, une autre disposition, également précise et formelle, celle de l'art. 2053, § 1ᵉʳ, dit, au contraire, qu'elle est, en cette matière, une cause de rescision, lorsqu'elle porte soit sur la personne, soit sur l'objet même de la contestation. Nous avons établi déjà, contre l'opinion de quelques auteurs d'après lesquels l'erreur sur la personne serait ici une erreur sur l'objet (1), que ce sont là deux circonstances distinctes qui ne se confondent pas l'une avec l'autre. En expliquant, en même temps, ce qu'il faut entendre par erreur dans la personne, au point de vue de l'art. 2053, nous avons établi que si ce dernier article ne rappelle pas en termes exprès la distinction, faite par l'art. 1110, suivant que la considération de la personne a été ou non la cause déterminante de la convention, il n'y a pas moins lieu d'observer et de maintenir ici cette distinction, parce qu'elle est fondée sur la nature même des choses et que l'art. 2053 ne la repousse pas expressément. Nous n'avons rien à ajouter à ce que nous avons dit sur ce point, et nous passons à la disposition de cet article relative à l'erreur sur l'objet de la contestation.

698. En ce point encore, il y a lieu d'appliquer les règles communes à tous les contrats. Quelque laconique que soit la rédaction de l'art. 2053, rien n'établit qu'il ait été dans la pensée du législateur de consacrer ici une dérogation dont il serait difficile, d'ailleurs, de donner la raison. En conséquence, on dira de la transaction consentie par erreur sur l'objet de la contestation, qu'elle est rescindable lorsque l'erreur porte, selon l'expression de l'art. 1110, § 1ᵉʳ, *sur la substance même* de cet objet, et qu'elle reste inattaquable, au contraire, si l'erreur porte sur les qualités non substantielles de l'objet de la contestation ou sur le motif plus ou moins éloigné qui a amené les parties à transiger. Il a été justement décidé, en ce sens, que lorsque deux personnes, appelées à recueillir dans une succession, à l'exclusion l'une de l'autre, d'après un événement incertain, des parts qu'elles croyaient égales, ont transigé en convenant de partager par moitié, quel que fût l'événement, l'émolument de leurs droits respectifs et éventuels, l'erreur où elles auraient été touchant l'étendue du droit de l'une d'elles est une erreur de *quotité* seulement, une erreur qui ne porte pas dès lors sur la substance même de la chose qui a fait l'objet de la transaction et qui, par suite, n'engendre pas une action en rescision (2).

699. Que si l'erreur porte sur l'objet même de la transaction, *in ipso corpore*, par exemple si l'une des parties a cru transiger relativement à tel domaine ou à tel objet mobilier, tandis que l'autre avait en vue tel autre domaine ou tel autre objet mobilier; — ou encore, si l'erreur porte sur la nature ou le caractère de la contestation, comme si l'une des parties a cru transiger sur le possessoire, tandis que l'autre traitait du pétitoire :, la transaction n'est pas annulable ou rescindable seulement; elle est inexistante et non avenue. Une telle erreur, qui,

_____

(1) *Suprà*, n° 468 : aux auteurs cités il faut ajouter M. A. Mugnier (*Rev. crit. de législ. et de jurispr.*, t. XII, p. 81).
(2) Paris, 7 juin 1851 (S. V., 51, 2, 638; *J. Pal.*, 1852, t. I, p. 197; Dalloz, 53, 2, 55).

d'ailleurs, se produira bien rarement dans la pratique, est par elle-même exclusive de tout consentement ; elle empêche le *consensus in idem placitum*, la rencontre des volontés dont le concours est nécessaire à l'existence d'une transaction comme à celle de toute autre convention. Ceci est exactement comparable au cas dont parle Marcadé, sur l'art. 1110, quand, en supposant deux personnes dont l'une entend vendre le cheval que l'autre croit louer, ou dont l'une vend son cheval blanc, tandis que l'autre croyait lui acheter son cheval noir, il dit qu'il n'y a contrat ni dans l'une ni dans l'autre hypothèse (1). Pareillement, il n'y a pas transaction si le consentement est vicié par une erreur portant, soit sur l'objet même, soit sur le caractère ou la nature de la contestation (2).

700. C'est donc inexactement que quelques auteurs, sans tenir compte de ces distinctions, signalent l'erreur sur l'objet ou la nature de la contestation comme une cause de rescision de la transaction (3). L'exercice d'une action en rescision fondé sur une telle erreur serait impossible, évidemment. Ne confondons pas, en effet, avec un simple vice de consentement, le défaut absolu et total de l'accord des volontés. Que l'on puisse faire annuler ou rescinder le contrat formé sur un consentement vicié d'erreur, cela se comprend ; mais c'est assurément impossible par rapport à un contrat qui, n'ayant pas été consenti du tout, n'a pas d'existence juridique : on n'annule pas, on ne rescinde pas le néant. Nous avons surtout de la peine à faire marcher cette proposition, émise par Zachariæ, « que les transactions peuvent être attaquées pour cause d'erreur *sur l'objet de la contestation ou sur la nature des concessions ou prestations réciproques* » (4), avec cette autre proposition, émise par l'auteur quelques pages plus haut, « qu'une transaction qui repose sur une erreur *doit être considérée comme non avenue.* » (5) Les deux propositions sont manifestement contradictoires, et, de plus, l'une et l'autre manquent d'exactitude. D'une part, une transaction qui repose sur une erreur n'est pas nécessairement non avenue : elle peut être simplement annulable, spécialement quand l'erreur porte sur la substance de l'objet ; ou même n'être pas attaquable du tout, par exemple si l'erreur porte soit sur les qualités non substantielles de l'objet, soit sur les motifs qui ont déterminé les parties à transiger (*suprà*, n° 698). Et, d'une autre part, quand la transaction manque de l'un de ses caractères essentiels, le consentement (ce qui est le cas, précisément, dans l'espèce proposée par Zachariæ, qui parle d'un consentement portant sur un objet autre que celui de la contestation), c'est alors qu'elle est non avenue, et il suffit, pour la faire tomber, soit de la méconnaître, soit, si l'on croit devoir agir, de former une action, non en nullité ou en rescision, comme le dit Zachariæ, mais en déclaration de non-existence. Ceci,

(1) Marcadé (t. IV, n° 406).
(2) *Voy.* M. Accarias (n° 156).
(3) Comp. MM. Troplong (n°s 134 et 144) ; Aubry et Rau (t. III, p. 486 et note 1) ; Zachariæ (édit. Massé et Vergé, t. V, p. 90 et notes 2 et 3).
(4) *Voy.* Zachariæ (*loc. cit.*).
(5) Zachariæ (édit. Massé et Vergé, t. V, p. 83 et note 3).

sans parler de l'intérêt purement théorique, présente, au point de vue de la pratique, cette grande importance que l'action en nullité ou en rescision se prescrit par dix ans (art. 1304, *infrà*, nos 736 et suiv.), tandis que l'action en déclaration de non-existence est tout au plus prescriptible par trente ans.

701. Le principe posé par l'art. 2053, touchant l'erreur portant sur l'objet de la contestation, se dégage des observations qui précèdent : il en résulte qu'en ce point l'erreur de consentement, susceptible d'engendrer une cause de rescision de la transaction, est celle qui, selon l'expression de Pothier (1), résumée dans l'art. 1110 du Code Napoléon, « tombe sur la qualité de la chose que les contractants ont eue principalement en vue, et *qui fait la substance même de la chose.* » Voyons maintenant les applications principales du principe.

Il y en a quatre distinctes que le législateur lui-même a faites dans les art. 2054, 2055, 2056 et 2057, que, pour ce motif, nous n'avons pas cru devoir séparer de l'art. 2053. Toutefois, cette donnée a été contestée. MM. Aubry et Rau, dont nous apprécions plus loin la doctrine (*infrà*, nos 706 et suiv.), estiment que si l'action en rescision ouverte par les art. 2055, 2056 et 2057 est bien fondée sur l'erreur, il en est autrement de l'action ouverte par l'art. 2054, laquelle aurait pour fondement *le défaut de cause* (2). On est allé plus loin : on a prétendu que dans toutes les hypothèses prévues par les art. 2054, 2055, 2056 et 2057, le principe de l'action est l'inexistence de la cause (3). Et cette dernière appréciation peut s'autoriser des observations du tribun Gillet, qui, en présentant le vœu d'adoption au Corps législatif, a dit, en effet : « Toute convention *a une cause;* celle de la transaction est la crainte du procès, *propter timorem litis.* Ainsi, lorsque le procès est terminé par un jugement passé en force de chose jugée (art. 2056), il ne peut plus y *avoir de transaction*, parce qu'il ne peut plus y avoir de doute. — Il en faut dire autant si la transaction n'est que l'exécution d'une pièce nulle (art. 2054); *la convention manque de cause...* Enfin, *la cause manque également* si, les parties ayant transigé sur un seul objet avec la confiance qu'elles y avaient des droits respectifs, il arrive néanmoins que des titres ultérieurement découverts leur fassent connaître que l'une d'elles n'y avait aucun droit (art. 2057). » (4)

Mais on ne saurait s'arrêter à des formules qui, au point de vue de la langue juridique surtout, manquent évidemment d'exactitude. Il faut aller au fond des choses. Or, la preuve certaine qu'il ne s'agit d'un défaut de cause ni dans l'art. 2054, ni dans aucun des trois articles suivants, c'est que, de l'aveu de tout le monde, ces divers articles, même avec les différences qu'ils présentent dans l'expression, ont tous indis-

---

(1) Pothier (*Des Oblig.*, n° 18). *Voy.* aussi Marcadé (*loc. cit.*, n° 407).
(2) *Voy.* MM. Aubry et Rau (t. III, p. 487 et 488, et notes 8, 9 et 10). — M. Pochonnet exprime la même opinion dans une étude soigneusement élaborée sur l'erreur de droit (*Rev. crit. de législ. et de jurispr.*, t. IX, p. 196, n° 20).
(3) *Voy.* notamment M. Mugnier (*Rev. crit. de législ. et de jurispr.*, t. XII, p. 83 et suiv.).
(4) *Voy.* Locré (t. XV, p. 446); Fenet (t. XV, p. 127).

tinctement pour objet *une action en rescision,* c'est-à-dire une de ces actions dont l'exercice est impossible vis-à-vis d'une convention qui, si elle manquait de cause, serait absolument nulle, non avenue, inexistante, et non pas simplement annulable ou rescindable (*suprà,* n°s 692 et suiv.). La nullité ou la rescision qu'ils prononcent a donc un autre fondement, et ce fondement, c'est l'erreur sur la substance, ainsi que cela va être plus amplement démontré dans l'examen successif que nous allons faire des diverses hypothèses prévues par la loi.

VII. — 702. 1° *De la transaction faite en exécution d'un titre nul.* — Aux termes de l'art. 2054, « il y a lieu à l'action en rescision contre une transaction, lorsqu'elle a été faite en exécution d'un titre nul, à moins que les parties n'aient expressément traité sur la nullité. » Quelque précise qu'elle soit, cette disposition a donné lieu à des difficultés d'interprétation dont nous aurons à nous occuper tout à l'heure.

703. Avant tout, fixons-nous sur le sens et la portée des mots *titre nul* dont se sert le législateur. Le titre, dans le sens de l'art. 2054, n'est pas l'acte instrumentaire, le moyen de preuve, la feuille de papier qui constate une convention ou plus généralement une volonté de l'homme : bien que l'acte instrumentaire soit lui-même désigné sous cette dénomination de titre dans notre langue juridique, ce n'est pas dans cette acception que le mot est pris ici par le législateur. Le mot *titre* signifie encore la convention même, ou la volonté de l'homme que l'acte instrumentaire constate, le fait générateur du droit. Telle est sa signification dans l'art. 2054 ; et, suivant la très-juste remarque de MM. Aubry et Rau, la nullité de l'acte instrumentaire ne pourrait donner lieu à l'application de cet article qu'autant que la validité de la disposition ou de la convention elle-même serait subordonnée à la validité de l'acte, de l'écrit, de l'instrument qui la constate (1). Mais, on le voit, ce qui, même alors, rendrait l'article applicable, ce n'est pas, à proprement parler, la nullité de l'acte instrumentaire, c'est toujours, en réalité, la nullité de la disposition ou de la convention. Voilà donc le titre dont entend parler le législateur ; quant au mot *nul,* dont il se sert aussi, il faut le prendre dans le sens le plus absolu, et dès lors il s'entend non-seulement de la nullité radicale, qui enlève à la convention son existence juridique, mais encore de celle qui fait de la convention un titre susceptible d'être annulé (2).

704. Parfois on trouve son *titre* ailleurs que dans une convention ou dans une disposition de l'homme ; ainsi, le titre résulte de la loi en matière de succession, d'accession, de prescription (C. Nap., art. 711, 712). Faut-il encore faire rentrer ces titres légaux dans les prévisions de notre article, et dire, par suite, qu'il y a lieu à rescision d'une transaction faite avec une personne que l'on croyait par erreur propriétaire du droit douteux par succession, accession ou prescription, lorsqu'on vient à découvrir que ce principe de la propriété faisait défaut ? Ceci peut

---

(1) *Voy.* MM. Aubry et Rau (t. III, p. 488, note 9).
(2) *Voy.* MM. Mourlon (*Rép. écrit.,* t. III, p. 473) ; Accarias (n° 157).

faire quelque difficulté... A notre avis, néanmoins, la question rentre dans celle de savoir quel est le sort d'une transaction conclue avec l'héritier apparent ou avec le non-propriétaire; elle doit donc être résolue abstraction faite de l'art. 2054 et d'après les règles ci-dessus indiquées (voy. *suprà, 576 à 580*).

705. Ceci posé, venons à l'hypothèse prévue par le législateur dans ce dernier article. Il s'agit de savoir quel doit être le sort d'une transaction *intervenue en exécution d'un titre nul*, et spécialement dans quelle mesure et à quelles conditions une telle transaction serait susceptible d'être rescindée. Ainsi, supposons que Paul, héritier légitime de Joseph, transige sur le mode d'exécution ou l'étendue d'un legs contenu dans un testament olographe par lequel son auteur a institué Jean légataire; et, en nous plaçant dans l'espèce même que le législateur a eu en vue, supposons que le testament manque de l'une de ses conditions constitutives, par exemple, qu'il soit sans date : la question est de savoir si Paul, à qui aurait incombé l'action en nullité et qui aurait eu intérêt à l'exercer, puisque le testament lui enlève une partie de la succession que, le testament écarté, il recueillera tout entière, sera admis à demander la rescision de la transaction qui a réglé, entre lui et Jean, l'exécution de ce legs dont il aurait pu provoquer la nullité. Faisons abstraction, pour un moment, du texte de l'art. 2054; et, en supposant que cet article ne fût pas écrit dans le Code, demandons-nous quelle devrait être la solution du problème. Il semble que les principes généraux, d'accord d'ailleurs avec la raison, ne permettraient guère d'hésiter. Il y aurait tout naturellement à distinguer entre le cas où les parties auraient eu connaissance, au moment de la transaction, de la nullité du titre en exécution duquel elles ont traité, et le cas où cette nullité ne leur aurait pas été connue alors. Les parties ont-elles agi en connaissance de cause; déterminées, soit par le désir de satisfaire à une obligation naturelle, ou d'obéir à un sentiment d'équité, d'honneur ou de délicatesse (*suprà*, n° 571), soit par tout autre motif, ont-elles cru ne pas devoir tenir compte de la nullité dont l'une ou l'autre aurait pu exciper, la transaction intervenue entre elles serait, d'après les principes généraux, à l'abri de toute attaque; car, en même temps qu'elle a sa cause et son objet, elle procède d'un consentement qui, d'une part comme de l'autre, a été libre, éclairé, exempt d'erreur; elle emporte confirmation tacite du titre nul, comme ferait en général toute exécution volontaire (C. Nap., art. 1338, § 2); et pas plus que le titre, la transaction faite en exécution ne saurait désormais être attaquée. Au contraire, les parties ont-elles traité dans l'ignorance de la nullité dont était affecté le titre en exécution duquel elles ont transigé, la transaction n'a plus la même portée, car rien n'y indique l'intention de réparer le vice à raison duquel le titre nul aurait pu être attaqué. On peut dire que celle des parties à laquelle l'action en nullité aurait été ouverte n'aurait pas traité si elle n'avait pas ignoré que le titre était susceptible d'être annulé; le consentement par elle donné a donc été le résultat d'une erreur; et cette erreur, qui tombe sur la substance même de la

chose, constitue par elle-même, pour cette partie, un juste motif de se faire relever des engagements par elle pris dans un contrat que, mieux éclairée, elle n'eût pas accepté (C. Nap., art. 1110).

Telle serait la solution d'après les principes généraux. Or, sauf une restriction résultant de la combinaison de l'art. 2052, § 2, avec notre art. 2054, restriction que nous allons bientôt préciser (*infrà*, nᵒˢ 709 et suiv.), ces principes mêmes trouvent leur confirmation dans ce dernier article, aux termes duquel la transaction est rescindable « lorsqu'elle a été faite en exécution d'un titre nul, *à moins que les parties n'aient expressément traité sur la nullité.* » Le législateur, se rattachant virtuellement ici à la distinction que nous venons de rappeler, fixe, d'après cette distinction même, la mesure ou les conditions dans lesquelles la transaction sera sujette à rescision dans le cas proposé. Si les parties ont expressément traité sur la nullité du titre, c'est évidemment que cette nullité leur a été connue, voilà pourquoi, d'après notre article, il ne saurait y avoir lieu à l'action en rescision contre la transaction ; au contraire, si le traité conclu en exécution du titre nul est muet sur la nullité de ce titre, il y a présomption que le fait d'où résultait la nullité a été ignoré, que, par conséquent, celle des parties qui aurait eu intérêt à provoquer la nullité a donné par erreur son consentement à la transaction, et voilà pourquoi, encore d'après notre article, cette transaction reste sujette à rescision.

En revenant maintenant à l'espèce ci-dessus posée, on verra aisément comment, non plus seulement d'après les principes généraux, mais précisément suivant notre article, se résoudra la question de savoir si la transaction supposée sera ou non rescindable. Si Paul, l'héritier légitime, et Jean, le légataire institué, ont traité sans s'expliquer en aucune façon sur la nullité du testament dans lequel ce dernier trouvait son titre, ils seront considérés, par une sorte de présomption légale, comme n'ayant pas connu, en fait, la circonstance à laquelle la nullité était attachée ; et comme du côté de Paul la transaction n'a été faite en exécution de ce titre nul que parce que, ne connaissant pas le titre, il le croyait valable ; comme, ainsi, son consentement n'a été que le résultat de l'erreur, la transaction sera rescindable sur sa demande dès que la nullité du titre, d'abord ignorée de lui, viendra à lui être connue. Au contraire, si Paul et Jean ont agi en connaissance de cause ; si, par exemple, ayant le testament sous les yeux, ils ont vu qu'il n'y avait pas de date ; et si néanmoins Paul, soit qu'il lui ait paru que peut-être pourrait-on suppléer au défaut d'une date précise par les énonciations du testament, soit qu'il ait eu d'autres motifs, ait consenti à régler, par transaction, le mode d'exécution du legs fait à Jean, déclarant que, nonobstant le vice dont le titre paraît affecté, il en veut finir de la contestation existant entre lui et le légataire, alors il n'y a plus à parler de la présomption qui domine dans le cas où le traité est muet sur la nullité du titre ; tout a été connu, la circonstance d'où résultait la nullité du testament en exécution duquel la transaction a été faite n'a pas été ignorée de Paul, car c'est sur la nullité même, selon l'expression de

notre article, qu'il a été traité ; et comme, en ce cas, Paul ne peut pas
dire que le consentement par lui donné à la transaction a été le résultat
de l'erreur, il serait sans aucun droit à prétendre que la transaction doit
être rescindée.

706. Cette distinction est la pensée même de l'art. 2054. Cependant
MM. Aubry et Rau, en partant de l'idée, reproduite et même exagérée
par d'autres auteurs, que la rescision prononcée par cet article est fondée non sur un vice du consentement, mais *sur un défaut de cause,*
enseignent qu'il n'y a pas à rechercher si les parties, en transigeant,
avaient ou non connaissance de la nullité du titre en exécution duquel
elles ont transigé, la connaissance même du défaut de cause ne pouvant
valider la convention qui en est destituée (1). Ainsi, l'art. 2054 ferait
exception aux art. 1338 et 1340 ; et cette exception, qui ne s'explique
guère, il en faut convenir, et dont MM. Aubry et Rau disent eux-mêmes
que le mérite en est contestable au point de vue des principes généraux
du droit (2), cette exception résulterait, d'après ces auteurs, d'une
part, du texte de notre article qui, en exigeant qu'il soit traité *expres-*
sément sur la nullité, montrerait que la seule connaissance de cette nullité ne suffit pas à rendre l'action en rescision non recevable, et, d'une
autre part, de l'esprit de la loi tel qu'il apparaît dans l'Exposé des motifs
de Bigot-Préameneu et dans le discours du tribun Gillet, où il aurait été
nettement exprimé qu'en effet la décision de l'art. 2054 est fondée sur
ce que la transaction, dans le cas prévu, a manqué de cause.

Mais il s'en faut que cette théorie, qui, d'ailleurs, nous le verrons
bientôt, se détruit par ses propres conséquences, trouve dans tout ceci
une véritable justification. Nous écartons d'abord l'argument tiré des
travaux préparatoires du Code. Bigot-Préameneu, quoi qu'en disent
MM. Aubry et Rau, n'a rien formulé de précis, dans l'Exposé des motifs, sur le point en discussion. Et quant au tribun Gillet, dont nous
avons reproduit plus haut l'opinion tout entière (n° 701), il a dit, à la
vérité, « que la convention *manque de cause* », dans le cas prévu à
l'art. 2054 ; mais, on l'a vu, il a dit exactement la même chose pour
les cas prévus aux art. 2056 et 2057. Or comme, d'après MM. Aubry
et Rau eux-mêmes, l'action en rescision, dans ces derniers cas du
moins, est fondée *sur un vice du consentement,* comme par suite l'explication du tribun Gillet est absolument inexacte en ceci, d'après leur
propre sentiment, ils doivent nécessairement concéder que l'explication relative à l'art. 2054 se trouve notablement infirmée. Quoi qu'il en
soit, à cette explication nous opposons celle du tribun Albisson, qui,
celle-ci, est nette et positive : « D'autres causes, a-t-il dit, peuvent vicier la transaction ; et ce sont toutes celles *qui excluent le consentement,*
sans lequel nulle convention ne peut subsister. — Ainsi, l'erreur dans
la personne... — Ainsi, une transaction *faite en exécution d'un titre*
nul, à moins que sa nullité étant connue elle n'ait été expressément

---

(1) *Voy.* MM. Aubry et Rau, Pochonnet et Mugnier, déjà cités (*suprà*, n° 701).
(2) *Voy.* MM. Aubry et Rau (*loc. cit.*, note 11).

l'objet du traité, peut également être rescindée. » (1) Rien n'est plus explicite ; et du rapprochement de ces divers éléments on peut conclure que les travaux préparatoires du Code, bien loin de favoriser la doctrine de MM. Aubry et Rau touchant le principe et le motif qu'ils assignent à l'action en rescision concédée par l'art. 2054, se retournent, au contraire, contre cette doctrine.

Il en est de même de l'argument tiré du texte de la loi. Ce n'est pas, en effet, en prenant à la lettre telle ou telle expression employée dans la rédaction d'une disposition législative qu'on arrive à préciser le sens de la disposition et à en déterminer la portée : il faut envisager le texte dans son ensemble. Or, que dit l'art. 2054 ? Que la transaction est rescindable, ou « qu'il y a lieu à l'action en rescision contre une transaction, lorsqu'elle a été faite en exécution d'un titre nul, à moins que les parties n'aient expressément traité sur la nullité. » Est-ce que cela prête à l'équivoque ? Est-ce qu'il est possible de voir là autre chose qu'une alternative ? De deux choses l'une : ou bien le fait d'où résultait la nullité du titre était ignoré, au moment de la transaction, de celle des parties qui aurait eu intérêt à opposer la nullité ; ou bien le fait était exactement connu. Telle est la supposition de la loi, et en conséquence la loi dispose que la transaction pourra être rescindée dans le premier cas, le consentement de l'une des parties ayant été le résultat de l'erreur ; et, au contraire, que, dans le second, elle restera debout et à l'abri de la rescision, tout ayant été fait, de part et d'autre, en parfaite connaissance de cause. A la vérité, en statuant sur cette seconde branche de l'alternative, le législateur exige qu'il ait été *expressément* traité sur la nullité, pour que l'action en rescision reste écartée. Mais qu'est-ce à dire ? Peut-on raisonnablement induire de ce seul mot, inséré dans le texte, que les rédacteurs se sont abusés à ce point qu'à l'instant même où ils disent de la manière la plus formelle qu'il s'agit simplement ici d'un cas de *rescision*, ils ont cependant en vue une transaction qui, étant destituée de cause, serait *nulle radicalement* et *inexistante ?* Non, évidemment ! Sans doute, le mot *expressément* a sa valeur propre dans l'art. 2054 ; mais il ne détruit pas la pensée fondamentale de cet article. Et l'on arrive à une conciliation parfaite en disant que, dans l'intention du législateur, le silence de la transaction sur la nullité du titre en exécution duquel la transaction a été faite implique par lui-même l'idée que la partie intéressée n'a pas connu le fait d'où résultait la nullité, et que la présomption d'ignorance à cet égard ne fléchit et ne tombe que lorsque, suivant l'expression ci-dessus rappelée du tribun Albisson, le vice du titre et sa nullité ont été *expressément* l'objet du traité (2). Le mot dont argumentent MM. Aubry et Rau, en le prenant trop à la lettre, n'implique donc pas, dans l'art. 2054, la dérogation aux principes généraux qu'ils supposent et qui vraiment n'a pas ici de raison d'être : aussi pouvons-nous répéter que, pas plus que l'argument emprunté aux

---

(1) *Voy.* Locré (t. XV, p. 435); Fenet (t. XV, p. 118).
(2) *Voy.* MM. Mourlon (*Rép. écrit.*, t. III, p. 473 et 474); Accarias (n° 157, p. 312, *in princ.*).

travaux préparatoires du Code, celui qu'ils tirent du texte de la loi ne prête à leur doctrine un véritable appui.

707. Ajoutons que cette doctrine ne résiste pas à l'examen quand on en juge par ses propres conséquences et par les solutions auxquelles elle conduit. Ce n'est pas tout que la donnée en soit absolument contraire aux principes généraux d'après lesquels on ne saurait s'expliquer une action en rescision ouverte contre un contrat qui, étant supposé sans cause, n'aurait pas d'existence juridique. Il y a quelque chose de plus : l'action en nullité ou en rescision est prescriptible par dix ans, aux termes de l'art. 1304 du Code Napoléon. Or, quel sera ici le point de départ de ces dix ans? Ce sera incontestablement le jour où l'acte a été passé; on ne saurait assigner à la prescription un autre point de départ, dès que c'est sur le défaut de cause que l'action est supposée fondée. Et voilà qu'une transaction qui n'avait et n'a pas de cause sera cependant inattaquable au bout de dix ans, alors même que les parties, si elles n'ont découvert qu'après l'expiration de ce délai la nullité du titre en exécution duquel elles ont transigé, n'auront pas été dans le cas d'invoquer le défaut de cause et de faire tomber la transaction qui en était et en reste affectée! — En outre, la confirmation tacite est possible en toute hypothèse où il y a lieu à cette prescription de dix ans, qui elle-même n'est pas autre chose que le résultat d'une présomption de confirmation tacite; et il faudra bien admettre qu'une transaction faite en exécution d'un titre nul sera elle-même, ainsi que c'est établi par la jurisprudence, tacitement confirmée par l'exécution dont elle aura été suivie (1). Or, supposons que la rescision étant ici fondée sur un défaut de cause, il n'y ait pas à rechercher si les parties avaient ou n'avaient pas connaissance de la nullité du titre en exécution duquel elles ont transigé, et voici le contraste étrange auquel on arrive : d'une part, l'art. 2054 établit un cas de confirmation tacite absolument contraire aux principes généraux, l'obligation sans cause, ou, en d'autres termes, une obligation qui n'a pas d'existence n'étant pas en principe susceptible d'être confirmée; d'une autre part, il exclut la confirmation tacite dans un cas où les parties ayant exécuté volontairement et en parfaite connaissance de la nullité, les principes généraux établissent, au contraire, que l'obligation est tacitement confirmée!

708. — Disons-le donc : la vérité juridique, pour l'interprétation de l'art. 2054, est dans le système qui, assignant l'erreur de consentement pour cause à la rescision admise par cet article, subordonne la recevabilité de l'action à l'ignorance de la part de la partie intéressée du fait d'où résultait la nullité du titre en exécution duquel elle a transigé. C'est la théorie éminemment rationnelle; c'est, comme nous l'avons dit plus haut, celle qui, en l'absence de l'art. 2054, serait incontestablement appliquée : or, si l'on étudie cet article, non pas dans telle ou telle expression prise isolément, mais dans son ensemble, on n'y trouve rien

---

(1) Cass., 23 juin 1813; Paris, 21 fév. 1814 (S. V., **13**, **1**, 378; **14**, **2**, 273; Coll. nouv., **4**, **1**, 380; **2**, 379 et 380; Dalloz, **13**, **1**, 344; Rec. alph., t. VI, p. 258, et t. XII, p. 679; *J. Pal.*, à leur date).

qui résiste à cette théorie. En définitive, l'art. 2054 est une application de cette règle, posée dans le premier paragraphe de l'art. 2053, qu'une transaction peut être rescindée lorsqu'il y a erreur sur l'objet de la contestation; et l'erreur est présumée dès qu'en transigeant les parties n'ont pas traité expressément sur la nullité du titre en exécution duquel elles ont transigé.

709. Toutefois, ici apparaît la nécessité de concilier l'art. 2054, ainsi entendu, avec le deuxième paragraphe de l'art. 2052, dont nous avons présenté plus haut le commentaire (n⁰ˢ 681 et suiv.). Ainsi, par hypothèse, un héritier naturel se trouve en contestation avec un légataire institué aux termes d'un testament olographe qui n'est pas produit : il transige et découvre plus tard que le testament ne portait pas la signature du testateur. Il est clair, d'après tout ce qui précède, que cette circonstance, à laquelle était attachée la nullité du titre en exécution duquel la transaction a été faite, n'ayant pas été connue en fait de l'héritier au moment de la transaction, celui-ci sera fondé à exercer l'action en rescision ouverte par l'art. 2054. Mais modifions l'hypothèse et supposons que cet héritier a eu en main le testament olographe, titre du légataire, et que, nonobstant le défaut de signature, il ait transigé sans exprimer qu'il transigeait sur la nullité résultant du défaut de signature du testateur, l'action en rescision lui restera-t-elle également ouverte dans ce cas? Pourra-t-il, excipant de son ignorance touchant les conséquences légales du défaut de signature par le testateur de son testament olographe, prétendre que le consentement par lui donné à la transaction a été le résultat d'une erreur susceptible de faire rescinder cet acte? Se prononcer pour l'affirmative, sur l'autorité de l'art. 2054, ce serait aller contre la disposition de l'art. 2052; car c'est d'une *erreur de droit* que l'héritier exciperait dans l'espèce, et ce dernier article dit expressément que les transactions ne peuvent pas être attaquées pour cette cause.

710. Il s'est produit pourtant, à l'appui de l'affirmative, deux systèmes distincts dont l'un, du moins, ne saurait, après les observations qui précèdent, nous retenir bien longtemps. Nous voulons parler du système qui, rattachant au défaut de cause la rescision édictée par l'art. 2054, suppose d'abord qu'il n'y a pas à distinguer entre le cas où les parties connaissent et celui où elles ignorent la circonstance d'où procède la nullité du titre en exécution duquel la transaction a été faite : par une conséquence nécessaire de ce système, on arrive à dire qu'il n'y a pas à rechercher non plus, lorsque l'action en rescision est exercée en vertu de l'art. 2054, si c'est par une erreur de fait ou par une erreur de droit que les parties ont supposé valable le titre en exécution duquel elles ont transigé (1). Mais, nous venons de le voir, la supposition sur laquelle repose ce premier système n'est pas justifiée; il n'est pas exact que la rescision prononcée par l'art. 2054 soit fondée sur un défaut de cause : ce premier système manque donc par la base, et l'on ne saurait s'y arrêter.

---

(1) *Voy.* MM. Aubry et Rau et Mugnier (*loc. cit.*).

711. Dans le second système, qui est celui de Merlin (1), on admet sans doute que le principe de l'action en rescision, dans le cas de l'art. 2054, est l'erreur qui a vicié le consentement; mais on ajoute que la généralité des termes dans lesquels la disposition est conçue ne comportant pas de distinction, la disposition est applicable au cas où le consentement aurait été vicié par une erreur de droit aussi bien qu'à celui où il aurait été vicié par une erreur de fait. A quel propos, a dit Merlin en produisant ce système devant la Cour de cassation, voudrait-on restreindre au dernier de ces deux cas la disposition de l'art. 2054? Serait-ce parce que l'art. 2052 dit généralement que les transactions ne peuvent être attaquées *pour cause d'erreur de droit?* Mais, d'abord, si l'art. 2052 est général, l'art. 2054 l'est également : il n'y a pas plus de raison de restreindre l'un plutôt que l'autre. — En second lieu, si nous lisons d'un seul contexte les art. 2052, 2053, 2054, il sera bien difficile de ne pas demeurer convaincu que l'art. 2054 est, comme l'art. 2053, une exception à l'art. 2052. Ce dernier article commence par établir que les transactions ne peuvent être attaquées pour cause d'erreur de droit ni pour cause de lésion. L'art. 2053, qui vient ensuite, commence par le mot *néanmoins,* lequel caractérise visiblement une exception, en sorte que visiblement, dans l'intention du législateur, l'art. 2053 forme une exception à l'art. 2052. Et quand l'art. 2054 continue ensuite en disant qu'il y a *également* lieu à rescision..., il indique indubitablement, par ce mot *également,* qu'aux exceptions par lesquelles l'art. 2053 limite la disposition générale de l'art. 2052, l'art. 2054 va en ajouter une autre. — Troisièmement, enfin, il existe dans le procès-verbal de la discussion du Code une preuve irréfragable que l'art. 2054 a été rédigé dans le sens le plus large et de manière à exclure toute idée de restriction au cas de l'erreur de fait. L'art. 2052, dans sa première rédaction, exprimait que les transactions ne peuvent être attaquées pour cause d'erreur *dans la nature du droit litigieux...* Il n'était pas question *d'erreur de droit,* et, par conséquent, si l'art. 2052 n'eût éprouvé aucun changement, il n'y aurait pas eu l'ombre d'un prétexte pour soutenir, en le rapprochant de l'art. 2054, que celui-ci ne pouvait pas s'entendre du cas où une erreur de droit eût, dans une transaction faite en exécution d'un titre nul, fait supposer ce titre valable; la disposition de l'art. 2054, étant par elle-même indéfinie, se serait nécessairement appliquée à l'erreur de droit comme à l'erreur de fait. Or, l'art. 2052 a été modifié sur une observation qui ne touchait pas à l'art. 2054; ce dernier article est donc resté dans sa généralité primitive, et conséquemment, de même que, rapproché de la première rédaction de l'art. 2052, il ne pouvait pas être restreint au cas de l'erreur de fait, de même aussi il ne peut pas, rapproché de la rédaction actuelle du même article, être interprété de manière à ne pas comprendre le cas de l'erreur de droit.

---

(1) *Voy.* Merlin (*Rép.,* vᵉ Trans., § 5, n° 4). *Junge :* MM. Rigal (p. 155 et suiv.); Pochonnet (*loc. cit.*).

Mais, sans rechercher s'il y a, dans les déductions de l'illustre pro-cureur général, autre chose qu'une apparence de logique, voyons cha-que argument au point de départ : c'est là surtout que se montre le dé-faut du système. Et en effet, il n'est pas exact d'abord de dire que l'art. 2054 est général aussi bien que l'art. 2052 ; car, dès que l'art. 2054 est une application spéciale de l'art. 2053, ou plutôt du principe posé dans le premier paragraphe de cet article, d'après lequel la transaction peut être rescindée lorsqu'il y a erreur sur l'objet de la contestation (*su-prà*, n° 701), il est clair que, d'elle-même et sans qu'il y ait eu à l'ex-primer, sa disposition s'est trouvée restreinte à l'erreur de fait comme le principe dont elle n'est qu'une application. — Il n'est pas plus exact ensuite de dire que l'art. 2054 est, comme l'art. 2053, une exception à l'art. 2052. A cet égard, l'argumentation de Merlin a été l'objet d'une réfutation décisive à laquelle nous ne saurions mieux faire que nous référer. La transaction, a-t-on dit avec toute raison, n'est rescindable, d'après l'art. 2052, ni pour erreur de droit, ni pour lésion. En quoi l'art. 2053 fait-il exception à ces règles quand il admet la rescision pour dol, violence, erreur dans la personne ou sur l'objet de la contes-tation, c'est-à-dire pour des causes absolument différentes de celles que prévoit l'art. 2052? Le mot *néanmoins* de l'article suivant marque tout simplement une antithèse ; aux deux causes qui ne font pas rescinder la transaction, le législateur en oppose quatre autres qui, au contraire, la rendent rescindable, en sorte que quand l'art. 2054 dit ensuite qu'il y a également lieu à l'action en rescision, il ne fait, par ce mot *égale-ment,* que continuer l'antithèse (1). — Enfin, il n'est pas exact que, dans sa rédaction primitive, l'art. 2052 eût un sens différent de celui qu'il a pris ensuite par le changement introduit dans le projet sur les observations du Tribunat. C'est évident par ces observations elles-mêmes. « La section, y est-il dit, propose de substituer à ces mots : *pour cause d'erreur dans la nature du droit litigieux,* ceux-ci : *pour cause d'erreur de droit.* L'expression du projet a paru trop abstraite et susceptible d'interprétation propre à faire naître des difficultés sérieuses sur l'étendue et les limites de son application. L'expression qu'on pro-pose de substituer *a été trouvée plus satisfaisante, en ce qu'elle est géné-ralement usitée et que l'ancienneté de l'usage a fixé les idées sur son vé-ritable sens.* » (2) Ainsi, le Tribunat a voulu préciser la pensée du projet par une expression plus nette, plus claire, plus usitée dans la pratique ; rien de plus. Il n'a pas entendu changer le sens de l'article, qui toujours, soit avant, soit après la modification faite au texte, a eu la même signi-fication, à savoir qu'une erreur de droit commise en transigeant ne se-rait pas susceptible de faire rescinder la transaction. Par là, les induc-tions d'ailleurs plus ou moins exactes (3) de Merlin n'ont plus de base, et son système, comme le précédent, reste sans justification.

712. Aussi, nous rattachant à l'opinion qui, sans détourner aucun

---

(1) *Voy*. M. Accarias (n° 157, p. 315).
(2) *Voy*. Locré (t. XV, p. 412); Fenet (t. XV, p. 100).
(3) Comp. M. Troplong (n° 149).

texte de son objet précis, arrive à l'exacte conciliation des art. 2052
et 2054, tenons-nous, avec la jurisprudence et avec la majorité des
auteurs, que la règle générale de l'art. 2052 domine la disposition
spéciale de l'art. 2054, et par suite qu'une partie peut bien, en vertu
de ce dernier article, demander, pour cause d'erreur dans le consentement, la rescision d'une transaction par elle consentie lorsqu'elle a
ignoré *en fait* la circonstance à laquelle était attachée la nullité du titre
en exécution duquel la transaction a été faite; mais que, d'après l'art.
2052, elle ne pourrait pas exercer l'action en rescision sous prétexte
que, tout en ayant connu, en fait, cette circonstance, elle aurait cependant ignoré, *en droit*, la nullité qui en résultait. C'est l'opinion que
M. Daniels a développée, devant la Cour de cassation, dans des conclusions remarquables (1). Il la fit prévaloir alors devant la Cour suprême,
qui s'y est attachée et l'a sanctionnée depuis à diverses reprises (2); elle
est admise par la généralité des auteurs (3). Et il faut s'y tenir, non pas
seulement parce qu'elle est dominante en doctrine et en jurisprudence,
mais encore et surtout parce qu'en définitive elle satisfait la raison par
sa simplicité même, et que, d'ailleurs, elle concilie à merveille tous les
textes, au lieu de les maintenir dans un état d'antagonisme qui impliquerait de la part du législateur la plus inexplicable comme la plus inadmissible contrariété de vues.

VIII. — 713. 2° *De la transaction faite sur pièces reconnues fausses
depuis.* — Aux termes de l'art. 2055, « la transaction faite sur pièces
qui depuis ont été reconnues fausses *est entièrement nulle.* » Nous
rappelons que, malgré l'expression dont se sert le législateur, et dont
nous n'avons plus à relever l'inexactitude (*suprà*, nᵒˢ 692 et 701), la
transaction, dans le cas de cet article, n'est pas *nulle* dans le sens juridique du mot; elle est simplement annulable ou rescindable. Nous
rappelons également que l'action en rescision a pour fondement l'*erreur*
des parties. On a dit, cependant, que c'est d'une nullité *pour défaut de
cause* qu'est entachée la transaction dans le cas de l'art. 2055, ce
qui résulterait, sinon des mots *entièrement nulle*, lesquels n'ont trait
qu'à l'indivisibilité des clauses de la transaction (*infrà*, n° 718),
au moins des principes mêmes du droit (4). Mais c'est là une opinion
isolée. L'exercice de l'action en rescision est subordonné à l'ignorance,
au moment de la transaction, de la fausseté des pièces; c'est devenu
évident surtout après l'observation du conseiller d'État Jollivet, qui, en
présence du projet primitif portant que « la transaction faite sur des
pièces fausses est entièrement nulle », proposa de dire et fit admettre
que la nullité n'aurait lieu que « dans le cas où les pièces auraient été

---

(1) Elles sont reproduites dans le *Répertoire* de Merlin (*loc. cit.*).
(2) Req., 25 mars 1807 (S. V., 7, 1, 199; Coll. nouv., 2, 1, 364; Dalloz, 7, 2, 199;
Rec. alph., t. XII, p. 678; *J. Pal.*, à sa date). — *Junge:* Req., 28 déc. 1829 et 14 nov.
1838 (Dalloz, 30, 1, 68; 39, 1, 19; *J. Pal.*, à leur date).
(3) *Voy.* MM. Duranton (t. XVIII, n° 423); Troplong (nᵒˢ 145 et suiv.); Massé et
Vergé, sur Zachariæ (p. 90, note 6); Boileux (t. VII, p. 29); Mourlon (*Rép. écrit.*,
t. III, p. 473 et 474); Berriat Saint-Prix (*Not. théor.*, n° 8168); Accarias (n° 157).
(4) *Voy.* M. Mugnier (*Rev. crit.*, t. XII, p. 85).

reconnues fausses *depuis* la transaction. » (1) Or, cela étant, tout le monde est d'accord que cette action en rescision ainsi subordonnée, quant à son exercice, au fait que la partie a ignoré en transigeant la fausseté des pièces qui lui étaient opposées, a pour fondement l'erreur de cette partie : elle a transigé sur un acte faux, parce qu'elle le croyait sincère, en sorte que le consentement par elle donné à la transaction a été le résultat d'une erreur.

714. L'action ouverte par la loi appartient évidemment à celui-là seul aux intérêts de qui préjudiciaient les pièces fausses dont il ignorait la fausseté. Et il peut l'exercer contre la partie avec laquelle il a transigé, soit que cette partie connût elle-même, soit qu'elle ne connût pas le faux. Le fait étant connu, il y aurait eu, de la part de cette partie, une espèce de dol, et toujours au moins mauvaise foi ; et le fait étant ignoré, il y aurait une sorte de délit à prétendre en tirer avantage même après que le faux est constaté (2).

Que si des pièces fausses avaient été invoquées par les deux parties et se trouvaient toutes comprises dans la transaction, l'action en rescision serait ouverte à l'une et à l'autre (3).

715. Les pièces dont parle l'art. 2055 s'entendent de l'acte instrumentaire destiné à servir de preuve à la convention ou à la disposition formant le titre, ou l'acte juridique sur lequel on a transigé. Ainsi, la transaction sur pièces *fausses* n'est pas la transaction sur titre *nul* dans le sens de l'art. 2054 (*suprà,* n° 703).

716. Quand les parties ont transigé ayant connaissance de la fausseté des pièces produites et invoquées, c'est qu'elles ont reconnu que l'existence du droit était indépendante de ces pièces. La transaction est donc inattaquable en ce cas. Et à plus forte raison la transaction sera-t-elle inattaquable s'il a été transigé sur le faux lui-même, *de ipso falso*. Il ne serait pas même nécessaire que les parties, en transigeant sur le faux, se fussent expliquées à cet égard en termes exprès. Nous n'avons ici rien d'équivalent au texte de l'art. 2054, qui, dans le cas de transaction sur un titre nul, n'exclut l'action en rescision qu'autant que les parties ont *expressément* traité sur la nullité. La question de savoir s'il a été traité sur le faux restera une question d'interprétation à résoudre conformément aux art. 2048 et 2049.

717. Et même dans le cas où les parties auraient transigé en croyant sincère la pièce qui était fausse, l'action en rescision ne serait ouverte qu'autant qu'elles auraient été trompées, à cet égard, *par une erreur de fait*. Nous maintenons comme toujours dominante et opposable à toutes les actions en rescision de transaction fondées sur l'erreur, la disposition de l'art. 2052, d'après lequel les transactions ne peuvent être attaquées pour cause d'*erreur de droit*.

718. La transaction rescindée dans le cas de l'art. 2055 tombe en

---

(1) *Voy.* Locré (t. XV, p. 404 et 407); Fenet (t. XV, p. 92 et 94).
(2) Exposé des motifs de Bigot-Préameneu (Locré, t. XV, p. 423; Fenet, t. XV, p. 110).
(3) *Voy.* M. Accarias (n° 158).

son entier : elle est *entièrement nulle*, selon l'expression de cet article, ce qui, encore une fois, signifie non pas que la transaction est non avenue ou inexistante, mais seulement qu'elle est nulle dans toutes ses parties, lors même que la fausseté des pièces serait relative à quelques chefs seulement. Les rédacteurs du Code se sont écartés en ceci de la règle établie, en droit romain, par la loi 42, C. *De Trans.*, et de la doctrine de Domat, qui, en reproduisant la pensée de cette loi, disait : « Si on a transigé sur un fondement de pièces fausses qui aient passé pour vraies, et que la fausseté se découvre dans la suite, celui qui s'en plaindra pourra faire résoudre la transaction en tout ce qui aura été réglé sur ce fondement; mais s'il y avait dans la transaction d'autres chefs qui en fussent indépendants, ils subsisteraient et il ne se ferait pas d'autres changements que ceux où il obligerait la connaissance de la vérité que les pièces fausses tenaient inconnue. » (1) Les rédacteurs du Code se sont montrés plus équitables en même temps qu'ils sont mieux entrés dans la vérité des principes en consacrant de plus fort, par une application nouvelle, la règle de l'indivisibilité des transactions. On ne doit voir dans une transaction, a dit justement Bigot-Préameneu, que des parties corrélatives... La règle générale, que tout est corrélatif dans une transaction, est celle qui résulte de la nature de ce contrat ; et ce qui n'y serait pas conforme ne peut être exigé par celui même contre lequel on s'est servi de la pièce fausse (2).

719. Précisons, en terminant sur cette seconde application de la règle posée dans l'art. 2053 relativement à l'erreur portant sur l'objet de la contestation, que si la fausseté des pièces avait été déclarée par jugement rendu au profit d'une autre personne que celle qui prétend attaquer la transaction, cette dernière ne pourrait pas invoquer ce jugement, l'autorité de la chose jugée n'ayant lieu qu'entre les mêmes parties. Il a été décidé, en ce sens, que l'héritier qui a transigé sur un testament avec l'individu au profit duquel il est fait, ne peut, dans le cas où ce testament est déclaré faux par jugement rendu entre le légataire et un autre héritier, refuser d'exécuter cette transaction comme faite sur pièce fausse (3).

IX. — 720. 3° *De la transaction sur procès terminé par jugement passé en force de chose jugée.* — Sur ce point, l'art. 2056 a été l'objet d'une discussion au conseil d'État, dont le résultat a été, en modifiant la pensée primitive de cet article, de le faire rentrer comme application nouvelle dans la règle posée par l'art. 2053. « Pour que la transaction sur un procès déjà terminé, même à l'insu des parties, par un jugement, soit valable, disait le projet, il faut que ce jugement soit susceptible d'être attaqué par appel. » En ces termes, la disposition se rapprochait de la loi romaine, qui réservait aussi le cas où le jugement après lequel une transaction serait intervenue avait été ou pouvait être attaqué par appel (l. 7 *in princ.*, ff. *De Trans.*); mais qui, sauf ce cas et quelques autres,

---

(1) *Voy.* Domat (*Lois civ.*, liv. I, tit. XIII, sect. 2, n° 4).
(2) Exposé des motifs (Locré, t. XV, p. 424; Fenet, t. XV, p. 110).
(3) Req., 17 nov. 1830 (Dalloz, 30, **1**, 395; *J. Pal.*, à sa date).

tenait la transaction sur chose jugée pour absolument nulle, soit que l'existence du jugement fût connue, soit qu'elle fût ignorée des parties : *Si causa cognita prolata sententia, sicut jure traditum est, appellationis vel in integrum restitutionis solemnitate suspensa non est : super judicato frustra transigi, non est opinionis incertæ...* (L. 32, C. *De Trans.*) Mais le consul Cambacérès fit remarquer que la disposition qui déclare valable la transaction sur un procès jugé, même lorsque le jugement n'aura pas été connu des parties, pourra sembler étrange. Et sur cette observation s'engagea une discussion qui très-probablement ne nous a pas été transmise en son entier par l'ancien secrétaire général du conseil d'État, car ce qu'il en donne ne permet guère de voir comment on est arrivé au système qui définitivement a prévalu. Néanmoins, on y voit que Berlier, après avoir constaté « la concordance parfaite du projet avec les dispositions du droit romain », en a demandé la modification. « Il n'est pas vraisemblable, en effet, a-t-il dit, que la transaction eût eu lieu si la partie qui s'oblige à donner plus ou consent à recevoir moins eût connu le titre irréfragable qui rendait sa condition meilleure. — D'un autre côté, quand le procès est terminé, il n'y a réellement plus matière à transaction ; de sorte que celle qui est intervenue après un jugement en dernier ressort, et sans que rien indique qu'on en ait eu connaissance, doit être considérée comme le pur effet d'une erreur, et, à ce titre, ne saurait subsister. » En conséquence, Berlier proposa de dire : « La transaction sur un procès terminé par un jugement passé en force de chose jugée, dont les parties ou l'une d'elles n'avaient point connaissance, est nulle. — Si le jugement ignoré des parties était susceptible d'appel, la transaction serait valable. » (1) Cette rédaction fut adoptée ; elle forme aujourd'hui le texte de notre article.

721. Ainsi, l'action en rescision n'est pas ouverte aux parties qui, connaissant l'existence d'un jugement intervenu sur leur différend, se sont néanmoins résolues à transiger. La transaction vaut en ce cas et n'est pas rescindable. Cela peut paraître étrange, selon l'expression du consul Cambacérès. Mais on peut dire que les jugements sont purement déclaratifs et non constitutifs de droits ; que les parties peuvent, nonobstant la décision intervenue, avoir conscience de l'existence du droit sur lequel elles transigent, ou encore, qu'en transigeant sur la chose jugée qu'elles connaissent, elles agissent dans un sentiment d'équité, en vue de satisfaire à une obligation naturelle. Il se peut aussi que, de la part de celle des parties qui avait acquis certains droits par le jugement, la transaction ait été faite pour se procurer d'autres droits qu'elle n'avait pas (2). Quoi qu'il en soit, et à supposer qu'on pût en ce cas contester l'efficacité de l'acte comme transaction, on ne pourrait certai-

---

(1) Locré (t. XV, p. 404, 407 et 408); Fenet (t. XV, p. 92 et 95).
(2) Rej., 8 therm. an 10 (S. V., 7, 1, 967; Coll. nouv., 1, 1, 675; Dalloz, Rec. alph., t. X, p. 130; *J. Pal.*, à sa date).

nement pas en nier la valeur et la portée comme acte de renonciation (1).

722. L'action en rescision n'est donc ouverte que dans le cas où, en
fait, l'existence du jugement qui avait mis fin à la contestation était
ignorée. Et ici encore, c'est dans l'erreur de fait que réside la cause ou
le principe de l'action. Berlier s'en est expliqué en termes formels et
précis dans la discussion ci-dessus rappelée ; et Domat, dans l'ancien droit, assignait précisément cette cause à l'action. Si, disait-il,
après un procès jugé à l'insu des parties, elles en transigent, la transaction subsistera, si on pouvait appeler ; car le procès pouvant encore
durer, l'événement était incertain. Mais s'il n'y avait point de voie
d'appel, comme si l'affaire était jugée par un arrêt, la transaction sera
nulle ; car il n'y avait plus de procès, et on ne transigeait que *parce
qu'on présupposait* que le procès était indécis, et qu'aucune partie n'a-
vait son droit acquis. Ainsi, *cette erreur,* jointe à l'autorité des choses
jugées, fait préférer ce que la justice a réglé, à un consentement que
celui qui s'est relâché de son droit *n'a donné que parce qu'il croyait être
dans un péril où il n'était pas* (2). Telle est évidemment la pensée dans
laquelle notre article est conçu (3).

Mais la rédaction en doit être corrigée ou complétée, notamment en
deux points. D'une part, le premier paragraphe de l'article ne parle que
des jugements *passés en force de chose jugée ;* et il est clair que la solution
consacrée devrait être également admise pour la transaction intervenue
après un jugement rendu *en dernier ressort.* D'une autre part, d'après
la même disposition, l'action en rescision est ouverte dans le cas où
les parties ou l'une d'elles n'auraient point connaissance de l'existence
du jugement, et il est certain que ces expressions, si elles étaient prises
à la lettre, conduiraient à une véritable exagération. Ainsi, je suis en
procès avec vous, et sans savoir qu'un jugement définitif a mis fin à la
contestation en me donnant gain de cause, je transige : il y a là une
erreur préjudiciable, en ce que si j'avais connu l'existence du jugement,
je n'aurais très-probablement pas consenti à transiger, c'est-à-dire à
m'imposer un sacrifice relativement à des prétentions dont la justice a
reconnu et proclamé la légitimité. Mais supposons, au contraire, que
j'ai connu le jugement qui m'a donné gain de cause et que vous en avez
ignoré l'existence ; il est clair que ni vous ni moi, dans ce cas, ne
pourrions demander la rescision : de votre part, l'action serait sans
motif ni prétexte, car l'erreur dans laquelle vous avez été n'a pas nui à
vos intérêts, puisque la transaction vous a laissé en partie ce que le
jugement vous avait enlevé en totalité ; de ma part, elle serait irrecevable, car si connaissant le jugement rendu à mon profit j'ai cependant
transigé, c'est que j'ai renoncé à la chose jugée. Par où l'on voit que

---

(1) *Voy.* MM. Aubry et Rau (t. III, p. 476 et note 4).
(2) Domat (*loc. cit.*, n° 7).
(3) *Voy.*, néanmoins, M. Mugnier (*loc. cit.*).

le texte de l'article doit être pris en ce sens, que la transaction est rescindable lorsqu'elle intervient sur un procès terminé par un jugement dont les parties ou la *partie gagnante* n'avaient pas connaissance (1).

723. Maintenant, quelle est, dans le sens de l'art. 2056, la chose jugée dont l'existence ignorée des parties est susceptible de fonder l'action en rescision ouverte par cet article contre la transaction sur le procès que le jugement avait terminé? Rappelons d'abord, à cet égard, les trois acceptions distinctes que, selon Marcadé, présente l'expression de *chose jugée.* Dans le sens le plus fréquent, cette expression signifie la décision qui se trouve à l'abri des recours ordinaires, mais qui est attaquable et peut-être déjà attaquée par un recours extraordinaire dont l'effet pourra être, sans modifier la décision quant à présent, de l'anéantir plus tard. Dans un sens plus rigoureux, les mots *chose jugée* signifient la décision qui ne peut être l'objet d'aucun recours, ni ordinaire ni extraordinaire. Enfin, dans un sens moins rigoureux, ils s'entendent de la décision susceptible d'être frappée d'un recours ordinaire, mais qui n'en est pas actuellement frappée (2). C'est dans la première de ces trois acceptions qu'il faut prendre les mots *chose jugée* de l'art. 2056.

D'un côté, l'article lui-même montre, par son second paragraphe, que si le jugement ignoré des parties peut être attaqué par voie ordinaire, la transaction sera valable et maintenue, malgré l'erreur des contractants. Et cela, d'ailleurs, s'explique par la raison qu'en donnait Domat, dont nous avons rappelé l'opinion ci-dessus : le procès ranimé par le recours peut encore durer, et l'événement est incertain.

D'un autre côté, l'art. 2056 ne dit rien du recours extraordinaire; et ce n'est point une omission involontaire. Bigot-Préameneu, dans l'Exposé des motifs de la loi, en donne cette raison que le pourvoi en cassation n'empêche pas qu'il y ait un droit acquis, un droit dont l'exécution n'est pas suspendue. Mais nous avons eu déjà à nous expliquer sur ce point : nous nous référons à nos précédentes observations (voy. *suprà,* nos 572 et 573).

X. — 724. 4° *De la transaction suivie de la découverte de titres décisifs.* — Il peut arriver que des titres d'abord inconnus étant découverts après la transaction qui a mis fin au procès, il soit par là constaté que l'une des parties n'avait aucun droit aux choses qui étaient l'objet du litige. L'autre partie peut-elle, en ce cas, attaquer la transaction et la faire tomber en produisant les pièces ou les titres nouvellement découverts? Quoi qu'en ait dit Maleville dans la discussion de l'art. 2057 au conseil d'État (3), la négative était certaine en droit romain. « *Sub prætextu instrumenti post reperti,* disaient en effet les empereurs Dioclétien et Maximien, *transactionem bonâ fide finitam rescindi, jura non patiuntur...* » (L. 19, C. *De Trans.*)— « *Sub præ-*

(1) *Voy.* MM. Mourlon (t. III, p. 474 et 475); Berriat Saint-Prix (*Not. théor.,* n° 8174); Accarias (n° 159, à la note).
(2) *Voy.* Marcadé (sur l'art. 1351, n° I).
(3) *Voy.* Locré (t. XV, p. 408); Fenet (t. XV, p. 96).

textu specierum post repertarum, disaient-ils encore, *generali trans-actione finita, rescindi prohibent jura.* » (L. 29, *cod. tit.*)

725. Cependant cette doctrine n'avait pas été admise dans toute sa généralité par notre ancienne jurisprudence. Si, dit Domat, celui qui, par une transaction, déroge à un droit acquis par un titre qu'il ignorait, mais qui n'était pas retenu par sa partie, vient ensuite à recouvrer ce titre, la transaction pourra, ou subsister, ou être annulée, selon les circonstances. Ainsi, si c'était une transaction spéciale, elle est annulée ; au contraire, si c'était une transaction générale sur toutes les affaires que les parties pourraient avoir ensemble, les nouvelles pièces qui regarderaient l'un des différends, et qui auraient été ignorées de part et d'autre, n'y changeraient rien ; car l'intention a été de compenser et d'éteindre toute sorte de prétentions (1).

Notre art. 2057 consacre la même distinction par ses deux paragraphes : dans le premier il nous dit, en effet, « que lorsque les parties ont transigé *généralement* sur toutes les affaires qu'elles pouvaient avoir ensemble, les titres qui leur étaient alors inconnus, et qui auraient été postérieurement découverts, ne sont point une cause de rescision, *à moins qu'ils n'aient été retenus par le fait de l'une des parties* »; mais par le second il ajoute « que la transaction serait nulle *si elle n'avait qu'un objet* sur lequel il serait constaté, par des titres nouvellement découverts, que l'une des parties n'avait aucun droit. » — Reprenons distinctement les deux hypothèses.

726. Dans la première, c'est-à-dire lorsqu'il s'agit d'une transaction générale portant sur toutes les affaires que les parties pourraient avoir ensemble, la loi n'entend pas qu'on puisse s'autoriser, pour attaquer la transaction, de ce que, ultérieurement, des titres inconnus au moment du traité et découverts depuis font connaître que l'une des parties n'avait pas de droits sur quelques-uns des objets compris dans la transaction. La Cour de Liége a décidé, par application de cette première disposition de notre article, qu'une transaction générale, faite dans le but de terminer divers procès, ne peut être attaquée par l'une des parties, sur le motif qu'elle était propriétaire, en vertu d'une transaction antérieure, alors égarée et depuis recouvrée, des biens qu'elle a cédés comme litigieux (2). — La transaction, dans cette hypothèse, est considérée comme un édifice que le défaut de l'une de ses parties n'empêche pas de subsister dans son ensemble. Et c'est là une conséquence de la règle qui établit la corrélation entre toutes les clauses de la transaction, et qui fait considérer que les parties n'ont entendu souscrire aux dispositions du traité que sous la condition qu'elles ne pourraient élever l'une contre l'autre de nouvelles contestations sur aucune de leurs affaires antérieures (3).

727. Néanmoins, la loi elle-même fait une exception pour le cas où

---

(1) Domat (*loc. cit.*).
(2) Liége, 30 juill. 1807 (S. V., Coll. nouv., 2, 2, 283).
(3) Exposé des motifs de Bigot-Préameneu (Locré, t. XV, p. 426); Fenet, t. XV, p. 112).

les titres nouvellement découverts *auraient été retenus par le fait de l'une des parties*. La généralité de la transaction ne ferait pas obstacle, alors, à l'exercice de l'action en rescision par celle des parties dont les titres, retenus au moment de la transaction, établiraient le droit. Remarquons, d'ailleurs, que l'exercice de l'action en rescision n'est pas subordonné au fait que les pièces ou titres nouvellement découverts auraient été *dolosivement* retenus : il y aurait donc lieu à rescision de la transaction générale, alors même que ces pièces ou titres auraient été retenus par l'une des parties sans aucune intention frauduleuse.

728. Mais l'exception serait-elle applicable au cas où, dans une transaction générale, il aurait été traité sur le dol reproché par l'une des parties à l'autre? Pourrait-on, même en ce cas, attaquer la transaction par le motif que la partie à qui le dol était reproché aurait retenu les pièces servant à établir qu'en réalité elle s'en était rendue coupable? La question s'est présentée devant la Cour de cassation, sur un pourvoi dirigé contre un arrêt par lequel les juges du fond s'étaient prononcés pour la négative. Mais les défendeurs firent justement remarquer que la réserve formulée dans le premier paragraphe de l'art. 2057 ne peut pas s'étendre à ce cas; qu'en effet, exiger que les pièces retenues aient été communiquées avant la transaction pour rendre cet acte inattaquable, ce serait indirectement prohiber la transaction en matière de dol, car dès que le demandeur aurait la preuve certaine des manœuvres dont il argumente, le succès de son action serait assuré, et dès lors il n'y aurait plus de transaction possible. Ces considérations devaient conduire au rejet qui, en effet, a été prononcé par la chambre civile de la Cour de cassation (1).

729. Dans la seconde hypothèse prévue par l'art. 2057, il s'agit d'une transaction spéciale portant, selon l'expression de l'article, *sur un objet*. Mais précisons tout de suite que le mot ne doit pas être pris à la lettre. Restrictivement entendu, il signifierait que la deuxième disposition de cet article s'applique seulement aux transactions portant sur *un seul objet*. A notre sens, il serait déraisonnable de l'entendre ainsi (2) : la transaction, même lorsqu'elle porte sur plusieurs objets, reste néanmoins spéciale si ces objets sont limitativement désignés. La question de savoir si dans tel cas donné la transaction est spéciale ou générale est une question de fait que les juges doivent résoudre d'après les circonstances, et sans perdre de vue la disposition ci-dessus expliquée de l'art. 2049. Dans le doute, on présumera que la transaction est spéciale plutôt que générale et étendue à toutes les affaires que les parties peuvent avoir ensemble.

730. Cela dit, quelle est la disposition de la loi? Elle ouvre une action en rescision ou en nullité, lorsque, la transaction étant spéciale, il vient à être constaté, par des titres *nouvellement* découverts, que l'une des parties n'avait aucun droit sur l'objet ou les objets compris dans la

---

(1) Rej., 18 mai 1836 (S. V., 36, 1, 457; Dalloz, 38, 1, 87; *J. Pal.*, à sa date).
(2) *Voy.* cependant MM. Boileux (t. VII, p. 34); Accarias (n° 160, p. 324).

transaction. En pure théorie, on pourrait voir là un défaut de cause dont l'effet serait de rendre la transaction inexistante ; mais la disposition de la loi est précise : elle subordonne la recevabilité de l'action en rescision à l'erreur, puisqu'elle n'en permet l'exercice qu'autant que le titre, inconnu au moment de la transaction, a été *nouvellement* découvert.

731. Et ici, à la différence de ce que nous avons vu sur le premier paragraphe, il y a lieu à l'action en nullité ou en rescision, alors même que les pièces n'auraient pas été retenues par le fait de l'une des parties. En ceci encore, la transaction se distingue des jugements, lesquels ne peuvent être attaqués en raison de pièces nouvellement recouvrées que si ces pièces ont été retenues par le fait de la partie (C. proc., art. 480, n° 10). Un arrêt, sans tenir compte de cette différence, a décidé que les transactions elles-mêmes ne peuvent être attaquées, sous prétexte de pièces nouvellement recouvrées, si ces pièces n'ont pas été retenues et détournées par le fait de l'une des parties (1). Mais il a été rendu par application de l'ordonnance d'avril 1560.

732. Si le titre nouvellement découvert confirmait les prétentions de l'une des parties, sans prouver que l'autre n'eût aucun droit, il n'y aurait pas lieu à l'action en nullité ou en rescision (2).

Du reste, il est à peine nécessaire de faire remarquer que le mot *titre*, dans l'art. 2057, est pris en un sens différent que dans l'art. 2054 : il signifie ici l'acte instrumentaire, la pièce, le moyen de preuve.

XI. — 733. Après avoir développé les règles en ce qui concerne la transaction rescindable et précisé les cas divers dans lesquels la transaction peut être rescindée, nous terminerons notre commentaire par quelques observations touchant l'exercice de l'action en rescision, la procédure à suivre et l'extinction de l'action. Et d'abord, quant à la procédure, nous avons dit que c'est par les voies de recours ouvertes contre les décisions judiciaires que la transaction doit être attaquée lorsqu'elle a été faite en la forme des jugements d'expédient (*suprà*, n° 493). Que si la transaction est extrajudiciaire, c'est par la voie de l'action principale en nullité qu'elle doit être attaquée. En ceci encore la transaction diffère des jugements contre lesquels on n'admet pas, en France, l'exercice d'une action semblable.

734. La rescision n'étant établie, comme nous l'avons montré en discutant successivement les diverses hypothèses prévues par la loi, qu'en faveur de celui-là seul dont le consentement a été vicié, celui-là seul aussi a l'exercice de l'action. Il agira comme demandeur dans l'instance en rescision ; l'autre partie n'y pourra être que comme défenderesse.

735. Mais le vice résultant du dol, de la violence, de l'erreur, peut être couvert. Il est évident, en effet, que la transaction annulable pour l'une ou pour l'autre de ces causes est susceptible, comme toute autre

---

(1) Cass., 1er germ. an 10 (S. V., 2, 2, 351; Coll. nouv., 1, 1, 614).
(2) *Voy.* MM. Aubry et Rau (t. III, p. 487 et note 6).

convention affectée d'une nullité de ce genre, de confirmation expresse ou tacite dans les termes des art. 1338 à 1340 du Code Napoléon.

736. Par cela même, l'action en rescision peut s'éteindre et se perdre par la prescription. Elle se prescrit par dix ans, comme toutes les actions en nullité dont la durée n'est pas renfermée dans un moindre délai (C. Nap., art. 1304). Et le point de départ des dix ans se place au jour soit de la découverte de l'erreur ou du dol, soit de la cessation de la violence.

737. Mais faut-il, indépendamment de cette prescription de dix ans, admettre une prescription de trente ans fondée sur l'art. 2262 et partant du jour de l'acte attaqué, en sorte que la transaction devienne inattaquable après trente ans de sa date, lors même que dix années ne seraient point révolues depuis la découverte de l'erreur ou du dol, ou depuis la cessation de la violence? La Cour impériale de Paris s'est prononcée pour l'affirmative par un arrêt dont la décision est approuvée par quelques auteurs (1). Toutefois, l'opinion contraire est plus généralement admise; elle est plus équitable, en même temps qu'elle rentre mieux dans l'esprit de la loi. Le fondement de la prescription étant une présomption d'abandon de la part du créancier, il est bien évident que la prescription ne saurait courir tant que ce créancier a été dans l'impossibilité d'agir et de manifester par là l'intention de ne rien abandonner de ses droits. Or, il ne peut pas agir tant qu'il reste sous l'empire de l'erreur, du dol ou de la violence qui a vicié son consentement; il n'aura sa liberté d'action que le jour où son erreur sera dissipée, le jour où il aura découvert la fraude, le jour où il sera soustrait à la violence. Et de ce jour, il devra avoir, pour agir, les dix années que lui assure l'art. 1304, dût le terme de ces dix années venir après que trente ans seraient expirés, à partir de la date de la transaction. C'est à cette opinion, fort disertement déduite dans une consultation de M. Valette et dans une dissertation spéciale de M. Seligman, que, selon nous, il convient de se rattacher (2).

738. Le même arrêt de la Cour de Paris décide, en outre, que si la transaction a été faite sous la condition que l'une des parties se désisterait de sa demande, le délai de trente ans court du jour où la transaction est signée, et non du jour du jugement qui donne acte du désistement.

2058. — L'erreur de calcul dans une transaction doit être réparée.

SOMMAIRE.

739. Il ne s'agit pas, dans cet article, d'une action en nullité; c'est d'une action en réparation d'erreur de calcul qu'il est question. — 740. Ce qu'il faut entendre par erreur de calcul. — 741. Il faut la distinguer de toute autre erreur.

(1) Voy. Paris, 22 juill. 1853 (S. V., 54, 2, 49; J. Pal., 1854, t. II, p. 13; Dalloz, 55, 2, 156). — Voy. aussi MM. Aubry et Rau (t. III, p. 201 et note 32).
(2) La consultation est reproduite en note de l'arrêt précité dans le recueil S. V. Junge: MM. Duranton (t. XII, n° 556); Marcadé (sur l'art. 1304); Seligman (Rev. crit., t. V, p. 447 et suiv.).

I. — 739. L'art. 2058 ouvre une action, non pas en nullité de la transaction, mais en réparation des erreurs de calcul qui pourraient y avoir été commises. De telles erreurs, comme le dit M. Troplong, sont toujours contre la volonté des contractants et doivent être réparées (1).

Du reste, il n'est pas douteux que la réparation en doit être obtenue lors même qu'elles se trouvent dans une transaction sur comptes litigieux. On ne saurait s'arrêter à la proposition contraire, émise par Bigot-Préameneu dans l'Exposé des motifs. L'orateur du gouvernement a rappelé, à cet égard, une disposition qui se trouvait écrite, en effet, dans le projet primitif de l'art. 2058, mais qui, après discussion, en avait été retranchée sur la proposition de Tronchet. La méprise à cet égard s'explique par cette circonstance que Bigot-Préameneu n'avait pas assisté à la séance quand fut voté le retranchement proposé par Tronchet (2).

Signalons ici une nouvelle différence entre les transactions et les jugements. Il ne semble pas, en effet, qu'on puisse, après un jugement en dernier ressort sur un compte, demander à d'autres juges de réparer les erreurs prétendues de calcul contenues dans ce compte (3). Toutefois on pourrait, en s'adressant aux mêmes juges, leur demander les réparations d'erreurs matérielles, conformément à l'art. 541 du Code de procédure.

740. L'erreur de calcul, dans le sens de l'art. 2058, s'entend de l'inexactitude dans les opérations arithmétiques auxquelles on aurait recours pour le règlement des intérêts des parties. Par exemple, on a transigé sur une valeur litigieuse de 20 000 francs, et il a été entendu que l'une des parties aurait les trois quarts de la somme et que l'autre en aurait le quart : si dans la liquidation finale on assigne 16 000 francs à la première et 4 000 à l'autre, celle-ci pourra faire réparer cette erreur de calcul, par suite de laquelle il lui est alloué une somme au-dessous de celle qui, d'après les bases de la transaction, aurait dû lui être attribuée.

741. Mais il ne faut pas étendre la disposition de la loi au cas où une fausse prétention aurait été admise dans la transaction et s'y serait traduite par un chiffre. Il ne faut pas l'étendre non plus à l'erreur sur le mode de prélèvement des dettes : c'est là une erreur de droit qui ne peut être réparée (art. 2052, § 2) (4).

---

(1) *Voy.* M. Troplong (n° 166).
(2) *Voy.* Locré (t. XV, p. 400, 409 et 426); Fenet (t. XV, p. 93, 97 et 112).
(3) Comp. Cass., 17 avr. 1810 (S. V., 11, 1, 119; Coll. nouv., 3, 1, 175; Dalloz, Rép. alph., t. I, p. 805; *J. Pal.*, à sa date).
(4) *Voy.* Bastia, 8 fév. 1837 (S. V., 37, 2, 447; Dalloz, 37, 2, 104; *J. Pal.*, à sa date).

TITRE XVI.

DE LA CONTRAINTE PAR CORPS.

(Décrété le 13 février 1804. — Promulgué le 23.)

OBSERVATIONS PRÉLIMINAIRES.

SOMMAIRE.

1. 742. Notion de la contrainte par corps. — 743. Elle rentre à la fois dans les matières du Code Napoléon et dans celles du Code de procédure. — 744. Son caractère : ce n'est pas une peine, mais une voie d'exécution ; en quoi consiste son efficacité. — 745. Il ne faut la confondre ni avec les coercitions exercées sur la personne en vertu d'un droit de puissance, — 746. Ni avec l'exécution des jugements *manu militari*. — 747 à 752. Ses transformations, ses vicissitudes successives et sa légitimité. — 753. Elle est conventionnelle ou légale. — 754. A un autre point de vue, elle est impérative ou facultative. — 755. Enfin, elle a lieu en matière civile, en matière commerciale, en matière criminelle, correctionnelle et de police, et en matière de deniers et effets mobiliers publics : nous prenons cette dernière division pour ce commentaire.

I. — 742. La contrainte par corps est un moyen d'exécution par lequel le créancier poursuit sur la personne même de son débiteur le payement de ce qui lui est dû.

En matière civile, ce moyen d'exécution est essentiellement exceptionnel. Le créancier n'y peut recourir que s'il se trouve dans des cas où la loi autorise formellement ce mode de poursuite. La règle est qu'il a pour gage de sa créance les biens de son débiteur, mais qu'il ne peut pas poursuivre son payement sur la personne de ce dernier. Et cette règle est formulée dans l'un des articles de notre titre, l'article 2063 : nous aurons à la développer et à en déduire diverses conséquences ; mais il convenait de l'indiquer dès le début et de ne pas la séparer de la notion même de la contrainte par corps.

743. La contrainte par corps étant un moyen d'exécution, il semble qu'elle aurait dû avoir sa place dans le Code de procédure plutôt que dans le Code Napoléon. Le législateur n'a pas été sans se préoccuper de cette idée. Mais il a pensé que si la contrainte par corps appartient à la procédure en ce qui concerne sa mise en exercice, elle rentre, quant aux conditions sous lesquelles elle peut avoir lieu, dans les matières du Code Napoléon, dans ce qu'on peut appeler le droit civil *théorique*. Elle est, sous ce rapport, envisagée comme une *sûreté* que le créancier reçoit de la loi ou stipule de son débiteur, et, à ce titre, elle appartient naturellement à la partie du Code Napoléon qui traite des conventions (1).

744. La contrainte par corps n'est pas précisément une peine, bien que, dans une certaine mesure, elle ait quelque chose d'ignominieux.

---

(1) *Voy.* le Rapport du tribun Gary au Tribunat (Locré, t. XV, p. 590 et 591 ; Fenet, t. XV, p. 173 et 174). *Voy.* aussi M. Troplong (*De la Contr. par corps*, n° 12).

Ce n'est que par manière de parler et pour varier le style qu'elle pourrait, dans les conditions où elle existe aujourd'hui après bien des transformations (*infrà*, n°s 747 et suiv.), être désignée sous la qualification de *peine*. Le véritable caractère de la contrainte par corps consiste, comme l'a très-bien dit M. l'avocat général Parant devant la chambre criminelle de la Cour de cassation (1), en ce qu'elle est un moyen coercitif, une épreuve de solvabilité. Elle est proprement un moyen d'exécution, nous le répétons, en précisant toutefois que ce moyen n'est pas propre à procurer directement au créancier le payement de ce qui lui est dû, comme pourrait faire l'exécution poursuivie sur les biens du débiteur ; il agit seulement d'une manière indirecte, en ce qu'il peut amener le débiteur, par la crainte de perdre sa liberté ou par le désir de la recouvrer, à employer au payement de la dette toutes les ressources dont il a la disposition (*infrà*, n° 888).

745. Il ne faut pas confondre la contrainte par corps avec d'autres coercitions exercées sur la personne. Ainsi, lorsque, soit le mari, soit le père ou la mère, soit le tuteur, recourt à l'emploi de la force publique (C. Nap., art. 214, 376 et 383) pour faire rentrer l'épouse, l'enfant ou le pupille au domicile conjugal, à la maison paternelle ou au domicile de la tutelle, il n'y a point là de contrainte par corps dans le sens propre et légal du mot. C'est pour n'avoir pas fait la distinction qu'on a contesté au mari le droit d'employer la force publique pour contraindre sa femme à réintégrer le domicile conjugal. En prenant texte, à cet égard, de l'art. 2063, on a dit que la loi n'autorisant pas formellement le mari à recourir, en ce cas, à la contrainte par corps, cette voie d'exécution doit lui être refusée (2). La réponse est qu'il ne s'agit pas là d'un cas de contrainte par corps, et qu'il n'y a dès lors aucun argument à tirer de l'art. 2063 ; elle a été faite, du reste, par Marcadé (3), et nous n'avons pas à insister. Ajoutons seulement que ce qui distingue la contrainte par corps des autres voies d'exécution, c'est 1° qu'elle est exercée pour le payement d'une créance, et 2° qu'elle consiste dans un emprisonnement du débiteur. Or le mari, le père ou la mère, le tuteur, dans le cas supposé, exercent un droit de puissance ; il ne s'agit pas pour eux d'un droit de créance.

746. Il ne faut pas confondre non plus la contrainte par corps avec l'exécution des jugements *manu militari*. Ici encore, nous n'avons pas l'emprisonnement, sans lequel il ne saurait être question de contrainte par corps (comp., *infrà*, n°s 792, 817 et 851).

747. L'histoire, comme nous l'avons dit à propos du Commentaire de M. Troplong et de sa belle préface (4), nous montre la contrainte par corps dans la législation de tous les peuples. Elle existait à Athènes, où Miltiade mourut en prison pour une amende de cinquante talents qu'il ne put payer à la république : « Hanc pecuniam quod solvere in

---

(1) Arrêts du 24 janv. 1835 (S. V., 35, 1, 99 ; Dalloz, 35, 1, 108).
(2) *Voy.* M. Duranton (t. II, n° 440).
(3) *Voy.* Marcadé (sur les art. 213 et 214, t. I, n° 726).
(4) *Revue de législation* (t. XXX, p. 470 et suiv.).

» præsentia non poterat, in vincula publica conjectus est, ibique diem
» obiit supremum. » (1) Elle existait à Rome, où elle favorisait l'asser-
vissement de la plèbe aux patriciens. On la trouve aussi dans les lois
barbares et dans les lois féodales.

748. Mais, dans le droit ancien et barbare, elle reposait sur des
idées tout à fait incompatibles avec les principes philosophiques et
chrétiens du droit moderne. Dans ces temps où la liberté individuelle
n'était pas comme aujourd'hui sacrée, lorsque l'esclavage, sous une
forme ou sous une autre, était le fait général de la société, le corps et
la personne du débiteur étaient, pour ainsi dire, solidaires de sa dette :
l'homme, étant considéré comme une chose, une propriété, une marchandise, pouvait servir à l'acquittement d'une somme due ; la créance
était en quelque sorte hypothéquée sur la personne du débiteur. D'un
autre côté, le fait de l'insolvabilité, dans ces temps rigoureux, était
considéré comme une faute, et le débiteur insolvable assimilé au vo-
leur. D'où il suit que la contrainte par corps était une peine, et une
peine infamante, accompagnée de cérémonies ignominieuses.

Des faits curieux et terribles justifient ces assertions. En Égypte, la
contrainte par corps n'existait pas ; mais après la mort du débiteur
insolvable, son corps appartenait au créancier, jusqu'à ce que les enfants eussent acquitté la dette. A Rome, d'après la loi des Douze Tables, le débiteur qui, après soixante jours de délai, était reconnu tout
à fait insolvable, était puni de la peine de mort. S'il y avait plusieurs
créanciers, ils pouvaient se partager son cadavre. Que cette sanction
terrible ait été mise à profit par quelque impitoyable créancier, ou
bien que la loi, comme le dit Aulu-Gelle, l'ait établie pour n'y jamais
recourir, toujours est-il que le principe était posé dans la loi des Douze
Tables. M. Troplong en fournit des preuves irrécusables contre le sentiment de Heineccius, Bynkerskoech et Montesquieu, d'après lesquels
la loi n'aurait eu en vue, à travers des expressions métaphoriques, que
la vente ou le partage des biens (2). Jusqu'à la fin de l'empire, et malgré le progrès des idées chrétiennes, le créancier avait le droit d'empêcher l'inhumation tant que la dette n'était pas acquittée. Dans les
coutumes des Barbares qui envahirent l'empire romain, le droit de vie
et de mort appartenaît au créancier. On lit dans une coutume de Nor-
vége : « Si le débiteur se montre, à l'égard de son créancier, de mauvaise volonté, et qu'il ne veuille pas travailler pour lui, le créancier
peut le traîner en justice, et sommer ses amis de payer sa dette ; s'ils
ne veulent pas, alors celui qui a le débiteur chez lui *a le pouvoir de
couper sur son corps, haut ou bas, ce qu'il voudra.* » On connaît la lé-
gende italienne, transportée par Shakspeare dans *le Marchand de Venise,* où le juge, luttant par un ingénieux détour contre un préjugé barbare et tout-puissant, accorde au juif Shilock la livre de chair qui lui
est due à défaut de payement du billet souscrit par Antonio, mais à la

_____

(1) Cornelius Nepos (Vie de Miltiade, § 7).
(2) Préface du titre *De la Contrainte par corps* (p. LXXII et suiv.).

condition qu'il perdra et ses biens et la vie si, en la coupant sur le corps de son débiteur, il fait couler une goutte de sang (1).

749. Mais, il faut le dire, ce droit du créancier sur la vie et sur le corps de son débiteur n'est que le droit extrême accordé par la loi : le droit ordinaire, c'est la réduction à l'esclavage ; la liberté du débiteur paye sa dette au créancier. A Rome, le *nexus* enchaîne le débiteur au créancier : c'est là aussi l'explication des déchirements intérieurs de la république. Chez les Barbares, le lien du compagnon au chef était naturellement très-énergique : rien n'était donc plus conforme à l'esprit de la législation que ce don de la personne en échange d'une dette. Le débiteur pouvait se vendre à son créancier, ou seulement donner sa personne en gage de la somme prêtée : c'est ce qu'on appelait l'*obnoxiatio*, qui ne différait guère de l'esclavage. — Toutefois, à la servitude succéda l'emprisonnement, et d'abord l'emprisonnement dans des prisons particulières. En effet, les bourgeois du moyen âge, dans toutes les chartes commerciales, stipulaient ce droit des prisons privées, témoignage éclatant de la faiblesse du pouvoir dans ces temps anarchiques. Plus tard, à mesure que la puissance des rois augmenta, les détenus pour dettes furent transportés dans les prisons publiques, mais toujours avec force ignominies et mauvais traitements. Ce fut vers cette époque, sous saint Louis, par exemple, que la détention pour dettes prit le nom de *contrainte par corps.*

750. Telle qu'elle existe aujourd'hui, la contrainte par corps, dont nous venons d'indiquer l'origine, ne repose plus sur les mêmes principes. Dans notre civilisation actuelle, la personne humaine est absolument inaliénable : nul n'a droit de propriété sur un autre homme ; il ne peut ni le mutiler, ni le vendre ou l'acheter. Et, d'un autre côté, l'insolvabilité n'est pas une faute ou un méfait, à moins qu'elle ne soit manifestement accompagnée du caractère de dol. Donc, si l'on met quelquefois à la disposition du créancier le corps du débiteur, ce n'est pas qu'il ait un droit réel sur sa personne, ce n'est pas non plus que le débiteur soit considéré comme un délinquant. La contrainte par corps n'est plus une peine : elle est, nous le répétons, un moyen coercitif, une épreuve de solvabilité. Ainsi comprise, elle perd l'odieux que les principes des législations anciennes lui communiquaient. La loi ne considère plus le corps de l'homme comme une propriété, comme un bien sur lequel le créancier peut être payé. Elle n'assimile plus le malheur à une faute ; de plus, elle couvre le débiteur de garanties protectrices, elle le met à la charge du créancier, ce qui doit diminuer l'âpreté de celui-ci ; elle respecte, enfin, la dignité du citoyen et les droits de l'humanité.

751. Et néanmoins, même ramenée à ces termes, la contrainte par corps est encore attaquée dans son principe et dans sa légitimité. Il y a là une thèse de haute philosophie que nous ne reprendrons pas ici, car la

---

(1) *Le Marchand de Venise*, act. IV, sc. I. (**Voy.** la remarquable traduction publiée récemment par M. Léon Daffry de la Monnoye.)

discussion est épuisée, les arguments pour et contre ont été reproduits, et on ne saurait rien dire qui n'ait été dit par les publicistes, ou au sein des assemblées législatives qui ont eu à s'occuper de ce moyen de coaction, soit pour le maintenir, soit pour le supprimer.

Au surplus, lorsqu'une thèse se place entre deux opinions, qui l'une et l'autre s'inspirent plus ou moins des émotions du cœur en même temps que, pour triompher, elles pénètrent, selon l'expression de M. Troplong, dans les profondeurs mystérieuses du pouvoir social, il est difficile d'arriver à une solution absolue, et qu'on puisse considérer, quelle qu'elle soit, comme définitivement acceptée.

752. Par là s'expliquent les vicissitudes de la législation et les fortunes diverses de la contrainte par corps. Après la révolution de 89, l'Assemblée constituante et l'Assemblée législative avaient successivement manifesté, par une loi du 17 mars 1791 et par un décret du 25 août 1792, des tendances et une intention que la Convention suivit ensuite et qu'elle confirma, lorsque, sur la proposition de Danton, elle décréta, par acclamation et à l'unanimité, l'abolition de la contrainte par corps (l. 9 mars 1793) (1). Mais, peu de temps après, la contrainte par corps était rétablie par la loi du 24 ventôse an 5. Organisée ensuite par celle du 15 germinal an 6, après une discussion approfondie au conseil des Anciens (2), et remaniée successivement par notre titre du Code Napoléon, par le Code de procédure et par la loi du 17 avril 1832, elle subsistait encore en 1848, malgré les attaques dont, à diverses reprises, elle avait été l'objet dans l'intervalle, lorsque, le 9 mars, cinquante-cinquième anniversaire de la proposition de Danton, le gouvernement provisoire né de la révolution de février décréta que « dans tous les cas où la loi autorisait la contrainte par corps comme moyen pour le créancier d'obtenir le payement d'une dette pécuniaire, cette mesure cesserait d'être appliquée jusqu'à ce que l'Assemblée nationale eût définitivement statué sur la contrainte par corps. » Cette fois encore ce ne fut qu'une suspension. En effet, la question, conformément à l'indication contenue dans le décret du gouvernement provisoire, fut portée devant l'Assemblée nationale, qui, après une longue et très-vive discussion, déclara, sans s'arrêter à d'énergiques résistances, que le décret du 9 mars 1848 cessait d'avoir effet, et vota la loi du 13 décembre 1848, par laquelle la contrainte par corps, momentanément suspendue, s'est trouvée une fois encore rétablie dans la législation.

Cette dernière loi forme, avec les dispositions non abrogées soit de la loi de 1832, soit de nos Codes, l'état actuel de la législation sur la matière. Nous ne voulons pas dire qu'elle en sera le dernier mot. Ce n'est pas que nous partagions les idées qui ont prévalu un instant en 1793 et en 1848. Nous pensons, au contraire, qu'il y a dans la contrainte par corps une de ces garanties dont le commerce ne saurait

---

(1) *Voy.* M. Locré (t. XV, p. 460 et suiv.).
(2) *Id.* (*ibid.*, p. 463 et suiv.).

être privé; que c'est là un moyen qui, en définitive, profite au crédit, cet instrument si puissant des affaires, et qui sert l'emprunteur lui-même, lequel, en bien des cas, ne se procure les fonds d'une affaire dont il espère la fortune que parce qu'à défaut d'autres sûretés qu'il ne lui est pas possible de donner, il offre la garantie de sa personne. Mais nous reconnaissons en même temps qu'en raison de sa rigueur extrême, la contrainte par corps ne sera justifiée, au point de vue du droit naturel ou philosophique, qu'autant qu'elle sera très-étroitement resserrée dans les limites où l'expérience en démontre la nécessité. Or, dans cet ordre d'idées, il est certain qu'après les améliorations successivement introduites par les lois de 1832 et 1848 dans le régime de la contrainte par corps, il reste encore des améliorations à réaliser. Par exemple, on pourrait réduire de beaucoup le nombre de cas où ce mode de coaction peut être employé en matière civile; étendre, au contraire, dans une large mesure, le pouvoir donné au juge de décider s'il convient d'en autoriser ou d'en interdire l'emploi; affranchir, en toute hypothèse, de la contrainte par corps, les femmes, à raison du rôle qu'elles remplissent dans la famille, etc. Mais n'insistons pas sur ces idées qui sont du domaine du législateur, et arrivons au commentaire.

753. Dans l'état actuel des choses, la contrainte par corps est légale ou conventionnelle, suivant que c'est la loi elle-même qui, dans tel cas donné, la prononce contre un débiteur, ou que c'est ce débiteur qui s'y soumet volontairement. Toutefois, en principe, elle est légale; elle n'est conventionnelle que par exception. Le Code Napoléon avait établi dans deux cas la faculté, pour le débiteur, de se soumettre, par convention, à la contrainte par corps (art. 2060, n° 5, et art. 2062). L'une de ces exceptions, d'après laquelle les fermiers pouvaient consentir à l'emploi de ce moyen d'exécution pour le payement des fermages des biens ruraux, a été retranchée par l'art. 2 de la loi du 13 décembre 1848. Il en reste donc aujourd'hui une seule, celle où une personne se porte caution d'un débiteur contraignable lui-même. Dans tous les autres cas, la contrainte par corps est légale.

754. Ajoutons, en nous plaçant à un autre point de vue, que la contrainte par corps est facultative ou impérative. Elle est impérative, lorsque le juge ne peut pas se dispenser de la prononcer, s'il en est requis. Elle est facultative, quand la loi laisse aux tribunaux le pouvoir de la prononcer ou de la refuser, suivant qu'ils le jugent à propos. En examinant tout à l'heure en particulier chacun des cas où il y a lieu à la contrainte par corps, nous préciserons, en les distinguant, ceux où elle *peut* et ceux où elle *doit* être prononcée.

755. Enfin, il y a une autre division plus générale, d'après laquelle même nous diviserons notre commentaire. Elle procède des matières où se rencontre l'application de la contrainte par corps. Ainsi, cette mesure coercitive peut avoir lieu : 1° en matière civile; 2° en matière commerciale; 3° en matière criminelle, correctionnelle et de police; 4° en matière de deniers et effets publics. La contrainte par corps *en*

matière civile est l'objet des dispositions contenues dans notre titre : nous allons nous en occuper en premier lieu; les trois autres parties seront traitées sous l'art. 2070, qui s'y réfère expressément.

Nous nous efforcerons, en exposant ce sujet compliqué, de suivre un ordre rationnel, tout en demeurant fidèle à la méthode exégétique. Dans cette pensée, nous établirons dans chacune de ces parties une sub-division commune, en rattachant à chaque branche, sous une rubrique particulière, les dispositions législatives qui lui sont propres, soit dans nos divers Codes, soit dans les lois spéciales par lesquelles les Codes auraient été modifiés ou complétés. Nous terminerons ensuite notre commentaire par un aperçu sur la contrainte par corps contre les étrangers.

DE LA CONTRAINTE PAR CORPS EN MATIÈRE CIVILE.

756. Division.

756. En lisant attentivement les articles compris dans le titre XVI, livre III, du Code Napoléon, on aperçoit que ces articles, relatifs, sauf le dernier, à la contrainte par corps en matière civile, ont pour objet de préciser :

1° Les cas dans lesquels la contrainte par corps peut ou doit être prononcée : à ce premier point se rattachent les art. 2059 à 2063, auxquels il convient d'ajouter les art. 107, 126, 191, 201, 213, 221, 264, 320, 413, 534, 603, 604, 683, 710, 712, 740, 824 et 839 du Code de procédure civile, l'art. 14 de la loi du 17 avril 1832, et les art. 2 et 3 de la loi du 13 décembre 1848 ;

2° Les personnes contre lesquelles la contrainte par corps ne peut être prononcée ou exercée : c'est l'objet des art. 2064 et 2066, à côté desquels se placent les art. 19 et 21 de la loi du 17 avril 1832, les art. 10 et 11 de la loi du 13 décembre 1848, et l'art. 10 du décret du 2 février 1852 ;

3° La somme pour laquelle la contrainte par corps peut être prononcée : l'art. 2065 du Code Napoléon se réfère à ce point, et aussi l'art. 126 du Code de procédure civile ;

4° Le titre en vertu duquel la contrainte par corps peut être exer-cée : c'est ce que déterminent les art. 2067 et 2068, auxquels on doit joindre les art. 127, 264, 519 et 552 du Code de procédure, l'article 20 de la loi du 17 avril 1832, et l'art. 7 de la loi du 13 décembre 1848 ;

5° Enfin, l'effet de la contrainte par corps : c'est ce que précise l'art. 2069 du Code Napoléon.

Indépendamment de ces cinq points réglés par les articles de notre titre, il y en a deux autres auxquels ces articles ne touchent pas. Ainsi :

6° La durée de la contrainte par corps : elle est fixée par l'art. 7 de la loi du 17 avril 1832, et par l'art. 12 de la loi du 13 décembre 1848 ;

7° Les moyens par lesquels le débiteur peut empêcher ou faire cesser l'exercice de la contrainte par corps : ce qui est réglé par les articles 782, 797, 798 et 800 du Code de procédure, ainsi que par les art. 24 à 27 et 31 de la loi du 17 avril 1832, et ce qui, en même temps, nous fournira l'occasion de nous expliquer sur les art. 1265 à 1270 du Code Napoléon, touchant la cession de biens, que le législateur a placés au titre *Des Obligations,* et dont Marcadé avait renvoyé le commentaire à notre titre *De la Contrainte par corps* (1).

Cette première partie de notre commentaire sera donc subdivisée d'après cette indication.

1° Des cas dans lesquels la contrainte par corps peut ou doit être prononcée.

2059. — La contrainte par corps a lieu, en matière civile, pour le stellionat.

Il y a stellionat,

Lorsqu'on vend ou qu'on hypothèque un immeuble dont on sait n'être pas propriétaire;

Lorsqu'on présente comme libres des biens hypothéqués, ou que l'on déclare des hypothèques moindres que celles dont ces biens sont chargés.

2060. — La contrainte par corps a lieu pareillement,

1° Pour dépôt nécessaire;

2° En cas de réintégrande, pour le délaissement, ordonné par justice, d'un fonds dont le propriétaire a été dépouillé par voies de fait; pour la restitution des fruits qui en ont été perçus pendant l'indue possession, et pour le payement des dommages et intérêts adjugés au propriétaire;

3° Pour répétition de deniers consignés entre les mains de personnes publiques établies à cet effet;

4° Pour la représentation des choses déposées aux séquestres, commissaires et autres gardiens;

5° Contre les cautions judiciaires et contre les cautions des contraignables par corps, lorsqu'elles se sont soumises à cette contrainte;

6° Contre tous officiers publics, pour la représentation de leurs minutes, quand elle est ordonnée;

7° Contre les notaires, les avoués et les huissiers, pour la restitution des titres à eux confiés, et des deniers par eux reçus pour leurs clients, par suite de leurs fonctions.

2061. — Ceux qui, par un jugement rendu au pétitoire, et passé en force de chose jugée, ont été condamnés à désemparer un fonds, et

---

(1) *Voy.* Marcadé (t. IV, nᵒˢ 665 et 746).

qui refusent d'obéir, peuvent, par un second jugement, être contraints par corps, quinzaine après la signification du premier jugement à personne ou domicile.

Si le fonds ou l'héritage est éloigné de plus de cinq myriamètres du domicile de la partie condamnée, il sera ajouté au délai de quinzaine, un jour par cinq myriamètres.

2062. — La contrainte par corps ne peut être ordonnée contre les fermiers pour le payement des fermages des biens ruraux, si elle n'a été stipulée formellement dans l'acte de bail. Néanmoins les fermiers et les colons partiaires peuvent être contraints par corps, faute par eux de représenter, à la fin du bail, le cheptel de bétail, les semences et les instruments aratoires qui leur ont été confiés ; à moins qu'ils ne justifient que le déficit de ces objets ne procède point de leur fait.

2063. — Hors les cas déterminés par les articles précédents, ou qui pourraient l'être à l'avenir par une loi formelle, il est défendu à tous juges de prononcer la contrainte par corps ; à tous notaires et greffiers de recevoir des actes dans lesquels elle serait stipulée, et à tous Français de consentir pareils actes, encore qu'ils eussent été passés en pays étranger ; le tout à peine de nullité, dépens, dommages et intérêts.

SOMMAIRE.

I. 757. Le principe dominant de la matière est posé par l'art. 2063 : la contrainte par corps est l'exception en matière civile ; — 758. Par conséquent, il faut interpréter restrictivement toute disposition de loi ayant pour objet d'autoriser l'emploi de cette mesure de coaction. — 759. L'art. 2063 exprime une triple prohibition qui n'est qu'une autre conséquence du même principe. — 760. 1° Prohibition à tous juges de prononcer la contrainte par corps en dehors des cas où ils y sont autorisés par un texte formel : développements. — 761. 2° Prohibition aux notaires et aux greffiers de recevoir des actes dans lesquels elle serait stipulée en dehors des cas déterminés par le législateur. — 762. 3° Prohibition à tous Français de consentir des actes où la contrainte serait stipulée en dehors des cas prévus par la loi : développements. — 763. Sanction de cette triple prohibition. — 764. En quoi elle consiste quand la contrainte a été illégalement prononcée par le juge. — 765. *Quid* quand il y a infraction de la part des notaires ou des créanciers ? — 766. Le principe de l'art. 2063 s'oppose également à ce que les conditions de la contrainte par corps soient aggravées. — 767. Transition à l'examen des divers cas dans lesquels la contrainte par corps peut ou doit être prononcée : division.

§ 1. *Contrainte par corps impérative.* — II. 768. Du stellionat (art. 2059) : définition. — 769. Il résulte tantôt d'une simple réticence, tantôt d'une déclaration mensongère. — 770. Cas dans lesquels la simple réticence suffit. — 771. Une déclaration mensongère est indispensable quand on présente comme libres des biens hypothéqués et quand on déclare des hypothèques moindres que celles dont ces biens sont chargés. — 772. Le mot *hypothèque* est pris ici *lato sensu*, et comprend les privilèges sur les immeubles. — 773. La déclaration d'hypothèques moindres peut avoir lieu de diverses manières. — 774. Il n'y a pas stellionat si la fausse déclaration est, de la part du débiteur, le résultat de l'erreur, même dans le cas de l'art. 2136 : renvoi. — 775. Le stellionataire n'est pas contraignable par corps si le stellionat n'a causé aucun préjudice. — 776, 777. Conséquences et applications. — 778. L'art. 2059 doit être inter-

prété restrictivement. — 770. Ainsi, pas de stellionat en matière mobilière;
— 780. Ni quand on aliène autrement que par vente un immeuble dont on
n'est pas propriétaire, à moins que ce soit par dation en payement; — 781. Ni
quand des époux dissimulent la dotalité d'un immeuble; — 782. Ni quand on
dissimule l'existence sur l'immeuble de toute charge réelle autre que l'hypothèque; — 783. Ni quand on vend un usufruit ou une servitude sur un immeuble dont on sait n'être pas propriétaire; — 784. Ni quand on dissimule la
condition résolutoire à laquelle est soumis le droit de propriété. — 785. Néanmoins, dans ces divers cas, le vendeur ou le débiteur, qui ne serait pas contraignable par corps comme stellionataire, pourrait être soumis à la contrainte
par application de l'art. 126 du Code de procédure. — 786. L'expression dans
un acte que la déclaration est faite par le vendeur ou le débiteur *sous les
peines du stellionat* n'est d'aucune considération pour l'application des règles
qui précèdent.

III.   787. La contrainte par corps impérative a lieu encore pour le dépôt nécessaire
(art. 2060, § 1) : le dépositaire nécessaire est contraignable par corps pour
l'exécution de toutes les condamnations prononcées en faveur du déposant;
renvoi. — 788. La même voie d'exécution peut, suivant certaines distinctions,
être suivie contre le dépositaire volontaire. — 789. Rappel de la différence
existant sous ce rapport entre le dépôt nécessaire et le dépôt volontaire : renvoi.

IV.   790. Le troisième cas où il y a lieu à contrainte par corps impérative est le cas
de réintégrande (art. 2060, § 2) : c'est là, d'après la jurisprudence, une action distincte de la complainte. — 791. Dans tous les cas, l'action porte uniquement sur la possession et détention, et non sur la propriété, bien que l'art.
2060 ne parle que du *propriétaire* dépouillé par voies de fait. — 792. La contrainte par corps, dans ce cas, peut avoir trois objets. — 793. Ce qu'il faut
entendre par *voies de fait* dans le sens de l'art. 2060.

V.   794. La contrainte par corps impérative a lieu pour la *répétition de deniers consignés entre les mains de personnes publiques établies à cet effet* (art. 2060,
§ 3) : ce sont aujourd'hui les préposés de la Caisse des dépôts et consignations.
— 795. La disposition de la loi ne doit pas être étendue à la consignation de
corps certains; mais elle s'étend à la consignation, *même volontaire,* de deniers. — 796. La disposition pourrait-elle être invoquée contre les huissiers,
les geôliers, les courtiers et les agents de change qui auraient reçu des sommes
d'argent par suite de leurs fonctions? — 797. Espèce dans laquelle l'exercice
récursoire de la contrainte par corps a été refusé à un receveur général contre
celui par le dol duquel il se trouvait lui-même contraignable par corps. —
798. La solution doit être généralisée : elle n'a rien de spécial au cas où il
s'agit de la répétition de deniers consignés. — 799. Le paragraphe 3 de l'art.
2060 ne règle que les rapports des dépositaires publics avec les particuliers;
renvoi quant à leurs rapports avec l'État.

VI.   800. Le cinquième cas de contrainte par corps impérative a lieu pour la représentation des choses déposées aux séquestres, commissaires et autres gardiens
(art. 2060, § 4) : motif. — 801. La disposition de la loi, quant aux *séquestres,*
ne s'entend que des séquestres judiciaires. — 802. Elle est sans application
par rapport aux *commissaires,* qui n'ont été mentionnés que parce que les rédacteurs du Code Napoléon ignoraient ce que disposeraient à cet égard les lois
de procédure. — 803. Et en ce qui concerne les *autres gardiens,* ils s'entendent de toute personne légalement chargée de la conservation des biens mis
sous la main de la justice. — 804. La contrainte par corps est établie pour
la représentation des choses déposées; ce qui doit s'entendre non pas de la
représentation définitive ou de la restitution, mais encore de toute exhibition :
toutefois, cela ne s'entend pas des prestations que le gardien pourrait avoir
à faire.

VII.   805. La contrainte par corps impérative est établie, en sixième lieu, contre les
cautions judiciaires et contre les cautions des contraignables par corps, lorsqu'elles se sont soumises à cette contrainte (art. 2060, § 5) : la soumission

pure et simple de la caution judiciaire emporte contrainte par corps de plein droit; une soumission expresse n'est pas nécessaire : renvoi. — 806. En ce qui concerne les cautions des contraignables par corps, cette disposition de l'art. 2060 contient le seul cas de contrainte conventionnelle reconnu aujourd'hui dans notre droit. — 807. La soumission de la caution à la contrainte peut être purement tacite : discussion.

VIII. 808. La contrainte impérative est établie, en septième lieu, contre tous officiers publics, pour la représentation de leurs minutes quand elle est ordonnée (art. 2060, § 6). — 809. La disposition n'est pas applicable à raison des minutes qui auraient été confiées aux officiers publics par des particuliers. — 810. Différence existant entre l'obligation pour les officiers publics de représenter les minutes et celle d'en délivrer des copies ou des expéditions.

IX. 811. La contrainte impérative a lieu enfin contre les notaires, les avoués et les huissiers (art. 2060, § 7). Il faut ajouter, d'après la loi du 13 décembre 1848, les greffiers, les commissaires-priseurs, les gardes du commerce. — 812. La contrainte par corps a lieu pour la restitution des titres quand ils ont été remis par les clients ou par des tiers; et pour la restitution des deniers, quand ils ont été remis soit *pour* les clients, soit *par* les clients eux-mêmes. — 813. Mais, en tout cas, il faut que les deniers aient été remis en raison de la fonction dont était revêtu celui qui les a reçus : ainsi la disposition ne serait pas applicable au notaire qui reçoit de son client des fonds dont il se charge d'opérer le placement; — 814. Ni, à plus forte raison, à l'avoué qui a reçu soit des titres, soit des fonds, pour accommoder une affaire.

X. 815. De quelques autres cas de contrainte par corps impérative établis par d'autres dispositions que celles du Code Napoléon, spécialement par la loi du 17 avril contre les étrangers : renvoi; et par les art. 191, 264, 413, 603, 604, 683, 710, 712, 740, 824 et 839 du Code de procédure.

§ 2. *Contrainte par corps facultative.* — XI. 816. Transition : le Code Napoléon énumère deux cas de contrainte par corps facultative; il y en a d'autres qui sont prévus par le Code de procédure.

XII. 817. 1° Le juge peut prononcer la contrainte par corps contre le défendeur au pétitoire pour l'obliger à désemparer l'immeuble qu'il détient (art. 2061) : conditions auxquelles est subordonné l'emploi de ce moyen d'exécution dans ce cas. — 818. 2° L'art. 2062 autorisait la contrainte par corps conventionnelle pour le payement des fermages des biens ruraux : la disposition en est aujourd'hui abrogée en ce point. — 819. Mais la disposition de cet article est maintenue en ce qui concerne la faculté pour le juge de prononcer la contrainte par corps contre les fermiers et les colons partiaires pour la représentation du cheptel de bétail, des semences et des instruments aratoires : la disposition est limitative. — 820. Elle n'est applicable qu'autant que les objets indiqués ont été confiés aux fermiers par le propriétaire lui-même et pour l'exploitation des biens affermés. — 821. La fin du bail dont parle l'art. 2062 s'entend non-seulement de l'expiration du temps convenu, mais encore de la résiliation. — 822. Les fermiers et colons partiaires restent affranchis de la contrainte s'ils justifient que le déficit des objets qu'ils devaient représenter ne procède point de leur faute. — 823. Transition aux cas de contrainte facultative prévus par le Code de procédure.

XIII. 824. Le premier cas est établi par l'art. 126 du Code de procédure : importance de cet article. Il autorise l'emploi de la contrainte par corps pour deux causes générales toutes deux. — 825. 1° *Pour dommages et intérêts au-dessus de la somme de 300 francs* : cela s'applique à toute espèce de dommages-intérêts, quelle qu'en soit la cause; mais cela ne s'applique qu'à ce qui constitue des dommages-intérêts dans le sens propre du mot : exemples. — 826. On ne doit donc l'appliquer ni à l'exécution de l'obligation principale, ni aux restitutions de fruits, ni à la clause pénale; — 827. Ni aux dépens. — 828. *Quid* en ce qui concerne les dépens adjugés à titre de dommages-intérêts? — 829. L'art. 126 est inapplicable au débiteur condamné à payer la valeur estimative de la chose qu'il ne peut restituer en nature. — 830. Il ne s'agit ici que des dommages-intérêts en matière civile : renvoi quant aux dommages-intérêts en matière commerciale et pénale. — 831. 2° *Pour reliquat de compte de tutelle, curatelle, etc., et pour toute restitution à faire par suite desdits comptes :* cette disposition de l'art. 126 du Code de procédure est moins générale que la précédente; l'énumération qu'elle contient est limitative. — 832. Suite et applications. — 833. A la différence du paragraphe 1 de l'art. 126, le paragraphe 2 ne fixe pas la somme à laquelle doit arriver le reliquat pour que la contrainte puisse être prononcée : conséquence. — 834. Les autres cas de contrainte par corps facultative prévus par le Code de procédure sont établis par les art. 107, 201, 213, 221, 320 et 534.

XIV. 835. Observation commune à tous les cas où la contrainte par corps est facultative.

I. — 757. Avant de considérer isolément chacun des cas dans lesquels la contrainte par corps peut être prononcée, il convient de poser le principe qui les domine tous. Ce principe est contenu dans l'art. 2063, qui, en formulant une prohibition expresse de prononcer ou de stipuler la contrainte par corps hors des cas formellement déterminés par la loi, montre que la contrainte par corps est l'exception en matière civile (*suprà*, n° 742).

758. La première conséquence à tirer de ce principe, c'est que toutes dispositions législatives ayant pour objet de déterminer les cas où il peut être permis d'employer ce moyen de coaction doivent être rigoureusement renfermées dans leurs termes précis : l'interprétation restrictive est ici de toute nécessité. Cette conséquence n'est pas explicitement énoncée, sans doute, dans l'art. 2063 ; mais elle est implicitement contenue dans cet article, et découle de ses termes. Nous aurons fréquemment à en faire l'application quand nous entrerons dans l'examen des divers cas qui donnent lieu à la contrainte par corps.

759. Insistons, en attendant, sur la triple prohibition adressée par cet article : 1° aux juges; 2° aux notaires et greffiers; 3° aux parties contractantes elles-mêmes. C'est encore là une déduction de la même idée.

760. L'art. 2063 défend d'abord à *tous juges de prononcer la contrainte par corps* en dehors des cas où ils y sont autorisés par un texte formel. L'art. 126 du Code de procédure civile, tout en laissant à la prudence des juges d'apprécier s'il y a lieu d'autoriser ou d'interdire ce moyen d'exécution dans les deux cas spéciaux qu'il détermine (*infrà*, n°s 824 et suiv.), rappelle également qu'en thèse la contrainte par corps ne devra être prononcée que *dans les cas prévus par la loi.* La formule est ici moins précise et elle laisse à désirer, en ce que, facultative ou impérative, la contrainte par corps ne peut jamais avoir lieu que dans les cas *prévus par la loi;* mais il ne saurait y avoir aucun doute quant au fond de la pensée. Dans l'art. 126 du Code de procédure, comme dans l'art. 2063 du Code Napoléon, le législateur entend que les juges devront s'interdire de prononcer la contrainte par corps en dehors des cas où ils y sont autorisés par une loi formelle. C'est, en définitive, la liberté des personnes qui est en question; et l'on s'explique à merveille que la loi ait voulu réserver à elle seule l'appré-

ciation des causes pour lesquelles il y pourrait être porté atteinte.

La prohibition édictée par la loi est absolue; elle doit être respectée par les juges, quelle que soit la défaveur qui s'attache à la personne du débiteur. Nous tenons donc comme fort sujet à critique un arrêt de la chambre des requêtes qui, ayant à statuer sur le pourvoi formé par un usurier *condamné par corps* à la restitution de l'excédant par lui perçu au-dessus du taux légal, a décidé que la loi du 3 septembre 1807 confie aux juges un pouvoir discrétionnaire en matière d'usure ; qu'une condamnation d'intérêts en cette matière est une peine, et qu'ainsi elle entraîne de droit la contrainte par corps (1). La Cour a visiblement confondu, en cette circonstance, les peines correctionnelles auxquelles, d'après la loi de 1807, modifiée depuis par celle des 19-27 décembre 1850, l'usure peut donner lieu, et l'obligation civile de restituer l'excédant que les mêmes lois imposent à l'usurier (2). C'est cette dernière obligation qui seule était en question dans l'espèce : les juges du fond, en y statuant, avaient procédé en matière essentiellement civile ; ils avaient prononcé, par application de l'art. 3 de la loi de 1807, une sanction purement civile, et absolument indépendante de celle qui, dans un tout autre ordre d'idées, peut être prononcée contre l'usurier, lorsqu'il se trouve dans le cas d'être poursuivi devant les tribunaux correctionnels. Et comme la contrainte par corps n'a été attachée à à cette obligation civile ni par l'art. 3, ni par aucune autre disposition législative, les juges avaient, en la prononçant, méconnu la prohibition formelle de l'art. 2063, ce qui aurait dû déterminer l'admission du pourvoi et ultérieurement la cassation de leur décision en ce point.

Au surplus, la Cour de cassation est revenue plus tard aux véritables principes en décidant que des juges *civils* ne peuvent pas prononcer la contrainte par corps sous prétexte que le fait servant de base à la condamnation prononcée par eux constitue un crime ou un délit, et que, d'après la loi pénale, la contrainte par corps a lieu pour l'exécution des condamnations aux réparations civiles (3). Dans l'espèce, un notaire était assigné devant les tribunaux civils en restitution de diverses sommes par lui reçues pour en effectuer le placement ; les juges du fond, considérant le défaut de représentation de l'argent comme constituant de la part du notaire une violation de dépôt, crurent pouvoir le condamner par corps à la restitution, en vertu des art. 52 et 408 du Code pénal, « attendu, dirent-ils, que pour la réparation civile du préjudice résultant d'un fait qualifié délit par la loi, la partie lésée peut saisir la juridiction ordinaire, et qu'en ce cas *le mode d'exécution* est nécessairement le même que celui qui serait ordonné par la juridiction criminelle. » Il y avait là une double violation de la loi. D'une part, les sommes reçues par le notaire, dans l'espèce, ne lui avaient été remises qu'à titre de dépôt *volontaire ;* et comme le dépôt volontaire n'est

---

(1) Req., 17 mars 1824 (Dalloz, *Rép.*, nouv. édit., v° Contr. par corps, n° 40).
(2) *Voy.* notre commentaire *Du Prêt* (au tome précédent, n°ˢ 312 et suiv.).
(3) Cass., 18 nov. 1834 (S. V., 34, 1, 777 ; Dalloz, 35, 1, 10 ; *J. Pal.*, à sa date).

pas compris par la loi parmi les cas qui peuvent donner lieu à la contrainte par corps (*infrà*, n°⁵ 786 et suiv.), il est clair que cette voie d'exécution n'avait pu être ouverte au déposant en faveur de qui la restitution était ordonnée que par une violation expresse de l'art. 2063. — D'une autre part, les juges étaient saisis de la demande en restitution comme juges *civils;* et il est évident qu'ils n'avaient pu, sans transformer leur juridiction civile en juridiction correctionnelle, et sans excéder les limites de leur compétence, avoir recours aux dispositions du Code pénal pour qualifier délit les faits du procès qu'ils avaient à résoudre et attacher par suite la contrainte par corps à la condamnation par eux prononcée.

Ajoutons néanmoins que tout n'était pas à reprendre, en principe, dans la théorie de l'arrêt qui a été cassé par ce double motif. Ainsi, quand ils disaient que la loi n'a pas astreint les magistrats à se renfermer dans le cercle des moyens qui leur ont été soumis, et que, même dans cette matière de la contrainte par corps, ils peuvent, étant requis de la prononcer, se déterminer par une cause différente de celle à laquelle le demandeur a cru devoir s'arrêter (1), les juges du fond exprimaient une pensée dont l'exactitude ne saurait être contestée. En effet, un tribunal auquel il est demandé de prononcer la contrainte par corps en vertu de telle disposition spéciale peut, tout en décidant que la disposition invoquée n'est pas applicable aux faits de la cause, autoriser néanmoins l'emploi de ce moyen d'exécution, s'il existe telle autre disposition de loi qui s'y applique et à laquelle les juges puissent s'attacher sans sortir des limites de leur compétence.

761. En second lieu, l'art. 2063 défend *à tous notaires et greffiers* de recevoir des actes dans lesquels la contrainte par corps *serait stipulée* en dehors des cas déterminés par la loi. Nous n'avons pas à insister sur ce point. Faisons remarquer seulement que si la prohibition s'explique en tant qu'adressée aux notaires, qui sont en effet chargés de recevoir les actes constatant la convention des parties, elle s'explique moins vis-à-vis des greffiers, qui n'ont pas pour mission de recevoir de tels actes.

762. Enfin, notre article défend *à tous Français* de consentir des actes où la contrainte par corps serait stipulée en dehors des cas prévus par la loi. C'est ici une application du principe général posé dans l'art. 6 du Code Napoléon. En effet, la liberté des personnes tient à l'ordre public : notre loi la considère comme n'étant pas dans le commerce. Et elle ne se contredit en aucune manière en autorisant, pour un cas spécial, la contrainte par corps *conventionnelle* (art. 2060, § 5; *infrà*, n°⁵ 805 et suiv.); car ce cas est précisément l'un de ceux qui sont prévus par le législateur.

La prohibition, aux termes de l'art. 2063, a lieu même pour le *cas où les actes auraient été passés en pays étranger*. C'est qu'en effet, la

_____

(1) *Voy.* Paris, 6 janv. 1832 (S. V., 32, 2, 149; Dalloz, 32, 2, 120; *J. Pal.*, à sa date).

loi qui protége la liberté des débiteurs peut bien être assimilée au statut personnel qui régit le Français en quelque pays qu'il réside. Un contrat passé hors de France ne serait donc pas moins nul, en ce qui concerne la stipulation de la contrainte par corps, que s'il eût été passé en France, et cela quand même la législation du pays où l'acte a été passé permettrait aux contractants de stipuler la contrainte.

Néanmoins, si le contrat fait à l'étranger n'est pas moins nul que s'il était fait en France, lorsqu'il est contraire à la prohibition de l'art. 2063, il convient de dire que, quoique passée à l'étranger, une convention ne serait pas moins valable que si elle avait été consentie en France, dès qu'elle ne contreviendrait pas à cette même prohibition. Si donc il s'agissait d'une obligation de nature à entraîner contrainte par corps, ce n'est pas la circonstance qu'elle aurait été contractée à l'étranger qui pourrait l'empêcher de produire cet effet. Et cela a été jugé par la Cour de Besançon, dans une espèce où le débiteur, négociant français, avait, en souscrivant des billets à l'ordre d'un négociant étranger, déclaré se soumettre à la contrainte par corps : la Cour a justement considéré que l'obligation étant de nature à entraîner la contrainte par corps en France, le débiteur, dans l'espèce particulière, avait pu, sans contrevenir aux lois qui le régissaient, et notamment à l'art. 2063 du Code Napoléon, se soumettre, même en pays étranger et vis-à-vis d'un étranger, à cette mesure de coaction (1).

Mais, en ce dernier point, il y aurait au moins à réserver le cas où la contrainte par corps n'étant pas attachée à l'obligation par la législation du pays dans lequel elle a été contractée, le Français l'aurait souscrite sans déclarer se soumettre à ce moyen d'exécution. La distinction a été repoussée, à la vérité, par un arrêt récent, duquel il résulte que les tribunaux français qui ordonnent le payement d'une dette commerciale contractée par un Français au profit d'un étranger en pays étranger, doivent prononcer la contrainte par corps quand la dette n'est pas inférieure à 200 francs, sans qu'il y ait lieu d'examiner si la loi du pays où l'obligation a été contractée autorise ou prohibe ce moyen d'exécution (2). Toutefois, il y a là, selon nous, une fausse application du principe selon lequel l'exécution d'un acte est réglée par la loi du pays où elle est pratiquée. Car il s'agit ici de l'étendue de l'obligation bien plutôt que du mode d'exécution. Or, il est de principe que les contractants sont censés, en traitant dans un pays, se soumettre aux lois qui y régissent les contrats (3). Donc, le Français qui prend l'obligation personnelle d'acquitter des billets en les souscrivant dans un pays dont la législation refuse au porteur la garantie de la contrainte par

---

(1) Besançon, 9 nov. 1808 (*J. Pal.*, à sa date ; Dalloz, *Nouv. Rép.*, v° Contr. par corps, n° 41).
(2) Pau, 2 déc. 1863 (Dalloz, 63, 2, 210). Comp. Paris, 2 déc. 1848 (Dalloz, 49, 2, 98 ; S. V., 49, 2, 32 ; *J. Pal.*, 1849, t. I, p. 10).
(3) *Voy.* Merlin (*Rép.*, v° Loi, § 6, n° 2). *Voy.* aussi MM. Fœlix (*Droit intern. priv.*, t. I, n° 96 et 109) ; Vergé, sur de Martens (*Pr. du droit des gens*, t. I, § 142, note).

corps, ne peut pas être considéré comme ayant entendu se soumettre à cette mesure rigoureuse d'exécution (1).

763. L'art. 2063 place la triple prohibition qu'il renferme sous une sanction qu'il formule en ces termes : *Le tout à peine de nullité, dépens, dommages et intérêts.* Toutefois, la formule est à la fois inexacte et incomplète. Précisons ceci en reprenant successivement chacune des prohibitions.

764. Et d'abord, il est bien clair que la méconnaissance par les juges du principe qui leur interdit de prononcer la contrainte par corps en dehors des cas déterminés par la loi, ne saurait *entraîner la nullité* du jugement entaché de l'illégalité. C'est un principe certain, en effet, que les jugements ne sont pas susceptibles d'être attaqués par action principale en nullité. Donc, la sanction de l'art. 2063 consiste uniquement, à l'égard des jugements contraires à cet article, en ce qu'ils peuvent être l'objet des recours ordinaires ou extraordinaires ouverts par la loi contre les jugements. Et ajoutons, d'après une jurisprudence constante, que le moyen pris de ce que la contrainte par corps aurait été prononcée illégalement étant d'ordre public, il en résulte que ce moyen peut être présenté pour la première fois même devant la Cour de cassation (2). — Du reste, il convient d'indiquer dès à présent certaines modifications aux règles ordinaires de la procédure qui, sur ce premier point, ont été introduites par la loi dans l'intérêt du débiteur condamné par corps. Dans le silence du Code Napoléon et du Code de procédure, touchant le mode d'attaquer les décisions dans lesquelles la contrainte par corps se trouvait illégalement prononcée, on se demandait s'il y avait lieu de suivre, en cette matière, les règles ordinaires, et la question n'était pas sans difficultés. La loi du 17 avril 1832 la trancha d'abord dans une certaine mesure, en statuant qu'on pourrait appeler du chef de la contrainte par corps, alors même que la somme à raison de laquelle elle aurait été prononcée serait dans le taux du dernier ressort (art. 20). Et la loi du 13 décembre 1848, allant encore plus loin, disposa que le droit d'interjeter appel serait étendu au delà des règles ordinaires, et que le débiteur pourrait l'exercer dans les trois jours qui suivraient l'emprisonnement ou la recommandation, lors même qu'il aurait acquiescé au jugement et que les délais ordinaires de l'appel seraient expirés (art. 7). Mais ce sont là des points que nous aurons à reprendre plus tard et à développer, en nous occupant du titre en vertu duquel la contrainte par corps peut être exercée (*infrà*, nᵒˢ 873 à 879).

Ajoutons maintenant, et c'est en ceci que la formule de l'art. 2063 est incomplète, qu'outre l'appel et le pourvoi en cassation, dont le débiteur peut user à l'encontre du jugement prononçant la contrainte par

---

(1) Colmar, 25 août 1859 (Dalloz, 60, 2, 46; S. V., 60, 2, 310; *J. Pal.*, 1860, p. 1133).

(2) *Voy.* notamment Cass., 6 août 1862 et 6 janv. 1864 (S. V., 64, 1, 40 et 171; *J. Pal.*, 1863, p. 1096; 1864, p. 134; Dalloz, 62, 1, 375; 64, 1, 44).

corps en dehors des cas déterminés par la loi, il y a la prise à partie, que ce débiteur peut exercer contre les juges de qui la condamnation émane. D'ailleurs, l'art. 2063, s'il n'a pas conféré ce droit au débiteur en termes explicites, le lui donne virtuellement, en ce que la prohibition y est édictée *à peine de dommages-intérêts* contre les juges. Or, aux termes de l'art. 505 du Code de procédure, « les juges peuvent être pris à partie, 1°... 2°.. 3° *si la loi les déclare responsables à peine de dommages-intérêts.* »

765. Quant aux notaires qui reçoivent des actes où la contrainte par corps est stipulée hors des cas formellement prévus, et aux créanciers qui la stipulent, ils encourent la condamnation à des dommages-intérêts, et, en outre, ils ont à supporter les dépens et les frais occasionnés par ces actes. De plus, la nullité doit être prononcée à la demande du débiteur. A ceci se réfèrent les mots « à peine de nullité », contenus dans l'art. 2063 : encore ne sont-ils pas d'une exactitude parfaite même à ce point de vue, car ce n'est pas l'acte en son entier, c'est seulement la clause relative à la contrainte par corps que la nullité doit atteindre, puisque c'est la seule disposition de l'acte, on le suppose, qui soit contraire à la prohibition de la loi.

766. Disons, en terminant sur ce point, que la prohibition de la loi s'étend, sous la même sanction, aux conventions dont l'effet serait d'aggraver les conditions légales de la contrainte par corps; par exemple, de rendre la mesure obligatoire dans l'un des cas où le soin de l'ordonner est laissé par le législateur à la prudence des tribunaux. On a prétendu qu'une telle convention devrait être respectée, « que la stipulation expresse des parties doit lever l'incertitude du tribunal, et que ce qui n'était que facultatif par le simple effet de la loi, devient impératif par la stipulation. » (1) C'est là une fausse doctrine. Aux juges seuls est délégué le pouvoir de décider, dans leur prudence, s'il convient d'autoriser la contrainte par corps ou d'en refuser l'emploi dans tels ou tels cas précisés par la loi; il ne saurait appartenir aux parties de changer ces conditions, en mettant les juges dans la nécessité de condamner le débiteur par corps dans l'un des cas où, par la volonté de la loi, ils seraient libres de ne pas attacher à leur jugement cette sanction rigoureuse (2).

767. Après ces observations sur le principe posé dans l'art. 2063, nous passons à l'examen des cas divers dans lesquels la contrainte par corps peut être prononcée en matière civile. Comme nous l'avons indiqué déjà, cet examen comprendra deux parties distinctes ayant pour objet : 1° les cas où les juges ne peuvent se dispenser d'autoriser la contrainte s'ils en sont requis ; 2° ceux dans lesquels il est laissé à la prudence des tribunaux d'accorder ou de refuser au créancier ce moyen d'exécution. Les art. 2059 et 2060 précisent huit cas de contrainte *impérative;* d'autres cas ont été déterminés par des dispositions écrites

---

(1) *Voy.* M. Fournel (*De la Contr. par corps,* sur l'art. 2, tit. i).
(2) *Voy.* MM. Coin-Delisle (sur l'art. 2063, n° 9); Troplong (n° 269).

soit dans le Code de procédure, soit dans des lois spéciales : nous nous occuperons de ces divers textes en premier lieu. Nous commenterons ensuite les art. 2061 et 2062 du Code Napoléon et d'autres textes relatifs à la contrainte *facultative*.

§ 1er. *De la contrainte impérative.*

II. — 768. La contrainte par corps a lieu, en matière civile, pour le stellionat : telle est la première disposition de l'art. 2059.

Le stellionat, que le législateur place au premier rang des causes donnant lieu à la contrainte impérative, est un délit du droit civil qui consiste en un dol commis dans une vente d'immeubles ou dans une constitution d'hypothèques. Comme le rappelle M. Troplong, il tire sa dénomination du mot latin *stellio,* par lequel les Romains désignaient un lézard venimeux (1).

C'est un délit purement *civil :* quelque répréhensible que soit le stellionat, il ne peut donner lieu à des poursuites correctionnelles, la loi pénale ne l'ayant pas défini. C'est la jurisprudence constante de la Cour de cassation : la chambre criminelle a toujours refusé de voir l'escroquerie dans le stellionat, lorsque, d'ailleurs, il n'est accompagné d'aucune circonstance aggravante susceptible de constituer les manœuvres frauduleuses employées pour prouver l'existence de faits imaginaires (2).

Mais la loi civile est très-rigoureuse à son égard. D'abord, elle ouvre une action qui peut être exercée non-seulement par la victime du dol ou par ses héritiers à titre universel, mais aussi par les ayants cause à titre particulier (3). Ensuite, elle dispose avec sévérité : outre la contrainte par corps qui s'attache nécessairement au stellionat dès qu'elle est requise, et qui peut être prononcée pour cette cause même contre les femmes et les septuagénaires, ordinairement exemptés (*infrà,* art. 2066, nos 841 et 842), le législateur édicte contre le stellionataire : 1° l'exclusion du bénéfice de cession de biens (C. proc., art. 905) ; 2° la déchéance du bénéfice du terme (arg. de l'art. 1188 C. Nap.) (4) ; 3° et l'inadmissibilité au bienfait de la réhabilitation (C. comm., art. 612). — Ajoutons, d'après une jurisprudence constante, que le stellionataire ne peut pas exciper vis-à-vis de celui qu'il a trompé des remises qu'il aurait obtenues par un concordat. On décide, en effet, que le créancier hypothécaire au préjudice duquel son débiteur a commis un stellionat, et qui n'a point été utilement colloqué sur le prix des immeubles de ce débiteur, tombé en faillite, n'est point lié par le concordat que celui-ci aurait obtenu de ses créanciers, et peut, en con-

---

(1) *Voy.* M. Troplong (n° 60).
(2) *Voy.* notamment Crim. cass., 9 vend. an 10 et 2 mars 1809 (S. V., Coll. nouv., 1, 1, 533; 3, 1, 30; Dalloz, Rép. alph., t. VII, p. 544, et t. XII, p. 148).
(3) Req., 7 janv. 1863 (S. V., 63, 1, 175; *J. Pal.,* 1863, p. 698; Dalloz, 63, 1, 242).
(4) Pau, 3 juill. 1807; Bourges, 11 déc. 1839 (S. V., 14, 2, 256; 40, 2, 266; Dalloz, 40, 2, 206). MM. Delvincourt (t. II, p. 706); Duranton (t. XI, n° 122); Troplong (n° 78).

séquence, poursuivre contre le failli stellionataire la condamnation par corps au payement intégral de sa créance (1).

769. Précisons maintenant les circonstances et conditions constitutives du stellionat. A cet égard, le texte de l'art. 2059 montre qu'en certains cas ce délit civil n'existe et ne peut exister que par une déclaration mensongère, et que, dans d'autres, une simple réticence suffit à le constituer.

770. Ainsi, la simple réticence suffit, 1° lorsqu'on vend ou qu'on hypothèque un immeuble dont on sait n'être pas propriétaire (art. 2059, § 3). Et cela s'applique même au cas où, étant propriétaire indivis d'un immeuble, et n'en ayant qu'une partie, on le vendrait ou on l'hypothéquerait en totalité, puisqu'on aurait ainsi vendu ou hypothéqué *parte in quâ* ce dont on savait n'avoir pas la propriété (2).

La simple réticence suffit, 2° quand un mari ou un tuteur consent ou laisse prendre hypothèque sur ses immeubles, sans déclarer expressément l'existence de l'hypothèque légale non inscrite dont les immeubles sont grevés au profit de sa femme ou de son pupille. Cela résulte de l'art. 2136 du Code Napoléon, qui a ainsi ajouté un cas de stellionat à ceux dont notre article contient l'énumération. Mais nous n'avons pas à insister sur cet art. 2136, en ayant présenté ailleurs le commentaire (3). Rappelons seulement ici qu'il dispose exclusivement pour le cas où soit le mari, soit le tuteur consent ou laisse prendre hypothèque sur les biens grevés de l'hypothèque légale. Il n'a pas d'application au cas de vente de ces biens ; le seul fait de la vente sans déclaration expresse de l'existence de cette hypothèque ne suffirait pas pour constituer le tuteur ou le mari stellionataire : il faudrait quelque chose de plus ; par exemple, que le tuteur ou le mari eût annoncé dans l'acte de vente que les biens vendus étaient libres de toutes charges et hypothèques, auquel cas il y aurait stellionat sinon dans les termes de l'art. 2036, au moins dans le sens de la règle commune établie par le dernier paragraphe de l'art. 2059, et à laquelle les tuteurs et les maris sont assujettis comme tous autres (4).

771. Une déclaration mensongère est indispensable pour qu'il y ait stellionat : 1° lorsqu'on *présente* comme libres des biens hypothéqués, 2° lorsqu'on déclare des hypothèques moindres que celles dont ces biens sont chargés (art. 2059, § 4). A la différence des cas précédents, le silence, quelque coupable qu'il soit moralement, ne suffirait pas pour placer le vendeur ou le débiteur dans le cas de stellionat (5).

---

(1) *Voy.* Paris, 26 fév. 1833 ; Bordeaux, 9 déc. 1834 ; Cass., 28 janv. 1840 ; Paris, 13 nov. 1843 ; Toulouse, 19 janv. 1864 (S. V., 33, 2, 574 ; 35, 2, 269 ; 40, 1, 105 ; 44, 2, 22 ; 64, 2, 4 ; *J. Pal.*, 1864, p. 332 ; Dalloz, 33, 2, 126 ; 35, 2, 109 ; 40, 1, 109 ; 64, 2, 44).

(2) *Voy.* MM. Coin-Delisle (sur l'art. 2059, n° 7) ; Duranton (t. XVIII, n° 448) ; Aubry et Rau (t. V, p. 31 et note 4).

(3) *Voy.* notre *Traité des Priv. et Hyp.* (n°s 848 à 856).

(4) *Voy.* l'arrêt du 7 janv. 1863, cité au n° 768, et notre *Traité des Priv. et Hyp.* (n° 849).

(5) *Voy.* Bruxelles, 28 déc. 1809 ; Aix, 5 janv. 1813 ; Rej., 25 juin 1817 ; Lyon, 27 déc. 1852 ; Metz, 16 mai 1861 (S. V., 10, 2, 209 ; 13, 2, 261 ; 18, 1, 13 ; 61, 2, 545 ;

La distinction se fonde sur le texte même du dernier paragraphe de l'art. 2059, où le législateur suppose que le vendeur ou le débiteur *présente,* c'est-à-dire indique ou déclare les biens hypothéqués comme libres ou comme grevés d'hypothèques moindres que celles dont ils sont chargés. On en a donné pour motif rationnel que ceux qui traitent avec le propriétaire d'un immeuble grevé d'hypothèques peuvent se renseigner sur l'existence de ces hypothèques en requérant un état d'inscriptions, tandis qu'ils n'ont pas de moyens de reconnaître d'une manière aussi certaine si celui qui se dit propriétaire est en effet et véritablement propriétaire. Toutefois, ce motif n'a plus de valeur en présence de la loi du 23 mars 1855, qui a eu pour effet de rendre les translations de la propriété immobilière aussi publiques que l'existence des hypothèques. Mais la différence n'en reste pas moins pleinement justifiée par la nature même des choses, si l'on songe que celui qui vend ou hypothèque un immeuble fait un acte contenant par lui-même affirmation implicite de son droit de propriété, affirmation qui, au point de vue de la mauvaise foi et de la tromperie constitutives du stellionat, équivaut à la déclaration mensongère nécessaire dans les cas dont il s'agit en ce moment.

772. Le mot *hypothèques,* dans le dernier alinéa de l'art. 2059, est employé dans un sens large comprenant soit les hypothèques proprement dites, soit les priviléges sur les immeubles, qui sont eux-mêmes des hypothèques, comme cela résulte de l'art. 2113 du Code Napoléon. On peut donc dire, avec la Cour de cassation, qu'il y a stellionat dans le fait de présenter comme grevés seulement d'une hypothèque des immeubles affectés en outre à un privilége, les priviléges impliquant le droit hypothécaire (1). — Il faut aussi entendre le même mot de toute espèce d'hypothèques, peu importe qu'elles soient éventuelles ou conditionnelles, inscrites ou non inscrites. La Cour de cassation est allée même jusqu'à dire que celui-là est stellionataire et *contraignable par corps,* qui déclare des hypothèques moindres que celles dont les biens se trouvent chargés, ces hypothèques fussent-elles inscrites, la circonstance de l'inscription ne faisant pas disparaître la fraude résultant de la fausseté de la déclaration (2). Toutefois, nous verrons bientôt que s'il y a stellionat, en effet, dans ce cas, il ne s'ensuit pas que la contrainte par corps doive être prononcée contre le stellionataire (*infrà,* n°ˢ 775 et suiv.).

773. Il y a, d'ailleurs, plusieurs manières de déclarer des hypothèques moindres. La déclaration constitutive de stellionat, à cet égard, peut avoir lieu :

J. *Pal.,* 1854, t. I, p. 156; 1862, p. 337; Dalloz, Rép. alph., t. XII, p. 150 et 151; 53, 2, 24). *Voy.* aussi MM. Delvincourt (t. III, p. 183, note); Duranton (t. XVIII, n°ˢ 443 et 444); Coin-Delisle (art. 2059, n° 12); Troplong (n° 68); Aubry et Rau (t. V, p. 31, note 7); Massé et Vergé, sur Zachariæ (t. V, p. 96, note 5).

(1) Req., 14 août 1860 (S. V., 60, 1, 936; *J. Pal.,* 1861, p. 315; Dalloz, 61, 1, 60). *Voy.* aussi notre *Comment. des Priv. et Hyp.* (n°ˢ 27 et 307).

(2) Cass., 13 avr. 1836 (Dalloz, 36, 1, 240; S. V., 36, 1, 829; *J. Pal.,* à sa date). — *Voy.* aussi Req., 11 janv. 1825 (S. V., 25, 1, 350; Dalloz, 25, 1, 149; *J. Pal.,* à sa date).

1° En diminuant l'importance de la dette hypothécaire ;

2° En omettant une ou plusieurs des hypothèques existantes (1) ;

3° En ajoutant faussement à une énumération, exacte quant au nombre et à l'importance des inscriptions, la déclaration que les causes de ces inscriptions ont été éteintes en tout ou en partie (2).

774. Mais il ne suffit pas que la déclaration faite par le vendeur ou par le débiteur se trouve contraire au véritable état des choses ; il faut que cette déclaration soit mensongère, frauduleuse, c'est-à-dire que le vendeur ou le débiteur ait su, en la faisant, que ce qu'il disait n'était pas la vérité. Si la fausse déclaration était, de la part du déclarant, le résultat d'une erreur, il n'y aurait pas stellionat. La bonne foi étant exclusive de toute espèce de dol, elle serait ici exclusive par cela même du stellionat, qui est un dol.

Et il en est ainsi même dans le cas de l'art. 2136. Si l'exception de bonne foi est plus difficilement acceptable dans ce cas que dans celui de l'art. 2059, ce n'est pas à dire qu'elle ne puisse pas être justement invoquée, ainsi que nous avons eu occasion de l'expliquer ailleurs (3). Il y a seulement cette différence entre les deux cas, que le tuteur et le mari, contre lesquels l'art. 2136 semble élever une présomption de mauvaise foi, auront à faire la preuve de leur bonne foi au moment où ils ont consenti ou laissé prendre l'hypothèque, tandis qu'à défaut d'une présomption semblable dans l'art. 2159, la mauvaise foi du vendeur ou du débiteur devra être prouvée contre eux par celui qui prétend les faire condamner par corps.

Dans tous les cas, il appartiendrait aux juges du fond d'apprécier si le vendeur ou le débiteur a été de bonne ou de mauvaise foi ; leur décision sur ce point sera souveraine et à l'abri du contrôle de la Cour de cassation (4).

775. Le stellionataire n'est contraignable par corps que pour l'exécution des obligations contractées par l'acte entaché de stellionat. Bien plus, il n'est pas nécessairement contraignable par cela seul qu'il est stellionataire ; la circonstance qu'il s'est rendu coupable de ce délit civil ne le soumet à la contrainte par corps qu'autant qu'elle est accompagnée de cette autre circonstance que le délit a produit son effet, c'est-à-dire qu'il a causé un préjudice à l'acheteur ou au créancier.

776. Il résulte de là qu'il n'y aura pas lieu à la contrainte par corps, bien qu'il y ait stellionat :

1° Si l'acheteur ou le créancier, connaissant le véritable état des choses, n'a pas été induit en erreur par la réticence ou par la déclaration mensongère du vendeur ou du débiteur, c'est le cas de dire *scienti dolus non infertur* : ainsi a-t-il été décidé dans une espèce où l'hypothèque légale de la femme *se trouvant inscrite*, le mari avait

---

(1) Bourges, 11 déc. 1839 (S. V., 40, 2, 266 ; Dalloz, 40, 2, 206).

(2) Cass., 12 nov. 1838 (S. V., 39, 1, 147 ; Dalloz, 38, 1, 399 ; *J. Pal.*, à sa date).

(3) *Voy.* notre *Traité des Priv. et Hyp.* (n° 855). *Voy.* aussi Paris, 8 fév. 1813 ; Rej., 21 fév. 1827 ; Toulouse, 16 janv. 1829 ; Bourges, 4 mai 1841 (S. V., 13, 2, 268 ; 27, 1, 336 ; 29, 2, 201 ; Dalloz, *Nouv. Rép.*, v° Contr. par corps, n° 173).

(4) *Voy.* Req., 21 fév. 1827 (S. V., 27, 1, 336).

vendu un immeuble qui en était grevé, en le déclarant libre de toute hypothèque (1);

2° Si, par suite d'événements ultérieurs, l'acheteur ou le débiteur n'a éprouvé aucun préjudice et n'en peut éprouver aucun. Toutefois, il y a lieu de distinguer ici, dans l'application, entre le stellionat résultant de la présentation de l'immeuble comme libre, ou de la déclaration d'hypothèques moindres, et le stellionat qui résulte de ce que celui qui a vendu ou qui a constitué hypothèque n'était pas propriétaire. Dans la première hypothèse, la solution est applicable sans difficulté ; nous nous en sommes expliqué ailleurs en établissant que le mari, par exemple, qui a encouru la peine du stellionat, doit être relevé de la contrainte par corps si la femme vient ultérieurement, par une renonciation à son hypothèque légale en faveur du créancier qui avait reçu hypothèque, faire cesser le tort et le dommage causés à ce dernier (2). Dans la seconde hypothèse, il faut supposer que le vendeur ou le débiteur, qui n'était pas propriétaire au moment de la vente ou de la constitution d'hypothèque, l'est devenu depuis ; et, alors, s'élève la question préalable de savoir quel est, par rapport à la vente ou à l'hypothèque de la chose d'autrui, l'effet de la consolidation de la propriété sur la tête de celui qui a vendu ou constitué hypothèque. Admet-on que la vente ou la constitution d'hypothèque se trouve par là validée ou confirmée, on doit dire en conséquence que le stellionataire sera relevé de la contrainte par corps ; mais si l'on tient que, même en ce cas, la nullité de la vente ou de la constitution d'hypothèque peut être proposée, il faut conclure, au contraire, que l'acquéreur ou le créancier reste toujours intéressé à poursuivre, par voie de contrainte par corps, l'exécution des condamnations qu'il pourra obtenir contre le vendeur ou le débiteur, par suite de l'annulation de la vente ou de la constitution d'hypothèque. Nous avons, quant à nous, soutenu que la nullité peut être proposée même après la consolidation (3); en conséquence, à notre avis, celui qui, ayant sciemment vendu ou hypothéqué la chose d'autrui, en devient ultérieurement propriétaire, n'en continue pas moins d'être soumis à la contrainte par corps.

777. De même, on peut se demander si celui qui, étant propriétaire pour partie seulement d'un immeuble, l'a vendu en totalité et s'est rendu par là coupable de stellionat (suprà, n° 770), reste soumis à la contrainte par corps lorsque, par l'effet d'un partage opéré postérieurement au stellionat, il est devenu propriétaire de l'immeuble pour le tout. La négative résulte, à notre sens, de ce qu'en raison de l'effet rétroactif du partage, le vendeur est censé avoir été toujours seul et unique propriétaire de l'immeuble (C. Nap., art. 883). L'acquéreur ne serait plus recevable, après le partage et précisément à cause de l'effet

_____

(1) *Voy.* Bordeaux, 9 juill. 1830 (S. V., 30, 2, 361; Coll. nouv., 9, 2, 467; Dalloz, 30, 2, 273). *Voy.* aussi MM. Troplong (n°ˢ 65 et suiv.); Aubry et Rau (t. V, p. 33 et note 17), et notre *Traité des Priv. et Hyp.* (n° 852).

(2) *Voy.* notre *Traité des Priv. et Hyp.* (n° 856).

(3) *Voy.* notre *Traité des Priv. et Hyp.* (n°ˢ 627 à 630). *Voy.* aussi Marcadé (art. 1599, n° 5).

rétroactif de cet acte, à demander la nullité de la vente; et comme, en définitive, il ne souffre aucun préjudice par suite du stellionat, il n'y a aucun motif de lui laisser contre son vendeur le recours de la contrainte par corps. M. Dalloz reproduit un arrêt qu'il signale comme ayant décidé qu'au point de vue qui nous occupe, il n'y aurait pas à s'arrêter au résultat du partage (1). Peut-être était-ce bien là la décision au fond; mais les faits de la cause ne sont pas rapportés, et les motifs de l'arrêt ne consacrent pas cette doctrine, contre laquelle s'élèverait le principe de l'art. 883 du Code Napoléon (2).

778. Comme toute disposition portant détermination de cas dans lesquels il y a lieu à contrainte par corps en matière civile, la disposition de l'art. 2059 doit être interprétée restrictivement. C'est toujours la règle fondamentale (*suprà*, n° 758); nous nous bornons à la rappeler ici, et nous passons immédiatement aux déductions qu'il en faut tirer dans le cas réglé par l'art. 2059.

779. Il en résulte d'abord que le stellionat n'est pas possible *en matière mobilière*. Cela s'induit avec évidence des termes mêmes de la loi, qui ne parle que de la vente des *immeubles* ou de la *constitution d'hypothèque*. Le stellionat ne peut donc jamais se produire dans une vente de meubles, et il en est ainsi non-seulement dans les cas où l'art. 2279 pourrait être invoqué par l'acheteur et lui fournir un moyen de défense suffisant, mais encore dans ceux où cet article est sans application, et notamment dans les cessions de créance et dans les ventes d'une universalité de meubles. La proposition a été faite, dans la discussion de l'art. 2059, de consacrer une solution contraire sur ce dernier point; mais elle a été combattue et repoussée sur l'autorité des usages qui excluent le stellionat pour vente de meubles ou marchandises (3).

780. Il résulte également de la règle qu'il n'y a pas stellionat lorsqu'on donne en *échange* un immeuble dont on sait n'être pas propriétaire, et plus généralement lorsqu'on aliène de toute autre manière que par vente un immeuble dont on sait n'avoir pas la propriété. Ici encore le point est résolu par le texte même de la loi, qui, encore une fois, ne parle que de la *vente* ou de la *constitution d'hypothèque*. Et, en outre, il n'y a pas même raison de décider, spécialement dans le cas d'échange, l'échangiste pouvant revendiquer même contre le tiers détenteur l'immeuble par lui donné en contre-échange de celui dont il viendrait à être évincé (4).

Toutefois, il faut réserver le cas où l'aliénation d'un immeuble par celui qui sait n'en être pas propriétaire aurait lieu par dation en payement. Le cas rentrerait, à vrai dire, dans les termes de la loi, la dation en payement étant soumise, en général, à toutes les règles de la vente.

---

(1) Req., 11 mai 1813 (Dalloz, *Nouv. Rép.*, v° Contr. par corps, n° 133).
(2) *Voy.* MM. Aubry et Rau (t. III, p. 248 et note 43; t. V, p. 33 et 34, note 20).
(3) *Voy.* Locré (t. XV, p. 544 à 546); Fenet (t. XV, p. 135 à 138).
(4) *Voy.* Marcadé (sur les art. 1704 et 1705, n° 2). *Junge* : MM. Coin-Delisle (art. 2059, n° 5); Duranton (t. XVIII, n° 446); Aubry et Rau (t. V, p. 32, note 14).

781. Il n'y a pas stellionat dans le fait, par des époux qui vendent un immeuble, d'en dissimuler la dotalité (1). Ajoutons que, depuis la loi du 10 juillet 1850 (addition à l'art. 1391 C. Nap.), la dissimulation de la dotalité de l'immeuble ne peut même pas causer un préjudice à l'acquéreur avec qui les époux ont contracté.

Que si le mari vendait seul comme sien un immeuble dotal, il y aurait stellionat, sans nul doute, puisque la mari aurait vendu la chose qu'il savait appartenir à autrui (2).

782. Il n'y a pas de stellionat lorsqu'on dissimule l'existence de l'usufruit ou des servitudes, et généralement de toute charge réelle, autre que l'hypothèque, dont peut être grevé l'immeuble vendu ou hypothéqué. Ici comme dans les cas précédents, la raison de décider est dans le texte même de la loi; et, bien que le fait de déclarer mensongèrement qu'un fonds servant est libre de servitudes présente une grande analogie avec les déclarations mensongères prévues dans le dernier alinéa de l'art. 2059, on ne peut, dans le silence de la loi, y étendre la disposition de cet article. — Il en faut dire autant lorsqu'au lieu d'une charge réelle proprement dite c'est une autre obligation que le vendeur a dissimulée, par exemple, l'obligation de faire des réparations imposées par l'autorité administrative (3).

783. Il n'y a pas stellionat lorsqu'on vend un usufruit ou une servitude constituée sur un immeuble dont on sait n'être pas propriétaire (4).

784. Enfin, il n'y a pas stellionat lorsqu'on dissimule la condition résolutoire à laquelle se trouve soumis le droit de propriété qu'on aliène (5).

785. Une observation commune aux hypothèses diverses que nous venons de parcourir, c'est que l'absence de stellionat ne fait pas que le débiteur ou le vendeur de mauvaise foi doive nécessairement échapper à la contrainte par corps. Il pourrait y être soumis, par application de l'art. 126 du Code de procédure, pour le payement des dommages-intérêts auxquels il aurait été condamné sur la demande du créancier ou de l'acquéreur qu'il aurait trompé. Mais, comme nous le verrons bientôt en nous occupant de ce dernier article, la contrainte par corps serait alors facultative, et non impérative comme dans le cas de stellionat.

786. Terminons, sur ce premier cas de contrainte impérative, par une remarque que suggèrent certaines formules introduites dans les

_____

(1) *Voy.* Paris, 14 fév. 1829; Toulouse, 22 déc. 1834 (S. V., 29, 2, 128; 35, 2, 196; Dalloz, 29, 2, 77; 35, 2, 86; *J. Pal.,* à leur date). *Voy.* aussi MM. Troplong (n° 62); Coin-Delisle (art. 2059, n° 8); Aubry et Rau (t. V, p. 33, note 16), et le *Traité du Contrat de mariage* que nous avons publié avec M. Rodière (1re édit., t. II, n° 595; 2e édit., t. III). — *Voy.* cependant Toulouse, 24 juin 1812; Riom, 30 déc. 1823 (Dalloz, *Nouv. Rép.,* v° Contr. par corps, nos 139 et 140).
(2) Riom, 30 nov. 1813 (S. V., 13, 2, 361; Coll. nouv., 4, 2, 364; Dalloz, 23, 2, 52).
(3) Rej., 29 juin 1819 (S. V., 20, 2, 81; Coll. nouv., 6, 1, 90; Dalloz, 19, 1, 474; *J. Pal.,* à sa date).
(4) *Voy.* M. Dalloz (*Nouv. Rép.,* v° Contr. par corps, n° 126).
(5) *Voy.* MM. Aubry et Rau (t. V, p. 32).

actes de vente d'immeubles ou de constitution d'hypothèque. Il n'est pas rare d'y trouver la mention que l'immeuble est déclaré libre par le vendeur ou débiteur *sous les peines de stellionat*. L'addition de ces derniers mots est superflue : la contrainte par corps n'est pas un de ces objets sur lesquels la convention des parties puisse, en général, avoir un effet quelconque. Les règles ci-dessus exposées devront donc, même en présence d'une telle clause, être suivies sans aucune modification.

III. — 787. La contrainte par corps impérative a lieu pareillement *pour dépôt nécessaire* (art. 2060, n° 1). — Le dépositaire, en cas de dépôt nécessaire, c'est-à-dire en cas de dépôt forcé par quelque accident, tel qu'un incendie, une ruine, un pillage, un naufrage, ou autre événement imprévu (C. Nap., art. 1949), est contraignable par corps pour l'exécution de toutes les condamnations prononcées contre lui au profit du déposant, sans qu'il y ait à distinguer s'il s'est rendu coupable de dol ou seulement d'une faute (1). — Il en est de même des voituriers par terre et par eau et des aubergistes ou hôteliers, puisque, d'après les art. 1782 et 1952 du Code Napoléon, ils reçoivent, à titre de *dépôt nécessaire*, les effets confiés à leur garde ou apportés par les voyageurs dans l'hôtellerie.

788. Mais l'art. 2060 parle seulement du dépôt *nécessaire ;* ce serait donc violer l'art. 2063 que d'en étendre la disposition au dépositaire dans le cas de dépôt *volontaire*. Néanmoins, ce n'est pas à dire que la contrainte par corps ne puisse pas être prononcée contre ce dernier, même à l'occasion du dépôt. Il est telles circonstances, en effet, où l'emploi de ce moyen d'exécution serait autorisé, sinon par l'article 2060, au moins par d'autres dispositions, conformément à des principes que nous avons exposés et sur lesquels nous aurons à revenir encore.

789. Bornons-nous à les rappeler ici, en nous référant d'ailleurs à notre commentaire de l'art. 1945 (2). D'une part, même dans le cas du dépôt volontaire, qui, en ce point, ne se distingue pas du dépôt nécessaire, si le dépositaire a commis une violation de dépôt tombant sous l'application de la loi pénale, il est contraignable par corps par application des art. 408 et 52 combinés du Code pénal. D'une autre part, s'il s'agit simplement de la restitution de la chose déposée, le dépositaire n'y peut, en l'absence de tout fait délictueux, être condamné par corps, et en cela son obligation diffère de celle du dépositaire dans le cas de dépôt nécessaire; mais s'il a encouru, comme dépositaire, une condamnation à des dommages-intérêts envers le déposant, il peut de ce chef être condamné par corps dans les termes de l'art. 126 du Code de procédure, c'est-à-dire facultativement et en tant que les dommages excèdent la somme de 300 francs.

IV. — 790. Il y a lieu de même à la contrainte par corps impérative en cas de *réintégrande* (art. 2060, n° 2). Mais qu'est-ce au juste

---

(1) *Voy.*, à cet égard, notre commentaire de l'art. 1949 (tome précédent, n° 519).
(2) *Voy.* au tome précédent (n°ˢ 497 et suiv.).

que la réintégrande? Est-ce là une action qui se distingue des autres actions possessoires, et notamment de l'action en complainte? On discute sur ce point depuis bien des années, et le principal, tout au moins l'un des principaux arguments invoqués dans le système qui tient les deux actions comme absolument distinctes, est tiré précisément de notre art. 2060. C'est sur cette disposition que s'est fondée notamment la Cour de cassation, qui, prenant aussi pour base les principes reçus dans notre ancien droit, considère la réintégrande comme un dérivé de la maxime *spoliatus ante omnia restituendus,* et décide d'une manière constante que l'action est accordée pour la réparation du fait illicite de la dépossession plus encore que pour la conservation de la possession ; que par suite elle est recevable, bien que la possession du demandeur ne réunisse pas toutes les conditions et les caractères exigés par l'art. 23 du Code de procédure pour fonder l'action en complainte, spécialement bien qu'elle ne soit pas annale, et qu'il suffit que le demandeur établisse le fait d'une *détention* quelconque au moment où a eu lieu la dépossession (1). Cette jurisprudence a été énergiquement contestée (2). Néanmoins, malgré les très-vives critiques dont elle a été l'objet, nous la croyons parfaitement exacte; et on peut aujourd'hui la considérer comme législativement consacrée par la loi du 25 mai 1838, dont l'art. 6, à la différence de l'art. 23 du Code de procédure qui semblait avoir confondu toutes les anciennes actions possessoires, fait mention de la réintégrande comme d'une action distincte de la complainte (3).

791. Quelle que soit, d'ailleurs, l'opinion que l'on adopte sur la réintégrande, sur ses conditions et son caractère constitutifs, il n'est pas douteux qu'elle porte uniquement sur la possession ou détention, et non sur la propriété. Aussi s'accorde-t-on à reconnaître que les rédacteurs de l'art. 2060 ont manqué d'exactitude en exprimant que la contrainte par corps a lieu, en cas de réintégrande, pour le délaissement d'un fonds dont le *propriétaire* est dépouillé : c'est aussi en vue et dans l'intérêt du *simple possesseur* dépossédé par voies de fait que la disposition est écrite. Quant à la contrainte par corps à laquelle peut donner lieu une action pétitoire, c'est un point réglé par l'art. 2061 (*infrà,* n° 817).

792. Le législateur se propose ici d'assurer l'exécution du jugement intervenant sur l'action en réintégrande. Ainsi, la contrainte par corps édictée par la loi, et que le juge de paix doit ajouter au jugement par le-

---

(1) *Voy.* notamment Cass., 19 août 1839 ; Req., 25 mars 1857 et 8 juill. 1861; Cass., 2 juill. 1862 (Dalloz, 39, 1, 338 ; 57, 1, 339 ; 62, 1, 190 et 354 ; *J. Pal.*, 1858, p. 1009; 1862, p. 301 et 1164; S. V., 39, 1, 641; 58, 1, 453 ; 62, 1, 617 et 836).

(2) *Voy.* MM. Toullier (t. II, nᵒˢ 123 et suiv.); Curasson (*Comp. des juges de paix,* t. II, p. 35 et suiv.); Vazeille (*Prescr.,* t. II, n° 708); Troplong (*Prescr.,* t. I, nᵒˢ 305 et suiv.; *Contr. par corps,* nᵒˢ 84-118).

(3) Et en effet, MM. Aubry et Rau, qui, dans leurs premières éditions, s'étaient prononcés contre la distinction, reviennent sur cette opinion aujourd'hui, et reconnaissent que la loi du 25 mai 1838 a sanctionné la jurisprudence de la Cour de cassation (3ᵉ édit., t. II, p. 147, note 1). *Voy.* aussi M. Devilleneuve, dans la Collection nouvelle, t. VIII, p. 492, note 1, et S. V., 39, 1, 641.

quel il rétablit le demandeur en possession, a lieu principalement pour le délaissement du fonds dont le possesseur a été dépouillé. Seulement, il faut éviter ici la méprise dans laquelle on est tombé quelquefois en confondant la contrainte par corps prononcée pour le délaissement du fonds avec l'exécution *manu militari* du jugement qui ordonne le délaissement. Il y a là, nous l'avons indiqué déjà, deux idées parfaitement distinctes : toute coercition exercée sur la personne n'est pas la contrainte par corps ; l'emprisonnement est un des caractères essentiels de ce dernier moyen d'exécution, il le différencie de l'exécution *manu militari* (*suprà*, n° 746).

Ajoutons après cela que, dans les termes de notre article, le délaissement du fonds, qui est l'objet principal de la contrainte par corps, n'en est pas l'objet unique ; la contrainte par corps peut avoir, en outre, pour objet la restitution des fruits perçus pendant l'indue possession du fonds et le payement des dommages-intérêts adjugés au possesseur réintégré. Ces applications s'expliquent d'elles-mêmes et n'ont pas besoin de commentaire.

793. Mais-il y a, quant à l'objet principal de la contrainte par corps, un point à préciser. La loi dit que ce moyen d'exécution a lieu en cas de réintégrande, pour le délaissement ordonné par justice, d'un fonds dont le propriétaire (disons le *possesseur*) a été dépouillé *par voies de fait*. Et on se demande ce qu'il faut entendre par ces derniers mots. Dira-t-on que le possesseur doit avoir été dépouillé à la suite d'une violence irrésistible, d'une lutte, d'un combat ? Ou bien prendra-t-on les mots *voies de fait* dans leur sens littéral, et en même temps large, de manière à y faire rentrer tout acte fait sans droit, par exemple une démolition, un déplacement de bornes, même une simple anticipation commise sans violence ni dévastation ou résultant de travaux exécutés sur le fonds ? La question a été fréquemment débattue devant les tribunaux et a donné lieu à bien des controverses. Toutefois la vérité se place ici, comme en beaucoup d'autres points, entre les deux extrêmes : il n'est pas nécessaire, pour reconnaître la *voie de fait*, qu'il y ait eu lutte et combat, mais il ne suffit pas qu'il y ait un acte quelconque commis sans droit au préjudice du possesseur ; tout acte de nature à troubler l'ordre et la paix publique constitue la *voie de fait* susceptible de donner lieu à l'action en réintégrande. C'est la jurisprudence constante de la Cour de cassation (1).

V. — 794. La contrainte par corps impérative est édictée, en quatrième lieu, *pour répétition de deniers consignés entre les mains de personnes publiques établies à cet effet* (art. 2060, n° 3). Les personnes publiques dont il est question dans cette disposition sont, aujourd'hui, les préposés de la caisse spéciale connue sous le nom de *Caisse des dé-*

_____

(1) Req., 28 déc. 1826, 10 août 1847, 3 mai 1848, 6 déc. 1854, 12 mai 1857 (S. V., 27, 1, 73 ; 48, 1, 63 et 714 ; 56, 1, 208 ; 57, 1, 808 ; Dalloz, 27, 1, 107 ; 47, 1, 333 ; 48, 1, 157 ; 55, 1, 23 ; 57, 1, 359 ; *J. Pal.*, 1848, t. I, p. 174 ; t. II, p. 314 ; 1856, t. I, p. 447 ; 57, 1, 580). Comp. Req., 18 fév. 1835 (S. V., 35, 1, 886 ; Dalloz, 35, 1, 184 ; *J. Pal.*, à sa date).

pôts et consignations, c'est-à-dire : à Paris, le caissier; dans les chefs-lieux de département, les receveurs généraux; dans les chefs-lieux d'arrondissement, les receveurs particuliers des finances (Ord. du 22 mai 1816 et du 3 juillet de la même année, rendues en exécution de la loi du 28 avril 1816, art. 110 et 111).

795. Le n° 3 de l'art. 2060 parle seulement de la consignation de *deniers;* la disposition n'en saurait donc être étendue à la consignation de corps certains. Mais elle s'applique à toute consignation de deniers, soit judiciaire, soit même purement volontaire (1).

796. Les préposés de la Caisse des consignations sont-ils les seules personnes publiques auxquelles le n° 3 de notre article soit applicable? Ne faudrait-il pas considérer comme tels les huissiers, les geôliers, les courtiers et les agents de change qui auraient reçu des sommes d'argent par suite de leurs fonctions? On s'est prononcé pour l'affirmative (2). Cependant cette solution se concilie mal avec le texte même de notre art. 2060, dans lequel on trouve une autre disposition toute spéciale aux officiers publics qui ont reçu des deniers par suite de leurs fonctions (§ 7, *infrà,* n°s 811 et suiv.). Si donc les huissiers, par exemple, sont contraignables par corps pour la restitution des sommes par eux reçues, c'est en vertu de cette dernière disposition, dans laquelle ils sont particulièrement dénommés. Quant aux courtiers et agents de change, s'ils sont contraignables par corps, c'est par application des règles sur la contrainte par corps en matière commerciale, dont nous occuperons dans notre commentaire de l'art. 2070 (*infrà,* n°s 931 et suiv.). Enfin, en ce qui concerne les geôliers, ils ne sont désignés ni dans le n° 7, ni dans le n° 3 de notre article, et il en faut conclure dès lors qu'ils ne sont pas contraignables. Sans doute, il eût été logique et raisonnable de les assimiler aux huissiers sous ce rapport; mais le législateur ne l'a fait ni en 1804, ni en 1848, lorsque trois classes d'officiers publics ont été ajoutées à celles que mentionne le n° 7 de notre article; en sorte qu'en l'absence de tout texte établissant la contrainte par corps contre les geôliers, il est impossible de les y soumettre, la matière étant, par sa nature même, exclusive de toutes extensions par voie d'analogie.

797. Et cette considération même justifie pleinement une décision généralement approuvée de la Cour de Nancy, laquelle a refusé de prononcer la contrainte par corps contre un simple particulier qui, en surprenant la religion d'un receveur général, s'était fait remettre les deniers consignés entre les mains de ce dernier (3). Le receveur général demandait que l'exercice récursoire de la contrainte par corps lui fût accordé contre celui par le dol duquel il se trouvait lui-même exposé à ce mode d'exécution. Mais, bien que fondée en équité, sa prétention fut rejetée : elle ne pouvait manquer d'être écartée en présence de

---

(1) *Voy.* MM. Coin-Delisle (art. 2060, n° 6); Troplong (n°s 127, 128 et 130).
(2) *Voy.* M. Troplong (n°s 126 et 129). Comp. M. Coin-Delisle (art. 2060, n° 8).
(3) Nancy, 18 mai 1827 (S. V., 27, 2, 229; Coll. nouv., 8, 2, 370; Dalloz, 27, 2, 199; *J. Pal.,* à sa date).

l'art. 2063, dont la disposition indique nettement que notre matière ne se prête en aucune manière aux analogies.

798. Par cela même, il convient d'ajouter que la solution contenue dans l'arrêt de la Cour de Nancy doit être généralisée. Cette solution, en effet, n'a rien de spécial au cas où il s'agit de la répétition de deniers consignés. Elle convient et s'applique à tous les cas où un contraignable par corps exerce un recours contre un tiers, par suite des condamnations qu'il a subies ou qu'il est exposé à subir. La circonstance qu'il est lui-même soumis à la contrainte ne saurait lui fournir un motif acceptable de prétendre que celui qu'il poursuit doit être condamné par corps (1).

799. Le n° 3 de l'art. 2060 règle seulement les rapports des dépositaires publics avec les simples particuliers. Les rapports de ces dépositaires avec l'État sont réglés par les dispositions relatives à la contrainte par corps en matière de deniers et effets mobiliers publics (l. du 17 avril 1832, art. 8-13). Il faut, à cet égard, se reporter à la quatrième partie de ce commentaire (*infrà*, n°s 998-1020).

VI. — 800. Le Code Napoléon établit la contrainte par corps impérative, en cinquième lieu, *pour la représentation des choses déposées aux séquestres, commissaires et autres gardiens* (art. 2060, n° 4). Cette disposition de la loi, comme la précédente, s'expliquerait au besoin par le motif même qui a fait établir la contrainte par corps dans le cas de dépôt nécessaire. La situation est, en effet, identique, puisque celui dont les biens sont sous la garde de la personne commise par la justice est, en quelque sorte, dans un cas de dépôt nécessaire; et, par cette seule raison, le dépositaire aurait pu être assujetti à la contrainte par corps. Mais comme l'explique Bigot-Préameneu dans l'Exposé des motifs, il y avait une raison de plus : ce n'est pas le dépositaire seul qui répond alors, c'est la justice elle-même; et l'ordre public veut que tous les moyens, celui même de la contrainte par corps, soient employés pour que la foi qu'elle doit inspirer ne soit pas violée (2).

801. On s'accorde à reconnaître qu'il est parlé du *séquestre* en termes trop généraux, en ce que la disposition de la loi pourrait donner à penser que même le séquestre *conventionnel* est contraignable par corps. Or, il n'en saurait être ainsi : le n° 4 de notre article doit être appliqué limitativement aux séquestres *judiciaires,* à ceux que la justice établit ses dépositaires (3). C'est qu'en effet le séquestre conventionnel, tant qu'il reste dans cette qualité, n'est, à vrai dire, qu'un simple dépositaire : le droit de contrainte par corps ne saurait donc exister contre lui, puisqu'en principe il n'existe pas contre le dépositaire en cas de dépôt volontaire.

802. On reconnaît également que la disposition de la loi est sans application en ce qui concerne les *commissaires* dont il y est question.

---

(1) *Voy.* MM. Aubry et Rau (t. V, p. 36 et note 34).
(2) Locré (t. XV, p. 575); Fenet (t. XV, p. 162).
(3) *Voy.* MM. Coin-Delisle (art. 2060, n° 10); Troplong (n° 132); Aubry et Rau (t. V, p. 34 et note 25).

Les rédacteurs du Code Napoléon avaient reproduit, sur ce point, un mot de l'ordonnance de 1667 (tit. 34, art. 4), sans savoir ce que les lois de procédure disposeraient à l'égard d'anciens officiers que cette ordonnance avait en vue : nous voulons parler des officiers préposés à la garde des objets saisis. Or les *commissaires aux saisies réelles* n'ont pas été maintenus par le Code de procédure, et par là la disposition du n° 4 de l'art. 2060 relativement aux *commissaires* s'est trouvée sans application. Ce n'est pas que la fonction de commissaire soit absolument inconnue dans les pratiques judiciaires : il y a, en effet, des juges commis pour faire le rapport d'une affaire, et, à ce titre, dépositaires des pièces de l'affaire dont ils sont rapporteurs ; il y a aussi des juges-commissaires aux faillites. Mais étendre à ces magistrats la disposition de notre article, ce serait, comme le dit M. Coin-Delisle, faire une application fausse et indécente de la loi. Sans doute, les magistrats doivent conserver religieusement les titres des parties, et ils répondent assurément de ceux qui, par leur fait, viendraient à s'égarer ; mais il serait abusif et déraisonnable de les considérer comme atteints par la disposition de notre article, sous l'application duquel le législateur n'a évidemment pas eu en vue de les placer (1). On ne doit pas même l'étendre aux syndics de faillite, lesquels ne peuvent être soumis à la contrainte par corps que comme comptables, par application de l'article 126 du Code de procédure (*infrà*, n° 831).

803. Enfin, en ce qui concerne les *autres gardiens* dont il est question dans notre article, la désignation s'applique à toute personne légalement chargée de la conservation des biens mis sous la main de la justice. Il en est ainsi du gardien commis ou établi par l'huissier en cas de saisie-exécution (C. proc., art. 596 et 597), de saisie des fruits pendants par racine (*ibid.*, art. 628), de saisie-gagerie ou sur débiteurs forains (*ibid.*, art. 821 et 823), ou de saisie-revendication (*ibid.*, article 830). Il en est ainsi du gardien établi dans l'apposition des scellés après décès (*ibid.*, art. 914, n° 10), et de celui auquel sont remis les effets et papiers après inventaire (*ibid.*, art. 943, n° 9). Il en est de même du gérant à l'exploitation que le juge de paix, aux termes de l'art. 594 du Code de procédure, peut établir en cas de saisie d'animaux et ustensiles servant à l'exploitation des terres, ainsi que des autres gérants qui, en des circonstances semblables, par exemple en cas de saisie ou en cas de faillite, seraient établis par les tribunaux civils ou par les tribunaux de commerce : ce sont là des mandataires, sans doute, mais ils n'en sont pas moins, et principalement, dépositaires et gardiens, et, à ce titre, soumis à la contrainte par corps, aux termes du n° 4 de notre article.

804. Reste à préciser l'objet de la contrainte par corps. A cet égard, la loi dit que la contrainte par corps a lieu pour la *représentation* des choses déposées. Et l'expression est remarquable en ce qu'elle indique que la contrainte par corps est établie, non pas seulement pour

_____

(1) M. Coin-Delisle (art. 2060, n° 12).

la restitution définitive de ces choses, mais encore pour leur représentation, c'est-à-dire pour leur exhibition par le gardien dépositaire au moment quelconque où, pendant la durée de la garde, le déposant pourrait avoir intérêt à se les faire représenter.

Que si le séquestre ou gardien avait des prestations à faire outre la représentation ou la restitution des choses déposées ; par exemple, s'il avait soit à tenir compte des fruits, soit à payer des dommages-intérêts, nous ne pensons pas qu'à raison de ces prestations il fût contraignable par application du n° 4 de notre article. M. Troplong enseigne pourtant que la contrainte par corps a lieu pour le compte des fruits qui, par droit d'accession, s'ajoutent à la chose donnée en garde ou placée sous le séquestre judiciaire (1). Il n'en peut être ainsi, à notre avis, que dans les cas prévus aux art. 603 et 604 du Code de procédure civile (infrà, n° 815) ; mais c'est par application de ces derniers articles, et non de notre art. 2060, que la contrainte par corps est alors prononcée. Il est, d'ailleurs, bien entendu que, dans tous les autres cas, le séquestre ou le gardien, s'il encourait une condamnation à des dommages-intérêts à l'occasion des prestations dont il s'agit, serait exposé à la contrainte facultative dans les termes de l'art. 126 du Code de procédure.

VII. — 805. La contrainte par corps impérative est établie, en sixième lieu, contre les cautions judiciaires et contre les cautions des contraignables par corps, *lorsqu'elles se sont soumises à cette contrainte* (art. 2060, n° 5). Ces dernières expressions ont fait naître la question de savoir si les cautions *judiciaires*, aussi bien que celles des contraignables, doivent s'être soumises formellement à la contrainte pour que ce moyen d'exécution puisse être employé contre elles. En commentant plus haut l'art. 2040, au titre *Du Cautionnement*, nous avons discuté cette question, d'ailleurs fort controversée, et nous nous sommes prononcé pour la négative. Sans revenir ici sur nos observations, auxquelles nous nous référons (voy. *suprà*, n° 440), nous tenons donc que la caution judiciaire est soumise à la contrainte par corps *de plein droit* et sans qu'il soit nécessaire qu'elle y ait spécialement consenti.

806. Quant aux cautions des contraignables par corps, un consentement spécial de leur part est nécessaire ; et c'est là le seul cas de contrainte *conventionnelle* qui subsiste encore aujourd'hui dans notre droit. Mais comme la faculté de se soumettre par convention à la contrainte par corps est de sa nature et essentiellement exceptionnelle, elle doit être rigoureusement restreinte aux termes mêmes dans lesquels elle est concédée par la loi. Ainsi, c'est seulement quand le débiteur cautionné est lui-même contraignable, par exemple, quand c'est un stellionataire, un dépositaire nécessaire, etc., que le tiers peut, en cautionnant l'obligation, se soumettre à la contrainte par corps (*suprà*, n° 79).

_____

(1) *Voy.* M. Troplong (n° 142).

807. D'ailleurs, la soumission de la caution peut être purement tacite, puisqu'elle n'a pas été subordonnée par notre article à la nécessité d'une déclaration expresse ou explicite. Mais quand peut-on dire, à défaut d'une déclaration expresse, que la caution a entendu se soumettre à la contrainte par corps? La question ne saurait être résolue en termes absolus; elle comporte, en effet, des distinctions et des réserves.

Notons d'abord qu'elle se présente seulement à l'égard du cautionnement d'une dette commerciale. Le cautionnement volontaire d'une dette civile a rarement lieu avec soumission à la contrainte par corps. Le très-regrettable Coin-Delisle, dont l'une des dernières publications a eu pour objet précisément l'explication du § 5 de l'art. 2060 du Code Napoléon, dit que, pendant sa longue pratique des affaires, il n'en a jamais vu d'exemple (1). Néanmoins, le fait peut se produire; mais, dans tous les cas, la soumission ne résultera jamais que d'une déclaration expresse, en sorte que ce n'est pas quand la dette principale est purement civile qu'il peut être question de se demander en quels cas il y a lieu de tenir pour constante la soumission de la caution à la contrainte par corps, bien que cette soumission ne soit pas expressément déclarée.

Mais il en est autrement quand il s'agit du cautionnement d'une dette commerciale; et c'est ici qu'il faut distinguer. Ainsi, et en principe, il faut tenir que, dans le cas où la dette d'un commerçant pour acte de commerce est cautionnée par un non-commerçant, le cautionnement n'implique pas soumission de la caution à la contrainte par corps. Telle est la jurisprudence de laquelle il résulte, en effet, que l'individu non négociant qui cautionne une dette commerciale emportant contrainte par corps contre le débiteur n'est pas assujetti, par cela seul, à cette contrainte, si d'ailleurs il ne s'y est pas soumis expressément lors du cautionnement (2). La solution, au surplus, pourrait et devrait être étendue même au commerçant qui, d'une manière toute désintéressée, cautionnerait un autre commerçant même pour affaire du commerce de celui-ci, en tant que le cautionnement ne serait pas fait en la forme commerciale, par exemple, par endossement ou aval. Les lois *civiles* sur le cautionnement et la contrainte par corps, dit très-bien Coin-Delisle, régissent même les commerçants hors de leur propre commerce, comme elles régissent les autres citoyens (3).

Au contraire, et par exception, la soumission de la caution à la contrainte par corps doit être tenue pour constante, bien qu'elle n'ait pas été faite par déclaration expresse, si la caution est elle-même commercialement intéressée dans l'affaire qu'elle cautionne, ou encore si le cautionnement est donné dans une forme commerciale, telle que l'endossement ou l'aval. Dans ces deux cas, du reste, il n'y a pas à rechercher

(1) Coin-Delisle (*Cautions des contr. par corps en mat. civ. et comm.*, n° 2).
(2) Cass., 21 juill. 1824, 20 août 1833, 7 juin 1837 (S. V., 26, 1, 73; 33, 1, 743; 37, 1, 593; Coll. nouv., 7, 1, 501; Dalloz, 33, 1, 343; 37, 1, 444; *J. Pal.*, à leur date).
(3) *Voy.* Coin-Delisle (*op. cit.*, n° 11).

si le cautionnement émane d'un négociant ou d'un non-négociant : dans l'un comme dans l'autre, le simple fait du cautionnement implique, à raison soit des circonstances dans lesquelles il intervient, soit de la forme qu'il revêt, la soumission exigée par le n° 5 de notre art. 2060 de la caution des contraignables par corps pour qu'elle soit elle-même assujettie à la contrainte (1).

VIII. — 808. Le Code Napoléon établit, en septième lieu, la contrainte par corps impérative contre tous officiers publics, pour la représentation de leurs minutes, quand elle est ordonnée (art. 2060, n° 6). Et dans ces mots *tous officiers publics,* dont la généralité est fort grande, il faut comprendre tous les dépositaires publics de minutes : les notaires, greffiers, conservateurs des hypothèques, officiers de l'état civil, archivistes, etc.

809. La contrainte est édictée contre ces dépositaires pour la représentation de *leurs* minutes. On a prétendu néanmoins que ce n° 6 de notre article doit être entendu en ce sens que les officiers publics seraient également contraignables pour la représentation des minutes à eux confiées par des particuliers (2). Le principe d'interprétation restrictive qui domine en cette matière s'élève contre cette solution. Si la contrainte par corps était prononcée à raison des minutes *confiées* aux notaires ou autres dépositaires publics, ce ne pourrait être qu'en vertu du n° 7 de notre article (*infrà,* n° 812). Et il n'est pas indifférent de savoir quel est le texte applicable : le n° 6 embrassant dans sa généralité un plus grand nombre de dépositaires publics, tels ou tels officiers seraient atteints, ce numéro étant applicable, qui ne le seront pas si le n° 7 doit être appliqué.

Mais ce que nous disons à propos des minutes confiées aux dépositaires publics par des particuliers, nous ne voudrions pas le dire par rapport aux minutes que ces dépositaires tiendraient de leurs prédécesseurs. Celles-ci sont, dans la réalité, les minutes de ceux qui les détiennent aussi bien que celles qu'ils ont faites eux-mêmes : ce sont *leurs* propres minutes, et dès lors le refus de les représenter les exposerait à la contrainte par corps par application du n° 6 de l'art. 2060.

Du reste, il y a dans les termes de la loi cette restriction essentielle, que la représentation des minutes n'est un devoir pour les dépositaires publics que *quand elle est ordonnée.* En effet, les dépositaires de minutes ne doivent pas s'en dessaisir : telle est la règle (l. 25 ventôse an 11, art. 22). Par exception, il est des cas où ils sont tenus de les livrer ou de les représenter : alors seulement la disposition de la loi est susceptible de recevoir application. Citons comme exemple les cas prévus aux art. 201 et 221 du Code de procédure, et à l'art. 452 du Code d'instruction criminelle.

810. A côté de l'obligation où sont les officiers publics de représenter leurs minutes, mentionnons cette autre obligation qui leur incombe

(1) Voy. Coin-Delisle (*op. cit.,* n°⁵ 5, 29 et 32). — *Voy.* cependant M. Nouguier (*Tr. de la lettre de change,* n° 518).
(2) *Voy.* M. Dalloz (*Rép.,* v° Contr. par corps, n° 215).

d'en délivrer des copies ou expéditions. Cette obligation leur est de même imposée sous la sanction de la contrainte par corps (C. proc., art. 839). Et il n'est même pas nécessaire, comme dans le cas réglé par le n° 6 de notre article, que le dépositaire public reçoive un ordre; il suffit qu'il soit requis par un simple particulier. Ce n'est pas à dire, d'ailleurs, que le dépositaire public doive, en toutes circonstances, déférer à la demande de tout requérant : il y a des distinctions à faire, suivant la nature des actes dont copie ou expédition est requise. Ainsi, les actes de l'état civil doivent être délivrés par extraits à toutes personnes (C. Nap., art. 45). De même, copie des actes transcrits ou des inscriptions hypothécaires subsistantes doit être délivrée par le conservateur des hypothèques à tous ceux qui la requièrent (C. Nap., art. 2196). Mais les actes des notaires ne doivent être délivrés en copie ou en expédition, par le notaire, qu'aux personnes intéressées en nom direct auxdits actes, à leurs héritiers et à leurs ayants cause (l. 25 ventôse an 11, art. 23).

IX. — 811. Enfin, en huitième et dernier lieu, la contrainte par corps impérative est établie contre les notaires, les avoués et les huissiers pour la restitution des titres à eux confiés, et des deniers par eux reçus pour leurs clients, par suite de leurs fonctions (art. 2060, n° 7). On avait d'abord soutenu qu'aux officiers publics ou ministériels dénommés dans cette dernière disposition de l'art. 2060, il fallait ajouter les commissaires-priseurs et les gardes du commerce, parce que leurs fonctions ne sont qu'une distraction ou un démembrement de celles des huissiers (1). Cela n'était pourtant pas admissible en présence de la règle posée par l'art. 2063. Et quelque inexplicable que fût le silence du Code, sinon en ce qui concerne les gardes du commerce, qui n'existaient pas encore en 1804, au moins par rapport aux commissaires-priseurs en raison de la similitude de leurs fonctions avec celles des huissiers, il y avait là une lacune qu'il n'appartenait ni à la doctrine ni à la jurisprudence de combler. Aussi le législateur a-t-il cru devoir intervenir. L'art. 3 de la loi du 13 décembre 1848 dispose en effet que « les greffiers (dont le Code Napoléon ne parlait pas non plus), les commissaires-priseurs et les gardes du commerce seront, comme les notaires, les avoués et les huissiers, soumis à la contrainte par corps dans les cas prévus par le § 7 de l'art. 2060 du Code civil. » On avait songé, lors de la rédaction de la loi, à mentionner en outre les agents de change; mais on reconnut qu'il était inutile d'en parler, par le motif que les agents de change sont contraignables par corps en leur qualité de commerçants.

Ainsi, la dernière disposition de l'art. 2060 s'applique aujourd'hui à six classes d'officiers publics ou ministériels, qui sont : les notaires, les avoués, les huissiers, les greffiers, les commissaires-priseurs et les gardes du commerce. On s'accorde, d'ailleurs, à reconnaître que la disposition n'est pas applicable aux avocats, qui, n'étant mentionnés

_____

(1) *Voy.* MM. Coin-Delisle (sur l'art. 2060, n° 22); Troplong (n° 169).

ni dans notre texte, ni dans aucun autre, ne sont pas contraignables par corps pour restitution de titres ou de deniers (1).

812. La contrainte par corps a lieu contre les officiers désignés par la loi pour deux causes distinctes : 1° pour la restitution des titres à eux confiés ; 2° pour la restitution des deniers par eux reçus pour leurs clients.

Sur la restitution des titres, il y a lieu de préciser que la contrainte par corps est prononcée non-seulement pour le cas où les titres ont été confiés à l'officier public ou ministériel par le client lui-même, mais encore pour celui où les titres auraient été remis ou communiqués par une autre personne que le client, par exemple par l'adversaire de ce dernier (C. proc., art. 107 et 191 ; infrà, n° 815) (2).

En ce qui concerne la restitution des deniers, il est remarquable que la loi parle des deniers reçus par les officiers ministériels *pour* leurs clients. De là est née la question de savoir si l'officier ministériel serait contraignable par corps même pour la restitution des deniers qui lui auraient été remis *par* le client lui-même. Quelques auteurs ont pensé qu'en matière de liberté il ne saurait être permis de substituer dans la loi un mot à un autre ; et, en conséquence, ils ont enseigné que l'avoué, le notaire, l'huissier, qui auraient reçu du client des fonds pour les couvrir d'avances à faire, ne devraient pas, si le procès n'a pas eu de suite, ou si l'acte projeté n'a pas été dressé, être condamnés par corps à la restitution envers le client qui a remis les fonds (3). Nous ne saurions admettre cette doctrine : à notre sens, la disposition de notre article s'applique à la restitution des deniers reçus des clients eux-mêmes aussi bien qu'à la restitution des deniers reçus pour eux. Et en ceci nous ne croyons pas aller contre la règle d'interprétation restrictive de l'art. 2063, qui ne permet pas d'étendre la contrainte par corps d'un cas à un autre par voie d'analogie ; nous nous déterminons par la raison même des choses, et en mettant la disposition de la loi d'accord avec elle-même et en harmonie avec l'esprit dans lequel elle a été rédigée (4), nous donnons à une expression obscure peut-être le sens le plus raisonnable (5).

Nous irons même, avec la Cour impériale de Paris, jusqu'à dire que la contrainte par corps doit être prononcée quand la restitution est réclamée par un tiers auquel étaient destinés les deniers remis à l'officier ministériel. Cette Cour a décidé, en effet, que l'huissier qui a reçu les frais dus à un garde de commerce qu'il a chargé d'instrumenter dans l'intérêt de ses clients, est passible de la contrainte par corps pour la

---

(1) *Voy.* MM. Merlin (*Rép.*, v° Contr. par corps, n° 6); Aubry et Rau (t. V, p. 35, note 30).
(2) *Voy.* MM. Coin-Delisle (art. 2060, n° 23); Troplong (n° 170).
(3) *Voy.* MM. Delvincourt (t. III, p. 627, note 9); Coin-Delisle (art. 2060, n° 25).
(4) *Voy.* l'Exposé des motifs de Bigot-Préameneu (Locré, t. XV, p. 576; Fenet, t. XV, p. 163).
(5) *Conf.* MM. Duranton (t. XVIII, n° 459); Duverdy (*Contr. par corps*, n° 71); Troplong (n°° 171 et suiv.).

restitution de ces frais au garde de commerce (1). Elle a considéré, très-exactement à notre avis, que le n° 7 de l'art. 2060 ne distingue ni entre le cas où les deniers ont été remis *pour* le client et celui où ils ont été remis *par* le client, ni entre le cas où l'action en restitution est exercée par le client lui-même et celui où elle est intentée par le tiers auquel les fonds étaient destinés : c'est à la cause de la dette, à la violation d'un dépôt par un officier public, que, dans la pensée de la loi, la contrainte par corps est attachée.

813. Mais s'il n'y a pas à s'arrêter à de telles circonstances, il y en a une autre dont on doit, au contraire, tenir compte. La loi, en plaçant la restitution des deniers remis aux officiers ministériels sous la sanction de la contrainte par corps, exige, pour que cette sanction puisse être prononcée, que les deniers aient été reçus par ces officiers *par suite de leurs fonctions*. Il faudra donc toujours se demander si la somme a été remise au notaire, à l'avoué, etc., en raison de la fonction dont il est revêtu, ou si elle lui a été remise autrement que par une conséquence nécessaire de sa charge. Dans le premier cas, la disposition du n° 7 de l'art. 2060 serait applicable ; elle serait sans application au second.

D'après cela, nous ne saurions approuver, bien que M. Troplong lui donne son assentiment, une jurisprudence de laquelle il résulte que le notaire qui a reçu de son client des fonds dont il s'est chargé de faire le placement, est contraignable par corps pour la restitution de ces fonds, par application du n° 7 de l'art. 2060 (2). La Cour de Paris, qui a fini par se prononcer dans ce dernier sens, avait cependant posé, dans une décision que nous avons eu déjà l'occasion de citer, la doctrine contraire en termes précis et décisifs (3). Par la nature des dispositions rigoureuses que renferme le n° 7 de l'art. 2060 du Code Napoléon, avait-elle dit, et à raison des conséquences qui peuvent en réfléchir contre les tiers, l'application dudit article doit être restreinte aux cas qu'il a évidemment prévus. Le détournement en question ne pourrait constituer *un fait de charge* proprement dit qu'autant qu'il se rattacherait à un acte qui, en soi, serait de l'essence même du notariat. Or, aux termes de la loi du 25 ventôse an 11, les notaires ont été essentiellement institués pour recevoir les actes et les contrats auxquels les parties doivent ou veulent donner le caractère de l'authenticité. Les dépôts de sommes d'argent ne sont pas un attribut nécessaire de leurs fonctions ; en sorte que les fonds remis au notaire pour en effectuer le placement ne sont pas reçus par lui par suite d'un acte dérivant de son ministère. Donc, en cette circonstance, le notaire n'a qu'un caractère privé, et il échappe dès lors à l'empire des règles qui ne sont applicables qu'à un officier public.

---

(1) Paris, 25 juin 1864 (S. V., 65, 2, 175; *J. Pal.*, 1865, p. 810).
(2) *Voy.* Lyon, 3 fév. 1830; Paris, 26 janv. et 31 juill. 1835; Douai, 29 mai 1839 (S. V., 30, 2, 122; 35, 2, 100 et 521; 40, 2, 150; Dalloz, 30, 2, 95). — *Voy.* M. Troplong (n°* 176 et suiv.).
(3) *Voy.* l'arrêt de la Cour de Paris du 6 janv. 1832, cité *suprà*, n° 760. *Junge :* MM. Coin-Delisle (art. 2060, n° 76); Aubry et Rau (t. V, p. 35, note 32).

Ces raisons, nous le répétons, sont décisives pour écarter l'application du n° 7 de l'art. 2060 dans le cas proposé.

814. Et *à fortiori* ne l'appliquerions-nous pas à l'avoué qui aurait reçu soit des titres, soit des fonds pour accommoder une affaire, ni à aucun officier ministériel pour la restitution de ce qu'il aurait reçu au delà des sommes à lui dues pour honoraires.

Mais, au contraire, la disposition serait applicable au notaire qui reçoit des fonds pour acquitter les droits d'enregistrement, à l'avoué qui en reçoit pour se couvrir d'avances à faire, à l'huissier à qui l'on en confie pour faire des offres réelles. Car, dans ces diverses hypothèses, l'officier est dépositaire public et mandataire forcé (1).

X. — 815. En dehors des cas établis par le Code Napoléon, la contrainte par corps impérative a lieu encore en matière civile :

D'une part, d'après la loi du 17 avril 1832 et aux termes de l'art. 14, contre les étrangers, ce qu'il suffit d'indiquer quant à présent, nous référant, sur ce point, à la dernière partie de ce commentaire, où sont exposées les règles particulières auxquelles les étrangers sont soumis en matière de contrainte par corps (*infrà*, n°⁵ 1021 et suiv.);

D'une autre part, d'après le Code de procédure, dans divers cas précisés par les dispositions qui prononcent la contrainte par corps :

1° Contre l'avoué qui, après l'expiration du délai fixé, n'a pas rétabli les pièces qui lui ont été remises en communication (art. 191);

2° Contre les témoins réassignés qui sont de nouveau défaillants (art. 264 et 413), auquel cas la contrainte par corps prend un caractère de peine qui, en thèse général, ne lui appartient pas;

3° Contre le gardien, en matière de saisie-exécution, pour le payement des dommages-intérêts ou la restitution des fruits, aux termes des art. 603 et 604, dont nous avons eu déjà, sur d'autres points, à signaler la disposition (*suprà*, n° 804);

4° Contre le saisi immobilièrement pour le payement des dommages-intérêts auxquels il est condamné s'il a fait des coupes de bois ou commis des dégradations (art. 683 C. proc., revisé par la loi du 2 juin 1841, anc. art. 690);

5° Contre le fol enchérisseur pour la différence entre son prix et celui de la revente (art. 710 et 740, anc. art. 712 et 744);

6° Contre le saisi pour le forcer à délaisser la possession de l'immeuble adjugé (art. 712, anc. art. 714), hypothèse qui diffère du cas prévu à l'art. 2061, où il s'agit également de désemparer ou délaisser un immeuble, mais à la suite d'une revendication, lequel cas, d'ailleurs, nous l'allons voir tout à l'heure, se rapporte à la contrainte par corps facultative;

7° Contre le saisi ou le saisissant établi gardien, conformément aux art. 821, 823 et 824, dont la disposition, au surplus, n'établit pas, à vrai dire, un nouveau cas de contrainte par corps, en ce qu'elle porte

---

(1) *Voy.* MM. Aubry et Rau (t. V, p. 35, note 31). Comp. M. Troplong (n°⁵ 171-183); Dalloz (*Rép.*, v° Contr. par corps, n°⁵ 219-227). Req., 6 mars 1855; Nancy, 9 déc. 1859 (S. V., 55, 1, 588; 60, 2, 74; *J. Pal.*, 1855, t. I, p. 436; Dalloz, 55, 1, 106; 60, 5, 84).

sur une hypothèse rentrant dans les termes du n° 4 de l'art. 2060 (*suprà*, n° 803);

8° Enfin, contre le notaire ou autre dépositaire qui refuse de donner copie ou expédition d'un acte à ceux qui ont droit de la requérir (article 839 ; *suprà*, n° 810).

§ 2. *De la contrainte facultative.*

XI. — 816. Dans tous les cas dont l'examen précède, le législateur, en établissant la contrainte par corps, dit *qu'elle a lieu*, qu'elle *sera* prononcée : c'est pourquoi la contrainte par corps est qualifiée *impérative* en ces cas. Au contraire, dans les situations qui nous restent à préciser, la loi emploie des expressions qui laissent aux juges toute latitude (peuvent, pourront, s'il y échet), ou dit même en propres termes qu'il est laissé à leur prudence de prononcer la contrainte par corps : c'est pourquoi la contrainte est qualifiée *facultative* dans ces situations.

Le Code Napoléon règle deux cas de contrainte facultative, l'un par l'art. 2061, l'autre par l'art. 2062 : nous nous attacherons d'abord à ces deux cas ; nous nous occuperons ensuite de ceux qui sont établis par le Code de procédure.

XII. — 817. 1° Suivant l'art. 2061, les juges peuvent prononcer la contrainte par corps contre le défendeur à une action pétitoire, pour l'obliger à désemparer l'immeuble par lui détenu. A quelles conditions? Nous le dirons tout à l'heure. Indiquons avant tout que cette hypothèse ne doit pas être confondue avec les deux autres hypothèses, déjà signalées, où la contrainte par corps a lieu aussi, non plus facultativement, mais impérativement, pour le délaissement d'un immeuble, l'une, en cas de réintégrande, contre le spoliateur (art. 2060, 2° ; *suprà*, n°s 790 et suiv.), l'autre, en cas de saisie immobilière, contre le débiteur exproprié (C. proc., art. 712 ; *suprà*, n° 815, 6°) ; et rappelons que dans notre hypothèse, aussi bien d'ailleurs que dans ces deux dernières, la contrainte par corps se distingue de l'exécution *manu militari* du jugement ou de l'arrêt qui ordonne le délaissement de l'immeuble (*suprà*, n°s 746 et 792).

Ces points précisés, reprenons les termes de l'art. 2061. Ceux qui, par un jugement rendu au pétitoire et passé en force de chose jugée, y est-il dit, ont été condamnés à désemparer un fonds, et qui refusent d'obéir, peuvent, par un second jugement, être contraints par corps, quinzaine après la signification du premier jugement à personne ou domicile. — Si le fonds ou l'héritage est éloigné de plus de cinq myriamètres du domicile de la partie condamnée, il sera ajouté au délai de quinzaine un jour par cinq myriamètres.

On voit par là les conditions nécessaires pour que la contrainte par corps puisse être prononcée contre le défendeur au pétitoire. — Il faut d'abord que la chose litigieuse soit un immeuble : alors seulement, comme l'explique l'Exposé des motifs de la loi, la possession de celui qui est condamné à délaisser est certaine ; lorsqu'il s'agit d'une somme ou d'une chose mobilière, il n'est pas également possible de prouver qu'elle soit encore dans les mains de celui qui s'en est emparé, ni qu'il soit en état d'acquitter sa dette; l'intérêt public n'est plus le même : cette dette est mise au rang des dettes civiles ordinaires, à moins que, par les circonstances, il n'y ait un délit caractérisé (1). — Il faut ensuite que le jugement au pétitoire qui ordonne le délaissement soit passé en force de chose jugée : jusque-là, et tant que le jugement est susceptible d'être attaqué par un recours qui remet tout en question, il n'est pas établi que la résistance du défendeur au pétitoire n'est pas fondée. — Il faut, de plus, que le jugement qui ordonne le délaissement soit signifié à personne et à domicile; sans cela, et si le défendeur n'avait pas été personnellement touché par une mise en demeure, et en quelque sorte par une sommation d'exécuter, on ne pourrait pas dire qu'il résiste à l'exécution. — Et puis, comme on n'est pas ici, comme dans le cas de réintégrande, en présence d'un défendeur qui s'est emparé par voies de fait du fonds d'autrui; comme il s'agit d'un défendeur au pétitoire, c'est-à-dire d'une partie qui peut se croire fondée à maintenir sa prétention contre l'action dont il est l'objet, il n'y avait pas le même motif de dire que la contrainte par corps serait décernée par le jugement même qui porterait condamnation à désemparer le fonds : il faut donc enfin qu'un délai de quinzaine (augmenté d'un jour par cinq myriamètres si le fonds ou l'héritage est éloigné de plus de cinq myriamètres du domicile de la partie condamnée) s'écoule à partir de la signification du jugement sans que cette partie désempare le fonds. Alors seulement, soit qu'il se maintienne passivement en possession, soit qu'il se refuse en termes positifs à délaisser, le défendeur au pétitoire est en état de désobéissance aux ordres de la justice, il se constitue en quelque sorte à l'état de rébellion caractérisée (2); et c'est alors seulement que peut intervenir un second jugement qui, ajoutant une sanction au premier, autorisera le demandeur à user contre le défendeur du moyen de la contrainte par corps.

D'ailleurs, à ces conditions diverses qui sont explicitement énumérées dans l'art. 2061, il convient d'en ajouter une autre qui tient à ce que c'est ici un cas de contrainte facultative : les juges auront toujours à apprécier les circonstances, et ils n'autoriseront la contrainte qu'autant que le refus d'obéir ne leur paraîtrait excusable sous aucun rapport.

818. 2° La contrainte par corps peut être prononcée contre les fermiers des biens ruraux et les colons partiaires. Mais, à cet égard, l'art. 2062 contenait deux dispositions distinctes, dont l'une est maintenant abrogée. Sans aller aussi loin que la loi romaine, qui avait rangé au nombre des larcins le fait, par le fermier, de disposer des fruits par lui perçus sans acquitter le fermage (l. 61, § 8, ff. *De Furt.*), sans autoriser même la contrainte par corps de plein droit pour le payement

---

(1) Locré (t. XV, p. 577); Fenet (t. XV, p. 164).
(2) *Voy.* l'Exposé des motifs (*loc. cit.*).

du prix des baux, l'art. 2062 permettait de stipuler la contrainte par corps dans l'acte de bail. Suivant l'explication et le commentaire de l'Exposé des motifs, la stipulation était autorisée parce qu'il y a là une sorte de dépôt qui, par sa nature et son objet, constitue le fermier dans une faute qui, si elle n'est pas, comme dans la loi romaine, mise au nombre des délits, est celle qui en approche le plus ; parce que les propriétaires, qui la plupart sont éloignés, n'ont presque jamais aucun moyen de se garantir de pareille infidélité ; enfin, parce que si la soumission à la contrainte est rigoureuse, il peut aussi être utile au fermier le plus honnête de donner cette espèce de garantie au propriétaire, qui ne lui confierait pas son héritage sans exiger des cautionnements que ce fermier ne pourrait pas fournir (1). Cependant, la disposition de la loi donnait lieu à quelques difficultés de détail qui étaient résolues d'après une interprétation toute restrictive, comme il convenait en cette matière. Ainsi, on tenait que la contrainte par corps, autorisée contre les *fermiers* pour le payement des fermages *des biens ruraux,* ne pouvait pas être étendue aux locataires des maisons de ville, ni au colonat partiaire ; qu'elle n'avait pas lieu pour le payement de fermages dus par suite de tacite réconduction ; et que la stipulation faite à cet égard avec le fermier ne pouvait pas être invoquée contre les héritiers de ce dernier (2). Quoi qu'il en soit, il ne saurait plus être question aujourd'hui de cette première partie de l'art. 2062. Elle est abrogée par la loi du 13 décembre 1848, dont l'art. 2 dispose qu'à l'avenir la contrainte par corps ne pourra pas être stipulée dans un acte de bail pour le payement des fermages des biens ruraux. Par là se trouve resserré, dans notre droit, le champ de la contrainte par corps *conventionnelle,* laquelle est ainsi ramenée à un seul cas, celui de cautionnement des contraignables par corps (*suprà,* n°s 805 et suiv.).

819. Mais la loi de 1848, en abrogeant la première disposition de l'art. 2062, n'a rien dit de la seconde, que dès lors elle a laissée en vigueur. Or, aux termes de cette seconde disposition, la contrainte par corps a lieu sans convention, mais facultativement, contre les fermiers et les colons partiaires, faute par eux de représenter, à la fin du bail, le cheptel de bétail, les semences et les instruments aratoires qui leur ont été confiés, à moins qu'ils ne justifient que le déficit de ces objets ne procède point de leur fait.

Ainsi, d'une part, quant aux personnes auxquelles la disposition est applicable, il est à remarquer qu'à la différence de la disposition abrogée, elle ne s'en tient pas à nommer les fermiers seulement ; elle mentionne en outre les colons partiaires, auxquels elle impose, comme aux fermiers, la contrainte par corps relativement aux objets dont ils sont constitués les dépositaires. M. Coin-Delisle, par une erreur qu'il a d'ailleurs reconnue dans les dernières éditions de son Commentaire, avait enseigné que la seconde disposition de notre article ne devait, pas plus

---

(1) Bigot-Préameneu (*voy.* Locré, t. XV, p. 577 et 578; Fenet, t. XV, p. 165).
(2) *Voy.* MM. Coin-Delisle (art. 2062, n°s 2 et suiv.); Troplong (n°s 204 et suiv.).

que la première, être étendue à ceux qui, sous différentes dénominations, cultivent à moitié fruits (1) ; et telle, en effet, aurait dû être la solution, si l'art. 2062 eût été maintenu tel qu'il avait été primitivement rédigé. Mais, sur l'observation du Tribunat, les colons partiaires ont été placés à côté des fermiers, qui seuls étaient nommés dans le projet (2) ; en sorte que, comme l'a dit M. Coin-Delisle lui-même, son erreur ne pouvait tromper personne, puisque la solution indiquée était contraire au texte.

D'une autre part, quant à la cause ou à l'objet de la contrainte par corps, il est clair que c'est limitativement la représentation du cheptel de bétail, des semences et des instruments aratoires. Le principe bien des fois rappelé déjà de l'art. 2063 ne permettrait donc pas de prononcer la contrainte par corps contre les fermiers ou contre les colons partiaires pour la représentation d'autres objets quelconques : notamment, la contrainte ne saurait avoir lieu faute par le fermier de rendre les *engrais*. On avait bien demandé au conseil d'État que la représentation ou la restitution des engrais fût également placée sous la même sanction que la représentation du cheptel, etc., en ce que le fermier qui manque à l'engagement de rendre les engrais prive souvent le fermier qui lui succède de moyens d'exploitation indispensables ; et l'article avait été adopté avec cet amendement (3). Mais soit par oubli, soit par toute autre cause, l'expression *engrais* n'a pas été insérée dans la rédaction définitive ; et comme l'indiquent les auteurs, on ne peut suppléer à la lacune de la loi, sous ce rapport, que par application de l'art. 126 du Code de procédure, si le fait par le fermier de ne pas rendre les engrais à lui fournis la première année de son bail venait à donner lieu à une condamnation à des dommages-intérêts (4).

820. Les juges ne peuvent prononcer la contrainte par corps pour la représentation du cheptel de bétail, des semences ou des instruments aratoires, qu'autant que ces objets ont été confiés au fermier ou au colon partiaire par le propriétaire lui-même. Quelque généraux que soient les termes de l'art. 2062, il faut bien reconnaître que c'est alors seulement que la disposition en est applicable : ce serait s'écarter de l'esprit dans lequel la disposition a été édictée que d'en faire l'application au cas où les objets auraient été confiés au fermier ou au colon partiaire par un autre que par le propriétaire. Il en doit être de même si, quoique fournis par le propriétaire, ces objets avaient été prêtés au fermier pour l'exploitation de terres voisines. La loi du 15 germinal an 6, à laquelle a été empruntée la disposition de notre article, avait précisé que la contrainte était édictée contre le fermier pour la représentation des objets qui lui seraient confiés « pour l'exploitation *des biens à lui affermés.* » Les rédacteurs du Code ont bien évidemment en-

(1) *Voy.* M. Coin-Delisle (1re édit., art. 2062, n° 7 ; 2e édit., p. 125).
(2) *Voy.* Locré (t. XV, p. 539 et 563) ; Fenet (t. XV, p. 131 et 153).
(3) Locré (t. XV, p. 553) ; Fenet (t. XV, p. 144).
(4) *Voy.* notamment M. Coin-Delisle (art. 2062, n° 10).

tendu maintenir cette condition, bien qu'ils ne l'aient pas exprimée (1).

821. Mais de ce que, d'après les termes de notre article, c'est *à la fin du bail* que la contrainte par corps peut être prononcée, faute par le fermier de représenter le cheptel, les semences et les instruments aratoires, il ne s'ensuit pas qu'il faille nécessairement attendre l'expiration du temps convenu pour la durée du bail. La fin du bail dont parle la loi s'entend aussi de la résiliation que le propriétaire pourrait être mis dans le cas de provoquer, si le fermier détériorait le fonds ou divertissait les bestiaux ou autres effets aratoires (2).

822. Par sa disposition finale, l'art. 2062 réserve le cas où le fermier ou le colon partiaire justifierait que le déficit du cheptel, des semences ou des instruments aratoires ne procède ait point de son fait. La réserve, d'ailleurs, eût été tout naturellement suppléée; c'est, en effet, l'application pure et simple des principes généraux. Dès que les fermiers prouvent que ce n'est pas par leur fait qu'ils sont empêchés de représenter les objets à eux confiés par le propriétaire, ils doivent être déchargés de toute obligation. Mais, bien entendu, c'est à eux de faire la preuve, comme il incombe, en général, à tout débiteur qui se prétend libéré d'établir sa libération.

823. Nous n'avons pas à insister davantage sur les cas de contrainte facultative établis par le Code Napoléon ; nous passons donc à l'examen de ceux que détermine le Code de procédure.

XIII. — 824. L'art. 126 du Code de procédure peut, en raison de la généralité de ses termes, être regardé comme l'une des dispositions les plus importantes de notre législation en matière de contrainte par corps. Sauf l'art. 2063 du Code Napoléon, qui pose le principe fondamental de notre matière, nous n'avons rencontré que des dispositions s'appliquant à des cas spéciaux, à des hypothèses bien déterminées. Au contraire, dans l'art. 126 du Code de procédure, nous trouvons, surtout relativement aux dommages-intérêts, une disposition large, susceptible de l'application la plus étendue, et conférant aux tribunaux, sur la liberté des débiteurs, un pouvoir discrétionnaire très-considérable. Les rédacteurs du Code Napoléon n'avaient pas voulu aller jusque-là, bien que l'ordonnance de 1667 leur eût tracé la voie. La contrainte par corps, aux termes de cette ordonnance, pouvait être prononcée pour les dépens adjugés après quatre mois écoulés depuis la signification du jugement, et il en était de même pour la restitution des fruits et pour les dommages-intérêts, lorsque pour ces divers objets il s'agissait d'une somme excédant 200 livres (tit. 34, art. 2). Mais les rédacteurs du Code Napoléon, ne voulant rien laisser à l'arbitraire du juge, avaient repoussé cette disposition. « Il est vrai, en général, disait Bigot-Préameneu dans l'Exposé des motifs (3), que les dépens sont la peine

---

(1) Coin-Delisle (*loc. cit.*, nᵒˢ 9 et 11).
(2) *Id.* (*loc. cit.*, nᵒ 8). *Voy.* aussi M. Troplong (nᵒ 199).
(3) *Voy.* Locré (t. XV, p. 579); Fenet (t. XV, p. 165 et 166). *Voy.* aussi le Rapport du tribun Gary (Fenet, t. XV, p. 179; Locré, t. XV, p. 597 et 598).

du téméraire plaideur; mais il est également certain qu'un grand nombre de contestations ont pour cause des doutes qui s'élèvent de bonne foi dans l'esprit des plaideurs; et c'est aux tribunaux que la loi elle-même leur indique de s'adresser. Cette considération avait sans doute déterminé les auteurs des lois de 1566 et 1667 à ne pas statuer d'une manière absolue que la contrainte par corps serait prononcée pour les dépens, la restitution des fruits et les dommages et intérêts, et à laisser ce pouvoir à la discrétion des juges. — Les principes que j'ai exposés ne peuvent se concilier avec l'autorisation de la contrainte par corps dans des cas qui ne sont point spécifiés par la loi; et quoique le caractère des juges mérite toute confiance, leur autorité ne saurait suppléer celle de la loi, qui seule peut prononcer sur la liberté individuelle. » Cependant il se produisit, dans l'intervalle qui sépara la promulgation du Code Napoléon de la rédaction du Code de procédure, des faits dommageables qui ramenèrent les esprits, sinon à toutes les idées, au moins à quelques-unes des idées que l'ordonnance de 1667 avait réalisées. Et c'est ainsi que les rédacteurs de ce dernier Code, en rappelant le principe que la contrainte par corps doit être prononcée seulement dans les cas prévus par la loi, ajoutèrent que, néanmoins, il est laissé à la prudence des juges de la prononcer : 1º pour dommages et intérêts en matière civile, au-dessus de la somme de 300 francs; 2º pour reliquats de comptes de tutelle, curatelle, d'administration de corps de communauté, établissements publics, ou de toute administration confiée par justice, et pour toutes restitutions à faire par suite desdits comptes (C. proc., art. 126).

Ainsi, l'emploi de la contrainte par corps est autorisé par cette disposition pour deux causes, l'une et l'autre générales, quoique à des degrés différents, mais distinctes et dont il convient de s'occuper distinctement.

825. *Des dommages-intérêts.* — En raison de sa généralité même, le premier paragraphe de l'art. 126 du Code de procédure a trait à toute espèce de dommages-intérêts, quelle que soit la cause en raison de laquelle les dommages seraient alloués; mais, eu égard au caractère de la mesure qu'il autorise, il n'a trait qu'à ce qui constitue des dommages-intérêts dans le sens propre du mot.

Ainsi, d'un côté, on considérera comme dommages-intérêts, au point de vue de l'art. 126, les indemnités qui sont la réparation du préjudice causé par un délit ou par un quasi-délit (C. Nap., art. 1382 et suiv.), aussi bien que celles qui sont la représentation de la perte ou de la privation du gain éprouvée par un créancier, en raison d'une faute du débiteur ou d'un retard apporté à l'exécution d'une obligation (C. Nap., art. 1146 et suiv.). Et, d'un autre côté, les juges devront s'abstenir rigoureusement de prononcer la contrainte par corps, à raison d'indemnités qui ne rentreraient pas dans l'une ou dans l'autre de ces catégories. Car l'art. 126 doit être interprété restrictivement, comme toute disposition dont l'objet est d'ordonner ou d'autoriser la contrainte par corps, peu importe que la disposition appartienne au

Code de procédure ou au Code civil. Le principe général écrit dans l'article 2063 domine toute la matière.

826. Il faut donc se garder de confondre l'exécution de l'obligation principale avec les dommages-intérêts, qui ne sont que l'accessoire de cette obligation principale. Si les juges peuvent prononcer la contrainte par corps pour l'accessoire, ils doivent s'abstenir de la prononcer pour le principal. La doctrine, tant ancienne que moderne, est à peu près unanime sur ce point (1), et sauf un arrêt de la Cour de Colmar duquel il résulte qu'il faudrait comprendre sous le titre de dommages-intérêts, dans le sens de l'art. 126 du Code de procédure, le prix de la vente restituable à l'acquéreur par le vendeur en cas d'éviction (2), on peut dire que la jurisprudence s'est attachée à maintenir la distinction avec la plus grande fermeté. Ainsi, elle décide qu'un héritier présomptif évincé par un héritier plus proche ne peut être condamné par corps à restituer les biens ou la valeur des biens de la succession dont il s'était d'abord mis en possession (3) ; et qu'on ne peut considérer comme dommages-intérêts, dans le sens de l'art. 126 du Code de procédure, soit la restitution d'une somme indûment perçue (4), soit, contrairement à la décision précitée de la Cour de Colmar, le prix de vente restituable à l'acquéreur par le vendeur en cas d'éviction (5). « Quand il s'agit d'une résolution de vente, dit exactement la Cour impériale de Metz, de qui cette dernière décision émane, il ne faut pas confondre les dommages-intérêts qui peuvent être prononcés accessoirement à cause de l'inexécution du contrat, avec la restitution principale du prix qui tient lieu de l'exécution de la vente elle-même ; la seconde condamnation peut entraîner la contrainte par corps, la première n'autorise aucune voie d'exécution contre la personne. Et il n'est pas difficile de voir pourquoi le législateur, qui s'est approprié, sur cet objet, la doctrine de Dumoulin, a distingué entre la restitution principale du prix et l'allocation accessoire des dommages-intérêts (C. Nap., art. 1630, nos 1 et 4) : les dommages-intérêts sont, dans leur source, la réparation d'une faute et d'une sorte de quasi-délit, en même temps qu'ils sont, dans leur chiffre, d'une nature vague et indéterminée ; sous ce rapport, l'accessoire a paru avoir besoin d'une sanction qui n'était pas due à l'action principale, et qui, dans tous les cas, ne lui a pas été accordée par l'article 126 du Code de procédure. Or, en cette matière rigoureuse, les dispositions de la loi ne peuvent être étendues au delà de leur texte positif, et les tribunaux excéderaient leurs pouvoirs si, donnant aux

---

(1) Dumoulin (*De eo quod inter*, nos 9 et 20); Pothier (*De la Vente*, nos 60 et 131); MM. Delvincourt (t. III, p. 190); Duranton (t. XVI, n° 277); Favard (*Rép.*, v° Vendeur, § 31; Coin-Delisle (art. 2060, n° 34); Marcadé (art. 1630, n° 1); Troplong (*Vente*, n° 503; *Contr. par corps*, n° 234); Aubry et Rau (t. V, p. 37 et note 41).
(2) Colmar, 7 avr. 1821 (S. V., 21, 2, 239; Coll. nouv., 6, 2, 399; Dalloz, 22, 2, 11; *J. Pal.*, à sa date).
(3) Caen, 23 fév. 1825 (S. V., 26, 2, 285; Coll. nouv., 8, 2, 32; Dalloz, 26, 2, 213; *J. Pal.*, à sa date).
(4) Nancy, 18 mai 1827; Cass., 13 déc. 1842 (S. V., 27, 2, 229; 43, 1, 82; Coll. nouv., 8, 2, 370; Dalloz, 27, 2, 199; 43, 1, 277; *J. Pal.*, à leur date).
(5) Metz, 16 mai 1861 (S. V., 61, 2, 545; *J. Pal.*, 1862, p. 337).

termes de l'art. 126 un sens trop élastique, ils faisaient aisément dégé-
nérer toutes les demandes en condamnation en demandes de dommages-intérêts. »

Il ne faut pas confondre non plus les restitutions de fruits indûment perçus avec les dommages-intérêts. Dans un cas spécial, la restitution de fruits donne lieu à la contrainte par corps, et même à la contrainte impérative, c'est le cas prévu aux art. 603 et 604 du Code de
procédure dont il a été question plus haut (n° 815). Mais en toute autre
hypothèse, les restitutions de fruits ne sauraient être considérées comme
comprises dans les prévisions de l'art. 126 du Code de procédure. C'est
un point généralement reconnu, et qui s'induit d'ailleurs avec évidence
du simple rapprochement et de la comparaison de cet article avec l'ordonnance de 1667 : ce dernier article permettait aux juges de placer
sous cette sanction de la contrainte par corps et les dommages-intérêts
et les restitutions de fruits (suprà, n° 824); or, en mentionnant les
dommages-intérêts seulement, les rédacteurs de l'art. 126 ont nécessairement entendu que les restitutions de fruits ne seraient pas comprises dans la disposition.

De même, il ne faut pas confondre les dommages-intérêts avec la
clause pénale; bien que la clause pénale soit, aux termes de l'art. 1229
du Code Napoléon, la compensation des dommages-intérêts que le
créancier souffre de l'inexécution de l'obligation principale, il est vrai
de dire qu'il n'y a pas ici ces dommages-intérêts proprement dits, en
vue desquels l'art. 126 dispose spécialement. D'ailleurs, à la différence
des dommages-intérêts qui sont stipulés dans un intérêt commun et
que le débiteur est libre de payer pour s'affranchir et se libérer de l'o-
bligation principale, la clause pénale, convenue dans l'intérêt exclusif
du créancier, ne laisse pas au débiteur, comme le rappelle M. Coin-
Delisle, le choix entre l'exécution de la peine et celle de l'obligation
principale. Et de là il faut conclure avec le même auteur qu'il ne
serait pas juste d'attacher la contrainte par corps à une obligation que
le créancier *seul* est maître de préférer à l'obligation primitive, en ce
qu'il pourrait, par son option, aggraver la position du débiteur (1).

827. Le même principe d'interprétation restrictive de l'art. 126 du
Code de procédure nous conduit à reconnaître avec les auteurs et la
jurisprudence (2) que cet article ne permet pas aux juges de prononcer
la contrainte par corps pour les dépens, soit en matière civile, soit en
matière commerciale (voy. *infrà*, n° 943). En ceci encore, les rédacteurs
de l'art. 126 du Code de procédure se sont écartés de l'ordonnance de
1667, qui, comme nous l'avons indiqué plus haut, permettait d'atta-

---

(1) *Voy.* M. Coin-Delisle (art. 2060, n° 32).
(2) *Voy.* Cass., 14 nov. 1809, 14 avr. 1817, 4 janv. 1825, 30 déc. 1828, 17 janv. 1832,
30 juill. 1833 (S. V., 10, 1, 64; 17, 1, 225; 25, 1, 206; 29, 1, 156; 32, 1, 687; 33, 1,
861; Coll. nouv., 3, 1, 123; 5, 1, 308; 8, 1, 5; 9, 1, 208; Dalloz, 9, 1, 481; 17, 1, 309;
25, 1, 12; 29, 1, 84; 32, 1, 79; 33, 1, 330; *J. Pal.*, à leur date). *Voy.* aussi MM. Merlin
(*Rép.*, v° Contr. par corps, n° 3); Carré et Chauveau (quest. 539); Boncenne (t. II,
p. 534); Duranton (t. XVIII, n° 479); Coin-Delisle (art. 2060, n° 30); Troplong
(n° 215); Aubry et Rau (t. V, p. 37, note 38).

cher cette sanction même à la condamnation aux dépens; l'ancienne règle n'a été maintenue à cet égard qu'en matière pénale, d'après l'article 52 du Code pénal, aux termes duquel la condamnation aux frais peut être poursuivie par la voie de la contrainte par corps.

Il y a seulement ceci à préciser, que si les dépens ne peuvent pas par eux-mêmes faire l'objet d'une condamnation par corps, ils peuvent néanmoins être pris en considération et fournir un motif soit pour déterminer l'arrestation du débiteur condamné par corps, soit pour empêcher son élargissement lorsqu'il est emprisonné. Cela s'induit des dispositions législatives aux termes desquelles le débiteur, pour se soustraire à la contrainte par corps prononcée contre lui ou pour obtenir son élargissement, doit, suivant l'occurrence, consigner ou payer non-seulement le principal de la dette, mais encore les frais, c'est-à-dire les dépens (C. proc., art. 798, 800, § 2, et l. 17 avril 1832, art 23). La Cour de Paris a fait une application rigoureuse sans doute, mais exacte, de ces dispositions, en décidant que le débiteur qui, ayant payé le montant des condamnations principales avant que la contrainte par corps ait été exercée contre lui, ne reste plus débiteur que d'une faible somme pour frais, peut être contraint par corps à raison de cette somme (1).

828. Mais on s'est demandé si les juges, qui ne peuvent pas prononcer la contrainte pour les condamnations principales ou pour les dépens d'une manière directe, ne pourraient pas la prononcer indirectement en adjugeant *à titre de dommages-intérêts* soit les dépens, soit même les condamnations principales. Ils le pourraient assurément si les dépens étaient des dommages-intérêts non pas seulement d'après la qualification donnée par les juges, mais au fond des choses et dans la réalité; si, suivant l'expression de M. Troplong, il s'agissait de vrais dommages-intérêts payés avec la monnaie des dépens : par exemple, si une partie était condamnée, en raison du préjudice qu'elle aurait causé à son adversaire par ses retards ou sa mauvaise foi, à supporter les dépens en totalité, quand elle aurait dû n'en supporter qu'une portion (2). La question n'est controversée que lorsqu'il s'agit de depens alloués à l'une des parties uniquement parce qu'elle a gagné sa cause, et auxquels les juges, par un détour véritable, ont donné la qualification de dommages-intérêts. Or, sur ce point, la jurisprudence de la Cour de cassation paraît fixée en ce sens que les juges auraient la faculté de placer la condamnation par eux prononcée sous la sanction de la contrainte par corps : cela résulte de deux arrêts qui, à des dates fort éloignées l'une de l'autre, ont décidé que, lorsque la condamnation n'a été adjugée qu'*à titre de dommages-intérêts,* la contrainte par corps peut être autorisée par le tribunal (3). Disons néanmoins que, dans l'une et l'autre circonstance, la Cour de cassation a statué sans motiver sa décision, à vrai dire, et par

---

(1) Paris, 17 sept. 1839 (S. V., 40, 2, 13).
(2) *Voy.* M. Troplong (n°⁸ 217 et 227).
(3) Req., 26 août 1829 (Dalloz, *Rép*, v° Contr. par corps, n° 252); 6 janv. 1863 (S. V., 63, 1, 175; *J. Pal.,* 1863, p. 698; Dalloz, 63, 1, 242).

une sorte de pétition de principe; en sorte que sa décision n'est pas faite pour amener la conviction dans les esprits. Et, quant à nous, nous persistons à penser, avec la majorité des auteurs et avec plusieurs arrêts de Cours impériales, qu'il n'appartient pas aux juges de transformer ainsi la nature des condamnations. Comme le disent les Cours de Caen, de Toulouse et de Pau, convertir en dommages-intérêts soit les dépens, soit le montant des sommes dont le rapport est ordonné, pour les placer dans le cas de l'art. 126 du Code de procédure, est un moyen d'éluder la loi, qui protége la liberté de tout Français, et une subtilité peu digne de la justice (1).

829. Par la même raison, nous ne saurions voir une condamnation à des dommages-intérêts proprement dits dans la décision par laquelle un débiteur, faute de pouvoir restituer la chose même, est condamné à en payer la valeur estimative. Bien que nombre d'arrêts aient déclaré le contraire en se prononçant pour l'application de l'art. 126 du Code de procédure à ce cas (2), nous considérons que cette circonstance seule que le débiteur est en faute quand il ne peut rendre en nature la chose par lui due, ne suffit pas pour faire apparaître l'idée de dommages-intérêts, dès que le montant de la condamnation prononcée contre lui est la simple représentation ou la valeur estimative de la chose principale. Pour qu'on puisse dire qu'il y a des dommages-intérêts mis à sa charge, il faut qu'il soit condamné à une prestation dépassant la valeur de cette chose principale; c'est seulement dans la limite de l'excédant qu'il y aura vraiment des dommages-intérêts.

830. Terminons sur cette première partie de l'art. 126 du Code de procédure civile en faisant remarquer qu'elle se restreint, par ses termes mêmes, aux dommages-intérêts *en matière civile*. Nous verrons plus tard que, sous le rapport de la contrainte par corps, les dommages-intérêts en matière commerciale et en matière pénale sont soumis à d'autres règles (*infrà*, n°s 943, 968 et suiv.). Mais notons bien que la matière doit être envisagée comme civile, au point de vue qui nous occupe, et non comme pénale, par cela seul que la condamnation aux dommages-intérêts est prononcée par un tribunal civil. Il importe peu que le fait dommageable constitue un crime, un délit ou une contravention, aux termes de la loi pénale; et il n'y a pas non plus à s'occuper du point de savoir si l'agent a été ou non déclaré coupable et atteint par la justice répressive. Nous nous sommes expliqué déjà à cet égard (*suprà*, n° 760), et, sans insister davantage, nous passons à la seconde disposition de l'art. 126.

831. *Des reliquats de compte.* — Cette seconde disposition laisse à

---

(1) *Voy.* Caen, 12 mai 1820; Toulouse, 29 fév. 1832; Pau, 24 janv. 1837 (Dalloz, *Rép.*, n°s 248 et 250; S. V., 32, 2, 389). *Voy.* aussi MM. Coin-Delisle (art. 2060, n° 30); Boncenne (t. II, p. 555); Troplong (n° 216); Aubry et Rau (t. V, p. 37, note 38). — *Voy.* cependant MM. Pigeau (*Comm.*, t. I, p. 325); Carré et Chauveau (*loc. cit.*).

(2) Caen, 2 juin 1823; Cass., 30 juill. 1833; Req., 22 janv. 1845; Nîmes, 7 mars 1853; Req., 8 fév. 1864 (Dalloz, *Rép.*, v° Contr. par corps, n° 253; Rec. périod., 45, 1, 297; 54, 2, 250; 64, 1, 486; S. V., 33, 1, 861; 37, 1, 984; 53, 2, 135; 65, 1, 227; *J. Pal.*, 1846, t. I, p. 157; 1854, t. I, p. 100; 1865, p. 541).

la prudence des juges de prononcer la contrainte par corps pour reliquats de comptes de tutelle, curatelle, d'administration de corps et communauté, établissements publics, ou de toute administration confiée par justice, et pour toutes restitutions à faire par suite desdits comptes. Elle est, on le voit, moins générale que la première disposition relative aux dommages-intérêts, car le législateur n'autorise pas les juges à prononcer la contrainte par corps pour tous reliquats de compte ; il statue seulement à l'égard de certains reliquats, d'après une éumération qu'il a le soin de présenter et qui doit nécessairement être considérée comme limitative, en vertu du principe général d'interprétation restrictive déjà bien souvent rappelé.

Ainsi, la contrainte par corps pourra être prononcée pour reliquats de comptes de tutelle et de curatelle. Notons seulement, quant au compte de curatelle, que la disposition de la loi s'applique limitativement aux curatelles qui donnent le droit ou imposent le devoir au curateur de recevoir des fonds, par exemple au curateur à une succession vacante ; elle serait sans application à la curatelle qui ne donne aucunement ce droit au curateur, comme la curatelle d'un mineur émancipé (1). Si, de fait, le curateur avait géré les affaires du mineur, il serait assurément tenu de rendre compte comme gérant ou mandataire (2); mais il ne pourrait pas, en cette qualité, être condamné par corps pour le reliquat (3).

Ainsi encore, la contrainte par corps pourra être prononcée pour reliquats de comptes d'administration de corps et communauté, d'établissements publics.

Elle pourra enfin être prononcée pour reliquats de compte de toute administration confiée par justice. Et la disposition de la loi, à cet égard, est très-exactement applicable aux syndics de faillite, auxquels la justice confie vraiment l'administration des biens des faillis (4). C'est même à ce seul titre de comptables reliquataires que les syndics de faillite peuvent être atteints par la contrainte par corps.

Mais on ne saurait considérer l'héritier bénéficiaire comme administrateur dans le sens de l'art. 126, et dès lors comme contraignable par corps pour le payement du reliquat, en ce qu'il tient de la loi et non de la justice son droit d'administrateur (5).

Il en est de même en ce qui concerne l'envoyé en possession des biens d'un absent, car il ne tient pas non plus de la justice l'administration qu'il est appelé à exercer. Sans doute, il est envoyé en possession par un jugement ; mais son droit à l'administration découle moins

---

(1) Bordeaux, 8 juin 1860 (S. V., 60, 2, 403 ; J. Pal., 1861, p. 870 ; Dalloz, 61, 5, 110).
(2) Req., 6 fév. 1843 (S. V., 43, 1, 500 ; Dalloz, 43, 1, 225 ; J. Pal., à sa date).
(3) Cass., 1er fév. 1820 (S. V., 20, 1, 346 ; Coll. nouv., 6, 1, 176 ; Dalloz, 20, 1, 119 ; Rec. alph., 5, p. 119 ; J. Pal., à sa date).
(4) Rej., 18 janv. 1814 (S. V., 14, 1, 57 ; Coll. nouv., 4, 1, 512 ; Dalloz, Rép. alph., t. VIII, p. 107). Voy. aussi MM. Troplong (nos 134 et suiv., 241, 371); Esnault (Des Faillites, t. II, no 449).
(5) Voy. MM. Pigeau (liv. II, part. III, tit. v, chap. III, div. 1); Carré (quest. 537); Coin-Delisle (art. 2060, no 46).

de ce jugement que de sa qualité d'héritier présomptif de l'absent. La justice ne confie vraiment une administration que lorsqu'elle choisit l'administrateur (1).

832. A côté de l'art. 126, qui établit la contrainte par corps facultative contre certains comptables *reliquataires,* mentionnons la disposition plus générale de l'art. 534 du Code de procédure, d'après lequel tout comptable peut être condamné par corps non plus au payement du reliquat, mais à la reddition du compte (*infrà,* n° 834, 5°). Et ajoutons, quant à l'art. 126, que s'il paraît bien supposer que le compte a été rendu et qu'après reddition le comptable a été trouvé reliquataire, ce n'est pas à dire que la disposition n'en soit pas applicable au comptable qui, même avant d'avoir rendu compte, se reconnaît redevable de capitaux mobiliers (2).

Il est d'ailleurs bien évident que cet article ne déroge pas à la contrainte par corps impérative établie contre certains comptables par l'article 2060 du Code Napoléon. En outre, il a été modifié par la loi du 17 avril 1832, dont les art. 8 et 9 substituent la contrainte impérative à la contrainte facultative, en ce qui touche les comptables reliquataires de deniers publics appartenant à des établissements publics ou à l'État.

833. Notons, en terminant sur l'art. 126 du Code de procédure, qu'à la différence du premier numéro, d'après lequel la contrainte par corps peut être prononcée pour dommages-intérêts *au-dessus de la somme de trois cents francs,* le second numéro ne s'explique pas sur la quotité de la somme en ce qui concerne les reliquats de compte. Il ne résulte pas de là qu'en matière de compte, un reliquat, quelque minime qu'il soit, puisse donner lieu à la contrainte par corps; car, à défaut d'une limite spécialement posée pour ce cas, il y a toujours celle de l'article 2065 à laquelle il faudrait s'arrêter. Or, aux termes de cet article, la contrainte par corps ne peut être prononcée pour une somme *moindre de trois cents francs.*

Seulement, comme cette rédaction n'est pas identique à celle du n° 1 de l'art. 126 du Code de procédure, il y aura, entre les dommages-intérêts et les reliquats de compte, cette différence que si la condamnation est *justement* de la somme de trois cents francs, la contrainte par corps pourra être prononcée pour les reliquats de compte par application de l'art. 2065 du Code Napoléon, la somme n'étant pas *moindre* de trois cents francs, tandis qu'elle ne pourra pas être prononcée pour les dommages-intérêts, l'art. 126 n'autorisant la contrainte que pour dommages-intérêts *au-dessus* de la somme de trois cents francs (voy. *infrà,* n° 861).

834. Le Code de procédure établit encore d'autres cas de contrainte facultative que nous avons maintenant à énumérer.

Ainsi, 1° les avoués qui ne rétablissent pas dans les délais fixés les productions par eux prises en communication doivent être condamnés

_____

(1) *Voy.* les auteurs cités à la note précédente. *Junge* M. Troplong (n° 240).
(2) Bastia, 31 août 1826 (Dalloz, 27, 2, 179; S. V., 28, 2, 56; Coll. nouv., 8, 2, 283; J. *Pal.,* à sa date).

à faire la remise, aux frais du jugement sans répétition, et en dix francs au moins de dommages-intérêts par chaque jour de retard ; et si les productions ne sont pas rétablies dans la huitaine de la signification du jugement, le tribunal peut prononcer, sans appel, de plus forts dommages-intérêts, *même condamner l'avoué par corps* (art. 107);

2° Les art. 201 et 221 rappellent la disposition de l'art. 2060, n° 6, du Code Napoléon sur la contrainte impérative contre les dépositaires publics de pièces, et y ajoutent la contrainte facultative contre les détenteurs de pièces qui ne sont pas dépositaires publics ;

3° En matière de vérification d'écriture, l'art. 213 dispose que s'il est prouvé que la pièce est écrite ou signée par celui qui l'a déniée, il sera condamné à une amende envers le domaine, outre les dépens, dommages et intérêts de la partie, et *pourra être condamné par corps,* même pour le principal ;

4° L'art. 320 autorise la contrainte par corps contre les experts qui sont en retard ou qui refusent de déposer leur rapport ;

5° Enfin, en matière de reddition de compte, l'art. 534, après avoir imposé au rendant l'obligation de présenter et affirmer son compte dans le délai fixé, ajoute que « le délai passé, le rendant y sera contraint par saisie et vente de ses biens jusqu'à concurrence d'une somme que le tribunal arbitrera ; il pourra même y être contraint par corps, si le tribunal l'estime convenable. » Cette disposition, on le voit, est beaucoup plus générale que celle du n° 2 de l'art. 126, dont nous venons de nous occuper (n°s 831 et suiv.) ; elle ne permet pas de rechercher quel est l'objet du compte à rendre par le comptable. Par cela seul qu'un comptable ne présente pas son compte dans le délai fixé, la loi permet au tribunal, s'il l'estime convenable, de décerner contre lui la contrainte par corps. C'est ainsi que le mandataire et les envoyés en possession des biens d'un absent pourront être contraints par corps à rendre leur compte, tandis que, leur compte une fois rendu, ils ne pourraient pas être condamnés par corps pour le payement du reliquat dont ils seraient débiteurs (*suprà*, n° 831) (1). On a bien soutenu que le comptable ne peut être contraint par corps en vertu de l'art. 534, que s'il est contraignable à raison de l'objet du compte et en vertu de l'article 126, n° 2 (2). Mais cette opinion est restée isolée. Elle est condamnée non-seulement par le texte de l'art. 534, qui ne fait aucune distinction, mais encore et surtout par le rapprochement de ce même article, qui permet au tribunal de prononcer la contrainte *s'il l'estime convenable,* avec le texte de l'art. 8, titre 29, de l'ordonnance de 1667, qui n'édictait l'emprisonnement ou la contrainte par corps à l'effet de forcer le comptable à rendre compte que si *la matière y était disposée* (3).

Il est pourtant un comptable qui ne saurait être contraint par corps

---

(1) *Voy.* Limoges, 13 juin 1822 (S. V., Coll. nouv., 7, 2, 83).
(2) *Voy.* M. Lepage (*Quest.*, p. 365).
(3) *Voy.*, en ce sens, MM. Carré (*Analyse*, quest. 1707); Coin-Delisle (art. 2060, n° 49); Troplong (n°s 245 et suiv.); Dalloz (*Rép.*, v° Contr. par corps, n° 268).

à rendre son compte : c'est l'héritier bénéficiaire. Mais cela tient à ce que l'héritier bénéficiaire est propriétaire des biens dont il a l'administration, et que, sous le rapport de son obligation de rendre compte, il est soumis à une autre sanction, à savoir la perte des avantages que l'acceptation bénéficiaire était destinée à lui procurer (C. Nap., art. 803, alin. 2).

XIV. — 835. Il nous reste à faire remarquer, par forme d'observation générale, que dans tous les cas de contrainte facultative dont l'énumération précède, les juges ont un pouvoir discrétionnaire pour prononcer la contrainte par corps ou pour en refuser l'usage; leur décision, à cet égard, restera donc souveraine et à l'abri du contrôle de la Cour de cassation. Quant aux motifs qui seraient de nature à les déterminer, on comprend qu'il est impossible de les préciser; ils peuvent varier à l'infini, suivant les circonstances de chaque affaire. Toutefois on peut dire, *à priori,* que c'est particulièrement contre les débiteurs de mauvaise foi que les juges devront autoriser l'emploi de cette mesure rigoureuse; et, d'un autre côté, qu'ils auront à tenir compte aussi soit de l'état de fortune du débiteur, vis-à-vis duquel la contrainte resterait inefficace s'il manquait absolument de ressources, ou serait superflue s'il présentait, à l'inverse, des garanties sérieuses et réelles de solvabilité (1).

2° Des personnes contre lesquelles la contrainte par corps ne peut être prononcée ou exercée.

2064. — Dans les cas même ci-dessus énoncés, la contrainte par corps ne peut être prononcée contre les mineurs.

2065. — Voy. *infrà,* n°s 861 et suiv.

2066. — Elle ne peut être prononcée contre les septuagénaires, les femmes et les filles, que dans le cas de stellionat.

Il suffit que la soixante-dixième année soit commencée, pour jouir de la faveur accordée aux septuagénaires.

La contrainte par corps pour cause de stellionat pendant le mariage, n'a lieu contre les femmes mariées que lorsqu'elles sont séparées de biens, ou lorsqu'elles ont des biens dont elles se sont réservé la libre administration, et à raison des engagements qui concernent ces biens.

Les femmes qui, étant en communauté, se seraient obligées conjointement ou solidairement avec leur mari, ne pourront être réputées stellionataires à raison de ces contrats.

SOMMAIRE.

---

(1) Comp. Bruxelles, 28 fév. 1821 (Dalloz, Rép. alph., t. III, p. 730); Orléans, 16 mars 1839 (Dalloz, 39, 2, 259; *J. Pal.,* à sa date); Angers, 1er avr. 1843 (Dalloz, 43, 4, 111; S. V., 43, 2, 378; *J. Pal.,* à sa date).

seulement obstacle à l'exercice de la contrainte prononcée. Aperçu général de la loi à cet égard. — 837. Division.

II. 838. Exemptions absolues : des personnes affranchies de la contrainte vis-à-vis de tous créanciers quelconques, et contre lesquelles la contrainte par corps ne peut pas être prononcée : la loi place en première ligne les mineurs, ce qui s'explique par une raison d'humanité. — 839. L'art. 2064 ne comporte aucune distinction, et dès lors la disposition en est applicable même au mineur émancipé, même à celui qui est parvenu à l'âge où il est réputé *doli capax*, même au mineur stellionataire. — 840. La disposition profite au mineur devenu majeur à raison des engagements pris ou des faits accomplis en minorité. — 841. En second lieu, la contrainte par corps ne peut être prononcée contre les débiteurs septuagénaires, sauf le cas de stellionat : il suffit que la soixante-dixième année soit commencée pour que le débiteur jouisse de l'exemption. — 842. L'exemption est établie, en troisième lieu, en faveur des femmes mariées ou non mariées, mais sous la même réserve du cas de stellionat. — 843. Néanmoins, dans ce cas de stellionat, l'influence maritale a dû faire établir certaines restrictions : la femme mariée ne peut être réputée stellionataire qu'à raison des engagements concernant les biens dont l'administration lui appartient; si elle est commune en biens, il faut de plus, l'engagement fût-il relatif aux biens dont elle aurait l'administration, qu'elle ne se soit obligée ni solidairement, ni conjointement, avec son mari.

III. 844. Transition aux exceptions relatives : des personnes affranchies de la contrainte par corps seulement vis-à-vis de tel ou tel créancier, et à raison des liens de parenté ou d'alliance qui l'unissent au débiteur (loi de 1832, art. 19; loi de 1848, art. 10). — 845. La parenté naturelle et la parenté adoptive produisent ici les effets attachés à la parenté légitime : dans quelle mesure. — 846. Quant à l'alliance, elle continue à maintenir l'exemption lors même que le mariage qui la produit est dissous sans enfants. — 847. L'exemption fondée sur la parenté ou l'alliance subsiste quand le payement de la dette est poursuivi par un parent ou un allié devenu cessionnaire d'un créancier qui n'était ni parent ni allié. — 848. *Secùs* dans l'hypothèse inverse où le payement est poursuivi par un tiers devenu cessionnaire d'une créance originairement souscrite au profit d'un parent ou allié : controverse.

IV. 849. Exemptions de la seconde classe : la contrainte par corps, même légalement prononcée, ne peut être exercée simultanément contre deux époux (loi de 1832, art. 21), eussent-ils été condamnés par corps pour des dettes différentes (loi de 1848, art. 11). — 850. Ce qui est interdit par la loi, c'est seulement l'exercice simultané de la contrainte par corps. — 851. L'art. 11 de la loi de 1848 doit recevoir son application quelle que soit la cause pour laquelle la contrainte a été prononcée. — 852. En second lieu, la contrainte par corps légalement prononcée ne peut pas être exécutée temporairement lorsque les tribunaux croient devoir ordonner un sursis dans l'intérêt des enfants mineurs du débiteur (art. 2, § 2). — 853. Elle ne peut pas, dans un intérêt politique, être exécutée contre les députés au Corps législatif (décr. organ. du 2 fév. 1852). — 854. Suite. — 855. De la prohibition spéciale d'exécuter la contrainte pour dettes civiles contre les marins de la marine marchande (C. comm., art. 231).

V. 856. En dehors des personnes comprises dans les exceptions qui précèdent, il en est qui sont soustraites à l'exercice de la contrainte par corps par la force même des choses, en raison : soit de l'état où elles se trouvent, comme l'interdit, celui qui a fait cession de biens, le failli, les individus placés dans un établissement d'aliénés; soit en raison de leur position sociale, par exemple l'empereur, les ambassadeurs, les agents diplomatiques; soit en raison de leurs fonctions, comme le magistrat et l'avocat, dans le cas où leur présence est indispensable à l'administration de la justice ou à la défense d'un accusé; etc. — 857. Sauf ces exceptions, toute personne, quelle qu'elle soit, peut être condamnée par corps et effectivement emprisonnée : applications et réserves. — 858. Suite. — 859. Application de la règle aux personnes pourvues d'un conseil judiciaire; — 860. Et aux associés entre eux.

I. — 836. Nous avons vu dans quels cas la loi ordonne ou autorise l'emploi de la contrainte par corps ; ainsi se trouve précisée la première des conditions sans lesquelles il ne saurait être fait usage de ce moyen d'exécution. Nous arrivons maintenant à d'autres conditions non moins importantes : elles sont relatives soit à la dette même qui donne lieu à la contrainte par corps, soit à la personne qu'il s'agit d'emprisonner. D'une part, quand la dette est tellement modique que l'impossibilité d'en obtenir le payement par les voies ordinaires implique l'indigence du débiteur, il y aurait une rigueur excessive à prononcer la contrainte par corps : la loi établit donc un *minimum* au-dessous duquel le créancier ne saurait avoir le droit de contrainte ; c'est l'objet de l'art. 2065. D'une autre part, même quand la matière et la quotité de la dette permettraient la contrainte par corps, il y a telles circonstances tenant à la personne dans lesquelles l'humanité, la bienséance, les convenances sociales exigent que le débiteur soit exempté : la loi établit donc certaines exemptions à ce point de vue ; c'est l'objet des art. 2064 et 2066, auxquels diverses dispositions des lois de 1832 et de 1848 doivent être ajoutées. — Nous laisserons, quant à présent, de côté, sauf à y revenir ultérieurement, ce qui a trait à la quotité de la dette (*infrà*, le commentaire de l'art. 2065, nos 861 et suiv.), et nous nous occuperons uniquement ici des exemptions tenant à la personne.

Ces exemptions ne sont pas toutes de la même nature.

Il y en a qui, sans porter atteinte au droit de faire prononcer la contrainte par corps, empêchent seulement que la contrainte, légalement prononcée, soit exécutée, ou autorisent les juges à ordonner qu'il sera sursis à l'exécution : dans ce cas se trouvent le mari et la femme qui, étant condamnés l'un et l'autre par corps, ne peuvent être simultanément emprisonnés (l. 13 déc. 1848, art. 11, § 1); les députés au Corps législatif, contre lesquels la contrainte ne peut être exercée pendant la durée des sessions ni pendant les six semaines qui précèdent ou qui suivent (décret organique du 2 fév. 1852, art. 10); le débiteur qui a des enfants mineurs dont l'intérêt peut exiger que la contrainte ne soit pas immédiatement exécutée (l. 13 déc. 1848, art. 11, § 2).

Mais il y a d'autres exemptions, et ce sont les plus nombreuses, qui portent sur le droit même de faire prononcer la contrainte par corps. Ces dernières se subdivisent elles-mêmes. Les unes sont absolues, en ce sens du moins qu'elles affranchissent le débiteur de la contrainte par corps vis-à-vis de tout créancier quel qu'il soit : telles sont celles qui existent, en vertu du Code Napoléon, au profit des mineurs (art. 2064), des septuagénaires, et des femmes mariées ou non mariées (art. 2066). Les autres sont simplement relatives, en ce sens qu'elles affranchissent le débiteur de la contrainte par corps vis-à-vis de certains créanciers seulement : telles sont les exemptions consacrées d'abord par la loi du 17 avril 1832 (art. 19), et étendues ensuite par la loi du 13 décembre 1848 (art. 10) pour empêcher l'exercice de la contrainte par corps entre personnes unies par les liens du mariage, de la parenté ou de l'alliance.

Quant à ces exemptions, absolues ou relatives, qui portent sur le droit et non sur le simple exercice du droit, par cela même qu'elles font obstacle à ce que la contrainte par corps soit prononcée, elles empêcheraient tout naturellement l'exécution si la sanction de la contrainte par corps avait été ajoutée au jugement de condamnation. On se trouverait alors en présence d'une contrainte illégalement prononcée ; et la disposition tomberait sous l'application de l'art. 2063 du Code Napoléon, sans qu'il y eût à distinguer ni si l'exemption, absolue ou relative, était établie par le Code Napoléon ou par une loi spéciale, ni si la contrainte par corps à laquelle il s'agit de soustraire le débiteur avait été prononcée en vertu d'une disposition du Code Napoléon, ou en vertu de toute autre disposition législative. C'est ainsi que la jurisprudence, posant en principe que l'art. 126 du Code de procédure n'a pas dérogé à l'art. 2066 du Code Napoléon, décide invariablement que la contrainte par corps ne peut être prononcée contre les *femmes* pour *dommages et intérêts* purement civils (1).

837. Telles sont, dans leur ensemble, les dispositions de la loi sur ce point important ; nous allons les reprendre en détail, et nous occuper successivement des exemptions, soit absolues, soit relatives, portant sur le droit même de faire prononcer la contrainte par corps, et des exemptions qui, la contrainte par corps étant d'ailleurs légalement prononcée, font obstacle à l'exécution. Nous rechercherons ensuite si en dehors des personnes comprises dans ces exemptions, il n'y en a pas d'autres qui, par la force même des choses, doivent être également considérées comme affranchies.

II. — 838. Au premier rang des personnes protégées par une exemption absolue, c'est-à-dire par une de ces exemptions qui affranchissent le débiteur de la contrainte vis-à-vis de tous créanciers quelconques, la loi place le mineur. Dans les cas mêmes où elle est autorisée, « la contrainte par corps, dit l'art. 2064, ne peut être prononcée contre les mineurs. » Pour donner une explication *juridique* de cette première exemption, on l'a présentée comme une conséquence ou une application de la loi qui met le mineur à l'abri de toute lésion par suite de ses engagements personnels, la privation de la liberté étant la lésion la plus grave que le mineur puisse subir (2). On ne peut se dissimuler pourtant que l'explication a quelque chose de puéril ; et tout en s'y attachant, M. Troplong en donne une autre qui est meilleure assurément, et qu'il puise dans une raison d'humanité : il faut avoir des égards pour la faiblesse physique et morale de la minorité ; l'âge du développement ne doit pas se passer dans l'air de la prison et dans la contrainte corporelle (3).

---

(1) *Voy.* Cass., 6 oct. 1813 et 20 mai 1818 (S. V., 13, 1, 466 ; 18, 1, 335 ; Coll. nouv., 4, 1, 444 ; 5, 1, 479 ; Dalloz, 13, 1, 538 ; 18, 1, 341 ; Rec. alph., t. II, p. 731 et 733 ; J. Pal., à leur date) ; Crim. rej., 14 déc. 1839 (S. V., 40, 1, 147 ; Dalloz, 40, 1, 123 ; J. Pal., à sa date). — *Voy.* aussi *infrà*, n° 842.

(2) *Voy.* l'Exposé des motifs de Bigot-Préameneu (Locré, t. XV, p. 580 ; Fenet, t. XV, p. 160). *Junge* le Rapport du tribun Gary (Locré, *ibid.*, p. 599 ; Fenet, *ibid.*, p. 180 et 181).

(3) *Voy.* M. Troplong (n° 272).

839. L'art. 2064 est absolu dans ses termes et on ne peut plus général; il ne comporte donc ni distinction ni réserves. Ainsi, même émancipé, le mineur est affranchi de la contrainte par corps. Il en est affranchi également, fût-il parvenu à l'âge ou il est réputé *doli capax*, et eût-il encouru, à raison de ses actes, une condamnation à des dommages-intérêts. Ce n'est pas, en effet, vis-à-vis de lui que les juges pourraient user de la faculté qui leur est laissée par le premier paragraphe ci-dessus expliqué (nᵒˢ 825 et suiv.) de l'art. 126 du Code de procédure; car le Code de procédure n'a pas dérogé à la prohibition de l'art. 2064, et en étendant les cas où la contrainte par corps est autorisée à raison de la matière, il n'a pas porté atteinte aux exceptions fondées sur la qualité des personnes. C'est aussi pour cela que le mineur, se fût-il rendu coupable de stellionat, ne serait pas contraignable par corps; l'art. 2064 ne contient pas la réserve qui est faite pour ce cas à l'occasion d'autres exemptions auxquelles nous allons arriver.

840. Il convient auparavant de rechercher si la contrainte par corps pourrait être prononcée contre un majeur pour engagements pris ou pour faits accomplis en minorité. On ne peut pas dire que le texte de l'article 2064 y fasse obstacle d'une manière bien précise et bien nette. Et c'est pour cela sans doute que la question est controversée. Toutefois, la négative prévaut, et avec très-grande raison, ce nous semble. Malgré sa grande généralité, la disposition de notre article laisse place au doute. Or, en cette matière, le doute semble devoir être interprété en faveur de la liberté, dans le sens qui restreint la contrainte par corps plutôt que dans celui qui tendrait à l'étendre. D'ailleurs, il y a cette autre considération décisive, qu'en définitive le mineur a un droit acquis à l'affranchissement de la contrainte par corps, et qu'il n'appartient pas au créancier de porter atteinte à ce droit en différant d'introduire son action jusqu'à la majorité du débiteur, pour se procurer une garantie qu'il n'avait pas au moment où la dette a pris naissance (1).

A plus forte raison, s'il s'agit d'obligations nulles contractées en minorité, le débiteur ne pourrait-il pas être contraint par corps à raison de ces obligations, les eût-il ratifiées en majorité. La Cour de cassation a jugé, en effet, que la ratification par un majeur de l'acceptation d'une lettre de change par lui donnée en minorité ne le soumet pas à la contrainte par corps (2). La Cour de Paris avait dit, en sens contraire, « que si la lettre de change avait d'abord été acceptée par un mineur, la ratification qu'il avait donnée plus tard à son acceptation, lorsqu'il avait atteint sa majorité, avait maintenu la nature du titre, qui est essentiellement commercial, et qui a pour conséquence d'entraîner la contrainte par corps. » Il y avait là une méprise évidente. La lettre de change n'a

(1) *Voy.* Bordeaux, 5 août 1847 (S. V., 48, 2, 63; *J. Pal.*, 1848, t. II, p. 606). *Voy.* aussi MM. Troplong (nᵒ 276); Aubry et Rau (t. V, p. 38, note 46); Coin-Delisle (art. 2064, nᵒ 5, et *Rev. crit.*, t. XXI, p. 110 et suiv.); Massé et Vergé, sur Zachariæ (t. V, p. 100 et 101, note 1); Boileux (t. VII, p. 70); Sebire et Carteret (*Encycl.*, vᵒ Contr. par corps, nᵒ 49). — *Voy.* cependant Jousse (sur l'art. 9, tit. xxxiv, de l'ord. de 1667, note 6, 2ᵒ), et MM. Duranton (t. XVIII, nᵒ 475); Duverdy (nᵒ 79).
(2) Cass., 8 nov. 1859 (Dalloz, 59, 1, 488; S. V., 60, 1, 164; *J. Pal.*, 1860, p. 628).

pour conséquence d'entraîner la contrainte par corps qu'autant qu'elle est un titre valable vis-à-vis de celui contre lequel le porteur veut faire usage de ce moyen d'exécution. Or l'art. 114 du Code de commerce dit expressément que les lettres de change souscrites par des mineurs non négociants *sont nulles à leur égard.* Donc, ce n'est pas en vertu de la lettre de change acceptée en minorité que l'accepteur devenu majeur serait contraignable par corps : il ne pourrait être contraint qu'en vertu de la ratification donnée en majorité ; et comme l'a très-bien dit la Cour de cassation, en cassant l'arrêt de la Cour de Paris, il impliquerait que l'engagement par lequel le mineur devenu majeur ratifie la dette résultant de l'acceptation donnée par lui en minorité, entraînât contre lui cette sanction rigoureuse de la contrainte par corps que la loi n'attachait pas au titre précédent.

C'est, quant à présent, tout ce que nous avons à dire touchant l'exemption relative au mineur ; et sauf à y revenir quand nous traiterons de la contrainte par corps en matière commerciale, pour fixer la mesure dans laquelle l'exemption profite au mineur commerçant (*infrà,* n° 945), nous passons aux autres exemptions.

841. La seconde est établie en faveur des débiteurs septuagénaires, par l'art. 2066 du Code Napoléon. A l'âge de soixante-dix ans, a dit l'orateur du gouvernement, l'homme, parvenu à la dernière période de la vie, est courbé sous le poids des infirmités ; la privation des soins et des secours de sa famille est une peine qui peut devenir mortelle : l'humanité s'oppose à ce que, pour l'intérêt personnel du créancier, la vie de son débiteur soit exposée (1).

D'ailleurs, l'exemption profite même au débiteur emprisonné pour dettes avant sa soixante-dixième année. Le consul Cambacérès avait demandé, dans la discussion de la loi au conseil d'État, si l'effet de l'art. 2066 serait de remettre en liberté l'individu qui, antérieurement arrêté pour dettes, arrive dans la prison à sa soixante-dixième année. Portalis répondit que la section proposait l'article dans ce sens (2). Et, en effet, la raison même des choses et les motifs de la loi ne permettraient pas une autre interprétation.

Ainsi, il n'y a pas à s'occuper de l'époque à laquelle la dette ou l'obligation a été contractée. La seule question qui aurait pu être soulevée est celle de savoir si, pour jouir de la faveur accordée au septuagénaire, il faut que la soixante-dixième année soit accomplie, ou s'il suffit qu'elle soit commencée. Le point était incertain et douteux dans l'ancienne jurisprudence. Mais notre article a tranché la difficulté en statuant expressément dans le sens le plus conforme à l'humanité ; il suffit au débiteur d'avoir commencé sa soixante-dixième année pour que, suivant le deuxième paragraphe de notre article, il doive jouir de la faveur accordée par la loi. N'allons pas conclure de là, cependant, que ce soit l'application d'un principe général d'après lequel il faudrait ad-

---

(1) *Voy.* l'Exposé des motifs (Locré, t. XV, p. 580; Fenet, t. XV, p. 167).
(2) *Voy.* Locré (t. XV, p. 555); Fenet (t. XV, p. 146).

mettre, dans notre droit, la maxime *annus incœptus pro completo habetur ;* c'est plutôt une exception que la raison d'humanité a déterminée, car lorsqu'il s'agit de calculer l'époque où se trouve atteint un âge requis, le Code Napoléon en général a suivi de préférence la règle contraire (art. 144, 361, 394, 388, 477).

Un dernier point nous reste à préciser sur cette seconde exemption : si elle est absolue, comme la précédente, en ce sens que le débiteur septuagénaire est affranchi de la contrainte par corps vis-à-vis de tout créancier quel qu'il soit, elle n'est pas absolue, à la différence de l'exemption établie en faveur du mineur (n° 839), en ce qui touche les cas pour lesquels la contrainte peut être prononcée. La loi excepte formellement, en effet, le cas de stellionat (art. 2066, § 1), parce qu'il y a là un délit civil qui rend le septuagénaire indigne de la faveur qui lui était réservée, et auquel la vieillesse ne peut servir d'excuse (1).

842. Enfin, le même art. 2066 établit, en faveur des femmes mariées ou non mariées, une exemption entièrement semblable à celle dont jouissent les septuagénaires, c'est-à-dire une exemption absolue en ce qu'elle affranchit les femmes et les filles de la contrainte vis-à-vis de tout créancier quel qu'il soit, mais non absolue par rapport aux cas pour lesquels la contrainte peut être prononcée, en ce que le cas de stellionat est également réservé. Ainsi, en thèse générale, les femmes, mariées et non mariées, sont affranchies de la contrainte par corps ; c'est une exemption que l'intérêt des mœurs avait fait introduire dans la législation romaine, que l'ordonnance de 1667 avait admise par le même motif, que la déclaration de juillet 1680 avait confirmée en l'expliquant, et que les rédacteurs du Code ont justement conservée. Mais l'exemption cesse et, mariée ou non mariée, la femme est soumise à la contrainte par corps en cas de stellionat : il y a là un fait de dol et de mauvaise foi auquel le sexe, pas plus que la vieillesse, ne peut servir d'excuse (2).

D'ailleurs, il est hors de doute que le cas expressément réservé par le premier paragraphe de l'art. 2066 est le seul dans lequel la contrainte par corps puisse être prononcée ou exécutée contre les femmes ou les filles, du moins en matière civile, car leur situation, sous ce rapport, est différente en matière commerciale, comme nous l'expliquerons plus tard (*infrà*, n° 946). Et en effet, plusieurs arrêts ont consacré, relativement aux femmes, le principe général ci-dessus rappelé (n° 836), d'après lequel les exemptions établies par les art. 2064 et 2066 subsistent et doivent être respectées sans qu'il y ait à distinguer entre le cas où la contrainte par corps est décernée par le Code Napoléon, et celui où elle est décernée par le Code de procédure ou par toute autre disposition législative. Il est donc bien certain que la femme, eût-elle encouru une condamnation à des dommages-intérêts en matière civile, ne

---

(1) Exposé des motifs et Rapport du tribun Gary (Locré, t. XV, p. 581 et 599 ; Fenet, t. XV, p. 167 et 181).
(2) *Voy.* l'Exposé des motifs et le Rapport cités à la note précédente (*loc. cit.*).

pourrait être condamnée par corps pour ces·dommages; que fût-elle comptable et reliquataire, elle ne pourrait être condamnée par corps au payement du reliquat ; que fût-elle adjudicataire et poursuivie par voie de folle enchère, elle ne serait pas contraignable par corps à raison de la différence entre le prix de l'adjudication et celui de la revente. La jurisprudence est constante sur tous ces points; sauf quelques décisions isolées, elle n'a fait fléchir l'exemption établie par la loi en faveur des femmes et des filles que dans le seul cas de stellionat, que la loi elle-même a cru devoir réserver (1).

843. Et même pour le cas réservé, la loi, prenant en considération l'état de dépendance dans lequel est placée la femme mariée, entend que le stellionat commis pendant le mariage ne rendra cette dernière passible de la contrainte par corps qu'autant qu'il lui sera réellement imputable, c'est-à-dire si la femme peut être considérée comme ayant agi seule et en dehors de l'influence maritale. La loi s'attache donc à définir dans quels cas la femme mariée doit être réputée stellionataire. C'est l'objet des deux dernières dispositions de l'art. 2066 : il convient d'en préciser la portée.

D'une part, le paragraphe 3 exprime que la contrainte par corps pour cause de stellionat *pendant le mariage* n'a lieu contre les femmes mariées que lorsqu'elles sont séparées de biens, ou lorsqu'elles ont des biens dont elles se sont réservé la libre administration, et à raison des engagements qui concernent ces biens. — D'une autre part, le paragraphe 4 ajoute que les femmes qui, *étant en communauté,* se seraient obligées conjointement ou solidairement avec leur mari, ne pourront être réputées stellionataires à raison de ce contrat.

Ainsi, la loi parle du stellionat commis *pendant le mariage,* et dès lors la femme même mariée reste sous le coup de la contrainte par corps à raison de faits antérieurs à son mariage. Le cas a été spécialement prévu, au conseil d'État, dans la discussion de notre article. M. Regnaud de Saint-Jean d'Angely demanda, en effet, que la femme mariée demeurât soumise à la contrainte par corps pour stellionat qu'elle aurait commis avant son mariage. Et les procès-verbaux constatent que l'art. 2066 fut adopté avec cet amendement (2).

Mais en se renfermant dans l'hypothèse de la loi, on se tromperait si l'on appliquait distributivement le troisième paragraphe aux femmes séparées de biens, et le quatrième aux femmes mariées sous le régime de la communauté. Le troisième paragraphe a une portée générale; la disposition en doit être suivie quel que soit le régime sous lequel l'union

---

(1) *Voy.,* outre les trois arrêts de la Cour de cassation cités au n° 836, Cass., 26 déc. 1827, 17 janv. 1832 et 25 avr. 1855 (S. V., 28, 1, 166; 32, 1, 687; 55, 1, 628; Dalloz, 28, 1, 73; 32, 1, 79; 55, 1, 156). *Junge :* Paris, 21 prair. an 13; Colmar, 7 avr. 1821; Lyon, 20 juin 1822; Bastia, 31 août 1826; Paris, 26 fév. 1829, 14 août 1829, 22 avr. 1847 (S. V., 5, 2, 573; 21, 2, 239; 23, 2, 255; 28, 2, 56; 29, 2, 137; 30, 2, 11; 47, 2, 71; Dalloz, 22, 2, 11 et 114; 23, 2, 157; 27, 2, 179; 29, 2, 135 et 283; 47, 2, 95; *J. Pal.,* 1847, t. I, p. 648). — *Voy.* cependant Riom, 30 janv. 1846 (S. V., 46, 2, 239; Dalloz, 46, 2, 139; *J. Pal.,* 1846, t. I, p. 374).

(2) *Voy.* Locré (t. XV, p. 555); Fenet (t. XV, p. 146).

conjugale a été formée. Ainsi, la femme mariée ne peut être réputée stellionataire qu'*à raison de ses engagements concernant les biens dont elle a la libre administration*. Dès qu'il s'agit d'engagements pris à raison de ces biens, il n'y a pas à rechercher la cause en vertu de laquelle la femme avait l'administration : qu'elle la tienne d'une séparation contractuelle ou judiciaire ; ou de la loi elle-même, par exemple, par rapport aux paraphernaux dans le régime dotal ; ou d'une clause du contrat de mariage qui, soit dans le régime de la communauté, soit dans le régime sans communauté, soit dans le régime dotal quant aux biens dotaux, lui aurait réservé l'administration de certains biens (C. Nap., art. 1449, 1534, 1536, 1549 § 3, 1576) ; il n'importe : le stellionat, s'il existe, est le fait personnel de la femme, parce que, traitant sur un bien dont elle a l'administration, elle a été partie principale à l'acte. Et elle dirait vainement, pour échapper à la contrainte par corps, qu'elle n'a agi que sous l'autorisation de son mari. Car si cette autorisation lui a été nécessaire pour lever l'incapacité légale dont elle était frappée, elle ne l'a pas affranchie des devoirs qu'elle avait à remplir vis-à-vis du créancier ou de l'acquéreur avec lequel elle a traité ; elle n'était pas suppléée, dans l'accomplissement de ces devoirs, par son mari qui a pu n'être pas à portée de connaître les titres et les charges des biens dont il n'avait ni l'administration ni la jouissance (1). Au point de vue du troisième paragraphe de l'art. 2066, commun à tous les régimes d'association conjugale, la femme ne serait donc affranchie de la contrainte par corps pour stellionat qu'autant que l'engagement à l'occasion duquel le délit civil aurait été commis concernerait les biens dont elle n'aurait pas l'administration. Le mari alors est partie principale à l'acte ; le stellionat procède de son fait, et la femme y eût-elle concouru, elle n'en reste pas moins complétement irresponsable, à raison du rôle accessoire et secondaire qu'elle a tenu (2).

Et puis, à cette disposition du troisième paragraphe de l'art. 2066, et sans y préjudicier, vient s'ajouter celle du quatrième paragraphe, laquelle n'a qu'une portée spéciale et s'applique aux femmes mariées en communauté. Le Tribunat, dans ses observations, avait cependant proposé la suppression des mots *étant en communauté*, écrits dans ce paragraphe. « Que la femme soit ou non en communauté, disait-il, et sous quelque régime qu'elle soit mariée, la disposition de ce paragraphe doit toujours avoir lieu, par cela seul qu'elle aurait été obligée conjointement et solidairement avec le mari. Cette circonstance doit toujours faire regarder la femme comme ayant agi par l'impulsion de ce dernier. » (3) Toutefois, il n'a pas été fait droit à la proposition, et les mots dont la suppression était proposée restent écrits au texte. Ce n'est pas que les rédacteurs du Code aient méconnu l'idée exprimée par

---

(1) Exposé des motifs et Rapport du tribun Gary (Locré, t. XV, p. 581 et 600 ; Fenet, t. XV, p. 168 et 181).
(2) *Voy.* Limoges, 31 mai 1838 (S. V., 39, 1, 23 ; Dalloz, 38, 1, 204 ; *J. Pal.*, à sa date). Comp. Agen, 4 mai 1858 (Dalloz, 58, 2, 152).
(3) *Voy.* Locré (t. XV, p. 564) ; Fenet (t. XV, p. 154).

le Tribunat, à savoir que, même *non commune en biens*, la femme ne pouvait, en s'obligeant solidairement ou conjointement avec son mari, être réputée stellionataire à raison de cet engagement ; cela résultait suffisamment, à leurs yeux, de la disposition précédente, laquelle, d'une manière toute générale, ne permet de regarder les femmes comme stellionataires que lorsqu'elles ont traité de biens dont elles avaient, ou comme séparées ou comme autorisées par le contrat de mariage, la libre administration, et seulement *à raison des engagements concernant ces biens* (1). Et s'ils ont maintenu les mots « étant en communauté », c'est que, dans leur pensée, ces mots devaient avoir une portée spéciale ; c'est que, regardant la femme mariée en communauté d'un œil plus favorable que la femme mariée sous tout autre régime, ils entendaient lui accorder une faveur de plus. En quoi consiste cette faveur ? En ce que, même à l'égard des biens dont le mari n'est pas administrateur, des biens propres dont, par une clause du contrat de mariage, la femme commune en biens se serait réservé l'administration (2), celle-ci ne doit pas être réputée stellionataire, et reste, par conséquent, affranchie de la contrainte par corps, si elle s'oblige solidairement ou conjointement avec son mari.

Donc, et en résumé, pour qu'une femme mariée puisse être réputée stellionataire et soit, en conséquence, contraignable par corps, il faut, quel que soit le régime sous lequel s'est formée l'association conjugale, que l'engagement entaché de stellionat ait été pris par elle sur les biens dont elle a conservé ou repris l'administration ; et, en outre, si elle est mariée en communauté, que l'engagement, portât-il même sur les biens dont elle se serait réservé l'administration, ne fût pas pris par elle solidairement ou conjointement avec son mari (3).

III. — 844. Après ces observations touchant les exemptions absolues établies par le Code Napoléon, nous passons aux exemptions relatives, c'est-à-dire à celles qui n'affranchissent le débiteur de la contrainte par corps que vis-à-vis de tel ou tel créancier. Celles-ci, fondées sur les liens de parenté ou d'alliance qui unissent le créancier au débiteur, sont étrangères au Code Napoléon, en ce sens que les rédacteurs du Code ont omis d'en parler. Mais elles existaient dans notre ancienne jurisprudence ; et sur quelques points au moins, sinon sur tous, les tribunaux, malgré le silence de la loi nouvelle, croyaient pouvoir prendre pour règle, à cet égard, les anciennes solutions. Toutefois, à défaut de dispositions précises, il y avait, sur ce point, des incertitudes que le législateur seul pouvait faire cesser. La loi du 17 avril 1832 et celle du 13 décembre 1848 y ont pourvu : statuant moins en faveur du débiteur que contre le créancier, ces lois ne permettent pas à ce dernier d'offen-

_____

(1) Rapport du tribun Gary (Locré, t. XV, p. 601 ; Fenet, t. XV, p. 182).
(2) *Voy.* le *Traité du Contrat de mariage*, que nous avons publié avec M. Rodière (1re édit., t. I, no 62 ; 2e édit., t. I, no 68).
(3) *Voy.*, en ce sens, MM. Delvincourt (aux notes, t. III, p. 400, note 3) ; Zachariæ (édit. Massé et Vergé, t. V, p. 101) ; Aubry et Rau (t. V, p. 38 et 39, notes 49-51). Comp. MM. Duranton (t. XVIII, p. 477) ; Coin-Delisle (art. 2066, no 4) ; Troplong (nos 311 et suiv.) ; Mourlon (*Rép. écrit*, t. III, p. 489) ; Boileux (t. VII, p. 75).

ser, par l'exercice de la contrainte par corps, les sentiments de pudeur ou les convenances sociales, qui, à défaut d'affection, doivent lui interdire l'emploi de cette mesure extrême.

Ces lois disposent, à ce point de vue, en des termes qui excluent le doute ou l'équivoque, au moins en ce qui concerne les degrés dans lesquels les parents ou les alliés peuvent invoquer l'exemption. « La contrainte par corps, dit l'art. 19 de la loi de 1832, n'est jamais prononcée contre le débiteur au profit 1° de son mari ni de sa femme; 2° de ses ascendants, descendants, frères ou sœurs, ou alliés au même degré. Les individus mentionnés dans les deux paragraphes ci-dessus, contre lesquels il serait intervenu des jugements de condamnation par corps, ne peuvent être arrêtés en vertu desdits jugements. S'ils sont détenus, leur élargissement aura lieu immédiatement après la promulgation de la présente loi. » — Et par une extension favorable, à cet article d'après lequel l'exemption tirée de la parenté et de l'alliance s'arrêtait aux frères et sœurs, beaux-frères et belles-sœurs, l'art. 10 de la loi du 13 décembre 1848 a ajouté que « la contrainte par corps ne peut être prononcée ni exécutée au profit de l'oncle ou de la tante, du grand-oncle ou de la grand'tante, du neveu ou de la nièce, du petit-neveu ou de la petite-nièce, ni des alliés au même degré. »

Ces textes sont précis, nous le répétons, et quant au degré de parenté ou d'alliance qui fait obstacle à la contrainte par corps, il ne peut pas y avoir d'hésitation. Aussi, sauf un seul cas dans lequel des juges, en statuant sur un procès engagé entre deux frères, ajoutèrent, par une méprise évidente, la sanction de la contrainte par corps à la condamnation par eux prononcée (1), on ne trouve pas de décision qui ait eu à préciser, à ce point de vue, la mesure de cette exemption.

Mais il y a eu quelques difficultés sur les points de savoir si la parenté naturelle et la parenté adoptive produisent le même effet que la parenté légitime; si l'alliance produit son effet à cet égard, même après la dissolution du mariage qui la produisait; si l'effet subsiste alors même que la créance, changeant de mains, est allée en la possession d'une personne étrangère.

845. Sur le premier point, il est généralement admis que la prohibition de l'exercice de la contrainte par corps s'applique à la parenté naturelle aussi bien qu'à la parenté légitime. La solution est incontestable, les expressions dont se sert le législateur dans les lois de 1832 et de 1838 étant on ne peut plus générales : comme l'a dit la Cour de Paris, qui la première a eu à se prononcer sur la question, ce serait méconnaître le principe et l'esprit de ces lois sur les restrictions qu'elles mettent à l'exercice de la contrainte par corps que d'en refuser le bénéfice à la parenté naturelle, dont le législateur fait état dans d'autres circonstances, notamment pour les empêchements au mariage pour consanguinité (2).

---

(1) *Voy.* Cass., 6 juin 1859 (S. V., 59, 1, 657; *J. Pal.*, 1859, p. 1179; Dalloz, 59, 1, 248).

(2) *Voy.* Paris, 1er fév. 1864 (S. V., 64, 2, 81; *J. Pal.*, 1864, p. 16; Dalloz, 64, 2,

Il en faut dire autant de la parenté adoptive, en ce sens que la contrainte par corps ne peut ou ne doit jamais être prononcée au profit de l'adoptant et de l'adopté. Mais les dispositions des lois de 1832 et de 1848 ne s'étendent pas aux frères et sœurs, ni, à plus forte raison, aux oncles et tantes, etc., d'un adoptant ou d'un adopté. Car il n'y a pas, à vrai dire, de parenté entre l'adopté et les parents de l'adoptant, ni entre l'adoptant et les parents de l'adopté.

846. Sur le second point, nous tenons que l'alliance subsiste encore même après le décès sans enfants de l'époux qui la produisait. Si le droit aux aliments cesse alors, d'après l'art. 206 du Code Napoléon, ce n'est pas à dire que, dans la pensée de la loi, l'alliance soit détruite dès qu'il n'existe plus aucune des personnes qui établissaient le lien entre les deux familles ; la loi suppose seulement que, dans un tel cas, le lien est assez relâché pour qu'il y ait lieu de ne pas maintenir l'obligation alimentaire à la charge du survivant. Mais, sous les autres rapports, l'alliance subsiste avec ses effets légaux. Ainsi, d'après l'art. 283 du Code de procédure, au titre *Des Enquêtes,* les parents et alliés des conjoints en ligne directe de l'une ou de l'autre des parties, les frères, beaux-frères, sœurs et belles-sœurs, peuvent être reprochés, encore que le conjoint soit décédé et n'ait pas laissé d'enfants; de même, d'après l'art. 378, au titre *De la Récusation,* bien que la femme du juge, parente ou alliée de l'une des parties, soit décédée et qu'il n'y ait point d'enfants, le beau-père, le gendre ou les beaux-frères ne peuvent être juges. Ainsi encore, d'après une jurisprudence constante, les alliés au degré prévu par l'art. 322 du Code d'instruction criminelle ne peuvent être entendus comme témoins avec prestation de serment, alors même que le conjoint qui produisait l'affinité est décédé sans enfants (1), et le jugement rendu par trois juges dont deux étaient alliés au degré prohibé est nul malgré la dissolution du mariage qui produisait l'alliance (2). A plus forte raison convient-il de se régler d'après le même principe quand il s'agit de la contrainte par corps, mesure particulièrement rigoureuse dont l'application, dès lors, doit être restreinte plutôt qu'étendue. Il suffit que les lois de 1832 et de 1848, en établissant ou plutôt en sanctionnant la cause d'empêchement résultant des liens du sang ou de l'affinité, n'aient fait aucune distinction entre le cas où le conjoint qui a produit l'affinité est vivant, et celui où il est décédé et n'a pas laissé d'enfants, pour décider que, dans un cas aussi bien que dans l'autre, la contrainte par corps ne saurait être prononcée contre un allié au degré déterminé par ces lois (3).

---

83). *Voy.* aussi MM. Coin-Delisle (App., art. 19, ᴮᵒ 1); Troplong (n° 538); Aubry et Rau (t. V, p. 39, note 52); Boileux (t. VII, p. 92); Duverdy (n° 83).
(1) Crim. rej., 10 oct. 1839; Crim. cass., 10 mai 1843 (S. V., 39, 1, 955; 43, 1, 434; Dalloz, 40, 1, 377; 43, 4, 410; *J. Pal.*, à leur date).
(2) Crim. cass., 7 nov. 1840 (S. V., 41, 1, 88; Dalloz, 41, 1, 145; *J. Pal.*, à sa date).
(3) *Voy.* Nîmes, 18 nov. 1841; Paris, 18 mars 1850; Agen, 31 mai 1860; Montpellier, 17 avr. 1863 (*J. Pal.*, 1842, t. I, p. 219; 1861, p. 494; 1864, p. 180; S. V., 50, 2, 593; 60, 2, 446; Dalloz, 42, 2, 128; 51, 2, 30; 64, 2, 85 et 87). *Voy.* aussi MM. Coin-Delisle (sur l'art. 19, n° 1); Troplong (n° 539); Demolombe (t. III, n° 119, et t. VII,

847. Sur le dernier point, celui de savoir si les prohibitions de la loi subsistent encore même quand la créance a changé de mains, il faut distinguer. Par exemple, Paul est créancier de Pierre, dont il n'est ni le parent ni l'allié. Puis Joseph, beau-frère de Pierre, devient cessionnaire de cette créance que nous supposons susceptible d'entraîner la contrainte par corps. Il est bien évident qu'on se trouve précisément alors dans le cas de l'exemption établie par la loi; et le payement venant à être poursuivi par Joseph, la contrainte par corps ne pourra pas être prononcée à son profit contre Pierre, débiteur, dont il est le beau-frère.

848. Mais si nous nous plaçons dans l'hypothèse inverse, si nous supposons que la créance originairement souscrite au profit d'un parent ou d'un allié est, par l'effet d'une cession, passée aux mains d'une personne qui ne tient au débiteur par aucun lien de parenté ou d'alliance, il en doit être autrement. La prohibition fondée sur la parenté ou l'alliance ne saurait plus, dans ce cas, être opposée au nouveau créancier. C'est admis en doctrine et en jurisprudence, quand la cession porte sur un effet de commerce transmis par voie d'endossement; et la solution, en ce cas, ne peut faire aucun doute, le signataire de tels effets s'obligeant *directement* envers tout tiers porteur à le désintéresser à l'échéance (1). Mais il n'y a pas de raison pour que la solution ne soit pas la même quand la cession porte sur une créance civile transmise par les voies ordinaires. Vainement on a dit que la cession de la créance à un étranger ne lui fera pas produire un mode d'exécution qui n'y était pas attaché dès l'origine, parce que le cédant ne peut pas transmettre au cessionnaire plus de droits qu'il n'en avait lui-même (2). Il ne s'agit pas ici de savoir si le cessionnaire a reçu du cédant le droit de contraindre le débiteur par corps; sur ce point, la négative est certaine : il s'agit uniquement de savoir si le cessionnaire n'a pas ce droit par cela seul qu'il a le droit d'exiger et de poursuivre le payement de la créance. Or, sur cet autre point, c'est à l'affirmative, au contraire, qu'il faut se rattacher, parce que le cessionnaire est en définitive le seul créancier, et qu'entre lui et le débiteur il n'y a pas les rapports de parenté ou d'alliance qui, d'après la loi, ne permettent pas le recours à la contrainte par corps (3). Bien entendu, il faut réserver le cas où la cession ne serait pas sincère. Si elle était simulée en vue d'éluder les prohibitions de la loi, il n'en faudrait pas évidemment tenir compte, puisque alors le créancier véritable serait toujours le cédant, c'est-à-dire le parent ou l'allié au profit duquel la contrainte ne peut être prononcée (4). Sauf

n° 117); Aubry et Rau (t. I, p. 201 et note 10); Alauzet (C. comm., t. IV, n° 1999). — *Voy.* cependant Paris, 12 fév. 1853 (S. V., 53, 2, 143; *J. Pal.*, 1853, t. I, p. 153; Dalloz, 53, 2, 88). M. Duranton (t. III, n° 458).

(1) *Voy.* Bourges, 8 mai 1837; Paris, 1er avr. 1840 et 3 mars 1842 (S. V., 37, 2, 398; 42, 2, 451; Dalloz, 37, 2, 156; 40, 2, 173; 42, 2, 226; *J. Pal.*, à leur date). *Voy.* aussi MM. Coin-Delisle (art. 19, n° 2); Troplong (n°s 501, 502 et 542).

(2) *Voy.* MM. Coin-Delisle (*loc. cit.*); Troplong (n°s 503 et 542); Boileux (t. VII, p. 92).

(3) *Voy.*, en ce sens, MM. Aubry et Rau (t. III, p. 313 et note 36).

(4) Limoges, 16 juill. 1854 (S. V., 54, 2, 759).

cette réserve, et dès qu'on se trouve en présence d'une cession sérieuse et sincère, nous tenons que dans cette hypothèse, tout comme dans celle du numéro précédent, c'est la personne du cessionnaire seul, non celle du cédant, qu'il faut prendre en considération sur le point de savoir si la contrainte par corps peut être prononcée.

IV. — 849. Arrivons maintenant aux exceptions qui, sans toucher au droit même, portent seulement sur l'exercice du droit, c'est-à-dire aux exceptions qui ne permettent pas *d'exécuter* une contrainte par corps d'ailleurs légalement prononcée. A cet égard, la loi de 1832 avait dit, dans un sentiment d'humanité, que dans aucun cas la contrainte par corps ne pourrait être exécutée contre le mari et contre la femme simultanément *pour la même dette* (art. 21). La loi ne voulait pas que le créancier pût faire exécuter à la fois contre les deux débiteurs la condamnation par corps prononcée contre eux, et priver ainsi de leurs gardiens les enfants et le foyer domestique. Seulement la restriction était établie en prévision d'un cas unique, celui où la contrainte par corps avait été prononcée contre les deux époux pour la même dette; en sorte que si la contrainte avait été prononcée contre l'un et contre l'autre distinctement pour dettes différentes, la contrainte pouvait être exercée simultanément contre les deux. La loi du 13 décembre 1848, suivant jusqu'au bout la pensée d'humanité à laquelle avait obéi la loi précédente, a complété l'œuvre sous ce rapport, en disposant qu'en aucune matière la contrainte par corps ne pourrait être exercée simultanément contre le mari et la femme, *même pour des dettes différentes* (art. 11, § 1).

850. Mais, remarquons-le, la loi défend seulement l'*exercice* de la contrainte : c'est dire que la contrainte peut et doit être prononcée contre les deux époux, s'il y a lieu, au profit du créancier, lequel aura ainsi le droit de faire incarcérer à son choix l'un ou l'autre de ses débiteurs, et même chacun d'eux, mais successivement.

851. D'ailleurs, l'art. 11 de la loi de 1848 doit recevoir son application pour quelque cause que la contrainte ait été prononcée. M. Durand, dans l'explication et le commentaire qu'il a donnés de la loi de 1848 dont il a été le rapporteur, estime que l'article ne serait pas applicable si l'un des époux avait été condamné pour lettre de change par exemple, tandis que l'autre n'aurait été condamné que pour un fait dont l'exécution dépendrait de sa volonté, *parce que l'obligation de faire n'est pas une dette dans le sens propre de la loi, et que d'ailleurs le cours de la justice pourrait se trouver interrompu si la contrainte par corps n'était pas exécutée.* M. Troplong a réfuté cette distinction en établissant qu'il n'y a de débiteur qu'autant qu'il y a une dette, et que, puisqu'il y a ici un débiteur, le débiteur d'un fait, on ne peut pas dire qu'il n'y a pas de dette dans le sens propre de la loi (1). Mais il aurait pu ajouter, ce qui est péremptoire et décisif, que la crainte touchant l'interruption du cours de la justice implique une confusion entre la contrainte

_____

(1) *Voy.* M. Troplong (n° 735).

par corps et l'exécution *manu militari*. On arrivera toujours à avoir raison des résistances au moyen de cette dernière exécution, que ne peut arrêter aucune considération tenant à la *personne* (*suprà*, n° 746); et il n'y aurait pas, dans le cas particulier, même motif de refuser au créancier le droit d'y recourir, puisque, à la différence de la contrainte par corps, elle ne consiste pas dans l'emprisonnement et qu'ainsi elle ne prive pas les enfants de leur appui.

852. Il faut rattacher à la prohibition d'exercer la contrainte par corps contre deux époux simultanément une autre restriction plus grave encore, mais qui procède de la même pensée. Elle a été créée par la loi du 13 décembre 1848, dont le même art. 11, par sa seconde disposition, permet aux tribunaux, dans l'intérêt des enfants mineurs du débiteur, d'ordonner par le jugement de condamnation qu'il sera sursis, pendant une année au plus, à l'exécution de la contrainte par corps. Toutefois, les tribunaux ne doivent user de cette faculté qu'avec la plus grande réserve. C'est l'intérêt des enfants mineurs, et pour ainsi dire leur existence, qu'ils devront prendre en considération; et pour qu'à cet intérêt ils sacrifient l'intérêt du crédit, en suspendant la contrainte, il faudra qu'il soit clairement démontré à leurs yeux que l'exécution immédiate laisserait les enfants mineurs privés de toute protection, et en quelque sorte de tous moyens d'existence, soit que l'époux débiteur fût leur unique soutien, soit que l'autre époux, quoique vivant, fût hors d'état de leur venir en aide.

D'ailleurs le sursis doit, aux termes de la disposition précitée, être prononcé par le jugement de condamnation lui-même. En ceci, la loi n'a fait que se conformer à la règle générale (voy. *infrà*, n°s 873 et suiv.). Mais signalons les deux inductions qui se tirent du texte. D'une part, il en résulte que le sursis à l'exécution dans l'intérêt des enfants mineurs du débiteur peut être demandé en tout état de cause, même pour la première fois en appel, et qu'il peut être prononcé par l'arrêt intervenant sur cet appel, car le mot *jugement* employé dans le paragraphe 2 de l'art. 11 est une expression générique qui comprend les arrêts comme toutes autres décisions judiciaires (1). D'un autre côté, il en résulte que le débiteur n'est plus recevable, dès que la condamnation par corps est définitive et irrévocable, à demander le sursis par voie d'action principale, puisque c'est par le *jugement* de condamnation que le sursis doit être prononcé. La Cour de Paris s'est prononcée en ce sens en expliquant que cette interprétation de l'art. 11 de la loi de 1848 est, d'ailleurs, commandée par le droit commun, qui défend d'apporter aucune atteinte à la chose jugée, et qui veut que les sursis ou délais pour l'exécution des jugements soient prononcés par les juges qui ont connu de la contestation au fond (2).

853. Il y a un deuxième cas où, dans un intérêt politique, il est interdit d'exercer une contrainte par corps d'ailleurs légalement pronon-

---

(1) Paris, 16 fév. 1864 (*J. Pal.*, 1864, p. 559; S. V., 64, 2, 81).
(2) Paris, 15 mars 1864 (*J. Pal.* et S. V., *loc. cit.*).

cée : il est établi par le décret organique du 2 février 1852, aux termes
duquel les députés au Corps législatif ne peuvent être contraints par
corps durant les sessions, ni pendant les six semaines qui précèdent et
les six semaines qui suivent les sessions (art. 10). C'est la reproduction
d'une disposition écrite d'abord dans la charte de 1814 (art. 51) et
reproduite dans celle de 1830 (art. 43). La prohibition doit s'entendre
aujourd'hui, comme elle s'entendait sous l'empire des chartes de 1814
et de 1830, en ce sens qu'elle s'applique même au cas où la session finit
par la dissolution du Corps législatif (1).

854. La constitution de 1848 n'avait pas établi la même prohibition :
en conséquence, la question s'était élevée de savoir si les représentants
du peuple à l'Assemblée législative étaient à l'abri de la contrainte par
corps. Dans le silence de la constitution, on pouvait dire que les représentants du peuple étaient, à cet égard, sous l'empire du droit commun,
et c'est en ce sens que se prononça le Tribunal de la Seine en ordonnant
qu'il serait passé outre à l'écrou d'un membre de l'Assemblée législative
contre lequel un créancier avait obtenu une condamnation par corps (2).
Mais, dès le lendemain, l'Assemblée législative, brisant cette décision
judiciaire, prit un ordre du jour par lequel elle ordonna que « M..., représentant du peuple, dont l'inviolabilité ne pouvait être atteinte que
par un décret de l'Assemblée, serait mis immédiatement en liberté. » (3)
A la suite est intervenue la loi du 21 janvier 1851, qui posa en principe
qu'aucune contrainte par corps ne pourrait être mise à exécution contre
un représentant du peuple, sans l'autorisation préalable de l'Assemblée
(art. 1er) : en outre, la loi déclara que tout représentant qui, dans les
trois mois après l'autorisation accordée par l'Assemblée, ne justifierait
pas qu'il a satisfait son créancier et se trouve déchargé de la contrainte,
serait réputé démissionnaire, et ne pourrait être réélu tant que la contrainte subsisterait (art. 3).

855. Enfin rappelons la prohibition spéciale d'exécuter la contrainte
par corps pour dettes civiles contre les marins de la marine marchande.
Aux termes de l'art. 231 du Code de commerce, qui édicte la prohibition, la faveur de la loi est établie seulement en vue des dettes contractées *avant* le voyage; toutefois les marins ne peuvent être arrêtés même
à raison des dettes qu'ils auraient contractées *pour* le voyage, s'ils donnent caution. D'ailleurs, par la place même qu'elle occupe dans le Code
de commerce, la disposition de l'art. 231 est limitée aux marins de la
marine marchande; elle ne doit donc pas être étendue aux marins de
la marine militaire.

V. — 856. Telles sont les exemptions établies par la loi et les restrictions qu'elle consacre soit au droit même de faire prononcer la
contrainte par corps, soit au droit de mettre à exécution une contrainte
légalement prononcée. La question se pose maintenant de savoir si en

---

(1) Trib. de la Seine, 1er juill. 1842 (Dalloz, 42, 4, 191; S. V., 42, 2, 302).
(2) Trib. de la Seine, 27 déc. 1850 (S. V., 51, 2, 1; Dalloz, *Rép.*, v° Contr. par corps,
n° 312). — *Voy.* aussi MM. Durand (n°ˢ 122 et suiv.); Troplong (n° 745).
(3) *Voy.* la discussion et la résolution sur ce point (Dalloz, 50, 3, 73 et suiv.).

dehors de ces restrictions il y en a d'autres encore que l'on puisse admettre. En thèse générale et en principe, il faut répondre négativement. Seulement, on peut dire que les restrictions établies par la loi peuvent et doivent profiter à certaines personnes, bien qu'elles ne soient pas nommément désignées. Par exemple, il paraît évident que l'exemption accordée au mineur ne saurait être refusée à l'interdit, lequel est assimilé au mineur pour sa personne et pour ses biens (C. Nap., art. 509) (1). — De même on peut signaler ici la décharge de la contrainte par corps résultant soit de la cession, soit de la faillitte (voy. *infrà*, nᵒˢ 892 et suiv.), soit, *à fortiori*, de la mort civile avant la loi qui en a prononcé l'abolition. — Enfin, il y a des personnes qui, par la force même des choses, sont soustraites à la contrainte par corps, en raison soit de l'état où elles se trouvent, soit de leur position sociale, soit des fonctions qu'elles remplissent. Il en est ainsi, — sous le premier rapport, des personnes placées dans un établissement d'aliénés, bien que les règles établies pour les interdits ne leur soient pas précisément applicables ; — sous le second rapport, des agents diplomatiques, des ambassadeurs, de l'empereur ; — sous le troisième rapport, des personnes chargées d'un service public, mais seulement *pendant l'exercice même* de leurs fonctions, par exemple, le magistrat et l'avocat dans le cas où leur présence serait indispensable à l'administration de la justice ou à la défense d'un accusé, le soldat en faction, l'officier marchant à la tête de son corps.

857. Mais sauf ces exceptions commandées par la force même des choses, toute personne, quelle qu'elle soit, peut être condamnée par corps et effectivement emprisonnée. Les ministres, les sénateurs, les fonctionnaires les plus élevés en dignité, dans la magistrature, dans l'administration, dans l'armée, les ecclésiastiques, sont, à cet égard, sous l'empire du droit commun, sans qu'ils aient à invoquer aucune exemption attachée à leur personne. Ils ne peuvent se placer que sous la protection toute momentanée et purement temporaire qui doit leur être accordée pendant l'exercice même de leurs fonctions. Nous ne parlons pas de quelques règles spéciales qui existaient avant 1848, en ce qui concerne les pairs de France : ces règles, d'ailleurs assez mal définies (2), sont absolument sans application aux membres du Sénat.

858. Les consuls, les militaires en activité de service et les marins de la marine militaire restent également soumis, sous la même réserve, aux principes du droit commun en notre matière. Cependant la question a été controversée relativement aux consuls et aux militaires en activité de service (3).

---

(1) *Contrà* : MM. Sebire et Carteret (vᵒ Contr. par corps, nᵒ 54).
(2) *Voy.* M. Troplong (nᵒ 380).
(3) *Voy.*, dans le sens de l'opinion ci-dessus émise, Trib. de la Seine, 30 avr. 1833 (S. V., 33, 2, 651) ; Alger, 24 août 1836 (S. V., 36, 2, 481) ; Paris, 28 avr. 1841 et 17 janv. 1851 (S. V., 41, 2, 544 ; 51, 2, 95 ; *J. Pal.*, 1841, t. I, p. 617 ; 1851, t. I, p. 396 ; Dalloz, 51, 2, 69). *Voy.* aussi MM. Pardessus (t. V, nᵒ 1509) ; Coin-Delisle (art. 2069, nᵒ 41) ; Chauveau, sur Carré (quest. 267) ; Troplong (nᵒ 381) ; Aubry et Rau (t. V, p. 43 et note 63). — Mais *voy.*, en sens contraire, Caen, 22 juin 1829 (S. V., 29, 2,

859. Quant à la personne pourvue d'un conseil judiciaire, il n'est pas douteux qu'elle ne puisse être contrainte par corps à raison de ses obligations emportant cette voie d'exécution, pourvu d'ailleurs qu'elles soient valablement contractées (1).

860. Nul doute également qu'un associé ne soit en droit d'exercer la contrainte par corps contre ses coassociés commerciaux. Nous ne reconnaissons pas aujourd'hui l'exemption admise dans notre ancien droit à raison de l'espèce de *jus fraternitatis* existant entre les associés (2).

3° De la somme pour laquelle la contrainte par corps peut être prononcée.

2065. — Elle ne peut être prononcée pour une somme moindre de trois cents francs.

SOMMAIRE.

I.   861. Transition à une autre restriction : la contrainte par corps est interdite, en matière civile, pour toute dette *au-dessous* de 300 francs. Motifs de l'art. 2065 et renvoi, quant au défaut d'harmonie entre cet article et l'art. 126 du Code de procédure, touchant la fixation du *minimum*.

II. 862. Le minimum de 300 francs ne s'entend pas seulement du principal de la dette : la contrainte peut être prononcée si, par le cumul du principal et des accessoires, la dette atteint le chiffre de 300 francs : quels sont les accessoires qui peuvent à ce titre être ajoutés au principal. — 863. *Quid* si, par la réunion de plusieurs dettes chacune d'une valeur inférieure au *minimum*, le débiteur est condamné pour une somme totale qui atteint et dépasse le *minimum*? — 864. *Quid* lorsque la condamnation, portant sur une somme de 300 francs ou plus, est prononcée contre plusieurs personnes?

III. 865. — Le minimum de 300 francs est fixé d'une manière générale pour tous les cas de contrainte par corps en matière civile; il n'y a d'exception que par l'art. 264 du Code de procédure. — 866. Mais la règle est applicable même quand le jugement ne condamne qu'à un fait : dissentiment avec les auteurs. — 867. D'autres principes et un autre minimum sont établis pour les matières commerciale, pénale, administrative, et contre les étrangers : renvoi.

I. — 861. Les restrictions établies par les art. 2064 et 2066 et par les autres dispositions législatives dont nous venons de présenter le commentaire ne sont pas les seules que le législateur ait cru devoir mettre à l'exercice de la contrainte par corps. Indépendamment de l'âge, du sexe, de la parenté, de l'alliance, de la qualité des personnes, toutes circonstances qui sont le fondement de ces premières restrictions, il y avait lieu de tenir compte aussi de la dette elle-même, qui, lorsqu'elle est tellement minime qu'elle ne peut être d'aucune influence sur la fortune du créancier, devait motiver une autre restriction. On a tenu de tout temps, en effet, que la contrainte par corps ne doit pas être accordée pour les dettes minimes, que le débiteur qui ne paye pas une

---

208; Dalloz, 30, 2, 1); Trib. de la Seine, 1er déc. 1840 (S. V., 41, 2, 148; Dalloz, 41, 3, 249); MM. Carré (*loc. cit.*); Fœlix (sur la loi du 17 avr. 1832, chap. I, § 2, p. 11); Thomine Desmazures (t. II, n° 911); Sebire et Carteret (*loc. cit.*, n° 64).

(1) Bruxelles, 4 et 13 avr. 1808 (S. V., 8, 2, 209; Coll. nouv., 2, 2, 378).

(2) *Voy.* M. Troplong (n° 366).

somme modique est présumé dans un tel état d'indigence, que la privation de sa liberté ne pourrait qu'achever sa misère sans profit et sans espérance pour le créancier (1). Cependant, par un oubli assez étrange, les rédacteurs du Code n'avaient tenu aucun compte de cette cause d'exemption. Après l'art. 6 du projet soumis à la discussion, lequel, correspondant à l'art. 2064 du Code, avait consacré l'exemption en faveur des mineurs, venait la disposition correspondante à l'art. 2066, relatif aux septuagénaires, aux femmes et aux filles, sans aucune indication touchant l'exiguïté de la dette considérée comme cause susceptible aussi de faire écarter la contrainte par corps. Mais dès que l'art. 6 du projet fut mis en discussion au conseil d'État, Bigot-Préameneu proposa, au nom de la section, de réparer cet oubli et de combler la lacune. C'est ainsi que l'art. 2065 a été introduit dans le Code, au rang qui lui a été assigné par la discussion, mais d'où nous avons dû le retirer, dans un intérêt de méthode, puisque, étranger, par son objet, aux art. 2064 et 2066 entre lesquels il est placé, il interrompt la série des idées auxquelles répondent ces deux articles.

Quoi qu'il en soit, la proposition de revenir à la modification admise de tout temps par la législation ne pouvait manquer d'être accueillie. « Cette modification, dit Berlier, ne saurait être retranchée de la loi, sans consacrer une dureté que repoussaient nos anciennes ordonnances..... L'on a dit ailleurs qu'il était difficile de *maximer* les intérêts pécuniaires, et qu'une somme modique pour un tel pouvait être très-considérable pour tel autre ; mais cet argument n'a-t-il pas contre lui plusieurs textes de notre législation ? Et qu'est-ce que la loi de compétence établie à raison des sommes ? Au reste, cette difficulté se réduit à un point très-simple : ne serait-ce pas un scandale public que de voir traîner un homme en prison pour une dette civile de 50 ou de 100 francs ? Et s'il devait s'élever contre une telle rigueur un murmure respectable, parce qu'il serait fondé sur un sentiment louable de compassion, le législateur ne serait-il pas indiscret en y donnant lieu ? » On opposa qu'en général la disposition aurait souvent l'inconvénient de faire naître un procès sur le montant de la dette ; que ce serait, dans beaucoup de cas, le moyen de défense du débiteur. Mais il fut répondu qu'on pourrait prévenir ces contestations en disant que la contrainte par corps ne sera pas prononcée pour une somme au-dessous de 300 francs. Et cette solution ayant été adoptée en principe, l'art. 2065 a été rédigé en conséquence (2).

Ainsi, une condamnation civile, dès qu'elle atteint la somme de 300 francs, peut, si la matière le comporte d'ailleurs, entraîner la contrainte par corps : c'est la règle. Mais, nous l'avons fait remarquer déjà (*suprà*, n° 833), il faut excepter le cas prévu par le premier paragraphe de l'art. 126 du Code de procédure, qui permet aux juges de

---

(1) Rapport du tribun Gary (Locré, t. XV, p. 599 ; Fenet, t. XV, p. 180).
(2) *Voy.* Locré (t. XV, p. 553 et suiv.) ; Fenet (t. XV, p. 144 et suiv.).

prononcer la contrainte par corps pour dommages-intérêts. Par une négligence de rédaction, cet article, en s'attachant toujours à ce minimum de 300 francs, dit néanmoins que la contrainte pourra être prononcée pour dommages-intérêts, en matière civile, *au-dessus* de la somme de 300 francs; en sorte qu'une condamnation qui serait *justement de* 300 *francs* ne pourrait pas, dans ce cas, être prononcée par corps. Il y a là assurément un défaut de concordance; mais il n'appartiendrait pas au juge, comme les auteurs en ont fait la très-juste remarque, de rétablir l'harmonie entre les deux dispositions (1) : d'une part, la contrainte par corps ne pourrait pas être ajoutée à une condamnation *pour dommages-intérêts* qui ne dépasseraient pas la somme de 300 francs; d'une autre part, elle ne pourrait pas, en tout autre cas que celui de dommages-intérêts, être refusée par cela seul que la condamnation serait justement de la somme de 300 francs : toute décision en sens contraire, dans l'un ou l'autre cas, devrait être et serait infailliblement cassée.

Voyons maintenant quels sont les éléments qui peuvent constituer ce minimum de 300 francs.

II. — 862. Et d'abord, il n'est pas nécessaire que la condamnation porte sur une *somme principale* de 300 francs; il suffit, en matière civile, que la réunion du principal et des accessoires produise cette somme pour que la contrainte par corps puisse être prononcée.

Seulement, il faut s'entendre sur ce qui, au point de vue de la contrainte par corps, peut être ajouté au principal à titre d'*accessoire* pour constituer le minimum. On y comprendra les intérêts en général, c'est-à-dire non-seulement les intérêts conventionnels ou compensatoires, mais encore les intérêts moratoires. On y comprendra généralement les dommages-intérêts eux-mêmes. Mais il n'y faudra pas comprendre les dépens occasionnés par la condamnation, lesquels ne peuvent pas, en principe, faire l'objet d'une condamnation à la contrainte par corps (*suprà*, n° 827). Il est vrai, et nous en avons fait la remarque (*loc. cit.*), que le débiteur emprisonné ne peut obtenir son élargissement, aux termes de l'art. 800 du Code de procédure, qu'en payant ou en consignant avec le capital et les accessoires les frais liquidés auxquels il a été condamné. Et cela avait conduit MM. Aubry et Rau à décider que les frais ou les dépens occasionnés par la condamnation doivent aussi entrer en ligne de compte pour l'admission de la contrainte par corps. Mais, sur un nouvel examen, ces auteurs ont reconnu que la disposition de l'art. 800 du Code de procédure peut s'expliquer comme une conséquence du droit appartenant au créancier de refuser un payement partiel ou de s'opposer à l'imputation de ce payement sur le principal et les intérêts avant l'acquittement des dépens, et qu'elle n'implique en aucune façon l'idée que les frais, quand en principe ils ne peuvent pas faire

---

(1) *Voy.* MM. Duranton (t. XVIII, n° 478); Coin-Delisle (art. 2065, n° 7); Troplong (n° 282); Aubry et Rau (t. V, p. 40, note 55).

l'objet d'une condamnation à la contrainte par corps, doivent être pris comme susceptibles de concourir à la formation de la somme à raison de laquelle il est permis de recourir à ce moyen d'exécution (1).

863. D'un autre côté, il faut, quand d'ailleurs la condamnation porte sur une somme totale de 300 francs ou plus, qu'elle ait pour objet une seule et même dette. La contrainte par corps ne pourrait pas être prononcée si la condamnation portait sur une somme même supérieure à 300 francs, laquelle serait formée de la réunion de plusieurs dettes d'origine diverse et dont chacune serait inférieure au minimum fixé par la loi. Les principes, à cet égard, ont été méconnus par la Cour d'Amiens dans un arrêt dont quelques auteurs ont fait une vive et très-juste critique. Dans l'espèce, deux dettes avaient été successivement contractées envers deux personnes différentes dont l'une devint, peu de temps après, cessionnaire de l'autre. Les deux créances, ainsi réunies aux mains d'un même créancier, formaient ensemble un total qui atteignait justement le taux déterminé par la loi ; le créancier se crut dès lors autorisé à demander contre le débiteur la contrainte par corps, qui fut en effet prononcée, le motif pris de ce que ce moyen d'exécution peut être autorisé contre toute personne condamnée au payement d'une somme qui atteint ou dépasse le minimum de 300 francs, et de ce que la loi ne distingue pas si la créance procède d'un seul ou de plusieurs titres (2). La solution, dans l'état des faits sur lesquels la Cour avait à statuer, consacrait une erreur manifeste. Et cette erreur a été relevée par la Cour de Caen, qui, saisie, quelques années plus tard, de la question dans des circonstances analogues, a dit, en s'appropriant les moyens que le débiteur avait vainement produits devant la Cour d'Amiens, que c'est un principe sacré, surtout en matière de contrainte par corps, que la position respective des parties qui contractent ensemble est fixée au moment du contrat et par le contrat, et qu'elle ne peut être changée par l'une des parties sans le consentement de l'autre. Or, très-certainement le débiteur, en contractant séparément, à des époques différentes, pour des causes différentes, envers des créanciers différents, deux dettes l'une et l'autre inférieures à la somme de 300 francs, n'a pas voulu se soumettre à la contrainte par corps, et de leur côté les créanciers n'ont pas entendu avoir contre le débiteur cette voie d'exécution. Dès lors, on ne conçoit pas comment l'un des créanciers, en achetant la créance de l'autre, aurait un droit qu'aucune des deux créances n'attribuait au créancier, et pourrait, par un fait entièrement étranger au débiteur et absolument indépendant de sa volonté, changer la position que celui-ci s'était faite en contractant, et aggraver aussi rigoureusement sa position. Séparées, ou réunies dans la même main, les deux dettes n'en sont pas moins distinctes, et l'une et l'autre étant inférieures à la somme pour laquelle le législateur a permis qu'on prononçât la contrainte par corps, on ne saurait les cumuler à l'effet de faire prononcer cette contrainte (3).

_____

(1) MM. Aubry et Rau (3ᵉ édit., t. V, p. 40, note 57).
(2) Amiens, 16 déc. 1835 (S. V., 37, 2, 68 ; Dalloz, 37, 2, 114 ; *J. Pal.*, à sa date).
(3) Caen, 16 août 1843 (S. V., 44, 2, 182).

Mais il ne faudrait pas rejeter d'une manière absolue l'idée émise par la Cour d'Amiens, qu'il n'y a pas à rechercher, quand il s'agit d'appliquer l'art. 2065, si la créance procède d'un seul ou de plusieurs titres. En effet, la loi qui défend qu'un débiteur soit emprisonné pour une somme moindre que 300 francs n'exige pas qu'on s'attache au nombre des titres qui la constatent lorsqu'elle atteint et dépasse ce taux. Par exemple, modifions l'espèce qui précède, et supposons qu'au lieu d'avoir été prises envers deux personnes différentes, les deux obligations ont été souscrites à des échéances diverses envers le même créancier, et à raison d'une seule et même dette. Il importera peu que chacune des obligations isolément porte sur une somme inférieure au minimum fixé par la loi; comme elles se rattachent l'une et l'autre à la même cause, comme elles sont, en définitive, l'expression d'une seule et même dette, il suffit que réunies elles forment un total égal ou supérieur au chiffre de 300 francs pour que le créancier, à qui la somme totale est due sans division, soit dans le cas de demander et d'obtenir le moyen de la contrainte par corps (1).

864. Quand la condamnation supérieure, dans son total, à la somme de 300 francs, est prononcée contre plusieurs personnes, il faut distinguer : les débiteurs sont-ils tenus par les liens de la solidarité et ont-ils été, en effet, condamnés solidairement, il n'est pas douteux, chacun étant tenu de la somme totale envers le créancier, que la contrainte par corps peut être prononcée contre tous. Mais la dette est-elle divisée entre les divers débiteurs, la contrainte ne pourra être prononcée contre aucun d'eux, si la part afférente à chacun n'atteint pas le minimum fixé par la loi (2); et si la part afférente atteint ou dépasse ce minimum pour les uns sans y arriver quant aux autres, la contrainte ne devra être prononcée que contre les premiers.

Néanmoins, ce n'est pas à dire qu'une condamnation collective dans ce dernier cas dût nécessairement entraîner l'annulation de la décision prononcée même au chef de la contrainte par corps. La Cour de cassation a décidé, dans une circonstance assez récente, que lorsque dans une condamnation collective contre plusieurs assureurs, supérieure au taux pour lequel la loi permet de prononcer la contrainte par corps, rien n'établit que la part afférente à quelques assureurs soit inférieure à ce taux, ils ne peuvent se faire un moyen de cassation de ce que la contrainte par corps a été prononcée collectivement contre tous, une telle disposition ne pouvant leur causer aucun grief, puisque cette voie d'exécution ne saurait être poursuivie que contre ceux dont la part excède la somme à raison de laquelle la contrainte par corps est autorisée (3). Et, en effet, il ne peut y avoir aucun grief dans ce cas, le juge-

---

(1) *Voy.* Cass., 30 juill. 1833; Bordeaux, 3 août 1836; Grenoble, 26 juill. 1838; Dijon, 3 juill. 1845; Lyon, 11 nov. 1851 (S. V., 33, 1, 861; 37, 2, 69; 39, 2, 142; 52, 2, 656; Dalloz, 33, 1, 330; 37, 2, 114; 39, 2, 91; 51, 5, 120; *J. Pal.,* 1852, t. I, p. 685; 1853, t. II, p. 309).

(2) Cass., 3 déc. 1827 (S. V., 28, 1, 161; Coll. nouv., 8, 1, 713; Dalloz, 28, 1, 41; *J. Pal.,* à sa date).

(3) Req., 20 mars 1860 (*J. Pal.,* 1861, p. 404; Dalloz, 60, 1, 273; S. V., 60, 1, 641).

ment de condamnation laissant entier et complétement réservé le droit, pour chacun des condamnés, de repousser l'emploi de la contrainte par corps à son égard, en établissant, suivant les formes déterminées par la loi et que nous aurons plus tard à préciser, que la part à lui afférente dans la condamnation ne permet pas de recourir à ce moyen d'exécution.

III. — 865. La règle posée par l'art. 2065 est générale. Sauf le cas spécialement réservé par l'art. 264 du Code de procédure, d'après lequel la contrainte doit être ajoutée à une condamnation en 100 francs d'amende (*supra*, n° 815, 2°), le minimum de 300 francs est fixé pour toutes hypothèses où il y a lieu, en matière civile, de prononcer la contrainte par corps. Peu importe qu'il s'agisse de la contrainte impérative ou de la contrainte facultative ; que ce moyen d'exécution soit autorisé en vertu d'une disposition du Code Napoléon, ou par application d'une autre disposition législative quelconque : la règle reste toujours la même ; la contrainte par corps ne saurait être prononcée pour une condamnation inférieure à 300 francs.

866. Aussi ne saurions-nous admettre l'exception proposée par quelques auteurs, d'après lesquels l'art. 2065 serait applicable seulement au cas de condamnation à une *somme pécuniaire*, en sorte qu'il n'y aurait pas à tenir compte de la modicité de l'intérêt du demandeur, si la contrainte par corps était prononcée pour l'exécution d'un fait, par exemple pour le délaissement d'un fonds après jugement au possessoire en réintégrande (art. 2060, 2°; *supra*, n°s 790 et suiv.), ou après jugement au pétitoire (art. 2061; *supra*, n° 817) (1). Ce n'est là, selon nous, que le résultat d'une confusion (contre laquelle nous avons à diverses reprises cherché à prémunir le lecteur) entre la contrainte par corps et l'exécution *manu militari*. Qu'aucune limitation de sommes ne soit à observer quant à l'exécution *manu militari*, nous le voulons bien : dès qu'on se trouve en présence d'un usurpateur qui, malgré les ordres de la justice, prétend se maintenir en possession, il est de toute évidence que la force publique doit pouvoir être employée, quelque minime que soit l'intérêt du véritable propriétaire, pour procurer le délaissement du fonds indûment retenu. Mais quand il s'agit de la contrainte par corps, c'est-à-dire, ne l'oublions pas, de l'*emprisonnement* du détenteur récalcitrant, c'est tout autre chose, et nous ne voyons plus le motif pour lequel il serait fait exception à la règle posée par l'art. 2065.

867. Nous n'avons parlé, dans tout ce qui précède, touchant la limitation de la contrainte par corps quant à la somme, que des *matières civiles*. Nous aurons à nous expliquer plus tard sur la contrainte par corps en matière commerciale (n°s 951-954), en matière pénale (n° 978), en matière administrative (n° 1017) et contre les étrangers (n° 1029), et à préciser les différences existant entre ces matières di-

(1) *Voy.* MM. Coin-Delisle (art. 2065, n° 10); Troplong (n° 288); Massé et Vergé, sur Zachariæ (t. V, p. 102, note 2); Boileux (t. VII, p. 71). Comp. MM. Aubry et Rau (t. V, p. 40, note 54).

verses et les matières civiles, soit quant au taux, soit quant aux principes.

2067. — La contrainte par corps, dans les cas même où elle est autorisée par la loi, ne peut être appliquée qu'en vertu d'un jugement.

2068. — L'appel ne suspend pas la contrainte par corps prononcée par un jugement provisoirement exécutoire en donnant caution.

SOMMAIRE.

4° Du titre en vertu duquel la contrainte par corps peut être exercée.

I. — 868. L'exécution sur la personne par voie de contrainte par corps ne peut, à la différence de l'exécution sur les biens, être faite en vertu d'un titre exécutoire quelconque. La contrainte par corps, dans les cas mêmes où elle est autorisée par la loi, ne peut être mise à exécution qu'en vertu d'un jugement (C. Nap., art. 2067).

Ce fut là un sujet de vive controverse au conseil d'État, lorsqu'on y mit en discussion l'article du projet qui posait le principe. Il fut demandé avec insistance que la contrainte par corps pût être exercée en vertu du titre seul, lorsqu'il est authentique, et sans qu'il fût besoin de jugement. Le contrat, disait-on, doit être exécuté. Il serait extraordinaire d'obliger un créancier à perdre du temps et à faire des frais pour remplir une formalité inutile. Un titre authentique suffit lorsqu'il porte une stipulation autorisée par la loi. C'est en vertu de ce principe qu'il est exécuté sur les meubles; pourquoi, par la même raison, ne serait-il pas exécuté sur la personne? (1) La question s'engageait ainsi à propos de la contrainte conventionnelle, et l'opinion que nous rappelons ici pouvait s'autoriser et s'autorisait, en effet, de l'ordonnance de 1667, sous l'empire de laquelle le fermier qui s'était soumis à la contrainte par un bail authentique pouvait être emprisonné en vertu de la grosse du bail (2). Mais à propos de cette hypothèse même, d'ailleurs sans objet aujourd'hui que ce cas de contrainte conventionnelle est supprimé (*suprà*, n° 818), on répondait que le fermier peut prétendre qu'il a payé, ou qu'il doit moins de 300 francs, auquel cas l'intervention du juge serait utile, même quand il y aurait un titre authentique. Puis, en généralisant, on ajoutait qu'à l'égard de tous les autres cas où la contrainte par corps peut avoir lieu, il suffit d'en lire la nomenclature pour se convaincre que le juge seul peut en faire l'application. Prenons le dépôt pour exemple, disait-on; un dépôt sera presque toujours établi par un acte authentique: en conclura-t-on que le dépositaire peut être contraint par la seule exhibition de cet acte? Si cette conclusion n'est pas juste pour ce cas, elle ne l'est guère plus pour les autres, et l'article qui veut un jugement est bon pour tous les cas. Si la nécessité d'obtenir ce jugement est un obstacle pour le créancier, il est à craindre aussi, si on l'en dispense, qu'il ne fasse exécuter la contrainte par corps contre un débiteur qui ne pourrait à l'instant représenter sa quittance, ou qui aurait à opposer un compte d'où résulterait sa libération (3). Cette dernière opinion prévalut, et, en s'attachant à la disposition du projet qui interposait entre les parties l'action des tribunaux, les rédacteurs du Code ont, selon l'expression de l'Exposé des motifs, donné à ceux que la loi assujettit à la contrainte par corps une garantie

---

(1) Opinion de Jollivet, Regnaud de Saint-Jean d'Angely, Cambacérès (Locré, t. XV, p. 555 et suiv.; Fenet, t. XV, p. 146 et suiv.).
(2) *Voy.* Rodier (sur l'art. 7, tit. XXXIV, de l'ord.); Jousse (*eod.*).
(3) Opinion de Berlier, Treilhard, etc. (Locré et Fenet, *loc. cit.*).

que les créanciers ne pourront en abuser, et en même temps un délai pour satisfaire à leur dette (1).

Ainsi, un jugement est nécessaire pour que la contrainte par corps puisse être mise à exécution; encore même faut-il que le jugement soit explicite à cet égard, et qu'il prononce la contrainte par corps *formellement*. Ce ne serait pas assez, par exemple, qu'un tribunal, statuant sur des conclusions dans lesquelles la contrainte par corps se trouverait comprise, se bornât à adjuger ces conclusions. Ce ne serait là qu'une pronociation implicite; le créancier ne saurait s'en autoriser pour mettre à exécution la contrainte qui, dans la pensée de la loi, ne peut être exécutée qu'autant qu'elle a été *nommément prononcée* (2). Ce ne serait pas assez même qu'un tribunal prononçât la contrainte formellement, si, dans un cas où la disposition pourrait s'expliquer par des causes diverses, le tribunal négligeait de faire connaître celle qui a déterminé sa décision : le jugement serait, en ce cas, entaché d'un défaut de motifs qui en entraînerait l'annulation (3).

869. La nécessité d'un jugement étant consacrée par la loi, il en résulte que la contrainte par corps ne peut être décernée par ordonnance du juge en référé; une telle ordonnance ne constitue pas un jugement, car il n'y a que les juges réunis au nombre prescrit par la loi qui puissent rendre des jugements (4). A plus forte raison la contrainte ne pourrait-elle pas être décernée par une ordonnance d'*exéquatur* délivrée par le président du tribunal de commerce, ou par ordonnance rendue sur requête, par exemple, contre un gardien pour la représentation de meubles saisis (5). Il en faut dire autant soit de l'ordonnance sur requête qui, aux termes de l'art. 191 du Code de procédure, fait injonction à l'avoué, après l'expiration du délai de la communication, de rétablir les pièces communiquées; soit de l'ordonnance du juge-commissaire dans les cas prévus aux art. 201 et 221 du même Code. De ce que ces divers articles énoncent ou indiquent que la personne contre laquelle l'ordonnance est rendue *sera contrainte par corps* à exécuter la mesure ordonnée, quelques auteurs ont conclu que le juge de qui émane l'ordonnance peut, dans ce cas, prononcer la contrainte. C'est là une fausse induction; en établissant la contrainte comme sanction dans les cas dont il s'agit (*suprà*, nos 815, 1°, et 834, 2°), la loi ne précise rien quant à l'autorité qui sera chargée de prescrire l'emploi de ce moyen d'exécution, et par cela même elle se réfère à la règle générale d'après laquelle la contrainte par corps, dans les cas mêmes où elle est autorisée, ne peut être exercée qu'en vertu d'un jugement (6).

---

(1) *Voy.* Locré (t. XV, p. 582); Fenet (t. XV, p. 169).
(2) Req., 18 therm. an 13 (Dalloz, *Rép.*, v° Contr. par corps, n° 52).
(3) Cass., 25 nov. 1851 (S. V., 52, 1, 253; Dalloz, 52, 1, 8; *J. Pal.*, 1853, t. II, p. 471).
(4) Montpellier, 19 juin 1807 (S. V., 15, 2, 42; Coll. nouv., 2, 2, 265; Dalloz, Rép. alph., t. III, p. 814; *J. Pal.*, à sa date). *Voy.* aussi MM. Coin-Delisle (art. 2067, n° 1); Troplong (n° 319).
(5) Colmar, 3 déc. 1840; Nîmes, 11 août 1812 (Dalloz, *Rép.*, v° Contr. par corps n° 51).
(6) *Voy.* MM. Pigeau (*Proc. civ.*, t. I, liv. II, part. II, tit. I, chap. I, sect. 3, § 4,

Cependant, il faut le reconnaître, la règle n'est pas sans exceptions. Ainsi, d'abord, dans le cas auquel s'applique l'art. 264 du Code de procédure, il est généralement admis que la contrainte par corps peut être prononcée par l'ordonnance du juge-commissaire contre les témoins qui, réassignés, sont encore défaillants. Du reste, nous avons déjà fait remarquer que, sous d'autres rapports encore, ce cas de contrainte par corps est en dehors des règles ordinaires (*suprà*, n°s 815, 2°, et 865).

Une seconde exception a trait à la contrainte conventionnelle, laquelle peut, en effet, dans le seul cas de contrainte conventionnelle existant aujourd'hui dans notre droit, être mise à exécution sans jugement, contre la caution judiciaire, et en vertu de la simple soumission faite au greffe par cette caution (C. proc., art. 519).

Enfin, en dehors des matières civiles, la règle souffre quelques exceptions dont nous aurons ultérieurement à fixer la mesure et la portée. Elles se réfèrent aux matières criminelle, correctionnelle et de police, dans lesquelles la contrainte ne doit être prononcée formellement par le jugement qu'autant qu'il y a lieu d'en fixer la durée (voy. *infrà*, n° 979), et à la contrainte contre les étrangers, laquelle résulte *virtuellement* du jugement de condamnation, et cela soit en matière civile, soit en matière commerciale (*infrà*, n° 1030). En toute autre matière, et spécialement en matière commerciale, la règle générale subsiste, et la contrainte par corps ne peut être mise à exécution qu'en vertu d'un jugement qui la prononce formellement (*infrà*, n° 955).

870. D'ailleurs, tous les juges qui ont droit de prononcer la condamnation principale ont par cela même droit de prononcer la contrainte, pourvu qu'ils se trouvent dans un cas où cette sanction est autorisée. Peu importe donc de quelle autorité émane le jugement en vertu duquel la contrainte est exécutée : que la décision soit contradictoire ou par défaut (1); qu'elle émane de la juridiction ordinaire, comme un tribunal civil ou une Cour impériale, ou de la juridiction extraordinaire ou exceptionnelle, comme le tribunal de commerce ou la justice de paix, il n'importe : la décision est un jugement dans le sens de l'art. 2067, et permet de mettre à exécution la contrainte qu'elle prononce accessoirement, pourvu que la cause de la condamnation principale en fût susceptible. Toutefois, quelques doutes ont été élevés, à cet égard, en ce qui concerne les sentences arbitrales. Non pas qu'on ait contesté quant aux *arbitres forcés*, lorsque, avant la loi des 17-23 juillet 1856, relative à l'arbitrage forcé, ils constituaient, d'après le Code de commerce (articles 51 et suiv.), les juges nécessaires de toute contestation entre associés et pour raison de la société. De pareils arbitres formant un tribunal légal et étant investis par la loi d'une attribution générale, la jurisprudence n'hésitait pas à reconnaître leur compétence pour prononcer la

---

liv. 4); Delaporte (*Pand. franç.*, t. XVII, p. 205); Favard (v° Vérif. d'écrit., art. 201); Coin-Delisle (art. 2067, n°s 3, 4 et 5); Troplong (n°s 335, 336 et 337).

(1) Caen, 17 avr. 1826 (Dalloz, *Rép.*, v° Contr. par corps, n° 54).

contrainte par corps, comme pour statuer sur le fond (1). Mais on a contesté ce pouvoir aux arbitres volontaires et aux arbitres constitués amiables compositeurs. Pour prononcer la contrainte par corps, a-t-on dit, il faut avoir juridiction et commandement: or, si la loi permet aux parties de conférer la juridiction à des arbitres, elle ne leur permet pas également de conférer à des arbitres le commandement inséparable du pouvoir constitué, en sorte que la puissance de la décision arbitrale résultant moins de l'autorité du tribunal que de la convention des parties, il est vrai de dire que cette décision ne constitue pas un jugement dans le sens de l'art. 2067 (2). Toutefois, la jurisprudence ne s'est pas arrêtée à ces objections. Elle a reconnu et elle déclare que des arbitres volontaires, légalement constitués, sont, en définitive, pour les parties qui les ont nommés, des juges véritables; que leurs sentences sont dès lors de véritables jugements; que la loi par laquelle ils sont sinon institués, au moins autorisés, ne pourrait pas sans inconséquence ne pas garantir et assurer l'exécution de leurs sentences, et par suite que leur compétence à l'effet de prononcer la contrainte par corps ne saurait être contestée. La conséquence est admise par la généralité des auteurs (3). Seulement il y a ce point à noter, quant aux arbitres constitués amiables compositeurs, que n'étant pas astreints à décider d'après les règles du droit (C. proc., art. 1019), ils pourraient refuser la contrainte contrairement à la disposition de la loi qui l'établirait.

II. — 871. La contrainte par corps doit être prononcée par le jugement qui statue sur la contestation : elle ne peut même être prononcée que par ce jugement, en sorte qu'il ne serait pas permis au créancier de la demander par voie d'action principale intentée après coup. Il n'y a pas, à la vérité, de texte précis et positif sur ce point. Mais les règles générales de la procédure exigent qu'il en soit ainsi; car la contrainte est un moyen d'exécution de la condamnation principale, et par cela même elle ne peut pas, comme accessoire, être séparée de la demande au fond (4).

Aussi décide-t-on, surtout depuis que la loi du 17 avril 1832 (art. 20) a fait de la contrainte par corps un chef toujours susceptible de deux degrés de juridiction, que le créancier qui aurait omis de la demander en première instance serait non recevable à en former la demande pour la première fois en appel. Ce point, pour avoir été contesté, n'en est

---

(1) Cass., 5 nov. 1811; Toulouse, 17 mai 1825 (S. V., 12, 1, 18; 25, 2, 420; Coll. nouv., 3, 1, 419; 8, 2, 77; Dalloz, 12, 1, 40; 26, 2, 215; J. Pal., à leur date).
(2) Voy. Boucher (Man. des arb., nos 339 et suiv.); Berriat Saint-Prix (Code de proc. civ., part. I, chap. III, note 26); Carré (Anal., quest. 3039). Comp. Pardessus (n° 1404).
(3) Rej., 1er juill. 1823; Rennes, 24 août 1816; Pau, 4 juill. 1821; Paris, 11 nov. 1864 (S. V., 25, 1, 5; 24, 2, 12; 65, 2, 96; Coll. nouv., 7, 1, 280; 5, 2, 191; 6, 2, 443; Dalloz, 23, 1, 353; 22, 2, 73; J. Pal., 1865, p. 464). Voy. aussi MM. Merlin (v° Arbitrage, n° 9); Delvincourt (p. 192); Coin-Delisle (art. 2067, n° 7); Troplong (nos 322 et suiv.); Aubry et Rau (t. V, p. 43); Boileux (t. VII, p. 77); Sebire et Carteret (v° Contr. par corps, n° 34).
(4) Paris, 24 déc. 1839 (Dalloz, 41, 2, 83, et Rép., v° Contr. par corps, n° 58; J. Pal., à sa date).

pas moins définitivement acquis aujourd'hui en doctrine et en juris-prudence (1). Le silence du demandeur devant les premiers juges im-plique renonciation de sa part au moyen de la contrainte; il ne peut plus, revenant sur cette renonciation implicite, formuler sa demande à cet égard devant les juges d'appel, sans aller contre les dispositions de l'art. 464 du Code de procédure civile, qui défend de former des de-mandes nouvelles en cause d'appel.

Précisons, néanmoins, et réservons le cas prévu au second paragraphe de ce même art. 464. Il est clair, en effet, que la contrainte par corps pourra être demandée même en appel pour la première fois, si c'est ac-cessoirement à une de ces demandes qui, quoique nouvelles, sont au-torisées en appel par ce paragraphe : c'est ce que la Cour de Paris a dé-cidé dans une espèce où, s'agissant d'intérêts échus depuis le jugement, la contrainte était demandée comme moyen d'exécution de la condam-nation à laquelle il était conclu sur ce nouveau chef (2).

Ajoutons même que rien ne s'opposerait à ce que le créancier insis-tât devant les juges d'appel sur le chef de la contrainte, si ayant formé sa demande il n'avait pas, par omission des premiers juges ou autre-ment, obtenu satisfaction (3). La Cour de cassation a décidé dans le même sens que lorsque, après un premier jugement portant condamna-tion au payement d'une somme d'argent avec contrainte par corps, et infirmé en appel seulement quant au chiffre de la condamnation, inter-vient un second jugement qui fixe ce chiffre en gardant le silence sur la contrainte par corps, l'arrêt confirmatif de ce second jugement peut, sur la demande du créancier, en ordonner l'exécution par corps, sans être réputé prononcer une contrainte non demandée en première in-stance (4).

872. Mais en aucune hypothèse, en matière civile, la contrainte ne peut être prononcée par un jugement qu'autant qu'elle a été demandée. Nous l'avons dit déjà, le silence du créancier sur la contrainte implique de sa part renonciation à l'exercice du droit qui lui était ouvert; il n'ap-partient pas dès lors à la justice de suppléer au silence de la partie in-téressée et d'aller ainsi contre sa volonté présumée. C'est dire que ni les juges ni les arbitres ne pourraient prononcer la contrainte par corps d'office, sans commettre un excès de pouvoir : leur décision serait sus-ceptible d'être annulée comme ayant statué *ultra petita*. Le principe est constant en doctrine et en jurisprudence, et, sauf une exception re-lative aux matières criminelles (*infrà*, n° 979), il est applicable en toute hypothèse, même quand il s'agit de la contrainte par corps impérative, parce que s'il résulte des formules employées par la loi dans les cas de

(1) *Voy.* notamment Paris, 19 nov. 1856; Req., 5 nov. 1862; Cass., 6 janv. 1864 (S. V., 57, 2, 21; 63, 1, 39; 64, 1, 40; Dalloz, 57, 2, 192; 63, 1, 79; 64, 1, 44; *J. Pal.*, 1857, p. 722; 1863, p. 260; 1864, p. 134).
(2) *Voy.* l'arrêt de la Cour de Paris, du 19 novembre, cité à la note précédente.
(3) Rennes, 14 juill. 1813 (Dalloz, *Rép.*, v° Contr. par corps, n° 63).
(4) *Voy.* l'arrêt de la chambre des requêtes, du 5 nov. 1862, également cité à la même note.

contrainte impérative que le juge ne peut pas refuser ce moyen rigoureux d'exécution dès qu'il est demandé, il ne résulte d'aucune qu'il
doive en ordonner l'emploi d'office quand il n'y a pas été conclu (1).

Toutefois, s'il est nécessaire que la partie intéressée prenne des conclusions tendant à obtenir la contrainte par corps, il n'est pas indispensable que cette voie d'exécution soit nommément désignée dans les conclusions. Par exemple, si, dans un cas où il y a lieu à contrainte, le
créancier avait conclu à la condamnation *par toutes les voies de droit*,
il serait difficile de ne pas reconnaître que la voie de la contrainte est
comprise dans la demande, et, par conséquent, les juges ne statueraient
pas *ultra petita* en ouvrant cette voie au créancier (2).

III. — 873. Au surplus, à côté de la règle d'après laquelle la contrainte doit être prononcée par le jugement même qui statue sur la contestation, il convient de signaler la faculté qui appartient aux tribunaux,
en certains cas, de surseoir à l'exécution de la mesure rigoureuse qu'ils
ont ordonnée. Même quand ils croient devoir user de cette faculté, les
juges ne sont pas dispensés de prononcer la contrainte par le jugement
qui statue sur le fond, puisque c'est par ce jugement même que le sursis doit être accordé, et que c'est ensuite sans nouveau jugement et en
vertu de celui qui a accordé le sursis, qu'à l'expiration du délai fixé la
contrainte est exécutée (C. proc., art. 127). C'est donc mal à propos
qu'un tribunal, au lieu de prononcer la contrainte immédiatement avec
sursis quant à l'exécution, a cru pouvoir se réserver de la prononcer ultérieurement s'il y avait lieu (3). Il s'agissait dans l'espèce d'une action
en dommages-intérêts. Le créancier concluait à la contrainte par corps,
en vertu de l'art. 126 du Code de procédure, et de son côté le débiteur
opposait que son manque absolu de ressources rendrait actuellement
inefficace l'emploi d'un moyen aussi rigoureux. La contrainte fut refusée
par ce motif, et à ce point de vue la décision pouvait se justifier, en ce
sens que les juges, investis, dans le cas spécial du procès, d'un pouvoir
facultatif en ce qui concerne la contrainte par corps, avaient pu s'arrêter à la défense du débiteur, et, aussi bien par le motif invoqué par ce
dernier que par tout autre motif, refuser au créancier le droit de contrainte. Mais il ne leur était pas permis d'aller au delà, et spécialement
ils ne pouvaient pas, en refusant la contrainte dans l'état actuel des
choses, se réserver de la prononcer plus tard, le cas échéant, c'est-à-
dire si le débiteur arrivant à meilleure fortune, la contrainte devenait
pour le créancier un moyen d'obtenir payement. En cela, les juges ou-
bliaient que leur pouvoir essentiellement circonscrit se bornait, dans

---

(1) *Voy.* Bruxelles, 30 nov. 1818 (S. V., Coll. nouv., 5, 2, 428; Dalloz, *Rép.*, v° Contr.
par corps, n° 70); Paris, 19 nov. 1856 (S. V., 57, 2, 21; Dalloz, 57, 2, 192; *J. Pal.*,
1857, p. 722); Cass., 18 juin 1866 (arrêt encore inédit). *Voy.* aussi MM. Duranton
(t. XVIII, n° 437); Coin-Delisle (art. 2067, n° 8); Troplong (n° 324); Aubry et Rau
(t. V, p. 38); Carré et Chauveau (quest. 540); Nouguier (*Trib. de comm.*, t. III, p. 198,
n° 5); Boncenne (t. II, p. 534); Boitard (*Leç. de proc.*, t. I, p. 502 et 504).

(2) Paris, 1er fév. 1847 (*J. Pal.*, 1847, t. I, p. 271; Dalloz, 47, 4, 156).

(3) Angers, 1er avr. 1843 (S. V., 43, 2, 378; Dalloz, 43, 4, 111; *J. Pal.*, à sa date).

l'espèce, soit à refuser la contrainte d'une manière absolue et définitive, soit, s'ils entendaient qu'elle ne fût pas immédiatement exécutée, à la prononcer avec sursis.

874. D'ailleurs, la faculté pour les juges de surseoir à l'exécution de la contrainte n'est pas absolue : elle ne leur appartient qu'en certains cas.

Ainsi, ils ne peuvent pas, en principe, suspendre l'exécution de la contrainte impérative. C'était là un point contesté avant la loi du 13 décembre 1848. M. Troplong notamment, en s'autorisant de l'art. 1244 du Code Napoléon, qui permet aux juges d'accorder des délais modérés pour le payement et de surseoir à l'exécution des poursuites, et de l'art. 127 du Code de procédure, d'après lequel ils peuvent ordonner qu'il sera sursis à l'exécution de la contrainte par corps, soutenait que, même quand la contrainte est obligatoire,.et de droit, le juge peut la retarder par un sursis, sauf en matière de lettres de change, où il est formellement interdit au juge d'accorder des délais (C. comm., art. 157) (1). Mais l'opinion contraire, préférable déjà avant la loi du 13 décembre 1848, ne saurait être contestée aujourd'hui. En effet, l'article 5 de cette dernière loi, en statuant sur la matière commerciale, où la contrainte par corps est toujours impérative, dispose que pour toute condamnation en principal au-dessous de 500 francs, même en matière de lettres de change et de billets à ordre, le jugement pourra suspendre l'exercice de la contrainte par corps, pendant trois mois au plus, à compter de l'échéance de la dette. Il présuppose donc qu'en principe, lorsque la contrainte est obligatoire et de droit, les juges n'ont pas la faculté de surseoir à son exécution, puisqu'il dispose spécialement en vue de la leur conférer dans un cas et dans des conditions limitativement précisés. Aussi, en présence de cette disposition, M. Troplong n'hésite-t-il pas à revenir sur ce qu'il avait précédemment enseigné (2).

En outre, même dans le cas de contrainte facultative, le juge n'a pas d'une manière absolue le droit de surseoir à l'exécution. Ici, à la vérité, on peut dire (et c'est l'argument auquel s'attachent particulièrement les défenseurs de l'opinion contraire) que le juge, étant libre d'accorder ou de refuser la contrainte, peut, à plus forte raison, lorsqu'il croit devoir autoriser cette mesure d'exécution, en suspendre l'exercice ; en d'autres termes, que pouvant le plus il peut le moins (3). Mais cette opinion ne paraît pas conciliable avec l'art. 127 du Code de procédure, lequel, s'il permet aux juges d'ordonner qu'il sera sursis à l'exécution de la contrainte par corps pendant le temps qu'ils fixeront, précise nettement qu'il en est ainsi *dans les cas énoncés en* l'article précédent, c'est-à-dire quand la contrainte par corps est prononcée 1° pour dommages et intérêts en matière civile au-dessus de la somme de 300 francs ; 2° pour

(1) *Voy.* M. Troplong (n° 328). *Junge :* MM. Sebire et Carteret (v° Contr. par corps, n° 36); Boileux (t. VII, p. 77).
(2) *Voy.* M. Troplong (n° 761).
(3) *Voy.* MM. Troplong (n° 327); Coin-Delisle (art. 2067, n° 10).

reliquats de compte. La faculté de surseoir n'existe donc pas dans les autres cas (1).

Quels sont donc, en définitive, les cas dans lesquels, en matière civile (*infrà*, n° 957 pour les matières commerciales), il est permis aux juges de suspendre l'exercice de la contrainte par corps? Il y en a trois, et les voici :

1° Quand la contrainte est prononcée soit pour dommages-intérêts en matière civile au-dessus de 300 francs, soit pour reliquats de compte : c'est l'application de l'art. 126 du Code de procédure; encore faut-il retrancher le cas où le débiteur est reliquataire d'un compte dû à un établissement public, la contrainte ayant été, pour ce cas, transformée de facultative en impérative par la loi du 17 avril 1832;

2° Quand une demande en cession de biens judiciaire est formée par le débiteur, auquel cas l'art. 900 du Code de procédure, en déclarant que la demande ne suspend l'effet d'aucune poursuite, permet aux juges d'ordonner, parties appelées, qu'il *sera sursis provisoirement*, ce qui, d'après la jurisprudence, implique la faculté de surseoir même en ce qui concerne la contrainte par corps (2);

3° Quand le débiteur a des enfants mineurs dont l'intérêt exige le sursis, auquel cas les tribunaux peuvent, d'après la disposition ci-dessus expliquée de la loi du 13 décembre 1848 (art. 11, § 2; *suprà*, n° 852), surseoir, pendant une année au plus, à l'exécution de la contrainte par corps.

Dans ces hypothèses diverses, le jugement qui accorde le sursis doit toujours en énoncer les motifs. L'art. 127 du Code de procédure l'exige en termes exprès pour le cas qu'il prévoit spécialement; et quant aux autres cas, ils sont régis par la disposition générale de l'art. 122, d'après lequel les tribunaux, lorsqu'ils peuvent accorder des délais pour l'exécution de leurs jugements, doivent le faire par le jugement même qui statuera sur la contestation, et qui énoncera les motifs du délai.

875. Le sursis accordé peut-il être rétracté? Par exemple, un débiteur a été condamné par corps, et il a été ordonné qu'il serait sursis pendant trois mois à l'exécution de la contrainte; mais ce débiteur ne satisfait pas à certaines charges qui lui ont été imposées, ou bien il donne à son créancier de justes sujets de craindre une évasion : celui-ci pourra-t-il se faire autoriser à exercer la contrainte pendant le cours et avant l'expiration du délai de trois mois accordé par le jugement de condamnation? La Cour impériale d'Aix s'est prononcée pour l'affirmative dans une espèce où le sursis avait été consenti par le créancier sur la foi de propositions d'arrangement et sous la promesse faite par le débiteur de ne pas quitter la ville pendant le délai qui lui était accordé. Or il fut constaté que loin de chercher à satisfaire à son obligation, le débiteur avait mis à profit le délai qu'il avait obtenu pour chercher à se soustraire

---

(1) *Voy.* Carré (*Anal.*, quest. 423 et n° 542).
(2) Grenoble, 22 mai 1834 (Dalloz, 34, 2, 208).

à toutes poursuites en se ménageant les moyens de s'embarquer (1). Et dans cette occurrence, on comprend que le sursis primitivement accordé ait pu être rétracté. Mais, en dehors de ces circonstances exceptionnelles, il ne saurait être permis aux juges de revenir sur la décision qu'ils ont prise ; et une fois que, soit dans l'intérêt des enfants mineurs, au cas de l'art. 11, § 2, de la loi du 13 décembre 1848, soit par tout autre motif dans les autres cas, un délai a été accordé, ce délai est acquis, et, tant qu'il n'est pas expiré, le débiteur ne saurait être incarcéré.

IV. — 876. Pour compléter nos explications en ce qui concerne le titre en vertu duquel la contrainte peut être exercée, il nous reste à parler de l'appel dont peut être l'objet le jugement qui prononce la condamnation par corps.

Le Code Napoléon ne s'était occupé de l'appel en notre matière que pour en déterminer l'effet. Tel est l'objet de l'art. 2068, lequel, toujours en vigueur, dispose que « l'appel ne suspend pas la contrainte par corps prononcée par un jugement provisoirement exécutoire en donnant caution. » C'est une simplification et une amélioration du système qu'avait organisé sur ce point l'ordonnance de 1667, d'après laquelle (tit. 34, art. 12), si une partie appelait de la sentence, si elle s'opposait à l'exécution de l'arrêt ou du jugement prononçant la condamnation par corps, il devait être sursis à la contrainte jusqu'à ce que l'appel ou l'opposition eussent été vidés ; mais si avant la signification de l'appel ou de l'opposition, les huissiers ou les sergents s'étaient saisis de la personne, il n'y avait plus lieu au sursis. A ce système, qui faisait dépendre l'exécution des jugements de la célérité du créancier à poursuivre, ou la non-exécution de la célérité du débiteur à se porter appelant ou opposant, le Code Napoléon en substitue un autre qui laisse aux juges eux-mêmes le soin de déclarer, d'après l'objet et les circonstances de l'affaire, et conformément aux règles de la procédure, si le jugement par eux prononcé sera ou non provisoirement exécutoire. Seulement, s'ils ordonnent l'exécution provisoire, ils ne le peuvent faire, en ce qui concerne la contrainte par corps, qu'en imposant au créancier la charge de donner caution. Cela s'induit avec évidence des dernières expressions de l'art. 2068 (2). Et c'est en ce sens que la disposition a été expliquée par les orateurs du gouvernement, quand ils ont dit que le Code « a procuré au condamné par corps une garantie qu'il n'avait pas, lorsque, conformément à la loi de 1667, il avait été arrêté : c'est celle d'une caution qui lui répondra des dommages et intérêts, s'il est définitivement jugé que la contrainte par corps a été exercée contre lui sans que les faits fussent fondés, ou sans qu'elle eût été autorisée par la loi. » (3)

---

(1) Aix, 17 juin 1835 (Dalloz, v° Contr. par corps, n°ˢ 103 et 837).
(2) Voy. MM. Delvincourt (t. III, p. 401) ; Duranton (t. XVIII, n° 484) ; Aubry et Rau (t. V, p. 43, note 66). Comp. MM. Coin-Delisle (sur l'art. 2068) ; Troplong (n° 338).
(3) Exposé des motifs (Locré, t. XV, p. 583 ; Fenet, t. XV, p. 170). Voy. aussi le Rapport du tribun Gary (Locré, t. XV, p. 603 ; Fenet, t. XV, p. 184).

Mais quant au droit même d'appeler du chef de la contrainte par corps, le Code Napoléon gardait le silence, et le Code de procédure était également muet. Le droit commun fournissait donc la règle à suivre, et, partant, le débiteur condamné par corps pouvait appeler du chef de la contrainte dans les termes mêmes où il peut être appelé du jugement de condamnation sur le fond du droit. Ainsi, l'appel, au chef de la contrainte par corps, était ou n'était pas recevable, suivant que la créance objet des poursuites était supérieure ou inférieure au taux du dernier ressort. Toutefois, ce fut là, jusqu'à la loi du 17 avril 1832, un point vivement contesté : nombre d'arrêts avaient décidé que quelque minime que fût l'objet de la demande, la voie de l'appel était toujours ouverte en ce qui concerne la contrainte par corps, parce que c'est là un chef distinct, tout à fait indépendant, et que s'agissant de la liberté, en définitive, l'appel portait en réalité sur un objet d'une valeur inappréciable et absolument indéterminée. Mais la rigueur du droit était contraire à cette solution ; et déterminée par cette considération que la contrainte par corps n'est qu'un moyen d'exécution, et que, comme accessoire, elle devait être soumise au sort du principal, la jurisprudence avait fini par admettre que les jugements tout à la fois en premier et en dernier ressort sur le fond de l'affaire étaient également en dernier ressort relativement à la contrainte par corps.

877. Il n'en est plus de même aujourd'hui. La loi du 17 avril 1832, par des considérations d'humanité qui, en l'absence d'un texte exceptionnel, avaient dû fléchir devant la rigueur des principes, a pris parti contre cette jurisprudence. « Dans les affaires où les tribunaux civils ou de commerce statuent en dernier ressort, dit en effet l'art. 20 de cette loi, la disposition de leur jugement relative à la contrainte par corps *sera sujette à l'appel.* »

Seulement, le même article ajoute immédiatement que cet appel *ne sera pas suspensif*. Il y a donc, même au point de vue de l'appel relativement à la contrainte par corps, une différence entre les jugements en premier ressort et les jugements en dernier ressort. L'appel interjeté arrête l'exécution des premiers, à moins qu'ils n'aient été déclarés provisoirement exécutoires, ce qui, d'après notre art. 2068 toujours en vigueur, ne peut avoir lieu qu'à la charge par le créancier de donner caution. Au contraire, l'appel interjeté n'arrête pas l'exécution des jugements en dernier ressort. La différence, d'ailleurs, est toute rationnelle.

878. De même qu'il n'a pas d'effet suspensif, l'appel formé en vertu de l'art. 20 de la loi du 17 avril 1832, et en dehors des règles ordinaires, n'a pas non plus l'effet dévolutif qui investit, en général, le juge d'appel du pouvoir de réformer dans tous ses points la sentence des premiers juges. Si l'effet dévolutif se produisait ici avec toutes ses conséquences, il en résulterait que le tribunal d'appel pourrait infirmer le jugement non-seulement en tant qu'il prononce la contrainte, mais encore en tant qu'il condamne le débiteur au payement, ce qui ne saurait être, le caractère de jugement en dernier ressort devant rester atta-

ché à la décision sur tous les points autres que celui de la contrainte.
Il faut donc n'admettre ici qu'un effet dévolutif restreint, et limiter cet
effet à la mesure nécessaire pour que la faculté d'appeler ne soit pas
rendue illusoire. Ainsi, le juge d'appel ne pourra ni annuler, ni même
réduire les condamnations au payement prononcées contre le débiteur ;
mais il pourra apprécier autrement que les premiers juges la bonne foi
de ce dernier, ou la nature de la dette. Par exemple, une personne est
assignée commercialement en payement d'une somme inférieure au
taux du dernier ressort ; elle oppose l'exception de jeu, et, néanmoins,
la condamnation est prononcée contre elle avec contrainte par corps.
Si elle interjette appel, les juges du second degré ne pourront pas réformer la condamnation au fond, car le jugement étant en dernier ressort, l'appel n'en est pas recevable sur ce point ; mais, tout en déclarant
l'appel non recevable à cet égard, ils pourront juger que s'agissant
d'une dette de jeu pour laquelle la loi n'accorde pas d'action en justice,
la contrainte par corps a été mal à propos prononcée (1).

879. Du reste, l'art. 20 de la loi du 17 avril 1832 a été introduit
dans l'intérêt exclusif des débiteurs. C'est dire que le droit d'appel
conféré par cet article n'est pas réciproque. Ainsi, le créancier ne peut
appeler de la partie du jugement qui a refusé de prononcer la contrainte
qu'autant qu'il s'agirait d'une demande excédant le taux du dernier ressort. La demande étant inférieure à ce taux, si le jugement a refusé la
contrainte dans un cas où elle est ordonnée par la loi, ou s'il a omis de
statuer, le créancier n'a d'autre recours que celui du pourvoi en cassation dans le premier cas ou de la requête civile dans le second (2).

Cela est contesté néanmoins, et la réciprocité du droit d'appel trouve
des appuis dans la doctrine et dans la jurisprudence. L'art. 20 de la loi
de 1832, dit-on, ne porte pas que, dans le cas dont il s'occupe, la disposition du jugement qui *prononce la contrainte par corps* sera sujette
à l'appel ; il dit que la disposition *relative à la contrainte par corps*
pourra donner lieu à l'appel. Or, ces expressions sont générales ; elles
n'admettent pas de distinction. Et, d'ailleurs, il est de principe que l'é-
galité doit être conservée dans la position des deux parties qui contestent ; ce qui ne serait pas si la faculté d'appeler n'était pas réciproque,
si cette voie de réformation était fermée à celui qui n'aurait pas obtenu
la contrainte par corps, tandis qu'elle resterait ouverte à celui qui y aurait été condamné (3). Toutefois, la pensée même de la loi et son texte
résistent également à cette interprétation. « En thèse générale, disait
M. Portalis, rapporteur de la loi à la Chambre des pairs, les tribunaux
de commerce, comme les autres tribunaux de première instance, sont

---

(1) Aix, 26 janv. 1841 (S. V., 42, 2, 7 ; Dalloz, 42, 2, 79 ; *J. Pal.*, à sa date). *Voy.*
aussi Paris, 2 et 8 mai 1844 (*J. Pal.*, à leur date).
(2) *Voy.* M. Coin-Delisle (sur l'art. 20, n° 3).
(3) *Voy.* Caen, 15 juill. 1835 ; Paris, 11 août 1841 ; Dijon, 3 juill. 1845 ; Caen,
26 août 1846 ; Bourges, 20 juin 1856 (S. V., 41, 2, 555 ; 56, 2, 682 ; 59, 2, 653, à la
note ; Dalloz, 41, 2, 253 ; 51, 5, 120, 122 ; *J. Pal.*, 1852, t. I, p. 686 ; 1856, t. II,
p. 16). *Voy.* aussi MM. Gouget et Merger (v° Contr. par corps, n° 237) ; Bertauld (*J. de
proc.*, art. 2805).

souverains jusqu'à une somme déterminée ; par une singulière contradiction, les jugements qui interviennent sur une demande d'une valeur
indéfinie sont sujets à l'appel, et ceux *qui entraînent la perte de la liberté*, dont la valeur est inappréciable, ne le sont pas. Les auteurs du
projet de loi proposent de mettre, sur ce point, la législation d'accord
avec la raison, en soumettant à l'appel toute sentence, *au chef qui prononce la contrainte par corps,* sauf toutefois l'exécution provisoire... »
Ainsi, le but de la loi, comme le dit nettement son éminent rapporteur,
est de soumettre à l'appel toute sentence *qui prononce la contrainte par
corps.* Le Rapport de M. Parant à la Chambre des députés fut, s'il se
peut, plus explicite encore. Il expliquait nettement que les auteurs du
projet avaient exclusivement en vue de protéger le débiteur contre les
erreurs possibles des juges qui, *en lui appliquant la contrainte par
corps,* quand il n'était pas soumis par la loi à cette mesure exceptionnelle, l'auraient illégalement *privé de la liberté.* On peut craindre, à la
vérité, ajoutait-il, « que cette facilité d'appel ne soit une cause de vexa-
tion *de la part des débiteurs* à l'égard de leurs créanciers ; que les débiteurs ne cherchent à multiplier les incidents et les frais ; mais il est à
remarquer *que le jugement n'en recevra pas moins son exécution immédiate ;* de sorte que les débiteurs n'appelleront presque jamais que
quand ils y auront un intérêt véritable, c'est-à-dire que quand ils
pourront espérer le succès. Au surplus, l'appel est toujours de droit
pour les objets d'une valeur indéterminée. *Or, quoi de plus précieux
que la liberté ? Il faut donc la protéger contre les erreurs possibles.* » En
présence de ces explications si nettes et si précises, il est vraiment impossible de ne pas reconnaître que, dans la pensée de ses auteurs, la loi,
dérogeant au principe de la réciprocité, a entendu que le droit d'appel
resterait exclusivement ouvert à la partie condamnée, c'est-à-dire au
débiteur. Et maintenant il se peut que le texte ne soit pas aussi explicite ; mais, assurément, il n'a pas trahi la pensée de ses rédacteurs. S'il
ne dit pas que la disposition du jugement *prononçant la contrainte par
corps* sera sujette à l'appel, il dit, au moins, que l'appel dont il parle *ne
sera pas suspensif,* et cela indique clairement que la prévision de la loi
ne s'étend en aucune manière à l'appel du créancier contre le jugement
qui lui aurait refusé le droit de contrainte, puisqu'il ne saurait être question ni de suspension, ni de non-suspension de la contrainte, dès que la
contrainte n'est pas prononcée. Il faut donc reconnaître que le droit
d'appel conféré par l'art. 20 de la loi de 1832, dans le cas prévu par
cet article, n'est pas réciproque ; et c'est, en effet, l'opinion dominante (1).

880. Mais l'art. 20 de la loi du 17 avril, en faisant fléchir en faveur

---

(1) *Voy.* Paris, 14 août 1839 et 21 janv. 1854 ; Metz, 30 mars 1859 (S. V., 54, 2,
141 ; 59, 2, 653 ; Dalloz, 54, 2, 195 ; 60, 2, 155 ; *J. Pal.*, 1854, t. I, p. 488 ; 1859,
p. 926). *Voy.* aussi MM. Coin-Delisle (sur l'art. 20, n° 3) ; Sebire et Carteret (v° Contr.
par corps, n° 262) ; Troplong (n° 546) ; Chauveau, sur Carré (quest. 2675) ; Boileux
(t. VII, p. 92) ; Bioche (*J. de proc.*, t. X, p. 244) ; Grand (*J. Pal.*, 1860, p. 926, à la
note).

de la liberté le principe qui interdit d'appeler d'un jugement en dernier ressort, ne s'expliquait pas sur le délai dans lequel le débiteur condamné devrait interjeter appel : il lui laissait ainsi implicitement le délai ordinaire, qui était alors de trois mois à dater de la signification du jugement ; mais il ne lui accordait que cela, en sorte que le délai expiré sans appel, le jugement passait en force de chose jugée, et l'appel n'en était plus recevable (1). De là quelques abus, quelques fraudes, que M. Durand, rapporteur de la loi du 13 décembre 1848, a signalés dans ses deux Rapports à l'Assemblée constituante, et dont l'art. 7 de cette loi a voulu prévenir le retour. Ainsi, disait le rapporteur, des souscripteurs ou endosseurs de billets à ordre, non négociants, se laissent souvent condamner par corps ; on attend que le délai d'appel soit expiré, et c'est alors seulement que l'exécution commence... Il n'était pas rare, disait-il encore, de rencontrer dans la prison pour dettes des débiteurs non négociants, condamnés par corps au payement de billets à ordre qui n'avaient pas pour cause des opérations de commerce : il était intervenu un jugement par défaut, le débiteur avait été mis à même d'y former opposition, s'en était fait débouter aussi par défaut, et l'emprisonnement n'avait été opéré qu'après l'expiration du délai de l'appel (2). Il fallait prévenir de telles fraudes, et la loi du 13 décembre 1848 y a pourvu : en effet, aux termes de l'art. 7, « le débiteur contre lequel la contrainte par corps aura été prononcée par jugement des tribunaux civils ou de commerce conservera le droit d'interjeter appel du chef de la contrainte, dans les trois jours qui suivront l'emprisonnement ou la recommandation, lors même qu'il aurait acquiescé au jugement, et que les délais ordinaires de l'appel seraient expirés. Le débiteur restera en état. »

Par cette disposition qui constitue le droit d'appel dans des conditions bien plus dérogatoires au droit commun et bien plus favorables au débiteur que ne l'étaient celles de la loi de 1832, le législateur tranche d'abord dans le sens qui semblait prévaloir sous l'empire de cette dernière loi la question, pourtant gravement controversée, de savoir si le débiteur pouvait valablement acquiescer au jugement prononçant la contrainte, et si un tel acquiescement faisait obstacle à ce que le débiteur condamné se pourvût contre le jugement par la voie de l'appel. L'opinion dominante, nous le répétons, tenait pour la négative, et cette solution s'induisait tout naturellement des termes de l'art. 2063 (*suprà*, n° 762), d'après lequel nul n'a le droit de se soumettre volontairement à l'exercice de la contrainte par corps, hors des cas déterminés par la loi (3) : elle est aujourd'hui législativement consacrée, et nous n'avons pas à y insister.

---

(1) Rouen, 26 fév. 1839 ; Paris, 18 juill. 1846 (S. V., 39, 2, 335 ; Dalloz, 39, 2, 221 ; le *Droit*, 28 juill. 1846). *Voy.* cependant Caen, 29 pluv. an 10 (S. V., 2, 2, 314 ; Coll. nouv., 1, 2, 56 ; Dalloz, 1, 1002 ; Rec. alph., v° Contr. par corps, n° 84).

(2) *Voy.* ces Rapports dans le *Répertoire* de MM. Dalloz (v° Contr. par corps, p. 312 et 314, en note).

(3) *Voy.* notamment Orléans, 16 août 1843 ; Limoges, 1er avr. 1846 (S. V., 46, 2, 369, 370). MM. Merlin (*Quest.*, v° Contr. par corps, § 11) ; Troplong (n° 262).

Puis, par la même disposition, le législateur de 1848 tranche, mais cette fois dans le sens contraire à l'opinion le plus généralement admise sous la loi de 1832, cette autre question de savoir si le jugement qui prononce la contrainte est susceptible de passer en force de chose jugée relativement à cette mesure d'exécution. Il déclare, en effet, que l'expiration des délais ordinaires de l'appel n'en laisse pas moins au débiteur condamné la faculté d'appeler du chef de la contrainte. Toutefois, il faut pour cela que l'appel soit interjeté dans les trois jours qui suivent l'emprisonnement ou la recommandation, ce qui, d'ailleurs, doit s'entendre non pas des trois jours qui suivent l'arrestation et l'écrou provisoire, mais des trois jours qui suivent l'écrou définitif, à partir de l'ordonnance statuant sur le référé introduit par le débiteur au moment de son arrestation (1). Après les trois jours ainsi calculés, il y a déchéance; l'appel n'est plus recevable. Mais jusque-là le droit d'appel reste entier; il ne s'éteint ni par l'acquiescement du débiteur à la sentence, ni par l'expiration des délais ordinaires, ni par le fait d'une exécution commencée. Peu importe, d'ailleurs, que le jugement fût passé en force de chose jugée avant la loi de 1848; peu importe qu'interjeté après l'expiration des délais quand cette loi de 1848 n'existait pas encore, l'appel ait été déclaré non recevable (2); peu importe qu'il ait été suivi d'un désistement (3) : le droit d'appel n'en est pas moins conservé dans toutes ces circonstances.

Et il pourrait être conservé également quand même le débiteur aurait laissé périmer un premier appel par lui interjeté. Sans doute, l'instance de l'appel que le débiteur condamné par corps est autorisé à former même après acquiescement et expiration des délais ordinaires est, comme toute autre instance, susceptible de tomber en péremption, lorsqu'elle reste impoursuivie pendant trois ans (C. proc., art. 397), puisque ni l'art. 7 de la loi de 1848 ni aucune autre disposition n'expriment qu'il y aura exception, en matière de contrainte par corps, aux règles d'après lesquelles la discontinuation des poursuites pendant le délai déterminé par la loi entraîne la péremption (4). Mais ce n'est pas à dire que la péremption de l'instance suffise à elle seule pour faire acquérir au jugement, sur le chef relatif à la contrainte par corps, l'autorité de la chose définitivement jugée. Il ne faut pas, en notre matière, prendre à la lettre la disposition de l'art. 469 du Code de procédure. Pourquoi la péremption en cause d'appel a-t-elle pour effet, d'après cet article, de donner au jugement dont est appel la force de la chose jugée? Parce qu'au moment où la péremption peut être acquise, les délais de l'appel sont expirés depuis longtemps (5). Or, précisément ici, l'expiration des délais

---

(1) Req., 13 mars 1861 (S. V., 61, 1, 442; J. Pal., 1861, p. 651; Dalloz, 61, 1, 383).
(2) Paris, 25 et 26 janv. 1849; Riom, 19 juin 1849; Agen, 7 janv. 1856 (S. V., 49, 2, 151, 152, 498; 56, 2, 103; Dalloz, 49, 2, 205; 50, 2, 43 et 44; 51, 2, 39; 56, 2, 57; J. Pal., 1849, t. I, p. 320 et 321; 1850, t. I, p. 208; 1856, t. I, p. 405).
(3) Paris, 12 déc. 1853 (S. V., 54, 2, 144).
(4) Req., 28 mai 1862 (Dalloz, 62, 1, 362; S. V., 62, 1, 670; J. Pal., 1863, p. 182).
(5) Voy. notamment MM. Merlin (Rép., v° Péremption, sect. 1, § 2, n° 7); Carré (L. de la proc., art. 469).

ordinaires de l'appel n'est d'aucune considération ; ou plutôt ces délais, par rapport au chef du jugement qui prononce la contrainte par corps, ne courent pas contre le débiteur condamné, lequel peut, tant que le délai spécial fixé par l'art. 7 de la loi de 1848 n'est pas expiré, appeler du jugement quant à ce chef. La péremption d'un premier appel ne lui est donc pas opposable davantage, ou du moins elle ne fait pas obstacle à ce qu'un autre appel soit itérativement interjeté, si d'ailleurs ce délai spécial n'est pas expiré (1).

881. Au surplus, l'expiration des délais ordinaires ne crée pas une fin de non-recevoir contre l'appel, même dans le cas où le débiteur condamné par corps n'a pas été incarcéré. L'art. 7 de la loi de 1848 dit, à la vérité, que « le débiteur restera en état » ; et on a induit de ces expressions que le bénéfice de l'article ne peut être invoqué par le débiteur qu'autant qu'il est déjà incarcéré, en sorte que l'appel serait non recevable de la part de celui qui, n'étant pas en état d'arrestation, aurait laissé expirer les délais ordinaires sans prendre cette voie de recours (2). Mais c'est là une fausse induction. La loi, en prévoyant spécialement le cas où le débiteur se trouve dans les liens de l'emprisonnement, n'a nullement entendu exclure le cas où, quoique condamné par corps, le débiteur reste encore en liberté. Si nonobstant l'expiration des délais ordinaires elle maintient le droit d'appel dans un délai de grâce qu'elle détermine, c'est-à-dire pendant les trois jours qui suivent l'exécution de la contrainte, à plus forte raison doit-elle maintenir ce droit et admettre qu'il soit exercé même après l'expiration des délais ordinaires quand, à défaut d'exécution de la contrainte, le délai de grâce n'a pas commencé (3).

882. Mais, en toute hypothèse, l'appel interjeté dans les termes de l'art. 7 de la loi de 1848, soit après soit avant incarcération, n'est pas suspensif. L'article précité ne le dit pas, sans doute, aussi explicitement que l'art. 20 de la loi de 1832 ; toutefois il le donne à entendre dans le cas qu'il prévoit, puisque, comme nous venons de le rappeler, il exige que nonobstant l'appel qui remet en question l'application de la contrainte, le débiteur appelant *reste en état*. D'ailleurs, on peut dire que la disposition de la loi de 1832 subsiste sous ce rapport, et domine celle de la loi de 1848 (4).

Nous n'insisterons pas davantage en ce qui concerne le titre en vertu duquel la contrainte par corps peut être exécutée. Mais avant de terminer

(1) Req., 29 nov. 1852 ; Grenoble, 4 janv. 1854 et 6 juill. 1855 ; Alger, 4 fév. 1856 (S. V., 53, 1, 797 ; 56, 2, 438 ; J. Pal., 1853, t. I, p. 61 ; 1855, t. II, p. 518 ; 1856, t. I, p. 197 ; Dalloz, 53, 1, 269 ; 56, 2, 95 et 238).

(2) Toulouse, 16 fév. 1850 (S. V., 50, 2, 231 ; J. Pal., 1851, t. II, p. 647 ; Dalloz, 51, 2, 39).

(3) *Voy.* en ce sens, outre les arrêts de Paris, 25 janv. 1849, Riom, 19 janv. 1849, Agen, 7 janv. 1856, cités sous le numéro précédent, Bordeaux, 13 nov. 1849 ; Bourges, 21 janv. 1851 (J. Pal., 1851, t. I, p. 95, et t. II, p. 646 ; Dalloz, 51, 2, 39 et 192 ; S. V., 51, 2, 253 ; 52, 2, 231). *Junge* : MM. Troplong (nᵒˢ 765 et suiv.) ; Aubry et Rau (t. V, p. 44 et note 69).

(4) *Voy.* l'arrêt de la Cour de Paris du 25 janv. 1849, cité aux notes précédentes. Comp. néanmoins Bordeaux, 13 nov. 1849, arrêt également cité.

sur l'exécution, nous avons à nous expliquer sur deux points qui s'y rattachent, dont l'un, omis dans le Code Napoléon, a été touché par le Code de procédure, et dont l'autre, passé sous silence soit dans le Code Napoléon soit dans le Code de procédure, a été spécialement réglé par les lois de 1832 et de 1848.

5° Du mode d'exécution et de la durée de la contrainte par corps.

V. — 883. Le Code Napoléon n'a rien précisé ni sur les formalités qui doivent précéder l'arrestation, ni sur le mode d'exécution de la contrainte. Cela touche à la procédure, et en effet le Code de procédure y a pourvu. Nous n'avons donc pas la pensée de nous arrêter à tous les détails qui se rattachent à ce sujet évidemment hors de notre matière, et de discuter les nombreuses questions qu'ils ont soulevées. Nous nous bornerons à quelques indications générales.

Et d'abord, on s'est demandé si les causes dans lesquelles il s'agit de prononcer la contrainte par corps sont soumises à communication au ministère public (C. proc., art. 83). A cet égard, la négative résulte de ce qu'aucune disposition, soit générale, soit spéciale, n'ordonne cette communication (1). Les conclusions du ministère public ne sont donc pas requises, et le débiteur ne peut se faire un moyen de nullité contre le jugement qui l'a condamné par corps de ce qu'elles n'auraient pas été données.

Le jugement qui prononce la contrainte par corps, en matière civile, doit contenir liquidation de la dette pour le payement de laquelle la contrainte est accordée : c'est une formalité préalable dont l'objet et l'utilité s'expliquent d'eux-mêmes. D'une part, il importe que le chiffre de la dette soit fixé pour qu'on sache s'il s'élève à 300 francs, minimum au-dessous duquel la contrainte serait illégalement prononcée en matière civile ; d'une autre part, le débiteur incarcéré ayant droit à son élargissement en consignant le tiers de la dette (loi du 17 avril 1832, art. 24 ; *infrà*, n° 900), il faut qu'à la seule inspection du jugement de condamnation on puisse connaître le montant de la somme à consigner. Tout cela, cependant, ne veut pas dire que la contrainte par corps, en matière civile, ne soit pas régulièrement prononcée dans le cas où la liquidation n'est pas possible immédiatement : seulement, la contrainte prononcée ne peut être ramenée à exécution qu'après que la dette aura été liquidée en argent (C. proc., art. 552).

Lorsque la dette est liquide ou liquidée et que les délais pour que le jugement devienne exécutoire sont écoulés, la contrainte ne peut pas néanmoins être exécutée sans l'accomplissement préalable des formalités spéciales indiquées au tit. XV, liv. V du Code de procédure. Donc, aucune contrainte ne pourra être exécutée qu'un jour après la signification, avec commandement, du jugement qui l'a prononcée, et cette signification sera faite par un huissier commis par ledit jugement ou

---

(1) Bordeaux, 22 avr. 1864 (S. V., 64, 2, 226 ; *J. Pal.*, 1864, p. 1071).

par le président du tribunal de première instance du lieu où se trouve le débiteur (C. proc., art. 780). — Ainsi, une signification préalable est nécessaire et elle doit être faite par l'huissier commis par le jugement, même quand le jugement est rendu par un juge de paix ou par un tribunal de commerce : il n'importe que les tribunaux d'exception ne connaissent pas de l'exécution de leurs jugements ; cela signifie seulement qu'ils sont sans compétence pour statuer sur les contestations que l'exécution peut soulever (1). Que si le jugement ne contient pas commission d'huissier, c'est au président du tribunal de première instance du lieu où se trouve le débiteur de faire la commission. Toutefois, comme l'ordonnance du président a pour but unique d'assurer que l'arrestation du débiteur est faite en vertu d'un titre sérieux et légitime, il n'est pas absolument nécessaire qu'elle soit rédigée en minute et signée du greffier, comme cela a été exigé par quelques arrêts (2) ; la signature du président suffit (3). — La signification dont il s'agit est celle du jugement, laquelle doit contenir, dans le même exploit, d'après l'article 780 du Code de procédure, avec la copie de la décision qui prononce la contrainte, le commandement tendant à l'exécution. Bien entendu, la copie du jugement doit être entière ; tout au moins il faut, à peine de nullité, qu'aucune des dispositions importantes ne soit omise. S'il existe plusieurs décisions se complétant les unes par les autres, par exemple un jugement par défaut et un jugement de débouté d'opposition, elles doivent toutes être signifiées en tête du commandement, lequel, d'ailleurs, n'aurait pas à être renouvelé après le jugement de débouté d'opposition s'il avait été signifié en vertu du jugement par défaut ; car si l'opposition à un jugement par défaut non exécutoire par provision en suspend l'exécution, cette exécution reprend son cours sur les derniers errements, après le jugement de débouté, sans qu'il soit nécessaire de recommencer les actes régulièrement accomplis (4) : le commandement régulièrement fait n'est périmé que si le créancier laisse écouler une année entière sans y donner suite, auquel cas il en doit être fait un nouveau par un huissier commis à cet effet (C. proc., art. 784). — La signification avec commandement doit précéder l'arrestation au moins d'un jour *franc*, c'est-à-dire d'un jour qui ne commence qu'après celui de la signification. Ainsi, un commandement est signifié le 1er février à dix heures du matin ; l'arrestation ne pourrait pas être faite le lendemain dès la dixième heure, c'est-à-dire vingt-quatre heures après le commandement : elle ne pourra avoir lieu qu'à partir du 3 février, de manière que le débiteur mis en

(1) *Voy.* Rouen, 20 juill. 1814 ; Toulouse, 28 juill. 1824 ; Aix, 23 août 1826 ; Lyon, 23 mai 1827 ; Douai, 19 fév. 1828 (*J. Pal.*, à leur date ; S. V., Coll. nouv., à leur date ; Dalloz, 15, 2, 49 ; 26, 2, 47 ; 27, 2, 145 ; 28, 2, 86).
(2) *Voy.* Toulouse, 17 juin 1822 et 13 janv. 1823 (S. V., Coll. nouv. ; *J. Pal.*, à leur date).
(3) *Voy.* Nîmes, 4 mai 1824 ; Aix, 15 nov. 1824 ; Riom, 3 août 1837 et 14 juill. 1862 (Dalloz, 38, 2, 101 ; 62, 2, 215 ; S. V., 63, 2, 253 ; *J. Pal.*, 1863, p. 1158).
(4) *Voy.* Aix, 9 nov. 1822 ; Caen, 14 déc. 1824 ; Rouen, 9 janv. 1826 et 27 mai 1834 ; Aix, 6 déc. 1834 ; Dijon, 26 janv. 1866 (Dalloz, Rép. alph., t. III, p. 781 ; P. 27, 2, 18 ; 38, 2, 217 ; 66, 2, 71).

demeure de se libérer entre les mains du créancier qui exerce la contrainte ait eu devant lui un jour tout entier pour aviser. A ce point de vue, nous concevons quelques doutes sur l'exactitude d'une décision de laquelle il résulte que le codébiteur solidaire qui a payé le créancier et a été subrogé dans ses droits n'est pas tenu, pour exercer la contrainte par corps contre son codébiteur, de réitérer le commandement précédemment signifié à celui-ci par le créancier (1). Comme c'est au moment de l'arrestation seulement que le débiteur poursuivi est informé tant du payement effectué par son codébiteur que de la subrogation légale résultant de ce payement, il est clair que, contrairement à la pensée de l'art. 780, il se trouve incarcéré sans avoir été mis en demeure un jour à l'avance par celui-là même entre les mains duquel il aurait eu à se libérer. Aussi tenons-nous comme plus rigoureusement exacte une autre décision aux termes de laquelle la signification et le commandement faits par le créancier originaire ne dispensent pas le cessionnaire conventionnellement subrogé dans ses droits de renouveler la signification et le commandement au débiteur avant d'exercer la contrainte (2).

L'officier ministériel qui procède à l'arrestation doit être porteur d'un pouvoir spécial. En général, la remise de l'acte ou du jugement à l'huissier vaut pouvoir pour l'exécution; mais la loi a formellement excepté de la règle les exécutions tendant à saisie immobilière et à emprisonnement (C. proc., art. 556). Le pouvoir spécial est donc nécessaire à peine de nullité, et, comme l'a dit la Cour de cassation, cette nullité, résultant d'un défaut d'attribution, est de droit, et peut être prononcée par les juges, encore qu'elle ne soit pas expressément écrite (3). Même muni d'un pouvoir spécial, l'officier ministériel qui procède à une arrestation doit observer certaines conditions de temps et de lieux.

Quant aux conditions de temps, l'art. 781 du Code de procédure, reproduisant une règle écrite déjà dans l'art. 4 de la loi du 15 germinal an 6, dispose que « le débiteur ne pourra être arrêté, 1° avant le lever et après le coucher du soleil; 2° les jours de fête légale », lesquels jours sont les dimanches, l'Ascension, l'Assomption, la Toussaint, Noël, le premier janvier (Ord. 29 oct.-29 nov. 1820; déc. 16 fév. 1852). C'est, d'ailleurs, la règle pour tous les actes d'exécution, aux termes de l'art. 1037, d'après lequel, en effet, « aucune signification ni exécution ne pourra être faite, depuis le 1er octobre jusqu'au 31 mars, avant six heures du matin et après six heures du soir; et depuis le 1er avril jusqu'au 30 septembre, avant quatre heures du matin et après neuf heures du soir; non plus que les jours de fête légale, *si ce n'est en vertu de permission du juge, dans le cas où il y aurait péril en la demeure.* » Mais on se demande si cette dernière restriction peut être faite à la prohibition

---

(1) Paris, 20 juill. 1861 (*J. Pal.*, 1861, p. 972; Dalloz, 61, 5, 109; S. V., 61, 2, 464).

(2) Paris, 30 janv. 1833 (Dalloz, *Rép.*, v° Contr. par corps, n° 749; S. V., 34, 2, 22).

(3) Cass., 6 janv. 1812 (S. V., 12, 1, 54; Coll. nouv., 4, 1, 2; Dalloz, 12, 1, 177; *J. Pal.*, à sa date).

édictée par l'art. 781 relativement à l'exécution de la contrainte par corps, ou bien si cette prohibition est tellement absolue qu'il soit interdit au juge, même en cas de péril en la demeure, d'autoriser une arrestation en dehors des conditions de temps déterminées. Nous inclinons, pour notre part, dans le sens de la prohibition absolue. La forme de l'art. 781 est essentiellement prohibitive ; et les règles de l'emprisonnement étant fixées dans un titre spécial, complet et se suffisant à lui-même, il semble qu'il n'y a rien à emprunter aux autres dispositions du Code, et particulièrement à l'art. 1037, qui paraît avoir eu pour objet les significations et exécutions diverses à l'égard desquelles les heures et les jours n'étaient pas prévus par des dispositions expresses. Comme l'a très-bien dit M. Coin-Delisle, les premiers numéros de l'art. 781 seraient inutiles, et l'art. 1037 aurait suffi à tout, s'il en était de l'emprisonnement, sur le point qui nous occupe, comme des significations et des exécutions en général (1). Telle n'est pas, cependant, la jurisprudence de la Cour de Paris : d'après cette Cour, l'art. 1037, dans la disposition qui permet de faire des exécutions même les jours de fête légale, en vertu de permission du juge, s'il y a péril en la demeure, serait applicable à l'emprisonnement comme à toutes autres exécutions (2). Mais la Cour ne va pas jusqu'au bout dans cette voie ; elle juge, sans s'arrêter à l'art. 1037, et même en déclarant l'article inapplicable à notre matière, que l'arrestation d'un débiteur ne pourrait pas, même en vertu d'une autorisation du juge, être opérée après le coucher du soleil (3).

Quant aux conditions de lieu, elles sont précisées également par l'art. 781, sauf les modifications introduites par la loi du 26 mars-1er avril 1855. Il en résulte que « le débiteur ne pourra être arrêté, 3° dans les édifices consacrés au culte, et pendant les exercices religieux seulement ; 4° dans le lieu et pendant la tenue des séances des autorités constituées ; 5° dans une maison quelconque, même dans son domicile, à moins qu'il n'ait été ainsi ordonné par le juge de paix du lieu, lequel juge de paix devra, dans ce cas, se transporter dans la maison avec l'officier ministériel, ou déléguer un commissaire de police. » Ce dernier paragraphe avait été modifié pour Paris, par le décret du 14 mars 1808 concernant les gardes du commerce, et dont l'art. 15 énonçait que le garde n'aurait pas besoin de l'autorisation et assistance du juge de paix pour arrêter le débiteur dans son propre domicile, si l'entrée ne lui en était pas refusée. Mais cet article a été abrogé et remplacé par une autre disposition aux termes de laquelle, « dans le cas prévu par le § 5 de l'art. 781 du Code de procédure civile, il ne peut être procédé à l'ar-

---

(1) Voy. M. Coin-Delisle (art. 2069, n° 36). Junge : MM. Demian-Crouzilhac (p. 477); Gouget et Merger (v° Contr. par corps, n° 32); Dalloz (Rép., eod. verb., n° 814). Comp. M. Colmet d'Aage (Leç. de proc., sur l'art. 781).

(2) Paris, 17 sept. 1862 et 12 janv. 1863 (S. V., 63, 2, 4; J. Pal., 1862, p. 948; 1863, p. 136; Dalloz, 62, 5, 85; 63, 5, 94). Voy. aussi MM. Berriat Saint-Prix (p. 114, n° 3); Carré et Chauveau (quest. 2639); Favard (v° Contr. par corps, § 4).

(3) Paris, 9 mars 1853 et 8 mai 1856 (J. Pal., 1853, t. I, p. 276; 1856, t. II, p. 335; Dalloz, 56, 2, 180; S. V., 56, 2, 269).

restation qu'en vertu d'une ordonnance du président du tribunal civil, qui désigne un commissaire de police chargé de se transporter dans la maison avec le garde du commerce. » (L. 26 mars-1er avril 1855, art. 2.)

Nous n'avons pas à nous arrêter aux autres formalités, telles que celles qui concernent le procès-verbal d'emprisonnement et l'écrou du débiteur; elles sont minutieusement décrites par les art. 783 et suivants du Code de procédure, et nous y renvoyons le lecteur, ainsi qu'aux ouvrages et commentaires spéciaux dont ce Code a été l'objet. Précisons seulement, pour terminer sur ce point, que le débiteur arrêté peut toujours requérir qu'il en soit référé, auquel cas il doit être conduit sur-le-champ devant le président du tribunal de première instance du lieu où l'arrestation aura été faite (art. 786). Si le débiteur n'use pas de ce droit, ou bien si, en cas de référé, le président ordonne qu'il soit passé outre, le débiteur doit être conduit dans la prison du lieu, et s'il n'y en a pas, dans celle du lieu le plus voisin (art. 788). Toutefois, la détermination par la loi du lieu où le débiteur doit être conduit et écroué n'a rien de définitif; le lieu peut être changé par les tribunaux, qui, en ce point, n'ont à considérer que l'intérêt légitime des parties, et qui peuvent autoriser la translation du débiteur d'une prison dans une autre ou même dans une maison de santé, si la mesure réclamée par la situation du débiteur ne compromet pas les intérêts du créancier (*infrà*, n° 102) (1).

Quelques autres dispositions de ce même titre de l'emprisonnement appelleront encore notre attention quand nous nous occuperons des effets de la contrainte par corps et des moyens offerts au débiteur pour en empêcher ou en faire cesser l'exercice. Avant cela, nous avons à traiter de sa durée.

VI. — 884. En ce point, le Code de procédure avait été muet aussi bien que le Code Napoléon. D'après la loi du 15 germinal an 6, toute personne légalement incarcérée pouvait obtenir son élargissement de plein droit, par le laps de cinq années consécutives de détention (art. 18). Ainsi, sans distinguer entre les matières civiles et les matières commerciales, il était fixé, pour la durée de la contrainte par corps, un maximum qui était de cinq ans. Le Code Napoléon et le Code de procédure, en ne reproduisant pas cette disposition, l'abrogeaient virtuellement par leur silence même. Toutefois, la disposition n'était abrogée que quant aux matières civiles, car elle était maintenue, pour les matières commerciales, par l'effet de l'art. 2070 (voy. *infrà*, n° 930), où il est dit expressément « qu'il n'est pas dérogé aux lois particulières qui autorisent la contrainte par corps dans les matières de commerce... » Et de là il résultait que l'emprisonnement pour dettes commerciales cessait nécessairement, quels que fussent le mauvais vouloir ou l'intérêt du créancier, après une détention de cinq ans, tandis que l'emprisonne-

_____

(1) *Voy.* Bordeaux, 5 fév. 1839; Montpellier, 31 juill. 1839; Paris, 29 sept. 1854 et 5 janv. 1861 (S. V., 39, 2, 474; 41, 2, 581; 55, 2, 538; 61, 2, 19; Dalloz, 39, 2, 72 et 250; 61, 5, 108; *J. Pal.*, 1861, p. 208).

ment pour dettes civiles était indéfini, ou que du moins il ne prenait fin, s'il convenait au créancier de maintenir le débiteur en prison, que lorsque ce dernier atteignait sa soixante-dixième année (*suprà*, n° 841). La loi civile était donc, sous ce rapport, beaucoup plus sévère que la loi commerciale ; elle allait même, par un excès de rigueur qu'on aurait vainement tenté d'expliquer et surtout de justifier, jusqu'à changer le caractère de la contrainte par corps, laquelle, nous le répétons, est simplement une épreuve de solvabilité et n'est pas une peine : elle appelait donc une réforme que les lois ultérieures n'ont pas manqué de consacrer.

885. La loi du 17 avril 1832 d'abord s'en est occupée. Tel a été l'objet de son art. 7, aux termes duquel, « Dans tous les cas où la contrainte par corps a lieu en matière civile ordinaire, la durée en sera fixée par le jugement de condamnation ; elle sera d'un an au moins et de dix ans au plus. — Néanmoins, s'il s'agit de fermages de biens ruraux aux cas prévus par l'art. 2062 du Code civil, ou de l'exécution des condamnations intervenues dans le cas où la contrainte par corps n'est pas obligée, et où la loi attribue seulement aux juges la faculté de la prononcer, la durée de la contrainte ne sera que d'un an au moins et de cinq ans au plus. » La loi enlève par là au créancier la faculté de retenir indéfiniment, ou au moins jusqu'à sa soixante-dixième année, le débiteur en prison. Elle fixe un minimum et un maximum que les tribunaux ne peuvent pas dépasser. Toutefois, en revenant ainsi au principe de la loi de germinal, le législateur de 1832 organise ce principe d'une manière différente. Il exige que la durée de l'emprisonnement soit fixée, dans cette mesure du minimum au maximum qu'il élève en le portant de cinq à dix ans, par le jugement même qui prononce la contrainte par corps, tandis que, d'après la loi de germinal, l'élargissement du débiteur avait lieu de plein droit par le laps de cinq années consécutives de détention. En outre, il consacre entre les matières civiles et les matières commerciales une différence notable : le maximum, qui était de cinq ans, d'après la loi de germinal, pour les matières commerciales, reste à la vérité de cinq ans avec la loi de 1832, pour ces mêmes matières (art. 5 ; voy. *infrà*, n⁰ˢ 960 et suiv.); mais la durée est fixée dans la mesure de ce maximum, par la loi elle-même, d'après une échelle de gradation et suivant l'importance de la dette, en sorte que l'emprisonnement devant cesser de plein droit à l'expiration du délai établi eu égard au montant de la condamnation principale, le juge n'a pas à la fixer en prononçant le jugement de condamnation, comme il est tenu de le faire en matière civile.

886. La loi du 13 décembre 1848 est venue ensuite qui, sous le rapport de la durée de l'emprisonnement, a amélioré encore la situation du débiteur. Elle a maintenu certaines différences entre les matières civiles et les matières commerciales : 1° le maximum reste toujours plus élevé pour les matières civiles ; 2° la durée de l'emprisonnement pour dettes civiles doit toujours être fixée par le jugement qui prononce la contrainte par corps, tandis que l'emprisonnement pour dettes commer-

ciales cesse de plein droit à l'expiration du délai fixé par la loi elle-même; 3° toute latitude est laissée au juge, en matière civile, entre un minimum et un maximum, tandis qu'en matière de commerce, la durée reste déterminée eu égard au montant de la condamnation sans aucune intervention du juge. Mais tout en maintenant, sur ces divers points, le principe de la loi de 1832, le législateur de 1848 le modifie sur d'autres en faveur du débiteur. Ainsi, il diminue la durée de l'emprisonnement quant au minimum et quant au maximum, et cela tant pour les matières civiles, dont nous nous occupons en ce moment, que pour les matières commerciales, dont nous parlerons plus loin (*infrà,* n° 961); et, en outre, il supprime, quant au maximum de l'emprisonnement pour dettes civiles, les distinctions que la loi de 1832 avait établies sous ce rapport. D'après cette dernière loi, on l'a vu, le maximum de dix ans était fixé pour tous les cas de contrainte impérative, sauf celui de la contrainte conventionnelle pour payement des fermages de biens ruraux, aux termes de l'art. 2062; et il était réduit à cinq ans pour ce dernier cas et pour tous les cas de contrainte facultative. D'après la loi de 1848, il n'y a plus de distinction à faire : le maximum est de cinq ans, et le minimum de six mois pour tous les cas indistinctement, sauf ceux à raison desquels une durée moindre aurait été assignée à la contrainte par corps par des lois spéciales qui, à cet égard, continueront d'être appliquées. C'est désormais dans ces limites que, d'après l'art. 12 de la loi de 1848, la durée de la contrainte, en matière civile, doit être fixée, sans distinction soit entre la contrainte facultative et la contrainte impérative, soit entre la contrainte légale et la contrainte conventionnelle, c'est-à-dire celle des cautions, qui est le seul cas de contrainte conventionnelle aujourd'hui, l'autre cas relatif au payement des fermages des biens ruraux (art. 2062) ayant été retranché par l'art. 2 de cette même loi de 1848 (*suprà,* n°s 753 et 818).

887. C'est, disons-nous, par le jugement même portant contrainte que la durée de l'emprisonnement doit être fixée. Cette condition, posée déjà dans la loi de 1832, est maintenue par celle de 1848. Elle est absolue en matière civile et ne comporte pas d'exception. M. Coin-Delisle en avait admis une pour le cas de stellionat; en se fondant sur l'art. 2066, d'après lequel les septuagénaires ne sont pas affranchis de la contrainte par corps dans ce cas, il avait supposé que les effets de la contrainte par corps ne sont pas limités à un temps quelconque contre les stellionataires (1). Mais c'était une erreur qu'il a rétractée, reconnaissant, avec la jurisprudence (2), que l'art. 7 de la loi de 1837 (et ajoutons l'art. 12 de la loi de 1848), d'après lesquels, *dans tous les cas* où la contrainte par corps a lieu en matière civile ordinaire, *la durée en doit être fixée* par le jugement de condamnation dans les limites du

---

(1) M. Coin-Delisle (art. 2059, n° 2).
(2) *Voy.* Cass., 13 avr. 1836, 12 nov. 1838, 10 avr. 1860; Aix, 30 mars 1838; Nîmes, 1er août 1838; Bourges, 27 août 1852 (*J. Pal.*, 1838, t. II, p. 570 et 666; 1839, t. I, p. 13; 1852, t. II, p. 530; 1861, p. 299; S. V., 39, 1, 147; 2, 100; 60, 1, 648; Dalloz, 36, 1, 240; 38, 1, 399; 39, 2, 9; 60, 1, 163).

minimum et du maximum déterminés, contiennent des dispositions dont la généralité même fait qu'elles sont applicables au cas de stellionat, comme à tous autres cas (1).

Cela étant, on s'est demandé quel serait le sort d'un jugement qui, en prononçant la contrainte par corps en matière civile, aurait omis de fixer la durée de l'emprisonnement. La question a été diversement résolue, et la Cour de cassation elle-même ne l'a pas toujours tranchée dans le même sens. Dans un premier système, on a dit que les juges qui ont omis de statuer sur la durée de l'emprisonnement peuvent réparer, par un jugement postérieur, l'irrégularité de leur premier jugement (2). Dans un second système, on tient que la durée de l'emprisonnement est alors fixée de plein droit au minimum, c'est-à-dire à un an sous l'empire de la loi de 1832 (art. 7), et à six mois depuis la loi de 1848 (art. 12) (3). Enfin, dans un troisième système, on décide que le chef du jugement prononçant la contrainte sans fixer la durée de l'emprisonnement est nul, et que le débiteur condamné en peut demander la nullité, soit en frappant la décision d'appel, s'il s'agit d'un jugement, soit en l'attaquant par la voie du recours en cassation, s'il s'agit d'un arrêt (4). C'est à cette dernière opinion, pensons-nous, qu'il faut se rattacher en thèse générale. En présence d'un texte positif qui impose aux juges l'obligation, lorsqu'ils prononcent la contrainte par corps, d'en fixer la durée, il n'est pas possible de ne pas considérer l'omission comme constituant une contravention qui entache la décision et en doit entraîner soit la réformation, soit la cassation, suivant qu'elle est rendue en premier ressort ou en appel. Dire que les juges qui ont omis de se prononcer d'une manière précise peuvent s'y reprendre et réparer après coup, par un second jugement, l'irrégularité dont le premier est affecté, c'est méconnaître la règle de procédure d'après laquelle le juge est absolument dessaisi dès qu'il a statué définitivement : *posteaquam judicavit desinit esse judex*. Le vice de la décision n'est donc pas réparable ; la nullité en est acquise, et comme l'a décidé la Cour de cassation, elle pourrait être invoquée même par celui qui, individuellement condamné au payement d'une somme n'atteignant pas le chiffre de 300 francs, se trouverait exposé, par suite de la solidarité avec ses codébiteurs, à être poursuivi en payement d'une

---

(1) *Voy.* MM. Coin-Delisle (sur l'art. 42 l. de 1832, n° 1); Troplong (n° 80).

(2) Crim. rej., 14 mai 1836; Aix, 30 mars 1838; Amiens, 6 nov. 1839; Douai, 11 janv. 1856; Rouen, 11 août 1856 (S. V., 36, 1, 784; 38, 2, 418; 40, 2, 512; 56, 2, 270; 57, 2, 96; Dalloz, 40, 1, 347; 39, 2, 16; 56, 2, 175; J. Pal., 1838, t. II, p. 570; 1840, t. II, p. 668; 1856, t. II, p. 79; 1857, p. 857). *Voy.* aussi Rej., 29 juin 1859 (S. V., 59, 1, 851; J. Pal., 1860, p. 483; Dalloz, 59, 1, 301).

(3) Paris, 9 juin 1836; Nîmes, 1er août 1838; Paris, 11 janv. et 26 fév. 1859 (S. V., 36, 2, 330; 39, 2, 100; 59, 2, 8 et 131; J. Pal., 1839, t. I, p. 13; 1859, p. 282; Dalloz, 36, 2, 127; 39, 2, 9; 59, 2, 34 et 35). *Voy.* aussi M. Coin-Delisle (l. 1832, art. 7, n° 5).

(4) Cass., 25 fév. 1835, 23 juin 1837, 12 nov. 1838, 25 avr. 1855, 8 janv. et 16 avr. 1866 (Dalloz, 35, 1, 183; 37, 1, 477; 38, 1, 399; 55, 1, 156; 66, 1, 61 et 171; S. V., 35, 1, 571; 39, 1, 147; 55, 1, 628; J. Pal., 1856, t. II, p. 593). *Voy.* aussi MM. Troplong (n° 442); Aubry et Rau (t. V, p. 41, note 61).

31

dette excédant cette somme, et, par suite, passible de la contrainte par corps (1).

Néanmoins, si le jugement ou l'arrêt dans lequel se trouverait l'omission relativement à la détermination de la durée de l'emprisonnement n'était plus susceptible d'être attaqué, il faudrait évidemment s'arrêter à une autre solution. Et alors nous nous rattacherions au second système ci-dessus rappelé, non pas que le jugement ou l'arrêt dût être considéré, en ce cas, comme ayant virtuellement assigné pour durée à la contrainte le minimum déterminé par la loi, mais parce que l'emprisonnement du débiteur devant avoir un terme, la raison même indique les six mois qui, d'après la loi de 1848, constituent le *minimum* de la détention. Le doute résultant de ce que la décision, désormais inattaquable, n'a pas fixé la durée de l'emprisonnement, disent très-justement MM. Aubry et Rau, ne peut que se résoudre en faveur de la liberté (2).

888. Si la contrainte par corps était exécutoire sans jugement, comme cela a lieu par exception dans les deux cas ci-dessus précisés auxquels s'appliquent les art. 264 et 519 du Code de procédure (*suprà*, n° 869), la prescription de la loi touchant la fixation de la durée de l'emprisonnement devra encore être observée, sauf à se conformer aux nécessités de la situation. Ainsi, d'une part, dans le cas de l'article 264, la durée de la contrainte contre les témoins qui, réassignés, sont encore défaillants, sera fixée par l'ordonnance même du juge-commissaire qui prononce la contrainte. D'une autre part, dans le cas de l'art. 519, il faudra nécessairement, bien que la caution judiciaire soit contraignable par le seul effet de sa soumission au greffe, qu'un jugement spécial vienne après coup déterminer la durée de la contrainte, à moins que la durée n'en ait été déjà fixée par le jugement même qui ordonnait de fournir caution.

889. Si, pendant la durée de l'emprisonnement, le débiteur avait à subir une détention préventive ou une condamnation en raison d'un crime ou d'un délit, le temps de cette détention préventive ou de l'emprisonnement pénal ne devrait pas venir en déduction de la durée de la contrainte par corps. Le contraire a été décidé cependant par la Cour de Paris, dans une espèce où un fournisseur célèbre, détenu pour cinq ans dans la prison pour dettes, avait été dans l'intervalle de ces cinq ans poursuivi criminellement à raison de sa comptabilité, et transféré à la Conciergerie, où il était resté pendant vingt-deux mois sous le coup de l'action publique. La Cour de Paris décida que ces vingt-deux mois n'en devaient pas moins être comptés dans le calcul des cinq ans qui avaient été fixés pour la durée de la contrainte par corps, et le pourvoi dirigé contre l'arrêt a été rejeté (3). On ne peut se dissimuler pourtant que c'est là affaiblir notablement l'épreuve de solvabilité résultant de la

---

(1) Crim. cass., 11 août 1864 (Dalloz, 65, 1, 320).
(2) *Voy.* MM. Aubry et Rau (*loc. cit.*).
(3) *Voy.* Paris, 22 déc. 1829; Req., 20 nov. 1832 (S. V., 30, 2, 65; 33, 1, 332; Coll. nouv., 9, 2, 365; Dalloz, 30, 2, 59; 33, 1, 46; *J. Pal.*, à leur date).

contrainte par corps. Comme le disait le créancier, dans l'espèce, il faut, pour remplir le but que s'est proposé le législateur en permettant l'emprisonnement du débiteur, que, pendant tout le temps fixé pour l'épreuve de solvabilité, ce dernier soit entièrement à la disposition du créancier; et que, tourmenté par le désir de sa liberté, il réunisse tous ses efforts pour arriver à la conserver ou à la recouvrer en désintéressant le créancier. Or lorsque, par suite de la prévention dont il vient à être l'objet, il est mis à la disposition du ministère public, la situation est complétement changée. Le débiteur sait bien qu'il ne lui est plus possible d'obtenir sa liberté même en payant sa dette; il est dès lors sans intérêt à faire des efforts pour satisfaire le créancier, en sorte qu'il cesse, à vrai dire, d'être soumis à l'épreuve voulue par la loi. Il semble donc que le délai assigné à la contrainte par corps devrait rester suspendu, pour ne reprendre son cours qu'au moment où le débiteur étant remis à la disposition du créancier, l'emprisonnement redevient pour ce dernier une garantie véritable (1).

6ᵉ Effet de la contrainte par corps.

2069. — L'exercice de la contrainte par corps n'empêche ni ne suspend les poursuites et les exécutions sur les biens.

SOMMAIRE.

I. 890. L'effet propre de la contrainte par corps est de procurer satisfaction au créancier par une voie indirecte plus rapide et plus efficace que la voie directe. — 891. Toutefois, l'exercice de la contrainte par corps n'est pas exclusif des autres moyens que le créancier peut avoir de se faire payer; notamment, elle n'a pas pour effet de soustraire les biens du débiteur à l'action du créancier.

I. — 890. A la différence de l'exécution sur les biens qui tend directement au payement par la réalisation du gage, la contrainte par corps n'est pas un moyen direct de donner satisfaction au créancier. Son effet propre est de mettre à l'épreuve la solvabilité du débiteur. La contrainte par corps agit donc d'une manière indirecte. Mais tout indirect qu'il soit, ce moyen peut être à la fois plus rapide et plus efficace que l'exécution sur les biens. Il est plus rapide, car il épargne au créancier les embarras et les lenteurs qu'il devrait subir pour arriver, par la voie des saisies, à la conversion en argent du patrimoine du débiteur. Il est surtout plus efficace, car la liberté est si précieuse que le débiteur qui l'a perdue ou qui est menacé de la perdre s'empressera, pour la recouvrer ou pour n'en être pas privé, non-seulement de convertir lui-même en argent les biens que la saisie pourrait atteindre dans ses mains, mais encore de réaliser les valeurs qu'il aurait pu soustraire aux poursuites et aux exécutions.

891. Toutefois, quelque prompte et efficace que soit la contrainte

---

(1) *Voy.* M. Dalloz (*Rép.*, vᵒ Contr. par corps, nᵒ 512). Comp. Paris, 21 oct. 1846 (*J. Pal.*, 1847, t. I, p. 62; Dalloz, 46, 2, 202). — *Voy.* cependant l'Encyclopédie de MM. Sebire et Carteret (vᵒ Contr. par corps, nᵒ 153).

par corps prise dans son caractère propre de moyen de coaction, le législateur n'a eu garde, précisément à cause de ce qu'elle a de dur et d'intolérable pour le débiteur, d'en permettre l'emploi d'une manière générale. Il a autorisé le créancier à l'exercer seulement dans des cas exceptionnels où l'emploi de ce moyen rigoureux s'explique, nous l'avons déjà dit, soit par les exigences d'un intérêt général, soit par le fait du débiteur que sa mauvaise foi rend indigne de ménagements. Mais, dans ces cas, la contrainte par corps n'est pas exclusive des autres moyens que le créancier peut avoir de se faire payer, et notamment elle n'a pas pour effet de soustraire les biens du débiteur à l'action du créancier. L'exercice de la contrainte par corps, dit en effet notre art. 2069, n'empêche ni ne suspend les poursuites et les exécutions sur les biens. En cela, d'ailleurs, la loi nouvelle a reproduit et confirmé l'art. 13 de l'ordonnance de 1667, lequel consacrait le principe qu'en matière civile on peut faire marcher de front l'action sur la personne et l'action sur les biens (1), ce que Papon avait traduit dans cette formule rappelée par M. Coin-Delisle : « on peut prendre la charrette, le charretier et le fouet. » (2)

Ainsi, les poursuites sur la personne et les poursuites sur les biens peuvent être cumulées ; et le créancier peut indifféremment commencer par les unes ou par les autres, en sorte qu'il est absolument libre d'exercer la contrainte par corps sans avoir au préalable discuté les biens de son débiteur. Cela s'induit de notre article, et nul n'a contesté l'induction. Mais on a critiqué la disposition de la loi : rien, a-t-on dit, n'est plus contraire à l'humanité que cette faculté laissée au créancier de s'attaquer du premier coup à la personne du débiteur ; si la loi a cru pouvoir faire au créancier cette grande concession de lui permettre de saisir la personne du débiteur, tout au moins aurait-elle dû l'obliger à ne recourir à ce moyen extrême qu'après avoir employé tous les autres et avoir constaté, par une discussion préalable, l'insuffisance des biens. Ce système a eu ses défenseurs dans l'ancien droit et il est consacré par plusieurs législations étrangères. Néanmoins, celui du Code Napoléon est plus rationnel et plus logique à la fois ; et il ne mérite pas le reproche d'inhumanité dont il a été l'objet. Il est plus rationnel, car la contrainte par corps reste ce qu'elle est en réalité, une épreuve de solvabilité, et elle ne prend pas le caractère pénal que lui imprimerait le système contraire. Il est plus logique, car dès qu'il s'agit ici d'un moyen de coaction, le créancier doit pouvoir l'exercer à son heure, soit avant, soit après la discussion des biens du débiteur, et il serait peu raisonnable de l'obliger à attendre, pour l'employer, qu'une discussion négative des biens du débiteur en eût démontré par avance l'inefficacité (3). Enfin, le système de la loi échappe au reproche d'inhumanité, si l'on songe que la cession de biens, qui est un des moyens d'empêcher ou de faire cesser l'exercice de la contrainte par corps, laisse toujours au débiteur de

---

(1) *Voy.* le Rapport du tribun Gary (Locré, t. XV, p. 603 ; Fenet, t. XV, p. 185).
(2) *Voy.* M. Coin-Delisle (sur l'art. 2069, n° 1).
(3) *Voy.* M. Troplong (n°ˢ 341-346).

bonne foi la possibilité de se soustraire à cette exécution rigoureuse. Ceci nous conduit naturellement à la dernière partie de nos observations touchant la contrainte par corps en matière civile.

7° Comment le débiteur peut empêcher ou faire cesser l'exercice de la contrainte par corps.

SOMMAIRE.

I.   892. Le débiteur peut suspendre ou empêcher l'exécution de la contrainte par corps, et, quand il est incarcéré, il peut obtenir son élargissement soit provisoire, soit définitif : par quels moyens? Division.

II. 893. Moyens, pour le débiteur, de suspendre l'exécution de la contrainte par corps : 1° Le sauf-conduit; en quels cas. — 894. 2° Sursis accordé sur une demande en cession de biens judiciaire. — 895. 3° Payement ou consignation du tiers du principal de la dette et des accessoires, avec caution pour le surplus. — 896. 4° Faillite : renvoi.

III. 897. Moyens, pour le débiteur, d'empêcher l'exécution de la contrainte prononcée : 1° Payement ou consignation de la totalité de la dette et des accessoires : explication quant aux frais. — 898. 2° Cession de biens : renvoi à l'Appendice. — 899. 3° Faillite : renvoi.

IV. 900. Moyens, pour le débiteur incarcéré, d'obtenir son élargissement provisoire 1° Payement du tiers du principal de la dette et des accessoires, avec caution pour le surplus. *Quid*, en cas de payements partiels, relativement à leur imputation? — 901. 2° Consentement du créancier : le n° 1 de l'art. 800 du Code de procédure, bien qu'écrit en vue de l'élargissement définitif du débiteur par l'effet du consentement du créancier, doit être étendu à l'élargissement provisoire. — 902. 3° Consignation provisoire des causes de l'emprisonnement pendant l'instance en nullité de l'emprisonnement (C. proc., art. 798). — 903. 4° Nullité de l'emprisonnement : l'élargissement du débiteur ne peut pas durer moins d'un jour (C. proc., art. 797). — 904. 5° Faillite : renvoi.

V.   905. Moyens, pour le débiteur incarcéré, de faire cesser l'incarcération d'une manière définitive : 1° Consentement du créancier et des recommandants : ils ne peuvent pas faire incarcérer de nouveau le débiteur pour la même dette, ni se réserver unilatéralement le droit de le faire réincarcérer. — 906. 2° Payement ou consignation de la dette et des accessoires, y compris les frais; renvoi. — 907. 3° Cession de biens : renvoi à l'Appendice. — 908. 4° Faillite; mais elle n'entraîne pas d'une manière absolue l'élargissement définitif du débiteur : distinctions. — 909. La suspension provisoire résulte toujours de la faillite au regard du créancier incarcérateur; toutefois, une incarcération nouvelle, dans l'intérêt de la masse, est substituée à l'incarcération primitive (C. comm., art. 456). — 910. Puis l'incarcération primitive reprend son effet si les opérations de la faillite se terminent par la clôture pour insuffisance de l'actif. — 911. *Quid* si elles se terminent par l'union des créanciers? — 912. Ou par un concordat accordant au failli des termes ou une remise partielle? — 913. 5° Défaut de consignation d'aliments : développements. — 914. 6° Avénement du débiteur à sa soixante-dixième année. — 915. 7° Changement par l'effet duquel le débiteur deviendrait l'allié du créancier. — 916. 8° Expiration de la durée fixée à l'emprisonnement par le jugement de condamnation : le débiteur, élargi en ce cas, ne peut pas être incarcéré pour dettes contractées antérieurement à son arrestation, et échues au moment de son élargissement : exceptions. — 917. *Quid* si l'élargissement du débiteur avait eu lieu, pour une cause quelconque, avant l'expiration du terme fixé par le jugement de condamnation?

VI. 918. APPENDICE. — *De la cession de biens.* La cession de biens peut être soit volontaire ou conventionnelle, soit judiciaire ou forcée. — 919. Caractères et effets de la cession volontaire ou conventionnelle. — 920. De la cession judiciaire ou forcée : les créanciers ne peuvent la refuser ou s'y opposer que dans des cas déterminés. — 921. 1° Du cas où le bénéfice est nominativement refusé au dé-

I. — 892. Bien qu'aucun article du Code Napoléon ne s'occupe des moyens par lesquels le débiteur peut empêcher ou faire cesser l'exécution de la contrainte par corps, et que ce point soit ordinairement traité dans les ouvrages relatifs à la procédure, il n'est pas hors de propos de s'y arrêter ici quelques instants, ne fût-ce que pour indiquer et préciser au point de vue purement théorique la sûreté que le créancier peut trouver dans la personne même du débiteur.

A cet égard, nous avons à distinguer des hypothèses diverses : celle où le débiteur empêche que la contrainte prononcée contre lui soit mise à exécution ; celle où il fait cesser la contrainte à laquelle il est soumis ; l'hypothèse où soit l'empêchement mis à l'exécution de la contrainte, soit l'élargissement, est seulement provisoire ; enfin, celle où l'empêchement ou l'élargissement est définitif. Ce sont les quatre points que nous examinerons tout d'abord.

Après cela, nous traiterons spécialement, dans un appendice, de la cession de biens, qui est l'un des moyens offerts au débiteur hors d'état de s'acquitter de se soustraire à l'emprisonnement. En cela, nous comblerons la lacune volontairement laissée par Marcadé dans son explication du titre *Des Obligations*. La cession de biens, que les rédacteurs du Code Napoléon ont placée dans ce titre, où elle forme le dernier paragraphe de la section relative au payement (art. 1265-1270), a paru à Marcadé n'avoir aucun rapport avec les règles du payement. Selon nous, c'est trop dire. Si, aux termes de l'art. 1270, la cession de biens a pour effet d'opérer la décharge de la contrainte par corps, elle a aussi pour effet, d'après ce même article, de produire l'extinction de l'obligation du débiteur au moins dans une certaine mesure, puisqu'elle libère ce dernier jusqu'à concurrence de la valeur des biens par lui abandonnés. Il n'est donc pas absolument exact de dire que la matière n'a aucun rapport avec les règles du payement ; en sorte que, même au point de vue de la méthode, on peut s'expliquer que les rédacteurs du Code aient cru pouvoir en traiter, dans le titre *Des Obligations*, à l'occasion et à la suite des dispositions sur le payement. Quoi qu'il en soit, Marcadé en avait jugé autrement, et, à l'exemple de quelques auteurs, il avait renvoyé au titre *De la Contrainte par corps* l'explication des six articles placés par les rédacteurs du Code au titre *Des Obligations*, sous la rubrique *De la Cession de biens* (1). C'est pourquoi nous ferons de

(1) *Voy.* Marcadé (t. IV, n°⁵ 665 et 746). *Voy.* aussi MM. Delvincourt (t. III, p. 195); Aubry et Rau, d'après Zachariæ (t. V, p. 49).

ces six articles l'objet de l'appendice par lequel nous terminerons nos observations sur la contrainte par corps en matière civile.

II. — 893. La mise à exécution de la contrainte est empêchée provisoirement, d'abord, par l'effet du sauf-conduit accordé au débiteur contraignable dans les termes de l'art. 782 du Code de procédure civile. La règle n'est passée qu'avec quelque difficulté dans le Code de procédure, à cause des abus dont elle avait été l'occasion sous l'empire de la loi du 15 germinal an 6, qui l'avait déjà consacrée. « Aucune condamnation par corps, en matière civile ou de commerce, disait en effet cette loi, ne peut être exécutée contre un individu si, appelé comme témoin en matière civile, de police ou criminelle, il est porteur d'un sauf-conduit du président du tribunal, du directeur du jury, ou du juge de paix devant lequel il doit paraître. — Le sauf-conduit sera motivé dans ce cas, et réglera la durée de son effet, à peine de nullité (tit. III, art. 8). » Mais les sauf-conduits furent délivrés sans mesure ; une fois délivrés, ils étaient renouvelés sans motifs ; et ces abus, attestés d'ailleurs par la circulaire qu'Abrial, ministre de la justice, adressait aux juges de paix le 15 messidor an 8 (1), avaient porté les rédacteurs du projet du Code de procédure à abolir l'usage des sauf-conduits. Le Tribunat vit là une lacune ; il ne crut pas possible de ne pas prévoir le cas où un débiteur contraignable serait appelé à déposer en justice ; et, sauf à organiser les choses de manière à prévenir les abus qui s'étaient produits sous la loi de l'an 6, il proposa de revenir à la règle établie par cette loi. De là l'article 782 du Code de procédure, aux termes duquel « le débiteur ne pourra être arrêté, lorsque appelé comme témoin devant un juge d'instruction ou devant un tribunal de première instance, ou une Cour impériale ou d'assises, il sera porteur d'un sauf-conduit. — Le sauf-conduit pourra être accordé par le juge d'instruction, par le président du tribunal ou de la Cour où les témoins devront être entendus. Les conclusions du ministère public seront nécessaires. — Le sauf-conduit réglera la durée de son effet, à peine de nullité. — En vertu du sauf-conduit, le débiteur ne pourra être arrêté, ni le jour fixé pour sa comparution, ni pendant le temps nécessaire pour aller et pour revenir. »

Ainsi, les tribunaux de commerce et les juges de paix, qui ne sont rappelés ni directement ni indirectement dans cet article, et qui en sont virtuellement exclus, puisqu'ils n'ont pas de ministère public auprès d'eux, sont privés aujourd'hui de la faculté de délivrer des sauf-conduits. D'où il suit que les parties qui veulent produire, soit devant un juge de paix, soit devant un tribunal de commerce, des témoins en état de contrainte par corps, doivent s'adresser au président du tribunal civil de l'arrondissement, qui, sur la représentation du jugement d'enquête et sur les conclusions du ministère public, délivrera, s'il y a lieu, le sauf-conduit nécessaire (2).

Que si le sauf-conduit a été délivré irrégulièrement, par exemple s'il

---

(1) *Voy*. S. V., 1, 2, 255.
(2) Circ. du grand juge, ministre de la justice, du 8 sept. 1807 (S. V., 1808, 2, 30 ; Dalloz, *Rép*., vᵒ Contr. par corps, nᵒ 841, note).

n'a pas été précédé des conclusions du ministère public, ou s'il n'était pas limité dans sa durée d'une manière nette et précise, il serait nul et sans effet entre les mains du débiteur contraignable, tout comme s'il émanait d'un magistrat sans qualité pour le délivrer. Il ne ferait donc pas obstacle à l'exercice de la contrainte par corps. M. Carré enseigne cependant que le débiteur ne pourrait être arrêté qu'autant que le sauf-conduit irrégulièrement accordé aurait été préalablement annulé (1). Mais son opinion est restée isolée. Les auteurs et la jurisprudence s'accordent à reconnaître que, comme dérogatoire au droit commun, le sauf-conduit ne peut avoir d'existence qu'autant qu'il réunit toutes les conditions sous lesquelles le pouvoir de l'accorder a été délégué (2).

894. La mise à exécution de la contrainte est provisoirement empêchée, en second lieu, par l'effet d'un sursis accordé par le juge, dans les termes de l'art. 900 du Code de procédure, aux débiteurs qui sont dans le cas de réclamer la cession judiciaire accordée par l'art. 1268 du Code Napoléon, et qui en forment la demande (voy. *suprà*, n° 874).

895. En troisième lieu, le débiteur peut empêcher l'exécution en payant ou en consignant le tiers du principal de la dette et de ses accessoires, et en donnant pour le surplus une caution acceptée par le créancier, ou reçue par le tribunal civil dans le ressort duquel la contrainte devrait être exécutée. C'est une application de l'art. 24 de la loi du 17 avril 1832. A la vérité, cet article et les deux suivants s'occupent spécialement, comme nous le verrons tout à l'heure (*infrà*, n° 900), du cas où le débiteur déjà incarcéré veut obtenir son élargissement, sauf à être replacé sous le coup de la contrainte si, à l'expiration du délai fixé par la loi pour le payement des deux tiers restant dus, le créancier n'est pas intégralement payé. Mais il est conforme à la pensée du législateur d'étendre ces articles, par analogie, à l'hypothèse où le débiteur, non encore incarcéré, cherche à empêcher provisoirement l'exécution de la contrainte par corps (3).

896. Enfin, l'exécution est également empêchée provisoirement par l'effet de la faillite du débiteur. Toutefois, comme la faillite peut aussi faire obstacle à l'exécution de la contrainte d'une manière définitive, ou même procurer son élargissement au débiteur incarcéré, nous renvoyons à préciser plus tard les distinctions qu'il convient de faire à cet égard (*infrà*, n° 909 et suiv.), et nous passons aux moyens à la faveur desquels le débiteur peut empêcher d'une manière définitive l'exécution de la contrainte par corps.

III. — 897. Le premier de ces moyens, et le plus efficace comme le plus décisif, c'est le payement ou la consignation de la totalité de la dette et de ses accessoires, lesquels accessoires comprennent les frais (arg. de l'art. 800, § 2, C. proc.). Mais il importe de préciser que tous

---

(1) Carré (*Lois de la procéd.*, quest. 2656).
(2) Rej., 17 fév. 1807 (S. V., 7, 1, 168; Coll. nouv., 2, 1, 346; Dalloz, Rép. alph., t. III, p. 797; *J. Pal.*, à sa date). *Voy.* aussi MM. Merlin (*Rép.*, v° Sauf-conduit, n° 3); Coin-Delisle (art. 2069, n° 43); Pardessus (n° 1515); Favard (v° Contr. par corps, § 4).
(3) *Voy.*, en ce sens, MM. Aubry et Rau (t. V, p. 44, note 70).

les frais ne participent pas au privilége de la dette principale. Avant la loi de 1832, rien ne s'opposait à ce que l'on comptât les frais des exécutions mobilières et immobilières, qui, en augmentant le chiffre de la dette, rendaient plus difficile pour le débiteur le payement ou la consignation à la faveur desquels il pouvait empêcher l'exercice de la contrainte. Il n'en est plus ainsi : aux termes de l'art. 23 de la loi précitée, « les frais liquidés que le débiteur doit consigner ou payer pour empêcher l'exercice de la contrainte par corps, ou pour obtenir son élargissement, conformément aux art. 798 et 800, § 2, du Code de procédure, ne seront jamais que les frais de l'instance; ceux de l'expédition et de la signification du jugement et de l'arrêt, s'il y a lieu; ceux, enfin, de l'exécution relative à la contrainte par corps. » Ainsi, les seuls frais qui participent au privilége de la dette principale, les seuls que le débiteur doive consigner ou payer, sont les frais nécessaires pour arriver à la contrainte par corps et à son exécution. D'ailleurs, dans notre espèce, où il s'agit d'un débiteur non encore arrêté et qui veut empêcher l'arrestation, celui-ci doit offrir au créancier, avec le capital et les intérêts, non-seulement les frais liquidés, mais encore une somme pour les frais non liquidés, sauf à la parfaire (C. Nap., art. 1258, 3°) (1).

898. La cession judiciaire de biens, qui, aux termes de l'art. 1270, § 2, du Code Napoléon, opère la décharge de la contrainte par corps, est par cela même un autre moyen offert au débiteur condamné, et par conséquent menacé d'être contraint par corps, d'empêcher l'exécution et de se soustraire à l'emprisonnement. Mais, nous l'avons indiqué déjà, la matière de la cession de biens doit être spécialement traitée dans un appendice : nous y renvoyons le lecteur (voy. *infrà,* n⁰ˢ 918 et suiv.).

899. Enfin, l'exercice de la contrainte par corps est définitivement empêché par l'effet de la faillite du débiteur, suivant certaines distinctions ci-après indiquées (*infrà,* n⁰ˢ 909 et suiv.).

IV. — 900. En supposant, maintenant, l'exécution accomplie et le débiteur incarcéré, voyons quels moyens sont offerts à ce dernier pour obtenir son élargissement soit provisoire, soit définitif.

Il obtient son élargissement provisoire, 1° par le payement ou la consignation du tiers de sa dette avec caution pour le surplus, aux termes de l'art. 24 de la loi du 17 avril 1832. « Le débiteur, dit cet article, si la contrainte par corps n'a pas été prononcée pour dette commerciale, obtiendra son élargissement en payant ou consignant le tiers du principal de la dette et de ses accessoires, et en donnant pour le surplus une caution acceptée par le créancier, ou reçue par le tribunal civil dans le ressort duquel le débiteur sera détenu. » Il ne s'agit là que d'un élargissement provisoire ou conditionnel; c'est expliqué par les art. 25 et 26 de la loi. La caution, dit le premier de ces articles, sera tenue de s'obliger solidairement avec le débiteur à payer, dans un délai qui ne pourra excéder une année, les deux tiers qui resteront dus. Le second ajoute

---

(1) *Voy.* M. Coin-Delisle (l. 17 avr. 1832, art. 23, n° 3). *Voy.* cependant M. Troplong (n° 560).

qu'à l'expiration de ce délai, le créancier, s'il n'est pas intégralement payé, pourra exercer de nouveau la contrainte par corps contre le débiteur principal, sans préjudice de ses droits contre la caution.

Les accessoires, dont le tiers doit aussi être payé ou consigné, comprennent les frais, comme nous l'avons dit déjà (*suprà*, n° 895), et, à cet égard, l'art. 24 s'explique par l'art. 23, rappelé tout à l'heure : il faut comprendre dans le tiers des frais à payer ou à consigner comme accessoires, par le débiteur, seulement ceux qui sont nécessaires pour arriver à la contrainte par corps et à son exécution (*suprà*, n° 897). — Quant au principal, une difficulté peut se produire dans l'application : c'est lorsqu'il se trouve que des payements partiels ont été effectués par le débiteur avant d'être incarcéré. Par exemple, un débiteur est condamné par corps au payement d'une dette de 1 200 francs; il a payé 800 francs à compte; et ne payant pas le surplus, il est contraint par corps et écroué. Le tiers du principal, qu'il est tenu de payer ou de consigner pour obtenir son élargissement provisoire, devra-t-il être calculé sur le montant de la dette principale fixée par le jugement de condamnation? Non ; et l'évidence de cette solution apparaît nettement dans notre hypothèse. S'il y avait à verser les 400 francs formant le tiers de la condamnation, il s'ensuivrait, les à-compte payés étant de 800 francs, que le débiteur solderait le principal en totalité pour obtenir son élargissement provisoire, ce qu'on ne saurait admettre. Quelle sera donc, quant au principal, la somme à fournir? Évidemment le tiers de la dette primitive, ou de la condamnation, diminuée par les à-compte, soit, dans l'espèce, le tiers de 400 francs, c'est-à-dire 133 fr. 34 cent.

Par là se trouve résolue la question de savoir si les à-compte payés par le débiteur avant son incarcération sont imputables sur le tiers libératoire. M. Fournel, qui a soulevé la question, la résout par l'affirmative (1). Et ici encore nous pouvons argumenter de notre hypothèse et dire qu'en sens inverse elle met dans tout son jour l'inadmissibilité de cette solution. Et en effet, les à-compte payés atteignant déjà et dépassant le tiers de la condamnation principale, le débiteur n'aurait rien à payer et il lui suffirait d'offrir une caution pour obtenir son élargissement provisoire. Or, selon la très-juste remarque de M. Coin-Delisle, c'est absolument contraire à la lettre même de la loi, qui, lorsqu'elle met à l'élargissement la double condition de payer partie de la dette et de fournir caution pour le surplus, ne se prête pas à l'idée que le débiteur puisse obtenir son élargissement en remplissant seulement une des conditions imposées (2). Tout ce qu'on peut admettre, avec le même auteur, c'est que les à-compte donnés par le débiteur sinon avant l'incarcération, au moins pendant son séjour en prison, concourent à former le tiers libératoire.

901. Le débiteur obtiendra son élargissement provisoire, 2° par le

---

(1) *Voy.* M. Fournel (sur l'art. 18, tit. III, de la loi du 15 germ. an 6).
(2) M. Coin-Delisle (sur l'art. 24 de la loi de 1832, n° 3). *Junge :* M. Troplong (n° 565).

consentement du créancier qui l'a fait incarcérer. Nous appliquons ici, par analogie, le premier paragraphe de l'art. 800 du Code de procédure. A la vérité, cet article a particulièrement en vue l'élargissement *définitif*. Mais si le créancier et le débiteur jugent à propos de convenir que la contrainte par corps sera suspendue pendant un certain temps à l'expiration duquel le créancier en pourra reprendre l'exercice, on ne voit pas ce qui pourrait faire obstacle à l'exécution de cette convention (1).

902. Il l'obtiendra également, 3° en consignant entre les mains du geôlier de la prison les causes de son emprisonnement et les frais de la capture, conformément à l'art. 798 du Code de procédure, c'est-à-dire lorsque, ayant formé une demande en nullité de l'emprisonnement, le débiteur ne veut pas attendre en prison la fin du procès. Ceci ne doit pas être confondu avec la consignation de tout ou partie de la dette dont il est question à l'art. 800, § 2, du même Code, et aux art. 23 et 24 de la loi du 17 avril 1832 : il s'agit ici d'une consignation purement conditionnelle, et le créancier ne peut s'en emparer avant l'issue du procès.

Du reste, de ce que l'art. 798 autorise l'élargissement provisoire à la condition de cette consignation elle-même provisoire, il ne s'ensuit pas qu'il suffise au débiteur de former une demande en nullité de l'emprisonnement pour obtenir par cela seul sa mise en liberté pendant le procès. Ici, comme dans tous les cas où des circonstances spéciales, comme la maladie, une affaire importante qui ne peut être faite par un tiers, exigeraient que le débiteur incarcéré sortît momentanément de prison, les tribunaux apprécieront avant tout l'état des faits et la situation respective des parties. Ils useront du pouvoir discrétionnaire qu'il convient de leur laisser à cet égard avec la plus grande réserve : la contrainte par corps étant, en définitive, une épreuve de solvabilité, le but que s'est proposé la loi en l'autorisant serait manqué si cette épreuve était affaiblie par trop de facilité à accorder au débiteur sa mise en liberté provisoire ou momentanée (2).

903. Le débiteur obtient sa liberté provisoirement, 4° par l'effet du jugement qui prononce la nullité de l'emprisonnement. C'est l'application de l'art. 797 du Code de procédure civile, aux termes duquel le débiteur dont l'emprisonnement est déclaré nul ne peut être arrêté pour la même dette qu'un jour au moins après sa sortie.

La nullité dont il s'agit ici ne s'entend pas de celle qui résulterait de ce que la dette n'existe plus ou de ce que le créancier n'avait pas ou n'avait plus le droit d'exercer la contrainte : l'élargissement du débiteur serait définitif dans ce cas. La loi a en vue, évidemment, la nullité résultant de ce que l'emprisonnement serait entaché d'un vice de forme : c'est alors que l'élargissement est seulement provisoire, en ce sens que

---

(1) *Voy.* M. Troplong (n° 585).
(2) *Voy.* Paris, 1er juin 1810, 4 mai 1812, 7 janv. 1814, 26 fév. 1819 ; Nîmes, 27 août 1838; Bordeaux, 5 fév. 1839 (S. V., 39, 2, 211 et 474; Coll. nouv., 3, 2, 284; 4, 2, 107 et 371; 6, 2, 31; Dalloz, *Rép.*, v° Contr. par corps, n° 1040-1047; *J. Pal.*, à leur date).

l'annulation de l'emprisonnement ne détruit pas le droit de contrainte, et a pour effet uniquement d'imposer au créancier l'obligation de remettre le débiteur en liberté avant de pouvoir reprendre l'exercice de ce droit. D'ailleurs, le créancier n'en peut user à nouveau qu'après l'expiration d'un délai qu'il était juste d'accorder au débiteur. Il en était ainsi déjà sous la loi du 15 germinal an 6, qui, cependant, ne contenait pas de disposition semblable à celle de l'art. 797 du Code de procédure. Mais la jurisprudence tenait que ce n'était pas élargir ou mettre en liberté un débiteur illégalement incarcéré que de lui ouvrir la porte de la prison et de le faire arrêter de nouveau, à l'instant de sa sortie, par des huissiers appostés tout auprès; que, dans ce cas, il faut, pour que le second emprisonnement soit valable, que depuis sa sortie de prison le débiteur puisse être réputé avoir pleinement recouvré sa liberté (1). L'art. 797 du Code de procédure a sanctionné cette jurisprudence, en accordant au débiteur élargi après annulation de l'emprisonnement pour vice de forme un délai qui doit être d'un jour au moins, c'est-à-dire en le replaçant, vis-à-vis du créancier incarcérateur, dans l'état même qui avait précédé l'emprisonnement illégal, par la concession d'un délai égal à celui qui doit exister entre le commandement et l'arrestation (voy. *suprà*, n° 883, § 4).

904. Il y a lieu, enfin, à l'élargissement provisoire, 5° par l'effet de la faillite, mais suivant certaines distinctions déjà annoncées et ci-après exposées (n°⁵ 909 et suiv.).

V. — 905. Arrivons aux moyens offerts au débiteur incarcéré pour obtenir son élargissement définitif.

L'art. 800 du Code de procédure en indique quelques-uns. Le débiteur légalement incarcéré, dit-il, obtiendra son élargissement, 1° par le consentement du créancier qui l'a fait incarcérer, et des recommandants, s'il y en a. L'art. 801 ajoute que le consentement à la sortie du débiteur pourra être donné soit devant notaire, soit sur le registre d'écrou. Ces dispositions sont empruntées à l'ordonnance criminelle d'août 1670, dont l'art. 31, tit. 3, disait : « Les prisonniers détenus pour dettes seront élargis sur le consentement des parties qui les auront fait arrêter ou recommander, passé par-devant notaire, qui sera signifié aux geôliers ou greffiers des geôles, sans qu'il soit besoin d'obtenir aucun jugement. »

Le créancier qui a donné mainlevée de l'écrou a, par cela même, abdiqué le droit de contrainte : il ne peut plus, dès lors, faire incarcérer son débiteur pour la même dette. Il ne pourrait même pas, en donnant son consentement à l'élargissement, se réserver unilatéralement le droit de faire réincarcérer le débiteur; et c'est ce qui a été décidé par la Cour de Paris, dans une espèce où rien n'établissait que la réserve consignée par le créancier dans la mainlevée de l'écrou eût été connue du débiteur et acceptée par lui (2). Mais ce serait autre chose si le débiteur était

---

(1) *Voy.* Bruxelles, 12 fruct. an 13 (S. V., 5, 2, 586; Coll. nouv., 2, 2, 89; Dalloz, Rép. alph., t. III, p. 815).

(2) Paris, 6 juill. 1826 (S. V., 27, 2, 194; Coll. nouv., 8, 2, 255; Dalloz, 27, 2, 102).

intervenu à la mainlevée de l'écrou et avait consenti à la réserve. Il y aurait alors entre les parties une convention qu'elles étaient libres de faire, qui n'a rien d'illicite, et dont l'exécution ne saurait dès lors être empêchée (*suprà,* n° 901). C'est ce que la même Cour a reconnu en décidant que le créancier qui a donné mainlevée de l'écrou de son débiteur incarcéré, sous la réserve, connue et acceptée, du droit d'exercer de nouveau la contrainte, pour le cas où ce dernier ne s'acquitterait pas dans un délai déterminé, peut, à défaut de payement dans le délai, le faire réincarcérer (1).

906. Le débiteur légalement incarcéré obtient son élargissement, 2° par le payement ou la consignation des sommes dues tant au créancier qui a fait l'emprisonnement qu'au recommandant, des intérêts échus, des frais liquidés, de ceux d'emprisonnement, et de la restitution des aliments consignés (C. proc., art. 800, 2°). Bien entendu, le payement par consignation faite aux mains du geôlier doit être pur et simple; il ne saurait être conditionnel. Mais le débiteur n'a pas besoin de faire des offres réelles au créancier ou à son domicile; il n'a pas même besoin de faire ordonner la consignation; et si le geôlier refuse, il est assigné à bref délai devant le tribunal du lieu, en vertu de permission (C. proc., art. 802). Le payement doit être intégral en principal, et en accessoires parmi lesquels sont compris les frais, qui ainsi pourront être un obstacle à l'élargissement du débiteur, bien qu'ils ne puissent pas, comme nous l'avons expliqué, faire l'objet d'une condamnation à la contrainte par corps (*suprà,* n° 827). Mais le débiteur doit seulement les *frais liquidés,* lesquels sont ceux de l'instance, ceux de l'expédition et de la signification du jugement et de l'arrêt, s'il y a lieu, ceux enfin de l'exécution relative à la contrainte, comme il est dit au n° 897, sauf que, dans le cas présent, il n'y a pas d'offre à faire pour les frais non liquidés (2).

907. Le débiteur obtient son élargissement, 3° par le bénéfice de cession. En ceci, l'art. 800, § 3, du Code de procédure, ne fait que reproduire et confirmer une disposition de l'art. 1270 du Code Napoléon, dont nous avons réservé le commentaire pour l'appendice qui va suivre (*infrà,* n°s 918 et suiv.).

908. Seulement, avant de continuer l'examen des moyens énumérés dans l'art. 800 du Code de procédure, il convient de rapprocher du bénéfice de cession considéré comme cause d'élargissement définitif du débiteur incarcéré, la faillite, que nous avons eu déjà l'occasion de mentionner. La faillite est, en effet, un quatrième moyen. Mais elle n'entraîne pas nécessairement et d'une manière absolue l'élargissement définitif du débiteur. Nous l'avons indiquée (*suprà,* n°s 896 et 902) comme susceptible de produire un effet purement provisoire, et nous

---

Junge : Trib. de la Seine, 20 août 1836 (Dalloz, *Rép.,* v° Contr. par corps, n° 1061), et M. Coin-Delisle (sur l'art. 27 de la loi de 1832, n° 6).

(1) Paris, 27 mars 1838 (Dalloz, 38, 2, 121; *J. Pal.,* à sa date). *Voy.* aussi MM. Troplong (n° 585); Dalloz (*Rép.,* loc. cit.).

(2) *Voy.* MM. Carré (quest. 2741); Coin-Delisle (art. 2069, n° 99 et suiv.). *Voy.* cependant M. Delaporte (t. II, p. 374).

avons annoncé, sur ce point, certaines distinctions qu'il est temps de préciser.

909. Et en effet, il faut s'attacher ici, d'une manière toute particulière, au résultat des opérations de la faillite.

Le jugement déclaratif de la faillite du débiteur contraignable entraîne toujours, vis-à-vis du créancier incarcérateur, suspension de la contrainte par corps. Cela résulte nécessairement de la dernière disposition de l'art. 455 du Code de commerce, où il est dit qu'en cet état de faillite déclarée, il ne pourra être reçu, contre le failli, d'écrou ou recommandation pour aucune espèce de dettes. Et telle est la généralité de la loi que, d'après une jurisprudence constante, il n'y a pas à distinguer, quant à cet effet du jugement déclaratif de la faillite, entre les dettes antérieures et les dettes postérieures à la faillite : celles-ci, aussi bien que celles-là, laissent le failli affranchi de la contrainte par corps vis-à-vis du créancier individuellement (1). C'est la conséquence du dessaisissement opéré par ce jugement : l'épreuve de solvabilité, qui est l'effet propre, le caractère même de la contrainte par corps, ne saurait être utilement suivie, alors que le débiteur est placé dans l'impossibilité légale de payer personnellement sa dette. Toutefois, il ne faut pas conclure de là que le débiteur doive être mis en liberté. Il résulte, au contraire, de l'art. 456 du Code de commerce, que si le failli est incarcéré pour dettes ou pour autre cause, le tribunal ne doit pas l'affranchir du dépôt ou de la garde de sa personne. Une nouvelle incarcération, dans l'intérêt de la masse des créanciers, se substitue alors à l'incarcération que l'un d'eux avait fait opérer primitivement dans son intérêt particulier.

910. Et puis, si les opérations de la faillite se terminent par la clôture pour insuffisance de l'actif, comme chaque créancier rentre alors, aux termes de l'art. 527 du Code de commerce, dans l'exercice de ses actions individuelles, tant contre les biens que contre la personne du failli, l'incarcération primitive reprend son effet et son cours. Elle reprend son effet, non pas même comme exécution nouvelle, mais comme continuation d'une exécution déjà faite. D'où il suit qu'il n'y aurait pas alors à tenir compte de la dernière disposition de l'article précité, d'après laquelle l'exécution du jugement de clôture est suspendue pendant un mois, à partir de la date du jugement. Et, par conséquent, le débiteur ne serait pas fondé à demander sa mise en liberté en soutenant que le créancier incarcérateur n'a que le droit d'exercer de nouveau la contrainte par corps contre lui, sauf l'observation du délai d'un mois (2). Mais il serait au moins en droit de prétendre que le temps intermédiaire pendant lequel il est resté incarcéré dans l'intérêt de la masse viendra

(1) Paris, 3 août 1846; Lyon, 16 mai 1851; Paris, 29 nov. 1858, 19 fév. 1859, 25 avr. 1861 (*J. Pal.*, 1846, t. II, p. 608; 1852, t. I, p. 489; 1859, p. 835; 1861, p. 754; S. V., 52, 2, 572; 59, 2, 291; Dalloz, 51, 2, 215). Voy. aussi M. Alauzet (*Comment. C. comm.*, t. IV, n° 1672). — Sentis avant la loi de 1838, modificative du titre des faillites. Req., 6 juin 1831 (S. V., 31, 1, 238; Dalloz, 31, 2, 211; *J. Pal.*, à sa date).
(2) Alger, 17 mars 1856 (S. V., 56, 2, 482; *J. Pal.*, 1856, t. I, p. 358).

en déduction de la durée assignée à la contrainte exercée primitivement par le créancier incarcérateur. La situation, en effet, n'est pas exactement semblable à celle qui se produit dans le cas ci-dessus indiqué, où, pendant la durée de l'emprisonnement, le débiteur subit une détention préventive ou une condamnation à raison d'un crime ou d'un délit dont il est prévenu ou convaincu (n° 889). L'épreuve de solvabilité est bien réellement et bien complétement suspendue, dans cette dernière hypothèse, lorsque, étant à la disposition du ministère public ou sous l'action d'une peine, le débiteur sait bien que, même en payant, il ne sortirait pas de prison; et c'est ce qu'on ne peut pas dire dans l'hypothèse actuelle, où, en éteignant sa dette, il obtiendrait inévitablement sa mise en liberté.

911. Si la faillite est terminée par l'union des créanciers, la question se résout par la distinction même qu'établit l'art. 539 du Code de commerce entre le cas où le failli est déclaré excusable et celui où il n'est pas déclaré excusable. Dans ce dernier cas, les créanciers, dit le premier paragraphe de cet article, rentreront dans l'exercice de leurs actions individuelles tant contre la personne que sur les biens du failli. Ainsi la cessation de la contrainte n'aura été que provisoire, et, comme dans l'hypothèse du numéro précédent où nous supposons la clôture pour insuffisance de l'actif, l'incarcération primitive reprendra son cours et son effet dans les termes et dans les conditions ci-dessus indiqués. Au contraire, le failli est-il déclaré excusable, il demeurera, conformément au second paragraphe du même article, affranchi de la contrainte par corps à l'égard des créanciers de sa faillite, et ne pourra plus être poursuivi par eux que sur ses biens : ainsi l'incarcération primitivement opérée à la requête de l'un des créanciers cessera comme conséquence de l'excusabilité.

Mais le débiteur est affranchi de la contrainte par corps seulement *vis-à-vis des créanciers de sa faillite,* d'après les termes précis et positifs de l'art. 539. D'où il suit qu'à la différence de l'hypothèse prévue au n° 909, celle-ci implique une distinction entre les créanciers antérieurs et les créanciers postérieurs. Les dettes contractées par le failli après le jugement qui l'a déclaré excusable étant placées sous les garanties ordinaires du droit commun, il est évident que, nonobstant le jugement d'excusabilité, le failli n'est pas affranchi de la contrainte vis-à-vis de ceux qui ne sont devenus ses créanciers que depuis ce jugement (1).

912. Si la faillite est terminée par un concordat qui, dûment homologué, a accordé au failli soit des termes, soit une remise partielle sans réserver la contrainte par corps, ce dernier ne peut plus être contraint par corps pour les dettes antérieures à la faillite, et conséquemment l'emprisonnement opéré antérieurement à la requête de l'un des créanciers prend fin par l'effet du concordat. Il n'y a pas à distinguer, d'ailleurs, entre les concordats ordinaires et les concordats par abandon

---

(1) Paris, 22 janv. 1853 (*J. Pal.*, 1853, t. II, p. 679; Dalloz, 54, 2, 258). *Voy.* aussi M. Renouard (*Des Faillites*, t. II, p. 214).

(*infrà,* n° 921). Il n'y a pas à distinguer non plus entre le cas où le créancier incarcérateur aurait signé et celui où il n'aurait pas signé le concordat, l'homologation rendant le concordat obligatoire pour tous les créanciers portés ou non portés au bilan, vérifiés ou non vérifiés (C. comm., art. 516). Mais la règle ne serait pas opposable au créancier hypothécaire inscrit ou dispensé d'inscription, pas plus qu'au créancier privilégié ou nanti d'un gage (art. 508) qui n'aurait pas renoncé à son droit ou voté au concordat. Sur ce fondement repose la jurisprudence ci-dessus rappelée, d'après laquelle le créancier hypothécaire non utilement colloqué par suite d'un stellionat pratiqué à son préjudice par le failli n'est point lié par les clauses d'un concordat passé avec les créanciers chirographaires, et peut, en conséquence, poursuivre contre le failli stellionataire la condamnation par corps au payement intégral de sa créance (*suprà,* n° 768).

913. Le débiteur légalement incarcéré obtient son élargissement définitif, 5° à défaut par les créanciers d'avoir consigné d'avance les aliments. C'est la quatrième disposition de l'art. 800 du Code de procédure, auquel l'art. 803 ajoute que si cependant le créancier en retard de consigner les aliments fait la consignation avant que le débiteur ait formé sa demande en élargissement, cette demande ne sera plus recevable. La consignation, en thèse générale, doit être faite aux mains du geôlier. Néanmoins, quand le débiteur incarcéré est transféré dans un hospice, elle est valablement faite aux mains de l'économe, et le débiteur serait mal fondé à demander son élargissement pour défaut de consignation des aliments entre les mains du concierge de la prison (1). La somme destinée à pourvoir aux aliments devait, dans les termes du Code de procédure, être consignée d'avance. La loi du 17 avril 1832, en confirmant cette disposition, a ajouté que la somme serait consignée pour trente jours au moins, et que les consignations pour plus de trente jours ne vaudraient qu'autant qu'elles seraient d'une seconde ou de plusieurs périodes de trente jours (art. 28). Elle avait fixé ensuite cette somme, pour chaque période de trente jours, à 30 francs à Paris et à 25 francs dans les autres villes (art. 29); mais la disposition a été modifiée par la loi du 2-4 mai 1861, dont l'article unique élève le premier de ces deux chiffres à 45 francs et le second à 40 francs dans les villes de cent mille âmes et au-dessus, et à 35 francs dans les autres villes. Enfin, elle a modifié ou abrogé les dispositions du Code de procédure sur deux points. Sur le premier, relatif à la forme, l'art. 805 du Code de procédure disposait que les demandes en élargissement seraient portées au tribunal dans le ressort duquel le débiteur serait détenu, et formées à bref délai en vertu de permission du juge sur requête à lui présentée à cet effet. D'après la loi du 17 avril 1832, l'élargissement faute de consignation d'aliments est prononcé par ordonnance du président sur requête à lui présentée *en duplicata,* et signée par le débiteur détenu et par le gardien de la maison d'arrêt, ou même certifiée

---

(1) Trib. civ. du Havre, 22 juin 1859 (Dalloz, 59, 3, 79).

véritable par le gardien, si le détenu ne sait pas signer. Toutefois, ce pouvoir est donné au président seulement pour le cas où il y a manque absolu d'aliments : s'il y avait insuffisance ou contestation à cet égard, c'est devant le tribunal que le débiteur devrait se pourvoir à fin d'élargissement (1). — Sur le second point, relatif aux effets du défaut de consignation d'aliments, l'art. 804 disait qu'après l'élargissement du débiteur, le créancier ne pourrait le faire emprisonner de nouveau qu'en lui remboursant ou en consignant ès mains du greffier les frais par lui faits pour obtenir son élargissement, et en consignant aussi d'avance six mois d'aliments. Mais la loi du 17 avril 1832, abrogeant cette disposition, statue que le débiteur élargi faute de consignation d'aliments ne pourra plus être incarcéré pour la même dette. Ainsi l'élargissement pour cette cause est désormais définitif pour les dettes civiles et pour les dettes commerciales, et quelle que soit la nature de la dette.

914. L'emprisonnement prend fin d'une manière définitive, 6° si le débiteur incarcéré a commencé sa soixante-dixième année, et si, dans ce cas, il n'est pas stellionataire (C. proc., art. 800, n° 5). A cet égard, nous n'avons rien à ajouter aux observations ci-dessus présentées à l'occasion de la disposition de l'art. 2066 du Code Napoléon (*suprà*, n° 841).

915. L'élargissement définitif du débiteur légalement incarcéré a lieu encore, 7° par l'effet d'un changement de situation qui viendrait à le placer dans un cas d'exemption, par exemple s'il devenait l'allié du créancier au degré prévu par les lois de 1832 et de 1848. Sur ce point encore, nous nous référons à nos précédentes observations (*suprà*, n°ˢ 844 et suiv.).

916. Enfin, le débiteur légalement incarcéré obtient son élargissement définitif, 8° par l'expiration du temps pendant lequel devait durer la contrainte, soit qu'il ait été déterminé par la loi, soit qu'il ait été fixé par la justice. Nous avons vu aux n°ˢ 884 à 887 quelles sont les dispositions de la loi actuelle relativement à la durée de la contrainte par corps. Or, ces dispositions auraient été facilement éludées par le concert de créanciers qui, au moyen de recommandations successives et échelonnées, auraient pu retenir le débiteur en prison indéfiniment, ou au moins jusqu'à ce qu'il eût commencé sa soixante-dixième année. La loi du 17 avril 1832 a rendu ce concert impossible en disposant, par son art. 27, que le débiteur qui a obtenu son élargissement par le bénéfice du temps ne pourra plus être détenu ou arrêté pour dettes contractées antérieurement à son arrestation et échues au moment de son élargissement, à moins que ces dettes n'entraînent, par leur nature et leur quotité, une contrainte plus longue que celle qu'il aura subie, et qui, dans ce dernier cas, lui est toujours comptée pour la durée de la nouvelle incarcération. Ainsi, la loi applique à la contrainte par corps, bien qu'elle ne soit pas une peine, le principe de droit pénal d'après

---

(1) Paris, 26 avr. 1853, 5 juill. 1861 (S. V., 53, 2, 334 ; 61, 2, 512 ; *J. Pal.*, 1861, p. 669; Dalloz, 61, 3, 110).

lequel les peines ne se cumulent pas, la plus forte devant absorber les plus faibles (C. inst. crim., art. 379).

917. Toutefois, l'art. 27 suppose que l'élargissement a lieu après l'expiration de la durée fixée par la loi ou par un jugement. Mais changeons l'hypothèse, et supposons que, par suite soit d'un payement ou d'une consignation, soit d'arrangements pris avec le créancier incarcérateur, l'élargissement a eu lieu avant l'expiration du temps libératoire : l'art. 27 sera-t-il également applicable dans ce cas? Nous ne le pensons pas; et par conséquent nous tenons que les autres créanciers qui ont un droit de contrainte contre le débiteur élargi avant l'expiration du temps libératoire conservent ce droit entier et peuvent l'exercer en faisant réincarcérer ce débiteur. Néanmoins, cette opinion, émise sans réserve par M. Duranton (1), n'a été adoptée par les auteurs que sous une distinction : si le débiteur, disent-ils, reste en effet contraignable par corps vis-à-vis des créanciers ayant un droit de contrainte égal à celui du premier créancier incarcérateur ou encore plus étendu, il est, au contraire, définitivement affranchi vis-à-vis des autres créanciers ayant droit à une contrainte moins longue, lorsque, d'ailleurs, l'élargissement n'a eu lieu qu'après la révolution du temps assigné à la durée de la contrainte que ceux-ci pourraient ou auraient pu exercer (2). La distinction ne nous semble pas fondée, et même, dans ce dernier cas, l'art. 27 de la loi de 1832 reste inapplicable. La Cour de Rouen en a donné la raison décisive dans un arrêt rendu sur les conclusions de M. Blanche, alors avocat général à cette Cour. Dans l'espèce, un débiteur dont la détention devait durer plusieurs années avait été élargi, après quatorze mois, par suite d'arrangements intervenus avec le créancier incarcérateur. Menacé d'une incarcération nouvelle par d'autres créanciers pourvus d'un droit de contrainte dont la durée était moindre que celle de la détention par lui subie, il en référa à la justice et prétendit que la captivité à laquelle il avait été soumis ayant été plus longue que celle dont il aurait été frappé par les créanciers qui le poursuivaient à nouveau, le droit de ces derniers était éteint par application de l'article 27 de la loi de 1832. Mais la prétention fut repoussée en première instance et en appel. Pour que le bénéfice de cet article puisse être invoqué, dirent le Tribunal et la Cour de Rouen, pour que la restriction de leurs droits puisse être imposée aux créanciers poursuivant le débiteur élargi avant l'expiration des délais légaux de la detention, l'art. 27 exige en termes clairs, énergiques, absolus, qui ne laissent passage à aucun doute, et qui ne permettent aucune distinction, que l'élargissement ait eu lieu *de plein droit,* par le fait de l'expiration de la durée de l'emprisonnement, telle qu'elle est fixée par la loi ou par le jugement de condamnation. Si, avant l'expiration du terme légal, le débiteur est sorti de prison, en payant, il y a alors une nouvelle raison de recommencer

---

(1) *Voy.* M. Duranton (t. XVIII, n° 481).
(2) *Voy.* MM. Coin-Delisle (sur l'art. 27, n° 2); Troplong (n°s 581 et suiv.); Boileux (t. VII, p. 98 et 99); Dalloz (*Rép.,* v° Contr. par corps, n°s 1052 et suiv.). Comp. Toulouse, 3 déc. 1849 (S. V., 50, 2, 81; *J. Pal.,* 1851, t. II, p. 494; Dalloz, 51, 2, 211).

l'épreuve de sa solvabilité; et s'il est sorti par la volonté du créancier incarcérateur ou par suite de l'inexécution des obligations imposées à celui-ci, les autres créanciers ont le droit de repousser une épreuve incomplète. Dans tous ces cas, d'ailleurs, l'incarcération, insuffisante pour accomplir les conditions précises de la loi, est sans aucune force libératoire à l'égard des créanciers qui ne l'ont pas requise (1). Toute rigoureuse qu'elle soit, la solution se justifie par le texte précis et absolu de la loi.

Nous n'avons pas à insister davantage sur le dernier des sept points (n° 756) auxquels nous avons rattaché nos explications touchant la contrainte par corps en matière civile. Mais, avant de passer à la contrainte par corps en matière commerciale, administrative, pénale, etc., nous devons nous expliquer sur la cession de biens, pour combler la lacune volontairement laissée par Marcadé (*suprà*, n° 892) dans son explication du titre *Des Obligations*.

VI. — 918. APPENDICE. — La cession de biens est définie, par l'article 1265 du Code Napoléon, « l'abandon qu'un débiteur fait de tous ses biens à ses créanciers, lorsqu'il se trouve hors d'état de payer ses dettes. » Ainsi, le bénéfice de la loi est ouvert, sauf les exceptions que nous aurons bientôt à préciser, non-seulement au débiteur dont les biens sont insuffisants pour faire face à toutes ses dettes, mais encore à celui qui, soit qu'il se trouve empêché de réaliser, soit par une autre cause, ne peut pas se libérer, bien qu'il ait un actif égal ou même supérieur à son passif. Il est, par le fait, *hors d'état de payer ses dettes*, et par conséquent il est dans la circonstance décrite par la loi.

La cession de biens, d'après l'art. 1266, est volontaire ou judiciaire.

919. De la cession volontaire, nous avons peu de chose à dire. Le caractère et les effets en sont précisés dans la définition qu'en a donnée le législateur. C'est, dit l'art. 1267, « celle que les créanciers acceptent volontairement, et qui n'a d'effet que celui résultant des stipulations mêmes du contrat passé entre eux et le débiteur. »

Ainsi, la cession volontaire est essentiellement conventionnelle. Il n'est pas nécessaire qu'elle soit acceptée par *tous* les créanciers (2). Mais elle n'a d'effet qu'entre le débiteur et les créanciers acceptants; elle ne peut ni nuire ni profiter à ceux qui n'y ont pas concouru : en ce sens, la cession volontaire diffère du concordat, qui, lorsqu'il est formé dans les conditions de majorité établies par la loi commerciale, est opposable, au contraire, à tous les créanciers chirographaires et obligatoire pour tous (C. comm., art. 507, 516).

Quant à l'effet lui-même, c'est, suivant l'expression de l'art. 1267, celui qui résulte des stipulations mêmes des parties. Les parties peuvent donc régler cet effet comme elles l'entendent. Mais à défaut de conventions précises et expresses, le contrat ne transfère pas la propriété aux créanciers; il leur transmet la simple possession, avec mandat de faire

---

(1) Rouen, 24 mars 1846 (S. V., 47, 2, 364; *J. Pal.*, 1846, t. II, p. 184; Dalloz, 51, 2, 174).

(2) *Voy.* cependant M. Delvincourt (t. III, aux notes, p. 401).

vendre les biens indiqués à l'acte, d'en toucher et de s'en répartir le prix en raison de leurs droits au moment de la cession (1). Toutefois, ce mandat, irrévocable de la part du débiteur qui fait la cession, n'empêche pas ce dernier de reprendre les biens tant qu'ils ne sont pas vendus, en désintéressant les créanciers d'une manière complète.

Si le traité ne contient pas renonciation de la part des créanciers à toute réclamation ultérieure, quand même le prix des biens abandonnés ne suffirait pas à les satisfaire intégralement, leurs droits subsistent, sur les biens que le débiteur pourrait acquérir ultérieurement, dans la mesure de ce qui leur resterait dû. Car la cession de biens simple et sans transmission de propriété n'est par elle-même ni absolument libératoire pour le débiteur, ni extinctive de sa dette. Son effet, à cet égard, est subordonné au résultat de la vente que les créanciers ont mandat de consentir. La vente produit-elle une somme égale ou supérieure au montant des créances, le débiteur est libéré complétement, et l'excédant doit lui être remis, puisque en cédant ses biens il n'avait pas cessé d'en être propriétaire; la vente produit-elle une somme inférieure, le débiteur reste tenu du surplus, et les biens par lui acquis par la suite deviennent le gage de la créance réduite, dès que les créanciers n'ont pas, en acceptant la cession, renoncé soit expressément, soit tacitement, à toute réclamation ultérieure (2).

Sans insister davantage, passons à la cession judiciaire, qui, au point de vue de la contrainte par corps, appelle plus particulièrement notre examen.

920. Elle était définie, dans le projet du Code Napoléon, « un bénéfice que la loi accorde au débiteur malheureux et de bonne foi, auquel il est permis de faire, en justice, l'abandon de tous ses biens à tous ses créanciers. » L'art. 1268, modifié sur la proposition du Tribunat (3), a dit, dans sa rédaction définitive : « La cession judiciaire est un bénéfice que la loi accorde au débiteur malheureux et de bonne foi, auquel il est permis, *pour avoir la liberté de sa personne*, de faire en justice l'abandon de tous ses biens à ses créanciers, *nonobstant toute stipulation contraire.* » Les deux additions que le Tribunat a fait admettre précisent nettement la condition à laquelle est subordonnée la cession de la part du débiteur et son caractère propre vis-à-vis des créanciers. D'une part, a dit le Tribunat pour motiver la première addition, « ce n'est que pour éviter l'emprisonnement que les anciennes lois ont établi le remède de la cession judiciaire; l'origine de cette cession n'a point et ne pouvait avoir d'autre cause : lorsque le débiteur n'est point contraignable par corps, l'abandon de ses biens en justice serait sans objet... » : par où l'on voit que la condition nécessaire pour que le débiteur puisse invo-

---

(1) Cass., 27 juin 1809; Colmar, 20 fév. 1820 (S. V., 10, 1, 254; 20, 2, 177; Coll. nouv., 3, 1, 80; 6, 2, 207; Dalloz, Rec. alph., t. VII, p. 87; t. X, p. 589; *J. Pal.*, à leur date). *Voy.* aussi MM. Duranton (t. XII, n° 244); Aubry et Rau (t. V, p. 50, note 4); Larombière (art. 1267, n° 3).

(2) *Voy.* MM. Toullier (t. VII, n° 243); Aubry et Rau (t. V, p. 51, note 8); Larombière (*loc. cit.*, n° 7). — *Voy.* cependant M. Duranton (t. XII, n° 247).

(3) *Voy.* Locré (t. XII, p. 277); Fenet (t. XIII, p. 160 et 161).

quer le bénéfice de la loi, c'est d'être soumis à la contrainte dont la cession est appelée à opérer la décharge. D'une autre part, a dit le Tribunat à l'appui de la seconde proposition, « si l'on n'ajoutait pas dans l'article que la cession judiciaire aura lieu nonobstant toute stipulation contraire, on ne manquerait jamais, dans chaque acte, de faire renoncer celui qui s'engage au bénéfice de la cession; ce ne serait plus qu'une clause de style » : d'où il suit qu'à la différence de la cession volontaire, qui est essentiellement conventionnelle, la cession judiciaire est forcée en ce sens qu'elle s'impose aux créanciers.

Nous reviendrons bientôt à l'effet de la cession; arrêtons-nous, quant à présent, à son caractère propre.

921. La cession judiciaire, disons-nous, est forcée. Et en effet, les créanciers ne peuvent pas la refuser (C. Nap., art. 1270, § 1). Ils n'ont donc pas ici la liberté d'action dont ils jouissent quand il s'agit de la cession volontaire, laquelle, n'étant qu'un contrat, peut être acceptée ou refusée par eux à leur gré, et suivant leurs intérêts ou leurs convenances. Est-ce à dire que le créancier ne puisse jamais et en aucune circonstance résister au débiteur, contraignable par corps, qui veut faire l'abandon de ses biens? En aucune manière : les créanciers ne peuvent refuser la cession, dit l'art. 1270, *si ce n'est dans les cas exceptés par la loi.* Il y a donc des exceptions. Quelles sont-elles?

Et d'abord, la loi refuse de plein droit la cession à certains débiteurs qu'elle désigne nominativement. Ainsi, sans parler de l'art. 1945 ci-dessus commenté (1), et aux termes duquel le dépositaire infidèle n'est point admis au bénéfice de cession, l'art. 905 du Code de procédure refuse également ce bénéfice aux étrangers, aux stellionataires, aux banqueroutiers frauduleux, aux personnes condamnées pour cause de vol et d'escroquerie, et aux personnes comptables, tuteurs, administrateurs et dépositaires.

922. Reprenons en détail quelques-unes de ces exclusions.

Quant aux étrangers, la disposition de la loi ne s'applique pas à ceux qui ont été autorisés à établir leur domicile en France, puisque ceux-là doivent, aux termes de l'art. 13 du Code Napoléon, jouir en France de tous les droits civils, tant qu'ils continuent d'y résider (2). Il a même été décidé que l'exclusion n'atteint pas l'étranger qui, sans avoir été autorisé à établir son domicile en France, y réside de fait et y possède des propriétés immobilières ou y a formé un établissement commercial (3). Toutefois, nous ne croyons pas qu'on doive aller jusque-là. La résidence en France, même accompagnée des circonstances relevées dans la décision, n'offre pas aux créanciers des garanties suffisantes, ou en tout cas équivalentes à la contrainte par corps, sûreté principale du créancier français contre le débiteur étranger. C'est pourquoi il convient, en

---

(1) *Voy.* au tome précédent (n°° 497 et suiv.).
(2) *Voy.* MM. Delvincourt (t. III, aux notes, p. 404, note 5); Toullier (t. VII, n° 263); Duranton (t. XII, n° 270); Pardessus (t. IV, n° 1328).
(3) Trèves, 24 fév. 1808 (S. V., 8, 2, 110; Coll. nouv., 2, 2, 354; Dalloz, Rec. alph., t. X, p. 591; *J. Pal.*, à sa date).

maintenant l'art. 13 du Code Napoléon dans ses termes précis, de refuser à l'étranger, dans cette situation, un bénéfice dont l'effet direct serait de l'affranchir ou de le décharger de la contrainte (1).

Quant aux banqueroutiers frauduleux, la disposition de l'art. 905 du Code de procédure était devenue sans objet par l'effet de la loi de 1838 modificative du titre des faillites, en ce sens qu'aucun débiteur *commerçant*, d'après cette loi, n'était recevable à demander son admission au bénéfice de cession de biens (C. comm., art. 541). C'était une question controversée de savoir si la prohibition devait s'entendre non-seulement de la cession de biens judiciaire, mais encore du traité volontairement intervenu, soit avant, soit après la faillite, entre un débiteur commerçant et ses créanciers, et par lequel ce débiteur ferait à ces derniers, qui l'accepteraient, l'abandon de ses biens. D'après l'opinion dominante, cependant, la prohibition était relative seulement à la cession de biens judiciaire; rien n'empêchait les créanciers, avant la faillite de leur débiteur, d'accepter volontairement l'abandon qu'il leur ferait de ses biens (2), et, après la faillite, de faire de cet abandon une des conditions du concordat (3). Quoi qu'il en soit, ce point ne peut plus être mis en question depuis la loi du 17 juillet 1856, qui a consacré précisément cette faculté et a classé, sous la dénomination de concordats par abandon, les contrats qui en constatent l'exercice au rang des conventions reconnues par le Code de commerce. En effet, il résulte de l'article 541, revisé à nouveau et complété par cette loi, que si la prohibition relative à la cession judiciaire est maintenue, néanmoins, un concordat par abandon total ou partiel de l'actif du failli peut être formé, suivant les règles prescrites par la section II du chapitre VI du titre des faillites, lequel concordat produit les mêmes effets que les autres concordats et peut être annulé ou résolu de la même manière. C'est la cession volontaire, qui, la cession judiciaire restant interdite, est mise à la disposition des commerçants. Il y a néanmoins certaines différences : le concordat par abandon est constitué par la majorité des créanciers en nombre et des trois quarts en somme; dans ces conditions, il est opposable à tous; au moyen de l'abandon de tout ou partie de l'actif, il libère le débiteur définitivement; tandis que la cession volontaire proprement dite n'est opposable à l'unanimité des créanciers qu'autant qu'elle a été acceptée par tous, et ne libère le débiteur que jusqu'à concurrence de la somme retirée par les créanciers des biens à eux abandonnés (*supra*, n° 919).

Enfin, quant à tous ceux que l'art. 905 du Code de procédure désigne nominativement, la loi s'exprime en termes généraux : la prohibition ou l'exclusion par elle édictée est donc absolue et non simplement relative. Il a été décidé pourtant que le stellionataire n'est déchu du bénéfice de cession que vis-à-vis des créanciers à l'égard desquels il s'est

---

(1) *Voy.*, en ce sens, MM. Thomine-Desmazures (n° 1066); Aubry et Rau (t. V, p. 52, note 11); Larombière (art. 1270, n° 3).

(2) Req., 18 avr. 1849 (S. V., 49, 1, 497; Dalloz, 49, 1, 110; *J. Pal.*, 1849, t. II, p. 45). M. Massé (*Droit comm.*, 1re édit., t. V, n° 277; 2e édit., t. IV, n° 2188).

(3) *Voy.* MM. Massé (*loc. cit.*); Renouard (*Des Faillites*, 2e édit., t. II, p. 173).

rendu coupable de stellionat, et que ceux envers qui aucun stellionat n'a été commis ne peuvent argumenter du droit des tiers pour s'opposer à la cession (1). C'est la doctrine qui paraît prévaloir, et les auteurs, généralisant même la solution, l'appliquent non-seulement au stellionataire, mais encore aux personnes condamnées pour cause de vol ou d'escroquerie et aux personnes comptables (2). Tel n'est pas, ce nous semble, l'esprit de la loi. Nous croyons, avec M. Duranton, qu'un fait de stellionat, d'escroquerie, de vol, de violation de dépôt, envers un seul créancier, produit l'incapacité d'une manière absolue et vis-à-vis de tous, parce que ce fait seul constitue l'agent à l'état de mauvaise foi, et que dès qu'il y a mauvaise foi, il y a exclusion générale du bénéfice de cession d'après l'art. 1268 ci-dessus rappelé du Code Napoléon (n° 920) (3). Mais nous nous séparons de cet auteur en ce point que, s'attachant à une distinction complétement arbitraire, il croit devoir admettre qu'au moins en ce qui concerne les tuteurs et autres comptables, l'exclusion prononcée par la loi est simplement relative et n'a d'effet que vis-à-vis des personnes dont ils ont géré les biens. Les tuteurs et autres comptables ne sont pas contraignables par corps en leur seule qualité, et par conséquent ils ne sauraient avoir le droit à ce seul titre d'invoquer le bénéfice de cession (*suprà*, n° 920). La contrainte ne peut être prononcée contre eux que dans le cas de faute grave, de dol, de prévarication; mais alors ils se trouvent, de même que le stellionataire et les personnes condamnées dont parle l'art. 905 du Code de procédure, dans cet état de mauvaise foi qui engendre l'exclusion générale (4).

923. Ensuite, et d'une manière plus compréhensive, le bénéfice de cession n'est accordé qu'au débiteur *malheureux et de bonne foi*. Ce sont les termes de l'art. 1268 du Code Napoléon, auquel l'art. 905 du Code de procédure n'a nullement entendu déroger (5). D'où il suit que, sans être ni stellionataire, ni condamné pour cause de vol ou d'escroquerie, ni dépositaire infidèle, ni comptable prévaricateur, un débiteur pourrait être déchu du bénéfice de cession de biens si son insolvabilité était le résultat d'autre chose que de malheurs par lui éprouvés (6). Ainsi, le débiteur dont la ruine aurait pour cause la dissipation, l'inconduite, la débauche, les spéculations fausses et manifestement impru-

---

(1) Turin, 21 déc. 1812; Montpellier, 21 mai 1827 (S. V., 16, 2, 135, et 14, 2, 4; 28, 2, 213; Coll. nouv., 4, 2, 220; 8, 2, 371; Dalloz, 28, 2, 174; Rec. alph., t. X, p. 591; *J. Pal.*, à leur date).

(2) MM. Pardessus (n° 1329); Carré (quest. 3053 et 3055); Perrin (*Des Null.*, p. 84); Aubry et Rau (t. V, p. 52 et 53, note 14).

(3) *Voy.* M. Duranton (t. XII, n° 272). *Junge*: MM. Delvincourt (t. III, aux notes, p. 403, note 2); Larombière (art. 1270, n° 4).

(4) *Voy.*, en ce sens, MM. Larombière (*loc. cit.*); Delvincourt (t. III, aux notes, p. 404, note 4).

(5) *Voy.* MM. Delvincourt (t. III, aux notes, p. 403, note 1); Toullier (t. VII, n° 262); Carré (quest. 3056); Aubry et Rau (t. V, p. 51, note 10); Larombière (art. 1270, n° 2).

(6) *Voy.* Riom, 22 nov. 1809; Aix, 30 déc. 1817; Bordeaux, 30 août 1821 (S. V., 14, 2, 111; 18, 2, 356; 22, 2, 60; Coll. nouv., 3, 2, 149; 5, 2, 341; 6, 2, 477; Dalloz, Rec. alph., t. X, p. 594).

dentes, ne serait pas le débiteur malheureux et de bonne foi dans le sens de la loi ; sa demande en cession pourrait donc être rejetée. Bien entendu, ce sont là des questions de fait et d'appréciation dont la décision souveraine est abandonnée aux juges du fond.

924. C'est, d'ailleurs, au débiteur qui réclame son admission au bénéfice de cession qu'il incombe de prouver l'existence des malheurs sur lesquels il fonde sa demande. La jurisprudence lui impose, en outre, l'obligation de prouver sa bonne foi, le motif pris de ce que, par exception à la règle générale d'après laquelle la bonne foi se présume toujours, ce serait ici la mauvaise foi qui devrait être présumée jusqu'à preuve contraire (1). Mais c'est aller trop loin. Le débiteur n'a pas à établir sa bonne foi autrement qu'en prouvant l'existence des malheurs qu'il assigne pour cause à son insolvabilité. Cette preuve faite, comme le dit très-exactement M. Thomine-Desmazures, la présomption de bonne foi reste dominante tant que les créanciers, à qui il incombe de détruire cette présomption, n'auront pas, par l'examen des pièces déposées à l'appui de la demande ou de toute autre manière, établi qu'il est de mauvaise foi, par exemple qu'il cache une partie de ses ressources, qu'il ne justifie pas de l'emploi de ses recettes, qu'il a détourné quelques portions de son avoir, supposé des ventes ou simulé des dettes non existantes, etc. (2).

925. Le débiteur qui demande à être admis au bénéfice de cession pour avoir la liberté de sa personne doit faire l'abandon de *tous* ses biens : ainsi dispose l'art. 1268 du Code Napoléon. L'abandon doit donc être total, et le débiteur ne doit rien retenir, même à titre de secours, contre le gré de ses créanciers ; l'art. 530 du Code de commerce qui, en cas de faillite, permet qu'un secours soit accordé au failli sur l'actif, n'est pas applicable à la cession judiciaire (3). Néanmoins, le débiteur peut excepter de l'abandon et retenir les choses déclarées par la loi incessibles et insaisissables (C. proc., art. 580 et suiv.).

926. L'abandon doit être fait aux créanciers qui, étant les contradicteurs, doivent nécessairement être appelés (4) ; et, aux termes de l'art. 1268, il doit être fait à *tous* les créanciers. Le débiteur devra donc les appeler tous indistinctement, même ceux dont les créances ne seraient pas encore échues ; car, ainsi que le font remarquer MM. Aubry et Rau, il s'agit ici d'un état de déconfiture, et la déconfiture, d'après l'art. 1188 du Code Napoléon, entraîne déchéance du bénéfice du terme (5).

---

(1) *Voy.*, outre les arrêts cités à la note précédente, Liége, 17 janv. 1809 ; Bruxelles, 19 nov. 1810 ; Nîmes, 10 janv. 1811 ; Paris, 8 août 1812 (S. V., 14, 2, 110 et 111 ; Coll. nouv., 3, 2, 8, 359 et 392 ; 4, 2, 172). *Voy.* aussi MM. Delvincourt (t. III, aux notes, p. 401, note 2) ; Duranton (t. XII, n° 260) ; Pardessus (n° 1328).

(2) *Voy.* M. Thomine-Desmazures (t. II, n° 1059). *Junge :* MM. Aubry et Rau (t. V, p. 53, note 15) ; Larombière (art. 1268, n° 6).

(3) *Voy.* MM. Toullier (t. VII, n° 257) ; Aubry et Rau (*loc. cit.*, n° 18) ; Larombière (*loc. cit*, n° 7). — *Voy.* cependant M. Duranton (t. XII, n° 259).

(4) Colmar, 24 nov. 1807 (S. V., 15, 2, 208 ; Coll. nouv., 2, 2, 306 ; Dalloz, Rec. alph., t. VIII, p. 228).

(5) *Voy.* MM. Aubry et Rau (*loc. cit.*, p. 54, note 19).

927. La cession judiciaire des biens doit avoir lieu en justice, comme sa qualification même l'indique. Il en était autrement en droit romain : « Bonis cedi (dit la loi 9, ff. *De cess. bon.*), non tantum in jure, sed etiam » *extra jus* potest. Et sufficit, et *per nuncium, vel per epistolam* id de- » clarari. » Les termes de la définition contenue dans l'art. 1268 mon- trent que, sous notre droit actuel, la cession de biens dont parle cet ar- ticle ne saurait être faite extrajudiciairement. Le débiteur qui est dans le cas de réclamer la cession judiciaire est donc tenu de se pourvoir de- vant le tribunal de son domicile, en observant les formalités tracées par les art. 898 à 906 du Code de procédure. La question de savoir si c'est au tribunal civil ou au tribunal de commerce que la demande doit être portée quand le débiteur est commerçant, question autrefois contro- versée quoique généralement résolue dans le sens de la compétence du tribunal civil (1), est désormais sans objet depuis qu'aucun débiteur commerçant n'est recevable à demander son admission au bénéfice de cession de biens (*suprà*, n° 922).

928. Passons aux effets de la cession judiciaire. Et d'abord, quant aux créanciers, elle a pour effet non point de leur conférer la propriété des biens abandonnés, mais de leur donner seulement le droit de faire vendre ces biens à leur profit et d'en percevoir les revenus jusqu'à la vente (C. Nap., art. 1269). Les créanciers ne pourraient donc pas faire entre eux le partage des biens, ni les retenir, comme le décidaient les empereurs Dioclétien et Maximien sous la loi romaine : « Non tamen » creditoribus sua auctoritate dividere hæc bona, et jure dominii deti- » nere... permissum est. » (L. 4 C. *Qui bon. ced. poss.*) C'est qu'en effet, partager les biens implique l'idée d'un droit de propriété de la part de ceux qui partagent. Or, les créanciers ne sont pas propriétaires ; ils sont mandataires seulement à l'effet de vendre : « Venditionis re- » medio quatenus substantia patitur, indemnitati suis consulere per- » missum est. » (Loi précitée.) Le jugement qui admet le débiteur au bénéfice de cession vaut seulement aux créanciers pouvoir de faire faire la vente à laquelle il doit être procédé dans les formes prescrites pour les héritiers sous bénéfice d'inventaire (C. pr., art. 904). Mais c'est la vente qui seule opère l'expropriation du débiteur ; jusque-là, la propriété ré- side sur la tête de ce dernier, si bien qu'il pourrait jusque-là révoquer la cession en désintéressant tous ses créanciers intégralement, et qu'en supposant la vente consommée, si les biens abandonnés produisaient au delà du montant total des créances, c'est à lui que l'excédant devrait être compté.

929. Quant au débiteur lui-même, l'effet principal de la cession est d'opérer la décharge de la contrainte par corps (C. Nap., art. 1270, § 2). Ainsi, le débiteur est-il emprisonné, l'effet de la cession est de lui procurer immédiatement sa mise en liberté définitive (*suprà*, n° 907); est-il encore en liberté, l'effet de la cession de biens est d'empêcher son

_____

(1) *Voy.* l'arrêt déjà cité de la chambre des requêtes du 18 avr. 1849 (*suprà*, n° 922).

incarcération (*suprà*, n° 898). Mais ce n'est pas à dire que la cession opère la libération d'une manière absolue. La loi romaine exprimait que la cession n'était libératoire définitivement qu'autant que les créanciers se trouvaient intégralement désintéressés : « Qui bonis cesserint, » nisi solidum creditor receperit, non sunt liberati. » (L. 1 C. *Qui bon. ced. poss.*) Le dernier paragraphe de l'art. 1270 reproduit la même idée en disant, en termes encore plus précis et plus explicatifs, qu'au surplus la cession ne libère le débiteur que jusqu'à concurrence des biens abandonnés. De plus, en répudiant le bénéfice de compétence admis par la loi romaine, d'après laquelle le débiteur qui, après la cession, venait à acquérir des biens nouveaux, pouvait être poursuivi, mais seulement *in quantum facere potest* (l. 4 ff. *De cess. bon.*), le même paragraphe ajoute que, dans le cas où les biens abandonnés auraient été insuffisants, s'il en survient d'autres au débiteur, celui-ci est obligé de les abandonner jusqu'au parfait payement. Le jugement qui admet la cession s'étend donc aux biens à venir, qu'il embrasse comme les biens présents ; et si, en effet, des biens surviennent ultérieurement au débiteur, ils passent aux créanciers, en vertu de ce jugement même. D'ailleurs, ceux-ci n'y ont pas d'autres droits que ceux qu'ils avaient sur les biens précédemment réalisés ; ils doivent s'en partager le prix sans qu'aucun d'eux y puisse prétendre un droit de préférence, et même sans qu'ils puissent exclure le concours, sur le prix de ces biens nouvellement acquis, des créanciers nouveaux envers lesquels le débiteur se serait engagé après la cession (1).

2070. — Il n'est point dérogé aux lois particulières qui autorisent la contrainte par corps dans les matières de commerce, ni aux lois de police correctionnelle, ni à celles qui concernent l'administration des deniers publics.

930. Cet article contient une simple réserve : pour en suivre la pensée, nous allons préciser en quoi les règles établies par les lois particulières auxquelles il renvoie se rapprochent ou diffèrent des règles établies pour la contrainte par corps en matière civile. Ce sera l'objet des deuxième, troisième et quatrième parties de notre commentaire, dans chacune desquelles, en nous attachant aux divisions mêmes de la première partie, nous nous occuperons successivement : 1° des cas dans lesquels la contrainte peut être prononcée ; 2° des exemptions résultant de l'état ou de la qualité des personnes ; 3° de celle qui résulte du montant de la dette ; 4° du titre en vertu duquel la contrainte peut être exercée ; 5° de la durée de la contrainte ; 6° de son effet ; 7° et des moyens d'en suspendre ou d'en faire cesser l'exercice.

---

(1) *Voy.* M. Larombière (art. 1270, n° 11).

DE LA CONTRAINTE PAR CORPS EN MATIÈRE COMMERCIALE.

SOMMAIRE.

I.   931. La contrainte par corps appartient surtout au droit commercial; elle y forme la règle, en ce qu'elle est la sanction de tous les engagements commerciaux.

II. 932. 1° *Dans quels cas il y a lieu à la contrainte par corps.* Sur ce premier point, on n'a pas d'énumération à faire, comme en matière civile : la contrainte étant attachée, en principe, à toute dette commerciale, tout se ramène à savoir ce qu'il faut entendre par dette commerciale. — 933. Applications : création, acceptation, endossement d'une lettre de change; c'est là, pour le non-commerçant, comme pour le commerçant, un acte de commerce entraînant contrainte par corps. — 934. Limitation en ce qui concerne la lettre de change réputée simple promesse. — 935. Des billets à ordre : distinctions. — 936. Actes de commerce considérés comme tels en eux-mêmes et abstraction faite de leur forme. — 937. Actes qui, en sens inverse, sont considérés comme absolument dégagés du caractère commercial. — 938. Incertitudes de la jurisprudence sur quelques autres actes, spécialement des engagements de verser des fonds dans une société en commandite; — 939. Des obligations des commis envers leurs patrons; — 940. De l'aval. — 941. D'ailleurs, il n'y a pas nécessairement lieu à la contrainte par cela que l'affaire est de la compétence des tribunaux de commerce : exemples. — 942. Bien que la contrainte par corps soit la règle en matière commerciale, il faut, comme en matière civile, se renfermer dans les termes où la loi autorise l'emploi de cette voie d'exécution. — 943. Elle est toujours impérative en matière commerciale; mais il peut se faire qu'à propos d'une opération de commerce, il y ait lieu à la contrainte par corps du droit civil et facultative : de la condamnation à des dommages-intérêts; de la condamnation aux dépens.

III. 944. 2° *Personnes contre lesquelles la contrainte peut ou ne peut pas être prononcée.* Les règles, à cet égard, diffèrent, sous quelques rapports, de celles qui sont établies pour les matières civiles. — 945. Les mineurs sont passibles de la contrainte par corps commerciale, mais à la condition qu'ils soient pourvus de l'autorisation de faire le commerce, conformément aux art. 2 et 3 du Code de commerce : rien, d'ailleurs, ne saurait remplacer cette autorisation. — 946. De même, la contrainte par corps commerciale peut atteindre les femmes mariées, mais sous la même condition d'une autorisation sans laquelle les femmes ne seraient pas légalement marchandes publiques. — 947. Sauf ces deux différences, les règles touchant aux exemptions qui procèdent de l'état ou de la qualité de la personne sont les mêmes en matière commerciale qu'en matière civile. — 948. Applications : des septuagénaires; — 949. Du mariage, de la parenté ou de l'alliance entre le débiteur et le créancier; — 950. Du cas où la contrainte par corps est prononcée contre le mari et contre la femme; — 951. Du cas où la contrainte légalement prononcée ne peut être exécutée par une cause tenant à l'état ou aux fonctions du débiteur.

IV. 952. 3° *Somme pour laquelle la contrainte commerciale peut être prononcée.* Le minimum est de 200 francs au lieu de 300; — 953. Mais les intérêts et autres accessoires n'entrent pas dans la composition de cette somme. — 954. Du cas où, par la réunion de plusieurs dettes chacune d'une valeur inférieure au minimum, le débiteur est condamné au payement d'une somme totale atteignant ou dépassant le minimum.

V.   955. 4° *Titre en vertu duquel la contrainte peut être exercée.* C'est nécessairement, comme en matière civile, le jugement qui statue sur le fond, même quand il émane d'un tribunal civil. — 956. De même aussi qu'en matière civile, la contrainte commerciale ne peut pas être prononcée d'office; — 957. Mais la faculté de surseoir à l'exécution de la contrainte est accordée aux tribunaux de commerce d'une manière plus large qu'aux tribunaux civils (loi du 13 déc. 1848, art. 5). — 958. Suite. — 959. Le droit d'appel du chef de la contrainte commerciale est soumis aux mêmes règles qu'en matière civile.

VI. 960. 5° *Durée de la contrainte commerciale :* elle n'est pas fixée par le juge, comme en matière civile; elle est fixée par la loi elle-même. — 961. Suite et développements. — 962. Elle est déterminée, suivant l'importance de la dette, dans les limites de trois mois à trois ans. Application. — 963. *Quid* lorsque, pendant le cours du délai, le débiteur vient à être prévenu ou convaincu d'un crime ou d'un délit : renvoi.

VII. 964. 6° *Effet de la contrainte commerciale :* il est le même qu'en matière civile : renvoi.

VIII. 965. 7° *Moyens par lesquels le débiteur peut empêcher ou faire cesser l'exercice de la contrainte :* ils sont aussi, depuis la loi du 13 décembre 1848, les mêmes qu'en matière civile : renvoi.

I. — 931. « Dans les conventions qui dérivent du commerce, a dit Montesquieu, la loi doit faire plus de cas de l'aisance publique que de la liberté d'un citoyen. » Et en effet, tandis qu'en matière civile la contrainte par corps est essentiellement exceptionnelle, elle est de droit commun en matière de commerce : elle constitue la règle; elle est en réalité la sanction de tous les engagements commerciaux. Aussi aurait-on dû s'attendre à la voir organisée par le Code de commerce; et les rédacteurs du projet de ce Code l'avaient en effet organisée, en lui consacrant un titre tout entier. Mais ce titre fut retranché au conseil d'État, ce qu'on a peine à comprendre, la contrainte par corps ayant toujours été regardée comme appartenant surtout au droit commercial. Quoi qu'il en soit, le Code de commerce ne renferme que quelques dispositions isolées (art. 209, 231, 625 et 637) qui, d'ailleurs, supposent admis le principe de la contrainte comme règle générale dans les matières commerciales. C'est ce principe que la loi du 17 avril 1832 a explicitement consacré. Les rédacteurs de la loi du 15 germinal an 6, restée en vigueur jusqu'en 1832, semblaient l'avoir méconnu en faisant des causes de contrainte par corps en matière commerciale l'objet d'une énumération spéciale. Et de cette énumération même combinée avec les dispositions ultérieures du Code de commerce qui définissent les actes commerciaux étaient nées des questions graves et de vives controverses. La loi de 1832 a mis fin à ces difficultés, dont par cela même nous sommes dispensé de nous occuper. Elle a posé en principe que la contrainte par corps serait prononcée, sauf les exceptions et les modifications qu'elle spécifie, *contre toute personne condamnée pour dette commerciale;* et rentrant par là dans la vérité des choses, elle a fait de la contrainte par corps, sans s'arrêter aux attaques dont elle a été l'objet sous ce rapport, le droit commun et la règle générale en matière commerciale. La loi du 13 décembre 1848, qui a remis en vigueur la législation momentanément suspendue par le décret du gouvernement provisoire (*suprà,* n° 752), a par cela même confirmé et maintenu le principe, s'en tenant uniquement à ajouter des améliorations et des tempéraments nouveaux à ceux que le législateur de 1832 avait déjà introduits en l'organisant.

Suivons maintenant, d'après les divisions ci-dessus indiquées, le principe dans son application et dans ses détails.

II. — 932. *Des cas dans lesquels il y a lieu à la contrainte par*

corps. — La contrainte par corps étant de droit commun en matière
commerciale, il n'y avait pas à procéder par voie d'énumération comme
en matière civile. Aussi l'art. 1er de la loi du 17 avril 1832, mettant à
l'écart cette nomenclature que les rédacteurs de la loi du 15 germinal
an 6 avaient cru devoir présenter (tit. II, art. 1), dispose-t-il que la
contrainte par corps est prononcée *pour toute dette commerciale.* En
même temps que par cette disposition générale et largement compréhensive le législateur cherche à assurer le crédit, qui est l'âme du commerce,
il s'attache à prévenir les difficultés auxquelles pourrait donner lieu la
nomenclature des cas de contrainte, en se servant d'une expression générique qui rend la loi complétement indépendante des modifications
dont la partie du Code de commerce relative aux actes commerciaux
viendrait à être l'objet (1).

Ainsi, toute dette commerciale, c'est-à-dire toute dette procédant
d'un acte susceptible d'être qualifié *acte de commerce,* entraîne la contrainte par corps. On ne s'attachera, d'ailleurs, ni à la compétence des
juges consulaires, ni à la qualité ou à la profession du débiteur. Car,
d'une part, il se peut faire que les tribunaux de commerce soient compétents, et que cependant, ne s'agissant pas d'une opération constitutive d'un acte de commerce, la contrainte par corps ne doive et ne
puisse pas être prononcée (*infrà,* n° 941); et, d'une autre part, la qualité ou la profession du débiteur n'a d'influence, au point de vue de la
contrainte, qu'autant qu'on se trouve en présence d'un acte prenant le
caractère commercial précisément par une présomption déduite de la
profession ou de la qualité de commerçant de celui de qui cet acte
émane, comme sont, par exemple, les billets à ordre (C. proc.;
C. comm., art. 636; l. 17 avril 1832, art. 3). — Tout revient donc
et se ramène, en dernière analyse, à la question de savoir quels actes
doivent ou ne doivent pas être considérés comme actes de commerce.
Il n'est pas de notre sujet de résoudre cette question, qui appartient
essentiellement aux traités spéciaux de droit commercial, où elle est
véritablement fondamentale. Signalons seulement les solutions principales que, sur cette question, la jurisprudence fournit au point de vue
particulier de l'application de la contrainte par corps.

933. La création, l'acceptation, l'endossement d'une lettre de
change, et généralement le fait d'apposer une signature à une lettre de
change, constitue un acte de commerce, une dette commerciale dans le
sens de l'art. 1er de la loi du 17 avril 1832, sans qu'il y ait lieu de distinguer si celui qui s'engage ainsi par lettre de change est ou n'est pas commerçant. En toute circonstance, s'immiscer dans le contrat de change,
c'est faire acte de commerce; et par conséquent c'est se rendre passible
de la contrainte par corps (2). Il n'importe que la signature ait été ap-

---

(1) *Voy.* le Rapport de M. Parant à la Chambre des députés (Dalloz, *Rép.,* v° Contr.
par corps, p. 329, à la note, n° 40).

(2) Req., 15 déc. 1829, 15 mai 1839; Bourges, 21 janv. 1851 (S. V., 30, 1, 7; 39,
1, 341; 51, 2, 253; Coll. nouv., 9, 1, 409; Dalloz, 30, 1, 37; 39, 1, 199; 51, 2, 102;
J. Pal., 1851, t. I, p. 95).

posée sur la lettre de change par pure obligeance et sans aucune intention de faire acte de commerce (1), ou même que le signataire intervienne dans le contrat de change par l'intermédiaire d'un tiers d'ailleurs autorisé par convention expressément ou tacitement stipulée (2). Ici, c'est la forme seule qui domine et donne par elle-même au contrat ce caractère d'acte de commerce auquel la contrainte par corps s'attache comme sanction.

934. Le principe, toutefois, est sujet sinon à une exception proprement dite, au moins à une limitation : il n'est applicable qu'autant que l'opération est sincère et qu'il s'agit d'une véritable lettre de change. Si le titre est fictif, si la lettre de change est réputée simple promesse, conformément à l'art. 112 du Code de commerce, la forme cesse d'être déterminante à elle seule, au point de vue de la contrainte. Il faut alors rechercher quelle est au fond la nature de l'opération, et c'est dans le cas seulement où cette opération constitue un acte de commerce en elle-même et abstraction faite de la forme sous laquelle elle se produit, que la contrainte par corps peut être prononcée. Telle est la disposition de l'art. 3 de la loi du 17 avril 1832.

935. A la différence de la lettre de change, le billet à ordre ne constitue pas, par sa forme propre, un acte de commerce à l'égard de toutes personnes. Il a ce caractère quand il est souscrit par un négociant, ou par un comptable de deniers publics, la dette d'un tel comptable, à quelque degré qu'il soit placé dans l'ordre financier, étant essentiellement *commerciale*, d'après les art. 634 et 638 combinés du Code de commerce (3) (voy. *infrà*, n° 1001). Mais signé par une personne qui n'est ni commerçant ni comptable de deniers publics, le billet à ordre doit être considéré comme la lettre de change réputée simple promesse dont nous venons de parler : il faut s'attacher à la nature de l'opération dont il est le résultat, et la contrainte ne peut être prononcée qu'autant que cette opération constitue un acte de commerce (4).

Ce que nous disons du billet à ordre, il faut le dire également du billet à domicile. A la vérité, le billet à domicile transporte la somme due des mains du souscripteur au domicile du créancier; et de cette circonstance même on a conclu que l'acte doit être considéré comme constituant le contrat de change, ou la remise d'argent *de place en place*, réputée acte de commerce entre toutes personnes (C. comm., art. 632). Mais on ne peut se dissimuler que, sauf une différence consistant en ce que la somme due est stipulée payable à un domicile autre que celui du souscripteur, le billet à domicile est, sous tous les autres

---

(1) Cass., 8 juill. 1850 (Dalloz, 50, 1, 226; *J. Pal.*, 1850, t. II, p. 403; S. V., 51, 1, 22).

(2) Bastia, 15 déc. 1858 (*J. Pal.*, 1859, p. 995).

(3) *Voy.* Amiens, 30 mai 1820; Metz, 29 déc. 1859 (Dalloz, Rec. alph., t. II, p. 722; S. V., 61, 2, 287; *J. Pal.*, 1861, p. 209). *Voy.* aussi MM. Coin-Delisle (art. 1, loi de 1832, n° 14); Despréaux (*Comp. trib. de comm.*, n° 560). — *Voy.* cependant Req., 15 juill. 1817; Toulouse, 21 août 1835 (S. V., 18, 1, 395; 36, 2, 205; Coll. nouv., 5, 1, 348; Dalloz, 18, 1, 466; 36, 2, 32; *J. Pal.*, à leur date).

(4) *Voy.* Paris, 1ᵉʳ févr. 1859; Lyon, 29 août 1861 (S. V., 59, 2, 511; 62, 2, 507; *J. Pal.*, 1859, p. 434; 1863, p. 669).

rapports, identique au billet à ordre, dont, à vrai dire, il n'est qu'une variété. Aussi est-il admis dans le dernier état de la jurisprudence, et notamment par la Cour de cassation, qu'un tel billet, de même que le billet à ordre, ne constitue pas par lui-même un acte de commerce, et n'entraîne dès lors la contrainte par corps contre le souscripteur qu'autant qu'il présente, au fond, le caractère d'une opération de commerce, de change ou de banque (1).

936. Il y a des actes que la jurisprudence considère comme constituant par eux-mêmes, et abstraction faite de leur forme, des actes de commerce qui rendent les agents passibles de la contrainte par corps.

Ainsi en est-il, par exemple, de l'achat de matières premières destinées à être revendues après avoir été mises en œuvre (2); de la gestion de l'agent d'une compagnie d'assurance à primes contre l'incendie, laquelle est réputée entreprise commerciale, à la différence d'une compagnie d'assurance mutuelle, qui peut être considérée comme n'ayant pas le caractère commercial (3); des obligations en forme de reconnaissance par le gérant d'une banque commerciale, lesquelles doivent être présumées faites dans l'intérêt de l'entreprise, et partant commerciales en l'absence de circonstances spéciales établissant une autre destination (4).

On juge, dans le même ordre d'idées, que les agents d'affaires sont passibles de la contrainte par corps en leur qualité de commerçants, alors surtout qu'il s'agit d'une condamnation à des dommages-intérêts (5). Il résulte pourtant d'un arrêt de la Cour de Paris que l'agent d'affaires qui charge un officier ministériel d'agir pour un de ses clients, en s'obligeant à payer les frais, ne doit pas être condamné par corps par le tribunal qui, sur les poursuites de l'officier ministériel chargé, le condamne au payement de ces frais (6). Mais, en cela, la Cour s'est assurément méprise; car il s'agissait dans l'espèce d'un acte qui, se rattachant évidemment à la profession de l'agent d'affaires, constituait essentiellement un acte de commerce, et à ce titre entraînait la contrainte par corps (7).

De même, le banquier se rend également passible de la contrainte par corps par le fait de prêter des fonds sur dépôt de valeurs même à un non-commerçant auquel il a ouvert un compte courant, le contrat

(1) Cass., 9 juill. et 29 déc. 1851, 30 janv. 1852, 21 août 1854 (*J. Pal.*, 1851, t. II, p. 191; 1852, t. II, p. 30; 1853, t. I, p. 490; 1854, t. II, p. 466; S. V., 51, 1, 191 et 497; 54, 1, 571; Dalloz, 52, 1, 16; 54, 1, 281). *Junge:* Bordeaux, 28 août 1851; Pau, 28 mai 1859 (*J. Pal.*, 1852, t. II, p. 459; 1860, p. 833; S. V., 52, 2, 210; 60, 2, 93).
(2) Bourges, 20 juin 1856 (S. V., 56, 2, 682; *J. Pal.*, 1856, t. II, p. 16).
(3) Grenoble, 25 juin 1852 (S. V., 53, 2, 272; Dalloz, 54, 5, 51; *J. Pal.*, 1854, t. I, p. 217).
(4) Req., 10 janv. 1859 (*J. Pal.*, 1859, p. 1052; S. V., 60, 1, 445; Dalloz, 59, 1, 225).
(5) Req., 12 janv. 1863 (S. V., 63, 1, 249; *J. Pal.*, 1863, p. 581; Dalloz, 63, 1, 302).
(6) Paris, 19 août 1862 (S. V., 63, 2, 224; *J. Pal.*, 1864, 177; Dalloz, 64, 5, 77).
(7) *Voy.* Cass., 31 janv. 1837; Paris, 22 mars 1851 (Dalloz, 37, 1, 60; 51, 5, 18; S. V., 37, 1, 320; 51, 2, 205; *J. Pal.*, 1852, t. II, p. 369).

en vertu duquel le prêt a eu lieu eût-il reçu des juges la qualification de nantissement (1).

937. Au contraire, d'autres agissements sont considérés comme absolument dégagés du caractère commercial, et dès lors comme insusceptibles d'entraîner la contrainte par corps. Il en est ainsi de la gestion du directeur d'une société anonyme (2); de la publication, comme auteur ou éditeur, d'une revue littéraire, alors même que l'auteur et l'éditeur s'adjoignent des collaborateurs (3); de l'obligation d'un créancier de faillite de faire rapport à la masse (4). Et, dans le même ordre d'idées, il a été décidé que si l'agent de change a action contre ses clients pour obtenir le remboursement des avances par lui faites, cette action dérivant d'un mandat purement civil, la contrainte ne saurait y être attachée (5). Néanmoins, d'après un arrêt récent, le moyen pris de ce que la contrainte aurait été prononcée à tort est non recevable devant la Cour de cassation si, ayant été proposé devant le tribunal de commerce, qui ne s'y est pas arrêté, il n'a pas été reproduit devant la Cour impériale ou le client de l'agent de change n'a pas contesté la qualité de négociant en laquelle il avait été assigné (6) : décision exacte dans les circonstances de l'affaire, et qui ne va nullement contre le principe qu'un tel moyen peut, comme se rattachant à l'ordre public, être présenté pour la première fois même devant la Cour de cassation (*suprà*, n° 764), en ce que, dans l'espèce, les faits d'où devait s'induire l'inapplicabilité de la contrainte par corps ne résultaient pas de l'arrêt déféré à la Cour suprême, qui ne pouvait pas se livrer à la recherche et à l'appréciation de ces faits.

938. A côté de ces points, il en est d'autres dans lesquels le caractère de l'obligation est l'objet de discussions et de controverses. Ainsi, tandis que la doctrine en général et plusieurs arrêts tiennent que l'engagement pris par un non-commerçant de verser des fonds dans une société en commandite ne constitue pas un acte de commerce (7), la Cour de cassation et la majorité des Cours impériales décident, au contraire, que c'est là une obligation commerciale dont l'effet est de soumettre même le non-commerçant à la juridiction des tribunaux de commerce et à la contrainte par corps (8). Comme nous l'avons dit ailleurs, la

(1) Rej., 26 juill. 1865 (S. V., 65, 1, 409; Dalloz, 65, 1, 484; *J. Pal.*, 1865, p. 1067).
(2) Cass., 16 juin 1851; Rej., 19 nov. 1856; Cass., 15 juin 1857 (S. V., 51, 1, 583; 57, 1, 33; 59, 1, 132; Dalloz, 51, 1, 164; 57, 1, 60 et 305; *J. Pal.*, 1851, t. II, p. 88; 1857, p. 871; 1859, p. 407).
(3) Colmar, 9 déc. 1857; Lyon, 22 août 1860 (Dalloz, 58, 2, 23; 61, 2, 72; S. V., 61, 2, 103; *J. Pal.*, 1861, p. 831).
(4) Orléans, 26 juill. 1859 (S. V., 59, 2, 603; *J. Pal.*, 1859, p. 1015; Dalloz, 59, 2, 156).
(5) Req., 13 juill. 1859 (S. V., 59, 1, 545; *J. Pal.*, 1859, p. 1136; Dalloz, 59, 1, 402).
(6) Req., 19 mars 1866 (S. V., 66, 1, 210).
(7) *Voy.* notamment Dijon, 20 mars 1851 et 4 août 1857; Angers, 18 janv. 1865 (S. V., 51, 2, 764; 58, 2, 195; 65, 2, 211; Dalloz, 52, 5, 5; 65, 2, 67; *J. Pal.*, 1852, t. II, p. 320; 1865, p. 857).
(8) *Voy.* Rej., 13 août 1856 et 15 juill. 1863; Req., 3 mars 1863; Grenoble, 25 fév.

première solution nous paraît préférable (1); mais la question se rattache particulièrement et sera plus utilement discutée au titre *Des Sociétés*. Ajoutons seulement que le cautionnement d'une telle obligation ne doit pas être considéré lui-même comme commercial (2), puisqu'il est admis, au contraire, que le cautionnement, par un non-commerçant et même par un commerçant, d'une obligation commerciale ne cesse pas d'être un acte purement civil lorsqu'il est entièrement désintéressé et consenti dans une pensée de bienfaisance (*suprà*, n° 807).

939. Il en est de même en ce qui concerne les engagements des commis envers leurs patrons. Si d'un côté il est décidé que la contrainte par corps peut être prononcée contre un commis marchand à raison des dettes par lui contractées envers son patron (3), d'un autre côté il a été jugé, au contraire, que ces dettes, bien qu'elles rendent les commis justiciables des tribunaux de commerce, n'ont pas pour cela le caractère commercial nécessaire pour les soumettre à l'exercice de la contrainte par corps (4). La première solution, que la Cour de cassation a consacrée par sa jurisprudence soit avant, soit après la loi du 17 avril 1832, doit être préférée. Sans doute, les facteurs, les préposés des négociants, les gérants de maisons de commerce, les commis, ne sont pas des commerçants et ne font pas des actes de commerce; mais ils sont des agents commerciaux, et par cela même la dette qu'ils contractent envers le patron qui les emploie ou qu'ils représentent est nécessairement une *dette commerciale* dans le sens de l'art. 1er de cette dernière loi, par conséquent une dette à laquelle s'attache la sanction de la contrainte par corps.

Bien entendu, il en est ainsi seulement en ce qui concerne les dettes contractées pour le fait du trafic du marchand auquel les commis sont attachés. Quant aux dettes dont la cause est étrangère à ce trafic, elles restent purement civiles; les commis ne sont, à leur occasion, ni justiciables des tribunaux de commerce, ni contraignables par corps.

940. La jurisprudence est pareillement indécise en ce qui concerne l'aval. Toutefois, une distinction est à faire suivant que l'aval est donné sur une lettre de change ou sur un billet à ordre. S'agit-il de l'aval des lettres de change, il constitue, par sa forme même, un acte de commerce d'une manière générale et absolue, c'est-à-dire vis-à-vis de toute

---

1857; Lyon, 21 juill. 1858; Rouen, 25 juin 1859; Paris, 10 janv. 1861; Caen, 16 août 1864 (S. V. 56, 1, 769; 63, 1, 485 et 137; 58, 2, 693; 60, 2, 247; 61, 2, 188; 65, 2, 33; *J. Pal.*, 1857, p. 55; 1863, p. 644; 1864, p. 91; 1860, p. 65 et 917; 1861, p. 577; 1865, p. 217; Dalloz, 56, 1, 343; 63, 1, 347; 59, 2, 15 et 29; 60, 5, 7).

(1) Voy. *Revue de législation* (t. XX, p. 352).

(2) Cass., 29 août 1859 (S. V., 60, 1, 526; *J. Pal.*, 1860, p. 215; Dalloz, 60, 1, 385).

(3) Req., 3 janv. 1828; Rej., 23 août 1853; Rouen, 5 janv. 1855 (S. V., 28, 1, 189; 55, 1, 808, et 2, 602; Dalloz, 28, 1, 302; *J. Pal.*, 1855, t. II, p. 465). *Voy.* aussi M. Coin-Delisle (l. 1832, art. 1, n° 18, et *Rev. crit.*, t. III, p. 357).

(4) *Voy.* Toulouse, 24 janv. 1824; Douai, 23 mars 1848; Montpellier, 24 janv. 1851; Paris, 21 janv. et 28 avr. 1854, 19 déc. 1855 (*J. Pal.*, 1850, t. I, p. 365; 1853, t. I, p. 119; 1854, t. I, p. 340; 1856, t. I, p. 580; S. V., 51, 2, 518; 55, 1, 808, à la note; 56, 2, 111; Dalloz, 50, 2, 203; 52, 2, 267; 55, 2, 38; 56, 2, 177). *Voy.* aussi MM. Nouguier (*Trib. de comm.*, t. II, p. 79); Gouget et Merger (v° Contr. par corps, n° 41); Massé (*Droit comm.*, 1re édit., t. III, n°s 7 et 8; 2e édit., t. II, n°s 955 et 956).

personne, commerçante ou non commerçante (*suprà*, n° 933) : à cet égard, il n'y a ni doute, ni contestation. Mais s'agit-il de l'aval des billets à ordre, la jurisprudence se divise. Tandis que d'une part il est décidé qu'en ce cas l'aval ne soumet pas à la contrainte par corps, bien que le souscripteur du billet soit lui-même contraignable (1), d'une autre part il est jugé que, donné même par un non-commerçant sur un billet à ordre ayant une cause commerciale, l'aval entraîne la contrainte par corps (2). A notre sens, l'aval étant en réalité un cautionnement, l'effet, quant à la contrainte par corps, en doit être réglé comme l'effet du cautionnement en général. Donc, si le souscripteur du billet à ordre est contraignable, le donneur d'aval sera contraignable également, pourvu qu'il y ait de sa part soumission à la contrainte, conformément à l'art. 2060, n° 5, ci-dessus commenté du Code Napoléon. Et ajoutons que cette soumission, qui en principe doit être faite par déclaration expresse, pourra néanmoins résulter du seul fait de l'aval, spécialement dans le cas où celui qui l'aurait donné serait commercialement intéressé dans l'affaire par lui cautionnée (*suprà*, n° 807).

941. Du reste, aucune des décisions intervenues sur les points qui précèdent n'infirme la règle ci-dessus rappelée (n° 932), qu'il n'y a pas solidarité nécessaire entre la compétence des tribunaux de commerce et la contrainte commerciale, c'est-à-dire qu'il ne suffit pas qu'une affaire soit de la compétence des tribunaux de commerce pour que la sanction de la contrainte y soit par cela même attachée. La loi elle-même, d'ailleurs, sans formuler précisément cette règle, la consacre dans quelques applications spéciales : par exemple, dans l'art. 637 du Code de commerce, qui, attribuant compétence aux tribunaux de commerce pour connaître d'effets portant en même temps des signatures de négociants et de non-négociants, dispose que la contrainte par corps ne pourra néanmoins être prononcée contre les non-négociants, sauf le cas où ils se seraient engagés à l'occasion d'opérations de commerce; par exemple encore, dans l'art. 2 de la loi du 17 avril 1832, qui affranchit de la contrainte par corps en matière de commerce les veuves et héritiers des justiciables des tribunaux de commerce assignés devant ces tribunaux en reprise d'instance, ou par action nouvelle en raison de leur qualité. L'art. 12 de la loi du 11-28 juillet 1851 interprété par la jurisprudence en fournit un autre exemple. Aux termes de cet article, « les souscripteurs, endosseurs ou donneurs d'avals, des effets souscrits en faveur des banques coloniales ou négociés à ces établissements, sont justiciables des tribunaux de commerce à raison de ces engagements et des nantissements et autres sûretés y relatifs. » Mais comme la disposition a eu pour but unique d'empêcher les difficultés qui pourraient naître des exceptions d'incompétence et d'imprimer aux affaires une marche plus rapide et plus économique, comme elle n'a

---

(1) *Voy.* notamment Amiens, 15 juin 1855 (S. V., 55, 2, 590; J. Pal., 1855, t. I, p. 459; Dalloz, 55, 2, 325). Comp. Paris, 7 janv. 1858 (S. V., 58, 2, 494; J. Pal., 1858, p. 159).
(2) *Voy.* notamment Paris, 24 déc. 1857 (S. V., 58, 2, 493; J. Pal., 1858, p. 159).

entendu ni reconnaître ni donner aux engagements dont elle s'occupe un caractère commercial, la jurisprudence tient que tout déférés qu'ils soient aux tribunaux de commerce, ces engagements n'emportent pas par eux-mêmes la contrainte par corps, laquelle ne pourrait être accordée aux banques coloniales comme moyen d'exécution qu'autant que les engagements contractés envers elles constitueraient par leur nature une opération de commerce et engendreraient une dette commerciale (1).

942. La contrainte par corps, qui est la règle en matière commerciale, y est néanmoins susceptible d'exceptions et de modifications, comme l'indique l'art. 1er de la loi de 1832 ; nous aurons bientôt à les détailler (infrà, nos 944 et suiv.). Quant à présent, nous rappelons ce point pour en conclure qu'il faut ici, comme en matière civile, se renfermer strictement dans les termes de la loi, et n'accorder ce moyen extrême d'exécution que dans les cas où l'emploi en est autorisé. Si donc la contrainte par corps était autorisée dans des circonstances qui, d'après la loi commerciale, n'en comportent pas l'application, il y aurait lieu de suivre les dispositions de l'art. 2063 du Code Napoléon. Le principe posé dans cet article, expliqué en tête de notre commentaire (nos 758 et suiv.), est d'ordre public : comme tel, il domine la contrainte par corps en toute matière.

943. Il n'y a pas à se préoccuper de la distinction, caractéristique en matière civile, entre la contrainte impérative et la contrainte facultative : en matière commerciale, la contrainte par corps est toujours impérative.

Néanmoins, il se peut faire qu'à propos d'une opération commerciale il y ait lieu à une contrainte par corps civile, laquelle alors pourrait être facultative. Ainsi en est-il ou en peut-il être de la contrainte par corps attachée à une condamnation à des dommages-intérêts : elle serait impérative si, étant la représentation d'une affaire commerciale, les dommages-intérêts avaient un caractère commercial, car elle serait prononcée alors par application de la loi du 17 avril 1832 ; mais elle pourrait n'être que facultative si, les dommages n'ayant rien de commercial, elle était prononcée par application et dans les termes de l'art. 126 du Code de procédure. Il y a un intérêt considérable, d'ailleurs, à distinguer si la contrainte prononcée à la suite d'une condamnation à des dommages est civile ou commerciale, non pas seulement au point de vue de son caractère propre, mais encore au point de vue de sa durée et de la somme pour laquelle elle aura pu être prononcée. Si la contrainte est commerciale, la durée en sera déterminée d'après le montant de la condamnation sans que les juges aient eu à la fixer, et il suffira que la condamnation atteigne le chiffre de 200 francs pour que la contrainte ait pu y être ajoutée; si elle est civile, elle n'aura été légalement prononcée que pour une somme au-dessus de 300 francs, et à la condition que la durée en ait été fixée par le jugement de condamna-

---

(1) Req., 21 mai 1862 (Dalloz, 62, 1, 423; J. Pal., 1863, p. 392; S. V., 62, 1, 853).

tion. Quelques auteurs enseignent, contrairement à ces propositions, que les dommages-intérêts, même dus à l'occasion d'une affaire de commerce, ne sauraient jamais constituer une dette commerciale proprement dite (1). La distinction proposée n'en est pas moins aussi rationnelle en théorie que conforme aux besoins de la pratique. Elle est, au surplus, pleinement consacrée par la jurisprudence : il en résulte, d'une part, que les juges de commerce ont la faculté, mais ne sont pas tenus de prononcer la contrainte par corps, en matière de dommages-intérêts, spécialement quand les dommages sont réclamés comme réparation du préjudice causé par l'introduction contre le défendeur d'une procédure injurieuse (2) ; d'une autre part, que la condamnation aux dommages-intérêts prononcée contre un associé, dans une société commerciale, pour rupture du pacte social a un caractère commercial et entraîne dès lors la contrainte par corps, sans qu'il soit nécessaire que l'arrêt en détermine la durée (3).

Quant aux dépens, ils ne sauraient servir de base à une condamnation à la contrainte par corps, pas plus en matière commerciale qu'en matière civile, fussent-ils même alloués à titre de dommages-intérêts (*suprà*, n⁰ˢ 827 et 828, et *infrà*, n° 953). Mais la contrainte peut être prononcée pour le payement des intérêts et des frais du compte de retour d'une lettre de change protestée ; ces frais, à la différence des dépens, ne doivent pas être considérés comme frais de justice (4). M. Coin-Delisle, qui conteste la solution, cite cependant un arrêt inédit de la Cour de Paris du 5 janvier 1838, qui la consacre en se fondant sur ce que le rechange rend les obligés à la lettre de change débiteurs de la retraite, laquelle forme une dette nouvelle et principale dont la lettre de change n'est qu'un élément partiel (5).

III. — 944. *Personnes contre lesquelles la contrainte commerciale peut ou ne peut pas être prononcée.* — Sous ce rapport, les règles exposées plus haut à l'occasion de la contrainte en matière civile (n⁰ˢ 836 et suiv.) ne sont applicables que sauf certaines différences, lesquelles ont trait aux exemptions absolues accordées par la loi civile aux mineurs et aux femmes non stellionataires.

945. Et d'abord, en ce qui concerne les mineurs, la loi du 17 avril 1832, art. 2, n° 2, déclare que ceux-là ne sont pas soumis à la contrainte par corps en matière de commerce qui ne sont pas commerçants, ou qui ne sont point réputés majeurs pour fait de leur commerce. D'où il résulte, *à contrario*, que ceux-là sont passibles de la contrainte par corps qui sont commerçants ou réputés majeurs pour fait de com-

---

(1) *Voy.* M. Dalloz (*Rép.*, v° Contr. par corps, n° 274). Comp. M. Coin-Delisle (art. 1, loi de 1832, n° 22). — Mais *voy.* M. Troplong (n⁰ˢ 372 et suiv.).
(2) Colmar, 17 mars 1810 (S. V., 10, 2, 202 ; Coll. nouv., 3, 2, 230 ; Dalloz, 22, 2, 147).
(3) Req., 28 déc. 1853 ; Rej., 21 mai 1862 (S. V., 54, 1, 433 ; 62, 1, 734 ; Dalloz, 54, 1, 143 ; 62, 1, 211 ; *J. Pal.*, 1855, t. I, p. 205 ; 1862, p. 1061).
(4) *Voy.* Req., 5 nov. 1835 (S. V., 36, 1, 103 ; Dalloz, 36, 1, 320 ; *J. Pal.*, à sa date).
(5) *Voy.* M. Coin-Delisle (sur l'art. 1, n° 85, et additions, p. 141, *in fine*). *Voy.* aussi Angers, 24 avr. 1850 (S. V., 50, 2, 461 ; Dalloz, 50, 2, 110 ; *J. Pal.*, 1851, t. I, p. 44).

merce, c'est-à-dire qui sont autorisés conformément aux art. 2 et 3 du Code de commerce. Mais l'autorisation irrégulière serait exactement comme si elle n'existait pas, et c'est ce qui résulte d'un arrêt de la Cour de cassation, aux termes duquel le prêt à un mineur irrégulièrement habilité à faire le commerce n'est pas commercial, en sorte que ce mineur n'est ni justiciable du tribunal de commerce, ni contraignable par corps pour le remboursement du prêt dans la mesure du profit qu'il en a retiré (1). A plus forte raison faut-il dire que l'autorisation régulière ne peut être suppléée en aucune circonstance, ni par l'émancipation du mineur (2), ni par la déclaration mensongère de la qualité de commerçant qu'aurait faite le mineur, bien qu'il ait été décidé que le mineur non autorisé à faire le commerce est néanmoins passible de la contrainte lorsque c'est à l'aide de manœuvres dolosives qu'il a obtenu un crédit pour ses opérations commerciales (3), ni même par l'emploi de la lettre de change, qui par elle-même soumet les majeurs à la contrainte (C. comm., art. 114), mais qui, vis-à-vis du mineur non commerçant, est frappée de nullité (*suprà*, n° 840).

946. Ensuite, quant aux femmes, le même article de la loi de 1832, n° 1, dispose qu'elles ne sont pas soumises à la contrainte par corps lorsqu'elles ne sont pas légalement réputées marchandes publiques. D'où il suit que la contrainte commerciale peut les atteindre, au contraire, lorsqu'elles sont légalement marchandes publiques, c'est-à-dire, d'après l'art. 4 du Code de commerce, lorsqu'elles ont obtenu l'autorisation ou le consentement de leur mari pour faire le commerce. C'est également la condition nécessaire : si elle manque, la femme, se fût-elle dite faussement marchande publique, n'est pas contraignable ; eût-elle apposé sa signature sur une lettre de change, elle n'est pas contraignable davantage, puisqu'à son égard, et d'après l'art. 113 du Code de commerce, sa signature sur lettre de change ne vaut que comme simple promesse.

Mais c'est la condition unique ; et dès lors, si elle est réalisée, il n'y a pas à rechercher si la femme est ou n'est pas stellionataire, si elle est ou non commune en biens, si elle s'engage seule ou avec son mari : en un mot, les n°s 3 et 4 ci-dessus commentés de l'art. 2066 (n°s 842 et 843) ne sont susceptibles d'aucune application en ce qui concerne la contrainte commerciale. Il se peut que la femme marchande publique oblige son mari en s'obligeant elle-même (C. comm., art. 5) : mais, en ce cas, la femme est seule contraignable ; le mari ne l'est pas (4).

947. Sauf les deux différences relatives aux mineurs et aux femmes, les règles de la contrainte par corps touchant les personnes soumises à ce moyen d'exécution sont les mêmes en matière commerciale qu'en

---

(1) Cass., 6 août 1862 (Dalloz, 62, 1, 375 ; S. V., 64, 1, 171 ; *J. Pal.*, 1863, p. 1096).
(2) Amiens, 8 fév. 1862 ; Nîmes, 5 nov. 1863 (S. V., 63, 2, 110 et 256 ; *J. Pal.*, 1862, p. 624 ; 1864, p. 439).
(3) *Voy.* l'arrêt de la Cour de Nîmes cité à la note précédente.
(4) *Voy.* M. Troplong (n°s 313 et 314).

matière civile. Ainsi, nous appliquerons à la contrainte commerciale tout ce que nous avons dit plus haut :

948. 1° Sur l'exemption absolue établie en faveur des septuagénaires : il en était autrement d'après la loi du 15 germinal an 6, sous l'empire de laquelle le septuagénaire commerçant était traité avec la même rigueur que le septuagénaire en cas de stellionat; mais la loi du 17 avril 1832 a modifié cet état des choses en disposant (art. 4) que la contrainte par corps, en matière de commerce, ne pourra être prononcée contre les débiteurs qui auront commencé leur soixante-dixième année (*suprà,* n° 841);

949. 2° Sur l'exemption relative résultant du mariage, de la parenté ou de l'alliance aux termes de la même loi, art. 19, et de la loi du 13 décembre 1848, art. 10 (voy. *suprà,* n°s 843 et suiv.); mais il faut prendre l'exemption dans ses termes sans l'étendre : ainsi, le débiteur d'une société en nom collectif qui se trouve parent de l'un des membres de cette société à un degré exclusif de l'exercice réciproque de la contrainte par corps n'en est pas moins passible de cette contrainte à raison de la portion de la dette afférente aux autres membres de la société (1);

950. 3° Sur les cas où la contrainte par corps, bien que légalement prononcée, ne peut pas être exécutée (*suprà,* n°s 849-855);

951. 4° Enfin, sur les cas où un obstacle est apporté à l'exercice de la contrainte par la force même des choses, c'est-à-dire par l'état du débiteur ou par les fonctions qu'il remplit (*suprà,* n°s 856 et suiv.).

IV. — 952. *Somme pour laquelle la contrainte peut être prononcée.* — En ce point, la contrainte commerciale diffère, sous deux rapports, de la contrainte civile. D'une part, le minimum n'est pas le même. En matière civile, la contrainte ne peut être prononcée pour une somme moindre de 300 francs (C. Nap., art. 2065; *suprà,* n°s 861 et suiv.). En matière commerciale, le minimum est abaissé : il est fixé à 200 fr. par l'art. 1er de la loi du 17 avril 1832. Ainsi, l'application de la contrainte souffre ici, comme en matière civile, la restriction que l'humanité commande dans le cas où la dette est tellement minime qu'elle ne peut être d'aucune influence sur la fortune du créancier; et, sous ce rapport, la loi de 1832 a justement corrigé celle de germinal an 6, qui, n'ayant pas fixé de minimum, permettait l'application de la contrainte, en matière commerciale, quelque modique que fût la dette. Mais l'intérêt du crédit, si nécessaire au commerce, et la protection due aux négoces nombreux qui opèrent dans de petites proportions, exigeaient que le minimum descendît au-dessous de celui des matières civiles : de là le chiffre de 200 francs fixé par la disposition précitée.

953. D'une autre part, cette même disposition exprime que la contrainte pour dette commerciale sera prononcée contre toute personne condamnée au payement d'une somme *principale* de 200 francs; et

---

(1) Req., 23 août 1853 (S. V., 55, 1, 808; Dalloz, 53, 1, 364; *J. Pal.,* 1855, t. II, p. 39).

cette dernière expression, qu'on ne retrouve pas dans l'art. 2065 du Code Napoléon, marque cette autre différence que, tandis qu'en matière civile la contrainte est applicable dès que le principal et les accessoires de la dette atteignent par leur réunion le minimum déterminé par la loi (*suprà*, n° 862), il est nécessaire, en matière commerciale, que la condamnation porte sur une *somme principale* de 200 francs pour qu'il y ait lieu d'autoriser l'emploi de ce moyen d'exécution. Ainsi, les intérêts ne doivent pas entrer ici en ligne de compte quand il s'agit de déterminer le montant de la dette. Et dès lors, si le principal de la dette est inférieur à 200 francs, la contrainte par corps ne doit pas être prononcée, bien que les intérêts échus au jour de la demande et les frais réunis à ce principal portent la créance à plus de 200 francs (1).

Les frais ne doivent pas être comptés davantage; mais, en cela, la règle est commune aux matières commerciales et aux matières civiles. La loi civile et la loi commerciale sont identiques à cet égard; ni d'après l'une, ni d'après l'autre, les dépens ne peuvent servir de base à la contrainte par corps (*suprà*, n°s 827 et 862).

En ce qui concerne les dommages-intérêts, nous nous référons à la distinction ci-dessus rappelée (n° 943). Ajoutons que, même dans le cas où les dommages-intérêts sont la représentation d'une affaire commerciale, la contrainte par corps, impérative dans ce cas, ne doit cependant être prononcée qu'autant que la condamnation atteint au moins le chiffre minimum fixé par l'art. 1er de la loi du 17 avril 1832. Ainsi, cet article ne permettant pas que la contrainte soit prononcée pour une somme principale inférieure à 200 francs, elle ne saurait être ajoutée à un jugement portant condamnation à 25, 30 ou 40 francs, par exemple, de dommages-intérêts, alors même que ces dommages-intérêts, accordés comme sanction d'une défense, seraient de nature à se renouveler autant de fois qu'il y aura infraction à cette défense (2).

954. Maintenant, si nous supposons que le débiteur soit tenu au payement d'une somme supérieure à 200 francs envers le même créancier, mais procédant de la réunion de plusieurs titres ayant une cause distincte, nous appliquerons les solutions ci-dessus proposées pour l'hypothèse analogue où, en matière civile, la condamnation porte sur une somme même supérieure à 300 francs, composée de plusieurs dettes d'origine diverse et dont chacune est inférieure au minimum fixé par la loi (*suprà*, n° 862). Ainsi, la contrainte par corps ne devra pas être prononcée à raison de billets à ordre inférieurs chacun à 200 francs, souscrits pour des causes et au profit de créanciers différents, bien que ces billets se trouvent réunis dans la même main et que leur valeur totale excède 200 francs (3). Mais si les titres ont une origine commune, s'ils

---

(1) Nancy, 25 mars 1855 (S. V., 55, 2, 297; Dalloz, 55, 2, 308). *Voy.* aussi MM. Duranton (t. XVIII, n° 488); Coin-Delisle (sur l'art. 1, loi de 1832, n° 24); Troplong (n° 364). — *Voy.* cependant M. Gouget (v° Contr. par corps, n° 122).

(2) *Voy.* Cass., 6 juin 1859 (S. V., 59, 1, 657; *J. Pal.*, 1859, p. 1179; Dalloz, 59, 1, 248).

(3) Paris, 1er fév. 1855 (S. V., 55, 2, 89; Dalloz, 55, 2, 188; *J. Pal.*, 1855, t. I,

sont la représentation d'une même dette payable en divers termes et à des échéances successives, la contrainte par corps pourra être prononcée, en tant qu'au total la dette atteindrait le minimum de 200 fr. Sans doute, elle ne pourrait pas être exercée ni même prononcée à raison d'un ou plusieurs termes échus inférieurs en somme à ce minimum; mais rien ne s'opposerait plus à ce qu'elle fût autorisée si la dette exigible était portée à ce chiffre de 200 francs par l'échéance d'un *nouveau* terme, fût-ce même au cours de l'instance en payement des termes antérieurement échus (1).

V. — 955. *Titre en vertu duquel la contrainte peut être exercée.* — En matière commerciale, comme en matière civile, le titre en vertu duquel la contrainte est exercée est nécessairement un jugement. Il faut dès lors appliquer ici ce que nous avons dit aux n°s 868 à 873. C'est donc par le jugement même qui statue sur le fond que la contrainte devra être prononcée (n° 871). Il en est ainsi alors même que la condamnation émane d'un tribunal civil statuant sur une obligation commerciale. Il a été décidé, cependant, par la Cour de Colmar, que même en cette hypothèse le tribunal civil ne peut prononcer la contrainte par corps hors les cas où cette voie d'exécution est permise en matière civile, en vertu de l'art. 126 du Code de procédure (2). Et plus récemment, la Cour de Paris a jugé, dans une autre espèce, que le tribunal civil devant lequel des frais ont été faits, seul compétent pour connaître de la demande en payement de ces frais, ne peut, alors même qu'elle est dirigée non contre la partie, mais contre un tiers commerçant, spécialement un agent d'affaires qui, en chargeant l'avoué d'occuper pour elle, s'est personnellement obligé envers lui, prononcer la contrainte par corps contre l'agent d'affaires (3). Mais, dans l'une et dans l'autre affaire, le tribunal, par cela même qu'il était saisi d'une obligation commerciale, à laquelle, par la volonté de la loi, la contrainte par corps s'attache de plein droit, pouvait et devait autoriser cette voie d'exécution, parce que, quoique tribunal civil, il devait juger d'après les règles et les principes propres aux matières commerciales (4).

956. De même qu'en matière civile, la contrainte par corps doit être demandée en matière commerciale; elle ne peut pas être prononcée d'office par le juge (*suprà,* n° 872). Mais, de même qu'en matière civile, il n'est pas indispensable ici que cette voie d'exécution soit nominativement désignée dans la demande formée par la partie; il suffit qu'elle y soit implicitement mais nécessairement comprise. Ainsi, et par application de cette règle, on peut dire que des arbitres institués

---

p. 260). *Voy.* aussi Bordeaux, 15 mars 1855 (S. V., 57, 2, 20; J. Pal., 1857, p. 270). — Mais *voy.* Aix, 9 déc. 1857 (S. V., 58, 2, 419; J. Pal., 1859, p. 390).

(1) Grenoble, 13 fév. 1852 (S. V., 54, 2, 64; J. Pal., 1854, t. I, p. 514; Dalloz, 54, 5, 186).

(2) Colmar, 19 juin 1841 (S. V., 51, 2, 13, à la note; J. Pal., 1841, t. II, p. 508; Dalloz, 52, 2, 75).

(3) *Voy.* Paris, 19 août 1862 (S. V., 63, 2, 224; J. Pal., 1864, p. 177; Dalloz, 64, 5, 77).

(4) *Voy.* l'arrêt de la Cour de cassation du 12 janv. 1863, cité au n° 936. *Junge:* Orléans, 25 juin 1850 (S. V., 51, 2, 13; Dalloz, 52, 2, 75; J. Pal., 1850, t. II, p. 37).

pour statuer comme amiables compositeurs et sans aucun recours sur une contestation commerciale, et autorisés par le compromis à prononcer *les condamnations nécessaires pour que la partie qui succombera donne toute satisfaction,* ont, par la force même de cette clause, pouvoir suffisant pour prononcer la contrainte par corps (1).

Du reste, comme en matière commerciale il n'y a point d'avoués, ni de conclusions proprement dites, c'est à l'exploit introductif d'instance qu'il faut se référer pour savoir si la contrainte a été ou n'a pas été demandée. La Cour de cassation décide même que celui qui attaque devant elle, pour *ultrà petita,* une décision qui l'aurait condamné par corps sans que la contrainte eût été demandée, ne justifie pas en fait son pourvoi s'il ne produit pas la citation introductive qui avait saisi le tribunal de commerce (2).

957. Quant à la faculté de surseoir à l'exécution de la contrainte par corps, elle est accordée aux juges de commerce d'une manière plus large qu'aux juges civils, l'art. 5 de la loi du 13 décembre 1848 ayant établi, à cet égard, une règle spéciale aux matières commerciales. Au lieu d'être restreinte à certains cas limitativement déterminés, comme en matière civile, la faculté de surseoir est la règle en matière commerciale. Toutefois, cette règle est soumise à une double condition : d'un côté, il faut que la dette soit au-dessous de 500 francs, et, d'un autre côté, le sursis que les juges peuvent accorder en ce cas ne doit pas être prononcé pour plus de trois mois. Telle est la disposition de l'article précité, introduite par le législateur de 1848 dans l'intérêt du petit commerce. Nous nous en sommes autorisé plus haut comme d'un argument décisif pour refuser aux juges civils la faculté de surseoir dans des termes aussi généraux (*suprà,* n° 874).

958. A cela près que les tribunaux de commerce usent avec plus de latitude de la faculté de surseoir, il faut se référer, en ce qui concerne l'exercice de cette faculté, à ce que nous avons dit, en commentant les art. 2067 et 2068 du Code Napoléon, aux n°s 873-876. Même nécessité que le sursis soit accordé par le jugement qui statue sur le fond et qu'il soit motivé; la contrainte s'exerce après le délai du sursis sans qu'il soit besoin d'un nouveau jugement; la rétractation du sursis est subordonnée aux mêmes conditions; enfin, les juges peuvent, dans l'intérêt d'enfants mineurs, accorder un sursis non-seulement de trois mois, mais d'une année entière, conformément à l'art. 11 de la loi de 1848, lequel, placé sous la rubrique *Dispositions générales,* n'est pas, par cela même, spécial aux matières civiles.

959. Le droit d'appel, du chef de la contrainte par corps, est soumis exactement aux mêmes règles en matière commerciale et en matière civile : cela résulte de la rubrique même sous laquelle sont placés les articles 20 de la loi de 1832 et 7 de la loi de 1848. Nous nous bornons donc à renvoyer aux n°s 876-883.

---

(1) Paris, 11 nov. 1864 (S. V., 65, 2, 96; *J. Pal.,* 1865, p. 464).
(2) Req., 28 mars 1855 (S. V., 56, 1, 590; Dalloz, 55, 1, 165; *J. Pal.,* 1857, p. 218).

VI. — 960. *Durée de la contrainte commerciale.* — Les règles, à cet égard, ne sont pas pour les matières commerciales les mêmes que pour les matières civiles. Nous avons expliqué comment et en quoi elles différaient déjà dès avant la loi du 17 avril 1832, comment et en quel sens les différences ont été atténuées par l'effet de cette dernière loi, qui cependant les avait maintenues (*suprà,* nᵒˢ 884 et suiv.). Elles sont également maintenues par la loi du 13 décembre 1848, qui forme le dernier état de la législation par rapport à la durée de la contrainte commerciale; et elles subsistent notamment en deux points essentiels : 1º le minimum et le maximum ne sont pas les mêmes; 2º la durée est fixée par la seule force de la loi, sans que le juge ait à la déterminer.

961. Et, en effet, sous le premier rapport, la loi du 17 avril 1832 avait établi un minimum d'un an, commun aux matières civiles et aux matières commerciales (art. 5 et 7). Mais la différence se produisait dans le maximum, qui était de dix ans pour les matières civiles et de cinq ans seulement pour les matières commerciales. En outre, le juge qui, en matière civile, avait toute latitude entre le minimum d'un an et le maximum de dix ans, était lié, en matière commerciale, par une gradation que la loi établissait elle-même eu égard au montant de la condamnation principale. Ainsi, l'emprisonnement pour dette commerciale cessait de plein droit après un an, lorsque le montant de la condamnation ne s'élevait pas à 500 francs; après deux ans, lorsqu'il ne s'élevait pas à 1 000 francs; après trois ans, lorsqu'il ne s'élevait pas à 3 000 francs; après quatre ans, lorsqu'il ne s'élevait pas à 5 000 francs; et après cinq ans, lorsqu'il était de 5 000 francs et au-dessus (art. 5).

La loi du 13 décembre 1848 a maintenu, sur ces divers points, le principe de la loi précédente; mais elle a introduit, dans les détails, des modifications en vue d'améliorer la situation du débiteur. D'une part, elle a diminué, quant aux matières civiles, la durée de l'emprisonnement, dont les deux termes extrêmes, entre lesquels le juge a d'ailleurs toute latitude comme précédemment, ne sont plus aujourd'hui que six mois et cinq ans (art. 12 ; — voy. *suprà,* nº 886). D'une autre part, elle a réduit également, quant aux matières commerciales, la durée de l'emprisonnement, qui ne peut plus être que de trois mois au minimum et de trois ans au maximum; et en maintenant le principe qui fixait la durée de l'emprisonnement eu égard au montant de la condamnation, elle a substitué à la gradation établie par la loi de 1832 une gradation plus rationnelle et plus satisfaisante au point de vue de l'équité et de l'humanité. D'après l'art. 4 de cette loi, qui remplace désormais l'art. 5 de la loi de 1832, l'emprisonnement pour dette commerciale cessera de plein droit après trois mois, lorsque le montant de la condamnation, en principal, ne s'élèvera pas à 500 francs; après six mois, lorsqu'il ne s'élèvera pas à 1 000 francs; après neuf mois, lorsqu'il ne s'élèvera pas à 1 500 francs; après un an, lorsqu'il ne s'élèvera pas à 2 000 francs. L'augmentation se fera ainsi successivement de trois mois en trois mois pour chaque somme en sus qui ne dépassera pas 500 francs, sans pouvoir excéder trois années pour les sommes de 6 000 francs et au-dessus.

Mais, on le voit par le texte même de la loi soit de 1832, soit de 1848, le *principal* de la dette doit seul être pris en considération pour déterminer le montant de la somme d'après lequel sera fixée la durée de l'emprisonnement. D'où suit que les intérêts et autres accessoires ne devront pas entrer en ligne de compte.

Que si le débiteur est condamné commercialement par plusieurs jugements envers le même créancier, la durée de l'emprisonnement sera celle que la loi attache à la somme totale des condamnations (1), pourvu, d'ailleurs, qu'il s'agisse d'une seule et même dette réglée par des titres distincts (*suprà*, n° 863).

D'ailleurs, la durée de l'emprisonnement ne serait pas réduite à raison de la compensation partielle qui, depuis l'incarcération du débiteur, viendrait à s'opérer entre cette dette et une somme moins forte à laquelle le créancier serait condamné lui-même envers son débiteur (2).

962. Sous le second rapport, le législateur a précisé nettement, soit dans l'art. 5 de la loi de 1832, soit dans l'art. 4 de la loi de 1848, que l'emprisonnement pour dette commerciale *cessera de plein droit* par l'expiration du temps qu'il a lui-même déterminé eu égard au montant de la condamnation en principal. Il en résulte nécessairement qu'à la différence des matières civiles, où la durée de la contrainte par corps doit être fixée par le juge, qui, d'ailleurs, a toute latitude pour se mouvoir entre le minimum et le maximum, le juge n'a aucune latitude dans les matières commerciales, où c'est la loi elle-même qui, en faisant cesser l'emprisonnement de plein droit au moment qu'elle précise, en fixe et en détermine la durée. Par où l'on voit que la question si délicate et si controversée de savoir quel est le sort d'un jugement qui, en matière civile, omet de fixer la durée de la contrainte (*suprà*, n° 887), n'a point d'intérêt en matière commerciale, et ne saurait même s'y présenter : la raison évidente et palpable en est que la durée de la contrainte étant déterminée par la loi, il n'est aucunement nécessaire que le jugement de condamnation s'attache à la fixer (3).

963. Nous appliquerons, d'ailleurs, en matière commerciale, ce que nous avons dit au n° 889 pour le cas où le débiteur viendrait à être détenu pour crime ou délit pendant la durée de la contrainte. Le temps de la détention préventive ou de l'emprisonnement pénal ne serait pas à compter en déduction de la durée de la contrainte.

VII. — 964. L'*effet* de la contrainte par corps est, en matière commerciale, le même qu'en matière civile. La contrainte n'est pas une peine ; c'est, dans l'une et l'autre matière, une épreuve de solvabilité, un moyen de coaction à la faveur duquel le créancier peut obtenir satisfaction plus promptement et plus sûrement peut-être qu'il ne l'obtiendrait

---

(1) Paris, 24 nov. 1855 (S. V., 57, 2, 20; *J. Pal.*, 1857, p. 270).
(2) Paris, 6 juin 1862 (S. V., 62, 2, 379; *J. Pal.*, 1862, p. 569; Dalloz, 63, 5, 93). Comp. M. Coin-Delisle (art. 5 de la loi de 1832, n° 1).
(3) Req., 28 déc. 1853; Rej., 13 août 1856 et 21 mai 1862 (S. V., 54, 1, 433; 56, 1, 769; 62, 1, 734; *J. Pal.*, 1855, t. I, p. 206; 1857, p. 55; 1862, p. 1061; Dalloz, 54, 1, 143; 56, 1, 343; 62, 1, 211).

par la voie directe des saisies. De même qu'en matière civile, elle n'empêche ni ne suspend, en matière commerciale, les poursuites sur les biens, dont elle peut, au gré du créancier, précéder ou suivre la discussion (*suprà*, n⁰ˢ 890 et 891).

VIII. — 965. Quant aux *moyens par lesquels le débiteur peut empêcher ou faire cesser l'exercice de la contrainte par corps*, ils ont différé jusqu'à la loi du 13 décembre 1848, en ce sens que les art. 24, 25 et 26 de la loi de 1832 enlevaient au débiteur condamné pour dette commerciale la faculté d'obtenir son élargissement provisoire en payant ou consignant le tiers du principal de la dette et de ses accessoires, et en donnant caution pour le surplus. Mais l'art. 6 de la loi du 13 décembre 1848 a déclaré ce bénéfice applicable désormais aux dettes commerciales. Il n'y a donc plus aujourd'hui, en ce qui concerne les moyens par lesquels le débiteur peut empêcher ou faire cesser l'exercice de la contrainte par corps, aucune différence entre les matières commerciales et les matières civiles ; et nous pouvons nous référer à ce que nous avons dit sur ce point aux n⁰ˢ 892 et suivants.

DE LA CONTRAINTE PAR CORPS EN MATIÈRES CRIMINELLE, CORRECTIONNELLE ET DE POLICE.

SOMMAIRE.

V.   979. Le titre en vertu duquel la contrainte peut être exercée est, comme en matière civile, un jugement; la contrainte résulte virtuellement du jugement, et, sauf quelques exceptions, il n'y a pas lieu de l'autoriser formellement; mais elle peut être prononcée d'office. — 980. Le juge n'a pas la faculté de surseoir à l'exécution. — 981. Quant au droit d'appel, en l'absence de dispositions dérogatoires aux règles du droit commun, il s'exerce conformément à ces règles.

VI.   982. Variations de la législation quant à la durée de la contrainte en matière pénale : système du Code pénal; — 983. Système du Code forestier et de la loi sur la pêche fluviale; — 984. Système de la loi du 17 avril 1832. — 985. Il est rectifié et amélioré en quelques points par la loi du 13 décembre 1848. — 986, 987. Exposé du système. — 988. La durée de l'emprisonnement doit être fixée par le jugement quand la condamnation pécuniaire s'élève à 300 fr., sauf le cas où la peine est perpétuelle ou capitale. — 989. Éléments dont ladite somme se compose. — 990. *Quid* dans le cas où le même individu est frappé de condamnations distinctes dont chacune est inférieure à 300 fr.? — 991. Conséquences du défaut de liquidation dans le jugement de condamnation ; — 992. Et de l'omission relative à la fixation de la durée de la contrainte dans le cas où la durée en doit être déterminée par le jugement de condamnation.

VII.   993. De l'effet de la contrainte par corps en matière pénale : renvoi.

VIII.   994. Mais il y a des différences notables en ce qui concerne les moyens, pour le condamné, d'empêcher ou de faire cesser l'exercice de la contrainte. — 995. D'un côté, le condamné ne peut obtenir son élargissement ni par la cession de biens, ni par la faillite, ni en payant ou consignant le tiers de la dette. — 996. Mais, d'un autre côté, il peut obtenir son élargissement, sans rien payer, en donnant caution, conformément aux art. 34 et 39 de la loi de 1832, laquelle caution, d'ailleurs, n'est contraignable elle-même que dans les termes de l'article 2060.— 997. Il peut obtenir l'abréviation de la durée de l'emprisonnement en prouvant son insolvabilité : renvoi.

I. — 966. La contrainte par corps a paru plus légitime et plus nécessaire en matière pénale qu'en toute autre matière. Cela s'explique, d'un côté, par la défaveur qui s'attache à la cause même de la dette et à la personne du débiteur ; d'un autre côté, par la nécessité de donner au créancier un moyen d'exécution sans lequel il devrait, pour ainsi dire, renoncer au recouvrement de sa créance (1). Aussi l'ordonnance de 1667, qui abrogea l'article de l'ordonnance de Moulins relatif à l'application de la contrainte aux dettes purement pécuniaires, laissa-t-elle subsister ce moyen d'exécution en ce qui concernait les condamnations criminelles. C'est ainsi encore que le décret du 9 mars 1793 ayant aboli la contrainte par corps en général, ce moyen d'exécution fut rétabli dès le 5 octobre de la même année pour les matières pénales, tandis qu'il ne reparut pour les autres matières que le 24 ventôse an 5. Et, de même, c'est ainsi que la contrainte par corps ayant été abolie de nouveau, en 1848, par le décret du 9 mars émané du gouvernement provisoire, il fut publié, dès le 25 du même mois, une circulaire du ministre de la justice pour annoncer que le décret d'abolition ne devait pas être appliqué aux débiteurs en matière pénale, lesquels sont débiteurs de mauvaise foi, ce qui fut confirmé et régularisé par un arrêté de la commission du pouvoir exécutif en date du 19 mai 1848.

---

(1) *Voy.* le Rapport de M. Portalis à la Chambre des pairs (M. Dalloz, *Rép.*, v° Contrainte par corps, p. 328, à la note, n° 28).

Cependant, ni le Code d'instruction criminelle, ni le Code pénal, ne contiennent de titre spécial consacré à la contrainte par corps. Mais on y trouve des dispositions éparses qui posent nettement le principe général de la matière (C. pén., art. 52, 467 et 469) ou qui constatent des applications particulières de ce principe (C. inst. crim., art. 80, 120, 157, 171, 189, 304, 355, 452, 456; C. pén., art. 53). L'exécution en a été ensuite réglée par la loi du 17 avril 1832, dont, sous quelques rapports, les dispositions sont modifiées par la loi du 13 décembre 1848.

Mais avant de pénétrer dans les détails de l'exécution, il convient de dégager le principe.

D'après l'art. 52 du Code pénal, dont la disposition est commune aux crimes et aux délits, l'exécution des condamnations à l'amende, aux restitutions, aux dommages-intérêts et aux frais, est poursuivie par la voie de la contrainte par corps. Les art. 467 et 469, relatifs aux contraventions, disent également, le premier que la contrainte par corps a lieu pour le payement de l'amende, et le second que les restitutions, indemnités et frais, entraîneront la contrainte par corps. Ainsi, ce moyen d'exécution, en matière pénale, est attaché comme sanction à une dette dont l'objet est le recouvrement de l'amende, des frais, des dommages-intérêts et des restitutions, mis à la charge d'une personne condamnée pour crime, délit ou contravention. Tel est le principe. Par où l'on voit que les frais mêmes ou les dépens servent de base à la contrainte par corps en matière pénale, et en cela la matière diffère des matières civile et commerciale, où la contrainte par corps n'a pas lieu pour les dépens ou les frais (*suprà*, n⁰ˢ 827, 892, 943, 953).

Ceci posé, voyons d'abord quels sont les cas de contrainte. Nous nous occuperons ensuite des exemptions, du titre en vertu duquel la contrainte peut être exercée, de sa durée, de son effet, et des moyens par lesquels le condamné peut empêcher l'exécution ou la faire cesser.

II. — 967. En matières criminelle, correctionnelle et de police, la contrainte par corps n'est pas le fait exceptionnel, comme en matière civile ; elle forme la règle, elle est le droit commun, comme en matière commerciale. On vient de le voir, le principe est nettement posé, d'une manière générale, pour les crimes et les délits, dans l'art. 52 du Code pénal, et dans les art. 467 et 469 du même Code, pour les contraventions de simple police.

968. Des lois spéciales posent le principe de la même manière. Ainsi, en traitant de l'exécution des jugements concernant les délits et contraventions commis dans les bois soumis au régime forestier, le Code forestier dispose, par son art. 211, que les jugements portant condamnation à des amendes, restitutions, dommages-intérêts et frais, sont exécutoires par la voie de la contrainte par corps ; et par son art. 215, modifié par la loi du 18 juin 1859, il dit, en s'occupant de l'exécution des jugements concernant les délits et contraventions commis dans les bois non soumis au régime forestier, que les jugements contenant des condamnations en faveur des particuliers, pour réparation des délits ou contraventions commis dans leurs bois, seront, à leur diligence, signifiés et

exécutés suivant les mêmes formes *et voies de contrainte* que les jugements rendus à la requête de l'administration des forêts. Ainsi encore, les art. 77 et 81 de la loi du 15 avril 1829, relative à la pêche fluviale, contiennent des dispositions identiques touchant l'exécution des jugements portant condamnation soit au profit de l'administration, soit au profit des particuliers.

969. Enfin, indépendamment de ces dispositions générales sur la contrainte par corps en matière pénale, il existe des dispositions particulières concernant :

1° Les témoins qui, défaillants quoique cités, peuvent être contraints par corps à venir donner leur témoignage (C. instr. crim., art. 80, 157, 171, 189, 304), ou qui, dans le cas où leur non-comparution devant une cour d'assises a nécessité le renvoi d'une affaire à une autre session, sont contraints même par corps, par l'arrêt qui prononce le renvoi, à tous les frais de citation, actes, voyages de témoins, et autres ayant pour objet de faire juger l'affaire (même Code, art. 355);

2° La caution donnée pour obtenir la mise en liberté provisoire (C. instr. crim., art. 120);

3° Les dépositaires publics ou particuliers de pièces arguées de faux (C. instr. crim., art. 452) et les possesseurs d'écritures privées susceptibles d'être produites pour pièces de comparaison, lesquels, sinon immédiatement, au moins après avoir été cités devant le tribunal saisi pour faire la remise des écritures ou déduire les motifs de leur refus, sont contraints par corps à cette remise par le jugement ou l'arrêt qui ordonne de l'effectuer (art. 456);

4° Les cautions des adjudicataires des coupes de bois de l'État ou des cantonnements de pêche au profit de l'État (C. for., art. 28; l. 15 avril 1829 relative à la pêche fluviale, art. 22);

5° Les adjudicataires de coupes et leurs cautions pour les amendes et restitutions encourues pour délits et contraventions commis par les personnes qu'ils emploient et dont ils sont civilement responsables (C. for., art. 46).

970. Mais ajoutons que les cautions sont soumises de plein droit et par le fait même de leur soumission seulement dans les trois cas ci-dessus indiqués aux n°s 2°, 4° et 5°. En toute autre hypothèse, les cautions de débiteurs soumis à la contrainte par corps du droit pénal ne sont elles-mêmes contraignables que dans les termes du droit commun, à la condition, par conséquent, que, conformément à l'art. 2060, n° 5, du Code Napoléon ci-dessus commenté, les cautions se soient soumises formellement à la contrainte.

971. La contrainte par corps propre aux matières criminelle, correctionnelle ou de police a lieu seulement contre le *condamné*. L'article 52 du Code pénal ne le dit pas, sans doute, d'une manière explicite et suffisamment précise. Mais à la lecture des dispositions précédant ou suivant immédiatement cet article, il n'est plus possible de ne pas reconnaître que, dans la pensée de la loi pénale, il ne saurait y avoir

lieu à la contrainte par corps du droit pénal que contre celui qui, poursuivi à l'occasion d'un crime, d'un délit ou d'une contravention, a été convaincu du fait à lui imputé et condamné comme tel.

972. Il suit de là qu'en thèse générale la contrainte par corps du droit pénal ne doit pas être prononcée contre les personnes civilement responsables. Nous disons en thèse générale, parce qu'il faut naturellement excepter certains cas particuliers pour lesquels la loi a cru devoir statuer en sens contraire. Par exemple, dans l'art. 46 du Code forestier rappelé ci-dessus, le législateur dit expressément que les adjudicataires et *leurs cautions seront responsables et contraignables par corps* au payement des amendes et restitutions encourues pour délits et contraventions commis soit dans la vente, soit à l'ouïe de la cognée, par les facteurs, gardes-ventes, ouvriers, bûcherons, voituriers, et tous autres employés par les adjudicataires. Dans ce cas, bien évidemment, la responsabilité civile donne lieu à la contrainte du droit pénal par la volonté expresse et clairement manifestée de la loi. De même, en ce qui concerne les frais de justice avancés par l'administration de l'enregistrement et qui ne sont point à la charge de l'État, l'art. 174 du décret du 18 juin 1811, portant tarif pour les matières criminelles, dispose que le recouvrement en sera poursuivi par toutes voies de droit, et même par celle de la contrainte par corps. Et il est, par là, évident que les parties civilement responsables sont elles-mêmes, à raison de ces frais au payement desquels elles sont condamnées solidairement avec les auteurs et complices du délit, soumises à la contrainte par corps du droit pénal.

Mais quand la loi n'impose pas la contrainte par corps propre aux matières criminelles, la responsabilité civile ne saurait, au moins de plein droit, donner lieu à l'emploi de ce moyen d'exécution. La loi elle-même a pris soin de le dire soit dans l'art. 206 du Code forestier, soit dans l'art. 28 de la loi du 3 mai 1844 sur la police de la chasse, lorsque, après avoir consacré en principe la responsabilité civile des maris, pères, tuteurs et commettants, à raison des délits commis par leurs femmes, enfants mineurs, pupilles et préposés, elle déclare expressément que cette responsabilité sera réglée conformément à l'art. 1384 du Code Napoléon, et ne s'appliquera qu'aux dommages-intérêts et frais, *sans pouvoir toutefois donner lieu à la contrainte par corps.* C'est là une application spéciale d'une règle qui doit être généralisée.

Et, cependant, ce n'est pas à dire que la partie civilement responsable sera nécessairement affranchie de la contrainte par corps. En définitive, l'action dirigée contre elle, à raison ou en réparation du délit commis par une personne dont elle répond, est une action en dommages-intérêts, action civile dont, à cause de la connexité, la justice criminelle est accessoirement saisie. Elle doit donc être vidée d'après les règles du droit civil; et par conséquent les juges pourront, si d'ailleurs la partie n'est dans le cas d'invoquer aucune des exemptions établies par la loi, appliquer ou ne pas appliquer la contrainte par corps, aux termes de l'art. 126 du Code de procédure, par lequel il est laissé à leur prudence de la prononcer pour dommages-intérêts en matière civile au-dessus de la somme de 300 francs.

973. Par suite encore, on ne prononcera pas non plus la contrainte par corps du droit pénal contre la partie civile ou contre le plaignant pour les dommages-intérêts auxquels il peut être condamné vis-à-vis et au profit du prévenu ou de l'accusé, et même pour les frais. Le Tribunal correctionnel de Bordeaux s'était prononcé en sens contraire ; mais la décision a dû être cassée en ce que la contrainte par corps autorisée par l'art. 52 du Code pénal, applicable seulement aux condamnations qui sont la conséquence d'un délit, ne saurait être attachée à la condamnation aux frais contre la partie civile qui succombe (1). — D'ailleurs, et en ce qui concerne les dommages-intérêts, il en est de la partie civile comme de la partie civilement responsable (numéro qui précède) : si elle n'est pas soumise à la contrainte du droit pénal à raison des dommages-intérêts auxquels elle serait condamnée envers le prévenu ou l'accusé, elle peut être condamnée par corps dans les termes de l'art. 126 du Code de procédure.

974. Par suite enfin, la contrainte par corps du droit pénal n'a pas lieu, en cas d'acquittement, contre le prévenu ou l'accusé, à raison des dommages-intérêts auxquels il aurait été condamné envers la partie civile. Les tribunaux ont fréquemment statué sur ce point, et leur décision a été à diverses reprises déférée à la Cour suprême pour violation ou fausse application de l'art. 52 du Code pénal. Mais la Cour a constamment jugé que cet article s'applique seulement au cas de condamnation pour crime ou délit, et que l'acquittement dont les poursuites ont été suivies a fait disparaître le crime ou le délit et n'a laissé subsister qu'un fait dommageable (2), lequel ne comporte plus l'application de la contrainte, si ce n'est, toutefois, dans les termes du droit commun, comme il est dit aux numéros précédents.

Mais il faut supposer que ce fait dommageable a donné lieu à une condamnation à des dommages-intérêts. Il en serait autrement, même au point de vue de la contrainte civile, si, après l'acquittement de l'accusé, les juges avaient ordonné de simples restitutions. Par exemple, il est admis en doctrine et en jurisprudence que les cours d'assises sont compétentes pour statuer sur la demande en restitution formée par la partie civile contre l'accusé acquitté, dans le cas même où il s'agit de choses ou de sommes reçues par cet accusé en vertu d'un contrat purement civil, tel que celui de mandat ou de dépôt (3). Cependant la condamnation à la restitution ne saurait être accompagnée de la contrainte par corps ; car il s'agit ici du dépôt purement *volontaire,* et c'est seu-

---

(1) Crim. cass., 21 nov. 1851 (S. V., 52, 1, 379 ; Dalloz, 52, 5, 142 ; *J. Pal.*, 1853, t. I, p. 72).

(2) Crim. rej., 14 déc. 1839 ; Crim. cass., 2 avr. 1842 ; Crim. rej., 1er déc. 1855 (S. V., 40, 1, 147 ; 42, 1, 735 ; 56, 1, 467 ; Dalloz, 40, 1, 123 ; 42, 1, 365 ; 56, 1, 177 ; *J. Pal.*, 1857, p. 481).

(3) Crim. cass., 5 déc. 1861 (S. V., 62, 1, 333 ; Dalloz, 61, 1, 503 ; *J. Pal.*, 1862, p. 1056). *Voy.* aussi M. Faustin Hélie (*Inst. crim.*, t. IX, § 706, IV).

lement par rapport au dépositaire *nécessaire* que l'obligation de restituer est sanctionnée par ce moyen d'exécution (*suprà*, nᵒ 789).

975. La contrainte par corps en matière pénale est impérative. L'art. 52 du Code pénal emploie, il est vrai, le mot *pourra*, auquel, en matière civile, on reconnaît la contrainte facultative. Mais il ne faut pas se. méprendre sur la portée de l'expression. L'art. 52 dit que l'exécution des condamnations à l'amende, aux restitutions, aux dommages-intérêts et aux frais, *pourra être poursuivie* par la voie de la contrainte par corps. Et en cela il exprime que le créancier *a la faculté* de poursuivre par cette voie, sans exclure l'idée que la contrainte est inhérente à la condamnation et y doit être nécessairement attachée. Quoi qu'il en soit, les art. 467 et 469 du Code pénal ne laissent aucun doute sur ce point. D'une part, le premier de ces articles dit nettement que la contrainte par corps *a lieu* pour le payement de l'amende; et, d'une autre part, le second exprime que les restitutions, indemnités et frais *entraîneront la contrainte par corps*. Le caractère impératif de la sanction est donc nettement établi.

Toutefois, il existe, depuis la loi du 13 décembre 1848, un cas de contrainte par corps facultative en matière pénale : il est précisé par le § 3 de l'art. 9 de cette loi, aux termes duquel la contrainte par corps en matières criminelle, correctionnelle et de simple police, ne sera exercée, dans l'intérêt de l'État ou des particuliers, contre des individus âgés de moins de seize ans accomplis à l'époque du fait qui a motivé la poursuite, qu'*autant qu'elle aura été formellement prononcée par le jugement de condamnation*. Nous aurons, d'ailleurs, à revenir sur ce cas (*infrà*, nᵒ 979).

III. — 976. Les règles relatives aux exemptions diffèrent, en matière pénale, sur un point notable, des règles établies à cet égard en matière civile et même en matière commerciale. Les exemptions tenant au sexe ou à l'âge sont ici complétement effacées, ce qui s'explique et se justifie en ce que le créancier, comme le dit très-bien M. Coin-Delisle, n'a pas choisi le débiteur dont le méfait est le principe unique de la créance (1). Ainsi, les mineurs sont, aussi bien que les majeurs, soumis à la contrainte du droit pénal; les femmes y sont également soumises; et les septuagénaires, sauf un adoucissement introduit en leur faveur en ce qui concerne la durée de la contrainte (*infrà*, nᵒˢ 984 et 988), n'en sont pas affranchis.

977. Mais en matière pénale, comme en toute autre matière, la contrainte par corps ne peut être exercée entre conjoints, parents et alliés au degré fixé par les art. 19 de la loi de 1832 et 10 de la loi de 1848. D'une part, l'art. 41 de la première de ces lois consacre cette prohibition en se référant à l'art. 19, qui l'établit. D'une autre part, l'art. 10 de la loi de 1848 la confirme en ce qu'il est placé sous la rubrique *des dispositions générales* communes à toutes les matières.

De même il y a lieu de considérer comme maintenue la prohibition

---

(1) M. Coin-Delisle (p. 111 et 112).

d'exécuter une contrainte, d'ailleurs légalement prononcée, soit contre le mari et contre la femme simultanément, soit contre les députés au Corps législatif, soit contre certaines personnes en raison de leur état ou de leurs fonctions (*suprà*, n⁰ˢ 849-857).

IV. — **978.** Quant à la *somme* pour laquelle la contrainte par corps peut être prononcée, les règles établies pour les matières civiles et pour les matières commerciales sont sans application aux matières criminelle, correctionnelle et de police. Ici la loi ne fixe pas de minimum. Il en résulte que la plus faible somme peut donner lieu à l'exercice de la contrainte par corps. Mais, on le verra bientôt, si le droit d'employer ce moyen d'exécution existe sans distinction de somme, il y a néanmoins, au point de vue de la durée de l'emprisonnement, une différence notable à établir, suivant que la condamnation en vertu de laquelle la contrainte aurait été exercée reste au-dessous ou s'élève au-dessus d'une certaine somme que la loi a déterminée (n⁰ˢ 982 et suiv.).

V. — **979.** Le *titre* en vertu duquel la contrainte peut être exercée, en matière pénale comme en matière civile, est un jugement de condamnation. Seulement, à la différence de la contrainte du droit civil, la contrainte du droit pénal n'a pas généralement besoin d'être prononcée formellement par le jugement. La contrainte ici est le droit commun; elle est de plein droit attachée à l'exécution des condamnations, en sorte qu'elle peut être exécutée encore que le jugement ne s'en explique pas (1).

La loi a pourtant fait une exception à cette règle pour le cas déjà mentionné (n⁰ 975), où la contrainte, par exception aussi, devient facultative en cette matière : c'est lorsqu'elle est prononcée contre des individus âgés de moins de seize ans accomplis à l'époque du fait qui a motivé la poursuite. Précisément, parce que la contrainte est facultative alors, on ne peut pas dire que la seule existence de la condamnation pénale implique pour le créancier le droit de contraindre le débiteur par corps : ce droit ne saurait être exercé par lui qu'autant qu'il aurait été dans la volonté des juges de le lui accorder. Aussi l'art. 9, § 3, de la loi du 13 décembre 1848, exige-t-il que la contrainte soit, en ce cas, formellement prononcée.

A cette exception, nous en ajouterons une autre qui nous paraît commandée par la force même des choses. Ainsi, lorsqu'*un jugement de condamnation* ayant omis de statuer sur les restitutions dues à la partie civile, ces restitutions viennent à être ordonnées par une décision ultérieure émanée d'un tribunal civil, la contrainte ne peut pas être mise à exécution si le jugement n'en porte pas la concession formelle. On est allé plus loin : on a soutenu que le tribunal civil ne pourrait même pas, en ce cas, prononcer la contrainte, parce que le jugement rendu au criminel doit rester sans influence sur la décision de la juridiction civile,

---

(1) Crim. cass., 14 juill. 1827; Bordeaux, 15 nov. 1828 (S. V., 27, 1, 530; 29, 2, 117; Coll. nouv., 8, 1, 639; 9, 2, 153; Dalloz, 27, 1, 304; 29, 2, 145; *J. Pal.*, à leur date). *Voy.* aussi MM. Carnot (art. 52, n⁰ 13); Legraverend (t. I, p. 306); Hélie et Chauveau (*Théor. du C. pén.*, t. I, p. 296, 2ᵉ édit.).

et que le créancier a renoncé aux avantages que lui offrait la voie criminelle en suivant la voie civile (1). C'est une exagération justement condamnée par la doctrine et par la jurisprudence. Il est bien clair, en effet,
que la décision émanant du tribunal civil a son principe *dans la condamnation* prononcée antérieurement au criminel; et puisque la condamnation intervenue (ce qui différencie ce cas particulier des espèces prévues
et discutées *suprà,* n°s 760 et 974) eût entraîné de plein droit, à l'égard
des restitutions accordées à la partie civile si la juridiction criminelle
n'eût pas omis d'y statuer, la contrainte par corps édictée par la loi pénale, comment le tribunal civil, qui, en ordonnant ultérieurement ces
restitutions, se réfère au jugement rendu au criminel et le prend pour
base, ne pourrait-il pas prononcer la contrainte? (2) Mais au moins faut-
il que les juges s'en expliquent formellement, leur décision n'étant pas,
à raison de leur juridiction propre, la condamnation criminelle à laquelle la contrainte par corps s'attache de plein droit d'après la loi pénale (*suprà,* n° 830).

Sauf ces exceptions, la contrainte du droit pénal n'a pas besoin d'être
prononcée. S'il est important qu'elle le soit et d'une manière formelle,
au moins dans le cas où le montant de la condamnation s'élève au-
dessus de 300 francs, c'est, comme on va le voir tout à l'heure (*infrà,* n° 989), par suite de la nécessité établie par les lois de 1832 et de
1848, de fixer par le jugement même de condamnation la durée de la
contrainte. Mais, en principe, c'est de la seule existence des condamnations que résulte le droit, pour le créancier, de procéder contre le débiteur par la voie de la contrainte par corps. Et c'est par une induction
de ce principe que, d'après la jurisprudence, la contrainte du droit
pénal peut, à la différence de la contrainte par corps du droit civil,
être prononcée d'office par le juge, auquel il n'est pas nécessaire de la
demander (3).

980. En matières criminelle, correctionnelle ou de police, le juge n'a
pas la faculté de surseoir à l'exécution de la contrainte par corps, si ce
n'est dans le cas prévu au second paragraphe de l'art. 11 de la loi du
13 décembre 1848, lequel, placé sous la rubrique *des dispositions générales,* permet même aux tribunaux de répression de surseoir, pendant
une année au plus, à l'exécution de la contrainte par corps dans l'intérêt des enfants mineurs du débiteur (*suprà,* n° 852).

981. Il n'existe pas de dispositions dérogatoires aux règles du droit
commun de l'appel en matière pénale. Ces règles doivent donc être suivies en ce qui concerne le chef de la contrainte par corps comme relativement à tous les autres chefs.

VI. — 982. En ce qui touche la *durée* de l'emprisonnement, la con-

---

(1) *Voy.* MM. Chauveau, sur Carré (*Loi de la proc.,* quest. 533); Bioche (v° Contr.
par corps, n° 87); Dalloz (*Rép.,* v° Contr. par corps, n° 642).
(2) *Voy.* Nancy, 9 déc. 1859 (S. V., 60, 2, 74; *J. Pal.,* 1860, p. 554; Dalloz, 60, 5,
84). *Voy.* aussi MM. Carré (*loc. cit.*); Coin-Delisle (art. 2060, n° 44); Sebire et Carteret (v° Contr. par corps, n° 228).
(3) Crim. rej., 14 juill. 1853; Crim. cass., 12 juin 1857 (S. V., 53, 1, 784; 57, 1,
621; Dalloz, 53, 5, 107; 57, 1, 371; *J. Pal.,* 1854, t. I, p. 402; 1857, p. 1202).

trainte par corps du droit pénal est gouvernée par des principes tout spéciaux. D'ailleurs, la législation criminelle a souvent varié, sous ce rapport, depuis le Code pénal de 1810.

Sous l'empire de ce Code, et d'après le système qu'il avait établi, la durée de la contrainte par corps était illimitée en principe. Seulement, il se pouvait que le condamné se trouvât dans un état d'absolue insolvabilité, ce qui devait être prouvé par les voies de droit, c'est-à-dire, aux termes de l'art. 420 du Code d'instruction criminelle, 1° par un extrait du rôle des contributions constatant qu'il payait moins de six francs, ou un certificat du percepteur de sa commune portant qu'il n'était point imposé; 2° par un certificat d'indigence délivré par le maire de la commune de son domicile ou par son adjoint, visé par le sous-préfet et approuvé par le préfet de son département. Et, dans ce cas, la contrainte n'avait pas de raison d'être : elle n'était plus qu'une rigueur inutile. Toutefois, la production de ces attestations n'avait pas pour effet immédiat de faire cesser la contrainte : comme, malgré tout, le condamné avait peut-être des ressources cachées, la loi cherchait dans une prolongation de l'emprisonnement un complément de preuve de l'insolvabilité. Elle lui fixait une durée supplémentaire qui variait suivant la nature et la gravité de la condamnation encourue : une année complète quand le condamné avait été frappé d'une peine afflictive ou infamante (C. pén., art. 53); six mois s'il s'agissait d'un délit (même article); quinze jours en matière de simple police (C. pén., art. 467 et 469). — D'ailleurs, le condamné n'était pas définitivement libéré : il obtenait seulement sa liberté provisoire, et restait toujours sous le coup de la contrainte, qui pouvait être reprise chaque fois qu'il lui survenait quelque moyen de solvabilité (art. 53). Enfin, ce bénéfice d'insolvabilité n'avait lieu que pour les condamnations intervenues au profit de l'État ; insolvable ou solvable, le condamné pouvait être retenu jusqu'à parfait payement par les particuliers (partie civile ou plaignante) qui avaient obtenu des restitutions ou des réparations civiles.

983. Le Code forestier, sans modifier précisément les principes du Code pénal, y apporta cependant quelques adoucissements. Ainsi, il laissa encore à la contrainte par corps sa durée illimitée en principe (art. 112). Il consacra le bénéfice d'insolvabilité du Code pénal, en y introduisant deux modifications en faveur du débiteur. D'une part, il réduisit la durée de l'emprisonnement imposé comme complément de preuve d'insolvabilité, et prit pour base, dans la proportionnalité qu'il établit, la quotité de l'amende et des autres condamnations pécuniaires (art. 213). D'une autre part, il consacra le bénéfice d'insolvabilité d'une manière plus complète que le Code pénal en l'accordant au débiteur même vis-à-vis des particuliers à la requête et dans l'intérêt desquels il avait été condamné (art. 217).

Ces dispositions du Code forestier ont été reproduites par la loi du 15 avril 1829 relative à la pêche fluviale, art. 78, 79 et 81.

984. Venons, enfin, au système de la loi du 17 avril 1832. D'abord, cette loi a emprunté au Code forestier plusieurs de ses dispositions.

Ainsi, en admettant en principe que l'effet de la contrainte tiendrait jusqu'à ce que le débiteur eût payé le montant des condamnations ou fourni une caution (art. 34), elle a maintenu le bénéfice d'insolvabilité, sauf quelques légères modifications quant à la proportionnalité. Prenant pour mesure de la prolongation de l'emprisonnement non pas la nature et la gravité de la condamnation, comme le Code pénal, mais la quotité de la dette, comme le Code forestier, elle a déclaré que l'emprisonnement serait de quinze jours lorsque l'amende et les autres condamnations pécuniaires n'excéderaient pas 15 francs, d'un mois lorsqu'elles s'élèveraient de 15 à 50 francs, de deux mois lorsque l'amende et les autres condamnations s'élèveraient de 50 à 100 francs, et de quatre mois lorsqu'elles excéderaient 100 francs (art. 35). Elle a étendu aussi, d'une manière générale, ce bénéfice d'insolvabilité aux condamnations prononcées au profit des particuliers (art. 39 et 40). Et statuant sur l'effet de ce bénéfice, elle a distingué : — l'élargissement que son insolvabilité aura procuré au débiteur sera provisoire quant aux restitutions, dommages-intérêts, et frais ; seulement, à la différence du Code pénal, d'après lequel la contrainte pouvait être reprise *chaque fois* qu'il survenait au condamné quelques moyens de solvabilité, la loi de 1832 a voulu que la contrainte ne pût être reprise qu'une fois ; — quant à l'amende, le condamné l'ayant payée de sa personne, on ne pourra plus la lui redemander sur ses biens (1) : donc, à cet égard, l'élargissement du débiteur pour cause d'insolvabilité sera définitif (art. 36).

Ensuite, et indépendamment de ces dispositions particulières au bénéfice d'insolvabilité, la loi de 1832 exigea que, dans tous les cas et quand bien même l'insolvabilité du débiteur pourrait être constatée, la durée de la contrainte fût déterminée, par le jugement même de condamnation, dans des limites déterminées. Mais, sur ce point, le législateur de 1832 faisait une distinction entre les condamnations prononcées en faveur des particuliers et les condamnations en faveur de l'État. Quant aux premières, s'agissait-il d'une condamnation n'excédant pas 300 francs, l'art. 39 donnait aux juges une latitude de six mois à cinq ans ; s'agissait-il d'une condamnation atteignant la somme de 300 francs ou dépassant cette somme, la durée de la contrainte devait être déterminée dans les limites fixées par l'art. 7, c'est-à-dire d'un an au moins à dix ans au plus (art. 40). Quant aux condamnations intervenues au profit de l'État, la durée de la contrainte devait être déterminée dans ces mêmes limites d'un an à dix ans, s'il s'agissait de sommes de 300 francs et au-dessus (même article) ; mais, lorsqu'il s'agissait de condamnations au-dessous de 300 francs, aucune limite n'était imposée, et l'art. 39 étant déclaré par la jurisprudence inapplicable au cas de condamnation prononcée au profit de l'État (2), on arrivait à cette anomalie difficile à comprendre que, tandis que les condamna-

---

(1) Rapport de M. Portalis (Dalloz, *Rép.*, v° Contr. par corps, p. 328, à la note n° 29).

(2) Crim. rej., 24 janv. 1835 ; Crim. cass., 20 mars 1835 (Dalloz, 35, 1, 107 et 253 ; S. V., 35, 1, 99 et 575 ; *J. Pal.*, à leur date).

tions les plus fortes n'entraînaient qu'un emprisonnement borné dans sa durée, l'emprisonnement inhérent aux plus faibles condamnations était, au contraire, indéfini ou illimité.

Enfin, pour compléter sur ce point l'exposé du système consacré par la loi de 1832, ajoutons que, dans un cas spécial, celui où il s'agit de condamnations s'élevant à 300 francs et au delà, soit en faveur d'un particulier, soit en faveur de l'État, une exception était faite, quant à la durée, au profit du septuagénaire. Si le débiteur avait commencé sa soixante-dixième année avant le jugement, les juges pouvaient réduire le minimum à six mois, et ils ne pouvaient dépasser un maximum de cinq ans. S'il atteignait sa soixante-dixième année pendant la durée de la contrainte, sa détention était de plein droit réduite à la moitié du temps qu'elle avait encore à courir aux termes du jugement (art. 40).

985. Les art. 8, 9 et 12 de la loi du 13 décembre 1848 se réfèrent à ces principes, qu'ils modifient seulement dans quelques détails et dont, dans quelques autres, ils rectifient l'expression. Et d'abord, la durée de la contrainte par corps, dans les cas prévus par l'art. 35 de la loi du 17 avril 1832, ne pourra excéder *trois mois* (art. 8, § 1er); c'est-à-dire que le maximum de cet emprisonnement infligé à titre de complément de preuve au débiteur qui aurait justifié de son insolvabilité suivant le mode prescrit par l'art. 420 du Code d'instruction criminelle est réduit d'un mois.

986. Ensuite, il n'y a plus aucun cas où la contrainte par corps ait une durée indéfinie ou illimitée, et par là disparaît l'anomalie ci-dessus signalée comme résultant de l'inapplicabilité de l'art. 39 de la loi de 1832 aux condamnations qui, intervenues en faveur de l'État, n'atteignaient pas 300 francs. Aux termes de l'art. 8, § 2 et 3, lorsque les condamnations auront été prononcées au profit d'une partie civile et qu'elles seront inférieures à 300 francs, si le débiteur fait les justifications prescrites par l'art. 39 de la même loi, la durée sera la même que pour les condamnations prononcées au profit de l'État. Lorsque *le débiteur de l'État ou de la partie civile* ne fera pas les justifications exigées par ledit article et par le § 2 de l'art. 420 du Code d'instruction criminelle, la durée de l'emprisonnement *sera du double*. Ainsi, d'une part, il n'y a plus de différence, en ce qui concerne la durée de l'emprisonnement pour les condamnations inférieures à 300 francs, entre le cas où la condamnation est intervenue au profit de l'État et celui où elle a été prononcée en faveur d'un particulier. D'une autre part, dans l'un et l'autre cas, la durée de l'emprisonnement, si le débiteur ne justifie pas de son insolvabilité, ne sera plus fixée dans les limites du minimum de six mois et du maximum de cinq ans déterminés par la loi du 17 avril 1832 (*suprà,* n° 984); elle sera seulement du double de ce qu'elle aurait dû être si le débiteur avait fait les justifications d'insolvabilité prescrites, c'est-à-dire trente jours lorsque les amendes et les autres condamnations pécuniaires n'excéderont pas 15 francs, deux mois lorsqu'elles s'élèveront de 15 à 50 francs, quatre mois lorsque

l'amende et les autres condamnations s'élèveront de 50 à 100 francs, et six mois lorsqu'elles s'élèveront de 100 à 300 francs.

Que si la condamnation prononcée soit en faveur d'un particulier, soit en faveur de l'État, s'élève au-dessus de cette somme de 300 francs, la durée de l'emprisonnement doit être fixée, par le jugement de condamnation, non plus dans les limites d'un an à dix ans posées dans l'art. 40 de la loi du 17 avril 1832 par référence à l'art. 7, mais dans les limites de six mois à cinq ans, conformément à la disposition générale de l'art. 12 de la loi du 13 décembre 1848, qui fixe ces limites pour tous les cas où la durée de la contrainte par corps n'est pas déterminée par cette dernière loi. Et, dans ce cas, le condamné doit être mis en liberté à l'expiration de la durée fixée par le jugement, sans avoir à justifier de son insolvabilité (1).

987. Enfin, par une dernière modification, la loi de 1848 a ajouté encore une faveur nouvelle à celle dont le débiteur septuagénaire avait été l'objet dans la loi de 1832. Si le débiteur, dit en effet l'art. 9 de la loi de 1848, a commencé sa soixante-dixième année avant le jugement, la contrainte par corps sera déterminée dans la limite de trois mois à trois ans; — et par là le législateur de 1848 réduit notablement les termes de six mois à cinq ans qui avaient été fixés par le législateur de 1832. — Si le débiteur a atteint sa soixante-dixième année avant d'être écroué ou pendant son emprisonnement, la durée de la contrainte sera, de plein droit, réduite à la moitié du temps qui restera à courir; — et par cette disposition générale la loi de 1848 accorde pour toutes les condamnations, sans acception de sommes, un bénéfice dont, d'après l'art. 40 de la loi de 1832 (suprà, n° 984), le débiteur septuagénaire ne jouissait que dans le cas de condamnation supérieure à 300 francs (2).

988. Tel est l'état actuel de la loi en ce point. Donc si, en principe, la contrainte par corps du droit pénal s'attache à la condamnation et en est une conséquence légale (suprà, n° 979), il est cependant nécessaire, à ce point de vue spécial de sa durée, qu'elle soit prononcée par le jugement, sinon pour les condamnations inférieures à 300 fr., la durée étant fixée alors par la loi elle-même, au moins pour les condamnations excédant cette somme, la loi se bornant à déterminer, pour ces dernières condamnations, un minimum et un maximum entre lesquels les juges ont la faculté de se mouvoir, mais doivent nécessairement prononcer.

Toutefois, même dans le cas où les réparations pécuniaires s'élèvent au-dessus de 300 francs, une exception doit être naturellement faite à la nécessité pour les juges de déterminer la durée de la contrainte : c'est lorsque ces réparations sont accordées accessoirement à une condamnation *perpétuelle*, et à plus forte raison à une condamnation *capitale*. Il est souvent arrivé que, dans la prévision d'une grâce ou d'une commu-

---

(1) *Voy.* Crim. cass., 24 janv. 1835, et surtout les conclusions de M. l'avocat général Parant (S. V., 35, 1, 99).
(2) *Voy.* MM. Durand (p. 285, n° 74); Troplong (n° 779).

tation de peine, des cours d'assises ont fixé la durée de la contrainte même dans ce cas. En cela, elles sont allées contre la nature même des choses, la fixation de la contrainte étant inconciliable avec les peines perpétuelles et la peine capitale. Aussi la Cour suprême a-t-elle cassé les décisions contraires lorsqu'elles lui ont été dénoncées, sans que la prévision de la grâce ou d'une commutation de peine ait pu les soustraire à sa censure, en ce qu'il n'appartient pas au juge de prévoir ce cas, et à l'aide d'une supposition qu'il n'a pas le droit de faire, de s'attribuer un pouvoir que la loi ne lui reconnaît pas. Seulement, l'irrégularité n'entraîne qu'une cassation par voie de simple retranchement et sans renvoi à une autre Cour (1).

989. Sauf ce cas, la fixation de la durée de la contrainte par le jugement est de toute nécessité quand la condamnation pécuniaire s'élève à 300 francs. Par où l'on voit qu'à ce point de vue de la fixation de la durée de la contrainte, il y a une fort grande importance à préciser les éléments qui doivent concourir à la formation de cette somme de 300 francs.

On y doit comprendre seulement les frais fixés et déterminés au moment où est rendu le jugement de condamnation et ceux qui sont une conséquence nécessaire de la prononciation de ce jugement, par exemple les frais de timbre et d'enregistrement. Quant aux frais d'expédition, de signification, de commandement, de capture, et généralement ceux qui sont faits après la condamnation, on n'en devra pas tenir compte, car ils sont éventuels et nécessairement incertains quand intervient le jugement. Nous ne saurions donc admettre la doctrine émise par la régie de l'enregistrement dans l'instruction générale du 27 janvier 1853, d'après laquelle ces derniers frais, étant la conséquence du jugement, devraient être réunis aux autres pour déterminer le temps de la détention. Tout ce qu'on peut dire, c'est que si le condamné voulait obtenir son élargissement avant l'expiration du délai fixé, il devrait, par application des art 798 et 800 du Code de procédure (*suprà*, n°s 902 et suiv.), rembourser les frais de capture et d'emprisonnement avec le montant de la condamnation principale (2).

990. Que si l'on était en présence d'un individu frappé de plusieurs condamnations distinctes dont chacune est inférieure à 300 francs, quelle serait la durée de l'emprisonnement? Ce ne serait pas le cas d'appliquer l'art. 27 de la loi du 17 avril 1832, d'après lequel le condamné devrait obtenir son élargissement à l'expiration de la durée de la contrainte la plus longue (*suprà*, n° 916); car l'article précité étant placé non sous la rubrique des dispositions générales, mais sous celle des dispositions communes à la contrainte par corps en matière commerciale, en matière civile, et contre les étrangers, est par cela même inapplicable à la contrainte par corps en matières criminelle, correctionnelle

---

(1) *Voy.* notamment Crim. cass., 19 et 27 avr. 1838, 8 sept. 1842, 4 juill. 1844, 13 juin 1859, 19 sept. 1861, 17 sept. 1863 (Dalloz, 61, 5, 112; 64, 5, 77; *Rép.*, v° Contr. par corps, n°s 693 et suiv.).

(2) *Voy.* M. Sourdat (*Rev. crit.*, t. XVI, p. 339-344).

et de police, qui est, dans la loi, l'objet d'un titre spécial et distinct. Ce n'est pas le cas non plus de cumuler les condamnations et de déterminer la durée de l'emprisonnement d'après le montant total de la dette ; car il est impossible d'admettre que des décisions judiciaires distinctes puissent réagir entre elles, en ce sens que les unes viennent modifier les autres dans les effets y attachés. Il faudra donc, en prenant chaque jugement séparément, considérer que de chacun résulte une dette distincte, laquelle doit jouir de la garantie exceptionnelle que lui accorde la loi ; en sorte qu'il y aura autant de contraintes distinctes que de condamnations, et qu'elles devront être exercées indépendamment les unes des autres, et chacune dans les limites qui lui sont propres eu égard au chiffre de la condamnation (1). Ainsi, soit quatre condamnations de 15 francs chacune, le condamné n'obtiendra son élargissement qu'après un emprisonnement de deux mois composés de quatre périodes successives de quinze jours.

991. La nécessité de fixer la durée de la contrainte étant inhérente au chiffre même de la condamnation, le juge ne saurait faire la fixation sans avoir au préalable liquidé la dette. Le défaut de liquidation entraînerait donc la nullité du jugement (2), à moins qu'il ne fût certain par avance et avant toute liquidation que la dette dépassera la somme de 300 francs (3). Seulement, il ne s'agit là que d'une nullité partielle, qui, en laissant subsister le jugement de condamnation dans ses dispositions principales, entraîne le renvoi à d'autres juges uniquement pour qu'il soit procédé à la liquidation.

992. Il en est de même en cas d'omission par les juges de fixer la durée de la contrainte alors que, la condamnation étant supérieure à 300 francs, ils ne pouvaient pas se dispenser de le faire. Il résulte néanmoins d'un arrêt de la Cour de cassation que les juges qui ont omis de fixer la durée de la contrainte par corps pour les frais, dommages-intérêts ou amendes, peuvent réparer cette omission par un jugement ultérieur (4). Mais il faut préférer la solution plus généralement admise en matière civile, où la question s'est élevée également. Donc, on ne saurait admettre ni que les juges puissent s'y reprendre après coup pour réparer l'irrégularité par eux commise, ni que l'omission relative à la fixation de la durée doive être considérée comme impliquant une contrainte limitée de plein droit au minimum. Nous tenons, par les motifs déduits plus haut (n° 887), qu'il y a là une contravention à la loi et une nullité partielle de la décision qui en est entachée (5).

VII. — 993. L'*effet* de la contrainte est le même en matière pénale qu'en matière civile et en matière commerciale. La contrainte y est aussi, non point une peine proprement dite, mais un moyen de coac-

---

(1) M. Sourdat (*loc. c.t.*, p. 344-356). *Contrà*, M. Dalloz (v° Cont. par corps, n° 700).
(2) *Voy.* Crim. cass., 6 et 20 avr., 18 mai, 8 juin et 8 juill. 1837, 22 sept. 1859 (S. V., 38, 1, 903; 60, 1, 921; Dalloz, 59, 1, 430 ; *J. Pal.*, 1860, p. 64).
(3) *Voy.* Crim. rej., 11 avr. 1861 (Dalloz, 61, 5, 112).
(4) Crim. cass., 12 juin 1857 (S. V., 57, 1, 621; *J. Pal.*, 1857, p. 1202; Dalloz, 57, 1, 371).
(5) *Voy.* Crim. cass., 13 juin 1861 (*J. Pal.*, 1862, p. 1003).

tion, une épreuve de solvabilité. Sans doute, elle y est appliquée avec la plus grande généralité, et même elle y tient lieu souvent de la peine et la remplace, en ce sens que sans elle, dans un nombre infini de cas où l'amende est l'unique peine prononcée contre le délinquant, les condamnés, qui sont ou se disent insolvables, resteraient absolument impunis. Néanmoins, elle ne doit pas être confondue avec la peine proprement dite. Le législateur lui-même l'en a distinguée en exprimant que, « dans tous les cas, la contrainte par corps *est indépendante* des peines prononcées contre les condamnés. » (L. 1832, art. 37; C. for., art. 214; I. 1829, art. 80). Si donc, en cette matière, la contrainte par corps est appliquée d'une manière toute générale, si elle s'attache à toutes les condamnations, c'est que la classe des débiteurs qu'elle atteint est moins favorable et mérite moins de ménagements que la classe des débiteurs civils et commerciaux. Mais le moyen n'en conserve pas moins son caractère propre et ses effets. Par suite; en matière pénale comme en toute autre matière, l'exécution de la contrainte par corps n'empêche ni ne suspend la poursuite sur les biens.

VIII. — 994. En ce qui concerne les moyens par lesquels le condamné peut empêcher ou faire cesser l'exercice de la contrainte par corps, il y a des différences importantes entre les matières pénales et les matières civiles ou commerciales.

995. Le condamné ne saurait invoquer le bénéfice de cession de biens, ni obtenir l'élargissement que procure la faillite, tantôt provisoirement, tantôt définitivement. Il n'a pas non plus la faculté de faire cesser l'emprisonnement d'une manière provisoire, en payant ou en consignant le tiers de la dette : les art. 24-26 de la loi du 17 avril 1832 sont étrangers aux matières pénales.

996. Mais, d'un autre côté, le condamné a un moyen d'obtenir son élargissement provisoire sans payer aucune partie de la dette, à la charge de donner caution, conformément aux art. 34 et 39 de la loi du 17 avril 1832. D'ailleurs, cette caution n'est elle-même contraignable par corps que dans les termes de l'art. 2060, n° 5, c'est-à-dire si elle s'est soumise à la contrainte.

997. Enfin, on peut rappeler ici le bénéfice d'abréviation de la durée de la contrainte que procure au condamné la preuve de son insolvabilité . c'est là un bénéfice propre aux matières pénales.

DE LA CONTRAINTE PAR CORPS EN MATIÈRE DE DENIERS ET EFFETS MOBILIERS PUBLICS.

SOMMAIRE.

I.   998. La sanction de la contrainte par corps pour la dette des deniers publics est très-ancienne dans la législation française ; elle a été constamment maintenue. — 999. La matière est régie principalement aujourd'hui par la loi du 17 avril 1832 : elle est administrative plus que judiciaire.

II.   1000. La contrainte par corps forme ici l'exception, non la règle : les cas dans lesquels elle est applicable, quoique quelques-uns soient fort généraux, sont cependant limitativement énumérés. — 1001. Elle a lieu spécialement :

1° contre les comptables de deniers ou d'effets mobiliers publics; — 1002. 2° Contre les cautions de ces comptables, et cela de plein droit, sans soumission formelle; — 1003. 3° Contre les agents ou préposés de ces mêmes comptables qui ont personnellement géré ou fait la recette; — 1004. 4° Contre toutes personnes qui ont reçu ou perçu des deniers ou effets mobiliers publics; — 1005. 5° Contre les comptables des biens des communes, des hospices et des établissements publics, les cautions, agents et préposés de ces comptables; — 1006. 6° Contre les entrepreneurs, fermiers, traitants et sous-traitants qui ont soumissionné des marchés publics; — 1007. 7° Contre leurs cautions; — 1008. 8° Contre leurs agents et préposés; — 1009. 9° Contre toutes personnes déclarées responsables de leurs entreprises; — 1010. 10°. Contre les débiteurs de droits de douane, octroi, contributions indirectes. — 1011. Il y a encore lieu à la contrainte administrative, d'après le Code forestier et la loi sur la pêche fluviale, contre les adjudicataires des coupes de bois de l'État ou des cantonnements de pêche, leurs cautions et associés. — 1012, 1013. Objet de la contrainte par corps. — 1014. Elle est toujours impérative.

III.   1015. Elle diffère de la contrainte par corps en matière civile en ce que les femmes, mariées ou non mariées, y sont soumises de la même manière que les hommes; — 1016. Mais elle n'a pas lieu contre les septuagénaires. *Quid* des mineurs et en général des exemptions soit relatives, soit absolues, établies en matière civile?

IV.   1017. La somme pour laquelle la contrainte peut être exercée est fixée au minimum de 300 francs, comme en matière civile; mais il faut avoir égard seulement à la dette *principale*.

V.   1018. En ce qui concerne le titre en vertu duquel la contrainte est exercée, on doit se référer aux lois spéciales administratives.

VI.   1019. La durée de la contrainte administrative est déterminée, comme en matière civile, par l'autorité investie du droit de prononcer la contrainte elle-même, et dans les mêmes limites qu'en matière civile.

VII.   1020. Les effets de la contrainte et les moyens par lesquels le débiteur en empêche ou en fait cesser l'exercice sont également les mêmes qu'en matière civile.

VIII. 1021. Transition à la contrainte par corps contre les étrangers.

I. — 998. La sanction de la contrainte par corps a été, pour ainsi dire, de tout temps attachée, en France, à la dette des deniers publics. M. Coin-Delisle rappelle deux ordonnances de 1254 et 1256 dans lesquelles saint Louis, en défendant la contrainte par corps dans ses domaines, exceptait la dette des deniers royaux (1). L'ordonnance de 1667, tit. 34, art. 5, en abrogeant l'ordonnance de Moulins, consacra la même réserve; et, depuis, la règle a été constamment maintenue dans la législation. C'est que la créance du fisc est, après tout, la créance de tout le monde, et qu'ainsi il y a un intérêt public à en assurer le recouvrement par cette garantie exceptionnelle de la contrainte par corps, plus propre qu'aucune autre, par sa nature même, à prévenir les infidélités et les malversations de la part du débiteur. Aussi voit-on que la Convention elle-même, après avoir aboli ce moyen d'exécution d'une manière générale par ce décret fameux du 9 mars 1793, voté d'enthousiasme sur la proposition de Danton, se ravisa peu de jours après, et décréta, dès le 30 du même mois, « que les comptables qui avaient eu ou qui avaient alors le maniement des deniers appartenant à la république française, les fournisseurs qui avaient reçu des avances du

_____

(1) *Voy.* M. Coin-Delisle (*loc. cit.*, p. 95, n° 1). *Junge :* M. Troplong (n° 445).

Trésor public et autres, ses débiteurs directs, étaient et demeuraient exceptés, et seraient poursuivis, même par la voie de la contrainte par corps, pour l'exécution de leurs engagements. »

999. La contrainte par corps en matière de deniers et effets mobiliers publics est aujourd'hui principalement régie par la loi du 17 avril 1832, qui, dans une énumération des cas divers où les débiteurs comptables envers l'État peuvent être contraints par corps, présente le relevé des lois spéciales, d'ailleurs fort nombreuses, auxquelles l'art. 2070 du Code Napoléon s'était référé. Néanmoins, ces lois, quoique maintenant abrogées quant aux dispositions relatives aux cas où la contrainte peut être prononcée contre les débiteurs de l'État, subsistent encore dans leurs dispositions relatives au mode des poursuites à exercer contre ces mêmes débiteurs (l. 17 avril 1832, art. 46) : il faut en tenir compte à ce dernier point vue (voy. *infrà*, n° 1018).

Du reste, la matière est administrative et de droit public plus que judiciaire, bien qu'elle se trouve réglée par la loi du 17 avril 1832, dans le titre relatif à la contrainte par corps en matière civile. Mais la loi a pris le soin d'en faire l'objet d'une section distincte et séparée. En cela, elle a corrigé dans une certaine mesure le classement absolument erroné de la loi du 15 germinal an 6, dont les rédacteurs confondirent non pas seulement dans un seul titre, mais dans les mêmes dispositions, et la contrainte par corps du droit civil et la contrainte relative aux administrateurs des deniers publics (tit. Ier, art. 3 et 4). C'est pourquoi nous ne voudrions pas faire aux rédacteurs de la loi de 1832 le reproche que leur adresse M. Troplong, et même en termes assez vifs, d'avoir donné l'exemple de législateurs qui ignorent les premières divisions de la science (1). En définitive, la loi fait à cette application de la contrainte une place à part ; elle lui assigne son rang ; elle en règle même les conditions sous une rubrique spéciale, qui montre clairement la pensée de la distinguer des autres applications auxquelles se réfèrent les sections ou les titres précédents et suivants de la loi. Tout ce qu'on pourrait reprocher aux législateurs de 1832, ce serait donc d'avoir présenté les dispositions comprises sous cette rubrique comme une section du titre II, au lieu de les donner comme formant elles-mêmes un titre distinct.

Quoi qu'il en soit, nous le répétons, la matière dont nous avons à nous occuper maintenant est administrative et de droit public plus que judiciaire. Néanmoins, la contrainte par corps en matière de deniers et effets mobiliers publics, la contrainte en matière administrative, qu'on peut appeler aussi *contrainte administrative,* sauf à ne pas la confondre avec les actes de l'administration auxquels on donne plus habituellement cette dernière dénomination, a toujours son caractère propre d'épreuve de solvabilité comme en toute autre matière. C'est ce que nous allons reconnaître en nous occupant des cas où elle a lieu, des exemptions qu'elle comporte, du titre en vertu duquel elle peut être exercée, de sa

_____

(1) *Voy*. M. Troplong (n° 453).

durée, de ses effets et des moyens par lesquels le débiteur en peut empêcher ou faire cesser l'exercice.

II. — 1000. Les cas où a lieu la contrainte par corps en matière administrative ne sont pas fixés sous forme de principe général comme en matière commerciale et en matière pénale : ils sont déterminés par voie d'énumération, comme pour les matières civiles. A la vérité, l'énumération est faite très-largement; et, soit à raison du caractère notablement compréhensif de quelques-unes des hypothèses enumérées, soit à raison du nombre même des hypothèses prévues, on peut dire que la plupart des situations où l'on se trouve débiteur du fisc sont comprises dans l'énumération faite par la loi. Mais le fait même que le législateur a procédé ici par cette voie, assigne à la contrainte un caractère exceptionnel; en sorte qu'en toute circonstance qui ne pourrait pas rentrer dans l'une des dispositions formelles de la loi, la contrainte par corps resterait inapplicable. L'application qui en serait faite alors impliquerait violation de l'art. 2063 du Code Napoléon, dont la disposition régit toute la matière de la contrainte par corps.

Ceci rappelé, venons aux cas expressément enumérés par le législateur.

1001. Aux termes de la loi du 17 avril 1832, la contrainte par corps spéciale au droit administratif a lieu : 1° Contre les comptables de deniers ou d'effets mobiliers publics, pour raison du reliquat de leurs comptes, déficit ou débet contatés à leur charge, et dont ils ont été déclarés responsables (art. 8, n° 1) : disposition très-générale, qui comprend les receveurs généraux et particuliers, les percepteurs, les caissiers, les receveurs de l'enregistrement et des douanes, tous ceux en un mot qui sont dépositaires et comptables de deniers ou d'effets mobiliers appartenant à l'État;

1002. 2° Contre les cautions de ces comptables (art. 8, n° 1) : et ces cautions sont contraignables de plein droit, même en l'absence de toute soumission formelle de leur part à la contrainte par corps; il y a ici dérogation à l'art. 2060, n° 5, du Code Napoléon ;

1003. 3° Contre les agents ou préposés des mêmes comptables, lorsque ces agents ou préposés ont personnellement géré ou fait la recette (art. 8, n° 2) : le maniement personnel qu'ils ont eu des fonds de l'État les en rend naturellement comptables, et par cela seul responsables sous les mêmes garanties;

1004. 4° Contre toutes personnes qui ont perçu des deniers publics dont elles n'ont pas effectué le versement ou l'emploi, ou qui, ayant reçu des effets mobiliers appartenant à l'État, ne les représentent pas, ou ne justifient pas de l'emploi qui leur avait été prescrit (art. 8, n° 3) : disposition qui, dans sa généralité, embrasse non point les fonctionnaires ou les agents de l'administration, auxquels s'appliquent les dispositions précédentes, mais les simples particuliers qui, ayant traité ou contracté avec l'État, se trouvent, à ce titre, soit dépositaires de deniers ou d'effets mobiliers publics, soit mandataires;

1005. 5° Contre les comptables chargés de la perception des deniers ou de la garde et de l'emploi des effets mobiliers appartenant aux communes, aux hospices et aux établissements publics, ainsi que contre leurs cautions et contre leurs agents et préposés ayant personnellement géré ou fait la recette (art. 9) : la disposition, en se référant à l'art. 8, relatif aux comptables de deniers ou d'effets mobiliers appartenant à l'*État*, reproduit seulement les deux premiers numéros de ce dernier article ; elle ne fait pas même allusion au troisième, en sorte que les simples particuliers qui, ayant traité avec les communes, les hospices, les établissements publics, sont mandataires ou dépositaires de deniers ou effets mobiliers a eux appartenant, ne sont pas, cependant, contraignables par corps pour cette cause ;

1006. 6° Contre tous entrepreneurs, fournisseurs, soumissionnaires et traitants, qui ont passé des marchés ou traités intéressant l'État, les communes, les établissements de bienfaisance et autres établissements publics, et *qui sont déclarés débiteurs par suite de leurs entreprises* (art. 10, n° 1) : mais il ne faut pas conclure de ces dernières expressions de la loi que la contrainte administrative serait encourue par ces entrepreneurs, fournisseurs, soumissionnaires, par cela seul qu'ils seraient condamnés pour n'avoir pas exécuté et accompli les travaux ; dans la pensée de la loi, cette espèce de contrainte est attachée aux condamnations portant spécialement sur des *deniers publics,* par exemple à celles qui auraient pour objet les avances faites au fournisseur ou à l'entrepreneur par l'État, la commune ou l'établissement public, et dont il serait redevable (1) ;

1007. 7° Contre les cautions de ces entrepreneurs, fournisseurs, soumissionnaires et traitants (art. 10, n° 2) : elles sont contraignables de plein droit, comme celles des comptables (*suprà*, n° 1002), sans soumission formelle à la contrainte, par dérogation à l'art. 2060, n° 5, du Code Napoléon ;

1008. 8° Contre les agents et préposés qui ont personnellement géré l'entreprise (art. 10, n° 2) : disposition introduite dans la loi, selon l'explication de M. Parant dans son Rapport à la Chambre des députés (2), en vue d'atteindre les personnes véritablement intéressées dans les entreprises et fournitures, telles que les sous-traitants, qui dissimulent leur sous-traité et qui n'en gèrent pas moins personnellement l'entreprise ;

1009. 9° Contre toutes personnes déclarées responsables des mêmes services (art. 10, n° 2), lesquelles, bien qu'elles n'aient pas géré personnellement, peuvent être également considérées comme des sous-traitants ;

1010. 10° Et contre tous redevables, débiteurs et cautions de droits de douane, d'octroi et autres contributions indirectes, qui ont obtenu un crédit et qui n'ont pas acquitté à échéance le montant de leurs soumissions ou obligations (art. 11). Mais par ce mot *redevables,* il ne faut

---

(1) *Voy.* M. Troplong (n° 469). Comp. M. Coin-Delisle (p. 95, n° 5).
(2) *Voy.* le Rapport dans le *Rép.* de M. Dalloz (v° Contr. par corps, p. 332, aux notes, n° 51).

pas entendre toutes personnes tenues au payement des droits, car, en principe, les particuliers débiteurs de l'impôt, soit direct, soit indirect, bien qu'ils soient débiteurs du fisc, ne sont pas, pour cela, contraignables par corps. La loi entend parler des personnes qui, en matière de douane, d'octroi et de contributions indirectes, prennent avec l'État, pour le montant des droits, des engagements au moyen desquels elles obtiennent la libre disposition des objets soumis à ces droits et qui en sont le gage (1). Ce sont ces personnes seulement qui, pour l'inexécution des engagements pris par elles, sont passibles de la contrainte par corps administrative, aux termes de l'art. 11 de la loi de 1832.

1011. Enfin, pour compléter l'énumération, ajoutons que d'après le Code forestier (art. 24 et 28), dont les dispositions sont réservées par l'art. 46 de la même loi, et aussi d'après la loi sur la pêche fluviale (art. 18 et 22), qui reproduit les dispositions du Code forestier, il y a encore lieu à la contrainte par corps du droit administratif : 1° contre les adjudicataires soit des coupes de bois de l'État, soit des cantonnements de pêche, tant pour le payement du prix principal de l'adjudication que pour accessoires et frais (C. for., art. 28 ; l. 15 avril 1829, art. 22) ;

1012. 2° Contre les associés de ces adjudicataires et leurs cautions (mêmes articles) : les cautions sont en outre obligées, solidairement et par les mêmes voies, au payement des dommages, restitutions et amendes qu'aurait encourues l'adjudicataire (*suprà*, n° 969) ;

1013. 3° Contre les mêmes adjudicataires, lorsque, faute d'avoir fourni les cautions exigées par le cahier des charges, ils sont déclarés déchus, pour la différence entre leur prix et celui de la revente (C. for., art. 24 ; l. 15 avril 1829, art. 18).

1014. Tels sont les cas auxquels la loi attache la contrainte par corps administrative. Et nous ferons remarquer qu'en ceci elle dispose impérativement. Il n'y a donc pas à faire état, en cette matière, de la distinction entre la contrainte par corps impérative et la contrainte par corps facultative. La contrainte est toujours impérative en matière de deniers et d'effets mobiliers publics ; on n'y rencontre aucun cas où elle soit purement facultative.

III. — 1015. En ce qui concerne les *personnes* contre lesquelles la contrainte peut être prononcée, l'art. 12 de la loi du 17 avril 1832 établit une différence notable entre les matières administratives et les matières civiles. Aux termes de cet article, la contrainte par corps du droit administratif peut être prononcée contre les femmes et les filles. Ainsi, mariées ou non mariées, les femmes sont, en ce point, soumises à la loi commune de la même manière que les hommes. C'est qu'en effet, il en est un très-grand nombre qui sont comptables de deniers publics ; elles peuvent également se porter caution, et même entreprendre, en leur nom, des travaux plus ou moins considérables. En cela, elles se livrent

(1) *Voy.* le Rapport fait sur le projet de loi dont la discussion, engagée en 1830, fut arrêtée par la révolution de juillet (M. Coin-Delisle, *loc. cit.*).

à une profession, à une industrie qui supposent en elles autant d'expérience que chez celles qui font le commerce; il n'y avait pas de raison pour les traiter avec plus de faveur que celles-ci (1).

1016. Mais c'est l'unique différence qui, sous ce rapport, existe entre la contrainte par corps du droit administratif et celle du droit civil.

Ainsi, quant aux exemptions absolues résultant de l'âge, elles doivent être admises en matière administrative comme en matière civile, les intérêts du fisc devant, selon l'expression de M. Portalis, céder, comme tous les autres intérêts, à la voix puissante de la morale et de la nature (2). C'est incontestable par rapport aux septuagénaires, puisque l'art. 12 de la loi du 17 avril 1832 s'en explique en termes exprès dans sa disposition finale. Et cela ne saurait être contesté par rapport aux mineurs, bien que la loi de 1832 garde un silence absolu à leur égard. On a dit pourtant, en interprétant ce silence contre les mineurs, qu'ils devraient être déclarés contraignables, puisque la loi ne crée d'exception que pour les septuagénaires (3). Il est plus vrai et plus juste de dire qu'ayant soumis à la contrainte les femmes et les filles qui habituellement en sont affranchies, le législateur de 1832 n'eût pas manqué d'y soumettre également les mineurs s'il eût entendu leur enlever, en cette matière, le bénéfice de l'exemption dont ils jouissent habituellement en raison de leur âge. Si la loi est muette à leur égard, c'est sans doute parce qu'elle a supposé qu'on ne rencontrerait pas dans la catégorie soit des comptables de deniers publics, soit des entrepreneurs qu'elle soumet à la contrainte administrative, des personnes non encore parvenues à leur vingt et unième année. Mais enfin, si le fait venait à se produire, la raison et la morale, auxquelles M. Portalis a fait appel dans son Rapport, commanderaient d'interpréter le silence de la loi en faveur du comptable ou du soumissionnaire mineur : les septuagénaires étant exemptés à cause de leur âge avancé, il n'y a pas de raison pour que les mineurs ne soient pas exemptés à cause de leur jeunesse (4). Nous appliquons donc ici, à cet égard, tout ce que nous avons dit plus haut en traitant de la contrainte par corps en matière civile (*suprà*, nᵒˢ 838-840).

Quant aux exemptions relatives qui, sans toucher au droit même, portent seulement sur l'exercice du droit en ce sens qu'elles ne permettent pas d'exécuter une contrainte par corps d'ailleurs légalement prononcée, elles doivent également être admises en matière administrative, en sorte que sur ce point encore nous n'avons qu'à nous référer aux règles précédemment exposées (*suprà*, nᵒˢ 849-857).

IV. — 1017. La *somme* pour laquelle la contrainte par corps peut être exercée est, en matière administrative comme en matière civile,

---

(1) *Voy.* le Rapport de M. Parant, dans le *Rép.* de M. Dalloz (vᵒ Contr. par corps, p. 322, aux notes, nᵒ 51).

(2) *Voy.* le Rapport de M. Portalis à la Chambre des pairs (*ibid.*, p. 326, à la note, nᵒ 18).

(3) *Voy.* MM. Sebire et Carteret (*Encycl.*, vᵒ Contr. par corps, nᵒ 190).

(4) *Voy.* M. Coin-Delisle (p. 90, nᵒ 8). *Voy.* aussi le Rapport de M. Portalis (*loc. cit.*).

fixée à un minimum de 300 francs par l'art. 13 de la loi du 17 avril 1832. Mais remarquons le texte de la loi : il exprime que la contrainte par corps n'aura jamais lieu que pour une somme *principale excédant* 300 francs. Et de là il résulte : d'une part, qu'il ne suffit pas que la somme atteigne 300 francs, il faut qu'elle dépasse, qu'elle excède 300 francs, comme en matière civile, pour les dommages et intérêts, conformément à l'art. 126 du Code de procédure (*suprà*, n°s 833 et 861); d'une autre part, que, pour déterminer le chiffre de 300 francs, il faut avoir égard seulement à la dette principale, et laisser à l'écart les intérêts et autres accessoires. Sous ce dernier rapport, la règle du droit administratif est semblable, non à celle du droit civil, mais à celle du droit commercial.

V. — 1018. En ce qui concerne le mode à suivre pour l'exercice de la contrainte par corps et le *titre* en vertu duquel elle peut être exercée en matière civile, il faut se référer aux lois spéciales par lesquelles la contrainte a été établie. Ces lois ont été abrogées, sans doute; mais l'art. 46 de la loi de 1832 limite l'abrogation aux seules dispositions relatives au cas où la contrainte peut être prononcée contre les débiteurs de l'État, des communes et des établissements publics. Le même article réserve expressément les dispositions des lois antérieures qui concernent le mode des poursuites à exercer contre ces mêmes débiteurs, et celles du titre XIII du Code forestier, de la loi sur la pêche fluviale, ainsi que les dispositions relatives au bénéfice de cession. Toutes ces dispositions, dit l'art. 46 de la loi de 1832, sont maintenues et continueront d'être exécutées.

VI. — 1019. La durée de la contrainte par corps, en matière administrative, doit être fixée comme en matière civile. A cet égard, l'art. 13 de la loi de 1832 se référait au § 1er de l'art. 7, et par conséquent la contrainte administrative, d'après ce texte, devrait être d'un an au moins et de dix ans au plus. Mais, sous ce rapport, la situation du débiteur a été améliorée par la loi du 13 décembre 1848, dont l'art. 12 a réduit le minimum à six mois et le maximum à cinq ans. C'est donc dans ces dernières limites que doit être fixée la durée de la contrainte administrative. — Mais il y a ceci à remarquer, qu'à la différence de la contrainte par corps du droit civil, laquelle doit être déterminée dans sa durée par un jugement, la contrainte du droit administratif est fixée, sous ce rapport, par l'autorité administrative qui en fait l'application. Quelques auteurs, estimant qu'il y aurait péril à tout abandonner, en cette matière, à un seul fonctionnaire, décident que, la contrainte une fois prononcée, un jugement doit intervenir pour en régler la durée (1). La solution est absolument contraire au principe de la séparation des pouvoirs administratif et judiciaire. L'acte administratif remplace ici le jugement; et puisque la loi confère à celui ou à ceux de qui cet acte émane le droit de prononcer la contrainte, on ne voit pas en quoi il

---

(1) *Voy.* M. Génouvier (sur l'art. 13 de la loi de 1832). Comp. M. Duranton (n° 496, au sommaire).

serait plus dangereux ou plus grave de leur laisser aussi le droit de fixer la durée de l'emprisonnement. — Sauf cette différence, on appliquera, en matière administrative, les mêmes règles, en général, qu'en matière civile (*suprà*, n°ˢ 884-889).

VII. — 1020. Il en est de même par rapport soit à l'effet de la contrainte par corps (n°ˢ 890 et 891), soit aux moyens par lesquels le débiteur peut empêcher ou faire cesser l'exercice de ce moyen d'exécution (n°ˢ 892 et suiv.). Notamment, le payement du tiers de la dette pourra procurer au débiteur son élargissement provisoire s'il a lieu conformément à l'art. 24 de la loi du 17 avril 1832 (*suprà*, n° 900). Cet article avait excepté seulement les dettes commerciales, en quoi, d'ailleurs, la disposition en a été modifiée par l'art. 6 de la loi du 13 décembre 1848 (*suprà*, n° 965).

VIII. — 1021. Telles sont les observations qu'il nous a paru utile de présenter touchant les lois spéciales auxquelles se réfère l'art. 2070 du Code Napoléon, et dont il réserve l'application. Ici se termine donc notre commentaire du titre relatif à la contrainte par corps. Toutefois, avant de passer au commentaire du titre suivant, nous ne pouvons nous dispenser de nous arrêter à une application particulière qui touche au droit public, et qui a été l'objet de dispositions exceptionnelles, dans cette matière elle-même exceptionnelle : nous voulons parler de la contrainte par corps envers les étrangers. En quoi consistent les mesures prises par la loi à cet égard ? En faveur de qui sont-elles établies ? Contre qui sont-elles autorisées ? En quels cas peuvent-elles être employées ? C'est ce que nous allons examiner par complément aux observations qui précèdent.

DE LA CONTRAINTE PAR CORPS CONTRE LES ÉTRANGERS.

SOMMAIRE.

VIII. 1034. Le débiteur étranger peut empêcher ou faire cesser l'emprisonnement par les mêmes moyens que le débiteur français. Exception quant à la déclaration d'excusabilité après faillite.

§ 2. — *Arrestation provisoire opérée avant tout jugement de condamnation.*

IX. 1035. En quels cas il y a lieu à l'arrestation provisoire d'un débiteur étranger. Conditions exigées pour qu'elle puisse être opérée.

X. 1036. En ce qui concerne les exemptions et la somme pour laquelle l'arrestation provisoire peut avoir lieu, les règles sont les mêmes que pour la contrainte par corps proprement dite.

XI. 1037. Le titre est une ordonnance rendue sur requête par le président du tribunal civil. Formes. L'ordonnance est-elle susceptible d'appel?

XII. 1038. La durée de l'emprisonnement ne peut dépasser huit jours.

XIII. 1039. Des moyens offerts au débiteur pour empêcher ou faire cesser l'exercice du droit accordé au créancier. Spécialement des moyens propres à l'arrestation provisoire : 1° demande d'élargissement faute par le créancier de s'être pourvu en condamnation dans la huitaine de l'arrestation; — 1040. 2° Justification, par le débiteur, qu'il a sur le territoire français soit un établissement de commerce, soit des immeubles d'une valeur suffisante; — 1041. 3° Cautionnement par une personne domiciliée en France et reconnue solvable.

§ 3. — *Observations communes aux deux mesures.*

XIV. 1042. Les deux mesures ne sont pas applicables d'une manière absolue; l'application en est subordonnée à des conditions qui ont trait soit à la personne du créancier, soit à la personne du débiteur. — 1043. D'une part, les créanciers *français* peuvent seuls se prévaloir des dispositions exceptionnelles de la loi. — 1044. Ainsi, le créancier d'un étranger ne le pourrait pas s'il était lui-même *étranger*. *Quid* s'il avait été autorisé à établir son domicile en France, conformément à l'art. 13 du Code Napoléon? — 1045. *Quid* dans le cas où un Français serait créancier comme cessionnaire d'un étranger? Controverse. — 1046. Suite : distinctions rejetées; réserves. — 1047. D'une autre part, le débiteur n'est soumis aux mesures exceptionnelles dont il s'agit que s'il n'est pas domicilié en France. — 1048. Suite : la justification, par le débiteur étranger, qu'il a un établissement commercial ou des immeubles en France, aurait pour effet de le soustraire à l'arrestation provisoire, non à la contrainte par corps résultant d'un jugement.

I. — 1022. L'ordonnance de 1667 prohiba la contrainte par corps en matière civile, si ce n'est dans les cas expressément déterminés. Mais elle n'avait prononcé la prohibition qu'en faveur des *sujets du roi;* et par cela même la contrainte par corps se trouva virtuellement réservée vis-à-vis des étrangers, à l'égard desquels elle avait été et restait le droit commun. Il en fut ainsi jusqu'au décret du 9 mars 1793, qui, en abolissant la contrainte par corps d'une manière générale, la supprima pour les étrangers aussi bien que pour les nationaux. Toutefois, la suppression, en ce point, fut de courte durée; et si la loi du 15 germinal an 6, en organisant l'exécution de la contrainte par corps, ne s'expliqua pas sur l'usage qu'il y aurait lieu d'en faire contre les débiteurs étrangers, c'est qu'on se réservait de statuer par une loi spéciale. En effet, la loi du 4 floréal an 6, séparée de celle de germinal par un intervalle de quelques jours seulement, statua à cet égard que « tout étranger résidant en France y était soumis à la contrainte par corps pour tous engagements qu'il contracterait dans toute l'étendue de la république avec des Français, s'il n'y possédait pas des propriétés foncières ou un établissement de commerce » ; et que « la contrainte par corps aurait lieu contre lui pour tous engagements qu'il contracterait en pays étranger, et dont l'exécution réclamée en France emporterait la contrainte par corps dans le lieu où ils auraient été formés. » (Art. 1 et 3.)

Tel était l'état des choses quand fut promulgué le Code Napoléon. On put croire alors qu'il n'y avait plus lieu d'appliquer aux débiteurs étrangers les dispositions exceptionnelles de la loi du 4 floréal an 6 ; car non-seulement le Code Napoléon ne reproduisit ni ces dispositions ni aucune disposition analogue, mais encore il fut expressément déclaré, au cours des travaux préparatoires de ce Code, qu'à l'égard des étrangers, les divers moyens que l'on doit employer contre eux pour les contraindre à remplir leurs obligations feraient partie des lois commerciales et du Code de procédure civile (1). Et le Code de procédure, dont les derniers titres furent promulgués le 9 mai 1806, ayant gardé sur ce point un silence absolu, on fut amené à conclure que, sous le rapport de la contrainte par corps, les débiteurs étrangers étaient soumis aux mêmes règles que les nationaux.

Cependant, l'industrie et le commerce français avaient besoin d'être plus efficacement protégés contre les étrangers : des faits scandaleux ne tardèrent pas à le démontrer (2). Aussi, pendant que le Code de commerce était en discussion, et sans attendre la publication de ce Code, dont le premier livre ne fut promulgué que le 20 septembre 1807, le législateur intervint par une loi qui non-seulement reproduisit la disposition exceptionnelle de celle du 4 floréal an 6 touchant la contrainte par corps proprement dite, mais encore qui autorisa l'*arrestation provisoire* contre les étrangers dans certains cas : c'est la loi du 10 septembre 1807. Elle statua que tout jugement de condamnation qui interviendrait au profit d'un Français contre un étranger non domicilié en France *emporterait* la contrainte par corps (art. 1er); qu'avant le jugement de condamnation, mais après l'échéance ou l'exigibilité de la dette, le président du tribunal de première instance dans l'arrondissement duquel se trouverait l'étranger non domicilié pourrait, s'il y avait de suffisants motifs, ordonner son *arrestation provisoire* sur la requête du créancier français (art. 2); mais que l'arrestation provisoire n'aurait pas lieu, ou cesserait, si l'étranger justifiait qu'il possède sur le territoire français un établissement de commerce, ou des immeubles, le tout d'une valeur suffisante pour assurer le payement de la dette, ou s'il fournissait pour caution une personne domiciliée en France, et reconnue solvable (art. 3).

Cette loi, bien qu'elle répondît à une nécessité démontrée par les faits mêmes qui en avaient provoqué les dispositions, n'en a pas moins été l'objet de critiques fort vives. On affecta d'y voir un reste des an-

_____

(1) Exposé des motifs de Bigot-Préameneu (Locré, t. XV, p. 579; Fenet, t. XV, p. 166).

(2) *Voy.* l'exemple cité par Merlin dans ses questions de droit (v° Étranger, § 4, n° 2).

ciens préjugés, et de la barbarie qui faisait considérer les étrangers comme des ennemis. On lui reprocha particulièrement d'être un moyen politique destiné à seconder les vues de l'empereur Napoléon Ier touchant le blocus continental ! Le législateur, en 1832, a vu les choses plus sainement : il a compris qu'il y avait là un intérêt puissant à satisfaire ; que, d'ailleurs, en présence de la législation des pays étrangers, qui presque partout protége les nationaux par des mesures exceptionnelles, il ne s'agissait après tout que d'établir une juste réciprocité ; et pour faire justice des critiques dirigées contre la loi de 1807, il en a repris toutes les dispositions, et les a introduites, en les améliorant sur quelques points, dans la loi du 17 avril 1832. En 1848, les mêmes critiques se reproduisirent sans plus de succès, à l'occasion de la loi du 13 décembre : l'Assemblée nationale refusa nettement d'assimiler les étrangers non domiciliés aux nationaux, quant aux causes de la contrainte par corps, pour ne pas *revenir à la législation antérieure à la loi du* 10 *septembre* 1807, *et faire revivre les abus de confiance qu'elle avait fait cesser...* (1) L'art. 1er de la loi du 13 décembre 1848 remit donc en pleine vigueur les dispositions du titre III de la loi du 17 avril 1832, que le décret de suspension du 9 mars 1848 avait atteint avec les autres parties de la législation sur la matière. C'est à ces dispositions qu'il faut recourir à peu près exclusivement encore aujourd'hui, pour l'application de la contrainte par corps dans le cas spécial auquel se rapporte cette dernière partie de notre commentaire.

1023. Disons, avant tout, que la contrainte par corps contre les débiteurs étrangers est, comme toute autre, sous l'empire de la règle générale écrite dans l'art. 2063 du Code Napoléon. Elle ne peut être étendue en dehors des dispositions formelles qui en autorisent l'application, et ces dispositions, par cela même qu'elles sont rigoureuses et exceptionnelles de leur nature, doivent être restrictivement interprétées. Mais elles sont applicables en toute matière, non-seulement en matières civile et commerciale, ainsi que cela résulte des expressions mêmes de la loi (l. 17 avril 1832, art. 17 et 18), mais encore en matières pénale et administrative, si, quoique étranger, le débiteur se trouve dans les cas en vue desquels la contrainte du droit pénal et celle du droit administratif sont établies.

1024. Les règles spéciales à la contrainte par corps contre les étrangers ont trait, comme nous venons de le dire, à deux mesures distinctes : la contrainte par corps proprement dite, laquelle est exercée à la suite d'un jugement de condamnation ; l'arrestation provisoire, laquelle peut, en certains cas, être opérée avant tout jugement. Nous nous expliquerons distinctement sur chacune de ces mesures, en suivant l'ordre même que nous avons adopté jusqu'ici ; nous présenterons ensuite quelques observations communes à l'une et à l'autre.

(1) *Voy.* le second Rapport de M. Durand (*Rép.* de M. Dalloz, v° Contr. par corps, p. 343, aux notes, n° 16).

§ 1er. — *Contrainte par corps exercée à la suite d'un jugement de condamnation.*

II. — 1025. La contrainte par corps forme la règle, le droit commun contre les étrangers. Il n'y a donc pas d'énumération à faire des cas où elle a lieu. L'application et l'exercice de la contrainte sont néanmoins subordonnés à des conditions très-précises ; seulement, ces conditions n'ont pas trait à la nature de la dette, elles se rapportent soit à la quotité de cette dette, soit à la personne du créancier ou à celle du débiteur (*infrà*, n°s 1029, 1042 et suiv.). — Il n'y a pas non plus à rechercher si la contrainte est impérative ou facultative. Vis-à-vis des débiteurs étrangers, elle n'est, à vrai dire, ni facultative ni impérative, dans le sens précisé plus haut (*suprà*, n° 754) : elle est virtuelle ; elle résulte du seul fait qu'un jugement de condamnation intervient contre le débiteur étranger : ce jugement, suivant l'énergique expression de la loi, *emporte* la contrainte par corps (l. 17 avril 1832, art. 14).

III. — 1026. En ce qui concerne les exemptions, la loi de 1832 contient une seule disposition, qui n'est, en définitive, qu'une application particulière des règles ci-dessus exposées, soit à l'occasion des dettes civiles (*suprà*, n°s 836 et suiv.), soit à l'occasion des dettes commerciales (*suprà*, n°s 944 et suiv.). L'art. 18 dispose que la contrainte par corps ne sera pas prononcée contre le débiteur étranger condamné pour dette commerciale, ou qu'elle cessera dès qu'il aura commencé sa soixante-dixième année ; et qu'il en sera de même à l'égard de l'étranger condamné pour dette civile, le cas de stellionat excepté. — Le même article ajoute, quant aux femmes étrangères, que la contrainte par corps ne sera pas non plus prononcée contre elles *pour dette civile*, sauf aussi le cas de stellionat, conformément au premier paragraphe de l'art. 2066 du Code Napoléon. Ainsi, sauf le cas de stellionat pour tout septuagénaire, et en outre, quant à la femme, sauf le cas où elle est marchande publique, les débiteurs étrangers jouissent des mêmes exemptions que les nationaux. C'est, nous le répétons, une application spéciale du droit commun, dont les règles devront, en général du moins, être suivies ici.

1027. Néanmoins, nous excepterons le cas de minorité. L'art. 18 de la loi du 17 avril 1832, qui a mentionné les septuagénaires pour les déclarer affranchis de la contrainte par corps, n'a pas dit du mineur étranger qu'il en serait également affranchi. Par cela même il l'a laissé sous l'empire de la règle posée par l'art. 14 de la même loi, lequel dispose, sans distinction ni réserve, que *tout jugement* intervenant au profit d'un Français contre un étranger non domicilié en France emportera la contrainte par corps. Son état de minorité n'exempte donc pas le débiteur étranger ; et pourvu, d'ailleurs, que le mineur soit valablement obligé vis-à-vis du créancier français, ce que les juges auront toujours à rechercher, le jugement intervenu au profit de ce dernier emportera nécessairement la contrainte par corps (1). En ceci, notre solution n'est pas en contradiction avec celle que nous donnons plus haut sur la question de savoir si le mineur est ou non exempté de la contrainte par corps en matière administrative (*suprà*, n° 1016). Si, dans ce dernier cas, nous avons cru devoir interpréter le silence de la loi en faveur du mineur, c'est que nous étions là dans une matière où la contrainte par corps a un caractère exceptionnel (n° 1000), et que surtout nous n'étions pas lié par un texte précis et absolu comme celui de l'art. 14 de la loi du 17 avril 1832.

1028. Enfin, quant aux exemptions dites relatives, qui tiennent à la parenté ou à l'alliance, entre le créancier et le débiteur, et quant à la prohibition d'exercer la contrainte contre le mari et la femme simultanément, elles doivent, sans aucune difficulté, profiter aux débiteurs étrangers comme aux nationaux. Les textes relatifs à ces exemptions et prohibitions sont placés dans le titre qui contient soit les dispositions générales, soit les dispositions communes à la contrainte par corps contre les étrangers et à la contrainte par corps en matières commerciale et civile (l. 17 avril 1832, art. 19 et suiv.; l. 13 décembre 1848, art. 10).

IV. — 1029. La somme pour laquelle la contrainte par corps peut être exercée contre les étrangers a été fixée, d'une manière générale, à un minimum de 150 francs : le jugement, dit l'art. 14, emportera la contrainte par corps, à moins que la *somme principale* de la condamnation ne soit inférieure *à cent cinquante francs, sans distinction entre les dettes civiles et les dettes commerciales.* Ainsi, comparativement à la règle établie vis-à-vis des nationaux, le minimum, ici, est abaissé de moitié quant aux dettes civiles (150 fr. au lieu de 300 ; *suprà*, n°s 861 et suiv.), et d'un quart quant aux dettes commerciales (150 fr. au lieu de 200 ; *suprà*, n°s 952 et suiv.). Mais on l'a vu, il faut que la somme de 150 francs constitue le principal de la dette ; les intérêts et les autres accessoires ne doivent pas entrer en ligne de compte dans la composition du minimum. Sous ce rapport, il y a lieu d'appliquer ce que nous avons dit aux n°s 953 et suivants.

V. — 1030. Le titre en vertu duquel la contrainte peut être exercée contre un débiteur étranger condamné pour dette civile ou pour dette commerciale, est toujours un jugement, comme lorsqu'il s'agit d'employer ce moyen d'exécution contre les nationaux. Mais il y a cette différence que, relativement aux débiteurs étrangers, la contrainte est virtuellement attachée au jugement de condamnation : par cela seul qu'il existe, ce jugement, selon l'expression de la loi, emporte contrainte par corps. Il n'est donc pas nécessaire que la contrainte soit formellement

---

(1) Bordeaux, 23 déc. 1828 ; Paris, 19 mars 1830 et 19 oct. 1854 (S. V., 29, 2, 152; 30, 2, 222; 54, 2, 679; Coll. nouv., 9, 2, 173 et 444; Dalloz, 29, 2, 170; 55, 2, 169; J. Pal., 1855, t. I, p. 222). *Voy.* aussi MM. Coin-Delisle (art. 18, n° 2); Scbire et Carteret (v° Contr. par corps, n° 194); Aubry et Rau (t. V, p. 48, note 7). — *Voy.* cependant M. Troplong (n° 534).

prononcée; et, par une conséquence toute naturelle de la même idée, il n'est pas nécessaire non plus que le créancier français en forme la demande.

1031. En ce qui touche la faculté d'appel du chef de la contrainte par corps, et le sursis qui peut être accordé dans l'intérêt des enfants mineurs, il résulte de la rubrique même sous laquelle sont placés les art. 20 de la loi du 17 avril 1832 et 7 de celle du 13 décembre 1848, que la disposition en est applicable à la contrainte par corps contre les étrangers (*suprà*, nᵒˢ 876-883).

VI. — 1032. La durée de la contrainte par corps contre les étrangers ne saurait être illimitée. Le tort de la loi de 1807 avait été précisément de ne fixer aucune limite, et d'avoir ainsi établi contre les étrangers une contrainte perpétuelle (1). La loi du 17 avril 1832 avait réparé ce tort en réglant la durée de l'emprisonnement eu égard à l'importance de la condamnation. Aux termes de l'art. 17, la contrainte par corps exercée contre un étranger en vertu de jugement pour dette civile ordinaire, ou pour dette commerciale, devait cesser de plein droit après deux ans, lorsque le montant de la condamnation principale ne s'élevait pas à 500 francs; après quatre ans, lorsqu'il ne s'élevait pas à 1 000 fr.; après six ans, lorsqu'il ne s'élevait pas à 3 000 francs; après huit ans, lorsqu'il ne s'élevait pas à 5 000 francs; après dix ans, lorsqu'il était de 5 000 francs et au-dessus. — S'il s'agissait d'une dette civile pour laquelle un Français serait soumis à la contrainte par corps, les dispositions de l'art. 7 étaient applicables aux étrangers, sans que, toutefois, le minimum de la contrainte pût être au-dessous de deux ans. Ainsi, la durée de l'emprisonnement, quant aux étrangers, était, en matière commerciale, double de la durée de l'emprisonnement imposé aux nationaux par la même loi; et, en matière civile, égale quant au maximum (dix ans), et double au moins quant au minimum (deux ans au lieu d'un).

Mais c'est une question controversée, et sur laquelle la Cour impériale de Paris a varié plusieurs fois et à de courts intervalles, de savoir si cet état des choses a subsisté même après la publication de la loi du 13 décembre 1848; ou si, au contraire, l'art. 12 de cette dernière loi, qui fixe la durée de la contrainte par corps dans les limites de six mois à cinq ans, et l'art. 1ᵉʳ de la même loi, qui ne maintint la législation antérieure sur la contrainte par corps que *sauf les modifications* nouvellement introduites, n'ont pas eu pour effet d'abroger l'art. 17 de la loi du 17 avril 1832 (2). Nous n'hésitons pas, pour notre part, à nous prononcer pour l'abrogation de ce dernier article. D'abord, cette abroga-

---

(1) *Voy.* M. Pardessus (nᵒ 1528).
(2) *Voy.*, dans le sens de l'abrogation, Paris, 31 janv. 1850, 12 avr. 1850, 11 janv. 1859, 26 fév. 1859, 28 août 1861 (Dalloz, 50, 2, 117 et 148; S. V., 59, 2, 8 et 131; 61, 2, 581; J. Pal., 1861, p. 1014). *Voy.* aussi MM. Pardessus (6ᵉ édit., *loc. cit.*); Troplong (nᵒ 789); Aubry et Rau (*loc. cit.*, note 6). — *Voy.*, en sens contraire, Paris, 31 déc. 1853, 21 janv. 1854, 15 déc. 1855, 8 août 1856, 4 mars 1859, 17 nov. et 13 déc. 1862 (S. V., 54, 2, 142; 56, 2, 159; 57, 2, 220; 59, 2, 131; 63, 2, 4; J. Pal., 1859, p. 287; 1863, p. 280).

tion a été manifestement dans la pensée des rédacteurs de la loi de 1848 ; c'est clairement exprimé dans le Rapport fait au nom du comité de législation sur les modifications à introduire dans le régime de la contrainte par corps. « Les étrangers non domiciliés, a dit le rapporteur, *seront soumis à la règle générale posée dans l'art.* 12 du projet de loi que nous vous proposons ; *le maximum de la durée de la contrainte sera réduit, par conséquent, de dix à cinq ans, et le minimum de deux ans à six mois.* » (1) Et puis la solution est nettement accusée par le texte. L'art. 12 de la loi de 1848 est déclaré applicable à tous les cas où la durée de la contrainte par corps n'est pas déterminée par cette même loi ; or, précisément, la durée de la contrainte contre les étrangers n'est pas déterminée dans aucun de ses articles. L'art. 12 réserve, à la vérité, les lois spéciales qui assignent à la contrainte une durée moindre de six mois à cinq ans, lesquelles lois, dit-il, continueront d'être observées ; et par là il comprend dans l'exception les dispositions du Code forestier qui fixent une durée de quinze jours à quatre mois au plus pour le cas de récidive (art. 213), et encore les dispositions de l'art. 4 de la loi même de 1848, qui fixent, pour les matières commerciales, la durée de trois mois à trois ans lorsque la contrainte a lieu contre les nationaux. Mais il ne saurait comprendre les dispositions de l'art. 17 de la loi de 1832, lequel établit une durée *de deux à dix ans,* ce qui, évidemment, n'est pas une durée *moindre* que celle de six mois à cinq ans.

L'abrogation de l'art. 17 de la loi de 1832 par les art. 1 et 12 de la loi de 1848 ne paraît donc pas juridiquement contestable. Et par conséquent, sans qu'il y ait à rechercher s'il s'agit d'une dette civile pour laquelle un débiteur français serait ou ne serait pas contraignable, et aussi sans distinction aucune entre les dettes commerciales et les dettes civiles, la durée de la contrainte par corps contre les étrangers doit être fixée, par le jugement de condamnation, dans les limites de six mois à cinq ans.

VII. — 1033. L'effet de la contrainte est ici le même que dans le droit commun. C'est également pour éprouver la solvabilité de l'étranger que l'emploi de ce moyen rigoureux d'exécution est autorisé contre lui. Si cette voie est ouverte vis-à-vis des étrangers plus largement que vis-à-vis des nationaux, c'est parce que la réalisation de leur patrimoine est de beaucoup plus difficile à poursuivre. Mais cela ne change en aucune manière le caractère de la mesure, qui, d'ailleurs, ne suspend ni n'empêche l'exécution sur les biens, s'il en existe qui puissent être atteints par les poursuites directes du créancier.

VIII. — 1034. Le débiteur étranger a généralement les mêmes moyens que le débiteur français de faire cesser ou d'empêcher l'exercice de la contrainte par corps. Il a notamment la faculté de demander et il doit obtenir son élargissement provisoire en payant ou en consignant le tiers de la dette, civile ou commerciale, conformément aux

---

(1) *Voy.* le Rapport de M. Durand (*Rép.* de M. Dalloz, vº Contr. par corps, p. 343, aux notes, nº 16).

art. 24 et 26 de la loi de 1832, rendus applicables aux matières de commerce par l'art. 6 de la loi de 1848.

Néanmoins, la déclaration d'excusabilité prononcée en faveur d'un failli étranger non domicilié en France n'aurait pas pour effet d'affranchir cet étranger, à l'égard des créanciers de sa faillite, de la contrainte par corps spécialement édictée par la loi contre les étrangers (1). C'est qu'en effet, l'art. 539 du Code de commerce, en déterminant les effets ou les conséquences de l'excusabilité déclarée, réserve expressément les exceptions prononcées par les lois spéciales : or, l'art. 14 de la loi du 17 avril 1832 est une de ces lois spéciales ; et elle attache la contrainte par corps *à tout jugement* de condamnation intervenu contre un étranger (2).

§ 2. — *Arrestation provisoire opérée avant tout jugement de condamnation.*

IX. — 1035. Une autre mesure, plus rigoureuse encore que la contrainte par corps exercée dans les conditions exceptionnelles que nous venons de préciser, est également autorisée contre le débiteur étranger et non domicilié ; c'est l'arrestation provisoire, dont les art. 15 et 16 de la loi du 17 avril 1832 déterminent les conditions et les règles en ces termes : « Avant le jugement de condamnation, mais après l'échéance ou l'exigibilité de la dette, le président du tribunal de première instance dans l'arrondissement duquel se trouvera l'étranger non domicilié pourra, s'il y a des motifs suffisants, ordonner son arrestation provisoire, sur la requête du créancier français. — Dans ce cas, le créancier sera tenu de se pourvoir en condamnation dans la huitaine de l'arrestation du débiteur, faute de quoi celui-ci pourra demander son élargissement. — La mise en liberté sera prononcée par ordonnance de référé, sur une assignation donnée au créancier par l'huissier que le président aura commis dans l'ordonnance même qui autorisait l'arrestation, et, à défaut de cet huissier, par tel autre qui sera commis spécialement (art. 15). — L'arrestation provisoire n'aura pas lieu ou cessera, si l'étranger justifie qu'il possède sur le territoire français un établissement de commerce ou des immeubles, le tout d'une valeur suffisante pour assurer le payement de la dette, ou s'il fournit pour caution une personne domiciliée en France et reconnue solvable (art. 16). » Ce sont les dispositions que nous avons à commenter.

La première, l'art. 15, dans son premier paragraphe qui reproduit textuellement l'art. 2 de la loi du 10 septembre 1807, indique nettement le cas dans lequel il y a lieu à l'arrestation provisoire, quand et comment la mesure peut être provoquée, par qui et dans quelles conditions elle doit être ordonnée.

---

(1) Paris, 22 fév. 1861 (Dalloz, 61, 2, 78; S. V., 62, 2, 336; *J. Pal.*, 1862, p. 599).
(2) *Voy.* MM. Renouard (*Des Faill.*, 1re édit., t. II, p. 215; 2e édit., t. II, p. 170); Esnault (*ibid.*, t. II, n° 502); Bédarride (*ibid.*, t. II, n° 830).

Il s'agit ici d'une mesure en quelque sorte de police, plutôt que d'une affaire judiciaire proprement dite. Elle n'a donc pas à être provoquée par une sommation ou par une assignation ; le créancier procède par voie de simple requête. Il n'est pas même tenu de justifier de son droit de créance par des titres écrits ; il satisfait à toutes les exigences de la loi, si, pourvu ou non pourvu d'un titre, il rend son droit vraisemblable par des raisons, des adminicules, des commencements de preuve propres à justifier l'emploi de la mesure rigoureuse dont il sollicite le bénéfice.

Le président, qui répond la requête, n'a que deux points à considérer. D'une part, il doit apprécier les motifs ; car la loi, pour éviter que l'arrestation provisoire devienne une mesure purement vexatoire, ne permet d'y recourir qu'autant qu'*il y a de suffisants motifs*. Le président pèsera donc les raisons produites par le créancier français, et il statuera en conséquence. En cela, d'ailleurs, il usera d'un pouvoir discrétionnaire, et soit qu'il ait permis l'arrestation provisoire, soit qu'il ait refusé de l'autoriser, il n'appartiendrait pas au tribunal de connaître de sa décision et de la contrôler (1). D'une autre part, il doit vérifier si la dette est échue ou exigible ; car si la loi autorise l'arrestation provisoire avant le jugement de condamnation, elle ne permet du moins d'avoir recours à cette mesure qu'après *l'échéance ou l'exigibilité de la dette*. Donc, si le créancier avait accordé un terme dont, au surplus, le débiteur ne serait pas déchu, la requête, présentée avant l'expiration du terme, à fin d'arrestation provisoire, devrait être rejetée. Au contraire, la requête devra être accueillie si la dette est exigible ou échue, quand même elle ne serait pas liquidée.

Enfin, la dette étant échue ou exigible, l'arrestation provisoire du débiteur étranger peut être sollicitée à toute époque par le créancier français. Sans doute, il est de la nature même de cette mesure d'être provoquée à l'improviste, sans commandement ni autre avertissement préalable : il importe, en effet, de surprendre l'étranger débiteur avant qu'il ait été mis en éveil et qu'il ait pu prendre les mesures propres à se soustraire aux poursuites du créancier. Mais ce n'est pas à dire que si le créancier français s'était pourvu et avait assigné le débiteur étranger en condamnation, il fût par cela seul déchu du droit de demander l'arrestation provisoire. Si la mesure lui paraissait urgente, il pourrait incontestablement la provoquer au cours de l'instance. Il le pourrait même après le jugement de condamnation si le débiteur condamné venait à se pourvoir par opposition ou par appel. Seulement, suivant la juste remarque de M. Coin-Delisle, la mesure, dans ce dernier cas, deviendrait inutile si le jugement de condamnation avait été déclaré exécutoire, quant au chef de la contrainte par corps, nonobstant opposition ou appel (2).

X. — 1036. Sur les exemptions tenant soit à la quotité de la dette,

_____

(1) *Voy.* Paris, 24 nov. 1859 (*J. Pal.*, 1860, p. 72).
(2) *Voy.* M. Coin-Delisle (art. 15, n° 4).

soit à l'âge ou au sexe du débiteur, les règles, quant à l'arrestation provisoire, sont les mêmes exactement que relativement à la contrainte par corps proprement dite.

A la vérité, sur le premier point, l'art. 15 de la loi ne dit pas de l'arrestation provisoire, comme l'art. 14 dit de la contrainte par corps exercée après jugement, que la mesure ne sera pas autorisée pour une somme inférieure à 150 francs. Mais l'indication était inutile : la contrainte par corps ne pouvant avoir lieu que pour une somme supérieure, il est évident que cela exclut toute idée d'arrestation provisoire pour moins de 150 francs ; la différence dans les termes des deux articles n'en fait donc pas une dans le fond des choses (1).

Sur le second point, il était de jurisprudence, avant la loi de 1832, que le bénéfice de l'exemption résultant de l'âge ou du sexe du débiteur, s'il pouvait être laissé au débiteur étranger en ce qui concerne la contrainte par corps proprement dite, ne devait pas du moins être étendu au cas d'arrestation provisoire, et qu'ainsi la femme et le septuagénaire étrangers y restaient soumis (2). Cette jurisprudence ne saurait être suivie aujourd'hui ; et il y a pour s'en écarter la raison même qui a fait considérer le minimum de 150 francs comme une règle commune aux deux mesures, bien qu'elle ne soit formulée que par rapport à l'une des deux : l'arrestation provisoire, étant un moyen d'arriver à l'exécution de la contrainte par corps, ne saurait être autorisée que vis-à-vis des débiteurs étrangers contre lesquels la contrainte par corps est possible. Ainsi, la règle des exemptions est applicable à l'arrestation provisoire, dans les mêmes termes et suivant les mêmes distinctions qu'à la contrainte par corps (*suprà*, n°s 1026 et suiv.).

XI. — 1037. Le titre en vertu duquel l'arrestation provisoire est exercée est l'ordonnance rendue sur requête, par le président du tribunal de première instance dans l'arrondissement duquel se trouve l'étranger. Le président n'est pas d'ailleurs obligé, en autorisant l'arrestation provisoire, de commettre un huissier pour y procéder (3).

Les termes ci-dessus reproduits de l'art. 15 montrent suffisamment que le président du tribunal civil est seul compétent. Les juges consulaires ne le sont pas ; et la dette fût-elle commerciale, le président du tribunal de commerce ne pourrait pas statuer.

Mais quelle est la valeur de l'ordonnance rendue par le président du tribunal civil ? Nous avons dit tout à l'heure que c'est là un acte émanant d'un pouvoir discrétionnaire dont il n'appartient pas au tribunal de contrôler l'exercice (*suprà*, n° 1035). Faut-il dire, en outre, que c'est un acte souverain et non susceptible de recours par appel ? La question est controversée entre les auteurs (4). Nous croyons cependant, avec la

---

(1) *Voy.* le Rapport de M. Parant au *Rép.* de M. Dalloz (v° Contr. par corps, p. 333, aux notes, n° 56).
(2) *Voy.* M. Dalloz (*Rép.*, loc. cit., p. 467, n° 591).
(3) Douai, 22 mai 1860 (S. V., 61, 2, 220 ; J. Pal., 1861, p. 869).
(4) *Voy.*, dans le sens de la négative, MM. Pardessus (n° 1525) ; Coin-Delisle (*loc.*

jurisprudence dominante, que la solution affirmative rentre mieux dans l'esprit de la loi. Le pouvoir conféré au président du tribunal civil a pour objet une mesure préventive dont l'application est abandonnée à sa prudence, sauf certaines conditions déterminées. La décision qui émane de lui n'a pas le caractère contentieux, et ne présente aucun des éléments constitutifs du jugement. Elle ne paraît donc pas susceptible d'être attaquée soit par la voie de l'appel devant la Cour impériale, soit par la voie du recours et de la demande directe en élargissement devant le tribunal civil (1). Ce n'est pas à dire que le débiteur étranger reste sans aucun moyen de réclamer contre l'ordonnance qui a autorisé l'arrestation provisoire : il en a un qui tient lieu de tous autres, et que nous allons préciser au numéro suivant.

XII. — 1038. La durée de l'arrestation provisoire ne peut dépasser huit jours. « Le créancier, dit le § 2 de l'art. 15, sera tenu de se pourvoir en condamnation *dans la huitaine* de l'arrestation du débiteur, faute de quoi celui-ci pourra demander son élargissement. » C'est précisément cette obligation pour le créancier de se pourvoir en condamnation dans ce bref délai de huit jours qui remplace la faculté d'appel pour le débiteur : celui-ci est par là promptement mis en présence de juges devant lesquels il peut discuter la prétention du créancier et produire tous les moyens propres à le faire sortir de l'état provisoire où il est placé. La sanction de l'obligation imposée à cet égard au créancier est dans le droit ouvert au débiteur de demander son élargissement par cela seul que le délai de huit jours est écoulé sans que l'obligation ait été accomplie.

XIII. — 1039. Quant aux moyens d'empêcher ou de faire cesser l'exécution de la mesure, le débiteur, indépendamment des moyens ordinaires, en a trois qui sont propres à l'arrestation provisoire :

D'abord il peut, comme nous venons de le dire, demander son élargissement par cela seul que le créancier ne s'est pas pourvu en condamnation dans la huitaine de l'arrestation. Les formes de la demande sont nécessairement rapides : elle est jugée en référé sur l'assignation donnée au créancier par l'huissier commis dans l'ordonnance même qui autorisait l'arrestation, et, à défaut, par tel autre huissier commis spécialement. L'étranger, bien que, dans cette situation, il soit demandeur, ne sera pas tenu de fournir la caution *judicatum solvi* exigée par l'art. 16 du Code Napoléon.

1040. Il peut aussi avoir le moyen offert par l'art. 16, aux termes duquel l'arrestation provisoire n'aura pas lieu ou cessera si l'étranger justifie qu'il possède sur le territoire français un établissement de commerce ou des immeubles, le tout d'une valeur suffisante pour assurer

---

cit., n° 2); Troplong (n°s 512 et 1); Sebire et Carteret (*Encycl.*, v° Contr. par corps, n° 124); Talandier (*De l'Appel*, n° 44). — En sens contraire, MM. Duverdy (n° 132); Gouget et Merger (v° Contr. par corps, n° 319); Massé (*Droit comm.*, 1re édit., t. II, n° 367; 2e édit., n° 867).

(1) Cass., 2 mai 1837; Paris, 8 nov. 1854 et 18 juill. 1855 (S. V., 37, 1, 510; 56, 2, 113; *J. Pal.*, 1855, t. II, n° 73; 1856, t. I, 441; Dalloz, 57, 1, 391).

le payement de la dette. Mais il faut qu'il se trouve dans les termes mêmes de la loi. Ainsi, on ne lui tiendrait pas compte d'une fortune mobilière, quelque considérable qu'elle fût (1), dès qu'elle ne consisterait pas en un établissement de commerce. Encore, même, s'il justifiait de la possession d'un établissement de commerce sur le territoire français, faudrait-il que cet établissement eût une certaine stabilité; une entreprise que l'étranger pourrait quitter avec la plus grande facilité n'offrirait pas plus de garanties que des valeurs mobilières avec lesquelles il pourrait disparaître, et par cela même il n'y aurait pas lieu d'en faire état. De même, s'il était possesseur d'immeubles, la garantie ne devrait être admise qu'autant que ces immeubles seraient libres d'hypothèques, et tout au moins que les charges dont ils seraient grevés laisseraient un reliquat de valeur suffisant pour répondre de la dette. Il y aurait alors une évaluation à faire, et pour y arriver avec rapidité, on pourrait suivre le mode déterminé par l'art. 2165 du Code Napoléon, dans les circonstances où une expertise serait à la fois longue et dispendieuse (2).

Il suffirait, d'ailleurs, que l'étranger justifiât de sa propriété; il ne serait pas nécessaire qu'il conférât hypothèque sur ses immeubles.

Que si, au lieu d'avoir la propriété pleine et entière, l'étranger était simplement nu propriétaire d'un immeuble dont un autre aurait l'usufruit, il n'est pas douteux qu'il pourrait user du bénéfice de l'art. 16. Le pourrait-il également dans l'hypothèse inverse, où il serait usufruitier d'un immeuble dont la nue propriété appartiendrait à un autre? M. Pardessus se prononce pour la négative, en se fondant sur ce que l'usufruit constitue une jouissance de durée incertaine (3). Nous ne voudrions pas aller jusque-là; tout, ici, dépend des circonstances : on examinera avant tout si l'usufruit présente au créancier une garantie suffisante; et si ce point de fait venait à être résolu affirmativement, la question de droit ne pourrait pas, ce nous semble, n'être pas tranchée en faveur du débiteur étranger.

1041. Enfin, suivant le même art. 16, l'étranger peut empêcher que l'arrestation provisoire ait lieu, ou la faire cesser en fournissant pour caution une personne domiciliée en France et reconnue solvable. Les conditions de domicile et de solvabilité sont, d'ailleurs, les seules qui soient exigées. Par conséquent, le débiteur étranger pourrait offrir pour caution une personne qui, sans être Française, serait domiciliée en France, et dont la solvabilité serait certaine et reconnue (4). Il pourrait également offrir une personne non domiciliée dans le ressort de la Cour impériale où la caution doit être donnée : l'art. 16 de la loi de 1832, en réglant lui-même la condition de domicile, a dérogé, sous ce rapport, à l'art. 2018 du Code Napoléon.

---

(1) Comp. Paris, 19 mai 1858 (Dalloz, 59, 2, 85; *J. Pal.*, 1858, p. 783; S. V., 59, 2, 80).
(2) *Voy.* M. Pardessus (n° 1526).
(3) *Id.* (*loc. cit.*).
(4) *Id.* (n° 1527). *Junge* : MM. Coin-Delisle (art. 16, n° 1); Troplong (n° 523).

§ 3. — *Observations communes à la contrainte par corps et à l'arrestation provisoire.*

XIV. — 1042. Les dispositions exceptionnelles de la loi du 17 avril 1832, tant sur la contrainte par corps exercée après un jugement de condamnation que sur l'arrestation provisoire opérée avant tout jugement, ne sont pas applicables d'une manière absolue et sans distinction toutes les fois qu'un étranger est constitué débiteur. L'application en est subordonnée à certaines conditions qui se réfèrent soit à la personne du créancier, soit à la personne du débiteur.

1043. Seuls, les créanciers *français* peuvent se prévaloir de ces dispositions : les art. 14 et 15 de la loi du 17 avril 1832 sont formels à cet égard. Il n'y a pas à se préoccuper des causes de la dette ni du lieu où elle a été contractée. Qu'elle ait sa source dans un contrat, dans un quasi-contrat, dans un quasi-délit, il n'importe. Qu'elle ait été contractée en France ou en pays étranger (1), même au profit d'un Français établi à l'étranger au moment du contrat, mais non sans esprit de retour (2), il n'importe encore. Ce qui importe, ce dont le texte précis de la loi fait une condition nécessaire, c'est que le créancier qui en invoque les dispositions soit un créancier *français*.

1044. Donc, si le créancier d'un étranger était lui-même un étranger, il ne pourrait se prévaloir contre son débiteur ni de l'art. 14 à l'effet d'exercer la contrainte proprement dite dans les termes de cet article, ni de l'art. 15 à l'effet de provoquer l'arrestation provisoire. Il ne suffirait pas même à l'étranger, pour acquérir le droit d'invoquer ces articles, d'avoir été autorisé à établir son domicile en France, conformément à l'art. 13 du Code Napoléon (3). L'étranger ainsi admis à établir son domicile en France n'est pas un Français; et c'est au *Français* exclusivement que, dans les termes précis et très-explicites des art. 14 et 15 de la loi de 1832, le bénéfice de ces articles est réservé. A la vérité, l'étranger, dans cette situation, jouit en France de tous les droits civils tant qu'il continue d'y résider (C. Nap., art. 13) : mais il s'agit ici d'une mesure exceptionnelle, mesure de police, en quelque sorte, établie au profit des citoyens contre les pratiques frauduleuses et les tromperies de personnes qui, n'étant attachées au sol français par aucun lien, peuvent disparaître à chaque instant, sans laisser de traces après elles; il ne s'agit pas d'un droit civil proprement dit, d'un droit civil dans le sens de l'art. 13 du Code Napoléon. L'étranger autorisé à établir son domicile en France ne doit donc pas profiter de ces mesures exceptionnelles; il

---

(1) Req., 12 juin 1817 (S. V., 18, 1, 318: Coll. nouv., 5, 1, 329; Dalloz, 18, 1, 333; J. Pal., à sa date). Voy. aussi MM. Merlin (*Quest.*, v° Étranger, § 4, n° 2); Coin-Delisle (art. 14, n° 5).

(2) Voy. Paris, 18 avr. 1835 (Dalloz, 36, 2, 131).

(3) Voy. Paris, 8 janv. 1831 et 21 mars 1842 (S. V., 31, 2, 172; 45, 2, 16; Dalloz, 31, 2, 100; 42, 2, 168; J. Pal., à leur date). Voy. aussi MM. Coin-Delisle (*loc. cit.*, n° 6); Troplong (n° 497 et suiv.); Aubry et Rau (t. V, p. 46, note 2). — Voy. cependant MM. Pardessus (n° 1528), et Demolombe (t. I, n° 266).

ne peut avoir contre son débiteur, Français ou étranger, d'autre droit, au point de vue des voies de contrainte, que celui de la contrainte par corps dans les termes de la loi commune, dans les cas où la contrainte par corps est autorisée, et sous les conditions de tout genre établies par la loi, selon la matière et eu égard à la nature de l'obligation.

1045. Mais nous ne distinguons pas, quant au droit de recourir à ces mesures exceptionnelles, entre le Français créancier direct et le Français cessionnaire d'une créance originairement souscrite au profit d'un étranger. A cet égard, néanmoins, une distinction a été proposée par Merlin qui a été assez généralement admise par la doctrine (1) et par la jurisprudence : le titre de la créance cédée, a-t-il dit, est-il un effet négociable, le Français cessionnaire peut invoquer les art. 14 et 15 de la loi de 1832, parce qu'alors il est vrai de dire qu'en souscrivant le titre le débiteur s'est obligé directement envers le tiers porteur (2); mais le titre de la créance est-il une obligation civile ordinaire transmissible seulement par la voie de la cession, le cessionnaire français ne peut pas invoquer ces articles, parce que l'étranger de qui émane la cession n'a pu lui transmettre un droit qu'il n'avait pas lui-même (3). Les termes absolus de la loi sont contraires à cette distinction. Ici, comme sur la question analogue de savoir si le cessionnaire d'une créance souscrite originairement par le débiteur au profit d'un parent ou d'un allié peut exercer la contrainte par corps (*suprà*, n° 848), c'est la personne du cessionnaire seul, non la personne du cédant, qu'il faut considérer. Or, le cessionnaire, dans l'espèce, c'est un Français qui, au moment de la demande, est titulaire de la créance : il n'en faut pas davantage, la dette étant, d'ailleurs, supposée supérieure à 150 francs, pour que ce Français puisse, d'après les termes mêmes de la loi, soit exercer la contrainte par corps dans les conditions exceptionnelles de l'art. 14 de la loi de 1832, soit provoquer l'arrestation provisoire conformément à l'art. 15 (4). Peu importe qu'il s'agisse d'effets de commerce transmis par voie d'endossement ou de toute autre créance transmise par cession ordinaire : l'argument pris de ce que, dans ce dernier cas, permettre au cessionnaire d'invoquer lesdits articles, ce serait supposer que le cédant a pu lui transmettre un droit qu'il n'avait pas lui-même, est sans portée et se réfute par les considérations ci-dessus déduites à l'occasion de la question précitée, et auxquelles nous nous référons.

1046. Toutefois, il convient de faire immédiatement, quant à notre solution générale, une double limitation.

---

(1) *Voy.* MM. Merlin (*Quest.*, v° Étranger, § 4, n°ˢ 3 et 4); Coin-Delisle (*loc. cit.*, art. 15, n° 7); Troplong (n° 501). Comp. M. Demolombe (t. I, n° 250).

(2) *Voy.* Douai, 7 mai 1828; Paris, 29 nov. 1831; Caen, 12 janv. 1832; Paris, 12 avr. 1850 (S. V., 29, 2, 79; 32, 2, 54 et 202; 50, 2, 333; Coll. nouv., 9, 2, 76; Dalloz, 29, 2, 122; 32, 2, 53; 50, 2, 149; *J. Pal.*, 1851, t. I, p. 513).

(3) *Voy.* notamment Paris, 27 mars 1835 (S. V., 35, 2, 212; Dalloz, 35, 2, 85).

(4) *Voy.*, en ce sens, MM. Fœlix (sur l'art. 15, n° 9); Aubry et Rau (t. V, p. 45, note 1). M. Dalloz admet aussi cette solution, en rétractant, dans la nouvelle édition de son *Répertoire*, l'opinion contraire par lui émise en termes absolus dans l'édition précédente (v° Contr. par corps, n° 564).

36

D'abord, si le cessionnaire français n'était cessionnaire qu'en apparence, s'il était, en réalité, le prête-nom ou le mandataire du créancier étranger, il serait incontestablement sans droit à se prévaloir des art. 14 et 15 (1).

Ensuite l'étranger débiteur peut paralyser l'action du cessionnaire français en opposant l'incompétence des juges français. Le droit, pour le débiteur étranger, d'opposer l'incompétence, résulte, par *à contrario*, de l'art. 14 du Code Napoléon, cet article ne déclarant les juges français compétents pour statuer sur les obligations contractées par les étrangers que si ces obligations ont été prises *envers des Français*. — Du reste, il n'y a pas à distinguer, quant à cette limitation plus que quant à notre solution générale, entre l'arrestation provisoire opérée avant tout jugement et la contrainte exercée après condamnation : si le tribunal français, disent très-exactement MM. Aubry et Rau, est incompétent pour prononcer la condamnation, le président du tribunal l'est également pour ordonner l'arrestation provisoire.

1047. Après nous être expliqué sur les conditions qui se réfèrent à la personne du créancier, il nous reste à préciser celles qui ont trait à la personne du débiteur. A cet égard, la loi est également fort explicite : elle ne soumet aux mesures exceptionnelles dont nous nous occupons que *l'étranger non domicilié en France*. En présence de textes précis sur ce point, comme ceux des art. 14 et 15 de la loi de 1832, on a quelque peine à s'expliquer la prétention élevée devant le Tribunal de commerce de la Seine, de soumettre à ces mesures un *Français* qui s'était établi en Angleterre, par cela seul qu'il y avait été admis à la jouissance de droits civils par une permission révocable du ministre; et surtout le succès de la prétention devant les premiers juges. La Cour de Paris, dans cette affaire au jugement de laquelle nous avons concouru, a dit, en infirmant la décision, que le Français auquel une telle permission a été délivrée conformément au statut anglais du 6 août 1844, n'est pas pour cela réputé citoyen anglais, et par suite n'a pas perdu la qualité de Français; que dès lors, revenu en France, il n'a pu être placé, à la demande d'un créancier, sous le coup d'une arrestation provisoire pour dette (2).

Mais ce n'est pas tout que le Français soit affranchi de cette mesure; l'étranger lui-même n'y est pas soumis, d'après le texte de la loi, lorsqu'il a été admis par autorisation de l'empereur à établir son domicile en France, conformément à l'art. 13 du Code Napoléon. L'étranger, dans cette situation, est placé, au point de vue de la contrainte par corps, sous l'empire des mêmes règles que le Français. Seulement, il ne peut être considéré comme ayant en France un domicile véritable que s'il y est établi après autorisation du gouvernement. La résidence, quelque prolongée qu'elle fût, ne suppléerait pas cette autorisation. La so-

---

(1) *Voy.* Douai, 10 fév. et 2 mars 1853 (S. V., 53, 2, 460; Dalloz, 54, 2, 91; J. Pal., 1854, t. II, p. 436).
(2) *Voy.* Paris, 27 juill. 1859 (Dalloz, 59, 2, 179; J. Pal., 1859, p. 892; S. V., 59, 2, 677).

lution, quoiqu'elle ait été contestée, est dominante en doctrine et en jurisprudence (1).

Toutefois, comme l'autorisation est révocable, les effets en doivent cesser si elle vient à être révoquée. La Cour de Paris a jugé, néanmoins, que l'étranger condamné au profit d'un Français, et contre lequel la contrainte par corps n'a pas été prononcée parce qu'il était autorisé à établir son domicile en France et à y jouir des droits civils, ne peut, au cas de retrait de cette autorisation, être poursuivi à raison de la même dette pour être déclaré passible de la contrainte par corps, l'autorité de la chose jugée y faisant obstacle (2). C'est là une méprise évidente : il n'y aurait rien de contradictoire ni d'inconciliable entre deux jugements dont le premier déclarerait l'étranger affranchi de l'arrestation provisoire en se fondant sur ce que cet étranger jouit des droits civils en France, et dont le second l'y soumettrait, au contraire, parce que la jouissance de ces droits civils a cessé.

1048. La circonstance que l'étranger justifierait qu'il a sur le territoire français des immeubles ou un établissement de commerce aurait pour effet de le soustraire à l'arrestation provisoire dont s'occupe l'article 15, mais non à la contrainte par corps résultant, d'après l'art. 14, d'un jugement de condamnation.

TITRE XVII.

DU NANTISSEMENT.

(Décrété le 16 mars 1804. — Promulgué le 26.)

2071. — Le nantissement est un contrat par lequel un débiteur remet une chose à son créancier pour sûreté de la dette.

2072. — Le nantissement d'une chose mobilière s'appelle *gage*. Celui d'une chose immobilière s'appelle *antichrèse*.

SOMMAIRE.

---

(1) *Voy.* notamment Paris, 25 août 1842, 5 déc. 1844, 15 déc. 1855 (S. V., 42, 2, 372; 44, 2, 617; 56, 2, 159). MM. Pardessus (n° 1524); Coin-Delisle (*loc. cit.*, n° 2); Troplong (n° 496); Aubry et Rau (t. V, p. 47, note 3); Demolombe (t. I, n° 268).
(2) Paris, 17 janv. 1863 (S. V., 64, 2, 33; *J. Pal.*, 1863, p. 959).

sur laquelle il acquiert ce droit. — 1059. La même expression désigne aussi
quelquefois l'objet même sur lequel porte le droit du créancier. — 1060. Caractères principaux du contrat : il est essentiellement accessoire; conséquences. —
1061. Suite : il est affecté des modalités qui affectent l'obligation à l'occasion
de laquelle il est formé. — 1062. C'est un contrat réel; dès lors il n'est parfait,
en tant que contrat nommé, que par la tradition. — 1063. Néanmoins, la tradition n'en est pas nécessairement l'acte préliminaire; le consentement, condition première de tous les contrats, peut précéder. — 1064. De la promesse de
nantissement. — 1065. Obligation principale résultant du contrat à la charge
du créancier; l'obligation est sanctionnée par une action au profit du débiteur.
— 1066. Le créancier peut aussi avoir une action, mais cette action n'est pas
inhérente au contrat; — 1067. D'où suit que le nantissement rentre dans la
classe des contrats synallagmatiques imparfaits. — 1068. Distinction du nantissement mobilier, c'est-à-dire du *gage*, et du nantissement immobilier ou de
l'*antichrèse;* signification des mots *gage* et *antichrèse.* — 1069. Il s'agit particulièrement, dans ce titre, du nantissement conventionnel ou exprès.

I. — 1049. Après avoir traité des sûretés personnelles, c'est-à-dire
du Cautionnement comme contrat accessoire destiné à garantir une
obligation principale (tit. XIV; *suprà,* nos 1 et suiv.), et de la Contrainte
par corps, qui constitue aussi une sûreté accessoire non moins qu'un
moyen d'exécution (tit. XVI; *suprà,* nos 742 et suiv.), les rédacteurs du
Code arrivent, par la marche naturelle des idées, à la matière des sûretés ou des droits *réels* accessoires, c'est-à-dire au Nantissement et à
l'Hypothèque, qui sont les bases principales et essentielles du crédit
privé.

Nous avons à nous occuper spécialement ici du Nantissement. La matière des Hypothèques fait l'objet du titre suivant.

II. — 1050. En conférant aux créanciers un droit général et indéfini
sur les biens du débiteur, l'art. 2092 du Code Napoléon a consacré un
principe de haute moralité, sans donner cependant aux créanciers une
garantie complète ou même suffisante. En effet, le débiteur, toujours
libre de disposer de ses biens, peut, à chaque instant, détruire le gage
commun et faire évanouir les droits du créancier. Et même, sans disposer de ses biens, il peut, en contractant des dettes ou des engagements nouveaux qui affecteront son patrimoine au même titre que les
précédents, réduire le gage commun et ne laisser, pour chacun des
ayants droit, qu'une part plus ou moins insignifiante dans la contribution. L'intérêt même du crédit exigeait donc que l'homme vigilant
puisse obtenir, quand il consent à livrer ses fonds, des sûretés spéciales
qui, mieux que le droit de gage général établi par l'art. 2092, assurent
ou garantissent le remboursement à l'échéance. Le cautionnement
même, avec la sûreté *personnelle* qui en résulte, pouvait n'y pas suffire.
Car, parfaitement solvable au moment du cautionnement, la caution
sera peut-être insolvable au jour de l'échéance; auquel cas la garantie
fournie au créancier sera complétement illusoire, son recours ne pouvant pas être utilement exercé. Aussi, sans enlever au crédit la ressource
du cautionnement pour ceux qui s'en contenteraient, y trouvant une
sûreté suffisante, la pratique a été naturellement amenée à organiser,
indépendamment de cette sûreté personnelle, un système de garantie

qui, ayant son principe et sa base dans la chose, procurât aux créanciers les sûretés qu'on appelle *réelles* précisément parce que c'est la chose même qui les constitue essentiellement. De là le nantissement, qui, en effet, implique l'idée de sûreté réelle dans les législations venues jusqu'à nous.

1051. En Grèce, où, à raison de la situation même du pays, le commerce prit un certain développement, il eut ce caractère. Les Grecs, peu confiants de leur nature, sans nier ou méconnaître le crédit personnel, faisaient foi cependant à la chose plutôt qu'à la personne. L'hypothèque prit naissance chez eux. L'engagement des meubles à titre de gage y fut d'un fréquent usage, et si on en juge par l'étymologie, l'antichrèse, ou l'engagement des immeubles, y dut être également pratiquée.

1052. La constitution de gage, c'est-à-dire l'affectation spéciale d'une chose à la sûreté d'une créance, ne pouvait pas manquer de se produire dans le droit romain. Elle y apparut en effet, et affecta successivement des formes diverses. A l'origine, dans le droit primitif de Rome, le débiteur qui voulait obtenir crédit devait transférer, par la mancipation ou la tradition, la *propriété* même d'un objet, meuble ou immeuble. Seulement, la propriété était transférée avec une clause accessoire, *fiducia*, en vertu de laquelle le créancier était tenu de retransférer la chose au débiteur, dès que la dette était acquittée. Mais on aperçoit tout de suite les inconvénients et les dangers d'une telle combinaison. Maître d'une chose, généralement d'une valeur supérieure de beaucoup à la somme garantie, le créancier était libre de l'aliéner, en sorte que le débiteur, au moment de satisfaire à son obligation, pouvait se trouver en présence d'un créancier insolvable qui, empêché de retransférer le gage, était hors d'état d'en payer au moins la valeur. Il était impossible que, dans leur esprit pratique, les Romains n'avisassent pas à des moyens mieux faits pour assurer les droits de tous.

1053. En effet, à une époque non précisée, mais que, d'après les textes eux-mêmes, on peut considérer comme assez ancienne, on imagina une combinaison nouvelle qui, comme instrument de crédit, dut se mettre promptement à la place de la mancipation *fiduciæ causá :* ce fut le *pignus* proprement dit, qui d'abord conféra au créancier seulement le droit de retenir jusqu'au payement la *possession* de l'objet engagé. Celui-ci, dans l'état primitif des choses, ne put vendre le gage à l'effet de se payer sur le prix qu'autant que le débiteur lui en avait donné le pouvoir expressément. Mais plus tard la clause fut sous-entendue, et après trois sommations adressées au débiteur, le créancier put aliéner le gage.

Par là disparurent sans doute l'inconvénient et le danger qui s'attachaient à la *fiducia*, puisque ici la possession seule était conférée au créancier. Et toutefois ce n'est pas à dire que le *pignus*, de son côté, fût sans inconvénients. D'une part, il imposait au créancier des obligations et une responsabilité fort onéreuses. D'une autre part, quant au débiteur, il le dépouillait d'objets fort utiles, parfois même indispensables, par exemple les instruments de travail. En outre, il nuisait au crédit, si la chose engagée était d'une valeur considérable, en ce que la remise de la possession au créancier ne permettait pas de faire servir le gage à la sûreté de plusieurs créances ; et il nuisait au développement de l'agriculture lorsqu'il avait des fonds de terre pour objet, en ce que le propriétaire privé de sa chose ne pouvait plus employer à son amélioration le temps et les capitaux que, de son côté, le créancier, à cause de sa détention toute passagère, avait peu d'intérêt à lui consacrer. Aussi arrivait-il souvent que, pour parer à ces inconvénients, le créancier, au moment où il recevait l'objet engagé, le concédait, à titre de louage ou de précaire, au débiteur qui lui en faisait la remise. Mais ce n'était là qu'un accident : il fallait que le droit intervînt pour le régulariser.

1054. La jurisprudence prétorienne trouva dans l'institution grecque ci-dessus mentionnée, dans l'hypothèque, le moyen de concilier tous les intérêts. La simple convention, sans aucune tradition au créancier, fut suffisante pour conférer à ce dernier le même droit réel sur la chose que si cette chose lui eût été remise en gage. L'hypothèque, d'après l'opinion générale, apparaît ainsi, dans la jurisprudence romaine, comme ayant opéré une véritable révolution dans le droit de gage. Néanmoins, des jurisconsultes ont vu dans le mot *hypothèque* non point l'indice d'une institution nouvelle, mais simplement un mot nouveau pour une chose ancienne. Selon eux, le *pignus* pouvait, de très-bonne heure déjà dans le droit romain, se constituer de deux manières, avec tradition et sans tradition ; et pour ce dernier cas, le préteur avait créé d'abord un interdit (*interdictum salvianum*), et plus tard une action réelle (*actio serviana*). La tradition, indifférente à l'existence du *pignus*, avait pour effet unique de conférer au créancier les facultés qu'il n'aurait pas pu exercer sans elle, par exemple la perception des fruits. Mais le créancier n'avait pas besoin d'être en possession pour être investi du droit d'aliéner : l'action pignoraticienne et la faculté de vendre existaient en vertu de la seule convention. Ainsi, le *pignus* avec tradition et le *pignus* sans tradition auraient été, en droit romain, une seule et même institution, laquelle, bien que le nom d'hypothèque ait fini par prévaloir sur le mot *pignus*, et l'expression *action hypothécaire* sur l'expression *action pignoraticienne*, aurait été indifféremment désignée par le mot latin *pignus* ou par le mot grec *hypothèque*. C'est le point de vue que M. Bachofen s'est attaché à mettre en lumière dans son ouvrage sur le droit de gage chez les Romains (1). Nous n'avons pas à le discuter ici, ni même à prendre parti entre cette opinion nouvelle et l'opinion dominante. Il nous suffit d'avoir indiqué quelle a été, dans le droit romain, la marche des idées sur cette matière des sûretés réelles, du nantissement, où le préteur, en tempérant les règles absolues du droit civil par des interdits, par des actions propres à procurer au créancier gagiste ou hypothécaire son payement par préférence aux autres créanciers, signala de plus en plus son influence protectrice.

---

(1) *Voy.* l'intéressante analyse qui en a été donnée par M. V. Chauffour (*Rev. de législ.*, 1848, t. III, p. 350 et suiv.).

1055. Les contrats de nantissement et d'hypothèque passèrent dans la Gaule à peu près tels qu'ils existaient en droit romain. Mais ils ne trouvèrent pas la même faveur·chez les Barbares du Nord, peu familiarisés aux idées juridiques abstraites : l'hypothèque y fut rarement pratiquée; elle laissa le pas au nantissement ou gage réel, qui, sous l'influence de circonstances diverses, acquit une grande force d'expansion au moyen âge. Souvent pressés de besoin d'argent, les princes et les seigneurs étaient obligés, pour obtenir du crédit, d'engager leurs immenses domaines soit aux villes ou aux établissements religieux, soit même à la royauté, qui, en maintes circonstances, mit l'occasion à profit pour retenir par devers elle, à titre de propriété, des parties de territoire qui ne lui avaient été remises qu'à titre de sûreté ou de garantie. D'un autre côté, les croisades vinrent ajouter aux causes qui déterminèrent la formation du contrat : pour faire face aux dépenses considérables de leur pieuse entreprise, les chevaliers qui possédaient des terres durent s'en dessaisir au profit de ceux dont ils empruntaient l'argent, et consentir à ce que jusqu'à leur remboursement ceux-ci se missent à leur place pour jouir des terres par eux acceptées en garantie.

1056. A la vérité, ces prêts sur gage immobilier portaient une atteinte profonde à la règle, empruntée par le droit civil au droit canonique, d'après laquelle il n'était pas permis aux créanciers de stipuler un intérêt des sommes par eux prêtées. Et on a dit vainement, pour concilier, sous ce rapport, la pratique constante d'engagements immobiliers procurant au prêteur un avantage égal et même supérieur à l'intérêt de son argent avec les prohibitions relatives à la stipulation d'intérêts, que ces engagements d'immeubles tenaient beaucoup moins de l'antichrèse, *simple droit mobilier* conféré au créancier, que d'une convention qui, affectant la chose d'un droit réel, se rapprochait par des liens très-étroits de l'aliénation à faculté de rachat (1). D'abord, l'idée que l'antichrèse aurait revêtu dans notre ancien droit un caractère mobilier et purement personnel est fort contestable; on le verra plus tard. Mais fût-elle exacte, elle ne suffirait pas à expliquer comment, en présence des prohibitions rigoureuses de la loi touchant la stipulation d'intérêts dans le prêt d'argent, le prêt sur gage immobilier, le prêt, par conséquent, qui livrait au créancier des avantages bien susceptibles de lui tenir lieu et au delà de l'intérêt de son argent, trouvait dans la pratique une faveur spéciale et tout exceptionnelle.

Quoi qu'il en soit, il est certain que cette convention d'antichrèse proprement dite, ou, pour employer l'expression de nos anciens auteurs, le *mort-gage*, était proscrite dans l'ancien droit comme atteinte par la prohibition dont le prêt à intérêt avait été lui-même l'objet (2). Et quand il était convenu entre l'emprunteur et le prêteur que celui-ci percevrait, à valoir sur les intérêts, les fruits de l'immeuble qu'il rece-

---

(1) *Voy.* MM. Troplong (*Du Nantiss.*, Préface, p. xxxi); Dalloz (*Rép.*, vº Nantiss., nº 20).
(2) *Voy.* Pothier (*De l'Hyp.*, nº 239; *Du Nantiss.*, nº 20)

vait à titre de sûreté, l'emprunteur n'était nullement lié par la clause : il était toujours en droit d'exiger que les fruits fussent imputés sur le capital.

Aussi est-il aisé de comprendre que l'antichrèse proprement dite, ou le nantissement immobilier, dut tendre à disparaître de la pratique. Elle fit place, en effet, à l'hypothèque, dès qu'en présence d'un ordre mieux assis, les prêteurs plus confiants purent croire qu'ils n'avaient pas besoin de détenir la chose pour être assurés de la retrouver au moment d'exercer le droit résultant de la créance à la sûreté de laquelle elle était affectée.

1057. Quant au gage mobilier, il eut aussi son rôle dans les transactions privées, sous notre ancien droit. Moins important que le gage immobilier, à raison du peu de valeur des meubles et de la condition inférieure dans laquelle ils étaient tenus par rapport aux immeubles, il fut cependant un instrument de crédit auquel les emprunteurs eurent assez fréquemment recours. Mais la tradition fut de tout temps la condition nécessaire du contrat ; c'est par là seulement que le créancier pouvait acquérir un droit de préférence sur la chose ou sur le prix qui la représentait. Ici, en effet, la combinaison de l'hypothèque n'était pas possible. Les anciennes coutumes avaient presque toutes rejeté l'hypothèque purement conventionnelle des meubles, et celles qui l'avaient admise, en lui laissant son attribut essentiel, le droit de préférence, lui refusèrent le droit de suite, qui est sa condition première d'efficacité. Il fallait donc, pour que le créancier fût assuré d'exercer le droit de préférence sur un objet mobilier, s'arrêter à cette combinaison du gage qui mettait le créancier en possession de la chose et l'autorisait à la retenir jusqu'à ce que le débiteur eût satisfait à son obligation.

Du reste, comme il était de l'essence de la convention que le créancier fût mis en possession réelle de la chose donnée en nantissement, la loi crut devoir se préoccuper des fraudes et des simulations qui, à l'occasion de cette condition même, pouvaient être commises au préjudice des tiers, et elle s'attacha à les prévenir. En nous reportant au dernier état de notre ancienne législation sur ce point, nous rappellerons les articles 8 et 9, titre VI, de l'ordonnance de 1673, qui exigèrent, pour la validité des prêts sous gages *au regard des tiers,* la rédaction d'un acte par-devant notaire, avec minute, ou au moins l'énonciation des gages dans une facture ou un inventaire ; toutes dispositions écrites dans l'ordonnance en vue du gage commercial, mais bientôt étendues au gage civil par la jurisprudence (*infrà,* n° 1087).

Telle fut, sur ce sujet, la marche de notre ancienne législation ; et tel est l'état dans lequel le législateur de 1804 a trouvé la matière du nantissement, qu'il a organisée à son tour.

III. — 1058. Le mot générique *nantissement* placé en tête de notre titre, dont il forme la rubrique, a, dans le Code, un sens mieux arrêté et plus précis que dans notre ancienne jurisprudence. Il a été pris autrefois dans deux acceptions très-distinctes. D'une part, dans une signification particulière à certaines coutumes, dites de nantissement, il désignait l'ensemble des formalités nécessaires pour que la propriété fût transférée ou qu'un droit réel fût acquis à l'égard des tiers ; c'était ordinairement un acte judiciaire, assez analogue à la transcription actuelle, qui constituait une tradition légale : ces formalités étaient appelées *vest* et *devest, saisine* et *dessaisine* (1). D'une autre part, dans une signification commune à toutes les coutumes, le mot *nantissement* désignait le contrat ayant pour objet de procurer au créancier une sûreté réelle, en le mettant en possession de l'objet sur lequel il doit acquérir le droit. C'est cette seconde signification que le Code Napoléon a retenue en définissant le nantissement, dans l'art. 2071, « un contrat par lequel un débiteur remet une chose à son créancier pour sûreté de la dette. »

1059. Ajoutons cependant que l'expression *nantissement* est prise aussi dans une autre acception, déjà indiquée par Pothier (2) ; parfois aussi elle désigne l'objet même sur lequel porte le droit du créancier. C'est ainsi que l'administration des monts-de-piété intitule les affiches de vente des choses qui lui ont été engagées et n'ont pas été retirées : « Vente des *nantissements* non dégagés. » Mais c'est à peu près le seul cas dans lequel le mot soit pris dans cette acception.

1060. La définition du nantissement telle qu'on la trouve dans l'art. 2071 du Code Napoléon dit implicitement quels sont les caractères principaux du contrat. Et d'abord, puisque la convention intervient pour sûreté d'une dette, c'est qu'elle constitue un contrat simplement accessoire, au même titre que le cautionnement et l'hypothèque, un contrat dès lors qui ne saurait exister par lui-même, comme la vente ou le louage, mais qui nécessairement se réfère à une autre convention préexistante ou contemporaine : l'une des parties sur laquelle pèse l'obligation résultant de cette autre convention, en se reconnaissant débitrice, livre à l'autre, comme garantie, un objet pour que celui-ci le détienne jusqu'au payement ou à l'extinction de la dette.

C'est là le caractère essentiel du contrat. Et par conséquent l'existence et la validité du nantissement sont subordonnées à l'existence et à la validité du contrat principal, en sorte que ce contrat principal venant à être annulé, résolu ou rescindé, le nantissement s'évanouit par cela même. Par conséquent aussi, le tribunal appelé à statuer sur le contrat principal sera compétent pour décider les contestations qui pourraient s'élever à l'occasion du contrat accessoire. Et c'est ainsi que, soit sous l'empire de l'ordonnance de 1673, soit depuis le Code Napoléon, il a été admis en jurisprudence que les contestations relatives à un nantissement donné pour sûreté d'une obligation commerciale sont de la compétence du tribunal de commerce, comme les contestations relatives à l'obligation elle-même (3).

1061. D'ailleurs, le nantissement peut être formé pour garantir toute espèce d'obligation. C'est à l'occasion du prêt que la conven-

---

(1) *Voy.* Merlin (*Rép.*, v° Nantiss.).
(2) Pothier (*Traité du Nantiss.*, n° 2).
(3) Cass., 4 prair. an 11 ; Montpellier, 11 fév. 1842 (S. V., 3, 2, 329 ; 42, 2, 265 ; Coll. nouv., 1, 1, 805 ; Dalloz, 1, 799, et *Rép.*, v° Nantiss., n° 38).

tion a lieu très-habituellement ; mais elle peut intervenir à l'occasion de l'obligation résultant de la vente, du louage, ou de tout autre contrat. Les obligations conditionnelles ou à terme sont, non moins que les obligations pures et simples, susceptibles d'être garanties au moyen du nantissement, sous cette seule réserve qu'en ce cas le nantissement est tacitement, mais nécessairement affecté des modalités mêmes qui affectent l'obligation principale. Rien ne s'oppose même à ce que les parties conviennent d'un nantissement pour sûreté d'une dette que l'une d'elles se propose de contracter ultérieurement, ou d'une obligation qui, si elle n'est pas née actuellement, doit prendre naissance plus tard : seulement, en ce cas, la convention n'acquiert toute sa perfection qu'au jour de la réalisation de l'obligation principale. Cela se vérifie, dans la pratique, chaque fois qu'un banquier ouvre un crédit à un client moyennant dépôt de titres en nantissement.

1062. D'un autre côté, puisque, d'après la définition du Code, le nantissement implique *remise* d'une chose au créancier, c'est qu'il constitue un contrat *réel,* au même titre et de la même nature que le prêt et le dépôt. Dès lors, le nantissement n'est parfait, en tant que contrat nommé, que par la tradition, au créancier ou à une personne convenue, d'une chose remise par le débiteur ou par un tiers pour lui.

C'est là, comme l'enseignait déjà le droit romain et comme l'indique Pothier (1), ce qui distingue le nantissement de l'hypothèque. La tradition est la condition même du contrat, le fait nécessaire sans lequel la convention resterait sans efficacité. A quoi servirait au créancier d'avoir un nantissement mobilier, et quelle sûreté trouverait-il dans la convention, si, à défaut d'une tradition effective et réelle, il ne détenait pas par devers lui la valeur mobilière engagée ? Les meubles ne pouvant pas, en règle générale, dans notre droit, faire l'objet de la revendication, le débiteur resterait toujours libre de détourner ou de dissiper le gage, et de faire évanouir par là la sûreté du créancier. D'un autre côté, quelle serait l'utilité du nantissement immobilier sans mise en possession de l'immeuble, quand l'un des principaux avantages du contrat, l'une des facultés qu'il attribue au créancier, la perception des fruits, dépend précisément de la mise en possession ?...

1063. Mais de ce que le nantissement est un contrat réel, il ne s'ensuit pas que la tradition en doive être nécessairement l'acte préliminaire : le consentement, condition première de tous les contrats, peut très-bien précéder la mise en possession. C'est même habituellement la marche des choses : la remise de l'objet engagé est le plus souvent la conséquence ou la réalisation de l'accord intervenu déjà entre les parties, en sorte que la convention arrêtée dans la volonté des contractants acquiert, par le fait de la remise, son complément et sa perfection.

1064. Par cela même, il va de soi que les parties se puissent engager par une simple promesse au moyen de laquelle l'une prendrait l'engagement de fournir dans un certain temps un objet pour garantir le rem-

(1) *Voy.* Pothier (*Du Nantiss.*, n° 8).

boursement de la somme que l'autre s'obligerait, de son côté, à compter dans le même délai. Cette convention qui, en droit romain, aurait dû être revêtue de la forme de la stipulation pour engendrer une action, serait par elle-même obligatoire, dans notre droit, et le créancier aurait incontestablement une action contre le débiteur pour le forcer à livrer l'objet promis. Mais ajoutons, avec Pothier, que si cette convention est valable et obligatoire par le seul consentement, elle n'est pas cependant le contrat de nantissement; elle le précède et en est différente, comme la promesse de vendre est différente du contrat de vente (1).

1065. Du principe que le nantissement est un contrat réel qui, par essence, exige la mise en possession du créancier, il résulte tout naturellement que le contrat, au moment où il intervient, met à la charge du créancier nanti l'obligation de rendre l'objet engagé aussitôt que le payement a eu lieu, ou, pour parler d'une manière plus compréhensive et plus exacte, aussitôt que la cause pour laquelle il avait été fourni vient à disparaître. Cette obligation est sanctionnée par une action appartenant au débiteur, et à laquelle les Romains, parce qu'elle naissait au moment de la formation du contrat par la réception de la chose, avaient donné la qualification d'*actio pigneratitia directa*, comme ils avaient appelé *actio depositi* DIRECTA, *actio commodati* DIRECTA, l'action naissant du dépôt ou du commodat en faveur du déposant ou de l'emprunteur.

L'*actio pigneratitia* est mentionnée dans l'art. 2082, et nous y reviendrons dans le commentaire de cet article (*infrà*, n°s 1183 et suiv.). Notons seulement ici que c'est une action purement personnelle, tendant à l'accomplissement d'une obligation; et, à ce titre, elle se distingue profondément de l'action réelle que les Romains accordaient, non pas au débiteur, mais au créancier gagiste, pour se faire mettre ou réintégrer en possession de la chose sur laquelle portait son droit (actions servienne et quasi servienne), et qui, en certains cas, pourra lui appartenir encore dans notre droit.

1066. D'ailleurs, indépendamment de cela, le créancier a, lui aussi, de même que le dépositaire dans le dépôt et le prêteur dans le commodat, une action spéciale, à laquelle le deuxième paragraphe de l'art. 2080 fait allusion (*infrà*, n°s 1175 et suiv.), et qui tend à l'indemnité, soit du préjudice occasionné par l'objet engagé ou la mauvaise foi du débiteur, soit des dépenses faites pour la conservation du gagé. Mais cette action naît *ex post-facto*, à la suite ou par l'effet de circonstances purement fortuites; elle n'est donc pas inhérente au contrat: aussi était-elle appelée, en droit romain, *actio pigneratitia contraria*.

1067. D'après cela, le nantissement doit être rangé dans la classe des contrats synallagmatiques, puisqu'il produit des obligations réciproques. Toutefois, l'obligation de rendre du créancier étant seule prin-

_____

(1) Pothier (*loc. cit.*, n° 9).

cipale et inhérente au contrat, et l'obligation du débiteur n'étant qu'incidente, il s'ensuit que le nantissement rentre dans la classe des contrats synallagmatiques imparfaits (1). Nous renvoyons au commentaire de l'art. 2074 pour les conséquences qui, au point de vue de la preuve, se déduisent de cette dernière règle (*infrà*, n° 1095).

1068. Tel est le caractère implicitement assigné au contrat par l'article 2071. Rappelons maintenant la distinction établie par l'article suivant : le nantissement est mobilier ou immobilier. Le nantissement d'une chose mobilière s'appelle *gage*. Celui d'une chose immobilière s'appelle *antichrèse*.

Le mot *gage* a, non-seulement dans la langue vulgaire, mais aussi dans le langage juridique, diverses acceptions. Dans une première acception très-large, il signifie toute garantie acquise par un créancier sur les biens de son débiteur, même la garantie générale et indéfinie que la loi a consacrée en rappelant l'ancien adage, *qui s'oblige oblige le sien* : l'art. 2093 dit en ce sens que les biens du débiteur sont le *gage* commun de ses créanciers. — Dans une seconde acception, plus restreinte, le mot *gage* est propre au nantissement mobilier : toutefois, pris dans cette acception, il désigne d'abord le contrat lui-même, et ensuite soit le droit du créancier sur l'objet mobilier qui lui est engagé, soit la chose même remise en nantissement.

Quant au mot *antichrèse*, il présente un sens beaucoup plus précis : il désigne spécialement le contrat en vertu duquel un créancier reçoit la possession d'un immeuble comme garantie d'une dette contractée envers lui.

1069. Remarquons enfin que, sauf l'hypothèse tout exceptionnelle de l'art. 2082, 2°, qui implique l'idée d'un gage tacite, le Code, dans notre titre, s'occupe exclusivement du nantissement conventionnel ou exprès. L'idée de nantissement apparaît dans un grand nombre d'articles de nos Codes, par exemple dans les dispositions relatives à la plupart des priviléges spéciaux mobiliers et aux saisies conservatoires organisées par le Code de procédure. Mais il s'agit toujours là d'un nantissement tacite ; et sauf l'idée commune d'une garantie conférée au créancier à laquelle ces divers points se rattachent, ils sont tous étrangers à notre matière : nous n'aurons donc pas à nous en occuper.

CHAPITRE PREMIER.

DU GAGE.

OBSERVATIONS PRÉLIMINAIRES.

SOMMAIRE.

---

(1) Pothier (*loc. cit.*, n° 14).

II. 1071. *Des personnes qui peuvent former le contrat de gage.* La capacité d'aliéner est requise en la personne de celui qui donne une chose en gage : — du mineur autorisé à faire le commerce; — de la femme marchande publique; — du failli. — 1072. Le gage peut être donné par mandataire. — 1073. De la mise en gage de la chose d'autrui : quel est l'effet du contrat dans les rapports du propriétaire et du créancier? — 1074. *Quid* entre le créancier et le débiteur? — 1075. De la mise en gage d'une chose déjà engagée. — 1076. La capacité de contracter est requise en la personne de celui qui reçoit une chose en gage.

III. 1077. *Des choses susceptibles d'être données en gage.* Toutes les choses qui sont dans le commerce peuvent faire l'objet du contrat. — 1078. Applications : le contrat d'otage ne doit pas être assimilé au contrat de gage. — 1079. Suite : des choses mobilières incorporelles. — 1080. Restrictions au principe : biens à venir, fruits à récolter, croît futur; rentes sur l'État.

I. — 1070. En traitant spécialement du gage, ou nantissement mobilier, dans le chapitre premier de notre titre, le législateur envisage le contrat à deux points de vue distincts. Et, d'abord, il s'occupe du gage en tant qu'il procure au créancier gagiste un droit réel sur la chose à lui remise, en sorte qu'en ceci le gage est pris au point de vue du privilége qui en résulte dans les rapports du créancier gagiste avec les autres créanciers du débiteur : c'est l'objet à peu près exclusif de la plupart des dispositions du chapitre (art. 2073 à 2076, 2078, 2079, 2082, 2°). Ensuite le législateur traite du gage en tant qu'il donne naissance aux obligations directes ou indirectes auxquelles correspondent les actions *pigneratitia directa et contraria,* et en ceci le gage est pris au point de vue du contrat qu'il établit entre les parties elles-mêmes (art. 2080 à 2083).

Nous aurons à nous expliquer sur ces deux points en suivant, dans notre commentaire, l'ordre des articles et la marche indiqués par la loi. Mais il convient de s'arrêter auparavant à deux autres points qui, bien qu'ils touchent aux conditions de validité du contrat, n'ont été l'objet d'aucune disposition dans le chapitre consacré spécialement au nantissement mobilier. Quelles personnes peuvent donner ou recevoir un objet en gage? et quelles choses sont susceptibles d'être engagées?

II. — 1071. Et d'abord, le gage emportant aliénation éventuelle de l'objet engagé, il est naturel de conclure que celui-là seul a pouvoir et capacité pour donner une chose en gage qui a pouvoir et capacité pour l'aliéner. Donc, suivant qu'une personne a ou n'a pas la libre disposition de son patrimoine mobilier, elle peut ou ne peut pas valablement en engager telle ou telle partie pour garantir la dette par elle contractée.

Les incapacités sont en général, ici, celles du droit commun, sauf que le mineur autorisé à faire le commerce et la femme marchande publique peuvent engager, pour ce qui se rapporte à leur commerce, toutes les choses à l'égard desquelles ils sont reconnus capables d'aliéner.

Quant au failli, sa capacité, relativement à la masse de ses créanciers, est limitée et réglée par les art. 446 et 447 du Code de commerce. — Le gage est-il constitué depuis l'époque de la cessation de payements ou dans les dix jours précédents, pour dettes *antérieurement contrac-*

tées, l'acte est radicalement nul et sans effet au regard de la masse, d'après la disposition formelle de l'art. 446 du Code de commerce. — Le gage est-il stipulé, depuis la cessation de payements, conjointement avec l'acte principal et en même temps que la dette constatée par cet acte a été contractée, il faut distinguer. Si, de la part du créancier gagiste, le nantissement a eu lieu avec connaissance de la cessation de payements, la validité du nantissement sera subordonnée à la validité du contrat principal, lequel, d'après l'art. 447 du Code de commerce, *peut* être annulé ou maintenu suivant que les circonstances de la cause font apparaître la bonne ou la mauvaise foi de celui qui a traité avec le failli. Mais s'il n'y a eu ni fraude ni connaissance de la cessation de payements de la part du créancier gagiste, l'art. 447 n'est plus applicable, et l'art. 446 ne saurait être appliqué, en ce que, écrit en vue des nantissements ou hypothèques constitués pour dettes *antérieurement contractées,* il ne saurait être étendu au cas où le nantissement a été constitué et la dette contractée *en même temps et conjointement.* Le nantissement est donc valable en ce cas (1).

D'ailleurs, nous ne nous occupons pas ici de la condition requise par l'art. 2075, et spécialement de la question de savoir si le nantissement consenti avant la cessation de payements peut être signifié après. C'est là une question fort controversée, dont la discussion appartient au commentaire de l'art. 2075 (*infrà,* n° 1111).

1072. Le gage peut, au surplus, être donné par un mandataire. Toutefois, un pouvoir conçu en termes généraux ne conférerait pas généralement au mandataire la faculté de constituer le gage. Un tel pouvoir, d'après l'art. 1988 du Code Napoléon, n'embrasse que les actes d'administration ; il ne s'étend pas aux actes de propriété, si ce n'est dans la mesure fort restreinte que nous avons précisée en commentant ce dernier article (2). Or, l'engagement d'un objet mobilier peut être regardé comme un acte de propriété. Le mandataire n'est donc apte généralement à le consentir, aux termes de ce même article, qu'autant qu'il est nanti d'un mandat *exprès.* La Cour de cassation a décidé, cependant, que le liquidateur d'une société de commerce a capacité, à moins de restriction spéciale de ses pouvoirs, pour donner en nantissement des marchandises appartenant à la société (3). Mais il s'agissait uniquement, dans l'espèce, de satisfaire à des engagements pris avant la dissolution de la société, et de réaliser un nantissement promis antérieurement. Le liquidateur, en donnant les marchandises en gage, ne faisait donc qu'exécuter l'engagement pris par la société dont ces marchandises étaient la propriété.

1073. Le principe étant que le pouvoir de donner un objet en gage implique capacité de disposer, on peut conclure que seul le propriétaire

---

(1) *Voy.* Rej., 18 juin 1862 (S. V., 62, 1, 865 ; *J. Pal.,* 1863, p. 184 ; Dalloz, 62, 1, 424).

(2) *Voy.* au tome précédent (n°s 925, 927 et suiv.).

(3) Req., 5 mars 1850 (S. V., 50, 1, 262 ; Dalloz, 50, 1, 167 ; *J. Pal.,* 1850, t. II, p. 348).

d'une chose ou celui qui a mandat de lui peut remettre cette chose en nantissement. Est-ce à dire pourtant que l'engagement de la chose d'autrui soit frappé d'une nullité absolue? La question doit être envisagée à un double point de vue : dans les rapports du propriétaire de la chose engagée et du créancier gagiste; dans les rapports de ce dernier et du débiteur.

Et d'abord, vis-à-vis du propriétaire lui-même, s'il était seul intéressé, il ne saurait y avoir aucune difficulté dans le cas où il n'aurait pas consenti à la mise en gage ou ne l'aurait pas ratifiée expressément ou tacitement. Le propriétaire serait alors protégé par le principe de l'art. 1165 du Code Napoléon, aux termes duquel les conventions n'ont d'effet qu'entre les parties contractantes et ne nuisent point aux tiers. Cependant, même vis-à-vis du propriétaire, il n'est pas possible de ne pas tenir compte du droit réel dont, par l'effet même de la mise en gage, la chose se trouve grevée. Sans doute, il en devra être fait abstraction si le créancier gagiste a reçu la chose à lui remise par son débiteur sachant bien que c'était la chose d'autrui : le propriétaire, en ce cas, pourra revendiquer, et il conservera son action contre le créancier gagiste détenteur de la chose, autant et aussi longtemps qu'il l'aurait conservée contre le débiteur. Mais si le créancier a reçu la chose de bonne foi, s'il a ignoré que ce fût la chose d'autrui, s'il a pensé que la chose appartenait au débiteur de qui il l'a reçue, c'est alors le principe de l'art. 2279 qui devra l'emporter, et soit que le débiteur ait connu, soit même qu'il ait ignoré le vice de sa possession, le créancier gagiste repoussera par l'autorité de cet article toute revendication que le propriétaire prétendrait exercer. S'il était acheteur de bonne foi, s'agissant d'un meuble corporel, son droit à invoquer l'art. 2279 pour se défendre contre l'action du propriétaire serait incontestable, assurément. Or, ce n'est pas parce qu'il est détenteur à titre de gage que son droit pourrait être contesté : il a acquis de même, par le contrat, un droit réel sur la chose, il a eu juste sujet d'y compter ; il n'est pas moins digne de protection, sa bonne foi étant certaine, que s'il était acheteur. « Le créancier légalement saisi d'un gage, dit en ce sens l'Exposé des motifs de notre titre, ne saurait craindre l'intervention de personne, si ce n'est celle de tiers qui prouveraient que *le meuble donné en gage leur a été dérobé :* hors cette exception et les cas de fraude, le créancier, muni du gage, est préféré à tous autres, parce que le meuble était sorti de la possession du débiteur, et que les meubles n'ont pas de suite en hypothèques, principe qui est devenu une maxime de notre droit français. » (1) Le propriétaire, dans cette dernière situation, devra donc, s'il veut recouvrer sa chose, rembourser le créancier, sauf son recours contre le débiteur, dont, en ce cas, il aura payé la dette (2).

Au surplus, il convient de réserver le cas de vol, indiqué dans l'Exposé des motifs, et aussi le cas de perte. Le principe qu'en fait de

(1) Berlier, Exposé des motifs (Locré, t. XVI, p. 30; Fenet, t. XV, p. 210).
(2) *Voy.* MM. Troplong (n°s 66 et suiv.); Massé et Vergé, sur Zachariæ (t. V, p. 106, note 1); Aubry et Rau (t. III, p. 513, 3e édit.).

meubles la possession vaut titre fléchit en effet, en ces cas, suivant le deuxième paragraphe de l'art. 2279, aux termes duquel celui qui a perdu ou à qui il a été volé une chose, peut la revendiquer pendant trois ans, à compter du jour de la perte ou du vol, contre celui dans les mains duquel il la trouve. Ainsi, le créancier gagiste, même s'il a reçu la chose de très-bonne foi, reste soumis à l'action en revendication du propriétaire qui l'avait perdue ou auquel elle avait été volée, et il doit la rendre sans pouvoir exiger du revendiquant le remboursement de sa créance. Il n'en serait autrement, et le créancier n'aurait droit au remboursement, que si, de son côté, il prouvait que cette chose volée ou perdue avait été achetée, par le débiteur de qui il l'a reçue en gage, dans une foire, dans un marché, dans une vente publique ou d'un marchand vendant des choses pareilles (art. 2280).

1074. Entre le créancier gagiste et le débiteur, l'engagement de la chose d'autrui est obligatoire et produit en principe tous ses effets légaux, au même titre que le prêt ou le dépôt de la chose d'autrui (1).

Ainsi, d'une part, le créancier, désintéressé avant d'avoir connu le vice de la chose, doit satisfaire à l'instant à l'obligation directe résultant du contrat, à l'obligation de restituer qui prend naissance immédiatement : seulement, si, au moment d'effectuer la restitution, il découvrait que la chose a été volée et quel en est le véritable propriétaire, il serait en droit de retarder la restitution, dans les termes de l'art. 1938 du Code Napoléon, qui, bien que relatif au dépôt (2), nous paraît applicable ici par analogie. D'une autre part, quant au débiteur, il reste lié tant que le créancier n'est pas désintéressé, et il ne lui appartient pas, sous prétexte que la chose n'est pas sienne, d'en exiger la restitution. Peu importe qu'en remettant la chose en gage il ait cru en être propriétaire ou qu'il ait su ne pas en avoir la propriété : il n'en est pas moins tenu de toutes les obligations que le contrat met à sa charge. Sans doute, un vice affecte la chose engagée; mais qui pourrait se prévaloir à bon droit de cette circonstance? Assurément ce n'est pas le débiteur, qui, même dans l'hypothèse où il aurait agi de bonne foi, serait en faute pour ne s'être pas assuré de son droit de propriété avant de mettre la chose en gage. Le créancier seul aurait le droit de réclamer; et à moins que, ayant reçu la chose sachant que c'était la chose d'autrui, il eût été lui-même de mauvaise foi, auquel cas toute réclamation lui serait interdite, il puiserait dans la circonstance même une raison d'exercer l'action contraire résultant du contrat à son profit, à l'effet d'obtenir soit la remise d'un autre gage exempt du vice dont le premier est affecté, soit même, suivant l'occurrence, son remboursement immédiat, par application du principe qui enlève au débiteur le bénéfice du terme lorsque, par son fait, il a diminué les sûretés qu'il avait données par le contrat à son créancier (C. Nap., art. 1188). Et vainement le débiteur tenterait-il de résister à la réclamation, sous prétexte que son créancier trouve une

---

(1) *Voy.* au tome précédent (n°ˢ 44 et 486).
(2) *Voy.* notre commentaire de cet article au tome précédent (n°ˢ 486 et suiv.).

protection suffisante dans le principe consacré par l'art. 2279. Le possesseur actuel peut, à son gré, accepter ou répudier le secours de la prescription instantanée que cet article lui donne; et le débiteur, dans l'espèce, ne saurait être écouté dans un système de défense par lequel, dictant, en quelque sorte, sa détermination au créancier, il lui imposerait l'emploi d'un moyen que sa conscience réprouve peut-être et auquel, par ce motif, il aurait renoncé.

1075. De l'engagement de la chose d'autrui à la remise en gage d'une chose déjà engagée au même titre à un autre créancier, la transition est toute simple. Les droits doivent être établis d'après une distinction analogue à celle qui précède. Tout, en effet, dépend encore de la bonne ou de la mauvaise foi du second créancier gagiste. Si, par exemple, il a cru que son débiteur était plein propriétaire de la chose à lui remise pour sûreté et comme garantie de son remboursement, il sera protégé soit par l'art. 2279 du Code Napoléon, soit par l'art. 1141, d'après lequel, entre deux personnes à qui a été successivement promise la livraison d'une chose mobilière, celle-là doit être préférée, la bonne foi étant constante, qui a été mise en possession réelle, encore que son titre soit postérieur en date. Mais si le second créancier a reçu le gage sachant que la chose, bien qu'elle ne fût pas encore livrée, était cependant engagée à un autre créancier, cet autre créancier sera préféré par application de ce dernier article, qui, précisément, subordonne l'effet assigné à la mise en possession réelle, à la condition expresse que la possession soit de bonne foi.

1076. Après ce qui précède touchant la capacité et le pouvoir nécessaires à l'effet de constituer un gage valablement, nous n'avons qu'un mot à dire relativement à la capacité requise en la personne de celui à qui le gage est donné. Quant à celui-ci, la capacité de contracter est suffisante, mais elle est nécessaire. A la vérité, le contrat de gage se forme particulièrement dans l'intérêt du créancier, et, par cela même, on serait porté à penser que tout créancier est capable de recevoir un gage qui, en définitive, ne fait que rendre sa condition meilleure. Mais le créancier gagiste est soumis, à raison même de sa possession et de la tradition qui lui est faite, à des obligations plus ou moins onéreuses. C'est un motif suffisant pour appliquer, sous le rapport de la capacité, les principes généraux du titre des obligations (1).

III. — 1077. Passons aux choses qui peuvent être données en gage. Le meuble engagé étant destiné à être vendu si le débiteur ne paye pas à l'échéance, il en résulte que toutes les choses qui sont dans le commerce peuvent être l'objet d'une constitution de gage, puisque, toutes, elles sont susceptibles d'être saisies, vendues et converties en argent. Ainsi en est-il de presque tous les meubles corporels, fruits, meubles meublants, marchandises, animaux, etc. L'argent comptant lui-même, selon la remarque de Pothier, peut être donné en nan-

---

(1) Voy. MM. Troplong (n° 87); Massé (*Droit comm.*, 1re édit., t. VI, n° 442; 2e édit., t. IV, n° 2811); Massé et Vergé, sur Zachariæ (t. V, p. 106, note 1).

tissement. On trouve, dit-il, un exemple de cette espèce de nantisse-ment dans les statuts de bibliothèques publiques, qui permettent aux bibliothécaires de prêter des livres à des étudiants, à la charge qu'ils remettront au bibliothécaire une somme de deniers du double de la valeur des livres en nantissement, et pour sûreté de la restitution des livres prêtés (1).

1078. Il est, d'ailleurs, hors de doute aujourd'hui que l'homme ne peut plus faire l'objet d'un contrat de gage. Depuis l'abolition de l'es-clavage dans nos colonies, on ne saurait plus faire du contrat l'applica-tion qu'il a pu recevoir jusque-là, contrairement à tous les principes du droit naturel et de la morale. Il reste encore le contrat d'otage, qui peut être pratiqué entre nations. Mais il ne saurait être assimilé au contrat de gage; car il a uniquement pour but la détention temporaire de la personne donnée en otage, détention qui ne saurait jamais se prolonger bien longtemps, et qui, du reste, ne va jamais jusqu'à l'anéantissement de la liberté.

1079. Quant aux choses mobilières incorporelles, telles que créances, la question de savoir si elles peuvent être données en gage a été autre-fois un point de controverse. Nous verrons bientôt que Pothier, notam-ment, s'était d'abord prononcé pour la négative, et que, se rétractant plus tard, il avait fini par résoudre la question négativement (*infrà*, n° 1100) (2).

Cette dernière solution ne saurait plus être mise en question. Le Code Napoléon, sans la consacrer formellement, la suppose dans l'art. 2075 (*infrà*, n°s 1100 et suiv.). Ainsi, il est vrai de dire aujourd'hui qu'en principe toutes les choses, corporelles et incorporelles, qui, susceptibles d'être saisies ou vendues, sont par cela même dans le commerce, peu-vent être l'objet du contrat de gage.

1080. Le principe comporte cependant certaines restrictions ou mo-difications. D'un côté, il est des choses qui, bien qu'elles ne soient pas hors du commerce, ne pourraient pas cependant faire l'objet du con-trat de gage. Ainsi en est-il des choses futures; par exemple, des fruits à récolter, ou du croît qui proviendra de tel animal. Nous ne voulons pas dire par là que le créancier gagiste auquel un animal a été donné en gage n'aurait pas son droit sur le croît provenu pendant qu'il est en possession : ici l'art. 2133 devrait être pris pour règle, et le gage s'é-tendrait au croît de l'animal, au même titre que, d'après cet article, l'hypothèque acquise s'étend à toutes les améliorations survenues à l'immeuble hypothéqué. Ce que nous disons seulement, c'est que les choses mobilières futures, prises en elles-mêmes et isolément, ne sont pas susceptibles d'être engagées; et c'est évident de soi-même, puisque ces choses ne peuvent pas être livrées au créancier, et qu'ainsi elles ne peuvent faire l'objet de cette tradition réelle qui est une des conditions essentielles du contrat.

(1) Pothier (*Du Nantiss.*, n° 6).
(2) Id. (*Traité de l'Hyp.*, n° 211).

D'un autre côté il est des choses qui, bien que n'étant pas susceptibles d'être saisies et vendues dans les formes ordinaires, peuvent cependant être constituées en gage. Ainsi en est-il des rentes sur l'État. Des motifs particuliers, dont la justesse pourrait à bon droit être contestée aujourd'hui, ont fait établir l'insaisissabilité de ces créances. Mais cette circonstance ne fait pas qu'elles soient retranchées du commerce ; elles peuvent donc être et elles sont journellement l'objet de nantissements. En présence de cette pratique constante, on s'expliquerait à peine, si bien des choses n'étaient expliquées par l'esprit de chicane ou par la ténacité de certains plaideurs, qu'un débiteur, après avoir donné un titre de rente en nantissement, ait cru pouvoir demander la nullité du contrat en se fondant sur ce que les rentes sur l'État étant insaisissables et assujetties, en outre, pour leur transfert et mutation, à des formes spéciales par la loi du 28 floréal an 7, elles n'avaient pu être la matière d'un nantissement. Bien entendu, la prétention a été rejetée : la Cour de Paris a justement décidé que, bien qu'insaisissables, les rentes sur l'État n'en sont pas moins susceptibles d'être données en gage valablement, de telle sorte que le créancier nanti peut, à défaut de payement de la créance, faire vendre les rentes en la forme spécialement déterminée par la loi, afin d'exercer son privilége sur le prix (1).

Ces points réservés, il est vrai de dire que toutes les choses ou les droits mobiliers qui sont susceptibles d'être convertis en argent par la saisie et par la vente peuvent faire l'objet du nantissement, et que seuls ces choses et droits en peuvent faire l'objet (2).

2073. — Le gage confère au créancier le droit de se faire payer sur la chose qui en est l'objet, par privilége et préférence aux autres créanciers.

SOMMAIRE.

I. 1081. Le gage confère au créancier gagiste un privilége, c'est-à-dire le droit de se faire payer sur les choses préférablement aux autres créanciers du débiteur commun. — 1082. Origine de ce privilége : droit romain. — 1083. Ancien droit français. — 1084. Son caractère : ce n'est pas un privilége proprement dit, en ce sens que le droit qu'il confère dérive non de la qualité de la créance, mais de la convention des parties. — 1085. Néanmoins, il est traité aussi favorablement que le privilége : renvoi.

I. — 1081. Nous touchons, avec l'art. 2073, au gage considéré dans son caractère de droit réel, de privilége, et par conséquent dans les rapports du créancier gagiste avec les autres créanciers du débiteur commun. C'est, comme nous l'avons dit, le premier et le principal objet auquel se réfèrent les dispositions de ce chapitre.

L'art. 2092 du Code Napoléon pose comme règle de droit commun que quiconque s'oblige personnellement est tenu de remplir son enga-

---

(1) **Paris**, 13 janv. 1854 (S. V., 54, 2, 209 ; Dalloz, 54, 2, 93 ; *J. Pal.*, 1854, t. I, p. 13).
(2) *Voy.* Paris, 2 janv. 1843 et 26 juill. 1851 (S. V., 43, 2, 269 ; 51, 2, 619 ; Dalloz, 43, 2, 77 ; 52, 2, 218 ; *J. Pal.*, 1852, t. II, p. 50).

gement sur tous ses biens mobiliers et immobiliers, présents et à venir ;
et il en résulte que tous les biens du débiteur étant le gage commun
de ses créanciers, ceux-ci doivent, le cas d'insolvabilité du débiteur
échéant, venir en concours sur les biens, et s'en distribuer le prix au
sol la livre. Mais l'art. 2093 ajoute aussitôt qu'il y a lieu d'excepter de
la règle ceux des créanciers au profit desquels existeraient des causes
légitimes de préférence. Or, le privilége est une de ces causes ; et l'article 2102, 2°, range formellement le gage parmi les priviléges spéciaux
sur les meubles. Le créancier gagiste, qui a rempli les formalités et satisfait aux conditions imposées par la loi et que nous aurons bientôt à
préciser, a donc le droit, lorsque l'objet sur lequel porte son privilége
vient à être vendu, de prélever sur le prix une somme suffisante à le
rembourser de sa créance : c'est là le droit de préférence, c'est-à-dire
l'attribut le plus important d'un droit réel, et celui sans lequel un tel
droit ne se concevrait pas. Nous aurons à nous demander plus tard si
le second attribut du droit réel, le droit de suite, n'existe pas aussi, en
certains cas, au profit du créancier gagiste.

1082. C'est incontestablement dans le droit romain que ce privilége
trouve son origine. Nous n'avons plus à reprendre, pour établir ce point,
les phases diverses que l'institution avait suivies pour aboutir à l'hypothèque. Nous nous bornons à rappeler cette action quasi servienne dont
le gage proprement dit fut muni par le préteur, lorsque, par le progrès
des idées, il se fut définitivement substitué à la fiducie : cette action
réelle, dont l'objet précisément était la mise en exercice, par ce créancier dépossédé, du droit de suite à la faveur duquel il pouvait, s'étant
remis en possession, faire vendre le gage et se payer par préférence sur
le prix, montre clairement que le créancier gagiste était privilégié. Non
pas que le gage romain, avec ses deux attributs, droit de suite et droit
de préférence, fût alors un privilége dans le sens que nous attachons aujourd'hui à ce mot. Le *privilegium,* en effet, au temps des jurisconsultes
classiques, était un bénéfice tout personnel, accordé à certains créanciers en considération de leur qualité, par exemple à l'ex-pupille sur
les biens de son tuteur ; et, sans conférer un droit réel, il faisait que le
créancier privilégié primait seulement les créanciers chirographaires (1).
Mais, enfin, il y a dans l'institution du gage romain, dans le droit réel qui
en résultait au profit du gagiste, la cause de préférence qui constitue
le privilége tel que nous l'entendons, sinon quant au principe (*infrà,*
n° 1084), au moins pour ses effets. Aussi, lorsque, plus tard, l'institution grecque de l'hypothèque étant venue prendre sa place dans le droit
romain, chacune des deux sûretés fit à l'autre des emprunts dans les
principes qui lui étaient propres, le jurisconsulte Marcien a-t-il pu dire :
« Inter pignus et hypothecam tantùm nominis sonus differt. » (L. 5, § 1,
ff. *De pign. et hyp.*) Sans doute, cela ne signifie pas que les deux droits
se soient absolument confondus ; car, dans le système qui prévaut, si
ce n'est dans celui que nous avons eu l'occasion de rappeler plus haut

_____

(1) *Voy.* notre *Traité-Comment. des Priv. et Hyp.* (n° 25).

(n° 1054), il reste toujours entre les deux sûretés cette différence, qui n'est pas la seule, mais qui est le principe et le fondement de toutes les autres, que le gage proprement dit implique la possession du créancier, tandis que l'hypothèque laisse la possession au débiteur, ce qu'Ulpien formule en ces termes : « Proprie pignus dicimus, quod ad creditorem » transit ; hypothecam, cum non transit, nec possessio ad credito- » rem. » (L. 9, § 2, ff. *De pigner. act.*) Mais ce qui explique et autorise l'assimilation faite par Marcien, c'est que de l'une et de l'autre sûreté naît pour le créancier une cause de préférence égale, en ce sens que ce-lui-là est préféré à tous autres créanciers, ordinaires ou hypothécaires, qui le premier a reçu la chose en gage ou à qui la chose a été hypothé-quée, et que le créancier gagiste n'est primé par le créancier hypothé-caire, ce qui même paraît révoqué en doute par M. Troplong (1), qu'au-tant que la chose était déjà soumise à l'hypothèque au moment où elle a été engagée.

1083. Notre ancien droit, en conférant de même, et sur l'autorité de ces précédents, un droit de préférence au créancier gagiste, avait, par la force même des choses, classé ce droit au rang des priviléges. L'in-stitution y avait subi sans doute certaines modifications. Ainsi, l'hypo-thèque, qui, à l'origine, pouvait frapper les meubles et les immeubles, se restreignit en ce sens que, dans la plupart des coutumes, les biens immobiliers seuls en furent susceptibles : alors se produisit la maxime « Meubles n'ont pas de suite dans l'hypothèque. » Au contraire, le gage, qui, d'après le droit romain, pouvait s'appliquer indistinctement aux immeubles et aux meubles, se restreignit de son côté ; il fut admis à peu près généralement que les meubles seuls pouvaient faire l'objet du contrat (2). Mais comme l'ancien droit ne reconnaissait que deux causes de préférence, le privilége et l'hypothèque, il classait le gagiste au rang des créanciers privilégiés, par cela même qu'il tenait le contrat de gage comme constituant une cause de préférence pour le créancier.

1084. Le Code Napoléon, en suivant ces errements, a cru devoir pré-ciser, déduire lui-même la conséquence et la formuler. Le gage, dit en effet l'art. 2073, confère au créancier le droit de se faire payer sur la chose qui en est l'objet, *par privilége et préférence aux autres créan-ciers*. Et, comme si ce n'était pas assez d'avoir ainsi caractérisé par son effet même le droit résultant du contrat de gage, le législateur, s'occu-pant ensuite des causes de préférence dans le titre qui leur est propre, et arrivant à l'énumération des priviléges, dispose que « les créances *privilégiées* sur certains meubles sont : 1°... 2° la créance sur *le gage dont le créancier est saisi*... » (Art. 2102.)

Toutefois, remarquons-le, ces dispositions sont aussi, dans notre Code, une sorte de nécessité résultant du principe que les meubles ne sont pas susceptibles d'hypothèque. Ce droit de préférence attribué au gagiste sur la chose engagée ne pouvant pas être qualifié hypothèque

---

(1) *Voy.* M. Troplong (*Du Nantiss.*, n°ˢ 91 et suiv.).
(2) *Voy.* Pothier (*Du Nantiss.*, n°ˢ 5 et suiv.; *De l'Hyp.*, n°ˢ 210 et suiv.).

dans le système de la loi qui ne voit le gage que dans le nantissement d'une chose *mobilière*, il fallait bien s'arrêter à la qualification de privilége, pour rester dans les termes du texte qui mentionne les priviléges et les hypothèques comme seules causes légitimes de préférence (article 2094). Mais dans la vérité des choses et dans la rigueur des principes, il s'agit moins ici d'un privilége proprement dit, d'un privilége dans le sens juridique du mot, que d'une hypothèque mobilière accompagnée, par exception à la règle en matière d'hypothèque, du fait de la possession, par le créancier, de la chose sur laquelle porte son droit. La preuve évidente de ceci résulte de la définition même que le législateur a donnée du privilége. C'est, dit l'art. 2095 du Code Napoléon, un droit que la *qualité de la créance* donne à un créancier d'être préféré aux autres créanciers, même hypothécaires. Or, dans le gage, le droit de préférence dérive non de la qualité de la créance, mais de la seule convention, puisque ce droit peut être adapté à toute sorte de créance, et qu'il est uniquement attaché à la possession, sans laquelle il ne saurait exister. C'est ce que la Coutume de Paris, art. 181, et celle d'Orléans, art. 450, exprimaient déjà en ces termes : « et n'a lieu la contribution quand le créancier *se trouve saisi du meuble* qui lui a été baillé en gage. » C'est aussi, on vient de le voir, ce que l'art. 2102 du Code Napoléon a exprimé à son tour.

1085. Mais, bien qu'il ne s'agisse pas ici d'un droit de préférence prenant sa source dans la faveur particulière due à la créance, bien que le droit du gagiste procède de la convention des parties, ce droit n'en est pas moins traité par la loi à l'égal du privilége proprement dit. Reposant sur le fait de la possession, il jouit des avantages nombreux que procure la possession mobilière, si importante dans notre législation (art. 2279). Et quand il se trouve en concours soit avec les priviléges généraux, soit avec les priviléges spéciaux sur certains meubles, il a son rang d'où ces priviléges, quelque favorables qu'ils soient, ne sauraient le faire descendre. La détermination de ce rang appartient à la matière des priviléges et hypothèques : nous nous en sommes expliqué dans notre commentaire des art. 2096 et 2097 (1).

2074. — Ce privilége n'a lieu qu'autant qu'il y a un acte public ou sous seing privé, dûment enregistré, contenant la déclaration de la somme due, ainsi que l'espèce et la nature des choses remises en gage, ou un état annexé de leurs qualité, poids et mesure.

La rédaction de l'acte par écrit et son enregistrement ne sont néanmoins prescrits qu'en matière excédant la valeur de cent cinquante francs.

SOMMAIRE.

I.   1086. Le droit romain avait laissé sous l'empire des principes généraux les conditions de forme du contrat de gage. — 1087. L'ancienne jurisprudence fran-

---

(1) *Voy.* notre *Comment. des Priv. et Hyp.* (nᵒˢ 178 et suiv.).

çaise suivit ces errements jusqu'à l'arrêt de règlement et aux ordonnances de 1629, 1667 et 1673. Transition au Code Napoléon : division.

II. 1088. Conditions de forme du privilége. En ce qui concerne la mise en gage des choses mobilières corporelles, le Code reproduit les prescriptions des anciennes ordonnances, mais adoucies : il exige la rédaction d'un acte, laissant d'ailleurs aux parties le choix entre l'acte sous seing privé et l'acte authentique, lequel ne s'entend pas nécessairement d'un acte notarié. — 1089. Il n'est pas nécessaire que l'acte constitutif du gage soit un écrit rédigé *ad hoc*. — 1090. Les parties ne sont pas même astreintes à déclarer leur intention en termes exprès : nantissement sous forme de vente simulée. — 1091. Quand l'acte constitutif est sous seing privé, il doit être enregistré. L'enregistrement peut-il être suppléé ? Controverse. — 1092. Dans quel délai l'acte doit-il être enregistré ou acquérir date certaine? — 1093. Le double original n'est pas exigé.

III. 1094. Énonciations de l'acte. Indication du montant de la somme due; il n'est pas nécessaire de préciser la date et la cause de la créance, ni l'époque de l'exigibilité. — 1095. Désignation des objets remis en gage : elle doit être donnée de manière à prévenir les substitutions d'autres objets aux objets engagés. — 1096. La désignation incomplète n'entraîne pas nullité de l'acte tout entier. — 1097. La désignation peut être faite dans un acte séparé, sauf annexion à l'acte primitif.

IV. 1098. Les conditions de forme établies par la loi ne sont pas néanmoins de la substance du contrat; c'est seulement quand le débat s'agite entre le créancier gagiste et les autres créanciers du débiteur que le contrat de gage n'est opposable qu'autant que les formalités prescrites ont été observées. — 1099. Exceptions : 1° du gage en matière commerciale; 2° du cas où la valeur n'excède pas 150 francs; sens et portée de cette dernière exception. Transition à l'article 2075.

I. — 1086. A Rome, où apparut si vite et si nettement la nécessité d'organiser des sûretés à la faveur desquelles le créancier vigilant pût se tenir en mesure et se mettre en garde contre les conséquences et le danger des insolvabilités, la législation paraît ne s'être pas préoccupée de réglementer les combinaisons auxquelles elle s'était arrêtée. Les causes de préférence par elle organisées avaient pour effet d'enlever à la masse des biens du débiteur une partie de son actif, dont la valeur se trouvait par là attribuée exclusivement à l'un ou à quelques-uns de ses créanciers; et, néanmoins, l'établissement de ces droits réels, dont les effets étaient si graves tant au point de vue du crédit du débiteur que par rapport à l'intérêt des tiers avec lesquels ce débiteur pouvait traiter, était, quant à la validité, régi par les principes généraux. Il s'ensuivait que le créancier investi, par une constitution de gage, d'un droit réel sur tels ou tels biens ainsi retirés de l'actif de son débiteur, pouvait, celui-ci étant devenu plus tard insolvable, exciper utilement de ce droit à l'encontre et au détriment d'autres créanciers, et cela quand ceux-ci n'avaient eu aucun moyen de connaître la diminution de l'actif du débiteur commun; même quand le fait leur avait été dissimulé peut-être par une convention de louage ou de précaire qui, laissant le débiteur en possession, les avait induits à penser que le crédit de ce dernier était entier et qu'ils pouvaient faire confiance à des biens dont il était toujours détenteur.

1087. Notre ancienne jurisprudence, qui suivit longtemps les mêmes errements sur ce point, fut amenée à en sortir par les inconvénients résultant du défaut de réglementation et par les fraudes auxquelles la liberté illimitée de constituer des gages sans l'observation d'aucune formalité ouvrait si largement la voie. Quoi de plus facile, en effet, pour un débiteur obéré, que de soustraire une partie de son patrimoine à l'action de ses créanciers ou de favoriser l'un d'eux au détriment des autres, par la supposition de nantissements purement imaginaires, ou par la substitution de tel ou tel objet précieux à tel ou tel autre objet de peu de valeur qui aurait été réellement engagé? Il importait d'aviser aux moyens de prévenir de telles fraudes. Un arrêt de règlement du 25 novembre 1599 y avait pourvu d'abord en ordonnant que ceux qui prêteraient sur gages une somme excédant cent livres, feraient passer une reconnaissance du prêt par écrit, et en imposant comme sanction l'obligation pour le créancier de rendre le gage sans que le débiteur fût tenu de lui restituer la somme prêtée. Plus tard, l'ordonnance de 1629 s'appropria la disposition (art. 48), qui fut également reproduite dans l'ordonnance de 1667 (1). Et enfin, l'ordonnance du commerce de 1673 développa et compléta la mesure dans les deux articles que nous avons indiqués en substance (*suprà*, nº 1057), et dont voici maintenant la disposition : « Aucun prêt ne sera fait sous gages, qu'il n'y en ait un acte par-devant notaires, dont sera tenu minute, qui contiendra la somme prêtée et les gages qui auront été délivrés ; à peine de restitution des gages, à laquelle le prêteur sera contraint par corps, sans qu'il puisse prétendre de privilége sur les gages, sauf à exercer ses autres actions (tit. VI, art. 8). — Les gages qui ne pourront être exprimés dans l'obligation, seront énoncés dans une facture ou inventaire, dont sera fait mention dans l'obligation ; et la facture ou inventaire contiendra la quantité, qualité, poids et mesures des marchandises ou autres effets donnés en gage ; sous les peines portées par les articles précédents (article 9). »

L'art. 2074 du Code Napoléon s'est inspiré de ces dispositions, dont l'application, comme nous l'avons dit *loc. cit.*, avait été étendue, par la jurisprudence, du gage commercial, en vue duquel elles furent édictées, au gage civil. C'est ce que nous allons reconnaître en nous occupant successivement de la rédaction de l'acte, des énonciations que l'acte doit contenir, et enfin de l'intérêt en vue duquel les formalités établies par la loi sont spécialement et limitativement exigées.

II. — 1088. De même que nos anciennes ordonnances, le Code Napoléon a fait de la rédaction d'un acte la première condition du privilége résultant du contrat de gage. « Ce privilége, dit en effet l'art. 2074, n'a lieu qu'autant qu'il y a un acte public ou sous seing privé, dûment enregistré... » Mais, on le voit, en maintenant le principe de l'ordonnance de 1673, le Code Napoléon en tempère la rigueur. D'abord, il laisse aux parties le choix entre la forme authentique et la forme privée. Et puis, en supposant que les parties optent pour la première, il n'exige pas, comme l'ordonnance, que l'acte soit fait par-devant notaire avec mi-

---

(1) *Voy.* Danty (*Preuve par témoins*, p. 77).

nute ; il demande seulement un acte *public*. C'est donc à dire que l'acte notarié n'est plus aujourd'hui une condition nécessaire dans le cas de la constitution du gage en la forme authentique ; tout acte d'une administration publique, en tant qu'il serait dressé dans le cercle de ses attributions administratives, suffirait à l'accomplissement de la condition ; car c'est là un acte *public,* un acte, dès lors, qui rentre dans les termes mêmes de la loi.

Ce serait aussi une constitution de gage remplissant, sous ce rapport, la condition et le vœu de la loi, que celle qui se trouverait contenue dans un procès-verbal de conciliation devant le juge de paix. Le gage, à cet égard, diffère de l'hypothèque, laquelle, ne pouvant être consentie que par un acte passé en forme authentique devant deux notaires ou devant un notaire et deux témoins (C. Nap., art. 2127), ne saurait être utilement ou valablement stipulée dans un procès-verbal de conciliation. Cela résulte, d'ailleurs, virtuellement de l'art. 54 du Code de procédure, dont la disposition finale exprime que les conventions des parties, insérées au procès-verbal, *ont force d'obligation privée* (1). Mais en matière de gage, où les parties sont, au contraire, parfaitement libres de procéder par la voie de l'acte sous seing privé, la constitution stipulée dans un procès-verbal de conciliation n'aurait rien de contraire à la disposition de ce dernier article, ni à la pensée qui l'a inspirée : elle serait donc incontestablement valable et efficace.

1089. Il n'est pas nécessaire, d'ailleurs, que l'acte constitutif du gage soit un écrit rédigé spécialement *ad hoc*. La rédaction de l'acte, nous l'allons voir tout à l'heure, est exigée seulement au point de vue de la preuve vis-à-vis des tiers. Et de cela même nous pouvons, dès à présent, induire que le gage étant constaté dans un acte quelconque, la constatation fût-elle une clause accessoire de cet acte dont l'objet principal serait tout autre que le nantissement, le vœu de la loi serait satisfait, pourvu, d'ailleurs, que les autres conditions exigées par l'art. 2074, et dont il sera bientôt question, se trouvassent remplies. Il a été décidé, en ce sens, que le contrat de gage entre futurs époux peut être valablement stipulé dans l'acte constatant les conventions matrimoniales. Dans l'espèce, la constitution dotale de la future épouse avait été garantie par une stipulation spéciale, en ces termes : « Indépendamment de l'hypothèque résultant de la loi en faveur de la future épouse, par suite de sa constitution, le futur époux lui donne, pour plus ample garantie, à titre de nantissement ou de gage, la totalité des effets mobiliers lui appartenant dans ceux portés en l'inventaire fait à son requis par acte au rapport du notaire soussigné... » Le mari étant décédé peu après laissant pour héritiers des enfants mineurs issus d'un précédent mariage, sa veuve demanda contre le tuteur de ces enfants la délivrance des effets mobiliers qui lui avaient été donnés pour sûreté de sa constitution. Le tuteur résista en vain à cette demande, prétendant, entre autres motifs, que le gage n'avait pu être stipulé valablement par le contrat de mariage

---

(1) *Voy.* notre *Comment. des Priv. et Hyp.* (n° 662).

des époux; qu'il aurait fallu un acte spécial constatant et la dette et les effets soumis au nantissement : la Cour de Bordeaux, devant laquelle l'instance était portée, décida justement que la convention attributive du gage ne manquait pas, quoique constatée dans le contrat de mariage, des éléments essentiels à sa validité, et qu'il n'avait été nullement nécessaire d'en passer un acte séparé (1).

1090. Bien plus, les parties ne sont pas astreintes à déclarer leur intention en termes exprès. Le nantissement pourrait, en effet, revêtir les formes de la vente; et on ne serait pas plus fondé à en contester la validité et l'efficacité, en cette forme, qu'on ne serait désormais fondé, dans le dernier état de la jurisprudence, à contester la validité et l'efficacité des donations déguisées sous la forme de contrats à titre onéreux. En effet, en elle-même et par elle seule, la simulation ne saurait faire annuler la convention qu'elle déguise; elle devient une cause de nullité seulement quand elle est frauduleuse, ou pratiquée en vue de couvrir une fraude. Sauf cela, la convention qui se cache sous l'apparence de tel ou tel contrat vaut et doit être maintenue, chacun étant libre de faire d'une manière indirecte ce qu'il lui serait permis de faire directement. Le nantissement n'est pas plus que la donation exclusif de l'application de cette règle. MM. Aubry et Rau sont néanmoins d'un avis différent. La vente, disent-ils, ayant, tout aussi bien que la donation, pour objet et pour résultat de transférer la propriété, on comprend que les tiers, qui d'ailleurs ne se plaignent d'aucune fraude commise à leur préjudice, ne soient pas admis à critiquer la simulation, puisqu'ils n'ont aucun intérêt légitime à faire décider que l'acte qualifié vente par les parties est en réalité une donation. Mais la situation n'est plus la même quand il s'agit d'une convention de gage : cette convention n'opère pas transmission de propriété comme la vente; elle constitue et engendre un droit de préférence dont la loi subordonne l'établissement à certaines conditions destinées à faciliter le contrôle à tous ceux qui ont intérêt à le contester, en sorte que la simulation, en ce cas, porte véritablement atteinte aux garanties légales établies en faveur des autres créanciers du débiteur commun (2). Le tort de cette doctrine est, selon nous, de poser en thèse générale et de droit ce qui ne pourrait être admis qu'en fait et d'après les circonstances. Sans doute, si en simulant une vente quand elles font un nantissement, les parties s'affranchissent des conditions établies par la loi, et suppriment par là les garanties dues aux créanciers contre lesquels seraient constitués le gage et le droit de préférence qui en résulte, la convention sera nulle ou tout au moins inopposable aux tiers, parce qu'alors il y aurait, dans la réalité, cet élément de fraude en raison duquel, comme nous le disions tout à l'heure, la simulation devient une cause de nullité. Mais le simple déguisement du nantissement sous la forme de la vente ne constitue pas par lui-même cette fraude, car il n'implique pas nécessairement l'inaccomplis-

_____

(1) Bordeaux, 8 juin 1832 (S. V., 32, 2, 655).
(2) *Voy.* MM. Aubry et Rau (t. III, p. 515, note 9).

sement des conditions auxquelles la loi subordonne l'établissement, par le contrat de gage, du droit de préférence au profit du créancier gagiste. Il se peut fort bien que la vente, sous les apparences de laquelle le gage est constitué, soit constatée par un acte réunissant, avec les énonciations propres à la convention apparente, les conditions indiquées dans notre art. 2074. Et s'il en est ainsi, on ne voit pas ce que les tiers auraient à redire, et sous quel prétexte même vis-à-vis d'eux la convention serait invalidée (1).

1091. Lorsque l'acte constitutif du nantissement mobilier est sous seing privé, il doit être enregistré. Le privilége n'a lieu, dit en effet notre article, qu'autant qu'il y a un acte public, ou sous seing privé, *dûment enregistré*. Et cela se conçoit. Dès qu'il s'agit d'exercer un privilége, c'est-à-dire de procéder à l'encontre d'autres créanciers et de réclamer à leur préjudice le droit de préférence qu'engendre la convention, il faut bien, comme l'exprimait le tribun Gary dans son Rapport au Tribunat, que la remise du gage ou la convention dont cette remise est l'effet *aient une date certaine qui exclue toute idée de fraude et de collusion* (2).

D'ailleurs, ces motifs mêmes de la loi précisent l'objet de la formalité exigée et en déterminent la portée. Puisque la loi est exclusivement préoccupée de l'idée de prévenir les collusions et les fraudes qu'il serait par trop facile de pratiquer au moyen d'antidates, il est clair que l'enregistrement est indiqué dans l'art. 2074 seulement comme un moyen auxiliaire destiné à certifier l'acte, c'est-à-dire à donner une date certaine au contrat de gage. Donc si, à défaut d'enregistrement, l'acte acquérait date certaine par l'une des deux autres circonstances énoncées dans l'article 1328 du Code Napoléon, il serait satisfait à l'exigence de la loi. Aussi, d'accord en cela avec la majorité des auteurs (3), la jurisprudence décide-t-elle que l'enregistrement est valablement et utilement suppléé si le contrat de gage formé par acte sous seing privé a reçu date certaine soit par le décès de l'une des parties contractantes (4), soit par l'énonciation du contrat dans des actes dressés par des officiers publics (5). La solution est contredite, à la vérité, par quelques auteurs qui, partant de l'idée que lorsqu'il s'agit de l'établissement d'un privilége tout est de rigueur, voient dans l'enregistrement exigé par l'article 2074 une formalité substantielle pareille à la transcription pour les donations ou à l'inscription pour les hypothèques, et supposent qu'en

(1) Req., 23 juill. 1844; Rennes, 29 déc. 1849; Req., 2 juill. 1856 (S. V., 44, 1, 859; 51, 2, 155; 57, 1, 56; Dalloz, 44, 1, 350; 52, 2, 8; 56, 1, 427; *J. Pal.*, 1850, t. II, p. 477; 1856, t. II, p. 353).

(2) *Voy.* Locré (t. XVI, p. 39); Fenet (t. XV, p. 215).

(3) *Voy.* MM. Delvincourt (t. III, note 6 de la page 217); Troplong (nᵒˢ 197 et suiv.); Valette (*Priv. et Hyp.*, p. 51, n° 49); Taulier (t. VII, p. 87); Bédarrides (*Faillites*, n° 904); Boileux (t. VII, p. 124); Dalloz (vᵒ Nantiss., n° 83). Comp. M. Berriat Saint-Prix (*Not. théor.*, nᵒˢ 8265 et suiv.).

(4) Dijon, 18 déc. 1855; Rej., 17 fév. 1858 (S. V., 56, 2, 353; 58, 1, 365; Dalloz, 56, 2, 185; 58, 1, 125; *J. Pal.*, 1856, t. I, p. 145; 1858, p. 992).

(5) Nîmes, 2 août 1847; Rej., 7 janv. 1851 (Dalloz, 48, 2, 41; 51, 1, 28; S. V., 51, 1, 130; *J. Pal.*, 1851, t. I, p. 573).

se bornant à énoncer dans ce dernier article un seul des moyens indiqués dans l'art. 1328, au lieu d'y renvoyer purement et simplement, le législateur a manifesté la volonté de ne pas s'y référer (1). C'est évidemment s'astreindre trop à la lettre et méconnaître l'esprit de la loi. Le législateur veut qu'aucune incertitude ne puisse exister sur la date du nantissement; et, cela résulte des explications fournies par le tribun Gary, il a voulu cela seulement. Comment donc supposer qu'il ait fait exception à la règle générale posée dans l'art. 1328, et qu'en mentionnant l'enregistrement seulement, il ait entendu proscrire les deux autres moyens qui, d'après cet article, donnent à l'acte, au même titre et au même degré que l'enregistrement, le caractère de certitude? La vérité est que les rédacteurs du Code, qui, en tempérant la rigueur de l'ordonnance de 1673, ont autorisé l'emploi de l'acte sous seing privé, ont nécessairement dû se référer aux règles propres à ces sortes d'actes, et spécialement à la règle de l'art. 1328. Ce n'est pas, évidemment, pour faire de l'enregistrement une formalité substantielle, pour l'assimiler à la transcription ou à l'inscription, ce qui eût été le renversement de toutes les idées reçues, qu'ils l'ont mentionné seul dans l'art. 2074; c'est parce que, ayant en vue la certitude de l'acte, ils ont fixé leur attention sur le mode suivant lequel la date est le plus usuellement certifiée, sans aucune pensée d'exclusion par rapport aux deux autres. Il en est de notre article, à cet égard, comme de l'art. 1410. La communauté, suivant ce dernier texte, n'est tenue des dettes mobilières de la femme antérieures au mariage, si elles résultent d'un acte sous seing privé, qu'autant qu'elles ont acquis date certaine, avant la même époque, *soit par l'enregistrement, soit par le décès d'un ou de plusieurs signataires dudit acte.* Nul, cependant, n'a supposé que parce que seulement deux des circonstances énoncées dans l'art. 1328 sont rappelées par l'art. 1410, il y a exclusion de la troisième; on s'accorde à reconnaître que la règle générale de l'art. 1328 est toujours dominante, et que les termes en apparence restrictifs de l'art. 1410 n'en excluent pas l'application (2). Il est raisonnable et juste de dire que, pas plus que l'art. 1410, notre art. 2074 n'a été écrit dans une pensée d'exclusion.

Mais on ne saurait faire résulter la date certaine de circonstances autres que celles dont l'art. 1328 contient l'énumération. L'opinion émise par Toullier, que ces trois circonstances auraient été indiquées dans la loi par forme d'exemple, n'a pas été admise; et l'on tient généralement que les trois cas prévus sont les seuls dans lesquels le législateur a entendu reconnaître à l'acte une date certaine vis-à-vis des tiers (3). D'après cela, il a été justement décidé qu'à défaut d'enregis-

---

(1) *Voy.* MM. Duranton (n° 514); Aubry et Rau (t. III, p. 514, note 4); Massé et Vergé, sur Zachariæ (t. V, p. 107, note 6); Massé (*Droit comm.*, 1re édit., t. VI, n° 480; 2e édit., t. IV, n° 2850).

(2) *Voy.* le *Traité du Contrat de mariage* que nous avons publié avec M. Rodière (1re édit., t. I, n° 529; 2e édit., t. II, n° 709).

(3) *Voy.* Marcadé (sur l'art. 1328, n° IV).

trement, le timbre de la poste ne suffit pas pour certifier un contrat de nantissement (1).

1092. D'ailleurs, le législateur ne s'explique pas sur le point de savoir dans quel délai l'acte sous seing privé constitutif du gage doit être présenté à l'enregistrement, ou plutôt, d'après les explications qui précèdent, acquérir date certaine par l'un des modes indiqués à l'art. 1328 : c'est qu'aucune explication n'était nécessaire à cet égard, le principe posé dans cet article étant ici pleinement applicable. Or, il en résulte que, vis-à-vis des tiers, l'acte n'existe avec ses effets utiles que du jour de son enregistrement, ou de la relation de sa substance dans un acte public, ou de la mort de l'un des signataires. Donc, s'il n'est pas nécessaire que l'acte renfermant un nantissement soit enregistré au moment même où il vient d'être passé, il faut au moins que la formalité soit accomplie quand des tiers acquièrent des droits auxquels l'exercice du privilége résultant du contrat de gage porterait atteinte (2) : ces droits une fois acquis, l'enregistrement ne pourrait plus avoir lieu utilement à l'encontre des tiers qui en sont investis.

Cela étant, on comprend que si, après avoir remis une chose en gage, le débiteur tombait en faillite, l'acte constitutif ne pourrait plus acquérir date certaine, et devenir par là opposable à la masse, du jour du jugement déclaratif et même à partir de l'époque fixée comme étant celle de la cessation de payements ou dans les dix jours précédents, en tant que le gage aurait été donné pour une dette antérieurement contractée (C. comm., art. 446 ; *infrà,* n° 1112). — Par identité de raison, lorsque l'un des créanciers du débiteur commun a formé saisie-arrêt entre les mains du créancier gagiste, avant que le contrat de gage ait acquis date certaine, l'enregistrement ne peut plus avoir lieu utilement au préjudice du créancier saisissant et de la saisie : c'est virtuellement déclaré par un arrêt de la chambre des requêtes (3).

1093. A la différence de l'art. 1328, dont l'applicabilité au contrat de gage est, croyons-nous, établie, l'art. 1325, qui exige la confection de l'acte sous seing privé en autant d'originaux qu'il y a de parties ayant un intérêt distinct, est ici sans application. C'est qu'en effet, ce dernier article n'est écrit, comme le texte même l'indique, qu'en vue des actes sous seing privé *contenant des conventions synallagmatiques.* Or, on l'a vu plus haut, le contrat de gage, bien que produisant parfois des obligations à la charge de chacune des parties, n'est cependant, comme le commodat et le dépôt, qu'imparfaitement synallagmatique, les obligations à la charge du propriétaire de l'objet engagé étant tout à fait accidentelles et ne naissant pas directement du contrat. Ce n'est donc pas un contrat synallagmatique dans le sens juridique du mot; ce serait

(1) *Voy.* Aix, 27 mai 1845 (Dalloz, 45, 2, 118; *J. Pal.,* 1845, t. II, p. 749); Montpellier, 4 janv. 1853 (S. V., 53, 2, 266; Dalloz, 54, 2, 172; *J. Pal.,* 1855, t. II, p. 532).
(2) *Voy.* Metz, 22 déc. 1820 (S. V., Coll. nouv., 6, 2, 339).
(3) Req., 11 juin 1846 (Dalloz, 46, 1, 252; S. V., 46, 1, 444; *J. Pal.,* 1847, t. I, p. 58).

plutôt, selon Marcadé, une des espèces du contrat unilatéral (1), en sorte que la raison déterminante de la disposition contenue en l'art. 1325 fait ici défaut. Cela a été reconnu par la Cour de cassation, dans une espèce où le contrat de nantissement était déguisé sous la forme de vente (*supra*, n° 1090); la Cour a considéré que dans l'état des faits constatés, les actes combinés dont excipaient les parties pouvaient être regardés comme constituant un nantissement, et elle a jugé, en conséquence, que l'engagement était valable, quoique non rédigé en double original (2).

Toutefois, comme la représentation de l'acte est indispensable pour établir la réalité du nantissement, et qu'ainsi l'acte doit rester aux mains du créancier gagiste pour qu'il puisse exercer son privilége (3), la prudence, dit très-bien M. Duranton, commande au débiteur de retirer du créancier une reconnaissance quelconque qui, après libération, sera son titre, en cas de difficultés, pour se faire restituer les objets engagés (4).

III. — 1094. Le législateur ne s'en est pas tenu à exiger, pour la validité du contrat de gage vis-à-vis des tiers, que le créancier gagiste fût muni d'un acte authentique ou sous seing privé ayant acquis date certaine; il a, de plus, s'attachant en cela aux précautions prises par les rédacteurs de l'ordonnance de 1673 en vue de prévenir les fraudes, indiqué les énonciations que l'acte doit contenir, et sans lesquelles il serait également destitué de ses effets utiles.

Ainsi, quant à la créance dont la constitution de gage est la garantie, l'ordonnance avait dit qu'aucun prêt ne serait fait sous gages qu'il n'y en eût un acte... *contenant la somme prêtée;* l'art. 2074, plus précis encore à cet égard, dit de son côté que l'acte *contiendra la déclaration de la somme due.* Il ne faut pas, en effet, qu'après la constitution du gage, les parties puissent grossir la créance et frauder ainsi les droits des autres créanciers. D'autres indications auraient pu être exigées, qui, sur ce point, auraient facilité à ces autres créanciers le contrôle qu'il leur appartient assurément d'exercer. Par exemple, la loi aurait pu, et peut-être aurait-elle dû prescrire, comme elle l'a fait en matière hypothécaire (art. 2148, n°s 3 et 4), la mention, dans l'acte, de la date de la créance, de sa nature ou de sa cause, de l'époque de l'exigibilité. Toutefois, elle ne l'a pas exigé; donc il n'est pas nécessaire que l'acte contienne, avec la déclaration de la créance par le montant de la somme due, l'indication de ces détails. On ne saurait se montrer plus exigeant que la loi.

Mais la prescription de la loi doit être observée en toute hypothèse. Ainsi, quand le gage a pour objet une ouverture de crédit, il faut que le crédit soit limité, et dès lors que l'acte fixe la somme jusqu'à concur-

---

(1) *Voy.* Marcadé (sur l'art. 1325, n° IV).
(2) Req., 13 janv. 1862 (Dalloz, 62, 1, 467). L'arrêt est rapporté par les autres Recueils (S. V., 63, 1, 148; *J. Pal.*, 1863, p. 624); mais les motifs se rapportant à ce point spécialement en ont été retranchés.
(3) *Voy.* Aix, 21 fév. 1840 (Dalloz, 40, 2, 128; S. V., 50, 2, 570; *J. Pal*, à sa date).
(4) *Voy.* M. Duranton (n° 517).

rence de laquelle le gage sera affecté. Le privilége résultant du nantissement ne peut alors être exercé que dans cette mesure; et si des sommes se trouvaient avoir été avancées au crédité en sus de la valeur déclarée, le créditeur n'aurait point de privilége sur le gage à raison de ces sommes quand même l'acte d'ouverture de crédit contiendrait une clause contraire en prévision de ce cas (1). Nous réservons, d'ailleurs, en ce point, le cas, dont nous nous occuperons dans le commentaire de l'article 2084, où il s'agirait du gage commercial.

1095. En second lieu, quant aux objets remis en nantissement, l'ordonnance de 1673 disait que l'acte exigé contiendrait les gages qui auraient été délivrés, et que les gages qui ne pourraient être exprimés dans l'obligation seraient énoncés dans une facture ou inventaire, dont serait fait mention dans l'obligation, lequel inventaire ou laquelle facture contiendrait la quantité, qualité, poids et mesures des marchandises ou autres effets donnés en gage. L'art. 2074 dit également, mais en cette partie avec moins de précision, que l'acte public ou sous seing privé, dûment enregistré, devra contenir « l'espèce et la nature des choses remises en gage, ou un état annexé de leurs qualité, poids et mesure. » La loi ne s'explique pas d'une manière nette et bien précise sur la désignation même, dont le mode peut et doit varier suivant la nature et l'espèce des objets qui, étant engagés, doivent être désignés. Toutefois, il n'y a pas à se méprendre sur la pensée du législateur. Il s'agit de prévenir les fraudes qui pourraient être commises par voie de substitution au préjudice des créanciers du débiteur commun; donc, et avant tout, la désignation devra être faite d'une manière assez précise pour que l'individualité de l'objet engagé soit nettement déterminée, et qu'il soit ainsi impossible de venir après coup mettre sous la main du créancier gagiste tel ou tel gage précieux à la place du gage de moindre valeur qui primitivement aurait été l'objet du contrat : tel est l'esprit de la loi.

Mais ajoutons tout de suite que ceci ne saurait jamais engager un principe de droit : le point de savoir si la désignation du gage est suffisante, si les indications sont données de manière à satisfaire au vœu de la loi, se résumera nécessairement en une question de fait que les juges auront à résoudre par appréciation des termes du contrat et d'après les circonstances. Dans l'espèce ci-dessus relatée (n° 1089), la Cour de Bordeaux a jugé qu'il y a désignation suffisante des objets mobiliers donnés en gage, lorsque le débiteur a déclaré dans l'acte de nantissement qu'il donne en gage au créancier tous les effets mobiliers lui appartenant parmi ceux qui sont portés dans un inventaire précédemment dressé à sa requête. Dans d'autres espèces, la Cour de Paris a décidé qu'il y a aussi désignation suffisante lorsque l'acte exprime que les marchandises remises en nantissement consistent en un certain nombre de bouteilles de vin blanc mousseux qui n'ont point encore reçu leur dernière préparation, lesquelles se trouvent dans des caves appartenant au

_____

(1) Paris, 3 juin 1844 (S. V., 45, 2, 111; Dalloz, 44, 2, 188; *J. Pal.*, à sa date).

créancier ou louées par lui; mais qu'il n'y a pas désignation suffisante si l'acte de nantissement d'un certain nombre de bouteilles de vin de Champagne n'indique pas à quelle année les vins appartiennent, s'ils sont bruts ou travaillés, mousseux ou non mousseux, si les bouteilles sont pleines ou couleuses, et l'énumération de chaque tas (1). Ce sont là autant de décisions en fait, par conséquent souveraines et hors du contrôle de la Cour de cassation.

1096. Cela explique l'arrêt de rejet rendu, à une date ancienne déjà, dans une affaire où les juges du fond avaient invalidé pour le tout un contrat de nantissement avec désignation incomplète ou insuffisante par rapport à une partie seulement des objets engagés (2). La Cour de cassation a considéré que l'arrêt attaqué s'était fondé non sur des raisons de droit, mais sur des indices d'où il avait pu conclure, en fait, et par une appréciation souveraine des circonstances, par conséquent sans violer aucune loi, que l'acte de nantissement était nul pour le tout. Il ne faudrait pourtant pas conclure de cet arrêt que l'annulation totale soit de rigueur lorsqu'il arrive que, dans la désignation détaillée qu'exige la loi, on indique quelques-uns des objets d'une manière suffisante, et qu'ensuite on néglige, par inadvertance ou à dessein, de décrire les autres. Tous les auteurs estiment, au contraire, que la désignation incomplète ne doit, en thèse générale, entraîner que l'annulation partielle (3). Et, en effet, les énonciations de l'écrit ne constituent pas un tout tellement indivisible qu'on ne puisse distinguer et valider les unes en annulant les autres.

1097. De même que l'ordonnance de 1673, l'art. 2074 du Code Napoléon suppose que la désignation des objets engagés peut être faite soit dans l'acte constitutif du gage, soit dans un acte séparé fait avant ou ultérieurement. Mais dans l'hypothèse où la désignation serait contenue dans un acte séparé, il exige que cet acte soit annexé au contrat de constitution. C'est dire que cet acte doit présenter les mêmes caractères de certitude que le contrat, et par conséquent être authentique, comme le contrat, ou, comme lui, avoir acquis date certaine, conformément à l'art. 1328 du Code Napoléon. Sans cela, les parties trouveraient dans l'acte séparé un moyen facile de consommer les substitutions frauduleuses contre lesquelles la loi a voulu spécialement prémunir les créanciers du débiteur commun.

IV. — 1098. Telles sont, en ce qui concerne le nantissement des meubles corporels, les conditions de forme que, en reproduisant le principe de l'ordonnance de 1673, l'art. 2074 du Code Napoléon a cru devoir imposer. Mais sous le Code Napoléon, pas plus que sous l'ordonnance, ces conditions exigées, comme cela résulte de tout ce qui pré-

---

(1) Paris, 26 mai, 15 juin et 7 août 1841 (Dalloz, 41, 2, 218 et 219; *J. Pal.*, à leur date).

(2) Paris, 8 juin 1809; Rej., 4 mars 1811 (S. V., 11, 1, 185; Coll. nouv., 3, 2, 84; 1, 300; Dalloz, 11, 1, 166; *J. Pal.*, à leur date).

(3) *Voy.* notamment MM. Duranton (n° 522); Troplong (n° 193); Aubry et Rau (t. III, p. 514). Comp. Req., 11 août 1842 (S. V., 42, 1, 925; Dalloz, 42, 1, 394; *J. Pal.*, à sa date).

cède, au point de vue de la preuve, n'ont été prescrites d'une manière absolue. Comme le dit Pothier, en rappelant l'opinion de Jousse, les formalités établies ne touchent pas la substance du contrat; elles ne sont requises que pour empêcher les fraudes qu'on pourrait commettre envers des tiers, et surtout pour assurer, en cas de faillite du débiteur, la date des nantissements; elles ne sont pas requises entre les parties contractantes, qui ne sont pas reçues à en opposer l'inobservation (1).

Ainsi, un débat s'engage-t-il à l'occasion du contrat de nantissement dont l'existence est mise en question, il faut distinguer. Si la difficulté s'élève seulement entre les parties contractantes, sans mettre en jeu l'intérêt des tiers ou des autres créanciers du débiteur commun, ni l'une ni l'autre ne seront autorisées à se prévaloir de ce qu'il n'existerait pas d'acte écrit, ou de ce que l'acte écrit ne serait pas dans les conditions voulues par la loi, si d'ailleurs le droit peut être établi autrement. Il y a entre elles des rapports qui ne sauraient être modifiés par l'inaccomplissement des formalités prescrites par l'art. 2074; et ces rapports sont régis par les règles ordinaires du droit commun. Donc, l'existence ou la validité du contrat étant mise en question, on se référera aux principes établis par les art. 1341 et suivants du Code Napoléon; à défaut d'acte écrit, la preuve testimoniale sera admissible avec un commencement de preuve par écrit; l'aveu du débiteur fera pleine foi contre lui soit quant à l'existence de la convention, soit quant à la réception de la chose; le serment pourra être déféré, etc. (2). Mais s'il s'agit de l'exercice du privilége, ou, en d'autres termes, si le débat élevé engage l'intérêt des tiers, c'est alors que la validité du contrat est soumise à l'accomplissement des formalités extrinsèques ci-dessus précisées, ou tout au moins que le contrat n'est opposable qu'autant que ces formalités ont été observées. Cette distinction est capitale. Elle a été mise dans tout son jour par le Rapport du tribun Gary au Tribunat (3); et il n'y a pas, sous le Code Napoléon, un seul auteur qui ne l'ait prise pour base.

1099. Toutefois, la règle n'est pas elle-même absolue. Elle comporte deux exceptions notables : l'une, tenant à la quotité de la créance, qui résulte de la dernière disposition de notre article même; l'autre, procédant du caractère de la créance, qui a été établie par la loi récente du 23 mai 1863, portant modification du titre VI, livre Ier, du Code de commerce. Précisons l'objet de ces exceptions, en commençant par la dernière.

Avant la loi précitée, il s'était établi, en doctrine et en jurisprudence, qu'au point de vue de la preuve il en était du gage commercial comme du gage constitué dans une affaire civile : en d'autres termes, les formalités prescrites par l'art. 2074, si elles n'étaient pas exigées dans les rapports des parties contractantes, qui, à défaut de ces

---

(1) Pothier (*Du Nantiss.*, n° 17).
(2) *Voy.* Req., 13 juill. 1824; Nîmes, 29 fév. 1828; Paris, 29 mars 1832; Req., 31 mai 1836 (S. V., 28, 2, 250; 32, 2, 293; 36, 1, 857; Coll. nouv., 7, 1, 495; 9, 2, 43; Dalloz, 28, 2, 200; 32, 2, 150; 36, 1, 378; *J. Pal.*, à leur date).
(3) *Voy.* Fenet (t. XV, p. 215); Locré (t. XVI, p. 38 et 39).

formalités, avaient toujours entre elles la ressource des preuves admises dans l'ordre commercial, étaient, au contraire, substantielles vis-à-vis des tiers, en ce sens que, sans elles, le contrat ne pouvait avoir ses effets, parce qu'elles étaient seules susceptibles d'assurer au créancier gagiste le privilége qu'il avait entendu se réserver sur la valeur du gage. Il n'en est plus ainsi désormais. L'art. 91 du Code de commerce, modifié par la loi précitée du 23 mai 1863, dispose, par son premier paragraphe, que « le gage constitué soit par un commerçant, soit par un individu non commerçant, pour un acte de commerce, se constate à l'égard des tiers comme à l'égard des parties contractantes, conformément aux dispositions de l'art. 109 du Code de commerce.» Ainsi, on admettra désormais, même vis-à-vis des tiers, pour la preuve du contrat de gage, en matière commerciale, tous les moyens indiqués dans l'énumération faite par ce dernier article, lequel embrasse, outre l'acte public et l'acte sous seing privé, seuls admis à titre de preuve en cette matière jusqu'à la loi nouvelle, la correspondance, les livres des parties, et même la preuve testimoniale dans tous les cas où le tribunal croit devoir l'autoriser. « Ces moyens, dit l'Exposé des motifs de la loi, ont été expérimentés dans une matière tout à fait analogue, et l'on sait aujourd'hui à quoi s'en tenir sur le degré de sécurité qu'ils peuvent offrir aux tiers. Ils ont été, par l'art. 109 lui-même, déclarés applicables à la constatation, à l'égard des tiers eux-mêmes, des achats et des ventes. La vente pourrait, comme le gage, dissimuler un détournement frauduleux au préjudice des tiers créanciers. En fait, les moyens de preuve permis par le Code, pour établir et constater la vente, n'ont jamais paru insuffisants au juge chargé de rechercher la date, la sincérité et l'objet de la vente, en cas de contestation. Il n'y a donc pas de raison, aujourd'hui surtout que la régularité dans les écritures commerciales est bien plus généralement, bien plus complétement observée qu'elle ne l'était en 1808, il n'y a plus de raison pour que les preuves commerciales, suffisantes pour établir la sincérité et la date de la vente ainsi que son objet, à l'égard des tiers, suffisantes pour prévenir la fraude, suffisantes pour que le magistrat puisse la reconnaître et la réprimer, ne suffisent pas également au même but en ce qui concerne le gage. » (1)

D'ailleurs, le § 1er du nouvel art. 91 a en vue même le gage constitué par un individu non commerçant, pourvu que ce soit pour un acte de commerce. La disposition, d'après le projet du gouvernement, ne devait profiter qu'*au gage constitué par un commerçant,* quelle que fût, d'ailleurs, la qualité du créancier gagiste. Mais la commission du Corps législatif s'est élevée contre cette limitation. Elle a pensé qu'il convenait de prévenir les controverses auxquelles est livrée la définition du commerçant donnée par l'art. 1er du Code de commerce, controverses qui trouveraient nécessairement un aliment nouveau dans l'intérêt des tiers à contester le privilége du créancier gagiste. Il lui a paru qu'il était dans

---

(1) *Voy.* l'Exposé des motifs de M. Léon Cornudet (*Monit.* du 14 mars 1863).

l'esprit de la loi que toutes les fois que le gage se rattache au commerce aussi bien par la qualité de celui qui le constitue que par l'acte commercial auquel son produit est destiné, il puisse être constaté conformément aux dispositions de l'art. 109, sauf à ne pas tenir l'acte comme susceptible de rendre ces dispositions applicables, s'il était avéré, en fait et d'après les circonstances, que l'argent obtenu sur gage n'a pas été réellement employé à l'opération commerciale pour laquelle il a été prêté. Elle a considéré, enfin, que le gage n'étant que l'accessoire de l'acte de commerce, et à ce titre empruntant au principal un caractère essentiellement commercial, il était conforme aux principes qu'il appelât pour lui l'application des règles du commerce (1). — Nous n'insistons pas davantage, quant à présent, sur cette première exception, ce qui a trait au gage commercial se rattachant plus particulièrement à l'art. 2084 (*infrà*, nos 1206 et suiv.).

La seconde exception, qui touche à la quotité de la créance, est propre aujourd'hui au gage civil, et se trouve établie par le deuxième paragraphe de notre article même, aux termes duquel « la rédaction de l'acte par écrit et son enregistrement ne sont prescrits qu'en matière excédant la valeur de cent cinquante francs. » C'est l'application pure et simple, au contrat de gage, des règles du droit commun, consacrées, en matière de preuve, par l'art. 1341. Cela, d'ailleurs, allait de soimême, les motifs qui dispensent, en général, de rédiger par écrit les conventions dont l'intérêt reste au-dessous de 150 francs militant ici avec la même autorité : dans les conventions d'un intérêt si modique, la fraude n'est pas sérieusement à craindre; en outre, les formalités sont coûteuses, et il ne faut pas que leur prix même, comparé à l'importance de l'affaire, puisse faire obstacle à la conclusion du contrat. On s'explique donc tout naturellement que le législateur n'ait pas cru devoir faire dépendre la preuve du nantissement, même vis-à-vis des tiers, de l'existence d'un écrit fait dans les conditions déterminées par l'art. 2074, § 1er, lorsque la matière n'excède pas la valeur de 150 francs.

Seulement, il faut préciser le sens et la portée de ces dernières expressions. Elles reviennent à dire que, dans tous les cas où le conflit d'intérêts n'a lieu que pour une valeur égale ou inférieure à 150 francs, l'exercice du privilége par le créancier gagiste n'est pas subordonné à l'existence d'un acte écrit. D'après cela, si le montant de la créance et la valeur des objets donnés en nantissement sont égaux ou inférieurs l'un et l'autre à cette somme, on est dans l'exception, et l'écrit ne saurait être exigé. Au contraire, s'ils sont *l'un et l'autre* supérieurs à cette somme, on est dans la règle, et le privilége résultant du contrat ne peut être exercé qu'autant que ce contrat est constaté par un acte public, ou par un acte sous seing privé, dûment enregistré, contenant la déclaration de la somme due, ainsi que l'espèce et la nature des

---

(1) *Voy.* le Rapport de la commission du Corps législatif par M. Vernier (*Monit.* du 26 avr. 1863).

choses remises en gage, ou un état annexé de leurs qualité, poids et mesure.

Nous disons *l'un et l'autre*, parce que si l'un des deux seulement, quel qu'il fût, était au-dessous de 150 francs, le conflit d'intérêt entre le créancier gagiste et les autres créanciers n'aurait pas lieu pour une somme supérieure. En effet, de deux choses l'une : ou les objets engagés valent 150 francs ou moins, la créance étant de 300 francs, par exemple; ou bien, en sens inverse, c'est la créance qui est au-dessous de 150 francs, tandis que les objets engagés valent deux fois cette somme. Dans la première hypothèse, le créancier gagiste, bien qu'à découvert d'une somme de 300 francs, ne pourra exercer son privilége que jusqu'à concurrence de 150, puisque les objets engagés ne valent pas davantage. Dans la seconde hypothèse, les objets engagés, bien qu'étant d'une valeur de 300 francs, ne seront néanmoins atteints et absorbés par le privilége du créancier gagiste que partiellement, jusqu'à concurrence de 150 francs, puisque c'est là le montant de la créance. Il est donc vrai de dire que, dans l'une et l'autre hypothèse, le conflit ou l'opposition d'intérêts porte sur une somme égale ou inférieure à 150 francs, et partant que, dans l'une et dans l'autre, le créancier gagiste, placé qu'il est dans le cas exceptionnellement prévu au deuxième paragraphe de l'art. 2074, exercera le privilége résultant du contrat de gage, sans que les autres créanciers du débiteur commun puissent opposer l'inobservation des formalités requises par le premier paragraphe.

Après ces observations touchant les conditions de forme propres à l'engagement des meubles corporels, nous avons à nous occuper, encore au point de vue des conditions de forme, de la mise en gage des valeurs mobilières. C'est l'objet de l'article suivant.

2075. — Le privilége énoncé en l'article précédent ne s'établit sur les meubles incorporels, tels que les créances mobilières, que par acte public ou sous seing privé, aussi enregistré, et signifié au débiteur de la créance donnée en gage.

SOMMAIRE.

I. 1100. L'art. 2075 présuppose le droit, autrefois contesté, de donner en nantissement même des valeurs ou des droits mobiliers. — 1101. Mais cet article, écrit en vue d'une certaine classe de valeurs, n'est plus, eu égard aux formes variées que ces valeurs ont revêtues depuis sa rédaction, en rapport avec la situation actuelle. Division.

II. 1102. Cas expressément prévu par notre article : sa formule même indique que les droits qui peuvent faire l'objet du contrat de gage sont, non tous ceux qu'on peut avoir sur une chose ou contre une personne, mais ceux dont la nature est mobilière. D'ailleurs, l'article comprend tous les droits mobiliers, même les droits réels dans le cas où la revendication des meubles est admise par la loi. — 1103. Applications : brevets, baux.

III. 1104. Conditions d'existence du privilége : 1° rédaction d'un acte avec date certaine; la condition est requise comme pour le nantissement des meubles corporels; — 1105. Et, à la différence de ce qui a lieu pour le nantissement des meubles corporels, la condition est nécessaire, dans le nantissement des valeurs mobilières, même quand la créance est au-dessous de 150 francs.

IV. 1106. Suite. 2° Signification de l'acte au débiteur de la créance engagée, ou acceptation par le débiteur dans un acte authentique. — 1107. *Quid* dans le cas où le nantissement a pour objet un brevet d'invention ? — 1108. Effet de la signification : il est assez semblable à celui d'une saisie-arrêt, sauf qu'ici le saisissant a privilége sur le montant de la créance engagée. — 1109. Néanmoins, l'art. 1328 n'est pas applicable. — 1110. Tant que la signification n'a pas eu lieu, ou que le débiteur n'a pas fait son acceptation, le privilége est sans existence : les autres créanciers du propriétaire peuvent faire des saisies-arrêts entre les mains du débiteur et les opposer au gagiste. — 1111. D'ailleurs, la saisie-arrêt n'est pas le seul moyen pour eux de rendre inefficace une signification tardive. — 1112. De la signification faite après la faillite ou dans les dix jours qui la précèdent : controverse.

V. 1113. Suite. 3° Remise du titre : renvoi à l'art. 2076.

VI. 1114. Ces formalités sont communes à la mise en gage et à la cession-transport : néanmoins, les deux opérations doivent être distinguées.

VII. 1115. Transition aux valeurs mobilières dont le nantissement, non prévu par notre article, a été réglé, quant au gage commercial, par la loi du 23 mai 1863. — 1116. Des titres nominatifs dont la propriété se transmet par une déclaration de transfert : le gage peut être également établi, même vis-à-vis des tiers, par un transfert à titre de garantie. — 1117. Des valeurs négociables ou à ordre, lettres de change, billets à ordre, actions industrielles : le gage peut être établi par un endossement régulier, indiquant que les valeurs ont été remises en garantie. — 1118. Des titres au porteur : ils ne pouvaient, d'après la jurisprudence antérieure à la loi de 1863, être donnés en gage que dans les formes prescrites par les art. 2074 et 2075. — 1119. *Quid* depuis cette loi ?

I. — 1100. On peut donner en nantissement non-seulement des meubles corporels, mais encore des valeurs mobilières, des créances, assez improprement appelées meubles incorporels (*suprà*, n° 1079). Ce point, que notre article présuppose, n'a cependant pas été toujours à l'abri de la controverse. Pothier, notamment, avait d'abord soutenu que les choses incorporelles, telles que les dettes actives, n'étaient pas susceptibles du contrat de nantissement. Cela, disait-il, est conforme aux principes du droit romain. Le contrat de nantissement est de la classe des contrats réels, qui se forment par la tradition réelle de la chose qui en fait l'objet. Il est de la substance de ce contrat que la chose donnée en nantissement soit remise entre les mains du créancier à qui elle est donnée. Or les choses incorporelles, telles que sont les dettes actives, n'étant pas susceptibles de la tradition réelle, *incorporales res traditionem et usucapionem non recipere manifestum est* (l. 43, § 1, ff. *De acq. rer. dom.*), c'est une conséquence qu'elles ne peuvent être susceptibles du contrat de nantissement (1).

Toutefois, cette opinion n'avait pas été généralement suivie. Et le droit romain lui-même ne l'aurait pas autorisée. Car si le gage des choses corporelles y fut seul admis primitivement, il est certain néanmoins que, même sans tarder beaucoup, le préteur intervint en cette matière comme en beaucoup d'autres, pour tempérer les rigueurs du droit civil, et que, élargissant les limites du contrat de gage, il assura sa protection au con-

_____

(1) Pothier (*Du Nantiss.*, n° 6, et la note).

trat par lequel une créance, *nomen*, était donnée en gage. « Si convene-
» rit, *ut nomen debitoris mei pignoris tibi sit*, tuenda est à prætore hæc
» conventio... » (L. 18, pr. ff. *De pigner. act.*) Les lois 13, § 2, ff. *De
pignor.*, et 7 C. *De hereditate vel actione vendita*, se réfèrent à cette
conquête du droit prétorien sur le droit civil, et la loi 4 C. *Quæ res
pign.* la rappelle et en signale en quelque sorte l'ancienneté : « *nomen
» quoque* debitoris pignorari et generaliter et specialiter posse, jampri-
» dem placuit... » Notre ancienne jurisprudence ne manqua pas de s'approprier cette innovation du droit prétorien. Pothier lui-même le constate : J'ai appris, dit-il, depuis l'impression de mon Traité (*du Nantissement*), qu'on avait introduit dans notre jurisprudence française une
espèce de nantissement de dettes actives... lequel a été autorisé par un
arrêt de la Cour des aides, du 18 mars 1769, au profit du marquis de
Girardin, contre les directeurs des créanciers du sieur Roussel, fermier
général (1). Et, dans son *Traité de l'Hypothèque* publié ultérieurement,
il n'hésite plus à se ranger du côté des décisions de la jurisprudence :
ses scrupules et ses doutes touchant la condition substantielle de la tradition par rapport aux choses incorporelles s'évanouissent, et il montre
lui-même comment la tradition peut être suppléée. « Néanmoins, comme
la tradition, dont les dettes actives ne sont pas susceptibles, peut se suppléer en remettant à celui à qui on le donne en nantissement le billet ou
l'obligation du débiteur, qui est l'instrument de cette dette active, et
en faisant, par le créancier à qui la dette active a été donnée en nantissement, signifier au débiteur de cette dette l'acte par lequel elle a été
donnée en nantissement, avec défense de payer en d'autres mains qu'en
celles de celui à qui elle a été donnée en nantissement, il y a lieu de
soutenir que les dettes actives en sont aussi susceptibles. » (2)

1101. Ce sont précisément les conditions et les formalités que, en
supposant le contrat de gage appliqué aux choses incorporelles, l'article 2075 a cru devoir imposer. Toutefois, il faut le dire, les valeurs mobilières n'étaient pas, au moment de la rédaction du Code, ce qu'elles
sont maintenant. Elles ont pris, sous des formes variées et alors inconnues, une extension et un développement notables ; elles constituent
aujourd'hui l'élément le plus important de la fortune privée. On s'est
donc demandé si la disposition de notre article, écrit en vue de ce que
ses rédacteurs ont appelé des *créances mobilières*, serait appliquée au
contrat de gage ayant pour objet des valeurs nouvelles dont quelques-
unes ne sont même pas rigoureusement comprises sous cette qualification. De là des difficultés graves qui ont longtemps divisé les auteurs
et les arrêts, et qui, bien que tranchées en grande partie par la loi du
23 mai 1863, appellent notre examen.

Ainsi, en nous attachant d'abord au cas formellement prévu par notre
article, nous dirons ce qu'il faut entendre par meubles incorporels dans
le sens de cet article, et quelles sont les conditions et les formalités né-

_____

(1) Pothier (*loc. cit.*). *Junge* un arrêt du Parlement de Paris du 9 juillet 1698 :
Brillon (v° Gage, n° 5).
(2) Pothier (*Traité de l'Hyp.*, n° 211).

cessaires pour que le privilége résultant du contrat puisse être exercé à l'encontre des tiers ; et puis, arrivant aux valeurs mobilières qui ne sont pas entrées dans les prévisions de l'art. 2075, nous dirons à quelles conditions sont subordonnés, vis-à-vis des tiers, les effets de la mise en gage de ces valeurs.

II. — 1102. L'art. 2075 suppose la mise en gage des meubles incorporels, tels, dit-il, que les *créances mobilières*. Et de cette formule même il résulte que les choses de cette espèce susceptibles de faire l'objet du contrat de gage sont, non pas toutes les choses incorporelles, tous les droits qu'on peut avoir à exercer sur une chose ou contre une personne, mais seulement les droits dont la nature est mobilière, *qui tendunt ad quid mobile*. La rédaction de notre article diffère en cela de celle de l'art. 1689, qui s'exprime, par rapport au transport-cession des créances et autres droits incorporels, en termes généraux embrassant les droits mobiliers et les droits immobiliers ; mais elle devait être limitative pour répondre à la pensée de l'art. 2072 : le gage, que ce dernier article définit, étant *le nantissement d'une chose mobilière*, l'article 2075 ne pouvait comprendre et ne comprend, en effet, que les droits mobiliers.

Mais prise dans cet ordre d'idées, et dans cette mesure, la disposition de la loi est générale, en ce sens qu'elle comprend tous les droits mobiliers quels qu'ils soient, par conséquent non-seulement les droits personnels, mais aussi les droits réels, d'ailleurs fort restreints, notre législation n'admettant la revendication des meubles que dans des cas très-rares. Quoi qu'il en soit, il suffit que le droit tende à faire obtenir un meuble, pour qu'il soit susceptible de faire l'objet du contrat de gage.

1103. Quant aux applications de la règle, nous en signalerons seulement quelques-unes qui ont paru contestables. Par exemple, on s'est demandé si un brevet d'invention peut être donné en nantissement. Mais on a bientôt reconnu qu'il en est du brevet d'invention comme de toute autre chose incorporelle, et que la mise en gage en doit être validée dès que le contrat réunit les conditions voulues par la loi (1), et que nous aurons bientôt à préciser (*infrà*, n° 1107). Seulement, la mise du brevet en gage ne confère pas au créancier gagiste le droit d'exploitation, qui reste toujours au titulaire ; le créancier contreviendrait aux règles posées par les art. 2078 et 2079 ci-après commentés, et serait réputé contrefacteur s'il s'avisait d'exploiter (2).

De même, on s'est demandé si un bail peut être donné en nantissement. Et ici, nous allons voir apparaître dans la jurisprudence la différence existant, d'après les termes de l'art. 2075, au point de vue du contrat de gage, entre les droits mobiliers et les droits immobiliers.

En thèse générale, on ne saurait mettre en doute le droit de faire d'un bail l'objet d'un contrat de gage. Malgré la très-vive controverse qui s'est

<hr />

(1) Paris, 29 août 1865 (S. V., 66, 2, 24 ; Dalloz, 65, 2, 231 ; *J. Pal.*, 1866, p. 105).
(2) *Voy.* MM. Renouard (*Brev. d'inv.*, n° 243) ; Nouguier (*ibid.*, n° 311).

élevée sur le caractère du droit du preneur, on paraît ne plus contester que ce soit là un droit mobilier. D'un autre côté, en même temps que le preneur est débiteur des loyers, ce qui fait que le bailleur est bien ici celui qui a un droit de créance, il est assurément créancier d'une jouissance. Le droit du preneur rentre donc, à tous égards, dans les termes combinés des art. 2072 et 2075 : c'est un droit mobilier; c'est une créance. Il peut donc incontestablement faire l'objet du contrat de gage; et ce point, sinon celui qui se rapporte à la tradition nécessaire pour constituer le contrat vis-à-vis des tiers (*infrà*, n° 1133), a été admis sans difficulté par la jurisprudence (1).

Mais cela n'est vrai, d'après la jurisprudence, que des baux ordinaires. En généralisant la solution, nous l'aurions étendue même au bail emphytéotique, dont le caractère nous a paru ne pas différer de celui du bail ordinaire ou à longue durée (2). Toutefois, la doctrine et la jurisprudence s'accordent de plus en plus pour reconnaître que l'emphytéose est un immeuble par l'objet auquel il s'applique; et par cela même il faut dire, pour rester dans les termes limitatifs des art. 2072 et 2075, que le bail emphytéotique n'est pas susceptible de faire l'objet du contrat de gage à raison de son caractère immobilier (3).

Ceci dit sur les applications de la règle, qui, d'ailleurs, se déduisent des termes mêmes de la loi, nous passons à l'exposé des conditions auxquelles est subordonnée l'existence du privilége résultant du contrat : c'est dire que nous allons considérer la convention dans les rapports du créancier gagiste avec les tiers ou les autres créanciers du débiteur commun.

III. — 1104. La condition première d'existence du privilége à l'*égard des tiers*, ici comme dans la mise en gage des meubles corporels, c'est la rédaction d'un acte public ou d'un acte sous seing privé ayant date certaine. Nous disons à dessein à l'égard des tiers. Car l'art. 2075, en se maintenant dans le même ordre d'idées que l'art. 2074, s'occupe exclusivement du cas où il y a conflit entre le créancier gagiste et les autres créanciers du débiteur commun. Quant aux parties dans leurs rapports entre elles, aucune condition spéciale de forme n'est requise pour la validité du contrat, et si un débat s'élève entre elles sur son existence, sans engager l'intérêt des tiers, aucune d'elles ne pourra exciper de ce qu'il n'y aurait pas eu d'acte écrit; la preuve de son existence pourra être faite d'après les règles de droit commun (*suprà*, n° 1098); et il suffira que le créancier ait été mis en possession de la créance pour qu'il soit fondé à refuser la restitution du titre tant qu'il n'aura pas reçu son payement. C'est ainsi que, dans le transport-cession d'une créance,

---

(1) *Voy.* Paris, 26 fév. 1852; Cass., 13 avr. 1859; Grenoble, 4 janv. 1860; Req., 6 mars 1861 (*J. Pal.*, 1852, t. II, p. 476; 1859, p. 572; 1860, p. 901; 1861, p. 1132; Dalloz, 53, 2, 15; 59, 1, 167; 60, 2, 190; 61, 1, 417; S. V., 59, 1, 913; 61, 2, 125; 61, 1, 713).

(2) *Voy.* notre *Traité des Priv. et Hyp.* (n° 388).

(3) *Voy.* les arrêts cités à l'avant-dernière note. *Adde :* Paris, 3 fév. 1836 (S. V., 36, 2, 147; Dalloz, 36, 2, 76; *J. Pal.*, à sa date).

la loi n'exige pas, *entre les parties,* autre chose que la remise du titre (C. Nap., art. 1689).

Mais dès que le débat met en jeu l'intérêt des tiers, et par conséquent quand il s'agit, pour le créancier gagiste, d'exercer son privilége, il n'en est plus ainsi. Le droit de ce dernier est alors subordonné à l'existence d'un acte. La rédaction de l'acte est, comme pour le nantissement des meubles corporels, une condition nécessaire, substantielle, en ce sens que, suivant l'expression même de notre article, le privilége *ne s'établit que par un acte.* Et il ne suffit pas d'un acte tel quel. La pensée de la loi étant de prévenir la fraude que, de concert entre elles, les parties pourraient pratiquer au préjudice des autres créanciers, il importe avant tout que la date de la mise de la créance en gage soit précisée nettement et de manière à ne pouvoir plus être changée. C'est pourquoi le privilége ne saurait être exercé sur les choses incorporelles, comme sur les meubles corporels, qu'autant que l'acte qui le constate est un acte *public,* ou tout au moins un acte sous seing privé *enregistré*, c'est-à-dire, suivant la doctrine ci-dessus exposée (n° 1091), un acte ayant acquis date certaine par l'une ou l'autre des circonstances énoncées dans l'art. 1328 du Code Napoléon.

1105. Il est même à remarquer, par rapport à cette première condition, que l'engagement des choses incorporelles ne comporte pas le tempérament qu'y apporte l'art. 2074 en ce qui concerne le nantissement des meubles corporels. Aux termes de ce dernier article, la rédaction de l'acte par écrit et son enregistrement ne sont prescrits qu'en matière excédant la valeur de 150 francs (*suprà*, n° 1099). La même exception aurait pu être faite, assurément, quant au nantissement des choses incorporelles, où les motifs qui l'ont fait introduire dans l'article 2074 l'auraient aussi pleinement justifiée. Le législateur, néanmoins, paraît en avoir pensé autrement ; la disposition de l'art. 2075 est absolue, et par conséquent il faut dire, avec les auteurs, qu'en toute hypothèse, même quand la créance engagée n'excède pas la somme de 150 francs, l'existence du privilége du créancier gagiste est subordonnée à l'accomplissement de cette première condition, la rédaction d'un acte public ou d'un acte sous seing privé ayant date certaine (1).

IV. — 1106. Indépendamment de cette première condition, d'autres encore sont imposées. Il faut, en second lieu, pour que le privilége s'établisse et puisse être exercé, soit, aux termes de notre article, que l'acte de gage soit signifié au débiteur de la créance engagée, soit, d'après l'art. 1690, qui sans aucune difficulté doit être pris comme complétant notre article, que le débiteur de la créance engagée ait accepté le transport à titre de nantissement dans un acte authentique. Les deux dispositions procèdent de la même pensée et tendent vers le même but. Il faut que le cessionnaire dans le cas de transport, le créancier gagiste

_____

(1) *Voy.* MM. Duranton (n° 524); Troplong (n° 267); Aubry et Rau (t. III, p. 516); Massé et Vergé, sur Zachariæ (t. V, p. 108, note 11); Taulier (t. VII, p. 89).

dans le cas de nantissement, prennent possession effective de la créance, et c'est un principe, ancien déjà dans notre droit, que la transmission de la créance ne suffit pas à elle seule pour saisir celui à qui elle est faite vis-à-vis des tiers, et que sans un avertissement officiel donné au débiteur cédé, le simple transport reste inefficace. Il faut, d'un autre côté, prévenir les simulations, et si cet avertissement officiel n'y pourvoit pas d'une manière absolue, il sert du moins à rendre ces simulations plus difficiles, en ce que le débiteur cédé, prévenu de l'existence du privilége dont la créance est grevée, est mis en mesure de renseigner les tiers en même temps qu'il est empêché de se libérer désormais au préjudice des droits du créancier gagiste.

Telle est la seconde condition : elle est imposée d'une manière absolue, comme la précédente ; elle doit donc être remplie même quand la créance engagée n'excède pas la somme de 150 francs.

1107. Ce n'est pas à dire, pourtant, que la règle ne soit pas susceptible d'exception. Il se peut qu'à raison de la nature de la chose incorporelle engagée, la signification ne soit pas possible. Et, par exemple, nous avons dit au n° 1103 qu'un brevet d'invention est susceptible d'être donné en gage. Or, quel est, dans ce cas, le débiteur de la chose engagée ? Il n'y en a pas, et par conséquent il ne saurait y avoir de signification à faire en exécution de l'art. 2075. A la vérité, la loi du 5 juillet 1844 a sinon prescrit une signification impossible, au moins organisé un système de publicité pour les transmissions de brevet. Mais c'est en vue de la cession du brevet qu'elle a statué, nullement en vue du nantissement. Ici donc, par la force même des choses, la rédaction d'un acte écrit constatant la mise en gage, accompagnée, en exécution de l'art. 2076 ci-après commenté, de la remise du titre au créancier, suffira à toutes les exigences ; et c'est ce que la Cour de Paris a décidé, sous la présidence de M. le président Guillemard, dans un arrêt soigneusement motivé (1).

1108. Le débiteur de la créance engagée se trouve lié par la signification qui lui a été faite de l'acte de gage ; il ne peut plus désormais se libérer entre les mains de son créancier au préjudice du gagiste ou sans le prévenir. Néanmoins, la faculté lui reste toujours d'effectuer, à la Caisse des dépôts et consignations, le dépôt des sommes par lui dues, si, lorsqu'il est en mesure de se libérer, le créancier gagiste se trouve dans le cas de ne pouvoir pas recevoir valablement, soit que sa propre créance ne fût pas encore échue, soit que des difficultés se fussent élevées entre lui et son débiteur. Sans doute, le débiteur averti par la signification doit s'abstenir de faire un payement susceptible de préjudicier aux droits du gagiste ; mais son obligation s'arrête là ; elle ne saurait jamais aller jusqu'à le retenir dans les liens de son engagement tant qu'il conviendrait au créancier nanti de ne pas recevoir, ou qu'il serait dans le cas de ne pouvoir pas être payé. Il serait donc assez exact

---

(1) *Voy.* l'arrêt du 29 août 1865, cité sous le n° 1102.

de comparer l'effet de la signification à celui d'une saisie-arrêt, sauf, néanmoins, qu'ici le saisissant a privilége sur le montant de la créance engagée.

1109. L'effet de la signification étant d'établir désormais un lien de droit entre le créancier gagiste et le débiteur de la créance donnée en gage, on en devrait logiquement conclure, ce semble, que les actes intervenus entre ce débiteur et son propre créancier, spécialement les quittances, ne sont opposables au gagiste qu'autant qu'elles ont date certaine antérieure à la signification. En effet, à dater de la signification, le gagiste devient un tiers, dans le sens de l'art. 1328, pour les faits postérieurs. Cependant, l'usage à peu près universel de ne pas faire enregistrer de simples quittances a fait admettre de tout temps, en faveur de ces sortes d'actes, une exception à la règle. « Nonobstant la signification du transport (ou, faut-il ajouter, du contrat de gage, la question étant la même), c'est-à-dire dans le cas même que le transport a été signifié, dit Bourjon, les quittances que le débiteur a du cédant (ou de celui qui a donné la créance en gage), quoique sous signature privée, peuvent être opposées au cessionnaire (ou au créancier gagiste), pourvu que cela se fasse incontinent après. » (1) De même, sous le Code Napoléon, les auteurs, à peu près unanimement, reconnaissent qu'il n'a pas été non plus dans la pensée du législateur d'appliquer rigoureusement aux simples quittances la règle de l'art. 1328. Les juges, d'après l'opinion la plus générale, ont un pouvoir discrétionnaire pour admettre les quittances sous seing privé non enregistrées comme susceptibles de faire foi, non-seulement quand la production en est faite *incontinent après*, selon l'expression de Bourjon, mais dans tous les cas où les circonstances, quelles qu'elles soient, leur permettraient de reconnaître que les quittances produites et invoquées par le débiteur de la créance mise en gage sont certaines et sincères, c'est-à-dire antérieures à la signification. C'est là, au surplus, un point que Marcadé a eu l'occasion d'établir à diverses reprises, et sur lequel nous n'avons pas à insister (2).

1110. La signification ou l'acceptation étant le mode spécial par lequel le créancier se met en possession de la créance au regard des tiers, il en résulte que le privilége n'existe pas au profit du créancier gagiste tant que la signification n'a pas eu lieu ou que le débiteur n'a pas fait son acceptation dans un acte authentique. Par conséquent, celui-ci peut se libérer et se libère valablement en payant son propre créancier.

De son côté, le titulaire de la créance engagée reste toujours en possession du droit d'en faire la cession à un autre créancier; et si celui-ci prend les devants et remplit avant le créancier gagiste les formalités de l'art. 1690, il fait évanouir le droit de ce dernier, qui ne peut opposer ni à lui, ni à aucun autre, le privilége résultant du nantissement. Le contraire avait été décidé, au Tribunal civil de Nantes, par application

---

(1) Bourjon (t. I, p. 466, n° 10). *Voy.* aussi Ferrière (*Cout. de Paris*, art. 104, § 1, n° 25).

(2) *Voy.* Marcadé (art. 1328, n° V, et 1689 à 1691, n° V).

du principe qu'on ne peut transmettre à autrui plus de droits qu'on n'en a soi-même. Mais la décision a été et devait être cassée, en ce qu'elle faisait prévaloir sur un transport régulièrement signifié au débiteur cédé, un acte de nantissement qui, bien qu'antérieur, était sans efficacité, à défaut d'accomplissement des formalités déterminées par la loi (1).

Enfin, quant aux créanciers du titulaire de la créance engagée, ils peuvent, jusqu'à la signification ou à l'acceptation, faire des saisies-arrêts entre les mains du débiteur et les opposer même au gagiste. Seulement, ici pourra s'élever la question du conflit entre le créancier gagiste qui aurait fait une signification tardive et le premier saisissant, question fort grave, qui divise les auteurs, et sur laquelle nous nous référons à la solution et aux explications de Marcadé (2).

1111. La saisie-arrêt, du reste, n'est pas le seul moyen pour les autres créanciers de rendre inefficace la signification tardive du gagiste. Ainsi, il est admis en jurisprudence que, dans le cas de nantissement des parts de créance revenant à un débiteur à titre héréditaire, dans une succession ouverte, la signification intervenue après une opposition, faite entre les mains des débiteurs, à la délivrance de ces parts, ou après une demande en liquidation et partage de la masse héréditaire, est tardive et inefficace (3). Une opposition à partage, disent très-exactement les arrêts, a pour objet de frapper d'indisponibilité, au profit des créanciers opposants, toutes les valeurs de la succession. Une demande en partage de la succession elle-même, par les créanciers d'un héritier, doit nécessairement avoir le même résultat. Car elle révèle les prétentions du créancier sur la part revenant au débiteur du chef duquel il procède ; elle met, de même que l'opposition, cette part sous la main de la justice, de telle sorte qu'elle ne peut plus être par lui cédée, transportée ou donnée en gage, hors la présence ou sans le consentement du créancier poursuivant. S'il en était autrement, la demande en partage, quoique formellement permise au créancier du chef de son débiteur (art. 882), deviendrait pour lui un droit sans utilité.

1112. Il y a plus de difficulté, en matière de faillite, quand une créance ayant été donnée en gage par le titulaire à un moment où il était encore très-solvable, la signification a eu lieu à une époque voisine de sa faillite, c'est-à-dire après la cessation de payements ou dans les dix jours qui ont précédé. Faut-il assimiler cette période à celle qui suit une saisie-arrêt, et en conséquence, en déclarant la signification tardive, la considérer comme non avenue à l'égard de la masse des créanciers ? M. Troplong tient énergiquement pour l'affirmative. « Qu'est-ce que la faillite ? dit-il. C'est la cessation de payements ; et la cessation de payements est indépendante du jugement de déclaration de faillite, de telle sorte qu'elle peut être de beaucoup antérieure à ce jugement. Or la faillite met arrêt

---

(1) Cass., 13 janv. 1845 (S. V., 45, 1, 319; Dalloz, 45, 1, 88; *J. Pal.*, 1845, t. I, p. 68).
(2) *Voy.* Marcadé (art. 1689 à 1691, nº III).
(3) *Voy.* Aix, 9 janv. 1832; Req., 11 juin 1846 (S. V., 32, 2, 600; 46, 1, 444; Dalloz, 32, 2, 157; 46, 1, 232; *J. Pal.*, 1847, t. I, 58).

ur tous les biens du débiteur ; elle fixe l'état dans lequel ils se trouvent ;
lle paralyse tout mouvement ultérieur qui tendrait à changer leur con-
lition. Qu'a-t-elle trouvé dans les mains du créancier qui se dit nanti ?
Est-ce un gage réalisé d'une manière complète et revêtu de toutes ses
;onditions d'existence ? Nullement. Ce gage manque d'un de ses élé-
nents. Le créancier n'en est pas saisi à l'égard des tiers. En ce qui con-
:erne ces derniers, le créancier n'est qu'un simple mandataire passible
le toutes les exceptions qu'on pourrait opposer au débiteur lui-même.
Et l'on voudrait qu'il pût, malgré la faillite arrivée ou près d'arriver,
enforcer son droit d'un élément nouveau, se poser en possesseur de la
:hose *jure proprio*, consolider le gage par l'accomplissement d'une
:ondition d'existence dont il est dépourvu ! Ceux qui inclinent vers ce
ystème d'indulgence ne font pas attention que la signification est une
'éritable prise de possession à l'égard des tiers ; possession indispen-
able pour que le privilége puisse se dresser contre eux. Ils ne font pas
ittention que le créancier qui n'a pour lui qu'un simple transport sans
ignification n'est pas saisi, comme le dit la Coutume de Paris ; et s'il
i'est pas saisi au moment de la faillite, comment pourrait-il se saisir
:x *post facto*, et changer ainsi, au détriment de la masse, une situation
ixée irrévocablement ? C'est ce qu'a parfaitement compris et décidé
'art. 446 du Code de commerce. Il est l'expression de ces idées. » (1)

Ce système absolu a été rejeté par la jurisprudence, notamment par
:elle de la Cour de cassation, et quoi qu'en dise M. Massé, qui s'y
'attache et le présente comme l'expression de l'opinion généralement
idoptée (2), il a été rejeté aussi par la majorité des auteurs. C'est qu'en
:ffet, on y confond des situations et des choses qu'il faut soigneuse-
nent distinguer. Non, la cessation de payements n'est pas la faillite ;
:lle n'est pas du moins la faillite déclarée. Entre la faillite déclarée et la
:essation de payements, il y a, sous le rapport des effets, une différence
:ssentielle dont, évidemment, les auteurs dont nous avons rappelé la
loctrine ne se sont pas assez préoccupés. Ainsi, un négociant, plus ou
moins obéré, consent le nantissement d'une créance, et le jugement
léclaratif de faillite intervient avant que le gagiste ait signifié l'acte au
débiteur de la créance engagée : sans doute, la signification qui serait
faite ultérieurement serait tardive et sans efficacité. Pourquoi ? Parce que
le jugement déclaratif de la faillite a dessaisi le failli de l'administration
de ses biens, et que la signification étant l'un des *éléments constitutifs*
du nantissement et son élément complémentaire au regard des tiers, il
n'est pas possible légalement que le privilége prenne naissance à une
époque où le débiteur n'a plus pouvoir et capacité à l'effet de le constituer. Mais est-ce à dire que la signification doive rester inefficace également, si, le nantissement étant consenti par un négociant *in bonis* et
parfaitement solvable, elle a lieu au moment où est survenue la cessation de payements ? Non, assurément. Car, dans cette situation, le com-

---

(1) *Voy.* M. Troplong (n°ˢ 274 et suiv.). *Adde :* Montpellier, 13 janv. 1845 (S. V.,
45, 2, 403; Dalloz, 45, 2, 122).
(2) *Voy.* M. Massé (*Droit comm.*, 1ʳᵉ édit., t. VI, n° 518; 2ᵉ édit., t. I'', n° 2891).

merçant n'est pas dessaisi encore de l'administration de ses biens, cet effet n'étant produit désormais, d'après l'art. 443 du Code de commerce, tel qu'il a été fait par la loi de 1838, modificative du titre des faillites, que par le jugement déclaratif de la faillite et *à partir de la date* de ce jugement. Jusque-là le négociant peut donc, quoiqu'en état de cessation de payements, vendre, emprunter, céder ses créances, les engager; il est, en un mot, suivant l'expression de M. Massé lui-même, *saisi de fait et de droit de l'administration de ses biens ; aucune incapacité, proprement dite, ne l'empêche d'en disposer* (1). Et, dès lors, on ne rencontre plus ici aucun obstacle légal à ce que le nantissement consenti soit avant, soit même pendant la cessation de payements, se complète, dans cette dernière période, au moyen de la signification qui le vivifie à l'égard des tiers. C'est ainsi que, d'après une doctrine et une jurisprudence constantes, et de l'aveu de M. Troplong lui-même, la donation émanée d'un négociant tombé depuis en faillite est valablement et utilement transcrite après l'époque de la cessation de payements, pourvu que ce soit avant le jour du jugement déclaratif (2); ainsi encore que, d'après la loi elle-même, l'inscription d'une hypothèque ou d'un privilége valablement acquis peut être faite avec efficacité même pendant l'époque de la cessation de payements et jusqu'à ce même jour du jugement déclaratif de la faillite (C. comm., art. 448, § 1er).

Pourquoi donc en serait-il autrement de la signification d'un contrat de gage ? Et comment ferait-on aux parties cette situation étrange que, tandis que l'emprunteur pourrait, quoique ayant suspendu ses payements, consentir valablement, au moyen d'un nantissement de créance, une garantie de remboursement, le prêteur ne pourrait pas, à cause de la suspension de payements, faire utilement la signification nécessaire pour donner au contrat son efficacité? A la vérité, l'art. 446 du Code de commerce, dont on s'autorise, déclare nuls et sans effet, relativement à la masse, tous droits d'antichrèse ou de nantissement constitués, depuis l'époque déterminée par le tribunal de commerce comme étant celle de la cessation de payements ou dans les dix jours qui auront précédé cette époque, sur les biens du débiteur pour dettes antérieurement contractées. Mais qu'est-ce à dire? Sans doute, s'il s'agissait d'un nantissement consenti par un débiteur pour assurer le remboursement d'une dette préexistante et conférer au créancier une garantie qu'il n'avait pas stipulée et qui ne lui avait pas été donnée au moment où il a livré ses fonds, la signification de l'acte de gage serait faite vainement, elle ne saisirait pas le créancier. Car le débiteur n'a pas pu, dans la période suspecte, favoriser un de ses créanciers au détriment des autres, et lui faire une condition meilleure en lui conférant des droits de nantissement qu'il n'avait pas. C'est l'hypothèse de l'art. 446, dont la formule

---

(1) M. Massé (*Droit comm.*, 1re édit., t. III, no 264; 2e édit., t. II, no 1216).
(2) *Voy.* notamment Bourges, 9 août 1847, et Req., 24 mai 1848 (S. V., 47, 2, 485; 48, 1, 437; Dalloz, 47, 4, 169; 48, 1, 172; *J. Pal.*, 1847, t. II, p. 580; 1848, t. II, p. 653). *Voy.* aussi MM. Troplong (*Donat.*, nos 1158 et suiv.); Aubry et Rau (t. VI, p. 84, note 19, 3e édit.).

même indique de la manière la plus précise que le nantissement prohibé ou déclaré nul de plein droit est celui qui, consenti depuis l'époque déterminée par le tribunal comme étant celle de la cessation de payements ou dans les dix jours précédents, s'appliquerait à une dette préexistante, c'est-à-dire, selon l'expression même de la loi, à une dette *antérieurement contractée*. Or, ce n'est pas là notre hypothèse. Nous sommes ici en présence d'un nantissement constitué en vue d'une dette *nouvelle*, d'une dette contractée soit avant, soit même depuis la suspension de payements, en même temps que la dette elle-même est contractée, et pour déterminer le prêteur, par une sûreté spéciale, à livrer la somme empruntée. L'art. 446 du Code de commerce est ici hors de cause. Nous ne disons pas que, nonobstant la signification régulièrement faite en temps utile, le droit de nantissement ne pourra pas être annulé, même en ce cas; seulement, il n'est pas nul de *plein droit*, par application de l'art. 446 du Code de commerce; il sera simplement annulable dans les termes de l'art. 447; et, par cela même, la masse des créanciers n'en pourra faire prononcer l'annulation qu'à la charge de prouver que, de la part du créancier nanti, il y a eu fraude ou mauvaise foi dans la convention formée entre lui et le débiteur tombé depuis en faillite. C'est la distinction que la jurisprudence consacre (1), et à laquelle la majorité des auteurs s'est rattachée (2).

Toutefois, il y a, dans cette jurisprudence, deux points de détail à reprendre.

D'une part, elle paraît supposer que la signification de l'acte de gage pourrait être déclarée inefficace par application de l'art. 447, par cela seul qu'elle aurait été faite par le créancier gagiste en connaissance de l'état de cessation de payements de son débiteur. C'est, à notre avis, exagérer la portée de l'art. 447. La signification de l'acte de gage n'est pas évidemment, dans les circonstances données, un des actes pour lesquels la connaissance de la cessation de payements établit par elle-même la fraude et la mauvaise foi, qui seules, dans la pensée du législateur, peuvent faire prononcer la nullité facultative édictée par l'art. 447. Il se peut, sans doute, que le créancier et le débiteur n'aient pas agi de bonne foi ; mais comment dire que le créancier est de mauvaise foi par cela seul qu'il n'a pas ignoré la cessation de payements du débiteur, alors que celui-ci, même en cet état, restait, de par la loi, toujours autorisé à se créer des ressources nouvelles, et, à cet effet, à faire valablement des emprunts sur nantissement? L'acte fait avec le débiteur étant licite et valable, nonobstant la suspension de payements même connue du créancier, il est impossible qu'à elle seule et par elle-même la simple

---

(1) *Voy.* Orléans, 31 août 1841; Lyon, 17 mars 1842; Cass., 4 janv. 1847; Nîmes, 22 juin 1847; Req., 19 juin 1848 (S. V., 42, 2, 289 et 427; 47, 1, 161, 48; 2, 37; 1, 465; Dalloz, 42, 2, 16 et 205; 47, 1, 135; 48, 2, 30; 1, 181; *J. Pal.*, 1847, t. I, p. 228; 1848, t. I, p. 310; 1849, t. I, p. 505).

(2) *Voy.* MM. Aubry et Rau (t. III, p. 516, note 14); Devilleneuve (S. V., 47, 1, 161; 48, 1, 465, aux notes); Renouard (*Faill.*, 2ᵉ édit., t. I, p. 362 et 363); Esnault (*ibid.*, t. I, nᵒ 202); Alauzet (*Droit comm.*, t. IV, nᵒ 1696); Bédarride (*Faill.*, t. I, nᵒ 113 *quater*).

connaissance par ce dernier de la suspension de payements imprime le caractère frauduleux à la signification au moyen de laquelle il régularise ensuite cet acte et lui donne son complément. L'art. 447 ne sera donc applicable, la signification ne pourra être déclarée inefficace en vertu de cet article, qu'autant que les circonstances de la cause, et non pas seulement la connaissance de la suspension de payements, permettraient de reconnaître que le créancier n'a pas été réellement de bonne foi (1).

D'une autre part, la jurisprudence décide que l'art. 448 du Code de commerce n'est pas applicable au nantissement (2). Et en cela elle restreint la portée de cet article. Le législateur n'y parle, à la vérité, que des inscriptions hypothécaires, lesquelles, dit-il, prises après l'époque de la cessation de payements, ou dans les dix jours qui précèdent, pourront être déclarées nulles, s'il s'est écoulé plus de quinze jours (augmentés d'un jour à raison de cinq myriamètres de distance) entre la date de l'acte constitutif de l'hypothèque ou du privilége et celle de l'inscription. Mais au lieu de prendre la disposition dans ses termes précis, il convient d'en faire l'application aux cas analogues. Or, la signification du nantissement étant l'acte même qui vivifie le contrat, de même que l'inscription vivifie le privilége ou l'hypothèque, il serait juste de dire que, lorsqu'il s'est écoulé, entre la constitution du gage et la signification, un délai de quinze jours avec augmentation, s'il y a lieu, à raison des distances, les tribunaux peuvent, usant du pouvoir discrétionnaire qu'ils trouvent dans l'art. 448 et statuant d'après les circonstances, déclarer la signification inefficace et annuler le contrat dans l'intérêt ou vis-à-vis de la masse.

V. — 1113. Enfin, la rédaction de l'acte et la signification ne suffisent pas pour que le contrat de gage se trouve constitué avec efficacité à l'égard des tiers; une troisième condition est nécessaire : il faut que le débiteur fasse au créancier gagiste la remise du titre de la créance engagée. Mais cette remise est l'objet spécial de l'art. 2076 : nous renvoyons au commentaire de ce dernier article les explications relatives à cette troisième condition.

VI. — 1114. Remarquons, en terminant sur le cas que l'art. 2075 du Code Napoléon a eu particulièrement en vue, que si la mise en gage des créances est assujettie en général aux mêmes conditions et aux mêmes formalités que la cession-transport, les deux opérations n'en sont pas moins profondément distinctes par leur objet comme par leurs effets respectifs, et doivent être soigneusement distinguées.

Il arrive, néanmoins, et assez fréquemment, dans la pratique, que la teneur des actes et leurs termes parfois ambigus ne laissent pas clairement apercevoir quelle a été l'intention réelle des parties. C'est alors aux juges du fond qu'il appartient d'interpréter la convention, de la qualifier, de déclarer son caractère. La Cour de cassation leur laisse, avec

---

(1) *Voy.* M. Bédarride (*loc. cit.*).
(2) *Voy.* notamment l'arrêt déjà cité de la chambre des requêtes, du 19 juin 1848.

une assez grande latitude, le pouvoir de décider souverainement si l'acte constitue une vente ou un simple nantissement. Ainsi, dans un acte où l'une des parties, en empruntant une somme d'argent, cédait à l'autre un titre de créance afin que celle-ci en disposât comme de chose à elle appartenant, sous réserve de reprendre le titre après remboursement de la somme empruntée, les juges du fond ayant décidé que c'était là un simple nantissement, le pourvoi dirigé contre l'arrêt a été rejeté (1).

VII. — 1115. L'art. 2075 a particulièrement en vue les créances nominatives, c'est-à-dire celles qui, constatées par un billet ou par un acte notarié, ne peuvent être transmises sans l'accomplissement des formalités rigoureuses de l'art. 1690 ; nous l'avons dit déjà, et en rapprochant ces deux articles on aperçoit qu'ils se réfèrent, en effet, l'un et l'autre à la même classe d'actes juridiques. Cependant, il y a d'autres créances, telles que les rentes sur l'État, les actions ou obligations dans les compagnies de finance, de commerce ou d'industrie, qui, apparaissant sous la forme de titres nominatifs, à ordre ou au porteur, se distinguent de celles que l'art. 1690 a eu spécialement en vue. Ces titres et valeurs, qui servent plus particulièrement au mouvement des affaires commerciales, bien qu'ils ne soient pas dans le domaine exclusif du commerce, sont incontestablement susceptibles d'être donnés en nantissement ; et incontestablement aussi, la mise en gage produit l'effet propre au contrat, elle engendre le privilége et donne ainsi au créancier gagiste le droit d'être payé sur le prix par préférence aux autres créanciers du débiteur commun. Mais à quelles conditions ? Est-ce aux conditions établies par l'art. 2075 ? Est-ce à des conditions différentes et déterminées eu égard au mode de transmission propre à ces valeurs ? La question a donné lieu à des difficultés très-sérieuses ; et jusqu'à la loi du 23 mai 1863, qui, en modifiant le titre VI, livre Ier, du Code de commerce, a posé des règles relatives au gage commercial, ces difficultés se sont maintenues dans la doctrine et dans la jurisprudence. Il nous reste maintenant à les préciser, et à dire comment elles sont désormais résolues.

1116. La question s'est élevée d'abord par rapport aux titres nominatifs dont la propriété se transmet par une déclaration de transfert sur les registres de la compagnie. Les opérations de nantissement, en ce qui concerne ces valeurs, n'étaient tenues pour valables, au regard des tiers, qu'autant qu'il y en avait un acte enregistré ; c'était, du moins, l'opinion dominante, fondée sur ce qu'il n'apparaissait pas de raison sérieuse pour soustraire la mise en gage des titres nominatifs à l'application, en ce point, de notre art. 2075. Mais comme le transport de ces valeurs ne s'opérait pas, en général, sans l'intervention du débiteur, on admettait que la déclaration de transfert pouvait être prise comme suppléant la signification. Il en était ainsi également pour les rentes sur

---

(1) Req., 3 juill. 1834 (S. V., 35, 1, 155; Dalloz, 34, 1, 371; *J. Pal.*, à sa date). Comp. Lyon, 31 janv. 1839 et 17 mars 1842; Aix, 21 juill. 1842; Dijon, 8 déc. 1855 (S. V., 39, 2, 537; 42, 2, 290; 43, 2, 199; 56, 2, 353; Dalloz, 40, 2, 51 et 205; 56, 2, 185; *J. Pal.*, 1856, t. I, p. 145).

39

l'État (1), à l'égard desquelles on allait jusqu'à décider que le transfert, dans les formes déterminées par les lois sur les effets publics (l. 8 flor. an 7), est seul efficace pour saisir le créancier gagiste, et qu'il ne peut être remplacé par une signification faite dans un acte authentique (2).

Le nouvel art. 91 du Code de commerce, modifié par la loi du 23 mai 1863, a statué sur ce point en déclarant, par le § 3, « qu'à l'égard des actions, des parts d'intérêt et des obligations nominatives des sociétés financières, industrielles, commerciales ou civiles, dont la transmission s'opère par un transfert sur les registres de la société, le gage peut également être établi par un transfert à titre de garantie inscrit sur lesdits registres. » Ainsi, ces valeurs, soit actions ou obligations nominatives, soit même les parts d'intérêt que la commission du Corps législatif fit ajouter à l'énumération du projet primitif, dès qu'elles sont admises par les compagnies à se transmettre par une déclaration de transfert sur leurs registres, peuvent être constituées en gage par le même moyen. Et la transmission ainsi opérée avec mention qu'elle a lieu à titre de garantie seulement suffira désormais à établir le gage, même au regard des tiers. — Que s'il s'agit de titres se rapportant à des compagnies qui n'admettent pas le transfert de leurs actions et obligations par inscription sur leurs registres, on tient que le titre étant transféré au nom du prêteur, lorsque celui-ci a reconnu dans l'acte intervenu entre lui et l'emprunteur que, nonobstant le transfert à son nom, il n'a pas sur le titre d'autre droit que celui du créancier gagiste, l'opération est régulière, d'après la loi actuelle : le gage commercial se trouve établi dans toutes ses conditions d'efficacité, sans acte enregistré, si, d'ailleurs, la convention est prouvée, même vis-à-vis des tiers, par les preuves admises dans l'ordre commercial (3).

1117. La difficulté s'est élevée plus sérieuse par rapport aux valeurs à ordre, lettres de change, billets ou actions industrielles, transmissibles par la voie de l'endossement. Ce moyen étant suffisant, aux termes de l'art. 136 du Code de commerce, pour transférer la propriété de ces titres, ne fallait-il pas conclure qu'à plus forte raison il devait suffire pour les donner valablement et utilement en gage? L'opinion dominante tenait pour l'affirmative, estimant que les art. 136 du Code de commerce et 2084 du Code Napoléon combinés dispensaient des formalités de notre art. 2075, et que, d'ailleurs, puisque l'endossement saisit le porteur de la manière la plus complète, un acte séparé et sa signification ne produiraient aucun effet qui ne fût déjà produit par l'endossement (4). La solution, contestable en elle-même, était, en effet,

---

(1) Montpellier, 4 janv. 1853 (S. V., 53, 2, 266; Dalloz, 54, 2, 172; J. Pal., 1853, t. II, p. 532). Voy. aussi l'arrêt de Dijon, du 18 déc. 1855, cité à la note précédente.
(2) Voy. Paris, 3 juin 1836 (S. V., 36, 2, 305; Dalloz, 37, 2, 3; J. Pal., à sa date).
(3) Voy. l'Exposé des motifs de la loi de 1863 et le Rapport de la commission du Corps législatif (Monit. des 14 mars et 26 avr. 1863).
(4) Voy. MM. Troplong (n°s 283 et suiv.); Massé (Droit comm., 1re édit., t. VI, n° 521; 2e édit., t. IV, n° 2894); Aubry et Rau (t. III, p. 513, note 7 et p. 516). — Voy. aussi Rouen, 29 avr. 1837; Req., 18 juill. 1848 (S. V., 37, 2, 375; 48, 1, 609; Dalloz, 38, 2, 119; 48, 1, 177; J. Pal., 1849, t. II, p. 593). Comp. Rej., 31 mars 1863

fort contestée. La disposition de l'art. 136 du Code de commerce ne saurait, en effet, être étendue du cas de transmission de propriété qu'elle prévoit spécialement, au cas où la valeur à ordre est transmise seulement à titre de nantissement. Par cela même qu'il confère un privilége, le gage se prête à la fraude plus que le transfert de la propriété, et il a dû entrer dans les vues du législateur d'en entourer la constitution de formalités rigoureuses et propres à prévenir la fraude ou à en rendre la pratique plus difficile et plus rare. Les meubles corporels eux-mêmes, à l'égard desquels la simple tradition suffit pour le transfert de la propriété, ne peuvent, lorsqu'ils sont donnés en gage, être atteints par le privilége du gagiste que sauf l'observation des règles plus sévères de l'art. 2074. C'est donc à dire que l'endossement, tout suffisant qu'il soit pour transmettre la propriété des valeurs négociables, ne saurait en lui-même suffire pour les transmettre à titre de nantissement ; et s'il doit être admis comme tenant lieu de l'acte exigé par l'art. 2075, ce ne peut être qu'aux mêmes conditions, et dès lors qu'autant qu'il aurait acquis date certaine par l'un des modes énumérés en l'art. 1328 du Code Napoléon (1).

Mais le second paragraphe de l'art. 91 du Code de commerce, modifié par la loi du 23 mai 1863, ne permet plus de s'arrêter à ces objections, au moins en ce qui touche le gage commercial : il a tranché la question en disposant que « le gage, à l'égard des valeurs négociables, peut aussi être établi par un endossement régulier, indiquant que les valeurs ont été remises en garantie. » Ainsi, et selon l'expression de l'Exposé des motifs, on pourra, quand il s'agira de valeurs négociables, telles qu'effets de commerce, lettres de change, billets à ordre, toutes les valeurs, en un mot, qui se transmettent par l'endossement, prouver (même contre les tiers) qu'un gage a été constitué, non-seulement par tous les moyens ordinaires, mais encore par un endossement régulier. Seulement, comme un simple endossement laisserait indécise la question de savoir si c'est la propriété qu'on a voulu transmettre ou une garantie qu'on a voulu donner, l'endossement, pour valoir nantissement et seulement nantissement, doit exprimer à cet égard la volonté des parties (2).

1118. Par rapport aux titres au porteur, la question, encore plus controversée, présentait un intérêt d'actualité plus marqué, à raison de l'importance et de la multiplicité des titres de ce genre que le commerce, l'industrie et la finance ont jetés sur le marché public. La loi ancienne n'ayant pas visé spécialement les valeurs au porteur, ni par conséquent

---

(S. V., 63, 1, 296 ; *J. Pal.*, 1863, p. 764 ; Dalloz, 63, 1, 292). Req., 10 juin 1835 ; Cass., 6 août 1845 ; Paris, 8 fév. 1854 et 29 mars 1856 (S. V., 35, 1, 690 ; 45, 1, 563 ; 54, 2, 320 ; 56, 2, 408 ; Dalloz, 35, 1, 272 ; 45, 1, 392 ; 56, 2, 228 ; *J. Pal.*, 1845, t. II, p. 774 ; 1854, t. II, p. 558 ; 1856, t. II, p. 390).

(1) *Voy.* MM. Bédarride (*Faill.*, t. III, n° 910) ; Dalloz (*Rép.*, v° Nantiss., n° 114). *Voy.* aussi Lyon, 12 juill. 1849 ; Amiens, 2 mars 1861 (S. V., 49, 2, 703 ; 61, 2, 158 ; Dalloz, 52, 2, 79 ; 61, 2, 54 ; *J. Pal.*, 1849, t. II, p. 595 ; 1861, p. 579).

(2) Exposé des motifs de M. le conseiller d'État Léon Cornudet (*Monit.* du 14 mars 1863, p. 378).

formulé des règles formelles pour leur mise en gage, les auteurs et les tribunaux ont été naturellement portés à chercher, soit dans le droit commun, soit dans la nature même de ces valeurs, le moyen de combler la lacune. De là les deux systèmes qui ont partagé la doctrine et la jurisprudence. D'une part, on a prétendu que la simple tradition, étant suffisante, aux termes de l'art. 35 du Code de commerce, pour transférer, même au regard des tiers, la propriété de l'action établie sous la forme d'un titre au porteur, devait par cela même suffire pour transférer la même valeur à titre de gage, et donner naissance, en faveur du gagiste, au privilége inhérent au contrat (1). D'une autre part, on a dit que le gage constitué en actions ou titres au porteur devait être soumis, sans aucune distinction, aux prescriptions des art. 2074 et 2075 du Code Napoléon (2). Mentionnons le système intermédiaire de la Cour d'Alger, d'après laquelle les titres au porteur étant non pas de véritables créances, mais plutôt des titres de propriété, l'art. 2075 ne leur serait pas applicable, en ce sens qu'il n'y aurait pas lieu à la signification du contrat de gage dont ils seraient l'objet, mais que l'art. 2279 du Code Napoléon les gouvernant aussi bien que les meubles corporels, leur mise en gage ne saurait être faite que conformément aux prescriptions de l'article 2074 (3).

Cependant, la Cour de cassation est intervenue dans ce conflit; et prenant parti contre le premier et le troisième systèmes, elle a décidé que les art. 2074 et 2075 établissent, en matière de gage ou de nantissement, une règle de droit commun; qu'ils exigent non-seulement un acte public ou sous seing privé dûment enregistré pour tout contrat de ce genre, mais de plus, quand le gage a pour objet des meubles incorporels, tels que les créances mobilières, la signification de l'acte au débiteur de la créance donnée en gage; qu'ils embrassent, par la généralité de leurs termes, tous les meubles incorporels sans exception, tels qu'ils sont définis par l'art. 529 du Code Napoléon, c'est-à-dire les actions ou intérêts dans les compagnies de finance, de commerce ou d'industrie, aussi bien que toutes obligations ou actions qui ont pour objet des sommes exigibles ou des effets mobiliers; qu'il n'y a donc pas à distinguer, le gage et le privilége qui en est la conséquence ne pouvant exister sur des meubles incorporels, quels qu'ils soient, que par l'accomplissement de la double formalité (4).

1119. Toutefois, la décision ne saurait plus être prise dans ses ter-

---

(1) *Voy.* MM. Harel (*Rev. de droit franç. et étrang.*, 1845, t. II, p. 284); Troplong (n° 288); Alauzet (*Comm.*, t. I, n° 458); Massé (*Droit comm.*, 1re édit., t. VI, n° 525); 2e édit., t. IV, n° 2898); Massé et Vergé, sur Zachariæ (t. V, p. 108, note 12). — *Voy.* aussi Metz, 22 déc. 1820; Bordeaux, 17 avr. 1845 (S. V., 45, 2, 450; Coll. nouv., 6, 2, 239; Dalloz, 45, 2, 118), et les arrêts déjà cités de Paris, 8 fév. 1854 et 29 mars 1856. Comp. Req., 23 janv. 1860 (*J. Pal.*, 1860, p. 1122; S. V., 60, 1, 543; Dalloz, 60, 1, 124).

(2) *Voy.* MM. Pardessus (*Droit comm.*, n° 489); Duranton (n° 527); Aubry et Rau (t. III, p. 514 et 515, note 8); Bédarride (*Faill.*, n° 911). *Junge* : Rouen, 24 janv. 1861 (S. V., 61, 2, 207; Dalloz, 61, 2, 121; *J. Pal.*, 1861, p. 463).

(3) *Voy.* Alger, 9 juin 1862 (S. V., 62, 2, 385; *J. Pal.*, 1863, p. 274).

(4) *Voy.* notamment Rej., 11 août 1847; Cass., 19 juin 1860; Cass., 30 nov. 1864;

mes absolus. Il faut distinguer désormais entre le gage civil et le gage commercial. En matière civile, le nantissement de titres au porteur reste soumis au droit commun consacré par les art. 2074 et 2075, et la jurisprudence de la Cour de cassation lui demeure applicable ; mais s'il constitue une opération commerciale, la règle n'est plus dans ces articles, auxquels, par l'effet de la loi du 23 mai 1863, l'art. 109 du Code de commerce doit être substitué. A la vérité, cette loi ne parle pas nommément de la mise en gage de ces sortes de valeurs ; mais c'est que le § 1er du nouvel art. 91, dont nous avons eu à nous occuper plus haut (n° 1099), comprenait l'opération dans ses dispositions générales, et qu'ainsi il n'était pas besoin d'y statuer par un texte spécial. « Le gage, a dit l'orateur du gouvernement, peut être constitué en titres au porteur, tels qu'effets publics, actions et obligations ; ces sortes de valeurs sont devenues aujourd'hui, dans la pratique des affaires, l'objet le plus habituel des opérations de nantissement. Aucune disposition spéciale n'était nécessaire pour faire cesser toutes les controverses qui se sont élevées au sujet du nantissement des valeurs ayant la forme au porteur, puisqu'il est déclaré par le projet, d'une manière générale, et par conséquent applicable à tous les objets mobiliers quelconques, que le gage constitué par un commerçant s'établit, à l'égard des tiers, conformément aux dispositions de l'art. 109. La propriété des titres au porteur est transmissible sans endossement, sans notification au débiteur s'il s'agit d'obligations, et par la seule tradition, absolument comme la propriété d'un lingot, d'un bijou, d'un meuble. Le § 1er suffit donc à leur égard et tranche toute controverse... » (1)

2076. — Dans tous les cas, le privilége ne subsiste sur le gage qu'autant que ce gage a été mis et est resté en la possession du créancier, ou d'un tiers convenu entre les parties.

SOMMAIRE.

I. 1120. Condition commune aux deux classes de meubles (corporels et incorporels) susceptibles d'être donnés en gage : mise du créancier en possession de la chose engagée. — 1121. La condition est exigée d'abord pour que le créancier puisse opposer son privilége aux tiers ; motifs de la loi. — 1122. Elle est nécessaire aussi pour qu'il puisse se prévaloir des effets du contrat à l'encontre du débiteur. — 1123. La possession doit réunir certains caractères : ainsi, elle doit être effective et réelle dans le sens de l'art. 1141. — 1124. La règle, très-nette en théorie, présente des difficultés dans l'application, quant à la prise de possession soit des meubles corporels, soit des meubles incorporels.

II. 1125. A l'égard des meubles corporels, il n'est pas toujours nécessaire que le créancier reçoive la possession *réelle* dans le sens rigoureux du mot ; il faut se référer à l'art. 1606 et rechercher dans quelle mesure les divers modes de tradition y indiqués sont applicables à la délivrance requise pour la constitution du gage. De la remise des clefs ; elle suffit, pourvu que la chose engagée soit

Rej., 27 nov. 1865 (S. V., 47, 1, 641 ; 60, 1, 689 ; 64, 1, 503 ; 66, 1, 60 ; Dalloz, 47, 1, 312 ; 60, 1, 249 ; 65, 1, 55 et 56 ; *J. Pal.*, 1847, t. II, p. 591 ; 1860, p. 1122 ; 1864, p. 1263 ; 1866, p. 146).

(1) *Voy.* l'Exposé des motifs (*Monit.*, loc. cit.).

soustraite par là à l'action du débiteur. — 1126. Toutefois, il n'est pas indispensable que le débiteur ne puisse plus avoir aucune communication avec les objets engagés : applications. — 1127. La clause qui charge le débiteur de la vente doit même être admise, pourvu qu'elle n'affecte en rien la possession du créancier. — 1128. Du dernier mode de tradition signalé par l'art. 1606. La délivrance des effets mobiliers s'opère par le seul consentement des parties, si le transport ne peut pas s'en faire au moment de la vente, ou si l'acheteur les avait déjà en son pouvoir à un autre titre : application au contrat de gage. — 1129. *Quid* si les objets donnés en gage sont des marchandises, le contrat intervenant entre commerçants? Loi du 23 mai 1863. — 1130. L'énumération de l'art. 1606 n'est pas limitative; la délivrance ou la tradition peut résulter de la simple apposition sur la chose qui en doit être l'objet de la marque de celui à qui elle doit être faite : application au cas où la chose donnée en nantissement est un navire.

III. 1131. En ce qui concerne les meubles incorporels, la tradition est également nécessaire, et il importe peu que la créance dépasse la dette pour sûreté de laquelle elle est donnée en gage. — 1132. La tradition étant nécessaire, il s'ensuit que les créances qui ne reposent point sur un titre écrit ne peuvent être données en gage. — 1133. Quant au mode de tradition, il doit emporter dépossession du débiteur et investissement du créancier; en d'autres termes, le titre doit être remis à celui-ci. Applications : mise en possession d'une action de société; du droit à un bail; du droit à une indemnité d'incendie.

IV. 1134. La mise en possession du gagiste doit avoir lieu avant l'époque où des tiers auraient acquis des droits sur la chose engagée : de la remise du gage faite dans l'intervalle qui sépare la cessation de payements par un négociant et la déclaration de la faillite.

V. 1135. Il ne suffit pas que le créancier ait été mis en possession du gage; il faut qu'il en soit resté saisi, pour qu'il puisse exercer son privilége. Applications : de la substitution d'un gage à un autre; le privilége ne peut s'établir sur la chose substituée que par un nouvel acte de nantissement : conséquence. — 1136. Néanmoins, la perte de la possession n'entraîne pas nécessairement la perte du privilége : le privilége est perdu, sauf le cas de manœuvres dolosives de la part du débiteur, si la remise a été volontairement faite à ce dernier par le créancier. — 1137. Mais si le créancier a perdu l'objet engagé, ou si cet objet lui a été volé, il ne peut être considéré comme ayant renoncé au privilége; il a le droit de revendiquer la chose entre les mains de tout tiers détenteur : durée de l'action; réserves qu'elle comporte.

VI. 1138. Le gage peut être mis en la possession d'un tiers convenu entre les parties : le tiers, en ce cas, est bien mandataire du débiteur; mais il est d'abord, et principalement, mandataire du créancier : conséquences. — 1139. Cette combinaison présente cet avantage, qu'elle permet au débiteur de donner la même chose en gage à plusieurs personnes. — 1140. Comment doivent être réglés les droits des créanciers auxquels la même chose a été donnée en gage? Distinctions.

I. — 1120. Les art. 2074 et 2075 ont précisé les formalités ou les conditions à l'accomplissement desquelles est subordonnée l'acquisition du privilége qui résulte du contrat de gage en faveur du créancier gagiste. Les prescriptions de ces articles ont été de tous points observées : ainsi, la chose engagée étant un meuble corporel en matière excédant la valeur de 150 francs, il y a eu rédaction d'un acte public ou ayant date certaine, avec déclaration de la somme due et désignation des choses remises en gage; ou bien le nantissement ayant pour objet des meubles incorporels, il y a eu, en outre, signification de l'acte au débiteur de la chose engagée. Cela ne suffit pas encore; et, non-seulement pour que le contrat engendre un droit de préférence à l'encontre des autres créanciers du débiteur commun, mais encore pour qu'il puisse s'établir et produire ses effets même entre les parties, une dernière condition est imposée par l'art. 2076. *Dans tous les cas*, et, par conséquent, soit que la matière excède ou n'excède pas la valeur de 150 francs, soit qu'il s'agisse de meubles corporels ou de droits mobiliers, il faut que le gage ait été mis (et soit resté; *infrà, n° 1135 et suiv.*) en la possession du créancier (ou d'un tiers convenu entre les parties; *infrà, n°s 1138 et suiv.*).

1121. C'est, disons-nous, une condition nécessaire d'abord pour que le contrat acquière son efficacité vis-à-vis des tiers. Le privilége ne s'établit, et, selon les termes très-expressifs de l'art. 2076, il ne *subsiste* qu'autant que le créancier est en possession. Il n'en est pas, en effet, du droit du créancier gagiste comme des autres créances privilégiées : son privilége ne résulte pas de la qualité de la créance à laquelle il est attaché; il procède uniquement de la possession. C'est son caractère propre, et le législateur en le lui assignant non-seulement par l'article 2076, mais encore par l'art. 2102, 2°, n'a fait que céder à la force des choses, en même temps que dans l'intérêt du crédit il a mis les tiers en mesure de se protéger. Resté détenteur du gage, le débiteur, on le comprend, aurait aisément pu donner le change sur sa situation véritable, et même conférer de nouveaux droits sur des choses déjà grevées. Il fallait prévenir ces dangers; et il y est pourvu, d'une part, au moyen de la dépossession effective du débiteur, qui, dessaisi, ne pourra pas tromper les tiers par des apparences fausses de crédit; et, d'une autre part, au moyen de la mise en possession du gagiste, qui, en détenant la chose, fait apparaître aux yeux du public son droit à être payé sur le prix par préférence à tous autres.

1122. Mais la condition est nécessaire aussi entre les parties elles-mêmes et pour que le créancier puisse se prévaloir des effets du contrat à l'encontre de son débiteur. Cela résulte avec évidence, sinon de l'article 2076 lui-même, au moins de la nature du contrat et de ses effets juridiques. Le nantissement est un contrat réel, et par cela même il ne saurait être parfait que par la tradition; il confère au créancier le droit de retenir la chose engagée jusqu'à parfait payement, et par cela même il implique l'idée que le créancier est en possession. Sans doute, dans l'espèce rappelée au n° 1089, la Cour de Bordeaux a pu décider que le défaut de remise au créancier, du gage promis par le débiteur, ne peut être invoqué par ce dernier ni par ses héritiers même bénéficiaires, comme une cause de nullité du contrat de nantissement (1); car, dans l'espèce, le créancier n'était pas remboursé, et en cet état il avait incontestablement le droit, la chose à lui promise étant d'ailleurs chez le débiteur, de se la faire livrer. Mais supposons le débiteur libéré en capital et intérêts; incontestablement aussi, le créancier, qui n'a plus la possession, la réclamerait en vain, par exemple, pour s'assurer le remboursement d'impenses que la chose engagée lui aurait occasionnées.

---

(1) Bordeaux, 8 juin 1832 (S. V., 32, 2, 655).

1123. La possession exigée par la loi doit avoir certains caractères qui précisément répondent à la pensée du législateur et concourent au but qu'il s'est proposé en y subordonnant la naissance du privilége. Ainsi, elle doit être effective et réelle, dans le sens de l'art. 1141; elle ne saurait être feinte ou simulée. De même, en effet, qu'entre deux acheteurs successifs d'un objet purement mobilier la condition nécessaire pour que l'un soit préféré est qu'il ait été mis en possession réelle de la chose (art. 1141), c'est-à-dire qu'il la détienne effectivement, et l'ait sous sa puissance; de même aussi de deux créanciers gagistes celui-là aura la préférence qui le premier aura appréhendé le gage ou au nom duquel le gage sera appréhendé et détenu par un tiers. Il ne suffirait donc pas, comme cela suffisait en droit romain, que le débiteur déclarât posséder la chose au nom et pour le compte de son créancier, soit comme locataire, soit comme dépositaire, soit à tout autre titre. Le constitut possessoire ne satisfait pas au vœu de la loi, qui, pour mettre les tiers à l'abri des surprises ou des fraudes, a voulu la dépossession effective et réelle du débiteur, c'est-à-dire une dépossession telle que la chose étant engagée, le débiteur ne pût pas désormais s'en servir comme d'un actif susceptible d'ajouter à son crédit.

1124. Tel est, sur le caractère de la tradition considérée comme condition nécessaire dans le contrat de gage, le principe de la loi. Rien n'est plus simple ni plus clair quand on en est seulement à formuler le principe en pure théorie. Mais dès qu'on en vient à l'application, on rencontre des difficultés nombreuses et parfois compliquées. Essayons de les résoudre d'abord en ce qui concerne la tradition des meubles corporels; nous nous occuperons ensuite de la tradition des droits mobiliers.

II. — 1125. La mise en possession, quant aux meubles corporels, suppose le plus habituellement que le débiteur s'est dessaisi de la chose et en a saisi le créancier gagiste au moyen de la délivrance ou de la tradition qu'il lui en a faite. N'allons pas croire, cependant, qu'elle ne puisse jamais résulter que de l'appréhension matérielle par le créancier de l'objet donné en nantissement. Par exemple, en matière de vente, l'art. 1141, en donnant la préférence à celui de deux acheteurs successifs d'une même chose purement mobilière *qui a été mis en possession réelle de la chose,* son titre fût-il postérieur en date, n'entend pas que l'acheteur ne sera ainsi préféré qu'autant qu'il aura fait transporter chez lui la chose achetée, et qu'il aura en quelque sorte exercé sur elle une mainmise matérielle. Le législateur se réfère nécessairement à l'article 1606, d'après lequel la délivrance, c'est-à-dire l'une des deux principales obligations du vendeur, s'opère, quant aux effets mobiliers, non-seulement par la tradition réelle, « mais encore par la remise des clefs des bâtiments qui contiennent ces effets, ou même par le seul consentement des parties, si le transport ne peut s'en faire au moment de la vente, ou si l'acheteur les avait déjà en son pouvoir à un autre titre. » De même, en matière de nantissement, la délivrance requise par l'article 2076, si elle s'opère habituellement par la tradition réelle, peut néanmoins s'effectuer suivant d'autres modes, et notamment d'après les modes énumérés dans l'art. 1606. Comment et dans quelle mesure ? c'est ce qu'il faut préciser.

Et d'abord, quant à la remise des clefs, aucun doute ne saurait s'élever. Évidemment, c'est constituer légalement des marchandises ou d'autres effets mobiliers en gage, c'est en faire une tradition très-effective, que remettre au créancier gagiste les clefs des bâtiments ou des magasins dans lesquels ces marchandises ou ces effets mobiliers sont renfermés (1) ; et, pourvu que le débiteur ne se réserve pas une seconde clef, le but de la loi est atteint, puisque les objets engagés sont ainsi soustraits à l'action du débiteur, qui désormais ne peut plus les présenter aux tiers comme libres, et s'en servir pour se donner à leurs yeux une meilleure apparence de crédit.

1126. Il serait même par trop rigoureux d'aller jusqu'à dire que la possession du créancier et la dépossession du débiteur sont incomplètes et ne suffisent pas pour la constitution du gage dans ses conditions légales, par cela seul que ce dernier aurait pu se mettre en communication avec les effets engagés. Aussi la jurisprudence n'est-elle pas allée jusque-là. Les tribunaux, en tenant compte des circonstances, particulièrement de la condition ou de la nature des objets mis en gage, ont considéré que la stipulation aux termes de laquelle le débiteur continuerait à donner ses soins aux objets engagés, n'est pas nécessairement incompatible avec le nantissement, avec la mise en possession effective et réelle du créancier. Il se peut, en effet, qu'en raison de leur nature même, les choses données en nantissement réclament, à certains intervalles, les soins du propriétaire lui-même, ou exigent une surveillance toute spéciale que le propriétaire seul peut exercer. En un tel cas, le fait de laisser au débiteur, propriétaire de la chose engagée, la faculté de donner ces soins ou d'exercer cette surveillance, ne saurait être pris, sans une véritable exagération, comme impliquant dessaisissement de la part du créancier. Seulement il faut prendre garde, une telle clause étant stipulée, à éviter dans l'exécution ce qui pourrait donner le change et prêter à l'équivoque sur le fait même de la possession. Si, par exemple, la chose engagée n'a pas été déplacée, si elle est restée confondue avec les autres effets mobiliers du débiteur, il n'apparaîtra pas que ce soit plutôt dans l'intérêt d'un créancier gagiste que dans son propre intérêt que le débiteur donne ses soins à la chose, et les autres créanciers pourront prétendre qu'ils ont été trompés par les apparences, et qu'à défaut de tradition effective et réelle, le gage n'est pas constitué (2). Mais si la chose engagée a été déplacée et transportée dans un magasin appartenant au créancier ou loué en son nom, si les clefs, habituellement en la possession de celui-ci, ne sont remises que momentanément et par intervalles au débiteur, il n'y a pas d'équivoque possible : le débiteur veille ou agit visiblement dans l'intérêt du créancier gagiste ; sa dépos-

(1) *Voy.* Aix, 21 fév. 1840 (Dalloz, 40, 2, 128 ; S. V., 50, 2, 570 ; *J. Pal.*, à sa date).
(2) *Voy.* Paris, 26 mai et 15 juin 1841 (Dalloz, 41, 2, 218 et 219 ; *J. Pal.*, à leur date).

session est suffisante, et le gage doit être maintenu à l'encontre des autres créanciers (1).

1127. Il arrive même parfois qu'à raison de la nature de la chose engagée ou pour la plus grande commodité du créancier, il est stipulé, dans l'acte de gage, que le débiteur sera chargé de la vente. Cette clause n'est pas non plus incompatible avec le nantissement, et pourvu qu'elle ne diminue ou n'affaiblisse en rien la possession du créancier, elle doit être maintenue et validée. Que si, plus tard, le débiteur, venant à user de la faculté qui lui a été donnée, opère la vente du gage, le créancier, dans l'intérêt de qui la clause a été stipulée non moins que dans l'intérêt du débiteur, ne sera tenu de se dessaisir qu'autant qu'il sera complétement désintéressé (2).

1128. Quant au dernier mode de délivrance signalé par l'art. 1606, il importe de préciser. Il s'agit ici de la délivrance opérée par le seul consentement des parties, alors que le transport des effets mobiliers ne peut se faire au moment de la vente, ou que l'acheteur avait ces effets en son pouvoir à un autre titre. Or, il ne faut pas confondre les deux circonstances prévues par la loi. Quand, à raison de l'éloignement des effets qui sont l'objet du contrat, ou à raison de toute autre cause, le vendeur, ou, dans notre espèce, le débiteur déclare se dessaisir et saisir l'acheteur ou le créancier gagiste, il est bien vrai que par l'effet de cette simple déclaration, l'acheteur ou le créancier est constitué possesseur, en ce sens que désormais il a la possession, le vendeur ou le débiteur n'étant plus qu'un possesseur précaire. Toutefois, cette tradition purement intellectuelle peut n'être pas efficace ; et de même qu'elle ne suffirait pas pour donner à l'acheteur la préférence sur un second acheteur qui aurait été mis *en possession réelle avant lui,* de même elle ne suffirait pas pour conférer au créancier gagiste le privilége qui, dans l'esprit comme d'après la lettre de l'art. 2076, ne résulte que de la possession effective et réelle.

Mais il n'en est plus de même dans la seconde hypothèse : si, au moment du contrat, le créancier a déjà la chose en son pouvoir à un autre titre, par exemple à titre de dépôt ou de commodat, la simple convention aux termes de laquelle la chose sera dorénavant aux mains du créancier à titre de nantissement suffit à opérer la mise en possession de ce dernier, et, par conséquent, à constituer le privilége dans ses conditions d'efficacité. Cette convention, comme l'exprime Pothier, renferme, selon les docteurs, une espèce de tradition qu'ils appellent *brevis manus,* par laquelle on feint que le créancier a rendu la chose qu'il tenait à titre de prêt ou de depôt, et qu'il l'a incontinent reçue à titre de nantissement (3).

1129. Quand l'objet donné en gage est une marchandise, le contrat intervenant entre commerçants, la condition de la mise en possession

---

(1) *Voy.* Paris, 7 août 1841; Req., 11 août 1842 (Dalloz, 41, 2, 219; 42, 1, 394; S. V., 42, 1, 925; *J. Pal.,* à leur date).
(2) Nancy, 14 déc. 1838 (S. V., 39, 2, 239; Dalloz, 39, 2, 2).
(3) *Voy.* Pothier (*Nantiss.,* n° 8).

du créancier gagiste est également nécessaire. C'était un point admis, en principe, dans la jurisprudence antérieure à la loi du 23 mai 1863, et que cette loi a cru devoir consacrer d'une manière formelle, en reproduisant la rédaction même du Code Napoléon. « Dans tous les cas, dit en effet le premier paragraphe de l'art. 92 du Code de commerce (nouveau), le privilége ne subsiste sur le gage qu'autant que ce gage a été mis et est resté en la possession du créancier ou d'un tiers convenu entre les parties. » Mais en même temps la loi nouvelle s'est proposé de trancher les controverses qui, avant sa promulgation, s'étaient établies, à l'occasion de ce point de droit, dans les deux situations distinctes qui peuvent se produire : celle où les marchandises se trouvent sur les lieux mêmes où elles sont ou vont être engagées ; celle où la marchandise doit être envoyée au créancier.

Dans le premier cas, on admettait sans difficulté que le créancier était réputé nanti, et que, par conséquent, il acquérait le privilége, nonseulement quand la marchandise était déposée dans ses magasins ou dans des magasins par lui loués, ou quand elle était chargée sur un navire à lui appartenant, mais aussi quand elle se trouvait soit dans les magasins d'une personne qui représentait le créancier, soit dans un dépôt public, tel que la halle au blé. Les marchandises, dans ces circonstances, étant bien et dûment à la disposition du gagiste, on tenait qu'il était satisfait aux exigences de la loi. Mais on n'admettait pas, du moins en thèse générale, qu'un simple transfert en douane fût susceptible de saisir le créancier à titre de nantissement, en ce que, disait-on, le transfert serait plutôt le signe de la propriété que le signe de la possession (1). Le deuxième paragraphe de l'art. 92 (nouveau) ne laisse plus aucun prétexte à une distinction. « Le créancier, dit-il, est réputé avoir les marchandises en sa possession, lorsqu'elles sont à sa disposition dans ses magasins ou navires, à la douane ou dans un dépôt public, ou si, avant qu'elles soient arrivées, il en est saisi par un connaissement ou par une lettre de voiture. » Ainsi, il y a constitution de gage, et par conséquent privilége, dans tous les cas, quels qu'ils soient, où la marchandise est réellement à la disposition du créancier ; telle est désormais la loi qui, selon l'expression de l'orateur du gouvernement, doit être entendue dans le sens le plus large (2).

Dans le second cas, c'est-à-dire quand la marchandise, n'étant pas sur le lieu du contrat, devait être expédiée au créancier, habituellement à un commissionnaire, il y avait, de par l'art. 93 (ancien) du Code de commerce, une dérogation notable aux règles du droit civil, en ce sens que, d'accord avec les usages et les principes spéciaux au droit commercial, cet article accordait au commissionnaire, sans qu'aucun acte fût intervenu à cet effet entre lui et son commettant, et par cela seul qu'il avait fait des avances, un privilége sur les marchandises qui lui étaient expédiées ou qui étaient consignées ou déposées entre ses mains.

---

(1) *Voy.* l'arrêt déjà cité de la Cour d'Aix du 21 fév. 1850.
(2) Exposé des motifs de M. Léon Cornudet (*Monit.* du 14 mars 1863, p. 378).

Toutefois, des difficultés nombreuses avaient surgi de ce texte, soit quant à l'étendue du privilége, soit même touchant son existence. Ainsi, et notamment, le privilége n'existait pas de plein droit lorsque les deux parties résidaient dans la même place où les marchandises se trouvaient également; sauf quelques atténuations introduites dans la jurisprudence (1), un acte enregistré était nécessaire, en ce dernier cas, pour constituer le privilége. De même aussi, la Cour de cassation, après bien des Cours impériales, décidait que le privilége n'était accordé au commissionnaire que pour les avances par lui faites à son commettant postérieurement à la réception soit des marchandises, soit du connaissement ou de la lettre de voiture constatant l'expédition à lui faite, et qu'ainsi, à défaut d'un acte spécial de nantissement dans les termes et dans les conditions de l'art. 2074 du Code Napoléon, le privilége n'existait pas pour les *avances antérieures* à la consignation (2).

La loi nouvelle a tranché la controverse qui s'était élevée sur chacun de ces points par une disposition aux termes de laquelle « tout commissionnaire a privilége sur la valeur des marchandises à lui expédiées, déposées ou consignées, par le fait seul de l'expédition, du dépôt ou de la consignation, pour tous les prêts, avances ou payements faits par lui, soit avant la réception des marchandises, soit pendant le temps qu'elles sont en sa possession. — Ce privilége ne subsiste que sous la condition prescrite par l'art. 92 qui précède. » (C. comm., art. 95 nouv.) — Ainsi, d'une part, la loi supprime la distinction anciennement établie entre le cas où le commissionnaire et le commettant résident dans la même place et celui où ils résident dans des places différentes : désormais, tout commissionnaire, quelle que soit sa résidence par rapport à l'expéditeur, aura un privilége qui naîtra du fait seul de l'expédition, du dépôt ou de la consignation, pourvu que l'expédition, le dépôt ou la consignation soient établis par un des moyens énoncés par l'art. 109 (C. comm.), et qu'ils aient les caractères de la possession tels qu'ils sont définis par l'art. 92 (3). — D'une autre part, la loi supprime également la distinction entre les avances postérieures et les avances antérieures à l'expédition; et, prenant en considération les besoins du commerce et de l'industrie, qui exigent que le commissionnaire ne soit pas astreint à procéder par opérations distinctes et séparées, et à attendre, pour faire des avances, que la marchandise soit en sa possession, elle entend que ce privilége qui naît du fait seul de l'expédition, du dépôt ou de la consignation, s'étende aux avances antérieures à la mise en possession aussi bien qu'aux avances postérieures. Cela, d'ailleurs, comme l'a fait

---

(1) *Voy.* notamment Req., 18 janv. 1860 (*J. Pal.*, 1860, p. 329; Dalloz, 60, 1, 140; S. V., 60, 1, 737); Paris, 1ᵉʳ mars 1832; Req., 6 mars 1833 (S. V., 32, 2, 392; 33, 1, 182; Dalloz, 33, 1, 131; *J. Pal.*, à leur date).

(2) *Voy.* Cass., 18 mars 1845 (Dalloz, 45, 1, 242; S. V., 45, 1, 238; *J. Pal.*, 1845, t. I, p. 387); Aix, 11 janv. 1831; Douai, 29 nov. 1843 (Dalloz, 31, 2, 117; 44, 2, 109; S. V., 31, 2, 206; 44, 2, 145; *J. Pal.*, à leur date). Comp. Paris, 1ᵉʳ déc. 1859 (*J. Pal.*, 1860, p. 229; Dalloz, 60, 5, 63). Mais *voy.* Bordeaux, 28 janv. 1839; Dijon, 10 avr. 1843 (Dalloz, 39, 2, 142; 44, 2, 69; S. V., 49, 2, 1).

(3) *Voy.* le Rapport de M. Vernier (*Monit.* du 26 avr. 1863, p. 642).

remarquer l'orateur du gouvernement, est sans péril pour les tiers, en ce que, au moment où le commissionnaire invoquera le privilége contre eux, il faudra toujours qu'il établisse, 1° que l'avance a été réellement faite; 2° que les marchandises sur lesquelles il entend exercer son droit ont été mises en sa possession; 3° qu'elles l'ont été à une époque où le commettant pouvait en disposer valablement (1).

1130. Disons, en terminant sur la délivrance ou la mise en possession des effets mobiliers, ou des meubles corporels, que l'énumération de l'art. 1606 n'est pas limitative. Ainsi, en matière de vente, on tient généralement compte de la variété des circonstances qui peuvent se présenter, et l'on admet comme impliquant délivrance tout acte qui, quoique non compris dans ceux qu'énumère la loi, paraît, à raison de la nature de la chose transmise, susceptible d'opérer la tradition (2); c'est ainsi que, dans le commerce des bois, la tradition réelle résulte suffisamment de l'empilage fait par l'acheteur et de l'apposition de sa marque sur les bois vendus (3). Il faut dire également, par rapport au gage, que la tradition nécessaire à la constitution du contrat ou à la naissance du privilége qui en résulte peut, suivant les circonstances et l'espèce des choses engagées, se consommer au moyen d'autres actes encore que ceux dont l'art. 1606 contient l'énumération. Et c'est ainsi que, par rapport aux navires qui, étant déclarés meubles par la loi, sont par cela même, et en l'absence de dispositions prohibitives, susceptibles d'être donnés en gage, on décide que la possession requise par l'art. 2076 résulte suffisamment de la mention de l'acte de nantissement sur les registres de la douane, spécialement de l'inscription du nom du créancier sur l'acte de francisation à la place de celui du capitaine et du consentement de ce dernier, pour sûreté des avances à lui faites (4). On comprend, en effet, qu'en ce qui concerne cette espèce particulière de meubles, il ne saurait être question d'une possession effective dans le sens de l'art. 2076 : d'une part, le navire, par sa nature même, ne se prête pas à une détention matérielle par le gagiste; et d'une autre part, destiné qu'il est à produire des fruits au moyen des voyages, il doit nécessairement continuer à naviguer, et par cela même il ne saurait être retiré des mains de celui qui en a la direction. Il y a là de véritables difficultés; la pratique s'est parfois attachée à les éluder; et c'est précisément à l'occasion du nantissement des navires que les tribunaux, sanctionnant les moyens imaginés dans ce but, ont établi la jurisprudence ci-dessus rappelée, de laquelle il résulte que le nantissement peut être valablement conféré sous la forme d'une vente (*suprà*, n° 1090).

---

(1) *Voy.* l'Exposé des motifs de M. Léon Cornudet (*Monit.* du 14 mars 1863, p. 378).
(2) *Voy.* MM. Duranton (t. XVI, n° 96); Duvergier (*De la Vente*, t. I, n° 249); Aubry et Rau (t. III, p. 251 et note 5); Troplong (*De la Vente*, t. I, n° 282 et suiv.); Marcadé (art. 1606, n° III).
(3) *Voy.* Rej., 15 janv. 1828 (S. V., Coll. nouv., 9, 1, 12; Dalloz, 28, 1, 90; *J. Pal.*, à sa date).
(4) *Voy.* Rennes, 9 juin 1860 (S. V., 60, 2, 587; *J. Pal.*, 1861, p. 1000). *Voy.* aussi, dans le *Rec.* de Marseille (t. XXXIII, 1, 177), un jugement du Tribunal de Marseille, du 30 mai 1855, cité par M. Edmond Dufour (*Droit marit.*, t. I, n° 238, à la note).

Mais quand, au lieu de s'engager dans cette voie indirecte et détournée, les parties conservent au contrat de nantissement son caractère propre et y procèdent directement et sans détour, il est certain que l'inscription de l'acte, sinon, comme le dit M. Pardessus, sur les registres d'inscriptions maritimes, au moins sur les registres de la douane, qui, selon l'expression de M. Edmond Dufour, conserve dans ses archives tout ce qui concerne la propriété des navires, supplée au fait matériel de la mise en possession du gagiste et en tient lieu, en ce que, de même que cette mise en possession, elle avertit les tiers et remplit ainsi le vœu de la loi. « Lorsqu'une chose n'est pas susceptible d'appréhension corporelle, dit justement ce dernier auteur, elle est représentée par tous les titres qui conservent ou manifestent le droit du propriétaire. Pour les navires, c'est le registre de la douane qui remplit cette fonction à l'égard des tiers. Or, le gagiste est venu y mettre l'empreinte ineffaçable de son droit ; il y a marqué l'atteinte portée à la propriété du bâtiment ; il a exercé ainsi une sorte de mainmise sur la chose représentée par les documents publics qui attesteront aux tiers l'état de la propriété : mainmise fictive, il est vrai, mais la seule qui fût à la fois praticable et efficace. » (1)

III. — 1131. En ce qui concerne les droits mobiliers, ou, suivant l'expression de la loi, les *meubles incorporels* (art. 2075), la tradition est également une condition nécessaire, et sans laquelle le contrat resterait sans efficacité vis-à-vis des tiers. Non-seulement cela résulte de l'art. 2076, qui, venant immédiatement à la suite des deux articles se référant, l'un à la mise en gage des choses corporelles, l'autre au nantissement des meubles incorporels, exige, pour que le privilége s'établisse et subsiste, que, *dans tous les cas*, le gage soit mis en la possession du créancier ; mais encore c'est indiqué par l'esprit général de notre matière. Sans doute, quand il s'agit de droits mobiliers, la loi a fait de la signification de l'acte de nantissement au débiteur de la créance cédée une nécessité du contrat ; et, dans notre droit, cette signification est une indispensable formalité pour opérer la saisine vis-à-vis des tiers. Toutefois, elle n'est pas le seul élément de la prise de possession ; et comme elle ne suffit pas, notamment, à prévenir les fraudes, puisque par elle-même elle ne fait pas apparaître aux yeux des tiers les charges dont l'objet du contrat peut être déjà grevé, il fallait ce complément de la tradition qui, en faisant passer les choses aux mains du créancier, met le débiteur hors d'état d'en pouvoir faire usage à nouveau. La saisine du créancier ne devient donc parfaite, et son privilége ne lui est acquis, que par la tradition du titre qui constate la créance (2). Et il importe peu que la créance donnée en gage dépasse de beaucoup la dette pour sûreté de laquelle le gage est constitué. Le principe ne saurait fléchir à raison

---

(1) *Voy.* M. Edmond Dufour (*loc. cit.*). Comp. Pardessus (6e édit., t. II, n° 489).
(2) *Voy.* MM. Favard (v° Nantiss., § 1, n° 4) ; Duranton (n° 525) ; Troplong (n° 277) ; Aubry et Rau (t. III, p. 517, note 15). — *Voy.* aussi Liége, 15 mai 1810 ; Req., 11 juin 1846 (S. V., 11, 2, 54 ; 46, 1, 444 ; Coll. nouv., 3, 2, 270 ; Dalloz, 46, 1, 252 ; Rép. alph., t. X, p. 395 ; *J. Pal.*, 1847, t. I, p. 58).

de cette circonstance : le débiteur, s'il y voit des inconvénients ou des dangers, trouve dans la loi même le moyen de se mettre à l'abri ; il peut s'entendre avec le créancier et convenir que le titre sera remis et restera aux mains d'une tierce personne (*infrà,* n° 1138) (1).

1132. Mais par cela même que la remise du titre est une condition nécessaire, la créance ou l'action qui n'est pas établie par titre, et qui dès lors n'est pas susceptible de tradition réelle, ne peut faire l'objet d'un gage ou nantissement. La Cour de Lyon l'a décidé ainsi dans une espèce où le débiteur, « pour plus de sûreté du remboursement de la somme par lui empruntée, cédait aux prêteurs les actions en répétition qu'il pouvait avoir contre son épouse, relativement aux augmentations qu'il avait pu faire aux immeubles de sadite épouse. » La Cour, appelée à caractériser le contrat, a déclaré qu'il y avait là non un transport, mais un gage ou nantissement ; et statuant ensuite sur la portée de la convention ainsi définie, elle a décidé justement que la tradition par la remise du titre est une condition substantielle dans le contrat de nantissement portant sur une créance ; que la condition, dans l'espèce, ne pouvait pas être remplie, puisqu'il s'agissait d'une créance sans titre ; que, par suite, la convention devait être annulée comme ayant porté sur une chose qui n'en pouvait pas faire l'objet (2).

1133. Quant au mode de tradition nécessaire pour satisfaire aux prescriptions de l'art. 2076, il doit être tel que la tradition emporte dépossession du débiteur et investissement du créancier gagiste : il faut, en un mot, que le titre soit remis aux mains de ce dernier, de manière que le débiteur soit empêché de faire illusion aux tiers par des apparences d'une fortune ou d'un crédit imaginaires.

A ce propos, nous relèverons dans la pratique notariale un point où elle s'abuse, à notre avis, en croyant satisfaire aux prescriptions de la loi. Dans les actes d'obligation portant constitution d'hypothèque sur des immeubles assurés contre l'incendie, il arrive habituellement que le débiteur consent au profit du créancier le transport d'une somme égale au montant de l'obligation à prendre par préférence à lui-même et à tous futurs cessionnaires sur le montant de l'indemnité à payer par la compagnie d'assurance en cas d'incendie, à l'effet de quoi le débiteur subroge le créancier avec les mêmes antériorités et préférences dans ses droits contre la compagnie. Le transport est ensuite signifié à ladite compagnie ; et, en laissant l'original de la police d'assurance aux mains du débiteur, on se borne à annexer un duplicata à la minute de l'acte, encore même ne prend-on pas toujours le soin d'énoncer que l'annexe a lieu pour satisfaire à la disposition de la loi, qui exige la mise en possession du créancier. Tout cela pourrait passer, et il n'y aurait pas beaucoup à reprendre, si la convention ainsi établie contenait une cession-transport, c'est-à-dire une transmission de la propriété, car la

---

(1) *Voy.* Aix, 21 juill. 1842 (S. V., 43, 2, 199).
(2) Lyon, 31 janv. 1839 (S. V., 39, 2, 537; Dalloz, 40, 2, 51). Comp. Paris, 31 août 1861 (Dalloz, 62, 2, 192; *J. Pal.*, 1862, p. 1193; S. V., 62, 2, 271).

mise en possession du cessionnaire n'est pas une condition nécessaire de la validité de la cession. Mais il s'agit là d'un transport en garantie, c'est-à-dire, dans la réalité des choses, d'une constitution de gage. La remise du titre au créancier est dès lors une condition nécessaire, substantielle ; et l'annexe à la minute de l'acte d'un duplicata de la police d'assurance n'y satisfait évidemment pas. Même la remise réelle d'un duplicata au créancier n'y satisferait pas, à notre avis ; car, pas plus que l'annexe, elle ne répond à la pensée de la loi, qui veut l'investissement du créancier et la dépossession effective du débiteur, afin que celui-ci ne puisse plus se servir du gage pour laisser croire aux tiers qu'il a dans son actif des choses qui n'y sont plus entières ou libres. Le but n'est pas atteint, dans notre espèce, tant que le débiteur reste détenteur de l'*original* de la police d'assurance ; et c'est seulement par la remise de l'original au créancier que celui-ci sera valablement saisi du droit éventuel à l'indemnité, à l'exclusion des autres créanciers de l'assuré.

D'ailleurs, la remise du titre véritable, la simple délivrance suffit aux exigences de la loi, pourvu que le débiteur se dessaisisse réellement et investisse le créancier de ce qui était, dans ses mains, le signe du droit qu'il confère en nantissement. Dans une espèce où il s'agissait du nantissement d'une créance assise sur un immeuble adjugé, par suite de licitation, à l'un des cohéritiers, la tradition a été considérée comme valablement opérée par la remise de l'extrait de liquidation avec l'extrait, à la suite, du jugement d'adjudication, accompagnée de la subrogation du créancier gagiste dans le droit de se faire délivrer d'autres titres, s'il y avait lieu. C'était, dans l'espèce, le seul titre qui fût en la possession du débiteur, et la tradition a été considérée comme suffisante, bien que ce dernier n'eût pas remis aussi le jugement d'adjudication, titre commun qui, de son consentement, était demeuré en la possession d'un de ses copartageants (1).

A plus forte raison n'est-il pas nécessaire que le débiteur fasse au créancier le transport en règle d'une créance qu'il lui donne en nantissement. La prétention contraire a été élevée dans une espèce où le nantissement ayant eu pour objet des actions sociales, le débiteur s'était borné à remettre au créancier la grosse du contrat qui lui avait transféré les actions. Il a été vainement prétendu que si par là le débiteur s'était enlevé le moyen d'exercer ses droits dans la société, il n'avait pas donné au créancier le moyen de les exercer à sa place, comme si les actions lui avaient été transmises par un transport en règle. C'était évidemment contraire à l'art. 1689, d'après lequel la délivrance d'une action sur un tiers s'opère entre le cédant et le cessionnaire par la remise du titre ; et, sur l'autorité de cet article, la Cour de cassation a décidé que la remise du gage prescrite par l'art. 2076 avait été effectuée, dans l'espèce, au moment où le débiteur avait déposé entre les mains du

_____

(1) *Voy.* Paris, 9 nov. 1843 (Dalloz, 44, 4, 265 et 266 ; *J. Pal.*, à sa date). Comp. Req., 13 déc. 1837 (*J. Pal.*, à sa date).

créancier la grosse du contrat qui lui avait transféré les actions, et en vertu duquel il pouvait exercer ses droits (1).

En est-il ainsi même quand la créance donnée en nantissement consiste dans le droit à un bail? Et ne faudrait-il pas, en ce cas, pour assurer l'effet du privilége attaché au gage, non-seulement que le titre fût mis en la possession du créancier, mais encore que ce dernier eût pris possession effective des lieux loués? L'affirmative a été consacrée par la Cour de Lyon, et son arrêt, dont la doctrine est énergiquement défendue par un magistrat de cette Cour dans un remarquable travail reproduit par le *Journal du Palais* (2), repose particulièrement sur cette idée, que si le débiteur reste en possession des lieux, et continue d'y exercer l'industrie à laquelle ils sont affectés, le bail ne cesse pas, aux yeux des tiers, de former un élément de son crédit et de faire partie du gage commun de ses créanciers, ce qui est contraire à la condition essentielle du contrat de nantissement. Mais cela reviendrait à dire, en définitive, qu'il n'est pas possible de conférer un droit de gage sur un bail. Et en effet, exiger du locataire, quand il veut transférer son droit à titre de nantissement, non-seulement qu'il remette l'acte de bail au gagiste, mais encore qu'il lui abandonne immédiatement et lui livre les lieux loués, c'est, en réalité, lui imposer une cession pure et simple, et substituer, en quelque sorte, la nécessité de payer à la faculté de se servir de sa créance mobilière comme d'un moyen propre à garantir l'exécution d'une obligation qu'il prend ou qu'il a prise. Or, cela ne saurait être. Le droit à un bail ne diffère pas des autres droits mobiliers, des autres choses incorporelles; et dès que, d'après la jurisprudence rappelée plus haut (n° 1103), il est susceptible d'être donné en nantissement, on ne voit pas pourquoi ni comment, au point de vue des conditions inhérentes au contrat, il serait rangé dans une classe à part. Or, à l'égard des choses incorporelles, la remise au gagiste du titre constitutif de la créance, accompagnée de la signification de l'acte au débiteur de la créance engagée, constitue la mise en possession exigée par l'art. 2076. Donc la mise en possession doit résulter, en ce qui concerne le droit au bail, de la remise de l'acte de bail au gagiste et de la notification au bailleur du contrat de nantissement. Aussi la décision précitée de la Cour de Lyon a-t-elle été cassée; et la jurisprudence s'est fixée dans le sens de l'arrêt qui en a prononcé la cassation (3).

IV. — 1134. Ceci dit sur le fait de la tradition considérée comme moyen de constituer le contrat de gage avec efficacité vis-à-vis des tiers, nous avons à préciser l'époque à laquelle la tradition doit être faite pour qu'elle produise ses effets légaux. A cet égard, le principe est la simple application de la règle générale consacrée par l'art. 2279 : la mise en possession du gagiste doit avoir lieu avant toute acquisition, par des tiers, d'un droit sur l'objet à lui promis à titre de nantissement. Il suit

---

(1) *Voy.* Req., 19 juin 1848 (S. V., 48, 1, 465; Dalloz, 48, 1, 181; *J. Pal.*, 1849, t. I, p. 505). .
(2) *Journal du Palais* (1860, p. 901 et suiv.).
(3) *Voy.* les arrêts cités plus haut, p. 600, en note du n° 1103.

de là que, du jour où les autres créanciers du débiteur auraient, par exemple, frappé cet objet de saisie, le propriétaire n'en pourrait plus faire utilement la délivrance au créancier gagiste.

Ici se présenterait la question de savoir à quel moment le créancier cesse d'avoir le droit de se faire mettre en possession du gage à lui promis, lorsqu'il arrive qu'après avoir reçu du débiteur une promesse non susceptible d'ailleurs de tomber sous le coup de la nullité édictée par l'art. 446 du Code de commerce, celui-ci vient à être mis en faillite. Mais c'est la question même que nous avons eu l'occasion de discuter au n° 1112, à propos de la signification requise par l'art. 2075. Donc, en nous référant à nos observations détaillées, nous nous bornons ici à dire que, sauf le cas de fraude, et l'exercice en ce cas par les juges du pouvoir discrétionnaire qu'ils puisent dans l'art. 447, la tradition serait valablement faite au créancier jusqu'au jugement déclaratif de la faillite, ce jugement seul opérant, aujourd'hui, le dessaisissement du failli. La mise en possession du créancier n'a, certes, ni la même portée ni la même importance qu'un payement ; et puisqu'un payement fait de bonne foi, même depuis l'époque de la cessation de payements ou dans les dix jours précédents, est valable à l'égard de la masse, la remise d'un gage faite dans la même période ne saurait être invalidée.

V. — 1135. Ce n'est pas tout que le gagiste ait été mis en possession du gage ; l'art. 2076 exige en outre, pour que le privilége résultant du contrat subsiste, que le gage *reste* en la possession de celui à qui il a été remis. Il est donc essentiel que le créancier ne perde pas la possession. C'est là, sans doute, une conséquence de la règle posée par l'art. 2279 du Code Napoléon, celui-là devant être préféré qui détient un objet mobilier et le possède. Mais c'est aussi un effet du caractère assigné par la loi elle-même (art. 2102, 2°) au privilége du gagiste : le droit privilégié dont il s'agit ici, reposant exclusivement sur la possession, ne saurait se maintenir et durer qu'autant que la possession se maintient elle-même ; du jour où la possession cesse, le privilége s'évanouit.

Il s'évanouit sans retour, et il ne peut pas renaître de lui-même sur le gage nouveau qui, par la convention des parties, serait substitué au gage primitif dont le créancier aurait consenti à se dessaisir. Il y a sur ce point un arrêt de la Cour de Rouen qui, rendu à l'occasion du gage tacite admis par la loi commerciale en faveur du commissionnaire, contient une décision exacte en elle-même, quoiqu'elle ait été vivement critiquée (1), et incontestablement applicable au gage conventionnel. Dans l'espèce, une convention était intervenue entre la maison Laffitte, de Paris, et Duval, négociant à Dieppe, aux termes de laquelle des avances de fonds devaient être faites à ce dernier contre garanties en connaissements. Une somme de 40 000 francs fut avancée en exécution de la convention, et Duval endossa à l'ordre de la maison Laffitte un connaissement de plusieurs barriques d'eau-de-vie expédiées sur le navire

---

(1) *Voy.* M. Troplong (n°ˢ 243 et suiv.).

l'Alexandre. Plus tard, le débiteur, ayant eu l'occasion de vendre ces eaux-de-vie, proposa à la maison Laffitte d'échanger le connaissement qui lui avait été transmis contre celui d'autres liquides par lui achetés de Sarran dans l'intervalle, et expédiés de Cette au Havre par le navire *l'Aglaé,* encore en cours de navigation. La proposition fut acceptée, et en conséquence la maison Laffitte renvoya le connaissement de l'*Alexandre* à Duval, qui, de son côté, lui négocia celui de l'*Aglaé.* En cet état, ce dernier tomba en faillite; et Sarran, vendeur des liquides expédiés sur l'*Aglaé,* non encore arrivés au Havre, les ayant fait saisir à titre de revendication, la maison Laffitte opposa le privilége qu'elle prétendait avoir pour sa créance de 40 000 francs. Elle obtint gain de cause devant le Tribunal du Havre, qui se fonda sur ce que la convention intervenue entre Duval et la maison Laffitte ne supposait des avances qu'à la charge d'une garantie en connaissements, et qu'en échangeant le connaissement de l'*Alexandre* contre celui de l'*Aglaé,* la maison Laffitte, loin de déroger à la condition de garantie, n'avait fait que la confirmer. Mais la Cour de Rouen, saisie par l'appel de Sarran, réforma la décision, conformément aux conclusions de M. Rouland, alors avocat général, par ces motifs entre autres : « que le droit de préférence accordé au commissionnaire est un *privilége spécial,* c'est-à-dire que les avances doivent être faites en vue des marchandises vendues et sous la foi de cette garantie;... que les avances de la maison Laffitte à Duval n'avaient jamais été faites en contemplation des marchandises du navire *l'Aglaé ;* que c'est, au contraire, sur la remise du connaissement de l'*Alexandre* que Jacques Laffitte et compagnie ont fait une avance de 40 000 francs; que cette substitution d'un connaissement à l'autre ne saurait être assimilée à de nouvelles avances; que la créance est restée la même; que si elle a perdu le privilége qu'elle avait originairement, cela tient à la remise imprudente du connaissement du navire *l'Alexandre.* » (1) Rien n'est plus juridique. Il est vrai de dire du gage conventionnel comme du gage tacite, que le privilége qui en résulte est essentiellement lié à la possession : il prend naissance par elle; il *subsiste* par elle, c'est l'expression même de la loi; en sorte que se dessaisir du gage et le remettre, c'est-à-dire en abdiquer la possession, c'est renoncer au privilége. Désormais éteint, ce privilége ne peut plus revivre sur un autre gage; car c'était un privilége *spécial* sur une chose *déterminée,* ce qui fait que la remise d'une chose à la place de la première ne peut plus être considérée que comme constituant un nouveau nantissement pour sûreté d'une dette antérieure, lequel nantissement, sans relation aucune avec le premier, n'a de valeur à l'égard des tiers et ne leur est opposable qu'autant qu'il est établi dans les conditions et d'après les formes établies par la loi.

Par conséquent, même à la faveur d'un nouvel acte fait dans ses

---

(1) *Voy.* Rouen, 29 nov. 1838 (S. V., 39, 2, 33 ; Dalloz, 39, **2**, 65 ; *J. Pal.*, à sa date) Conf. MM. Massé (*Droit comm.*, 1ʳᵉ édit., t. VI, n° 493; 2ᵉ édit., t. IV, n° 2865); Bédarride (*Des Comm.*, n°ˢ 230 et 231).

conditions constitutives, la chose remise comme substituée au premier gage ne serait pas affectée du privilége si, une incapacité étant survenue dans l'intervalle, le nantissement ne pouvait pas être valablement constitué. Ceci, néanmoins, était mis récemment en discussion dans une affaire sur laquelle la chambre civile de la Cour de cassation a statué à notre rapport. Il s'agissait de deux actes de gage consentis successivement et à un intervalle de dix-huit mois, pour sûreté d'un crédit ouvert, l'un affectant un cautionnement en espèces versé par le crédité dans la caisse d'une administration, l'autre portant sur des obligations qui, après le retrait par le crédité, du consentement du créditeur, des fonds de cautionnement, avaient été mises à la place. Mais le débiteur tomba plus tard en faillite; et le tribunal ayant fait remonter l'époque de la cessation de payements à une date antérieure à celle du second nantissement, les syndics de la faillite provoquèrent la nullité de l'acte, prétendant que le créancier n'avait aucun droit de préférence ni de privilége sur les obligations substituées aux fonds de cautionnement, parce que le nantissement en avait été consenti par le failli à une époque où il avait cessé ses payements et pour dettes antérieurement contractées, ce qui rendait l'acte nul de plein droit, aux termes de l'art. 446 du Code de commerce. De son côté, le créancier, rattachant entre elles les sûretés successivement stipulées à son profit dans les deux actes, opposa que le dernier avait eu pour objet, non point de constituer le nantissement, mais de substituer un nouveau gage à un autre gage régulièrement consenti par le premier acte et pour sûreté de la même dette. La question se trouvait ainsi nettement posée. Cependant, la Cour de cassation n'a pas cru devoir la résoudre directement; elle s'est particulièrement attachée à cette circonstance, qu'entre l'époque où le créancier s'était dessaisi du gage primitif et celle où il avait obtenu un nouveau gage, un long intervalle s'était écoulé pendant lequel il était resté sans garantie et avait suivi la foi de son débiteur. Or, la cessation de payements étant survenue en cet état, il est vrai de dire que la concession, dans la période suspecte, d'un gage appliqué à une créance qui désormais n'était plus garantie, était, dans la réalité des choses, une constitution de nantissement *pour sûreté d'une créance antérieurement contractée,* et, par conséquent, une convention tombant sous le coup de l'art. 446 du Code de commerce. C'est ce que la Cour de cassation a décidé dans l'espèce (1). Mais il faut aller plus loin : l'acte de nantissement serait nul de plein droit, aux termes de cet article, même si le créancier était encore nanti de l'ancien gage au moment où il reçoit le nouveau. La spécialité même du privilége résultant du contrat de gage ne permet pas, en effet, que le droit se reporte d'une chose déterminée qu'il affecte sur une chose qu'aucune des parties n'a eu en vue quand elle a contracté. La substitution ne peut se faire avec efficacité que sauf l'accomplissement des formalités exigées par la loi pour la constitution du gage; et dès lors

---

(1) *Voy.* Rej., 29 mars 1865 (S. V., 65, 1, 221; *J. Pal.*, 1865, p. 531; Dalloz, 65, 1, 286).

elle est impossible, ou au moins elle doit tomber sous la disposition de l'art. 446 du Code de commerce, si elle a lieu depuis la cessation de payements du débiteur, puisqu'elle crée sur la chose nouvellement engagée un droit de nantissement qui n'existait pas auparavant, et le rattache à une dette préexistante et antérieurement contractée.

1136. Cependant, si la continuité de la possession est la condition même de l'existence du privilége, ce n'est pas à dire que la perte de la possession entraîne la perte du privilége, toujours, nécessairement, et quels que soient les faits qui ont amené le dessaisissement du créancier. Il faut distinguer. Si le créancier a remis volontairement le gage au débiteur, comme dans les espèces citées au numéro précédent, le privilége est éteint, et le droit est irrévocablement perdu; il y a là une renonciation tacite que les créanciers du débiteur commun pourraient justement et utilement opposer au créancier gagiste s'il venait à se prévaloir ultérieurement de son droit. La renonciation serait opposable même par le débiteur, et le créancier eût-il été déterminé à remettre le gage par la fausse supposition que celui-ci était dans un état de parfaite solvabilité, sa renonciation pourrait encore lui être opposée. Nous excepterions, bien entendu, le cas où il aurait été amené par les manœuvres dolosives du débiteur à se dessaisir du gage et à le lui restituer. Une action en revendication de la possession devrait alors lui être accordée, sinon contre les tiers qui auraient acquis des droits sur la chose, au moins contre le débiteur limitativement, le dol, d'après la doctrine généralement admise, agissant *in personam,* non *in rem.*

1137. Mais si le créancier a été dessaisi du gage sans sa volonté, par exemple, si la chose engagée a été par lui perdue ou lui a été soustraite, on ne saurait dire qu'il y a de sa part renonciation au privilége. Il doit donc avoir le droit de revendiquer le gage entre les mains de tous tiers possesseurs. C'est un droit que la loi a expressément accordé au locateur, dont le privilége est fondé sur une constitution *tacite* de gage (C. Nap., art. 2102, n° 1, dernier paragraphe); à plus forte raison doit-il être accordé au gagiste dont le privilége a son principe et sa cause dans la constitution *expresse* de gage. Seulement, comme nous l'avons expliqué dans notre *Commentaire des Priviléges et Hypothèques,* n° 137, le droit de revendication prend sa source, pour le créancier gagiste, non dans l'art. 2102, qui ne parle que du locateur d'immeubles, mais, à défaut d'un texte spécial qui le règle, dans le droit commun établi et consacré par l'art. 2279. Aussi la durée de l'action en revendication, pour le créancier gagiste, sera-t-elle de trois ans à partir de la perte ou du vol, par application de ce dernier article, et non de quinze ou de quarante jours que l'art. 2102 accorde au locateur, suivant que le mobilier déplacé sans son consentement garnissait une maison ou une ferme (1). La différence trouve, d'ailleurs, son explication dans ces circonstances que le bailleur a une possession très-imparfaite

_____

(1) *Voy.* MM. Duranton (t. XIX, n° 105); Valette (*Priv.,* n° 49); Taulier (t. VII,

des meubles de son locataire; que son droit portant sur un ensemble d'objets, il doit être présumé, lorsqu'une partie a été détournée, se contenter de ce qui reste s'il ne se hâte pas de faire la revendication; enfin, que l'identité des objets déplacés serait bien plus difficilement constatée que celle du gage.

Au surplus, ajoutons, en rappelant les dispositions de l'art. 2280, que si le tiers possesseur avait la chose perdue ou volée pour l'avoir achetée dans une foire, un marché, une vente publique, ou d'un marchand vendant des choses pareilles, le gagiste ne pourrait la reprendre que sauf remboursement du prix pour lequel elle aurait été achetée.

VI. — 1138. Dans tout ce qui précède, nous avons pris l'hypothèse qui se produit habituellement, celle où le créancier lui-même a été mis en possession du gage *ab initio,* soit qu'il ait gardé la chose en sa possession, soit qu'il l'ait confiée à une autre personne qui s'est obligée envers lui à la lui rendre. C'était, d'ailleurs, la seule hypothèse prévue dans le projet primitif du Code. Mais, dans la discussion, le consul Cambacérès fit remarquer qu'il était possible que les parties fussent convenues de déposer le gage entre les mains d'un tiers par lequel le créancier posséderait, et que dès lors la disposition introduite dans le projet devait embrasser ce cas (1). De là le texte de l'art. 2076, dont les derniers mots supposent, en effet, que la possession a pu être remise *ab initio* entre les mains *d'un tiers convenu entre les parties.* Cette situation particulière, dans laquelle le créancier ne se saisit pas lui-même de la chose qu'il reçoit en nantissement, n'est nullement exclusive, nonobstant la présence du débiteur et son concours à la désignation du tiers, de l'idée que le créancier lui-même est mis et reste en possession : sans doute, le tiers est mandataire du débiteur en ce sens qu'il sera tenu de lui rendre le gage quand le payement aura été effectué; mais il est d'abord et principalement *mandataire du créancier* à l'effet de posséder en son lieu et place. C'est pour cela justement que, d'après le texte, la nomination doit avoir été convenue entre les parties : il ne suffirait pas, en effet, que la chose se trouvât de fait entre les mains d'un tiers sans avoir été remise au créancier.

Mais le contrat de mandat pouvant être conclu même entre personnes absentes, il n'est pas indispensable que le tiers convenu entre les parties pour garder le gage dans l'intérêt du gagiste intervienne dans l'acte de nantissement (2). Et, de plus, la déclaration du tiers qu'il se reconnaît détenteur du gage dans l'intérêt du créancier n'est pas soumise à la formalité d'un acte authentique ou d'un acte sous seing privé enregistré, comme la constitution même de gage entre le débiteur et

---

p. 90); Boileux (t. VII, p. 130); Berriat Saint-Prix (*Not. théor.,* n° 8276). — *Voy.* cependant M. Mourlon (*Examen crit. et prat.,* n° 144).

(1) *Voy.* Locré (t. XVI, p. 14); Fenet (t. XV, p. 196).

(2) Rouen, 14 juin 1847 (S. V., 47, 2, 25; Dalloz, 49, 2, 241; *J. Pal.,* 1849, t. II, p. 637).

le créancier (1) : la déclaration touche seulement aux rapports des parties entre elles ; elle est sans intérêt à l'égard des tiers.

1139. La remise du gage entre les mains d'un tiers est utile et présente des avantages à plus d'un titre. D'abord, elle décharge le créancier de la garde, souvent onéreuse, de la chose engagée, en même temps qu'elle sauvegarde mieux l'intérêt du débiteur et le protége contre le danger des aliénations frauduleuses dont la chose pourrait être l'objet. Ensuite, elle laisse au débiteur la faculté de donner en gage à plusieurs personnes distinctement une même chose dont la valeur peut être suffisante pour garantir à chacune le payement de sa créance. Ceci nous conduit naturellement à préciser les effets du nantissement d'une même chose au profit de plusieurs créanciers.

1140. Deux hypothèses peuvent se produire : ou bien la constitution de gage au profit de deux créanciers a eu lieu en même temps ; ou bien elle a été faite en faveur de chacun d'eux par des actes successifs.

Dans la première hypothèse, il se peut que la convention établisse une préférence au profit de l'un des créanciers : dans ce cas, il ne saurait être douteux que le créancier préférable étant désintéressé, l'autre pourra exercer sur ce qui reste son privilége à l'encontre des créanciers chirographaires du débiteur commun. Que si la convention ne fait ni à l'un ni à l'autre des créanciers une situation privilégiée, ils viendront tous deux par égales portions sur le prix du gage, à supposer, d'ailleurs, qu'ils soient l'un et l'autre saisis. Et quant à la saisine, elle aura lieu, soit, s'il y a entente amiable entre les créanciers, par la garde qu'ils exerceront en commun ; soit, s'ils ne parviennent pas à s'entendre, par l'intermédiaire d'un tiers qui, convenu entre eux et leur débiteur, gardera la chose dans leur intérêt commun.

Dans la seconde hypothèse, c'est-à-dire si les constitutions de gage ont lieu par actes successifs, on distinguera suivant que la seconde constitution aura été faite avec le consentement exprès ou tacite du premier gagiste, ou qu'elle aura été consentie à l'insu de ce dernier. L'acte est-il fait avec l'assentiment du premier créancier, cela peut signifier que celui-ci entend céder le premier rang au deuxième créancier ou seulement qu'il consent à le laisser posséder avec lui. Et ce sera là un point de fait qu'il appartiendra aux juges du fond de résoudre par interprétation et d'après les circonstances. Quant à la convention en elle-même, la validité n'en saurait être mise en doute vis-à-vis d'aucun des deux créanciers ; elle produira ses effets légaux incontestablement, pourvu, d'ailleurs, qu'ils soient nantis l'un et l'autre par eux-mêmes ou par l'intermédiaire d'un tiers qui possède pour eux et dans leur intérêt. Mais la constitution du gage au profit du second créancier est-elle faite à l'insu du premier, elle ne vaut pas contre le droit de celui-ci, qui se fera payer par préférence ; et même s'il est resté détenteur de la chose, le second gagiste, qui ne remplit pas alors la condition de l'art. 2076,

---

(1) Paris, 4 déc. 1847 (S. V., 48, 2, 285; *J. Pal.*, 1848, t. I, p. 364; Dalloz, 54, 2, 260).

ne pourra pas exercer, même à l'encontre des autres créanciers du débiteur commun, son droit de préférence sur ce qui resterait du prix du gage, le premier gagiste une fois désintéressé (1). Seulement, il peut arriver que le deuxième créancier ait été mis aussi en possession et de bonne foi, par exemple, parce qu'il a reçu du débiteur une double clef des magasins dans lesquels se trouvaient renfermés les objets déjà engagés, ou parce que l'objet étant dans les mains d'un tiers, celui-ci, par erreur ou de mauvaise foi, a consenti à posséder aussi pour le deuxième créancier : dans ce cas, le second transport à titre de nantissement ne nuira pas, sans doute, aux droits du précédent gagiste ; mais celui-ci une fois désintéressé, le second gagiste devra être admis à exercer, sur ce qui restera du gage, son droit de préférence à l'encontre des autres créanciers (2).

2077. — Le gage peut être donné par un tiers pour le débiteur.

SOMMAIRE.

I. 1141. Lorsque le gage est donné par un tiers pour le débiteur, il intervient deux opérations distinctes : un contrat de mandat ou un quasi-contrat de gestion d'affaires entre le tiers et le débiteur, et, entre le créancier et le tiers, un contrat de gage avec tous les effets propres au contrat. — 1142. Ce cas ne doit pas être confondu avec celui où un tiers, mandataire du débiteur, remet en gage au créancier la chose du débiteur ; il y a alors un gage constitué par procureur, ce qui n'établit de rapports obligatoires qu'entre le débiteur et le créancier.

I. — 1141. La constitution de gage émane habituellement du débiteur lui-même, et c'est en se plaçant dans cette hypothèse que l'article 2071 a défini le nantissement. Mais, de même qu'un tiers peut, pour procurer à une personne le crédit qui lui manque, soit s'engager lui-même comme caution, soit hypothéquer ses immeubles pour garantie d'une dette qui lui est étrangère, de même il peut donner en gage, pour la dette d'autrui, un meuble corporel ou incorporel destiné à servir de sûreté au créancier. Dans ce cas, auquel se réfère l'art. 2077, il intervient, suivant la remarque de Pothier, deux opérations juridiques distinctes : il y a d'abord, entre le tiers et le débiteur, un contrat de mandat ou un quasi-contrat de gestion d'affaires ; puis, entre le tiers et le créancier, il y a le contrat de gage avec tous les effets qui lui sont propres, comme si le gage était fourni par le débiteur lui-même (3).

Il va de soi, du reste, que celui qui, par pure amitié pour le débiteur, selon l'expression de Pothier, engage sa chose pour sûreté de la dette d'autrui, n'abdique pas la propriété. Il reste propriétaire de sa chose, et il en conserve la libre disposition, à la charge du payement de la créance garantie, jusqu'à ce qu'il en soit exproprié. C'est pourquoi il ne faudrait pas assimiler d'une manière absolue, au cas prévu par l'art. 2077, le cas

---

(1) Paris, 12 janv. 1846, 15 nov. 1850 (*J. Pal.*, 1846, t. I, p. 199 ; 1851, t. I, p. 331 ; S. V., 50, 2, 566 ; Dalloz, 51, 2, 24).
(2) *Voy.* Aix, 21 fév. 1840 (Dalloz, 40, 2, 128 ; S. V., 50, 2, 570).
(3) Pothier (*Du Nantiss.*, n° 16).

où un bailleur de fonds verse pour un fonctionnaire le cautionnement que celui-ci doit fournir pour garantir la fidélité de sa gestion. Quoique cette espèce de cautionnement puisse être, suivant les cas, un gage ou un privilége (*suprà*, nº 3), nous ne voudrions pas dire, avec M. Troplong, que lorsqu'une personne obligeante le constitue pour le titulaire, c'est le rapport défini par l'art. 2077, c'est-à-dire un gage donné pour le débiteur (1). Cela n'est plus exact dans le dernier état de la jurisprudence, de laquelle il résulte que le bailleur, en se dessaisissant des fonds par lui versés à titre de cautionnement, en aliène la propriété, et que ses droits se trouvent désormais réduits à ceux d'un simple créancier venant après celui auquel le cautionnement a été fourni (2).

Il va de soi également qu'en l'absence d'une stipulation particulière, celui qui consent à se dessaisir de sa chose dans l'intérêt d'autrui n'entend en aucune façon s'obliger sur tous ses biens. Différent en cela de la caution, il oblige seulement sa chose, au même titre que le tiers détenteur d'un immeuble hypothéqué. Cela fait dire à M. Troplong que le tiers qui donne un gage pour le débiteur ne peut pas, comme la caution, opposer au créancier le bénéfice de discussion (3). Et, en effet, comment pourrait-il proposer l'exception? Le créancier n'a pas besoin de s'adresser à lui ni de l'actionner, puisqu'il est en possession du gage et qu'il peut exercer son privilége sans mettre en cause le propriétaire de la chose engagée.

Si le tiers intervenant pour rendre service au débiteur avait donné en gage un objet qui ne lui appartenait pas, il conviendrait d'appliquer le principe et de suivre les distinctions ci-dessus indiqués pour le cas où l'engagement de la chose d'autrui émanerait du débiteur lui-même (*suprà*, nº 1073).

1142. En terminant sur l'art. 2077, dont la disposition fort simple n'exige pas de plus amples explications, nous ferons remarquer que l'hypothèse prévue, celle d'un tiers venant spontanément et en son propre nom engager sa chose pour sûreté de la dette d'autrui, doit être distinguée de celle où un tiers, mandataire du débiteur, remet en gage au créancier une chose appartenant à ce débiteur. Dans ce dernier cas, il y a simplement constitution de gage par un procureur. Le contrat n'établit de rapports obligatoires qu'entre le débiteur et le créancier; le mandataire a été simplement un intermédiaire employé pour arriver plus facilement à la mise en possession du créancier.

2078. — Le créancier ne peut, à défaut de payement, disposer du gage; sauf à lui à faire ordonner en justice que ce gage lui demeurera en payement et jusqu'à due concurrence, d'après une estimation faite par experts, ou qu'il sera vendu aux enchères.

---

(1) Voy. M. Troplong (*Du Cautionn.*, nº 27).
(2) Cass., 17 juill. 1849 (Dalloz, 50, 1, 131; S. V., 50, 1, 529; *J. Pal.*, 1849, t. II, p. 649). — Voy. aussi Cass., 11 mars 1861 (S. V., 61, 1, 401; *J. Pal.*, 1861, p. 954; Dalloz, 61, 1, 268).
(3) M. Troplong (*Nantiss.*, nº 376).

Toute clause qui autoriserait le créancier à s'approprier le gage ou à en disposer sans les formalités ci-dessus, est nulle.

SOMMAIRE.

I. 1143. Transition aux moyens pour le créancier d'arriver à la réalisation du gage et au payement de sa créance. En droit romain, le créancier avait le droit de vendre la chose sans aucune formalité, et de s'en attribuer le prix, sauf, dans le dernier état, le cas où la convention contenait clause contraire. — 1144. Dans notre ancien droit français, le créancier dut obtenir du juge, partie appelée, permission de vendre, et faire procéder publiquement à la vente au plus offrant et dernier enchérisseur. — 1145. C'est la règle que l'art. 2078 consacre en y ajoutant; mais la disposition n'en est applicable désormais qu'au gage civil; elle est abrogée en partie en ce qui concerne le gage commercial. Division.

II. 1146. Deux voies d'exécution sont ouvertes au gagiste en matière civile : il peut se faire attribuer le gage sur estimation ou en demander la vente; en principe, il a seul l'option entre ces deux moyens. — 1147. En toute hypothèse, il doit s'adresser au tribunal, non au juge des référés; et, en principe, le débiteur doit être appelé dans l'instance. — 1148. Si le créancier conclut à ce que le gage lui soit attribué, il ne doit l'obtenir et le garder que jusqu'à due concurrence : la convention contraire des parties ne serait pas valable. — 1149. S'il opte pour la vente, elle doit être faite aux enchères, en la forme établie pour la vente sur saisie-exécution. Elle ne peut avoir lieu qu'au comptant : conséquences. — 1150. Serait réputée non écrite la clause par laquelle il serait interdit au créancier de faire vendre le gage à défaut de payement; mais non celle qui lui permettrait de faire procéder à la vente aux enchères sans obtenir jugement : la clause serait même inutile si le créancier avait un titre exécutoire. — 1151. L'art. 2078 est applicable quand il s'agit de meubles incorporels, sauf les dispositions spéciales du Code de procédure pour la vente de ces valeurs. Dérogation en ce qui concerne les valeurs dont la vente se fait à la Bourse. *Quid* quand le nantissement se déguise sous la forme du report? et quand la convention implique l'idée que le débiteur abdique la propriété des valeurs par lui déposées?

III. 1152. Transition au gage commercial : l'art. 2078 est abrogé en ce qui le concerne; la loi du 23 mai 1863 donne au créancier le droit de faire vendre le gage huit jours après une simple signification faite au débiteur. — 1153. Mais la vente doit être publique. Des officiers qui doivent ou peuvent être chargés de vendre le gage : distinction entre les valeurs de Bourse et les autres objets mobiliers susceptibles d'être donnés en gage. — 1154. Application, à la vente des objets autres que les valeurs de Bourse, des dispositions de la loi du 28 mai 1858 sur les ventes publiques de marchandises en gros, relativement aux droits de courtage et d'enregistrement, à la compétence en cas de contestation, et aux locaux spécialement affectés à la vente.

IV. 1155. Prohibition du pacte commissoire : elle apparaît, pour la première fois en droit romain, dans une constitution de l'empereur Constantin. — 1156. Le pacte était prohibé dans l'ancien droit français; le droit moderne maintient la prohibition, qui, d'ailleurs, est commune au gage civil et au gage commercial. — 1157. La prohibition s'applique même au cas où le pacte interviendrait après la formation du contrat. — 1158. Elle doit atteindre la clause en vertu de laquelle le gage serait acquis au créancier, à défaut de payement, d'après une estimation faite au moment du contrat. — 1159. *Secùs* si les parties se sont référées à une estimation *à faire* au moment de l'échéance. — 1160. La convention aux termes de laquelle le créancier serait autorisé, à défaut de remboursement, à prendre dans le patrimoine du débiteur un objet à titre de dation en payement n'est pas contraire à la prohibition; — 1161. Ni celle aux termes de laquelle une caution fournie par le débiteur serait autorisée à prendre le gage si elle payait le créancier. — 1162. Le débiteur peut, postérieurement au contrat, consentir au créancier la vente pure et simple de l'objet engagé; — 1163. Ou l'autoriser à en consentir la vente à un tiers. — 1164. *Quid* si, au lieu du pacte commissoire, les parties conviennent d'une vente à réméré?

I. — 1143. Après avoir réglé dans les dispositions qui précèdent les conditions constitutives du gage et du privilége qui en résulte, le législateur, suivant le même ordre d'idées, et prenant encore le contrat dans les rapports du gagiste avec les autres créanciers du débiteur commun, s'attache au mode suivant lequel le créancier arrivera à la réalisation du gage et par là au payement de la créance. C'est l'objet de l'art. 1078.

Dans le droit romain primitif, c'est-à-dire à l'époque où la propriété même de la chose était transmise au créancier avec la clause accessoire de *fiducie* (*suprà*, n° 1052), ce dernier avait incontestablement le droit de vendre la chose sans aucune formalité et de s'en attribuer le prix : c'était une conséquence naturelle et forcée du fait même de la transmission de propriété. Ce droit du créancier aurait dû se modifier, ce semble, lorsque, plus tard, s'introduisit le *pignus,* qui lui conférait simplement la possession de la chose. Il n'en fut rien toutefois ; le principe subsista, et, à défaut de payement, le créancier conserva le droit de vendre la chose sans formalité, même sans mise en demeure, sauf, néanmoins, le cas où il lui était interdit de le faire, par une clause qui, rarement stipulée d'abord, et plus tard sous-entendue, l'obligeait à prévenir officiellement le débiteur par trois sommations successives avant de procéder à la vente du gage.

1144. Notre ancien droit français ne laissa jamais la même franchise au créancier gagiste. Le droit dans la chose qui lui était acquis par le nantissement en renfermait sans doute un autre, qui était celui de la faire vendre pour se payer, sur le prix, de ce qui lui était dû. Mais il ne pouvait exercer ce droit avant d'avoir mis le débiteur en demeure de payer par un commandement ; et après la mise en demeure restée sans effet, il devait appeler le débiteur en justice et obtenir une sentence déclarant qu'à défaut de payement dans un nouveau délai imparti par la même sentence, il lui sera permis, sans autre jugement, de vendre le gage. Et puis la vente devait être faite, par un huissier, au lieu où étaient faites habituellement les ventes judiciaires, et ce avec observation des formalités requises par l'ordonnance de 1667 pour la vente des meubles saisis. Loyseau et Pothier, à qui nous empruntons ces détails, ajoutent qu'on pouvait néanmoins convenir, par le contrat de nantissement, que le créancier serait autorisé, faute de payement, après un certain temps convenu, à vendre le gage, sans obtenir pour cet effet aucune permission du juge (*infrà,* n° 1150) ; ou aussi permettre au créancier de vendre la chose de gré à gré, et convenir qu'il serait cru du prix à sa déclaration (1).

1145. Le Code Napoléon consacre, en l'aggravant, la règle de notre ancien droit. Il résulte de l'art. 1078 que le créancier ne peut jamais s'approprier le gage par le seul défaut de payement ; que ses droits se bornent à faire ordonner en justice ou que le gage lui restera pour sa valeur estimée par experts, ou qu'il sera vendu aux enchères ; enfin,

_____

(1) *Voy.* Loyseau (*Déguerp.*, liv. III, chap. VII, n° 2) ; Pothier (*Nantiss.*, nᵒˢ 24 et 25 ; *Hyp.*, n° 216).

que toute stipulation contraire est nulle. C'est la disposition que nous avons maintenant à commenter. Notons auparavant que si elle contient la règle en ce qui concerne le gage civil, elle ne s'applique plus au gage commercial, sur lequel il a été statué par la loi du 23 mai 1863. Nous allons donc nous attacher d'abord au gage civil pour préciser ce qui a trait aux voies d'exécution ou aux moyens de réalisation ouverts par la loi au créancier gagiste; nous parlerons ensuite du gage commercial pour indiquer en quoi la loi nouvelle déroge sur ce point aux dispositions de la loi civile; enfin, dans une dernière partie, commune au gage civil et au gage commercial, nous dirons quelles sont les clauses qui, comme conciliables ou inconciliables avec le principe posé par la loi, doivent être maintenues ou annulées.

II. — 1146. Deux voies sont ouvertes au gagiste, en matière civile, lorsque le débiteur ne satisfait pas à son obligation, pour arriver à obtenir payement. Il peut, aux termes de l'art. 2078, soit se faire attribuer le gage en payement et jusqu'à due concurrence d'après une estimation faite par experts, soit demander que le gage soit vendu aux enchères. Le créancier a l'option, et il lui appartient de produire, à son choix, l'une ou l'autre demande. Le tribun Gary a exprimé, cependant, dans son discours au Corps législatif, que « si le gage est d'une valeur si modique qu'elle doive être absorbée par les frais d'une vente aux enchères, les juges se contenteront d'ordonner l'estimation. » (1) Quelques auteurs ont dit, dans le même sens et même d'une manière plus générale, que c'est à la justice d'ordonner que le créancier suivra celle des deux voies qu'elle jugerait à propos d'indiquer dans l'intérêt du débiteur (2). D'autres, allant plus loin encore, supposent que l'option appartient au débiteur, qui peut trouver plus avantageux de faire vendre le gage à la chaleur des enchères que de le faire estimer par des experts, et enseignent, en conséquence, que le créancier doit faire assigner le débiteur devant les juges compétents, afin que celui-ci choisisse, sauf à la justice à opter elle-même si le débiteur ne comparaît pas, ou si, comparaissant, il ne fait pas d'option (3). Mais l'art. 2078 défère l'option au créancier de la manière la plus formelle, et par conséquent le texte même s'élève contre l'une et l'autre solutions. Sans doute il peut arriver que le créancier, n'ayant pas de parti pris, forme une demande alternative, et dans ce cas, comme M. Zachariæ en fait la remarque, le juge devra bien opter entre les deux moyens, puisque par sa formule même la demande implique renonciation par le créancier à l'exercice de son droit. Mais s'il retient son droit et l'exerce, si par exemple il demande uniquement que le gage lui soit attribué d'après estimation, nul ne pourrait lui imposer l'obligation de faire vendre le gage; et surtout s'il demande la vente, ni la justice, ni le débiteur ne sauraient lui imposer l'estimation, car ce serait, contrairement à toute raison, le contraindre à devenir propriétaire malgré lui, et à acheter ce que sa fortune, son état,

---

(1) *Voy.* Locré (t. XVI, p. 41); Fenet (t. XV, p. 217).
(2) *Voy.* M. Duranton (n° 536). Comp. M. Berriat Saint-Prix (*Not. théor.*, n° 8283).
(3) *Voy.* notamment M. Taulier (t. VII, p. 91 et 92).

sa position sociale peut-être ne lui permettraient pas de garder (1).

1147. En général, et sauf quelques exceptions ci-après indiquées (n° 1149), le créancier qui, à défaut de payement par le débiteur, veut se faire payer sur le gage doit s'adresser à la justice. Ainsi le veut l'art. 2078, dont les expressions doivent être prises comme attributives de juridiction au tribunal. Le juge des référés ne serait donc pas compétent. Dans une espèce où il avait été stipulé par l'acte ne nantissement que le créancier, en cas de non-payement à l'échéance, aurait le droit de *faire ordonner en justice* soit que le gage lui serait attribué, soit qu'il serait vendu, le créancier non payé se pourvut devant le juge tenant l'audience des référés, et ce magistrat crut pouvoir ordonner la vente. Son ordonnance fut annulée, attendu « qu'en matière de gage, et lorsqu'il s'agit soit d'en autoriser la remise entre les mains du créancier, soit d'en faire ordonner la vente, l'art. 2078 est attributif de juridiction, et que l'action, dès qu'il n'y a point urgence, doit être portée devant le tribunal. » (2)

Ce n'est même pas tout que le créancier porte l'action devant le tribunal ; il faut, en principe, qu'il appelle le débiteur dans l'instance. A la vérité, l'art. 2078 ne s'explique pas sur ce point ; mais il y a ici une raison d'équité qui domine. La dette peut être éteinte en totalité ou en partie ; l'échéance peut avoir été prorogée ; un nouveau délai a été accordé peut-être au débiteur ; il peut, en considération de sa position, en obtenir un de la justice elle-même (C. Nap., art. 1244) : tous moyens que le débiteur seul peut faire valoir, et à raison desquels il faut bien qu'il soit mis en cause devant le tribunal. Le créancier est donc obligé de procéder judiciairement en la forme ordinaire ; c'est seulement dans le cas où il y aurait péril en la demeure que, par exception, un jugement sur requête pourrait être considéré comme répondant au vœu de la loi.

1148. Si le gagiste, ayant fait son option, demande uniquement que la chose lui soit laissée en payement, d'après l'expertise qui en sera faite, le gage, selon l'expression de la loi, ne lui demeurera que *jusqu'à due concurrence.* Un règlement de compte devra donc intervenir entre les parties : si l'estimation donne au gage une valeur supérieure au montant de la créance garantie, le débiteur aura l'action directe pour se faire restituer l'excédant ; si, au contraire, la valeur du gage n'atteint pas au montant de la créance, il restera débiteur pur et simple du surplus.

Et notons que les parties ne peuvent pas à l'avance modifier ces résultats, et stipuler, par exemple, dans l'acte de nantissement, que le prix du gage, fût-il supérieur au chiffre de la créance, resterait pour le tout au créancier, et qu'à l'inverse, le débiteur serait complétement et définitivement libéré si le prix du gage n'atteignait pas le montant de

---

(1) *Voy.* MM. Zachariæ (édit. Massé et Vergé, t. V, p. 110, note 8) ; Aubry et Rau (t. III, p. 519, note 7) ; Troplong (n°ˢ 400 et 401). *Voy.* aussi Colmar, 28 fév. 1828 (S. V., 28, 2, 174 ; Coll. nouv., 9, 2, 38 ; Dalloz, 28, 2, 115).

(2) *Voy.* Paris, 3 oct. 1839 (Dalloz, 40, 2, 6 ; *J. Pal.*, à sa date).

la créance. C'est l'opinion émise par M. Troplong, qui, sur ce point, combat la doctrine contraire de Cujas (1); et nous nous y rattachons sans hésiter. La convention supposée serait en opposition non-seulement avec la lettre, mais aussi avec l'esprit de la loi, dont la pensée est de protéger le débiteur. Et, en effet, bien qu'elle présente les apparences d'une opération aléatoire, la convention met, en réalité, toutes les bonnes chances du côté du créancier, puisque jamais, pour ainsi dire, il n'arrive que la valeur du gage ne soit pas supérieure à celle de la créance pour sûreté de laquelle le gage est donné.

1149. Que si le créancier gagiste a opté pour la vente, ne voulant pas que la chose engagée lui reste en payement, la vente, aux termes de notre article, doit avoir lieu *aux enchères*. C'est une condition nécessaire, parce que c'est en elle surtout que, dans ce cas, les intérêts du débiteur trouvent leur protection. Quant aux formes à suivre, ce sont en principe celles de la saisie-exécution.

Du reste, la vente qui se fait ainsi à la requête du créancier est soumise aux règles générales en matière de vente. Par application de ces principes, une adjudication consentie au créancier, alors que celui-ci avait reçu du débiteur le mandat de vendre le gage, dans son intérêt à lui débiteur, a été déclarée nulle en vertu de l'art. 1596 du Code Napoléon (2). De même, c'est au débiteur, la vente ayant lieu par son fait à la fois et dans son intérêt, à supporter les frais dont le créancier est obligé de faire l'avance (3). Il y a pourtant une dérogation aux règles générales : la vente doit avoir lieu au comptant (C. proc., art. 624). Ceci, à vrai dire, rend sans objet l'examen de la question de savoir si, à défaut de payement du prix par l'adjudicataire du gage, le débiteur serait néanmoins libéré. Mais enfin, si par événement le fait venait à se produire, on pourrait assurément se référer encore à la décision du jurisconsulte Paul. « Putavi, si nulla culpa imputari creditori possit, ma- » nere debitorem obligatum : quia ex necessitate facta venditio non li- » berat debitorem, nisi pecunia percepta. » (L. 9, ff. pr. *De distract. pign. et hyp.*)

1150. Il en est de la vente, nous le rappelons, comme de l'estimation ; elle doit, en général, être ordonnée par la justice sur la demande du créancier, et la demande pourrait être formée quand même les parties seraient convenues à l'avance que le gage ne serait pas vendu, en cas de non-payement. Sans doute, cette clause se rencontrera rarement dans un contrat de nantissement. Elle pouvait avoir son utilité, en droit romain, comme moyen de paralyser le droit exorbitant qu'avait le créancier de vendre le gage à l'amiable, en ce qu'elle l'obligeait à faire préalablement les trois dénonciations au débiteur. Il n'en est plus de même aujourd'hui, et, de plus, il arrivera certes bien rarement

---

(1) M. Troplong (n° 405).
(2) Rej., 7 déc. 1852 (Dalloz, 53, 1, 35; S. V., 53, 1, 417; J. Pal., 1854, t. I, p. 96).
(3) Crim. rej., 22 mai 1813; Bruxelles, 25 juin 1831 (S. V., 34, 2, 114; Coll. nouv., 4, 1, 358; Dalloz, 33, 2, 226).

que la clause soit acceptée par le créancier, c'est-à-dire par celle des parties qui, dans le contrat de gage, fait la loi bien plutôt qu'elle ne la reçoit. Quoi qu'il en soit, si la clause était stipulée, il y aurait lieu de la réputer non écrite, car elle est contraire à la nature du gage en ce qu'elle tend à priver le créancier de la sûreté effective que le contrat a pour objet de lui procurer.

Cependant il ne faut pas croire que le créancier qui opte pour la vente soit astreint dans tous les cas à demander en justice l'autorisation de vendre. Dans notre ancienne jurisprudence, dont nous rappelions les usages tout à l'heure (*suprà*, n° 1144), il était admis qu'on pouvait convenir, par le contrat de nantissement, que le créancier aurait la faculté, faute de payement après un certain temps convenu, de vendre le gage, aux formes de droit, sans obtenir, pour cet effet, aucune permission du juge. La même convention serait permise aujourd'hui ; et à cette convention il faut assimiler le cas où le créancier aurait contre le débiteur un titre exécutoire. La protection du débiteur est moins dans l'intervention de la justice pour ordonner cette vente, qu'elle ne peut pas refuser dès qu'elle lui est demandée, que dans le mode d'exécution ; et dès qu'en toute hypothèse la vente devra être faite à la chaleur des enchères avec l'observation des formes déterminées par la loi, les intérêts du débiteur se trouvent suffisamment protégés.

1151. Dans ce qui précède, nous avons eu plus particulièrement en vue la réalisation ou l'exécution du gage constitué en meubles corporels. Cependant, s'il s'agissait de droits mobiliers, c'est-à-dire de créances ou de rentes, les mêmes règles devraient être suivies, en principe, sauf l'application des dispositions spéciales du Code de procédure touchant la vente de ces valeurs. Ainsi, le créancier gagiste ne pourrait pas, aux termes de notre art. 2078, s'approprier le gage, à défaut de payement, ni en disposer à l'amiable ; il devrait nécessairement faire ordonner en justice, soit que le gage lui sera attribué jusqu'à due concurrence d'après estimation par experts, soit qu'il sera vendu aux enchères.

Mais, en ce dernier point, il y a une dérogation notable à l'art. 2078 pour le cas où le gage consiste en titres ou valeurs dont la négociation ne peut être faite qu'à la Bourse et par l'intermédiaire d'un agent de change. La vente à la Bourse doit alors être substituée à la vente aux enchères. En exigeant la vente aux enchères des objets remis en gage, a dit la Cour de Bruxelles, l'art. 2078 a eu pour but la plus grande garantie du débiteur ; or ce but a été complétement atteint par la vente en Bourse publique, et par le ministère d'un courtier juré (agent de change), des diverses obligations remises en gage par l'appelant, et ce mode de vente étant le seul usité pour les fonds publics, et offrant, d'ailleurs, toutes les garanties d'une vente aux enchères proprement dite, le premier juge, en l'ordonnant, n'a fait que se conformer à l'esprit de l'article 2078 (1). La même doctrine est consacrée par nos tribunaux (2),

---

(1) Bruxelles, 8 janv. 1834 (S. V., 34, 2, 283 ; Dalloz, 38, 2, 214).
(2) *Voy.* Paris, 13 janv. 1854 (S. V., 54, 2, 209 ; Dalloz, 54, 2, 93 ; *J. Pal.*, 1854, t. I, p. 13).

avec d'autant plus de raison qu'en présence de l'arrêté du 17 prairial an 10 et de l'art. 76 du Code de commerce, il n'est pas possible que les effets publics soient vendus ou négociés ailleurs qu'à la Bourse et autrement que par l'intermédiaire des agents de change. Donc, dans le cas supposé, le créancier détenteur d'effets publics à titre de nantissement devra, à défaut de payement à l'échéance, se faire autoriser à transmettre le gage à un agent de change pour que celui-ci en opère la vente en la forme voulue.

Il ne saurait y avoir aucun doute à cet égard quand le nantissement apparaît dans ses conditions ordinaires et constitutives. Toutefois, il arrive souvent aujourd'hui qu'il est fait sous forme d'opération de report, c'est-à-dire que le prêteur achète au comptant les valeurs destinées à lui servir de garantie, et qu'immédiatement il revend à terme ces mêmes valeurs à l'emprunteur. Même en ce cas, le créancier non payé du prix de la revente ne saurait s'approprier le gage, ni en disposer ou le faire vendre, sans y être judiciairement autorisé. Sans doute, dans cette opération de report, dont nous avons eu l'occasion déjà d'exposer le mécanisme (1), dans cette opération parfaitement valable en elle-même, et qui fournit un moyen commode d'emprunter à courte échéance, il arrive que le créancier est devenu propriétaire, et cela pourrait donner à penser qu'il a sur la chose un droit de libre disposition. Mais ce serait une erreur de le croire. Il n'a été propriétaire qu'un instant de raison, et par l'effet de la revente à terme qui a suivi immédiatement l'achat par lui fait au comptant, son droit de propriété s'est évanoui, en sorte que désormais il a détenu pour le compte de l'acheteur : il a donc été simplement créancier gagiste, et, comme tel, il ne peut, à défaut de payement, disposer du gage sans s'y faire autoriser par la justice (2).

Mais il faut, pour que l'autorisation à l'effet de vendre soit nécessaire, que le débiteur soit resté propriétaire des valeurs ou des titres par lui engagés. Par exemple, si, s'agissant de titres au porteur, le débiteur qui les a donnés en nantissement en a retiré un reçu constatant leur nombre sans spécification des numéros ; ou si, s'agissant de titres nominatifs, le capitaliste, en les recevant en nantissement, a exigé une procuration en blanc, ainsi que cela a lieu journellement dans les prêts sur dépôts de titres faits par les établissements de crédit, on ne peut pas voir là le contrat de nantissement, le contrat simple dont nous connaissons les éléments et les caractères. Le prêteur, dans ces combinaisons, entend évidemment devenir propriétaire des valeurs à l'effet de les négocier, et n'être débiteur que de titres de même genre ; il en peut donc disposer, sauf à être toujours prêt à en remettre de semblables à l'emprunteur au moment où il sera remboursé des avances par lui faites. Le contraire a été jugé, cependant, par la chambre criminelle de la Cour de cassation, dans une affaire dont les péripéties sont encore présentes à tous les

---

(1) *Voy.* au tome précédent (nᵒˢ 625 et suiv.).
(2) Req., 14 juill. 1857, 3 fév. 1862 (S. V., 57, 1, 202 ; 62, 1, 369 ; *J. Pal.*, 1858, p. 938 ; 1862, p. 707 ; Dalloz, 57, 1, 436 ; 62, 1, 163).

esprits. Cette chambre, en cassant, dans l'intérêt de la loi, l'arrêt célèbre rendu par la Cour de Douai le 21 avril 1862, a jugé que la remise de titres au porteur faite comme condition de l'avance d'une somme d'argent à un établissement de crédit qui, aux termes de ses statuts, fait des avances en compte courant ou sur dépôt de garantie ou de nantissement, constitue, en l'absence de toute stipulation contraire, un simple nantissement, et, par suite, ne confère à l'établissement de crédit aucun droit de disposition sur les titres remis (1). La chambre civile s'est tenue plus près de la vérité juridique lorsque, statuant au point de vue des intérêts privés engagés dans la même affaire, elle a décidé qu'en l'absence de toute convention à cet égard, celui qui dépose des valeurs entre les mains d'un capitaliste en garantie des avances à lui faites, ne perd pas de plein droit et par cela seul la propriété de ces valeurs; que la propriété n'en est transmise au capitaliste qu'éventuellement, au cas où le remboursement des avances faites ne serait pas dûment opéré; qu'il appartient aux juges du fait d'apprécier, à cet égard, les conventions des parties et d'interpréter leurs intentions; et que s'ils déclarent, en fait, que l'intention du déposant n'a pas été de donner au dépositaire des droits plus étendus que ceux que la loi attribue au créancier en cas de nantissement, ils peuvent, en cas de vente des valeurs déposées effectuée par le capitaliste sans formalité de justice, déclarer la vente nulle par application de l'article 2078 (2). Peut-être y a-t-il dans ces décisions quelques motifs qu'on pourrait discuter; mais en définitive elles rattachent la solution consacrée à ce point de fait que dans l'intention des parties, souverainement déclarée par les juges du fond, l'emprunteur sur dépôt de titres était resté propriétaire des valeurs déposées. Cela étant, la conséquence, en droit, était nécessaire; elle se déduisait tout naturellement de l'article 2078, qui, par rapport au gage civil, ne permet pas au créancier gagiste, à défaut de payement, de disposer du gage sans y être judiciairement autorisé.

III. — 1152. Jusqu'en ces derniers temps, c'était également la règle en ce qui concerne le gage commercial : on avait même prétendu l'imposer à des agents dont le rôle peut être assimilé à celui du commissionnaire, spécialement aux facteurs à la halle aux grains et aux farines de Paris, auxquels on contestait le droit d'opérer la revente de la marchandise sans autorisation préalable du juge, dans le cas où le commettant de l'ordre de qui ils l'avaient achetée n'en prenait pas livraison au jour convenu. A la vérité, la jurisprudence ne se prêtait pas à cette extension (3). Mais, par rapport au contrat de gage, la règle était maintenue et observée sans contestation, et il était admis que, même dans les contrats faits par un commerçant, le gagiste ne pouvait pas, à défaut de payement, disposer des choses engagées, et qu'il avait seulement le

---

(1) Crim. cass., 28 juin 1862 (S. V., 62, 1, 625; *J. Pal.*, 1862, p. 785; Dalloz, 62, 1, 305).
(2) Rej., 26 juill. 1865 (S. V., 65, 1, 409; Dalloz, 65, 1, 484; *J. Pal.*, 1865, p. 1067).
(3) Req., 13 juill. 1864 (Dalloz, 64, 1, 462; S. V., 64, 1, 413; *J. Pal.*, 1864, p. 1143).
Comp. Rej., 4 août 1862 (Dalloz, 62, 1, 339; S. V., 63, 1, 88; *J. Pal.*, 1862, p. 1079).

droit de faire ordonner, soit que ces choses lui demeureraient en payement jusqu'à due concurrence, d'après une estimation à faire par experts, soit qu'elles seraient vendues publiquement. C'était, en un mot,
l'observation pure et simple de la règle établie par l'art. 2078.

Par là même, le gage proprement dit, qui n'est pas et ne peut pas être
une ressource habituelle pour le commerçant, devait prendre, dans le
commerce, un rôle à peu près effacé. Un négociant ne se résoudra pas
aisément, pour se procurer de l'argent, à immobiliser, en les donnant en
nantissement, des choses dont généralement la valeur sera supérieure à
la somme empruntée; mais enfin si, pressé par le besoin, il se décide à
suivre cette voie, est-il assuré de trouver un capitaliste, un banquier qui
veuille s'y engager avec lui, quand celui-ci, auquel il importe non pas
seulement d'être remboursé, mais encore et surtout d'être remboursé à
l'heure dite, sait par avance qu'à défaut de payement il ne pourra pas
disposer du gage, et sera tenu de subir les lenteurs d'un procès avec expertise? La loi du 23 mai 1863 a cru devoir, en modifiant le titre VI,
livre Ier, du Code de commerce, affranchir le gage commercial d'une
règle qui en interdisait pour ainsi dire l'usage. En cela, d'ailleurs, elle
n'a fait que s'inspirer de précédents établis par d'autres lois. Déjà, en
effet, il avait été dérogé, à titre d'exception, à l'art. 2078, en faveur
de divers établissements : ainsi, la Banque, le Crédit foncier, les Comp-
toirs d'escompte et les Sous-Comptoirs avaient été autorisés à faire vendre le gage dans un délai déterminé; et plus récemment, l'art. 7 de la
loi du 28 mai 1858 sur les négociations concernant les marchandises
déposées dans les magasins généraux, avait donné à tout porteur du
warrant séparé du récépissé le droit, à défaut de payement à l'échéance,
de faire procéder à la vente de la marchandise engagée, huit jours après
le protêt, et sans aucune formalité de justice. La loi du 23 mai 1863,
généralisant cette dernière disposition et l'appliquant à tous les contrats
de gage faits par un commerçant, dispose « qu'à défaut de payement à
l'échéance, le créancier peut, huit jours après une simple signification
faite au débiteur et au tiers bailleur de gage, s'il y en a un, faire procéder
à la vente publique des objets donnés en gage. » (C. comm., art. 93, § 1
nouv.)

1153. Toutefois, en donnant au gagiste cette grande facilité de réalisation, la loi n'entend pas sacrifier ni même compromettre les intérêts
du propriétaire du gage. Celui-ci, qui, dans tous les cas, sera mis en demeure par la signification à lui faite huit jours au moins avant l'exécution, trouve sa garantie et sa sauvegarde dans la publicité de la vente,
c'est-à-dire dans un appel aux enchérisseurs, dont l'assistance et le concours lui donnent en quelque sorte l'assurance que le gage sera porté à
sa juste valeur. Et pour que le débiteur ou le tiers bailleur du gage ait, à
cet égard, plus de sécurité, la loi ne se borne pas à exiger une vente publique; elle détermine l'officier public qui en sera chargé. Le gage est-il
constitué en effets publics ou autres valeurs cotées ou susceptibles d'être
cotées, c'est à la Bourse et par le ministère d'un agent de change que la
vente sera nécessairement faite; sans le dire en termes formels, la loi le

suppose et n'avait pas à s'en expliquer autrement, puisque c'est de cette manière seulement que ces effets et ces valeurs peuvent être vendus. Le gage est-il constitué en marchandises ou autres objets ou effets non cotés ni susceptibles d'être cotés à la Bourse, c'est alors par le ministère d'*un courtier qu'en principe* la vente aura lieu. Tout cela s'induit du texte même du nouvel art. 93, dont le second paragraphe est, d'ailleurs, la reproduction de l'art. 2 de la loi du 3 juillet 1861 sur les ventes publiques des marchandises en gros, autorisées ou ordonnées par la justice consulaire, et de l'art. 1er de la loi du 28 mai 1858 sur les ventes volontaires publiques des marchandises en gros.

Cependant, il se peut faire soit qu'il n'existe pas de courtiers dans le lieu de la vente, soit qu'il y ait plus d'utilité pour les parties à employer le ministère de commissaires-priseurs ou d'autres officiers publics. Dans cette prévision, le nouvel art. 93 du Code de commerce, reproduisant encore en ceci la disposition de la loi précitée du 3 juillet 1861, réserve aux parties intéressées le droit de recourir au président du tribunal de commerce, qui peut désigner, pour procéder à la vente, une autre classe d'officiers publics; et, dans ce cas, l'officier chargé est soumis aux dispositions qui régissent les courtiers, relativement aux formes, aux tarifs, et à la responsabilité.

1154. D'ailleurs, à ces ventes sont applicables, d'après le § 3 du même article, les dispositions des art. 2 à 7 inclusivement de la loi précitée du 28 mai 1858 sur les ventes publiques des marchandises en gros. Ainsi, les officiers publics chargés de la vente devront se conformer aux dispositions de la loi du 22 pluviôse an 7, concernant les ventes publiques de meubles. Quels qu'ils soient, ils n'ont que les honoraires plus réduits attribués aux courtiers, et le droit de courtage, fixé pour chaque localité par le ministre du commerce, ne peut, en aucun cas, excéder le droit établi dans les ventes de gré à gré, pour les mêmes sortes de marchandises. Le droit d'enregistrement est seulement de 10 centimes pour 100 francs (au lieu de 50 centimes). Les contestations relatives à la vente sont portées devant le tribunal de commerce. Enfin, la vente doit avoir lieu dans les locaux spécialement autorisés, à cet effet, après avis de la chambre et du tribunal de commerce, et s'il n'existe pas de salle de vente, dans les locaux qui y sont ordinairement affectés. L'article 6 de la loi de 1858 n'établit pas, à la vérité, cette alternative; mais, selon l'explication du rapporteur de la commission du Corps législatif, c'est en ce sens que doit être entendue la référence à cet article du texte de la loi nouvelle, dont la lacune, d'ailleurs, plus apparente que réelle, sera comblée par le règlement d'administration publique à intervenir pour suivre dans les détails l'application des art. 2 à 7 de la loi de 1858 aux ventes faites en vertu du nouvel art. 93 du Code de commerce (1).

IV. — 1155. Ces points établis touchant les conditions et les formalités dont l'accomplissement est nécessaire pour que le gage puisse être

---

(1) *Voy.* le Rapport de M. Vernier (*Monit.* du 26 avr. 1863, p. 642).

réalisé, il nous reste à préciser la sanction sous laquelle est placé le principe posé à cet égard par la loi.

Aux termes de l'art. 2078, § 2, « toute clause qui autoriserait le créancier à s'approprier le gage ou à en disposer sans les formalités ci-dessus, est nulle. » Par là, il est aisé de le voir, le législateur veut atteindre surtout la convention à la faveur de laquelle le créancier deviendrait propriétaire de la chose engagée par le seul fait du non-payement à l'échéance; en d'autres termes, la disposition est dirigée contre le pacte commissoire, si dangereux et si compromettant pour le débiteur, dont la dette est généralement au-dessous de la valeur du gage, qu'il a dû nécessairement, et depuis longtemps, appeler l'attention des législateurs et provoquer les sévérités de la loi.

Il fut prohibé à Rome : la prohibition apparaît, en effet, dans une constitution de l'empereur Constantin qui atteint non-seulement le pacte, mais encore le contrat même dans lequel le pacte est stipulé. « Quoniam inter alias captiones præcipue commissoriæ (pignorum) » legis crescit asperitas, placet infirmari eam, et in posterum omnem » ejus memoriam aboleri. Si quis igitur tali contractu laborat, hac sanc- » tione respiret, quæ cum præteritis præsentia quoque repellit, et futura » prohibet. Creditores enim re amissa jubemus recuperare, quod dede- » runt. » (L. ult. C. De pact. pign.) Doneau, dont M. Troplong partage le sentiment, suppose qu'en ceci l'empereur Constantin n'aurait pas établi la prohibition, laquelle existait avant lui, et que seulement il aurait aggravé la peine encourue en cas d'infraction (1). Toutefois, il ne cite pas de texte à l'appui de sa supposition; et, en effet, la prohibition n'est écrite dans aucune loi du Digeste. Il est donc à peu près certain que, placé sous l'empire des principes généraux, le pacte commissoire était permis à l'époque classique du droit romain, l'idée de propriété acquise par le seul fait du non-payement ne répugnant pas aux principes de l'époque. Cicéron, en recommandant à Thermus, propréteur, Cluvius de Pouzzol, à qui Philoclès a donné ses biens en garantie, *hypothecas dedit,* le prie, le terme étant échu, *eæ commissæ sunt,* de veiller à ce que le débiteur *vide les biens et les livre aux mandataires de Cluvius,* ou à ce qu'il s'acquitte de la dette. *Velim cures, ut aut de hypothecis decedat, easque procuratoribus Cluvii tradat, aut pecuniam solvat* (2).

1156. Quoi qu'il en soit, notre ancien droit français ne manqua pas de s'approprier la loi de Constantin. « Elle était nécessaire, dit Pothier, pour empêcher les fraudes des usuriers, lesquels trouveraient dans le pacte commissoire un moyen ouvert de tirer un profit excessif des sommes d'argent qu'ils prêteraient, en prêtant de l'argent sous des gages de valeur du double de la somme prêtée, à des personnes qu'ils prévoyaient ne devoir pas être en état de rendre la somme au temps convenu. » (3)

---

(1) *Voy.* M. Troplong (n° 383).
(2) Lett. fam., liv. XIII, lett. 56. Dans la collection des auteurs latins publiée sous la direction de M. Nisard, c'est la 236ᵉ lettre.
(3) *Voy.* Pothier (*Nantiss.*, n° 18).

C'est aussi à ce parti que les rédacteurs du Code Napoléon ont cru devoir s'arrêter. Ce n'a pas été, toutefois, sans contestation, car le principe de la liberté des conventions fut invoqué, dans la discussion, contre la deuxième partie de l'art. 2078 (1). Mais le principe était là hors de cause, précisément parce que la volonté de l'une des parties peut n'être pas libre. Le débiteur, pressé par le besoin d'obtenir immédiatement les sommes empruntées, saura-t-il toujours ou osera-t-il se défendre contre les exigences du créancier? Pourra-t-il, sous l'empire de la nécessité à laquelle il obéit, résister si ce dernier déclare ne vouloir prêter qu'à la condition de devenir propriétaire à défaut de remboursement à l'échéance? La loi nouvelle ne pouvait pas se montrer moins protectrice que les lois anciennes; l'intérêt public, d'ailleurs, se trouvait engagé non moins que l'intérêt privé du débiteur : aussi, sans tenir compte des objections, les rédacteurs du Code se sont-ils approprié à leur tour la loi de Constantin, avec cette modification, toutefois, que la prohibition, en laissant subsister le contrat, n'atteint plus que le pacte commissoire, c'est-à-dire l'abandon éventuel du gage, dans le cas où la dette ne serait pas payée à l'échéance.

D'ailleurs, la règle est commune au gage civil et au gage commercial. Il a été décidé, toutefois, qu'elle n'est pas applicable en matière commerciale, et spécialement que les créanciers auxquels un débiteur failli a conféré, par son concordat, le droit d'exploiter son fonds de commerce, et de le vendre au cas où ils reconnaîtraient que cette exploitation leur est onéreuse, peuvent, le cas prévu se réalisant, procéder à la vente de ce fonds sans autorisation de justice (2). Mais déjà avant la loi du 23 mai 1863, la solution était inconciliable avec la jurisprudence établie alors, et d'après laquelle le nantissement commercial n'était pas affranchi des formes du droit commun. Aujourd'hui elle serait inconciliable avec la loi elle-même, puisque le dernier paragraphe de l'art. 93 du Code de commerce, modifié par la loi précitée, dit, comme l'article 2078 du Code Napoléon, dont il emprunte la disposition, que « toute clause qui autoriserait le créancier à s'approprier le gage ou à en disposer sans les formalités ci-dessus prescrites est nulle. »

Mais quelles sont les clauses qui, conciliables ou inconciliables avec le principe posé par la loi, doivent être maintenues ou annulées?

1157. Et, d'abord, constatons que la prohibition établie spécialement en vue du pacte commissoire convenu entre les parties *ab initio*, c'est-à-dire au moment même de la formation du contrat, doit cependant être prise comme s'étendant au cas où le pacte interviendrait ultérieurement, dans la période qui sépare la date du contrat du terme fixé pour l'échéance de la dette. A la vérité, on peut dire qu'après la formation du contrat et lorsque le débiteur est en possession des fonds par lui empruntés, il ne saurait plus être question de cette contrainte morale qui est la raison d'être de la prohibition établie par la loi, et que le

---

(1) *Voy.* l'opinion exprimée par M. Bégouen (Locré, t. XVI, p. 15; Fenet, t. XV, p. 197).

(2) Req., 2 déc. 1861 (Dalloz, 62, 1, 463; S. V., 63, 1, 153; *J. Pal.*, 1863, p. 659).

débiteur, ayant recouvré sa liberté pleine et entière, peut consentir le pacte et n'a plus à attendre de la loi qu'elle le relève du consentement par lui donné. Bartole était de cet avis. Mais il est justement repris par M. Troplong (1). Et en effet, dans la plupart des cas le débiteur, même en possession des fonds, peut encore subir la loi du créancier. N'a-t-il pas toujours à craindre l'insistance de ce dernier, qui, voyant approcher le terme, peut agir sur son esprit par la menace d'user de son droit dans toute sa rigueur dès que le terme viendra à échoir? Et puis ne serait-ce pas annihiler, en quelque sorte, ou rendre à peu près inutile la sage prohibition de la loi que la déclarer inapplicable au pacte stipulé *ex intervallo?* Le créancier se ménagerait la possibilité de faire au lendemain du contrat ce qu'il ne peut pas faire le jour même, en *imposant* au débiteur une échéance assez rapprochée pour que celui-ci ne pût pas réunir à temps ses ressources en vue du remboursement.

1158. Et maintenant, quel est le pacte qui tombe sous la prohibition de la loi? Pour le gage commercial, c'est celui qui autoriserait à disposer de la chose engagée sans les formalités prescrites par les trois premiers paragraphes du nouvel art. 93 du Code de commerce : ainsi en serait-il, par exemple, de la clause qui autoriserait la vente de l'objet donné en gage dans un lieu plutôt que dans un autre; de celle qui permettrait la mise en vente avant l'expiration des huit jours qui suivent la signification ou même sans signification; de celle qui confierait la vente à tel officier public plutôt qu'à tel autre. Ce sont là des clauses qui, pouvant mettre le débiteur à la merci du créancier, sont par cela même atteintes par la prohibition et doivent être réputées non écrites (2). Pour le gage civil, le pacte prohibé est celui qui, contrevenant à la disposition du § 1er de l'art. 2078, autoriserait le créancier soit à prendre le gage en payement sans estimation, soit à le vendre de gré à gré. Le pacte serait nul même dans le cas où il autoriserait le créancier à prendre le gage en payement *d'après une estimation,* si cette estimation était faite au moment du contrat. Il y aurait ici, en effet, même danger pour le débiteur qui, pressé par le besoin d'argent, pourrait ne pas oser contredire l'estimation faite par le créancier.

1159. Mais, comme le dit Pothier, il ne faut pas assimiler à ce cas, ni confondre avec le pacte prohibé, la clause par laquelle les parties conviendraient « que, faute par le débiteur de payer dans un certain temps la somme pour laquelle la chose a été donnée en nantissement, ledit temps passé, la chose demeurerait acquise au créancier en payement de la dette, non pas *simpliciter,* comme dans le pacte commissoire, mais suivant l'estimation qui en serait faite alors par personnes dont les parties conviendraient, et sauf à elles à se faire respectivement raison de ce que la chose serait estimée plus ou moins que la chose due. » Ce pacte, ajoute Pothier, ne renferme aucune injustice et il est

---

(1) *Voy.* M. Troplong (n° 386).
(2) *Voy.* le Rapport de M. Vernier (*Monit.,* loc. cit.).

très-permis : « potest ità fieri pignoris datio, ut si intrà certum tempus
» non sit soluta pecunia, jure emptoris possideat rem justo pretio tunc
» æstimandam ; hoc enim casu videtur quodammodo conditionalis ven-
» ditio ; l. 16, § fin., ff. *De pign. et hyp.* » (1) Les intérêts du débiteur sont en effet pleinement sauvegardés en ce cas ; car la protection que
la loi a voulu lui accorder est principalement dans la fixation du prix
par des experts, et cette protection il la trouve dans l'hypothèse donnée.

1160. On en peut dire autant de la convention qui permet au créancier, à défaut de remboursement à l'échéance, de prendre, à titre de
dation en payement, un objet quelconque dans le patrimoine du débiteur. Sans doute, la convention n'est pas absolument sans danger pour
le débiteur ; ce serait pourtant forcer le sens de l'art. 2078 et en étendre
assurément la portée que la faire tomber sous la prohibition qu'il édicte.
On ne peut pas dire qu'il y ait là constitution de gage et remise de la possession au créancier, avec faculté pour lui de devenir propriétaire à une
certaine époque ; il y a simplement une vente conditionnelle que protége le principe de la liberté des conventions (2).

1161. Nous plaçons, avec M. Troplong, sous l'autorité du même
principe, le pacte en vertu duquel une caution doit, si elle paye le créancier, recevoir en payement la chose donnée en gage (3). Il est vrai que la
nécessité pour le débiteur de fournir une caution a pu le déterminer à
consentir cette dation en payement. Mais on ne peut pas raisonnablement supposer qu'il a agi, en ce cas, sous l'empire de la même contrainte que si le créancier lui-même eût exigé l'insertion de la clause.

1162. Enfin, de ce que le pacte commissoire, c'est-à-dire la vente
conditionnelle de l'objet engagé pour un prix fixé au moment du contrat, est interdit par la loi, il ne faut pas conclure que la vente pure
et simple consentie ultérieurement au créancier par le débiteur, soit
avant, soit depuis l'échéance de la dette, tombe également sous la prohibition de la loi. Le cas a été spécialement prévu dans la discussion
de la loi, et il a été signalé comme devant se résoudre par le principe
de la liberté des conventions (4). Il est bien vrai qu'ici encore il y a,
surtout quand la vente est faite avant l'échéance, des inconvénients et
des dangers pour le débiteur ; on peut craindre qu'il n'y ait pas de son
côté une volonté parfaitement libre à l'effet de fixer le véritable prix de
la chose. Cependant, comment pourrait-on, sans exagérer et se montrer plus rigoureux que la loi elle-même, annuler la vente en ce cas ?
La perte de la propriété n'est plus ici, comme dans le pacte commissoire, subordonnée à une condition : le débiteur aperçoit immédiatement
les conséquences du consentement qu'il va donner ; et si les conditions
de la vente lui sont trop défavorables, il est à présumer qu'il résistera
aux obsessions du créancier. Ajoutons qu'à la différence de ce qui se
produit dans le pacte commissoire, le prix n'est pas ici seulement le

---

(1) Pothier (*Nantiss.*, n° 19).
(2) *Voy.* M. Troplong (n° 390).
(3) *Id.* (n° 391).
(4) *Voy.* l'opinion exprimée par Berlier (Fenet, t. XV, p. 197 ; Locré, t. XVI, p. 15).

montant de la dette ; il est fixé à nouveau, ce qui est pour le débiteur une garantie sérieuse. La convention ne saurait donc être invalidée (1).

1163. Et si le débiteur peut, postérieurement au contrat, consentir au créancier la vente de l'objet engagé, il peut également, et par cela même, lui donner l'autorisation d'en consentir la vente à un tiers. La défense prononcée par la loi a trait seulement à l'autorisation qui serait donnée au moment du contrat et dans l'acte même (2).

1164. Signalons, en terminant, une opération qui, ayant une grande analogie avec le pacte commissoire prohibé par la loi, peut servir quelquefois à le déguiser : c'est la vente à réméré. En principe, cette forme particulière de la vente est permise ; mais elle est bien souvent un moyen, pour les prêteurs avides, soit de se procurer des intérêts usuraires, soit d'éluder la prohibition de l'art. 2078. Il est laissé à la sagacité des juges du fait de déjouer la fraude quand elle existe, et de restituer au contrat son nom et ses caractères propres.

2079. — Jusqu'à l'expropriation du débiteur, s'il y a lieu, il reste propriétaire du gage, qui n'est, dans la main du créancier, qu'un dépôt assurant le privilège de celui-ci.

SOMMAIRE.

I. 1165. Le créancier gagiste n'est que dépositaire du gage ; d'où suit que, sans une permission expresse ou présumée, il ne peut tirer aucun profit de la chose engagée, ni, à plus forte raison, la vendre. — 1166. Il en résulte également qu'il ne peut prescrire la propriété du gage, à moins que le titre n'ait été interverti par l'un des modes indiqués dans l'art. 2238 du Code Napoléon. — 1167. Par contre, le débiteur ne peut pas invoquer la prescription libératoire de la dette tant que le créancier est en possession. — 1168. D'ailleurs, le créancier, bien qu'il soit simplement dépositaire, a le droit de revendiquer la possession qu'il aurait perdue : dans quelle mesure. — 1169. Le créancier gagiste n'étant que dépositaire, la propriété réside sur la tête du débiteur : conséquences.

I. — 1165. Le contrat de nantissement, comme le prêt et le dépôt avec lesquels il a quelques règles communes, n'est pas et ne devait pas être translatif de la propriété au créancier ; il suffit à celui-ci, pour sa pleine sûreté, d'acquérir la simple possession, qui est le principe et la base de son privilège. Aussi, pour qualifier cette situation juridique du gagiste, l'art. 2079 déclare-t-il que le gage n'est qu'un dépôt dans sa main.

Or, le créancier n'étant qu'un dépositaire, il en résulte nécessairement d'abord qu'il ne peut se servir de la chose, ni en jouir, ni en retirer aucun profit, à moins d'en avoir obtenu du débiteur la permission expresse ou présumée (art. 1930). Celui-ci pourrait donc, en l'absence de toute autorisation de sa part, s'opposer à ce que le créancier se servît du gage ou en perçût les fruits ; il pourrait même exercer le droit

---

(1) *Voy.* Req., 21 et 22 mai 1855 (S. V., 56, 1, 45 et 123 ; Dalloz, 55, 1, 279 ; *J. Pal.*, 1855, t. II, p. 405). *Voy.* aussi MM. Delvincourt (t. III, p. 440, aux notes, note 6); Duranton (n° 137); Zachariæ, Aubry et Rau (t. III, p. 519); Troplong (n° 387).
(2) Req., 25 mars 1835 (S. V., 36, 1, 110 ; Dalloz, 35, 1, 266 ; *J. Pal.*, à sa date).

de retrait qui lui est réservé, en cas d'abus, par le premier paragraphe de l'art. 2082 (*infrà*, n° 1189); et si, de fait, le créancier avait retiré quelque émolument de la chose, il lui en pourrait demander compte (art. 1936). Nous réservons toutefois le cas, prévu par l'art. 2081, où le gage consiste en une créance portant intérêts; c'est là l'objet d'une dérogation dont nous nous occuperons en son lieu (*infrà*, n°s 1179 et suiv.)

Plus nécessairement encore, il résulte du même principe que le gagiste ne peut pas vendre la chose engagée, sauf, s'il l'a livrée à un tiers de bonne foi, l'application des art. 1141 et 2279 du Code Napoléon. Mais il ne lui est pas interdit, comme nous l'avons expliqué, de donner la chose en gage. Si le deuxième créancier gagiste a connaissance de la qualité de la chose, il n'a pas plus de droits que le premier; en cas contraire, il est exactement dans la position d'un acheteur ou d'un locateur de bonne foi (art. 2279, 2102, 1°; *suprà*, n°s 1075 et 1137).

1166. Il y a, enfin, une dernière conséquence à déduire : tant que le créancier gagiste ou ses héritiers sont nantis du gage, ils sont détenteurs précaires, et ne peuvent, dès lors, prescrire la propriété (C. Nap., art. 2236 et 2237), à moins cependant que le titre de leur possession se trouve interverti soit par une cause venant d'un tiers, soit par la contradiction qu'ils auraient opposée au droit du propriétaire (C. Nap., art. 2238) (1).

Selon quelques auteurs, la précarité cesserait et la cause de la possession serait transformée par cela seul que le débiteur acquitterait la dette sans retirer le gage (2). Mais faire du payement seul une cause d'interversion du titre, c'est aller contre la disposition très-précise et très-formelle de l'art. 2238. Le payement fait par le débiteur lui-même ne constitue pas la cause venant d'un tiers, que cet article signale comme l'un des modes d'interversion du titre; et le fait de rester en possession du gage même après le payement de la dette garantie ne constitue pas d'une manière suffisante la contradiction aux droits du propriétaire, mentionnée en seconde ligne par ce même article, puisqu'il se peut que la dette soit éteinte par un héritier qui ne savait même pas que son auteur avait mis un gage aux mains du créancier. Il n'est donc pas exact de dire, en thèse absolue, que le payement à lui seul change le caractère de la possession et met le créancier en état de prescrire. Cela n'est vrai que relativement à l'action personnelle, à l'*actio pigneratitia directa,* laquelle se prescrit, en effet, par trente ans (art. 2262) à partir du jour du payement. Mais il reste encore au débiteur l'action en revendication, en tant que le gage existerait toujours aux mains du créancier, si, nonobstant le payement, il n'avait pas cessé de posséder; et, quant à cette action, elle est imprescriptible précisément à raison du caractère de la possession.

---

(1) Cass., 24 août 1842 (S. V., 42, 1, 860; *J. Pal.*, à sa date).
(2) *Voy.* MM. Troplong (n° 477); Massé et Vergé, sur Zachariæ (t. V, p. 111, note 3); Aubry et Rau (t. III, p. 520, note 2).

1167. Si le créancier nanti du gage ne peut pas prescrire, le débiteur, à l'inverse, ne peut pas non plus invoquer la prescription libératoire de sa dette, tant que le créancier est en possession. C'est sans difficulté, en matière d'antichrèse, la perception des fruits par le créancier étant un exercice successif de son droit. Il n'en saurait être autrement en matière de gage, car le débiteur qui laisse la chose aux mains du créancier reconnaît par cela même, et d'une manière incessante, et son obligation et le droit de ce dernier. L'opinion contraire aboutirait, comme le font remarquer MM. Aubry et Rau, à cette conséquence étrange que le débiteur, dont l'action en retrait du gage est imprescriptible jusqu'au moment du payement, pourrait, après trente ans, réclamer la restitution du gage, sans offrir au créancier de le désintéresser (1).

1168. Rappelons, d'ailleurs, que le créancier, quoique qualifié dépositaire, peut, dans l'intérêt de son privilège, revendiquer la possession qu'il aurait perdue, sauf l'exercice de ce droit sous les réserves et dans les termes établis plus haut dans le commentaire de l'art. 2076 (*suprà,* n° 1137).

1169. Le créancier acquérant seulement la possession de la chose, il en résulte que la propriété continue de résider sur la tête du débiteur, lequel retient avec la propriété les principaux attributs et les charges qui y sont attachés. Ainsi, il peut disposer de la chose soit entre-vifs, soit à cause de mort, par acte à titre onéreux ou gratuit, le tout, bien entendu, sous la réserve du droit acquis au gagiste. De même, les augmentations ou les diminutions de la chose se produisent à son profit ou à son détriment. Ainsi, enfin, la chose, si elle vient à périr par cas fortuit, périt pour lui, d'après la maxime *res perit domino,* sans que néanmoins il soit libéré par là vis-à-vis du créancier, qui, pour n'avoir plus une créance garantie, n'en conserve pas moins le droit de réclamer son payement comme simple chirographaire.

2080. — Le créancier répond, selon les règles établies au titre *Des Contrats ou des Obligations conventionnelles en général,* de la perte ou détérioration du gage qui serait survenue par sa négligence.

De son côté, le débiteur doit tenir compte au créancier des dépenses utiles et nécessaires que celui-ci a faites pour la conservation du gage.

SOMMAIRE.

I. 1170. Transition aux rapports que le contrat de gage établit entre les parties elles-mêmes, ou droits et obligations résultant du contrat.
II. 1171. L'obligation principale qui en résulte à la charge du créancier est de rendre le gage à l'extinction de la dette. — 1172. En outre, et tant qu'il est en possession, il doit donner à la garde de la chose les soins d'un bon père de famille : à cet égard, il est plus strictement tenu et responsable que le dépositaire. — 1173. En cas de perte de la chose, le créancier, si le fait lui est imputable,

---

(1) *Voy.* MM. Aubry et Rau (t. III, p. 520, note 11). *Junge :* MM. Duranton (n° 553); Troplong (n° 474); Delvincourt (aux notes, t. III, p. 443, note 3).

reste tenu de tout l'excédant envers le débiteur ; s'il est imputable à ce dernier, le créancier ne peut rien réclamer au delà du montant de sa créance : *secùs* si le fait est imputable à un tiers ; il a action contre ce tiers pour la valeur totale. — 1174. Mais le créancier n'est pas tenu des cas fortuits ou de force majeure, à la charge de prouver le cas fortuit et l'impossibilité où il a été de prévenir l'accident. Les mêmes justifications lui sont imposées en cas de diminution du gage. — 1175. Exception relative au cas où le débiteur s'est chargé de veiller à la garde du gage.

III. 1176. Corrélativement à l'obligation du créancier existe celle du débiteur, laquelle consiste à indemniser le gagiste de ses déboursés et dépenses : distinction entre les dépenses nécessaires et les dépenses utiles. — 1177. Il peut aussi être tenu à indemniser le créancier des pertes occasionnées par la détention du gage, et même à des dommages-intérêts.

I. — 1170. Dans les dispositions dont le commentaire précède, le législateur a pris le gage au point de vue du privilège qui en résulte dans les rapports du créancier gagiste avec les autres créanciers du débiteur commun. Passant maintenant à un autre ordre d'idées, il considère le gage au point de vue du contrat qu'il établit entre les parties elles-mêmes, et règle les obligations directes ou indirectes auxquelles il donne naissance : c'est l'objet de l'art. 2080 et des trois articles qui suivent. Nous rappelons avant tout qu'à la différence du privilège, lequel ne peut naître que par l'accomplissement des formalités ci-dessus précisées (art. 2074, 2075 et 2076), les droits et les obligations dérivant du contrat sont susceptibles de se produire entre les parties, alors même que ces formalités n'ont pas été remplies. Voyons maintenant quels sont ces obligations et ces droits ; et parlons d'abord du créancier, nous nous occuperons ensuite du débiteur.

II. — 1171. L'obligation principale du créancier, celle qu'il contracte en recevant le gage, ou qui dérive de la nature même du contrat et de son caractère de contrat réel, est l'obligation de rendre la chose à celui qui la lui a donnée en nantissement, dès qu'il est payé, ou plutôt dès que la dette a cessé d'exister par une cause quelconque d'extinction. C'est cette restitution qui est l'objet même de l'action directe (*actio pigneratitia directa*) qui compète au débiteur libéré.

1172. L'obligation, pour le créancier, de restituer le gage, en implique une autre : le créancier doit veiller à la conservation de ce gage dont, à raison de son droit, il est constitué possesseur. Tout débiteur qui est chargé de rendre une chose, dit en effet Pothier, est obligé à le conserver pour la rendre ; l'obligation de la fin renferme celle des moyens nécessaires pour y parvenir (1). Mais quelle est l'étendue de cette obligation pour le créancier gagiste ? M. Zachariæ, en s'attachant au texte de l'art. 2079, d'après lequel le gage n'est qu'un *dépôt* dans les mains du créancier, suppose l'obligation régie par l'art. 1927 du Code Napoléon ; en sorte que le gagiste devrait apporter, dans la garde de la chose engagée, seulement les mêmes soins qu'il apporte dans la garde des choses qui lui appartiennent (2). Cette solution, contredite d'ailleurs par les

---

(1) Pothier (*Nantiss.*, n° 32).
(2) *Voy.* Zachariæ (édit. Massé et Vergé, t. V, p. 111, note 1).

annotateurs de Zachariæ et par la généralité des auteurs, est contraire
à la pensée de la loi telle qu'elle résulte soit du texte même de l'article 2080, soit du commentaire qui en a été donné dans les travaux
préparatoires du Code (1). Sans doute le créancier gagiste ne doit se regarder que comme dépositaire, mais avec cette différence, relevée par
M. Gary dans son discours au Corps législatif et rappelée par tous les
auteurs, « que le contrat ordinaire de dépôt est tout à l'avantage du
propriétaire; tandis qu'ici c'est un contrat intéressé ou utile à toutes les
parties : utile au créancier, auquel il offre une sûreté; et au débiteur,
auquel il donne un crédit qu'il n'aurait pas eu sans cela. » Il était donc
de toute justice qu'on imposât au gagiste une responsabilité plus stricte
que celle dont le dépositaire est tenu : aussi l'art. 2080 renvoie-t-il aux
règles établies au titre *Des Contrats ou des Obligations conventionnelles
en général;* et par cela même il se réfère à l'art. 1139, qui, rompant
avec les anciennes controverses sur la théorie des fautes, a déclaré que
l'obligation de veiller à la conservation de la chose soumet celui qui en
est chargé *à y apporter tous les soins d'un bon père de famille.* Telle est
la mesure de la diligence sur laquelle la responsabilité doit être appréciée désormais. Si elle est moindre pour le dépositaire, c'est que l'article 1927 place le contrat de dépôt dans l'un des cas exceptionnels que
l'art. 1137 fait pressentir lorsque, après avoir posé le principe, il ajoute
que l'obligation de veiller à la conservation de la chose est plus ou
moins étendue relativement à certains contrats dont les effets, à cet
égard, sont expliqués sous les titres qui les concernent (2). Mais il n'y
a rien, dans le titre sur le nantissement, qui établisse la même dérogation en faveur du gagiste; tout au contraire, l'art. 2080, par sa formule
même, se réfère au principe général de l'art. 1137; et, dès lors, il faut
dire que pour lui l'obligation de veiller à la conservation de la chose le
soumet à y apporter, non pas seulement les soins qu'il mettrait à la conservation des choses qui lui appartiennent, mais tous les soins du bon
père de famille.

Quant au point de savoir jusqu'où peut aller sa responsabilité, c'est
une question de fait laissée à l'appréciation des juges, qui, en cette matière, remplissent le rôle de jurés. Nous ne rechercherons donc pas,
avec nos anciens auteurs, ce qu'il faut entendre par la *faute légère* dont,
d'après les textes du Digeste, le gagiste est tenu; les juges auront à se
prononcer, sur ce point, d'après les circonstances, la nature de l'objet
remis en gage, le caractère des actes dommageables; et ils décideront
souverainement si les faits relevés contre le gagiste engagent ou n'engagent pas sa responsabilité.

1173. En cas de perte de la chose, le créancier, en même temps que
sa sûreté s'évanouit, doit, si la perte est arrivée par son fait ou sa négligence, tenir compte au débiteur de la valeur entière du gage, et, par

---

(1) *Voy.* Pothier (*loc. cit.*, n° 34); MM. Massé et Vergé (*loc. cit.*); Aubry et Rau
(t. V, p. 520); Troplong (n°ˢ 426 et suiv.). — *Voy.* aussi le discours du tribun Gary
au Corps législatif (Locré, t. XVI, p. 42; Fenet, t. XV, p. 218).
(2) *Voy.* notre commentaire *Du Dépôt* (au tome précédent, n°ˢ 423 et suiv.).

conséquent, il est tenu de la différence qui peut exister entre cette valeur et le montant de la dette de celui-ci ; même, s'il y a lieu, il peut
être tenu à des dommages-intérêts.

Que si la perte est imputable soit au débiteur lui-même, qui, par
exemple, aurait repris indûment la possession de la chose, soit à un
tiers, la distinction d'Ulpien, en la loi 21, § 3, ff. *De pign. et hyp.*, devra être prise pour règle. Ainsi, contre le débiteur lui-même, le créancier
n'aura à réclamer que le montant de la créance et des dépenses que le
gage lui aurait occasionnées, parce qu'il n'a pas d'intérêt au delà : *adversus debitorem non pluris, quam quanti debet, quia non pluris interest.* Contre le tiers, le créancier pourra réclamer la valeur totale de la
chose engagée, et, s'il y a lieu, des dommages-intérêts, parce que c'est
là ce dont il est lui-même tenu vis-à-vis du débiteur : *adversus cæteros
possessores etiam pluris. Et quod amplius debito consecutus creditor
fuerit, restituere debet debitori pigneratitia actione* (1).

1174. Mais le créancier n'est pas tenu des cas fortuits ou de force
majeure qui peuvent ou détruire complétement la chose, ou la diminuer
et en amoindrir la valeur d'une manière plus ou moins considérable.
C'est l'application même de l'art. 1302 du Code Napoléon, d'après lequel tout débiteur d'un corps certain est libéré par la perte de la chose
arrivée sans sa faute. Seulement, suivant ce même article, il ne suffit
pas au créancier, pour être déchargé, d'alléguer que la chose a péri ; il
doit prouver le cas fortuit ou la force majeure, et établir en outre qu'il
n'a pas été en son pouvoir de prévenir l'accident (2).

Les mêmes règles doivent être suivies en cas de diminution soit matérielle soit intellectuelle du gage. Il a été décidé, néanmoins, que le
créancier qui a reçu en nantissement des actions d'une société, et qui,
sans le consentement de son débiteur, a soumis ces actions à la mention
que des modifications avaient été opérées dans l'acte de société, n'est
pas, par cela seul, responsable de la dépréciation éprouvée par les actions, si le débiteur ne prouve pas que cette dépréciation est occasion-
née par les mentions opérées (3). Mais il est juste de dire que le point de
savoir à qui incombait la charge de la preuve n'avait pas été mis en question, dans l'espèce, la difficulté du procès ayant porté sur un tout autre
objet.

1175. Il peut arriver, alors surtout que le gage consiste en marchandises exigeant pour leur conservation et par leur nature des connaissances spéciales qui manquent au créancier et que le débiteur possède,
que celui-ci s'oblige à donner des soins à la chose engagée. Une telle
convention, nous l'avons dit plus haut (n° 1126), n'est pas incompatible avec le nantissement ; et l'art. 2080, bien qu'il charge le créan-

---

(1) *Voy.* M. Delvincourt (aux notes, t. III, p. 439, note 3).
(2) Pothier (*Nantiss.*, n° 31).
(3) Req., 3 déc. 1834 (S. V., 35, 1, 367 ; Dalloz, 35, 1, 61 ; J. Pal., à sa date).
Comp. Paris, 3 juin 1851 (S. V., 51, 2, 515 ; Dalloz, 52, 2, 97 ; J. Pal., 1851, t. I,
p. 608).

cier de la conservation du gage, n'y fait pas obstacle (1). Seulement, en cas de perte de la chose, dans cette hypothèse, la responsabilité du créancier et le recours du débiteur pourraient, on le comprend, être modifiés par la circonstance même. Le créancier répondra toujours, sans doute, de la perte ou de la détérioration qui serait survenue par sa négligence; mais précisément parce qu'il est déchargé par le contrat des soins que la chose réclame, il n'a plus à exercer qu'une surveillance en quelque sorte matérielle, et dès lors sa responsabilité ne serait engagée qu'autant qu'il serait établi que cette surveillance matérielle a été en défaut, et que c'est à cela seulement que la perte du gage doit être attribuée.

A ce point se rattache la décision émanée tout récemment de la Cour de cassation (chambre des requêtes), qui, dans une espèce où le débiteur avait remis à son créancier un effet de commerce à titre de garantie sans l'endosser à son profit, a refusé de considérer ce dernier comme responsable, à raison de ce que le protêt n'ayant pas été fait par lui à l'échéance, tout recours contre les endosseurs avait été perdu (2). Nous ne voulons pas dire, plus que l'arrêt ne le dit d'ailleurs, qu'en principe la question doive être résolue en ce sens. Il est certain que s'il s'était agi, dans l'espèce, d'un véritable nantissement, l'obligation pour le créancier de veiller à la conservation du gage aurait impliqué pour lui la nécessité de maintenir l'effet de commerce dans toute sa force et d'assurer, par le protêt, le recours contre les endosseurs. Le gagiste aurait donc engagé sa responsabilité en omettant de faire le protêt, puisqu'il est certain en droit que la faute dont le créancier est tenu est, selon l'expression de Pothier, non-seulement celle qui se commet *in admittendo,* mais pareillement celle qui se commet *in omittendo* (3). Mais la Cour de cassation, relevant les constatations de fait contenues dans l'arrêt attaqué devant elle, précise que si l'effet de commerce avait été remis au créancier à titre de *garantie,* ce n'était pas du moins à titre de *gage* ou de *nantissement* proprement dit, mais comme une sorte de dépôt, sans que le dépositaire eût d'autre obligation à remplir que de veiller à la conservation matérielle de la chose déposée. Cela étant, le créancier ne pouvait être tenu qu'à la représentation du titre; il n'était nullement en faute pour n'avoir pas fait opérer le protêt.

III. — 1176. Corrélativement à son obligation, le créancier a un droit sanctionné par cette action que les Romains appelaient *pigneratitia contraria,* parce que, au lieu de naître directement et immédiatement du contrat, elle doit son existence à des faits accidentels et ultérieurs. Le débiteur doit lui tenir compte des *dépenses utiles et nécessaires* qu'il a faites pour la conservation du gage : telle est la formule de l'art. 2080, § 2.

Tous les auteurs s'accordent à reconnaître que cette formule est par

---

(1) Req., 11 août 1842 (S. V., 42, 1, 925; Dalloz, 42, 1, 394; *J. Pal.,* à sa date).
(2) Req., 26 juin 1866 (*J. Pal.,* 1866, p. 905; S. V., 66, 1, 337).
(3) Pothier (*Nantiss.,* n° 32).

trop générale (1). Et, en effet, il y a lieu de faire, entre les dépenses utiles et les dépenses nécessaires, une distinction indiquée par la tradition (2) et par la nature même des choses. Les dépenses nécessaires, celles sans lesquelles la chose eût péri ou souffert une notable diminution, doivent être intégralement remboursées au créancier, et cela alors même que la chose aurait péri ultérieurement; car le débiteur les aurait faites lui-même si la chose eût été en sa possession, en sorte que le créancier, en les faisant, n'a été que son mandataire. Mais quant aux dépenses simplement utiles, celles qui, tout en ajoutant à la valeur de la chose, n'étaient pas cependant commandées par la nécessité, le débiteur n'en doit le remboursement que jusqu'à concurrence de la plus-value; et si la plus-value excède le montant de la dépense, c'est la dépense seulement qui doit être remboursée au créancier.

Tel est le principe. Encore même convient-il d'admettre le tempérament équitable d'Ulpien, qui ne permet pas que le créancier puisse, en faisant des dépenses excessives d'amélioration, rendre impossible ou très-difficile au débiteur le retrait de la chose engagée, et qui laisse au juge le soin de modérer la somme à rembourser au créancier qui aurait agi avec intention ou même seulement par imprudence. *Medie igitur hæc a judice erunt dispicienda, ut neque delicatus debitor, neque onerosus creditor audiatur* (l. 25, ff. *De pign. act.*).

1177. Ajoutons enfin que, non-seulement le créancier peut réclamer les dépenses nécessaires et utiles suivant la distinction qui vient d'être indiquée, mais encore qu'il peut se faire indemniser des pertes que lui aurait occasionnées la détention du gage (art. 1947 C. Nap.). Il pourra même réclamer des dommages-intérêts si le débiteur avait, par fraude, donné en gage un objet de nulle valeur ou d'une valeur insignifiante, alors qu'il comptait recevoir un gage suffisant pour lui assurer son remboursement (3).

2081. — S'il s'agit d'une créance donnée en gage, et que cette créance porte intérêts, le créancier impute ces intérêts sur ceux qui peuvent lui être dus.

Si la dette pour sûreté de laquelle la créance a été donnée en gage ne porte point elle-même intérêts, l'imputation se fait sur le capital de la dette.

SOMMAIRE.

1. 1178. Le créancier gagiste est obligé, dès qu'il est désintéressé, non-seulement à restituer le gage au débiteur, mais encore à lui tenir compte des accessoires.— 1179. D'après cela, notre article suppose qu'une créance a été donnée en gage, et il règle l'imputation des intérêts. La décision de la loi implique l'idée que le créancier gagiste est tacitement chargé de percevoir les intérêts de la créance engagée; en sorte que la signification prescrite par l'art. 2075 a aussi pour effet

---

(1) *Voy.* MM. Delvincourt (aux notes, t. III, p. 440, note 11); Duranton (n° 542); Massé et Vergé, sur Zachariæ (t. V, p. 110, note 12); Troplong (n°s 434 et suiv.); Taulier (t. VII, p. 93); Aubry et Rau (t. III, p. 519, note 10); Boileux (t. VII, p. 138).
(2) *Voy.* Pothier (*Nantiss.*, n°s 60 et 61).
(3) Pothier (*De l'Hyp.*, n° 228; *Du Nantiss.*, n°s 55 et 59).

d'avertir le débiteur de la créance engagée que désormais les intérêts doivent être payés au gagiste. — 1180. Mais celui-ci n'a pas le droit de recevoir le capital, à moins qu'il ne soit investi de ce droit par le contrat.

II. 1181. La règle de notre article, écrite en vue des fruits civils des meubles incorporels, n'est pas applicable aux fruits naturels des meubles corporels. Distinction suivant que ces derniers fruits sont ou ne sont pas susceptibles d'être conservés. — 1182. Du reste, dans le cas où la chose engagée est frugifère, le créancier reçoit tacitement du débiteur le pouvoir de s'en servir à l'effet de lui faire produire des fruits, et il est comptable non-seulement des fruits qu'il a perçus, mais encore de ceux qu'il a négligé de percevoir.

I. — 1178. Le créancier gagiste qui a veillé à la conservation du gage et qui en effectue la restitution après l'extinction de la dette, n'a pas encore satisfait à toutes les obligations que le contrat met à sa charge. Il doit, en outre, s'il y a lieu, tenir compte au débiteur des accessoires de la chose engagée, et parmi ces accessoires, les plus importants sont assurément les fruits naturels ou civils que la chose a produits. L'art. 2081, en supposant qu'une créance a été donnée en gage, s'occupe spécialement des fruits civils, à ce point de vue.

1179. Si la créance engagée produit des intérêts, il s'établit une compensation entre ces intérêts et ceux de la dette pour sûreté de laquelle le gage a été constitué : c'est l'idée qu'exprime le § 1er de l'art. 2081 en disant que le créancier impute les intérêts produits par la créance engagée sur ceux qui peuvent lui être dus à lui-même. Mais si la dette pour sûreté de laquelle la créance a été donnée en gage ne porte pas elle-même intérêts, ou si les intérêts qu'elle porte sont inférieurs à ceux de la créance engagée, l'imputation se fait, pour la totalité ou pour l'excédant, sur le capital de la dette : c'est ce qui résulte du second paragraphe de l'article. Dans les deux hypothèses, c'est au moyen de l'imputation qu'il est tenu compte au débiteur des accessoires de la chose, qui, comme la chose elle-même, étaient sa propriété nonobstant la mise en gage.

Du reste, la décision de la loi suppose nécessairement que le créancier gagiste est tacitement chargé par le contrat de percevoir les intérêts de la créance engagée, à l'effet de faire l'imputation par elle indiquée. C'est, d'ailleurs, conforme à la raison : les intérêts se prescrivant par un laps de temps assez court, il est naturel de supposer que le débiteur, dessaisi du titre, a chargé le créancier de toucher, en son lieu et place, les intérêts qu'il ne pourrait lui-même recevoir qu'avec l'assentiment de ce dernier. Par où l'on voit que la signification prescrite par l'art. 2075 a cet effet important, non-seulement de saisir le créancier et d'empêcher tout payement du capital à son préjudice, mais encore d'avertir le débiteur de la créance engagée que désormais c'est au gagiste que les intérêts doivent être payés.

1180. Toutefois, celui-ci n'acquiert pas par là le droit de toucher le capital. Il n'aurait ce droit que dans le cas où il lui aurait été expressément conféré par l'acte de nantissement. Encore même faudrait-il considérer la convention à cet égard comme constituant un simple mandat, toujours révocable à la volonté du débiteur. Et s'il résultait des termes du contrat ou d'autres circonstances que le mandat fût irrévocable, la convention impliquerait plutôt l'idée d'une délégation conditionnelle de créance que d'un véritable nantissement.

II. — 1181. L'art. 2081 ne parle pas des meubles corporels frugifères. Il faut distinguer, en ce qui concerne les fruits qu'ils pourraient produire, suivant qu'ils sont ou ne sont pas susceptibles d'être conservés. Si la conservation n'en est pas possible, le créancier est virtuellement autorisé à les vendre, et alors il en doit imputer le prix, comme il vient d'être dit, sur les intérêts de sa créance, et subsidiairement sur le capital; mais s'ils peuvent être conservés, le créancier les retiendra à titre de gage, comme augmentation de son gage primitif (*supra*, n° 1080).

1182. Dans le cas où la chose est frugifère, le créancier reçoit tacitement du débiteur le pouvoir de s'en servir à l'effet de lui faire produire des fruits. Et par cela même, obligé qu'il est de donner à la chose tous les soins d'un bon père de famille, il sera comptable non-seulement des fruits qu'il a perçus, mais encore de ceux qu'il a négligé de percevoir (1).

2082. — Le débiteur ne peut, à moins que le détenteur du gage n'en abuse, en réclamer la restitution qu'après avoir entièrement payé, tant en principal qu'intérêts et frais, la dette pour sûreté de laquelle le gage a été donné.

S'il existait de la part du même débiteur, envers le même créancier, une autre dette contractée postérieurement à la mise en gage, et devenue exigible avant le payement de la première dette, le créancier ne pourra être tenu de se dessaisir du gage avant d'être entièrement payé de l'une et de l'autre dette, lors même qu'il n'y aurait eu aucune stipulation pour affecter le gage au payement de la seconde.

SOMMAIRE.

_____

(1) Pothier (*Nantiss.*, n° 36).

de l'art. 2082. — 1192. Le texte se place dans l'hypothèse où il existe, de la part du débiteur envers le créancier, une autre dette indépendamment de celle pour sûreté de laquelle le gage a été donné. — 1193. La disposition est empruntée à une constitution de Gordien; mais le droit a été consacré par le Code avec moins d'étendue. — 1194. Conditions auxquelles il est subordonné : il faut d'abord que la seconde dette soit contractée postérieurement à la mise en gage; — 1195. Ensuite, que cette seconde dette devienne exigible avant le payement de la première : néanmoins, elle serait protégée par le gage même si elle devenait exigible en même temps que la première. *Quid* si elle devenait exigible après l'échéance, mais avant le payement de celle-ci? — 1196. La loi exige, enfin, que la dette soit contractée par le même débiteur envers le même créancier : conséquences. — 1197. Suite. La disposition n'est pas applicable si les deux dettes n'ont pas été contractées *ab initio* par le même débiteur.

V. 1198. Caractère et étendue du gage tacite dans le cas déterminé par l'art. 2082 : d'après l'opinion générale, la deuxième dette serait garantie seulement par un droit de rétention. — 1199. Il paraît plus exact de dire que le créancier acquiert pour cette dette, comme pour la première, un véritable droit de gage, c'est-à-dire le privilége vis-à-vis des tiers, avec le droit de rétention à l'encontre du débiteur.

I. — 1183. Indépendamment du privilége qu'il a pour garantir le payement de sa créance, le créancier, d'après l'art. 2082, acquiert le droit de rétention contre le débiteur, lequel ne peut exiger la restitution du gage qu'à la condition de payer entièrement, en principal, intérêts et frais, la dette pour sûreté de laquelle le gage a été donné. Quel est le caractère de ce droit? C'est ce que nous rechercherons avant tout. Quelle en est l'étendue, dans quels cas et dans quelle mesure le créancier peut-il l'opposer au débiteur? C'est ce que nous aurons à expliquer ensuite, en nous plaçant successivement dans l'hypothèse du gage expressément constitué, à laquelle se rapporte le premier paragraphe de notre article, et dans le cas spécial de gage tacite que détermine le second.

II. — 1184. Le droit de rétention opère à l'égard du débiteur, et par conséquent il existe vis-à-vis de lui, encore que les conditions et les formalités des art. 2074 et 2075 n'aient pas été accomplies (*suprà*, n° 1170). Donc, par cela seul que le créancier est en possession du gage, il a droit de retenir la chose engagée vis-à-vis du débiteur qui ne serait pas libéré.

Mais ce droit de rétention pourrait-il être également invoqué par le créancier, même à l'encontre des tiers ou des autres créanciers du débiteur commun? La solution de la question peut paraître subordonnée à celle de savoir si le droit de rétention en général constitue un droit réel opposable à tous. Il n'en est rien toutefois, et sans toucher, quant à présent, à cette question dont la discussion se rattache plus particulièrement à l'art. 2091 (*infrà*, n°s 1271 et suiv.), nous pouvons dire ici que, dans le cas spécial du nantissement mobilier, le droit de rétention conféré au gagiste est purement personnel et n'a d'action ou d'effet que dans les rapports du créancier au débiteur. On ne saurait donc admettre la doctrine des auteurs d'après lesquels l'obligation de laisser la chose entre les mains du créancier incomberait non-seulement au débiteur lui-même, mais encore aux créanciers de ce dernier, qui seraient tenus de respecter le droit du créancier gagiste (1). La vérité est, en thèse générale, que vis-à-vis des tiers, créanciers du débiteur commun, le gagiste a un autre droit que ceux-ci ne peuvent pas, en effet, ne pas respecter, si, d'ailleurs, il est constitué dans ses conditions légales, c'est-à-dire par l'accomplissement des formalités établies par la loi : c'est le privilége à la faveur duquel le gagiste obtiendra, en définitive, d'être payé par préférence sur le prix du gage réalisé. C'est là le seul droit que le créancier acquière vis-à-vis des tiers par le contrat de gage; et s'il a négligé de s'assurer ce droit par l'accomplissement des formalités qui seules lui donnent naissance, il est complétement déchu et reste dans la condition d'un simple créancier chirographaire vis-à-vis des autres créanciers.

1185. Par cela même qu'il est purement personnel dans l'hypothèse spéciale du gage, le droit de rétention laisse aux autres créanciers du débiteur la faculté de saisir la chose donnée en nantissement et de la faire vendre, sans tenir compte de la possession du gagiste et sans avoir à le désintéresser (2). Le droit de ce dernier, en le supposant acquis et conservé, se résume tout entier, nous venons de le dire, dans le privilége qui lui assure un rang préférable sur le prix; ce droit n'est donc pas atteint, en principe, plus que ne le serait celui de tout autre créancier privilégié, par la mise en vente et la réalisation d'un prix sur lequel, au contraire, il va trouver à s'exercer. C'est la donnée sur laquelle repose un arrêt de la Cour suprême, qui, en sanctionnant la forclusion prononcée contre le gagiste faute d'avoir comparu dans les délais à la contribution où il avait été appelé, suppose, en principe, qu'une contribution peut être ouverte, à la suite de saisie, sur le prix de la chose engagée, sans qu'au préalable le gagiste soit désintéressé (3).

1186. Il faut, néanmoins, excepter le cas où la saisie et la vente, opérées sur la poursuite des autres créanciers, seraient accompagnées de circonstances de nature à préjudicier au droit du gagiste. Il a été jugé, en ce sens, que la saisie pratiquée par un créancier sur des objets donnés en gage par le débiteur commun à un autre créancier peut être annulée, lorsque les objets donnés en gage n'excédaient pas la valeur de la créance qu'ils garantissaient, et lorsque le saisissant avait perçu le prix de la vente sans désintéresser le créancier gagiste et même sans offrir de le désintéresser (4). Les juges du fond avaient dit en droit, pour annuler la saisie, « que le créancier nanti d'un gage ne peut pas plus être dépouillé par les créanciers postérieurs du débiteur que par celui qu'ils représentent, sans être payé intégralement. » C'était là une erreur que la Cour de cassation, tout en rejetant le pourvoi, n'a pas manqué de relever. Elle précise, en effet, dans son arrêt, que le privilége résultant du contrat de gage ne va pas jusqu'à priver les autres créanciers de la fa-

---

(1) *Voy.* notamment M. Berriat Saint-Prix (*Not. théor.*, n° 8306, 3°).
(2) *Voy.* MM. Troplong (n° 460); Aubry et Rau (t. III, p. 518).
(3) Req., 3 juill. 1834 (S. V., 35, 1, 155; Dalloz, 34, 1, 371; *J. Pal.*, à sa date).
(4) Req., 31 juill. 1832 (S. V., 32, 1, 490; Dalloz, 32, 1, 321; *J. Pal.*, à sa date).

culté de saisir l'objet engagé, et qu'il se réduit à assurer au détenteur un droit de priorité sur le prix du gage réalisé. Et si néanmoins elle a rejeté le pourvoi, c'est qu'il résultait des faits constatés par les juges du fond que, dans l'espèce, la saisie et la vente avaient été accompagnées de circonstances telles que, non pas le droit de rétention du créancier gagiste, mais son privilége même, son droit de priorité sur le prix, s'en était trouvé atteint et annihilé.

III. — 1187. Ainsi fixés sur le caractère de rétention que notre article consacre, voyons comment, en quel sens et dans quels cas ce droit peut être exercé.

En principe, le créancier est en droit de garder l'objet engagé par devers lui tant qu'il n'est pas complétement désintéressé : le débiteur ne peut pas, jusqu'à ce qu'il ait satisfait à son obligation ou qu'il soit pleinement libéré, mettre en mouvement d'une manière utile l'action directe en restitution (*actio pigneratitia directa*) à laquelle le contrat donne naissance en sa faveur, et que la qualité de propriétaire subsistant en sa personne explique juridiquement.

La situation se résume donc en ceci, que l'action en restitution ou en retrait du gage, par le débiteur, est subordonnée, quant à son exercice, à la condition que le créancier ne puisse pas opposer son droit de rétention, c'est-à-dire qu'il n'ait rien à prétendre de la créance à laquelle le gage a été affecté. Ainsi, il faut, pour que le débiteur triomphe, que cette créance soit intégralement acquittée. S'il en restait dû quelque chose, si peu que ce fût, le droit de rétention du créancier l'emporterait, parce qu'en principe le gage est indivisible (art. 2083), et que, sauf stipulation contraire (*infrà*, n° 1202), le débiteur, partiellement libéré, ne peut pas demander la restitution, nous ne dirons pas de la chose même qu'il a donnée en nantissement, mais seulement d'une portion de cette chose, proportionnelle et correspondante à la portion de la dette par lui acquittée.

Ajoutons, avec le texte même de notre article, qu'il ne suffirait pas au débiteur d'avoir payé même intégralement le capital de sa dette : il faut, si d'ailleurs il n'a pas été expressément convenu que le gage était constitué seulement pour sûreté du capital, que le créancier soit entièrement payé, en outre, de tous les accessoires, c'est-à-dire des intérêts de la créance et des frais par lui faits pour en être remboursé (1).

1188. Mais le payement n'est pas le seul mode d'extinction des obligations. La loi assigne aussi à la compensation et à la novation, par exemple, le même effet extinctif qu'au payement (C. Nap., art. 1234). La compensation et la novation permettront donc au débiteur, entièrement libéré par l'une ou l'autre de ces causes, d'exercer utilement l'action en restitution. Ceci soit dit, cependant, sous la réserve, en ce qui concerne la novation, de la stipulation autorisée par l'art. 1278 du Code Napoléon : il est bien évident que si le créancier réservait expressément

---

(1) *Voy.* Pothier (*Nantiss.*, n°ˢ 43 et 46).

le maintien du gage en stipulant que la sûreté qui en résulte passerait et resterait attachée à l'obligation nouvelle, l'action en restitution serait interdite au débiteur comme si l'obligation n'avait pas été novée.

Il en serait de la remise volontaire, également rangée par la loi parmi les causes extinctives des obligations, comme de la compensation ou de la novation. Évidemment, si le créancier faisait au débiteur remise volontaire de la dette, ou même si, acceptant d'autres sûretés dont il se contente, il consentait à faire remise du gage seulement, l'action en restitution serait ouverte au débiteur et pourrait être utilement exercée. La remise implique, en effet, de la part du créancier, une renonciation qui ne lui permet plus d'opposer son droit de rétention. Toutefois, entre le cas où le créancier est satisfait au moyen des sûretés substituées au gage et le cas d'extinction de la dette par le payement, il existe une différence notable que Pothier a signalée. Dans le premier cas, tout procède du consentement du créancier : il ne peut donc être contraint à accepter les sûretés à lui offertes, fussent-elles plus grandes que celle qui résulte de son droit de gage, et l'action en restitution n'est ouverte contre lui qu'autant qu'il a bien voulu accepter la garantie offerte par le débiteur à la place du nantissement. Au contraire, dans le cas de payement, tout procède de la volonté de ce dernier, qui peut contraindre le créancier à recevoir son payement, et, après mise en demeure en cas de refus, former contre lui l'action en restitution (1). — D'ailleurs, la renonciation par le créancier, dans ce cas de remise volontaire, à son droit de rétention, ne doit pas nécessairement être expresse ; même tacite, elle aurait toute son efficacité : seulement, on ne la fera résulter que de circonstances précises et bien décisives, la renonciation à un droit ne devant pas être facilement présumée. Et, par exemple, nous n'admettons pas qu'elle s'induise du seul fait que, nanti du gage, le créancier serait resté plus de trente ans sans réclamer son payement ; nous en avons dit les motifs, auxquels nous ne pouvons que nous référer (*suprà*, n°ˢ 1166 et suiv.).

1189. Il y a telles circonstances dans lesquelles l'action en restitution est ouverte et peut être exercée sans que le créancier soit admis à opposer son droit de rétention, bien qu'il ne soit pas payé : c'est lorsque ce dernier, méconnaissant la convention qui l'oblige à porter à la conservation du gage les soins d'un bon père de famille, abuse de la chose qui lui a été donnée en nantissement. Le premier paragraphe de l'article 2082, par sa formule même, implique l'idée que, dans ce cas, le créancier perd et son gage et le droit d'en demander un autre (2). C'est, d'ailleurs, une application spéciale de ce principe général, lequel s'étend à tous les contrats à titre onéreux, que la condition résolutoire est toujours sous-entendue dans les contrats synallagmatiques, pour le cas où l'une des deux parties ne satisfera point à son engagement (C. Nap., art. 1184).

---

(1) Pothier (*Nantiss.*, n° 50).
(2) *Voy.* le discours du tribun Gary au Corps législatif (Locré, t. XVI, p. 42 ; Fenet, t. XV, p. 218).

1190. Du reste, la formule de l'art. 2082 est fort compréhensive. Elle a excepté de la règle d'après laquelle le débiteur ne peut réclamer la restitution qu'après avoir entièrement payé, le cas où le créancier non pas seulement mésuserait du gage, selon l'expression de Pothier (1), mais *en abuserait;* et par là il a confirmé ce texte d'Ulpien : « In pigne- » ratitio judicio venit, et si res pignori datas male tractavit creditor, vel » servos debilitavit. Plane si pro maleficiis suis coercuit, vel vinxit, vel » obtulit Præfecturæ, vel Præsidi, dicendum est, pigneratitia creditorem » non teneri. Quare si prostituit ancillam, vel aliud improbatum facere » coegit, illico pignus ancillæ solvitur. » (L. 24, § 3, ff. *De pign. act. vel cont.*) Ainsi, la prévision de la loi ne s'arrête pas seulement au cas où le créancier ferait de la chose un usage excessif; elle s'étend à tous les cas où il mettrait la chose en péril, à tous les cas où il en ferait un usage contraire à la loi, à l'honnêteté, aux bonnes mœurs. En un mot, l'abus de la chose, de quelque manière que ce soit, réalise la condition résolutoire et enlève au créancier le bénéfice du droit de rétention.

IV. — 1191. Le second paragraphe de l'art. 2082 ouvre, par rapport au droit de rétention, un autre ordre d'idées. Ici, nous allons voir le droit s'étendre et protéger, dans un cas de gage tacite, une créance à laquelle, cependant, le gage, au moment de sa constitution, n'avait pas été affecté.

1192. Et d'abord, posons l'hypothèse de la loi telle qu'elle ressort de son texte même.

Pierre emprunte à Paul, le 1er janvier 1860, une somme de 1 000 fr. dont celui-ci stipule qu'il sera remboursé le 31 *décembre* 1864, en exigeant, d'ailleurs, un gage pour sûreté du remboursement. Paul est en possession du gage, lorsque, le 1er janvier 1862, Pierre a de nouveau recours à sa bourse et lui emprunte une autre somme de 1 000 francs, qu'il obtient à la condition de la rembourser le 31 *décembre* 1863. Dans cette situation, bien que le créancier n'ait pas exigé un nouveau gage pour assurer le payement de la seconde dette, bien qu'il n'ait pas été convenu que le gage dont le créancier est en possession répondrait de la seconde dette comme de la première, à l'occasion de laquelle il a été constitué, la loi suppose, cependant, que le gage est obligé aux deux dettes, en sorte qu'au 31 décembre 1864, date fixée pour l'exigibilité de la première dette, le débiteur, même en payant cette dette à l'occasion de laquelle le gage a été expressément constitué, n'en pourrait pas demander la restitution, s'il n'avait pas payé aussi les 1 000 fr. montant de la seconde dette échue un an auparavant. Quoique cette seconde dette ne fût pas dans la prévision des parties au moment où le gage a été constitué, le créancier est fondé à dire qu'il y a eu un accord tacite par l'effet duquel la garantie résultant du contrat s'y est attachée. Telle est l'hypothèse de la loi.

1193. La disposition, d'ailleurs, n'est pas nouvelle. Elle a son principe et sa source dans une constitution de l'empereur Gordien. « At si

---

(1) Pothier (*Nantiss.*, n° 51).

» in possessione fueris constitutus : nisi ea quoque pecunia tibi à debi-
» tore reddatur vel offeratur, *quæ sine pignore debetur,* eam restituere
» propter exceptionem doli mali non cogeris. Jure enim contendis, de-
» bitores *eam solam pecuniam, cujus nomine ea pignora obligaverunt,*
» *offerentes audiri non oportere, nisi pro illa etiam satisfecerunt, quam*
» *mutuam simpliciter acceperunt...* » (L. *unic.* C. *Etiam ob chirog. pec.*
pign. teneri.) Mais il y a cette différence entre la constitution de Gordien
et le texte de notre loi, qu'il faut aujourd'hui, pour que la convention
tacite de gage puisse être admise, d'abord que la seconde dette soit contractée postérieurement à celle pour sûreté de laquelle le gage a été expressément convenu, et ensuite que cette seconde dette soit devenue
exigible avant le payement de la première (1), tandis que, d'après la
constitution de l'empereur Gordien, toute créance, antérieure ou postérieure à la constitution du gage, payable avant ou après celle pour laquelle le gage avait été constitué, donnait au créancier le droit de repousser par l'exception *doli mali* l'action du débiteur.

Dans les conditions où il est renfermé aujourd'hui, le droit de rétention exceptionnellement accordé au créancier en ce cas est à tous égards
légitime ; et bien qu'il ait été attaqué, dans la discussion de la loi, sous le
prétexte que le gage ne s'établit pas de plein droit, et qu'ainsi l'effet du
contrat ne saurait être étendu à une autre créance que celle qui en a été
l'objet (2), on peut dire qu'il répond de la manière la plus exacte à la
pensée, à l'intention probable des parties. C'est un point que l'orateur
du gouvernement a mis dans tout son jour lorsque, en exposant les motifs de la loi, il disait : « Sans doute, il ne faut pas arbitrairement ajouter aux contrats; mais la circonspection dont le législateur doit user en
pareille matière n'est point blessée lorsque la règle qu'il trace n'est que
le complément naturel des conventions, et n'a pour objet que de faire
observer ce que les parties ont vraisemblablement voulu elles-mêmes
dans la circonstance sur laquelle le législateur statue. Or, quelle est la
situation des parties dans l'espèce proposée? Le créancier a déjà pris un
gage pour une première dette ; s'il n'en demande pas pour une seconde
dette qui devra être acquittée ou avant la première, ou en même temps
qu'elle, ce sera indubitablement parce qu'il aura considéré le gage dont
il est déjà saisi comme suffisant pour répondre de l'une et de l'autre
dette. Quel tort, d'ailleurs, cette application fait-elle au débiteur, lorsqu'il peut et doit même la faire cesser en payant? L'on suppose, en effet,
que la deuxième dette est exigible comme la première (et la disposition
dont il s'agit n'est que pour ce cas); mais comment alors le débiteur
pourrait-il être admis justement à diviser sa dette, et à réclamer son
gage sans payer tout ce qu'il doit? » (3)

Reprenons maintenant les conditions auxquelles, d'après la loi, est
subordonnée l'existence du gage tacite dans le cas déterminé par le second paragraphe de l'art. 2082.

---

(1) *Voy.* Aix, 21 fév. 1840 (Dalloz, 40, 2, 128; S. V., 50, 2, 570; *J. Pal.*, à sa date).
(2) *Voy.* l'opinion émise par Tronchet (Locré, t. XVI, p. 16; Fenet, t. XV, p. 197).
(3) Exposé des motifs de Berlier (Locré, t. XVI, p. 28; Fenet, t. XV, p. 207).

1194. Il faut, d'abord, que la seconde dette soit *postérieure* à la constitution du gage. Et c'est de toute évidence; si elle était *antérieure,* il serait vrai de dire que le créancier, au moment où il a livré son argent, a fait confiance à la personne et a entendu suivre la foi de son débiteur, puisqu'il n'a pas cru devoir stipuler une sûreté.

1195. Il faut, en outre, que la seconde dette soit devenue exigible avant le payement de la première. En stipulant une échéance plus rapprochée pour le remboursement de cette dette nouvelle, le créancier a témoigné à la fois son peu de confiance dans la solvabilité personnelle de son débiteur, et son intention d'avoir toujours par devers lui et de conserver une sûreté spéciale : c'est ainsi que le gage, quant à cette dette nouvelle, se trouve tacitement constitué.

Du reste, la raison de décider serait la même et le gage tacite existerait également si, au lieu de devenir exigible *avant,* la seconde dette devenait exigible en même temps que la première. Les expressions de la loi ne sont restrictives qu'en apparence : aussi voit-on que dans l'Exposé des motifs, dont nous avons reproduit les termes tout à l'heure, l'orateur du gouvernement n'hésite pas à placer sur la même ligne le cas où la seconde dette doit être acquittée avant la première et celui où elle doit être acquittée en même temps. C'est qu'en effet, au point de vue de l'intention des parties, il y a identité parfaite entre les deux cas, et même motif, la deuxième dette étant exigible comme la première, d'accorder au créancier le droit de retenir le gage tant que le débiteur n'a pas payé tout ce qu'il doit.

Il y aurait plus de difficulté dans le cas où la seconde dette ne serait devenue exigible qu'*après l'échéance* de la première, mais avant le payement de celle-ci. Ainsi, changeons l'hypothèse ci-dessus posée : la seconde dette de 1 000 francs contractée le 1er janvier 1862 a été stipulée payable le 31 décembre 1865, un an après la première, dont l'exigibilité avait été fixée au 31 décembre 1864 ; ce terme venu, le débiteur n'a pas payé, et les premiers 1 000 francs empruntés sont encore dus le 31 décembre 1865, quand la seconde dette devient exigible. Dans cette position, le débiteur pourrait-il, en payant la première dette seulement, être admis à réclamer le gage? La négative est assez généralement admise; et, en effet, il y a un argument de texte en ce sens dans l'art. 2082, qui admet le gage tacite pour une seconde dette devenue exigible avant le *payement,* et non pas seulement avant l'échéance de la première. Cependant, la solution contraire rentre mieux dans la vérité des principes : les auteurs le reconnaissent, et si néanmoins ils repoussent cette solution, c'est qu'il s'agirait ici d'*une disposition d'équité,* le débiteur qui doit deux sommes actuellement exigibles ne pouvant pas équitablement être admis à se faire rendre le gage avant de s'être totalement libéré (1). Mais en cela ils se placent au point de vue de la constitution de Gordien, laquelle, en effet, donnait la raison d'équité pour fondement unique au

---

(1) *Voy.* Delvincourt (t. III, aux notes, p. 441, note 13). *Junge :* MM. Duranton (n° 548); Aubry et Rau (t. III, p. 518).

droit de rétention qu'elle organisait. Or, le droit de rétention, d'après notre Code, a son principe dans la supposition d'une convention tacite, d'une affectation conventionnelle du gage primitivement constitué au payement d'une seconde créance. Et cette supposition n'est pas possible lorsque la seconde dette a été stipulée payable après la première, parce que le créancier qui a prêté la seconde somme n'a pas pu et n'a pas dû agir dans la pensée que la première ne serait pas remboursée à l'échéance.

1196. Il faut, enfin, que la seconde dette ait été contractée personnellement par le même débiteur envers le même créancier personnellement. Ainsi, la disposition de la loi ne serait pas applicable, suivant la remarque de MM. Aubry et Rau, si le gage avait été fourni par un tiers (1). De même, le gage ne s'étendrait pas de la première à la seconde dette si, quant à celle-ci, le créancier tirait son droit d'une cession, d'une subrogation, ou même d'une succession. Comme le créancier ne s'est pas trouvé en présence de son débiteur au moment où la seconde créance lui a été acquise, on ne peut pas dire qu'il y ait eu entre eux cette convention tacite d'où procède l'extension du gage. Le créancier n'a pas, dès lors, quant à la seconde créance, plus de droits que n'en avait le cédant, le subrogeant ou le défunt dont il tient la place.

1197. Par identité de raison, il n'y a pas lieu à l'extension du gage quand les deux dettes n'ont pas été contractées *ab initio* par le même débiteur. Ainsi, ayant conféré un gage à mon créancier pour assurer le payement d'une dette par moi contractée envers lui, je succède plus tard à une personne qui elle-même était devenue débitrice de mon créancier après que j'avais fait ma constitution de gage. Ce n'est plus le cas prévu au second paragraphe de l'art. 2; et je pourrai, sans payer la dette de mon auteur, et en acquittant seulement celle que j'avais personnellement contractée auparavant, retirer des mains de mon créancier le gage que je lui avais donné.

V. — 1198. Après ces explications touchant les conditions nécessaires à la constitution du gage tacite, nous n'avons plus qu'un mot à dire pour caractériser ce droit et en déterminer la nature et l'étendue. Suivant la généralité des auteurs, le gage tacite ne produirait pas de privilége dont le gagiste pût se prévaloir contre les autres créanciers; il n'engendrerait qu'un simple droit de rétention. Cela résulterait du contexte même de l'art. 2082 et de sa combinaison avec l'art. 2074 (2).

1199. Nous pensons, au contraire, que le créancier acquiert, pour sa seconde créance, un véritable gage avec tous les attributs qui lui sont propres, c'est-à-dire non-seulement le droit de rétention vis-à-vis du débiteur, mais encore un droit de préférence sur les autres créanciers non privilégiés de ce dernier. C'est bien dans ce sens que s'exprimait le tribun Gary lorsque, dans la discussion de la loi devant le Corps législatif, il disait : « Observons qu'il s'agit ici d'une dette contractée

---

(1) *Voy.* MM. Aubry et Rau (*loc. cit.*, note 4).
(2) *Voy.* MM. Delvincourt (*loc. cit.*, note 1); Duranton (n° 547); Troplong (n° 465); Aubry et Rau (p. 518 et note 5); Massé et Vergé, sur Zachariæ (t. V, p. 109, note 7).

postérieurement à la mise en gage pour sûreté de la première. En exigeant ce gage, le créancier a montré qu'il ne se confiait pas à la personne de son débiteur; *et la sûreté qu'il a prise une fois, il est censé l'avoir conservée pour la garantie de sa seconde créance.* » (1) Qu'est-ce à dire, sinon que la sûreté *conservée* pour la garantie de la seconde créance est précisément la sûreté même qui avait été prise pour la première? Et l'art. 2082, quoi qu'on en dise, répond exactement, par son texte, à la même pensée. « Le créancier, dit-il, ne pourra être tenu de se dessaisir du gage avant d'être entièrement payé de l'une et de l'autre dette, *lors même qu'il n'y aurait eu aucune stipulation pour affecter le gage au payement de la seconde.* » Ainsi, la loi suppose qu'il y a, entre les parties, une convention tacite à l'effet d'*affecter* le gage au payement de la seconde dette, comme il était affecté, en vertu d'une convention expresse, au payement de la première. Or, comment pourrait-on dire qu'il y a une affectation de la chose au payement de la seconde créance, s'il était permis aux ayants droit du débiteur d'atteindre cette chose, et de réduire à une part contributoire celui au profit de qui la loi la déclare, en termes exprès, directement affectée? La loi ne saurait, évidemment, être prise en ce sens. C'était l'avis d'un jurisconsulte que la mort vient d'enlever, dans la force de l'âge et dans toute la maturité du talent, à cette science du droit à laquelle il s'était voué, et qu'il servait merveilleusement. M. Mourlon, résistant le premier à l'opinion générale, a montré qu'en *affectant* la chose au payement de ce qui est dû au créancier qui la détient, la loi établit entre elle et le créancier un rapport direct et immédiat, ce qui constitue un *véritable droit réel*, par conséquent un droit opposable aux tiers comme au débiteur (2). Là est la vérité; et à moins de supposer que le législateur a voulu détruire un droit en même temps qu'il le consacrait, il faut reconnaître qu'il s'agit ici d'un gage qui, en vertu d'une convention tacite, s'étend d'une créance à une autre, et qui, par cela même, ne perd aucune de ses prérogatives en s'étendant.

2083. — Le gage est indivisible nonobstant la divisibilité de la dette entre les héritiers du débiteur ou ceux du créancier.

L'héritier du débiteur, qui a payé sa portion de la dette, ne peut demander la restitution de sa portion dans le gage, tant que la dette n'est pas entièrement acquittée.

Réciproquement, l'héritier du créancier, qui a reçu sa portion de la dette, ne peut remettre le gage au préjudice de ceux de ses cohéritiers qui ne sont pas payés.

SOMMAIRE.

I. 1200. La dette au payement de laquelle le gage est affecté peut être divisible ou indivisible; en principe, cela est sans intérêt tant que le gagiste et le débiteur

---

(1) Locré (t. XVI, p. 42); Fenet (t. XV, p. 216).
(2) *Voy.* M. Mourlon (*Exam. crit. du Comment. de M. Troplong*, n° 227). Comp. M. Bugnet, sur Pothier (*Nantiss.*, n° 47, note 3).

restent en présence. — 1201. Il en est autrement lorsque, soit le débiteur, soit le gagiste, vient à mourir laissant plusieurs héritiers qui le représentent, ou lorsque, la dette étant divisible, le créancier consent à recevoir un payement partiel; quoique la dette soit divisée, en ce cas, le droit de gage est indivisible : conséquences. — 1202. Toutefois, l'indivisibilité du droit de gage est fondée sur l'intention présumée des parties; d'où suit que les parties peuvent, par dérogation au principe, rendre le gage divisible. — 1203. D'ailleurs, l'indivisibilité n'implique pas que l'héritier du débiteur soit tenu personnellement de toute la dette; elle s'entend en ce sens, que, sauf sa subrogation dans l'action du créancier, celui des héritiers qui veut recouvrer la possession du gage doit payer la dette en totalité. — 1204. Le créancier doit se conformer aux règles établies par l'art. 1939 pour la restitution du gage aux héritiers du débiteur.

I. — 1200. La dette pour sûreté de laquelle un gage a été constitué peut être divisible ou indivisible. Qu'elle soit dans l'un ou l'autre cas, c'est, à vrai dire, sans un grand intérêt, en thèse générale, tant que le débiteur et le gagiste restent en présence, puisqu'une obligation même susceptible de division doit être exécutée, entre le créancier et le débiteur, comme si elle était indivisible (C. Nap., art. 1220).

1201. Mais il peut arriver, la dette étant divisible, que le créancier gagiste consente librement ou soit obligé par la justice à recevoir un payement partiel (C. Nap., art. 1244). Il peut arriver aussi que la divisibilité s'établisse par suite du décès soit du créancier, soit du débiteur, laissant plusieurs héritiers qui peuvent demander la dette ou sont tenus de la payer chacun pour la part dont il est saisi ou dont il est tenu comme représentant le créancier ou le débiteur (art. 1220). Dans ces situations diverses se posent les questions de savoir si le débiteur qui a fait un payement partiel peut répéter une partie correspondante du gage; si, le débiteur étant décédé, tel ou tel de ses héritiers qui se libère de ce dont il est tenu dans la dette, peut exiger en retour la restitution de sa part dans le gage; enfin si, en cas de décès du créancier, le débiteur peut, en payant à l'un des héritiers la portion dont il est saisi, répéter une partie du gage. C'est à ces questions précisément que répond l'art. 2083, et que, d'accord avec la loi romaine, il tranche dans le sens de la négative, en vertu d'un principe commun, l'indivisibilité du droit de gage : *propter indivisam pignoris causam* (1. 65, ff. *De evictionibus et dup. stip.*). Comme le dit Pothier, le droit de gage ou nantissement est quelque chose d'indivisible; le créancier acquiert par le contrat le droit de gage pour toute sa dette, et pour chaque partie de sa dette, sur tout ce qui lui est donné, et sur chaque partie de ce qui lui est donné en nantissement (1).

Ainsi, le débiteur donne divers objets mobiliers pour assurer le remboursement d'une somme de 1 000 francs qu'il emprunte; tant qu'il n'est pas entièrement libéré, il ne peut, quelque importants que soient relativement les à-compte par lui donnés, exiger de son créancier la remise d'une partie, si minime qu'elle soit, de son gage. — De même, le débiteur étant mort laissant quatre héritiers, dont l'un s'est empressé d'acquitter les 250 francs dont il est tenu dans la dette, le créancier

_____

(1) *Voy*. Pothier (*Nantiss.*, n°⁵ 43 et suiv.).

n'en sera pas moins en droit de refuser à cet héritier une portion correspondante des objets engagés, et de tout retenir jusqu'à ce qu'il ait reçu les parts des autres héritiers, parce que si, à la mort du débiteur, la dette a été divisée entre les quatre héritiers, le droit de gage n'en est pas moins resté indivisible pour le créancier. — De même, enfin, si c'est le créancier qui est mort laissant quatre héritiers entre lesquels la créance s'est divisée, l'un d'eux, qui aurait été payé des 250 francs dont il s'est trouvé saisi à la mort de son auteur, ne pourrait rien remettre des objets reçus en nantissement tant que ses cohéritiers n'ont pas été aussi entièrement payés.

Tel est le principe, et telles en sont les conséquences déduites et formulées par la loi elle-même.

1202. Toutefois, il faut le dire, cette indivisibilité n'est pas une condition substantielle du droit de gage; elle a pour fondement l'intention présumée des parties, et la loi ne la consacre que parce qu'interprétant elle-même la convention, elle suppose que la volonté commune des parties est de placer le gage aux mains du créancier pour qu'il y reste toujours intact et réponde de toute la dette et de chacune de ses parties. Par cela même, il convient de reconnaître aux contractants le droit de déroger au principe, et de convenir que le gage, quoique réputé indivisible par la loi, sera divisible et divisé par l'effet de leur volonté. Le principe de la liberté des conventions assurera nécessairement son efficacité à cette clause, dont la conséquence unique est d'écarter un principe qui, d'ailleurs, ne touche en rien à l'ordre public, et de substituer à un état de choses créé par la loi en vertu d'une volonté qu'elle présume, une situation différente que les parties établissent par une volonté contraire formellement exprimée.

C'est ce dont la Cour de cassation n'a peut-être pas suffisamment tenu compte dans un arrêt tout récent et encore inédit (1), qui, sans méconnaître précisément le droit, en a singulièrement paralysé l'exercice. Il s'agissait, dans l'espèce, d'une caution qui, venant s'engager à raison d'une dette pour sûreté de laquelle le débiteur principal avait déjà remis en nantissement au créancier des titres et des valeurs considérables, stipulait qu'elle pourrait payer partiellement, et qu'à chaque payement partiel le créancier lui remettrait une partie proportionnelle des valeurs que le nantissement immobilisait entre ses mains. La condition étant acceptée, il en résultait que le gage n'était pas indivisible, et qu'à chaque payement par elle effectué à la décharge du débiteur principal, la caution en acquérait une partie correspondante, qui devenait sa garantie personnelle au point de vue de son recours contre ce dernier. Peu de temps après, et en exécution de la convention, la caution paya, en effet, une partie de la dette; néanmoins, comme le gage consistait en un titre unique, et qu'un certain temps était nécessaire pour en faire la coupure de manière à pouvoir détacher la portion qui

---

(1) Arrêt du 18 déc. 1866. On en peut voir la notice dans le journal *le Droit* du 20 déc. 1866.

désormais revenait à la caution, il resta tout entier, nonobstant le payement partiel, aux mains du créancier; il y était encore tout entier, la dette n'étant éteinte qu'en partie, lorsque, quelque temps plus tard, le débiteur principal et la caution tombèrent successivement en faillite. En cet état, le syndic de la caution a réclamé la livraison des titres qui auraient dû être remis lors du payement partiel; mais son action a été déclarée mal fondée par un arrêt de la Cour de Paris, dont la Cour suprême a maintenu la décision en rejetant le pourvoi formé par le syndic. La vérité est cependant que, dans les termes de la convention, le payement partiel avait conféré à la caution un droit auquel les insolvabilités survenues ultérieurement n'avaient pas pu porter atteinte. Pourquoi donc la réclamation a-t-elle été rejetée? Ce ne peut être ni en vertu de l'art. 2083, puisque, par la convention des parties, le gage était divisible; ni à cause de l'art. 2082, § 2, puisqu'il s'agissait d'une seule et même dette, non de deux dettes distinctes et successivement contractées dans les conditions déterminées par ce dernier article. Il est donc assez malaisé de donner à la décision un fondement juridique. Peut-être le fait d'avoir laissé le gage aux mains du créancier à-t-il été considéré comme impliquant dérogation à la convention primitive qui avait établi la divisibilité du gage. Mais l'interprétation n'aurait-elle pas été en cela quelque peu exagérée? Tout au plus ce fait aurait-il pu conduire à la prescription de l'action personnelle en remise du gage (*suprà*, n° 1166). Or, puisque la prescription n'était pas invoquée dans l'espèce, ce n'était pas le cas de relever le fait, ni surtout de lui donner la portée même qu'aurait eue la prescription acquise.

1203. Quoi qu'il en soit, en dehors d'une stipulation contraire, le gage est indivisible dans le sens que nous avons précisé plus haut, dans le même sens que l'hypothèque, dont l'art. 2114 dit qu'elle est, de sa nature, indivisible, et subsiste en entier sur tous les immeubles affectés, sur chacun et sur chaque portion de ces immeubles. En ajoutant à l'article 1221, qui, par corrélation à ce dernier article, fait cesser le principe de la divisibilité de la dette entre les héritiers du débiteur lorsque la dette est hypothécaire, on dira donc que le principe reçoit également exception lorsque la dette est garantie par un gage. Mais cette indivisibilité n'implique pas l'idée que l'un quelconque des héritiers du débiteur soit tenu personnellement de toute la dette; il en résulte seulement que, sauf sa subrogation dans l'action du créancier (art. 1251, 3°), celui qui voudrait recouvrer le gage n'en pourrait obtenir la restitution qu'à la condition d'acquitter la dette en totalité (1).

1204. Ajoutons, en terminant sur cet article, que puisque le gage est un simple dépôt dans les mains du créancier (art. 2079), ce dernier, lorsqu'il fait la restitution aux héritiers du débiteur de ce qu'il a reçu en nantissement, doit se conformer aux règles tracées par l'article 1939. Si la chose engagée est matériellement divisible, elle doit

_____

(1) *Voy.* MM. Delvincourt (aux notes, t. III, p. 442, note 3); Duranton (n° 549).

être rendue à chacun des héritiers pour sa part et portion héréditaire. Mais si elle est indivisible, les héritiers doivent s'accorder entre eux pour la recevoir; le créancier ne pourrait ou ne devrait pas la remettre à l'un des héritiers s'il n'avait pas pouvoir des autres (1).

2084. — Les dispositions ci-dessus ne sont applicables ni aux matières de commerce, ni aux maisons de prêt sur gage autorisées, et à l'égard desquelles on suit les lois et règlements qui les concernent.

SOMMAIRE.

I.   1205. Transition à quelques exceptions au droit commun sur le gage.
II.   1206. Du gage commercial. En dehors du cas spécial prévu dans l'ancien art. 93 du Code de commerce, le gage commercial, nonobstant la réserve contenue à son égard dans l'art. 2084, restait soumis, d'après l'opinion générale et la jurisprudence, aux règles du droit commun établies par le Code Napoléon. — 1207. Mais la loi du 23 mai 1863 soustrait désormais le gage commercial à l'empire de ces règles : texte de la loi. — 1208. Néanmoins, le droit commun est maintenu quant au nantissement ayant pour objet des créances mobilières dont le cessionnaire ne peut être saisi à l'égard des tiers que par la signification du transport faite au débiteur.
III. 1209. Du privilège accordé à certains établissements de crédit, spécialement à la Banque de France; — 1210. Au Crédit foncier; — 1211. Aux Magasins généraux.
IV.   1212. Du prêt sur gage par des maisons autorisées : le renvoi fait à cet égard par l'art. 2084 se réfère aux lois et règlements relatifs aux établissements connus sous le nom de monts-de-piété.

I. — 1205. Les règles exposées dans le commentaire des articles qui précèdent constituent le droit commun en matière de nantissement d'objets mobiliers. Mais à côté du droit commun il y a des exceptions que nous avons maintenant à préciser. L'art. 2084, qui termine la série des dispositions du Code Napoléon relatives au gage, en signale deux auxquelles d'autres encore doivent être ajoutées.

II. — 1206. Et, d'abord, cet article excepte les matières de commerce, à l'égard desquelles, dit-il, on suit les lois et règlements qui les concernent. L'exception n'avait pas été indiquée dans le projet primitif du Code Napoléon, qui réservait seulement les maisons de prêt sur gage autorisées, en renvoyant aux règlements relatifs à ces maisons. Mais sur la communication officieuse qu'il reçut du projet, le Tribunat fit remarquer que l'exception était relative aux matières de commerce comme aux maisons de prêt, et qu'il ne fallait pas seulement rappeler les règlements, mais encore les lois qui concernent les unes et les autres (2). Le Tribunat proposa, en conséquence, de compléter la réserve exprimée dans le projet; et on y ajouta, en effet, les matières de commerce, qui, fut-il dit plus tard dans la suite de la discussion, liées à des vues supé-

---

(1) *Voy.* notre commentaire de l'art. 1939 (au tome précédent, n°s 483 et suiv.). *Voy.* aussi MM. Duranton (n° 550); Taulier (t. VII, p. 96); Troplong (n° 483); Boileux (t. VII, p. 143).
(2) Fenet (t. XV, p. 108); Locré (t. XVI, p. 19).

rieures de politique et d'administration, se régissent par des règles qui leur sont propres (1).

Et, cependant, les rédacteurs du Code de commerce, dont le livre Ier fut promulgué près de quatre ans après le titre *Du Nantissement,* ne tinrent pas compte de cette indication. Soit qu'ils aient pensé que le gage proprement dit ne méritait pas leurs préoccupations, tant il doit répugner aux pratiques commerciales (*suprà,* n° 1152), soit pour tout autre motif, ils n'ont pas parlé de ce contrat, en sorte que par aucune disposition de la loi commerciale, pas même par l'art. 93 (ancien), qui disposait en vue d'un contrat tout différent, le contrat de commission, ils n'ont donné satisfaction à la promesse de l'art. 2084 du Code Napoléon. Quelques auteurs et plusieurs arrêts n'ont vu là qu'une lacune qui ne tirait pas à conséquence, et, par suite, ils ont décidé qu'en vertu de ce dernier article seul, le gage commercial, affranchi des règles du droit commun, s'est trouvé placé sous l'empire de la loi commerciale, et spécialement qu'il existait avec tous ses effets, même à l'encontre des tiers, sans aucune observation des formalités requises par les art. 2074 et 2075 du Code Napoléon, et à la seule condition qu'il fût établi à l'aide des preuves usitées et admises en matière commerciale, telles qu'elles sont énumérées par l'art. 109 du Code de commerce (2). Toutefois, la doctrine et la jurisprudence s'étaient fixées en sens contraire. On avait fini par reconnaître qu'en lui-même l'art. 2084 n'avait d'autre portée que celle d'une réserve, en ce sens que les rédacteurs du Code Napoléon avaient laissé aux rédacteurs du Code de commerce le soin de statuer sur le gage commercial, à l'égard duquel ils n'entendaient, quant à eux, rien préjuger; et que les rédacteurs du Code ayant gardé un silence absolu sur le point réservé, il en résultait que les règles du droit commun consacrées par le Code Napoléon devaient être appliquées au gage commercial, en vertu de ce principe, admis par le plus éminent contradicteur de cette solution (3), que le Code Napoléon est même pour le commerce la loi fondamentale à laquelle il faut toujours revenir dès que le droit commercial n'a pas de disposition contraire (4).

1207. Mais cette jurisprudence est désormais sans application, en présence de la loi du 23 mai 1863, qui, statuant sur le gage commercial, peut-être sans une bien grande opportunité, a consacré des règles spéciales et généralement dérogatoires à celles du droit commun. Ces

---

(1) *Voy.* le discours du tribun Gary au Corps législatif (Fenet, t. XV, p. 219; Locré, t. XVI, p. 43).

(2) *Voy.* MM. Troplong (n°ˢ 115 et suiv.); Delamarre et Lepoitvin (t. II, n° 399); Harel (*Rev. de droit franç. et étr.*, 1845, t. XI, p. 277). — *Voy.* aussi Metz, 5 fév. 1820, et Rennes, 29 déc. 1859.

(3) *Voy.* M. Troplong (n° 121).

(4) *Voy.* MM. Duranton (n° 523); Favard (v° Nantiss., § 1, n°ˢ 3 et 10); Valette (*Hyp.*, p. 53, à la note); Alauzet (t. I, n° 453); Esnault (*Faill.*, t. II, n° 520); Bédarride (*ibid.*, n° 169); Massé (*Droit comm.*, 2ᵉ édit., t. IV, n°ˢ 2818 et suiv.); Aubry et Rau (t. III, p. 512, notes 5 et 6); Massé et Vergé, sur Zachariæ (t. V, p. 105, note 5). — *Voy.* aussi Cass., 5 juill. 1820; Douai, 18 avr. 1837; Paris, 21 juin 1842; Douai, 10 fév. et 29 mars 1843; Cass., 18 mars et 8 avr. 1845; Rej., 17 mai et 12 août 1847; Cass., 8 juill. 1856.

dispositions sont contenues en trois articles qui forment aujourd'hui les art. 91, 92 et 93 du Code de commerce, et dont voici le texte :

« Art. 91. Le gage constitué soit par un commerçant, soit par un individu non commerçant, pour un acte de commerce, se constate, à l'égard des tiers comme à l'égard des parties contractantes, conformément aux dispositions de l'art. 109 du Code de commerce. — Le gage à l'égard des valeurs négociables peut aussi être établi par un endossement régulier, indiquant que les valeurs ont été remises en garantie. — À l'égard des actions, des parts d'intérêt et des obligations nominatives des sociétés financières, industrielles, commerciales ou civiles. dont la transmission s'opère par un transfert sur les registres de la société, le gage peut également être établi par un transfert à titre de garantie inscrit sur lesdits registres. — Il n'est pas dérogé aux dispositions de l'art. 2075 du Code Napoléon en ce qui concerne les créances mobilières, dont le cessionnaire ne peut être saisi à l'égard des tiers que par la signification du transport faite au débiteur. — Les effets de commerce donnés en gage sont recouvrables par le créancier gagiste.

» Art. 92. Dans tous les cas, le privilége ne subsiste sur le gage qu'autant que ce gage a été mis et est resté en la possession du créancier ou d'un tiers convenu entre les parties. — Le créancier est réputé avoir les marchandises en sa possession lorsqu'elles sont à sa disposition dans ses magasins ou navires, à la douane ou dans un dépôt public, ou si, avant qu'elles soient arrivées, il en est saisi par un connaissement ou par une lettre de voiture.

» Art. 93. À défaut de payement à l'échéance, le créancier peut. huit jours après une simple signification faite au débiteur et au tiers bailleur de gage, s'il y en a un, faire procéder à la vente publique des objets donnés en gage. — Les ventes autres que celles dont les agents de change peuvent seuls être chargés sont faites par le ministère des courtiers. Toutefois, sur la requête des parties, le président du tribunal de commerce peut désigner, pour y procéder, une autre classe d'officiers publics. Dans ce cas, l'officier public, quel qu'il soit, chargé de la vente, est soumis aux dispositions qui régissent les courtiers, relativement aux formes, aux tarifs et à la responsabilité. — Les dispositions des art. 2 à 7 inclusivement de la loi du 28 mai 1858, sur les ventes publiques, sont applicables aux ventes prévues par le paragraphe précédent. — Toute clause qui autoriserait le créancier à s'approprier le gage ou à en disposer sans les formalités ci-dessus prescrites est nulle. »

1208. Ces dispositions, dont nous plaçons ici l'ensemble sous les yeux du lecteur, ont été examinées en détail dans le commentaire des articles du Code Napoléon auxquels chacune d'elles se rattache plus particulièrement, soit comme dérogation, soit comme confirmation (*voy.* notamment aux nos 1099, 1116 et suiv., 1129, 1152 et suiv.. 1156 et 1158). Sans y revenir ici, nous devons cependant signaler celle du § 4 de l'art. 91, laquelle s'applique à la dation en gage des créances mobilières, dont le cessionnaire ne peut être saisi à l'égard des tiers que par la signification du transport faite au débiteur. La dérogation établie par la loi du 23 mai 1863 ne s'étend pas au gage commercial lorsqu'il porte sur cette sorte de valeurs ; la disposition précitée dit, au contraire, qu'à cet égard la rédaction d'un acte et la signification prescrite par l'art. 2075 demeurent des formalités obligées même en matière commerciale. Et, bien que la disposition ait paru *un peu rétrograde* à la commission du Corps législatif (1), elle s'explique et se justifie par la nature même du gage, et par le danger permanent qu'il y aurait pour le gagiste de le perdre si l'obligation de remplir les formalités dont il s'agit n'était pas maintenue. « La signification du transfert au débiteur est nécessaire, a dit l'orateur du gouvernement en exposant les motifs de la loi, parce que, aux termes de l'art. 1691 du Code Napoléon, sans cette signification le débiteur pourrait valablement payer au cédant. Elle doit donc être maintenue, même en matière de gage commercial, puisque sans elle le créancier n'aurait aucune sécurité sur la conservation du gage. Or, la signification suppose la rédaction d'un acte, et il y avait d'autant moins lieu, dans l'espèce, de ne pas conserver aussi la nécessité de l'enregistrement, qu'en définitive l'exception ne porte que sur une sorte de valeurs d'une réalisation difficile et dont le commerce ne peut être amené à faire l'objet d'un nantissement que dans des cas extrêmement rares. » (2) Ainsi, en ce point de détail, la jurisprudence antérieure à la loi du 23 mai 1863 est sanctionnée par la loi elle-même ; et aussi bien que les nantissements consentis antérieurement à cette loi (3), les nantissements qui seraient consentis après restent sous l'empire de l'art. 2075 du Code Napoléon, s'ils portaient sur des créances mobilières dont le cessionnaire ne peut, conformément à l'art. 1690, être saisi à l'égard des tiers que par la signification du transfert faite au débiteur de la créance engagée.

III. — 1209. A côté de la dérogation aux règles du droit commun, consacrée d'une manière générale par la loi de 1863, et comme s'y rattachant dans une certaine mesure, il convient de mentionner quelques priviléges particuliers que d'autres lois ont accordés à certains établissements de crédit.

Ainsi, il avait été dérogé aux prescriptions de l'art. 2074 du Code Napoléon, en faveur de la Banque de France, par l'ordonnance du 15 juin 1834 et la loi des 9-10 juin 1857. Et la Cour de Bordeaux, assimilant à la Banque de France, sous ce rapport, les banques publiques de commerce, décidait même que les règles tracées par les articles 2074 et suivants du Code Napoléon, pour la validité du nantissement, n'étaient pas applicables au cas de nantissement constitué au profit de ces dernières banques ; qu'ainsi, lorsque ce nantissement avait pour objet des effets négociables, tels que des actions au porteur, il n'était pas nécessaire qu'il eût été constaté par acte public ou sous

---

(1) *Voy.* le Rapport de M. Vernier (*Monit.* du 26 avr. 1863).
(2) Exposé des motifs par M. le conseiller d'État Léon Cornudet (*Monit.* du 14 mars 1863).
(3) Rej., 27 nov. 1865 (*J. Pal.*, 1866, p. 146 ; Dalloz, 66, 1, 56 ; S. V., 66, 1, 60).

seing privé signifié au débiteur de ces effets, pourvu, d'ailleurs, que les opérations dont on prétendait faire résulter le nantissement fussent conformes aux statuts de la Banque (1).

1210. De même, la loi du 19 juin 1857 déclare les art. 2074 et 2075 inapplicables aux avances sur dépôt d'obligations foncières que la Société de crédit foncier de France est autorisée à émettre.

1211. Enfin, un décret des 21-22 mars 1848 ayant autorisé l'établissement de magasins généraux où les négociants et les industriels pourraient déposer les matières premières, marchandises et objets à eux appartenant, un décret ultérieur des 23-26 août 1848 a disposé que le privilége du nantissement résulterait, au profit de toute personne qui aurait prêté sur les marchandises ainsi déposées, du seul transfert à son ordre du récépissé délivré aux déposants. La loi du 28 mai 1858 a modifié plus tard le régime des récépissés ; elle a disposé qu'à chaque récépissé serait annexé, sous la dénomination de warrant, un bulletin de gage contenant les mêmes énonciations que le récépissé ; que les warrants et les récépissés pourraient être transférés par voie d'endossement, ensemble ou séparément ; que l'endossement du warrant séparé du récépissé vaudrait nantissement de la marchandise au profit du cessionnaire du warrant, et que l'endossement du récépissé transmettrait au cessionnaire le droit de disposer de la marchandise, à la charge par lui, lorsque le warrant n'est pas transféré avec le récépissé, de payer la créance garantie par le warrant, ou d'en laisser payer le montant sur le prix de la vente de la marchandise (art. 2, 3 et 4). Mais la dérogation ne va pas au delà ; et, dès lors, le porteur de récépissés ou warrants n'est investi soit du pouvoir de disposer attaché au récépissé, soit du droit de nantissement ou de privilége attaché au warrant, qu'autant que le récépissé ou le warrant a été régulièrement endossé à son profit : la détention matérielle de ces titres ne confère aucun de ces droits au détenteur (2).

IV. — 1212. L'art. 2084 met hors de la règle commune, en second lieu, les maisons autorisées de prêt sur gage, et renvoie, en ce qui les concerne, aux lois et règlements qui leur sont propres. La disposition a trait aux établissements connus depuis sous le nom de monts-de-piété, et en particulier aux maisons qui existaient lors de la discussion du Code ou à celles qui devaient être organisées en exécution de la loi du 16 pluviôse an 12, dont la promulgation était alors toute récente (3). Ces maisons, d'origine italienne, ne parvinrent à se constituer en France qu'après bien des vicissitudes. Au dix-huitième siècle seulement, après des tentatives infructueuses, le mont-de-piété fut établi à Paris, au profit des hospices (lettres patentes du 9 décembre 1777). L'existence

---

(1) Bordeaux, 17 avr. 1845 (S. V., 45, 2, 450 ; Dalloz, 45, 2, 118 ; *J. Pal.*, 1845, t. II, p. 200). — *Voy.* cependant M. Massé (*Droit comm.*, 1re édit., t. VI, n° 528 ; 2e édit., t. IV, n° 2001).

(2) Rej., 19 déc. 1865 (S. V., 66, 1, 61 ; *J. Pal.*, 1866, p. 147 ; Dalloz, 66, 1, 198).

(3) *Voy.* l'Exposé des motifs de Berlier (Fenet, t. XV, p. 205 ; Locré, t. XVI, p. 25).

en fut compromise plus tard par des maisons particulières qui se constituèrent dans des vues de spéculation ; la loi du 16 pluviôse, intervenue spécialement pour faire cesser de graves abus, donna aux maisons de prêt sur gage la même destination qu'au mont-de-piété, et déclara qu'aucune de ces maisons ne pourrait s'établir ou continuer de subsister qu'au profit des pauvres et avec l'autorisation du gouvernement. Leur organisation et leur fonctionnement ont été l'objet d'assez vives critiques. Déjà, en 1804, dans ses observations sur le projet du Code, le Tribunal d'appel de Lyon leur reprochait durement de n'être pas dirigées par les principes d'une bienveillance pure veillant gratuitement au soulagement des malheureux, de n'être que des privilèges d'une usure modérée, mais toujours dévorante (1). Les mêmes critiques ont été incessamment reproduites depuis. Il n'entre pas dans notre sujet de nous y arrêter, et, à l'exemple de notre article, nous nous bornons à renvoyer aux lois et règlements en assez grand nombre qui, indépendamment de la loi précitée, règlent les conditions et les formes des prêts effectués par ces établissements, les dégagements, et les formalités à observer pour arriver à la réalisation du gage (*voy.* notamment les décrets du 24 messidor an 12 et du 8 thermidor an 13, l'Avis du conseil d'État du 12 juillet 1807, la loi du 24 juin 1851 et le décret du 24 mars 1852).

CHAPITRE II.

DE L'ANTICHRÈSE.

2085. — L'antichrèse ne s'établit que par écrit.

Le créancier n'acquiert par ce contrat que la faculté de percevoir les fruits de l'immeuble, à la charge de les imputer annuellement sur les intérêts, s'il lui en est dû, et ensuite sur le capital de sa créance.

SOMMAIRE.

_____

(1) *Voy*. Fenet (t. IV, p. 332).

opposable aux tiers : renvoi; — 1221. Et, comme le gage, elle est un contrat réel, à titre onéreux et synallagmatique imparfait.

III. 1222. Des conditions de capacité. Toute personne ayant droit aux fruits de l'immeuble peut consentir l'antichrèse : applications. — 1223. Mais il faut que celui qui donne l'immeuble en antichrèse ait droit et capacité pour en disposer. — 1224. L'antichrèse ne pourrait donc pas être consentie par celui qui n'aurait que le pouvoir ou la capacité de faire des actes d'administration : exemples. — 1225. Il appartient aux tribunaux de rechercher le caractère véritable des actes qui cacheraient l'antichrèse sous l'apparence de tel ou tel autre contrat : règles d'interprétation à cet égard. — 1226. Suite.

IV. 1227. Transition au texte de l'art. 2085, et, d'abord, à la preuve du contrat. — 1228. L'antichrèse ne s'établit que par écrit : toutefois, l'écrit n'est pas nécessaire dans les rapports des parties entre elles; conséquences. — 1229. Mais, vis-à-vis des tiers, le contrat d'antichrèse n'a d'effet qu'autant qu'il est constaté par écrit. — 1230. Il faut, en outre, si l'acte est sous seing privé, qu'il ait reçu date certaine par l'un des modes de l'art. 1328. — 1231. L'acte doit être transcrit aux termes de la loi du 23 mars 1855. — 1232. D'ailleurs, la transcription ne supplée pas la mise en possession du créancier.

V. 1233. Droits de l'antichrésiste : il perçoit les fruits et les impute d'abord sur les intérêts de sa créance; puis, s'il y a un excédant, sur le capital : conséquences. — 1234. Quand la créance ne produit pas d'intérêts, la présomption est que les parties ont entendu que les fruits viendraient en déduction du capital. — 1235. Quant au mode de jouissance, le créancier antichrésiste est assimilé, dans une certaine mesure, à l'usufruitier.

I. — 1213. Nous passons au nantissement des choses immobilières, à celui qui, suivant l'indication de l'art. 2072 ci-dessus commenté (n° 1068), prend le nom d'antichrèse.

L'étymologie du mot *antichrèse,* qui en lui-même et par sa formation indique une origine grecque, a fort occupé les anciens auteurs. Selon les uns, l'antichrèse ne serait autre chose qu'un prêt réciproque : *contrarium mutuum; alter mutuat, alter remutuat.* Selon d'autres, plus exacts, à notre avis, elle est simplement l'usage ou la jouissance de la chose donnée au créancier pour lui tenir lieu des intérêts de la créance.

1214. Quoi qu'il en soit de cette discussion grammaticale, sans intérêt au point de vue juridique, il paraît que l'antichrèse, empruntée par les Romains aux institutions grecques, fut chez eux une convention en vertu de laquelle le créancier percevait les fruits d'une chose, mobilière ou immobilière, qui lui était remise par le débiteur, et les percevait en compensation des intérêts que ce dernier était dispensé de lui payer (l. 11, § 1, ff. *De pignoribus et hypothecis;* l. 14, C. *De usuris*). C'était une sorte de forfait entre le créancier, qui se contentait du produit de la chose, fût-il inférieur au montant des intérêts de sa créance, et le débiteur, qui, de son côté, renonçait, dans le cas où le produit serait supérieur aux intérêts, à réclamer l'excédent.

Quant au point de savoir si la convention d'antichrèse conférait par elle-même au créancier un droit de gage qui lui permît de vendre la chose et de se payer par préférence sur le prix, ou s'il fallait, en outre, une convention spéciale pour que le créancier eût ce droit important, il reste assez obscur, en raison du petit nombre de textes laissés à cet égard par les compilations de Justinien. L'antichrèse, dans quelques-uns, est accompagnée du droit de gage; ainsi en est-il, notamment,

dans la loi 17, C. *De usuris*, et dans la loi 33, ff. *De pigner. act.* :
« Si pecuniam debitor solverit, potest pigneratitia actione uti ad recu-
» perandam antichresis. *Nam cum pignus sit, hoc verbo poterit uti.* »
Mais dans d'autres, et particulièrement dans les lois déjà citées (l. 11,
§ 1, ff. *De pig. et hyp.; * l. 14, C. *De usuris*), l'idée de gage et le droit
du créancier antichrésiste apparaissent avec moins de netteté ; on y voit
néanmoins que l'antichrésiste *retinet possessionem pignoris loco, donec
illi pecunia solvatur.* Et de là il résulte, en tout cas, non pas, comme
le suppose M. Troplong, que l'antichrèse ne conférait au créancier
qu'une exception opposable au débiteur seul, et non aux tiers ayant sur
la chose des droits ultérieurement acquis (1), mais que le créancier
avait une espèce de gage sur la chose à l'effet d'en retenir la possession,
sinon peut-être pour se faire payer par préférence sur le prix, au moins
pour la garder à l'encontre de tous et en percevoir les fruits jusqu'à son
remboursement (2).

Quoi qu'il en soit, la convention d'antichrèse, dans les principes du
droit romain, impliquait, nous le répétons, une idée de forfait stipulé
entre le créancier et le débiteur; et de cette idée même découlait,
comme conséquence, que, quelles que fussent les modifications introduites par les lois quant au taux de l'intérêt, le droit de l'antichrésiste
n'en pouvait pas être atteint. L'antichrèse, dit Pothier, donnait tellement au créancier le droit de jouir de la chose, pour lui tenir lieu des
intérêts de la somme qui lui était due, que le débiteur qui aurait soutenu que ces revenus surpassaient le taux des intérêts n'eût pas été recevable à demander compte au créancier du revenu sous la déduction
des intérêts. L'événement incertain desdits revenus faisait tolérer que
le créancier pût, en ce cas, retirer quelque chose pour ses intérêts au
delà du taux légitime, en compensation de ce qu'il aurait pu arriver
qu'en cas de stérilité, il aurait pu en retirer moins. C'est la décision des
lois 14 et 17, C. *De usur.* (3).

Telle était l'antichrèse dans le droit romain primitif. La faculté de
l'établir resta maintenue dans la suite, sauf une seule exception introduite par Justinien, qui prohiba la convention à l'égard des laboureurs,
et défendit à leurs créanciers de les dépouiller, par l'antichrèse, de leurs
champs ou de leurs animaux, et des autres effets servant à la culture des
terres (4).

1215. Notre ancien droit français admit aussi l'antichrèse et lui conserva le caractère qu'elle avait dans le droit romain. Mais, sauf quelques
exceptions toutes locales et propres aux provinces dans lesquelles le prêt
à intérêt était autorisé d'après la jurisprudence, l'antichrèse, ou le mort-
gage, était absolument interdite, dans le prêt d'argent, comme incompatible avec la prohibition, empruntée par le droit civil au droit canonique, de stipuler un intérêt pour les sommes prêtées. C'eût été agir

---

(1) *Voy.* M. Troplong (n° 496).
(2) Pothier (*De l'Hyp.*, n° 232).
(3) *Id.* (*Hyp.*, n° 234).
(4) *Id.* (*loc. cit.*, n° 238).

contre la prohibition que compenser les fruits perçus par l'antichrésiste sur la chose par lui reçue en nantissement, avec les intérêts de sa créance; toute clause qui établissait cette compensation était donc non avenue en principe et ne dispensait en aucune manière le créancier de rendre compte des fruits. Et ajoutons que la convention interdite entre le prêteur et l'emprunteur était également interdite entre le créancier et le débiteur d'une rente, ou même d'une dette exigible qui produisait des intérêts, comme la dette d'une somme promise pour dot de mariage. C'était là, cependant, un point de controverse; mais Pothier, en s'autorisant du témoignage de Loyseau, atteste que, même en ce cas, la convention d'antichrèse était réprouvée en France; et la raison en est, dit-il, que nous sommes bien plus exacts que n'étaient les Romains sur tout ce qui peut favoriser l'usure, et tous les moyens par lesquels les créanciers de rentes ou de sommes qui produisent intérêt pourraient se procurer un intérêt plus fort que celui qui est permis par nos ordonnances (1).

1216. De là même ces combinaisons à l'aide desquelles on s'efforçait d'éluder les prohibitions de la loi. — La vente sous condition résolutoire, et en particulier la *vente à réméré,* qui était si souvent employée à déguiser le prêt à intérêt, servit également à déguiser l'antichrèse ou le mort-gage. Et ce n'était pas une des moindres difficultés de la jurisprudence de déterminer les règles d'interprétation d'après lesquelles elle pouvait arriver à reconnaître si le contrat qualifié vente à réméré était réellement une vente, ou si, sous une qualification inexacte ou fausse, il était l'engagement compliqué d'antichrèse, atteint par la prohibition. — Le contrat pignoratif, qui est une forme de la vente à réméré, était pratiqué aussi dans le même but. Le débiteur paraissait vendre sous faculté de rachat à son créancier un héritage dont, par le même acte, celui-ci lui consentait bail moyennant un loyer fort élevé. Ce loyer était en réalité l'intérêt du prix de vente, et ce prix lui-même constituait un prêt consenti par l'acheteur au vendeur, prêt garanti par l'immeuble dont la propriété devait rester au prêteur s'il n'était pas remboursé au terme convenu. Là encore se produisaient les mêmes difficultés d'interprétation qu'à l'occasion de la vente à réméré pure et simple. Néanmoins, le prêt était présumé de plein droit lorsque trois circonstances se trouvaient réunies, à savoir : 1° stipulation de vente, avec faculté de rachat, consentie par le débiteur au créancier ; 2° bail du même immeuble au profit du débiteur ; 3° vilité du prix. On ne s'arrêtait pas, alors, à la qualification de l'acte : dans l'acheteur prétendu on voyait un véritable créancier de la somme par lui donnée à celui qui, en apparence, lui avait livré son immeuble à titre de contrat pignoratif; et on faisait tomber la convention sous la prohibition qui atteignait le prêt à intérêt et l'antichrèse. Mais, bien entendu, il n'en était pas ainsi dans les provinces où l'antichrèse était exceptionnellement autorisée, comme le prêt à intérêt. Les parties, n'ayant aucun motif, dans ces

---

(1) Loyseau (*Dist. des rent.,* l. I, chap. i, n° 12); Pothier (*loc. cit.,* n° 240).

provinces, de déguiser la convention, elles étaient supposées, quand une combinaison de ce genre venait à se produire, avoir voulu faire non point une impignoration de la chose, mais une vente véritable, affectée d'une modalité particulière. En respectant le principe de la liberté des conventions, et en reconnaissant par suite que rien n'empêche un acheteur de louer au vendeur la chose dont celui-ci vient de lui transmettre la propriété, on réservait cependant le cas de dol et de fraude; mais, dans ce cas, c'était au vendeur à prouver que l'opération cachait un prêt usuraire ou que le prix de la vente était lésif.

1217. Telle n'était plus la situation des choses au moment où fut rédigé le Code Napoléon. Le prêt à intérêt ayant été permis en 1789, la prohibition de l'antichrèse appliquée à ce contrat ne tenait plus dès cette époque; et les rédacteurs du Code étaient certainement éloignés de la pensée de la maintenir, d'autant plus qu'ils n'avaient pas même cru devoir porter à la faculté pour les parties de stipuler entre elles le taux de l'intérêt la limitation qui y fut mise plus tard par la loi du 3 septembre 1807 (1). Cependant, déterminés sans doute par le peu d'importance pratique de l'antichrèse, dont on a dit « qu'elle n'est pas un contrat de peuple civilisé » (2), ils l'avaient complètement omise dans notre titre, et s'étaient bornés à y réglementer le gage ou le nantissement des choses mobilières. Mais sur la communication qui leur fut faite du projet, plusieurs tribunaux d'appel (Aix, Bordeaux, Grenoble, Limoges, Lyon, Nîmes Paris), signalèrent cette lacune et provoquèrent le législateur à examiner s'il n'y avait pas lieu de la combler (3). « Ce titre, disait le Tribunal d'appel de Bordeaux, ne parle que du gage ou du nantissement des choses mobilières. Mais on connaît dans une partie de la France, et particulièrement dans les pays régis par le droit écrit, le nantissement des immeubles : c'est le contrat qu'on désigne sous le nom d'*antichrèse*. Ce contrat, quoiqu'il ne soit pas en usage à Paris, a cependant été maintenu ailleurs, à cause des facilités qu'il offre au débiteur qui ne possède que des immeubles de se libérer en les cédant en gage au créancier, lequel se paye sur les revenus. On invite les auteurs du projet à peser les avantages et les inconvénients de ce contrat. S'ils croient devoir en généraliser l'usage, il faut en tracer les règles; s'ils persistent à penser qu'il doit être aboli, il serait nécessaire de décider, en principe, que les immeubles ne peuvent être donnés en gage ou en nantissement. » Ainsi mis en demeure, les rédacteurs du Code ont considéré que tout ce qui tend à faciliter les conventions, à multiplier et assurer les moyens de libération, est utile à la société, et sert tout à la fois les créanciers et les débiteurs, et que, sous ces rapports, l'antichrèse méritait de figurer dans la loi civile (4). De là notre art. 2085 et les six articles qui suivent et qui terminent le titre *Du Nantissement.*

---

(1) *Voy.* notre commentaire de l'art. 1907 (au tome précédent, nᵒˢ 260 et suiv.).
(2) *Voy.* notre *Commentaire Des Priv. et Hyp.* (t. I, nᵒ 320).
(3) *Voy.* Fenet (t. III, p. 60, 203, 597; t. IV, p. 26, 333; t. V, p. 26 et 283).
(4) *Voy.* le Rapport du tribun Gary au Tribunat et au Corps législatif (Fenet, t. XV, p. 219; Locré, t. XVI, p. 43).

II. — 1218. Suivant l'art. 2085, l'antichrèse est un contrat par lequel le créancier « n'acquiert que la faculté de percevoir les fruits de l'immeuble, à la charge de les imputer annuellement sur les intérêts, s'il lui en est dû, et ensuite sur le capital de sa créance. » Cette définition fait immédiatement apercevoir les différences assez notables qui distinguent notre antichrèse de celle du droit romain. Et, d'abord, l'antichrèse, dans notre droit, ne peut avoir que des immeubles pour objet, tandis qu'à Rome le débiteur pouvait donner à antichrèse même une chose mobilière frugifère, par exemple un esclave. Ensuite, et c'est en ceci surtout que consiste le trait distinctif entre les deux législations, à Rome le propre du contrat était d'établir la compensation des intérêts et des fruits, par une sorte de forfait qui ne permettait aucune répétition de part ni d'autre; et quand les fruits devaient servir à éteindre le capital, la convention changeait de caractère et de nom : c'était le *pignus* proprement dit. Mais, dans notre droit, l'antichrèse n'est pas seulement la combinaison du droit romain (art. 2089, *infrà*) ; elle est encore la convention ayant pour objet l'extinction du capital par les fruits. C'est même cette dernière qui forme le droit commun.

1219. A côté de cette différence historique, l'art. 2085 en indique implicitement une autre qui, celle-ci, existe entre le gage et l'antichrèse. Tandis que le gage ou le nantissement mobilier confère au créancier non-seulement le droit de rétention, mais encore et surtout le droit d'être payé par préférence sur le prix de la chose engagée ou de se faire attribuer par justice la propriété de cette chose, l'antichrèse ou le nantissement immobilier donne simplement au créancier la faculté de percevoir les fruits et de retenir l'immeuble jusqu'à ce qu'il soit intégralement remboursé; il ne l'investit d'aucun privilége, en sorte qu'il se résume en une espèce de délégation de fruits par le débiteur. Cela résulte nettement de cette formule restrictive de l'art. 2085 : « Le créancier n'*acquiert* par ce contrat *que* la faculté de percevoir les fruits de l'immeuble. »

1220. Néanmoins, cela ne veut pas dire qu'à la différence du gage, l'antichrèse ne constitue pas un droit sur la chose, un droit réel, opposable à tous. Nous avons établi ailleurs que, comme l'antichrèse, l'hypothèque affecte la chose même et investit le créancier d'un droit qu'il peut opposer à tous autres créanciers ou acquéreurs postérieurs (1). Et c'est un point sur lequel nous aurons à revenir encore dans notre commentaire de l'art. 2091 (*infrà*, n° 1279).

1221. En outre, le contrat d'antichrèse s'accorde avec le contrat de gage, d'abord en ce que, conférant, comme celui-ci, un droit de rétention, il suppose nécessairement, pour sa perfection, la mise en possession du créancier, et constitue, à ce titre, un contrat réel; ensuite, en ce qu'il est un contrat à titre onéreux, et synallagmatique imparfait. Nous rappelons ce dernier point établi plus haut (n°ˢ 1065 et suiv.) pour conclure que l'art. 1325 est sans application, et que le contrat

_____

(1) *Voy.* notre *Comment. des Priv. et Hyp.* (t. I, n°ˢ 21 et 327).

étant constaté par acte sous seing privé, il suffit d'un seul original, lequel naturellement doit être remis au créancier, sauf au débiteur, s'il est prudent, à se faire délivrer une reconnaissance au moyen de laquelle il sera toujours en mesure d'établir que la possession du créancier est à titre précaire (*suprà*, n° 1093).

III. — 1222. L'antichrèse conférant au créancier un droit sur les fruits seulement, il s'ensuit qu'elle peut être consentie non-seulement par celui qui a la pleine propriété de l'immeuble (art. 2124), ce qui est une conséquence nécessaire des principes généraux, mais encore par quiconque possède l'immeuble avec droit aux fruits. Ainsi en est-il d'abord de l'usufruitier qui, ayant la faculté de conférer hypothèque, peut par cela même et à plus forte raison donner à antichrèse l'immeuble soumis à son usufruit. Ainsi en est-il encore du mari par rapport aux immeubles de sa femme, sous les régimes où il acquiert la jouissance des biens de celle-ci; il peut donc donner ces immeubles à antichrèse : seulement, les droits de l'antichrésiste seront résolus si les droits du mari viennent eux-mêmes à se résoudre; en sorte que la femme sera admise, par exemple, en cas de séparation de biens, à répéter les fruits de ses immeubles donnés en antichrèse par son mari, à compter du jour de la demande en séparation, sans que le créancier, s'il n'a pas ignoré qu'il s'agissait de biens appartenant à la femme, puisse se soustraire à cette répétition, même en invoquant sa bonne foi (1). Ainsi en est-il des époux, même mariés sous le régime dotal, par rapport aux immeubles dotaux, dans le cas où la faculté d'aliéner ces immeubles a été réservée par le contrat de mariage; ils peuvent alors, d'un commun accord, engager ces immeubles à titre d'antichrèse. Le contraire résulte d'un arrêt d'après lequel la faculté réservée à la femme mariée sous le régime dotal d'aliéner ses biens dotaux, n'emporterait pas la faculté de les hypothéquer, ni même de les engager à titre d'antichrèse; tellement que si les juges voyaient un véritable contrat d'antichrèse dans une prétendue vente à réméré des biens dotaux de la femme, ils ne pourraient, en annulant ce contrat, ordonner que le bien vendu resterait néanmoins dans les mains de l'acquéreur jusqu'à remboursement de son prix, et devraient, au contraire, ordonner la remise immédiate de l'immeuble à la femme (2). Mais c'est l'exagération d'une règle en elle-même très-certaine. Sans doute, les modifications introduites par le contrat de mariage aux principes du régime dotal doivent être interprétées dans un sens étroit, de manière à ce qu'on ne puisse jamais dépasser les limites de l'exception autorisée; et, d'après cela, nous reconnaissons, avec l'arrêt, que l'autorisation de *vendre* ou d'*aliéner* l'immeuble dotal n'emporte pas celle de l'*hypothéquer*, ni même celle de consentir des baux à long terme ou des servitudes réelles. C'est l'opinion émise dans le Traité que nous avons publié avec M. Rodière; toutefois, il y est ajouté que

---

(1) Caen, 11 juill. 1844 (*J. Pal.*, 1846, t. I, p. 530; Dalloz, 45, 2, 43).
(2) Cass., 31 janv. 1837 (S. V., 37, 1, 190; Dalloz, 37, 1, 107; *J. Pal.*, à sa date).

la réserve d'*aliéner* autorise, au contraire, tous ces actes, qui, véritables aliénations, forment des espèces différentes d'un même genre, sans offrir les dangers de l'hypothèque (1). Or, l'antichrèse est évidemment dans ce cas. Aussi la chambre civile de la Cour de cassation n'at-elle pas maintenu la thèse absolue par elle consacrée dans l'espèce précédente; elle a décidé ultérieurement que les juges du fond avaient pu, sans exposer leur arrêt à la cassation, déclarer bon et valable le bail à antichrèse d'un immeuble dotal stipulé aliénable (M. Dalloz suppose à tort que l'aliénabilité n'avait pas été convenue dans l'espèce), en se fondant sur ce que la cession est un acte de bonne administration et sur ce que les revenus qui en font l'objet ne sont pas nécessaires aux besoins de la famille (2).

1223. Ce n'est pas tout de posséder l'immeuble avec droit aux fruits, il faut encore avoir le droit d'en disposer pour pouvoir l'engager à titre d'antichrèse. Sans doute, le contrat n'atteint pas directement l'immeuble lui-même, en ce sens qu'à la différence de l'hypothèque, il ne contient pas en germe l'aliénation. Mais il engage les fruits à venir pour un temps presque toujours indéterminé, et, par cela même, il excède les limites d'un acte de simple administration. En outre, l'antichrèse, comme nous l'avons indiqué déjà, engendre un droit réel, opposable aux tiers; et, sous ce rapport, elle affecte et restreint le droit du propriétaire d'une manière assez notable pour qu'on la doive considérer comme un de ces actes permis seulement à ceux qui ont sur la chose un droit de disposition.

1224. Par conséquent, quiconque, propriétaire ou non, aurait seulement la capacité ou le pouvoir de faire des actes d'administration, ne pourrait pas consentir une antichrèse. Par exemple, le mineur, même émancipé, en est incapable, aussi bien que la personne pourvue d'un conseil judiciaire; l'engagement de leurs immeubles à titre d'antichrèse ne serait valable et ne profiterait au créancier qu'autant qu'il aurait été consenti conformément aux règles établies par la loi au titre *De la Majorité*, c'est-à-dire par le prodigue, avec l'assistance de son conseil (3); par le mineur émancipé, avec l'observation des formes indiquées dans les art. 483 et suivants du Code Napoléon. Par exemple encore, la femme, même séparée, qui a la libre administration de ses biens, ne peut pas cependant engager à titre d'antichrèse les immeubles dont elle a soit la propriété, soit seulement l'usufruit; une autorisation de son mari ou de la justice (C. Nap., art. 217 et 1449) lui serait nécessaire pour consentir valablement le contrat (4). Par exemple, enfin, le tuteur, quoiqu'il administre les biens du mineur non émancipé ou de l'interdit

---

(1) *Voy.* le *Traité du Contrat de mariage* (1ʳᵉ édit., t. II, nᵒˢ 501 et 502; 2ᵉ édit., t. III).

(2) Rej., 3 juin 1839 (S. V., 39, 1, 583; Dalloz, 39, 1, 218; *J. Pal.*, à sa date). *Voy.* aussi MM. Troplong (nᵒ 523); Dalloz (*Rép.*, vᵒ Nantiss., nᵒ 236).

(3) Paris, 10 mars 1854 (S. V., 54, 2, 597; Dalloz, 55, 2, 246; *J. Pal.*, 1854, t. I, p. 536).

(4) Req., 22 nov. 1841 (S. V., 42, 1, 48; Dalloz, 42, 1, 44; *J. Pal.*, à sa date).

placé sous sa tutelle, n'a pas le pouvoir de constituer antichrèse sans l'autorisation du conseil de famille ou l'accomplissement des mêmes formalités que s'il s'agissait de conférer hypothèque (1).

1225. L'antichrèse, quoique licite aujourd'hui et permise à tout possesseur d'immeuble placé dans les conditions ci-dessus déterminées, c'est-à-dire à tout possesseur ayant droit aux fruits et pouvoir de disposer de la chose, se cache pourtant assez fréquemment sous l'apparence d'autres contrats, comme autrefois elle se déguisait sous la forme tantôt d'une vente à réméré pure et simple, tantôt d'une vente à réméré avec relocation ou du contrat pignoratif, lorsque les prohibitions de la loi portaient les prêteurs à employer ces détours pour faire produire à leurs capitaux des intérêts qu'ils ne pouvaient pas stipuler directement. A la vérité, les prêteurs n'eurent pas le même motif de recourir à ces moyens détournés à partir de la loi du 2 octobre 1789, par laquelle furent levées d'une manière absolue les anciennes prohibitions touchant le prêt à intérêt, puisqu'en définitive ils étaient libres de fixer à l'intérêt de leur argent le taux qui leur convenait : aussi tenait-on habituellement pour sérieuses et sincères les clauses de réméré alors même qu'elles présentaient les caractères principaux des conventions prohibées par l'ancienne jurisprudence; comme les parties n'avaient aucun motif de déguiser leur volonté, elles n'étaient pas facilement présumées avoir voulu couvrir la stipulation d'intérêts sous la forme d'autres contrats. Mais il n'en a plus été de même après que la loi du 3 septembre 1807 eut fixé pour l'intérêt de l'argent un taux que les parties ne peuvent pas dépasser. Par là se trouva rétabli, dans une certaine mesure, l'état de choses que la législation de 1789 avait entendu détruire; et les mêmes causes de déguisement et de simulation s'étant ainsi reproduites, la nouvelle jurisprudence a été à son tour en présence de ces difficultés d'interprétation dont nous avons parlé plus haut (*suprà*, n° 1216), pour reconnaître et déclarer le véritable caractère des actes qui, qualifiés vente ou autrement, sont querellés, à raison de leur qualification même, et attaqués comme entachés de simulation et d'usure. A cet égard, on le comprend bien, il n'y a pas de règle précise à formuler. Tout ce qu'on peut dire, c'est que si l'opération constitue en la forme une vente à réméré pure et simple, sans clause de relocation au profit du vendeur, les tribunaux ne doivent pas facilement admettre la simulation, non pas qu'ils soient enchaînés par les termes de l'acte et par la qualification donnée au contrat, mais parce que la clause de réméré ne doit pas être considérée comme suspecte par elle-même, et qu'il faut dès lors, pour que la simulation soit admise, que les clauses de l'acte dans leur ensemble, ou les circonstances de la cause, établissent nettement aux yeux du juge que le vendeur n'a pas sérieusement entendu se dessaisir de la propriété de l'immeuble, et que l'acheteur prétendu a voulu simplement s'en constituer

---

(1) Pau, 9 août 1837 (S. V., 38, 2, 350; Dalloz, 38, 2, 183; *J. Pal.*, à sa date). *Voy.* aussi MM. Demolombe (t. VII, n° 742); Aubry et Rau (t. I, p. 405).

le détenteur précaire jusqu'à son payement (1). D'ailleurs, il sera au moins nécessaire, en ce cas, pour que les juges puissent reconnaître à la vente prétendue le caractère d'impignoration, que l'acquéreur prétendu ait été mis en possession effective de la chose; sans cela, il manquerait à l'antichrèse son élément essentiel, et l'acte devrait être pris comme contenant une vente conditionnelle (2).

1226. Que si à la clause de réméré se joignait la circonstance que l'immeuble est immédiatement donné à bail par l'acquéreur au vendeur, les tribunaux devraient se montrer plus faciles à déclarer la simulation, surtout si la vilité du prix de vente concourait avec les deux autres circonstances supposées. Toutefois, la présomption de simulation qui se produit naturellement en ce cas n'est pas assurément une présomption légale ni absolue. Les juges auront à s'enquérir avant tout de l'intention des parties; ils la rechercheront dans la combinaison des clauses de l'acte, dans les faits de la cause, et ils décideront souverainement, c'est-à-dire en dehors du contrôle de la Cour de cassation (3), soit que l'acte est sérieux et doit être maintenu dans les conditions établies par les parties et avec la qualification qu'il a reçue d'elles, soit que, sous une apparence et une dénomination fausses, il constitue une véritable antichrèse. Mais, dans ce dernier cas, la simulation reconnue n'aurait pas nécessairement pour sanction la nullité du contrat; l'antichrèse étant une convention parfaitement licite, la simulation sous laquelle elle s'est déguisée n'en pourrait motiver l'annulation qu'autant qu'elle couvrirait l'usure ou toute autre fraude à la loi (4).

IV. — 1227. Ces règles générales étant posées touchant la nature de l'antichrèse et la capacité nécessaire pour la consentir, arrivons au texte de l'art. 2085, et occupons-nous d'abord de la preuve du contrat, ce qui est l'objet du premier paragraphe de cet article.

1228. C'est, en effet, au point de vue de la preuve seulement que, d'après cette première disposition de l'art. 2085, « l'antichrèse ne s'établit que par écrit. » Pris à la lettre, le texte semblerait indiquer que l'écrit est de la substance du contrat, et, par conséquent, que l'existence et la validité de l'antichrèse sont subordonnées à ce qu'il en soit dressé acte. Mais telle n'a pu être la pensée de la loi. Le législateur n'a certainement pas voulu s'écarter ainsi de la règle générale d'après laquelle le consentement n'est soumis à aucune formalité pour sa manifestation; et comme, à cet égard, il a laissé le gage sous l'empire de cette règle générale, il a dû, à bien plus forte raison, y laisser l'antichrèse, qui confère au créancier des droits bien moins étendus : aussi est-il géné-

---

(1) *Voy.* Req., 17 janv. 1816 (S. V., Coll. nouv., 5, 1, 139; Dalloz, Rec. alph., t. VII, p. 143; *J. Pal.*, à sa date). *Junge :* Req., 25 avr. 1821; (Dalloz, *Rép.*, v° Nantiss., n° 223).
(2) Cass., 1ᵉʳ juill. 1844 (S. V., 45, 1, 17; Dalloz, 44, 1, 344; *J. Pal.*, à sa date).
(3) Cass., 23 déc. 1845; Req., 22 avr. 1846 (S. V., 46, 1, 732; *J. Pal.*, 1846, t. I, p. 182; Dalloz, 54, 1, 422 et 416). *Junge :* Req., 24 déc. 1862 (le *Droit* du 25 déc.).
(4) Cass., 31 janv. 1837; Bastia, 9 mai 1838 (S. V., 37, 1, 190; 38, 2, 369; Dalloz, 37, 1, 106; 38, 2, 113; *J. Pal.*, à leur date).

ralement admis que l'art. 2085 parle de l'écriture, relativement à l'antichrèse, dans le même sens que l'art. 2044 en parle relativement à la transaction, c'est-à-dire uniquement au point de vue de la preuve (*suprà*, n°s 487 et suiv.).

Cela étant, nous appliquerons à l'antichrèse ce que nous avons dit de la transaction (*suprà*, n°s 498 et suiv.). Et, par conséquent, si l'existence de la convention était contestée entre les parties, la preuve ne pourrait pas, en principe, en être faite par témoins, puisque, suivant l'expression de la loi, l'antichrèse ne s'établit que par écrit. La preuve testimoniale devrait même être écartée, la valeur des fruits que doit percevoir le créancier ou celle de l'immeuble fût-elle au-dessous de 150 francs (1), puisque l'art. 2085, en reproduisant le principe de l'article 1341, dispose en termes absolus et sans fixer la limite de 150 francs posée par ce dernier article (*suprà*, n° 501). Toutefois, si, sous ce rapport, l'art. 2085 implique dérogation à l'art. 1341, en ce sens qu'il impose la nécessité de l'écriture comme moyen de preuve, alors même que l'intérêt engagé dans l'antichrèse est au-dessous de 150 francs, il ne déroge aucunement ni à l'art. 1348, 4°, ni même à l'art. 1347 : ainsi, la preuve testimoniale devra être reçue pour établir l'existence de l'antichrèse, soit lorsque l'écrit dressé pour la constater a été perdu par cas fortuit ou de force majeure, soit lorsqu'il en existe un commencement de preuve par écrit (2). La solution, en ce dernier point du moins, est contestée ; nous n'y insisterons pas cependant, les raisons de décider ne différant pas de celles que nous avons déduites *suprà*, n° 502, à l'occasion de la transaction. — Quant aux autres modes de preuve organisés par la loi, nous n'avons qu'un mot à en dire : l'art. 2085 ne les exclut en aucune façon, par cela seul qu'il ne les rappelle pas. Ainsi, les présomptions de l'homme, exclues en principe comme conséquence de l'exclusion dont la preuve testimoniale est l'objet, seront exceptionnellement admises dans tous les cas où la preuve testimoniale est admise par exception. L'aveu sera admis sans aucune difficulté, puisque le contrat, quoique non produit en justice, n'est pas contesté dans son existence. Et il en sera de même du serment litisdécisoire, puisque la délation du serment n'est, au fond, qu'une manière de provoquer l'aveu (*suprà*, n°s 503 et suiv.). '

1229. Ainsi doit être entendu le premier paragraphe de l'art. 2085 dans les rapports des parties entre elles. Mais vis-à-vis des tiers ou des autres créanciers du débiteur, la disposition doit être prise dans ses termes absolus et appliquée rigoureusement : l'antichrésiste ne peut établir son droit qu'au moyen d'un écrit. L'écriture est donc exigée, à ce point de vue, comme condition nécessaire à la validité même du contrat, en ce sens que, s'il n'y a pas d'acte, le droit de l'antichrésiste est comme non

---

(1) Exposé des motifs de Berlier (Locré, t. XVI, p. 31; Fenet, t. XV, p. 211).
(2) *Voy.* conf. MM. Duranton (n° 588); Aubry et Rau (t. III, p. 521, note 4); Mourlon (*Rép. écrit.*, t. III, p. 497). — Mais, en sens contraire, MM. Troplong (n°s 514 et 515); Boileux (t. VII, p. 148). Comp. MM. Berriat Saint-Prix (*Not. théor.*, n° 8319); Massé et Vergé, sur Zachariæ (t. V, p. 112, note 2).

avenu vis-à-vis des autres créanciers du débiteur et de ceux qui auraient acquis de lui. Les art. 2074 et 2085 sont, sous ce rapport, dans une étroite corrélation : un droit réel ne saurait s'établir avec efficacité vis-à-vis des tiers qu'à la condition de la rédaction d'un acte.

1230. Cela même ne suffit pas : il faut, en outre, que l'acte ait reçu date certaine par l'un des modes indiqués dans l'art. 1328. M. Delvincourt suppose à tort le contraire, en se fondant sur ce que l'antichrèse n'aurait aucun effet à l'égard des tiers (1). Même dans ce système, auquel nous sommes loin d'adhérer (*infrà*, n°s 1276 et suiv.), il serait nécessaire qu'il y eût date certaine, car il y a, en définitive, une aliénation de fruits à venir, qui, en tout état de cause, sera opposée aux autres créanciers.

1231. A ces conditions, la loi du 23 mars 1855 en a ajouté une autre : tout acte constitutif d'antichrèse est soumis à la transcription par l'art. 2 de cette loi. Et jusqu'à la transcription, d'après l'art. 3, les droits résultant d'un tel acte ne peuvent être opposés aux tiers qui auraient acquis des droits sur l'immeuble et qui les auraient conservés en se conformant aux lois.

1232. Enfin, une dernière condition est exigée pour que le droit d'antichrèse puisse prendre naissance : il faut que le créancier ait été mis en possession. C'est une nécessité déjà indiquée; nous la rappelons ici parce qu'elle a été récemment contestée sous prétexte qu'elle aurait disparu par l'effet de la loi sur la transcription, laquelle, en soumettant l'acte à la formalité, aurait suffisamment satisfait à l'intérêt de la publicité, qui, seul, jusqu'à elle, aurait été la raison d'être de la mise en possession (2). Il est très-certain, à notre avis, que la loi de 1855 n'a nullement entendu modifier à ce point les principes du Code. La transcription, d'ailleurs, malgré la publicité qu'elle donne à l'acte, n'est toujours, en définitive, qu'une saisine artificielle, et elle ne saurait remplacer la mise en possession effective, bien autrement énergique et bien plus propre qu'aucun autre moyen à prévenir les surprises et les fraudes.

V. — 1233. Il nous reste maintenant à parler des droits du créancier antichrésiste : c'est l'objet du deuxième paragraphe de l'art. 2085. Ces droits diffèrent quelque peu de ceux du créancier antichrésiste en droit romain. La règle, en droit romain, était que les fruits, quelle qu'en fût la valeur, se compensaient avec les intérêts dus au créancier, sans arriver jamais à produire l'extinction du capital. C'était une espèce de forfait dont l'avantage était de laisser au créancier toute liberté dans la perception des fruits, à condition qu'il ne détériorât pas le fonds même, et de le dispenser de rendre compte des fruits au débiteur. Le Code Napoléon a entendu les choses autrement : il a voulu qu'en l'absence de conventions contraires, les fruits perçus par l'antichrésiste fussent imputés d'abord sur les intérêts de sa créance; c'est la desti-

---

(1) *Voy.* M. Delvincourt (aux notes, t. III, p. 444, note 1).
(2) *Voy.* M. Mourlon (*Rép. écrit.*, t. III, p. 496, à la note, et *Traité de la Trans.*, n°s 89 et suiv.).

nation naturelle des fruits, et il a supposé qu'elle a été dans l'intention probable des parties. Et puis, supposant que la valeur des fruits pourrait excéder celle des intérêts, il a entendu que l'excédant ne serait retenu par le créancier qu'en déduction du capital de la créance. Il suit de là que le créancier doit toujours rendre au débiteur un compte de la valeur des fruits par lui perçus; car il faudra toujours arriver à rechercher s'il y a un excédant, et à constater la somme jusqu'à concurrence de laquelle le capital de la créance a pu être éteint. Cela résulte de la jurisprudence qui, en cas de contestation entre le débiteur et le créancier, sur le produit de la gestion d'un immeuble donné à antichrèse, tient qu'il y a obligation pour les tribunaux d'examiner les comptes présentant les recettes et dépenses effectives, de calculer la recette et la dépense, de fixer enfin le reliquat d'après cet examen et les débats des parties, et n'admet en aucun cas que les tribunaux déterminent le résultat du compte par une évaluation arbitraire (1).

1234. Que si la créance ne produit pas d'intérêts, la présomption est que les parties ont voulu que les fruits vinssent en déduction du capital. On ne saurait admettre l'opinion émise par Proudhon, d'après lequel, si la créance non productive d'intérêts était échue au jour de l'établissement de l'antichrèse, les intérêts commenceraient à courir à ce moment au profit du créancier, l'intention de ce dernier ne pouvant être de reculer et de fractionner son remboursement (2). La solution, évidemment contraire au texte même de l'art. 2085, est en outre en opposition flagrante avec les règles sur le prêt à intérêt et sur l'acquisition des intérêts moratoires. Aussi est-elle généralement contredite (3).

1235. Le créancier, ayant le droit de percevoir les fruits et de se les approprier, peut, sous le rapport du mode de jouissance de l'immeuble, être assimilé, dans une certaine mesure, à un usufruitier. Il peut donc cultiver le fonds par lui-même, habiter la maison ou y établir un fermier, un colon partiaire, un locataire. Quant au droit de consentir des baux opposables au propriétaire, son débiteur, nous le renfermerions volontiers, quant à la durée et à l'époque du renouvellement, dans la mesure fixée par les art. 1429 et 1430, par rapport aux baux établis par le mari sur les biens de sa femme. Mais nous n'accorderions pas à l'antichrésiste la faculté de procéder avec le voisin au bornage de l'immeuble : le jugement intervenu entre lui et le voisin, à cet égard, ne nous paraîtrait pas opposable au propriétaire, qui a seul qualité pour exercer cet acte, et qui a le plus grand intérêt à être dans l'instance en bornage, à raison des titres qu'il possède et qu'il n'était pas tenu de communiquer à son créancier en lui remettant l'immeuble à titre d'antichrèse.

---

(1) Cass., 6 août 1822 (S. V., 23, 1, 182; Coll. nouv., 5, 1, 121; Dalloz, 23, 1, 18; J. Pal., à sa date).
(2) Proudhon (Usufr., t. 1, n° 77).
(3) Voy. notamment MM. Troplong (n° 538); Aubry et Rau (t. III, p. 521, note 1).

2086. — Le créancier est tenu, s'il n'en est autrement convenu, de payer les contributions et les charges annuelles de l'immeuble qu'il tient en antichrèse.

Il doit également, sous peine de dommages et intérêts, pourvoir à l'entretien et aux réparations utiles et nécessaires de l'immeuble, sauf à prélever sur les fruits toutes les dépenses relatives à ces divers objets.

SOMMAIRE.

I. 1236. La première obligation de l'antichrésiste est de faire emploi des fruits comme le ferait le propriétaire lui-même : ainsi, sauf convention contraire, il doit acquitter les contributions et les charges annuelles de l'héritage. — 1237. La même obligation lui incombe par rapport aux réparations utiles ou nécessaires dont l'immeuble peut avoir besoin. — 1238. Mais, en cela, il n'est que le représentant du propriétaire ; en sorte que si les fruits d'une année ne suffisent pas, il peut prélever sur les fruits de l'année suivante le complément de ses déboursés, ou même, s'il le préfère, se faire rembourser immédiatement ce qu'il a dépensé en plus.

II. 1239. Le créancier est obligé, en outre, de veiller en bon père de famille à l'administration et à la conservation de l'immeuble ; par conséquent, il doit, comme le propriétaire lui-même, faire les actes propres à prévenir les prescriptions ; — 1240. Et s'abstenir, dans l'administration, de tous changements ou modifications qui ne seraient pas en rapport avec la fortune et les habitudes du propriétaire. — 1241. Dans quel degré le créancier doit exercer la vigilance dont il est tenu : renvoi.

I. — 1236. L'antichrésiste, qui détient l'immeuble du débiteur avec faculté d'en percevoir les fruits, doit administrer l'immeuble et faire des fruits l'emploi qu'en ferait le propriétaire lui-même, c'est-à-dire qu'étant administrateur, il doit conformer son administration et l'emploi des fruits aux pratiques du bon père de famille. Il sera donc réputé avoir mandat du débiteur pour faire servir les fruits à l'acquittement des charges annuelles de l'héritage, charges qu'un bon administrateur acquitte toujours sur ses revenus. Et parmi ces charges figurent au premier rang les contributions, dont l'art. 2086 a fait mention spécialement. Ainsi, en principe, l'antichrésiste les doit acquitter, à moins que, de convention expresse entre les parties, le débiteur ait pris l'engagement de les acquitter lui-même.

1237. Le créancier est également chargé de faire face, au moyen des fruits, aux réparations utiles ou nécessaires dont l'immeuble peut avoir besoin. C'est encore là une charge des fruits, et le créancier serait assurément responsable s'il manquait d'affecter au bon entretien de l'immeuble les revenus qu'il perçoit.

1238. Mais, bien entendu, ces dépenses ainsi mises au compte du créancier sont faites par lui comme représentant du débiteur. Si donc les fruits d'une année ne lui procurent pas une somme suffisante à l'indemniser complétement de ses déboursés, il peut prélever sur les fruits de l'année suivante ce qu'il a dépensé en plus. Il peut même, s'il le préfère, agir immédiatement contre le débiteur, à l'effet de se faire rembourser l'excédant. La raison en est qu'il ne peut pas être en perte, et qu'ayant payé au nom et pour le compte du débiteur, il doit être rendu absolument indemne par ce dernier. C'est là encore une différence notable entre l'antichrésiste et l'usufruitier, différence parfaitement justifiée, d'ailleurs, par la nature essentiellement différente des rapports juridiques existant entre le propriétaire et le possesseur intérimaire de l'immeuble, suivant que ce dernier est l'antichrésiste ou l'usufruitier.

II. — 1239. Une seconde obligation du créancier antichrésiste est de veiller en bon père de famille à la conservation et à l'administration de l'immeuble engagé. Il doit donc s'attacher à faire tous les actes qu'aurait dû faire le propriétaire lui-même. S'il existe en faveur de l'immeuble certains droits, par exemple des servitudes, il ne doit pas les laisser prescrire par le non-usage, sous peine d'être responsable de leur perte. Mais comme la responsabilité est la suite d'une faute ou d'une négligence, elle ne serait pas encourue si le créancier n'avait pas connu ou n'avait pas pu connaître l'existence des servitudes.

1240. D'ailleurs, le créancier doit, dans l'administration de l'immeuble, se conformer à l'intention probable du propriétaire. Il ne pourrait donc pas, en principe, changer, sans le consentement de ce dernier, le mode d'exploitation de l'immeuble, ni apporter à la chose des modifications qui ne seraient pas en rapport avec les habitudes et la fortune du débiteur. Il ne doit y faire des améliorations qu'avec une sage réserve, et de manière à ne pas rendre trop onéreuse l'obligation où est celui-ci de lui rembourser ses dépenses. En cas d'excès, le juge pourrait limiter l'obligation du débiteur, et, par exemple, lui imposer le remboursement d'une partie de la plus-value seulement, en laissant la dépense, quant au surplus, à la charge du créancier (1).

1241. En ce qui concerne le degré de vigilance dont l'antichrésiste est tenu dans la garde et l'entretien de l'immeuble, il y a lieu de suivre et d'appliquer les principes développés plus haut à l'occasion du contrat de gage (*suprà*, n° 1172).

2087. — Le débiteur ne peut, avant l'entier acquittement de la dette, réclamer la jouissance de l'immeuble qu'il a remis en antichrèse.

Mais le créancier qui veut se décharger des obligations exprimées en l'article précédent, peut toujours, à moins qu'il n'ait renoncé à ce droit, contraindre le débiteur à reprendre la jouissance de son immeuble.

SOMMAIRE.

I. 1242. L'antichrèse, contrat synallagmatique imparfait, ne fait entrer que l'une des parties dans les liens de l'obligation, et laisse l'autre partie, en principe, libre de renoncer au bénéfice du contrat.

II. 1243. En conséquence, d'une part, le débiteur ne peut demander la restitution de l'immeuble donné en antichrèse qu'autant qu'il a entièrement payé ou que sa dette est éteinte d'une autre manière quelconque; — 1244. Ou que le créancier antichrésiste ferait de l'immeuble un usage qui le mettrait en péril : le premier paragraphe de l'art. 2082, écrit en vue du gage, doit être étendu à

---

(1) *Voy.* Paris, 9 déc. 1836 (S. V., 37, 2, 29; Dalloz, 37, 2, 118).

l'antichrèse. — 1245. *Secùs* en ce qui concerne le second paragraphe : ainsi, le créancier ne serait pas autorisé à retenir l'immeuble jusqu'au payement d'une nouvelle dette contractée envers lui par le débiteur après la première. — 1246. Tant que le créancier reste en possession, le débiteur ne peut se prétendre libéré par la prescription. — 1247. Réciproquement, aucune prescription n'est opposable à son action en restitution tant que la dette n'est pas acquittée. *Quid* après le payement ?

:II. 1248. D'une autre part, le créancier peut toujours renoncer au nantissement, tout en conservant son action personnelle contre le débiteur. — 1249. Sa renonciation doit être transcrite aux termes de la loi du 28 mars 1855 : hypothèse exceptionnelle dans laquelle la transcription a son utilité. — 1250. Le créancier peut renoncer au droit de contraindre le débiteur à reprendre la jouissance de son immeuble. — 1251. En quels cas il peut y avoir renonciation à ce droit. — 1252. La renonciation peut-elle être tacite ?

I. — 1242. Le nantissement, comme nous l'avons expliqué, est un contrat synallagmatique imparfait, un de ces contrats, dès lors, qui, en principe, retiennent une seule des parties dans les liens de l'obligation, et laissent à l'autre la liberté de renoncer à tout instant au bénéfice qu'ils lui procurent. C'est précisément la situation juridique établie par l'art. 2087, d'après lequel, d'une part, le débiteur qui a engagé son immeuble à titre d'antichrèse n'en peut réclamer la jouissance tant qu'il n'est pas libéré ; d'une autre part, en principe, le créancier peut, au contraire, s'il veut se décharger des obligations que sa possession lui impose, contraindre le débiteur à reprendre la jouissance. A chacune de ces dispositions, d'ailleurs, se rattachent des difficultés spéciales ; il faut les étudier successivement.

II. — 1243. Et d'abord, il en est du contrat d'antichrèse comme du contrat de gage : le créancier qui a satisfait à son obligation a une action en restitution contre le créancier détenteur de sa chose ; mais il faut que, d'une manière ou d'une autre, il ne reste plus rien de son obligation. Par conséquent, celui qui, pour assurer le remboursement de sa dette, a donné son immeuble en antichrèse ne peut exercer l'action en restitution et réclamer la jouissance qu'autant qu'il a payé le créancier en capital, intérêts et frais, ou que la dette a été éteinte par quelque autre mode, par exemple par la compensation, ou encore par la novation, en tant que le créancier n'aurait pas expressément réservé le maintien de l'antichrèse en stipulant que la sûreté passerait et resterait attachée à l'obligation nouvelle (C. Nap., art. 1278). Nous appliquons, en un mot, ici ce que nous avons dit à propos du gage (*suprà*, n°ˢ 1187 et suiv.), en commentant l'art. 2082, dont notre article reproduit la première disposition.

1244. Par cela même, et en vertu de cette disposition, l'action en restitution serait également ouverte au débiteur, si le créancier, abusant de sa possession, faisait de l'immeuble un usage qui le mettrait en péril ou qui serait contraire à la morale. Nous le répétons, la déchéance établie par l'art. 2082 en ce cas n'est pas autre chose qu'une mise en action de l'art. 1184, lequel, sainement entendu, régit non-seulement les contrats synallagmatiques, mais aussi et généralement les contrats à titre onéreux. Donc, en cas d'abus de la part du créancier, le juge pourra ordonner soit le séquestre de l'immeuble, soit même la restitution au débiteur, en s'autorisant des art. 618 et 2082, § 1er, du Code Napoléon (1).

1245. Mais nous n'irions pas, avec quelques auteurs, jusqu'à dire que le § 2 de l'art. 2082 est également applicable à l'antichrèse, et, par suite, que le créancier antichrésiste pourrait retenir l'immeuble pour sûreté de toutes créances contractées postérieurement à la constitution de l'antichrèse, et devenues exigibles avant le payement de celle pour laquelle l'antichrèse a été consentie (2). Les termes mêmes de la loi résistent à cette extension d'une disposition tout exceptionnelle. Il s'agit, en effet, au second paragraphe de l'art. 2082, d'un cas de nantissement tacite, et si le législateur eût voulu l'étendre du cas de gage à celui d'antichrèse, il n'eût pas manqué, puisqu'il reproduisait dans l'art. 2087 la première partie de l'art. 2082, d'y ajouter la seconde. Il n'en a rien fait, et, tout au contraire, il l'a exclue, puisqu'en indiquant ensuite (art. 2090, infrà) quelles sont les dispositions applicables à l'antichrèse comme au gage, il a mentionné seulement les art. 2077 et 2083. Par cela même, le second paragraphe de l'art. 2082 régit le contrat de gage exclusivement ; et dès lors l'antichrésiste, une fois payé de la première créance, doit restituer l'immeuble donné en nantissement, bien qu'il lui soit dû d'autres créances actuellement échues (3).

1246. Quant à la prescription prise comme mode d'extinction soit de la créance, soit du droit de rétention, il faut, au contraire, appliquer à l'antichrèse les solutions admises relativement au gage.

Ainsi, d'une part, tant que le créancier reste en possession de l'immeuble, le débiteur ne peut pas lui opposer la prescription libératoire ; quelque longue que soit la période de temps qu'il a laissé s'écouler sans agir, le créancier a maintenu, au moyen de la possession, accompagnée de la jouissance et de la perception des fruits, un droit que, d'ailleurs, le débiteur a reconnu chaque jour en ne recueillant pas lui-même les fruits de son immeuble, et en souffrant qu'ils fussent recueillis à sa place par le créancier (4).

1247. D'une autre part, et par une juste réciprocité, le débiteur, tant que la dette n'est pas acquittée, n'a pas à craindre la prescription acquisitive ; quelque longue que soit la possession du créancier, c'est une possession précaire qui ne saurait lui faire acquérir la propriété (5). Et même après le payement de la dette, le débiteur conserve son action en revendication contre le créancier resté en possession, à moins qu'il y ait eu interversion de titre par l'un des deux modes indiqués à l'ar-

---

(1) Voy. M. Delvincourt (aux notes, t. III, p. 446, note 1).
(2) Voy. MM. Duranton (n° 563); Troplong (n° 549); Charlemagne (Encycl. du Droit, v° Antichrèse, n° 35).
(3) Voy. Caen, 2 janv. 1846 (S. V., 47, 2, 399; Dalloz, 47, 4, 335; J. Pal., 1847, t. II, p. 146). Voy. aussi MM. Aubry et Rau (t. III, p. 525, note 4); Massé et Vergé, sur Zachariæ (t. V, p. 116, note 7); Boileux (t. VII, p. 149).
(4) Cass., 27 mai 1812; Riom, 31 mai 1828 (S. V., 13, 1, 85; 28, 2, 282; Coll. nouv., 4, 1, 107; 9, 2, 88; Dalloz, 13, 1, 175; 29, 2, 101; J. Pal., à leur date).
(5) Voy. l'arrêt de la Cour de Riom cité à la note précédente.

ticle 2238 (1). — D'ailleurs, bien que le créancier soit provisoirement possesseur, rien ne s'oppose à ce que le débiteur fasse lui-même, vis-à-vis des tiers, des actes destinés à interrompre la prescription qui pourrait courir à leur profit pendant la durée de l'antichrèse (2).

III. — 1248. Après ces explications touchant l'obligation du débiteur, voyons quel est le droit du créancier; c'est l'objet du second paragraphe de l'art. 2087. En prenant l'immeuble à titre d'antichrèse, le créancier a contracté aussi, vis-à-vis du débiteur, propriétaire de cet immeuble, certaines obligations que l'art. 2086 a précisées. Mais comme la convention n'a été formée, en définitive, que pour sa sûreté et son avantage, il peut toujours se décharger de ces obligations en remettant la possession et la jouissance de l'immeuble à son débiteur (3) : tel est son droit, et, à moins qu'il y ait renoncé, il reste toujours libre de l'exercer. Ce n'est pas à dire qu'en l'exerçant il abandonne sa créance et perde la faculté d'en poursuivre le remboursement. Sa détermination peut n'avoir pour cause que le désir de se décharger d'une administration incommode, ou qui peut-être n'est que dispendieuse, par exemple si, dans le cas prévu par l'art. 2089 (*infrà*, n°s 1263 et suiv.), les fruits ne lui fournissent pas même de quoi suffire au payement des charges annuelles de l'immeuble. Il doit donc lui être permis de renoncer au contrat de nantissement, sans que la renonciation implique en aucune façon l'abandon de son action personnelle contre le débiteur (4).

1249. La renonciation au droit d'antichrèse est soumise à la transcription par la loi du 23 mars 1855. Sont transcrits, dit en effet l'article 2, « 1° tout acte constitutif *d'antichrèse,* de servitude, d'usage et d'habitation ; 2° tout acte *portant renonciation à ces mêmes droits...* » Au premier abord, on n'aperçoit pas nettement quelle peut être ici l'utilité de la transcription. De deux choses l'une : — ou bien le créancier, en remettant à son débiteur la possession et la jouissance de l'immeuble, lui fait aussi remise de la dette, et dans ce cas la transcription n'a pas d'objet, la remise, régulièrement constatée par un acte ayant date certaine, étant par cela seul opposable à tous, même à ceux qui, après coup, auraient obtenu de celui qui avait fait remise une cession de la créance éteinte; — ou bien le créancier a renoncé seulement à son droit d'antichrèse, entendant conserver l'action personnelle contre le débiteur, et alors la transcription n'est pas moins inutile, puisque, transcrite ou non transcrite, la renonciation, pourvu qu'elle ait acquis date certaine, est opposable aux créanciers chirographaires, lesquels, d'après une opinion admise à peu près universellement, ne peuvent pas exciper du défaut de transcription.

Mais il peut arriver qu'après avoir renoncé à son droit d'antichrèse, le créancier cède sa créance à un tiers qui est mis en possession de l'im-

---

(1) Bastia, 2 fév. 1857 (S. V., 57, 2, 129; *J. Pal.*, 1857, p. 611).
(2) Rej., 22 juill. 1856 (S. V., 56, 1, 910; Dalloz, 56, 1, 306; *J. Pal.*, 1858, p. 698).
(3) *Voy.* le Rapport du tribun Gary au Corps législatif (Fenet, t. XV, p. 222; Locré, t. XVI, p. 47).
(4) Rennes, 18 juin 1821 (S. V., Coll. nouv., 6, 2, 434).

meuble resté, par un motif quelconque, aux mains du créancier, non-obstant la renonciation. Et alors il ne sera pas indifférent que la renonciation soit ou ne soit pas transcrite : entre le débiteur vis-à-vis duquel le créancier a renoncé à son droit d'antichrèse et le cessionnaire de la créance, la préférence sera acquise à ce dernier si, le débiteur ayant négligé de faire transcrire immédiatement la renonciation, il a pris, au contraire, le soin de soumettre son titre à la formalité. Ce cas, le seul où la transcription de l'acte dont il s'agit soit réellement utile, se présentera, d'ailleurs, rarement ; et il n'aurait même pas l'occasion de se produire si le débiteur se faisait remettre la possession de l'immeuble au moment même où survient la renonciation du créancier, puisque le fait de la mise en possession, qui est la condition même du contrat, ne pourrait plus se réaliser au profit du cessionnaire auquel la créance serait ultérieurement cédée (1).

1250. Le créancier peut abdiquer la faculté qu'il a de renoncer à son droit d'antichrèse, ou s'en interdire l'exercice par une clause du contrat. Il est, certes, assez peu probable qu'il consente à l'insertion d'une telle clause ; la chose est possible néanmoins, et elle a été prévue par notre article, qui, en consacrant le droit, réserve expressément le cas où, par une convention contraire, le créancier a consenti à y renoncer.

1251. Et, comme le dit M. Delvincourt, il peut y avoir convention contraire sous deux rapports. En premier lieu, on a pu convenir que le créancier sera tenu de garder l'immeuble jusqu'à ce qu'il ait recueilli des fruits en quantité suffisante pour être remboursé de sa créance en totalité. En second lieu, il a pu être convenu, ce qui serait infiniment plus onéreux, que le créancier garderait l'immeuble alors même que les dépenses excéderaient les fruits, soit en prenant l'excédant pour son compte, soit à la charge de se rembourser de cet excédant sur les années suivantes (2).

1252. Mais, dans tous les cas, cette renonciation, par cela même qu'elle est en dehors des conventions ordinaires du droit commun, ne doit pas être présumée. Il faut donc qu'elle soit expresse ; elle ne saurait résulter ni de l'expiration d'un long délai, ni même de la convention autorisée par l'art. 2089 (3).

2088. — Le créancier ne devient point propriétaire de l'immeuble par le seul défaut de payement au terme convenu ; toute clause contraire est nulle : en ce cas, il peut poursuivre l'expropriation de son débiteur par les voies légales.

---

(1) Comp. M. Flandin (*Trans.*, t. I, n° 494) ; Fernand Verdier (*eod.*, t. I, n°° 231 et suiv.) ; Mourlon (*eod.*, t. I, n°° 89 et suiv., et n° 126).
(2) Delvincourt (aux notes, t. III, p. 446, note 3).
(3) MM. Duranton (n° 564) ; Troplong (n° 557). — Mais *voy.* MM. Aubry et Rau (t. III, p. 525, note 3) ; Zachariæ (édit. Massé et Vergé, t. V, p. 116, note 6).

I. — 1253. Le créancier antichrésiste reçoit, comme le créancier gagiste, la possession de la chose donnée en nantissement, et de plus il a le droit, que ce dernier n'a pas en principe, de se servir de cette chose et d'en jouir. Mais le débiteur n'en conserve pas moins la propriété, et il a seul le pouvoir d'en disposer, bien entendu sous la réserve des droits du créancier. Cela étant, on pourrait concevoir qu'il abdiquât ce pouvoir de disposition et qu'il le transmît au créancier pour le cas où la dette ne serait pas payée à l'échéance. Toutefois, le législateur n'admet pas cette renonciation, et, sentant bien que le débiteur est à la discrétion du créancier quand la sûreté exigée par celui-ci consiste en un nantissement immobilier non moins que quand elle consiste en un nantissement mobilier; que, dans un cas aussi bien que dans l'autre, le débiteur a besoin d'être protégé contre le créancier vis-à-vis duquel sa situation peut ne pas lui permettre de se défendre lui-même, il prend son intérêt en main, et par l'art. 2088, dont la disposition reproduit celle de l'art. 2078 sauf les modifications inhérentes à la matière, il prohibe certaines clauses impliquant de la part du débiteur des concessions qu'il répute ne pouvoir pas être librement faites.

II. — 1254. La clause prohibée, pour l'antichrèse comme dans le contrat de gage, c'est le pacte commissoire, c'est-à-dire la convention en vertu de laquelle le créancier deviendrait propriétaire de l'immeuble à lui remis à titre d'antichrèse par le seul défaut de payement à l'échéance. Le législateur se reporte au moment où le contrat d'antichrèse s'établit, parce que c'est à ce moment précisément que le débiteur, sous l'empire d'une nécessité qui le dispose à subir les conditions même les plus onéreuses, a besoin d'être protégé. Et sans attendre le moment qui suit le contrat, il déclare nulle par avance une clause qui, sinon toujours, au moins dans la plupart des cas, sera manifestement injuste, la somme prêtée étant habituellement de beaucoup au-dessous de la valeur de l'immeuble dont, par l'effet de la clause, elle deviendrait cependant le prix.

1255. Et même, quand la loi annule une telle clause, elle n'entend pas renfermer l'action ouverte au débiteur dans le délai de dix ans, durée ordinaire des actions en nullité ou en rescision (C. Nap., article 1304). Elle tient la clause pour non avenue, ce qui met le débiteur dans le cas d'en pouvoir faire déclarer la non-existence après ce délai, non pas même depuis la constitution de l'antichrèse, mais depuis le terme fixé pour l'exigibilité de la dette (1).

1256. Ce n'est pas à dire, pourtant, que l'action soit imprescriptible. A défaut de l'art. 1304, qui n'est pas opposable au débiteur, il y a l'article 2262, dont le principe général doit trouver ici son application. Or, aux termes de cet article, toutes les actions, tant réelles que personnelles, sont prescrites par trente ans, sans que celui qui allègue cette prescription soit obligé d'en rapporter un titre ou qu'on puisse lui opposer l'exception déduite de la mauvaise foi. Donc, après trente années à partir du jour où la dette est devenue exigible, le débiteur ne peut plus agir à l'effet de faire déclarer la nullité de la clause; son action personnelle en nullité est éteinte par la prescription. Mais il conserve l'action en revendication; et, s'il y a lieu, il pourra l'exercer contre l'antichrésiste; car, la clause étant considérée par la loi comme non avenue, il en résulte qu'elle ne change rien dans la situation des parties, en sorte que l'antichrésiste ne cesse pas d'être un détenteur précaire. Il a été décidé néanmoins que la clause, nulle à l'effet de rendre le créancier propriétaire à l'échéance du terme, peut servir de fondement à la prescription acquisitive à partir de cette époque; et la décision est approuvée par M. Troplong, en ce que, dit-il, une possession *animo domini* a commencé du jour où a cessé l'antichrèse (2). Rien n'est plus contestable: l'échéance, nous l'avons dit déjà, n'est pas une cause d'interversion de titre du créancier (*suprà*, n° 1166).

III. — 1257. Précisons maintenant l'étendue et la portée de la prohibition édictée par l'art. 2088. — D'après les termes de la loi, la convention interdite est celle par l'effet de laquelle le créancier deviendrait propriétaire de l'immeuble par le seul défaut de payement au terme convenu. Ainsi, l'interdiction ne porte expressément que sur l'une des deux clauses prohibées par l'art. 2078 à propos du gage; notre article ne rappelle pas, en effet, au moins textuellement, pour la prohiber, la clause qui, à défaut de payement, autoriserait le créancier *à disposer de la chose en-*

---

(1) Toulouse, 5 mars 1831 (S. V., 34, 2, 111; Dalloz, 34, 2, 59; *J. Pal.*, à sa date).
(2) Bruxelles, 25 juin 1806 (S. V., 6, 2, 334; Coll. nouv., 2, 2, 157; Dalloz, Rec. alph., t. XI, p. 255; *J. Pal.*, à sa date). — M. Troplong (*Prescript.*, t. II, n° 480). Mais *voy.* M. Belime (*De la Possess.*, n° 123).

gagée sans les formalités de justice. Faut-il en conclure qu'une telle convention, interdite dans le contrat de gage, serait permise dans le contrat d'antichrèse? Non, assurément! Et d'abord, il est bien certain que les parties ne pourraient pas convenir, en constituant l'antichrèse, qu'à défaut de payement au terme convenu, le créancier serait autorisé à vendre l'immeuble engagé *à l'amiable* (1). C'est évident par le texte même de notre article, dont la disposition finale porte qu'en cas de non-payement, le créancier *peut poursuivre l'expropriation de son débiteur par les voies légales;* ce qui est exclure implicitement, mais nécessairement, la faculté de vendre à l'amiable.

1258. Mais, de plus, les parties ne pourraient pas convenir que, le cas échéant où le débiteur ne se libérerait pas à l'échéance, le créancier aurait le pouvoir de faire vendre les immeubles aux enchères devant notaire. C'est là la clause de *voie parée* sur la validité de laquelle de graves controverses s'étaient élevées avant la loi du 2 juin 1841. Jusqu'à cette loi, les tendances générales étaient pour la validité de la clause, dont les avantages, au point de vue de l'économie, étaient en effet incontestables, et pourvu que la vente ne dût avoir lieu qu'après mise en demeure du débiteur, avec publicité et concurrence, la convention des parties était respectée (2). Mais la loi précitée, en modifiant le titre *De la Saisie immobilière*, au Code de procédure, a prohibé la clause (C. proc., art. 742), et, quelque regrettable que puisse paraître la mesure, quelque contraire qu'elle soit en elle-même au principe de la liberté des conventions, la disposition de la loi n'en doit pas moins être appliquée dans toute son étendue.

1259. Enfin, nous induisons de la formule finale de l'art. 2088, que les parties ne pourraient même pas convenir, par le contrat d'antichrèse, qu'à défaut de payement l'immeuble restera au créancier au prix d'estimation à faire par des experts au jour de l'échéance. La solution est contestée par plusieurs auteurs, d'après lesquels ce serait là simplement une vente conditionnelle présentant toutes les garanties désirables pour le débiteur (3). Nous croyons, néanmoins, que la clause est contraire à la disposition de la loi. Si elle est autorisée dans le contrat de gage (*suprà*, n° 1159), c'est par une conséquence naturelle du droit conféré au créancier gagiste de demander en justice que le gage lui demeure en payement. Mais comme cette faculté n'est donnée à l'antichrésiste par aucun texte; comme elle lui est implicitement refusée, au contraire, par la disposition finale de l'art. 2088, qui l'autorise seulement à poursuivre l'expropriation de son débiteur par les voies légales; comme, dès lors, l'antichrésiste ne pourrait l'exercer, eût-elle même été accordée par le débiteur, la situation est exclusive de l'induction à la faveur de

---

(1) Req., 28 avr. 1857 (S. V., 57, 1, 687; *J. Pal.*, 1858, p. 410; Dalloz, 57, 1, 219).
(2) *Voy.* notamment Cass., 20 mai 1840 (Dalloz, 40, 1, 201; S. V., 40, 1, 385; *J. Pal.*, à sa date).
(3) *Voy.* MM. Troplong (n° 560); Massé et Vergé, sur Zachariæ (t. V, p. 114, note 5); Taulier (t. VII, p. 100); Berriat Saint-Prix (*Not. théor.*, n° 8334); Boileux (t. VII, p. 152).

laquelle la clause est validée en matière de gage (1). La différence s'explique, du reste, par la différence profonde existant entre le droit du gagiste, créancier privilégié avec préférence sur le prix de l'objet engagé, et celui de l'antichrésiste, créancier non privilégié ayant seulement la faculté de retenir l'immeuble jusqu'à parfait payement.

1260. Mais il ne faut pas voir le pacte commissoire dans la convention aux termes de laquelle le créancier doit, à défaut de payement à l'échéance, devenir propriétaire d'un immeuble qui n'est ni livré, ni engagé au moment du contrat. Le pacte commissoire suppose de toute nécessité le nantissement, que nous n'avons pas ici : la convention dont il s'agit n'est donc qu'une vente conditionnelle (2).

1261. Au surplus, il est incontestable qu'en ce point les juges du fond ont un pouvoir souverain d'appréciation ; et si les parties avaient tenté d'éluder la prohibition de l'art. 2088, en dissimulant le pacte commissoire sous l'apparence de tel ou tel contrat, il leur appartiendrait de restituer à l'acte son véritable caractère et d'annuler le pacte prohibé (3).

IV. — 1262. Tout ce qui précède s'applique, comme nous l'avons indiqué, au cas où le pacte commissoire est convenu entre les parties au moment où se forme le contrat d'antichrèse. Mais après la formation du contrat, et particulièrement après l'échéance de la dette, le débiteur n'est plus dans le cas de subir les exigences du créancier, et la protection de la loi cesse de lui être nécessaire. Par cela même, la plupart des clauses dont nous venons de parler peuvent être désormais considérées comme licites. Ainsi, le débiteur peut vendre son immeuble à son créancier, même à l'amiable, comme il pourrait le vendre à une autre personne ; ou même lui donner l'autorisation de le vendre soit à l'amiable, soit devant notaire et aux enchères. Dans une telle situation, la convention ne serait ni le pacte commissoire, ni la clause de voie parée, prohibés soit par l'art. 2088, soit par la loi du 2 juin 1841 (4).

2089. — Lorsque les parties ont stipulé que les fruits se compenseront avec les intérêts, ou totalement, ou jusqu'à une certaine concurrence, cette convention s'exécute comme toute autre qui n'est point prohibée par les lois.

SOMMAIRE.

I. 1263. Il est permis aux parties, en dérogeant aux conditions du contrat d'antichrèse tel qu'il est défini par l'art. 2085, de convenir que les fruits se compenseront avec les intérêts en totalité ou en partie. — 1264. La convention établit alors l'antichrèse telle qu'elle était pratiquée en droit romain. — 1265. Néanmoins, le pacte de compensation ne peut plus être convenu avec toute la latitude que notre article

---

(1) *Voy.*, en ce sens, MM. Delvincourt (aux notes, t. III, p. 444, note 5); Duranton (n° 566); Aubry et Rau (t. III, p. 523, note 7); Mourlon (*Rép. écrit.*, t. III, p. 500).
(2) Cass., 1ᵉʳ juill. 1844 (S. V., 45, 1, 17; Dalloz, 44, 1, 344; *J. Pal.*, à sa date).
(3) *Voy.* Montpellier, 21 nov. 1829; Lyon, 27 août 1841; Douai, 25 juill. 1846 (S. V., 30, 2, 88; 42, 2, 32; 46, 2, 497; Dalloz, 30, 2, 156).
(4) *Voy.* Req., 25 mars 1835; Bordeaux, 29 nov. 1849 (S. V., 36, 1, 110; 52, 2, 97; Dalloz, 35, 1, 266; *J. Pal.*, 1851, t. II, p. 71).

suppose, depuis la loi du 3 septembre 1807, qui a fixé le taux légal de l'intérêt de l'argent : le pacte qui tendrait à éluder la règle établie par cette loi serait annulable comme usuraire. — 1266. Quand y a-t-il lieu de considérer la convention comme usuraire? — 1267. *Quid* dans le cas de la dation en antichrèse d'une maison, avec stipulation que l'antichrésiste l'habitera? — 1268. Le pacte de compensation ne dispense plus le créancier, depuis la loi précitée, de rendre compte des fruits.

I. — 1263. Dans les conditions ordinaires du contrat d'antichrèse, tel qu'il a été constitué par le Code Napoléon, le créancier autorisé à percevoir les fruits de l'immeuble, objet du nantissement, doit faire l'imputation annuelle de ces fruits sur les intérêts, et subsidiairement sur le capital. Telle est la règle qui s'induit des termes mêmes de l'art. 2085. Mais les parties peuvent sortir du droit commun, à cet égard, par des clauses particulières : l'art. 2089 les autorise spécialement à convenir que les fruits se compenseront avec les intérêts, soit totalement, c'est-à-dire que le créancier prendra tous les fruits sans en rendre compte au débiteur qui, de son côté, ne payera pas d'intérêts; soit jusqu'à certaine concurrence, c'est-à-dire dans une proportion établie par le contrat, par exemple la totalité des intérêts avec la moitié des fruits, ou la totalité des fruits avec la moitié des intérêts.

1264. Nous retrouvons dans ce pacte de compensation l'antichrèse telle qu'elle était pratiquée en droit romain. En effet, ce qui caractérisait l'antichrèse proprement dite du droit romain, c'était la jouissance d'un objet mobilier ou immobilier concédée à un créancier pour lui tenir lieu d'intérêts. Il y avait là une espèce de forfait que n'atteignaient pas les lois sur l'usure, ce qui se justifiait par cette considération que la quotité de fruits à percevoir était aléatoire pour le créancier (l. 17, C. *De usuris;* suprà, n° 1214).

1265. Toutefois, ces idées avaient eu quelque difficulté à passer dans notre ancienne jurisprudence, bien entendu dans celle des rares provinces où le prêt à intérêt était autorisé. Quelques parlements les avaient rejetées, supposant que les conventions de l'espèce, présentées en apparence comme un moyen d'éviter au créancier les embarras d'une reddition de compte, tendaient le plus souvent, en réalité, à dissimuler des stipulations usuraires. Les rédacteurs du Code Napoléon avaient pensé que ces extrêmes entraves ne convenaient point à notre législation (1), et ils avaient cru devoir autoriser le pacte de compensation. Mais les termes dans lesquels ils l'avaient autorisé sont à remarquer. Cette convention, dit notre article, *s'exécute comme toute autre qui n'est point prohibée par la loi,* formule qui, se référant visiblement à celle de l'art. 1907, réservait au législateur toute liberté de prohiber ultérieurement la convention ou de la subordonner à des conditions plus ou moins restrictives, comme ce dernier article lui avait réservé toute liberté de fixer une limite au taux de l'intérêt conventionnel qui, provisoirement et d'après le texte, était illimité (2). Or,

---

(1) *Voy.* Berlier, Exposé des motifs (Fenet, t. XV, p. 211; Locré, t. XVI, p. 32).
(2) *Voy.* le Rapport du tribun Gary au Corps législatif (Fenet, t. XV, p. 221; Locré, t. XVI, p. 45 et 46).

on le sait, le législateur n'a pas tardé à faire usage de cette dernière réserve. La loi du 3 septembre 1807 est intervenue, qui a fixé l'intérêt de l'argent à ce taux de 5 ou 6 pour 100 que les parties ne peuvent pas excéder. Par cela même, la disposition de notre article se trouve modifiée, en ce sens que les parties n'ont pas la même latitude en ce qui concerne la convention autorisée. Avant la loi de 1807, le pacte de compensation ne pouvait donner prise à aucune critique ; il était parfaitement licite toujours, et quelle que fût la valeur des fruits de l'immeuble comparée au montant de l'intérêt de la créance, le créancier, par l'effet du pacte, était dispensé de rendre compte, et n'avait à faire aucune imputation sur le capital. Il n'en est plus ainsi depuis la loi de 1807 : la convention doit être appréciée d'après les dispositions de cette loi ; et comme elle a fixé à 5 ou 6 pour 100 l'intérêt civil ou commercial de l'argent, il en résulte que si la quotité des fruits dépassait ce taux, la convention devrait être réputée usuraire.

1266. Ceci, néanmoins, doit être entendu avec une certaine mesure. Si, par exemple, le revenu de l'immeuble était susceptible de variation, une légère différence entre le taux de l'intérêt et la valeur des fruits ne saurait tirer à conséquence, et la convention ne pourrait donner lieu à de justes réclamations de la part du débiteur. Seul M. Taulier a émis l'avis que les intérêts de la créance et les fruits de l'immeuble remis en antichrèse doivent se compenser dans une rigoureuse proportion (1). Toutefois, la thèse est trop absolue. Sans doute, il ne faut pas aller jusqu'à dire qu'il suffit, pour que la clause ne puisse pas être réputée usuraire, que le contrat soit exempt de toute chance aléatoire (2) ; car, dans la pensée de la loi de 1807, la stipulation d'intérêts excessifs est certainement usuraire, le créancier fût-il éventuellement exposé à certains risques. Mais au moins faut-il qu'au jour de la constitution de l'antichrèse il y ait une disproportion sensible entre les revenus de l'immeuble et les intérêts de la créance, pour que le pacte de compensation puisse être considéré comme entaché d'usure (3).

1267. La convention pourrait également être tenue pour usuraire si, le contrat ayant pour objet une maison, elle conférait à l'antichrésiste le droit d'habiter la maison pour lui tenir lieu des intérêts de sa créance. La loi romaine décidait, en sens contraire, que l'antichrèse d'une maison était valable quoique son loyer fût d'un prix supérieur au taux des intérêts de la somme due au créancier, *licet uberiore sorte potuerit contrahi locatio,* parce que le créancier était censé avoir la maison à vil prix plutôt que retirer un intérêt excessif, *non ideo tamen illicitum fœnus esse contractum, sed vilius conducta habitatio videtur* (l. 14, C. *De usuris*) (4). Mais cette solution, qui tenait à ce que dans le

___

(1) *Voy.* M. Taulier (t. VII, p. 101). Comp. MM. Massé et Vergé, sur Zachariæ (t. V, p. 113, note 4).

(2) *Voy.* MM. Troplong (n° 568) ; Boileux (t. VII, p. 153).

(3) *Voy.* l'arrêt de la Cour de Montpellier cité au n° 1261. *Junge :* MM. Aubry et Rau (t. III, p. 523, note 4) ; Duranton (n° 556) ; Delvincourt (aux notes, t. III, p. 445, note 6).

(4) Pothier (*De l'Hyp.*, n° 234).

droit romain l'antichrèse telle qu'elle était constituée n'était pas soumise aux lois restrictives du taux de l'intérêt, ne pourrait pas être admise, au moins depuis la loi de 1807, dans toute son étendue. Il y aurait à examiner, suivant la remarque de M. Delvincourt, quel serait le
loyer que le créancier devrait probablement payer d'après ses facultés
et son état, et la convention serait réputée usuraire s'il y avait une différence considérable entre le loyer calculé d'après ces bases et l'intérêt
de la somme prêtée (1).

1268. De tout ce qui précède il résulte que le pacte de compensation, autorisé par l'art. 2089, ne peut plus aujourd'hui avoir pour effet
de dispenser le créancier de rendre compte des fruits par lui perçus, et
de porter en déduction du capital de sa créance la portion de ces fruits
excédant l'intérêt qu'il a pu légalement stipuler. Dès lors, en toute hypothèse, avec ou sans le pacte de compensation, le débiteur sera fondé
à demander compte au créancier des fruits perçus par celui-ci, afin
que l'imputation en soit faite conformément aux prescriptions de l'article 2085.

2090. — Les dispositions des articles 2077 et 2083 s'appliquent
à l'antichrèse comme au gage.

SOMMAIRE.

I. — 1269. L'antichrèse peut être constituée par un tiers pour le
débiteur. Cela n'aurait pu faire l'objet d'un doute quand bien même
l'art. 2090 ne s'en serait pas expliqué en renvoyant à l'art. 2077. En
effet, de même qu'un tiers peut hypothéquer ses immeubles à la sûreté de la dette du débiteur, de même il peut livrer ses immeubles au
créancier à titre d'antichrèse, ou les livrer au débiteur pour que celui-ci
les donne lui-même en nantissement.

1270. Il y a moins de doute encore, s'il est possible, en ce qui concerne le principe de l'indivisibilité consacré par l'art. 2083, que l'article 2090 déclare applicable également au contrat d'antichrèse. Le
droit résultant du contrat est donc indivisible, nonobstant la divisibilité
de la dette entre les héritiers du débiteur ou ceux du créancier. Donc
l'héritier du débiteur, qui a payé sa portion de la dette, ne peut demander l'immeuble engagé tant que la dette n'est pas entièrement acquittée;
et réciproquement, l'héritier du créancier, qui a reçu sa portion de la
dette, ne peut remettre l'immeuble au préjudice de ceux de ses cohéritiers qui ne sont pas payés. Ce sont les conséquences déduites par la
loi elle-même du principe qu'elle a posé : elles ont été, à propos du

---

(1) *Voy.* M. Delvincourt (aux notes, t. III, p. 445, note 6). *Junge* : M. Duranton
(n° 557).

gage (*suprà*, nᵒˢ 1200 et suiv.), l'objet de développements qui s'appliquent tout naturellement à l'antichrèse.

2091. — Tout ce qui est statué au présent chapitre, ne préjudicie point aux droits que des tiers pourraient avoir sur le fonds de l'immeuble remis à titre d'antichrèse.

Si le créancier, muni à ce titre, a d'ailleurs sur le fonds, des priviléges ou hypothèques légalement établis et conservés, il les exerce à son ordre et comme tout autre créancier.

SOMMAIRE.

immeuble ne peut être évincé par les créanciers, même privilégiés ou hypothécaires, dont le droit est né après le sien. — 1295. *Quid* vis-à-vis des créanciers hypothécaires antérieurs? Il peut demander la collocation sur le prix par préférence pour ses dépenses. — 1296. Mais le droit de rétention ne fait pas obstacle à ce que les autres créanciers du propriétaire fassent saisir et vendre la chose retenue; seulement, la chose est transmise à l'adjudicataire avec la charge dont elle est grevée au profit du rétenteur. — 1297. Néanmoins, le droit de rétention ne constitue pas un privilège proprement dit.

IX. 1298. En quels cas il faut admettre le droit de rétention. Il est subordonné à diverses conditions; mais il ne doit être admis que dans les cas spécialement prévus : réfutation de l'opinion contraire. — 1299. Énumération et examen des cas spéciaux : 1° de l'ouvrier qui a employé une matière qui ne lui appartenait pas à former une chose d'une nouvelle espèce (art. 570). — 1300. 2° Du cohéritier qui fait le rapport en nature d'un immeuble (art. 867). — 1301. 3° Du vendeur non payé d'un objet mobilier ou immobilier (art. 1612 et 1613). — 1302. 4° Du coéchangiste (art. 1707). — 1303. 5° Du vendeur à réméré (art. 1673). — 1304. 6° Du locataire ou fermier dont le bail prend fin par aliénation de la chose louée dans les hypothèses et sous les conditions prévues par les art. 1743 à 1748 (art. 1749). — 1305. 7° Du dépositaire (art. 1948). — 1306. 8° Du mandataire. — 1307. 9° Du possesseur d'une chose mobilière volée ou perdue (art. 2280). — 1308. 10° Du propriétaire exproprié pour cause d'utilité publique (art. 545). — 1309. 11° Du capitaine dans le cas prévu à l'art. 306 du Code de commerce. — 1310. Indication d'autres cas où, au contraire, il y a lieu de refuser le droit de rétention : spécialement du commodat. — 1311. Du tiers détenteur exproprié par les créanciers hypothécaires (art. 2175, 2°). — 1312. Du possesseur de l'immeuble d'autrui (art. 555).

I. — 1271. En nous renfermant dans les termes des dispositions précédentes, nous avons envisagé l'antichrèse, jusqu'ici, dans les rapports établis par le contrat entre les parties elles-mêmes; et nous avons vu que le créancier y puise le droit, tant qu'il n'est pas intégralement payé, de retenir à l'encontre du débiteur l'immeuble qui lui a été livré. L'art. 2091, qui clôt la série des dispositions de la loi sur le nantissement, nous conduit maintenant à envisager le contrat d'antichrèse dans ses effets vis-à-vis des tiers; et la question qui se pose est de savoir si ce droit de rétention, dont l'antichrésiste est investi vis-à-vis du débiteur, lui appartient également à l'encontre de tous autres que le débiteur. C'est la question que nous allons essayer de résoudre en nous occupant successivement des ayants cause à titre particulier du débiteur, des tiers qui ont sur l'immeuble engagé un droit acquis et utilement conservé soit avant, soit après la constitution du contrat d'antichrèse, enfin des créanciers chirographaires.

II. — 1272. Et d'abord, vis-à-vis des ayants cause à titre particulier du débiteur, la situation de l'antichrésiste s'établit sans aucune difficulté. L'antichrèse, nous l'avons vu à l'occasion de l'art. 2085, est un contrat réel, dont, par cela même, l'existence et la validité sont subordonnées à cette condition, que le créancier soit mis et qu'il reste en possession. Donc, si le créancier renonce volontairement à la possession, par exemple s'il consent à ce que le débiteur aliène l'immeuble, ou si, usant lui-même de la faculté que lui laisse l'art. 2088, il poursuit l'expropriation, tout droit d'antichrèse s'éteint au moment même où la possession prend fin, et comme, à la différence du créancier gagiste, il n'a pas de privilége qui lui permette de venir par préférence sur le prix, la sûreté que le contrat lui avait procurée disparaît complétement, et il ne peut plus venir sur ce prix que comme les créanciers chirographaires de son débiteur et en concours avec eux.

III. — 1273. La question est encore sans difficulté quand l'antichrésiste est en présence de tiers ayant un droit réel sur l'immeuble engagé, dans le cas du moins où ce droit a été régulièrement acquis et utilement conservé *antérieurement* à la transcription du contrat d'antichrèse. Il est bien clair, en effet, que vis-à-vis d'un créancier hypothécaire dont l'hypothèque est inscrite, ou d'un acquéreur qui a fait transcrire son contrat, la dation ultérieure à titre d'antichrèse de l'immeuble grevé ou aliéné est sans efficacité. Le débiteur n'a pu consentir le nantissement que sous l'affectation des charges légalement établies sur l'immeuble par lui livré au créancier. Et vainement celui-ci, en cas d'éviction, exciperait-il de son droit de rétention : le droit réel qui affectait l'immeuble est supérieur ou préférable, car il existait, utilement conservé, le jour où l'antichrèse a pris naissance ; et l'antichrésiste, qui l'a connu ou qui a pu le connaître, a dû nécessairement s'attendre à l'éviction qu'il subit.

1274. Est-ce à dire pourtant que, dans cette situation, le droit de l'antichrésiste évincé s'éteigne rétroactivement, en ce sens qu'il doive restituer les fruits par lui perçus jusqu'au jour de l'éviction? En aucune façon. En cas d'éviction par un acquéreur du fonds, il est équitable et rationnel de faire application de l'art. 549 du Code Napoléon. L'antichrésiste est à considérer, vis-à-vis de l'acquéreur, comme un possesseur ordinaire, comme le simple possesseur dont parle cet article. Il rendra donc seulement les fruits échus ou perçus depuis le jour où il aura connu l'aliénation. Encore même faut-il supposer que l'acquéreur a droit à ces fruits d'après son contrat ; car s'il avait acquis l'immeuble à terme ou sous condition, avec réserve par le vendeur de la jouissance jusqu'au terme ou à l'événement de la condition, l'antichrésiste n'aurait à restituer les fruits qu'à partir de cette époque.

La situation serait meilleure encore si l'éviction procédait d'un créancier hypothécaire antérieur qui ferait saisir l'immeuble remis en antichrèse. Tant que l'hypothèque n'est pas mise en mouvement, le droit de jouir de l'immeuble appartient au débiteur, qui, dès lors, a toute liberté de céder ce droit et de le transmettre à un tiers. Ce droit ne saurait donc cesser pour l'antichrésiste auquel il a été transmis, que le jour où il cesserait pour le débiteur lui-même. D'où il suit qu'il peut retenir les fruits non pas, comme on l'a dit par inadvertance, jusqu'à la dénonciation à lui faite de la saisie (1), mais jusqu'à la transcription de la saisie par le créancier saisissant, la transcription seule aujourd'hui immobilisant les fruits d'après les art. 682 et 685 du Code de procédure, modifié par la loi du 2 juin 1841. C'est donc à partir de la trans-

_____

(1) *Voy.* MM. Troplong (n° 593); Dalloz (v° Nantiss., n° 249); Boileux (t. VII, p. 156).

cription seulement que les fruits naturels ou civils deviennent partie intégrante du fonds, et échappent à l'antichrésiste pour être distribués, avec le prix du fonds lui-même, aux créanciers hypothécaires, suivant la date de leurs inscriptions.

1275. Telle est la situation du créancier antichrésiste vis-à-vis des tiers qui ont sur l'immeuble par lui détenu à titre d'antichrèse un droit réel acquis antérieurement et régulièrement constaté. Il est, d'ailleurs, bien entendu que si, outre son droit d'antichrèse, le créancier avait, de plus, sur l'immeuble, un privilége ou une hypothèque légalement établi et conservé, il pourrait le faire valoir soit contre l'acquéreur, soit contre le créancier hypothécaire, et l'exercer à son ordre comme tout autre créancier. Le deuxième paragraphe de l'art. 2091 lui réserve ce droit en termes exprès. Et cela ne pouvait pas ne pas être, l'antichrèse et le privilége ou l'hypothèque n'étant nullement incompatibles entre eux, et pouvant dès lors coexister légalement sur le même immeuble au profit du même créancier.

IV. — 1276. Mais supposons l'antichrésiste en présence de tiers ayant un droit réel né ou conservé *après* le sien propre. Ainsi, il a fait transcrire son contrat d'antichrèse conformément à l'art. 2 de la loi du 23 mars 1855, et, postérieurement à la transcription, des créanciers hypothécaires ont pris inscription sur l'immeuble par lui détenu à titre d'antichrèse, ou bien un acquéreur de cet immeuble a fait transcrire son titre : cet acquéreur, ces créanciers, pourront-ils l'évincer et le dépouiller sans tenir compte de son droit? Non, assurément. En permettant à l'antichrésiste de se payer au moyen des fruits, et de retenir l'immeuble jusqu'à parfait payement, la loi lui confère un droit, sinon opposable aux tiers ayant titre antérieur, au moins susceptible d'être exercé par lui nonobstant les aliénations que son débiteur aurait pu faire, même de bonne foi, ou les droits réels qu'il aurait pu concéder ultérieurement.

1277. Quelques auteurs, qui sont du même avis, rattachent la solution à l'idée que nul ne peut transférer à autrui plus de droits qu'il n'en a lui-même. Et s'ils admettent que l'antichrésiste peut opposer son contrat même aux créanciers hypothécaires dont les hypothèques ne sont devenues efficaces que postérieurement à l'établissement de l'antichrèse, c'est uniquement parce que, tenant leur droit du débiteur, ces créanciers ne pourraient, plus que celui-ci, ni contraindre l'antichrésiste à délaisser l'immeuble qui lui a été remis avant de l'avoir complétement désintéressé, ni en saisir les fruits à son préjudice (1).

1278. Selon nous, la solution se justifie par le caractère même du droit de l'antichrésiste, lequel, sans avoir la même portée que celui du créancier gagiste, est néanmoins un *droit réel*. Dire qu'elle procède de la maxime *Nemo plus juris in alium transferre potest quam ipse habet*, en destituant le droit de son caractère de réalité, c'est supposer

---

(1) *Voy.*, notamment, MM. Aubry et Rau (t. III, p. 524 et note 9). Comp. MM. Massé et Vergé, sur Zachariæ (t. V, p. 115, note 8).

que l'antichrèse ressemble au droit de gage général et indéfini conféré par la loi aux créanciers chirographaires (art. 2093). Or, ceux-ci seraient-ils admis aussi à prétendre de leur côté que leur débiteur ne peut plus, en hypothéquant ou en aliénant ses immeubles, donner à d'autres le droit qu'il leur a déjà cédé? (*Infrà*, n° 1282.) Le système de la réalité du droit écarte l'objection, et nous nous y rattachons parce que, comme nous avons eu l'occasion déjà de l'indiquer ailleurs (1), il est le seul qui réponde exactement à la pensée de la loi.

1279. Cependant, il a été l'objet de critiques fort vives. On a soutenu que l'antichrèse, simple cession ou délégation de fruits, a un caractère purement personnel. Les rédacteurs du Code, dit-on, n'auraient pas entendu lui donner un autre caractère, et en cela ils auraient suivi la tradition telle que la révèlent quelques textes du droit romain (l. 11, § 1, ff. *De pignor.*) et ce passage de Duparc-Poullain, proposé comme expression des principes de notre ancienne jurisprudence : « La préférence sur le gage ne s'applique qu'aux meubles corporels; l'engagement d'immeubles par l'acte le plus authentique ne peut nuire aux hypothèques, ni aux préférences des autres créanciers, qui ne sont pas même tenus à la discussion préalable des autres biens du débiteur. » (2)

Mais cette doctrine n'a pas prévalu, et elle ne pouvait pas prévaloir. Du droit romain, d'abord, il y a peu de chose à dire, à cause de la rareté et de la brièveté des textes qu'on y trouve sur l'antichrèse. Il serait d'ailleurs permis de contester l'induction tirée de celui dont on s'autorise. De ce que la loi 11, § 1, *De pignor.*, accorde à l'antichrésiste qui a perdu la possession une *actio in factum*, il ne résulte pas nécessairement que cette action fût simplement personnelle. Destinée à suppléer aux lacunes du droit civil, l'*actio in factum* était du domaine des actions réelles aussi bien que des actions personnelles; l'action quasi servienne ou hypothécaire était elle-même une *actio in factum*. Et ne se peut-il pas que, dans le texte précité, le jurisconsulte ait fait allusion à l'action hypothécaire, ou tout au moins à cette action étendue du cas de gage et d'hypothèque à celui d'antichrèse, en lui donnant, à cause de cette extension, la qualification d'*actio in factum?* Il y a là un doute, et nous serions porté à le résoudre contre la thèse que nous combattons, d'autant plus qu'on ne voit pas quelle eût été l'utilité de l'action si elle n'avait pu être dirigée que contre le débiteur.

Mais ce qui n'est pas le moins du monde douteux, c'est la donnée, sur ce point, de l'ancienne jurisprudence française. Et, au témoignage de Duparc-Poullain, d'ailleurs assez peu significatif, puisque, dans son expression vague et générale, il peut s'appliquer aux créanciers antérieurs seulement aussi bien qu'aux créanciers postérieurs, nous oppo-

---

(1) *Voy.* notre *Comment. des Priv. et Hyp.* (t. I, n° 21).
(2) *Voy.* MM. Delvincourt (aux notes, t. III, p. 444, notes 2 et 3); Troplong (n°ˢ 576 et suiv.); Dalloz (*Rép.*, v° Nantiss., n°ˢ 240 et suiv.); Martou (*Comm. de la loi belge sur les hyp.*, t. I, n°ˢ 34 et 259). — *Voy.* aussi Liége, 14 juill. 1821; Rennes, 24 août 1827; Bastia, 9 mai 1838; Paris, 24 juill. 1852 (S. V., 51, 1, 306, en note; 38, 2, 369; 52, 2, 657; *J. Pal.*, 1853, t. II, p. 293; Dalloz, 38, 2, 113; 53, 2, 54).

sons le témoignage bien autrement décisif de Pothier. Or, Pothier, que les rédacteurs du Code Napoléon ont pris habituellement pour guide, et dont bien souvent ils ont reproduit l'expression même, Pothier, s'il ne s'explique pas sur le point en question dans son Taité du nantissement, est fort explicite, au contraire, dans son Traité de l'hypothèque. « Ce droit (le droit d'antichrèse), dit-il, est *un droit dans la chose aussi bien que le droit d'hypothèque*. Il est différent du droit de nantissement; il peut, à la vérité, quelquefois concourir avec lui, lorsque le débiteur, après avoir hypothéqué son héritage à son créancier, convient qu'il en jouira et percevra les fruits, pour lui tenir lieu d'intérêts jusqu'au payement; mais il peut subsister séparément et sans aucun droit d'hypothèque..... Lorsqu'un créancier a acquis une fois le droit d'antichrèse sur un héritage, *comme ce droit est dans la chose, le débiteur ne peut plus dès lors aliéner l'héritage à qui que ce soit, ni l'hypothéquer à un second créancier, qu'à la charge du droit d'antichrèse, du créancier à qui il l'a accordé.* » (1)

Et maintenant, les rédacteurs du Code se sont-ils séparés cette fois de leur guide habituel? sont-ils allés contre ces affirmations si précises et si positives? Il suffit, pour être convaincu, de se reporter d'abord à leur langage dans la discussion. D'une part, Berlier, exposant les motifs de la loi, explique qu'il vient entretenir le conseil d'État « du nantissement, qu'on peut considérer *comme un cautionnement réel*. » (2) D'une autre part, le tribun Gary, dans son Rapport au Tribunat et au Corps législatif, dit également « qu'à la plupart des transactions de la vie civile s'applique cette vérité énoncée avec tant de précision par une loi romaine, qu'il y a plus de sûretés *dans les biens* (sûretés dont il est question dans la dernière partie du Code) que dans les personnes. » (3) Et puis, si l'on se reporte aux textes, on voit que tout y répond à cette idée de réalité. Ainsi en est-il d'abord des art. 2071 et 2072, de l'article 2085, de l'art. 2087, de notre art. 2091 lui-même, de l'art. 446 du Code de commerce, toutes dispositions par lesquelles la *réalité* du droit d'antichrèse s'affirme de la manière la plus nette, comme nous l'avons expliqué dans notre *Commentaire des Priviléges et Hypothèques*, auquel, *brevitatis causá*, nous devons nous référer.

Aussi la réalité de l'antichrèse, admise par la généralité des auteurs, avait été sanctionnée par la jurisprudence, notamment par celle de la Cour de cassation (4); et le point est désormais hors de controverse, car il est législativement consacré par la loi du 23 mars 1855, qui, en classant l'acte constitutif d'antichrèse parmi les actes qui doivent être

---

(1) Pothier (*De l'Hyp.*, n°ˢ 231 et 233).
(2) *Voy.* Fenet (t. XV, p. 204); Locré (t. XVI, p. 23).
(3) Locré (t. XVI, p. 37); Fenet (t. XV, p. 213).
(4) *Voy.* Cass., 31 mars 1851; Toulouse, 22 juill. 1835; Caen, 12 fév. 1853 (*J. Pal.*, 1851, t. II, p. 5; 1853, t. II, p. 294; S. V., 51, 1, 305; 36, 2, 109; Dalloz, 51, 1, 65; 35, 2, 188; 53, 2, 101). *Junge:* Cass., 29 août 1865 (S. V., 65, 1, 433; Dalloz, 65, 1, 329; *J. Pal.*, 1865, p. 1153). *Voy.* aussi MM. Duranton (n° 560); Proudhon (*Usuf.*, t. I, n° 90); Valette (*Priv. et Hyp.*, n° 7); Charlemagne (*Encycl.* Sebire et Carteret, v° Antichrèse, n° 37); Mourlon (*Comm. crit. et prat.*, n° 228, et *Rép. écrit.*, t. III, p. 497); Bugnet, sur Pothier (*De l'Hyp.*, n° 233, à la note); Boileux (t. VII, p. 155).

transcrits (art. 2), montre bien que l'antichrèse est considérée comme un droit réel, puisque la loi ne s'est en aucune façon occupée de l'intérêt des créanciers chirographaires, et a eu exclusivement en vue ceux qui voudraient acquérir des droits réels sur la propriété immobilière.

1280. Cela étant, les conséquences peuvent se résumer dans les deux propositions suivantes : 1° entre un créancier antichrésiste et un acquéreur de la propriété ou d'une servitude, celui-là doit l'emporter sur l'autre qui aura le premier fait transcrire son contrat ; 2° entre l'antichrésiste et un créancier hypothécaire, celui-ci sera préféré si son inscription est antérieure en date à la transcription du contrat d'antichrèse ; au contraire, dans le cas inverse, c'est l'antichrésiste qui sera préféré. Bien entendu, il ne sera préféré que dans la mesure du droit que son contrat lui confère ; ainsi a jugé récemment la Cour de cassation, en décidant que si l'antichrèse a été consentie, non sur un fonds en toute propriété, mais seulement sur le bail emphytéotique de ce fonds, l'antichrésiste ne doit pas, dans l'ordre ouvert à la fois pour la distribution du prix de la vente de l'emphytéose, et pour celle du prix de la vente du fonds, être colloqué sur les deux prix, mais uniquement sur le prix afférent à l'emphytéose (1).

Rappelons, au surplus, que l'antériorité de la transcription ne suffit pas à elle seule pour donner la priorité au créancier antichrésiste ; il faut, de plus, que ce dernier ait été mis en possession réelle de l'immeuble. La loi nouvelle n'a pas eu pour effet de changer ou de modifier les conditions exigées par le Code Napoléon pour la validité du contrat (*suprà*, n° 1232).

V. — 1281. Il reste à déterminer la position de l'antichrésiste vis-à-vis des créanciers chirographaires du débiteur. Dans le système dont l'exposé précède, ceci ne saurait présenter la moindre difficulté. L'antichrèse étant un droit réel, une sûreté prise précisément pour échapper à la loi du concours, il en résulte que l'antichrésiste a une faculté supérieure et préférable à celle que confère le droit de gage indéfini dont parle l'art. 2093, et par cela même que la possession de l'immeuble ne peut lui être enlevée par les créanciers chirographaires, même par ceux dont la créance serait revêtue d'un titre exécutoire antérieur au contrat de nantissement. La constitution d'antichrèse est une aliénation partielle ; elle ne leur est pas moins opposable que ne le serait une aliénation totale ou une constitution d'hypothèque.

1282. La solution est admise même par quelques-uns des auteurs qui soutiennent la *personnalité* du droit de l'antichrésiste (2). On ne peut se dissimuler pourtant qu'elle implique contradiction dans ce système. Les créanciers chirographaires, disent ces auteurs, n'ont de droit à aucun titre sur les fruits de la chose ; *le débiteur les a aliénés.* Comment les attireraient-ils à eux ? Et tout cela est d'une exactitude

(1) *Voy.* l'arrêt du 29 août 1865 cité à la note précédente.
(2) *Voy.* notamment M. Troplong (n° 592).

parfaite. Seulement, cela n'est guère susceptible de se combiner avec le système de la personnalité. Et, en effet, si ce débiteur a aliéné des fruits, pouvant les aliéner, n'est-ce donc pas qu'il s'est dessaisi de l'un des éléments dont sa propriété était composée et qu'il en a investi l'acquéreur, auquel il a par là conféré un droit réel? Aussi, plus conséquent dans son système, M. Delvincourt le conduit franchement et logiquement jusqu'au bout; et comme il part de l'idée que l'antichrésiste confère au créancier un simple droit *personnel*, il n'hésite pas à conclure que si l'antichrésiste gagne tous les fruits échus et perçus par lui sans opposition, son droit à la jouissance cesse et s'arrête le jour où les créanciers chirographaires, munis d'un titre exécutoire, viennent saisir et faire vendre l'immeuble engagé (1). Mais la solution est manifestement contraire aux principes du droit autant qu'à l'équité; et on comprend que, même au prix d'une inconséquence, les partisans de la personnalité prétendue du droit d'antichrèse ne l'aient pas acceptée.

VI. — 1283. Ceci dit touchant la situation de l'antichrésiste vis-à-vis des tiers, nous n'avons plus qu'à préciser les effets de la réalité de son droit et les garanties que ce droit lui confère.

Le premier et le plus important de ces effets est, sans contredit, la faculté pour le créancier de percevoir les fruits tant qu'il détient l'immeuble, et de les faire siens à l'exclusion de tout autre créancier, sous la seule condition de les porter en déduction d'abord des intérêts et puis du capital de sa créance. Ensuite, et comme garantie de ce droit de jouissance, il a la faculté de retenir l'immeuble tant qu'il n'est pas intégralement payé. C'est la sanction, c'est la sauvegarde de son droit aux fruits; elle en est l'accessoire indispensable, car c'est par là seulement que le droit est protégé contre les actes, aliénations totales ou partielles, par lesquels le débiteur y porterait atteinte.

1284. Toutefois, répétons-le, le droit n'existe qu'autant que le créancier est en possession de l'immeuble, la condition essentielle du droit de rétention étant la détention effective de la chose sur laquelle il s'exerce. Si donc le créancier abandonnait volontairement la possession soit en faisant procéder lui-même à la vente de l'immeuble, soit en le laissant saisir et vendre sans opposer son droit de rétention au saisissant, sa sûreté s'évanouirait : les créanciers privilégiés ou hypothécaires, antérieurs ou postérieurs à la constitution de l'antichrèse, viendraient tous à leur rang sur le prix de l'immeuble, et l'antichrésiste, s'il n'avait pas lui-même de privilége ou d'hypothèque, serait réduit à prendre, sur le surplus du prix, son marc le franc avec la masse chirographaire. Car son droit, dont la condition essentielle était la possession, portait exclusivement sur les fruits; à la différence du gagiste, il n'avait pas le privilége engendrant un droit de préférence sur le prix du fonds.

1285. Et puisqu'il n'a droit qu'aux fruits, le débiteur, resté propriétaire, peut donc aliéner l'immeuble, et les créanciers hypothécaires

_____

(1) *Voy.* M. Delvincourt (aux notes, p. 444, note 3).

même postérieurs peuvent en poursuivre la vente. Seulement, l'immeuble arrivera à l'acquéreur ou à l'adjudicataire grevé du droit de l'antichrésiste.

Ce n'est pas à dire, cependant, que celui-ci ne pourra, en aucune circonstance, s'opposer à ce que l'immeuble soit vendu sur la poursuite des autres créanciers. Si la dette garantie par l'antichrèse est venue à échéance, ou si le terme, non encore échu, a été fixé dans l'intérêt du débiteur, la saisie suivra son cours, sans doute, même malgré l'opposition de l'antichrésiste, à la condition, toutefois, qu'elle ne préjudiciera pas à son droit. Ainsi, le saisissant devra faire insérer dans le cahier des charges, en vue des tiers qui pourraient se porter acquéreurs, la clause que l'immeuble mis en vente est grevé d'une antichrèse, et que l'adjudicataire aura à verser son prix, pour entrer en possession, aux mains de l'antichrésiste, jusqu'à concurrence du montant de la créance garantie. Et même, l'antichrésiste étant en droit de retenir l'immeuble jusqu'à parfait payement, l'adjudication n'aura son effet définitif qu'autant que l'enchère atteindra au moins le total de cette créance.

Mais si la dette a été contractée avec un terme stipulé dans l'intérêt exclusif de l'antichrésiste, les autres créanciers ne pourront pas à leur gré détruire la position que cet antichrésiste s'est faite, et que la réalité de son droit lui permet de leur opposer. Tout au moins devront-ils, pour éviter une action en dommages-intérêts de la part de l'adjudicataire, ne procéder à la vente que sauf insertion dans le cahier des charges de la clause que l'adjudicataire entrera en possession seulement à l'échéance fixée dans le contrat d'antichrèse, et après avoir, au préalable, intégralement désintéressé l'antichrésiste.

Sauf ces restrictions, parfaitement conformes à la pensée de la loi, qui a voulu sauvegarder l'intérêt de l'antichrésiste, la saisie et la vente de l'immeuble peuvent avoir lieu sur la poursuite des autres créanciers, quels que soient leur titre et leur rang.

1286. Ici finit notre explication de l'art. 2091, et nous n'aurions rien à ajouter au commentaire *Du Nantissement* si nous n'avions, à diverses reprises, renvoyé à ce titre l'examen de ce qui a trait au droit de rétention en général et aux applications spéciales dont ce droit est susceptible. Disons donc, en appendice, quels sont les conditions d'existence et les caractères du droit de rétention, quels en sont les effets, et en quels cas il peut être admis.

VII. — 1287. Le droit de rétention suppose, comme sa dénomination même l'indique, qu'une personne est en possession d'une certaine chose dont elle n'est pas propriétaire. Le détenteur est un simple possesseur précaire. Si la chose était sienne, il la garderait *jure domini ;* mais il reconnaît la propriété d'un tiers par rapport à la chose par lui détenue, et il se dit seulement autorisé à exercer sur cette chose un certain droit, qui est précisément le droit de rétention. — La détention de la chose est ainsi la condition première de ce droit, condition nécessaire et en dehors de laquelle on ne concevrait pas l'existence du droit.

1288. Mais cette condition matérielle ne suffit pas à elle seule, on le pressent aisément. A Rome, où le droit de rétention dut sinon son origine, au moins son développement et son extension à l'autorité du préteur, il fallait aussi, pour que le défendeur pût opposer son droit de rétention par le moyen de l'exception de dol, qu'il fût en possession de la chose, ou au moins qu'il en eût la détention matérielle; d'où résultait qu'on ne pouvait le faire valoir que sur les choses corporelles. Mais, en outre, il fallait, d'une part, que le possesseur ou le détenteur fût créancier du réclamant, et, d'une autre part, qu'il y eût connexité entre la créance et la chose retenue, c'est-à-dire que la dette fût née à l'occasion de la chose, presque toujours pour des travaux exécutés sur elle, sauf certaines distinctions relatives à la nature de ces travaux, et à la bonne foi ou à la mauvaise foi du possesseur (l. 38 et 40, ff. *De petit. heredit.*; l. 27, § 5, l. 28, 30, 38, ff. *De rei vindic.*).   •

Les mêmes conditions sont nécessaires aujourd'hui. Ainsi, ce n'est pas tout de posséder; il faut que le possesseur soit créancier du propriétaire de la chose, et c'est par là seulement que s'explique la prétention de sa part de retenir la chose jusqu'à ce qu'il soit complétement désintéressé. Il faut ensuite que la créance du possesseur soit née à raison ou à l'occasion de la chose même, ou, comme on le dit en doctrine, qu'il y ait *debitum cum re junctum;* car le principe général qui veut le maintien de l'égalité entre les créanciers (art. 2092 et 2093), serait notablement altéré s'il était permis au détenteur de la chose de la retenir à raison d'une obligation quelconque dont le propriétaire serait tenu envers lui.

Cette dernière condition, d'ailleurs, peut seule justifier le droit de rétention, au point de vue de sa légitimité. En elle aussi apparaît son fondement ou sa raison d'être. Il ne faut pas dire, en effet, comme on l'a prétendu quelquefois, que ce droit repose sur l'idée qu'on peut s'affranchir de son obligation vis-à-vis de qui ne remplit pas la sienne, puisque cela conduirait à autoriser la rétention dans tous les cas où le détenteur serait créancier du propriétaire à un titre quelconque et quelle que fût l'origine de la créance. Le principe du droit est uniquement dans la nature même, dans la cause toute favorable de la créance, dans e fait que l'obligation du propriétaire de la chose se liè à cette chosel même à l'occasion de laquelle elle s'est formée. Et, par exemple, pour nous placer dans un des cas d'application du droit de rétention, supposons qu'un dépositaire a fait des dépenses nécessaires à la conservation de la chose déposée dans ses mains. Est-ce que la créance qui, à l'instant même, naît à l'occasion de la chose, n'est pas essentiellement favorable? Est-ce que le dépositaire, c'est-à-dire le possesseur, n'a pas agi, en faisant la dépense, dans l'intérêt du déposant, c'est-à-dire du propriétaire lui-même? Il serait donc profondément injuste que, sur la demande en restitution du dépôt, le dépositaire fût contraint de se dessaisir sans être désintéressé; l'équité même commande de soustraire sa créance à la loi du concours, en lui donnant une sorte de gage sur la chose qu'il a conservée. — Là est le fondement du droit de rétention.

1289. Le Code Napoléon ne définit pas ce droit. Il n'est pas non plus à son égard plus explicite que ne l'avaient été les ordonnances auxquelles il a succédé. Procédant, à son tour, par voie d'exemples, il indique, par quelques dispositions, certains cas où la rétention peut être exercée; mais nulle part il ne laisse entrevoir sa pensée sur le point de savoir d'abord quel est le caractère du droit qu'il consacre dans ces cas spéciaux, ensuite et surtout si ces applications particulières sont l'expression d'un principe commun qu'on devrait étendre aux cas analogues, ou des exceptions qui doivent être renfermées dans leurs termes précis. Ce sont des points que nous aurons à résoudre. Mais il convient auparavant de déterminer les caractères du droit; ils se déduisent, d'ailleurs, de son objet même.

1290. Il s'agit ici d'une sûreté. Donc, comme toutes les sûretés, le droit de rétention est *accessoire*, c'est-à-dire qu'il suppose un droit principal dont il est la garantie. Ce droit doit être une créance *civile*. On a prétendu, à la vérité, qu'une créance, même purement *naturelle,* née à l'occasion de la chose détenue, suffirait pour que le détenteur eût le droit de rétention, l'obligation naturelle et la rétention étant l'une et l'autre fondées sur l'équité (1). Nous ne saurions aller jusque-là. Le législateur moderne a renfermé dans de très-étroites limites les effets de l'obligation naturelle; notamment il n'a exclu la répétition à leur égard, d'après l'art. 1325 du Code Napoléon, qu'autant qu'elles ont été volontairement acquittées, c'est-à-dire que l'exécution a été libre et faite en connaissance de cause. Et ce serait assurément contrevenir à la disposition de cet article que permettre à celui dont la créance est simplement naturelle d'arriver au payement par la voie indirecte du droit de rétention. — Il faut donc que le droit principal procède d'une créance civile; et, cela étant, il n'est même pas nécessaire que la créance soit liquide, sauf néanmoins au rétenteur à la faire liquider dans un délai assez bref, et qui pourra même être limité par le juge, pour que la restitution de la chose ne soit pas trop longtemps différée.

1291. De même que l'hypothèque ou le nantissement, le droit de rétention est indivisible : il peut être exercé sur chaque chose et sur chaque partie des choses qui en sont l'objet pour la totalité comme pour chaque portion de la créance. C'est, en un mot, la règle des art. 2083 et 2090; nous en recontrerons plus loin une application spéciale (*infrà,* n° 1299).

1292. Enfin, le droit de rétention est un droit réel, un droit dans la chose, opposable par conséquent aux tiers aussi bien qu'au débiteur. C'est l'opinion par nous émise dans le *Commentaire des Priviléges et Hypothèques* (2). Elle est gravement controversée; mais après ce que nous avons dit de l'antichrèse (n°s 1276 et suiv.), qui est une application spéciale du droit de rétention, nous n'avons plus à insister sur ce point. Donc le droit de rétention en général est un droit réel, opposable aux

(1) *Voy.* M. Glasson (*Du Droit de rétent.,* p. 57 et 58).
(2) *Voy.* notre *Comment. des Priv. et Hyp.,* t. I, n°s 21 et 22).

tiers, au moins à ceux qui ont acquis ultérieurement des droits sur la chose retenue. Il ne serait rien, s'il n'était pas cela ; et spécialement il n'aurait plus ce caractère de sûreté qu'il a été dans la volonté de la loi de lui assigner, s'il était purement personnel et n'existait que du créancier au débiteur, puisqu'il dépendrait toujours de celui-ci, en aliénant ou en hypothéquant la chose, d'enlever à ce droit toute son efficacité (1).

VIII. — 1293. Voyons maintenant quels en sont les effets. Dans le rapport des parties entre elles, ces effets sont réglés par les principes sur le gage, ou par ceux de l'antichrèse, suivant que l'objet du droit de rétention est une chose mobilière ou immobilière. Ainsi, d'une part, le débiteur, propriétaire de la chose, est tenu de la laisser entre les mains du rétenteur tant qu'il n'est pas entièrement libéré, à moins, toutefois, par application de l'art. 2082, § 1er, que le détenteur ne fasse de la chose un usage qui la mette en péril. D'ailleurs, le débiteur reste propriétaire de la chose, bien qu'elle soit aux mains du créancier, et il en peut toujours disposer ; mais il ne l'aliène que grevée du droit de rétention. — D'une autre part, le créancier a le droit de se refuser à la restitution tant qu'il n'est pas intégralement remboursé. L'objet de son droit de rétention étant une chose mobilière, il peut, si cette chose lui a été volée ou s'il l'a perdue, la revendiquer entre les mains des tiers, pendant trois ans à dater du vol ou de la perte. La chose étant immobilière, il peut, s'il en a été violemment dépossédé, exercer, dans l'année, l'action en réintégrande. Mais il lui est interdit, comme au créancier gagiste, de se servir de la chose, et par conséquent, quand c'est d'un immeuble qu'il s'agit, il n'en peut percevoir les fruits à l'effet de les imputer sur les intérêts de sa créance, et subsidiairement sur le capital. M. Dalloz suppose à tort le contraire, sous prétexte que s'il en était autrement il n'y aurait d'autre alternative que de laisser périr les fruits, ce qui serait contraire à l'intérêt commun, ou d'obliger le créancier à les livrer au débiteur, ce qui rendrait la rétention illusoire (2). Nous ne saurions partager ni cette manière de voir, ni cette manière de raisonner. Le rétenteur n'a pas, comme l'antichrésiste, ce droit de s'attribuer les fruits auquel le droit de rétention est attaché comme sanction ou comme garantie ; il n'a que le droit de rétention. Et, toutefois, il n'est pas dispensé d'administrer la chose. Il doit, au contraire, donner à l'administration tous les soins d'un bon père de famille (art. 1137) ; et par conséquent il doit faire produire à la chose tous les fruits qu'elle est susceptible de donner. Après quoi, si ces fruits peuvent être conservés, le détenteur, à l'instar du gagiste (supra, nos 1080 et 1181), les retiendra au même titre que le fonds ;

---

(1) Voy., en ce sens, MM. Tarrible (Rép. de Merlin, vo Priv. de créances, sect. 4, § 5, no 1) ; Demolombe (t. IX, no 682) ; Mourlon (Exam. crit., nos 215, 222 et suiv.) ; Cabrye (Droit de rétent., no 74) ; Glasson (op. cit., p. 37). Voy. aussi Lyon, 27 août 1849 (S. V., 49, 2, 557 ; Dalloz, 50, 2, 14 ; J. Pal., 1849, t. II, 596). — Mais voy. MM. Rauter (Rev. étr., 1841, p. 77) ; Troplong (Nantiss., no 444, 585 et suiv. ; Priv. et Hyp., nos 255 et suiv.) ; Martou (t. I, nos 34 et 259) ; Dalloz (Rép., vo Rétent., no 6). — Comp. MM. Aubry et Rau (t. II, p. 588, note 19).
(2. Voy. M. Dalloz (Rép., vo Rétention, no 62).

sinon il les remettra au débiteur, et le droit de rétention n'en sera pas rendu illusoire, puisque enfin il y a le fonds, sur lequel le droit reste toujours maintenu.

1294. Vis-à-vis des tiers, les effets du droit de rétention sont déterminés par le caractère même, par la réalité de ce droit. Ainsi, le créancier ne peut être évincé par les tiers qui auraient acquis sur la chose des droits de propriété ou d'hypothèque après la naissance de son propre droit : sans doute, le débiteur a pu aliéner ou hypothéquer sa chose, nous venons de le dire; mais il n'a pu l'aliéner ou l'hypothéquer que sous la réserve des droits du rétenteur.

1295. Quant aux créanciers hypothécaires, il faut noter que nous ne sommes pas dans le cas d'antichrèse où le droit de rétention procédant d'un contrat volontairement consenti par le débiteur, il n'est pas admissible que celui-ci ait pu, par l'effet de sa volonté, nuire à des droits acquis et utilement conservés (*suprà*, n° 1273) : nous supposons ici qu'un immeuble, déjà grevé d'hypothèque, passe aux mains d'un tiers qui y fait des dépenses pour le conserver ou l'améliorer. Or, dans ce cas, il est équitable d'accorder à ce tiers le droit de s'opposer à la vente, ou tout au moins d'exiger, s'il consent à laisser vendre, sa collocation par préférence sur le prix à raison de ses dépenses. S'il en était autrement, les créanciers hypothécaires s'enrichiraient à ses dépens, puisqu'ils profiteraient de la plus-value par lui donnée à l'immeuble, ou se feraient payer sur une chose qui n'existe plus que parce que les travaux faits l'ont conservée. La décision est d'ailleurs sans danger, en ce que, restreinte aux seuls cas où le droit de rétention est accordé par la loi, elle ne permet pas de craindre que le débiteur agisse au mépris des droits par lui concédés antérieurement (1).

1296. Résulte-t-il de tout cela que le droit de rétention aille jusqu'à enlever aux autres créanciers hypothécaires ou chirographaires la faculté de faire saisir aux mains du rétenteur et de faire vendre la chose de leur débiteur? Des opinions absolues se sont produites à cet égard : les unes, rattachées à l'idée de personnalité du droit, tenant que le droit de saisie ne saurait être paralysé ; les autres, rattachées au système de la réalité, d'après lesquelles le droit de rétention ferait obstacle, au contraire, à la saisie et à la mise en vente de la chose qui en est l'objet. La vérité, à notre avis, est entre ces deux partis extrêmes. Et par conséquent, de même que le débiteur conserve toujours le pouvoir de disposer de la chose retenue, mais n'en peut disposer que sous la réserve du droit dont elle est affectée, de même ses représentants, c'est-à-dire ses créanciers, peuvent faire saisir et vendre le meuble ou l'immeuble qui est aux mains du rétenteur, mais ils ne peuvent le transmettre à l'adjudicataire qu'avec la charge dont il est grevé. D'où suit qu'ils seront tenus de faire, dans le cahier des charges ou dans les annonces ou affiches, suivant qu'il s'agira d'un meuble ou d'un immeuble, les insertions

---

(1) *Voy.* MM. Mourlon (*op. cit.*, n° 221); Cabrye (n° 82); Tarrible (*loc. cit.*). — *Voy.* cependant M. Glasson (p. 103).

ou mentions indiquées plus haut comme nécessaires pour protéger les droits de tous (n° 1280) (1).

Nous laissons, d'ailleurs, à l'écart le cas où le créancier rétenteur ferait lui-même procéder à la vente, et celui où il laisserait vendre sans opposer son droit de rétention. Dans l'un et l'autre cas, il abdiquerait, en perdant volontairement la possession, la seule garantie qui lui était donnée; et comme il n'a pas de droit de préférence sur le prix, il n'y pourrait venir qu'au marc le franc, avec la masse des créanciers.

1297. C'est en ceci que le droit de rétention, bien que constituant un droit réel, et conférant d'une manière indirecte un droit de préférence au rétenteur, diffère cependant du privilége proprement dit. La préférence résultant du privilége existe dans tous les cas, en ce sens que le créancier peut la faire valoir de quelque manière que le gage ait été transformé en argent, et par conséquent lorsqu'il a été vendu sur sa poursuite aussi bien que sur celle des autres créanciers, ou encore par le débiteur lui-même. Il n'en est pas de même de la préférence qui résulte indirectement du droit de rétention; elle protége sans doute le rétenteur en lui assurant le premier rang, lorsque la chose est vendue par le débiteur ou par les autres créanciers, puisqu'il n'est pas tenu de se dessaisir avant d'être intégralement payé; mais il la perd et n'a plus qu'un marc le franc s'il poursuit lui-même l'expropriation de son débiteur, ou s'il consent, sans condition, à la vente poursuivie par les autres créanciers.

IX. — 1298. Il ne nous reste plus qu'à dire dans quels cas le droit de rétention a lieu. Nous laissons de côté le droit de rétention *conventionnel*, les règles à cet égard ayant été exposées plus haut, à l'occasion de l'antichrèse, seul cas où ce droit procède de la convention; et nous arrivons aux cas où il est établi par la loi. Ici se présente une difficulté préliminaire qui touche aux conditions nécessaires à l'existence de ce droit. Il en est deux, d'abord, sur lesquelles on ne peut pas n'être pas d'accord. Ainsi, il est universellement admis qu'on ne peut jouir du droit de rétention qu'à la condition, 1° de détenir la chose sur laquelle on prétend exercer ce droit; 2° d'être créancier du propriétaire de cette chose. Ceci est évident de soi-même. D'un côté, pour retenir une chose, il faut avant tout la détenir; d'où suit, d'ailleurs, que le droit de rétention ne s'exerce que sur les objets matériels. D'un autre côté, le droit étant essentiellement accessoire, il faut bien qu'il y ait un droit principal auquel il se rattache à titre de garantie.

Mais il y a une troisième condition sur laquelle on est loin de s'accorder : il faut qu'il y ait connexité entre la créance et la chose retenue, *debitum cum re junctum*, c'est-à-dire que la dette soit née à l'occasion de la chose. Or, on se demande si cela suffit, et si le droit de rétention doit être étendu à toutes les hypothèses où le détenteur est créancier à raison de la chose dont on lui demande la restitution, ou s'il doit être strictement renfermé dans les cas où la loi le reconnaît et le consacre

_____

(1) *Voy.* MM. Cabrye (n° 76); Mourlon (n° 219); Aubry et Rau (t. II, p. 589).

d'une manière formelle. A notre avis, le droit de rétention, étant exceptionnel de sa nature, n'est pas susceptible d'être étendu par voie d'analogie. Ce n'est pas, nous le savons, l'opinion dominante; quelques auteurs seulement l'ont soutenue (1); et en général on a prétendu, au contraire, que, fondé sur le principe que nul ne doit s'enrichir aux dépens d'autrui, le droit de rétention doit être étendu à tous les cas qui présentent de l'analogie avec ceux où il est consacré par le Code (2). Il ne nous paraît pas, cependant, que cette doctrine soit la meilleure. Qu'elle ait prévalu dans le droit romain, et peut-être aussi sous notre ancienne jurisprudence, cela peut se concevoir jusqu'à un certain point, la législation étant alors incertaine et non définie dans beaucoup de ses principes. Mais nous avons aujourd'hui une législation codifiée, exactement définie, nettement précisée; la voie est donc fermée aux extensions, sous prétexte d'analogie, des droits qu'elle consacre par ses textes. Il en doit être d'autant plus ainsi, sur le point qui nous occupe, qu'après tout c'est d'un droit *réel* qu'il s'agit. Doué de ce caractère de réalité qui, nous l'avons vu, en fait un droit absolu, opposable à tous, le droit de rétention tiendrait, dans la théorie des droits de cette nature, à côté du privilége et de l'hypothèque, une place trop importante pour que le législateur eût négligé de l'organiser s'il eût entendu la lui faire occuper. Nous croyons donc être dans la pensée de la loi en concluant que ce droit ne doit être admis au profit d'un créancier qu'autant qu'il lui a été concédé par un texte précis.

1299. Si de la théorie nous passons à l'application, nous reconnaîtrons que le droit de rétention doit être admis 1° en faveur de l'ouvrier qui a employé une matière qui ne lui appartenait pas à former une chose d'une nouvelle espèce (art. 570). Nous avons eu déjà l'occasion de nous expliquer ailleurs sur ce point (3); et, sans y revenir ici, nous nous bornons à ajouter que la jurisprudence a depuis maintenu le principe de l'indivisibilité du droit de rétention, en décidant que les matières premières remises à un ouvrier pour être façonnées demeurent, lorsqu'elles font partie d'une même opération comprise en un seul traité, et que, par suite, elles forment un tout non susceptible de division, affectées au payement du prix de façon, même pour les objets livrés, tant que l'opération entière n'est pas terminée; en sorte que le droit de rétention existe pour l'ouvrier, même à l'encontre du tiers qui a fourni les matières premières (4).

1300. 2° Aux termes de l'art. 867, le cohéritier qui fait le rapport en nature d'un immeuble peut en retenir la possession jusqu'au remboursement effectif des sommes qui lui sont dues pour impenses ou

---

(1) *Voy.* MM. Mourlon (*Comm. crit.*, n° 231); Cabryc (*op. cit.*, n°ˢ 67 et suiv.).
(2) *Voy.* MM. Rauter (*Rev. étr.*, t. VIII, p. 769 et suiv.); Troplong (*Priv. et Hyp.*, t. I, n°ˢ 258 et suiv.); Glasson (*op. cit.*, p. 58 et suiv.); Fréminville (*De la Min. et de la Tut.*, t. II, n° 729); Demolombe (t. IX, n° 682). Comp. MM. Aubry et Rau (t. II, p. 584 et 585 et note 5).
(3) *Voy.* notre *Comment. des Priv. et Hyp.* (t. I, n° 142).
(4) Req., 13 mai 1861 (S. V., 61, 1, 865; *J. Pal.*, 1861, p. 657; Dalloz, 61, 1, 328). Comp. Caen, 6 nov. 1860 (S. V., 61, 2, 551; *J. Pal.*, 1861, p. 661).

améliorations. Les art. 861 et 862 consacrent la distinction ancienne et si parfaitement équitable entre les dépenses nécessaires, lesquelles, dans tous les cas, doivent être remboursées en totalité au donataire, et les dépenses d'amélioration, remboursables seulement en tant qu'il y a plus-value, et jusqu'à concurrence de la plus-value. Le droit de rétention est réglé, quant à son objet, d'après cette distinction : la seule difficulté vraiment sérieuse qui puisse s'élever est de savoir si c'est au moment du partage ou à l'ouverture de la succession qu'il faut considérer l'immeuble à l'effet de déterminer la plus-value. Mais Marcadé s'est expliqué à cet égard dans son commentaire du titre *Des Successions* (1); nous n'avons pas à y revenir.

1301. 3° Le même droit existe, d'après les art. 1612 et 1613 du Code Napoléon, au profit du vendeur d'un objet mobilier ou immobilier. S'il a vendu sans terme, il peut retenir la chose à l'encontre de son acheteur, et aussi à l'encontre des ayants cause de celui-ci, tant qu'il n'a pas reçu le payement du prix. S'il a vendu à terme, il est tenu, en principe, de faire la délivrance, à moins que l'acheteur soit tombé en faillite ou en déconfiture depuis la vente, parce que la livraison, en ce cas, l'exposerait au danger de perdre et la chose et le prix; l'acquéreur et ses ayants cause peuvent néanmoins, s'ils le veulent, prendre livraison de la chose vendue, mais à la condition de donner caution de payer le prix à l'échéance. L'application de ces principes est faite au cas de faillite par les art. 577 et 578 du Code de commerce (2). — Ajoutons que dans les ventes de meubles, le droit de rétention trouve son complément et sa sanction dans l'action en revendication accordée au vendeur par l'art. 2102, n° 4, du Code Napoléon (3).

1302. 4° Le coéchangiste doit, à ce point de vue du droit de rétention, être assimilé au vendeur par application de l'art. 1707 du Code Napoléon, combiné avec les art. 1612 et 1613.

1303. 5° Aux termes de l'art. 1673, le vendeur qui use du pacte de rachat doit rembourser non-seulement le prix principal, mais encore les frais et loyaux coûts de la vente, les réparations nécessaires, et celles qui ont augmenté la valeur du fonds, jusqu'à concurrence de cette augmentation. Il ne peut entrer en possession qu'après avoir satisfait à toutes ces obligations. La loi consacre par là, en faveur de l'acquéreur à réméré, un droit de rétention qui, d'après notre théorie générale, est opposable non-seulement au vendeur, mais encore à ses créanciers. Toutefois, une distinction importante est à faire. S'agit-il des créanciers hypothécaires antérieurs à la vente à réméré, ils peuvent incontestablement évincer l'acheteur comme tout tiers détenteur, en vertu de leur droit de suite. Mais s'agit-il des créanciers auxquels le vendeur a hypothéqué le fonds postérieurement à la vente, ou des créanciers chirographaires antérieurs ou postérieurs, l'acheteur qui se maintient en pos-

---

(1) Marcadé (sur les art. 861 et suiv., t. III, n° 357).
(2) *Voy.* Req., 17 janv. 1859 (S. V., 59, 1, 732; *J. Pal.*, 1860, p. 1207; Dalloz, 59, 1, 229).
(3) *Voy.*, à cet égard, notre *Comment. des Priv. et Hyp.* (t. I, nᵒˢ 155 et suiv.).

session tant qu'il n'a pas été satisfait à toutes les obligations de l'article 1673, use à leur égard, non pas précisément du droit de rétention, mais de son droit de propriété, droit supérieur assurément et plus énergique. Il suit de là que ces créanciers, dont le droit est subordonné au rachat de la chose, ne peuvent pas, comme dans le cas où la rétention simplement leur serait opposée, saisir l'immeuble en offrant de faire colloquer l'acquéreur au premier rang : ils ne peuvent agir que dans les termes de l'art. 1166, c'est-à-dire faire rentrer la chose dans le patrimoine de leur débiteur en exerçant le réméré en son nom.

1304. 6° Quand un bail prend fin par l'aliénation de la chose louée dans les hypothèses et sous les conditions prévues par les art. 1743 à 1748, l'acquéreur ne peut entrer en possession qu'après que le locataire ou fermier a été indemnisé soit par lui, soit par le bailleur (article 1749). C'est un cas de rétention où, quoi qu'on en ait dit (1), la connexité entre la dette et la chose, pour n'être pas aussi étroite que dans les cas précédents, n'en existe pas moins en réalité. La dette, ici, est née à l'occasion de la chose dont l'acquéreur prétend déposséder le locataire ou fermier.

1305. 7° Le dépositaire peut retenir le dépôt jusqu'à l'entier payement de ce qui lui est dû à raison du dépôt (art. 1948). Ce droit de rétention garantit incontestablement le remboursement des dépenses nécessaires, pour lesquelles, d'ailleurs, le dépositaire a un privilége (2), et en outre la réparation des dommages que peut lui avoir causés la chose déposée. Mais il garantit aussi les dépenses d'amélioration. On a prétendu le contraire, sous prétexte qu'en faisant ces dépenses le dépositaire a excédé son mandat; d'où suivrait qu'il ne mérite pas la protection de la loi (3). C'est aller évidemment contre la disposition formelle et toute générale de l'art. 1948. Et c'est aller aussi contre l'équité, qui ne permet pas qu'on s'enrichisse aux dépens d'autrui, et, par conséquent, que l'acheteur de la chose évince le dépositaire sans lui tenir compte de la plus-value que sa dépense aurait procurée. Tout ce qu'on peut dire, c'est qu'il appartiendra aux juges d'apprécier la plus-value d'après les circonstances, et de se montrer sévères dans l'appréciation s'il apparaissait que le dépositaire eût agi avec imprudence.

1306. 8° Nous assimilons, sans hésiter, le mandataire au dépositaire; et en cela nous ne nous écartons pas de la règle suivant laquelle le droit de rétention ne peut être accordé que dans les cas prévus par la loi. C'est qu'en effet, le contrat de mandat implique toujours dépôt des choses remises au mandataire, soit par le mandant, soit par les tiers. Le mandataire peut donc, par une application spéciale de l'art. 1948, retenir les objets à lui remis pour l'accomplissement du mandat, jusqu'au remboursement de tout ce qui lui est dû à raison de ce mandat (4). Sur ce fondement reposent les décisions qui consacrent, en faveur de cer-

---

(1) Voy. M. Glasson (op. cit., p. 157).
(2) Voy. notre comment. Du Dépôt (au tome précédent, n° 512).
(3) Voy. M. Glasson (p. 122).
(4) Rej., 17 janv. 1866 (S. V., 66, 1, 92; J. Pal., 1866, p. 246; Dalloz, 66, 1, 76).

tains mandataires spéciaux, avoués, agents de change et même agents d'affaires, le droit de rétention relativement aux pièces et titres qui leur sont remis (1).

1307. 9° Quand le possesseur d'une chose mobilière volée ou perdue a acheté cette chose dans une foire, un marché, dans une vente publique, ou d'un marchand vendant des choses pareilles, le propriétaire par lequel cette chose a été perdue ou à qui elle a été volée ne peut se la faire rendre que moyennant remboursement au possesseur du prix qu'elle lui a coûté (art. 2280). Dans ce cas, moins encore que dans celui de l'art. 1749 ci-dessus indiqué (n° 1304), on a été fondé à contester la connexité entre la créance et la dette retenue (2), puisque la créance est précisément la somme déboursée en payement de la chose. — Au cas prévu par l'art. 2280, il convient d'ajouter celui où le possesseur actuel tiendrait la chose d'un vendeur qui l'aurait lui-même achetée dans l'une des circonstances que cet article détermine (3).

1308. 10° Enfin, le droit de rétention est accordé au propriétaire exproprié pour cause d'utilité publique. Même après que l'expropriation est prononcée, le propriétaire n'est, en principe, tenu d'abandonner la possession qu'autant qu'il a été préalablement indemnisé de la somme allouée par le jury d'expropriation. Ce principe important, déposé dans l'art. 545 du Code Napoléon, a été confirmé et développé ultérieurement dans les lois spéciales sur la matière, et notamment par la loi du 3 mai 1841 (art. 53), laquelle est actuellement en vigueur. Notons seulement que le titre VIII de cette loi, ainsi que la loi antérieure du 30 mars 1831, ont prévu et réglé divers cas d'urgence où, par exception à l'article 545 du Code Napoléon, la prise de possession peut précéder le payement de l'indemnité.

1309. 11° Ajoutons à ces applications que le Code Napoléon consacre ou dont il pose le principe, le cas prévu à l'art. 306 du Code de commerce. On a prétendu à tort que par cet article la loi elle-même aurait refusé au capitaine le droit de rétention sur les marchandises embarquées dans son navire, pour garantir le payement du fret (4). L'article exprime sans doute que le capitaine ne pourra retenir les marchandises dans son navire; mais il ajoute qu'il aura le droit, dans le temps de la décharge, d'en demander le dépôt en mains tierces jusqu'au payement de son fret. C'est là, suivant la très-juste remarque de MM. Aubry et Rau, non pas refuser le droit de rétention, mais en régler l'exercice (5).

1310. Indiquons, en terminant, quelques cas où, d'après notre principe, le droit de rétention ne serait pas admissible, bien qu'il soit admis d'une manière plus ou moins générale par les auteurs ou par les arrêts.

_____

(1) Paris, 14 janv. 1848 et 28 fév. 1857; Metz, 23 juin 1857; Rennes, 24 août 1859; Rouen, 15 juin 1860; Bordeaux, 18 août 1864 et 7 fév. 1866 (S. V., 57, 2, 387; 58, 2, 328; 60, 2, 36; 61, 2, 542; 65, 2, 46; 66, 2, 124; *J. Pal.*, 1857, p. 1034; 1860, p. 856; 1862, p. 178; 1865, p. 323; 1866, p. 717; Dalloz, 48, 2, 14; 61, 5, 300).
(2) *Voy.* M. Glasson (p. 158).
(3) *Voy.* Marcadé (sur l'art. 2280).
(4) *Voy.* M. Cabrye (*op. cit.*, n° 68).
(5) MM. Aubry et Rau (t. II, p. 584, note 2).

En premier lieu, il n'appartient pas à l'emprunteur, même dans la mesure où il lui était accordé par Pothier dans l'ancienne jurisprudence, c'est-à-dire à raison des impenses faites pour la conservation de la chose. L'art. 1885 du Code Napoléon a innové à cet égard. Toutefois, nous n'avons pas à insister ici, ce point ayant été établi dans notre commentaire *Du Prêt* (1).

1311. Il en est de même du tiers détenteur exproprié par les créanciers hypothécaires. Le tiers détenteur peut, aux termes de l'art. 2075, répéter ses impenses et améliorations jusqu'à concurrence de la plus-value résultant de l'amélioration. Mais, en nous expliquant, dans le commentaire de cet article, sur la nature du droit réservé au tiers détenteur, nous avons montré qu'il ne s'agit là ni d'un droit de rétention, ni d'un privilége analogue à celui du créancier qui a fait des frais pour la conservation de la chose, ni même d'un simple droit de créance : le tiers détenteur a uniquement une sorte d'action *de in rem verso*, qu'il peut exercer dans l'ordre par voie de distraction de la partie du prix correspondante à la plus-value ou au montant de ses dépenses (2).

1312. Enfin, nous arrivons au cas réglé par l'art. 555 du Code Napoléon : il s'agit du possesseur qui a fait sur l'immeuble d'autrui, avec ses propres matériaux, des plantations, des constructions, des ouvrages. C'est assurément le cas dans lequel la prétention à l'exercice du droit de rétention se sera produite le plus fréquemment à l'origine, et a dû être considérée comme présentant une grande utilité. Aussi voit-on que la plupart des auteurs et des arrêts, s'autorisant de la tradition et de l'avis unanime des jurisconsultes anciens, admettent le droit de rétention en faveur du possesseur, sans s'accorder, toutefois, sur l'étendue de ce droit et la mesure dans laquelle il garantit la créance, les uns reconnaissant ce droit même en faveur du possesseur de mauvaise foi, dans les limites, bien entendu, de l'art. 555 (3), les autres, et avec eux la jurisprudence, l'accordant seulement au possesseur de bonne foi (4).

Le droit de rétention n'appartient en aucun cas, à notre avis, au possesseur de l'immeuble d'autrui, parce que la loi ne le lui donne pas. Le silence du Code est ici d'autant plus significatif que ses rédacteurs, qui s'inspiraient habituellement des doctrines de Pothier, étaient parfaitement édifiés sur la tradition. Ils n'ont pas voulu la suivre dès qu'ils se sont abstenus de la confirmer par une disposition précise. Cela, d'ailleurs, se comprend à merveille. Que le droit de rétention ait été accordé à Rome au possesseur, c'était en quelque sorte une nécessité, puisque le possesseur n'avait pas d'autre moyen juridique de se faire rembourser

---

(1) *Voy.* au tome précédent (art. 1885, n° 103).
(2) *Voy.* notre *Comment. des Priv. et Hyp.* (t. II, n° 1208).
(3) *Voy.* notamment Marcadé (sur l'art. 555, n° V). *Junge* : MM. Demolombe (t. IX, n° 682); Glasson (p. 13).
(4) *Voy.* MM. Toullier (t. III, n° 130; t. XIV, n° 327); Troplong (*Priv. et Hyp.*, n° 260). — *Voy.* aussi Pau, 9 août 1837; Rennes, 8 fév. 1841; Montpellier, 25 nov. 1852; Bastia, 9 juill. 1856; Rouen, 18 déc. 1856; Grenoble, 10 juill. 1860 (S. V., 38, 2, 350; 41, 2, 453; 53, 2, 191; 56, 2, 404; 57, 2, 558; 61, 2, 121; *J. Pal.*, 1854, t. II, p. 237; 1856, t. II, p. 132; 1857, p. 1249; 1861, p. 776; Dalloz, 38, 2, 183; 41, 2, 119; 56, 2, 20; 57, 2, 109).

ses impenses. Mais il n'en est plus ainsi : le Code Napoléon accorde dans tous les cas une action au possesseur; le droit de rétention perd par là ce qui fut, à Rome, sa principale raison d'être, et il n'y a pas de motif spécial pour sortir ici de la règle d'après laquelle ce droit, exceptionnel de sa nature, ne doit pas être étendu, par voie d'analogie, à des cas où il n'est pas expressément consacré (1).

---

(1) *Voy.* MM. Cabrye (*op. cit.*, n° 119); Mourlon (*Exam. crit.*, n° 231; Aubry et Rau (t. II, p. 586, note 12). Comp. Cass., 12 mai 1840; Agen, 19 janv. 1842; Rennes, 3 juill. 1858 (S. V., 40, 1, 668; 43, 2, 281; 59, 2, 170: Dalloz, 40, 1, 225; 43, 2, 175; J. Pal., 1859, p. 87).

FIN.

ERRATA.

Page 117, ligne 44. — *Au lieu de :* d'agir contre la caution; *lisez :* d'agir contre le débiteur principal.

Page 150, ligne 32. — *Au lieu de :* (*suprà*, n° 73); *lisez :* (*voy.* n°s 73 et 402).

Page 177, ligne 16. — *Au lieu de :* le créancier peut; *lisez :* le créancier put.

Page 204, note 3. — *Au lieu de :* 30 juillet; *lisez :* 10 juillet.

Page 233, ligne 31. — *Au lieu de :* *infrà*, art. 2052; *lisez :* *infrà*, n° 687.

Page 241, ligne 7. — *Après les mots :* utilement constatée; *ajoutez :* en cette forme.

Page 255, ligne 7. — *Après les mots :* l'objet de la transaction; *ajoutez :* *infrà*, n°s 575 et suiv.

Page 261, ligne 26. — *Au lieu de :* point du droit; *lisez :* point de droit.

Page 261, ligne 31. — *Au lieu de :* opposable aux héritiers; *lisez :* opposable par les héritiers.

Page 318, ligne 26. — *Au lieu de :* que si la transaction; *lisez :* que la transaction.

Page 431, ligne 37. — *Après les mots :* justice répressive; *ajoutez :* *voy.* cependant *infrà*, n° 979.

Page 435, ligne 17. — Retranchez le dernier mot.

Page 445, ligne 38. — *Au lieu de :* 1838; *lisez :* 1848.

Page 478, ligne 22. — *Au lieu de :* *infrà*, n° 102; *lisez :* *infrà*, n° 902.

Page 578, ligne 21. — *Au lieu de :* négativement; *lisez :* affirmativement.

Page 595, ligne 13. — *Au lieu de :* plus particulièrement à l'art. 2084; *lisez :* aux articles suivants.

Page 689, ligne 6. — *Au lieu de :* l'antichrésiste ou l'usufruitier; *lisez :* antichrésiste ou usufruitier. •

TABLE

DES MATIÈRES CONTENUES DANS CE VOLUME.

FIN DE LA TABLE.

PARIS. — TYPOGRAPHIE DE J. BEST,
rue Saint-Maur-Saint-Germain, 15.